D1728031

Springer-Lehrbuch

Elke Wild
Jens Möller
(Hrsg.)

Pädagogische Psychologie

2., vollständig überarbeitete und aktualisierte Auflage

Mit 80 Abbildungen und 22 Tabellen

 Springer

Herausgeber
Elke Wild
Fakultät für Psychologie und Sportwissenschaft
Universität Bielefeld
Bielefeld, Deutschland

Jens Möller
Institut für Psychologie
Christian-Albrechts-Universität zu Kiel
Kiel, Deutschland

ISBN 978-3-642-41290-5 ISBN 978-3-642-41291-2 (eBook)
DOI 10.1007/978-3-642-41291-2

Die Deutsche Nationalbibliothek verzeichnet diese Publikation in der Deutschen Nationalbibliografie;
detaillierte bibliografische Daten sind im Internet über http://dnb.d-nb.de abrufbar.

Planung: Joachim Coch, Heidelberg
Projektmanagement: Judith Danziger, Heidelberg
Lektorat: Sonja Hinte, Bremen
Projektkoordination: Michael Barton, Heidelberg
Umschlaggestaltung: deblik Berlin
Fotonachweis Umschlag: © Ableimages/Getty Images
Fotonachweis der Kapitelfotos: Veit Mette, www.veitmette.de (außer Kap. 4, 6 und 16)
Herstellung: le-tex publishing services GmbH, Leipzig

Gedruckt auf säurefreiem und chlorfrei gebleichtem Papier.

Springer-Verlag ist Teil der Fachverlagsgruppe Springer Science+Business Media
www.springer.com

Vorwort

Auf dem Büchermarkt mangelt es nicht an Enzyklopädien, Handwörterbüchern und Einführungsbänden, in denen sachkundig über Forschungsgebiete der Pädagogischen Psychologie informiert wird. Weil diese aber meist an ein spezielles Publikum – Experten, Nebenfachstudierende, Bachelor- oder Master-Studierende – gerichtet sind, gab und gibt es aus unserer Sicht einen Bedarf für ein Lehrbuch, auf das Studierende nutzbringend zurückgreifen können, wenn sie sich – an welchem Punkt ihres Studiums auch immer – näher mit der Pädagogischen Psychologie befassen wollen. Und damit das Lehrbuch nutzbringend bei der Vor- und Nachbereitung universitärer Lehre im Fach ist, muss es nicht zuletzt Lehrende in fachlicher und didaktischer Hinsicht überzeugen, denn nur dann wird es als Grundlage für Lehrveranstaltungen und daran anschließende Prüfungen gewählt.

Die von uns gewonnenen Autorinnen und Autoren sind daher nicht nur ausgewiesene Experten auf ihrem Gebiet, sondern haben mit ihren Beiträgen auch tatkräftig daran mitgewirkt, dass das Lehrbuch drei übergeordneten Ansprüchen gerecht wird:

1. Um die Pädagogische Psychologie in ihrer ganzen **Breite** dazustellen, werden über die klassischen Kernthemen des Lernens und Lehrens hinaus Themenfelder behandelt, die in den immer breiter werdenden Gegenstandsbereich pädagogisch-psychologischer Forschung fallen und zum Wissenskanon von Absolventen zählen sollten, die eine Tätigkeit in pädagogischen Praxisfeldern anstreben. Entsprechend bündelt der Band wissenschaftliche Erkenntnisse, die für Studierende der Psychologie, für Lehramtsstudierende und Studierende verwandter Fächer wie der Erziehungswissenschaft oder der klinischen Linguistik berufsrelevant sind.

2. Der Band **führt ein** in den Gegenstandsbereich pädagogisch-psychologischer Forschung und liefert einen gut verständlichen Überblick über zentrale Konstrukte, Theorien und Befunde des Fachs. In seinem Anspruch hebt er sich also bewusst ab von bereits vorliegenden, exzellent geschriebenen „Nachschlagewerken", in denen pädagogisch-psychologische Erkenntnisse entweder auszugsweise (z. B. mit Blick auf ihre Relevanz für spezifische Berufsfelder) oder in enzyklopädischer (und damit hoch verdichteter und partikularer) Weise zusammengetragen werden.

3. Den spezifischen Anforderungen eines **Lehrbuchs** wird durch eine Vielzahl von didaktischen Elementen Rechnung getragen, um das Lesen und das Lernen mit diesem Buch zu erleichtern. Beispielsweise werden durchgängig zentrale Fachbegriffe und Definitionen herausgestellt, finden sich zahlreiche Abbildungen und Tabellen zur Illustration relevanter Sachverhalte, werden Fragen zur Selbstreflexion formuliert und Literaturhinweise zum weiterführenden Selbststudium unterbreitet. Zudem bietet die Website, die über das interaktive Lernportal (► www.lehrbuch-psychologie. de) zu erreichen ist, Studierenden wie Dozenten eine Fülle an Materialien, die der Vor- und Nachbereitung pädagogisch-psychologischer Lehrveranstaltungen einschließlich der damit verbundenen Leistungsüberprüfungen dienen sollen.

Ganz wesentlich für die Einlösung dieser Ziele ist die Auswahl und Bandbreite der behandelten Themenschwerpunkte. Bereits bei der ersten Auflage haben wir diese bewusst an den Tätigkeiten orientiert, die in der pädagogischen Praxis dominieren: Wo immer Entwicklungsprozesse in Gang gesetzt oder optimiert werden sollen, wird gelernt, gelehrt, motiviert, interagiert, diagnostiziert und interveniert. Diese thematische Ausrichtung und die damit einhergehende Strukturierung des Lehrbuchs haben sich offenkundig bewährt. Neu konzipiert wurde im Zuge der Überarbeitungen zur zweiten Auflage der Bereich „Intervenieren", um ausführlicher und differenziert nach Altersstufen und Zielsetzungen pädagogisch-psychologische Trainingsmaßnahmen darstellen zu können. Die zuvor gesondert behandelten Fragen zu beruflichen Einsatzfeldern und Tätigkeitsanforderungen werden nun in den Kapiteln in ihrem jeweiligen Sachzusammenhang behandelt. Ferner wurde die Binnenstruktur im zweiten Hauptteil („Lehren") verändert, um die Klassenführung noch stärker als zentralen Teilaspekt der Unterrichtsqualität herauszustellen.

Ungeachtet dieser Änderungen bleibt die klare Struktur erhalten – das Lehrbuch ist nach wie vor in sechs Sektionen gegliedert, die jeweils drei Kapitel enthalten.

In der ersten Sektion des Buchs **Lernen** ist das Hauptaugenmerk auf die Lernenden gerichtet. In modernen Wissensgesellschaften gilt mehr denn je, dass immer und überall gelernt wird. Aber wie vollzieht sich Lernen und warum sind manche Lerner erfolgreicher als andere? Erste Antworten auf diese Fragen werden in den ersten drei Beiträgen gegeben, in denen erläutert wird, welche Besonderheiten die menschliche Informationsverarbeitung kennzeichnen und wie diese bei der Optimierung von Lernprozessen zu berücksichtigen sind (► Kap. 1), warum für den Erwerb kumulativen Wissens nicht nur die Intelligenz, sondern vor allem auch das Vorwissen eines Lernenden entscheidend ist (► Kap. 2) und mit welchen Herausforderungen Lernende konfrontiert sind, wenn sie „in Eigenregie" lernen (► Kap. 3).

Ein zentrales Element pädagogischer Tätigkeiten ist das **Lehren**. Auch wenn Lernprozesse längst nicht mehr nur in formalen Settings wie dem Schulunterricht stattfinden, bleibt die systematische Vermittlung von relevanten Wissensbeständen und Fertigkeiten doch eine zentrale Aufgabe aller Bildungseinrichtungen. Die ersten beiden Beitrage der zweiten Sektion zeigen daher auf, was einen „guten" Unterricht auszeichnet (► Kap. 4), und inwiefern eine effektive Klassenführung dazu beiträgt, die verfügbare Lernzeit optimal zu nutzen (► Kap. 5). Die medienpsychologischen Ausführungen in ► Kap. 6 schließen hieran an, indem Gütekriterien für Lehrtexte und andere Lehrmaterialien (Filme, Animationen etc.) sowie Chancen und Herausforderungen der Gestaltung von Lehr-Lern-Prozessen mithilfe sogenannter Neuer Medien herausgearbeitet werden. Gleichzeitig lenken sie mit der Betrachtung des Medienkonsums von Kindern und Jugendlichen die Aufmerksamkeit auf informelle und implizite Lernprozesse. Gemeinsam ist allen drei Kapiteln, dass sie aktuelle Diskussionen – beispielsweise zum Für und Wider des herkömmlichen Unterrichts oder zur Wirkung gewalthaltiger Fernsehsendungen – aufgreifen und mit weit verbreiteten Mythen aufräumen.

Aus heutiger Sicht erschöpft sich Bildung nicht in der Vermittlung von Fachkenntnissen und traditionellen Kulturtechniken wie dem Lesen, Schreiben und Rechnen. Sie schließt vielmehr auch die Förderung lernrelevanter Einstellungen ein, und daher

stellt sich die Frage, wie Lernende zu motivieren bzw. zu einer „eigenverantwortlichen" Lernmotivation hinzuführen sind. Die Beiträge der dritten Sektion **Motivieren** geben einen Überblick über Erkenntnisse, die in diesem Zusammenhang relevant sind. Die Ausführungen in ► Kap. 7 machen zunächst deutlich, dass Lernende nicht nur mehr oder weniger stark motiviert sind, sondern sich auch aus unterschiedlichen Motivlagen und Zielsetzungen heraus mit Lerninhalten befassen. Darauf aufbauend wird erläutert, wie eine zielführende Motivförderung aussieht. An diese Darstellungen schließt unmittelbar ► Kap. 8 zum Selbstkonzept an. Unter anderem wird dabei der spannenden Frage nachgegangen, welche Faktoren unsere eigenen Einschätzungen persönlicher Stärken und Schwächen beeinflussen. ► Kap. 9 Emotionen schließlich fasst Erkenntnisse zu den Bedingungen und Folgen des emotionalen Erleben von Lernenden zusammen und zeigt u. a. auf, wie vielfaltig die in Lernsituationen anzutreffenden Gefühle sind und warum emotionale Kompetenz ein wichtiges Bildungsziel darstellt.

Die vierte Sektion **Interagieren** widmet sich den Personengruppen, die einen Einfluss auf die Bildungslaufbahn und die Persönlichkeitsentwicklung Heranwachsender haben. Dies sind die Eltern, die Lehrkräfte und die Gleichaltrigen In ► Kap. 10 wird zunächst die Familie als ein zentraler Entwicklungs- und Lernkontext in den Blick genommen. Die Ausführungen beleuchten die Herausforderungen, die sich Eltern in verschiedenen Etappen der Familienentwicklung stellen und greifen dabei zahlreiche, in der Öffentlichkeit intensiv diskutierte Themen auf, darunter: Was zeichnet eine „gute" Erziehung aus? Warum hängt der Bildungserfolg von Kindern so stark von ihrer sozialen und ethnischen Herkunft ab? Leidet die psychosoziale Entwicklung „automatisch", wenn sie mit der Trennung ihrer Eltern oder anderen kritischen Lebensereignissen konfrontiert werden? In ► Kap. 11 werden nicht minder brisante und gesellschaftlich relevante Themen behandelt, die um die Bedeutung und Funktion von Lehrkräften ranken. Beispielsweise wird der Frage nachgegangen, über welche Kompetenzen „gute" Lehrkräfte – möglichst bereits am Ende ihrer Ausbildung – verfügen sollten, und was sie davor schützt, im Berufsalltag „auszubrennen". Im Zentrum von ► Kap. 12. stehen dann die Gleichaltrigen, die – entgegen weitläufiger Meinung – nicht erst in der Adoleszenz bedeutsam werden, sondern bereits lange zuvor ein spezifisches Lernumfeld bereitstellen.

Für eine effektive Gestaltung von Lern- und Entwicklungsprozessen – sei es auf der Ebene von Reformvorhaben im Bildungssystem, im Rahmen der Schulentwicklung, einer einzelnen Bildungseinrichtung oder auch mit Blick auf die Begründung einer Fördermaßnahme im individuellen Fall – ist es notwendig, zunächst die jeweiligen Lernstände zu diagnostizieren und die Wirkung pädagogischer Maßnahmen über den Abgleich von Eingangs- und Ausgangskompetenzen zu evaluieren. Beide Tätigkeiten markieren von jeher zentrale Anforderungen des Berufsalltags von Pädagogischen Psychologen (etwa in der schulpsychologischen Beratung und Erziehungsberatung) und anderen pädagogischen Fachkräften. Infolge internationaler Vergleichsstudien sind sie jedoch ins Zentrum der öffentlichen und fachwissenschaftlichen Aufmerksamkeit gerückt. Die Beiträge in der fünften Sektion des Buchs informieren den Leser deshalb über neuere Entwicklungen in der **pädagogisch-psychologischen Diagnostik** (▶ Kap. 13) sowie der Evaluationsforschung (▶ Kap. 14) und vermitteln einen Eindruck vom Mehrwert nationaler und internationaler Schulleistungsstudien (▶ Kap. 15), ohne deren Grenzen auszublenden.

In der Praxis müssen mit Erziehungs- und Bildungsfragen betraute Fachkräfte fortlaufend entscheiden, wie absehbaren Problemen vorgebeugt werden oder bereits manifesten Problemen entgegengewirkt werden kann. Ihnen obliegt es somit, gezielt zu intervenieren und dabei – aus fachlichen wie ressourcenschonenden Gründen – auf bewährte Maßnahmen zur primären, sekundären oder tertiären **Prävention** zurückzugreifen. Diese werden im Überblick in der sechsten Sektion zusammengefasst. Bereits im Vorschulbereich einsetzbare Trainings zur Förderung sogenannter Vorläuferfertigkeiten werden in (▶ Kap. 16) vorgestellt, während Trainings, die vornehmlich Schülerinnen und Schüler mit mehr oder weniger manifesten Lern- und Leistungsproblemen adressieren, in ▶ Kap. 17 behandelt werden. Bewährte Formen des (präventiven und interventiven) Umgangs mit psychosozialen Herausforderungen und Risikolagen schließlich werden in ▶ Kap. 18 umrissen.

Zu erwähnen ist, dass im Lehrbuch soweit wie möglich geschlechtsneutrale Formulierungen gewählt wurden, aus Gründen der besseren Lesbarkeit aber bei Personenbezeichnungen auch „nur" die männliche Form verwendet wurde (z. B. Schüler, Lehrer, Erzieher). Selbstverständlich sind mit

dem ▶ generischen Maskulinum aber männliche wie weibliche Personen gemeint!

Unter didaktischen Gesichtspunkten war uns als Herausgebern ein wichtiges Anliegen, dass jedes Kapitel einen in sich geschlossenen Überblick über das jeweilige Themengebiet bietet und die Lektüre auch dann gewinnbringend ist, wenn nicht alle Beiträge (womöglich in der vorgesehenen Reihenfolge) gelesen werden. Gleichwohl haben sich alle Autoren und Autorinnen bemüht, Querbezüge zwischen den in den einzelnen Kapiteln behandelten Ausführungen aufzuzeigen und Redundanzen zu vermeiden. Insofern sind wir überzeugt, dass die Lektüre „am Stück" nicht nur zu einem umfassenderen, sondern auch zu einem tieferen Verständnis der behandelten Inhalte und damit einer besseren Vorbereitung auf einschlägige Anforderungen im späteren Beruf beiträgt.

Damit die Lektüre des Lehrbuchs für Leser und Leserinnen mit unterschiedlichem Hintergrundwissen gewinnbringend ist, beginnen alle Beiträge mit einer Übersicht über den Aufbau des Kapitels (**Trailer**) und enden mit einem **Fazit**, in dem die zentralen Aussagen rekapituliert werden. Wichtige **Definitionen** werden durchgängig hervorgehoben und am Ende eines jeden Kapitels finden sich **weiterführende Literaturtipps** für eine eingehendere Beschäftigung. Ein weiteres didaktisches Element sind die vom Text abgehobenen Kästen. Hier werden entweder theoretisch bzw. forschungsmethodisch weiterführende Aspekte behandelt (**Exkurse**) oder ausgewählte Studien näher dargestellt, um unterschiedliche empirische Zugangsweisen zu illustrieren (**Beispielkästen**). Eine Fülle weiterer Lehr- und Lernmaterialien bietet schließlich die bereits erwähnte Webseite zum Buch: Hier werden englische Fachbegriffe übersetzt und erläutert, Lernkarten mit Fragen und Antworten zur eigenständigen Verständnisprüfung offeriert und Links zu interessanten Internet-Seiten geliefert. Für Dozenten besonders attraktiv dürften Foliensatze zu den einzelnen Kapiteln sein, die Abbildungen, Fotos, Merksätze und vieles mehr enthalten.

Ein gutes Lehrbuch entsteht, wenn viele versierte Hände produktiv zusammenarbeiten. Wir als Herausgeber möchten uns daher bei allen Autorinnen und Autoren bedanken, dass sie nicht nur ihr Know-how eingebracht, sondern die Überarbeitungen für die zweite Auflage genauso engagiert in Angriff genommen haben wie die Abfassung der

Kapitel für die Erstauflage. Nicht minder zum Dank verpflichtet sind wir dem Verlag, insbesondere Joachim Coch, Judith Danziger, Sonja Hinte und Michael Barton, für ihre unermüdliche Unterstützung in allen Phasen der Entstehung dieses Buchs und für ihre Bereitschaft, unsere Wünsche und Vorstellungen umzusetzen. Danken möchten wir schließlich auch Veit Mette, dessen Fotos zu Beginn eines jeden Beitrags weiter zum Betrachten, Verweilen und Nachdenken anregen und hoffentlich zum Lesevergnügen beitragen.

Elke Wild und Jens Möller
Bielefeld und Kiel im Juli 2014

Autorinnen und Autoren

Holger Domsch
Diplom-Psychologe, Schulpsychologische Beratungsstelle der Stadt Münster
Promotion: 2012, Universität Bielefeld
Forschungsschwerpunkte
Kognitive Entwicklung, ADHS, Stress bei Kinder und Jugendlichen

Barbara Drechsel
Professorin für Psychologie in Schule und Unterricht, Otto-Friedrich-Universität Bamberg
Promotion: 2000, Christian-Albrechts-Universität Kiel
Forschungsschwerpunkte
Schule, Unterricht, Vergleichsstudien

Marco Ennemoser
Professor für Pädagogische Psychologie, Universität Gießen
Promotion: 2002, Universität Würzburg
Forschungsschwerpunkte
Pädagogisch-psychologische Interventionsforschung, Diagnostik und Intervention,
Prävention von Lernstörungen

Anne C. Frenzel
Professorin für Psychology in the Learning Sciences, Ludwig-Maximilians-Universität
München
Promotion: 2004, Ludwig-Maximilians-Universität München
Forschungsschwerpunkte
Psychologie in den „Learning Sciences", Emotionen und Motivation bei Schülern
und Lehrkräften

Stefan Fries
Professor für Psychologie, Universität Bielefeld
Promotion: 2000, Universität Potsdam
Forschungsschwerpunkte
Motivation und Lernen, Selbstregulation und multiple Ziele

Thomas Götz

Professur für Empirische Bildungsforschung, Universität Konstanz und Pädagogische
Hochschule Thurgau, Schweiz
Promotion: 2002, Ludwig-Maximilians-Universität München
Forschungsschwerpunkte
Empirische Bildungsforschung, Emotionen, Selbstreguliertes Lernen

Hans Gruber

Professor für Pädagogik, Universität Regensburg
Promotion: 1991, Ludwig-Maximilians-Universität München
Forschungsschwerpunkte
Expertise, Professional Learning, Lernen am Arbeitsplatz, Hochschuldidaktik

Bettina Hannover

Professorin für Schul- und Unterrichtsforschung, Freie Universität Berlin
Promotion: 1987, Technische Universität Berlin
Forschungsschwerpunkte
Kognitive Mechanismen der Verarbeitung selbstbezogener Information,
Soziale und kulturelle Einflussfaktoren auf das Selbst

Holger Horz

Professor für Pädagogische Psychologie, Goethe-Universität Frankfurt
Promotion: 2004, Universität Mannheim
Forschungsschwerpunkte
Instructional Design, Blended & Multimedia Learning, Bild- & Textverstehen,
Hochschuldidaktik

Ursula Kessels

Professorin für Bildungsforschung, Freie Universität Berlin
Promotion: 2001, Freie Universität Berlin
Forschungsschwerpunkte
Heterogenität und Bildung, Geschlecht, Selbstkonzept und Identität,
Interesse und Motivation, Schul- und Unterrichtsforschung

Olaf Köller

Professor am Leibnitz-Institut für die Pädagogik der Naturwissenschaften und Mathematik,
Christian-Albrechts-Universität zu Kiel
Promotion: 1997 zum Dr. phil. an der Christian-Albrechts-Universität zu Kiel
Forschungsschwerpunkte
Schulleistungsdiagnostik

Kristin Krajewski

Professorin für Pädagogische Psychologie, Universität Gießen
Promotion: 2002, Universität Würzburg
Forschungsschwerpunkte
Entwicklungsorientierte Diagnostik und Lernförderung, Ressourcenorientierte Gestaltung
von Lernumgebungen, Mathematische Kompetenzentwicklung, Arbeitsgedächtnis,
Lern- und Leistungsstörungen

Olga Kunina-Habenicht

Wissenschaftliche Mitarbeiterin, Goethe-Universität Frankfurt
Promotion: 2010, Humboldt-Universität Berlin
Forschungsschwerpunkte
Lehrerforschung, Mess- und Skalierungsmodelle in der Bildungsforschung,
Konstruktion und Evaluation von Leistungstests

Mareike Kunter

Professorin für Pädagogische Psychologie, Goethe-Universität Frankfurt
Promotion: 2004, Freie Universität Berlin
Forschungsschwerpunkte
Lehrerforschung, Unterrichtsforschung, Motivation im Klassenzimmer

Meike Landmann

Landesschulamt und Lehrkräfteakademie - Abteilung III (Institut für Qualitätsentwicklung),
Wiesbaden seit März 2008
Promotion: 2004, TU Darmstadt
Forschungsschwerpunkte
Die Abteilung III des Landesschulamts unterstützt landesweit und auf allen Ebenen
die Qualitätsentwicklung im hessischen Bildungswesen. Schwerpunkt: Evaluationsstudien
und Wirkungsanalysen zur Wirksamkeit bildungspolitischer Maßnahmen.

Frank Lipowsky

Professor für Erziehungswissenschaften, Universität Kassel
Promotion: 2003, Pädagogische Hochschule Heidelberg
Forschungsschwerpunkte
Empirische Unterrichtsforschung, Lehrerforschung

Arnold Lohaus

Professor für Entwicklungspsychopathologie, Universität Bielefeld
Promotion: 1982, Westfälische Wilhelms-Universität Münster
Forschungsschwerpunkte
Stress und Stressbewältigung im Kindes- und Jugendalter, Kognitive Entwicklung
im Säuglingsalter

Jens Möller

Professor für Pädagogische Psychologie, Christian-Albrechts-Universität Kiel

Promotion: 1991, Christian-Albrechts-Universität Kiel

Forschungsschwerpunkte

Selbstkonzept, Lehrkräfte, Fremdspracherwerb

Barbara Otto

Wissenschaftliche Mitarbeiterin im Arbeitsbereich Pädagogische Psychologie, Goethe-Universität Frankfurt

Promotion: 2007, Technische Universität Darmstadt

Forschungsschwerpunkte

Selbstreguliertes Lernen, Lernmotivation, Determinanten akademischer Leistung, Nachhilfe

Reinhard Pekrun

Professor für Pädagogische Psychologie, Diagnostik und Evaluation, Ludwig-Maximilians-Universität München

Promotion: 1982, Ludwig-Maximilians-Universität München

Forschungsschwerpunkte

Emotionen, Pädagogische Psychologie

Franziska Perels

Professorin für Erziehungswissenschaften, Universität des Saarlandes

Promotion: 2002, Technische Universität Darmstadt

Forschungsschwerpunkte

Schulinspektion, Empirische Fundierung der Schulentwicklung und Qualitätssicherung der Evaluation

Britta Pohlmann

Institut für Bildungsmonitoring und Qualitätsentwicklung, Hamburg

Promotion: 2003, Universität Bielefeld

Forschungsschwerpunkte

Evaluation von Schulversuchen, Entwicklung von Instrumenten zur Kompetenzfeststellung

Manfred Prenzel

Professor für Empirische Bildungsforschung, Technische Universität München

Promotion: 1980, Ludwig-Maximilians-Universität München

Forschungsschwerpunkte

Schulleistungsstudien

Alexander Renkl

Professor für Pädagogische Psychologie und Entwicklungspsychologie, Albert-Ludwigs-Universität Freiburg

Promotion: 1991, Ruprecht-Karls-Universität Heidelberg

Forschungsschwerpunkte

Kognitive Lernprozesse und Lernstrategien, Beispielbasiertes Lernen und Lehren, Verhältnis von instruktionalen Erklärungen und Selbsterklärungen, Lernen durch reflexives Schreiben, Lernen mit multiplen Repräsentationen

Ellen Schaffner

Wissenschaftliche Mitarbeiterin, Universität Potsdam

Promotion: 2009, Freie Universität Berlin

Forschungsschwerpunkte

Pädagogische Psychologie, Lesemotivation, Lesekompetenz

Ulrich Schiefele

Professor für Pädagogische Psychologie, Universität Potsdam

Promotion: 1984, Universität Wien

Forschungsschwerpunkte

Pädagogische Psychologie, Auswirkungen von Motivation und Interesse auf Leseverstehen

Bernhard Schmitz

Professor für Pädagogische Psychologie, Technische Universität Darmstadt

Promotion: 1984, Freie Universität Berlin

Forschungsschwerpunkte

Förderung von Selbstregulation und Problemlösen, Konzeption und Effektivität von Trainings, Argumentation und Verhandlung, Beratungskompetenz von Lehrern, Standardisierte Tagebücher

Kathleen Schnick-Vollmer

Wissenschaftliche Mitarbeiterin am Institut für Psychologie, Technische Universität Darmstadt

Forschungsschwerpunkte

Kompetenzmodellierung und -messung, Selbstregulatorisches Lernen

Tina Seidel

Professorin für Unterrichts- und Hochschulforschung, Technische Universität München

Promotion: 2002, Christian-Albrechts-Universität Kiel

Forschungsschwerpunkte

Unterrichtsforschung, Lehrerforschung, Hochschulforschung

Elmar Souvignier

Professor für Diagnostik und Evaluation im schulischen Kontext, Westfälische Wilhelms-
Universität Münster
Promotion: 2000, Goethe-Universität Frankfurt
Forschungsschwerpunkte
Diagnose und Förderung des Leseverständnisses, Kooperatives Lernen

Elena Stamouli

Akademische Rätin, Universität Regensburg
Promotion: 2003, Universität Regensburg
Forschungsschwerpunkte
Emotionale Kompetenzen, Berufszufriedenheit, Professional Learning

Ulrich Trautwein

Professor für Empirische Bildungsforschung, Eberhard Karls Universität Tübingen
Promotion: 2002, Freie Universität Berlin
Forschungsschwerpunkte
Selbstkonzept, Empirische Bildungsforschung, Lehr-Lern-Forschung

Sabine Walper

Professorin für Allgemeine Pädagogik und Bildungsforschung, Ludwig-Maximilians-
Universität München; Forschungsdirektorin am Deutschen Jugendinstitut e. V.
Promotion: 1986, Technische Universität Berlin
Forschungsschwerpunkte
Scheidungs- und Stieffamilien, Familien in Armut, Entwicklung im Jugendalter,
Förderung elterlicher Erziehungskompetenzen

Elke Wild

Professorin für Pädagogische Psychologie, Universität Bielefeld
Promotion: 1993, Universität Mannheim
Forschungsschwerpunkte
Familienpsychologie, Motivationspsychologie, Beratung, Jugendforschung

Oliver Wilhelm

Professor für Differenzielle Psychologie und Psychologische Diagnostik, Universität Ulm
Promotion: 2000, Universität Mannheim
Forschungsschwerpunkte
Konstruktion und Evaluation von Leistungs- und Fähigkeitstests, Multivariate Untersuchung
von Fähigkeitskonstrukten, Innovative Messverfahren zur Erfassung von Schülerleistungen

Wild, Möller: Pädagogische Psychologie
Der Wegweiser zu diesem Lehrbuch

Trailer:
Mit dieser Einleitung
startet das Kapitel

Lernerfolg wird wesentlich durch die kognitiven, motivationalen und selbstregulativen Fähigkeiten des Lernenden bestimmt. Es verwundert daher nicht, dass in der Pädagogischen Psychologie spezielle Verfahren entwickelt wurden, die sich den Aufbau und die Verbesserung solcher Fähigkeiten zum Ziel setzen. Von solchen Trainingsverfahren handelt dieses Kapitel (Abb. 17.1).

Stimmungsvoller
Einstieg ins Kapitel:
Foto vom Bielefelder
Fotografen Veit Mette.

17.1 Was ist ein Training? Begriffsbestimmung und Klassifikation

Trainingsverfahren stellen eine der wichtigsten Interventionsmethoden in der Pädagogischen Psychologie dar. In diesem Kapitel wird anhand ausgewählter Trainingsverfahren beschrieben, wie unterschiedliche pädagogisch relevante Kompetenzen durch Trainingsmaßnahmen gefördert werden können. Dazu soll zunächst erläutert werden, was ein ▶ **Training** i. Allg. kennzeichnet und anhand welcher Kriterien Trainingsverfahren klassifiziert werden können.

Glossar der wichtigsten
Fachbegriffe im Anhang

 Abb. 17.1

Definitionen:
Fachbegriffe kurz &
knapp erläutert

> **Definition**
>
> Ein **Training** ist eine strukturierte und zeitlich begrenzte Intervention, in der mittels wiederholter Ausübung von Tätigkeiten die Absicht verfolgt wird, Fertigkeiten und Fähigkeiten aufzubauen oder zu verbessern.

Beispiel

Zwei Aufgaben aus dem „Denktraining für Kinder II"
(Klauer, 1991)
Aufgabe A (Generalisierung, Aufgabe 25):
Klaus hat verschiedene Lieblingszahlen:
484 – 55 – 1621 – 878 – 323
Welche dieser Zahlen gehört noch dazu? Begründe.
768 – 32 – 767 – 423 – 113
Aufgabe B (Beziehungsunterscheidung, Aufgabe 101)
Im Geometrieunterricht hat euer Lehrer eine Folge von Figuren an die Tafel gezeichnet (Abb. 17.2). Leider hat er einen Fehler gemacht. Findest Du ihn?
(Lösung Aufgabe A: 767; Lösung Aufgabe B: Parallelogramm und Rechteck müssen getauscht werden.)

Diese Definition enthält zwei Facetten: Facette A – Gleichheit, Verschiedenheit, Gleichheit und Verschiedenheit; Facette B – Merkmale, Relationen. Durch die Kombination der einzelnen Elemente der Facetten ergeben sich 6 Kernaufgabentypen des induktiven Denkens:

Wissen anwenden
mit den zahlreichen
Beispielen

1. Generalisierung (Gleichheit von Merkmalen)
2. Diskrimination (Verschiedenheit von Merkmalen)
3. Kreuzklassifikation (Gleichheit und Verschiedenheit von Merkmalen)
4. Beziehungserfassung (Gleichheit von Relationen)
5. Beziehungsunterscheidung (Verschiedenheit von Relationen)
6. Systembildung (Gleichheit und Verschiedenheit von Relationen).

Da nicht vorausgesetzt werden kann, dass jeder Leser sich schon einmal mit einem konkreten pädagogisch-psychologischen Training befasst hat, wird vor der Begriffsklärung ein exemplarisches Trainingsprogramm im ▶ Exkurs „Ein Training zur Förderung des induktiven Denkens" kurz skizziert und ausführlicher im ▶ Abschn. 17.2.2 erklärt.

 Tab. 17.1 präsentiert exemplarisch die Kompetenzstufenbeschreibungen für die Lesekompetenz aus PISA 2000 (Artelt, Schneider & Schiefele, 2002).

Übersichten: erleichtern
das Lernen

Vorteile Neuer Medien
- Selbstbestimmtes Lernen bezüglich des Lerntempos
- Selbstbestimmtes Lernen bezüglich des Lernwegs
- Zeitunabhängiges Lehren und Lernen
- Ortsunabhängiges Lehren und Lernen

17.1 · Was ist ein Training? Begriffsbestimmung und Klassifikation

403

17

Navigation: Mit Seiten-
zahl und Kapitelnummer

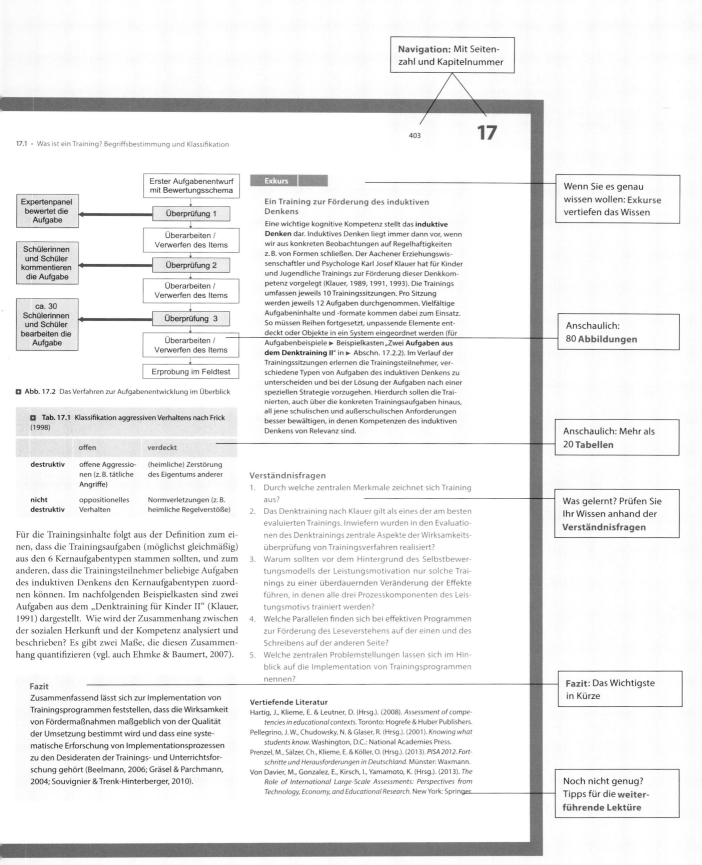

Erster Aufgabenentwurf
mit Bewertungsschema

Überprüfung 1

Expertenpanel
bewertet die
Aufgabe

Überarbeiten /
Verwerfen des Items

Überprüfung 2

Schülerinnen
und Schüler
kommentieren
die Aufgabe

Überarbeiten /
Verwerfen des Items

Überprüfung 3

ca. 30
Schülerinnen
und Schüler
bearbeiten die
Aufgabe

Überarbeiten /
Verwerfen des Items

Erprobung im Feldtest

◻ **Abb. 17.2** Das Verfahren zur Aufgabenentwicklung im Überblick

◻ **Tab. 17.1** Klassifikation aggressiven Verhaltens nach Frick (1998)

	offen	verdeckt
destruktiv	offene Aggressionen (z. B. tätliche Angriffe)	(heimliche) Zerstörung des Eigentums anderer
nicht destruktiv	oppositionelles Verhalten	Normverletzungen (z. B. heimliche Regelverstöße)

Für die Trainingsinhalte folgt aus der Definition zum einen, dass die Trainingsaufgaben (möglichst gleichmäßig) aus den 6 Kernaufgabentypen stammen sollten, und zum anderen, dass die Trainingsteilnehmer beliebige Aufgaben des induktiven Denkens den Kernaufgabentypen zuordnen können. Im nachfolgenden Beispielkasten sind zwei Aufgaben aus dem „Denktraining für Kinder II" (Klauer, 1991) dargestellt. Wie wird der Zusammenhang zwischen der sozialen Herkunft und der Kompetenz analysiert und beschrieben? Es gibt zwei Maße, die diesen Zusammenhang quantifizieren (vgl. auch Ehmke & Baumert, 2007).

Fazit
Zusammenfassend lässt sich zur Implementation von Trainingsprogrammen feststellen, dass die Wirksamkeit von Fördermaßnahmen maßgeblich von der Qualität der Umsetzung bestimmt wird und dass eine systematische Erforschung von Implementationsprozessen zu den Desideraten der Trainings- und Unterrichtsforschung gehört (Beelmann, 2006; Gräsel & Parchmann, 2004; Souvignier & Trenk-Hinterberger, 2010).

Exkurs

Ein Training zur Förderung des induktiven Denkens
Eine wichtige kognitive Kompetenz stellt das **induktive Denken** dar. Induktives Denken liegt immer dann vor, wenn wir aus konkreten Beobachtungen auf Regelhaftigkeiten z. B. von Formen schließen. Der Aachener Erziehungswissenschaftler und Psychologe Karl Josef Klauer hat für Kinder und Jugendliche Trainings zur Förderung dieser Denkkompetenz vorgelegt (Klauer, 1989, 1991, 1993). Die Trainings umfassen jeweils 10 Trainingssitzungen. Pro Sitzung werden jeweils 12 Aufgaben durchgenommen. Vielfältige Aufgabeninhalte und -formate kommen dabei zum Einsatz. So müssen Reihen fortgesetzt, unpassende Elemente entdeckt oder Objekte in ein System eingeordnet werden (für Aufgabenbeispiele ▶ Beispielkasten „Zwei **Aufgaben aus dem Denktraining II**" in ▶ Abschn. 17.2.2). Im Verlauf der Trainingssitzungen erlernen die Trainingsteilnehmer, verschiedene Typen von Aufgaben des induktiven Denkens zu unterscheiden und bei der Lösung der Aufgaben nach einer speziellen Strategie vorzugehen. Hierdurch sollen die Trainierten, auch über die konkreten Trainingsaufgaben hinaus, all jene schulischen und außerschulischen Anforderungen besser bewältigen, in denen Kompetenzen des induktiven Denkens von Relevanz sind.

Verständnisfragen

1. Durch welche zentralen Merkmale zeichnet sich Training aus?
2. Das Denktraining nach Klauer gilt als eines der am besten evaluierten Trainings. Inwiefern wurden in den Evaluationen des Denktrainings zentrale Aspekte der Wirksamkeitsüberprüfung von Trainingsverfahren realisiert?
3. Warum sollten vor dem Hintergrund des Selbstbewertungsmodells der Leistungsmotivation nur solche Trainings zu einer überdauernden Veränderung der Effekte führen, in denen alle drei Prozesskomponenten des Leistungsmotivs trainiert werden?
4. Welche Parallelen finden sich bei effektiven Programmen zur Förderung des Leseverstehens auf der einen und des Schreibens auf der anderen Seite?
5. Welche zentralen Problemstellungen lassen sich im Hinblick auf die Implementation von Trainingsprogrammen nennen?

Vertiefende Literatur
Hartig, J., Klieme, E. & Leutner, D. (Hrsg.). (2008). *Assessment of competencies in educational contexts.* Toronto: Hogrefe & Huber Publishers.
Pellegrino, J. W., Chudowsky, N. & Glaser, R. (Hrsg.). (2001). *Knowing what students know.* Washington, D.C.: National Academies Press.
Prenzel, M., Sälzer, Ch., Klieme, E. & Köller, O. (Hrsg.). (2013). *PISA 2012. Fortschritte und Herausforderungen in Deutschland.* Münster: Waxmann.
Von Davier, M., Gonzalez, E., Kirsch, I., Yamamoto, K. (Hrsg.). (2013). *The Role of International Large-Scale Assessments: Perspectives from Technology, Economy, and Educational Research.* New York: Springer.

Wenn Sie es genau wissen wollen: Exkurse vertiefen das Wissen

Anschaulich: 80 **Abbildungen**

Anschaulich: Mehr als 20 **Tabellen**

Was gelernt? Prüfen Sie Ihr Wissen anhand der **Verständnisfragen**

Fazit: Das Wichtigste in Kürze

Noch nicht genug? Tipps für die **weiterführende Lektüre**

🌐 Website zum Buch auf
www.lehrbuch-psychologie.de

Lernmaterialien zum Lehrbuch *Pädagogische Psychologie* im Internet ► www.lehrbuch-psychologie.de

- Alles für die Lehre – fertig zum Download: **Foliensätze, Abbildungen** und **Tabellen** für Dozentinnen und Dozenten zum Download
- Schnelles Nachschlagen: Glossar mit über **140 Fachbegriffen**
- **Zusammenfassungen** der 18 Buchkapitel: Das steckt drin im Lehrbuch
- **Memocards:** Prüfen Sie Ihr Wissen
- Verständnisfragen und Antworten

Weitere Websites unter ► www.lehrbuch-psychologie.de

- Deutsch-englisches Glossar mit zahlreichen Fachbegriffen
- Memocards: Fachbegriffe pauken
- Kommentierte Linksammlung
- Kleine Phraseologie des Business-Neusprech
- Dozentenmaterialien: Abbildungen und Tabellen

- Kapitelzusammenfassungen
- Verständnisfragen und -antworten
- Glossar der wichtigsten Fachbegriffe
- Memocards
- Kommentierte Linksammlung

- Glossar mit zahlreichen Fachbegriffen
- Memocards: Überprüfen Sie Ihr Wissen
- Kapitelzusammenfassungen
- Prüfungsfragen & Antworten: Üben Sie für die Prüfung
- Dozentenmaterialien: Abbildungen und Tabellen

- Kapitelzusammenfassungen
- Verständnisfragen und -antworten
- Glossar mit über 150 Fachbegriffen
- Memocards
- Kommentierte Linksammlung

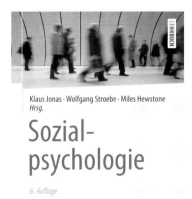

- Kapitelzusammenfassungen
- Memocards: Fachbegriffe pauken
- Kommentierte Linksammlung
- Verständnisfragen und -antworten
- Dozentenmaterialien: Vorlesungsfolien, Abbildungen und Tabellen

- Lernziele
- Verständnisfragen und -antworten
- Glossar mit über 400 Fachbegriffen
- Kapitelglossare
- Memocards

Einfach lesen, hören, lernen im Web – ganz ohne Registrierung! Fragen?
▶ redaktion@lehrbuch-psychologie.de

Inhaltsverzeichnis

III   Motivieren

IV   Interagieren

V   Diagnostizieren und Evaluieren

VI   Intervenieren

Mitarbeiterverzeichnis

Holger Domsch, Dr.
Stadt Münster
Schulpsychologische Beratungsstelle
Klosterstraße 33, 48143 Münster
E-Mail: Domsch@stadt-muenster.de

Barbara Drechsel, Prof. Dr.
Otto-Friedrich-Universität Bamberg
Institut für Psychologie
Professur für Psychologische Grundlagen
in Schule und Unterricht
Kapuzinerstraße 16, 96047 Bamberg
E-Mail: barbara.drechsel@uni-bamberg.de

Marco Ennemoser, Prof. Dr.
Justus-Liebig-Universität Gießen
Fachbereich 06, Psychologie und Sportwissenschaft
Abteilung Pädagogische Psychologie
Schulische Prävention und Evaluation
Otto-Behaghel-Straße 10 F, 35394 Gießen
E-Mail: Marco.Ennemoser@psychol.uni-giessen.de

Anne C. Frenzel, Prof. Dr.
Ludwig-Maximilians-Universität München
MCLS – Munich Center of the Learning Sciences
Leopoldstraße 13, 80802 München
E-Mail: frenzel@psy.lmu.de

Stefan Fries, Prof. Dr.
Universität Bielefeld
Abteilung Psychologie
AE Psychologie der Bildung und Erziehung
Postfach 100131, 33501 Bielefeld
E-Mail: stefan.fries@uni-bielefeld.de

Thomas Götz, Prof. Dr.
Universität Konstanz
Empirische Bildungsforschung
Universitätsstraße 10/Fach 45, 78457 Konstanz
E-Mail: thomas.goetz@uni-konstanz.de

Hans Gruber, Prof. Dr.
Universität Regensburg
Institut für Pädagogik
Universitätsstraße 31, 93053 Regensburg
E-Mail: Hans.Gruber@ur.de

Bettina Hannover, Univ.-Prof. Dr.
Freie Universität Berlin
Fachbereich Erziehungswissenschaft und Psychologie
Arbeitsbereich Schul- und Unterrichtsforschung
Habelschwerdter Allee 45, 14195 Berlin
E-Mail: bettina.hannover@fu-berlin.de

Holger Horz, Prof. Dr.
Goethe-Universität Frankfurt
Institut für Psychologie
Arbeitsbereich Pädagogische Psychologie
AE Psychologie des Lehrens und Lernens
im Erwachsenenalter &
IKH - Interdisziplinäres Kolleg Hochschuldidaktik
PEG-Gebäude (HP 71)
Grüneburgplatz 1, 60323 Frankfurt am Main
E-Mail: horz@psych.uni-frankfurt.de

Ursula Kessels, Univ.-Prof. Dr.
Freie Universität Berlin
Fachbereich Erziehungswissenschaft und Psychologie
Arbeitsbereich Bildungsforschung/Heterogenität
und Bildung
Habelschwerdter Allee 45, 14195 Berlin
E-Mail: ursula.kessels@fu-berlin.de

Olaf Köller, Prof. Dr.
Geschäftsführender Direktor des IPN – Leibniz-
Institut für die Pädagogik der Naturwissenschaften
und Mathematik an der Universität Kiel
Olshausenstraße 62, 24118 Kiel
E-Mail: koeller@ipn.uni-kiel.de

Kristin Krajewski, Prof. Dr.
Justus-Liebig-Universität Gießen
Fachbereich 06, Psychologie und Sportwissenschaften
Abteilung Pädagogische Psychologie
Entwicklungsorientierte Lernförderung
Otto-Behaghel-Straße 10 F, 35394 Gießen
E-Mail: Kristin.Krajewski@psychol.uni-giessen.de

Olga Kunina-Habenicht, Dr.
Goethe-Universität Frankfurt
Institut für Psychologie
Arbeitsbereich Pädagogische Psychologie
AE Lehren und Lernen im schulischen Kontext
Grüneburgplatz 1, 60323 Frankfurt am Main
E-Mail: kunina@paed.psych.uni-frankfurt.de

Mareike Kunter, Prof. Dr.
Goethe-Universität Frankfurt
Institut für Psychologie
Abteilung für Pädagogische Psychologie
AE Lehren und Lernen im schulischen Kontext
Grüneburgplatz 1, 60323 Frankfurt am Main
E-Mail: kunter@paed.psych.uni-frankfurt.de

Meike Landmann, Dr.
Landesschulamt und Lehrkräfteakademie
Dezernat III.3/Wirksamkeitsanalysen
Walter-Hallstein-Straße 5–7, 65197 Wiesbaden
E-Mail: Meike.Landmann@lsa.hessen.de

Frank Lipowsky, Prof. Dr.
Universität Kassel
Fachgebiet Empirische Schul- und Unterrichtsforschung
Nora-Platiel-Straße 1, 34109 Kassel
E-Mail: lipowsky@uni-kassel.de

Arnold Lohaus, Univ.-Prof. Dr.
Universität Bielefeld
Fakultät für Psychologie und Sportwissenschaft
AE Entwicklungspsychologie
Postfach 10 01 31, 33501 Bielefeld
E-Mail: arnold.lohaus@uni-bielefeld.de

Jens Möller, Prof. Dr.
Christian-Albrechts-Universität Kiel
Institut für Psychologie – Psychologie für Pädagogen
Olshausenstraße 75, 24118 Kiel
E-Mail: jmoeller@psychologie.uni-kiel.de

Barbara Otto, Dr.
Goethe-Universität Frankfurt
Institut für Psychologie
Arbeitsbereich Pädagogische Psychologie
PEG-Gebäude, Raum 5.G128, HP 68
Grüneburgplatz 1, 60323 Frankfurt am Main
E-Mail: b.otto@paed.psych.uni-frankfurt.de

Reinhard Pekrun, Prof. Dr.
Ludwig-Maximilians-Universität München
Fakultät für Psychologie und Pädagogik
Lehrstuhl für Pädagogische Psychologie, Evaluation
& Diagnostik
Leopoldstraße 13, 80802 München
E-Mail: pekrun@lmu.de

Franziska Perels, Prof. Dr.
Universität des Saarlandes
Fachrichtung 5.1 Bildungswissenschaften
Empirische Schul- und Unterrichtsforschung
Postfach 151150, 66041 Saarbrücken
E-Mail: f.perels@mx.uni-saarland.de

Britta Pohlmann, Dr.
Institut für Bildungsmonitoring
und Qualitätsentwicklung
Beltgens Garten 25, 20537 Hamburg
E-Mail: Britta.Pohlmann@ifbq.hamburg.de

Manfred Prenzel, Prof. Dr.
Technische Universität München
TUM School of Education
Susanne Klatten-Stiftungslehrstuhl für Empirische
Bildungsforschung
Arcisstraße 21, 80333 München
E-Mail: manfred.prenzel@tum.de

Alexander Renkl, Prof. Dr.
Universität Freiburg
Institut für Psychologie
Abteilung Pädagogische Psychologie
und Entwicklungspsychologie
Engelbergerstraße 41, 79085 Freiburg
E-Mail: renkl@psychologie.uni-freiburg.de

Ellen Schaffner, Dr.
Universität Potsdam
Department Psychologie
Pädagogische Psychologie
Karl-Liebknecht-Straße 24/25, 14476 Potsdam OT Golm
E-Mail: schaffn@uni-potsdam.de

Ulrich Schiefele, Prof. Dr.
Universität Potsdam
Department Psychologie
Abteilung für Pädagogische Psychologie
Karl-Liebknecht-Straße 24/25, 14476 Potsdam OT Golm
E-Mail: ulrich.schiefele@uni-potsdam.de

Kathleen Schnick-Vollmer, Dipl.-Psych.
Technische Universität Darmstadt
Institut für Psychologie
Arbeitsgruppe für Pädagogische Psychologie
Alexanderstraße 10, 64283 Darmstadt
E-Mail: schnick@psychologie.tu-darmstadt.de

Bernhard Schmitz, Prof. Dr.
Technische Universität Darmstadt
Institut für Psychologie
Arbeitsgruppe für Pädagogische Psychologie
Alexanderstraße 10, 64283 Darmstadt
E-Mail: schmitz@psychologie.tu-darmstadt.de

Tina Seidel, Prof. Dr.
Technische Universität München
TUM School of Education
Friedl Schöller-Stiftungslehrstuhl für Unterrichts-
und Hochschulforschung
Arcisstraße 21, 80333 München
E-Mail: tina.seidel@tum.de

Elmar Souvignier, Prof. Dr.
Westfälische Wilhelms-Universität Münster
Institut für Psychologie in Bildung und Erziehung
Fliednerstraße 21, 48149 Münster
E-Mail: elmar.souvignier@psy.uni-muenster.de

Eleni Stamouli, PD Dr.
Universität Regensburg
Institut für Pädagogik
Universitätsstraße 31, 93053 Regensburg
E-Mail: eleni.stamouli@paedagogik.
uni-regensburg.de

Ulrich Trautwein, Prof. Dr.
Eberhard Karls Universität Tübingen
Institut für Erziehungswissenschaft
Europastraße 6, 72070 Tübingen
E-Mail: ulrich.trautwein@uni-tuebingen.de

Sabine Walper, Prof. Dr.
DJI München, Deutsches Jugendinstitut e.V.
Nockherstraße 2
81541 München
E-Mail: walper@dji.de

Elke Wild, Prof. Dr.
Universität Bielefeld
Fakultät für Psychologie
AE Pädagogische Psychologie
Postfach 10 01 31, 33501 Bielefeld
E-Mail: elke.wild@uni-bielefeld.de

Oliver Wilhelm, Prof. Dr.
Universität Ulm
Institut für Psychologie und Pädagogik
Abteilung Differentielle Psychologie
und Psychologische Diagnostik
Albert-Einstein-Allee 47
89081 Ulm
E-Mail: oliver.wilhelm@uni-ulm.de

Lernen

Wissenserwerb

Alexander Renkl

E. Wild, J. Möller (Hrsg.), *Pädagogische Psychologie,* Springer-Lehrbuch,
DOI 10.1007/978-3-642-41291-2_1, © Springer-Verlag Berlin Heidelberg 2015

Der Erwerb von Wissen („knowledge acquisition") ist wohl die wichtigste Zieldimension der meisten Bildungsprozesse. Wird im Kontext von Schule, Hochschule und Weiterbildung der Begriff „Lernen" gebraucht, so bezieht er sich typischerweise auf Wissenserwerb. Insofern wird im Folgenden Lernen synonym mit Wissenserwerb gebraucht. Zu gelungenem Wissenserwerb trägt eine Vielzahl von Faktoren bei. Dieser Beitrag konzentriert sich auf das Was und Wie des Wissenserwerbs aus kognitiver Perspektive. Man kann sagen, nur die proximal am Wissenserwerb beteiligten Faktoren und Prozesse werden betrachtet. Für andere wichtige Faktoren, die hier nur am Rande oder gar nicht behandelt werden können, etwa Vorwissen und Intelligenz (► Kap. 2), Selbststeuerung der Lernenden (► Kap. 3), Motivation (► Kap. 7 und ► Kap. 8) oder Unterricht (► Kap. 4, ► Kap. 5 und ► Kap. 6), wird auf die entsprechenden Kapitel dieses Lehrbuchs verwiesen. Im Folgenden wird zunächst die Frage geklärt, welche Wissensarten in diesem Zusammenhang von besonderer Bedeutung sind (► Abschn. 1.1). In ► Abschn. 1.2 werden drei grundlegende theoretische Perspektiven rekonstruiert und deren Implikationen für die Analyse und Förderung des Wissenserwerbs diskutiert. Wichtige Lernarten werden in ► Abschn. 1.3 besprochen. Abschließend wird noch kurz das Verhältnis zwischen Lernprozessen und Instruktion (Unterricht, instruktionales Design von Lernmaterial und Lernumgebungen) erörtert (◘ Abb. 1.1).

◘ Abb. 1.1

1.1 Wissenserwerb – Was wird da erworben?

In diesem Abschnitt soll näher auf den Begriff des Wissens eingegangen werden. Es werden die wichtigsten Wissensarten vorgestellt (zu umfassenden Systematiken siehe de Jong & Ferguson-Hessler, 1996; Alexander, Schallert & Hare, 1991).

In einer ersten groben Einteilung können zwei Arten von Wissen unterschieden werden.

> **Definition**
>
> **Deklaratives Wissen** bezieht sich auf „Wissen, dass". Dies kann sowohl einzelne Fakten umfassen (z.B. ein Geschichtsdatum, eine Grammatikregel) als auch komplexes Zusammenhangswissen (z.B. Verständnis der Wechselwirkung von volkswirtschaftlichen Faktoren). Vielfach wird auch der Begriff des konzeptuellen Wissens verwendet, wenn deklaratives Wissen gemeint ist, das tieferes Verständnis konstituiert.
> **Prozedurales Wissen** bezeichnet „Wissen, wie", also etwas, das man in der deutschen Alltagssprache meist als Können bezeichnet. Beispiele für proze-

durales Wissen, das in der Schule erworben werden soll, sind das Ausrechnen von Aufgaben aus der Mathematik, der Physik oder der Chemie oder auch das Schreiben einer Erörterung in Deutsch.

Es gibt zwar weitestgehenden Konsens über die Unterscheidung zwischen ► **deklarativem und prozeduralem Wissen**, gleichwohl wird die Grenze zwischen beiden Wissensarten unterschiedlich gezogen. In der prominenten **ACT-Theorie** von Anderson (aktuell: ACT-R; z.B. Anderson & Lebiere, 1998), auf die vielfach bei der Differenzierung dieser Wissensarten referiert wird, wird prozedurales Wissen in der Form von Wenn-Dann-Produktionsregeln konzeptualisiert (► Kap. 2). Der Wenn-Teil definiert eine Bedingung, deren Zutreffen eine im Dann-Teil beschriebene offene oder mentale Aktion aktiviert. Ein menschliches Können (prozedurales Wissen) nachbildendes System von solchen Bedingungs-Aktions-Paaren wird Produktionssystem genannt. Während deklaratives Wissen verbalisiert werden kann, wird in der ACT-Theorie angenommen, dass prozedurales Wissen nicht (direkt) verbalisierbar ist. Danach wäre beispielsweise eine verbale Beschreibung eines Lösungswegs in der Mathematik deklaratives Wissen, die Fertigkeit, es tatsächlich zu machen, wäre der prozedurale Aspekt. Andere Autoren (z. B. de Jong & Ferguson-Hessler, 1996) bezeichnen auch das verbalisierbare Wissen über einen Lösungsweg als prozedurales Wissen. Ob dieser Unterschied in der genauen Grenzziehung zwischen den Wissensarten immer von substanzieller Relevanz ist (z. B. bei Überlegungen zur Förderung prozeduralen Wissens), mag dahingestellt sein. Bei der Diagnose der Wissensarten spielt es aber natürlich eine große Rolle, ob verbalisiertes Vorgehenswissen indikativ für prozedurales Wissen ist oder eben nicht.

Deklaratives und prozedurales Wissen kann sich auf fachliches (domänenspezifisches) Wissen beziehen (z. B. Wissen über den Satz des Pythagoras oder Berechnenkönnen von Dreieckswinkeln) oder auf Inhalte oder Vorgehensweisen (Strategien), die von fachübergreifender Relevanz sind. Beispielsweise sollten Schüler im Unterricht idealiter Lernstrategien erwerben (z. B. hilfreiche Visualisierungen erstellen können) oder lernen, angemessen zu argumentieren (z. B. nicht nur die eigene Position darzustellen, sondern auch auf Gegenargumente einzugehen). Solche Vorgehensweisen sind für mehrere Domänen bzw. Schulfächer – wenn auch nicht für alle in gleichem Ausmaß – relevant.

Als weitere wichtige Art von Wissen, die es zu erwerben gilt, sei **metakognitives Wissen** genannt (Hasselhorn, 2010; Veenman, van Hout-Wolters & Afflerbach, 2006).

Definition

Beim **metakognitiven Wissen** geht es um Wissen über Wissen bzw. um eng mit Wissen verbundene Phänomene (z. B. Wissen über Wissenserwerb, Wissen um den Sinn einer Lernstrategie oder das Planen des eigenen Vorgehens). Dabei können deklarative und prozedurale Aspekte unterschieden werden.

Eine bekannte Einteilung **deklarativen Metawissens** stammt von Flavell (1979): Wissen über Personenmerkmale (z. B. „Bei Textaufgaben neige ich dazu, die Aufgabenstellung nur oberflächlich zu lesen"), Aufgaben („Wahrscheinlichkeitsaufgaben schauen oft leicht aus, aber sie haben es dann doch oft in sich") und Strategien („Sich vor dem Lesen einen Überblick zu verschaffen, erleichtert es oft das Kommende einzuordnen"). **Prozedurales metakognitives Wissen** umfasst vor allem das Planen des eigenen Vorgehens, das Überwachen des eigenen Verständnisses bzw. der eigenen Problemlösungen und das „remediale" Regulieren (wenn z. B. etwas noch nicht verstanden wurde oder eine Lösung selbst als ungenügend erkannt wurde).

In den letzten Jahren wird insbesondere eine Art von metakognitivem Wissen untersucht, das sich auf die subjektive Auffassung darüber, was Wissen eigentlich ist, bezieht. Man spricht in diesem Zusammenhang von epistemologischen Überzeugungen (z. B. Khine, 2008; ► Kap. 2). Nach Kuhn (2005) sehen Lernende nur dann einen Sinn, sich mit komplexen Sachverhalten auseinanderzusetzen, zu denen es verschiedene Positionen gibt (z. B. Stammzellenforschung, Klimaerwärmung), wenn sie nicht mehr an „einfaches" absolutes Wissen bzw. Wahrheiten glauben (Absolutismus) und auch nicht mehr alle Positionen als willkürliche Meinungen ansehen (Multiplismus; oft im Jugendalter anzutreffen). Sie sollten vielmehr die Überzeugung gewonnen haben, dass es zwar verschiedene (im Prinzip legitime) Positionen geben kann, diese aber unterschiedlich gut begründet sein können (Evaluatismus).

In diesem Zusammenhang muss erwähnt werden, dass es beim Wissenserwerb nicht nur darauf ankommt, möglichst viel Wissen zu erwerben. Die **Qualität des Wissens** ist ebenfalls bedeutsam, wobei insbesondere der **Grad der Vernetzung** relevant ist. Dies soll an zwei Extrembeispielen verdeutlicht werden:

Beispiel

Ein Schüler A hat in der Wahrscheinlichkeitsrechnung die wichtigen Formeln auswendig gelernt (z. B. Multiplikationssatz) und kann ihm bekannte Aufgabentypen mithilfe dieser Formeln lösen. Wenn eine Aufgabe einen modifizierten Lösungsweg erfordert (z. B. Aufgabe „ohne Zurücklegen", die zuvor noch nicht behandelt wurde), scheitert der Schüler. Ein Schüler B kann nicht nur den Multiplikationssatz wiedergeben, sondern hat auch verstanden, warum man multipliziert, wie sich die Lösungswege für bestimmte Typen von Aufgaben mit den zugrunde liegenden mathematischen Sätzen (z. B. Multiplikationssatz) begründen lassen, und welchen Zweck einzelne Lösungsschritte jeweils erreichen (d. h. prozedurales und konzeptuelles Wissen sind eng miteinander verknüpft). Bei modifizierten Aufgabenstellungen ist Schüler B nicht wie Schüler A darauf angewiesen, einen fertigen Lösungsweg bereits zu kennen. Er kann aufgrund seines Verständnisses ihm bekannte Lösungswege so modifizieren, dass selbst veränderte Aufgabenstellungen bewältigt werden können. Ziel des Wissenserwerbs ist also nicht nur der Erwerb einzelner Wissenselemente, sondern vor allem auch eine vernetzte Wissensstruktur.

Ein wichtiges Konzept vernetzter Wissensstrukturen ist der Begriff ► **Schema**.

◘ Tab. 1.1 Wichtige Lernziele, die bestimmten Wissensarten entsprechen, am Beispiel des Bereichs Schreiben im Deutschunterricht

Lernziel	Wissensart
Kenntnis der Kommaregeln	Domänenspezifisches deklaratives Wissen
Sätze korrekt niederschreiben	Domänenspezifisches prozedurales Wissen
Wissen über argumentative Strukturen	Domänenübergreifendes deklaratives Wissen
Argumentieren	Domänenübergreifendes prozedurales Wissen
Wissen über den Nutzen von Planungsstrategien beim Schreiben	Deklaratives metakognitives Wissen
Überwachung der Rechtschreibung und der Grammatik in einem Aufsatz	Prozedurales metakognitives Wissen
Verallgemeinerte Vorstellung über Erörterungen und wie man diese verfasst, die die oben aufgelisteten Wissensarten umfassen kann	Schema
Schreiben als Mittel der Alltagsbewältigung erkennen und einsetzen können	Kompetenz

---

Definition

Schemata beinhalten die Erfahrungen in bestimmten, wiederholt vorkommenden (Problem-)Situationen in abstrahierter Weise (z. B. Dreisatzaufgaben). Sie stellen skelettartige Wissensstrukturen dar, die mit den Spezifika einer aktuellen Problemstellung angereichert werden, wenn die Person einem passenden Problemtyp begegnet (z. B. die abstrakten Variablen des Dreisatzes werden mit den konkreten Zahlen und Gegenständen ausgefüllt).

Die Einordnung eines Sachverhalts in ein Schema erlaubt, eine entsprechende Qualität des Schemas vorausgesetzt, Verständnis und Reproduktion (Erinnern) desselben. Darüber hinaus können Vorhersagen und Problemlösungen geleistet werden. In Schemata können deklaratives Wissen und prozedurales Wissen integriert sein. Die Expertiseforschung verdeutlicht dabei (Ericsson, Charness, Hoffman & Feltovich, 2006), dass für effektives Problemlösen eine hierarchische, durch Schemata geordnete Wissensstruktur von Bedeutung ist. Diese ermöglicht nicht nur eine handhabbare Organisation des Wissens, sondern erlaubt es auch, die Verbindungen zwischen episodischen, konkreten Sachverhalten einschließlich problemlöserelevanter Informationen (z. B. Wissen über geeignete Operatoren bei bestimmten Problemen) und abstrakteren Domänenprinzipien zu repräsentieren. Dies ist eine Voraussetzung für kompetentes, prinzipiengesteuertes Problemlösen (Alexander, 1997).

Um die Anwendungsqualität von Wissen geht es auch beim Begriff der **Kompetenz**, der in neuerer Zeit insbesondere durch die von PISA (z. B. Deutsches PISA-Konsortium, 2001; PISA-Konsortium Deutschland, 2007) angestoßene Diskussion zur Bildungsqualität in deutschen Schulen zunehmend Beachtung erfährt (▶ Kap. 15; auch Klieme & Leutner, 2006). Dieser stellt eine eher holisti-

sche, d. h. mehrere Wissensarten umfassende und auf die Funktionalität von Wissen bezogene Konzeption dar. Beispielsweise wird mathematische Kompetenz im Sinne einer mathematischen Grundfertigkeit verstanden, die sich auf die Fähigkeit bezieht, die Funktion von Mathematik in der Lebenswelt zu verstehen, fundierte mathematikbasierte Urteile abgeben zu können und Mathematik als Werkzeug im Alltags- oder Berufsleben nutzen zu können. Obwohl mit dem Kompetenzbegriff und dessen Betonung der **Funktionalität von Wissen** ein wichtiger und interessanter Ansatz in die wissenschaftliche Diskussion eingeführt wurde, mangelt es derzeit noch an einer umfassenden theoretischen Konzeptualisierung und entsprechend fundierten Messinstrumenten.

In ◘ Tab. 1.1 findet sich eine Zusammenstellung der wichtigsten Wissensarten. Diese werden am Beispiel des Schreibens exemplifiziert.

1.2 Was sind bedeutende theoretische Perspektiven?

Es gibt derzeit unterschiedliche Auffassungen darüber, wie Wissenserwerb abläuft und welche Prozesse besonders lernförderlich sind. Diese lassen sich drei prototypischen Positionen zuordnen:

- Die **Perspektive des aktiven Tuns** misst vor allem aktivem Problemlösen und aktivem Diskurs eine besondere Bedeutung beim Erwerb von Wissen zu.
- Bei der **Perspektive der aktiven Informationsverarbeitung** wird argumentiert, dass nicht unbedingt sichtbares aktives Tun ausschlaggebend ist, sondern die aktive mentale Auseinandersetzung mit dem Lerngegenstand. Diese beiden Perspektiven wurden von Mayer und Kollegen als grundlegende Orientierungen identifiziert (z. B. Robbins & Mayer, 1993).

▬▬ Die **Perspektive der fokussierten Informationsverarbeitung** (Renkl & Atkinson, 2007; Renkl, 2011a) differenziert die Perspektive der aktiven Informationsverarbeitung insofern aus, als sie betont, dass nicht mentale Aktivität an sich zu gelungenem Wissenserwerb führt, sondern mentale Aktivität, die die zentralen Konzepte (z. B. Begriffe) und Prinzipien (z. B. Gesetze, mathematische Sätze) in einem Lernbereich fokussiert.

Diese Perspektiven werden im Folgenden diskutiert. Dabei wird die Perspektive der aktiven Informationsverarbeitung am ausführlichsten dargestellt, da sie die derzeit dominante Orientierung ist.

1.2.1 Perspektive des aktiven Tuns

Die Perspektive des aktiven Tuns betrachtet sichtbare, offene Lernaktivitäten als notwendige Bedingung gelungenen Wissenserwerbs. Ein klassisches Beispiel für diese Position ist das Modell des operanten Konditionierens von Skinner (1954). Dabei wird betont, dass Schüler Gelegenheit bekommen müssen, Verhalten zu zeigen, das, wenn erwünscht, sogleich bekräftigt wird. Dies kann sehr gut über Lernmaschinen – in der Art moderner computerbasierter Drill-and-Pratice-Lernprogramme – erfolgen, in denen der Lernstoff in kleine Einheiten unterteilt und in Aufgaben „gegossen" wird. Die Aufgaben sollten von den Lernenden zumeist richtig gelöst werden können, sodass korrektes Verhalten bekräftigt werden kann. Die Lernmaschinen erlauben zudem eine individuelle Anpassung des Lerntempos.

Diese Perspektive mag veraltet anmuten, da in modernen instruktionalen („unterrichtlichen") Ansätzen weniger die Einübung einzelner Antworten im Vordergrund steht, als vielmehr vernetzte, Verständnis konstituierende und Transfer erlaubende Wissensstrukturen. Es gibt allerdings auch moderne Versionen dieser Perspektive. Unter Schlagwörtern wie **Konstruktivismus** (im Sinne Piagets) oder **Sozialkonstruktivismus** (unter Bezug auf Vygotsky) gibt es eine Vielzahl von Ansätzen, die als Voraussetzung gelungenen Wissenserwerbs offenes Verhalten betonen, wie etwa Manipulieren von Lerngegenständen, gemeinsames Problemlösen oder aktive Teilnahme an fachlichem Diskurs (z. B. Stahl, Koshmann & Suthers, 2006). Nach Barab et al. (2008) z. B. sind Konzepte keine für sich stehenden Entitäten im Kopf von Lernenden, sondern Werkzeuge, die immer mit Aktivitäten verbunden sind. Da Kognition damit an Aktivitäten in konkreten Situationen gebunden ist, spricht man hier auch von der Perspektive der situierten Kognition (Greeno, 2006).

Die Ablehnung der Annahme, dass Wissen („knowledge") als etwas zu betrachten ist, das unabhängig von situativen Kontexten in den Köpfen abgespeichert ist, wird von Vertretern des **Situiertheitsansatzes** nicht zuletzt mit dem vielfach anzutreffenden Phänomen des „trägen Wissens" begründet (Renkl, 1996b). Dieser Begriff kennzeichnet Wissen, das Lernende z. B. in Prüfungen wiedergeben können, das sie aber nicht verwenden, wenn es gilt, komplexe Probleme des Berufs- oder Alltagslebens zu lösen; es findet kein Transfer statt. Insofern wurde argumentiert, dass Wissen nicht eine Entität im Kopf ist, die in einem Kontext (z. B. Unterricht) erworben und dann in einem anderen Kontext (z. B. Arbeitsstelle) genutzt werden kann. Es wird vielmehr insofern als kontextgebunden angesehen, als es sich immer aus der Relation oder Interaktion zwischen einer Person und einer Situation konstituiert. Beispielsweise konstituiert sich Wissen beim Kooperieren mit anderen Lernenden, wobei die Art der Interaktion bestimmt, welches Wissen dabei entsteht. Aus dieser Wissensauffassung folgt, dass auch Kognition und Lernen als kontextgebunden bzw. situiert zu konzipieren ist. Wissen ist gleichsam in Aktivitätsmuster „eingebaut", die zu bestimmten Situationen bzw. Kontexten passen. Um Wissen zu erwerben, müssen Lernende also aktiv an Diskursen und Problemlöseprozessen teilnehmen, um so die entsprechenden Aktivitätsmuster zu erwerben.

Eine umfassende Diskussion der Vorzüge und Beschränkungen der situierten Perspektive kann hier aus Platzgründen nicht erfolgen (z. B. Renkl, 2001). Es soll hier primär die Annahme, dass das **aktive, offene Tun** für erfolgreiches Lernen ausschlaggebend ist, kritisch beleuchtet werden. Lernen ist letztendlich ein Prozess, der sich im Kopf (Gehirn) vollzieht. Vor diesem Hintergrund ist es problematisch, Kriterien darüber, ob effektives Lernen stattfindet, primär an offenen Aktivitäten festzumachen. Tut man dies dennoch, so entspricht dies vielfach der naiven Annahme einer 1 : 1-Korrepondenz zwischen äußerlich sichtbaren Lernaktivitäten und dem, was internal, also im Kopf der Lernenden passiert. Dass dem nicht so ist, zeigen beispielsweise die Befunde von Fischer und Mandl (2005) sowie Renkl (1997b): In kooperativen Lernarrangements, in denen ja auf der sozialen/offenen Ebene auf den ersten Blick für alle Vergleichbares passiert, können die Kooperationspartner dennoch sehr verschiedenartige Erfahrungen machen und unterschiedliches Wissen erwerben (dazu auch Weinberger, Stegmann & Fischer, 2007).

Es seien drei weitere Beispiele für empirische Befunde genannt, die eine eher kritische Sicht auf die Position des aktiven Tuns implizieren. Pauli und Lipowsky (2007) untersuchten die verbale Beteiligung der Schüler am Unterricht, welche man als prototypisches aktives Lernverhalten ansehen kann. Sie fanden nicht, dass aktive Schüler mehr lernen. Ein zweites Beispiel stammt von Renkl (1997b). Er fand, dass Lernen durch Lehren – vielfach ein „Paradebeispiel" für aktives Lernen – die Lernenden in Stress

Exkurs

Was ist das Arbeitsgedächtnis?

Wie das **Arbeitsgedächtnis** zu konzipieren ist, ist seit langer Zeit Gegenstand einer in der Gedächtnisforschung kontrovers geführten Debatte. Die klassische Auffassung, die meist in der Pädagogischen Psychologie zugrunde gelegt wird, nimmt einen „separaten" Speicher an. Diese Auffassung ist eng mit dem Namen Baddeley verbunden, der dabei mehrere Subkomponenten annimmt, die jeweils der Speicherung von visueller, akustischer und episodischer Information sowie der exekutiven Kontrolle dienen (Baddeley, 2001). Diese Auffassung wird immer wieder heftiger Kritik unterworfen und es

werden als Alternative prozessorientierte Modelle vorschlagen. Beispielsweise nimmt Cowan (2000) keine temporäre Speicherung an, sondern er konzipiert das Arbeitsgedächtnis – etwas vereinfacht gesprochen – als den aktivierten Teil des Langzeitgedächtnisses, auf dem der Aufmerksamkeitsfokus liegt; dieser Fokus ist wiederum auf wenige Informationseinheiten beschränkt.
Für die meisten Problemstellungen, mit denen sich die Pädagogische Psychologie beschäftigt, dürfte die Frage sekundär sein, wie genau die Kapazitätsgrenzen des Arbeitsgedächtnisses zustande kom-

men (zu prinzipiellen Schwierigkeiten der theoretischen Erklärung von Arbeitsgedächtnisphänomenen s. Cowan, 2000). Für spezielle Problemstellungen kann es jedoch wichtig sein, dass die Pädagogische Psychologie den aktuellen Stand der Gedächtnisforschung berücksichtigt. Dies zeigen z. B. Rummer, Schweppe, Scheiter und Gerjets (2008) im Zusammenhang mit der Erklärung des sog. Modalitätseffekts (Bild und gesprochener Text führen zu besserem Wissenserwerb als Bild und geschriebener Text) auf (▶ Kap. 5).

versetzen und sie überfordern kann, wenn sie sich in einem Lernbereich noch in anfänglichen Lernstadien befinden. Diejenigen, die nach einer ersten Selbstlernphase den Stoff anderen erklärten, die dieselbe Selbstlernphase gerade hinter sich gebracht hatten, lernten sogar weniger als die Zuhörenden. Die vermeintlich passiven Zuhörenden erwarben also mehr Wissen. Das dritte Beispiel bezieht sich auf Befunde zu Lösungsbeispielen beim anfänglichen Erwerb kognitiver Fertigkeiten (z. B. Renkl, 2011b; ▶ Abschn. 1.3.2). Es ist lernförderlicher, mehrere Lösungsbeispiele zu bearbeiten, statt bald (z. B. nach einem Beispiel) zum Bearbeiten von Aufgaben überzugehen. Dies gilt sogar dann, wenn das Lernen durch Aufgabenbearbeiten in „ausgefeilter" Weise unterstützt wird (z. B. Schwonke, Renkl, Krieg, Wittwer, Aleven & Salden, 2009). Das scheinbar passive Studium von Lösungsbeispielen ist also die bessere Alternative. Zugleich zeigen Untersuchungen, dass die mentalen Lernaktivitäten beim Beispielstudium von ganz entscheidender Bedeutung für den Lernerfolg sind (Renkl, 2011b; ▶ Abschn. 1.3.2). Diese Art der Aktivität wird in der Perspektive der aktiven Informationsverarbeitung betont.

1.2.2 Perspektive der aktiven Informationsverarbeitung

Die Perspektive der aktiven Verarbeitung ist mit den im vorstehenden Abschnitt genannten Befunden (z. B. Zuhören kann besser als Erklären sein) vereinbar. Es kommt nicht auf die offen sichtbare Aktivität an, sondern auf die mentale stoffbezogene Aktivität. Diese Position wird von den meisten kognitiv orientierten Lehr-Lern-Forschern eingenommen (Robbins & Mayer, 1993; vgl. auch den Begriff der kognitiven Aktivierung; ▶ Kap. 2). Auch hierbei liegt meist eine konstruktivistische Grundauffassung vor:

Es wird nicht angenommen, dass den Lernenden das Wissen direkt vermittelt werden kann, vielmehr müssen sie aktiv Information interpretieren und daraus Wissen aufbauen.

Es ist wichtig anzumerken, dass die Perspektiven der aktiven Informationsverarbeitung und des aktiven Tuns nicht immer zu unterschiedlichen Vorhersagen über effektiven Wissenserwerb kommen. Auch wenn man die aktive Informationsverarbeitung als für effektiven Wissenserwerb ausschlaggebend sieht, kann die Annahme gemacht werden, dass eine offene Aktivität (z. B. „Experimentieren" mit der Simulation eines ökologischen Systems) sinnvoll ist. Eine Begründung dafür bestünde aber immer in der Annahme, dass man dadurch mentale Verarbeitungsprozesse, etwa des Hypothesenbildens und -testens, aktiviert. Zugleich wird aber die Möglichkeit in Betracht gezogen, dass offene Aktivität der mentalen lernstoffbezogenen Aktivität abträglich sein kann – wie dies mit den Befunden zu Lösungsbeispielen und zum Lernen durch Zuhörer exemplarisch aufgezeigt wurde.

Gedächtnisstrukturen und Wissenserwerb

In der Perspektive der aktiven Informationsverarbeitung wird angenommen, dass die lernrelevante Informationsverarbeitung im **Arbeitsgedächtnis** (auch Arbeitsspeicher genannt) vollzogen wird. Dieser Speicher enthält das, was uns gerade bewusst ist, an was wir gerade denken (▶ Exkurs „Was ist das Arbeitsgedächtnis?"). Dass dabei der Umfang an Informationen, die wir gleichzeitig beachten können, begrenzt ist, ist uns allen aus der Alltagserfahrung bekannt (wir können an einem Tisch z. B. nicht zwei komplexen Konversationen zugleich folgen). Die potenziell von außen ins Arbeitsgedächtnis kommenden Daten werden zunächst in einem Ultrakurzzeitgedächtnis im Millisekundenbereich festgehalten (neuronale Muster, die durch akustische oder optische Signale ausgelöst werden). Aus der Vielzahl der einströmenden Reize werden nur sehr wenige bewusst beachtet, indem sie in das Arbeitsgedächtnis aufgenommen und verarbeitet werden. Insofern eine konstruktivistische Grundauffassung eingenommen wird – was inzwischen der typische Fall ist –, ist dabei vor allem zu beachten, dass die ins Arbeitsgedächtnis aufgenommenen Daten erst dadurch zur Information werden, dass sie auf der Basis des Vorwissens des Einzelnen (aus dem Langzeitspeicher) interpretiert werden, ihnen also Bedeutung verliehen wird (Aamodt & Nygård, 1995). Sehen sich beispielsweise ein Patient und ein Arzt eine Röntgenaufnahme vom Brustkorb an, so ist die Information, die im Arbeitsgedächtnis entsteht, jeweils deutlich verschieden. Der Patient „bestaunt" seine Rippen – das trifft zumindest bei mir zu –, während der Arzt nach Anzeichen von Lungenerkrankungen sucht, die dem Laien völlig unbekannt sind (Lesgold et al., 1998). Die Interpretation des Wahrgenommenen bzw. die Information, die entsteht, ist also fundamental vom Vorwissen abhängig. Dies entspricht einer konstruktivistischen Kernannahme, nämlich dem Postulat, dass wir die Dinge nicht „so wie sie sind" (was das auch immer sein mag) wahrnehmen, sondern dass wir sie immer interpretieren und damit erst mit Bedeutung belegen.

Beispiel

Die Ihnen möglicherweise ungewöhnlich erscheinende Annahme, dass Information nicht direkt in unser „Bewusstsein" dringen kann, sondern die Information von den Wahrnehmenden jeweils erst in Abhängigkeit vom Vorwissen erzeugt wird, soll an einem plakativen Beispiel weiter erläutert werden. Denken Sie an Ihre letzte Vorlesungssitzung zurück. Sicherlich würden Sie zustimmen, dass Sie Informationen aus der Vorlesung ziehen konnten. Bedenken Sie aber, dass für die allermeisten Personen dieser Welt das in der Vorlesung mündlich Präsentierte keinerlei Informationswert gehabt hätte, da sie nicht Deutsch sprechen. Die meisten Personen hätten „akustische Signale" in einer ihnen fremden Sprache wahrgenommen, die für sie keinerlei Bedeutung gehabt hätten. Sie selbst konnten aus der Vorlesung nur deshalb „Informationen ziehen", da Sie des Deutschen mächtig sind und zudem weiteres sprachliches und fachbezogenes Vorwissen haben (auch ein deutscher Zweitklässler hätte von der Vorlesung wohl kaum etwas verstanden). Im Übrigen hätten – aus den genannten Gründen – auch die Schriftzeichen dieses Buchs für die allermeisten Personen keinerlei Bedeutung.

Im Arbeitsspeicher sind also Informationen, die aus der aktiven Interpretation von einkommenden Daten entstehen. Daneben können wir Informationen aus unserem Langzeitgedächtnis in den Arbeitsspeicher holen: Wir erinnern uns an etwas. Diese beiden Prozesse – Interpretation und Gedächtnisabruf – sind vielfach eng verwoben. Wenn uns im Italienischkurs eine Vergangenheitsregel an eine analoge Regel im Französischen erinnert, dann rufen wir zum einen Gedächtnisinhalte ab, zum anderen hilft dies uns die italienische Regel zu verstehen (sinnvoll zu interpretieren; ▶ Exkurs „Cognitive-Load-Theorie").

Die Interpretation von einkommenden Daten hilft aber nicht nur dargebotenen Texten, mündlichen Erklärungen oder Schaubildern Sinn zu verleihen, sie hilft auch, trotz der engen Kapazitätsgrenzen des Arbeitsgedächtnisses, mit komplexem Stoff und dessen Verarbeitung zurechtzukommen. Wenn wir unser Vorwissen nutzen, können wir – etwas vereinfacht gesprochen – aus vielen Informationseinheiten eine einzige machen („Chunking"). Schüler müssen z. B. beim Lesen unbekannter Wörter, diese aus Einzelbuchstaben oder -silben zusammensetzten. Mit der Zeit werden sie als eine Einheit erkannt. Ein weiteres Beispiel ist, dass Nicht-Schachspieler in einer Schachstellung nur eine Ansammlung einzelner Figuren sehen; sie können sich die Stellung auch nur so merken. Schachexperten fassen Figurengruppen zu einzelnen sinnvollen Einheiten zusammen; sie können quasi in größeren Einheiten denken (Chi, 1978; Gruber, Renkl & Schneider, 1994). Das sinnvolle Zusammenfassen von Einzelheiten zu einer umfassenden Informationseinheit („Chunk"), für das im Übrigen insbesondere komplexe Schemata hilfreich sein können (▶ Abschn. 1.1), ist deshalb so bedeutsam, da im Arbeitsgedächtnis nur wenige Informationseinheiten gehalten und verarbeitet werden können. Wenn komplexe Informationsverarbeitung gefordert ist, mögen nur zwei, drei oder vier Informationseinheiten zugleich gehalten werden können. Je umfassender nun einzelne Informationseinheiten sind – wie dies etwa bei den Schachexperten und den Schachstellungen der Fall ist –, desto mehr Gesamtinformation kann im Arbeitsgedächtnis gehalten und verarbeitet werden.

Aus der Perspektive der aktiven Informationsverarbeitung wird Wissen im Langzeitgedächtnis abgelegt. Eine Annahme ist dabei, dass Wissen im **Langzeitspeicher** eine überdauernde, wenngleich unter Umständen schwache Spur hinterlässt. Das „Vergessen" von Information, die schon mal gewusst wurde, ist damit primär ein Problem des Nicht-mehr-Auffindens (ähnlich wie bei einem in einer Bibliothek verstellten Buch). Damit auf bestimmtes Wissen wieder zugegriffen werden kann, sollte es möglichst mit zahlreichen anderen Wissenselementen in Verbindung stehen. Damit ergeben sich viele „Zugangswege" zu diesem Wissen. Lernen bedeutet letztendlich, Informationen mit bereits vorhandenen Wissenselementen zu vernetzen (Elaboration), und seien sie ebenfalls erst kürzlich konstruiert worden. Man könnte auch sagen, Lernen ist Andocken

---

Exkurs

Cognitive-Load-Theorie

Die ▶ **Cognitive-Load-Theorie** von Sweller und Kollegen ist die zurzeit wohl bekannteste Theorie zum Wissenserwerb, die die Struktur des Arbeitsgedächtnisses ins Zentrum stellt (Paas, Sweller & Renkl, 2003; Sweller, van Merriënboer & Paas, 1998). Die grundlegende Annahme ist dabei, dass der Wissenserwerb in vielen Lernsituationen dadurch beeinträchtigt wird, dass das Arbeitsgedächtnis unnötig belastet wird (z. B. Lernende haben Probleme, eine Abbildung und deren Details dem entsprechenden Text zuzuordnen; „Split-Attention"-Effekt). Die

unnötige Belastung wird als extrinsisch („extraneous") bezeichnet. Daneben ist die Belastung des Arbeitsgedächtnisses durch die Stoffkomplexität (z. B. komplexe ökologische Zusammenhänge) zu beachten. Wenn Lernende mehrere Aspekte gleichzeitig beachten müssen, wird von hoher intrinsischer Belastung gesprochen („intrinsic load"). Diese Belastung ist natürlich immer auch vom Vorwissen der Lernenden abhängig: Was für einen Laien komplex ist, mag für Experten, die mithilfe ihrer gut entwickelten Schemata Einzelinformationen zu größeren Einheiten

zusammenfassen können, eine geringe Komplexität aufweisen. Insbesondere die Kombination aus hoher intrinsischer und extrinsischer Belastung kann zu einer kognitiven Überforderung („overload") führen, die den Wissenserwerb beeinträchtigt oder gar unmöglich macht. Die Relevanz der mentalen Aktivitäten der Lernenden kommt insbesondere im Konstrukt der lernbezogenen Belastung („germane load") zum Ausdruck. Diese Belastungsart beschreibt die Arbeitsgedächtnisbelastung, die aus Wissenskonstruktionsprozessen resultiert.

---

neuer Information an das Vorwissen. Lernen ist insofern ein konstruktiver Prozess, als die Verbindungen zwischen dem Neuen und dem Alten hergestellt (konstruiert) werden müssen.

Prozesse des Wissenserwerbs

Im Verlauf eines Lernprozesses wird Information im Langzeitspeicher abgelegt, sie wird zu Wissen (Aamodt & Nygård, 1995). Der eigentliche Lernprozess findet aber im Arbeitsgedächtnis statt. Im Folgenden wird eine Taxonomie lernbezogener Funktionen der Informationsverarbeitung im Arbeitsgedächtnis vorgestellt (Renkl, 2008b; auch Weinstein & Mayer; 1986).

Für effektiven Wissenserwerb sollen die Informationsverarbeitungsprozesse im Arbeitsgedächtnis insbesondere die folgenden Funktionen erfüllen:

- Interpretieren
- Selegieren
- Organisieren
- Elaborieren
- Stärken
- Generieren
- metakognitives Planen, Überwachen und Regulieren.

Interpretieren. Wie bereits erwähnt, nehmen wir aus konstruktivistischer Sicht Dinge nicht einfach wahr, sondern wir interpretieren einkommende Daten. Erst so entsteht Information. Die Art der Interpretation ist vom Vorwissen und dessen Aktivierung abhängig. Um auf ein bereits genanntes Beispiel zurückzukommen: Ob man auf einem Röntgenbild überhaupt Zeichen einer bestimmten Erkrankung sehen kann, hängt vom medizinischen Fachwissen ab. Die Qualität der Interpretation einer Problemstellung (Problemrepräsentation) ist in vielen Fällen für weitere Lern- und Problemlöseprozesse entscheidend. So können Schüler Textaufgaben als zu verstehende und durch plau-

sible Schlussfolgerungen zu ergänzende kurze Geschichte auffassen oder als „Übung", bei der es einfach nur gilt, die Zahlen herauszusuchen und eine naheliegende Rechenoperation mit ihnen durchzuführen (Verschaffel, Greer & de Corte, 2000). Zu beachten ist dabei, dass relevantes Vorwissen, das helfen würde, einkommende Daten mit Bedeutung zu versehen, nicht immer automatisch aktiviert wird. Dies muss vielmehr oft absichtsvoll und insofern strategisch erfolgen oder von außen, etwa von einem Lehrer, angestoßen werden (Krause & Stark, 2006).

Selegieren. Lernende sollten aus den zahlreichen auf unsere Sinnesorgane einströmenden Reizen die wichtigsten selegieren, um sie im Arbeitsgedächtnis weiter zu verarbeiten. Beispielsweise beinhaltet effektiver Wissenserwerb, dass aus einer Pro-und-Contra-Diskussion die zentralen Argumente beachtet werden und nicht etwa die „komische" Ausdrucksweise eines Diskussionsteilnehmers.

Organisieren. Lernende sollten sich die Zusammenhänge zwischen einzelnen Informationen bewusst machen und bestimmen, was über- und untergeordnete Punkte oder Hauptpunkte sind (z. B. Identifizieren der zentralen Aussage eines Textabschnittes). Unterstreichen von Hauptaussagen oder das Anfertigen von Schaubildern sind Aktivitäten, die der Funktion der Organisation dienen.

Elaborieren. Diese Funktion bezieht sich darauf, dass neue Information mit vorhandenem Vorwissen in Verbindung gebracht, in dieses integriert wird. Dabei kann die neue Information sowohl mit bereits vorhandenem fachlichem Wissen als auch mit abgespeicherten Erfahrungen aus der Alltagswelt erfolgen (z. B. ein Schüler bezieht Wissen aus der Wahrscheinlichkeitsrechnung auf seine Erfahrungen mit Würfelspielen). Folgende typische Lernaktivitäten erfüllen diese Funktion: sich ein eigenes Beispiel überlegen, Analogien ziehen, etwas in eigene Worte fassen oder etwas kritisch vor dem Hintergrund des eigenen Vorwissens bewerten.

Stärken. Wiederholungen – gleich, ob im Kontext eines „einfachen" Wiederholens (z. B. nochmaliges Lesen) oder im Kontext anspruchsvollerer Lernaktivitäten, in denen bestimmte Inhalte immer wieder vorkommen – können Gedächtnisinhalte und deren Assoziationen zu anderen Gedächtnisinhalten stärken. Man kann dadurch die Verfügbarkeit bestimmten deklarativen Wissens erhöhen. Ebenso kann die wiederholte Ausführung prozeduralen Wissens bedeutsame Lerneffekte nach sich ziehen. Zum einen kann eine wiederholte Ausführung deren Durchführung überflüssig machen, da das Endergebnis als deklaratives Wissen aus dem Gedächtnis abgerufen werden kann. Dies ist zum Beispiel der Fall, wenn Erstklässler immer wieder „4 + 3" über verschiedene Strategien des Fingerzählens bestimmen. Sie werden mit der Zeit direkt „7" als Lösung aus dem Gedächtnis abrufen können (Siegler & Jenkins, 1989). Zum anderen können durch die Ausführung von Fertigkeiten spezialisierte Produktionsregeln generiert werden und es können sich damit automatisierte Routinen bilden. Die Ausführung einer Fertigkeit nimmt damit weniger Aufmerksamkeitsressourcen in Anspruch und erfolgt schneller.

Generieren. Lernende „schaffen" neue Information bzw. Wissen. Beim entdeckenden oder erforschenden („inquiry") Lernen (z. B. Loyens & Rikers, 2011) steht diese Funktion im Vordergrund. Die Lernenden sollen beim Erkunden und Erforschen eines Gegenstandsbereichs Schlussfolgerungen (Inferenzen) ziehen und damit Wissen generieren. Aber auch bei „rezeptiven" Lernformen, etwa beim Lesen, erfordert ein wirkliches Textverstehen und Lernen immer auch Inferenzen (Schlüsse) auf der Basis von Textvorlagen und Vorwissen (z. B. Kintsch & Kintsch, 1996). Ein für den Wissenserwerb sehr wichtiger generativer Aspekt ist die Konstruktion abstrahierter Wissensstrukturen, z. B. wenn aus mehreren Beispielen zu einem bestimmten Problemtyp ein Schema für eben diesen Typ konstruiert wird.

Metakognitives Planen, Überwachen und Regulieren. Die vorgenannten kognitiven Funktionen beziehen sich mehr oder weniger direkt auf den Erwerb oder die Stärkung deklarativen oder prozeduralen Wissens. Metakognitionen betreffen hingegen, wie bereits erwähnt, die Steuerung und Überwachung der kognitiven Prozesse. Während die Ausführungen in ▶ Abschn. 1.1 darauf fokussiert waren, dass Lernende metakognitives Wissen erwerben sollen (als Lernziel), geht es hier um dessen Einsatz in einer aktuellen Lernsituation. Idealiter planen Lernende ihr Vorgehen beim Lernen oder beim Bearbeiten von Lernaufgaben; sie fragen sich selbst, ob sie den Stoff korrekt verstanden ha-

ben (überwachen) und ergreifen ggf. Maßnahmen, um Verständnislücken oder Schwierigkeiten bei einer Problembearbeitung zu überwinden (remediales Regulieren).

An der vorstehenden Nennung wichtiger Prozesse des Wissenserwerbs ist zu beachten, dass hier bewusst nicht, wie sonst in diesem Zusammenhang üblich, von Lernstrategien oder Lernaktivitäten (Mandl & Friedrich, 2006), sondern eben von Funktionen gesprochen wurde. Dies ist insofern bedeutsam, als bei der üblichen Einteilung von Lernstrategien das Problem der eindeutigen Zuordnung entsteht: Wenn ein Lernender sich ein eigenes Beispiel für etwas überlegt, um zu sehen, ob er einen Sachverhalt auch richtig verstanden hat, dann ist nicht klar, ob man dieses Vorgehen als Elaborations- oder als Metakognitionsstrategie bezeichnen soll. Wenn jemand versucht, den Hauptpunkt einer Darstellung in eigenen Worten zu formulieren, handelt es sich dann um eine Elaborations- oder Organisationsstrategie? Dieses Problem ergibt sich nicht, wenn man von Funktionen spricht. Eine Lernstrategie kann eben verschiedene Funktionen erfüllen.

Zusammenfassend betont die Perspektive der aktiven Informationsverarbeitung, dass für effektives Lernen Wissenskonstruktionsprozesse im Arbeitsgedächtnis stattfinden müssen. Eingehende Daten sollten aktiv mithilfe des Vorwissens interpretiert, selegiert, organisiert und elaboriert werden. Wichtige weitere Lernprozesse beziehen sich auf die Stärkung des Wissens, das Generieren neuer Information und die metakognitive Steuerung des Lernens. Derartige Prozesse können – müssen aber nicht – durch offene Lernaktivitäten, wie sie die Perspektive des aktiven Tuns betont, angeregt werden. Eine kritische Frage, die hier gestellt werden kann, ist, ob ein Mehr an lernstoff- bzw. lernmaterialbezogenen Aktivitäten immer besser ist. Dies wird im nächsten Abschnitt diskutiert.

1.2.3 Perspektive der fokussierten Informationsverarbeitung

Die Perspektive der fokussierten Informationsverarbeitung widerspricht der Perspektive der aktiven Informationsverarbeitung nicht grundsätzlich, sondern baut auf ihr auf und differenziert sie. Der basale Unterschied besteht darin, dass die in diesem Abschnitt vorgestellte Auffassung postuliert, dass Lernende nicht nur den Lernstoff und die Lernmaterialen aktiv verarbeiten, sondern vor allem auf die zentralen Konzepte und Prinzipien fokussieren sollen (Renkl & Atkinson, 2007; Renkl, 2011a). Warum dies ein relevanter Unterschied ist, soll im Folgenden anhand von vier Beispielen aufgezeigt werden.

Bei computerbasierten Lernumgebungen wird **Interaktivität** – die Möglichkeit, dass Lernende aktiv Eingaben machen oder eine Auswahl treffen können und die Lernumgebung darauf reagiert – vielfach als ein wichtiges Kriterium gesehen, das Lernen fördert (z. B. Renkl & Atkinson, 2007). Neben Begründungen, die aus einer Perspektive des aktiven Tuns heraus erfolgen, wird Interaktivität meist als ein Mittel gesehen, die kognitive Aktivität der Lernenden anzuregen (Perspektive der aktiven Informationsverarbeitung). So schreiben Moreno und Mayer (2007, S. 312) „we are interested in whether interactivity is a feature that can be used to promote deep cognitive processing in the learner … Deep learning depends on cognitive activity". Es zeigt sich empirisch jedoch, dass Interaktivität, auch wenn sie auf aktive Informationsverarbeitung abzielt, vielfach nicht den Lernerfolg fördert. Einen in dieser Hinsicht interessanten Befund fanden Berthold und Renkl (2009). Sie setzten eine computerbasierte Lernumgebung ein, die u. a. Lösungsbeispiele mit zwei Lösungswegen (Wahrscheinlichkeitsrechnung) darbot. Als interaktives Element wurden einem Teil der Lernenden anspruchsvolle Leitfragen gestellt (sog. „Selbsterklärungs-Prompts"). Diese führen nicht nur zu mehr Aussagen über wahrscheinlichkeitstheoretische Prinzipien, die konzeptuell damit auch besser verstanden wurden, sondern teils auch zu falschen Aussagen, die zu vermindertem prozeduralen Wissenserwerb führten. Die Leitfragen führten also zu vermehrter aktiver Stoffverarbeitung, hatten aber im Endeffekt negative Folgen für das „Wissen, wie".

Als zweites Beispiel sollen **fehlpriorisierte Konzepte** dienen. Mandl, Gruber und Renkl (1993) fanden, dass Auszubildende einer kaufmännischen Berufsschule fehlpriorisierte Konzepte erwerben können, d. h., sie weisen bestimmten Aspekten des Lernstoffes eine viel höhere Bedeutung als angemessen zu. Im vorliegenden Fall arbeiteten die Lernenden mit einer computerbasierten Simulation einer Jeans-Fabrik, um sich zunächst ökonomische Zusammenhänge zu verdeutlichen und dann das erworbene Wissen anzuwenden, um den Gewinn der Fabrik zu maximieren. Viele Lernende richteten ihr Augenmerk in dieser Lernumgebung vor allem darauf, ja nicht zu viele Bestände anzuhäufen und ihr Lager möglichst leer zu halten; andere Aspekte, etwa was die Konkurrenz am Markt macht oder ob man weitere Werbemaßnahmen treffen sollte, wurden kaum mehr beachtet. An Ende waren diese Lernenden auch nicht gut darin, den Gewinn zu maximieren. Das suboptimale Lernen lag nicht an der fehlenden aktiven Verarbeitung, sondern an einer suboptimalen Verteilung des Fokus.

Ein drittes Beispiel sind **verführerische Details**, die in Texte oftmals integriert werden, damit die Leser interessiert werden und den Text aktiv verarbeiten (Garner, Gillingham & White, 1989). Sie werden aber deshalb als verführerisch bezeichnet, da die Leser sie zwar als hoch interessant einstufen, sie aber unwichtig sind und nicht in direktem Bezug zu den Hauptideen des Textes stehen. Tatsächlich haben solche verführerischen Details meist negative Effekte auf den Lernerfolg, etwa im Sinne der Identifizierung der Hauptideen eines Textes (z. B. Lehman, Shraw, McCrudden & Hartley, 2007). Auch dies ist ein Fall, in dem Lernstoff einschließlich randständiger Aspekte, aber nicht die zentralen Konzepte und Prinzipien tief verarbeitet werden. Dies ist letztendlich dem Lernen abträglich.

Das vierte Beispiel ist ein „Positivbeispiel", bei dem eine **vorausgehende Fokussierung** der Aufmerksamkeit der Lernenden produktive Auswirkungen hat. Schmidt, de Grave, de Volder, Moust und Patel (1989) gaben Kleingruppen von Schülern das Problem zur Diskussion, dass eine Blutzelle in reines Wasser eingetaucht anschwillt und dann zerplatzt, während eine Blutzelle in Salzwasser schrumpft. Zunächst sollten die Schüler versuchen, dies zu erklären. Diese Diskussion erhöhte den Lernerfolg aus einem nachfolgenden Lehrtext über Osmose in bedeutsamer Weise. Interessanterweise profitierten gerade auch Lernende mit weniger Vorwissen, die zum Teil vor dem Textlesen falsche Erklärungen gaben, von der Fokussierung durch die vorausgehende Diskussion. Dieses Beispiel zeigt, dass eine zunächst unfokussierte Aktivierung durchaus sinnvoll sein kann, aber nur wenn sie einen sinnvollen Fokus für die Hauptphase des Lernens (hier: Textlesen) induziert.

Zusammengefasst besagt die Perspektive der fokussierten Verarbeitung, dass man Lernprozesse in ihrer Aktivität nicht allein danach beurteilen kann, ob eine mehr oder weniger aktive Verarbeitung des Lernstoffes und der Lernmaterialien erfolgt. Ausschlaggebend ist vielmehr, dass die zentralen Konzepte und Prinzipien fokussiert und in korrekter Weise erworben werden.

1.2.4 Wahl der Perspektive: Implikationen zur Gestaltung von Lehr-Lern-Arrangements

Welche der drei diskutierten Perspektiven zum Wissenserwerb am angemessensten ist, mag zunächst als akademische Frage anmuten. Die vorstehend berichteten Befunde dürften aber aufgezeigt haben, dass die grundlegende Auffassung Konsequenzen dafür hat, wie man Lehr-Lern-Umgebungen gestaltet: Setzt man auf Problemlösen oder auf Beispiele bei anfänglichem Fertigkeitserwerb (aktives Tun oder aktive Verarbeitung)? Versucht man die Lernenden z. B. durch computerbasierte Simulationen zum Nachdenken über wirtschaftliche Zusammenhänge anzuregen oder muss man ihre Aufmerksamkeit auf die wichtigen Aspekte lenken (aktive Informationsverarbeitung versus fokussierte Verarbeitung)?

Vor dem Hintergrund, dass hier die Perspektive der fokussierten Verarbeitung als am erklärungsmächtigsten angesehen wird, ist es problematisch, dass nicht nur in der wissenschaftlichen Diskussion, sondern auch in der breiten „Bildungsöffentlichkeit" (z. B. Lehrer, Dozenten, Bildungspolitiker) insbesondere Begriffe wie „aktives Lernen" betont werden und „aktiv" in Zusammenhang mit Lernen als besonders wichtig erachtet wird (zu dem entsprechenden Dogma s. Renkl, 2008b). Aus dieser Einstellung heraus kann man jedoch, wie im vorstehenden Abschnitt aufgezeigt, suboptimale Entscheidungen bei der Gestaltung von Lehr-Lern-Arrangements treffen.

Als Fazit kann festgehalten werden, dass die grundlegende theoretische Perspektive wichtige Implikationen hat, wie Unterricht bzw. Lehr-Lern-Arrangements gestaltet werden. Es wird dafür plädiert, künftig explizit die Perspektive der fokussierten Verarbeitung einzunehmen.

1.3 Wie kann Wissen erworben werden? – Wichtige Lernformen

1.3.1 Lernen aus Texten

Sei es im traditionellen Schulunterricht (z. B. Schüler lesen im Biologiebuch), sei es in einem projektorientierten Seminar im Studium (z. B. Studierende lesen etwas in einem Buch aus der Bibliothek nach) oder sei es beim autodidaktischen Lernen (z. B. jemand liest einen Artikel aus dem Internet) – man könnte hier sicherlich noch viele weitere Lehr-Lern-Arrangements aufführen –, das **Lernen aus Texten** spielt immer eine bedeutsame Rolle. Zudem kann man eine Vorlesung als Text ansehen, sodass Grundlegendes zum Lernen aus schriftlichen Texten auch für mündlich Präsentiertes gilt. Insofern kommt dieser Lernart sicherlich eine besondere Bedeutung zu.

Die Inhalte eines Textes können von den Lernenden auf unterschiedlichen Ebenen repräsentiert werden. Die drei wichtigsten Ebenen sind (van Dijk & Kintsch, 1983) die

- der Textoberfläche,
- der Textbasis und
- des Situationsmodells.

Definition

Die **Textoberfläche** bezieht sich auf die sprachlichen Details, d. h. auf das wörtliche „Abbild". Wenn Lernende einen Text (z. B. volkswirtschaftliche Zusammenhänge) lesen, um einen Gegenstandbereich zu verstehen, wird in der Regel allerdings keine wörtliche Repräsentation angestrebt.
Die **Textbasis** beinhaltet die gegebenen Textaussagen – unabhängig davon, ob etwas z. B. in einem Passiv- oder Aktivsatz gesagt wurde, eins von zwei möglichen Synonymen verwendet wurde etc.
Das eigentliche (tiefere) Verstehen des Textes, das z. B. Implikationen des Gesagten umfassen kann, wird im **Situationsmodell** repräsentiert.

Im Folgenden werden die drei Ebenen näher beschrieben.

Textoberfläche

Die Textoberfläche ist meist nicht das Lernziel, wenn es um Verstehen geht. Es ist dann von untergeordneter Bedeutung, mit welchen spezifischen Formulierungen ein Sachverhalt ausgedrückt wird. Auch im Alltag merken wir uns nicht die Textoberfläche, wenn wir z. B. einen Zeitungsartikel lesen, sondern „lediglich" die (Kern-)Aussagen und ggf. weiterführende Gedanken, die uns dabei in den Sinn kommen (Ausnahme: Ein Lernender versteht den Prüfungstext nicht und hofft mit wörtlicher Wiedergabe einzelner Passagen in der Prüfung durchzukommen). Dennoch gibt es Situationen, in denen ein Erlernen der Textoberfläche das primäre Lernziel ist, etwa wenn man ein klassisches Gedicht, ein griffiges Zitat oder den Text einer Schauspielrolle auswendig lernen will. Gleichwohl ist die Textoberfläche in den meisten Lehr-Lern-Situationen von untergeordneter Bedeutung.

Textbasis

Die Textbasis beinhaltet die Aussagen, die die Leser in einem ersten Schritt aus einem Text entnehmen sollen. Diese von der konkreten Formulierung unabhängig zu denkenden Aussagen werden **Propositionen** genannt. Beispielsweise enthalten die beiden Sätze „Deutschland griff Polen an" und „Polen wurde vom Deutschen Reich angegriffen" dieselbe Proposition. Verschiedene Propositionen können nun in einem Netzwerk organisiert werden, wenn sie sich überlappen, so etwa bei den Sätzen „Hitler verfolgte eine sog. Endlösung der Judenfrage. Er wollte alle Juden vernichten". „Er" und „Hitler" überlagern sich beispielsweise in den vorstehenden Sätzen. Dabei wird klar, dass Lesen eine aktiv-konstruktive Tätigkeit ist, da die Lernenden den Zusammenhang zwischen „Er" und „Hitler" herstellen müssen (auch wenn dies in diesem Beispiel recht einfach ist). Diese Art der lokalen Kohärenzbildung gelingt den Lernenden zumeist weitgehend automatisch. Die globale Kohärenzbildung, also eine sinnvolle Organisation der einzelnen Textaussagen, die es etwa erlaubt den „roten Faden" einer komplexen Argumentation nachzuvollziehen, gelingt Lernenden hingegen nicht immer. Dies kann am wenig leserfreundlichen Text liegen, an der geringen Motivation der Lernenden oder an ihrem unzureichenden Vorwissen (Schnotz, 2010).

Die globale **Kohärenzbildung** beinhaltet typischerweise die Konstruktion von sog. Makropropositionen, die umgangssprachlich den Kern von Textabschnitten repräsentieren. Sie werden aus den Einzelpropositionen „verdichtet" durch

a) Auslassung unwichtiger Propositionen,
b) Verallgemeinerung von Einzelpropositionen auf einem höheren Abstraktionsgrad (beispielsweise wird statt ei-

ner detaillierten Beschreibung von Gegenständen eines Vertrages zur Beendigung eines Krieges repräsentiert, dass zwei Staaten einen Friedensvertrag abgeschlossen haben) oder

c) Konstruktion einer neuen Proposition für eine Kette von Propositionen (das Ausdehnen und Zusammenziehen des Herzmuskels wird als Pumpen repräsentiert).

Bei der vorstehenden Darstellung der Prozesse des Verstehens von Texten wird bereits klar, dass ein gutes Textverständnis über die direkt im Text explizierten Propositionen hinausgeht und erfordert, dass Leser ihr Vorwissen nutzen, um aktiv weitergehende Informationselemente zu konstruieren. Dies ist notwendig, da Texte nie vollständig das explizieren, was man, wenn man den Text gut verstanden hat, intern repräsentiert. Warum tun sie das nicht? Texte würden ansonsten so lang, dass sie kaum mehr lesbar wären und für die meisten Leser viele „Trivialitäten" beinhalten würden, die das Lesen des Textes nicht nur langweilig, sondern auch ineffizient machen würden (vgl. den lernabträglichen Redundanzeffekt der Cognitive-Load-Theorie; Sweller et al., 1998).

Situationsmodell

Van Dijk und Kintsch (1983) bezeichnen eine substanziell mit Vorwissen angereicherte, reichhaltige Repräsentation eines Textes als Situationsmodell. Kintsch und Kintsch (1996) sprechen sogar erst dann von bedeutungshaltigem Lernen („deep learning"), wenn ein Situationsmodell aufgebaut wird. Dieses entspricht einer ganzheitlichen Repräsentation des Textes, die über den propositionalen Gehalt hinausgeht und z. B. auch Vorstellungsbilder (also „Analoges") beinhaltet.

Beispiel

Um den Unterschied zwischen einer „nur" propositionalen Repräsentation und einem Situationsmodell in einer Lernsituation zu verdeutlichen, sei die folgende Textaufgabe angeführt: „Die beste 100-Meter-Zeit von Hans beträgt 13,0 Sekunden. Wie lange braucht er für 1.000 Meter?" Viele Schüler lösen diese Aufgabe schnell und „subjektiv problemlos": „130 Sekunden" (Verschaffel et al., 2000). Diese Antwort dürfte vielfach darauf zurückgehen, dass nur der propositionale Gehalt repräsentiert wurde und dann eine passende Rechenoperation gesucht wurde. Würden Schüler jedoch auf ihr Vorwissen zurückgreifen und ein Situationsmodell aufbauen, würde ihnen schnell klar, dass man nicht immer Bestzeit läuft und vor allem, dass Hans sein 100-Meter-Tempo nicht 10-mal hintereinander durchhalten kann. Sie würden dann die Aufgabe nicht so „sinnentleert" lösen.

Ein anderes Beispiel wäre die folgende Schlagzeile: „Usain Bolt mit 9,69 Sekunden Olympiasieger". Stellen Sie sich eine Person vor, die sich nicht für Sport interessiert; diese mag der Schlagzeile nur die direkt gegebene propositionale Bedeutung entnehmen können, sie hat aber nicht viel verstanden (u. a. bleiben die Disziplin und die Einordnung der Zeit unklar). Eine sportinteressierte Person kann eine situationale Repräsentation des (kurzen) Textes aufbauen, die vergleichsweise reichhaltig sein kann, nämlich wer von den ihr bekannten Sprintern den 100-Meter-Lauf gewonnen hat, ob dies der Favorit war, dass Jamaika damit eine Goldmedaille errungen hat, dass die Zeit sehr gut war, ja sogar den Weltrekord brach etc.

Die situationale Repräsentation beinhaltet aber nicht nur ein „Mehr" an Information und Verständnis, sondern erlaubt es die Textinformation zu nutzen, um Schlussfolgerungen für neue Kontexte zu ziehen und Probleme zu lösen (etwa in einem problemorientierten Lehr-Lern-Arrangement). Vielfach wird das Ausmaß einer situationalen Repräsentation sogar darüber gemessen, ob die Lernenden gültige von ungültigen Schlussfolgerungen unterscheiden können (z. B. Schaffner & Schiefele, 2007). Weiterhin ist zu beachten, dass eine situationale Repräsentation der geringsten Vergessenrate unterliegt, während die Textoberfläche am schnellsten vergessen wird (Schnotz, 2010).

Was beeinflusst die Qualität des Textlernens?

Welche Art der Repräsentation aufgebaut wird, hängt von verschiedenen Faktoren ab, vor allem von

- der Qualität des Textes,
- dem Vorwissen der Lernenden und
- den mentalen Aktivitäten der Lernenden (hier speziell: Lesestrategien; Kintsch & Kintsch, 1996).

Relevante **Textmerkmale** sind z. B. Einführungen zur Aktivierung relevanten Vorwissens (vgl. die Studie zum Osmose-Text; ► Abschn. 1.2.3), Länge und Einfachheit der Sätze, Hervorhebung zentraler Begriffe oder Aussagen. Zudem ist die semantische Kohärenz bedeutsam, also beispielsweise, ob es eine explizite Argumentüberlappung gibt („Hitler verfolgte eine sog. Endlösung der Judenfragen. Hitler wollte alle Juden vernichten" statt der vorstehenden Formulierung). Dabei zeigt sich allerdings, dass Lernende mit niedrigem Vorwissen vor allem von kohärenten Texten profitieren, während Lernende mit höherem Vorwissen mehr aus „suboptimalen" Texten lernen, da sie angeregt werden, aktiv ihr Vorwissen einzubringen, um temporäre Verstehensprobleme zu überwinden. Neuere Befunde weisen darauf hin, dass dies aber nur für Leser mit hohem Vorwissen gilt, die nicht von sich aus schon gute Lernstrategien einsetzen (O'Reilly & McNamara, 2007).

Sieht man sich aktuelle Schulbücher, Lehrbücher für den universitären Kontext oder Weiterbildungsliteratur an, so fällt auf, dass sehr oft Text mit Bildinformation kombiniert wird. Ob und unter welchen Umständen Bilder in Texten lernförderlich sind und welche Verarbeitungsprozesse hier zu beachten sind, kann an dieser Stelle nicht ausgeführt werden (▶ Kap. 5; Schnotz, 2005).

Inhaltliches **Vorwissen** interagiert nicht nur mit der Textkohärenz, sondern hat auch an sich einen positiven Einfluss auf das Textlernen – wie dies bei jeder anderen Lernart der Fall ist (▶ Kap. 2). Je mehr Vorwissen vorhanden ist, umso mehr wird aus Texten gelernt – bis zu dem Punkt, an dem die Leser kaum mehr neue Informationen aus einem Text ziehen können. Das Vorwissen ist auch deshalb von so großer Relevanz, da es „hochwertigen" **Lernstrategieeinsatz** ermöglicht, wie etwa ein Netzwerk-Diagramm („concept map") zeichnen (Organisation), sich selbst den Kern eines Abschnittes erklären oder Fragen zum Text formulieren. Vorwissen ermöglicht stimmige (und nicht fehlerbehaftete) Concept Maps anzufertigen, sich Textteile korrekt und weitgehend vollständig (statt lückenhaft und teilweise falsch) zu erklären und Fragen zu formulieren, die auf den „Kern" (und nicht auf irrelevante, „verführerische" Details) zielen.

Zusammenfassend kann festgehalten werden, dass ein wirkliches Verstehen von Texten erfordert, dass die Lernenden aktiv den Text verarbeiten. Dies ermöglicht eine Repräsentation der Textinhalte auf der Ebene des situationalen Modells. Erst dies erlaubt es, mit dem aus dem Text Gelernten „etwas anzufangen" (z. B. Schlussfolgerungen ziehen, Probleme lösen). Zudem kann das Erlernte dann längerfristig behalten werden.

1.3.2 Lernen aus Beispielen und Modellen

Das ▶ **Lernen aus Lösungsbeispielen** beim anfänglichen Erwerb von kognitiven Fertigkeiten ist, wie bereits erwähnt, eine sehr effektive und effiziente Lernart. Dies wird als Lösungsbeispieleffekt („Worked-Example"-Effekt) bezeichnet. Typisch sind Lösungsbeispiele für Bereiche, in denen gelernt werden soll, algorithmische Lösungen zu verstehen und anzuwenden (z. B. Mathematik, Physik). Sie bestehen dann aus einer Problemstellung, Lösungsschritten und der endgültigen Lösung selbst. Inzwischen gibt es aber auch zahlreiche Untersuchungen, die zeigen, dass das Lernen aus Beispielen aus nicht algorithmischen Lernbereichen ebenfalls sehr effektiv ist. Rourke und Sweller (2009) zeigten beispielsweise, dass Wissen über die Stile renommierter Designer (z. B. Stühle, Lampen etc.) gut über Beispiele erworben werden kann. Solch ein Beispiel für ei-

nen Designer-Stil enthält natürlich keine Lösungsschritte, wie dies bei mathematischen Beispielen der Fall ist. Manche Beispiele können sehr komplex werden, etwa wenn sie aufzeigen, wie man gut interdisziplinär kooperiert (z. B. Rummel & Spada, 2005). Diese komplexen Beispiele werden zum Teil auch als Modelle bezeichnet (Bandura, 1986; Collins, Brown & Newman, 1989). Im Folgenden wird für das Lernen aus Beispielen und das ▶ **Lernen von Modellen** auch der Begriff des beispielbasierten Lernens gebraucht.

Ein Missverständnis, das sich bisweilen ergibt, ist, dass mit Lernen aus Beispielen das übliche Vorgehen gemeint ist, bei dem nach der Einführung eines Prinzips (z. B. Satz des Pythagoras) ein Beispiel gezeigt wird und dann die Lernenden Aufgaben bearbeiten.

> **Definition**
>
> **Beispielbasiertes Lernen** meint jedoch, dass mehrere Beispiele bearbeitet werden, um so Verstehen herzustellen, bevor die Lernenden dann „verstehensorientiert" selbstständig Aufgaben bearbeiten.

Dies ist in aller Regel effektiver und effizienter als das eben beschriebene übliche Vorgehen (typische Kontrollbedingung in entsprechenden Studien zum beispielbasierten Lernen).

Die Erklärung für die Effektivität des beispielbasierten Lernens ergibt sich daraus, dass Lernende erst dann Aufgaben bearbeiten sollten, wenn sie ein grundlegendes Verständnis der zugrunde liegenden Prinzipien (z. B. physikalisches Gesetz) und deren Anwendung erworben haben. Wenn sie mit Aufgaben konfrontiert werden und dabei z. B. die zugrunde liegende Physik noch nicht verstanden haben, nehmen sie keinen Bezug auf Physik, sondern versuchen, die Aufgaben „irgendwie" zu lösen (z. B. Ausprobieren möglicher relevanter Formeln). Sie „wurschteln" sich mit oberflächlichen Strategien zur numerischen Lösung durch. Dieses „Durchwursteln" stellt aus der Sicht der Cognitive-Load-Theorie, über die der Lösungsbeispieleffekt meist erklärt wird, extrinsische Belastung dar. Erst wenn die Lernenden sich über Beispiele ein grundlegendes Verständnis erarbeitet haben, sollen sie „verstehensorientiert" Aufgaben bearbeiten.

Lernen aus Beispielen kann – wie jede Lehr-Lern-Form, wenn sie schlecht implementiert wird – ineffektiv sein. Dies ist z. B. der Fall, wenn Lösungsbeispiele grafische und textuelle Informationen enthalten, die Lernende nur schwer zuordnen können (z. B. Tarmizi & Sweller, 1988: „Split-Attention"-Effekt). Der Abgleich, der notwendig ist, um die beiden Informationsquellen zu integrieren, nimmt so viel kognitive Kapazität ein, dass der beschriebene Vorteil von Beispielen (wenig extrinsische Belastung) verschwindet. Es ist dann sinnvoll, die beiden Arten der Information

Exkurs

Selbsterklärungen

Der Begriff der ▶ **Selbsterklärungen** wurde von Chi et al. (1989) im Kontext des Lernens aus Lösungsbeispielen (Newton'sche Gesetze) eingeführt. Es zeigt sich, dass insbesondere diejenigen Lernenden viel aus Lösungsbeispielen, welche ja nie alle möglichen Begründungen enthalten, lernten, die die Begründungslücken über Schlussfolgerungen füllten. Beispielsweise begründeten erfolgreich Lernende Lösungsschritte unter Bezug auf Newton'sche Gesetze. Renkl (1997a) nannte diese Begründungen prinzipienbasierte Erklärungen. Sie sind deshalb von Bedeutung, weil Lernende damit ein tieferes Verständnis von Lösungsprozeduren erwerben, d. h., sie wissen, wie die Lösungsschritte mit den grundlegenden Prinzipien eines Inhaltsgebiets in Zusammenhang stehen (prinzipienbasiertes Verständnis). Auch bei Beispielen aus

nichtalgorithmischen Inhaltsgebieten ist diese Art der Selbsterklärung besonders wichtig. Studierende erlernen insbesondere dann Argumentationsstrukturen aus dialogischen Videobeispielen in eigene Argumentationen zu übernehmen, wenn sie angehalten werden, prinzipienbasierte Erklärungen zu geben (Schworm & Renkl, 2007). Das heißt in diesem Fall, dass sie aus einer Beispielargumentation über Stammzellenforschung nicht nur die „offen" ersichtlichen medizinischen oder ethischen Inhalte fokussieren, sondern sich erklären, welche argumentativen Strukturen jeweils zum Einsatz kommen. Inzwischen wurde das Konzept der Selbsterklärung auf andere Lernarten, etwa dem Lernen aus Texten, angewandt. Damit wurden diesem Konstrukt zusätzliche Aspekte zugeordnet, etwa das Revidieren des eigenen mentalen Modells

(entspricht in etwa dem Situationsmodells, ▶ Abschn. 1.3.1; Chi, 2000). Aleven und Koedinger (2002) zeigten, dass es auch sinnvoll ist, beim Problemlösen Selbsterklärungen vorzunehmen. Ainsworth und Loizou (2003) fanden, dass Diagramme viele Selbsterklärungen auslösen können, und Roy und Chi (2005) sehen Selbsterklärungen als probates Mittel an, um unterschiedliche Darstellungsformen (z. B. Text und Diagramme) zu integrieren. Diese Ausweitungen unterstreichen einerseits die Nützlichkeit des Konzepts der Selbsterklärung, andererseits verliert es aber seine spezifische Bedeutung. Die Grenzen zwischen Selbsterklärung und anderen in der Literatur beschriebenen Lernstrategien sind inzwischen verschwommen.

über unterschiedliche Modi (z. B. Grafik visuell und Text akustisch; Modalitätseffekt) darzubieten (Mousavi, Low & Sweller, 1995), sodass sowohl der visuelle als auch der akustische Verarbeitungskanal genutzt und damit eine Überlastung vermieden werden kann. Eine weitere Möglichkeit zur Abhilfe ist die Wahl eines integrierten Formats, bei dem die Beschriftung in die Grafik integriert wird (nebenbei sei erwähnt, dass auch beim Lernen aus Texten mit Abbildungen der „Split-Attention"-Effekt auftreten kann, wenn Lernenden die Zuordnung schwerfällt). Neben den genannten Aspekten der Beispielgestaltung gibt es eine Anzahl weiterer wichtiger Faktoren (dazu Renkl, 2011b, Renkl, 2014).

Zu beachten ist, dass nicht alle Lernenden die Arbeitsgedächtniskapazität, die beim beispielbasierten Lernen durch die Reduktion der extrinsischen Belastung frei wird, produktiv für lernbezogene Belastung nutzen. Viele Lernende lesen Beispiele nur oberflächlich durch, ohne sich die Logik der Lösung klar zu machen. Um ein Verstehen der Beispiele weitgehend sicherzustellen, ist es sinnvoll, die Lernenden mit sog. **Prompts** (Leitfragen, Aufforderungen) aufzufordern, sich die Logik der Beispiellösung bewusst zu machen (Atkinson, Renkl & Merrill, 2003). Man bezeichnet es üblicherweise als Selbsterklärung, wenn Lernende sich die Logik von Beispielen bewusst machen (Chi, Bassok, Lewis, Reinmann & Glaser, 1989: „Self-Explanation"-Effekt; ▶ Exkurs „Selbsterklärungen"). Alternativ kann man Lernende darin trainieren, Beispiele sich selbst gut zu erklären (Renkl, Stark, Gruber & Mandl, 1998):

Die Effektivität beispielbasierten Lernens beschränkt sich auf den anfänglichen Erwerb kognitiver Fertigkeiten.

Man kann aber z. B. kein versierter Programmierer werden, wenn man nur Programmierbeispiele studiert. Insbesondere, wenn es um die (teilweise) Automatisierung von Fertigkeiten und deren Feinabstimmung geht, sollten Lernende selbst Aufgaben bearbeiten. Um einen fließenden Übergang zum Aufgabenbearbeiten zu bewerkstelligen, haben Renkl und Atkinson (2003) folgendes Rational entwickelt, das sich inzwischen vielfach bewährt hat: Zunächst werden vollständige Beispiele präsentiert, in die dann allmählich immer mehr Lücken und damit Anforderungen der Aufgabenbearbeitung integriert werden – bis am Ende die Lernenden die Aufgaben komplett selbstständig lösen. Diese Ausblendprozedur ist besonders effektiv, wenn sie an den individuellen Lernfortschritt der einzelnen Lernenden angepasst wird (Kalyuga & Sweller, 2004; Salden, Aleven, Renkl & Schwonke, 2009).

Zusammenfassend kann man festhalten, dass beim anfänglichen Erwerb kognitiver Fertigkeiten das Lernen aus Lösungsbeispielen besonders effektiv ist, insbesondere wenn die Lernenden sich die Logik der Beispiele selbst erklären. Die Beispiele können dann allmählich ausgeblendet werden, um so den Übergang zum selbstständigen Aufgabenbearbeiten zu ebnen.

1.3.3   Lernen durch Aufgabenbearbeiten

Wie bereits im letzten Absatz erwähnt, gehen Lehrer im Unterricht – suboptimaler Weise – sehr oft so vor, dass sie zunächst ein Prinzip einführen, ggf. ein Beispiel präsentieren und dann Aufgaben bearbeiten lassen (▶ **Lernen durch Tun**). Dieses Vorgehen kann effektiv sein, sofern die Lernenden beim Problemlösen soweit unterstützt werden, dass sie sich nicht mit oberflächlichen und nicht fachbezogenen Strategien zur Lösung „durchwurschteln" müssen. Werden beispielsweise Lernende beim Bearbeiten von Aufgaben durch Selbsterklärungs-Prompts dazu aufgefordert, die zugrunde liegenden Prinzipien zu beachten, führt dies zu besserem Verständnis (Aleven & Koedinger, 2002). Umso bedauerlicher ist, dass Lehrer ein solches Vorgehen typischerweise nicht realisieren (Renkl, Schworm & Hilbert, 2004). Im folgenden Abschnitt wird auf ein Positivbeispiel einer sinnvollen Implementierung des Lernens durch unterstütztes Aufgabenbearbeiten eingegangen. Sodann wird das Aufgabenbearbeiten in späteren Stadien des Fertigkeitserwerbs besprochen, in denen weitreichende Unterstützung nicht mehr notwendig ist und es in erster Linie um Stärkung, Automatisierung und ggf. noch um Feinabstimmung geht.

Lernen durch unterstütztes Aufgabenbearbeiten

Eine technisch zwar aufwändige, aber durchaus bewährte Möglichkeit, Lernen durch Aufgabenbearbeiten zu unterstützen, besteht darin, computerbasierte intelligente tutorielle Systeme einzusetzen (z. B. Aroyo, Graesser & Johnson, 2007). Das Beispiel der **Cognitive Tutors** (z. B. Koedinger & Corbett, 2006) soll hier näher beleuchtet werden. Diese Konzeption von intelligentem Tutoring ist nicht nur sehr effektiv, sondern inzwischen auch in der Praxis weit verbreitet. Zurzeit arbeiten damit ca. 2.500 Schulen und annähernd eine halbe Million Schüler in unterschiedlichen Regionen der USA (s. auch ▶ http://www.carnegielearning.com).

Cognitive Tutors wurden auf der Grundlage der bereits genannten ACT-Theorie von Anderson (z. B. Anderson & Lebiere, 1998) konstruiert. Diese Theorie konzipiert – wie bereits erwähnt – kognitive Fertigkeiten (prozedurales Wissen) als eine Menge von Produktionsregeln (sog. Produktionssystem), die einen Wenn-Teil (Bedingung für eine Aktion) und einen Dann-Teil (Aktion) beinhalten. Diese bilden sozusagen die Wissenseinheiten, die im Cognitive Tutor betrachtet werden. Auf dieser theoretischen Grundlage wurden Cognitive Tutoren, insbesondere für verschiedene Bereiche der Mathematik, daneben aber z. B. auch für Chemie, erstellt. Die Intelligenz dieses Systems besteht vor allem aus zwei Mechanismen:

- „model tracing" und
- „knowledge tracing".

Für das **Model Tracing** wurde auf der Basis der ACT-Theorie ein System von Produktionsregeln erstellt, das korrektes Aufgabenbearbeiten, aber auch typische Fehler beinhaltet. Vor dem Hintergrund dieser „Folie" können die Aktionen der Lernenden bewertet werden, d. h., das System macht sich ein Bild, welche Produktionsregeln ein Schüler verwendet. Bei falschen, aber typischen Eingaben kann nicht nur ein Fehler angezeigt werden, sondern es können sogleich „maßgeschneiderte" Hilfen gegeben werden. **Knowledge Tracing** sorgt dafür, dass Wahrscheinlichkeitsschätzungen vorgenommen werden, ob ein Lernender eine Produktionsregel bereits erlernt hat. Diese Wahrscheinlichkeit wird bei jedem Aufgabenschritt, bei dem eine Regel relevant wäre, aktualisiert. Damit kann den Lernenden ihr aktueller Wissensstand und Lernfortschritt mit sog. „skill bars" rückgemeldet werden. Noch bedeutsamer ist, dass das System den Lernenden (zusätzliche) Aufgaben vorgeben kann, die den Erwerb von noch nicht beherrschten Regeln fördern – bis das Lernziel erreicht ist („Mastery"-Prinzip).

▯ Abb. 1.2 zeigt einen Ausschnitt aus einer Cognitive-Tutor-Lektion, die ins Deutsche übersetzt wurde. Darin sind weitere Elemente zu sehen, mit denen Schüler unterstützt werden. Im Feld „Übersicht über Lösungsweg" wird bereits eine Subzielstruktur, also ein Wegweiser für die einzelnen zu erreichenden Schritte vorgegeben. Im Feld „Grund" wird nach dem zugrunde liegenden Prinzip eines Lösungsschrittes gefragt; dies stellt somit einen prinzipienbasierten Selbsterklärungs-Prompt dar. Das in ▯ Abb. 1.2 zu sehende Glossar wird nur auf Anfrage der Lernenden geöffnet. Sie können dort, z. B. wenn sie bestimmte Prinzipien nicht mehr genau erinnern, nachschlagen und ggf. mit Doppelklick ein Prinzip auswählen, das in das Feld „Grund" eingetragen wird.

Zu beachten ist, dass Cognitive Tutors keine „Standalone"-Anwendungen sind. Die Arbeit mit dem Cognitive Tutor muss im Unterricht angemessen vorbereitet werden. Ein derartiger Einsatz fördert sowohl Verstehen (konzeptuelles Wissen) als auch prozedurales Wissen effektiver als traditioneller Unterricht.

Üben

Mit ▶ **Üben** sind hier Lernaktivitäten gemeint, die einsetzen, wenn der anfängliche Erwerb von Fertigkeiten schon erfolgt ist und es um Stärkung, Automatisierung und ggf. noch um die Feinabstimmung geht. Durch die (teilweise) Automatisierung können Aufgaben ohne größere mentale Anstrengung (Arbeitsgedächtnisbelastung) und schnell erledigt werden. Sie befreien das Arbeitsgedächtnis von Routineaufgaben, sodass mehr mentale Kapazitäten für das Erreichen anspruchvollerer Lernziele zur Verfügung stehen. Man kann z. B. einfacher Wahrscheinlichkeitsrechnung erlernen, wenn man nicht immer wieder mit den Regeln des Bruchrechnens kämpft. Letzteres wäre in Bezug auf das eigentliche Lernziel extrinsische Belastung.

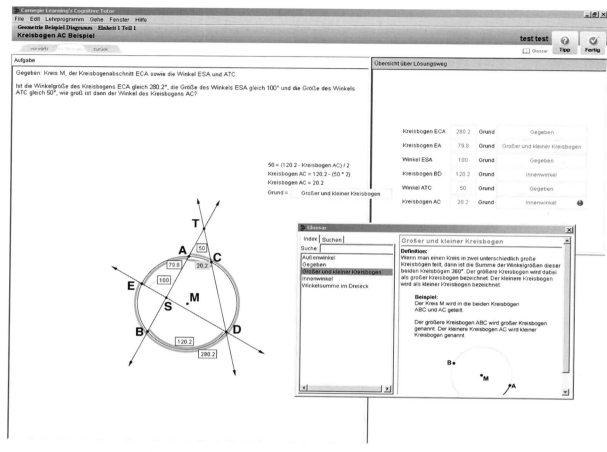

Abb. 1.2 Screenshot aus einer deutschen Version einer Cognitive-Tutor-Lektion zur Kreisgeometrie (Bildrechte: Carnegie Learning, Inc.)

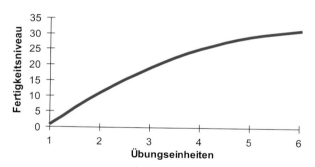

Abb. 1.3 Schematische Darstellung des Potenzgesetzes der Übung

„glatte" Kurve ergibt. Es können sich z. B. vorübergehende Leistungsplateaus bilden, die erst überwunden werden, wenn eine aktuelle Strategie zugunsten eines optimierten Vorgehens aufgegeben wird.

Effektive Übung zeichnet sich mindestens durch die folgenden vier Prinzipien aus:
- Überlernen,
- verteilte Übung,
- Übung im Kontext des „Ganzen",
- reflektierte Übung.

Überlernen. Das Üben sollte nicht eingestellt werden, wenn die Lernenden das erwünschte Niveau erreicht haben. Wird nicht mehr geübt, fällt das Fertigkeitsniveau natürlich wieder ab. Soll ein bestimmtes Niveau mittelfristig sichergestellt werden, muss über das „Ziel" hinaus geübt, also überlernt werden. Nur in diesem Fall kann erwartet werden, dass die Leistung auch nach einiger Zeit nicht unter das gewünschte Niveau fällt (z. B. Driskell, Willis & Cooper, 1992). Allerdings gibt es auch Befunde, die den Nutzen von Überlernen nicht belegen können (Rohrer & Taylor, 2006; ▶ Kap. 4). Zu beachten ist dabei, dass auch aus dem Po-

Eine grundlegende Gesetzmäßigkeit besagt zu **Übungseffekten** (z. B. Zuwachs der Geschwindigkeit korrekter Ausführung), dass sie zu Beginn sehr stark sind und mit der Zeit immer schwächer werden; die Fertigkeit strebt dabei einer Leistungsobergrenze zu. Dies wird im Potenzgesetz der Übung („power law of practice") wiedergegeben (Newell & Rosenbloom, 1981), das in ☐ Abb. 1.3 schematisch dargestellt wird. Individuelle Lernzuwächse lassen sich meist gut mit dem Potenzgesetz beschreiben, wenngleich sich im konkreten Falle nicht immer eine so tenzgesetz der Übung vorhergesagt werden kann, dass ein zu langes Einüben keine substanziellen Effekte mehr hat.

Verteilte Übung. Diese Alternative bezieht sich auf die Frage, ob man eher in größeren Zeitblöcken (massierte Übung, z. B. 2 Stunden Klavier einmal in der Woche) oder kleineren Einheiten (verteilte Übung, z. B. 4-mal eine halbe Stunde Klavier in der Woche) üben soll. Vergleicht man bei konstanter Gesamtübungszeit den Lernerfolg bei wenigen größeren Blöcken mit demjenigen bei mehreren kleineren Einheiten, erweist sich verteilte Übung als effektiver (Rohrer & Taylor, 2006). Auch hier gilt natürlich, dass ein zu „kleinteiliges" Üben wiederum abträglich werden kann.

Übung im Kontext des „Ganzen". Es ist eingeschränkt sinnvoll, einzelne Teilfertigkeiten einzuüben, die für die Lernenden keinen Sinn ergeben. Dies kann nicht nur massive motivationale Probleme, sondern auch Verständnisschwierigkeiten bewirken. Insofern ist es wichtig, dass Lernende ein Bild der Gesamtaufgabe bzw. des Gesamtvorgehens haben. Ist dies vorhanden, ist es sinnvoll, einzelne Teilabläufe, wenn diese z. B. besondere Schwierigkeiten bereiten, separat und damit gezielt zu üben (z. B. van Merriënboer & Kester, 2005).

Reflektierte Übung. Pures Einüben, das ein Bewältigen von Routineaufgaben sicherstellt, kann den Nachteil haben, dass die konzeptuellen Grundlagen vergessen werden. Selbst wenn z. B. ein Schüler nach einer Erklärung im Unterricht die Logik der schriftlichen Subtraktion verstanden hat, vergisst er sie wahrscheinlich wieder, wenn es später nur noch um das Einüben geht. Idealiter sollten Schüler zwar Algorithmen korrekt und schnell, d. h. ohne großes Nachdenken, ausführen, sich aber zugleich bei besonderen Fällen, bei denen das Vorgehen modifiziert werden muss, wieder die dahinter liegende Logik bewusst machen können. Insofern ist es sinnvoll, beim Einüben von Vorgehensweisen immer wieder auf die zugrunde liegenden Prinzipien einzugehen. Neben Phasen des reinen Einübens sollten also Elemente reflektierter Übung („deliberate practice") eingesetzt werden (Ericsson, Krampe & Tesch-Römer, 1993). Diese Art der Übung ist auch dann von besonderer Bedeutung, wenn die Lernenden bewusst auf Verbesserung, auf Feinabstimmung abzielen. Suboptimalitäten im Violinspiel werden meist nicht dadurch, dass man die holprigen Stellen einfach immer wieder spielt („übt") ausgemerzt, sondern dadurch, dass man gezielt und reflektiert an den Schwachstellen arbeitet.

Zusammenfassend kann man festhalten, dass Lernen durch unterstütztes Aufgabenbearbeiten eine effektive Methode sein kann, Verstehen und prozedurales Wissen zu fördern. Lernen durch Aufgabenbearbeiten ist sogar unab-

dingbar, wenn es um die Ziele der Stärkung und Automatisierung geht. Für die Feinabstimmung sollte die Übung in reflektierter Weise erfolgen.

1.3.4 Lernen durch Erkunden

Dieser Abschnitt befasst sich mit Lernformen, in denen das Erkunden von Gegenstandsbereichen in den Mittelpunkt gestellt wird (z. B. entdeckendes Lernen, erforschendes Lernen). Die Lernenden haben dabei die Aufgabe, sich die zentralen Konzepte und Prinzipien selbst zu generieren (▶ Abschn. 1.2.2). Damit soll erreicht werden, dass das „neue" Wissen gut in der Wissensbasis der Lernenden verankert ist. Zudem können z. B. beim erkundenden Experimentieren den Schülern eigene Fehlvorstellungen und deren Defizite bewusst werden. Darüber hinaus werden vielfach noch weitere Ziele verfolgt, etwa die Erhöhung der Lernmotivation, Förderung von Wissenserwerbsstrategien (Lernen lernen) und Metakognition sowie der Erwerb fachspezifischer wissenschaftlicher Vorgehensweisen, wie etwa sinnvolles Experimentieren in der Physik (Tamir, 1996; van Joolingen, de Jong & Dimitrakopoulou, 2007). Auch epistemologische Überzeugungen (▶ Abschn. 1.1) können durch den Nachvollzug des Erkenntnisprozesses in einem Fachgebiet ausdifferenziert werden (Kuhn, 2005).

Lernen durch Erkunden wird oftmals „rezeptivem" Lernen gegenübergestellt, bei dem die wichtigsten Informationen den Lernenden präsentiert werden (bemerke: hier wird Information insofern anders verstanden als in ▶ Abschn. 1.2.2, als Daten und Information nicht differenziert werden). Die klassische Bezeichnung für diese Lernart ist ▶ **entdeckendes Lernen** (Bruner, 1961). Allerdings wurde dieses „Label" inzwischen für vergleichsweise unterschiedliche Lehr-Lern-Arrangements verwendet (vom Hofe, 2001). Zugleich gibt es eine Reihe von Lehr-Lern-Konzeptionen, die schwierig vom entdeckenden Lernen abzugrenzen sind, so etwa projektorientiertes Lernen, problembasiertes Lernen oder erforschendes Lernen („inquiry learning"; Loyens & Rikers, 2011). Weitgehender Konsens herrscht zwischen den Vertretern dieser Ansätze jedoch bezüglich der Überzeugung, dass ein direktes Vermitteln („rezeptives Lernen") bei den Lernenden in sehr vielen Fällen nur zu oberflächlichem Wissen führt und es deshalb besser ist, die Lernenden die zentralen Konzepte und Prinzipien selbst generieren zu lassen (▶ Exkurs „Erkundendes Lernen und rezeptives Lernen"). In diesem Kapitel wurde für die genannte Gruppe verwandter Lernarten der Begriff Lernen durch Erkunden gewählt.

Es gilt inzwischen als unstrittig, dass unangeleitetes Erkunden kein effektives Lernen bewirkt (Mayer, 2004; Alfieri, Brooks, Aldrich & Tenenbaum, 2011). Auch Vertreter von Lehr-Lern-Konzeptionen, die dem Erkunden große

Exkurs

Erkundendes Lernen und rezeptives Lernen

Vielfach werden erkundendes Lernen und rezeptives Lernen dichotom gegenübergestellt. Dabei dürfte es sich hierbei eher um ein Kontinuum handeln, bei dem eine Reinform die absolute Ausnahme ist. Beispielsweise kann es beim erforschenden Lernen vorkommen, dass die Lernenden im Internet oder in Hilfesystemen von computerbasierten Simulationen etwas nachlesen und damit „rezeptive" Phasen des Lernens quasi eingebaut sind. Andererseits sollte die Diskussion des Lernens aus Texten – einer prototypisch rezeptiven Lernart – gezeigt haben (▶ Abschn. 1.3.1), dass die alleinige Verarbeitung der direkt vorgegebenen Propositionen nur ganz oberflächlichem Lernen entspricht. Wenn Lernende substanziell etwas aus Texten gelernt haben, so haben sie sich eine situationale Repräsentation erarbeitet und vielfach Wissenselemente generiert.

Nach Koedinger und Aleven (2007) ist es für effektives Lernen zentral, auf der Dimension Informationsvorgabe versus Informationszurückhaltung (Generierungsanforderung) die richtige Mixtur zu finden („assistance dilemma") (▶ Kap. 2, letzter Abschnitt). Die Vertreter erkundenden Lernens setzen dabei das Optimum eher auf der Seite der Informationszurückhaltung an.

Bedeutung beimessen, sprechen der Strukturierung des Lernens, also der Unterstützung der Lernenden, maßgebliche Bedeutung zu (z. B. Hmelo-Silver, Duncan & Chinn, 2007). Welche Probleme beim entdeckenden Lernen auftreten können, wenn dieses nicht unterstützt wird, analysierten de Jong und van Joolingen (1998) für den Fall des Erkundens computerbasierter Simulationen. Bei freier Exploration formulieren Lernende oft keine Hypothesen oder sie können diese, wenn sie welche aufstellen, nicht adäquat überprüfen; zudem bereitet es ihnen Probleme, Evidenzen stringent auf Hypothesen zu beziehen und Experimentserien so aufzustellen, dass systematisch Wissen über den relevanten Inhaltsbereich gewonnen werden kann. Um effektiv zu lernen, muss Unterstützung gegeben werden, sodass sinnvolle Hypothesen aufgestellt werden, diese angemessen überprüft werden etc. Vor dem Hintergrund der Bedeutung der Unterstützung beim entdeckenden bzw. erkundenden Lernen wird inzwischen meist eine Konzeption des „Lernens durch gelenktes Erkunden" vertreten (vgl. de Jong, 2005: „guided discovery principle").

1.3.5   Lernen durch Gruppenarbeit

Lernen durch Gruppenarbeit – auch ▶ **kooperatives Lernen** oder **kollaboratives Lernen** genannt – bezeichnet die Zusammenarbeit von Lernenden in Kleingruppen, um Lernaufgaben zu bewältigen. Es steht dabei nicht (alleine) die Qualität eines „Produktes" oder einer Problemlösung im Vordergrund, wie etwa bei einer Gruppenarbeit im Arbeitskontext, sondern das Lernen eines jeden einzelnen Gruppenmitglieds. Gruppenarbeit erfolgt in diesem Kontext also im Dienste des Lernens.

Der Einsatz von Gruppenarbeit wird vor allem damit begründet, dass man eine aktive Verarbeitung des Lernstoffes induzieren will, als dies typischerweise bei rezeptiven Lernformen der Fall ist. Es wird Raum gegeben, dass die Lernenden neue Inhalte mit ihrem Vorwissen und ihrer subjektiven Erfahrungswelt in Verbindung bringen können. Im Schulkontext werden mit Gruppenarbeiten zudem vielfach Ziele verfolgt, die jenseits des Wissenserwerbs liegen, wie etwa die Stärkung des Selbstkonzepts, der Erwerb sozialer Fertigkeiten oder die Integration von Minderheiten (z. B. Aronson, Blaney, Sikes, Stephan & Snapp, 1978). Dieser Abschnitt konzentriert sich auf den Wissenserwerb.

Gruppenarbeit per se – etwa in dem Sinne „Schüler halt mal Aufgaben nicht alleine, sondern in der Kleingruppe bearbeiten lassen" – ist nicht unbedingt effektiv. Es kommt vor allem auf eine lernzielangemessene Aufgabe an, bei der die Gruppe einen echten Mehrwert hat (z. B. Einbringen unterschiedlicher Perspektiven). Wenn Gruppenarbeit angemessen implementiert wird, kann sie aber sehr effektiv sein (Renkl, 2008a). Es wurden inzwischen zahlreiche empirisch bewährte Ablaufskripte zur Gruppenarbeit entwickelt, die bei einer angemessenen Implementation helfen (zu einer Skriptsammlung s. Renkl & Beisiegel, 2003; zu Skripts für computerunterstütztes Lernen s. Fischer, Mandl, Haake & Kollar, 2007)

Aus kognitiver Perspektive können für erfolgreiches Lernen in Gruppen folgende wichtige Faktoren verantwortlich gemacht werden, die jeweils einer theoretischen Perspektive entsprechen:

Soziokognitive Konflikte (Neo-Piaget'sche Perspektive) können durch sich widersprechende Sichtweisen, die während einer Kooperation auftreten können, entstehen (z. B. Doise, 1990). Diese können eine Umstrukturierung von Wissensstrukturen initiieren, wenn der kognitive Konflikt produktiv aufgelöst werden kann.

Aus **Neo-Vygotsky'scher Perspektive** (Vygotsky, 1978) ist Gruppenarbeit dann erfolgreich, wenn durch die Zusammenarbeit ein Agieren (z. B. Problemlösen oder Argumentieren) auf höherem Niveau gelingt, als dies den Lernenden alleine möglich wäre. Die Lernenden bewegen sich dann in der **Zone der nächsthöheren Entwicklung**, die dann allmählich zur Zone der aktuellen Entwicklung wird (d. h. die Lernenden können dann auch alleine auf diesem Niveau agieren).

Die **Perspektive der kognitiven Elaboration und Metakognition** (vgl. Perspektive der aktiven Informationsverarbeitung) sieht kooperative Lernformen dann als effektiv an, wenn kognitive und metakognitive Lernaktivitäten ausgelöst werden. Die soziale Situation kann eine aktive Auseinandersetzung mit dem Lerngegenstand anregen, da sie es gewissermaßen erzwingt, die eigene Sichtweise zu explizieren und zu rechtfertigen (Brown & Palincsar, 1989). In etlichen kooperativen Arrangements geben sich die Lernenden gegenseitig Erklärungen (Renkl, 1997b). Dazu müssen sie ihr Wissen organisieren oder sogar reorganisieren, und es kann notwendig werden, bislang nicht verbundene Wissensteile zu integrieren. Zudem können beim Erklären Verständnislücken sowie Inkonsistenzen im eigenen Wissen auffallen (metakognitive Funktion).

Nach der **Perspektive des argumentativen Diskurses** (Fischer, 2002) kann Gruppenarbeit zum Erwerb differenzierten Wissens führen, wenn die Lernpartner nach Evidenz und Gegenevidenz für die im Raum stehenden Behauptungen suchen, Letztgenannte hinsichtlich der positiven und negativen Evidenz gewichten und die eigenen Sichtweisen entsprechend ausdifferenzieren (Derry, 1999). Zudem wird in einigen Ansätzen die Vermittlung von Argumentationsfertigkeiten angestrebt.

Die unterschiedlichen Sichtweisen zum kooperativen Lernen widersprechen sich im Übrigen nicht. Alle genannten Prozesse können bei der Gruppenarbeit produktive Lernprozesse auslösen.

Fazit

In diesem Beitrag wurde Wissenserwerb insbesondere in Hinblick darauf diskutiert, welche Prozesse zum Aufbau von Wissensstrukturen führen. Es dürfte deutlich geworden sein, dass diese Prozesse nicht immer und von allen Lernenden in optimaler Weise gezeigt werden. Dazu müssten diese als wichtigste Voraussetzung ausreichendes Vorwissen haben (▶ Kap. 2), über geeignete Lernstrategien verfügen, Selbststeuerungskompetenzen aufweisen, um den Lernstrategieeinsatz zu koordinieren (▶ Kap. 3), und sie müssten schließlich ausreichend motiviert sein, um die kognitive Anstrengung der aktiven Auseinandersetzung mit dem Lernstoff auf sich zu nehmen (▶ Kap. 7). Immer wenn diese (und ggf. weitere) Voraussetzungen nicht in hinreichendem Maße erfüllt sind – was eher die Regel als die Ausnahme ist –, kommt dem Unterricht bzw. dem instruktionalen Design von Lernumgebungen besondere Bedeutung zu (▶ Kap. 4). Wenn, um ein bereits genanntes Beispiel nochmals aufzugreifen, Lernende

spontan keine Selbsterklärungen zeigen, so sollte das Instruktionsdesign „Prompts" im Lernmaterial vorsehen, die sie dazu auffordern; oder der Lehrer sollte im Unterricht Selbsterklärungen trainieren. Unterricht und Instruktionsdesign haben also die Aufgabe, die lernrelevanten Prozesse zu trainieren und auszulösen, die von den Lernenden spontan nicht gezeigt werden (können). Das Wissen, das Sie aus diesem Kapitel (hoffentlich) konstruieren konnten, bietet Ihnen eine gute Grundlage, Lehr-Lern-Arrangements und Unterrichtsstile in einem ersten Schritt auf theoretischer Ebene zu beurteilen: Beinhalten sie Elemente, die wichtige kognitive Lernprozesse fördern und die Aufmerksamkeit der Lernenden auf die zentralen Konzepte und Prinzipien lenken?

Verständnisfragen

1. In der öffentlichen Diskussion zum Lernen kann man im Internet zahlreiche Diskussionsbeiträge finden. Ein typischer Beitrag lautet in etwa wie folgt: „Konstruktivismus bedeutet aktives Lernen. Dies kann z. B. über das Anfertigen von Zeichnungen oder aktives Diskutieren erfolgen. Wenn man etwas durch selbständiges Erarbeiten lernt, ist es viel tiefer im Gedächtnis verankert als etwas, was einem eine Lehrkraft erklärt hat." – Welcher grundlegenden Perspektive des Wissenserwerbs entspricht so ein Statement?

2. Stellen Sie sich vor, ein Schüler der 5. Klasse bearbeitet die folgende Textaufgabe: „Michael hat eine Sammlung von Seilen mit einem Meter Länge. Er hätte gerne ein zwölf Meter langes Seil. Wie viele Seile mit einem Meter Länge muss er aneinanderknoten, um ein 12 Meter langes Seil zu bekommen?" Die Antwort kommt schnell: „Ist ja einfach: 12". Wie könnte man diese Antwort aus der Sicht der Textverstehensforschung interpretieren?

3. Stellen Sie sich zwei fortgeschrittene Gitarrenschüler vor. Schüler A hat bereits eine Gesamtübungszeit von 6 Stunden in ein schwieriges Jazz-Stück investiert, Schüler B erst 3 Stunden. Wenn beide 2 zusätzliche Übungsstunden investieren, wer macht dann aller Wahrscheinlichkeit nach die größeren Fortschritte (z. B. in dem Sinne, wie viele Takte nun durchgespielt werden können, bevor wieder ein „Stolperer" passiert)? Warum?

4. Was spricht dafür, Schüler nach der Einführung eines Prinzips, z. B. eines Satzes in der Mathematik, mehrere Beispiele zur Anwendung dieses Prinzips studieren zu lassen, statt ihnen Aufgaben zum Bearbeiten vorzugeben?

5. Warum ist es nicht sinnvoll, traditionelle Unterrichtsformen, wie etwa eine Vorlesung an der Universität, mit passiv-rezeptivem Lernen gleichzusetzen?

Vertiefende Literatur

Bransford, J., Brown, A., & Cocking, R. (2000). *How people learn: Brain, mind, experience, and school*. Washington, DC: National Academy Press.

Mayer, R. E. & Alexander, P. A. (Eds.) (2011). *Handbook of research on learning and instruction*. New York, NY: Routledge.

Literatur

Aamodt, A., & Nygård, M. (1995). Different roles and mutual dependencies of data, information, and knowledge – An AI perspective on their integration. *Data & Knowledge Engineering, 16*, 191–222.

Ainsworth, S. E., & Loizou, A. T. (2003). The effects of self-explaining when learning with text or diagrams. *Cognitive Science, 27*, 669–681.

Aleven, V., & Koedinger, K. R. (2002). An effective meta-cognitive strategy: Learning by doing and explaining with a computer-based Cognitive Tutor. *Cognitive Science, 26*, 147–179.

Alexander, P. A. (1997). Mapping the multidimensional nature of domain learning: the interplay of cognitive, motivational, and strategic forces. *Advances in Motivation and Achievement, 10*, 213–250.

Alexander, P. A., Schallert, D. L., & Hare, V. C. (1991). Coming to terms: How researchers in learning and literacy talk about knowledge. *Review of Educational Research, 61*, 315–343.

Alfieri, L., Brooks, P. J., Aldrich, N. J., & Tenenbaum, H. R. (2011). Does discovery-based instruction enhance learning? *The Journal of Educational Psychology, 103*, 1–18.

Anderson, J. R., & Lebiere, C. (1998). *The atomic components of thought*. Mahwah, NJ: Erlbaum.

Aronson, E., Blaney, N., Sikes, J., Stephan, G., & Snapp, M. (1978). *The jigsaw classroom*. Beverly Hills: Sage.

Aroyo, L., Graesser, A., & Johnson, L. (2007). Guest editors' introduction: Intelligent educational systems of the present and future. *IEEE Intelligent Systems, 22*, 20–21.

Atkinson, R. K., Renkl, A., & Merrill, M. M. (2003). Transitioning from studying examples to solving problems: Combining fading with prompting fosters learning. *Journal of Educational Psychology, 95*, 774–783.

Baddeley, A. (2001). Is working memory still working? *American Psychologist, 56*, 851–864.

Bandura, A. (1986). *Social foundations of thought and action: A social cognitive*. Englewood Cliffs, NJ: Prentice Hall.

Barab, S., Ingram-Goble, A., Gresalfi, M., Arici, A., Siyahhan, S., Dodge, T., & Hay, K. (2008). Conceptual play spaces and the quest Atlantis project. In G. Kanselaar, V. Jonker, P. A. Kirschner, & F. J. Prins (Hrsg.), *Proceedings of the 8th International Conference of the Learning Sciences 2008*. Utrecht, NL: ICLS.

Berthold, K., & Renkl, A. (2009). Instructional aids to support a conceptual understanding of multiple representations. *Journal of Educational Psychology, 101*, 70–87.

Brown, A. L., & Palincsar, A. S. (1989). Guided, cooperative learning and individual knowledge acquisition. In L. B. Resnick (Hrsg.), *Knowing, learning, and instruction* (S. 393–451). Hillsdale, NJ: Erlbaum.

Bruner, J. S. (1961). The act of discovery. *Harvard Educational Review, 31*, 21–32.

Chi, M. T. H. (1978). Knowledge structures and memory development. In R. S. Siegler (Hrsg.), *Children's thinking: What develops?* (S. 73–96). Hillsdale, NJ: Erlbaum.

Chi, M. T. H. (2000). Self-explaining expository texts: The dual processes of generating inferences and repairing mental models. In R. Glaser (Hrsg.), *Advances in instructional psychology* (S. 161–238). Hillsdale, NJ: Erlbaum.

Chi, M. T. H., Bassok, M., Lewis, M. W., Reimann, P., & Glaser, R. (1989). Self-explanations: How students study and use examples in learning to solve problems. *Cognitive Science, 13*, 145–182.

Collins, A., Brown, J. S., & Newman, S. E. (1989). Cognitive apprenticeship: Teaching the craft of reading, writing and matematics. In L. B. Resnick (Hrsg.), *Knowing, learning, and instruction* (S. 453–494). Hillsdale, NJ: Erlbaum.

Cowan, N. (2000). The magical number 4 in short-term memory: A reconsideration of mental storage capacity. *Behavioral and Brain Sciences, 24*, 87–185.

de Jong, T. (2005). The guided discovery principle in multimedia learning. In R. Mayer (Hrsg.), *Cambridge handbook of multimedia learning* (S. 215–228). New York: Cambridge University Press.

de Jong, T., & Ferguson-Hessler, M. G. H. (1996). Types and qualities of knowledge. *Educational Psychologist, 31*, 105–113.

de Jong, T., & van Joolingen, W. R. (1998). Scientific discovery learning with computer simulations of conceptual domains. *Review of Educational Research, 68*, 179–201.

Derry, S. J. (1999). A fish called peer learning: Searching for common themes. In A. O'Donnell, & A. King (Hrsg.), *Cognitive perspectives on peer learning* (S. 197–211). Mahwah, NJ: Erlbaum.

Deutsches PISA-Konsortium (Hrsg.). (2001). *PISA 2000. Basiskompetenzen von Schülerinnen und Schülern im internationalen Vergleich*. Opladen: Leske+Budrich.

Doise, W. (1990). The development of individual competencies through social interaction. In H. C. Foot, M. J. Morgan, & R. H. Shute (Hrsg.), *Children helping children* (S. 43–64). Chichester, UK: Wiley.

Driskell, J. E., Willis, R. P., & Copper, C. (1992). Effect of overlearning on retention. *Journal of Applied Psychology, 77*, 615–622.

Ericsson, K. A., Charness, N., Feltovich, P., & Hoffman, R. R. (Hrsg.). (2006). *The Cambridge handbook of expertise and expert performance*. New York: Cambridge University Press.

Ericsson, K. A., Krampe, R. T., & Tesch-Römer, C. (1993). The role of deliberate practice in the acquisition of expert performance. *Psychological Review, 100*, 363–406.

Fischer, F. (2002). Gemeinsame Wissenskonstruktion – Theoretische und methodologische Aspekte. *Psychologische Rundschau, 53*, 119–134.

Fischer, F., Kollar, I., Mandl, H., & Haake, J. M. (Hrsg.). (2007). *Scripting computer-supported collaborative learning – cognitive, computational, and educational perspectives*. New York: Springer.

Fischer, F., & Mandl, H. (2005). Knowledge convergence in computer-supported collaborative learning – The role of external representation tools. *Journal of the Learning Sciences, 14*, 405–441.

Flavell, J. (1979). Metacognition and cognitive monitoring: A new area of cognitive-developmental inquiry. *American Psychologist, 34*, 906–911.

Garner, R., Gillingham, M. G., & White, C. S. (1989). Effects of „seductive details" on macroprocessing and microprocessing in adults and children. *Cognition and Instruction, 6*, 41–57.

Greeno, J. G. (2006). Learning in activity. In R. K. Sawyer (Hrsg.), *Cambridge handbook of the learning sciences* (S. 79–96). New York, NY: Cambridge University Press.

Gruber, H., Renkl, A., & Schneider, W. (1994). Expertise und Gedächtnisentwicklung: Längsschnittliche Befunde aus der Domäne Schach. *Zeitschrift für Entwicklungspsychologie und Pädagogische Psychologie, 26*, 53–70.

Hasselhorn, M. (2010). Metakognition. In D. H. Rost (Hrsg.), *Handwörterbuch Pädagogische Psychologie* (4. Aufl. S. 541–547). Weinheim: Beltz.

Hmelo-Silver, C. E., Duncan, R. G., & Chinn, C. A. (2007). Scaffolding and achievement in problem-based and inquiry learning: A response to Kirschner, Sweller, and Clark (2006). *Educational Psychologist, 42*, 99–107.

Kalyuga, S., & Sweller, J. (2004). Measuring knowledge to optimize cognitive load factors during instruction. *Journal of Educational Psychology, 96*, 558–568.

Khine, M. S. (Hrsg.). (2008). *Knowing, knowledge, and beliefs: Epistemological studies across diverse cultures.* New York: Springer.

Kintsch, E., & Kintsch, W. (1996). Learning from text. In E.de Corte, & F. E. Weinert (Hrsg.), *International encyclopedia of developmental and instructional psychology* (S. 519–524). Exeter, UK: Pergamon.

Klieme, E., & Leutner, D. (2006). *Kompetenzmodelle zur Erfassung individueller Lernergebnisse und zur Bilanzierung von Bildungsprozessen (Überarbeitete Fassung des Antrags an die DFG auf Einrichtung eines Schwerpunktprogramms).* Frankfurt: DIPF.

Koedinger, K. R., & Aleven, V. (2007). Exploring the assistance dilemma in experiments with Cognitive Tutors. *Educational Psychology Review, 19*, 239–264.

Koedinger, K., & Corbett, A. (2006). Cognitive Tutors: Technology bringing learning sciences to the classroom. In R. K. Sawyer (Hrsg.), *The Cambridge handbook of the learning sciences* (S. 61–77). New York, NY: Cambridge University Press.

Krause, U.-M., & Stark, R. (2006). Vorwissen aktivieren. In H. Mandl, & H. F. Friedrich (Hrsg.), *Handbuch Lernstrategien* (S. 38–49). Göttingen: Hogrefe.

Kuhn, D. (2005). *Education for thinking.* Harvard University Press.

Lehman, S., Shraw, G., McCrudden, M., & Hartley, K. (2007). Processing and recall of seductive details in scientic text. *Contemporary Educational Psychology, 32*, 569–587.

Lesgold, A. M., Rubinson, H., Feltovich, P. J., Glaser, R., Klopfer, D., & Wang, Y. (1988). Expertise in a complex skill: Diagnosing X-ray pictures. In M. T. H. Chi, R. Glaser, & M. Farr (Hrsg.), *The nature of expertise* (S. 311–342). Hillsdale, NJ: Erlbaum.

Loyens, S. M. M., & Rikers, R. M. J. P. (2011). Instruction Based on Inquiry. In R. E. Mayer, & P. A. Alexander (Hrsg.), *Handbook of Research on Learning and Instruction* (S. 361–381). New York: Routledge Press.

Mandl, H., & Friedrich, H. F. (2006). *Handbuch Lernstrategien.* Göttingen: Hogrefe.

Mandl, H., Gruber, H., & Renkl, A. (1993). Misconceptions and knowledge compartmentalization. In G. Strube, & K. F. Wender (Hrsg.), *The cognitive psychology of knowledge: The German Wissenspsychologie project* (S. 161–176). Amsterdam: Elsevier.

Mayer, R. E. (2004). Should there be a three-strikes-rule against pure discovery learning? A case for guided methods of instruction. *American Psychologist, 59*, 14–19.

Moreno, R., & Mayer, R. (2007). Interactive multimodal learning environments. *Educational Psychology Review, 19*, 309–326.

Mousavi, S. Y., Low, R., & Sweller, J. (1995). Reducing cognitive load by mixing auditory and visual presentation modes. *Journal of Educational Psychology, 87*, 319–334.

Newell, A., & Rosenbloom, P. S. (1981). Mechanisms of skill acquisition and the law of practice. In J. R. Anderson (Hrsg.), *Cognitive skills and their acquisition.* Hillsdale, NJ: Erlbaum.

O'Reilly, T., & McNamara, D. S. (2007). Reversing the reverse cohesion effect: good texts can be better for strategic, high-knowledge readers. *Discourse Processes, 43*, 121–152.

Paas, F., Renkl, A., & Sweller, J. (2003). Cognitive load theory and instructional design: Recent developments. *Educational Psychologist, 38*, 1–4.

Pauli, C., & Lipowsky, F. (2007). Mitmachen oder zuhören? Mündliche Schülerinnen- und Schülerbeteiligung im Mathematikunterricht. *Unterrichtswissenschaft, 35*, 101–124.

PISA-Konsortium Deutschland (Hrsg.). (2007). *PISA 2006 – Die Ergebni der dritten internationalen Vergleichsstudie.* Münster: Waxmann.

Renkl, A. (1996b). Träges Wissen: Wenn Erlerntes nicht genutzt wird. *Psychologische Rundschau, 47*, 78–92.

Renkl, A. (1997a). Learning from worked-out examples: A study on individual differences. *Cognitive Science, 21*, 1–29.

Renkl, A. (1997b). *Lernen durch Lehren. Zentrale Wirkmechanismen beim kooperativen Lernen.* Wiesbaden: DUV.

Renkl, A. (2001). Situated learning, out of school and in the classroom. In P. B. Baltes, & N. J. Smelser (Hrsg.), *International encyclopedia of the social & behavioral sciences* (Bd. 21, S. 14133–14137). Amsterdam: Pergamon.

Renkl, A. (2008a). Kooperatives Lernen. In W. Schneider, & M. Hasselhorn (Hrsg.), *Handbuch Psychologie, Bd. Pädagogische Psychologie* (S. 84–94). Göttingen: Hogrefe.

Renkl, A. (2008b). Lehren und Lernen im Kontext der Schule. In A. Renkl (Hrsg.), *Lehrbuch Pädagogische Psychologie* (S. 109–153). Bern: Huber.

Renkl, A. (2011a). Aktives Lernen = gutes Lernen? Reflektion zu einer (zu) einfachen Gleichung. *Unterrichtswissenschaft, 39*, 194–196.

Renkl, A. (2011b). Instruction based on examples. In R. E. Mayer, & P. A. Alexander (Hrsg.), *Handbook of research on learning and instruction* (S. 272–295). New York, NY: Routledge.

Renkl, A. (2014). Toward an instructionally oriented theory of example-based learning. *Cognitive Science, 38*, 1–37. doi: 10.1111/cogs.12086.

Renkl, A., & Atkinson, R. K. (2003). Structuring the transition from example study to problem solving in cognitive skills acquisition: A cognitive load perspective. *Educational Psychologist, 38*, 15–22.

Renkl, A., & Atkinson, R. K. (2007). Interactive learning environments: Contemporary issues and trends. An introduction to the special issue. *Educational Psychology Review, 19*, 235–238.

Renkl, A., & Beisiegel, S. (2003). *Lernen in Gruppen: Ein Minihandbuch.* Landau: Verlag Empirische Pädagogik.

Renkl, A., Schworm, S., & Hilbert, T. S. (2004). Lernen aus Lösungsbeispielen: Eine effektive, aber kaum genutzte Möglichkeit, Unterricht zu gestalten. In J. Doll, & M. Prenzel (Hrsg.), *Bildungsqualität von Schule: Lehrerprofessionalisierung, Unterrichtsentwicklung und Schülerförderung als Strategien der Qualitätsverbesserung* (S. 77–92). Münster: Waxmann.

Renkl, A., Stark, R., Gruber, H., & Mandl, H. (1998). Learning from worked-out examples: The effects of example variability and elicited self-explanations. *Contemporary Educational Psychology, 23*, 90–108.

Robins, S., & Mayer, R. E. (1993). Schema formation in analogical reasoning. *Journal of Educational Psychology, 85*, 529–538.

Rohrer, D., & Taylor, K. (2006). The effects of overlearning and distributed practice on the retention of mathematics knowledge. *Applied Cognitive Psychology, 20*, 1209–1224.

Rourke, A., & Sweller, J. (2009). The worked-example effect using ill-defined problems: Learning to recognise designers' styles. *Learning and Instruction, 19*, 185–199.

Roy, M., & Chi, M. T. H. (2005). Self-explanation in a multi-media context. In R. Mayer (Hrsg.), *Cambridge handbook of multimedia learning* (S. 271–286). Cambridge, UK: Cambridge University Press.

Rummel, N., & Spada, H. (2005). Learning to collaborate: An instructional approach to promoting collaborative problem solving in computer-mediated settings. *Journal of the Learning Sciences, 14*, 201–241.

Rummer, R., Schweppe, J., Scheiter, K., & Gerjets, P. (2008). Lernen in Multimedia: Die kognitiven Grundlagen des Modalitätseffekts. *Psychologische Rundschau, 59*, 98–108.

Salden, R., Aleven, V., Renkl, A., & Schwonke, R. (2009). Worked examples and tutored problem solving: Redundant or synergistic forms of support? *Topics in Cognitive Science, 1*, 203–213.

Schaffner, E., & Schiefele, U. (2007). The effect of experimental manipulation of student motivation on the situational representation of text. *Learning and Instruction, 17*, 755–772.

Schmidt, H. G., de Grave, W. S., De Volder, M. L., Moust, J. H. C., & Patel, V. L. (1989). Explanatory models in the processing of science text: The role of prior knowledge activation through small-group discussion. *Journal of Educational Psychology, 81*, 610–619.

Schnotz, W. (2005). An integrated model of text and picture comprehension. In R. Mayer (Hrsg.), *Cambridge handbook of multimedia learning* (S. 49–69). Cambridge, UK: Cambridge University Press.

Schnotz, W. (2010). Textverstehen. In D. H. Rost (Hrsg.), *Handwörterbuch Pädagogische Psychologie* (4. Aufl. S. 843–854). Weinheim: Beltz.

Schwonke, R., Renkl, A., Krieg, K., Wittwer, J., Aleven, V., & Salden, R. (2009). The worked-example effect: Not an artefact of lousy control conditions. *Computers in Human Behavior, 25*, 258–266.

Schworm, S., & Renkl, A. (2007). Learning argumentation skills through the use of prompts for self-explaining examples. *Journal of Educational Psychology, 99*, 285–296.

Siegler, R. S., & Jenkins, E. (1989). *How children discover strategies*. Hillsdale, NY: Erlbaum.

Skinner, B. F. (1954). The science of learning and the art of teaching. *Harvard Educational Review, 24*, 86–97.

Stahl, G., Koshmann, T., & Suthers, D. D. (2006). Computer-supported collaborative learning. In R. K. Sawyer (Hrsg.), *Cambridge handbook of the learning sciences* (S. 409–425). New York, NY: Cambridge University Press.

Sweller, J., van Merriënboer, J. J. G., & Paas, F. G. (1998). Cognitive architecture and instructional design. *Educational Psychology Review, 10*, 251–296.

Tamir, P. (1996). Discovery learning and teaching. In E.de Corte, & F. E. Weinert (Hrsg.), *International encyclopedia of developmental and instructional psychology* (S. 355–361). Exeter, UK: Pergamon.

Tarmizi, R. A., & Sweller, J. (1988). Guidance during mathematical problem solving. *Journal of Educational Psychology, 80*, 424–436.

van Dijk, T. A., & Kintsch, W. (1983). *Strategies of discourse comprehension*. New York, NY: Academic Press.

van Joolingen, W. R., de Jong, T., & Dimitrakopoulou, A. (2007). Issues in computer supported inquiry learning in science. *Journal of Computer Assisted Learning, 23*, 111–119.

van Merriënboer, J. J. G., & Kester, L. (2005). The four-component instructional design model: Multimedia principles in environments for complex learning. In R. E. Mayer (Hrsg.), *The Cambridge handbook of multimedia learning* (S. 71–93). Cambridge, UK: Cambridge University Press.

Veenman, M. V. J., Van Hout-Wolters, B. H. A. M., & Afflerbach, P. (2006). Metacognition and learning: Conceptual and methodological considerations. *Metacognition and Learning, 1*, 3–14.

Verschaffel, L., Greer, B., & de Corte, E. (2000). *Making sense of word problems*. Lisse, NL: Swets & Zeitlinger.

vom Hofe, R. (2001). Mathematik entdecken – neue Argumente für entdeckendes Lernen. *mathematik lehren, 105*, 4–8.

Vygotsky, L. S. (1978). *Mind in society. The development of higher psychological processes*. Cambridge, MA: Harvard University Press.

Weinberger, A., Stegmann, K., & Fischer, F. (2007). Knowledge convergence in collaborative learning: concepts and assessment. *Learning and Instruction, 17*, 416–426.

Weinstein, C. F., & Mayer, R. (1986). The teaching of learning strategies. In M. C. Wittrock (Hrsg.), *Handbook of research on teaching* (3. Aufl. S. 315–327). New York: Macmillan.

Intelligenz und Vorwissen

Hans Gruber, Eleni Stamouli

E. Wild, J. Möller (Hrsg.), *Pädagogische Psychologie,* Springer-Lehrbuch,
DOI 10.1007/978-3-642-41291-2_2, © Springer-Verlag Berlin Heidelberg 2015

Thema dieses Kapitels ist das Zusammenspiel von Intelligenz und Wissen. Beide Begriffe spielen in der Pädagogischen Psychologie eine wichtige Rolle – aber unglücklicherweise werden sie in der Forschung oft voneinander getrennt betrachtet. Dies hat mit den unterschiedlichen wissenschaftstheoretischen Perspektiven und mit der wissenschaftsgeschichtlichen Entwicklung zu tun. Die wichtigsten Forschungsrichtungen werden wir in ▶ Abschn. 2.2 besprechen, um die Grundlagen für das Verständnis der Ideen einiger moderner Forscher zu legen, die sich um die Erklärung des Zusammenspiels von Intelligenz und Wissen bemüht haben (▶ Abschn. 2.3). Verfahren zur Messung von Intelligenz und Wissen (▶ Abschn. 2.4) nehmen im Studium der Pädagogischen Psychologie einen wichtigen Platz ein. Anschließend wird dargestellt, wie intelligenter Wissenserwerb im Studium aussehen kann (▶ Abschn. 2.5) (◘ Abb. 2.1).

◘ **Abb. 2.1**

2.1 Eine geheimnisvolle, aber wichtige Sache: epistemologische Überzeugungen

Befragen Sie sich einmal selbst! Wie sehr können Sie den folgenden Aussagen zustimmen? Geben Sie Ihre Antwort auf einer Skala von 0 (trifft überhaupt nicht zu) bis 5 (trifft voll und ganz zu).

- „Einige Personen können von Natur aus gut lernen, andere haben damit Schwierigkeiten."
- „Genialität hat mehr mit harter Arbeit als mit Intelligenz zu tun."
- „Wenn Wissen einmal erworben ist, bleibt es unverändert."
- „Es gibt unumstößliche Wahrheiten."
- „Menschen lernen auf der ganzen Welt gleich."
- „Wer sein Wissen nicht zeigt, weiß auch nichts."

Können Sie sich vorstellen, dass andere Menschen diese Fragen ganz anders beantworten als Sie? Weshalb ist dies so? Weil diese Menschen ein anderes Fach studieren? Weil sie mehr wissen? Weil sie älter sind? Weil sie von einem anderen Teil der Erde kommen? Weil sie andere Erfahrungen gemacht haben? Weil sie weniger intelligent sind?

Wenn Sie sich mit diesen Fragen gründlich auseinandergesetzt haben, sind Sie schon weiter als die meisten Ihrer Mitmenschen – Sie haben schon eine Ahnung, dass die Vorstellungen von Menschen über die Natur von ▶ **Wissen** (man nennt solche Vorstellungen ▶ **epistemologische Überzeugungen**; Schommer, 1990) sehr unterschiedlich sein können und dass sie eng damit zusammenhängen, wie man neuem Wissen begegnet, aber auch damit, wie man sich den Zusammenhang von ▶ **Intelligenz** und Wissen vorstellt. Diese subjektiven Vorstellungen über die Objektivität, die Richtigkeit oder die Aussagekraft von Wissen

beeinflussen Informationsverarbeitung, Lernverhalten, Lernmotivation und Lernleistung. Sie spielen sowohl im Alltagsleben als auch in Studium und Beruf eine wichtige Rolle. Menschen mit ausgefeilteren epistemologischen Überzeugungen gehen überlegter an den Erwerb und die Nutzung ihres Wissens heran, sie schöpfen das Potenzial besser aus, das Lerngelegenheiten bieten, sie beteiligen sich aktiver am eigenen Lernprozess (▶ Kap. 1). Kurzum: Sie gehen intelligenter mit ihrem Wissen um.

Definition

Unter **epistemologischen Überzeugungen** („epistemological beliefs") werden die Annahmen einer Person über die Natur des Wissens verstanden. Epistemologische Überzeugungen bezeichnen also subjektive Vorstellungen über die Objektivität, die Richtigkeit, die Aussagekraft oder die Herkunft von Wissen.

Um die Sache vollends kompliziert zu machen, aber auch, um Sie zur vertieften Auseinandersetzung mit den Inhalten des Kapitels anzuregen, bringen wir zum Schluss noch den Gedanken ins Spiel, dass natürlich auch Lehrende **epistemologische Überzeugungen** besitzen. Diese können großen Einfluss darauf nehmen, wie sie das Lernen ihrer Studierenden in Gang setzen wollen – überlegen Sie selbst, ob die epistemologischen Überzeugungen von Studierenden und ihren Dozierenden immer (oder auch nur manchmal) Hand in Hand gehen!

2.1.1 Über die Relevanz epistemologischer Überzeugungen im schulischen Kontext

Die ersten Forschungsergebnisse zu epistemologischen Überzeugungen entstanden Mitte der 1950er-Jahre. Seitdem gewannen epistemologische Überzeugungen im Kontext von Wissenserwerb und -vermittlung in der psychologischen und pädagogischen Forschung an Bedeutung, vor allem im Bereich der Unterrichtsforschung und Lehrerprofessionalisierung.

Köller, Baumert und Neubrand definieren epistemologische Überzeugungen als Vorstellungen, „die Personen über das Wissen und den Wissenserwerb generell oder in spezifischen Domänen entwickeln" (Hofer & Pintrich, zitiert nach Köller, Baumert & Neubrand, 2000, S. 230). Diese Definition verdeutlicht, dass epistemologische Überzeugungen zunächst unabhängig von den Inhalten sind und allgemein in einzelnen Wissenschaftsdisziplinen gebildet werden können.

Hinter dem Konzept der epistemologischen Überzeugung steht die Vorstellung, dass jede Person Annahmen über das Verhalten anderer entwickelt – was diese wahrnehmen, denken, fühlen und warum und mit welchen Konsequenzen sie es tun (Dann, 1994). Im Gegensatz zu subjektiven Theorien, die eher allgemeine Überzeugungssysteme erfassen, betreffen epistemologische Überzeugungen die Vorstellung des Menschen über die Struktur des Wissens und Lernens, beispielsweise über die Veränderbarkeit von Intelligenz. Es ist also nicht nur das Wissen, das epistemologische Überzeugungen ausmacht, sondern auch der Umgang damit (Kuhn, Cheney & Weinstock, 2000; ▶ Abschn. 1.1).

Die subjektiven Lernkonzepte lassen sich von den epistemologischen Überzeugungen insofern abgrenzen, als sie eine Spezifizierung auf das Lernen vornehmen und sich nicht allgemein auf das Wissen beziehen. Zwar können epistemologische Überzeugungen Konzepte über das eigene Lernen mit einbeziehen, beschränken sich aber nicht darauf, sondern berücksichtigen einen umfangreichen Rahmen von Einflussfaktoren. Eine Vielzahl von Faktoren kann im schulischen Kontext exemplarisch genannt werden: der Einfluss individueller Überzeugungen von Lehrenden auf das Verständnis von Lehr-Lern-Prozessen, die Wahrnehmung von und der Umgang mit Differenzen von Kindern und Jugendlichen oder wie ihre individuellen Überzeugungen die Bewertung von Leistungen beeinflussen. Zahlreiche empirische Studien lassen auf einen Zusammenhang zwischen den epistemologischen Überzeugungen der Lehrenden und ihrem pädagogischen Handeln schließen (Hofer, 2001). Das Lehrerhandeln beeinflusst wiederum die epistemologischen Überzeugungen zu Wissen bei den Lernenden (Buelens, Clement & Clarebout, 2002; Hofer, 2004) und wirkt somit auf die Wahl der Lernstrategien (Köller, Baumert & Neubrand, 2000), den Lernerfolg (Urhahne & Hopf, 2004) und die Motivation (Urhahne, 2006).

Als Rüstzeug für diese Überlegungen präsentieren wir nun einen Überblick über die wichtigsten Arbeiten zum Konzept der epistemologischen Überzeugungen (für ausführliche und sehr lesenswerte Darstellungen s. Hofer & Pintrich, 1997, 2002). Zu dieser Forschung stand Piaget

Pate, der sich bereits seit Anfang der 1920er-Jahre mit der Entwicklung von Erkenntnisstrukturen beschäftigt hatte (Piaget, 1936). Sein genetisches Modell der intellektuellen Entwicklung sieht eine ständige kognitive Höherentwicklung im Kindesalter vor. Piaget ging von einer Aufeinanderfolge von Entwicklungsstufen aus, die jeweils durch eine spezifische Denkstruktur gekennzeichnet sind. Auf dieser Grundlage formulierte Piagets Schüler Perry (1970) den ersten großen Forschungsansatz über epistemologische Überzeugungen. Die in der Folgezeit entstandenen Konzeptionen über epistemologische Überzeugungen wurden durch Perrys Arbeit inspiriert, sei es, dass sie seine Auffassung weiter entwickelten, sei es, dass sie sich kritisch von ihm absetzten. Der von Perry erhobene allgemeine Gültigkeitsanspruch wurde in Frage gestellt; dies führte zu einer konstruktiven Fortentwicklung der theoretischen Grundlagen zu epistemologischen Überzeugungen. Im Folgenden wird zunächst der Ansatz von Perry umrissen, der anschließend mit einem neueren Zugang von Schommer (1990) kontrastiert wird.

Perrys Modell der intellektuellen und ethischen Entwicklung

Der amerikanische Psychologe Perry war ursprünglich an Fragen von Autoritätshörigkeit und Persönlichkeit interessiert. Dies umschloss auch das Phänomen, dass das, was Autoritäten sagen, als richtig anerkannt wird, als gültiges Wissen. Perry (1970) meinte, die Entwicklung von epistemologischen Überzeugungen hänge weniger von allgemeinen Persönlichkeitsmerkmalen ab als vielmehr von der Ausprägung intraindividueller kognitiver Prozesse. Zur Überprüfung seiner Überlegungen entwickelte er die „Checklist of Educational Values" (CLEV), die in Untersuchungen bei amerikanischen College-Studierenden eingesetzt wurde. Spätere Instrumente zur Erhebung epistemologischer Überzeugungen bauen zum Teil auf der CLEV auf. Mit ausgewählten Versuchspersonen führte Perry (1970) nach der Bearbeitung der CLEV ausführliche Interviews durch. Basierend auf diesen Daten nahm er in seinem Stufenmodell an, der Mensch entwickle stetig neue qualitative Vorstellungen von der Organisation des Wissens. Er formulierte ein Entwicklungsschema, in dem neun Elemente in vier Kategorien zusammengefasst sind.

> **Epistemologische Kategorien nach Perry**
> - **Dualism:** Es wird von einer absoluten Wahrheit ausgegangen, Dinge gelten als entweder richtig oder falsch, gut oder schlecht (Schwarz-Weiß-Position).
> - **Multiplicity:** Es wird von drei möglichen Kategorien ausgegangen: richtig, falsch oder noch nicht bekannt. Unsicherheiten werden akzeptiert, aber es

wird angenommen, dass sich diese Unsicherheiten im Prinzip in Zukunft auflösen lassen.
- **Contextual Relativism:** Wissen wird als relativ und kontextbezogen angesehen. Es wird anerkannt, dass nur Weniges eindeutig richtig oder falsch ist, und dass die Aneignung von Wissen ein aktiv-konstruktiver Prozess ist.
- **Commitment within Relativism:** Es wird Verantwortung für die eigene Konstruktion von Wissensaneignungs- und Lernprozessen übernommen, die individuelle Annahme der Richtigkeit oder Wichtigkeit von Wissen wird moralisch-ethisch begründet.

- **Certain Knowledge:** Wissen ist sicher oder unsicher. Beispielitem: „Wahrheit ändert sich nicht."
- **Source of Knowledge:** Wissen wird von Autoritäten vermittelt oder selbst aktiv konstruiert. Beispielitem: „Bei schwierigen Entscheidungen würde ich es am liebsten haben, wenn jemand mir sagen könnte, was richtig ist."

Perry (1970) nahm an, dass ein Übergang zu einer höheren Kategorie durch ein kognitives Ungleichgewicht als Reaktion auf Umwelteinflüsse ausgelöst werde. Er postulierte eine fortlaufende Höherentwicklung hin zu reiferen epistemologischen Überzeugungen. Ausgehend von der Annahme absoluter Wahrheiten gelange der Mensch über die Akzeptanz vielfältiger Vorstellungen hin zu der Konzeption einer kontextabhängigen Wahrheit, die in relativen Wissensbegriffen und schließlich in der Verantwortungsübernahme für diese relative Position mündet.

Schommers Modell unabhängiger Dimensionen

Schommer (1990) entwickelte einen völlig neuartigen Ansatz zur Analyse epistemologischer Überzeugungen, der sich von der Vorstellung einer klaren Abgrenzung in verschiedene Entwicklungsphasen löste. Sie entwarf ein System von fünf relativ unabhängigen Dimensionen, die sie mithilfe eines Fragebogens („Epistemological Questionnaire") untersuchte. Die Dimensionen dieses Fragebogens sind mit Beispielitems im folgenden Kasten aufgeführt.

Epistemologische Dimensionen nach Schommer
- **Quick Learning:** Lernen erfolgt schnell oder schrittweise. Beispielitem: „Ein schwieriges Kapitel immer und immer wieder zu lesen, hilft wenig, es zu verstehen."
- **Fixed Ability:** Lernfähigkeit ist angeboren oder veränderbar. Beispielitem: „Unterschiede in der Lernfähigkeit sind angeboren."
- **Simple Knowledge:** Wissen besteht aus isolierten, einfachen Fakten oder aus einem komplexen, vernetzten System. Beispielitem: „Die meisten Wörter haben eine klare Bedeutung."

Aktuelle Entwicklungen in der Forschung zu epistemologischen Überzeugungen basieren fast ausschließlich auf Schommers Annahme, dass es sich hierbei um ein Konstrukt handelt, das aus einer Reihe verschiedener Facetten zusammengesetzt ist. Aus pädagogisch-psychologischer Sicht ist dies einleuchtend, denn im Gegensatz zu Reifungs- und Entwicklungsprozessen, wie sie bei Perry angenommen werden, kann die Veränderung dieser Facetten gelernt, geübt und verbessert werden.

Die hier angesprochene generelle Frage nach den Spielräumen für Veränderung durch Erziehung (Gruber, Prenzel & Schiefele, in Druck) ist vielschichtig. Die Anlage-Umwelt-Debatte findet, soweit es um die Förderung komplexer intellektueller Fähigkeiten geht, vor allem zwischen der (Hoch-)Begabungsforschung und der Expertiseforschung statt als zwei unterschiedlichen, aber doch eng aufeinander bezogenen Forschungstraditionen in der Pädagogischen Psychologie. Beide verbindet das Interesse an der Beschreibung, Erklärung und Förderung hervorragender menschlicher Leistung in komplexen, anspruchsvollen Bereichen (Gruber, 2007). Die **Begabungsforschung** ist vor allem an grundlegenden, oft angeborenen Fähigkeiten – etwa der Intelligenz – interessiert, die schon im Kindes- und Jugendalter beobachtbar sind. Dagegen beschäftigt sich die **Expertiseforschung** vorrangig mit fortgeschrittenen Leistungen Erwachsener in beruflichen oder künstlerischen Domänen. Entsprechend wird Lern- und Übungsprozessen sowie dem Aufbau einer umfangreichen, gut organisierten Wissensbasis die größte Aufmerksamkeit geschenkt.

Zwar wird in diesem Kapitel die Anlage-Umwelt-Diskussion nicht explizit aufgegriffen, aber das Zusammenspiel beider Aspekte in der Beschreibung und Förderung von Lernprozessen, das mit dem Begriff des „Dreiecks von Begabung, Wissen und Lernen" (Waldmann, Renkl & Gruber, 2003) gekennzeichnet werden kann, spielt in ▶ Abschn. 2.3 eine große Rolle.

2.2   Grundlegendes: Intelligenztheorien, Wissenstheorien

Die meisten anspruchsvollen Aufgaben erfordern sowohl den Rückgriff auf Wissen als auch den Einsatz intelligen-

Exkurs

„Smart is fast!" – Überall auf der Welt?

Sternberg, Conway, Ketron und Bernstein (1981) untersuchten, welche Auffassungen Menschen vom Wesen und von der Natur von Intelligenz haben. Sie fanden, dass in den USA die Auffassung „Smart is fast!" sehr verbreitet war – hohe Werte in den Attributen „Lernt schnell", „Handelt rasch" oder „Trifft rasch Entscheidungen" wurden oft als Kennzeichen intelligenter Personen genannt. Aber: In vielen südamerikanischen Ländern wurden intelligente Leute fast nie mit solchen Attributen in Verbindung gebracht. Sternberg, Kaufman und Grigorenko (2008) wiesen eindringlich darauf hin, dass viele Intelligenztheorien die Auffas-

sung der befragten US-Bürger teilen. Es gibt eine Reihe von Intelligenztheorien, in denen Geschwindigkeit eine große Rolle spielt – sei es als grundlegende Reaktionsgeschwindigkeit, sei es als Geschwindigkeit der Mustererkennung und -differenzierung, sei es in der Form schneller Entscheidungen. Dies spiegelt sich in der Operationalisierung von Intelligenz wider, wenn etwa im „Choice-Reaction-Time-Paradigma" eine möglichst große Anzahl einfacher Entscheidungen möglichst rasch getroffen werden soll. Das Problem ist nicht so sehr, dass es keine guten Gründe (und empirischen Belege) für „Smart is fast!" gibt, sondern

vielmehr, dass die Abhängigkeit dieser Annahme vom Kontext, in dem eine intelligente Leistung zu erbringen ist, nicht thematisiert wird. Die Grenzen der Tauglichkeit einer theoretischen Auffassung von Intelligenz zeigen sich dann manchmal dramatisch, wenn hoch intelligente Personen in einen ungewohnten Kontext kommen. Die Bewältigung selbst elementarer, überlebenswichtiger Anforderungen fällt einem intelligenten Westeuropäer oder Nordamerikaner oft schwer, wenn er sich unversehens im südostasiatischen Dschungel wieder findet.

---

ter Problemlöseverfahren. Intelligenz und Wissen sind methodisch voneinander zu trennen, aber inhaltlich aufs Engste verbunden. Da in der Psychologie die beiden Begriffe Gegenstand zweier unterschiedlicher Forschungstraditionen sind, wurden sie dennoch separat voneinander analysiert; die empirischen Designs sahen es sogar oft vor, dass man den Einfluss des jeweils anderen Konstrukts als Störung auffasste und auszuschalten oder zumindest zu kontrollieren versuchte. So wird in wissenspsychologischen Arbeiten oft auf die Verwendung innovativer oder schlecht definierter Aufgaben verzichtet, in der ▸ **Intelligenzforschung** werden oft möglichst inhaltsfreie – bzw. gar „kulturfaire" – Aufgaben verwendet (Gruber, Mack & Ziegler, 1999). Der ▸ **Wissenspsychologie** geht es beispielsweise darum, wie Sachverhalte im Gedächtnis organisiert und repräsentiert sind (man spricht dann von deklarativem Wissen) oder wie Handlungswissen (prozedurales Wissen) entsteht und angewandt wird (Mandl & Spada, 1988). In der Intelligenzforschung wird oft thematisiert, wie sich Personen rasch mit neuartigen Denkaufgaben zurechtfinden, welche Fähigkeiten sie also bezüglich intellektueller Operationen wie Analysieren, Synthetisieren, Generalisieren, Induzieren, Deduzieren, Abduzieren oder Abstrahieren besitzen.

Bevor wir uns damit beschäftigen, wie beide Herangehensweisen miteinander verschränkt werden können, wollen wir die Grundzüge und die wichtigsten Begriffe der Intelligenzforschung und der Wissensforschung behandeln.

2.2.1 Grundlegendes zur Intelligenzforschung

Im Verlauf einer über 100-jährigen Forschung wurden verschiedene Antworten auf die Frage „Was ist Intelli-

genz?" gegeben. Und das ist gut so, denn eine so komplexe menschliche Angelegenheit wie Intelligenz hat so viele Facetten, wird von so vielen Faktoren beeinflusst und zieht so viele Auswirkungen nach sich, dass unterschiedliche theoretische Ansätze natürlich unterschiedliche Schwerpunkte setzen. Wer aus der Unterschiedlichkeit der Definitionen folgert, eine müsse „richtig" sein, die anderen hingegen „falsch", belegt, dass er kein ausgereiftes Verständnis von Wissen und Wissenschaft hat, also keine weit entwickelten epistemologischen Überzeugungen (▸ Exkurs „Smart is fast' – Überall auf der Welt?"). Bevor eine solche Schlussfolgerung gezogen wird, in der scheinbar unterschiedliche Antworten auf dieselbe Forschungsfrage bewertet werden, sollte man genau überprüfen, ob es nicht vielmehr so ist, dass die Forscher unterschiedliche Fragen gestellt haben!

> **Definition**
>
> **Intelligenz** ist die Fähigkeit eines Menschen zur Anpassung an neuartige Bedingungen und zur Lösung neuer Probleme auf der Grundlage vorangehender Erfahrungen im gesellschaftlichen Kontext.

Die weitaus meisten Forschungsarbeiten zur Intelligenz beschäftigten sich damit, die Struktur dieser Fähigkeit genauer aufzuschlüsseln; solche Arbeiten werden der **psychometrischen Forschung** zugeordnet. Die Suche nach der Struktur der Intelligenz erfolgt zumeist mithilfe faktorenanalytischer Methoden, mit denen Gemeinsamkeiten der Anforderungen unterschiedlicher Indikatoren für intelligentes Handeln herausgeschält werden. Oft handelt es sich bei diesen Indikatoren um Denk- oder Problemlöseaufgaben; solche Aufgaben wurden in der kognitiven Psychologie dazu verwendet, um die Informationsverarbeitungsprozesse von Menschen bei ihrer Bearbeitung zu analysieren. Es ist erstaunlich, wie wenig Berührungs-punkte die psychometrische und die kognitionspsycho-logische Forschung haben. In ▶ Abschn. 2.3 werden wir uns mit einigen Versuchen auseinandersetzen, die beide Richtungen verknüpfen. Da aber die psychometrische For-schung die Auffassung von der Natur der Intelligenz am stärksten beeinflusste und noch immer beeinflusst, rich-ten wir unser Augenmerk in den nächsten Abschnitten zunächst hierauf.

Eine der grundlegenden Fragestellungen der psycho-metrischen Intelligenzforschung ist, ob und in welchem Maße sich Intelligenz als einheitliche Fähigkeit darstellt oder ob sie aus mehreren Faktoren besteht. In der For-schung findet man eine Klassifikation in ▶ **globale Intel-ligenzmodelle**, ▶ **Strukturmodelle** und ▶ **hierarchische Intelligenzmodelle**.

Globale Intelligenzmodelle

Binet und Simon (1905) gelten als die Urväter der psycho-metrischen Intelligenzforschung. Sie sahen Intelligenz als eine ganzheitliche und homogene Fähigkeit an. Ihr Stu-fenmodell geht davon aus, dass normal intelligente Kinder ihrer Altersstufe entsprechende Aufgaben mit hoher Wahr-scheinlichkeit lösen können. Sie setzen also das Intelligenz-alter (IA) der Kinder mit ihrem Lebensalter (LA) in Bezug. Übertreffen Kinder die altersgemäßen Anforderungen, ist ihr IA größer als ihr LA; werden altersgemäße Aufgaben nicht gelöst, ist das IA kleiner als das LA. Dieses Verfah-ren hat einen Nachteil: Es zeigte sich, dass Unterschiede zwischen LA und IA umso stärker ins Gewicht fallen, je jünger das Kind ist.

Um diesem Problem entgegenzuwirken, entwickelte William Stern (1911, 1912) den Klassiker der Intelligenz-forschung, den Intelligenzquotienten (IQ). Er bezeichnet den Quotient aus IA und LA einer Person.

> **Definition**
>
> **Intelligenzquotient** (IQ) einer Testperson: Quotient aus dem Intelligenzalter (IA) und dem Lebensalter (LA) der Testperson.
> **Intelligenzalter** (IA) einer Testperson: Lebensalter der-jenigen Altersgruppe, die im Durchschnitt die gleiche Zahl und Art von Aufgaben löst wie die Testperson. Abkömmlinge des klassischen IQ werden auch heute noch verwendet. Aus theoretischen Gründen wird der Wert jedoch in der Regel standardisiert, also auf Standardnormen bezogen. Der **Intelligenzquotient** bezeichnet dann einen an Mittelwert und Standard-abweichung einer repräsentativen Bezugsgruppe standardisierten Wert. Am häufigsten werden ein Mittelwert von 100 Punkten und eine Standardabwei-chung von 15 Punkten gewählt.

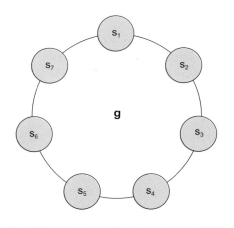

Anmerkung zu den Abkürzungen:
g = g-Faktor (Generalfaktor);
$S_1 - S_7$ = Spezialfaktoren

◘ **Abb. 2.2** Das Zwei-Faktoren-Modell von Spearman. (Modifiziert nach Asendorpf & Neyer, 2012, S. 149)

Strukturmodelle der Intelligenz

Strukturmodelle der Intelligenz stellen Intelligenz als eine Fähigkeit dar, die sich aus mehreren Komponenten zusam-mensetzt (Süß, 2003).

Das bereits 1904 von Spearman entwickelte **Zwei-Fak-toren-Modell** lehnt sich an die Idee eines globalen Intelli-genzmodells an, da es auf der Vorstellung eines Generalfak-tors (g-Faktors) als Ausdruck der allgemeinen Intelligenz beruht. Zudem gibt es aber, wie in ◘ Abb. 2.2 symbolisch angedeutet wird, Spezialfaktoren (s-Faktoren) wie z.B. „sprachliches Können" oder „mathematische Begabung" neben dem g-Faktor, die faktorenanalytisch identifiziert wurden. An jeder intelligenten Aufgabenlösung sind nach dem Zwei-Faktoren-Modell der g-Faktor und mindestens ein s-Faktor beteiligt.

Die Existenz eines Generalfaktors wurde – wenngleich etwas widerwillig – von Thurstone (1938; Thurstone & Thurstone, 1941) in seinem **Primärfaktorenmodell** über-nommen. Er vermutete, dass mehrere voneinander unab-hängige Fähigkeiten identifizierbar seien:

- Sprachverständnis
- Wortflüssigkeit
- Rechenfertigkeit
- Raumvorstellung
- mechanisches Gedächtnis
- Wahrnehmungsgeschwindigkeit
- Induktion, Schlussfolgern

Diese Fähigkeiten sind mittlerweile als Primärfaktoren be-kannt. Ihre Unabhängigkeit konnte jedoch nicht empirisch abgesichert werden; die Korrelationen zwischen ihnen waren stets von bedeutsamer Größe. Wurden die Primärfaktoren selbst einer Faktorenanalyse unterzogen, schälte sich ein übergeordneter gemeinsamer Faktor heraus – eben jener von Spearman postulierte g-Faktor.

Ein eigenständiges Strukturmodell ist das „**Structure-of-Intellect**"-Modell von Guilford (1967), in dem versucht wird, eine systematische Ordnung zwischen einer Vielzahl von Einzelfaktoren herzustellen. Dabei wird zwischen fünf Operationen (Kognition, Gedächtnis, divergierendes Denken, konvergierendes Denken, Evaluation), sechs Produkten (Einheiten, Klassen, Relationen, Systeme, Transformationen, Implikationen) und vier Inhalten unterschieden (figürlich, symbolisch, semantisch, behavioral). Da diese Komponenten beliebig kombinierbar sind, ergeben sich $5 \times 6 \times 4 = 120$ verschiedene mentale Fähigkeiten. Die empirische Separierbarkeit der theoretisch postulierten 120 Intelligenzkomponenten stellt natürlich ein fast unlösbares Problem dar.

Hierarchische Modelle

Aufbauend auf dem in den Strukturmodellen deutlich gewordenen Verhältnis zwischen Generalfaktor und Einzelfaktoren wurde eine Reihe von Intelligenzmodellen entwickelt, denen eine hierarchische Ordnung von Intelligenzkomponenten zugrunde liegt. Auf der obersten Ebene steht der Generalfaktor, der die allgemeine Intelligenz erfasst. Dieser wird in Teilkomponenten aufgespalten. Beispielsweise unterscheidet Cattell (1963, 1971) zwischen der fluiden und kristallinen Intelligenz. Die **fluide Intelligenz** bezieht sich auf die Basisprozesse des Denkens sowie anderer mentaler Aktivitäten und ist überwiegend genetisch determiniert. Die **kristalline (bzw. kristallisierte) Intelligenz** dagegen bringt die Bedeutung der bisherigen Lernerfahrungen für das intellektuelle Handeln eines Menschen zum Ausdruck und ist überwiegend kulturabhängig.

Recht bekannt ist auch die von Wechsler (1958) vorgeschlagene Differenzierung zwischen sprachlicher Intelligenz (**verbale Intelligenz**) und Handlungsintelligenz (▶ **praktische Intelligenz**). Sie liegt den wohl in Deutschland populärsten Intelligenztests zugrunde (▶ Abschn. 2.4), nämlich dem Hamburg-Wechsler-Intelligenztest für Kinder (HAWIK) sowie für Erwachsene (HAWIE). Beides sind Adaptationen der von Wechsler in den USA entwickelten WISC- bzw. WAIS-Tests.

Exemplarisch für ein neueres hierarchisches Modell sei das Berliner **Intelligenzstrukturmodell** (BIS-Modell) vorgestellt, dem drei Kernannahmen zugrunde liegen:

- An jeder Intelligenzleistung sind, neben anderen Bedingungen, alle intellektuellen Fähigkeiten beteiligt, allerdings deutlich unterschiedlich gewichtet. Die Varianz jeder Leistung lässt sich in entsprechende Komponenten zerlegen.
- Intelligenz- und Fähigkeitskonstrukte lassen sich unter verschiedenen Aspekten (Modalitäten) klassifizieren.

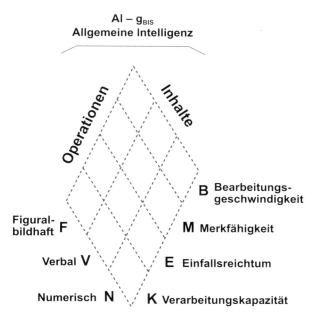

◻ **Abb. 2.3** Berliner Intelligenzstruktur-Modell. (Jäger et al., 1997, S. 5, mit freundlicher Genehmigung von Hogrefe, Göttingen)

- Fähigkeitskonstrukte sind hierarchisch strukturiert, d. h., sie lassen sich unterschiedlichen Generalitätsebenen zuordnen.

Wie ◻ Abb. 2.3 zeigt, geht das BIS-Modell von zwei Modalitäten aus (Jäger, Süß & Beauducel, 1997), der Modalität des Aufgabenmaterials und der Modalität der kognitiven Prozesse (Operationen).

Eine Erweiterung der herkömmlichen psychometrischen Intelligenzmodelle: Emotionale Intelligenz

Der Fokus der herkömmlichen psychometrischen Intelligenzforschung auf kognitive Leistungen provozierte eine Reihe von Forschern, auch andere Komponenten in Intelligenzmodelle zu integrieren. Salovey und Mayer (1990) stellten ein Konzept der emotionalen Intelligenz vor, in dem postuliert wird, dass der intelligente Umgang mit den eigenen Emotionen und mit den Emotionen anderer Menschen in vielen Lebensbereichen – sowohl privater als auch beruflicher Art, etwa in der Arzt-Patient-Kommunikation – von hoher Bedeutung ist. Sie initiierten damit eine Forschungsrichtung, die sich einer beträchtlichen Dynamik erfreut, zahlreiche Polemiken auslöst (Asendorpf, 2002; Schuler, 2002), theoretische und methodische Fragen aufwirft und – Wissenschaftler wie Laien – zur Suche nach neuen konzeptionellen Lösungen und Anwendungsmöglichkeiten inspiriert (Bar-On, 2000; Petrides, Frederickson & Furnham, 2004; ▶ Kap. 9).

Multiple Intelligenzen: Gardners Intelligenzkonzeption

Die Theorie emotionaler Intelligenz nimmt eine inhaltlich eng umrissene Neukonzeption des Intelligenzbegriffs vor. Unter anderen Versuchen, den Begriff der Intelligenz auszuweiten, erlangte vor allem die **„Theorie der multiplen Intelligenzen"** (Gardner, 1983) große Bekanntheit. Gardner postulierte acht Typen von Intelligenz, die jeweils voneinander unabhängig sein sollen und sich zu einem modularen Gesamtkonzept von Intelligenz verknüpfen:

- linguistische Intelligenz
- logisch-mathematische Intelligenz
- visuell-räumliche Intelligenz
- musikalische Intelligenz
- körperlich-kinästhetische Intelligenz
- interpersonale Intelligenz
- intrapersonale Intelligenz
- naturalistische Intelligenz

In manchen Publikationen wurden auch existenzielle und spirituelle Intelligenz genannt (Gardner, 2006). Gardners Konzeption beruht weitgehend auf theoretischen Überlegungen; überzeugende Versuche einer empirischen Bestätigung liegen nicht vor, weder in Bezug auf die Entwicklung hinreichender diagnostischer Verfahren noch auf den Nachweis der postulierten Unabhängigkeit der Typen (Rost, 2008). Seine berufsbezogenen Typisierungen (etwa: Dichter benötigen vor allem linguistische Intelligenz, Bildhauer benötigen vor allem visuell-räumliche Intelligenz) ähneln eher Populäraussagen als wissenschaftlichen Annahmen.

Das größte Problem an Gardners Konzeption multipler Intelligenzen ist die Verwendung des Begriffs Intelligenz an Stellen, an denen viel besser von Fähigkeit oder gar Fertigkeit die Rede wäre. Dies verweist auf ein ganz anderes Problem der Intelligenzforschung, das oben bereits angesprochen wurde, nämlich dass der psychometrische Ansatz und der kognitive Informationsverarbeitungsansatz bislang nur wenig verknüpft wurden. Bevor Verbindungen zwischen beiden Bereichen in ▶ Abschn. 2.3 thematisiert werden, sollen die Grundlagen des Informationsverarbeitungsansatzes illustriert werden. Hierzu wird das Konzept des Vorwissens einer genaueren Analyse unterzogen.

2.2.2 Grundlegendes zur Wissenspsychologie

Ist Intelligenz von Wissen abhängig oder hängt Wissen von Intelligenz ab? Sind Wissen und Intelligenz divergierende oder korrespondierende Begriffe? Die Antwort ist ambivalent. „Es gibt zwei Möglichkeiten, mit den täglichen Anforderungen des Lebens erfolgreich umzugehen. Die einfachere von beiden ist, dass man weiß, was zu tun ist. Die schwierigere Methode ist, in der Situation neue Wege zu finden, den Ansprüchen zu begegnen" (Gruber, 1999b, S. 94).

Die meisten anspruchsvollen Aufgaben erfordern sowohl den Rückgriff auf Wissen als auch den Einsatz intelligenter Problemlöseverfahren. „Intelligenz" und „Wissen" sind methodisch voneinander zu trennen, dagegen inhaltlich aufs Engste verbunden. Da aber in der Psychologie die beiden Begriffe Gegenstand zweier unterschiedlicher Forschungstraditionen sind, wurden sie separat voneinander analysiert.

Definition

Wissen stellt einen relativ dauerhaften Inhalt des Gedächtnisses dar, dessen Bedeutung durch soziale Übereinkunft festgelegt ist. Vom Wissen eines bestimmten Menschen ist in der Regel nur die Rede, wenn er Überzeugung von der Gültigkeit dieses Wissens hat.

Wissen wird als eine Menge mentaler Repräsentationen aufgefasst, die Menschen in Zusammenhang mit geeigneten Denkprozessen zur Bewältigung von Aufgaben befähigt. „Allgemeiner gesagt, ist Wissen gewissermaßen der Inhalt und Denken gewissermaßen die Form eines kognitiven Prozesses" (Gruber et al., 1999, S. 2).

In der Wissenspsychologie (Mandl & Spada, 1988) werden vier zentrale Themenbereiche untersucht:

- Erwerb von Wissen
- Repräsentation und Organisation von Wissen im Gedächtnis
- Prozesse des Abrufs von Wissen
- Anwendung des Wissens beim Denken und Handeln

Die enge Verknüpfung des Wissens mit dem Denken und dem Handeln macht es für die Pädagogische Psychologie relevant. Zugleich legt diese Verbindung nahe, dass Wissen und Intelligenz eng miteinander in Bezug stehen. Wie oben bereits angedeutet, wurde dieser Bezug in der Forschung aber lange Zeit nicht hergestellt, da sich Intelligenzforschung und Wissenspsychologie auf der Grundlage unterschiedlicher Paradigmen entwickelten. Erst neuerdings werden Arbeiten zur Intelligenz enger an die Analyse von Informationsverarbeitungsprozessen angelehnt, in denen Wissen eine wichtige Rolle spielt (Mack, 1996).

Der **Informationsverarbeitungsansatz** wurde in den 1950er Jahren seit der „kognitiven Wende" entwickelt und erlebte in den 1970er Jahren einen großen Aufschwung. In ihm werden jene kognitiven Prozesse, die für Lernen, Wissenserwerb und Leistungsverbesserung wesentlich sind, als Prozesse der Verarbeitung von Information beschrieben:

Exkurs

Zur Bedeutung von Vorwissen

Chi (1978) führte eine Studie durch, die große Wellen schlug. Ihre Idee war es, in einer entwicklungspsychologischen Gedächtnisuntersuchung die Bedeutung des Vorwissens plakativ zu demonstrieren. Bis dahin war es unbestrittener „State of the Art", dass sich das Gedächtnis bis zum Erreichen des Erwachsenenalters stets verbessert. Diese Überlegenheit Erwachsener schien etwas mit Reifungs- und Entwicklungsprozessen zu tun zu haben als damit, dass Erwachsene womöglich bessere Erinnernsstrategien besitzen – denn auch Kinder, denen die Strategien von Erwachsenen vermittelt wurden, waren Erwachsenen noch unterlegen. Umgekehrt waren selbst solche Erwachsene, bei denen die Anwendung von Gedächtnisstrategien experimentell verhindert wurde, noch immer besser als Kinder. Angeregt durch die in Pittsburgh entstandene Arbeit von Chase und Simon (1973) griff Chi (1978) die Idee auf, dass Expertise beim Schachspielen eng mit dem bereichsspezifischen Vorwissen zusammenhängt. Sie überprüfte, ob dieser Vorwissenseffekt stark genug war, um die entwicklungsgemäße Überlegenheit Erwachsener in der Gedächtnisleistung zu übertrumpfen. Beim Schachspiel ist es möglich, Kinder zu finden, die mehr Vorwissen besitzen als gewöhnliche Erwachsene – daher verglich Chi (1978) Kinder-Schachexperten und erwachsene Schachnovizen sowohl beim freien Erinnern von Zahlenreihen als auch bei der Rekonstruktion kurzzeitig präsentierter Schachstellungen. Die Ergebnisse zeigten, dass Wissen einen gewichtigen Einfluss auf die Gedächtnisleistung hatte und die Alterseffekte ins Gegenteil verkehrte: Kinder-Experten erinnerten die Schachstellungen viel besser als erwachsene Anfänger! Beim Erinnern der Zahlenreihen schnitten die Erwachsenen hingegen wie üblich besser ab.

Der Mensch ist permanent über seine Sinnesorgane neu eintreffender Information ausgesetzt, er nimmt sie wahr und selegiert sie, er behält Teile davon kurz im Gedächtnis, andere Teile längerfristig, er wendet sie bei späteren Gelegenheiten wieder an usw. Gegenstand der ▶ **Informationsverarbeitungstheorie** sind also die Arten von Information, die sich im Gedächtnis befinden, sowie die Prozesse, die sich auf das Aufnehmen, Behalten und Verwenden solcher Information beziehen (Gruber, 1999a). Zunächst wurden Informationsverarbeitungsprozesse vor allem in der Kognitiven Psychologie thematisiert (z. B. Newell & Simon, 1972), seit einiger Zeit nehmen sie aber auch in der Pädagogischen Psychologie breiten Raum ein, was sich beispielsweise in Lehrbüchern zeigt (z. B. Slavin, 1988).

Vorwissen

Eine Vielzahl von Studien zeigte, dass die Bewältigung komplexer, authentischer Probleme ohne umfangreiches Vorwissen nicht möglich ist (▶ Exkurs „Zur Bedeutung von Vorwissen"). **Lernen** wurde daher zunehmend als Prozess gesehen, der mit dem Erwerb großer Wissensmengen einhergeht und sich über einen langen Zeitraum erstreckt. Zwischen der Art der Wissensstruktur und den beim Lernen und Problemlösen ablaufenden kognitiven Prozessen wurden enge Verbindungen identifiziert, denn Lernen ist ein ständiges Wechselspiel des Rückgriffs auf Bekanntes und der Bewältigung neuer Situationen. Daraus wurde gefolgert, dass es wichtig sei, bereits früh im Lernprozess den Aufbau von Wissensstrukturen zu fokussieren und dann kontinuierlich an ihrer Entwicklung zu arbeiten, indem beispielsweise das Vorwissen infrage gestellt, mit Beispielen belegt oder falsifiziert wird. Dies hilft, im Verlauf des Lernens eine erfahrungsbasierte Wissensorganisation zu erstellen (Gruber, 1999b).

Die Bedeutung des Vorwissens wurde zunächst in gut strukturierten Domänen wie Physik und Schach untersucht; z. B. wurden im Bereich der Physik Probleme mit eindeutiger Lösung vorgelegt, bei deren Bearbeitung die Versuchspersonen „laut denken" sollten (zur Methode des „lauten Denkens" s. Ericsson & Simon, 1993). Dadurch konnte der Zusammenhang zwischen **Problemlösestrategien** und Vorwissen analysiert werden – und es zeigte sich, dass sich die Art und Weise, wie das Wissen von Experten in Strategien zum Lösen von Problemen umgesetzt wurde, von der von Anfängern erheblich unterschied. Experten verwendeten häufiger eine Vorwärtssuchstrategie, Anfänger hingegen häufiger eine Rückwärtssuchstrategie. Offenbar antizipieren Experten aufgrund ihres Vorwissens die Richtung der korrekten Lösung und können daher Probleme oft von der Aufgabenstellung ausgehend („vorwärts") lösen. Anfänger hingegen müssen permanent Vergleiche zwischen Aufgabenstellung und Lösungsvorschlag durchführen und von einer Lösungsidee „rückwärts" arbeiten, um zu erkennen, ob damit überhaupt das Ausgangsproblem bearbeitet werden kann.

Ein weiterer Befund, der die Bedeutung des Vorwissens unterstreicht, steht in Zusammenhang mit der immer wieder gefundenen Fähigkeit von Experten, Information aus ihrer Domäne sehr gut und schnell zu erinnern: Ein Schachmeister kann eine Schachposition, die er nur für wenige Sekunden gesehen hat, meist perfekt aus dem Gedächtnis rekonstruieren, wohingegen sich ein Anfänger nur an wenige Figuren erinnern kann. Experten können in der präsentierten Information rasch bedeutsame Muster erkennen, die in Bezug zu schon vorhandenem Wissen stehen, sodass es bereits bei der Wahrnehmung von Information zu einem Zusammenspiel von Gedächtnis, Wissen und Erfahrung kommt (Gruber, 1999a). Dabei spielen

„**Chunking-Prozesse**" zur semantischen Verknüpfung von Informationseinheiten eine große Rolle.

> **Definition**
>
> ▶ **Chunking** ist der Prozess des Bildens bedeutungstragender Informationseinheiten im Arbeits- oder Kurzzeitgedächtnis, mit dessen Hilfe erklärt werden kann, weshalb Menschen trotz vergleichbarer Gedächtniskapazität unterschiedlich viel erinnern können. Durch Chunking wird Information verdichtet, indem ursprünglich separate Informationseinheiten durch allgemeine Ordnungsprinzipien oder durch das Einbeziehen von Vorwissen rekodiert und zu größeren Informationseinheiten (die dann „Chunks" genannt werden) zusammengefasst werden.

Chunking

Chase und Simon (1973) thematisierten die Unterschiede von Chunking-Prozessen von Experten und Novizen beim Schachspielen. In ihrer „Pattern-Recognition-Theorie" postulierten sie, dass ein Schachmeister viele Chunks aufgrund seiner Erfahrung mit gespielten Partien verfügbar habe – in einer Computersimulation gelangten Simon und Gilmartin (1973) zur Schätzung von etwa 50.000 Chunks –, die gut strukturiert im Gedächtnis abgelegt und mit Handlungsvorschlägen eng assoziiert seien.

Prozedualisierung von Wissen

Damit Wissen anwendbar wird, ist die Umwandlung von Faktenwissen (deklaratives Wissen) in prozedurales Wissen notwendig. Der Prozess der Prozeduralisierung von Wissen ist das Kernstück der **ACT*-Theorie** (gesprochen: ACT-Star-Theorie, „Adaptive Control of Thought Theory"), in der die weitgehende Automatisierung von Fertigkeiten modelliert wird (Anderson, 1982). Mit der Umwandlung deklarativen Wissens in prozedurales wird die kapazitäts- und zeitaufwendige Bearbeitung von Faktenwissen (Aufnahme, Speicherung, Abruf und Nutzung) durch automatisierte Prozeduren ersetzt. Diese Prozeduren entstehen aufgrund erfolgreich bewältigter Lernsituationen und laufen ohne weitere bewusste Planung ab; sie stellen somit sehr schnelle und wenig aufwendige Reaktionen dar. Prozedurales Wissen ist in der ACT*-Theorie in Form von Wenn-dann-Regeln (Produktionsregeln) modelliert, die zu unmittelbarer Handlungsinitiierung führen. Fertigkeitserwerb und Lernen finden im ACT*-Modell in drei Stufen statt:

- **Deklarative Stufe:** Deklaratives Wissen wird (aufwendig) erworben.
- **Stufe der Kompilation:** Deklaratives Wissen wird in leistungsstarkes prozedurales Wissen umgewandelt.
- **Stufe des Tuning:** Prozedurales Wissen wird in der Praxis fein abgestimmt, indem erfolgreiche Regeln gestärkt und erfolglose Regeln getilgt werden.

Mit der Unterscheidung von deklarativem und prozeduralem Wissen wird nicht angestrebt, die eine oder andere Form als besser oder besonders wertvoll zu bezeichnen. Sie ist aber wichtig, um eine differenzierte Analyse von Stärken und Defiziten im Handeln von Individuen vornehmen zu können – und damit eine Voraussetzung dafür, ein genaueres Verständnis angestrebter Lehr-Lern-Prozesse zu erwerben, denn unterschiedliche Wege des Lehrens und Lernens sind vonnöten, um den Erwerb verschiedener Wissensarten zu fördern. Der differenzierten Unterscheidung verschiedener Wissensformen kommt daher gerade in der Pädagogischen Psychologie große Bedeutung zu.

Wissensformen

De Jong und Ferguson-Hessler (1996) klassifizierten 20 Wissensformen in einer 4×5-Matrix mit den beiden Dimensionen Wissensart und Wissensmerkmal (▶ Übersicht).

> **Darstellung von Wissensformen nach De Jong und Ferguson-Hessler (1996)**
>
> **Wissensarten**
> 1. **Situationales Wissen** ist Wissen über Situationen, die in bestimmten Domänen typischerweise auftauchen, sowie über darin üblicherweise zu beachtende Information.
> 2. **Konzeptuelles Wissen** ist statisches Wissen über Fakten, Begriffe und Prinzipien.
> 3. **Prozedurales Wissen** ist Wissen über Handlungen, die zum gewünschten Erfolg führen.
> 4. **Strategisches Wissen** ist metakognitives Wissen über die Gestaltung des eigenen Problemlöseverhaltens und über Handlungspläne.
>
> **Wissensmerkmale**
> 1. Der **hierarchische Status** von Wissen hat die Extremwerte „oberflächlich" vs. „tief verarbeitet".
> 2. Die **innere Struktur** von Wissen hat die Extremwerte „isolierte Wissenseinheiten" vs. „vernetztes Wissen".
> 3. Der **Automatisierungsgrad** ist der Anteil intentionaler, angestrengter Informationsverarbeitung mit den Extremwerten „deklarativ" (explizites Faktenwissen) und „kompiliert" (routiniertes, automatisiertes Prozedurenwissen).
> 4. Die **Modalität** von Wissen deutet an, ob Wissen vorteilhafter als „bildlich" oder als „propositional-analytisch" dargestellt wird.
> 5. Der „**Allgemeinheitsgrad**" beschreibt, ob Wissen eher „generell" oder eher „domänenspezifisch" ist.

Darstellung von Wissensformen nach De Jong und Ferguson-Hessler (1996, S. 111) als Matrix, in der Wissensmerkmale und Wissensarten aufeinander bezogen sind (modifiziert mit freundlicher Genehmigung von Taylor & Francis Ltd., ► http://www.informaworld.com)

Wissensmerkmale	Wissensarten			
	Situationales Wissen	Konzeptuelles Wissen	Prozedurales Wissen	Strategisches Wissen
Hierarchischer Status				
Innere Struktur				
Automatisierungsgrad				
Modalität				
Allgemeinheitsgrad				

Als Beispiel für die Verwendbarkeit des Klassifikationsmodells nach De Jong und Ferguson-Hessler (1996) soll der Umgang mit Texten dienen. Es gibt Belege dafür, dass das Textverständnis besonders hoch ist, wenn reichhaltiges konzeptuelles Wissen (Wissen über Fakten, Begriffe und Prinzipien) vorliegt, dessen hierarchischer Status als „tief verarbeitet" bezeichnet werden kann und dessen innere Struktur sich mit „vernetztes Wissen" beschreiben lässt.

Auch wenn dieses Klassifikationsmodell das bislang umfassendste Ordnungssystem von Wissensformen darstellt, kann es doch nicht den Anspruch auf Vollständigkeit erheben. Gerade im beruflichen Bereich, in dem soziale, organisationale und ökonomische Kontextvariablen bedeutsam sind, lassen sich viele weitere Wissensformen unterscheiden, die teils „geheimnisvoll" anmuten (Gruber & Sand, 2007), weil sie vom einfachen Konzept des Faktenwissens weit abrücken. Leider ist oft festzustellen, dass alltägliche epistemologische Überzeugungen der Vielfalt des Wissensbegriffs nicht gerecht werden (► Exkurs „Welche epistemologischen Überzeugungen herrschen vor?").

Problemlösen

Bei Experten ist die Verknüpfung zwischen kognitiven Strukturen (Gedächtnis und Wissen) und kognitiven Prozessen (Problemlösen und Entscheiden) selbstverständlich: **Expertenwissen** umfasst Auskunft über seine Anwendungsbedingungen, da es sich in der permanenten professionellen Tätigkeit entwickelte. Dabei ist es interessant, dass professionelles Handeln in vielerlei Hinsicht wegen der komplexen Aufgabenstellungen schlecht definiert ist. Die Anforderungen sind oft nicht eindeutig, es gibt keine „beste" Lösung, der Einfluss von Kontextvariablen ist selten überschaubar. Professionelles Handeln kann daher durchaus als ständiges Problemlösen beschrieben werden.

> **Definition**
>
> **Problemlösen:** Dörner (1979) spricht vom Vorliegen eines Problems, wenn ein Individuum ein Ziel verfolgt, aber eine Barriere den Weg dorthin blockiert. Eine wichtige Unterscheidung ist die zwischen wohl definierten Problemen und schlecht definierten Problemen.
>
> **Wohl definierte Probleme:** Es existieren klare Aufgabenanforderungen, so dass Ziele und Barrieren eindeutig definiert werden können. Solche Probleme finden sich häufig in Gegenstandsbereichen, in denen es klare Regeln, Ziele und Richtlinien gibt.
>
> **Schlecht definierte Probleme:** Die Aufgabenanforderungen sind nicht eindeutig, Ziele und Barrieren können nicht eindeutig definiert werden.

Ob ein Problem wohl definiert oder schlecht definiert ist, hängt auch vom Vorwissensstand und von anderen individuellen Voraussetzungen des Problemlösers ab; daher spielt die subjektive Beurteilung dessen, wie Aufgaben, Barrieren und Ziele beschaffen sind, eine große Rolle. Dies verweist auf die Rolle epistemologischer Überzeugungen.

Der Umgang mit schlecht definierten Problemen ist in der Ökonomie oder der Politik der Normalfall (Voss, 1990). Der Einsatz computersimulierter Szenarien zur Analyse solcher Prozesse ist seit den bekannt gewordenen Arbeiten der Gruppe um Dörner prominent; in „Lohhausen" (Dörner, Kreuzig, Reither & Stäudel, 1983) agieren Problemlöser als Bürgermeister einer fiktiven Stadt und versuchen, deren wirtschaftliche Entwicklung zu verbessern. Das Problemlösen in solchen komplexen Realitätsbereichen zeichnet sich durch eine Reihe von Merkmalen aus:

- Vernetztheit von Variablen
- Eigendynamik des Systems (oft verbunden mit Zeitdruck)
- Intransparenz bezüglich der Variablen und ihrer Vernetzung

Welche epistemologischen Überzeugungen herrschen vor?

Wissen wird im Alltag meist mit deklarativem Wissen (Faktenwissen, „Wissen, dass") gleichgesetzt – während das ebenso bekannte „Know-how" (prozedurales Wissen, „Wissen, wie") eher unter die Rubrik Fertigkeiten fällt. Das

Zusammenspiel dieser beiden Wissensformen und ihre Umwandlung im Verlauf von Lernprozessen – geschweige denn das Zusammenspiel noch weiterer, komplexerer Wissensformen – spielt in der alltäglichen und leider auch in der

wissenschaftlichen Auffassung von Wissen sowie in der pädagogisch-psychologischen Praxis nur selten eine Rolle. Allzu oft scheinen primitive epistemologische Überzeugungen das Bild zu bestimmen (Gruber, 2008).

- Irreversibilität von Entscheidungen
- Informationsflut – auch irrelevante Information betreffend
- Nebenwirkungen von Entscheidungen.

Experten sind flexibler bei komplexen Problemlöseprozessen als Novizen, was sich in dreierlei Fähigkeiten niederschlägt:

- Fähigkeit, mentale Repräsentationen von Problemen zu variieren und somit zu verschiedenen Hypothesen zu gelangen
- Fähigkeit, die Analyseebenen situativ zu verändern, also etwa oberflächlich versus prinzipienorientiert zu argumentieren
- Fähigkeit, Verarbeitungsstrategien zu wechseln und damit Aufgaben schneller und erfolgreicher zu lösen.

Forschungsansätze, die Intelligenz und Wissen in ihrem Zusammenhang betrachten, werden im folgenden Abschnitt präsentiert.

2.3   Zusammenspiel von Intelligenz und Wissen als Gegenstand der Pädagogischen Psychologie

Möglichkeiten des Zusammenspiels von Intelligenz und Wissen werden exemplarisch anhand der Arbeiten dreier Forscher dargestellt und diskutiert, die sich darin einig sind, dass Wissen allein einem Menschen nicht viel nützt, wenn er nicht die Intelligenz besitzt, es weise einzusetzen, und dass ihm Intelligenz ebenso wenig nützt, wenn er nicht über das Wissen verfügt, wie er Nutzen daraus ziehen kann. Franz Weinert prägte den Begriff des „intelligenten Wissens"; Philip Ackerman beschrieb in seinem Ansatz der „ability determinants of skilled performance", wie sich im Verlauf des Kompetenzerwerbs die Bedeutung von Intelligenz und Vorwissen wandelt; Robert Sternberg weitete das Konzept der Intelligenz zu seiner triarchischen Theorie der Intelligenz aus und brachte die Idee einer „praktischen Intelligenz" ins Spiel.

2.3.1   Intelligentes Wissen – Franz Weinerts Sicht auf das Zusammenspiel von Intelligenz und Wissen

Weinert (1996) resümierte die Befunde über die Rolle des Denkens beim Wissenserwerb und die Bedeutung des Wissens für Intelligenz und Denkleistung in einer modellhaften Darstellung (◻ Abb. 2.4), die die enge Verknüpfung der Themen illustriert.

Nach Weinert (1996, S. 96) zeigt dies,

> dass das Niveau der Intelligenz auch das kognitive Lernen beeinflusst, so dass sich mehr oder minder intelligente Lernprozesse ergeben. Deren Ertrag besteht im Erwerb eines intelligenteren oder weniger intelligenten Wissens. Dieses ist neben der allgemeinen Intelligenz wiederum die Grundlage des Denkens, dessen kumulativer Niederschlag schließlich auf das nachfolgende Lernen zurückwirkt.

Beachtung fand Weinerts Position vor allem, weil sie auf einer reichhaltigen Forschungstätigkeit in unterschiedlichen pädagogisch-psychologischen Feldern beruhte. Bei der Herleitung seines theoretischen Modells berief er sich explizit auf die Expertiseforschung (Schneider, Körkel & Weinert, 1989), aber auch auf längsschnittliche Analysen der schulischen Leistungsentwicklung und ihrer Determinanten (Weinert & Schneider, 1999). In verschiedenen Kontexten fand er Bestätigung für die Annahme, dass erworbenes Wissen die bedeutsamste Voraussetzung des Erwerbs neuen Wissens ist – je mehr Anknüpfungspunkte sich im vorhandenen Wissen finden, umso leichter kann neuer Lernstoff in bedeutungsvoller Weise in die vorhandenen Strukturen integriert werden.

In Studien, in denen Intelligenz und Wissen simultan als Prädiktoren für schulische und berufliche Leistungen verwendet wurden, erwies sich bereichsspezifisches Vorwissen als der bessere Prädiktor, um Leistungen in der gleichen Domäne vorherzusagen (Ceci & Liker, 1986; Schneider & Bjorklund, 1992). In Arbeiten im schulischen Kontext zeigte sich, dass den größten Einfluss auf den Lernfortschritt das zu Beginn eines Schuljahres verfügbare

Wissen besitzt. Stern (1997) zeigte, dass die Mathematikleistung in der 11. Klasse eng mit der Mathematikleistung in der Grundschule zusammenhängt, enger als mit der Intelligenz der Schüler. Offenbar muss man sich über einen längeren Zeitraum mit mathematischen Problemen auseinandersetzen, wenn man gut in Mathematik werden möchte. Dass aber in frühen Lernphasen die Intelligenz eine große Rolle für den Lernfortschritt spielt, ist damit nicht in Abrede gestellt.

Die Beziehungen zwischen Intelligenz und/oder Begabung, Wissen und Lernen spielen in vielen Arbeiten Weinerts eine zentrale Rolle (z. B. Weinert, 1984). Als Pädagogischer Psychologe postulierte er, dass man mehr über das Wissen wissen müsse, um das Denken fördern zu können. An der epistemologischen Überzeugung, dass diese drei Komponenten zusammengehören, hielt Weinert auch zu Zeiten fest, in denen in der Forschung versucht wurde, die Komponenten zu separieren und die Bedeutung der jeweils anderen Teile zu leugnen (Waldmann et al., 2003).

Früher als die meisten anderen Lehr-Lern-Forscher erkannte Weinert, dass hohe Intelligenz nur von Vorteil ist, wenn sie in bereichsspezifisches Wissen umgesetzt wird. Alles, was Menschen wissen und können, muss zuerst gelernt werden. Das Lernen kann aber durch genetische Ausstattung und durch frühe Lernerfahrungen erschwert oder erleichtert werden.

Eine spezifischere Modellierung der unterschiedlichen Rolle von Intelligenz und Wissen während verschiedener Phasen des Kompetenzerwerbs liefert die Theorie der Ability Determinants of Skilled Performance von Ackerman.

2.3.2 Ability Determinants of Skilled Performance – Philip Ackermans Sicht auf das Zusammenspiel von Intelligenz und Wissen

In seiner PPIK-Theorie (PPIK = „process, personality, interests, and knowledge") geht Ackerman (1996) den Gründen für interindividuelle Differenzen in der Kompetenz in einzelnen Inhaltsbereichen nach. Dabei verknüpft er eine Vielzahl an theoretischen Ansätzen zur Erklärung der intellektuellen Entwicklung. In unserem Zusammenhang ist vor allem interessant, dass er drei Komponenten von Intelligenz unterscheidet:

- Intelligenz als Prozesskonstrukt
- Intelligenz als Interessenskonstrukt
- Intelligenz als Persönlichkeitskonstrukt

Die beiden ersten beziehen sich in informationsverarbeitungstheoretischer Fassung auf das Intelligenzmodell von Cattell (1971). Intelligenz als Prozesskonstrukt wird als Informationsverarbeitung verstanden, die aus den vier

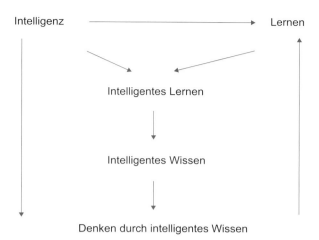

◻ Abb. 2.4 Zusammenhang von Intelligenz und Wissen beim Lernen. (Modifiziert nach Weinert, 1996, S. 96, mit freundlicher Genehmigung der Bayerischen Akademie der Wissenschaften)

Komponenten Verarbeitungskapazität, Wahrnehmungsgeschwindigkeit, Gedächtnisspanne und räumliche Rotation besteht und mit dem Aufbau von Wissen zu tun hat. Wissen wird ähnlich wie die kristalline Intelligenz bei Cattell (1971) verstanden und in berufsspezifisches und unspezifisches (Allgemein-)Wissen unterschieden. Die Entwicklung des Wissens orientiert sich an der Investmenttheorie von Cattell (1971); das individuelle Kompetenzprofil hängt davon ab, wie ein Individuum seine Ressourcen über verschiedene Bereiche verteilt oder, anders ausgedrückt, wie groß der Anteil der verfügbaren Ressourcen ist, der in das jeweilige Gebiet investiert wird. Ackerman nimmt an, dass die wichtigste Ressource für den Aufbau gegenstandsbezogener Kenntnisse die individuelle Informationsverarbeitungskapazität bzw. die generelle kognitive Fähigkeit ist. In Anlehnung an Cattell (1963) bezeichnet Ackerman diese intellektuellen Fähigkeiten als „Intelligenz als Prozess". Fähigkeiten und Wissen entwickeln sich gemeinsam. Die Entwicklung spezifischer Kompetenzen, die von Ackerman unter dem Begriff „Intelligenz als Wissen" subsumiert werden, kann demnach nur mithilfe der unter „Intelligenz als Prozess" zusammengefassten Fähigkeit zur Informationsverarbeitung geschehen.

In seiner Theorie der Ability Determinants of Skilled Performance hatte Ackerman (1987, 1992) bereits vorher ein **dreiphasiges Modell des Kompetenzerwerbs** vorgestellt, in dem individuelle Differenzen in der Intelligenz und im Vorwissen kombiniert und zudem mit typischen Anforderungen im Verlauf der Entwicklung verbunden werden.

Kognitive Phase. Die kognitive Phase zeichnet sich durch hohe kognitive Belastung aus: Das Individuum muss die Aufgabeninstruktion verstehen, mit den Zielen vertraut

2

Exkurs

O-Ton Sternberg (1986, S. 223)

The triarchic theory comprises three subtheories. The first subtheory relates intelligence to the internal world of the individual, specifying the mental mechanisms that lead to more and less intelligent behaviour. This subtheory specifies three kinds of information-processing components that are instrumental in (a) learning how to do things, (b) planning what things to do and how to do them, and (c) actually doing the things. The second subtheory specifies those points along the continuum of one's experience with tasks or situations that most critically involve the use of intelligence. In particular, the account emphasizes the roles of novelty and of automatization in exceptional intelligence. The third subtheory relates intelligence to the external world of the individual, specifying three classes of acts – environmental adaptation, selection, and shaping – that characterize intelligent behaviour in the everyday world.

werden und Strategien formulieren. Weitere Entwicklung in den beiden nächsten Phasen ist nur möglich, wenn konsistente Aufgabenanforderungen vorliegen. Während der kognitiven Phase spielt Intelligenz eine große Rolle; mit dem Entstehen konsistenten prozeduralen Wissens verringert sich allerdings der Einfluss allgemeiner Fähigkeiten zunehmend, ihre Korrelationen mit Leistungsmaßen sinken.

Assoziative Phase. In der assoziativen Phase werden Strategien eingeübt, die Leistung wird schneller und fehlerfreier. Die Wahrnehmungsgeschwindigkeit wird trainiert und verbessert; in der assoziativen Phase geht es daher vor allem um die Kompilation von Wissen und die Schnelligkeit seiner Anwendung.

Autonome Phase. In der autonomen Phase werden die Fertigkeiten automatisiert, die Tätigkeiten benötigen nur noch wenig Aufmerksamkeit oder überhaupt keine mehr, sie werden extrem schnell und präzise.

In Ackermans Theorie der Ability Determinants of Skilled Performance wird also beschrieben, dass die Rolle der Intelligenz zu Beginn des Kompetenzerwerbs eminent ist, dann aber zugunsten der Bedeutung des Wissens – insbesondere des prozeduralen Wissens – zurücktritt. Die Bewährungsprobe für ein Gelingen des Zusammenspiels von Intelligenz und Wissen erfolgt nach Ackerman in komplexen, praktischen Situationen – eine Annahme, die sich analog auch in Sternbergs triarchischer Theorie der Intelligenz mit der Betonung des Konzepts der „praktischen Intelligenz" findet.

2.3.3   Triarchische Theorie der Intelligenz und praktische Intelligenz – Robert Sternbergs Sicht auf das Zusammenspiel von Intelligenz und Wissen

Mit dem expliziten Anliegen, den Informationsverarbeitungsansatz kognitiver Intelligenztheorien mit dem psycho-

metrischen Intelligenzkonzept zu verknüpfen, formulierte Sternberg in den vergangenen Jahrzehnten verschiedene Facetten einer neuen Intelligenztheorie. Er postuliert, dass erst die Verbindung unterschiedlicher wissenschaftlicher Perspektiven der Komplexität des Konstrukts Intelligenz gerecht werde, insbesondere die Verknüpfung der strukturellen Modelle der psychometrischen Intelligenzforschung mit den Prozessmodellen der kognitionspsychologischen Ansätze. Die Besonderheit seiner Theorie ist, dass er in ihr auch über die genannten Perspektiven hinausgeht und das Zusammenspiel von Fähigkeiten, Kompetenzen und Expertise (Sternberg & Grigorenko, 2003) thematisiert.

Sternberg beschäftigt sich daher mit der praktischen Relevanz von Intelligenz und weist anhand verschiedener Beispiele darauf hin, dass kognitive Intelligenz allein nicht ausreicht, um Erfolg im Leben zu haben und alltägliche Herausforderungen des Lebens effektiv zu meistern (Sternberg, 1985, 1998). Seine Vorstellung von einer „Erfolgsintelligenz" umfasst drei Aspekte, die in einem ausgeglichenen Verhältnis zueinander stehen sollten:

- analytische Intelligenz
- kreative Intelligenz
- praktische Intelligenz (► Exkurs „O-Ton Sternberg (1986, S. 223)").

Mit dieser triarchischen Theorie versteht er Intelligenz als dynamisches Konstrukt und berücksichtigt Kontexteinflüsse. **Praktische Intelligenz** wird als die Fähigkeit verstanden, mit realen Problemen erfolgreich umzugehen. Sternberg (1988) unterscheidet dabei akademisches und praktisches Wissen. **Praktisches Wissen** (von Sternberg als „tacit knowledge" deklariert) ist erfahrungsabhängiges, an einen bestimmten Kontext gebundenes prozedurales Wissen, das oftmals nicht verbalisiert werden kann, das zumeist ohne explizite instruktionale Unterstützung aus dem sozialen Umfeld angeeignet wird, und das einen Menschen befähigt, situationsabhängig „richtig" zu handeln.

Nach Sternberg (1998, S. 157) sind

> … Menschen mit der höchsten Erfolgsintelligenz nicht notwendigerweise jene mit der höchsten Intelligenz

in allen drei Formen. Vielmehr sind sie – in Schule und Beruf – in der Lage, ihre Stärken optimal zu nutzen, ihre Schwächen zu kompensieren und aus ihren Fähigkeiten das Beste zu machen.

Das heißt, dass man dann hohe Erfolgsintelligenz besitzt, wenn man weiß, wann und wie verfügbare Ressourcen effektiv einzusetzen sind. Praktische Intelligenz wird dementsprechend nicht über Testverfahren mit Aufgaben erfasst, die wohl definiert, linear und nicht in spezifische Kontexte eingebettet sind, sondern über Verfahren, die die Fähigkeit testen sollen, Wissen in relevanten Situationen anzuwenden. Dabei sind zumeist Probleme zu bearbeiten, die schlecht definiert, nicht linear und in spezifische situationale Kontexte eingebettet sind. Natürlich gab es gute Gründe, weshalb solche Aufgaben in der Intelligenzforschung vermieden wurden. Kessels und Korthagen (1996) führten die Debatte auf die epistemologische Überzeugung in großen Teilen der Wissenschaft zurück, abstraktes Wissen als höherwertig anzusehen als konkrete Fertigkeiten oder „tacit knowledge of good performance". Dies verweist auf interessante Folgerungen für die Messung von Intelligenz und Wissen.

2.4 Messung von Intelligenz und Wissen

In diesem Abschnitt wollen wir grundlegende Möglichkeiten und Unterschiede in der Messung von Intelligenz und Wissen ansprechen, die das in den vorausgehenden Abschnitten aufgezeigte Spannungsfeld zwischen beiden Themen widerspiegeln. Es geht also eher um Überblickswissen über Standardverfahren und innovative Ansätze in der Intelligenzmessung sowie um einen Überblick über Methoden der Wissensdiagnostik als um eine umfangreiche Abhandlung der pädagogisch-psychologischen Diagnostik (▶ Kap. 13).

Das Bonmot, Intelligenz sei das, was der Intelligenztest messe, verweist auf ein ernstes wissenschaftliches Phänomen, dass nämlich die Messung theoretischer Konstrukte eng mit ihrer theoretischen Konzeption zusammenhängt. Führen wir uns die geschilderte Dominanz psychometrischer Intelligenztheorien vor Augen, ist es nicht erstaunlich, dass die Mehrzahl der Messverfahren für Intelligenz auf psychometrischen Annahmen beruht.

2.4.1 Messung von Intelligenz mit psychometrischer Tradition

Bei Intelligenzverfahren, die auf einer psychometrischen Theorie gründen, handelt es sich in der Regel um Tests, bei denen – meist unter Zeitbeschränkung – relativ kurze

Aufgaben zu bearbeiten sind. Die häufigsten Aufgabentypen sind:

- Sätze ergänzen
- Analogien bilden
- Gemeinsamkeiten finden
- Zahlenreihen fortsetzen
- Figuren auswählen, die zu einer Reihe vorgegebener Figuren passen
- mentale Rotation
- Rechenaufgaben ohne verbalen Anteil
- Vorzeichenaufgaben
- Vokabularkenntnis
- Sprachverständnis
- logische Schlussfolgerung.

In der Praxis lassen sich Intelligenztests in Tests für Kinder und Jugendliche sowie für Erwachsene unterteilen. Es gibt Tests, die vorwiegend auf sprachabhängige Leistungen abzielen, und Tests, die relativ sprachfern sind, Tests, die nur einen Intelligenzaspekt abdecken, und Tests, die verschiedene Aspekte messen, Tests, die in Gruppen durchgeführt werden können, und Tests, die einzeln angewandt werden.

Die Vielzahl der vorhandenen Tests macht eine vollständige Aufzählung unmöglich. Trotzdem werden in ◘ Tab. 2.1 exemplarisch einige häufig eingesetzte Intelligenztests genannt und kurz erläutert. Eine vollständige, stets aktualisierte Darstellung ist unter ▶ http://www.testzentrale.de abrufbar.

2.4.2 Messung von praktischer Intelligenz

Die am weitesten reichenden Vorstellungen über die empirische Erfassung von praktischer Intelligenz fokussieren Wege zur Messung von Tacit Knowledge – womit diese Verfahren bereits im Grenzbereich zur Messung von Wissen liegen. Die Verfahren fokussieren folgende Aspekte:

- Konstruktion konzeptueller Modelle über Interviews und Protokolle lauten Denkens
- Durchführung qualitativer Interviews mit erfolgreichen Berufstätigen
- Einschätzung arbeitsverbundener Situationen und ihrer Relevanz durch erfolgreiche Berufstätige
- Beschreibung der Gestaltung einer idealen statt der eigenen tatsächlichen Arbeitsumgebung.

Eteläpelto (1993) plädiert insbesondere für die Methode der **Konstruktion konzeptueller Modelle**, da mit ihnen die subjektive Natur praktischer Intelligenz erfasst werden kann. Beim Einsatz von Strukturlegetechniken und Mapping-Techniken sind dann nicht alle Begriffe vom Versuchsleiter vorzugeben, sondern die Versuchspersonen erhalten Freiraum zur eigenen Gestaltung von Begriffen.

◻ Tab. 2.1 Überblick über häufig eingesetzte psychometrische Intelligenztests im deutschsprachigen Raum

Test	Abkürzung	Kurzbeschreibung
Raven-Matrizen-Test: Advanced Progressive Matrices	APM	Zweifaktorenmodell von Spearman, sprachfreie Erfassung des Intelligenzpotenzials
Berliner Intelligenzstruktur-Test	BIS	Vielfalt und Breite von Intelligenzleistungen (45 Aufgabentypen)
Hannover-Wechsler-Intelligenztest für das Vorschulalter	HAWIVA	Intelligenzmodell von Wechsler. Erfassung allgemeiner und spezifischer Fähigkeiten bei Kindern im Vorschulalter
Hamburg-Wechsler-Intelligenztest für Kinder	HAWIK	Nach Intelligenzmodell und WISC-Test von Wechsler: Je fünf Untertests zum „Handlungsteil" (Bilderergänzen, Zahlen-Symbol-Test, Bilderordnen, Mosaiktest, Figurenlegen) und zum „Verbalteil" (allgemeines Wissen, Gemeinsamkeiten finden, rechnerisches Denken, Wortschatztest, allgemeines Verständnis). Ferner Untertests Zahlennachsprechen, Symboltest, Labyrinthtest
Hamburg-Wechsler-Intelligenztest für Erwachsene	HAWIE	Intelligenzmodell von Wechsler, Messung der allgemeinen, der sprachlichen und Handlungsintelligenz; Profilanalyse
Intelligenz-Struktur-Test 70	IST-70	Intelligenzstruktur als Gefüge aus sprachlichen und rechnerischen Fähigkeiten, räumlichem Vorstellungsvermögen und Merkfähigkeit; Profilanalyse vor allem für Eignungsdiagnostik
Kognitiver Fähigkeits-Test	KFT	Kognitive Fähigkeiten (vor allem für schulisches Lernen) in den Bereichen sprachliches Denken, quantitative (numerische) Fähigkeiten und anschauungsgebundenes (figurales) Denken; Fokus auf Verarbeitungskapazität im Sinne des Berliner Intelligenzstrukturmodells
Leistungsprüfsystem	LPS	Intelligenzmodell von Thurstone, Analyse der Intelligenzarten, Ermittlung der Begabungsstruktur
Raven Matrizen Test: Standard Progressive Matrices	SPM	Zweifaktorenmodell von Spearman, Erfassung des g-Faktors

Zur Erfassung von Tacit Knowledge setzten Wagner und Sternberg (1986) qualitative Interviews erfolgreicher Berufstätiger sowie ein Verfahren ein, bei dem kompetente Versuchspersonen eine Einschätzung arbeitsrelevanter Situationen vornehmen mussten. Zu einer Reihe von Situationen gab es jeweils zwischen 6 und 20 vorgegebene Antwortmöglichkeiten unterschiedlicher Qualität. Jede Antwortmöglichkeit musste auf einer Skala eingeschätzt werden, die von „vollkommen unwichtig" bis „extrem wichtig" reichte. Analog sollte in derselben Studie in einem weiteren Verfahren eine Einschätzung für eine ideale statt der eigenen Arbeitsumgebung abgegeben werden.

2.4.3   Messung von Wissen

Die klassische Form der Wissensdiagnostik besteht in der Ermittlung des Faktenwissens durch – oft über Multiple-Choice-Fragen gestaltete – Wissenstests. Die Darstellung der Verfahren zur Messung von praktischer Intelligenz deutete bereits an, dass mit der Differenzierung des Wissensbegriffs eine nahezu unbegrenzte Vielfalt von Messverfahren entwickelt werden kann. Die folgende Darstellung kann nur eine Ahnung dieser Vielfalt vermitteln.

Interviews. Als eine auch bei Kindern im Grundschulalter verwendbare Methode, um konzeptuelles Wissen zu erheben, beschreibt Vosniadou (1994) mündliche Interviews. Sie plädiert für möglichst offene Transferfragen und schlägt vor, dass die Interviews nicht auf verbale Daten beschränkt bleiben, sondern dass beispielsweise auch Zeichnungen oder Diagramme erfasst werden sollten. Interviews wurden und werden jedoch in der Forschung nur selten verwendet. Dies liegt u. a. daran, dass die Durchführung, die qualitative Auswertung und die quantitative Kodierung der Antworten aufwendig sind. Außerdem ist die Objektivität durch die direkte Interaktion zwischen Interviewer und Interviewtem sowie die notwendige Kodierung der Antworten in der Regel niedriger als bei Fragebogen.

Concept Maps. Concept Maps greifen die oben genannte Idee der grafischen Erfassung von Wissen auf. Sie werden häufig in Form von Netzwerkdarstellungen eingesetzt. Die einfachste Möglichkeit besteht darin, Probanden selbstständig ein konzeptuelles Netzwerk zeichnen oder ein teilweise vorgegebenes vervollständigen zu lassen. Komplexere Formen basieren auf computerunterstützten Verfahren und haben sich in der Erfassung und Diagnose komplexer Wissensstrukturen bewährt (Eckert, 2000). Mapping-Verfahren werden zunehmend auch zur Simulation und Vorhersage hypothetisch angenommen Wissens eingesetzt, etwa im Verfahren des „knowledge tracking" (Janetzko & Strube, 2000).

Netzwerkanalysen. Der Einsatz von Netzwerktechniken liegt insbesondere dann nahe, wenn die Verbreitung von Wissen in sozialen Strukturen (beispielsweise in Teams, in Unternehmen oder in Staaten) analysiert werden soll. Mithilfe „sozialer Netzwerkanalysen" werden Relationen zwischen allen Akteuren der untersuchten Strukturen erfasst, sodass die Position eines Individuums in der Struktur analysiert werden kann. Da in der Expertiseforschung das Entstehen von hohem Expertisegrad zunehmend als Kombination individueller Exzellenz und sozialer Anerkennung gesehen wird, gewinnen Netzwerkanalysen als diagnostische Verfahren rasch an Bedeutung (Rehrl & Gruber, 2007).

Komplexe Simulationen. Der Einsatz komplexer Simulationen zur Erfassung prozeduralen Wissens ist im Fall der Pilotenausbildung allgemein bekannt; Flugsimulatoren sollen die Authentizität realer Situationen herstellen, sodass – ohne objektives Risiko – die Fähigkeiten und Fertigkeiten der angehenden Piloten getestet werden können. Simulationen finden in der Messung von **Wissen** in solchen Bereichen besonderen Zuspruch, die ein erhebliches Risiko mit sich bringen (z. B. in der medizinischen Ausbildung) oder die motorische Komponenten beinhalten (z. B. Fußball; Ward, Williams & Hancock, 2006). Sie werden jedoch zunehmend auch zur Erfassung konzeptuellen Wissens eingesetzt, etwa im betriebswirtschaftlichen Bereich bei der Leitung von Unternehmen.

Lautes Denken. Eine der bevorzugten wissensdiagnostischen Analysemethoden im Informationsverarbeitungsansatz besteht in der Erhebung und Analyse von Protokollen lauten Denkens. Dass diese zunächst als introspektiv bezeichnete Methode unter bestimmten Bedingungen zuverlässige Ergebnisse liefert, wiesen Ericsson und Simon (1993) nach. Sie zeigten, dass simultane, untergeordnete und unspezifische Verbalisierung den besten Schutz vor introspektiver Verzerrung bietet. Verbale Berichte erteilen dann genügend zuverlässige Auskunft über kognitive Prozesse und Strukturen.

In einer Übersicht über die Entwicklung wissensdiagnostischer Methoden plädieren Hoffman und Lintern (2006) dafür, Mut zum Einsatz neuer, bislang ungewohnter Verfahren zu besitzen. Karriere-Tiefeninterviews versprechen ihrer Ansicht nach wichtige Auskunft über die Breite und Tiefe der Erfahrung einer Person, die Untersuchung von „professional standards" gewährt eine Einsicht darüber, was zum Erreichen einer beruflichen (Spitzen-) Position notwendig ist, die Analyse beruflicher sozialer Interaktionen zeigt, ob als wichtig angenommene Verhaltensweisen sich tatsächlich in der professionellen Tätigkeit bewähren.

2.5 Intelligenter Wissenserwerb im Studium – Auch eine Frage der epistemologischen Überzeugungen von Dozierenden?

In diesem Kapitel wurden einerseits grundlegende Unterschiede in der Forschung zu Intelligenz und zu Vorwissen skizziert, andererseits wurde nachgezeichnet, wie in einigen Theorien versucht wird, einen Zusammenhang zwischen beiden Forschungsbereichen herzustellen. Ein solches Zusammenspiel ist zwangsläufig, soll es die Potenziale beider Gebiete nutzen, komplex und anspruchsvoll. Die Anforderungen, die an den Erwerb „intelligenten Wissens" gestellt werden, sind hoch, und leider ist die pädagogisch-psychologische Praxis voll von misslungenen Versuchen. Dies gilt selbst für jene Lehr-Lern-Orte, an denen besonders intelligente und wissensreiche Diskussionen geführt werden sollten, für Universitäten. Die Arbeitsgruppe um Mandl (Mandl, Gruber & Renkl, 1994) lieferte empirische Belege dafür, dass auch Studierende das Wissen, das sie in bestimmten Kontexten in der Universität erwarben, oft nicht in anderen Situationen oder bei anderen Problemstellungen anwenden können, weil ihr erworbenes Wissen „träge" bleibt, also an die Lernsituation gebunden und nicht flexibel einsetzbar ist. Eine denkbare Abhilfe verheißen konstruktivistisch orientierte Lehr-Lern-Konzepte, in denen auf Authentizität, auf Aktivierung der Lernenden, auf das Erwecken von Interesse und auf Lernprozesse in anwendungsnahen Situationen Wert gelegt wird (▶ Kap. 1).

Abschließend wollen wir ein mögliches **Hindernis „intelligenten Wissenserwerbs"** erwähnen. Wie wir zeigten, gewann die Forschung über epistemologische Überzeugungen in den letzten Jahren enorm an Bedeutung, weil die individuelle Epistemologie als eine wichtige Grundlage der Initiierung und Aufrechterhaltung von Lernprozessen erkannt wurde. Die Relevanz epistemologischer Überzeugungen zeigt sich aber nicht nur bei den Lernenden, sondern auch bei denen, die das Lernen in Gang setzen sollen, bei den Lehrenden. Lehrende, die anerkennen, dass Lernende über bestimmte epistemologische Überzeugungen verfügen und diese zur Grundlage von Lernentscheidungen machen, sehen die Lernenden mit anderen Augen (Hasanbegovic, Gruber, Rehrl & Bauer, 2006). Es gelingt ihnen einfacher, Stärken und Schwächen und damit den Förderungsbedarf der Lernenden zu erkennen und die Lernsituation angemessen zu gestalten. Die epistemologischen Überzeugungen von Lehrenden beeinflussen zudem die Ausgestaltung ihrer Lehrangebote (Gruber, Harteis,

Hasanbegovic & Lehner, 2007; Tenenbaum, Naidu, Jegede & Austin, 2001).

Die Einführung von **E-Learning** und virtuellen Lernplattformen in der Hochschullehre verändert im Prinzip radikal die damit implizierte Art des Lernens Studierender, etwa in Richtung einer größeren Bedeutung von Selbststeuerungsaktivitäten. Inwiefern sich aber die epistemologischen Überzeugungen von Lehrenden bereits entsprechend geändert haben, wurde bislang noch kaum untersucht; sollte dies nicht der Fall sein, wird das Potenzial von E-Learning wahrscheinlich nicht überzeugend genutzt. Bislang jedenfalls wird die Diskussion über den Einsatz von E-Learning zur Lösung von Problemen der Hochschullehre vornehmlich aus technologischer Perspektive geführt, Analysen über die pädagogische und didaktische Integration sowie über die veränderte Rolle Lehrender sind rar. Gerade in der Praxis der virtuellen Hochschullehre ist oft zu beobachten, dass traditionelle Lehr-Lern-Modelle weitgehend unverändert auf E-Learning übertragen werden (Astleitner, 2000).

„Intelligenter Wissenserwerb" – ein anspruchsvolles Vorhaben nicht nur für Lernende, sondern auch für ihre Lehrenden!

Fazit

Mit den Ausführungen in diesem Kapitel wurde aufgezeigt, dass die Unterstützung intelligenten Wissenserwerbs es voraussetzt, dass zum einen Lernprozesse neu konzipiert werden und zum anderen auch die Ziele des Lernens zu verändern sind. Der Erwerb von Faktenwissen kann nicht mehr vorrangiges Ziel sein, wenn die Wissensvielfalt angestrebt wird, die zur Beschreibung von Expertenhandeln identifiziert wurde. Allerdings müssen pädagogisch-psychologische Instruktionsansätze auch anerkennen, dass der Erwerb (umfangreichen) deklarativen Faktenwissens eine notwendige Voraussetzung für erfolgreiche Prozeduralisierungsprozesse darstellt – aber eben nicht das Ende der Wissenserwerbsfahnenstange!

Verständnisfragen

1. Warum ist umfangreiches Vorwissen bei der Bewältigung komplexer, authentischer Probleme von Bedeutung?
2. Welcher ist der Gegenstand der Informationsverarbeitungstheorie?
3. Was wird in Ackermans Theorie der „ability determinants of skilled performance" beschrieben?
4. Wie wird praktische Intelligenz nach Sternberg definiert?
5. Warum spielen epistemologische Überzeugungen von Lernenden eine wichtige Rolle bei der Ausübung der Tätigkeit von Lehrenden?

Vertiefende Literatur

Anderson, J. R. (1996). *Kognitive Psychologie* (2. Aufl.). Heidelberg: Spektrum.
Gruber, H., Mack, W. & Ziegler, A. (Hrsg.). (1999). *Wissen und Denken. Beiträge aus Problemlösepsychologie und Wissenspsychologie.* Wiesbaden: Deutscher Universitäts-Verlag.
Sternberg, R. J., Kaufman, J. C. & Grigorenko, E. L. (2008). *Applied intelligence.* Cambridge: Cambridge University Press.

Literatur

Ackerman, P. L. (1987). Individual differences in skill learning: An integration of psychometric and information processing perspectives. *Psychological Bulletin, 102,* 3–27.
Ackerman, P. L. (1992). Predicting individual differences in complex skill acquisition: Dynamics of ability determinants. *Journal of Applied Psychology, 77,* 598–614.
Ackerman, P. L. (1996). Theory of adult intellectual development: Process, personality, interests, and knowledge. *Intelligence, 22,* 227–257.
Anderson, J. R. (1982). Acquisition of cognitive skill. *Psychological Review, 89,* 369–406.
Asendorpf, J. B. (2002). Emotionale Intelligenz nein, emotionale Kompetenzen ja. *Zeitschrift für Personalpsychologie, 1,* 180–181.
Asendorpf, J. B., & Neyer, F. J. (2012). *Psychologie der Persönlichkeit* (5. Aufl.). Berlin Heidelberg: Springer.
Astleitner, H. (2000). Qualität von web-basierter Instruktion: Was wissen wir aus der experimentellen Forschung? In F. Scheuermann (Hrsg.), *Campus 2000. Lernen in neuen Organisationsformen* (S. 15–39). Münster: Waxmann.
Bar-On, R. (2000). Emotional and social intelligence. Insights from the Emotional Quotient Inventory. In R. Bar-On, & J. D. A. Parker (Hrsg.), *The handbook of emotional intelligence. Theory, development, assessment, and application at home, school, and in the workplace* (S. 363–388). San Francisco: Jossey-Bass.
Binet, A., & Simon, T. (1905). Methodes nouvelles pour la diagnostic du niveau intellectuel des anormeaux. *Année Psychologique, 11,* 191–244.
Buelens, H., Clement, M., & Clarebout, G. (2002). University assistants' conceptions of knowledge, learning and instruction. *Research in Education, 67,* 44–57.
Cattell, R. B. (1963). Theory of fluid and crystallized intelligence: A critical experiment. *Journal of Educational Psychology, 54,* 1–22.
Cattell, R. B. (1971). *Abilities: Their structure, growth, and action.* Boston: Houghton Mifflin.
Ceci, S. J., & Liker, J. K. (1986). A day at the races: A study of IQ, expertise, and cognitive complexity. *Journal of Experimental Psychology: General, 115,* 255–266.
Chase, W. G., & Simon, H. A. (1973). Perception in chess. *Cognitive Psychology, 4,* 55–81.
Chi, M. T. H. (1978). Knowledge structures and memory development. In R. S. Siegler (Hrsg.), *Children's thinking: What develops?* (S. 73–96). Hillsdale: Erlbaum.
Dann, H.-D. (1994). Pädagogisches Verstehen: Subjektive Theorien und erfolgreiches Handeln von Lehrkräften. In K. Reusser, & M. Reusser-Weyeneth (Hrsg.), *Verstehen. Psychologischer Prozess und didaktische Aufgabe* (S. 163–183). Bern: Huber.
De Jong, T., & Ferguson-Hessler, M. G. M. (1996). Types and qualities of knowledge. *Educational Psychologist, 31,* 105–113.
Dörner, D. (1979). *Problemlösen als Informationsverarbeitung.* Stuttgart: Kohlhammer.

Dörner, D., Kreuzig, H. W., Reither, F., & Stäudel, T. (1983). *Lohhausen. Vom Umgang mit Unbestimmtheit und Komplexität*. Bern: Huber.

Eckert, A. (2000). Die Netzwerk-Elaborierungs-Technik (NET). Ein computerunterstütztes Verfahren zur Diagnose komplexer Wissensstrukturen. In H. Mandl, & F. Fischer (Hrsg.), *Wissen sichtbar machen. Wissensmanagement mit Mapping-Techniken* (S. 137–157). Göttingen: Hogrefe.

Ericsson, K. A., & Simon, H. A. (1993). *Protocol analysis. Verbal reports as data*. Cambridge: MIT Press. rev. edn.

Eteläpelto, A. (1993). Metacognition and the expertise of computer program comprehension. *Scandinavian Journal of Educational Research, 37*, 243–254.

Gardner, H. (1983). *Frames of mind. The theory of multiple intelligences.* New York: Basic.

Gardner, H. (2006). *Multiple intelligences: New horizons in theory and practice.* New York: Perseus.

Gruber, H. (1999a). Mustererkennung und Erfahrungswissen. In M. R. Fischer, & W. Bartens (Hrsg.), *Zwischen Erfahrung und Beweis – Medizinische Entscheidungen und Evidence-Based Medicine* (S. 25–52). Bern: Huber.

Gruber, H. (1999b). Wissen. In C. Perleth, & A. Ziegler (Hrsg.), *Pädagogische Psychologie. Grundlagen und Anwendungsfelder* (S. 94–102). Bern: Huber.

Gruber, H. (2007). Bedingungen von Expertise. In K. A. Heller, & A. Ziegler (Hrsg.), *Begabt sein in Deutschland* (S. 93–112). Münster: Lit.

Gruber, H. (2008). Lernen und Wissenserwerb. In W. Schneider, & M. Hasselhorn (Hrsg.), *Handbuch der Pädagogischen Psychologie* (S. 95–104). Göttingen: Hogrefe.

Gruber, H., Harteis, C., Hasanbegovic, J., & Lehner, F. (2007). Über die Rolle epistemischer Überzeugungen für die Gestaltung von E-Learning – Eine empirische Studie bei Hochschul-Lehrenden. In M. H. Breitner, B. Bruns, & F. Lehner (Hrsg.), *Neue Trends im E-Learning. Aspekte der Betriebswirtschaftslehre und Informatik* (S. 123–132). Heidelberg: Physica/Springer.

Gruber, H., Mack, W., & Ziegler, A. (1999). Wissen und Denken: Eine problematische Beziehung. In H. Gruber, W. Mack, & A. Ziegler (Hrsg.), *Wissen und Denken. Beiträge aus Problemlösepsychologie und Wissenspsychologie* (S. 7–16). Wiesbaden: Deutscher Universitäts-Verlag.

Gruber, H., Prenzel, M., & Schiefele, H. (in Druck). Spielräume für Veränderung durch Erziehung. In T. Seidel, & A. Krapp (Hrsg.), *Pädagogische Psychologie. Ein Lehrbuch* 6. Aufl. Weinheim: Beltz Psychologie Verlags Union. vollst. überarb. Aufl.

Gruber, H., & Sand, R. (Hrsg.). (2007). *Geheimnisvolle Wissensformen*. Bibliothek „Studentische Arbeiten Educational Science", Bd. 1. Regensburg: Universität Regensburg, Institut für Pädagogik.

Guilford, J. P. (1967). *The nature of human intelligence.* New York: McGraw Hill.

Hasanbegovic, J., Gruber, H., Rehrl, M., & Bauer, J. (2006). The two-fold role of epistemological beliefs in higher education: A review of research about innovation in universities. In P. Tynjälä, J. Välimaa, & G. Boulton-Lewis (Hrsg.), *Higher education and working life. Collaborations, confrontations and challenges* (S. 163–176). Oxford: Pergamon. EARLI Advances in Learning and Instruction Book Series.

Hofer, B. K. (2001). Personal epistemology research: Implications for learning and teaching. *Journal of Educational Psychology Review, 13*, 353–383.

Hofer, B. K. (2004). Exploring the dimensions of personal epistemology in differing classroom contexts: Student interpretations during the first year of college. *Contemporary Educational Psychology, 29*, 129–163.

Hofer, B. K., & Pintrich, P. D. (1997). The development of epistemological theories: Beliefs about knowledge and knowing and their relation to learning. *Review of Educational Research, 67*, 88–140.

Hofer, B. K., & Pintrich, P. D. (Hrsg.). (2002). *Personal epistemology: The psychology of beliefs about knowledge and knowing.* Mahwah: Erlbaum.

Hoffman, R. R., & Lintern, G. (2006). Eliciting and representing the knowledge of experts. In K. A. Ericsson, N. Charness, P. J. Feltovich, & R. R. Hoffman (Hrsg.), *Handbook on expertise and expert performance* (S. 203–222). Cambridge: Cambridge University Press.

Jäger, A. O., Süß, H.-M., & Beauducel, A. (1997). *Der Berliner Intelligenzstruktur Test (BIS-Test; Form 4).* Göttingen: Hogrefe.

Janetzko, D., & Strube, G. (2000). Knowledge Tracking. Eine neue Methode zur Diagnose von Wissensstrukturen. In H. Mandl, & F. Fischer (Hrsg.), *Wissen sichtbar machen. Wissensmanagement mit Mapping-Techniken* (S. 199–217). Göttingen: Hogrefe.

Kessels, J. P. A. M., & Korthagen, A. J. (1996). The relationship between theory and practice: Back to the classics. *Educational Researcher, 25*, 17–22.

Köller, O., Baumert, J., & Neubrand, J. (2000). Epistemologische Überzeugungen und Fachverständnis im Mathematik- und Physikunterricht. In J. Baumert, W. Bos, & R. Lehmann (Hrsg.), *Mathematische und physikalische Kompetenzen am Ende der gymnasialen Oberstufe TIMSS/III. Dritte Internationale Mathematik- und Naturwissenschaftsstudie. Mathematische und naturwissenschaftliche Bildung am Ende der Schullaufbahn,* Bd. 2 Opladen: Leske + Budrich.

Kuhn, D., Cheney, R., & Weinstock, M.-P. (2000). The development of epistemological understanding. *Cognitive Development, 15*, 309–328.

Mack, W. (1996). Expertise und Intelligenz. In H. Gruber, & A. Ziegler (Hrsg.), *Expertiseforschung. Theoretische und methodische Grundlagen* (S. 92–114). Opladen: Westdeutscher Verlag.

Mandl, H., Gruber, H., & Renkl, A. (1994). Zum Problem der Wissensanwendung. *Unterrichtswissenschaft, 22*, 233–242.

Mandl, H., & Spada, H. (Hrsg.). (1988). *Wissenspsychologie.* München: Psychologie Verlags Union.

Nettelnstroth, W. (2003). *Intelligenz im Rahmen der beruflichen Tätigkeit.* Unveröff. Diss., Freie Universität Berlin, Fachbereich Erziehungswissenschaft und Psychologie.

Newell, A., & Simon, H. A. (1972). *Human problem solving.* Englewood Cliffs: Prentice-Hall.

Perry, W. G. (1970). *Forms of intellectual and ethical development in the college years: A scheme.* New York: Holt, Rinehart, and Winston.

Petrides, K. V., Frederickson, N., & Furnham, A. (2004). The role of trait emotional intelligence in academic performance and deviant behaviour at school. *Personality and Individual Differences, 36*, 277–293.

Piaget, J. (1936). *La naissance de l'intelligence chez l'enfant.* Neuchâtel: Delachaux & Niestlé.

Rehrl, M., & Gruber, H. (2007). Netzwerkanalysen in der Pädagogik. Ein Überblick über Methode und Anwendung. *Zeitschrift für Pädagogik, 53*, 243–264.

Rost, D. H. (2008). Multiple Intelligenzen, multiple Irritationen. *Zeitschrift für Pädagogische Psychologie, 22*, 97–112.

Salovey, P., & Mayer, J. D. (1990). Emotional intelligence. *Imagination, Cognition and Personality, 9*, 185–211.

Schneider, W., & Bjorklund, D. F. (1992). Expertise, aptitude, and strategic remembering. *Child Development, 63*, 461–473.

Schneider, W., Körkel, J., & Weinert, F. E. (1989). Domain-specific knowledge and memory performance: A comparison of high- and low-aptitude children. *Journal of Educational Psychology, 81*, 306–312.

Schommer, M. (1990). Effects of beliefs about the nature of knowledge on comprehension. *Journal of Educational Psychology, 82*, 498–504.

Schuler, H. (2002). Emotionale Intelligenz – ein irreführender und unnötiger Begriff. *Zeitschrift für Personalpsychologie, 3*, 138–140.

Simon, H. A., & Gilmartin, K. (1973). A simulation of memory for chess positions. *Cognitive Psychology, 5*, 29–46.

Slavin, R. E. (1988). *Educational psychology: Theory into practice* (2. Aufl.). Englewood Cliffs: Prentice Hall.

Spearman, C. (1904). „General intelligence", objectively determined and measured. *American Journal of Psychology, 9,* 209–293.

Stern, E. (1997). Erwerb mathematischer Kompetenzen: Ergebnisse aus dem SCHOLASTIK Projekt. In F. E. Weinert, & A. Helmke (Hrsg.), *Entwicklung im Grundschulalter* (S. 157–170). Weinheim: Psychologie Verlags Union.

Stern, W. (1911). *Intelligenzproblem und Schule.* Leipzig: Teubner.

Stern, W. (1912). *Die psychologischen Methoden der Intelligenzprüfung und deren Anwendung an Schulkindern.* Leipzig: Barth.

Sternberg, R. J. (1985). *Beyond IQ: A triarchic theory of human intelligence.* Cambridge: Cambridge University Press.

Sternberg, R. J. (1986). A triarchic theory of intellectual giftedness. In R. J. Sternberg, & J. E. Davidson (Hrsg.), *Conceptions of giftedness* (S. 223–243). Cambridge: Cambridge University Press.

Sternberg, R. J. (1988). *The triarchic mind: A new theory of human intelligence.* New York: Viking.

Sternberg, R. J. (1998). *Erfolgsintelligenz. Warum wir mehr brauchen als EQ und IQ.* München: Lichtenberg.

Sternberg, R. J., Conway, B. E., Ketron, J. L., & Bernstein, M. (1981). People's conceptions of intelligence. *Journal of Personality and Social Psychology, 41,* 37–55.

Sternberg, R. J., & Grigorenko, E. L. (Hrsg.). (2003). *The psychology of abilities, competencies, and expertise.* Cambridge: Cambridge University Press.

Sternberg, R. J., Kaufman, J. C., & Grigorenko, E. L. (2008). *Applied intelligence.* Cambridge: Cambridge University Press.

Süß, H. M. (2003). Intelligenztheorien. In K. D. Kubinger, & R. S. Jäger (Hrsg.), *Schlüsselbegriffe der Psychologischen Diagnostik* (S. 217–224). Weinheim: Psychologie Verlags Union.

Tenenbaum, G., Naidu, S., Jegede, O., & Austin, J. (2001). Constructivist pedagogy in conventional on-campus and distance learning practice: An exploratory investigation. *Learning & Instruction, 12,* 263–284.

Thurstone, L. L. (1938). *Primary mental abilities.* Chicago: University of Chicago Press.

Thurstone, L. L., & Thurstone, T. G. (1941). *Factorial studies of intelligence.* Chicago: University of Chicago Press.

Urhahne, D. (2006). Die Bedeutung domänenspezifischer epistemologischer Überzeugungen für Motivation, Selbstkonzept und Lernstrategien von Studierenden. *Zeitschrift für Pädagogische Psychologie, 20,* 189–198.

Urhahne, D., & Hopf, M. (2004). Epistemologische Überzeugungen in den Naturwissenschaften und ihre Zusammenhänge mit Motivation, Selbstkonzept und Lernstrategien. *Zeitschrift für Didaktik der Naturwissenschaften, 10,* 71–87.

Vosniadou, S. (1994). Capturing and modelling the process of conceptual change. *Learning & Instruction, 4,* 45–69.

Voss, J. F. (1990). Das Lösen schlecht strukturierter Probleme – ein Überblick. *Unterrichtswissenschaft, 18,* 313–337.

Wagner, R. K., & Sternberg, R. J. (1986). Tacit knowledge and intelligence in the everyday world. In R. J. Sternberg, & R. K. Wagner (Hrsg.), *Practical intelligence. Nature and origins of competence in the everyday world* (S. 51–83). Cambridge: Cambridge University Press.

Waldmann, M. R., Renkl, A., & Gruber, H. (2003). Das Dreieck von Begabung, Wissen und Lernen. In W. Schneider, & M. Knopf (Hrsg.), *Entwicklung, Lehren und Lernen. Zum Gedenken an Franz Emanuel Weinert* (S. 219–233). Göttingen: Hogrefe.

Ward, P., Williams, A. M., & Hancock, P. A. (2006). Simulation for performance and training. In K. A. Ericsson, N. Charness, P. J. Feltovich, & R. R. Hoffman (Hrsg.), *Handbook on expertise and expert performance* (S. 243–262). Cambridge: Cambridge University Press.

Wechsler, D. (1958). *The measurement and appraisal of adult intelligence.* Baltimore: Williams & Wilkins.

Weinert, F. E. (1984). Vom statischen zum dynamischen zum statischen Begabungsbegriff? *Die Deutsche Schule, 5,* 353–365.

Weinert, F. E. (1996). Wissen und Denken. Über die unterschätzte Bedeutung des Gedächtnisses für das menschliche Denken. In *Jahrbuch der Bayerischen Akademie der Wissenschaften 1996* (S. 85–101). München: Bayerische Akademie der Wissenschaften.

Weinert, F. E., & Schneider, W. (Hrsg.). (1999). *Individual development from 3 to 12: Findings from the Munich longitudinal study.* Cambridge: Cambridge University Press.

Selbstregulation und selbstreguliertes Lernen

Meike Landmann, Franziska Perels, Barbara Otto,
Kathleen Schnick-Vollmer, Bernhard Schmitz

E. Wild, J. Möller (Hrsg.), *Pädagogische Psychologie,* Springer-Lehrbuch,
DOI 10.1007/978-3-642-41291-2_3, © Springer-Verlag Berlin Heidelberg 2015

Selbstregulation beschreibt die Fähigkeit, die eigenen Gedanken, Emotionen und Handlungen zielgerichtet zu steuern (vgl. Zimmerman, 2000). Sie ist Grundvoraussetzung, um sich Ziele setzen und erreichen zu können. Dies gilt für alle Lebensbereiche; für den Sport gleichermaßen wie für das Berufsleben, für die Freizeit ebenso wie für Schule und Studium. Unerlässlich sind selbstregulative Kompetenzen auch im schulischen Alltag. In diesem Zusammenhang sprechen wir von selbstreguliertem Lernen. Die Entwicklung der Fähigkeit zum eigenverantwortlichen, selbstregulierten Lernen wird neben der Vermittlung von Fachwissen als eine der Hauptaufgaben der Bildung und Erziehung junger Menschen gesehen. Aufgrund schnell veraltenden Wissens (z. B. Informationstechnik) und einer durch die Globalisierung bedingten Wissensexplosion ist es wichtig, dass Schüler lernen, wie sie sich neues Wissen selbstständig aneignen können. Vor allem Lernsituationen jenseits formaler Unterrichtssequenzen (wie z. B. das Lernen für eine Klassenarbeit) erfordern von Schülern Lernkompetenzen, die es möglich machen, den Lernprozess selbstständig zu strukturieren und zu reflektieren. Zahlreiche empirische Studien (z. B. Zimmerman, 1994; Schmitz, 2001c; Otto, 2007a; Souvignier, Streblow, Holodynski & Schiefele, 2007; Perels, 2007), die darauf abzielen, selbstreguliertes Lernen zu fördern, zeigen, dass der Selbstregulation als Schlüsselkompetenz eine bedeutende Rolle in allen Lernsituationen zukommt. Die theoretische Modellierung des Konstrukts Selbstregulation ist Grundvoraussetzung für die Diagnostik der Selbstregulation und entsprechende Interventionen. Infolgedessen stellt das vorliegende Kapitel zunächst ausgewählte Modelle der Selbstregulation und des selbstregulierten Lernens vor. Es folgt eine Darstellung von Verfahren zur Diagnostik von Selbstregulation und daran anschließend von Ansätzen zur Förderung selbstregulierten Lernens. Das Kapitel endet mit einem Ausblick auf zukünftige Forschungsfelder und praktische Herausforderungen (◘ Abb. 3.1).

◘ **Abb. 3.1**

3.1 Begriffsbestimmung „Selbstreguliertes Lernen"

Der Begriff des selbstregulierten Lernens („self-regulated learning") wird in der Literatur bereits seit einigen Jahrzehnten diskutiert. Er wird häufig synonym mit Begriffen wie selbstgesteuertes Lernen („self-directed learning"), selbstbestimmtes Lernen („self-determined learning"), selbstorganisiertes Lernen oder autonomes Lernen verwendet. Diese Begrifflichkeiten bezeichnen letztendlich alle das vom Lernenden aktiv initiierte Vorgehen, das eigene Lernverhalten unter Einsatz von verschiedenen Strategien zu steuern und zu regulieren. Den zahlreichen Definitionen (z. B. Friedrich & Mandl, 1997; Schiefele & Pekrun, 1996; Zimmerman, 2000) ist gemeinsam, dass drei Komponenten selbstregulierten Lernens unterschieden werden:

1. **kognitive Komponenten:** betreffen die Informationsverarbeitung, das konzeptionelle und strategische Wissen sowie die Fähigkeit, entsprechende Strategien (z. B. kognitive ► **Lernstrategien**; vgl. ► Abschn. 3.2, ► Exkurs „Lernstrategien") anzuwenden;
2. **motivationale Komponenten:** Aktivitäten, die der Initiierung (z. B. Selbstmotivierung) und dem Aufrechterhalten (volitionale Steuerung) des Lernens dienen, sowie handlungsfördernde Attributionen von Erfolgen und Misserfolgen und Selbstwirksamkeitsüberzeugung;
3. **metakognitive Komponenten:** Planung, Selbstbeobachtung, Reflexion und adaptive Anpassung des Lernverhaltens in Bezug auf das angestrebte Lernziel.

3.2 Modelle der Selbstregulation

In den letzten Jahrzehnten wurden zahlreiche Modelle zur Selbstregulation entwickelt. Diese Modelle werden benötigt, um in einem weiteren Schritt den theoretischen Hintergrund sowohl für die Diagnostik als auch die Förderung selbstregulatorischer Kompetenzen (► Abschn. 3.3 und ► Abschn. 3.4) zu bilden (vgl. Wirth & Leutner, 2008). Sie lassen sich grob in zwei Gruppen einteilen: Zum einen die sogenannten Prozessmodelle (z. B. Pintrich, 2000; Schmitz,

Lernstrategien

Der Einsatz verschiedener Lernstrategien ist der Kern des selbstregulierten Lernens. Im Wesentlichen werden drei Arten von Lernstrategien unterschieden: kognitive, metakognitive und ressourcenorientierte Lernstrategien. Die ersten beiden werden auch als Primär-, letztere als Sekundärstrategien bezeichnet (vgl. Wild, 2000). Die **kognitiven Strategien** beschreiben den Umgang mit einem einzelnen Lerninhalt. Sie lassen sich in sogenannte Oberflächen- (Wiederholungsstrategien) und Tiefenstrategien (organisieren, elaborieren und kritisches

Prüfen) unterscheiden. Während der Einsatz der Oberflächenstrategien lediglich dem Faktenlernen dient, führt der Einsatz von Tiefenstrategien zu einem gut verankerten Wissen. Hier wird versucht Lerninhalte zu verstehen, indem sie beispielsweise strukturiert oder an bereits bestehendes Vorwissen angeknüpft werden.
Metakognitive Strategien lassen sich als sogenannte Kontrollstrategien bezeichnen. Sie zielen in erster Linie darauf ab, die Richtigkeit und den Einsatz der kognitiven Strategien zu überprüfen und den

gesamten Lernprozess zu überwachen. Hierunter werden z. B. die Selbstreflexion und Selbstbewertung gefasst.
Ressourcenorientierte Lernstrategien bilden – wie der Name schließen lässt – die Ressourcen ab, auf die der Lernende zugreifen kann. Hier werden internale Strategien wie Anstrengung, Aufmerksamkeit und Konzentration und externale Ressourcen wie eine geeignete Lernumgebung, soziale Unterstützung oder beispielsweise das Vorhandensein von Literatur differenziert (s. auch ▶ Abschn. 3.3.1).

2001; Zimmerman, 2000) und zum anderen die Schichtenmodelle (z. B. Boekaerts, 1999; Landmann & Schmitz, 2007a; Boekaerts & Niemivirta, 2000). Erstere fokussieren den phasen- oder prozessbezogenen Charakter der Selbstregulation. Letztere betonen die verschiedenen (Selbst-) Regulationsebenen. Gemeinsamkeiten und Unterschiede zwischen diesen Zugangsweisen werden im Folgenden anhand ausgewählter Modelle illustriert. Um die Modelle verständlicher und greifbarer zu machen, unterstützt an dieser Stelle der ▶ Exkurs über die Bedeutung verschiedener Lernstrategien.

3.2.1 Prozessorientierte Modelle der Selbstregulation

Das allgemeine Prozessmodell

Prozess- oder phasenbezogene Modelle betrachten die Selbstregulation als einen iterativen, also schrittweisen, regelkreisähnlichen Prozess. Dieser Prozess lässt sich in verschiedene Etappen gliedern. Er folgt letztlich einem Grundmuster, das bereits Mitte des letzten Jahrhunderts im allgemeinen ▶ kybernetischen Modell von Wiener (1948) beschrieben wurde. In dessen einfachem Regelkreismodell wird ein aktueller Ist-Zustand mit einem angestrebten Soll-Wert verglichen. Eine Feedbackschleife meldet das Ergebnis an das System zurück. Im Falle einer Übereinstimmung der beiden Werte erfolgt *keine* regulierende Aktion. Im Falle einer Diskrepanz zwischen den beiden Werten werden regulative Handlungen ergriffen, mit dem Ziel, den Ist-Zustand an den Soll-Wert anzugleichen. Erst bei der Übereinstimmung des Ist-Zustands mit dem Soll-Wert werden die Regulationsmaßnahmen eingestellt.

Ein häufig zitiertes Beispiel für diesen Mechanismus ist der Heizungsthermostat. Dieser wird auf eine gewünschte

Temperatur eingestellt (Soll-Wert) und misst fortwährend (Zustandsmonitoring) die aktuelle Raumtemperatur (Ist-Zustand). Im Falle einer negativen Diskrepanz (d. h. zu kühler Raumtemperatur) wird geheizt. Bei Erreichen der gewünschten Temperatur wird die Wärmezufuhr eingestellt, da keine Differenz zwischen Ist-Zustand und Soll-Wert mehr vorliegt.

Der hier beschriebene Zyklus lässt sich leicht auf menschliches Verhalten – so auch auf die Selbstregulation – übertragen. Die in den letzten beiden Jahrzehnten hervorgebrachten Prozessmodelle der Selbstregulation bauten aufeinander auf und wurden durch die Berücksichtigung weiterer Annahmen und Konstrukte zunehmend differenzierter. Beispielsweise griff Zimmerman (2000) in seinem Modell grundlegende Überlegungen von Bandura (1991) auf, betonte jedoch stärker als dieser den kreisförmigen und adaptiven Charakter von Selbstregulation.

Da selbstreguliertes Verhalten zahlreiche Aspekte menschlichen Handelns betrifft (z. B. die Aneignung gesundheitsförderlichen Verhaltens, die Einübung motorischer Handlungsabläufe, die Optimierung des Arbeits- und Lernverhaltens usw.), gibt es Modelle, die Selbstregulation im Zusammenhang mit einem speziellen Kontext beschreiben. Das selbstregulierte Lernen nimmt hierbei eine besondere Wichtigkeit ein: Lernen bezieht sich bei Weitem nicht nur auf Schule und Studium; der Mensch lernt von der ersten Minute an sein ganzes Leben lang. Zudem ist menschliches Lernen so lebensbereichsübergreifend wie kaum ein anderes Verhalten.

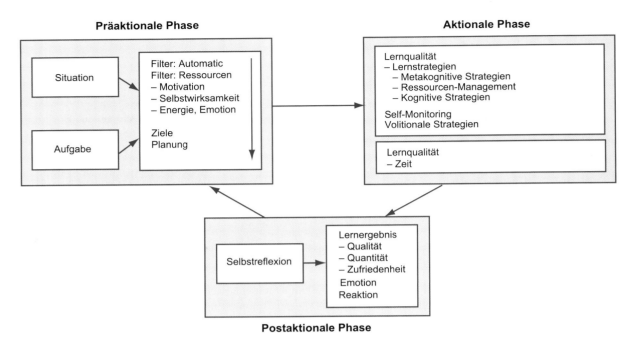

Abb. 3.2 Komponenten der Selbstregulation in der präaktionalen, der aktionalen und der postaktionalen Phase. (Nach Schmitz, B. & Schmidt, M. (2007). Einführung in die Selbstregulation. In M. Landmann & B. Schmitz (Hrsg.) Selbstregulation erfolgreich fördern. Praxisnahe Trainingsprogramme für effektives Lernen (S. 9–18). Stuttgart: Kohlhammer. Mit freundlicher Genehmigung des Kohlhammer-Verlags)

Prozessmodelle der Selbstregulation im Kontext des Lernens

Eine geeignete Darstellung, um Selbstregulation in den Kontext des Lernens zu stellen, bietet das Prozessmodell der Selbstregulation von Schmitz (Schmitz, Landmann & Perels, 2007; ◘ Abb. 3.2). In diesem Modell werden drei Phasen differenziert, die Schmitz in Anlehnung an Heckhausen (1989) und Gollwitzer (1990) als präaktional, aktional und postaktional bezeichnet. Diese Phasen sind letztlich als Bestandteil eines iterativen Prozesses zu sehen: Adaptives Handeln findet immer dann statt, wenn

- präaktional Ziele gesetzt werden, deren Erreichung durch entsprechende Strategien in der
- aktionalen Phase angestrebt wird, und deren Bewertungsprozesse in der
- postaktionalen Phase zu eventuellen Modifikationen führen (▶ Beispiel „Selbstreguliertes Lernen").

Das Modell basiert auf den Überlegungen von Zimmerman (2000), führt diese jedoch in verschiedener Hinsicht weiter und trägt insbesondere der Beobachtung Rechnung, dass nicht bei jeder Aufgabenstellung (z. B. bei sehr einfachen Aufgaben) explizite Selbstregulation notwendig ist und die Vollständigkeit der Bearbeitung von Aufgaben variiert. In dem Modell wird postuliert, dass Filter in der präaktionalen Phase zu diesen Unterschieden führen. Diese bilden implizite und explizite Entscheidungen ab, die vom Lerner im Hinblick auf die Aufgabenbearbeitung getroffen

werden. Relevant für die Entscheidung sind Merkmale der Aufgabe (interessant, aufwändig), der Situation (Antizipation möglicher Störungen) und personale Faktoren (z. B. verfügbare Zeit, Befindlichkeit, Anstrengungsbereitschaft).

Nachfolgend werden die drei Phasen im Zusammenhang mit dem selbstregulierten Lernen erläutert:

1. Die **präaktionale Phase** („forethought phase") dient der Handlungsplanung bzw. der Lernvorbereitung. Ausgehend von der gegebenen Aufgabe, den Bedingungen der Situation, den individuellen Überzeugungen des Lerners und seinen emotionalen und motivationalen Voraussetzungen werden in dieser Phase Ziele definiert, Strategien zur Umsetzung der Ziele ausgewählt und entsprechende Handlungen geplant. Grundlegende Aspekte dieser Phase sind also die **Aufgabenanalyse**, die Zielsetzung und -formulierung und das Herausbilden **selbstmotivierender Überzeugungen** für die bevorstehende Lernhandlung (etwa im Sinne von ▶ **Selbstwirksamkeit**). Der resultierende Soll-Wert wird als Referenzgröße für zukünftiges Regulationsverhalten herangezogen.

2. Die sich anschließende **aktionale Phase** („performance or volitional control phase") entspricht der eigentlichen Lernhandlung. Hier werden die ausgewählten Strategien umgesetzt und das Handeln überwacht und kontrolliert. Kernaspekte dieser Phase sind volitionale (also willentliche) Prozesse, die der Aufrechterhaltung und Optimierung der Handlungsausführung dienen (z. B. Anstrengungs- oder Konzentrationskontrolle). Weiterhin

kommt der Selbstbeobachtung ein besonderer Stellenwert zu. Diese ermöglicht es, wesentliche Einflussgrößen und Wirkungen des eigenen Handelns zu beobachten und als Information für weitere Regulationsprozesse bereitzustellen. Erfolgreiches Lernen kann in dieser Phase an einer ausreichenden und effektiv genutzten Lernzeit sowie an einem situationsangemessenen Einsatz von allgemeinen (z. B. volitionalen) und aufgabenspezifischen (z. B. mathematischen) Strategien festgemacht werden.

3. Die abschließende **postaktionale Phase** („self-reflection phase") dient zum einen der Einschätzung der Handlungsergebnisse und zum anderen dem Bilden von Schlussfolgerungen für zukünftiges Handeln. Hauptkomponenten dieser Phase sind also die Bewertung der erbrachten Leistung und der Abgleich mit dem in der Planungsphase gesetzten Ziel (Ist-Soll-Vergleich), die Reflexion über Ergebnisursachen und den gesamten Handlungsverlauf (z. B. Umgang mit Hindernissen, erfolgreiche Strategien) sowie das Bilden von Schlussfolgerungen und Vorsätzen (im Sinne der Strategie- oder Zielmodifikation) im Hinblick auf die nächste Handlungsphase bzw. Lernsequenz. Reflektionen in der postaktionalen Phase beeinflussen also unmittelbar den Planungsprozess in der präaktionalen Phase des folgenden Lernzyklus. Eine anschauliche Beschreibung der drei Phasen bietet folgendes Beispiel:

Beispiel

Selbstreguliertes Lernen
Mias Hausaufgabe besteht darin, innerhalb von drei Tagen ein Gedicht auswendig zu lernen. **Präaktionale Phase:** Sie schlägt das Buch auf, analysiert die Aufgabe (Lernen eines Gedichts mit drei Strophen) und formuliert ihr Ziel (im Idealfall **SMART:** **s**pezifisch, **m**essbar, **a**ngemessen, **r**ealistisch, **t**erminiert; vgl. auch ► Kap. 17): „Ich möchte jeden Tag neben den übrigen Hausaufgaben eine Strophe des Gedichts lernen." Danach plant Mia, welche Vorgehensweise zum Erfolg führen könnte (Planung der kognitiven Lernstrategien): „Dazu werde ich die Strophe mehrmals betont lesen und dann versuchen, während des Aufsagens immer weniger in das Buch zu schauen." Mia ruft sich in Erinnerung, dass sie, wenn sie ihre Aufgaben erledigt hat, ihre Freundin besuchen kann (Motivation, vgl. auch ► Kap. 7). Aus vorherigen Erfahrungen weiß sie, dass sie gut auswendig lernen kann (hohe Selbstwirksamkeitserwartung, vgl. auch ► Kap. 8).
Während der **aktionalen Phase** verhält sich Mia entsprechend ihres Plans. Vorab prüft sie, ob ihr Schreibtisch aufgeräumt und das Handy ausgeschaltet ist (externale Ressource: geeignete Lernumgebung). Dann beginnt sie mit dem Lernen und setzt die geplanten kognitiven Strategien ein. Sie liest die Strophe mehrfach laut. Dann überprüft sie, ob sie an ihrem ursprünglichen Plan festhält (Self-Monitoring): Sie erinnert sich, dass sie nach mehrfachem Ablesen das Buch seltener zur Hilfe nehmen wollte. So sieht Mia immer seltener in das Buch.
Postaktionale Phase: Nach einiger Zeit stellt sie fest, dass sie noch nicht sehr viel auswendig gelernt hat. Sie ist traurig (emotionale Reaktion, vgl. auch ► Kap. 9), ist aber auch angespornt, ihre Aufgabe zu beenden. An dieser Stelle hat sie die Möglichkeit, ihr Ziel oder ihre Strategie zu modifizieren. **Zweite präaktionale Phase:** Mia merkt, dass das Gedicht einige Fremdwörter enthält, die es vorher zu klären gilt (Strategiemodifikation: erneute Planung kognitiver Lernstrategien). **Zweite aktionale Phase:** Mia informiert sich über die Bedeutung der Wörter, die ihr nicht klar sind. Da sie den Zusammenhang des Gedichts nun besser versteht, kann sie die Strophe bald auswendig aufsagen. Mia klappt das Buch zu und trägt die Strophe noch zweimal vor. **Zweite postaktionale Phase:** Sie stellt fest, dass sie ihr Ziel erreicht hat. Sie attribuiert ihren Erfolg auf ihre Anstrengung und ist von daher sehr stolz. Das Erreichen dieses Ziels wiederum beeinflusst ihre Selbstwirksamkeitserwartung bzgl. des nächsten Lernprozesses.

Das Modell ist konform mit den Ergebnissen von Sitzmann und Ely (2011), die im Rahmen ihrer Metaanalyse die Erfolgsfaktoren selbstgesteuerten Lernens herauskristallisieren konnten: Zielsetzung, Selbstwirksamkeit, Ausdauer und Anstrengung.

Ein weiteres Modell, das geeignet ist, um Selbstregulation im Kontext von Lernen darzustellen, stammt von Pintrich (2000). Es unterscheidet sich von den bisher dargestellten Modellen insofern, dass zum einen vier statt drei Phasen differenziert werden, da der Selbstüberwachung bzw. Selbstbeobachtung eine separate Phase gewidmet ist: die **Überwachungs- oder Monitoringphase.** Somit besteht das Modell aus folgenden Phasen:
1. Planungs- und Aktivierungsphase
2. Überwachungs- oder Monitoringphase
3. Kontrollphase
4. Reaktions- und Reflexionsphase.

Zum anderen werden, bezogen auf jede der vier Phasen, vier Regulationsaspekte bzw. -bereiche unterschieden:
1. Kognition
2. Motivation/Affekt
3. Verhalten
4. Kontext.

◘ **Tab. 3.1** Phasen und Bereiche der Selbstregulation. (Modifiziert nach Pintrich, 2000, with permission from Elsevier)

		A	B	C	D
	Phasen der Regulation	**Bereiche der Regulation**			
		Kognition	Motivation/Affekt	Verhalten	Kontext
1	Voraussicht, Planung, Aktivierung	– Ziele setzen – Wissensaktivierung – Aktivierung metakognitiven Wissens	– Zielorientierung – Selbstwirksamkeitseinschätzung – Wahrnehmung der Aufgabenschwierigkeit – Aktivierung von Aufgabenwert und Interesse	– Planung von Zeit und Anstrengung – Planung von Selbstbeobachtung des Verhaltens	– Wahrnehmung der Aufgabe – Wahrnehmung des Kontextes
2	Monitoring	– Metakognitive Bewusstheit – Monitoring der Kognitionen	– Bewusstheit für und Monitoring von Motivation und Affekt	– Bewusstheit für und Monitoring von Anstrengung, Zeitbedarf, Hilfebedarf – Selbstbeobachtung des Verhaltens	– Monitoring von sich ändernden Aufgaben und Kontextbedingungen
3	Kontrolle	– Selektion und Anpassung kognitiver Strategien für Lernen und Denken	– Selektion und Anpassung von Strategien für Motivations- und Affektregulation	– Anstrengung erhöhen/reduzieren – Durchhalten, Aufgeben – Hilfe suchendes Verhalten	– Aufgaben ändern/beibehalten – Kontext ändern/verlassen
4	Reaktion, Reflexion	– Kognitive Beurteilung – Attributionen	– Affektive Reaktionen – Attributionen	– Wahlverhalten	– Evaluation der Ziele und des Kontextes

Aus diesen vier Phasen/Regulationsbereichen ergibt sich ein 16-zelliges Kategorisierungsschema, das zur Einordnung spezifischer Regulationsstrategien dient (◘ Tab. 3.1).

Anhand dieser Matrix können spezifische Regulationsstrategien eingeordnet werden. Betrachten wir beispielsweise den kognitiven Regulationsbereich (A), also den Bereich des Denkens, Wissens und der Informationsverarbeitung. In der Planungsphase (A1) findet die Aktivierung von Wissen statt, die Faktenanalyse, die Analyse dessen, was der Lerner (noch nicht) weiß, welche Informationen vorhanden sind, welche benötigt werden etc. Im Rahmen des Monitorings (A2), das während der Aufgabenbearbeitung benötigt wird, geht es hingegen bereits um die Überwachung, hier speziell der kognitiven Vorgänge (z. B. werden in B2 Motivation und Emotion überwacht). Bezüglich der 3. Phase, also der Kontrollphase (A3) des Lernprozesses (Inwiefern wurde das Ziel erreicht?) muss der Lernende, insofern der Lernprozess nicht zielführend war, ggf. andere kognitive Strategien auswählen und einsetzen (wenn der Lernprozess erfolgreich war, müssen die Lernstrategien dementsprechend nicht geändert werden). In der Phase der Reaktion und Reflexion (A4) erfolgt die kognitive Beurteilung („Das habe ich gut gemacht, weil ich die richtigen Strategien eingesetzt habe") und Attribution („Ich habe die Aufgabe gelöst, weil ich mich angestrengt habe" oder auch „Ich habe die Aufgabe gelöst, weil sie sehr leicht war"). Somit

lassen sich für jede Zelle bestimmte Vorgehensweisen schematisieren.

3.2.2 Schichtenmodelle der Selbstregulation

Den bisher vorgestellten Prozess- und Phasenmodellen der Selbstregulation lassen sich Schichtenmodelle gegenüberstellen. Diese fokussieren nicht den zeitlichen Verlauf der Regulation, sondern betrachten die verschiedenen Ebenen.

Unter den vorliegenden Schichtenmodellen hat das **Drei-Schichten-Modell von Boekaerts** (1999) besondere Aufmerksamkeit erfahren. Boekaerts definiert selbstreguliertes Lernen als eine komplexe Interaktion zwischen kognitiven und motivationalen Regulationsprozessen, die sich jeweils auf drei unterschiedliche Regulationsgegenstände beziehen können. Diese werden in ihrem Modell als drei konzentrische Ellipsen bzw. Schichten dargestellt (◘ Abb. 3.3).

Der Regulationsgegenstand der inneren – kognitiven – Ellipse ist der Informationsverarbeitungsprozess. Hier gilt es zu regulieren, wie mit Informationen, in diesem Fall Lerninhalten, umgegangen wird. Im Rahmen dessen wählt der Lerner **kognitive Primärstrategien** (vgl. Wild, 2000) für die Bearbeitung einer Aufgabe aus. Der Lerner stellt sich also Fragen über einen einzelnen Lerngegenstand (z. B. über

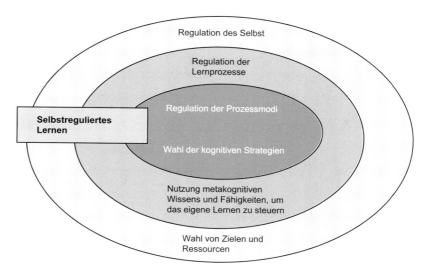

eine Mathematikaufgabe) und die geeignete Herangehensweise. In der mittleren – metakognitiven – Schicht werden
die Wahl und der Einsatz dieser kognitiven Strategien überwacht. Diese Überwachung erfolgt, indem **metakognitives
Wissen** und **metakognitive Strategien** eingesetzt werden.
Der Lerner beobachtet also, ob er die Aufgabe auch tatsächlich so bearbeitet, wie in der inneren Schicht geplant. In
der äußeren, dritten Ellipse findet nun die den bisherigen
Ebenen übergeordnete **Regulation des Selbst** statt. Dazu
zählen insbesondere motivationale und volitionale Aspekte.
Hier werden zum einen **Ziele formuliert** und zum anderen
die entsprechenden ► **Ressourcen (Zeit, Ruhe)**, die zur
Zielerreichung notwendig sind, **überprüft.**

Auch in dem **Hierarchiemodell** von Landmann und
Schmitz (2007a) werden verschiedene, aufeinander aufbauende Ebenen der Regulation unterschieden. Es beinhaltet bei genauerer Betrachtung allerdings auch prozessuale Elemente. Dies ist dadurch bedingt, dass dem
Self-Monitoring eine besondere Rolle zugewiesen wird.
Wie bereits aus den Prozessmodellen hervorgegangen ist,
führt Selbstregulation i. S. eines Soll-Ist-Vergleichs dazu,
dass der Lernprozess im Falle eines nicht erreichten Ziels
wieder von Neuem beginnt. Dieses prozessuale Prinzip
wird im beschriebenen Modell nun in mehrere Schichten
„verpackt": In diesem Ansatz wird der Gegenstand der
Selbstbeobachtung sukzessive erweitert, wobei jeder Ebene
ein spezifischer Beobachtungsgegenstand zugeordnet wird.
Die verschiedenen Ebenen des Self-Monitoring bzw. der
Regulation sind in ■ Abb. 3.4 ersichtlich.

▬ Auf der untersten Ebene wird die Ausführung einer
ausgewählten Strategie (z. B. einer Lernstrategie wie
Auswendiglernen) in Bezug auf die zuvor definierte
Aufgabe überwacht (**1. Ausführungsregulation**).
Wird die ausgewählte Strategie nicht korrekt ausge-
führt, erfolgt eine Ausführungsregulation (Leutner &
Leopold, 2005). Um bei dem Beispiel des Auswendig-

lernens eines Gedichts zu bleiben (s. o.), wäre dies der
Fall, wenn Mia das Gedicht tatsächlich nur laut gelesen, sich aber nicht gleichzeitig darauf konzentriert
hätte, es auch auswendig zu lernen. Das bedeutet,
dass die Strategie zwar richtig gewählt, jedoch nicht
richtig ausgeführt worden wäre.
▬ Führt dies nicht zum Erfolg (in diesem Fall zur Erledigung der Aufgabe), kann auf nächsthöherer Ebene
die Strategieauswahl beobachtet bzw. reguliert und
ein Strategiewechsel vollzogen werden (**2. Strategieregulation**). Beispielsweise könnte sich ein Schüler
entscheiden, auf Lernkarten oder Gedächtnisstrategien (sog. Mnemotechniken) zurückzugreifen. In unserem Beispiel könnte Mia das Gedicht abschreiben.
▬ Führt das korrekte Ausführen der neuen Strategie
zum Erfolg, ist mit der Zielerreichung die Lernepi-
sode abgeschlossen. Ist jedoch weiterhin kein Erfolg
zu verzeichnen, würden weitere verfügbare Strategien
(z. B. Lernen mit Klassenkameraden) ausprobiert.
▬ Sollte es trotz der Strategieregulation nicht möglich
sein, die Aufgabe zu bewältigen, ist es funktional, die
Beobachtungsebenen erneut zu wechseln (**3. Zielregulation**) und das Ziel zu regulieren (d. h. in diesem
Fall z. B. das eigene Anspruchsniveau herabzusetzen
und vielleicht drei statt zwei Tage für das Lernen
einzuplanen).

Prinzipiell kann – anders als in dem gerade beschriebenen Beispiel – auf die Ebene der Zielregulation auch im
Falle eines Erfolgs gewechselt werden. So könnte sich der
Lernende beispielsweise in Bezug auf die nächste Lernsequenz anspruchsvollere Ziele setzen und sein Aufgabenni-
veau langfristig anheben. Das Modell lässt klar Elemente
„klassischer" Schichtenmodelle erkennen, die jedoch mit
prozessualen Komponenten (Zielsetzung, Handlungsausführung, Kontrolle, ggf. neue Zielsetzung) verbunden sind.

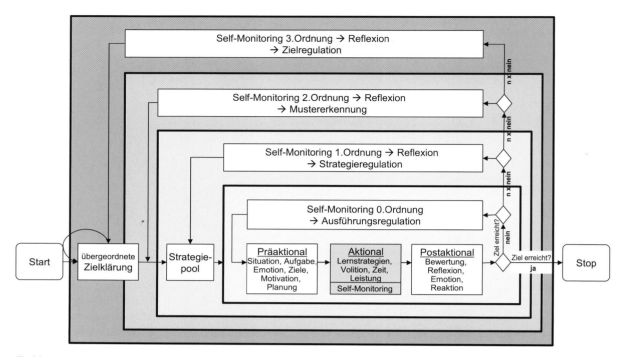

Abb. 3.4 Hierarchieebenen des Self-Monitoring und der Selbstregulation. (Modifiziert nach Landmann, M. & Schmitz, B. (2007a). Welche Rolle spielt Self-Monitoring bei der Selbstregulation und wie kann man mit Hilfe von Tagebüchern die Selbstregulation fördern? In M. Gläser-Zikuda & T. Hascher (Hrsg.), Lernprozesse dokumentieren, reflektieren und beurteilen. Lerntagebuch & Portfolio in Forschung und Praxis (S. 149–169). Bad Heilbrunn: Klinkhardt-Verlag. Mit freundlicher Genehmigung der Julius Klinkhardt Verlagsbuchhandlung KG)

Exkurs

Effekte von Interventionen zur Förderung von selbstreguliertem Lernen

In ihrer Metaanalyse untersuchten Dignath, Büttner & Langfeldt (2008) die Effektivität von Interventionsprogrammen, die darauf abzielen, das selbstregulierte Lernen in der Grundschule zu fördern. Auf der Basis von insgesamt 48 Studien fanden sie sowohl hinsichtlich des Anstiegs der Selbstregulationskompetenz als auch hinsichtlich der Lernleistung vergleichsweise hohe Effektstärken. Weitere Analysen zeigten, dass Selbstregulation bereits in den unteren Klassenstufen (1 bis 3) effektiv trainiert werden kann und dass die Interventionsprogramme insbesondere dann erfolgreich waren, wenn sie nicht von der regulären Lehrkraft, sondern von Forschern durchgeführt wurden.

3.3   Diagnostik von Selbstregulation

Wie bereits erläutert, sind theoretische Modelle selbstregulierten Verhaltens notwendig, um Instrumente zur Diagnostik zu entwickeln. Das bedeutet, dass zunächst festgelegt werden muss, aus welchen Komponenten Selbstregulation oder selbstreguliertes Lernen bestehen könnte und welche Beziehung die einzelnen Elemente vermutlich zueinander haben. Erst danach kann mit der Entwicklung eines Instruments zur Messung selbstregulatorischer Fähigkeiten begonnen werden (▶ Exkurs „Effekte von Interventionen zur Förderung von selbstreguliertem Lernen"). Im Folgenden werden verschiedene Verfahren zur Erfassung von Selbstregulation im Kontext des Lernens vorgestellt und diskutiert. Hierbei wird zwischen Fragebögen, ▶ **Lerntagebüchern**, Beobachtungsverfahren, Interviews sowie

Denkprotokollen unterschieden (s. auch Spörer & Brunstein, 2006).

3.3.1   Fragebogen

Die gängigen Fragebögen zur Selbstregulation unterscheiden sich hinsichtlich der von ihnen erfassten Komponenten. In fast allen Fragebögen werden kognitive und metakognitive Strategien abgefragt, in einigen auch Strategien zum Umgang mit inneren und äußeren Ressourcen oder der Motivation. Weit verbreitete englischsprachige Fragebögen zur Erfassung von Lernstrategien sind z. B. der „Motivated Strategies for Learning Questionnaire" (MSLQ; Pintrich, Smith, Garcia & McKeachie, 1991) und das „Learning and Study Strategies Inventory" (LASSI;

□ Tab. 3.2 Differenzierung von Lernstrategien gemäß LIST. (Nach Wild, K. P. & Schiefele, U. (1994). Lernstrategien im Studium. Ergebnisse zur Faktorstruktur und Reliabilität eines neuen Fragebogens. Zeitschrift für Differentielle und Diagnostische Psychologie, 15, 185–200. Mit freundlicher Genehmigung des Verlags Hans Huber, Hogrefe AG)

Lernstrategien	Erläuterung	Beispiele für Mathematik (Flächenberechnungen) und Englisch (Vokabellernen)	Beispielitem aus dem LIST
Kognitive Lernstrategien			
Wiederholungsstrategien	Lerntätigkeiten, die durch das aktive Wiederholen einzelner Fakten eine feste Verankerung im Langzeitgedächtnis zu erreichen versuchen	*Mathematik*: Das Auswendiglernen der Formel zur Berechnung der Fläche eines Rechtecks *Englisch*: Vokabeln werden auswendig gelernt	Ich lerne Regeln, Fachbegriffe oder Formeln auswendig
Elaborationsstrategien	Integration von neu aufgenommenem Wissen in die bestehende Wissensstruktur, z. B. durch verbale oder bildliche Anreicherung, Verknüpfung mit Alltagsbeispielen und persönlichen Erlebnissen oder Bildung von Analogien	*Mathematik*: alltägliche Beispiele (z. B. Wie groß ist der Fußballplatz, auf dem ich jede Woche spiele?) werden herangezogen *Englisch*: Die Bedeutungen von Wörtern werden mit Hilfe von Merksätzen gemerkt (z. B. Unterscheidung „much" und „many": Matsch kann man nicht zählen; „he, she, it – das „s" muss mit")	Zu neuen Konzepten stelle ich mir praktische Anwendungen vor
Organisationsstrategien	Lerntätigkeiten, die dazu geeignet sind, die vorliegenden Informationen in eine leichter zu verarbeitende Form zu transformieren, wie z. B. durch das Anfertigen von Diagrammen und Skizzen	*Mathematik*: Die Angaben aus einer Textaufgabe zur Flächenberechnung werden in eine Skizze übertragen *Englisch*: Erstellung eines Karteikastens für Vokabeln	Ich stelle wichtige Fachausdrücke und Definitionen in eigenen Listen zusammen
Metakognitive Lernstrategien			
Planung	Der Lernende überlegt, wie er bei der Aufgabenbearbeitung vorgehen wird		Vor dem Lernen eines Stoffgebiets überlege ich mir, wie ich am effektivsten vorgehen kann
Monitoring/Überwachung	Der Lernende überprüft kontinuierlich seinen Lernerfolg		Um Wissenslücken festzustellen, rekapituliere ich die wichtigsten Inhalte, ohne meine Unterlagen zu Hilfe zu nehmen
Regulation	Bei auftretenden Schwierigkeiten passt der Lernende seine Lerntechnik an		Wenn mir eine bestimmte Textstelle verworren und unklar erscheint, gehe ich sie noch einmal langsam durch
Ressourcenbezogene Lernstrategien			
Bereitstellung interner Ressourcen	Die Bereitstellung interner Ressourcen bezieht sich auf das Management der eigenen Anstrengung, die Investition von Aufmerksamkeit und Konzentration sowie das Management des eigenen Zeitbudgets		Wenn ich lerne, bin ich leicht abzulenken
Bereitstellen externer Ressourcen	Die Bereitstellung externer Ressourcen kann durch die Gestaltung einer günstigen Lernumgebung, das Hinzuziehen zusätzlicher Literatur sowie durch die Nutzung der Möglichkeiten von Arbeitsgruppen geschehen		Ich suche nach weiterführender Literatur, wenn mir bestimmte Inhalte noch nicht ganz klar sind

Weinstein, Zimmerman & Palmer, 1988). Im deutschsprachigen Raum haben sich in diesem Zusammenhang der Fragebogen „Lernstrategien im Studium" (LIST; Wild & Schiefele, 1994) und das „Kieler Lernstrategien-Inventar" (KSI; Baumert, 1993) etabliert. Dabei wird beispielsweise im LIST zwischen kognitiven, metakognitiven und ressourcenbezogenen Lernstrategien unterschieden (▶ Exkurs „Lernstrategien"). In ◘ Tab. 3.2 werden die verschiedenen Strategien mit Itembeispielen aus dem LIST dargestellt. Zudem wird die Anwendung kognitiver Lernstrategien anhand von Beispielen zum Mathematik- und Englischlernen erläutert.

3.3.2   Lerntagebücher

Eine weitere Möglichkeit selbstregulierte Lernstrategien zu erfassen, liegt im Einsatz von (Lern-)Tagebüchern. Im Unterschied zu den im vorherigen Abschnitt beschriebenen Fragebögen wird mit Tagebüchern der momentane Zustand bzw. der aktuelle Strategieeinsatz und kein generelles Lernverhalten abgefragt. Bei der Erfassung der Selbstregulation durch Tagebücher werden von den Teilnehmern über einen bestimmten Zeitraum mehrfach (z. B. täglich) Fragen zu den einzelnen Komponenten beantwortet. Lerntagebücher erlauben so eine kontinuierliche und zeitnahe Erhebung der eingesetzten Strategien und der den Lernprozess begleitenden Emotionen. Besonders gut ist im Rahmen einer Tagebuchstudie nicht nur zu beobachten, *ob* eine Veränderung bezüglich des selbstregulierten Lernens stattgefunden hat, sondern ggf. auch wann. Zumeist sind die eingesetzten Tagebücher standardisiert (Abfolge sowohl identischer Fragen als auch identischer Antwortmöglichkeiten), um Mehrfachdeutungen im Rahmen der Auswertung zu vermeiden und somit möglichst hohe Objektivität zu erreichen. Beispielhaft ist in ◘ Abb. 3.5 ein Tagebuch aus einer Studie zur Förderung selbstregulierten Lernens in der vierten Grundschulklasse dargestellt (Otto, 2007a). Dieses Tagebuch kam in einer Studie zum Einsatz, in der Schüler einer vierten Grundschulklasse über 7 Wochen ein Training in Selbstregulation erhielten. Während dieses Zeitraums füllten sie vor und nach den Hausaufgaben bzw. dem außerschulischen Lernen das Tagebuch aus. Das Tagebuch basierte inhaltlich auf dem Prozessmodell der Selbstregulation von Schmitz et al. 2007 (▶ Abschn. 3.2.1). Items, die sich auf die präaktionale Phase dieses Modells bezogen, wurden vor dem Lernen bearbeitet und Items, die sich auf die aktionale bzw. postaktionale Phase bezogen, nach dem Lernen erfragt. So wird beispielsweise der Einsatz der metakognitiven Lernstrategien mit Fragen wie „Was davon willst du heute erledigen?" (Zielsetzung) oder „Die Hausaufgaben, die ich mir für heute vorgenommen habe, habe ich alle geschafft" (Monitoring) kontrolliert.

Internale Ressourcen betreffende Fragen sind z. B. „Ich konnte mich bei den Hausaufgaben heute gut konzentrieren" (Konzentration) und „Welche der folgenden Übung hast du heute gemacht?". Der Einsatz externaler Ressourcen hingegen lässt sich anhand von Fragen wie „Meine Eltern haben heute kontrolliert …" und „Ich wurde heute bei meinen Hausaufgaben gestört" überprüfen. Ziel der Tagebuchstudie ist es letztendlich, zu überprüfen, ob, wann und inwiefern eine Intervention zu erhöhtem Einsatz von Lernstrategien und somit zur Verbesserung selbstregulatorischer Kompetenzen beigetragen hat.

Mit dem Einsatz standardisierter Lerntagebücher als Evaluationsinstrumente sind bestimmte prozessbezogene Auswertungsmethoden verbunden, die im Sinne zeitreihenanalytischer Verfahren durchgeführt werden (▶ Exkurs „Zeitreihenanalytische Auswertungen"; z. B. Perels, Otto & Schmitz, 2008).

Die Zuverlässigkeit der mittels Lerntagebüchern erhobenen Daten hängt von zahlreichen Faktoren ab (z. B. Landmann & Schmitz, 2007a, b). Da der Lernende das Tagebuch über einen festgelegten Zeitraum regelmäßig ausfüllen muss, hängt das Ausfüllverhalten in starkem Maße von der Motivation des Lernenden ab. Daher ist es wichtig, das Tagebuch so zu gestalten, dass es für die entsprechende Zielgruppe ansprechend ist und deren Motivation zur Durchführung erhöht.

3.3.3   Interviews

Interviews bieten die Möglichkeit, sowohl prospektiv den geplanten Einsatz der Strategien zu erfragen, als auch retrospektiv über eingesetzte Strategien berichten zu lassen. Die Fragen können in Interviews sowohl offen als auch geschlossen gestellt werden („Welche Lernstrategie wurde eingesetzt?" vs. „Wurden Lernstrategien eingesetzt?"). Weiterhin können dem Lernenden auch Lernszenarien vorgegeben werden. Hierbei wird der Lernende aufgefordert, sein Vorgehen in einer solchen Situation zu erläutern (offenes Fragenformat). Diese offenen Fragen haben den Vorteil, dass sie es dem Lernenden nicht nur ermöglichen, vorgegebene Strategien als hilfreich für diese Situation zu beurteilen, sondern er kann durch die Beschreibung seines eigenen Vorgehens deutlich machen, über welches Strategierepertoire er verfügt. Ein deutschsprachiges Interview für Schüler zur Erfassung von Merkmalen selbstregulierten Lernens stammt von Spörer (2004). Bei diesem Verfahren erfolgt die Befragung individuell und in vertraulicher Atmosphäre. Der Ablauf des Interviews lässt sich in vier Bestandteile unterteilen:
1. Einführung: Der Schüler wird von dem Interviewer über das Vorgehen und die Art des Interviews informiert. Es erfolgt ein Hinweis auf die Vertraulichkeit des Verfahrens.

Bitte jeden Tag ausfüllen, auch wenn Du keine Hausaufgaben machst oder nicht lernst!

Datum: _____ Uhrzeit: _____

Ich habe mir für diese Woche folgendes Ziel für's Lernen gesetzt: _____

Ich fühle mich im Moment ...	stimmt gar nicht ☹	stimmt eher nicht ☹	stimmt eher ☺	stimmt genau ☺
... aufmerksam.				
... entspannt.				
... ärgerlich.				
... traurig.				

Ab hier bitte vor deinen Hausaufgaben oder dem Lernen ausfüllen!

Wenn du heute Mathe hattest: Wie war's heute in der Schule?	stimmt gar nicht ☹	stimmt eher nicht ☹	stimmt eher ☺	stimmt genau ☺
Der Matheunterricht hat mir heute Spaß gemacht.				
Meine Mathelehrerin hat uns heute geholfen, ohne uns die Lösung zu verraten.				
Ich habe heute alles verstanden.				

Welche Hausaufgaben willst du heute erledigen/ für welche Fächer willst du heute lernen?

☐ Mathematik ☐ Deutsch
☐ Sachkunde ☐ Sonstiges: _____

Beziehe die folgenden Aussagen auf deine Mathehausaufgaben. Falls Du kein Mathe aufhast, suche dir ein anderes Fach aus und gebe es an: _____

Wie geht es dir jetzt vor den Hausaufgaben?	stimmt gar nicht ☹	stimmt eher nicht ☹	stimmt eher ☺	stimmt genau ☺
Ich bin mir sicher, dass ich heute auch die schwierigen Hausaufgaben alleine lösen kann.				
Ich habe heute richtig Lust, meine Hausaufgaben zu erledigen.				
Ich überlege mir, wie ich heute vorgehen will.				

Was schätzt du, wie viel Zeit du heute für deine Hausaufgaben brauchst? _____ Minuten

Erledige jetzt deine Hausaufgaben!

Ab hier bitte **nach** deinen Hausaufgaben oder dem Lernen ausfüllen!

Wie geht es dir jetzt nach den Hausaufgaben?	stimmt gar nicht ☹	stimmt eher nicht ☹	stimmt eher ☺	stimmt genau ☺
Meine Eltern haben mich heute gefragt, wie es in der Schule war.				
Ich habe heute selbst entschieden, wann und wie ich meine Hausaufgaben machen will.				
Ich habe heute sofort angefangen, meine Hausaufgaben zu erledigen.				
Ich habe mich heute angestrengt, meine Hausaufgaben gut zu machen.				
Ich konnte mich bei den Hausaufgaben heute gut konzentrieren.				
Während ich meine Hausaufgaben gemacht habe, habe ich an viele andere Dinge gedacht.				
Ich habe alle Hausaufgaben gemacht, die ich mir vorgenommen hatte.				
Die Hausaufgaben haben mir heute Spaß gemacht.				
Die Hausaufgaben haben mir heute geholfen, den Stoff besser zu verstehen.				
Ich habe mir nach den Hausaufgaben überlegt, was ich das nächste Mal besser machen kann.				
Ich fand die Hausaufgaben heute einfach.				
Ich bin heute mit meinen Hausaufgaben zufrieden.				
Ich habe mich heute wegen der Hausaufgaben mit meinen Eltern gestritten.				
Meine Eltern waren heute bei den Hausaufgaben dabei.				
Meine Eltern haben mich sofort verbessert, wenn ich etwas falsch gemacht habe.				
Meine Eltern haben mir heute geholfen, ohne mir die Lösung zu verraten.				

Ich wurde heute bei meinen Hausaufgaben gestört. ja ☐ nein ☐

Wenn ja, wodurch wurdest du gestört? _____

Was hast du dagegen gemacht? _____

Welche der folgenden Übungen hast du heute gemacht?
☐ Konzentrationsübung ☐ Entspannungsübung
☐ Gedankenstopp ☐ Mut zusprechen

Welche der folgenden Methoden hast du heute beim Rechnen angewendet?
☐ Selektion ☐ Skizze ☐ Überschlag
☐ Zerlegung ☐ Probe

Wie viel Zeit hast du heute für deine Hausaufgaben gebraucht? _____ Minuten

Was möchtest du bei den Hausaufgaben das nächste Mal besser machen? _____

Präaktionale Phase	Aktionale Phase	Postaktionale Phase

Abb. 3.5 Lerntagebuch. (Nach Otto, 2007a. Mit freundlicher Genehmigung des Logos-Verlags)

2. Der Interviewer liest die erste Situation vor und fragt den Schüler, wie er üblicherweise in einer solchen Situation vorgeht. Folgende Situationen werden im Rahmen des Interviews thematisiert:
   a) Anfertigen von Deutsch-Hausaufgaben: Vorgehen bei der Verfassung eines Deutschaufsatzes;
   b) Anfertigen von Mathematik-Hausaufgaben;
   c) Vorbereitung und Lernen für eine Klassenarbeit in Biologie;
   d) Vorbereitung und Lernen für eine Klassenarbeit in Physik;
   e) geringe Motivation: Vorgehen, wenn man keine Lust hat zu lernen oder sich nicht auf Schulaufgaben konzentrieren kann;
   f) schlechte Noten: Umgang mit schlechten Noten;
   g) Hobbys: Umgang mit Misserfolgen/Schwierigkeiten beim Hobby;
   h) Freundschaften: Umgang mit Streit mit Freunden.
   i) Bei den Fragen zu den Situationen wird zunächst gefragt, wie der Schüler anfängt. Es folgt dann eine Frage dazu, wie er weiter vorgeht. Er wird nach Strategien gefragt, die er einsetzt, wenn er auf Schwierigkeiten/Probleme stößt.

3. Unbewertete schriftliche Dokumentation der Schülerantworten.
4. Bewertung der angegebenen Strategien: Auf einer vierstufigen Skala (von „sehr selten" bis „immer") soll der Schüler einschätzen, wie häufig er ein bestimmtes Verhalten zeigt bzw. eine bestimmte Strategie anwendet.

3.3.4 Beobachtungsverfahren

Die bisher beschriebenen Verfahren setzen entweder voraus, dass die Probanden lesen und schreiben (Fragebogen und Tagebuch) oder aber ihr Vorgehen adäquat in Worte fassen können (Interview). Zur Diagnose selbstregulierten Lernens können sie daher z.T. erst ab dem Ende der Grundschule eingesetzt werden. Zudem werden mit diesen Methoden ausschließlich Selbstauskünfte der Teilnehmer über präferierte Strategien erfasst. Diese Präferenzen können jedoch vom tatsächlichen Strategieeinsatz deutlich abweichen (► Exkurs „Warum gibt es nur geringe Zusammenhänge zwischen verschiedenen Instrumenten zur Erfassung des selbstregulierten Lernens?").

Exkurs

Zeitreihenanalytische Auswertungen

Der Einsatz von standardisierten Lerntagebüchern ermöglicht es, ein Merkmal über einen längeren Zeitraum zu beobachten, sodass eine Vielzahl von Messungen vorliegt. Durch die Anwendung zeitreihenanalytischer Auswertungen können Veränderungen gemessen werden, indem der Verlauf der Veränderung näher betrachtet wird. Eine Zeitreihe wird in diesem Zusammenhang als eine zeitliche Folge von Zustandserhebungen (States) zu aufeinander folgenden Zeitpunkten beschrieben. Mithilfe zeitreihenanalytischer Verfahren ist es möglich, über eine genügend genaue Messung dieser Verläufe, nicht nur Änderungen im Lernverhalten (Vorher-Nachher-Vergleich) festzustellen, sondern auch Annahmen über die Form des Verlaufs zu testen. Beispielsweise konnten Schmitz und

Perels (2011) im Rahmen einer Zeitreihenanalyse einen positiven Trend bzgl. des selbstregulierten Lernens durch den Einsatz eines Tagebuchs nachweisen. Weiterhin ermöglichen zeitreihenanalytische Verfahren neben der Analyse von Gruppendaten auch idiografische Analysen, d. h. einzelfallanalytische Untersuchungen (s. dazu Perels, Löb & Schmitz, 2007). Zur Veränderungsmessung mithilfe von Verlaufs- oder auch Prozessdaten (z. B. zur Evaluation von Interventionen) stehen innerhalb der Zeitreihenanalysen vor allem zwei Verfahren zur Verfügung: die Trendanalyse und die Interventionsanalyse. Mithilfe von **Trendanalysen** wird überprüft, ob der Verlauf einer bestimmten Variable durch eine (z. B. lineare oder quadratische) Funktion beschrieben werden kann. Dabei kann sowohl der Verlauf

für eine Gruppe (z. B. für eine Schulklasse) als auch der Verlauf für eine einzelne Person (z. B. Schüler) betrachtet werden. Mithilfe einer **Interventionsanalyse** wird untersucht, *ob* eine bestimmte Intervention (z. B. ein Lernstrategietraining) eine Wirkung hat und *wie* diese Intervention wirkt. Dazu wird die entsprechende Variable sowohl in einer Baseline- (Phase ohne Training) als auch in einer Interventionsphase (Phase mit Training) erhoben. Es wird dann statistisch geprüft, inwiefern diese Intervention zu einem signifikanten Unterschied des Niveaus der beiden Phasen beigetragen hat. Über eine solche Untersuchung der Zeitreihe kann die Wirkung der Intervention genauer analysiert werden.

Exkurs

Warum gibt es nur geringe Zusammenhänge zwischen verschiedenen Instrumenten zur Erfassung des selbstregulierten Lernens?

Spörer und Brunstein (2006) diskutieren eingehend die Frage, warum die Zusammenhänge zwischen den verschiedenen Instrumenten zur Erfassung des selbstregulierten Lernens zumeist sehr gering ausfallen und Selbstauskünfte häufig nicht oder schwach mit Leistungsmaßen korrelieren.

1. **Globalität des erfassten Merkmals:** Der Grad der Spezifität bei Selbstberichts- und Beobachtungsdaten ist häufig nicht derselbe. Während in Beobachtungssituationen in der Regel vorgegebene Situationen definiert sind, in denen die Probanden ein Verhalten zeigen können oder nicht, wird bei Lernstrategieinventaren und -interviews häufig globaler danach gefragt, was ein Schüler macht, wenn er lernt. Zur Erhöhung der gemeinsamen Varianz zwischen Instrumenten wäre es daher möglich, entweder die Fragen in Selbstberichtsverfahren spezifischer zu formulieren (z. B. durch Vorgabe von Aufgabengebieten) oder mehrere Beobachtungen in verschiedenen Situationen durchzuführen und die Selbstberichtsdaten mit den aggregierten Beobachtungs-

daten zu korrelieren (s. auch Winne & Perry, 2000).

2. **Mit Beobachtungsverfahren wird kein Strategiewissen erhoben:** Die Schwierigkeit bei Beobachtungsdaten liegt häufig darin, dass Schüler durchaus eine Strategie kennen und diese ggf. auch in ihrem Lernalltag einsetzen, dass sie jedoch in der spezifischen Beobachtungssituation nicht eingesetzt wird, weil sie beispielsweise nicht erforderlich erscheint.

3. **Selbstberichte erfassen kein konditionales Wissen:** Selbstberichtsverfahren erfragen zumeist nur, ob Schüler eine bestimmte Strategie kennen bzw. ob sie diese auch anwenden. Sie erfragen aber nicht, ob der Schüler einzuschätzen weiß, bei welcher Aufgabe und in welcher Situation welche Strategie am besten eingesetzt werden sollte (konditionales Wissen). Bei der Erfassung des selbstregulierten Lernens durch Beobachtungen wird dieses konditionale Wissen jedoch indirekt miterfasst, da der Schüler in Abhängigkeit von seiner Entscheidung, ob

eine Strategie in dieser Situation von Nutzen ist, diese Strategie einsetzen wird oder nicht.

4. **Erfassung einer unterschiedlichen Strategiereife:** Mit den verschiedenen Instrumenten könnte möglicherweise eine unterschiedliche Strategiereife (vgl. Hasselhorn, 1996) erfasst werden. Während Selbstberichtsverfahren hauptsächlich die Strategiekenntnis erfassen, auch wenn die erworbenen Strategien noch nicht effizient eingesetzt werden können, werden durch Beobachtungen Daten gewonnen, die belegen, ob Lernstrategien effektiv eingesetzt werden. In ▶ Abschn. 3.4.1 findet sich eine detaillierte Beschreibung der verschiedenen Entwicklungsstufen der Strategiereife.

Insgesamt ziehen Spörer und Brunstein (2006) den Schluss, dass es für die Prognose von Verhalten und Leistung von Vorteil ist, gerade wegen der geringen gemeinsamen Varianz der Instrumente diese kombiniert einzusetzen, um die verschiedenen Varianzanteile des vorherzusagenden Kriteriums zu erklären.

Entwicklung von selbstreguliertem Lernen

Rheinberg, Vollmeyer und Rollett (2000) zufolge wird die Fähigkeit zum selbstgulierten Lernen wichtiger, je älter der Lernende wird, da sich ältere Schüler oder auch Studierende zunehmend komplexeres Material selbstständig aneignen müssen. Daher liegen auch verschiedene Interventionsprogramme zur Förderung von Selbstregulation vor, die sich an Personen fast aller Altersstufen (Vorschule, unterschiedliche Jahrgangsstufen in der Schulzeit, Studium und Berufsleben; auch ▶ Abschn. 3.5) richten. Allerdings sollte selbstreguliertes Lernen möglichst früh gefördert werden, um günstige Lerngewohnheiten zu etablieren und dysfunktionale Lerngewohnheiten zu vermeiden. Die Frage, ab welchem Alter komplexe Lernstrategien und Selbstregulation erworben werden können, ist nicht abschließend geklärt. Hasselhorn und

Gold (2006) beschreiben verschiedene entwicklungspsychologische Phasen, die bei dem Erwerb von Lernstrategien durchlaufen werden müssen. Jede Phase lässt sich durch ein Problem charakterisieren, das es zu überwinden gilt. Auf der ersten Stufe steht das **Mediationsdefizit** im Vordergrund. Damit ist gemeint, dass Kinder selbst dann, wenn sie gezeigt bekommen, wie eine Lernstrategie eingesetzt wird und aufgefordert werden, diese selbst auszuführen, nicht dazu in der Lage sind. In der zweiten Stufe (**Produktionsdefizit**) können Kinder bestimmte Lernstrategien zwar produzieren, benötigen dazu aber explizite Nutzungshinweise, da die Strategien noch nicht in das spontane Verhaltensrepertoire integriert worden sind. Auf der nächsten Entwicklungsstufe muss das sog. **Nutzungsdefizit** überwunden

werden. Dass der spontane Strategieeinsatz nicht zum gewünschten Erfolg führt, kann zum einen daran liegen, dass Lerner auf dieser Stufe noch nicht entscheiden können, wann eine bestimmte Strategie am wirkungsvollsten eingesetzt wird. Zum anderen kann das Problem darin liegen, dass Strategien noch nicht hinreichend automatisiert sind und der Strategieeinsatz zu viel kognitive Kapazität bindet, worunter die inhaltliche Bearbeitung der Aufgabe leidet. Geht man davon aus, dass Schüler erst ab dem Alter von 15–16 Jahren über ein breiteres Repertoire an differenziert einsetzbaren Lernstrategien verfügen, ist ein *effizienter Einsatz* von Lernstrategien also frühestens bei Schülern ab dem Ende der Sekundarstufe erwartbar.

Aus den genannten Gründen werden Beobachtungsverfahren zur Erfassung selbstregulativer Kompetenzen vor allem in Untersuchungen mit jüngeren Kindern eingesetzt (z. B. für den schulischen Kontext: Veenman & Beems, 1999). Im CINDLE-Projekt (Anderson, Coltman, Page & Whitebread, 2003) wird ein Beobachtungsinstrument für Erzieherinnen entwickelt, das der Erfassung des „independent learning" dient. Die CHILD-Checklist besteht aus insgesamt 22 Items, die von dem Beobachter auf einer vierstufigen Skala dahingehend einzuschätzen sind, wie häufig die beschriebenen Strategien angewendet werden. Zusätzlich besteht für die Beobachter die Möglichkeit, Kommentare einzutragen. Bei diesem Instrument beziehen sich die Autoren auf die Bereiche selbstregulierten Lernens, wie sie Bronson (2000) postuliert: emotionale, prosoziale, kognitive und motivationale Selbstregulation. Zu diesen Bereichen wurden jeweils mehrere Items formuliert, mit deren Hilfe das Verhalten von Kindern in Lernsituationen eingeschätzt werden kann. Hinsichtlich der emotionalen Selbstregulation soll beispielsweise beurteilt werden, ob das Kind über sein oder das Verhalten anderer und die damit verbundenen Konsequenzen sprechen kann. Weiterhin wird diesbezüglich erfragt, ob das Kind auch bei auftretenden Schwierigkeiten nicht aufgibt.

Beobachtungsverfahren werden häufig mit Videoanalysen verknüpft. Dabei wird die zu beobachtende Sequenz videografiert und im Nachhinein von verschiedenen Beurteilern unabhängig voneinander bewertet.

3.3.5 Denkprotokolle

Eine weitere Methode zur Erfassung des selbstregulierten Lernens wird von Winne und Perry (2000) vorgestellt. Bei sog. Denkprotokollen werden die Teilnehmer der Studie aufgefordert, alle Gedanken auszusprechen, die sie während der Bearbeitung einer Aufgabe beschäftigen. Diese Dokumentationen werden dann differenziert ausgewertet und bieten eine gute Möglichkeit, Einblicke in die spezifischen, spontanen Strategieanwendungen der Versuchspersonen zu erhalten. Eine Einschränkung dieses Verfahrens besteht jedoch darin, dass die statistische Auswertung relativ schwierig ist.

Sobald selbstreguliertes Lernen mithilfe entsprechender Instrumente erfasst wurde, können entsprechende Interventionen angesetzt werden, um die gewünschten Fähigkeiten zu fördern. Im Anschluss an eine Interventionsmaßnahme kommt das Instrument wiederum zum Einsatz, um Fortschritte der Fähigkeit des selbstregulierten Lernens zu überprüfen. Im Folgenden werden exemplarisch solche Fördermaßnahmen beschrieben.

3.4 Förderung von Selbstregulation

Selbstreguliert lernen zu können, stellt eine wesentliche Voraussetzung für den Lernerfolg dar. Dass dennoch nicht alle Schüler im Verlauf der Schulzeit zu kompetenten selbstgulierten Lernern werden (z. B. De Jager, Jansen & Reezigt,

2005), kann verschiedene Gründe haben: Manchen fehlt die Praxis, andere wurden nie richtig angeleitet. In den letzten Jahren entstand eine große Anzahl von Interventionen zur Verbesserung des selbstregulierten Lernens und Handelns von Schülern, Studierenden und Erwachsenen (z. B. Landmann, Pöhnl & Schmitz, 2005; Otto, 2007a). Stöger und Ziegler (2010) konnten in diesem Zusammenhang zeigen, dass die Wirksamkeit von Selbstregulationstrainings unabhängig von den kognitiven Voraussetzungen von Schülern ist. Im folgenden Abschnitt werden einige Gesichtspunkte benannt, nach denen vorliegende Interventionsprogramme eingeordnet werden können.

3.4.1 Gestaltung und Optimierung von Trainingsmaßnahmen zur Förderung von Selbstregulation

Trainings zur Förderung von Selbstregulation unterscheiden sich durch viele Aspekte. Dies betrifft in erster Linie den Inhalt der Maßnahme und das methodische Vorgehen. Letzteres bezieht sich insbesondere darauf, ob die Vermittlung der Inhalte direkt oder indirekt erfolgt. Auch bzgl. der Zielgruppe, für die ein Training konzipiert werden soll, unterscheiden sich die Interventionen. Hier gilt es unter anderem, das Alter der Adressaten zu berücksichtigen (▶ Exkurs „Entwicklung von selbstreguliertem Lernen").

Inhalte der Maßnahme. Vorliegende Interventionen lassen sich danach unterscheiden, ob eine ganzheitliche Förderung im Vordergrund steht und somit alle Regulationsphasen betrachtet werden oder ob ausgewählte kognitive, motivationale oder metakognitive Aspekte einzelner Phasen (z. B. Zielsetzung, Attribution) trainiert werden. Das vorliegende Kapitel beschränkt sich auf die ganzheitliche Förderung selbstregulatorischer Kompetenzen; das ▶ Kap. 17 stellt hingegen eine Maßnahme vor, die ausschließlich motivationale Aspekte thematisiert.

Direkte vs. indirekte Maßnahmen. Grundsätzlich können direkte von indirekten Maßnahmen unterschieden werden (Friedrich & Mandl, 1997). Eine direkte Förderung setzt beim Lernenden selbst an, um eine Optimierung des Lernverhaltens zu erzielen. Dieses ist zumeist bei Schülertrainings der Fall (z. B. Perels, 2007). Die Schüler werden beispielsweise darin geschult, wie sie sich Ziele für ihr Lernen setzen können, sich motivieren können oder wie sie mit Ablenkungen oder Misserfolgen umgehen können.

Bei der indirekten Förderung des selbstregulierten Lernens geht es in der Regel darum, dass durch eine gezielte (Um-)Gestaltung der Lernumgebung selbstreguliertes Lernen ermöglicht und angeregt wird (vgl. z. B. Deci & Ryan, 2000; Friedrich & Mandl, 1997). Dies kann etwa

durch ein Training der Eltern im Sinne einer förderlichen Hausaufgabenunterstützung oder die Schulung der Lehrkräfte zur Integration selbstregulativer Aspekte in den Fachunterricht geschehen (Perels, Dignath & Schmitz, 2009). In solchen Förderprogrammen geht es demnach vor allem darum, dass die zentralen Gestalter der Lernumwelt (Otto, 2007a) Methoden erlernen, wie sie einen positiven Einfluss auf das Lernverhalten der Schüler ausüben und somit das selbstregulierte Lernverhalten von Schülern unterstützen können. Studien, in denen beispielsweise Lehrkräfte entsprechende Trainingsprogramme zur Förderung des selbstregulierten Lernens in ihren Klassen durchgeführt haben, zeigen, dass dies prinzipiell möglich ist (z. B. Souvignier & Mokhlesgerami, 2006). Der Metaanalyse von Dignath, Büttner & Langfeldt (2008) zufolge sind Interventionen durch externe Trainer allerdings effektiver als Trainings, die durch die regulären Lehrkräfte durchgeführt werden. Die Effektivität sowohl direkter als auch indirekter Interventionen lässt sich durch günstige Trainingsbedingungen steigern. Einige dieser günstigen Trainingsbedingungen werden im Folgenden näher erläutert. Weitere Punkte finden sich in ▶ Abschn. 17.5 (Implementation von Trainingsprogrammen).

Optimierung hinsichtlich direkter Förderung

Kombination der selbstregulativen Strategien mit fachspezifischen Inhalten. Die Vermittlung selbstregulatorischer Strategien ist dann besonders wirksam, wenn nicht nur Selbstregulation an sich vermittelt wird, sondern wenn diese mit fachspezifischen Inhalten verknüpft wird (Klauer, 2000; Perels, 2007; Perels, Gürtler & Schmitz, 2005; Souvignier & Mokhlesgerami, 2006). So zeigte sich beispielsweise in der Studie von Perels et al. (2005), dass Schüler, die neben Selbstregulationsstrategien auch mathematische Problemlösestrategien vermittelt bekamen, bessere Trainingseffekte erzielten als Schüler, die lediglich Selbstregulationsstrategien vermittelt bekamen. Somit scheint der inhaltliche Bezug der fächerübergreifenden Selbstregulationsstrategien zu einem bestimmten Unterrichtsfach (z. B. Mathematik) den Trainingserfolg zu steigern.

Selbstbeobachtung. Ein zentrales Element des selbstregulierten Lernens ist die Selbstbeobachtung (Self-Monitoring; Landmann & Schmitz, 2007a). Schon die alleinige kontinuierliche Selbstbeobachtung kann zu ▶ **Reaktivität** führen, d. h., das Verhalten kann sich bereits durch die bloße Selbstbeobachtung in die gewünschte Richtung verändern (z. B. Kanfer, Reinecker & Schmelzer, 2000). Man spricht in diesem Zusammenhang vom Monitoring-Effekt. Dass die Wirksamkeit der Selbstbeobachtung etwa über den Einsatz von Lerntagebüchern gefördert wird, konnte in verschiedenen Studien nachgewiesen werden (z. B. Schmitz, 2001).

Transfersicherung. Ebenso wichtig wie ein gut konzipiertes Training ist die Sicherung des Transfers der vermittelten Inhalte; also die Sicherstellung der Anwendung der erlernten Fertigkeiten auch nach Ende der Intervention. Somit ist es nicht ausreichend, ausschließlich selbstregulatorische Inhalte zu vermitteln; auch die Fähigkeit der Probanden, diese Inhalte in verschiedenen Situationen anwenden zu können, muss im Rahmen einer Intervention geschult werden. Dieses kann erreicht werden, indem verschiedene Anwendungskontexte für die Strategien thematisiert und deren Gebrauch in diesen Bereichen eingeübt werden. Je mehr die Schüler die Anwendungsbreite einer erlernten Strategie erkennen, desto eher erfolgt der Transfer auch in andere Themenfelder. Eine ausführliche Darstellung zum Thema Transfer von Selbstregulationsinhalten findet sich bei Pickl (2004).

Optimierung hinsichtlich indirekter Förderung

Otto (2007a, b) postuliert, dass die zentralen Gestalter der Lernumwelt insgesamt drei verschiedene Möglichkeiten haben, wie sie auf das selbstregulierte Lernen der Schüler Einfluss nehmen können:

Schaffung günstiger Lernbedingungen. Aufbauend auf den theoretischen Überlegungen und empirischen Belegen im Rahmen der Forschung zur Selbstbestimmungstheorie (Deci & Ryan, 2000) lassen sich Schlussfolgerungen für den schulischen Alltag ziehen, wie der Unterricht bzw. die Hausaufgabenhilfe gestaltet sein sollte, um motiviertes selbstreguliertes Lernen zu ermöglichen. So können Lehrkräfte und Eltern beispielsweise günstige (motivationsförderliche) Lernbedingungen schaffen, indem sie Aufgaben stellen, die sich **an den Interessen der Schüler orientieren** und die Schüler bei einer autonomen Aufgabenbearbeitung unterstützen. Im schulischen Kontext kann dem Instruktionsprinzip der **Autonomieunterstützung** Rechnung getragen werden, indem den Schülern Wahlmöglichkeiten gegeben werden, wodurch das selbstständige und selbstgesteuerte Erkunden, Planen, Handeln und Lernen ermöglicht und gefördert werden. Hierbei sind entsprechend angemessene Unterrichtsmethoden von Bedeutung. So bieten sich beispielsweise Projektarbeiten oder Wochenpläne zur Autonomieunterstützung an. Ebenso fördern das Gruppenpuzzle oder das Stationenlernen die Autonomie des Schülers beim Erlernen neuer Unterrichtsinhalte. Werden Schüler hingegen stark kontrollierend, d. h. mit vielen engen Vorgaben unterrichtet, so führt dieses nicht nur zu einer Verringerung von Initiative beim Lernen, sondern auch zu weniger effektivem Lernen (z. B. Utman, 1997). Neben der Autonomieunterstützung ist auch die **Kompetenzunterstützung** von Bedeutung. Das heißt, die Schüler sollten nicht nur das Gefühl der Wahlmöglichkeiten

haben, sondern auch spüren, dass sie fähig sind, die gestellten Aufgaben erfolgreich bewältigen zu können. Zur erfolgreichen Kompetenzunterstützung im schulischen Alltag ist vor allem das informative und motivationsförderliche Feedback geeignet. Erhalten Schüler regelmäßig Rückmeldung über ihr Lernen und die angewendeten Strategien, so können sie ihr Lernverhalten entsprechend anpassen. Dabei ist es wichtig, dass nicht nur die Bewertung des Lernergebnisses kommuniziert wird, sondern auch Lernprozesse und Lernergebnisse mit den positiven wie verbesserungswürdigen Anteilen thematisiert werden. Bei solchen Rückmeldungen ist zudem von Bedeutung, dass günstige Attributionen nahegelegt werden (Möller, 2001). Dieses bedeutet insbesondere, dass vor allem Misserfolge nicht auf (unveränderliche) mangelnde Fähigkeiten oder auf Faktoren zurückgeführt werden sollten, die außerhalb der Kontrolle des Schülers liegen. Idealerweise werden hier veränderbare Ursachen wie z. B. mangelnde Anstrengung oder falscher Strategiegebrauch zur Erklärung eines Misserfolges herangezogen.

Kombination mit direkter Strategievermittlung. Neben der Schaffung günstiger Lernbedingungen können Lehrkräfte und Eltern zusätzlich auf direktem Weg Strategien zur Selbstregulation vermitteln. Sie können die Schüler z. B. in effektiver Zeitnutzung schulen, oder hinsichtlich dessen, wie sie sich bei Unlust oder Ablenkung für ihre Hausaufgaben motivieren können. Im Grunde können die zentralen Gestalter der Lernumwelt (Lehrkräfte, Eltern) somit die gleichen Strategien vermitteln, die externe Trainer in den direkten Förderprogrammen für Schüler als Trainingsinhalte thematisieren. Insofern müssen sie im Rahmen der indirekten Förderprogramme mit den Selbstregulationsstrategien vertraut gemacht werden, um diese weitervermitteln zu können.

Modellverhalten. Lehrkräfte und Eltern können auch über ihr eigenes Modellverhalten (Bandura, 1991) Einfluss auf das selbstregulierte Lernverhalten der Schüler nehmen. Schüler können ein günstiges Lernverhalten erlernen, indem sie dieses zunächst an einem positiven Modell beobachten und später imitieren. Lehrkräfte oder Eltern können solche Modelle darstellen (Otto, Perels & Schmitz, 2008). Im Unterrichtsalltag sollte die Lehrkraft daher die Selbstregulationsstrategien, die sie bei den Schülern gerne sehen würde, auch selbst zeigen. Dazu kann z. B. die regelmäßige Angabe von Lernzielen am Anfang des Unterrichts, die demonstrative Verwendung einer Lernstrategie wie das Unterstreichen von wichtigen Textpassagen sowie die Reflexion und Evaluation am Ende der Unterrichtsstunde gehören.

Es liegen mehrere empirische Studien dazu vor, dass Trainingsprogramme für Eltern (z. B. Lund, Rheinberg & Gladasch, 2001) und Lehrkräfte (z. B. De Jager, Jansen &

Reezigt, 2005; Perels, Dignath & Schmitz, 2009; Souvignier & Mokhlesgerami, 2006) als indirekte Intervention durchaus erfolgreich sein können, um das selbstregulierte Lernen von Schülern zu optimieren. Trotzdem wird immer wieder ersichtlich, dass direkte Trainingsangebote an Schüler effektiver sind als indirekte Interventionen (Otto, 2007a). Insofern wäre es optimal, eine kombinierte Intervention für die Schüler selbst sowie für die Gestalter der Lernumwelt durchzuführen.

Nachdem die voranstehenden Abschnitte zunächst die Diagnostik selbstregulierten Lernens und anschließend allgemeine Hinweise zur Gestaltung entsprechender Interventionen beschreiben, stellt das nachfolgende Kapitel bereits etablierte Maßnahmen zur Steigerung selbstregulatorischer Kompetenzen (überwiegend, aber nicht ausschließlich) im Kontext des Lernens vor.

3.4.2 Exemplarische Beschreibung von Trainingsmaßnahmen

Die Förderung von Selbstregulation kann sich bezüglich der geförderten Aspekte der Selbstregulation, der verwendeten Methode oder hinsichtlich der Zielgruppe unterscheiden. Im Folgenden werden exemplarisch ein Schülertraining zur Vermittlung mathematischer Problemlösestrategien, ein computerbasiertes Training zur Förderung einzelner kognitiver Lernstrategien, ein webbasiertes Training zur Vermittlung metakognitiver Lernstrategien mit einem Tagebuch und ein Training zur Förderung von Selbstregulation bei Erwachsenen vorgestellt.

Förderung von mathematischen Problemlösestrategien bei Schülern

Nachfolgend wird exemplarisch eine direkte Intervention in Form eines Schülertrainings skizziert, welches vertiefend bei Perels (2007) nachgelesen werden kann. Dieses Training kombiniert fachliche mit fachübergreifenden Inhalten und wurde in der 5. gymnasialen Jahrgangsstufe durchgeführt. Zielsetzung ist es, die Selbstregulationsfähigkeit der Schüler zu verbessern. Das Training basiert auf dem Prozessmodell der Selbstregulation (Schmitz & Wiese, 2006) und besteht aus insgesamt 10 wöchentlichen Trainingssitzungen im Umfang von jeweils 2 Schulstunden. Da im Sinne der Optimierung von Trainingseffekten (▶ Abschn. 3.4.2) überfachliche Strategien mit fachspezifischen Inhalten gekoppelt werden sollten, wurden den Schülern zusätzlich zu Selbstregulationsstrategien mathematische Problemlösestrategien vermittelt. Die 1., 9. und 10. Stunde dienen dem Kennenlernen und der Wiederholung der Inhalte. Die verbleibenden 7 Sitzungen werden den drei Phasen der Selbstregulation zugeordnet; dabei werden chronologisch entsprechende Strategien vermittelt. Die mathematischen

Problemlösestrategien werden ebenfalls den drei Phasen des Modells zugeordnet. So werden in Bezug auf die präaktionale Phase innerhalb von 3 Sitzungen sowohl die Selbstregulationsstrategien **Zielsetzung** und **Planung** als auch die handlungsvorbereitenden Strategien des mathematischen Problemlösens **Skizze**, **Selektion** und **Überschlag** vermittelt. Bezüglich der aktionalen Phase werden in 2 Sitzungen einerseits Strategien zur Förderung von **Konzentration**, **Motivation** und **Willensstrategien** trainiert; andererseits wird auf die **Zerlegung** beim Problemlösen eingegangen. Zwei Sitzungen widmen sich den postaktionalen Strategien und vermitteln die **Reflexion** und den **Umgang mit Fehlern**. In ◻ Tab. 3.3 sind die Inhalte des Schülertrainings pro Sitzung detailliert aufgeführt.

Das Training wird von zwei externen Trainern nachmittags in den Räumen der Schule durchgeführt. Die Gruppengröße besteht jeweils aus maximal 15 Schülern. Die einzelnen Inhalte werden in der Regel zweimal wiederholt. Im Verlauf des Trainings werden alle Strategien auf einer persönlichen Schreibtischunterlage festgehalten. Weiterhin füllen die Schüler täglich über den gesamten Zeitraum hinweg ein standardisiertes Lerntagebuch (▶ Abschn. 3.3.2) aus. Zielsetzung des Lerntagebuchs ist es zum einen, die strukturierte Selbstbeobachtung im Hinblick auf das individuelle Lernverhalten zu fördern und Reflexions- und Regulationsprozesse anzuregen. Zum anderen sollen auf diese Weise die Inhalte des Trainings systematisch in die Hausaufgabenbearbeitung integriert werden. Die Auswahl der Trainingsmethoden zeichnet sich durch Variation und Aktivierung aus. So werden neben direkter Instruktion auch Gruppenarbeiten und Spiele integriert und Frontalunterricht durch Übungsphasen aufgelockert. Weiterhin fungieren die Trainer und der Trainingsaufbau explizit als Modell für selbstregulatives Vorgehen.

Der Aufbau der einzelnen Sitzungen ist identisch: Zu Beginn des Trainings findet ein Stuhlkreis statt. Hier wird über die Erfahrungen und Probleme bezüglich der Umsetzung der neuen Strategien, die in den letzten Sitzungen eingeübt wurden, und beim Ausfüllen des Tagebuchs gesprochen. Dann findet der inhaltliche Teil der aktuellen Sitzung statt. Nach Abschluss der Inhalte jeder Trainingsphase wird eine 10-minütige Wissensabfrage durchgeführt und in der jeweils folgenden Sitzung korrigiert an die Teilnehmer zurückgegeben. Am Ende jeder Sitzung erfolgt die schriftliche Evaluation der Stunde, ein Abschlussstuhlkreis und eine mündliche Rückmeldung in Form eines Blitzlichts (kurze Aussage eines jeden Teilnehmers, welche nicht weiter kommentiert oder diskutiert wird). Zur Transferförderung werden Hausaufgaben aufgegeben. Diese werden eingesammelt, mit schriftlichem, informativem Feedback angereichert und in der folgenden Woche zurückgegeben. Vorteile dieses Trainings sind die massierte (in kurzer Zeit sehr intensive) Förderung ganzheitlicher Selbstregu-

⬛ **Tab. 3.3** Inhalte des Schülertrainings. (Nach Perels, F. (2007). Hausaufgabentraining für Schüler der Sekundarstufe I: Förderung selbstregulierten Lernens in Kombination mit mathematischem Problemlösen bei der Bearbeitung von Textaufgaben. In M. Landmann & B. Schmitz (Hrsg.), Selbstregulation erfolgreich fördern (S. 33–51). Stuttgart: Kohlhammer. Mit freundlicher Genehmigung des Kohlhammer-Verlags)

1. Sitzung Basics	2. Sitzung „Vor dem Lernen"	3. Sitzung „Vor dem Lernen"	4. Sitzung „Vor dem Lernen"	5. Sitzung „Während des Lernens"
– Erwartungen – Regeln – Überblick – Einstieg	– Einstellung zu Mathematik – Selektion – Überschlag	– Zielsetzung – Selektion – Skizze – Planung	– Einstellung – Ziele – Selektion – Überschlag – Skizze	– Konzentration – Motivation – Zerlegung
6. Sitzung „Während des Lernens"	**7. Sitzung** „Nach dem Lernen"	**8. Sitzung** „Nach dem Lernen"	**9. Sitzung** Selbstregulation	**10. Sitzung** Problemlösen
– Umgang mit störenden Gedanken – Zerlegung – Umgang mit Ablenkern	– Wiederholung – Motivation – Volition – Probe – Umgang mit Fehlern	– Individuelle Bezugsnorm – Umgang mit Fehlern – Probe	– Wiederholung	– Abschluss

lationsstrategien und deren Kombination mit fachspezifischen Inhalten. Als nachteilig könnten sich die zeitlichen und personellen Kosten des Trainings erweisen, die durch die 10 außercurricularen Sitzungen, die Leitung durch zwei Trainer, die relativ kleinen Gruppengrößen und das begleitende Lerntagebuch bedingt sind. Die Evaluationsergebnisse bestätigen jedoch die Wirksamkeit des Trainings und rechtfertigen den Aufwand. Sowohl die selbstregulatorischen Fähigkeiten als auch das mathematische Problemlösen konnten durch das Training gefördert werden. Auch seitens der Schüler fiel die Einschätzung des Trainings – trotz der zeitlichen Belastung – sehr positiv aus.

Förderung kognitiver Lernstrategien mit einem computerbasierten Training

Selbstregulationstrainings finden nicht zwangsläufig im Rahmen von Präsenzlernen statt; immer häufiger wird selbstreguliertes Lernen auch im Zusammenhang mit Blended-Learning (vgl. Spiel et al., 2007) oder der ausschließlichen Verwendung von elektronischen Medien gefördert. Der folgende Abschnitt stellt ein computerbasiertes Trainingsprogramm für die 10. Jahrgangsstufe von Elzen-Rump und Leutner (2007) vor. Zielsetzung dieses Programms ist es, den Einsatz einer Mapping-Strategie (globales Organisieren und sprachliches Integrieren gelesener Information) im Kontext naturwissenschaftlicher Sachtexte zu optimieren. Die Besonderheit besteht darin, dass der qualitätsvolle Einsatz dieser Lernstrategien reguliert werden soll. Basierend auf dem EPOS-Modell (Essener prozessorientiertes Selbstregulationsmodell nach Leutner & Leopold, 2005) wird damit vor allem auf die Mikroebene der Lernprozessregulation fokussiert. Der Lernende bekommt Wissen darüber vermittelt, warum und wie er einzelne Schritte der Mapping-Strategie einbringen

und sich selbst beim Strategieeinsatz beobachten, einschätzen und angemessen reagieren kann. Vergleichsstandard bei der Selbstregulation ist in diesem Fall also nicht das Gesamtziel, sondern die Erreichung zuvor festgelegter Qualitätsanforderungen bei der Strategieumsetzung. Didaktisch unterteilt sich das Training in drei Teile:

1. Fallbeispiel
2. Lernstrategieteil
3. Selbstregulationsteil

Alle drei Teile beinhalten geschriebene Textabschnitte, Grafiken und verbale Beschreibungen, die z. T. gesprochen werden. Weiterhin sind im Selbstregulationsteil Übungsaufgaben integriert. Die Bearbeitungszeit kann individuell variieren, ist jedoch auf 90 Minuten ausgerichtet. Die Wirksamkeit des computerbasierten Trainings konnte in Trainingsexperimenten in Bezug auf das Lernverhalten und den Lernerfolg beim Lesen von Sachtexten belegt werden.

(Weitere Interventionen zur Trainierbarkeit kognitiver Grundfunktionen – jedoch ohne den Aspekt der selbstregulatorischen Kompetenzen – finden sich in ▶ Kap. 17.)

Vermittlung metakognitiver Strategien mit einem webbasierten Lerntagebuch

Winter (2007; Winter & Hofer, 2007) konzipierte ein webbasiertes Lerntagebuch, das Studierende bei der Planung und Regulation des universitären Lernverhaltens unterstützen soll. Dieses Programm ist prinzipiell unabhängig von den Inhalten einzelner Lehrveranstaltungen oder unterschiedlichen Lehrplänen und zielt auf die Förderung metakognitiver und ressourcenbezogener Regulationsstrategien ab. Der Lernende wird durch dieses Tool über einen längeren Zeitraum (z. B. ein Semester oder mehrere

Wochen während der Prüfungsvorbereitung) angehalten, sein Lernverhalten in regelmäßigen Zeitabständen zu planen, zu beobachten, zu protokollieren und zu reflektieren. Dies geschieht anhand von Leitfragen, die sich entweder auf einen einzelnen Lerntag oder eine ganze Lernwoche beziehen. Darüber hinaus hat er die Möglichkeit, die Entwicklung seines Lernverhaltens über die Zeit grafisch darstellen zu lassen. Dieses elektronische Lerntagebuch wurde an der Universität Mannheim erprobt und die Ergebnisse zeigen, dass eine sorgfältige und kontinuierliche Nutzung die Selbstregulation beim Lernen (z. B. Zeit zur Prüfungsvorbereitung, Wissenstest) verbessert.

Förderung von Selbstregulation bei Erwachsenen

Dass Selbstregulation auch im Erwachsenenalter erfolgreich gefördert werden kann und die beschriebenen Strategien auch für den beruflichen Kontext hilfreich sein könnten, zeigt das im Folgenden beschriebene Training von Landmann (2005; Landmann, Pöhnl & Schmitz, 2005). Es richtet sich an Personen, die sich in Phasen beruflicher Neuorientierung oder des beruflichen Wiedereinstiegs befinden. Das Training besteht aus 7 wöchentlichen Trainingssitzungen von jeweils 2,5 Stunden. Die Strukturierung und Auswahl der vermittelten Inhalte orientiert sich am ▶ Handlungsphasenmodell (Gollwitzer, 1990; Heckhausen, 1989). Es werden wesentliche Strategien jeder einzelnen Handlungsphase (prädezisionale, präaktionale, aktionale, postaktionale Phase) vermittelt, um hierdurch einen vollständigen Handlungsablauf zu fördern und somit die Zielerreichung zu ermöglichen. Die vermittelten Strategien sind:

- Zielsetzung
- Handlungsplanung
- Selbstmotivierung
- Selbstbeobachtung
- Handlungsregulation
- Volition
- Attribution
- Reflexion.

In ❏ Tab. 3.4 sind die Inhalte des Trainings entsprechend den einzelnen Sitzungen dargestellt.

Die einzelnen Sitzungen folgen einem ähnlichen Ablauf. Zu Beginn werden in der Gruppe die Erfahrungen mit dem Tagebuch und bei der Umsetzung der Inhalte seit der letzten Trainingssitzung besprochen. Anschließend werden die Inhalte der jeweiligen Stunde in eine vereinfachte Darstellung des Handlungsphasenmodells eingeordnet, das als Rahmenmodell für das gesamte Training dient und die kognitive Strukturierung der vermittelten Inhalte seitens der Teilnehmer erleichtert. Bevor neue Inhalte vermittelt werden, erfolgt die Aktivierung von Vorwissen. Theoretische Inhalte

❏ **Tab. 3.4** Struktur und Inhalte des Trainings zur beruflichen Zielerreichung. (Modifiziert nach Landmann, 2005, mit freundlicher Genehmigung des Shaker-Verlags, Aachen)

Einheit	Inhalte
1. Termin	**Kennenlernen, Struktur des Trainings** – Kennenlernen der Teilnehmer untereinander – Vorstellen von Gruppenregeln – Abgleich von Zielen und Erwartungen – Trainingsüberblick, Modell – Hausaufgabe
2. Termin	**Postaktionale Motivationsphase: Ziele I, Umgang mit Erfolg und Misserfolg** – Sinn von Zielen und Zielbindung, Verträge, Trainingsziel, Zielvereinbarung – Strategien zum Umgang mit Erfolg und Misserfolg – Nutzenfokussierung, realistische Interpretation von Ereignissen – Auswirkungen von günstigem und ungünstigem Umgang mit Ergebnissen – Hausaufgabe
3. Termin	**Prädezisionale Motivationsphase: Ziele II, Stärken** – Herausfordernde/realistische Zielsetzung, Zielanpassung – Zusammenhang zwischen Zielsetzung und Ergebnis – Stärkenanalyse – Hausaufgabe
4. Termin	**Prädezisionale Motivationsphase: Ziele III** – Strukturierung und Formulierung von Zielen – Zielformulierung – Hausaufgabe
5. Termin	**Präaktionale Volitionsphase: Handlungsplanung** – Nutzen konkreter, schriftlicher Planung – Umgang mit Handlungs- und Wochenplänen – Erstellen eines Handlungsplanes – Vorausschauende Problemanalyse – Problemlösen/allg. Problemlöseleitfaden (Rückfallpräventionsmodell) – Hausaufgabe
6. Termin	**Aktionale Volitionsphase: Selbstregulationszyklus** – Selbstregulationszyklus: Selbstbeobachtung, -bewertung, -reaktion – Nutzen und Anwendung von Verstärkern – Zusammenhang von Emotionen, Kognitionen, Verhalten – Kognitions- und Emotionssteuerung – Hausaufgabe
7. Termin	**Wiederholung, Abschluss, Evaluation** – Wiederholung der zentralen Inhalte des Trainings – Rückblick/persönliches Resümee, Trainingserinnerer – Evaluationsfragebogen

werden in kurzen, interaktiven Vortragssequenzen dargeboten und in anschließenden Einzel- oder Gruppenübungen vertieft. Zum Ende jeder Sitzung werden die Inhalte der Sitzung von den Teilnehmern zusammengefasst; außerdem wird eine Hausaufgabe aufgegeben. Das Training wird in Kleingruppen von maximal 15 Personen durchgeführt.

Wesentliche weitere konzeptionelle Bestandteile des Trainings sind

a) ein Trainingsprojekt (in der Regel das berufliche Ziel) der Teilnehmer, das zu Beginn des Trainings gesetzt und an dem sukzessive die vermittelten Strategien umgesetzt/erprobt werden,

b) ein Trainingsvertrag zwischen den Teilnehmern und dem Trainer und

c) ein Selbstbeobachtungstagebuch, das täglich ausgefüllt wird und das der strukturierten Umsetzung und Beobachtung der im Training vermittelten Strategien im Alltag dient.

Die Ergebnisse belegen die Wirksamkeit des Trainings sowohl im Hinblick auf die Vermittlung von Selbstregulationsstrategien als auch in Bezug auf die berufliche Zielerreichung (Landmann, Pöhnl & Schmitz, 2005), wobei sich das Tagebuch als besonders wirkungsvolle Trainingskomponente erwiesen hat.

3.5 Ausblick

Ungeachtet der intensiv betriebenen Forschungs- und Entwicklungsarbeit in den letzten Jahren lässt sich eine Reihe von Fragestellungen nennen, denen es zukünftig nachzugehen gilt. Exemplarisch seien abschließend ausgewählte Forschungsthemen skizziert:

— Derzeit existiert eine Reihe von Selbstregulationsmodellen, die sich trotz unterschiedlicher Schwerpunktsetzungen mehr oder weniger stark überlappen. Eine Herausforderung für die weitere Forschung wird darin bestehen, vorliegende Modellvorstellungen stärker zu integrieren.

— Eine weitere offene Forschungsfrage zielt auf das Verhältnis zwischen Fremd- und Selbststeuerung, das in den wenigsten Theorien Berücksichtigung findet, ab.

— Auch die Frage, welche Rolle das soziale Umfeld und Peergruppen bei der Unterstützung von Selbstregulation spielen, ist bisher wenig erforscht.

— In Bezug auf die Messung von Selbstregulationskompetenz besteht Forschungsbedarf hinsichtlich der Frage, worauf die eher geringen Korrelationen zwischen der im Fragenbogen erhobenen Selbstregulationskompetenz und dem tatsächlich gezeigten Regulationsverhalten zurückzuführen sind. In diesem Zusammenhang ist auch die Analyse der Beziehung zwischen den verschiedenen Möglichkeiten zur Förderung selbstregulierten Lernens von wissenschaftlichem Interesse.

— Bezogen auf die unterstützenden Maßnahmen zur Förderung selbstregulierten Lernens bildet die Konzeption und Evaluation von Selbstbeobachtungstagebüchern, die der Förderung von Selbstbeobachtung dienen, einen weiteren Themenschwerpunkt. Da das Self-Monitoring eine wesentliche Voraussetzung für gelungenes Regulationsverhalten darstellt, ist die Identifikation von Maßnahmen zur Unterstützung der Selbstbeobachtung von hoher Relevanz. Selbstregulationstagebücher konnten zwar bei unterschiedlichen Zielgruppen erfolgreich zur Förderung von Selbstregulation eingesetzt werden, sie sind aber noch vergleichsweise aufwändig und wenig alltagstauglich.

— Generell gilt es schließlich auch näher zu analysieren, ab welchem Alter welche Selbstregulationskompetenzen gefördert werden können.

Fazit

Insgesamt sollte mit diesem Kapitel deutlich gemacht werden, dass Selbstregulationskompetenzen für erfolgreiches Lernen und Studieren entscheidend sind. Die vielfältigen Forschungsaktivitäten in diesem Bereich haben zur Entwicklung zunehmend differenzierter Modelle der Selbstregulation geführt, die Ausgangspunkt von Fördermaßnahmen wurden. Ungeachtet des umfangreichen Kenntnisstands und der Tatsache, dass selbstreguliertes Lernen als ein wichtiges Qualitätskriterium von Schulqualität angesehen wird, ist jedoch die Vermittlung von Selbstregulationsstrategien weder in der Schule, noch im Studium oder im Berufsleben selbstverständlich. Dieses Ungleichgewicht verweist letztlich auf allgemeine Probleme der praktischen Umsetzung von Forschungsergebnissen, die (auch) in der Aus- und Weiterbildung von Lehrkräften und Hochschullehrern zu verorten sind (► Kap. 18).

Verständnisfragen

1. Warum ist selbstreguliertes Lernen wichtig für den Lernerfolg?

2. Welche Phasen werden bei den neueren prozessorientierten Modellen der Selbstregulation unterschieden und was beinhalten die einzelnen Phasen?

3. Welche Verfahren zur Erfassung selbstregulierten Lernens werden unterschieden?

4. Beschreiben Sie die Inhalte des LIST!

5. Wie lauten die allgemeinen Prinzipien, die bei der Wissensvermittlung zum selbstregulierten Lernen beachtet werden sollten?

Vertiefende Literatur

Baumeister, R. F. & Vohs, K. D. (2004). *Handbook of self-regulation. Research, theory and applications.* New York: Guilford.

Boekaerts, M., Pintrich, P. & Zeidner, M. (2000). *Handbook of self-regulation.* San Diego, CA: Academic Press.

Landmann, M. & Schmitz, B. (2007). *Selbstregulation erfolgreich fördern. Praxisnahe Trainingsprogramme für effektives Lernen.* Stuttgart: Kohlhammer.

Literatur

Anderson, H., Coltman, P., Page, C., Whitebread, D. (2003). *Developing independent learning in children aged 3–5.* Paper presented at the conference of the European Association for Research on Learning and Instruction (EARLI), Podova, Italy.

Bandura, A. (1991). Social cognitive theory of self-regulation. *Organizational Behavior and Human Decision Processes, 50,* 248–287.

Baumert, J. (1993). Lernstrategien, motivationale Orientierung und Selbstwirksamkeitsüberzeugungen im Kontext schulischen Lernens. *Unterrichtswissenschaft, 4,* 327–354.

Boekaerts, M. (1999). Self-regulated learning: Where we are today – Theory, research, and practice. *International Journal of Educational Research, 31*(6), 445–457.

Boekaerts, M. & Niemivirta, M. (2000). Self-regulated learning: Finding a balance between learning goals and ego-protective goals. In M. Boekaerts, P. R. Pintrich & M. Zeidner (Hrsg.), *Handbook of self-regulation* (S. 417–450). San Diego: Academic Press.

Bronson, M. B. (2000). *Self-regulation in early childhood.* New York: Guilford.

Deci, E. L. & Ryan, R. M. (2000). Self-determination theory and the facilitation of intrinsic motivation, social development, and well-being. *American Psychologist, 55,* 68–78.

De Jager, B., Jansen, M. & Reezigt, G. (2005). The development of metacognition in primary school learning environments. *School Effectiveness and School Improvement, 16,* 179–196.

Dignath, C., Büttner, G. & Langfeldt, H.-P. (2008). How can primary school students learn self-regulated learning strategies most effectively? A meta-analysis on self-regulation training programmes. *Educational Research Review, 3,* 101–129.

Ehmann, T. (2008). Erfassung und Förderung metakognitiver und motivationaler Fähigkeiten: Ein halbstandardisiertes Lerntagebuch für Schülerinnen und Schüler mit Migrationshintergrund. Dissertation: Universität Potsdam.

den Elzen-Rump, V. & Leutner, D. (2007). Naturwissenschaftliche Sachtexte verstehen – Ein computerbasiertes Trainingsprogramm für Schüler der 10. Jahrgangsstufe zum selbstregulierten Lernen mit Mapping-Strategien. In M. Landmann, & B. Schmitz (Hrsg.), *Selbstregulation erfolgreich fördern. Praxisnahe Trainingsprogramme für effektives Lernen* (S. 251–268). Stuttgart: Kohlhammer.

Friedrich, H. F. & Mandl, H. (1997). Analyse und Förderung selbstgesteuerten Lernens. In F. E. Weinert, & H. Mandl (Hrsg.), *Psychologie der Erwachsenenbildung* (S. 238–293). Göttingen: Hogrefe.

Gollwitzer, P. M. (1990). Action phases and mind sets. In E. T. Higgins, & R. M. Sorrentino (Hrsg.), *Handbook of motivation and cognition* (Bd. 2, S. 53–92). New York: Guilford.

Hasselhorn, M. (1996). *Kategoriales Organisieren bei Kindern. Zur Entwicklung einer Gedächtnisstrategie.* Göttingen: Hogrefe.

Hasselhorn, M. & Gold, A. (2006). *Pädagogische Psychologie – Erfolgreiches Lernen und Lehren.* Stuttgart: Kohlhammer GmbH..

Heckhausen, H. (1989). *Motivation und Handeln* (2. Aufl.). Heidelberg: Springer.

Kanfer, F. H., Reinecker, H. & Schmelzer, D. (2000). *Selbstmanagement-Therapie. Ein Lehrbuch für die klinische Praxis* (3. Aufl.). Berlin: Springer.

Klauer, K. J. (2000). Das Huckepack-Theorem asymmetrischen Transfers. *Zeitschrift für Entwicklungspsychologie und Pädagogische Psychologie, 32,* 153–168.

Landmann, M. (2005). *Selbstregulation, Selbstwirksamkeit und berufliche Zielerreichung. Entwicklung, Durchführung und Evaluation eines Trainingsprogramms mit Tagebuch zur Unterstützung des Self-Monitoring.* Aachen: Shaker.

Landmann, M. & Schmitz, B. (2007a). Welche Rolle spielt Self-Monitoring bei der Selbstregulation und wie kann man mit Hilfe von Tagebüchern die Selbstregulation fördern?. In M. Gläser-Zikuda, & T. Hascher (Hrsg.), *Lernprozesse dokumentieren, reflektieren und beurteilen. Lerntagebuch & Portfolio in Forschung und Praxis* (S. 149–169). Bad Heilbrunn: Klinkhardt-Verlag.

Landmann, M. & Schmitz, B. (2007b). Nutzen und Grenzen standardisierter Selbstregulationstagebücher. *Empirische Pädagogik, 21*(2), 138–156.

Landmann, M., Pöhnl, A. & Schmitz, B. (2005). Ein Selbstregulationstraining zur Steigerung der Zielerreichung bei Frauen in Situationen beruflicher Neuorientierung und Berufsrückkehr. *Zeitschrift für Arbeits- und Organisationspsychologie, 49*(1), 12–26.

Leopold, C. & Leutner, D. (2004). Selbstreguliertes Lernen und seine Förderung durch Prozessorientiertes Training. In J. Doll, & M. Prenzel (Hrsg.), *Bildungsqualität von Schule: Lehrerprofessionalisierung, Unterrichtsentwicklung und Schülerförderung als Strategien der Qualitätsverbesserung* (S. 364–376). Münster: Waxmann.

Leutner, D. & Leopold, C. (2005). Selbstregulation beim Lernen aus Sachtexten. In H. Mandl, & H. F. Friedrich (Hrsg.), *Handbuch Lernstrategien* (S. 162–171). Göttingen: Hogrefe.

Lund, B., Rheinberg, F. & Gladasch, U. (2001). Ein Elterntraining zum motivationsförderlichen Erziehungsverhalten in Leistungskontexten. *Zeitschrift für Pädagogische Psychologie, 15,* 130–142.

Möller, J. (2001). Attribution. In D. H. Rost (Hrsg.), *Handbuch Pädagogische Psychologie* (S. 36–41). Weinheim: Psychologie Verlags Union.

Otto, B. (2007a). *SELVES – Schüler-, Eltern- und Lehrertrainings zur Vermittlung effektiver Selbstregulation.* Berlin: Logos.

Otto, B. (2007b). Lässt sich das selbstregulierte Lernen von Schülern durch ein Training der Eltern optimieren?. In M. Landmann, & B. Schmitz (Hrsg.), *Selbstregulation erfolgreich fördern. Praxisnahe Trainingsprogramme für ein effektives Lernen* (S. 164–183). Stuttgart: Kohlhammer.

Otto, B., Perels, F. & Schmitz, B. (2008). Förderung mathematischen Problemlösens in der Grundschule anhand eines Selbstregulationstrainings. Evaluation von Projekttagen in der 3. und 4. Grundschulklasse. *Zeitschrift für Pädagogische Psychologie, 22,* 221–232.

Perels, F. (2007). Training für Schüler der Sekundarstufe I: Förderung selbstregulierten Lernens. In *Selbstregulation erfolgreich fördern. Praxisnahe Trainingsprogramme für effektives Lernen* (S. 33–52). Stuttgart: Kohlhammer.

Perels, F., Gürtler, T. & Schmitz, B. (2005). Training of self-regulatory and problem-solving competence. *Learning and Instruction, 15,* 123–139.

Perels, F., Löb, M. & Schmitz, B. (2007). Einzelfalldiagnostische- und analytische Ansätze. In F. Petermann, & M. Eid (Hrsg.), *Handbuch der Psychologie. Band Psychologische Diagnostik.* Göttingen: Hogrefe.

Perels, F., Otto, B. & Schmitz, B. (2008). *Spezielle Auswertungsverfahren der Pädagogischen Psychologie. Handbuch der Psychologie. Band Pädagogische Psychologie* (S. 712–720). Göttingen: Hogrefe.

Perels, F., Dignath, C. & Schmitz, B. (2009). Is it possible to improve mathematical achievement by means of self-regulation strategies?

Evaluation of an intervention in regular math classes. *European Journal of Psychology of Education, 24*(1), 17–31.

Pickl, C. (2004). *Selbstregulation und Transfer*. Weinheim: Beltz.

Pintrich, P. R. (2000). The role of goal orientation in self-regulated learning. In M. Boekaerts, P. R. Pintrich, & M. Zeidner (Hrsg.), *Handbook of Self-Regulation* (S. 451–502). San Diego, CA: Academic Press.

Pintrich, P. R., Smith, D., Garcia, T. & McKeachie, W. (1991). *The motivated strategies for learning questionnaire (MSLQ)*. Ann Arbor: University of Michigan.

Pintrich, P. R. & Schunk, D. H. (1996). *Motivation in education*. Englewood Cliffs, NJ: Prentice Hall.

Rheinberg, F., Vollmeyer, R. & Rollett, W. (2000). Motivation and action in self-regulated learning. In M. Boekaerts, P. R. Pintrich, & M. Zeidner (Hrsg.), *Handbook of Self-Regulation* (S. 503–529). San Diego: Academic Press.

Schiefele, U. & Pekrun, R. (1996). Psychologische Modelle des fremdgesteuerten und selbstgesteuerten Lernens. In F. E. Weinert (Hrsg.), *Psychologie des Lernens und der Instruktion* Enzyklopädie der Psychologie: Themenbereich D Praxisgebiete, Serie I Pädagogische Psychologie, (Bd. 2, S. 249–278). Göttingen: Hogrefe.

Schmitz, B. (2001c). Self-Monitoring zur Unterstützung des Transfers einer Schulung in Selbstregulation für Studierende: Eine prozessanalytische Untersuchung. *Zeitschrift für Pädagogik, 15*, 181–197.

Schmitz, B. & Wiese, B. (1999). Eine Prozessstudie selbstregulierten Lernverhaltens im Kontext aktueller emotionaler und motivationaler Faktoren. *Zeitschrift für Entwicklungspsychologie und Pädagogische Psychologie, 31*(4), 157–170.

Schmitz, B. & Wiese, B. S. (2006). New perspectives for the evaluation of training sessions in self-regulated learning: Time-series analyses of diary data. *Contemporary Educational Psychology, 31*, 64–96.

Schmitz, B., Landmann, M. & Perels, F. (2007). Das Selbstregulationsprozessmodell und theoretische Implikationen. In M. Landmann, & B. Schmitz (Hrsg.), *Selbstregulation erfolgreich fördern. Praxisnahe Trainingsprogramme für effektives Lernen* (S. 312–326). Stuttgart: Kohlhammer.

Schmitz, B. & Perels, F. (2011). Self-monitoring of self-regulation during math homework behaviour using standardized diaries. *Metacognition and Learning, 6*(3), 255–273.

Schreiber, B. (1998). *Selbstreguliertes Lernen. Entwicklung und Evaluation von Trainingsansätzen für Berufstätige*. Münster: Waxmann.

Sitzmann, T. & Ely, K. (2011). A meta-analysis of self-regulated learning in work-related training and educational attainment: What we know and where we need to go. *Psychological Bulletin, 137*, 421–442.

Souvignier, E. & Mokhlesgerami, J. (2006). Using self-regulation as a framework for implementing strategy instruction to foster reading comprehension. *Learning and Instruction, 16*, 57–71.

Souvignier, E., Streblow, L., Holodynski, M. & Schiefele, U. (2007). Textdetektive und LEKOLEMO-Ansätze zur Förderung von Lesekompetenz und Lesemotivation. In M. Landmann, & B. Schmitz (Hrsg.), *Selbstregulation erfolgreich fördern. Praxisnahe Trainingsprogramme für effektives Lernen* (S. 52–88). Stuttgart: Kohlhammer.

Spiel, C., Reimann, R., Wagner, P., Schober, B., Atria, M., Gradinger, P. & Lapka, D. (2007). Selbstreguliertes Lernen bei Studierenden fördern: Theorie, Praxis und Evaluation einer blended Lehr-Lern-Umgebung. In A. Gastager, T. Hascher, & H. Schwetz (Hrsg.), *Pädagogisches Handeln: Balancing zwischen Theorie und Praxis. Beiträge zur Wirksamkeitsforschung in pädagogisch-psychologischem Kontext* (S. 175–185). Landau: VEP.

Spörer, N. (2004). Strategie und Lernerfolg: Validierung eines Interviews zum selbstgesteuerten Lernen. Dissertation: Universität Potsdam.

Spörer, N. & Brunstein, J. C. (2006). Erfassung selbstregulierten Lernens mit Selbstberichtverfahren: Ein Überblick zum Stand der Forschung. *Zeitschrift für Pädagogische Psychologie, 20*, 147–160.

Stoeger, H. & Ziegler, A. (2010). Do pupils with differing cognitive abilities benefit similarly from a self-regulated learning training program? *Gifted Education International, 26*(1), 110–123.

Utman, C. H. (1997). Performance effects of motivational state: A meta-analysis. *Personality and Social Psychology Review, 1*, 170–182.

Veenman, S. & Beems, D. (1999). Implementation effects of a training program for self-regulated learning. *Journal of Research and Development in Education, 32*, 148–159.

Weinstein, C. E., Zimmerman, S. A. & Palmer, D. R. (1988). Assessing learning strategies: The design and development of LASSI. In C. E. Weinstein, E. T. Goetz, & P. Alexander (Hrsg.), *Learning and study strategies* (S. 25–40). San Diego: Academic Press.

Werth, S., Wagner, W., Ogrin, S., Trautwein, U., Friedrich, A., Keller, S., Ihringer, A. & Schmitz, B. (2012). Förderung des selbstregulierten Lernens durch die Lehrkräftefortbildung „Lernen mit Plan": Effekte auf fokale Trainingsinhalte und die allgemeine Unterrichtsqualität. *Zeitschrift für Pädagogische Psychologie, 26*, 291–305.

Wiener, N. (1948). *Cybernatics: Control and Communication in the animal and the machine*. Cambridge, MA: MIT Press.

Wild, K. P. (2000). *Lernstrategien im Studium: Strukturen und Bedingungen*. Münster: Waxmann.

Wild, K. P. & Schiefele, U. (1994). Lernstrategien im Studium. Ergebnisse zur Faktorstruktur und Reliabilität eines neuen Fragebogens. *Zeitschrift für Differentielle und Diagnostische Psychologie, 15*, 185–200.

Winne, P. H. & Perry, N. E. (2000). Measuring self-regulated learning. In M. Boekaerts, P. R. Pintrich, & M. Zeidner (Hrsg.), *Handbook of self-regulation* (S. 531–566). San Diego, CA: Academic Press.

Winter, C. (2007). *Analyse und Förderung selbstregulierten Lernens durch Self-Monitoring*. Hamburg: Verlag Dr. Kovač.

Winter, C. & Hofer, M. (2007). Das Self-Monitoring-Tool: Ein Selbstbeobachtungstraining zur Förderung selbstgesteuerten Lernens. In M. Landmann, & B. Schmitz (Hrsg.), *Selbstregulation erfolgreich fördern. Praxisnahe Trainingsprogramme für effektives Lernen* (S. 269–289). Stuttgart: Kohlhammer.

Wirth, J. & Leutner, D. (2008). Self-regulated learning as a competence. Implications of theoretical models for assessment methods. *Journal of Psychology, 216*, 102–110. Zeitschrift für Psychologie

Zimmerman, B. J. (1994). Dimension of academic self-regulation: A conceptual framework für education. In D. H. Schunk, & B. J. Zimmerman (Hrsg.), *Self regulation of learning an performance: Issues and educational applications* (S. 3–24). Hillsdale: Erlbaum.

Zimmerman, B. J. (2000). Attaining Self-Regulation: A social cognitive perspective. In M. Boekaerts, P. R. Pintrich, & M. Zeidner (Hrsg.), *Handbook of Self-Regulation* (S. 13–39). San Diego, CA: Academic Press.

Lehren

Unterricht

Frank Lipowsky

E. Wild, J. Möller (Hrsg.), *Pädagogische Psychologie,* Springer-Lehrbuch,
DOI 10.1007/978-3-642-41291-2_4, © Springer-Verlag Berlin Heidelberg 2015

Dieses Kapitel beleuchtet theoretische Grundlagen unterrichtlichen Lehrens und Lernens und gibt einen Überblick über wichtige Ergebnisse der Unterrichtsforschung. Dabei wird sowohl auf kognitive als auch auf affektiv-motivationale Merkmale von Schulerfolg Bezug genommen (◻ Abb. 4.1).

4.1   Begriffliche und theoretische Grundlagen

Dieser Abschnitt setzt sich mit begrifflichen und theoretischen Grundlagen unterrichtlichen Lehrens und Lernens auseinander. Wenn hier von ▶ Unterricht oder unterrichtlichem Lehren und Lernen die Rede ist, dann ist primär der Unterricht in der Schule gemeint, obgleich der Terminus „Unterricht" auch Prozesse in Institutionen der Erwachsenenbildung, wie z. B. in der Hochschule oder in der privaten oder betrieblichen Weiterbildung, umfasst.

◻ **Abb. 4.1** (© Digital Vision/Thinkstock)

> **Definition**
>
> **Unterricht** kann als langfristig organisierte Abfolge von Lehr- und Lernsituationen verstanden werden, die von ausgebildeten Lehrpersonen absichtsvoll geplant und initiiert werden und die dem Aufbau von Wissen sowie dem Erwerb von Fertigkeiten und Fähigkeiten der Lernenden dienen. Sie finden in der Regel in bestimmten dafür vorgesehenen Institutionen unter regelhaften Bedingungen statt (Terhart, 1994).

Im Folgenden werden zunächst theoretische Ansätze vorgestellt, die seitens der Schulpädagogik (▶ Abschn. 4.1.1) und der Unterrichtsforschung (▶ Abschn. 4.1.3) zur Analyse von Lehr- und Lernprozessen und zur Erklärung von Schulerfolg entwickelt wurden. Daran anschließend wird ein Überblick über den Forschungsstand zu Unterrichtsmerkmalen gegeben, die die kognitive und die affektiv-motivationale Entwicklung der Lernenden beeinflussen (▶ Abschn. 4.2).

4.1.1   Didaktische Theorien – Modelle für die Planung und Analyse von Unterricht

Die allgemeine Didaktik hat eine Vielzahl von didaktischen Theorien entwickelt, die sich vor allem als Modelle für die Planung und Analyse von Unterricht verstehen. Bekannt geworden sind vor allem die didaktischen Modelle von Klafki (1963, 1996) und Heimann et al. (1965), auf die hier kurz eingegangen werden soll.

Klafki (1963, 1996) akzentuiert in seiner bildungstheoretischen, später zur kritisch-konstruktiven Didaktik weiterentwickelten Konzeption die Auswahl und Begründung von Unterrichtsinhalten. Dem Bedeutungsgehalt eines Themas misst Klafki die zentrale Rolle für die Bildung der Lernenden bei. Da nicht jeder Inhalt nach Ansicht Klafkis bildungsbedeutsam ist, hat die Lehrperson vorrangig die Aufgabe, die Inhalte auf ihren gegenwärtigen und zukünftigen Bedeutungsgehalt zu analysieren. Hierzu entwickelt Klafki die sog. didaktische Analyse, die der Lehrperson Leitfragen zur Vorbereitung ihres Unterrichts an die Hand gibt.

In ihrer Berliner Didaktik unterscheiden Heimann, Otto und Schulz (1965) vier Entscheidungsfelder (Ziele, Inhalte, Verfahren und Medien des Unterrichts) und zwei Bedingungsfelder (anthropogene und soziokulturelle Lernvoraussetzungen der Lernenden) und betonen deren Interdependenz. Beispielsweise lassen sich ohne Kenntnis der Lerngruppe und ihrer spezifischen Voraussetzungen didaktische Entscheidungen nicht begründet treffen. Das Berliner Modell hatte großen Einfluss auf die Ausbildung ganzer Lehrergenerationen und akzentuiert vor allem die Frage nach der sinnvollen und kohärenten Beziehung zwischen Zielen, Inhalten und Methoden des Unterrichts. Von Schulz (1980) wurde es zur Hamburger Didaktik weiterentwickelt, wobei er vor allem an den wissenschaftstheoretischen Prämissen des Berliner Modells Änderungen vornahm.

Obgleich seit einigen Jahren zunehmende Kritik an den Modellen und Theorien der allgemeinen Didaktik laut wird, die sich vor allem an der mangelnden Integration empirischer Forschungsbefunde und an der Abstraktheit der Modelle entzündet, sind sie auch heute noch für die Ausbildung von Lehrpersonen von Bedeutung. Sie geben der Lehrperson wichtige Leitfragen zur Planung von Unterricht an die Hand, sensibilisieren für bestehende Zusammenhänge zwischen den verschiedenen Entscheidungsfeldern, regen zur Reduzierung und Strukturierung des Unterrichtsgegenstands an und bilden damit ein Gerüst für die Planung und Analyse von Unterricht. Zum „Ausfüllen" dieses Rahmens ist es jedoch auch notwendig, Erkenntnisse aus der empirischen Unterrichtsforschung und den Fachdidaktiken heranzuziehen.

4.1.2 Aeblis Entwurf einer kognitionspsychologischen Didaktik

Einen ganz anderen Weg der Theoriebildung beschritt der Schweizer Hans Aebli. Als Schüler Piagets entwickelt er eine stark auf kognitionspsychologischen Erkenntnissen beruhende Didaktik und legt den Schwerpunkt auf die Lern- und Verstehensprozesse der Lernenden, indem er nach den allgemeingültigen Strukturmerkmalen der Operations- und Begriffsbildung fragt und damit die „kognitive Tiefengrammatik" (Messner & Reusser, 2006) des Unterrichts akzentuiert.

Aebli geht – und das kennzeichnet seine Nähe zu kognitionspsychologischen und konstruktivistischen Positionen (▶ Abschn. 4.1.3) – davon aus, dass Lernende ihr Wissen selbst aufbauen müssen und dass die Auseinandersetzung mit Problemen besonders geeignet ist, diesen Wissensaufbau zu befördern. Die Lernprozesse im Unterricht sollten nach Aebli (1983) bestimmte Schritte durchlaufen:

- problemlösendes Aufbauen
- Durcharbeiten
- Üben
- Anwenden

Den Ausgangspunkt einer Unterrichtseinheit bildet ein **Problem**, das die Lernenden zu den geforderten Operationen führen soll und das geeignet sein muss, die sachlichen Beziehungen und Strukturen zu verdeutlichen. Das Problem, das in der Regel von der Lehrperson eingebracht wird, sollte in lebenspraktische Zusammenhänge eingekleidet sein. Zunächst entwickeln die Lernenden eine Lösung für das gestellte Problem und bauen dabei neue Operationen auf. Die bei der Problembearbeitung gewonnenen Einsichten sind jedoch noch sehr am spezifischen Problem verhaftet.

Um ein vertieftes Verständnis der Zusammenhänge zu erreichen und bewegliches Denken zu fördern, ist es daher notwendig, **Handlungen, Begriffe und Operationen durchzuarbeiten**, d. h. vielfältigen Transformationen zu unterwerfen und sie aus verschiedenen Perspektiven zu beleuchten. „Im Zuge eines solchen Durcharbeitens reinigen wir … den Begriff von den Schlacken, die ihm von der ersten Erarbeitung her anhaften. Die wesentlichen Zusammenhänge treten in Klarheit hervor" (Aebli, 1976, S. 206). Der Lehrperson kommt dabei u. a. die Aufgabe zu,

neue Einsichten hervorzuheben, darüber zu wachen, dass der Überblick über das Ganze nicht verloren geht, und den Blick immer wieder auf die ursprüngliche Fragestellung zu lenken.

Übungs- und Wiederholungsphasen dienen der Automatisierung und Konsolidierung des Gelernten. Aebli (1976, S. 238ff.) verweist bei der Gestaltung der Übungsphasen auf die Erkenntnisse der Lernpsychologie. Er erinnert z. B. an das Gesetz des verteilten Übens (▶ Abschn. 4.2.5) und fordert, erst dann auswendig zu lernen, wenn eine ausreichende Durcharbeitung stattgefunden hat.

Nach der Konsolidierung des Gelernten sollen Handlungen, Operationen und Begriffe in vielfältiger Weise angewendet werden, um sie transferierbar für neue Kontexte und Situationen zu machen. **Anwendungen** stehen jedoch nicht ausschließlich am Schluss einer Unterrichtseinheit, sondern erfolgen auch bei der Bearbeitung und Lösung neuer Probleme.

Aeblis Entwurf einer kognitionspsychologischen Didaktik erfreut sich in Deutschland in jüngster Zeit wachsender Beliebtheit. Die Gründe hierfür sind vielfältig. Zum einen gilt sein Entwurf als anschlussfähig an die aktuelle Unterrichtsforschung, und zum zweiten richtet Aebli seinen Fokus nicht, wie die meisten didaktischen Theorien, auf Oberflächenmerkmale von Unterricht, sondern eher auf die konkreten Lern- und Verstehensprozesse der Lernenden.

4.1.3 Instructional-Design-Modelle

Die angloamerikanische Lehr- und Lernforschung fasst Modelle zur Planung und Gestaltung von Unterricht häufig unter dem Begriff „instructional design" zusammen (Niegemann, 2001). Im Gegensatz zu den didaktischen Modellen deutscher Provenienz (s. o.) fokussieren die Instruktionsdesignmodelle konkreter auf die eigentlichen Lehr- und Lernprozesse und beschäftigen sich intensiver mit der Frage nach deren Wirksamkeit. Insofern wundert es nicht, dass die entwickelten Ansätze sehr eng mit den jeweils vorherrschenden lerntheoretischen Annahmen ihrer Zeit korrespondieren. Im Folgenden werden exemplarisch Modelle vorgestellt, die sich auf behavioristische Ansätze stützen, eine deutliche Affinität zu kognitiven Theorien aufweisen oder an konstruktivistischen Grundannahmen orientiert sind.

Kritisch angemerkt werden muss, dass vor allem die frühen Instructional-Design-Modelle den Unterricht sehr technologisch betrachteten, indem sie unterrichtliche Prozesse auf rationale, vollständig zu planende Teilschritte reduzierten und ein aus heutiger Sicht vergleichsweise naives mechanistisches Verständnis des Lehrens und Lernens vertraten (Reinmann-Rothmeier & Mandl, 2001).

Behavioristisch orientierte Instructional-Design-Modelle

Im Mittelpunkt des einflussreichen Modells von Carroll (1963) steht die **Lernzeit**. Carroll betrachtet den Lernerfolg eines Schülers als eine Funktion des Verhältnisses von tatsächlich aufgewendeter aktiver Lernzeit und benötigter Lernzeit (Lernerfolg = aktive Lernzeit / benötigte Lernzeit). Die benötigte Lernzeit wird aufseiten der Lernenden beeinflusst von deren Lernvoraussetzungen, genauer von den aufgabenspezifischen und den allgemeinen kognitiven Fähigkeiten, von der Fähigkeit, dem Unterricht zu folgen und von der Qualität des Unterrichts (◘ Abb. 4.2). Die aufgabenspezifischen und allgemeinen kognitiven Voraussetzungen beeinflussen wiederum die Fähigkeit, dem Unterricht zu folgen, auf die sich auch die Qualität des Unterrichts auswirkt: Ist die Qualität des Unterrichts gering, benötigt der Lernende mehr Zeit und günstigere kognitive Lernvoraussetzungen, um dem Unterricht zu folgen. Als Merkmale guten Unterrichts nennt Carroll Aspekte wie die Klarheit der Begriffe und Erklärungen, die vernünftige Anordnung der Inhalte, das Ausmaß an Wiederholungen und Anwendungen, die Klarheit der Anforderungen sowie die Bekräftigungen, Verstärkungen und Rückmeldungen seitens der Lehrperson.

Ähnlich wie Carroll räumt Bloom (1976) der Lernzeit eine bedeutsame Rolle ein: 90 % der Lernenden einer Klasse können gute Leistungen erreichen, wenn ihnen ausreichend Zeit zum zielerreichenden Lernen („mastery learning") zugestanden wird und wenn sich der Unterricht an den speziellen Lernbedürfnissen und Lernvoraussetzungen der Lernenden orientiert.

Ein qualitativ hochwertiger Unterricht zeichnet sich nach Bloom dadurch aus, dass die Lehrkraft den Unterrichtsstoff schrittweise darbietet und nach jeder Unterrichtssequenz den Lernenden Rückmeldungen gibt, ob diese die Leistungsanforderungen erfüllt haben oder nicht. Für diejenigen Schüler, die die Lernziele nicht erreicht haben, stellt die Lehrperson zusätzliche Instruktionen und Übungen bereit, bis die Lernenden die Ziele erfüllen. Zu den weiteren Komponenten der Unterrichtsqualität gehören für Bloom die Bekräftigung der Lernenden und ein effektives Unterrichtsmanagement, das sich in einem hohen Anteil aktiv genutzter Lernzeit widerspiegelt.

In Blooms Verständnis von Unterrichtsqualität kommt deutlich das Konzept des **zielerreichenden Lernens** zum Ausdruck (Bloom, 1971). Diese Form individualisierten Unterrichts, die vor allem die den Lernenden zur Verfügung gestellte Lernzeit variierte, erwies sich zwar einerseits als wirksam (Kulik, Kulik, & Bangert-Drowns, 1990; Hattie, 2009). Andererseits zeigte sich jedoch, dass die Effekte in erheblichem Ausmaß mit der Qualität des Lehrerfeedbacks, den spezifischen Leistungsanforderungen und den eingesetzten Tests variieren und dass stärkere Schüler

durch die zahlreichen remedialen Schleifen in ihrer Entwicklung eher gehemmt werden (Arlin, 1984).

Unterrichtspraktisch erwiesen sich die Zergliederung des Lernstoffs in kleine „Häppchen", die passive Rolle der Lernenden und die großen zeitlichen Beanspruchungen, die durch die remediale Instruktionen entstanden, als problematisch.

Kognitionspsychologisch fundierte Instructional-Design-Modelle

Die kognitive Struktur des Menschen ist nach Ansicht von Ausubel (1974) hierarchisch geordnet. Sie umfasst auf einer höheren Ebene allgemeinere Begriffe und Konzepte, die sich nach unten in spezifischere Begriffe und Konzepte auffalten. Damit es Lernern gelingt, neue Wissenselemente in ihre bestehende kognitive Struktur zu integrieren, sollte die Darbietung des Unterrichtsgegenstands (Exposition) bestimmten Prinzipien genügen:

- Zu Beginn einer Unterrichtssequenz sollten **Advance Organizer** als Strukturierungshinweise eingesetzt werden. Sie geben einen Überblick über den Unterrichtsgegenstand, bieten gedankliche Verankerungsmöglichkeiten und erleichtern die Einordnung neuer Ideen, Gedanken und Konzepte (▶ Abschn. 4.2.1).
- Der Unterricht sollte von allgemeinen Begriffen zu spezifischen Details voranschreiten, da es dem Lernenden so leichter gelingt, neues Wissen in seine kognitive Struktur zu integrieren. Dies entspricht einem eher **deduktiven Vorgehen**.
- Unter **integrativer Aussöhnung** versteht Ausubel, Beziehungen, Ähnlichkeiten und Unterschiede zwischen inhaltlichen Aspekten zu verdeutlichen und herauszustellen (vgl. auch „Training zum induktiven Denken" in ▶ Kap. 17 und ▶ Abschn. 4.2.5).
- **Sequenzielle Organisation** bezieht sich auf die Kohärenz des unterrichtlichen Stoffs. Lernen und Behalten werden befördert, wenn die Lehrperson die dem Stoff innewohnenden Abhängigkeiten beachtet und den Stoff entsprechend sequenziert.
- Mit **Verfestigung** sind vor allem Übungen und Wiederholungen mit fortschreitenden Variationen gemeint.

Diese Prinzipien verdeutlichen die zentrale Rolle, die Ausubel den Lehrenden zuordnet. Insbesondere schwächere Schüler bedürfen aus seiner Sicht **darbietender Verfahren** und einer Vorstrukturierung des Unterrichtsgegenstands durch die Lehrperson.

Im Unterschied zu Ausubel hält Bruner (1961) es für erfolgversprechender, wenn die Lernenden zunächst mit Einzelfällen bzw. bestimmten Problemen konfrontiert werden, um daraus auf übergreifende gesetzmäßige Zusammenhänge zu schließen. Die Lernenden sollen sich

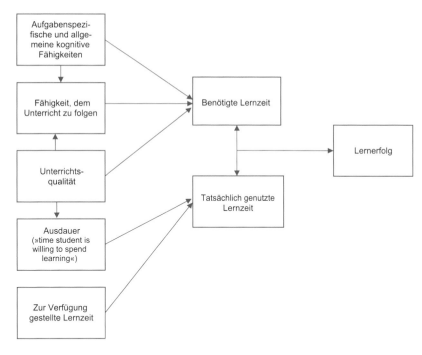

Abb. 4.2 Das Modell von Caroll (1963. Republished with permission of Teachers College Record, © 1963; permission conveyed through Copyright Clearance Center, Inc.) in Anlehnung an Harnischfeger und Wiley (1977, mit freundlicher Genehmigung von Hogrefe, Göttingen)

dabei aktiv und selbstständig mit den Lernaufgaben auseinandersetzen und so zu Konstrukteuren ihres eigenen Lernprozesses werden. Den Lehrenden versteht Bruner als zurückhaltenden Moderator, der für die Auswahl geeigneter Probleme und Aufgabenstellungen sorgt und die Lernenden zum **Entdecken** anleitet.

Zwischen Bruner und Ausubel entspann sich seinerzeit eine anhaltende Kontroverse, die letztlich – wenngleich unter Verwendung unterschiedlicher Termini – bis heute andauert. So diskutierten Verfechter der Cognitive-Load-Theorie (▶ Kap. 1) und Anhänger problemorientierten Lernens, wie viel Lehrerlenkung und Strukturierung für die Lernenden förderlich sind (vgl. Hmelo-Silver, Duncan & Chinn, 2007, Kirschner, Sweller & Clark, 2006; Schmidt, Loyens, Van Gog & Paas, 2007). Die Forschung zeigt zusammenfassend, dass entdeckende Lernumgebungen lehrergelenkten Settings nicht zwangsläufig unter- oder überlegen sind, sondern dass es auf die Lernvoraussetzungen der Lernenden, auf Merkmale der Lernumgebung und ihrer Implementierung und dabei insbesondere auf den Grad der Strukturierung und auf die intendierten Kompetenzen ankommt (Hasselhorn & Gold, 2013). So ergab eine aktuelle Metaanalyse, dass die Leistungen von Schülern beim entdeckenden Lernen mit nur geringer Lehrerlenkung geringer ausfallen als im Rahmen von lehrergelenkten Unterrichtsverfahren (direkte Instruktion), während demgegenüber entdeckendes Lernen mit einer stärkeren Lehrerlenkung und Strukturierung zu besseren Leistungen führt als andere Unterrichtsformen (Alfieri, Brooks, Aldrich & Tenenbaum, 2011). Vertiefte Analysen lassen den Schluss zu,

dass entdeckendes Lernen insbesondere dann, wenn es mit Merkmalen wirksamen Unterrichts kombiniert wird, an Effektivität gewinnt. So stellen die Autoren fest, dass entdeckendes Lernen effektiv ist, wenn der Unterrichtsstoff angemessen strukturiert ist, die Schüler aufgefordert werden, die erarbeiteten Sachverhalte und Lösungswege sich oder Mitschülern zu erklären, wenn sie Feedback erhalten und ihnen Lösungsbeispiele angeboten werden (Alfieri et al., 2011). Alle diese Punkte sind bereits für sich genommen Merkmale lernwirksamen Unterrichts (▶ Abschn. 4.2.1, ▶ Abschn. 4.2.2, ▶ Abschn. 4.2.3, ▶ Abschn. 4.2.7).

Konstruktivistische Ansätze

Seit einigen Jahren stoßen gemäßigt konstruktivistische Positionen auf eine breite Resonanz in der Lehr- und Lernforschung und in der Schulpädagogik. Aus konstruktivistischer Sicht wird Lernen als ein konstruktiver, kumulativer, selbstgesteuerter, situativer, individuell unterschiedlicher, gleichzeitig auf die Interaktion mit anderen angewiesener Prozess des Aufbaus von Wissen und der Konstruktion von Bedeutung verstanden (De Corte, 2000).

Die auf konstruktivistischen Annahmen beruhenden Lernumgebungen werden häufig unter dem Begriff des **situierten oder problemorientierten Lernens** zusammengefasst. Dem situierten Lernen liegt die Annahme zugrunde, dass das Lernen kontextgebunden, d. h. situiert erfolge. Gerade diese Annahme der Situiertheit des Lernens wird jedoch nicht vorbehaltlos geteilt, denn schließlich gibt es zahlreiche Beispiele, in denen die Übertragung erworbenen Wissens gelingt.

Situierte Lernumgebungen konfrontieren die Lernenden in der Regel mit komplexen Aufgaben und authentischen Problemen und setzen bei der Bearbeitung auf ein hohes Maß der Selbststeuerung. Sie intendieren, den Aufbau tragfähigen und flexiblen Wissens zu unterstützen, das Verständnis für neue Lerninhalte zu erleichtern und die Anwendbarkeit sowie den Transfer erworbener Kenntnisse und Fertigkeiten zu fördern (Reinmann-Rothmeier & Mandl, 2001).

Zu den bekanntesten konstruktivistisch-orientierten Instruktionsmodellen zählen das Modell der „anchored instruction" und der Ansatz des „cognitive apprenticechip" (▶ Exkurs „Anchored Instruction und Cognitive Apprenticeship").

Mitunter werden auch offene Unterrichtsformen als eine Form konstruktivistisch orientierten Unterrichts betrachtet, da man in den Wahlfreiheiten des Unterrichts wesentliche Elemente eines konstruktivistisch geprägten Lernverständnisses berücksichtigt sieht (s. o.). Dabei wird jedoch übersehen, dass sich aus konstruktivistischen Positionen keine direkten Schlussfolgerungen für konkretes didaktisches Handeln ableiten lassen (s. u.; auch Reusser, 2006; Mayer, 2009).

Die bislang vorliegenden Studien, die sich mit der Wirksamkeit konstruktivistisch orientierter, problemorientierter und offener Lernumgebungen beschäftigten, zeichnen insgesamt ein uneinheitliches Bild. Dies dürfte teilweise Unterschieden in der Operationalisierung der Lernumgebungen geschuldet sein, teilweise aber auch auf eine unzureichende Erfassung und Kontrolle wichtiger Merkmale des Unterrichts und der Lernenden zurückzuführen sein.

- Dochy et al. (2003) gelangen in ihrer Metaanalyse zu dem Fazit, dass problemorientierte Lernumgebungen höhere Lernerfolge nach sich ziehen, wenn es um den Erwerb von Problemlöse- und Anwendungsfähigkeiten geht. Gemessen am Erwerb von deklarativem und konzeptuellem Wissen fallen die Ergebnisse jedoch inkonsistent aus und offenbaren teilweise Einbußen. Giaconia und Hedges (1982) fassen den Forschungsstand zum offenen Unterricht zusammen und machen hinsichtlich leistungsbezogener Kriteriumsvariablen kaum Unterschiede zwischen geöffneten und lehrergelenkten Unterrichtsformen aus (vgl. auch Hattie, 2009). Über alle Studien hinweg ist ein Unterricht mit mehr Wahlfreiheiten für die Schüler damit nicht zwingend lernwirksamer als ein Unterricht, in dem die wesentlichen Entscheidungen von der Lehrperson getroffen werden.
- Offene Lernumgebungen erfordern ein Mindestmaß an Selbstregulationskompetenzen, weshalb Lernende mit günstigeren Voraussetzungen stärker von diesen Ansätzen profitieren dürften als Schüler mit ungünstigeren Voraussetzungen (Lipowsky, 2002).

- Gleichwohl lassen sich diese Selbstregulationsfähigkeiten, wie die Forschung zum selbstgesteuerten Lernen zeigt, mit Trainingsmaßnahmen gezielt fördern. Diese Trainings fokussieren in der Regel auf den systematischen domänenspezifischen Erwerb und die reflexive Anwendung von Lernstrategien (▶ Kap. 3) und wirken sich nicht nur positiv auf den Erwerb von kognitiven und metakognitiven Lernstrategien und den Erwerb affektiv-motivationaler Aspekte des Lernens, sondern auch auf die Schulleistungen von Lernenden aus (vgl. u. a. Dignath, Büttner & Langfeldt, 2008; Hattie, 2009, 2012; auch: ▶ Abschn. 4.2.7). Hattie (2012) ermittelt für alle ausgewertete Metaanalysen, welche die Förderung kognitiver und metakognitiver Strategien sowie affektiv-motivationaler Komponenten des Lernens intendierten („metacognitive strategies","study skills", „self-verbalisation & self questioning"), eine mittlere Effektstärke von $d = 0.64$.
- Studienergebnisse verweisen darauf, dass sich die Art und Weise, wie konstruktivistisch orientierte Lernumgebungen realisiert werden, erheblich unterscheiden kann und dass die Unterschiede in der Implementierung auch die Stärke der Effekte der Lernumgebungen beeinflussen (Cognition and Technology Group at Vanderbilt, 1997; Hickey, Moore, & Pellegrino, 2001).
- Offenere Lernumgebungen sind offenbar vor allem dann lernwirksam, wenn die Lehrperson den Unterrichtsgegenstand strukturiert und die Lernenden kognitiv aktiviert, sodass es den Lernenden gelingt, neue Wissenselemente und Informationen mit bereits bestehenden zu verknüpfen und ihre vorhandenen Konzepte zu erweitern, umzustrukturieren und ggf. weiterzuentwickeln (Hardy, Jonen, Möller & Stern, 2006; Lipowsky, 2002). Somit erweist es sich ähnlich wie beim entdeckenden Lernen (s. o.) auch für offenere Lernumgebungen als vorteilhaft, wenn sich diese durch Merkmale lernwirksamen Unterrichts auszeichnen.

Die Diskussion über das Für und Wider von Lernumgebungen, die sich explizit auf konstruktivistische Ansätze und Theorien berufen, spiegelt sich auch in der Diskussion über Vor- und Nachteile direkter und indirekter Instruktion wider, zwei Begriffe, die vor allem in der angloamerikanischen Literatur Verwendung zu finden sind. **Direkte Instruktion** beschreibt einen lehrergelenkten Unterricht, der durch klare Zielvorgaben, die verständliche Darstellung von Inhalten, ein schrittweises Vorgehen, Lehrerfragen mit unterschiedlicher Schwierigkeit, Phasen angeleiteten und selbstständigen Übens, häufiges Lehrerfeedback und eine regelmäßige Überprüfung der Lernfortschritte der Ler-

Anchored Instruction und Cognitive Apprenticeship

Der Anchored-Instruction-Ansatz wurde von einer Gruppe an der Vanderbilt-Universität in Nashville, USA (Cognition and Technology Group at Vanderbilt – CTGV) entwickelt. Die zentrale Komponente der von dieser Gruppe entwickelten Lernumgebungen sind sogenannte narrative „Anker", komplexe Geschichten, die den Lernenden z. B. mittels Videofilm präsentiert werden. An einer bestimmten Stelle bricht der Film ab. Die Lernenden sollen das Problem zunächst entdecken und mithilfe der im Film enthaltenen Informationen selbstständig und kooperativ lösen. Die Lehrkraft hält sich dabei zurück und übernimmt in diesen Lernumgebungen die Rolle eines Moderators und zurückhaltenden Betreuers.

Der Cognitive-Apprenticeship-Ansatz (kognitive Meisterlehre) geht auf Collins, Brown und Newman (1989) zurück. Ausgangspunkt sind Prinzipien der Handwerkslehre, die auf den Erwerb kognitiver Fähigkeiten übertragen werden. Im Unterschied zum Anchored-Instruction-Ansatz fordert der Cognitive-Apprenticeship-Ansatz eine aktivere Rolle der Lehrperson und eine stärkere Anleitung der Lernenden, da insbesondere bei komplexeren Problemen die Gefahr der Überforderung besteht. Im Laufe einer Unterrichtseinheit wird das Ausmaß an Lehrersteuerung jedoch immer weiter zurückgefahren. Ein weiteres Kernelement dieses Ansatzes ist, dass Lehrende – analog zu Handwerksmeistern – ihr Wissen durch „lautes Denken" verbal explizieren. Zur Gestaltung des Unterrichts nach den Grundsätzen des „cognitive apprenticeship" werden verschiedene Strategien empfohlen:

- „Modeling" meint das Vorzeigen und Vormachen und das laute Denken der Lehrperson.

- „Coaching" umfasst die Begleitung der Lernenden während der Problembearbeitung.
- „Scaffolding" beschreibt die „Vermittlungsbemühungen" der Lehrperson im Sinne minimaler didaktischer Hilfe, um eine Brücke zu schlagen zwischen dem bestehenden Wissen der Lernenden und den Anforderungen der Aufgabensituation.
- „Fading" meint, dass die Lehrperson nach und nach ihre Unterstützung zurückfährt.
- „Articulation" bedeutet, dass die Lernenden angeregt werden, ihre Gedanken, Ideen und Lösungen wiederzugeben.
- „Cooperation" umfasst die kooperative Bearbeitung von Aufgaben und Problemen.
- „Reflection" impliziert den Vergleich von Lösungen und Strategien im Austausch mit anderen.

---

nenden charakterisiert ist (Rosenshine & Stevens, 1986). Diese Erläuterung verdeutlicht, dass direkte Instruktion keinesfalls mit einem die Schüler über- oder unterfordernden fragend-entwickelnden Frontalunterricht gleichgesetzt werden kann. **Indirekte Instruktion** wird als Sammelbegriff für unterschiedliche Ansätze und Konzepte benutzt, wobei die Lernenden den Unterrichtsgegenstand und das Lernmaterial partiell selbst strukturieren, transformieren oder konstruieren (Borich, 2007) und die demzufolge mit einem geringeren Ausmaß an Lehrerlenkung verbunden sind. Hierzu zählen u. a. das entdeckende Lernen („discovery learning"), das forschende Lernen („inquiry based learning"), das problemorientierte Lernen, offene Unterrichtsformen und konstruktivistisch-orientierte Lernumgebungen (Borich, 2007).

Zusammenfassend kommt die Forschung zu dem Ergebnis, dass Formen direkter Instruktion häufig lernwirksamer und ökonomischer sind als Formen indirekter Instruktion, insbesondere dann, wenn die Lernenden über geringere Lernvoraussetzungen verfügen (z. B. Hattie, 2009; Klahr & Nigam, 2004; Schwerdt & Wuppermann, 2011). Gleichzeitig zeigt die Forschung aber auch, dass Formen indirekter Instruktion wirksam sein können, wenn sie mit Merkmalen lernwirksamen Unterrichts kombiniert werden (s. o.). So setzt sich gegenwärtig immer stärker die Auffassung durch, dass Formen indirekter Instruktion auf der einen Seite und Formen direkter Instruktion auf der anderen Seite komplementäre Ansätze sind, die es zu verbinden gilt (Lipowsky, 2006; Gräsel & Parchmann, 2004).

Betrachtet man affektiv-motivationale Zielkriterien, so muss lehrergelenkter Unterricht nicht zwangsläufig mit einer Belastung der Schülermotivation einhergehen, genauso wenig wie objektiv vorhandene Handlungsoptionen immer mit dem Erleben von Selbstbestimmung und intrinsischer Motivation verbunden sein müssen (▶ Exkurs „Motivationsförderung durch offenen Unterricht?"). Fokussiert man auf kognitive Zielkriterien, so können sich innere mentale Konstruktionsvorgänge grundsätzlich in jeder Art von Unterricht vollziehen. Hinzu kommt, dass eine hohe Aktivität der Lernenden auf der Verhaltensebene, wie sie z. B. im geöffneten Unterricht häufig zu beobachten ist, nicht zwangsläufig mit kognitiver Aktivität, mit dem Aufbau tragfähigen Wissens bzw. der Umstrukturierung von Wissensbeständen einhergehen muss (vgl. auch Chi, 2009; Mayer, 2004; Renkl, 2011). Umgekehrt kann auch ein lehrerzentriertes Vorgehen, bei dem die Lernenden äußerlich passiv wirken, dazu führen, dass diese neues Wissen aufbauen oder altes Wissen um- bzw. restrukturieren.

4.1.4   Angebots-Nutzungs-Modell

In der deutschen Unterrichtsforschung hat sich in den letzten Jahren ein integratives systemisches Modell zur Erklärung von Schulerfolg etabliert, das vor allem auf die Arbeiten von Fend (1981) und Helmke (2012) zurückgeht (▣ Abb. 4.3). Das sog. ▶ **Angebots-Nutzungs-Modell** unterscheidet sich in mehrfacher Hinsicht von den oben

Exkurs

Motivationsförderung durch offenen Unterricht?

Als besonderer Vorteil des offenen Unterrichts oder konstruktivistisch orientierter Lernumgebungen wird immer wieder deren motivierendes Potenzial genannt, das auf den hohen Grad an Selbstbestimmung der Schüler zurückgeführt wird. Nach bislang vorliegenden Befunden greift aber die Annahme, dass mit dem Ausmaß an Wahlfreiheiten auch das Autonomieerleben und als Folge die intrinsische Motivation und das Interesse linear zunehmen, zu kurz (auch ▶ Kap. 10). Zwar deuten einige Befunde auf einen Zusammenhang zwischen Wahlfreiheiten im Unterricht und dem Autonomieerleben bzw. der Ausbildung von Interesse hin (Hartinger, 2005; Grolnick & Ryan, 1987). Allerdings spielt offenbar die Wahlfreiheit nur dann eine Rolle, wenn die zur Auswahl stehenden Lernangebote das Interesse der Lernenden ansprechen und sich in ihrer Attraktivität unterscheiden (Meyer-Ahrens & Wilde, 2013). Die Schlussfolgerung „Je offener der Unterricht, desto motivierter sind die Lernenden" ist weder empirisch haltbar noch theoretisch zu erwarten, denn ein hohes Maß an Wahlfreiheiten kann im Sinne der Choice-Overload-Hypothese auch zu Überforderung, Frustration, Unzufriedenheit und Lernabbrüchen führen (Iyengar & Lepper, 2000) und muss demzufolge nicht zwingend mit einem höheren Autonomie- und Kompetenzerleben der Lernenden einhergehen (Wijnia, Loyens & Derous, 2011).

---

dargestellten Modellen und Ansätzen. So werden im Angebots-Nutzungs-Modell schulische und außerschulische Determinanten des Schulerfolgs zu komplexen Variablengruppen auf einem höheren Abstraktionsniveau gebündelt. Dadurch entsteht eine Art Metamodell, das aufgrund seines hohen Abstraktionsniveaus als Rahmenmodell verstanden werden kann, welches mit spezifischeren Konstrukten und theoriegeleiteten Hypothesen „gefüllt" werden muss.

Schulerfolg. Schulerfolg wird in diesem Modell als Ergebnis des Zusammenspiels unterschiedlicher Faktoren betrachtet und umfasst dabei nicht nur die Lern- und Leistungsentwicklung, sondern auch die affektiv-motivationale und persönlichkeitsbezogene Entwicklung der Lernenden.

Unterricht. Das Modell unterscheidet zwischen dem Bildungsangebot und der Nutzung dieses Angebots durch die Lernenden. Im Mittelpunkt des Modells steht der Unterricht, der als Angebot an Lerngelegenheiten betrachtet wird, die von den Lernenden in unterschiedlicher Weise wahrgenommen und genutzt werden können. Entsprechend werden Quantität und Qualität unterrichtlicher Lerngelegenheiten nicht nur in ihren direkten Wirkungen auf den Schulerfolg untersucht, sondern auch in ihren indirekt vermittelten Wirkungen über die Wahrnehmung und Nutzung unterrichtlicher Lerngelegenheiten, die sich z. B. im Erleben des Unterrichts, in der Anstrengungsbereitschaft oder in der Mitarbeit der Lernenden ausdrücken. Diese Wahrnehmung und Nutzung unterrichtlicher Lerngelegenheiten wird wiederum in Abhängigkeit von den Voraussetzungen und Merkmalen der Lernenden konzeptualisiert, die als mitverantwortliche Konstrukteure ihres eigenen Wissens betrachtet werden. Hierin drücken sich auch konstruktivistische Anleihen des Angebots-Nutzungs-Modells aus.

Der beidseitige Pfeil im Unterrichtsrechteck in ◘ Abb. 4.3 drückt aus, dass Unterricht kein eindirektionales Vorgehen darstellt, sondern wechselseitige Interaktionen und Beeinflussungen beinhaltet: Nicht nur die Lernangebote des Lehrers wirken auf die Schüler, sondern auch die Schüler einer Klasse beeinflussen mit ihren Voraussetzungen und ihrem Verhalten die Qualität und Quantität der Lernangebote, die eine Lehrperson unterbreitet.

Lehrer. Das Angebots-Nutzungs-Modell konzeptualisiert Lehrerkompetenzen und Lehrermerkmale als wesentliche Determinanten für die Qualität und Quantität unterrichtlicher Angebote. Fokussiert man auf die Lehrerkompetenzen, rücken kognitive, motivationale und persönlichkeitsbezogene Dimensionen der Lehrpersonen in den Mittelpunkt (▶ Kap. 11). Zusammenfassend stützen aktuellere empirische Arbeiten die These, dass sich das fachliche und fachdidaktische Wissen und die Überzeugungen von Lehrpersonen positiv auf die Qualität und Quantität der Lerngelegenheiten und auch positiv auf den Schulerfolg auswirken können (Baumert & Kunter, 2006; Kunter et al., 2011; Lipowsky, 2006; Reusser, Pauli & Elmer, 2011). Mit Blick auf motivationale und persönlichkeitsbezogene Aspekte der Lehrperson geht man heute eher von indirekten Effekten der beruflichen Motivation, der Persönlichkeit, des Belastungserlebens und der beruflichen Zufriedenheit auf den Schulerfolg der Lernenden aus (Klusmann, Kunter, Trautwein & Baumert, 2006).

Lernende. Die Entwicklung der Lernenden wird, wie viele Untersuchungen zeigen, in erster Linie von deren spezifischen Voraussetzungen determiniert (Hattie, 2009). Während sich die affektiv-motivationale Entwicklung vor allem durch die affektiv-motivationalen Voraussetzungen der Lernenden vorhersagen lässt, spielen für die kognitive Entwicklung vor allem das Vorwissen und die Intelligenz der Lernenden eine entscheidende Rolle. Darüber hinaus belegt eine Vielzahl von Studien die Bedeutung der sozialen Herkunft der Lernenden für den Schulerfolg.

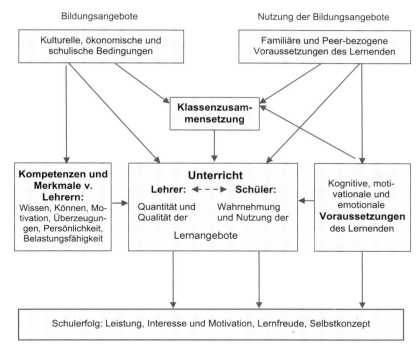

◻ Abb. 4.3 Vereinfachtes Angebots-Nutzungs-Modell. (Modifiziert nach Fend, 1981, mit freundlicher Genehmigung von Elsevier; Helmke, 2012, mit freundlicher Genehmigung des Friedrich-Verlags, Seelze)

Klassenzusammensetzung. Auch die mittlere Leistungsfähigkeit einer Klasse beeinflusst die Leistungsentwicklung eines Lernenden, und zwar unabhängig davon, über welche individuellen Voraussetzungen der einzelne Lernende verfügt. Das heißt, mit einem Anstieg der Leistungsfähigkeit einer Klasse sind bessere individuelle Leistungen der Lernenden verbunden (z. B. Rindermann, 2007; Tiedemann & Billmann-Mahecha, 2004). Mögliche Erklärungen für diesen Effekt sind, dass sich die Lernenden in leistungsfähigeren Klassen stärker gegenseitig anregen und dass die Lehrpersonen in leistungsstärkeren Klassen einen fachlich anspruchsvolleren Unterricht halten, schneller voranschreiten und höhere Erwartungen an die Lernenden stellen, was sich insgesamt positiv auf die Verarbeitungstiefe auswirkt. Außerdem kann angenommen werden, dass die günstigere Klassenzusammensetzung in leistungsstärkeren Klassen einen effektiveren und reibungsloseren Unterricht erleichtert. Gleichzeitig zeigt sich jedoch, dass ein Anstieg in der mittleren Leistungsfähigkeit der Klasse aufgrund sozialer Vergleichsprozesse zu einem geringeren Fähigkeitsselbstkonzept der einzelnen Lernenden führen kann (▶ Kap. 8).

Merkmale der Schule. Merkmalen der Schule kommt im Vergleich zu Merkmalen des Unterrichts eine geringere Bedeutung für die Entwicklung der Lernenden zu (▶ Exkurs „Die Bedeutung der Schüler-, Klassen- und Schulebene"). Die Schuleffektivitätsforschung gelangt zusammenfassend zu dem Ergebnis, dass sich lernwirksame Schulen durch hohe Leistungserwartungen an die Lernenden, durch eine effektive und verantwortungsvolle Schulleitung mit einem Fokus auf das Kerngeschäft des Unterrichts, durch Konsens und Kooperation innerhalb des Kollegiums, durch ein positives, störungsarmes Schulklima, durch die systematische Überprüfung und Bewertung von Lernfortschritten der Lernenden und durch eine intensive Zusammenarbeit mit den Eltern auszeichnen (Robinson, Hohepa & Lloyd, 2009; Scheerens & Bosker, 1997; Teddlie & Reynolds, 2001).

In den folgenden Abschnitten wird das Feld „Qualität und Quantität von Lerngelegenheiten" im Angebots-Nutzungs-Modell weiter ausdifferenziert.

4.2 Merkmale und Merkmalskonfigurationen erfolgreichen Unterrichts

Als Zielvariablen von Schulerfolg werden in den folgenden Abschnitten die kognitive und die affektiv-motivationale Entwicklung der Lernenden untersucht. Grundsätzlich ist dabei zu beachten, dass die motivationale Entwicklung deutlich stärker durch individuelle Determinanten der Lernenden bestimmt wird als die kognitive Entwicklung (Kunter, 2005; Van Landeghem, Van Damme, Opdenakker, De Fraine, & Onghena, 2002). Das bedeutet, dass der Spielraum unterrichtlicher Einflussmöglichkeiten für die affektiv-motivationale Entwicklung geringer ist als für kognitive Zielvariablen.

Die Bedeutung der Schüler-, Klassen- und Schulebene

Mehrebenenanalytische Auswertungsverfahren ermöglichen es, jene Anteile am Schulerfolg (Leistung, Motivation etc.) eines Lernenden zu bestimmen, die auf Unterschiede zwischen einzelnen Schülern (Schülerebene), zwischen Klassen (Klassenebene) und zwischen Schulen (Schulebene) zurückzuführen sind. Das Verfahren der **Mehrebenenanalyse** erlaubt es, Einflüsse von Faktoren dieser drei Ebenen gleichzeitig zu modellieren und zu analysieren (Hartig & Rakoczy, 2010).

Die Schul- und Unterrichtsforschung hat in zahlreichen Studien die Bedeutung dieser drei Einflussebenen vor allem für die Leistungsentwicklung untersucht. Es zeigt sich, dass sich der größte Teil der Schulleistungsvarianz mit individuellen Schülermerkmalen erklären lässt. An zweiter Stelle folgen Merkmale, die mit

der Klassenzugehörigkeit eines Schülers zusammenhängen, an dritter Stelle Merkmale, in denen sich Schulen voneinander unterscheiden. Während die Rangfolge dieser drei Ebenen in ihrer Bedeutung für die Erklärung von Schulleistungsunterschieden weitgehend unstrittig ist und in zahlreichen Studien bestätigt wurde (Hattie, 2009), unterscheiden sich die ermittelten Varianzanteile teilweise beträchtlich. Die kognitiven, motivationalen und sozialen Lernvoraussetzungen der Schüler (Individualebene) erklären je nach Studie zwischen 50 % und 70 % der Leistungsunterschiede, auf Merkmale des Unterrichts, der Lehrperson und der Klassenzusammensetzung (Klassenebene) entfallen Anteile von ca. 10–30 % und auf Merkmale der Schule (Schulebene) Anteile von ca. 5–14 %.

Die Ergebnisse amerikanischer „Valueadded"-Studien deuten darauf hin, dass der Klassenebene, d. h. Merkmalen der Klasse, des Lehrers und des Unterrichts, eine größere Bedeutung eingeräumt werden muss als bislang angenommen, wenn man nicht den Leistungsstand, sondern die **Leistungsentwicklung** untersucht, und dass demgegenüber die Bedeutung der individuellen Lernvoraussetzungen eher abnimmt (Lanahan, McGrath, McLaughlin, Burian-Fitzgerald, & Salganik, 2005; Schacter & Thum, 2003). Darüber hinaus konnte mehrfach nachgewiesen werden, dass Merkmale von Schule und Unterricht für Schüler mit ungünstigen Startvoraussetzungen eine größere Bedeutung haben als für Lernende mit günstigeren Startvoraussetzungen (z. B. Babu & Mendro, 2003).

4.2.1   Strukturiertheit des Unterrichts

Die ▶ **Strukturiertheit** des Unterrichts – einige Autoren sprechen auch von Strukturierung – gilt als zentrales Merkmal effektiven Unterrichts. Bei näherer Betrachtung zeigt sich jedoch, dass dieses Merkmal in der Unterrichtsforschung teilweise sehr unterschiedlich operationalisiert und verwendet wird.

Grundsätzlich lassen sich mehrere Bedeutungsfacetten von Strukturiertheit unterscheiden.

- Zum einen kann Strukturiertheit eine klare erkennbare Gliederung des Unterrichts in einzelne Phasen und Abschnitte und die Zerlegung des Unterrichtsinhalts in einzelne Komponenten bedeuten. Diese Bedeutung von Strukturiertheit bezieht sich also vor allem auf didaktische Aspekte des Unterrichts.
- Zum zweiten wird Strukturiertheit häufig als Konsistenz von Regeln, Erwartungen und Grenzen interpretiert. Diese Facette von Strukturiertheit fokussiert eher auf das Verhalten der Lernenden und auf die Aufrechterhaltung der Disziplin im Klassenzimmer.
- Zum dritten kann Strukturiertheit von Unterricht stärker kognitionspsychologisch verstanden werden. Darunter werden Maßnahmen und Handlungen subsumiert, die geeignet sind, eine Verbindung zwischen dem Vorwissen der Lernenden und neuen Wissenselementen herzustellen und den Aufbau einer komplexen und geordneten Wissensstruktur beim Lernenden zu erleichtern. Dies lässt sich z. B. anbahnen, indem Zusammenhänge zwischen verschie

denen Aspekten des Unterrichtsinhalts hergestellt werden, indem die Übersicht und Einordnung neuer Informationen z. B. mittels Advance Organizers erleichtert wird und indem wichtige Unterrichtsergebnisse zusammengefasst werden. Auch Lehrerfragen können zur Strukturierung des Unterrichts beitragen (s. u.).

Kognitive Zielvariablen

Wie lassen sich positive Effekte der Strukturiertheit des Unterrichts theoretisch erklären? Die drei Bedeutungsfacetten implizieren unterschiedliche Annahmen über die angenommenen Wirkmechanismen. Die **didaktische Strukturierung** des Unterrichts setzt einen sorgfältig geplanten Unterricht voraus und kann somit als wichtige Voraussetzung für angemessene Anforderungen an die Lernenden begriffen werden. Eine **Strukturierung auf der Verhaltensebene** begünstigt eine störungsfreie Lernumgebung, fördert die Aufmerksamkeit der Lernenden und sorgt dafür, dass mehr Unterrichtszeit für die Auseinandersetzung mit den Unterrichtsthemen zur Verfügung steht. Auf der Basis einer **kognitionspsychologisch verstandenen Strukturiertheit** lässt sich annehmen, dass Fragen, Strukturierungshinweise und -hilfen der Lehrperson die Aufmerksamkeit der Schüler auf die relevanten Aspekte des Unterrichtsgegenstands lenken, einen Überblick über den Unterrichtsgegenstand erleichtern, Relationen zwischen Teilaspekten des Unterrichtsgegenstands verdeutlichen und gedankliche Verankerungsmöglichkeiten schaffen, sodass es den Lernenden leichter gelingt, ihr neues

Wissen zu organisieren und mit bereits vorhandenem zu verbinden (Einsiedler & Hardy, 2010; Schnotz, 2006).

Die Forschungslage hat sich in zahlreichen Studien mit diesen unterschiedlichen Facetten von Strukturierung beschäftigt. Die didaktische Strukturierung, also die Gliederung und Sequenzierung des Unterrichts, hat sich in Studien zum „mastery learning" und zur „direkten Instruktion" als lernförderlich erwiesen (Rosenshine & Stevens, 1986; Fraser, Walberg, Welch & Hattie, 1987).

Beleuchtet man Strukturierung auf der Verhaltensebene und fragt nach deren Bedeutung, so lässt sich eine Reihe von Studien heranziehen, die zeigen können, dass ein störungsarmer, reibungsloser Unterricht und ein funktionierendes – bereits zu Beginn des Schuljahres eingeführtes – Regelsystem mit einem höheren Lernerfolg der Lernenden einhergehen (Campbell et al., 2004; Helmke, Schneider & Weinert, 1986). Häufig werden die beschriebenen Merkmale mit dem Begriff der effektiven Klassenführung überschrieben (▶ Kap. 5). Die Metaanalyse von Seidel und Shavelson (2007) bestätigt die bedeutende Rolle einer effektiven Unterrichts- und Klassenführung für die kognitive Entwicklung der Lernenden. Eine effektive Klassenführung geht mit einem aufgabenbezogeneren Verhalten der Lernenden und einem Mehr an inhaltsbezogenen Lerngelegenheiten – „opportunity to learn" – einher. Eine Reihe von Forschungsarbeiten weist nach, dass sich „time on task", also die aufgabenbezogene Nutzung der Lernzeit positiv auf den Lernerfolg auswirkt (z. B. Fredrick & Walberg, 1980; Hattie, 2009; Rowe & Rowe, 1999). Ähnliches gilt für das Ausmaß an inhaltlichen Lerngelegenheiten, also für die Zeit, die für die Behandlung eines Unterrichtsgegenstands zur Verfügung gestellt und genutzt wird (Hiebert & Grouws, 2007; Walberg & Paik, 2000).

Fokussiert man auf die dritte Bedeutung von Strukturierung, so lassen sich z. B. Studien heranziehen, die Effekte von **Strukturierungshilfen**, wie z. B. Advance Organizers untersucht haben (▶ Abschn. 4.1.3). Hattie (2009) identifiziert für seine Meta-Metaanalyse „Visible learning" sieben Metaanalysen, die die Wirkungen von Advance Organizern untersucht haben. Für diese sieben Studien ermittelt er eine mittlere Effektstärke von $d = 0.53$, was einem durchaus beachtlichen Effekt entspricht. Preiss und Gayle (2006) zeigen in ihrer Metaanalyse, dass die Effektstärken abhängig vom Alter der Lernenden und dem untersuchten Fach variieren. Demnach profitieren jüngere Lernende und Lernende in sozialwissenschaftlichen Fächern stärker von Advance Organizers als Lernende in naturwissenschaftlichen und sprachlichen Domänen.

In zahlreichen Einzelstudien und einschlägigen Zusammenfassungen des Forschungsstands finden sich Hinweise auf die Bedeutung der Strukturierung des Unterrichts durch Lehrerfragen (▶ Exkurs „Lehrerfragen"), Zusammenfassungen und verbale Hervorhebungen (z. B.

Borich, 2007; Hardy et al., 2006; Marzano, Gaddy & Dean, 2000).

Affektiv-motivationale Aspekte des Lernens

In diesem Abschnitt wird der Frage nachgegangen, ob und inwiefern die Strukturierung des Unterrichts mit positiven Effekten für die affektiv-motivationale Entwicklung der Lernenden einhergeht. Im ersten Teil wird dabei auf die Selbstbestimmungstheorie von Deci und Ryan (▶ Kap. 7) fokussiert und als Zielvariablen das Autonomie- und Kompetenzerleben der Lernenden in den Blick genommen. Im zweiten Teil werden Studienergebnisse berichtet, die die Vorhersage anderer affektiv-motivationaler Variablen durch Merkmale wie Klassenführung und Strukturiertheit des Unterrichts untersuchten.

Nach den Ergebnissen aktueller Studien zeigt sich, dass eine effektive Klassenführung und ein störungsarmer, disziplinierter Unterricht positive Wirkungen auf das **Autonomieerleben** und auf das **Kompetenzerleben** der Lernenden haben. Rakoczy (2007) untersuchte im Rahmen der deutsch-schweizerischen Studie „Unterrichtsqualität, Lernverhalten und mathematisches Verständnis" die Auswirkungen einer effektiven Klassenführung auf die drei sog. „basic needs" nach Deci und Ryan. Sie wies nach, dass je disziplinierter und störungsfreier der Unterricht verlief, desto stärker fühlten sich die Lernenden in ihrem Streben nach Kompetenz und Autonomie unterstützt. In einer vertiefenden Analyse können Rakoczy et al. (2007) zeigen, dass dieser Effekt möglicherweise auch darauf zurückzuführen ist, dass Schüler in störungsfreien und strukturierten Lernumgebungen über eine höhere Intensität kognitiver Aktivitäten und über positivere emotionale Erfahrungen berichten als Lernende in Klassen mit einem höheren Ausmaß an Störungen und einem geringeren Ausmaß an Disziplin. Auch Kunter (2005) weist nach, dass der effektive Umgang mit Störungen und eine klare didaktische Strukturierung des Unterrichts von den Lernenden als kompetenzunterstützend wahrgenommen werden. Auch eine kognitionspsychologisch orientierte Strukturiertheit wirkt sich offenbar positiv auf motivationale Aspekte des Lernens aus, wie die Studie von Blumberg et al. (2004) für das Kompetenzerleben und die Erfolgszuversicht von schwächeren Schülern nachweisen kann.

Nimmt man weitere affektiv-motivationale Variablen in den Blick, so zeigt z. B. die längsschnittliche Studie von Kunter und Baumert (2006), dass sich ein geringes Ausmaß an Unterrichtsstörungen positiv auf die von Schülern erlebte Herausforderung auswirkt, die wiederum positive Effekte auf die **Interessensentwicklung** hat. Im Rahmen der Münchener Hauptschulstudie konnte mittels Pfadanalysen und unter Kontrolle von kognitiven und affektiven Lernvoraussetzungen der Lernenden nachgewiesen wer-

Exkurs

Lehrerfragen

Lehrerfragen dienen dazu, den Unterricht zu strukturieren und zu steuern, die Aufmerksamkeit der Lernenden auf relevante Aspekte des Unterrichts zu lenken, das Vorwissen zu aktivieren, die Lernenden anzuregen und herauszufordern, Lernwege, (Miss-)Konzepte und (Fehl-)Vorstellungen offenzulegen, den Wissensstand der Lernenden zu ermitteln, Unterrichtsergebnisse zu sichern, oder manchmal auch dazu, die Lernenden zu disziplinieren. Lehrerfragen lassen sich nach unterschiedlichen Kriterien, so z. B. nach ihrem kognitiven Niveau und nach ihrer Offenheit ordnen. Was das kognitive Niveau von Lehrerfragen anbelangt, wird häufig zwischen „low-level-questions" und „high-level-questions" unterschieden, wobei sich „level" meist auf die Lernzielebenen – Wissen, Verstehen, Anwenden, Analysieren, Synthetisieren und Bewerten – nach Bloom (1974) bezieht. Unter Low-Level-Fragen werden Fragen verstanden, deren Beantwortung auf die Wiedergabe von Informationen, Faktenwissen, Prozeduren und Definitionen abzielen, sich also im Wesentlichen auf die Ebene des Wissens beziehen, während man unter High-Level-Fragen Denkfragen versteht, die die Verknüpfung von Informationen, Konzepten, Wissensbausteinen etc. erfordern und die Lernenden anregen, Vorgehensweisen und Gedankengänge zu erläutern und zu begründen.

Die vorliegenden Studien beziffern den Anteil an High-Level-Fragen, je nach Definition, auf 4–20 %, während sich demgegenüber der Anteil an Low-Level-Fragen zwischen 40 % und 90 % bewegt (Niegemann & Stadler, 2001; Wilen, 1991). Dieser hohe Anteil an Low-Level-Fragen wird allgemein als kritisch betrachtet. Die Forschungslage zu den Wirkungen des kognitiven Niveaus

von Lehrerfragen ist jedoch insgesamt uneinheitlich. Zwar kann mehrheitlich nachgewiesen werden, dass kognitiv anspruchsvollere Lehrerfragen kognitiv anspruchsvollere Schülerantworten nach sich ziehen und insofern zu einer tieferen Verarbeitung und Elaboration des Unterrichtsinhalts durch die Lernenden beitragen (Gayle, Preiss & Allen, 2006). Ob mit dem Anteil kognitiv anspruchsvoller Fragen aber auch der Lernerfolg der Schüler linear zunimmt, ist umstritten (Mills, Rice, Berliner & Rosseau, 1980; Samson, Strykowski, Weinstein & Walberg, 1987; Winne, 1979). Mögliche Erklärungen für die uneinheitlichen Ergebnisse sind die unterschiedlichen Operationalisierungen des Begriffs „high-level question", die unterschiedlichen Stichproben und curricularen Kontexte, die untersucht wurden, und der Umstand, dass es keine 1:1-Korrespondenz zwischen dem kognitiven Niveau der Lehrerfrage und dem kognitiven Niveau der dadurch angestoßenen Schüleraktivitäten gibt (Dillon, 1982; Mills et al., 1980). Einige Studien verweisen darauf, dass es auch auf die Passung zwischen Frageniveau und dem Vorkenntnisstand der Klasse ankommt: Sind die Lehrerfragen zu anspruchsvoll und kann somit ein beträchtlicher Teil der Lehrerfragen nicht beantwortet werden, so hat dies ebenso negative Auswirkungen auf den Lernerfolg der Schüler wie ein zu geringes Niveau der Lehrerfragen. Die entsprechende Schwelle beträgt nach den Ergebnissen dieser – allerdings schon älteren – Studien in etwa zwischen ca. 70 % und 80 % beantworteter Fragen (Brophy & Evertson, 1980; Rosenshine & Stevens, 1986).

Als eine weitere moderierende Drittvariable für den Zusammenhang zwischen Frageniveau und Lernerfolg kommt der

Zeitraum in Betracht, der den Lernenden zum Nachdenken nach einer gestellten Lehrerfrage eingeräumt wird. Studien zeigen, dass es einer bestimmten Wartezeit zwischen der Lehrerfrage und dem Aufrufen eines Schülers (Wartezeit) bedarf, damit die Frage ihr Potenzial entfalten kann. Als optimal wird eine Wartezeit von 3–5 Sekunden betrachtet. In vielen Studien stellte sich jedoch heraus, dass die tatsächliche Wartezeit im Unterricht deutlich kürzer ist. Wird die Wartezeit auf 3–5 Sekunden verlängert, führt dies in der Regel zu elaborierteren Schülerbeiträgen, zu einer höheren Anzahl von Meldungen, zu häufigeren Schülerfragen und insgesamt zu einer aktiveren und niveauvolleren Beteiligung von Schülern am Unterricht (Rowe, 1974; Tobin, 1987). Studien über den Zusammenhang zwischen Wartezeiten und Lernzuwachs sind auch international selten und kommen nicht zu einheitlichen Ergebnissen (Tobin, 1987).

Schülerfragen sind im Unterschied zu Lehrerfragen ein vergleichsweise seltenes Ereignis, erfüllen jedoch eine wichtige Funktion beim Wissensaufbau (Niegemann, 2004; Wuttke, 2005). In Trainingsprogrammen zum selbstgesteuerten Lernen und zum reziproken Lehren (reciprocal teaching) werden Schüler systematisch dazu angeleitet, sich selbst Fragen zu stellen und hierüber ihren Lernprozess zu strukturieren, zu begleiten und ihr Verständnis zu vertiefen. Entsprechende Forschungsbefunde zeigen, dass diese Anleitung zum „self-questioning" eine wirksame Strategie darstellt, um das Verständnis gelesener Texte zu fördern (King, 1991, 1994; Kramarski & Mevarech, 2003; Rosenshine, Meister & Chapman, 1996).

den, dass eine effektive Klassenführung einen positiven Einfluss auf das **Engagement** der Lernenden ausübte, das wiederum mit günstigeren Einstellungen der Lernenden zum Fach Mathematik und mit einem günstigeren mathematischen **Selbstkonzept** der Lernenden einherging (Helmke et al., 1986). Auch international lassen sich empirische Evidenzen für Effekte eines störungsarmen und strukturierten Unterrichts auf Einstellungsveränderungen der Lernenden nachweisen (Campbell et al., 2004).

Zusammenfassend kann festgestellt werden, dass ein strukturierter, störungsarmer und effektiv geführter Unterricht die affektiv-motivationale Entwicklung der Lernenden befördern kann. Es kann angenommen werden, dass ein Mindestmaß an didaktischer Strukturierung eine notwendige Voraussetzung für eine wirksame Klassenführung darstellt, die wiederum als wichtige Voraussetzung dafür angesehen werden kann, dass inhaltsbezogene Strukturierungen und Hinweise Wirkungen entfalten können.

4.2.2 Inhaltliche Klarheit und Kohärenz des Unterrichts

Kognitive Zielvariablen

Inhaltliche Klarheit beschreibt einen Unterricht, in dem die inhaltlichen Aspekte des Unterrichtsgegenstandes sprachlich prägnant und verständlich, fachlich korrekt und inhaltlich kohärent dargestellt und/oder entwickelt werden. Dabei übernehmen variantenreiche Erklärungen und Erläuterungen unter Verwendung von Veranschaulichungen, Abbildungen, Beispielen, Analogien und Metaphern, die Hervorhebung und Zusammenfassung zentraler inhaltlicher Punkte, die Herausarbeitung von Gemeinsamkeiten und Unterschieden in Konzepten, die Verwendung und Verbindung unterschiedlicher Repräsentationsformen sowie das wiederholte Aufgreifen von schwierigen Sachverhalten und Aspekten eine wichtige verständnisfördernde Funktion (Cruickshank, 1985; Helmke, 2007).

Die Forschungslage ist trotz der weiten Bedeutung des Begriffs ▶ **inhaltliche Klarheit** relativ konsistent. Die inhaltliche Klarheit des Unterrichts hat positive Effekte auf das Lernen der Schüler, unabhängig vom Alter der Lernenden, unabhängig davon, ob die Klarheit mittels niedrig- oder hochinferenter Verfahren erfasst wird, unabhängig davon, welche Dimensionen von Klarheit tatsächlich untersucht werden und unabhängig davon, ob es sich um experimentelle oder quasi-experimentelle Studien handelt (z. B. Chesebro, 2003; Hattie, 2009; Hines et al., 1985; Rodger, Murray, & Cummings, 2007).

Stellvertretend für die Vielzahl an Studien wird hier eine Studie näher vorgestellt. Hines et al. (1985) ließen 32 angehende Lehrpersonen die gleiche 25-minütige Unterrichtssequenz unterrichten. Die Lerngruppen bestanden aus 4–6 Schülern. Die Unterrichtsstunden wurden auf Video gezeichnet. Die Klarheit des Unterrichts wurde mit 29 Items durch Lehrpersonen, Lernende und zwei unabhängige Beobachter niedriginferent erfasst. Zusätzlich wurden hochinferente Ratings durch zwei Beobachter vorgenommen. Als Zielkriterien wurden der Lernerfolg und die Zufriedenheit der Lernenden untersucht. Die Ergebnisse zeigten, dass die Klarheit des Unterrichts, unabhängig von dem Verfahren der Erfassung, positive Effekte auf den Lernerfolg und die Zufriedenheit der Lernenden hatte.

Zu den Lehrstrategien, die zur inhaltlichen Klarheit des Unterrichts beitragen, zählen auch der Einsatz und die Verbindung unterschiedlicher Repräsentationsformen (s. oben). So ergab die Metaanalyse von Marzano und Kollegen (2000), dass der Einsatz „nichtsprachlicher Repräsentationsformen" deutliche leistungssteigernde Effekte hat, und zwar vor allem dann, wenn sprachliche und nichtsprachliche Repräsentationsformen miteinander verknüpft wurden (zur Bedeutung des Medieneinsatzes ▶ Kap. 6).

Warum wirkt sich die inhaltliche Klarheit des Unterrichts positiv auf den Lernerfolg aus? Die inhaltliche Klarheit des Unterrichts – so lässt sich annehmen – sorgt dafür, dass die wichtigsten inhaltlichen Aspekte klar und deutlich hervortreten und als kennzeichnende Elemente von den Lernenden identifiziert, diskriminiert und verarbeitet werden. Auf der Basis der Cognitive-Load-Theorie lässt sich argumentieren, dass die Betonung relevanter Informationen, der Verzicht auf irrelevante und überflüssige Informationen, die didaktische Reduktion der Komplexität des Inhalts sowie die angemessene Verbindung unterschiedlicher Repräsentationsformen das Arbeitsgedächtnis entlasten und die Informationsverarbeitung erleichtern (Chandler & Sweller, 1991; Mayer & Moreno, 2003).

Aktuellere Ansätze in der Unterrichtsforschung verweisen mit Begriffen wie „attending to concepts", „opportunities to learn", „inhaltlich fokussierte Informationsverarbeitung" oder „Verstehenselemente" auf die Bereitstellung fachlich relevanter Lerngelegenheiten. Letztlich sind hiermit curriculare Entscheidungen der Lehrpersonen angesprochen, im Unterricht fachlich zentrale Themen, Konzepte und Ideen zu behandeln (vgl. Drollinger-Vetter & Lipowsky, 2006; Hiebert & Grouws, 2007; Learning Mathematics for Teaching Project, 2010; Renkl, 2011; Schmidt & Maier, 2009). Diese curricularen Aspekte gehen über die inhaltliche klare und verständnisvolle Präsentation vorgegebener Inhalte hinaus. Sie dürften vor dem Hintergrund aktueller Anforderungen an die Entwicklung schulspezifischer Curricula künftig weiter an Bedeutung gewinnen. Mit Begriffen wie „strukturelle Klarheit", „making connections", „links made between multiple models" und „coherent content" wird herausgestellt, dass es wichtig ist, die Beziehungen und Verknüpfungen zwischen diesen (Teil-) Konzepten und Ideen explizit unterrichtlich zu behandeln (vgl. Brophy, 2000). Im sogenannten Pythagorasprojekt wurde u. a. untersucht, inwieweit im Unterricht der beteiligten Klassen jene „(Verstehens)-Elemente" und ihre Beziehungen behandelt wurden, von denen man annehmen kann, dass sie für den Aufbau eines inhaltlich vertieften und elaborierten Verständnisses des Satzes von Pythagoras fundamental sind. Hierzu gehören z. B. die geometrische Bedeutung des Satzes von Pythagoras, die deutliche Herausstellung und Erarbeitung, dass der Satz nur im rechtwinkligen Dreieck gilt oder das Verstehenselement, dass der Satz Aussagen über die Beziehungen zwischen den Seiten im rechtwinkligen Dreieck formuliert. In dieser Studie erwiesen sich das Vorkommen, die Qualität und die Strukturierung dieser Verstehenselemente als prädiktiv für den Lernerfolg der Schüler (Drollinger-Vetter, 2011).

Auch das **Lernen mit Lösungsbeispielen** lässt sich als eine unterrichtliche Strategie begreifen, den relevanten Inhalt klarer und verständnisorientierter zu präsentieren. Insbesondere für das Lernen von mathematischen und naturwissenschaftlichen Inhalten hat sich das Lernen mit Lösungsbeispielen als wirksames Verfahren erwiesen. Während die Schüler im herkömmlichen Mathematikunterricht z. B. nach der Einführung eines Prinzips oder eines Verfahrens und einer Beispielaufgabe in der Regel damit konfrontiert werden, mehrere Aufgaben zu lösen, erfolgt bei der Arbeit mit Lösungsbeispielen nach einer ersten Einführung des Themas ein vergleichsweise ausführliches Studium von Aufgabenbeispielen, die bereits ganz oder teilweise gelöst sind. Die Lernenden werden also mit mehreren Lösungsbeispielen konfrontiert, die das zugrundeliegende Prinzip, Verfahren oder Lösungsschemata an *mehreren* Aufgaben und nicht – wie in vielen einführenden Abschnitten von Schulbüchern – an einer Aufgabe darstellen. Diese Arbeit mit Lösungsbeispielen basiert auf Annahmen der Cognitive-Load-Theorie, wonach eigene Lösungsversuche das Arbeitsgedächtnis so stark belasten, dass nur geringe Kapazitäten für das Ausbilden von Lösungsschemata verbleiben, während demgegenüber die Auseinandersetzung mit komplett oder partiell gelösten Aufgabenbeispielen das Augenmerk des Lernenden auf das Verstehen der Lösungsschritte und -verfahren lenken. Die Forschung zeigt: Das Studieren und Analysieren von Lösungsbeispielen ist insbesondere dann effektiv, wenn die Lernenden über wenig Vorwissen verfügen, wenn sie mit Fragen und Prompts zur Reflexion und Selbsterklärungen angeregt werden, die Lösungsbeispiele variiert werden und die Lernenden nach und nach einzelne Lösungsschritte selbst übernehmen, also Lücken im Lösungsprozess selbst füllen müssen (▶ Kap. 1; Atkinson, Derry, Renkl & Wortham, 2000; Chi, Bassok, Lewis, Reimann & Glaser, 1989, Paas & Van Merrienboer, 1994; Renkl, Stark, Gruber & Mandl, 1998; Renkl, Atkinson, Maier & Staley, 2002).

Motivational-affektive Zielvariablen

Die Forschungslage zu den Effekten des Lernens mit Lösungsbeispielen auf affektiv-motivationale Variablen ist dünn (Stark, 1999), sodass ein einheitlicher Trend derzeit nicht auszumachen ist. Hinsichtlich der inhaltlichen Klarheit des Unterrichts ist der Forschungsstand vergleichsweise konsistent. Hines et al. (1985) konnten in ihrer Studie z. B. nachweisen, dass eine höhere Klarheit des Unterrichts mit einer höheren Zufriedenheit der Lernenden einhergeht. Rodger et al. (2007) zeigten in ihrer experimentellen Studie, dass Studierende stärker motiviert sind, wenn die Klarheit des (Hochschul-)Unterrichts ausgeprägter ist.

Die Studie von Seidel, Rimmele und Prenzel (2005) konnte ebenfalls positive Effekte auf die Motivationsentwicklung feststellen: Lernende in Klassen, in denen die Zielklarheit und die Kohärenz des Physikunterrichts besonders deutlich ausgeprägt waren, berichteten über eine höhere intrinsische Motivation als Lernende in Klassen,

in denen diese beiden Merkmale vergleichsweise gering ausgeprägt waren.

In die gleiche Richtung weisen die Befunde von Schrader, Helmke und Dotzler (1997) aus der SCHOLASTIK-Studie. Auch hier zeigte die eingeschätzte Klarheit des Unterrichts einen positiven Zusammenhang mit der affektiven Entwicklung der Lernenden.

4.2.3 Feedback

Kognitive Zielvariablen

> **Definition**
>
> **Feedback** wird als jede Art von Rückmeldung verstanden, die sich auf die Leistung oder das Verständnis des Lernenden bezieht, diesen über die Richtigkeit seiner Antwort bzw. seiner Aufgabenlösung informiert (Mory, 2004) oder ihm inhaltliche und/oder strategische Hilfen und Informationen zu seinem Bearbeitungsprozess zur Verfügung stellt. Das Feedback kann von der Lehrperson, einem Mitschüler, dem Schüler selbst oder einem Medium gegeben werden.

Bloße Bekräftigungen (Belohnungen, Lob, Tadel) ohne Bezug auf die erbrachte Leistung werden in der Regel nicht zum Feedback gezählt (Jacobs, 2002; Mory, 2004) und daher bei der folgenden Zusammenfassung nicht berücksichtigt.

▶ **Feedback** gilt als zentrale Komponente im Lehr- und Lernprozess. Aus kognitionspsychologischer Sicht hat Feedback eine informierende Funktion und soll dem Lernenden Fehler und Misskonzepte bewusst machen sowie Diskrepanzen zwischen aktueller Leistung und aktuellem Verständnis auf der einen Seite und dem zu erreichenden Zielzustand auf der anderen Seite reduzieren (Hattie & Timperley, 2007). Hierzu ist es erforderlich, dass für die Lehrperson und den Lernenden der Zielzustand (feed-up) klar ist und dass das Feedback Antworten darauf gibt, wo man im Hinblick auf das angestrebte Lernziel steht (feedback) und welche weiteren Schritte erforderlich sind, um dem angestrebten Ziel näher zu kommen (feed-forward).

Wenn man sich dem Forschungsstand zunächst unter Heranziehung der großen Metaanalysen nähert, dann kann man schnell den Eindruck gewinnen, dass „Feedback geben" per se positive Auswirkungen auf kognitive und motivationale Zielvariablen hat, so bedeutsam fallen die ermittelten mittleren Effektstärken aus (Hattie, 2009; Hattie & Timperley, 2007; Lysakowski & Walberg, 1982; Scheerens & Bosker, 1997). Doch der erste Eindruck täuscht. Bei näherer Betrachtung ergibt sich ein recht uneinheitliches Bild (Kluger & DeNisi, 1996; Shute, 2008), das die Notwendigkeit einer weiteren Differenzierung aufzeigt und die Frage aufwirft, welche Merkmale von Feedback, aber auch welche Merkmale des Kontexts und des Lernenden dazu beitragen, dass sich Rückmeldungen lernförderlich auswirken.

Die Feedbackforschung beschäftigt sich vor allem mit dem Lehrerfeedback auf Aufgaben, bei denen es eine richtige Antwort bzw. Lösung gibt. In Abhängigkeit von der Komplexität und der Elaboriertheit des Feedbacks werden verschiedene Formen unterschieden. Die **einfachen Rückmeldungen** informieren den Lernenden, ob seine Lösung bzw. seine Antwort richtig oder falsch war („knowledge of results", KOR) und ggf. noch darüber, wie die richtige Antwort lautet („knowledge of correct results", KCR). Zu den komplexen und **elaborierteren Rückmeldeformen** werden in der Regel Hinweise gezählt, die über die Nennung des richtigen Ergebnisses hinausgehen und weitere Informationen und Erklärungen beinhalten, die für das Verständnis der Aufgabe von Bedeutung sind und die Lösung bzw. richtige Antwort verständlich machen (vgl. Jacobs, 2002; Kulhavy & Stock, 1989).

Fasst man die Vielzahl von Studien zusammen und differenziert zusätzlich nach den Formen des Feedbacks, so zeigt sich ein etwas einheitlicheres Bild. Demzufolge haben Rückmeldungen, die lediglich darüber informieren, ob eine Antwort bzw. ein Ergebnis falsch oder richtig ist, in der Regel keinen Effekt auf die Lernleistung (Kluger & DeNisi, 1996; Mory, 2004). Sind mit der Rückmeldung dagegen Informationen verbunden, wie die korrekte Lösung lautet bzw. ist mit der Rückmeldung eine Fehlerkorrektur verbunden, so sind eher Effekte auf den Lernerfolg zu beobachten (z. B. Bangert-Drowns et al., 1991; Heubusch & Lloyd, 1998).

Formen elaborierten Feedbacks gelten einfacheren Formen des Feedbacks grundsätzlich zwar als überlegen (Bangert-Drowns et al., 1991; Kluger & DeNisi, 1996), doch geht man heute davon aus, dass für die positiven Effekte elaborierter Feedbackformen weitere Variablen eine Rolle spielen, über deren Zusammenspiel noch wenig bekannt ist. Hierzu zählen z. B. die Komplexität der Aufgabe und verschiedene Merkmale des Lernenden, wie z. B. dessen Vorwissen und dessen Umgang mit dem gegebenen Feedback. Auch die Adaptivität und Spezifität des elaborierten Feedbacks spielen offenbar eine wichtige Rolle: Enthält das elaborierte Feedback zu komplexe oder überflüssige Informationen, führt dies nicht unbedingt zu besseren Leistungen (Mory, 2004; Shute, 2008), möglicherweise auch deshalb, weil dieses Zuviel an Informationen mit einer zu starken kognitiven Belastung einhergeht. Generell gilt zwar, dass spezifisches Feedback allgemein gehaltenen Rückmeldungen überlegen ist, jedoch scheint es auch hier Moderatorvariablen zu geben, die die Wirkungen der Spezifität von Feedback beeinflussen (Shute, 2008).

So zeigte sich in einigen Studien, dass bei **einfachen Aufgabenstellungen**, die lediglich die Wiedergabe von Fakten erfordern, elaboriertes und komplexes Feedback eher schädlich sein kann (Mory, 2004), da es mehr Informationen enthält als zur Korrektur eigentlich notwendig sind, wodurch das Arbeitsgedächtnis der Lernenden unnötig belastet und wertvolle Lernzeit mit vergleichsweise irrelevanten Hinweisen gebunden wird. Elaborariertes Feedback scheint vor allem bei Aufgabenstellungen, die den Erwerb von Regeln und Konzepten intendieren und **komplexeres Denken** erfordern, wirksamer zu sein als wenig informatives Feedback (Huth, 2004; Krause, Stark & Mandl, 2004; Moreno, 2004).

Was **Merkmale der Lernenden** anbelangt, verdeutlichen verschiedene Studien, dass der Lernerfolg als Folge von Feedback abhängig ist vom Vorwissensstand des Lernenden. Insbesondere bei geringerem Vorwissen sind höhere Effekte von Feedback zu erwarten (Jacobs, 2002). Für leistungsstärkere Schüler kann unvollständiges Feedback effektiver sein kann als für leistungsschwächere, die demgegenüber eher von vollständigem Feedback profitieren (Mory, 2004). Van den Boom, Paas und Van Merriënboer (2007) berichten über positive Effekte eines sogenannten suggestiven Feedbacks, das Hinweise auf Fehler und Probleme enthält, ohne dass jedoch direkte Hinweise gegeben werden, worin das Problem bzw. der Fehler besteht. Auch Hattie und Timperley (2007) verweisen in ihrem Forschungsüberblick auf die Wirksamkeit von Feedback, das sich auf den Prozess der Bearbeitung und auf die Anwendung von Strategien bezieht. Nach den Ergebnissen von Vollmeyer und Rheinberg (2005) kann sogar schon die Ankündigung von Feedback ausreichen, um Lernende zu einer systematischeren Anwendung von Strategien anzuregen und damit zu besseren Leistungen zu bewegen.

Aus einer konstruktivistischen Perspektive sind der Umgang mit und die Nutzung von Feedback relevante mediierende Faktoren für die Wirkungen von Feedback. Aktuellere Feedbackmodelle und Forschungsbefunde im Kontext des selbstgesteuerten Lernens lassen erkennen, dass die Nutzung von Feedback nicht nur von kognitiven, sondern auch von metakognitiven und affektiv-motivationalen Voraussetzungen der Lernenden, wie z. B. den Zielorientierungen und den Kontroll- und Kompetenzüberzeugungen abhängig ist (Butler & Winne, 1995; Mory, 2004; Narciss, 2004; ▶ Kap. 8).

Auch der **Zeitpunkt der Rückmeldung** kann offenbar die Wirkungsweise des elaborierten Feedbacks beeinflussen. In einigen Studien zeigte sich, dass sofortige Lehrerrückmeldungen im Unterricht grundsätzlich wirksamer sind als aufgeschobene bzw. verzögerte Rückmeldungen (Kulik & Kulik 1988; Heubusch & Lloyd, 1998; Dihoff, Brosvic & Epstein, 2003). In anderen Studien ergab sich jedoch auch eine Wechselwirkung zwischen dem Zeitpunkt des Feedbacks und der Aufgabenschwierigkeit: Demnach kann bei anspruchsvollen Aufgabenstellungen verzögertes Feedback wirksamer sein als bei einfachen Aufgabenstellungen (Hattie & Timperley, 2007).

Hattie und Timperley (2007) differenzieren vier **Ebenen der Rückmeldung**. Feedback kann sich auf die Aufgabe, auf den Verarbeitungsprozess, auf die Ebene der Selbstregulation und/oder auf die Ebene des Lernenden beziehen. Als Fazit ihrer Metaanalyse zur Wirksamkeit von Feedback formulieren die Autoren: Feedback ist wirksamer, wenn es aufgaben-, prozess- und selbstregulationsbezogene Hinweise verknüpft und enthält. Aufgabenbezogenes Feedback bezieht sich darauf, wie gut eine Aufgabe gelöst oder verstanden worden und was ggf. noch fehlerhaft ist. Es setzt allerdings voraus, dass Lernende bereits über ausreichendes Verständnis und Vorwissen verfügen. Wenn dieses fehlt, ist eine Erklärung und nochmalige Instruktion effektiver als ein Feedback. Feedback auf der Ebene des Verarbeitungsprozesses ist insbesondere dann wirksam, wenn es hilft, Fehler zu identifizieren, weitere Informationen zu sammeln und Strategien zu verwenden bzw. zu optimieren. Feedback zum Prozess der Selbstregulation fokussiert vor allem auf metakognitive Tätigkeiten des Lernenden und umfasst Hinweise und Hilfen, wie der Lernende sein Lernen selbst planen, regulieren und bewerten kann. Es ist vor allem dann effektiv, wenn es zu einer größeren Anstrengungsbereitschaft und zu einer höheren Selbstwirksamkeit des Lernenden beiträgt. Feedback, das sich lediglich auf die Person des Lernenden oder auf die generelle Leistung des Schülers bezieht – und keine spezifischen Angaben zur Aufgabe, dem Prozess und der Regulation macht –, gilt als vergleichsweise unwirksam, da es die Aufmerksamkeit des Lernenden zu sehr auf die eigene Person und damit auf aufgabenirrelevante Aspekte lenkt (Hattie & Timperley, 2007).

Ein Blick in die Unterrichtspraxis zeigt, dass das Potenzial von Feedback von Lehrpersonen offenbar nur selten genutzt wird. Lehrpersonen geben vergleichsweise häufig unspezifische Rückmeldungen und loben, ohne auf die Besonderheiten der Aufgabenbearbeitung oder auf individuelle Lernfortschritte Bezug zu nehmen (vgl. Pauli, 2010; Voerman, Meijer, Korthagen & Simons, 2012).

Motivationale Zielvariablen

Positive Wirkungen von Feedback auf kognitive Variablen lassen sich u. a. mit der Cognitive-Evaluation-Theorie auch indirekt, über die Wirkungen auf motivationale Variablen erklären (vgl. Deci, Koestner & Ryan, 1999) (▶ Kap. 9). Feedback kann sich dementsprechend über zunehmende Anstrengung, höheres Engagement, geringere Unsicherheiten und wachsendes Kompetenzerleben auf die Motivation und die Selbstwirksamkeit der Lernenden auswirken (Hattie & Timperley, 2007), da die Lernenden durch Feedback Informationen über die Wirkungen ihrer Lernhandlungen erhalten und ihre Anstrengungen beachtet und gewürdigt sehen, wodurch sich ihr Kompetenzgefühl und ihre Lernfreude steigern lassen.

Die Forschungslage zu den motivationalen Wirkungen von aufgabenbezogenem Feedback fällt allerdings uneinheitlich aus. Einerseits berichten verschiedene Studien, dass aufgabenorientiertes Feedback die Motivation und das Interesse steigert (z. B. Butler, 1987). Andere Studien dagegen können keine positiven bzw. keine direkten Effekte des Feedbacks auf affektiv-motivationale Variablen absichern (z. B. Krause & Stark, 2004). Die Studie von Vollmeyer und Rheinberg (2005) zeigt indirekte Effekte des Feedbacks über die angewandten Strategien auf die Motivation.

Auch wenn man verschiedene Feedbackformen miteinander vergleicht, wird die Befundlage nicht klarer. Offenbar wird der Zusammenhang zwischen Feedback und Motivation von weiteren Drittvariablen moderiert. Narciss (2002, 2004) untersuchte in mehreren Studien die Auswirkungen des Informationsgehalts von Feedback auf kognitive und motivationale Variablen. Ihre Ergebnisse deuten darauf hin, dass die motivationsförderlichen Wirkungen eines elaborierteren informativen Feedbacks nicht salient werden, wenn die Lernenden einer intensiven Aufgabenbearbeitung aus dem Weg gehen können. Wenn die Lernenden jedoch gezwungen sind, sich eine bestimmte Zeit mit den Aufgaben auseinanderzusetzen, werden positive Wirkungen eines informationshaltigeren Feedbacks wahrscheinlicher.

Unterrichtsstudien, wie die von Kunter (2005) und Elawar und Corno (1985), zeigen positive Effekte des Feedbacks auf affektiv-motivationale Zielvariablen. Kunter wies bei der Reanalyse der deutschen TIMSS-Videos nach, dass sich die von den Lernenden wahrgenommene Rückmeldequalität der Lehrperson positiv auf die Interessensentwicklung auswirkte, und zwar auch nach Kontrolle der individuellen Lernvoraussetzungen der Lernenden und der Kontextbedingungen der jeweiligen Klasse.

Elawar und Corno (1985) untersuchten, wie Lehrerrückmeldungen auf Hausaufgaben die Leistung und Motivation der Lernenden beeinflussen. Hierzu wurde eine Experimentalgruppe von Mathematiklehrpersonen in einem aufwendigen Training fortgebildet. Die ausführlichen Lehrerrückmeldungen bestanden aus emotional-motivationalen und sachlich-inhaltsbezogenen Komponenten. Verglichen wurden diese ausführlichen Rückmeldungen mit einfachen Rückmeldungen, die die Lernenden nur darüber informierten, wie viele Aufgaben sie richtig bearbeitet hatten. Das ausführlichere Feedback zeigte positive Effekte sowohl auf die Leistungen als auch auf das Selbstkonzept, die Lernfreude und auf die Einstellungen der Lernenden zur Lehrperson und zur Schule.

4.2.4 Kooperatives Lernen

Kognitive Zielvariablen

Sowohl im deutschen wie auch im angloamerikanischen Sprachraum wird der Begriff „kooperatives Lernen" bzw. „cooperative learning" nicht einheitlich verwendet. Pauli und Reusser (2000) verstehen unter kooperativem Lernen „Lernarrangements, die eine … koordinierte, ko-konstruktive Aktivität der Teilnehmer/innen verlangen, um eine gemeinsame Lösung eines Problems oder ein gemeinsam geteiltes Verständnis einer Situation zu entwickeln" (Pauli & Reusser, 2000, S. 421). Mit Ko-Konstruktion ist gemeint, dass Lernende durch den gegenseitigen Austausch neues Wissen aufbauen, ein neues Verständnis oder neue Aufgaben- oder Problemlösungen entwickeln, die vorher in dieser Form bei keinem der Lernenden verfügbar waren.

Zu beachten ist jedoch, dass kooperatives Lernen nicht einfach gleichzusetzen ist mit jeder x-beliebigen Form von Gruppenarbeit. Unter Berücksichtigung der umfangreichen Literatur werden immer wieder folgende zentrale Bestimmungsmerkmale genannt, die kooperatives Lernen im engeren Sinne kennzeichnen (Johnson, Johnson & Stanne 2000).

Zentrale Bestimmungsmerkmale kooperativen Lernens

- Grundlegend für kooperatives Lernen ist eine positive Interdependenz (wechselseitige Abhängigkeit) der Lernenden. Das bedeutet: Den Lernenden sollte bewusst sein, dass sie die Aufgabe nur zusammen lösen können. Bekräftigungen wie „Wir sitzen alle in einem Boot" oder „Wir ziehen am gleichen Strang" drücken diese positive Interdependenz aus.
- Dies impliziert auch, dass jedes Gruppenmitglied eine individuelle Verantwortung für den Arbeitsprozess in der Gruppe übernimmt. Die Unterrichtspraxis sieht jedoch häufig anders aus: Oft arbeiten nur einige wenige an der Aufgabenstellung, die anderen „tauchen ab" oder klinken sich ganz aus dem Arbeitsprozess aus (Renkl, Gruber & Mandl, 1996).
- Kooperatives Lernen lebt von der Face-to-Face-Kommunikation zwischen den Lernenden, von Formen gegenseitiger Unterstützung und wechselseitiger Rückmeldung.
- Soziale Fähigkeiten sind gleichsam Voraussetzung und Ziel kooperativen Lernens. Ohne ein Minimum an vorhandenen Fertigkeiten und Fähigkeiten ist kooperatives Lernen kaum realisierbar, gleichzeitig dient kooperatives Lernen jedoch auch dem Aufbau sozialer Kompetenzen.
- Die fünfte Komponente bezieht sich auf metakognitive und reflexive Tätigkeiten der Lernenden. Kooperatives Lernen im engeren Sinne beinhaltet, dass die Lernenden darüber nachdenken, welche Tätigkeiten und Arbeitsschritte hilfreich sind und wie sie ggf. ihren Arbeitsprozess modifizieren müssen.

Dem kooperativen Lernen in den USA und auch in anderen Ländern liegen langjährig entwickelte und erprobte Konzepte zugrunde. Diese lassen sich u. a. nach ihrer Belohnungs-/Bewertungsstruktur und nach ihrer Aufgabenstruktur systematisieren. Hinsichtlich der Belohnung bzw. der Bewertung wird zwischen Konzepten unterschieden, bei denen die Gruppen aufgrund der individuellen Leistungen ihrer Mitglieder belohnt bzw. bewertet werden und solchen Konzepten, bei denen entweder keine Belohnung bzw. Bewertung erfolgt oder die Belohnung bzw. Bewertung nur für das Gruppenergebnis, unabhängig von den Leistungen der einzelnen Mitglieder, gegeben wird. Hinsichtlich der Aufgabenstruktur lassen sich Konzepte voneinander abgrenzen, die sich im Grad der Vorstrukturierung und der Aufteilung der Aufgaben unterscheiden.

Zwei bedeutsame Konzepte kooperativen Lernens werden in den folgenden Exkursen vorgestellt. Beim **STAD-Konzept** erfolgt eine Gruppenbelohnung aufgrund individueller Leistungen der Gruppenmitglieder, dagegen wird auf eine Vorstrukturierung der Aufgaben in der Regel verzichtet. Beim zweiten hier vorgestellten Konzept, dem **Jigsaw**, erfolgt dagegen keine Belohnung der Leistungen, dagegen sind die Aufgaben vorstrukturiert.

Was den Forschungsstand zum kooperativen Lernen insgesamt anbelangt, so zeigen die großen Metaanalysen zunächst ein relativ konsistentes Bild: Kooperative Lernsituationen scheinen individualisierten und kompetitiven Lernsituationen überlegen zu sein (Johnson et al., 2000; Rohrbeck, Ginsburg-Block, Fantuzzo & Miller, 2003). Doch bei näherer Betrachtung stellt man fest, dass die mittleren Effektstärken in den verschiedenen Metaanalysen erheblich variieren und dass auch innerhalb der jeweiligen Metaanalysen die Effektstärken der einzelnen Studien breit streuen. Dies legt die Vermutung nahe, dass die Effekte kooperativen Lernens von weiteren Bedingungen beeinflusst werden.

Die Metaanalyse von Rohrbeck et al. (2003) konnte eine Reihe solcher Drittvariablen identifizieren, die die Effektivität des „peer-assisted learning" (PAL), bei dem sich Schüler gegenseitig in Gruppen unterrichten, moderieren. Demnach fallen die Ergebnisse für diese Art des kooperativen Lernens dann günstiger aus, wenn die Lernenden in gleichgeschlechtlichen Gruppen zusammenarbeiten, wenn das Ziel der Arbeit von den Lernenden festgelegt wird und

Student Teams-Achievement Divisions (Slavin, 1996)

STAD ist eine Kombination aus Gruppenarbeit, regelmäßiger Leistungsüberprüfung und Gruppenbelohnung. STAD umfasst mehrere Phasen. Zunächst führt die Lehrperson im Klassenverband in das Thema des Unterrichts ein. In der zweiten Phase arbeiten die Lernenden in leistungsheterogenen Gruppen. Ziel dieser Phase ist, dass alle Mitglieder der Gruppe die entsprechende(n) Aufgabe(n) lösen. Jede Gruppe bekommt die gleiche(n) Aufgabe(n) und die gleichen Materialien zur Verfügung gestellt. Nach der kooperativen Phase – diese kann 3–5 Unterrichtsstunden umfassen – erfolgt eine individuelle Leistungsüberprüfung mit einem Quiz bzw. Test. Dabei arbeitet jeder Schüler allein. Die erzielten individuellen Leistungen der Schüler werden jeweils mit einer Baseline, die vor der eigentlichen kooperativen Phase erfasst wurde, verglichen. Daran bemisst sich, wie viele Punkte jedes Gruppenmitglied erhält. Die Punkte werden pro Gruppe aufsummiert, die Gruppe mit den meisten Punkten gewinnt. Eine Gruppe – so die Erwartung – kann also nur dann erfolgreich sein, wenn alle Mitglieder der Gruppe dazugelernt haben bzw. nach der kooperativen Phase bessere Leistungen zeigen als vorher, was voraussetzt, dass sich die Lernenden gegenseitig in ihrem Lern- und Verstehensprozess unterstützen und Verantwortung für sich und die anderen Mitglieder in der Gruppe übernehmen. Diese Form der Beurteilung erhöht den Druck für die einzelnen Gruppenmitglieder sich anzustrengen und sich für die Arbeit der Gruppe zu engagieren.

Slavin (1996) verweist auf die große Bedeutung, die der individuellen Leistungsüberprüfung in diesem Modell eingeräumt werden muss. Eine von ihm durchgeführte Metaanalyse ergab für diese Form kooperativen Lernens eine mittlere Effektstärke von $d = 0.32$. Wenn dagegen ausschließlich ein einziges von der Gruppe erstelltes Produkt bewertet wird, zeigen die Studienergebnisse nur einen geringen Effekt von $d = 0.07$.

---

wenn die Arbeit Freiheitsgrade für die Lernenden eröffnet. Besonders hoffnungsvoll stimmen Befunde, die darauf hindeuten, dass insbesondere sozial benachteiligte Kinder von dieser Art des Lernens profitieren.

Weitere Studien beschäftigten sich mit den Effekten der **Gruppenzusammensetzung** auf den Lernerfolg. Eine heterogene Zusammensetzung der Gruppe kommt offenbar insbesondere den schwächeren Schülern zugute (Lou et al., 1996; Webb et al., 1998). Erklärt wird dies mit den elaborierteren Erklärungen und Beiträgen der stärkeren Mitglieder der Gruppen, aber auch mit einem aktiveren Lernverhalten der schwächeren Schüler in heterogenen Gruppen (Fawcett & Garton, 2005; Fuchs et al., 1996). Für leistungsdurchschnittliche Schüler zeichnet sich dagegen ab, dass ihr Lernerfolg in heterogenen Gruppen eher geringer ausfällt als in homogenen Gruppen, für leistungsstarke Schüler differieren die Befunde (Webb et al., 1998; Lou et al., 1996). Letztere erzielen in heterogenen Gruppen offenbar dann einen vergleichsweise hohen Lerngewinn, wenn eine intensive, freundliche und von gegenseitiger Unterstützung geprägte Arbeitsatmosphäre vorherrscht (Webb, Nemer & Zuniga, 2002). Das letztgenannte Ergebnis zeigt, dass für das Gelingen kooperativen Lernens die Interaktionsqualität eine wichtige Rolle spielt (Hijzen, Boekkaerts & Vedder, 2007). In einer Studie mit Studierenden wiesen Jurkowski und Hänze (2010) nach, dass auch die Kooperationsfähigkeit der Studierenden einen Einfluss auf den Lernerfolg hat, der partiell über das transaktive Interaktionsverhalten vermittelt wird. Mit transaktivem Interaktionsverhalten ist gemeint, wie intensiv die Lernenden aufeinander Bezug nehmen und Beiträge der anderen Gruppenmitglieder aufgreifen und weiterentwickeln.

Ob auch **Strukturierungsmaßnahmen** die Qualität kooperativen Arbeitens befördern können, ist nicht restlos geklärt. In der Metaanalyse von Rohrbeck et al. (2003) konnte dies nicht bestätigt werden, anderen Studien zufolge befördern Strukturierungen jedoch die Qualität kooperativen Arbeitens, insbesondere dann, wenn sie auf eine Aktivierung und Förderung metakognitiver Fähigkeiten der Lernenden abzielen (Howe & Tolmie, 2003; Kramarski & Mevarech, 2003) und wenn sie über Skripts den inhaltlichen Austausch der Gruppenmitglieder befördern und zur Vertiefung und Verknüpfung der Inhalte anregen (Jurkowski & Hänze, 2010).

Weitere Bedingungen, die die Wirksamkeit kooperativen Arbeitens beeinflussen können, sind offenbar die Komplexität und das Anforderungsniveau der Aufgabenstellung. Eine aktuelle Studie von Kirschner et al. (2011), die sich der Cognitive-Load-Theorie zuordnen lässt, ergab, dass kooperatives Lernen dann wirksamer ist als Einzelarbeit, wenn die unterrichtlichen Anforderungen komplexer Natur sind und problemlösendes Lernen erfordern. Wenn es dagegen um das Bearbeiten von weniger komplexen Anforderungen (hier: das Studium von Lösungsbeispielen) geht, zeigen sich deutlich geringere Unterschiede zwischen Einzelarbeit und kooperativer Bearbeitung. Eine mögliche Erklärung hierfür ist, dass sich die höhere kognitive Beanspruchung bei der Problemlöseaufgabe im Rahmen des kooperativen Settings auf mehrere Mitlernende verteilt, wodurch das Lernen effizienter und effektiver gestaltet werden kann, als wenn die Schüler alleine arbeiten. Dieses Ergebnis verweist darauf, dass auch das Niveau und die Komplexität der Aufgabenstellungen und die zu ihrer Bearbeitung erforderlichen Lernaktivitäten darüber entscheiden, ob kooperative Lernumgebungen ihr Potenzial „ausspielen" können oder nicht (▶ Exkurs „Student Teams-Achievement Divisions (Slavin, 1996)"; ▶ Exkurs „Jigsaw (Aronson, Blaney, Stephan, Sikes, & Snapp, 1978)").

Jigsaw (Aronson, Blaney, Stephan, Sikes, & Snapp, 1978)

Das Jigsaw (Gruppenpuzzle) verläuft in 4 unterschiedlichen Phasen. Zunächst teilt sich die Klasse in sogenannte Stammgruppen mit 4–5 Mitgliedern auf. Daraufhin werden, auf der Basis thematischer Vorstrukturierungen seitens der Lehrperson, Expertengruppen gebildet, in die jeweils ein Mitglied jeder Stammgruppe entsandt wird und die unterschiedliche Aspekte oder Aufgaben eines komplexeren Themas bearbeiten. Nach dieser Expertenphase folgt die Vermittlungsphase in den Stammgruppen. Jedes Mitglied hat dabei die Aufgabe, sein in den Expertengruppen erworbenes (Experten-)Wissen an die Mitglieder seiner Stammgruppe weiterzugeben, die sich mit einem anderen Thema beschäftigt

haben. Daran schließt sich in der Regel noch eine gemeinsame Reflexion im Klassenverband an.
Die Befunde zur Lernwirksamkeit des Gruppenpuzzles fallen, was den Lernerfolg anbelangt, uneinheitlich aus. In den meisten Untersuchungen konnten keine Vorteile des Gruppenpuzzles gegenüber herkömmlichem Unterricht abgesichert werden können (Hänze & Berger, 2007; Souvignier & Kronenberger, 2007). Demgegenüber berichten z. B. Borsch et al. (2002) von positiven Effekten, d. h., die Lernenden erzielten im Gruppenpuzzle größere Lernzuwächse als im traditionellen Unterricht bzw. in Einzelarbeit. Die Metaanalyse von Johnson, Johson und Stanne (2000) ermittelt für

das Gruppenpuzzle leicht positive Effekte. Einhellig weisen die Studien jedoch auf differenzielle Effekte innerhalb der Gruppenpuzzlegruppen hin: In ihren Expertenthemen schneiden die Lernenden in der Regel besser ab als in jenen Themen, die ihnen von ihren Mitlernenden präsentiert wurden (z. B. Hänze & Berger, 2007). Dieser Befund ist nicht überraschend, wenn man bedenkt, dass die Schüler sehr viel mehr Zeit auf die Erarbeitung ihrer Expertenthemen verwenden, und wenn man berücksichtigt, dass der Lernerfolg in den Nichtexpertenthemen auch von der Qualität der Vermittlung und Präsentation durch die Mitschüler abhängig sein dürfte (Webb et al., 1998).

Neben der Cognitive-Load-Theorie kommen für die hier dargestellten positiven Effekte kooperativen Lernens weitere theoretische Erklärungen infrage. Dabei lässt sich eine **kognitiv-konstruktivistische** und eine **motivationale** Perspektive unterscheiden. Aus kognitiv-konstruktivistischer Perspektive kann angenommen werden, dass kooperatives Lernen insbesondere dann zu einer Weiterentwicklung kognitiver Schemata und Strukturen beiträgt, wenn es zu einem vertieften Austausch von Meinungen, Ideen und Konzepten zwischen den Lernenden kommt, wenn widersprüchliche Meinungen aufeinandertreffen und kognitive Konflikte entstehen, die zu einem inhaltlich intensiven Diskurs führen (Piaget, 1985). Empirische Evidenzen hierfür fassen De Lisi und Golbeck (1999) zusammen (vgl. auch Jurkowski & Hänze, 2010). Eine stärker soziokulturelle Perspektive verfolgt die Theorie Vygotskys (1978). Vygotsky geht davon aus, dass die kognitive Entwicklung ein Prozess ist, der vor allem durch die Aushandlungs- und Interaktionsprozesse mit (kompetenteren) Personen befördert und unterstützt wird. Lernende eignen sich durch die Interaktion mit kompetenteren Personen Konzepte, Denkweisen und Strategien an, indem sie diese schrittweise internalisieren. Lernende profitieren vor allem dann von dieser Interaktion, wenn Anleitung und Unterstützung in der „Zone der nächsten Entwicklung" angesiedelt sind, also etwas über den aktuellen Entwicklungsstand des Lernenden hinausreichen. Andere Autoren erklären die positiven Effekte kooperativen Lernens mit motivationalen Aspekten des Lernens (s. unten).

Motivationale Zielvariablen

Für Slavin (1996) stellt die Motivation der Lernenden, die seiner Meinung nach insbesondere durch die grup-

penbezogene Belohnung auf der Basis der individuellen Leistungen der Gruppenmitglieder und die sich dadurch ergebende individuelle Verantwortlichkeit der Lernenden gefördert wird, den entscheidenden Wirkmechanismus beim kooperativen Lernen dar.

Andere Autoren sehen eher in der sozialen Kohäsion der Gruppenmitglieder den entscheidenden Grund für die positiven Effekte kooperativen Lernens, da kooperatives Lernen dem Bedürfnis nach sozialer Eingebundenheit entgegenkommt und darüber die Lernmotivation der Lernenden fördert (Cohen, 1994).

Insgesamt liegen zu den Effekten auf motivational-affektive Variablen (Einstellungen zum Lernen, Selbstwertgefühl, Formen der Lernmotivation) deutlich weniger Studien vor als für die Leistungsentwicklung. Zusammenfassungen des Forschungsstands und Metaanalysen indizieren auch hier ein insgesamt positives Bild (Lou et al., 1996; Springer, Stanne & Donovan, 1999).

Zieht man einige aktuellere Einzelstudien heran, so wird das Bild verschwommener. In der Studie von Krause und Stark (2004) blieben die erwarteten Effekte kooperativen Lernens auf motivationale Variablen, wie die Selbstwirksamkeit, die erlebte Kompetenz, die wahrgenommene Anstrengung sowie die Akzeptanz der Lernumgebung, allesamt aus. Positive Ergebnisse ergeben sich dagegen aus zwei Studien, die die Wirkungen der STAD-Methode und des Gruppenpuzzles untersuchten. In einer amerikanischen Studie mit Lernenden an Highschools konnten positive Effekte der STAD-Methode auf die Entwicklung der Selbstwirksamkeit, der intrinsischen Motivation sowie auf die Zielorientierungen der Lernenden nachgewiesen werden (Nichols, 1996). Hänze und Berger (2007) zeigen, dass sich das Verfahren des Gruppenpuzzles positiver auf die drei „basic needs" nach Deci und Ryan (1985), also auf das Kompetenzerleben, die soziale Eingebundenheit und das Autonomieerleben, auswirkt als traditioneller Unterricht.

Zusammenfassend zeigt sich auch für den affektiv-motivationalen Bereich, dass man nicht automatisch von positiven Effekten des kooperativen Lernens ausgehen kann. Vielmehr deuten die uneinheitlichen Ergebnisse darauf hin, dass es auch für den affektiv-motivationalen Bereich moderierende Faktoren gibt, die die Stärke der Effekte kooperativen Lernens beeinflussen.

4.2.5 Üben

Üben und Wiederholen sind wichtige Komponenten im Lern- bzw. Wissenserwerbsprozess und spielen in vielen Instruktionstheorien und -modellen eine wichtige Rolle (vgl. Aebli; ► Abschn. 4.1.3; Anderson, 2001). Üben verbessert die Übertragung von Informationen vom Arbeits- in das Langzeitgedächtnis, dient somit der Speicherung und Festigung von deklarativem und prozeduralem Wissen und damit der Entlastung des kognitiven Systems. Als allgemein anerkannt gilt, dass Training und Übung mangelnde Fähigkeiten und Begabung zumindest partiell kompensieren können.

Wenn man den Forschungsstand zum Thema „Üben" analysiert, so fällt zunächst auf, dass es vergleichsweise wenig aktuelle Studien gibt, die die Wirkungen von Übungen und Übungskomponenten auf schulrelevantes Wissen und schulbezogene Fähigkeiten explizit untersuchen. Entsprechenden Fragen wird in der Kognitionspsychologie und in der Forschung zur Bedeutung von Lernstrategien für den Lern- und Übungserfolg nachgegangen (► Kap. 2; Klauer & Leutner, 2007; Mandl & Friedrich, 2006).

Auch in Standardwerken zum Thema Unterrichtsqualität wird immer wieder auf die Bedeutung des Übens für den Lernprozess hingewiesen (Brophy, 2000; Borich, 2007). Marzano et al. (2000) ermitteln in ihrer Metaanalyse für das Merkmal „Hausaufgaben und Übungen" eine Effektstärke von $d = 0.77$, was einen beträchtlichen Effekt darstellt. Auch die fachdidaktische Forschung stellt die Bedeutung des Übens für den Lernprozess heraus (z. B. für die Mathematik: Grouws & Cebulla, 2000). Dabei wird meist darauf verwiesen, dass positive Effekte von Übungen am ehesten dann zu erwarten sind, wenn ein ausreichendes konzeptionelles Verständnis beim Lernenden vorhanden ist. Dieser weit verbreiteten Ansicht widersprechen allerdings die Befunde von Rittle-Johnson, Siegler und Alibali (2001), die wechselseitige Zusammenhänge zwischen der Entwicklung konzeptuellen Verständnisses und prozeduraler Fertigkeiten nachweisen konnten. Die Leseforschung verdeutlicht, dass wiederholtes Lesen der gleichen Textabschnitte (repeated reading) erhebliche Ef-

fekte auf die Leseflüssigkeit und das Leseverständnis hat (Therrien, 2004).

Als empirisch gut bestätigt gilt, dass **verteiltes Üben** grundsätzlich effektiver ist als massiertes (Donovan & Radosevich, 1999; Cepeda, Pashler, Vul, Wixted & Rohrer, 2006; Dunlosky, Rawson, Marsh, Nathan & Willingham, 2013; Rohrer & Taylor, 2006; Seabrook, Brown & Solity, 2005; Sobel, Cepeda & Kapler, 2011). Aktuelle Forschungen zeigen zudem, dass das Behalten langfristig gesteigert werden kann, wenn (Übungs-)Aufgaben vermischt bzw. verschachtelt dargeboten werden. Beim **vermischten Üben** werden Aufgaben zu miteinander in Beziehung stehenden Inhalten verschachtelt (abcabcabc) dargeboten (Rohrer & Taylor, 2007; Taylor & Rohrer, 2010). Bei geblockten Übungen, was dem typischen Vorgehen in der Schule entspricht, werden die Aufgaben nach den jeweiligen Inhalten dagegen isoliert und geblockt bearbeitet bzw. geübt (aaabbbccc): Nach der Einführung eines Inhalts a wird dieser Inhalt, häufig aber eben *nur* dieser Inhalt, sofort geübt, bevor ein neuer Inhalt b eingeführt und geübt wird. Während für kurzfristiges Behalten und Lernen geblockte Übungen offenbar effektiver sind, erweisen sich vermischte Übungen für den längerfristigen Lern- und Behaltenserfolg als überlegen. Entsprechende Studien liegen insbesondere für den Mathematikunterricht vor (Dunlosky et al., 2013; Kornell & Bjork, 2008; Taylor & Rohrer, 2010; Rohrer, 2012), wenngleich es sich jedoch hierbei vielfach um Laborstudien mit älteren Lernenden handelt (vgl. Richter et al., 2013). Erklären lässt sich die Überlegenheit vermischt bzw. verschachtelt dargebotener Lern- und Übungsaufgaben damit, dass Schüler dabei zusätzlich entscheiden müssen, welches der gelernten Verfahren oder Prinzipien anzuwenden ist, was erhebliche Diskriminationsleistungen erfordert. Demgegenüber kommt es bei geblockten Übungen lediglich darauf an, eine zuvor gelernte Prozedur bzw. ein Verfahren in der vorher gelernten Weise anzuwenden. Die plausibelste Erklärung für den Vorteil verschachtelten Übens ist demnach, dass Schüler dabei ein Wissen darüber ausbilden, welches Verfahren und welche Prozedur bei welchen Aufgaben anzuwenden ist und dadurch Gemeinsamkeiten und Unterschiede in den Aufgabenmerkmalen erkennen. Diese angenommene Erklärung für den Vorteil verschachtelten Übens und Lernens lässt sich mit Ergebnissen der Metaanalyse von Marzano, Gaddy und Dean (2000) in Einklang bringen, die für instruktionale Maßnahmen, die Lernende dazu anregen, Gemeinsamkeiten und Unterschiede zweier Elemente zu identifizieren, die höchste aller berichteten Effektstärken ($d = 1.61$) ermittelten (s. auch ► Abschn. 4.2.6). Verschachteltes Üben lässt sich somit als **wünschenswertes Erschwernis** begreifen, welches das Lernen zunächst schwerer, langfristig aber effektiver macht (Bjork & Bjork, 2011; Richter et al. 2013).

Ganz ähnliche Unterschiede zwischen kurzfristigem und langfristigem Behalten zeigen Studien zum sogenannten Testeffekt: Demnach ist es für das langfristige Behalten besser, wenn sich Lernende nach einer einmaligen Lese- bzw. Lernphase selbst testen und ihr Wissen prüfen, als wenn sie den zu lernenden Text nochmals lesend durcharbeiten und studieren. Für den kurzfristigen Lern- und Behaltenserfolg erweisen sich zwar nacheinander durchgeführte Studiums- bzw. Wiederholungsphasen als effektiver, langfristig bringt es jedoch mehr, wenn einmal gelerntes Wissen rekonstruiert und abgefragt wird, als wenn der Inhalt nochmals studiert wird (vgl. Dunlosky et al., 2013; Roediger & Karpicke, 2006a, 2006b). Das eigene Wissen zu testen, stellt somit auch eine wertvolle *Lerngelegenheit* dar. Darüber, wie sich dieser Testeffekt erklären lässt, liegen unterschiedliche Annahmen vor: Zum einen werden direkte Effekte angenommen, die davon ausgehen, dass durch das Testen und Abrufen des Wissens die Wahrscheinlichkeit steigt, dass neue Informationen mit der bestehenden kognitiven Struktur verknüpft und dadurch leichter erinnert werden. Indirekte Effekte basieren z. B. auf den Annahmen, dass der Lernende durch den Test Wissenslücken bemerkt, auf deren Schließung er sich nachfolgend konzentrieren kann, dass der Test mit seinen Fragen die Organisation von Wissen erleichtern kann und dass der Test eine Feedbackfunktion beinhaltet (Roediger, Putnam & Smith, 2011).

Wie lang dürfen oder sollen die **Zeiträume zwischen den Übungseinheiten** sein? Lange ging man davon aus, dass es sinnvoll sei, die Zeitintervalle zwischen den Wiederholungsphasen sukzessive auszudehnen. Studien können dies jedoch bislang nicht bestätigen. Donovan und Radosevich (1999) zeigen, dass zu lange Zeiträume zwischen den Übungseinheiten den Übungserfolg schmälern können. Cepeda et al. (2006) berichten in ihrer Metaanalyse von einer uneinheitlicher Befundlage: Während einige Studien nachweisen, dass mit einer Vergrößerung der Zeiträume zwischen den Übungsphasen ein höherer Lernzuwachs verbunden ist, gelangen andere Studien zu dem Ergebnis, dass gleich lange Zeiträume vorteilhafter sind. Ein Grund für die inkonsistente Forschungslage könnte sein, dass der Übungserfolg nicht nur von den Zeiträumen zwischen den Übungseinheiten, sondern auch davon abhängig ist, wie lange und nachhaltig das Wissen behalten werden soll. Je nachhaltiger und länger der Übungsstoff behalten werden soll, desto länger dürfen die Zeiträume zwischen den Übungseinheiten sein (Cepeda, Vul, Rohrer, Wixted & Pashler, 2008). Soll der Lernende das Wissen noch nach fünf Jahren erinnern, so sollten die Übungseinheiten 6–12 Monate auseinander liegen. Geht es dagegen um das Behalten für eine Woche, so sollten die Zeiträume zwischen den Übungseinheiten nicht länger als 12–24 Stunden sein (Cepeda et al., 2008).

Die berichteten Ergebnisse zum verteilten Üben (s. o.) lassen positive Effekte des sog. **Overlearning** – also des Weiterübens einer Tätigkeit, die man eigentlich schon beherrscht – fraglich erscheinen. Während frühere Studien positive Effekte für das Overlearning nachweisen konnten (vgl. zsf. Klauer & Leutner, 2007), gelangen neuere Untersuchungen eher zu dem Fazit, dass das Overlearning weder einen kurz- noch einen langfristigen Effekt hat (Rohrer, 2009; Rohrer & Taylor, 2006).

Insgesamt verweisen die Ergebnisse darauf, dass Übungen dann vergleichsweise wirkungslos verpuffen, wenn die Lernenden die auszuführenden Tätigkeiten bereits beherrschen und wenn die Übungsaufgaben keine Variationen und Herausforderungen beinhalten, sodass es den Lernenden nicht oder nur unzureichend gelingt, die kennzeichnenden Bestandteile des relevanten Konzepts zu diskriminieren und zu generalisieren (Bjork, 1994). Hier zeigen sich interessante Parallelen zu den Empfehlungen von Aebli (1976; 1983). Mit den positiven Effekten des vermischten Übens und mit dem berichteten Testeffekt lassen sich auch Verbindungen zum Konstrukt der kognitiven Aktivierung herstellen.

4.2.6 Kognitive Aktivierung

Aus einer kognitiv-konstruktivistischen Sicht verspricht Unterricht dann erfolgreich – im Sinne der Förderung eines vertieften Verständnisses – zu sein, wenn er Lernende zum vertieften Nachdenken und zu einer elaborierten Auseinandersetzung mit dem Unterrichtsgegenstand anregt. Damit wird das Konstrukt der ▶ **kognitiven Aktivierung** umschrieben, ein vergleichsweise junges Konstrukt in der deutschen Unterrichtsforschung, das von Baumert und Klieme in Abgrenzung zu anderen Basisdimensionen der Unterrichtsqualität, wie Schülerorientierung und Klassenführung, in die Diskussion eingeführt wurde (Baumert et al., 2004; Klieme, Lipowsky, Rakoczy & Ratzka, 2006). International werden für einen anregenden, herausfordernden Unterricht auch andere Begriffe wie „higher order questions", „higher order thinking", „challenging tasks", „thoughtful discourse" oder „authentic instruction" verwendet (vgl. Brophy, 2000; Hattie, 2009, 2012; Louis & Marks, 1998), wobei mit diesen Begriffen teilweise unterschiedliche Facetten kognitiver Aktivierung betont werden.

Inwieweit Lernende kognitiv aktiviert und stimuliert werden, lässt sich nicht direkt beobachten, sondern wird in der Regel über verschiedene Indikatoren approximativ zu erfassen versucht. Diese beziehen einerseits Merkmale des Unterrichtsangebots, andererseits Aspekte der Nutzung dieses Angebots durch die Lernenden ein. Indikatoren des Unterrichtsangebots umfassen vor allem Aspekte des Lehrerverhaltens. Die Lehrperson kann den Prozess der kognitiven Aktivierung initiieren und befördern, indem sie

— die Lernenden mit kognitiv herausfordernden Aufgaben konfrontiert,
— kognitive Konflikte provoziert,
— auf Unterschiede in inhaltsbezogenen Ideen, Konzepten, Positionen, Interpretationen und Lösungen hinweist,
— die Lernenden anregt, ihre Gedanken, Konzepte, Ideen und Lösungswege darzulegen und zu erläutern,
— anregende und herausfordernde Fragen stellt, die zu Begründungen, Vergleichen und Verknüpfungen neuer Informationen mit bereits bestehendem Wissen anregen und
— allgemein gesprochen eine diskursive Unterrichtskultur pflegt, in der sich die Lernenden intensiv über inhaltliche Konzepte und Ideen austauschen.

Korrespondierend hierzu lässt sich auf der Ebene der Angebotsnutzung dann von einem vergleichsweise kognitiv aktivierenden Unterricht ausgehen, wenn die Lernenden kognitiv anspruchsvolle Tätigkeiten ausüben, also z. B. Argumente austauschen, Querverbindungen zu anderen Themen oder Konzepten herstellen, Vergleiche anstellen, Lösungswege erläutern, vergleichen und beurteilen, Vermutungen formulieren, Fragen stellen, Antworten und Lösungen hinterfragen und ihr Wissen auf andere Situationen übertragen.

Eine besondere Rolle in einem kognitiv aktivierenden Unterricht spielt das fachliche Niveau der didaktischen Kommunikation und der Unterrichtsgespräche (Brophy, 2000; Learning Mathematics for Teaching Project, 2010; Menke & Pressley, 1994; Pauli & Reusser, 2011; Walshaw & Anthony, 2008).

Theoretisch weist das Konstrukt der kognitiven Aktivierung u. a. Bezüge zu den Theorien von Vygotsky und Piaget und zu konstruktivistischen Theorien des Wissenserwerbs auf. Der inhaltliche Austausch mit anderen Menschen, insbesondere mit kompetenteren Mitlernenden und Erwachsenen, wird von Vygotsky (1978) als zentrale Voraussetzung für die allmähliche Verinnerlichung von neuen Konzepten, Strategien und für den Aufbau von neuem Wissen verstanden (▶ Abschn. 4.2.4). Der Ansatz von Vygotsky wie auch das Konstrukt der kognitiven Aktivierung betonen gleichermaßen die Bedeutung der fachgebundenen Interaktion für den Aufbau von neuem Wissen.

Die Konfrontation der Schüler mit anderen Standpunkten und Sichtweisen bzw. die Initiierung von Widersprüchen stellt eine Voraussetzung für das Entstehen kognitiver Konflikte dar, die im Sinne Piagets (1985) als Motor für die Weiterentwicklung kognitiver Strukturen betrachtet werden. Theoretische Basis für diese Annahmen bildet das sog. Äquilibrationskonzept, also das Bestreben des Lernenden, ein Gleichgewicht zwischen den existierenden Vorstellungen und Konzepten einerseits und neuen Informationen und Erfahrungen andererseits herzustellen. Der Impuls zum Aufbau und zur Weiterentwicklung kognitiver Strukturen erfolgt dadurch, dass der Lernende mit Informationen, Erfahrungen oder Phänomenen konfrontiert wird, die im Widerspruch zu seinen bisherigen Konzepten stehen und die ihn erkennen lassen, dass seine bisherigen Vorstellungen nicht mehr tragfähig sind und neue Konzepte plausibler erscheinen (▶ Abschn. 4.2.4).

Die Forschungslage zu Wirkungen eines kognitiv aktivierenden Unterrichts ist noch vergleichsweise dünn. Die meisten Studien liegen zum Mathematikunterricht vor. Klieme, Schümer und Knoll (2001) konnten auf der Basis der Daten aus der TIMSS-Videostudie 1995 positive Zusammenhänge zwischen der kognitiven Aktivierung der Lernenden und dem Lernzuwachs nachweisen, dabei wurde jedoch der Mehrebenencharakter der Daten nicht berücksichtigt. In dem Projekt „Unterrichtsqualität, Lernverhalten und mathematisches Verständnis" (Pythagorasstudie) stellten Lipowsky et al. (2009), nach Kontrolle diverser Lernvoraussetzungen und klassenspezifischer Bedingungen, einen positiven, wenngleich schwachen Effekt der von externen Beobachtern hochinferent eingeschätzten kognitiven Aktivierung auf den Lernerfolg der Schüler während einer dreistündigen Unterrichtseinheit zur „Satzgruppe des Pythagoras" fest. Pauli und Reusser (2011) analysierten die Lehrer-Schüler-Interaktion im öffentlichen Klassengespräch des videografierten Pythagorasunterrichts genauer. Mittels niedriginferenter Kodierungen wurden u. a. der Anteil von Lehreräußerungen erfasst, mit denen die Schüler aufgefordert wurden etwas zu begründen oder zu erläutern, der Anteil kognitiv herausfordernder Lehrerfragen, der Anteil gleichberechtigter Schüleräußerungen (in Abgrenzung zu Schüleräußerungen, die lediglich eine Stichwortfunktion erfüllten) und der Anteil der Schüleräußerungen, die eine Begründung enthielten. Diese vier Kategorien ließen sich faktorenanalytisch zu der Dimension „anspruchsvolle mathematische Diskussionen" verdichten, deren Ausprägung mehrebenenanalytisch den Lernerfolg der Schüler in der dreistündigen Unterrichtseinheit „Einführung in den Satz des Pythagoras" positiv vorhersagen konnte.

Im COCATIV-Projekt ermittelten Baumert und Kollegen (2010) einen positiven Effekt der kognitiven Aktivierung auf den Lernzuwachs von Schülern im Mathematikunterricht des 10. Schuljahrs, wobei die kognitive Aktivierung des Unterrichts hier über das Anspruchsniveau der in Klassenarbeiten eingesetzten Aufgaben erfasst wurde (vgl. auch Kunter & Voss, 2011). Auch Befunde des amerikanischen QUASAR-Projekts (Stein & Lane, 1996), des britischen CAME-Projekts (Shayer & Adhami, 2007), Ergebnisse einer kleinen Studie von Hiebert und Wearne (1993) sowie Befunde mehrerer qualitativer mathematikdidaktischer Studien, die Hiebert und Grouws (2007) zusammenfassen, verweisen auf die positiven Effekte eines Unterrichts, der sich durch eine höhere Anzahl kognitiv anspruchsvoller Aufgaben und durch die kognitiv anspruchsvolle Auseinandersetzung mit zentralen mathematischen Kernideen auszeichnet. Taylor, Pearson, Peterson und Rodriguez (2003) konnten ähnliche Befunde für die Leseleistungen von benachteiligten Grundschülern ermitteln: Demnach wurden die Leseleistungen der Lernenden vor allem dann gefördert, wenn die Lehrpersonen die Lernenden zu kognitiv anspruchsvollen Aktivitäten anregten (vgl. auch Menke & Pressley, 1994). Für naturwissenschaftlichen Unterricht ergeben sich Hinweise auf positive Effekte eines kognitiv aktivierenden Unterrichts z. B. durch die Studien von She und Fisher (2002) und von Zohar und Dori (2003, auch Zohar, 2004). Fauth, Decristan, Rieser, Klieme und Büttner (2014) ermittelten positive Effekte kognitiver Aktivierung auf das naturwissenschaftliche Interesse von Grundschülern, nicht aber auf deren Leistungsentwicklung.

Eine spezifische Strategie, Lernende kognitiv zu aktivieren, stellt die Konfrontation mit kontrastierenden Aufgaben(-lösungen), Meinungen und mit typischen Fehlern oder Misskonzepten dar. In einer Studie im Fach Mathematik konnten Rittle-Johnson und Star (2007) am Beispiel von Aufgaben zum Thema „lineare Gleichungen" zeigen, dass Schüler ein höheres prozedurales Wissen und eine höhere Flexibilität erwerben, wenn sie aufgefordert werden, unterschiedliche Schülerlösungen zu einer Aufgabe zu vergleichen, statt wenn sie sequenziell, also hintereinander, mit Aufgabenlösungen zu verschiedenen Aufgaben konfrontiert werden. In einer aktuelle Studie der Arbeitsgruppe um Chi (Gadgil, Nokes-Malach & Chi, 2012) wurde eine Gruppe von Lernenden mit einer korrekten Abbildung eines naturwissenschaftlichen Konzepts (Blutkreislauf) und einer Abbildung, die eine typische Fehlvorstellung repräsentierte, konfrontiert. Außerdem wurden die Schüler über Prompts aufgefordert, beide Abbildungen zu vergleichen. Eine zweite Gruppe von Lernenden erhielt nur die korrekte Abbildung mit der Aufforderung, diese zu erklären. Beide Gruppen erhielten zudem den gleichen Sachtext zum Thema. Der Vergleich der beiden Schülergruppen ergab, dass die „vergleichende" Gruppe ein höheres Faktenwissen erwarb, ihre Misskonzepte häufiger aufgab und mehr korrekte Schlussfolgerungen entwickelte als die Gruppe, die lediglich die eine korrekte Abbildung erhielt. Diese beiden Ergebnisse lassen sich in Verbindung bringen mit den oben berichteten Ergebnissen zum verschachtelten Üben und mit der Metaanalyse von Marzano et al. (2000), wonach Lernhandlungen, die die Identifizierung von Gemeinsamkeiten und Unterschieden und damit ein Vergleichen erfordern, besonders lernwirksam sind (▶ Abschn. 4.2.5).

Zusammenfassend handelt es sich bei der kognitiven Aktivierung um ein facettenreiches Konstrukt, das zum einen auf das Angebot der Lehrperson und deren Handlungen fokussiert, zum anderen eher die Nutzung dieses Angebots durch die Lernenden zur Messung heranzieht. Entsprechend wird die kognitive Aktivierung in einigen Studien über Unterrichtsbeobachtungen und Aufgabenanalysen erfasst, in anderen Studien über die Befragung und Beobachtung der Lernenden. Im Vergleich zu den beiden anderen Basisdimensionen von Unterrichtsqualität, der effektiven Klassenführung (▶ Abschn. 4.2.1 und ▶ Kap. 5) und dem Unterrichtsklima (▶ Abschn. 4.2.8), scheint die Stabilität der kognitiven Aktivierung geringer zu sein, d. h. sie kann von Unterrichtseinheit zu Unterrichtseinheit variieren und hängt offenbar auch stärker von Merkmalen des zu unterrichtenden Inhalts ab (vgl. Praetorius, Pauli, Reusser, Rakoczy & Klieme, accepted).

4.2.7 Metakognitive Förderung

In enger Verbindung mit der kognitiven Aktivierung der Lernenden und der Qualität des Klassengesprächs stehen Aktivitäten der Lehrperson, die auf eine metakognitive Förderung der Lernenden abzielen. Metakognitive Förderung steht dabei für eine Reihe von Maßnahmen der Lehrperson, die dazu beitragen, bei Lernenden Wissen über kognitive Funktionen im Allgemeinen und über das eigene Lernen im Speziellen aufzubauen sowie Fähigkeiten der Planung, Steuerung, Regulation und Bewertung weiterzuentwickeln (vgl. Hasselhorn & Labuhn, 2008).

Die Befundlage zur Förderung der Metakognition ist vergleichsweise robust: Maßnahmen, die der metakognitiven Förderung der Lernenden dienen, haben nicht nur das Potenzial, metakognitive Strategien zu befördern, sondern wirken sich darüber hinaus auch auf den Lernerfolg von Schülern aus, insbesondere wenn es sich um systematische Trainings handelt (vgl. z. B. Dignath et al., 2008; Hattie, 2009; Hattie, Biggs & Purdie, 1996; Kramarski & Mevarech, 2003; Veenman, Van Hout-Wolters & Afflerbach, 2006; Wang, Haertel & Walberg, 1993; Zohar & David, 2008). So erweisen sich z. B. Maßnahmen, die die Lernenden zur Selbstverbalisierung, Selbsterklärung und Selbstbewertung des eigenen Lernprozesses anregen, als überaus erfolgreich (Dunlosky et al., 2013; Hattie, 2009, Chi et al., 1989).

Dignath, Büttner und Langfeldt (2008) werteten in ihrer Metaanalyse insgesamt 48 Studien aus, die zwischen 1992 und 2006 publiziert wurden und in denen Grundschüler (bis Klassenstufe 6) im selbstregulierten Lernen systematisch trainiert wurden. Die Trainings intendierten u. a. die Förderung kognitiver, motivationaler und/oder metakognitiver Lernstrategien in den Domänen Lesen,

Schreiben oder Mathematik. Die Trainings, die sich auf das Fach Mathematik bezogen, erzielten eine mittlere Effektstärke von $d = 1.0$, was einem starken Effekt entspricht (Lesen/Schreiben: $d = 0.44$). Für mathematische Leistungen erwiesen sich insbesondere solche Trainings als wirksam, bei denen metakognitive und kognitive ($d = 1.03$) oder metakognitive und motivationale Strategien ($d = 1.23$) kombiniert erarbeitet und vermittelt wurden.

In einer der von Dignath et al. (2008) einbezogenen Studien wurden Mathematiklehrpersonen der Klassenstufen 3–8 darin trainiert, ihre Schüler in besonderer Weise metakognitiv zu fördern (Cardelle-Elawar, 1995). So regten die Lehrpersonen die Schüler durch die Modellierung des erwünschten Verhaltens immer wieder dazu an, sich selbst zu fragen, worin die Frage bzw. das Problem bei der jeweiligen Aufgabe besteht, ob alle für die Problemlösung erforderlichen Informationen zur Verfügung stehen, welche Lösungsschritte und welche arithmetischen Operationen ausgeführt werden sollen. Außerdem wurden die Lernenden am Schluss einer Unterrichtseinheit aufgefordert, zu reflektieren, was sie gelernt und was sie über sich in der Auseinandersetzung mit der Bearbeitung des mathematischen Problems erfahren haben. Der Vergleich mit einer Kontrollgruppe von Schülern, die traditionell unterrichtet wurden, ergab, dass die metakognitiv geförderten Lernenden langfristig betrachtet höhere Leistungszuwächse erzielten, dem Fach Mathematik eine höhere Bedeutung beimaßen und ein höheres mathematikbezogenes Interesse entwickelten als die Lernenden der Kontrollgruppe.

Veenman et al. (2006) verweisen nach Durchsicht des Forschungsstands auf drei Bedingungen, die metakognitive Förderung im Unterricht erfolgreich machen. Zum einen sollte die metakognitive Förderung in den Fachunterricht integriert, also nicht separat betrieben werden, zweitens sollten die Lernenden über den Nutzen metakognitiver Aktivitäten informiert werden und drittens sollte ein ausführliches und längeres Training stattfinden.

4.2.8 Unterstützendes Unterrichtsklima

In der Schul- und Unterrichtsforschung zählt der Klimabegriff zu den undeutlichsten Konstrukten überhaupt (Gruehn, 2000). So kann Klima zum einen die emotionale Grundtönung der Lehrer-Schüler-Beziehung, zum anderen die Grundorientierungen und Werthaltungen der am Schulleben beteiligten Personen oder die von den Lernenden wahrgenommene Lernumwelt meinen (Eder, 2001). Als wahrgenommene Lernumwelt kann Klima wiederum die Wahrnehmungen der einzelnen Schüler oder die Wahrnehmungen einer ganzen Klasse repräsentieren. Im ersten Fall spricht man vom individuellen Klima, im zweiten Fall

vom geteilten oder kollektiven Klima. In neueren Arbeiten wird das unterstützende Unterrichtsklima v. a. über die kollektive Wahrnehmung einer Lerngruppe erfasst, dabei jedoch über recht unterschiedliche Facetten operationalisiert. Hierzu zählen u. a. der gegenseitige wertschätzende Umgang von Lehrperson und Schülern, das Interesse der Lehrperson für die Belange der Schüler, der konstruktive und geduldige Umgang der Lehrperson mit Fehlern, ihre Empathie und Fürsorge sowie ein gutes Verhältnis der Schüler untereinander. Teilweise werden mit einem unterstützenden Unterrichtsklima auch ein schülerorientierter Unterricht, Freiheitsspielräume und Merkmale wie „higher order thinking" oder „encouraging learning" (Cornelius-White, 2007) assoziiert, die allerdings eher die kognitive Aktivierung als das Klima des Unterrichts erfassen dürften.

Die **uneinheitliche Konzeptualisierung** des Begriffs Klima findet auch in inkonsistenten Forschungsergebnissen ihren Niederschlag. Ein erster Blick in die englischsprachige Literatur offenbart nur scheinbar ein relativ einheitliches Bild: Darin findet man häufig Hinweise darauf, dass ein gutes Unterrichtsklima eine zentrale Voraussetzung für effektives Lernen sei (z. B. Brophy, 2000; Cornelius-White, 2007; Fraser, 1994). Berücksichtigt man aber jene Studien, in denen mit dem Klima die Beziehungsqualität zwischen Lehrenden und Lernenden erfasst wurde und die den Einfluss der kollektiven Wahrnehmung auf den Lernzuwachs mehrebenenanalytisch untersuchten, so lassen sich Befunde für direkte Effekte der affektiven Qualität der Lehrer-Schüler-Beziehung auf den Lernerfolg der Lernenden kaum absichern (Campbell et al., 2004; Gruehn, 2000; Helmke, 2011; Kunter & Voss, 2011).

Auch aus theoretischer Sicht lassen sich eher **indirekte Effekte des Unterrichtsklimas** auf den Lernerfolg annehmen: In Klassen mit einem positiv ausgeprägten Klima, das von gegenseitiger Wertschätzung und Respekt geprägt ist, fühlen sich die Lernenden wohler. Sie gehen gerne in die Schule, haben positivere Beziehungen zu Mitlernenden und zu ihrer Lehrperson, erleben sich stärker sozial eingebunden und dazugehörig, strengen sich mehr an und entwickeln eine höhere Motivation für das Lernen. Das aktive Engagement und die höhere Motivation wirken sich dann wiederum positiv auf den Lernerfolg aus.

Für diesen indirekten Effekt des Unterrichtsklimas auf den Lernerfolg – über das Erleben sozialer Eingebundenheit, das aktivere Engagement und eine höhere Lernmotivation – sprechen vergleichsweise viele empirische Befunde (z. B. Furrer & Skinner, 2003; Osterman, 2000). Darüber hinaus belegen Studien, dass ein wertschätzender Umgang miteinander, eine warme und fürsorgliche Atmosphäre sowie ein motivational und emotional unterstützendes Lehrerverhalten das Engagement und die Anstrengungsbereitschaft, das Verhalten im Unterricht, die Motivation, das Selbstkonzept, die Selbstwirksamkeit, die Lernfreude, das Selbstbestimmungserleben und die Zielorientierungen der Lernenden fördern können (Ames & Archer, 1988; Den Brok, Brekelmans & Wubbels, 2004; Furrer & Skinner, 2003; Reeve, 2002; Gabriel, 2013; Goodenow, 1993; Kunter & Voss, 2011; Opdenakker, Maulana & Den Bronk, 2012; Ryan, Stiller, & Lynch, 1994; Turner et al., 1998; Wentzel, 1997; Wubbels & Brekelmans, 2005).

Die Qualität der Lehrer-Schüler-Beziehung hat demzufolge das Potenzial, die affektiv-motivationale Entwicklung der Lernenden zu fördern und darüber auch den Lernerfolg zu beeinflussen. Zu beachten ist jedoch, dass die Schaffung eines guten Unterrichtsklimas nicht nur von der Lehrperson, sondern auch von der Klassenzusammensetzung abhängig ist.

4.2.9 Innere Differenzierung, Individualisierung und Scaffolding als Formen adaptiven Unterrichts

Maßnahmen zur inneren Differenzierung des Unterrichts und zur Individualisierung des Lernens werden als zentrale Strategien für eine adaptive Unterrichtsgestaltung angesehen, die im Zuge aktueller Forderungen nach einer verstärkten individuellen Förderung und einem konstruktiven Umgang mit Heterogenität an Relevanz gewinnen. Während die Lehrperson in Phasen innerer Differenzierung *Gruppen von Schülern* unterschiedliche Aufgaben, unterschiedliche Aufgabenmengen und/oder unterschiedliche Lernzeitkontingente zuweist und/oder ihnen unterschiedliche Unterstützungsangebote gewährt, verfolgen Maßnahmen der Individualisierung den Anspruch, die Lernangebote und -bedingungen an die Voraussetzungen *einzelner Schüler* anzupassen. Als Kriterien zur Bildung von Schülergruppen werden häufig die Leistungen, die Interessen oder soziale Präferenzen der Schüler herangezogen. Maßnahmen der Differenzierung und Individualisierung verfolgen gleichermaßen das Ziel, Schüler mit unterschiedlichen Lernvoraussetzungen in ihrem Lernprozess wirkungsvoll zu fördern und zu unterstützen und dazu beizutragen, dass alle Schüler bestimmte Mindestziele erreichen.

Kognitive Zielvariablen

Weitreichende Formen der Individualisierung, wie z. B. offene Unterrichtsformen, sind im Hinblick auf die Lernleistungen von Schülern offenbar nicht per se wirksamer als lehrergelenkte Formen des Unterrichtens (▶ Abschn. 4.1.3). Ältere amerikanische Studien, die die Effekte längerfristig angelegter Differenzierungs- und Individualisierungsprogramme (z. B. den Joplin-Plan, Slavin, 1987 oder das „mastery learning" ▶ Abschn. 4.1.3) untersuchten, kamen überwiegend zu positiven Befunden einer an die Lernvoraussetzungen der Schüler angepassten Instruktion.

Der Joplin-Plan sah die Bildung von leistungshomogenen Gruppen in einem Fach (z. B. im Lesen) bei gleichzeitiger Beibehaltung der leistungsheterogenen Klassenverbände vor. Hierzu wurden mehrere Klassenverbände (z. B. alle Klassen der Jahrgänge 3–5) für den Leseunterricht aufgelöst. Aus allen Schülern der betreffenden Jahrgänge wurden dann nur für den Leseunterricht leistungshomogene Schülergruppen gebildet, die unterschiedliche Materialien und Lesetexte erhielten. Der Übergang in das nächste Leseniveau erfolgte – ähnlich wie beim „mastery learning" –, sobald man das Ziel des Niveaus erreicht hatte. Der übrige Unterricht war von dieser Form der Differenzierung nicht betroffen. Die zu dieser Form der Differenzierung vorliegenden Ergebnisse älterer Studien zeigen insgesamt positive Effekte (Gutiérrez & Slavin, 1992; Mosteller, Light & Sachs, 1996; Slavin, 1987).

Auch weniger weitreichende Formen der Binnendifferenzierung waren Gegenstand bisheriger Forschung. Sie belegen in der Summe Vorteile des binnendifferenzierenden Unterrichts, bei dem innerhalb des Klassenverbands zeitweise leistungshomogene Gruppen gebildet werden (Slavin, 1987; Kulik & Kulik, 1992; Puzio & Colby, 2010). Die entsprechenden Effekte fallen insgesamt jedoch schwächer aus als bei aufwändig konzipierten Maßnahmen wie dem Joplin-Plan. Annehmen lässt sich, dass Maßnahmen der Differenzierung und Individualisierung vor allem dann wirksam sind, wenn sie mit einer regelmäßigen und lernbegleitenden Diagnostik, bei der die Lernstände und die Lernlücken fortlaufend erfasst werden, mit spezifischer Unterstützung und adaptivem Feedback sowie mit Maßnahmen der gezielten Förderung von Lernstrategien und selbstgesteuertem Lernen gekoppelt werden (vgl. Reis et al., 2011; auch Klieme & Warwas, 2011).

Eine aktuell erprobte und untersuchte Form der Differenzierung, bei der Schüler selbst entscheiden können, ob sie instruktionale Hilfen in Anspruch nehmen, ist das **Konzept der gestuften Lernhilfen**. Dabei handelt es sich um von der Lehrperson strukturierte, aufeinander aufbauende Lösungshinweise in Form von Hilfekärtchen zu Lernaufgaben mit eindeutigen Lösungen, auf die die Lernenden nach Wunsch zurückgreifen können. Die bislang hierzu vorliegenden Studien offenbaren gegenüber der Konfrontation mit herkömmlichen Lösungsbeispielen und gegenüber lehrergelenktem Unterricht Vorteile im motivationalen und kognitiven Bereich (Schmidt-Weigand, Franke-Braun & Hänze, 2008; Schmidt-Weigand, Hänze & Wodzinski, 2009, 2012), allerdings ist noch offen, ob dieses Prinzip der Kombination strukturierter Lehrerhinweise mit Selbstdifferenzierungselementen auch für komplexere Aufgaben und für nicht naturwissenschaftliche Fächer ähnlich wirksam ist.

Im Zusammenhang mit einer adaptiven Lehrerunterstützung einzelner Schüler wird in der aktuellen Dis-

4

kussion immer häufiger auch auf die Notwendigkeit eines angemessenen Scaffoldings (► Abschn. 4.1.3) verwiesen. Bei der Durchsicht der Literatur fällt zunächst auf, dass **Scaffolding** teilweise sehr unterschiedlich konzeptualisiert wird. Versucht man einen gemeinsamen Kern dieser Konzeptualisierungen auszumachen, so lassen sich die folgenden Kernmerkmale identifizieren:

a) eine fortlaufende prozessbegleitende Diagnostik der Lern- und Verstehensprozesse des einzelnen Schülers oder der Schülergruppe (ongoing diagnosis),

b) eine am Lernstand und an den Lernvoraussetzungen des einzelnen Schülers oder der Schülergruppe ausgerichtete und kalibrierte Unterstützung der Lehrperson (adaptivity and calibrated support) und

c) die schrittweise Ausblendung der Lehrerunterstützung in enger Verbindung mit einer zunehmenden Kontrolle des eigenen Lernprozesses durch den Lernenden (fading) (van de Pol, Volman & Beishuizen, 2010; Puntambekar & Hübscher, 2005).

Theoretisch wird vor allem auf soziokonstruktivistische Theorien des Wissenserwerbs und auf das Konzept der Zone der nächsten Entwicklung nach Vygotsky (► Abschn. 4.2.4, ► Abschn. 4.2.6) Bezug genommen, indem die Bedeutung der sozialen Umwelt und einer entsprechenden Unterstützung für die kognitive Entwicklung des Lernenden herausgestellt wird. Die erwähnten Kernelemente verdeutlichen, dass Scaffolding kein eng umgrenztes Lehrerverhalten oder Unterrichtsmerkmal darstellt, sondern eine breite Palette von Verhaltensweisen umfasst, die u. a. Anteile von formativem Assessment[1], Feedback und kognitiver Strukturierung beinhalten und diagnostische und fachdidaktische Kompetenzen der Lehrperson voraussetzen dürften (vgl. Kapitel Kunter & Pohlmann).

Bei der **Operationalisierung von Scaffolding** werden primär Lehreraktivitäten in den Blick genommen. Hierzu zählen z. B. das gezielte Nachfragen, das Stellen diagnostischer Fragen und Aufgaben, welche Auskunft über das Verständnis oder ggf. vorhandene Misskonzepte geben können, gezielte Beobachtungen von Schüler-Schüler-In-teraktionen, Lehrer-Schüler-Gespräche, die Konfrontation mit gegenteiligen Meinungen oder Argumenten sowie die Fokussierung der Schüleraufmerksamkeit auf relevante Aspekte des Unterrichtsgegenstands. Im weitesten Sinne sind damit Strukturierungshilfen beschrieben, die die Funktion eines kognitiven „Lerngerüsts" erfüllen und relevante Aspekte der Aufgabe oder des Problems hervorheben (Einsiedler & Hardy, 2010; Klieme & Warwas, 2011; Kleickmann, Vehmeyer & Möller, 2010; Krammer, 2009; Wood, Bruner & Ross, 1976).

Obgleich die vorliegende Literatur zum Scaffolding umfangreich ist, liegen – auch aufgrund der Komplexität dieses Merkmals – nur wenige kontrollierte Studien vor, die die Wirkungen von Scaffolding oder einzelner Facetten überprüfen. In einem aktuellen Forschungsüberblick gelangen van de Pol, Volman und Beishuizen (2010) nach der Durchsicht der wenigen vorliegenden Studien zu einer optimistischen Einschätzung hinsichtlich der Wirkungen auf kognitive und metakognitive Leistungen von Schülern, kritisieren aber gleichzeitig die uneinheitliche Messung des Konstrukts und mahnen zudem einen stärkeren Theoriebezug der Studien an.

Maßnahmen der Differenzierung und Individualisierung wird auch eine hohe Bedeutung für die Verringerung von Leistungsunterschieden in Klassen zugeschrieben. Diese Annahmen finden in der Forschung bislang jedoch keine Bestätigung. Zwar gelingt es in einigen Studien, Klassen zu identifizieren, in denen eine überdurchschnittliche Leistungsförderung mit gleichzeitiger Verringerung der Leistungsunterschiede einhergeht. Diese Befunde sind insbesondere vor dem Hintergrund der aktuellen Debatte über inklusionsförderlichen Unterricht relevant. Zur Frage, durch welche (potenziell gemeinsamen) Merkmale sich Unterricht in leistungsförderlichen und -ausgleichenden Klassen auszeichnet und welche Rolle hierbei Differenzierungsmaßnahmen spielen, liegen allerdings keine aktuellen Studien vor (vgl. Baumert, Roeder, Sang & Schmitz, 1986; Einsiedler & Treinies 1997; Weinert & Helmke, 1996). Mehrheitlich zeigen sich zudem eher **Schereneffekte**, d. h., die Leistungskurven von schwächeren und stärkeren Schülern gehen, zumindest unter den herrschenden schulischen und unterrichtlichen Bedingungen, im Zeitverlauf eher auseinander als zusammen.

Motivational-affektive Zielvariablen

Die Forschung zu Effekten von innerer Differenzierung, Individualisierung und Scaffolding auf affektiv-motivationale Variablen ist insgesamt dünn und uneinheitlich. Betrachtet man die Leistungsmotivation als abhängige Variable, so zeigen ältere Studien zum offenen Unterricht eher negative Effekte. Demnach wird die Leistungsmotivation eher durch einen traditionellen, lehrergesteuerten Unterricht als durch einen offenen Unterricht gefördert

---

[1] Unter formativem Assessment werden in der Regel Strategien der Lehrperson (standardisierte Tests, informelle Tests, Gespräche, Beobachtungen) zur fortgesetzten, lernprozessbezogenen Diagnostik verstanden, die dazu dienen, Lernstände und Verstehensprozesse der Lernenden offen zu legen und hieraus Impulse (z. B. in Form entsprechender Feedbackmaßnahmen der Lehrperson) zur Förderung der weiteren Entwicklung der Lernenden abzuleiten (Maier, 2010). Der Forschungsstand zum formativem Assessment ist insgesamt noch dünn und fällt uneinheitlich aus (Bennett, 2011; Dunn & Mulvenon, 2009; Maier, 2010; Rakoczy, 2011). Nach einer aktuellen Metaanalyse hat formatives Assessment – im Unterschied zu früheren optimistischeren Einschätzungen (Black & Wiliam, 1998) – nur schwache positive Effekte auf das Lernen von Schülern (Kingston & Nash, 2011).

(Giaconia & Hedges, 1982). Ein etwas anderes Bild ergibt sich für die Förderung des fachbezogenen Interesses und für Facetten intrinsischer Motivation: Insbesondere für das Selbstbestimmungserleben und die Förderung von Interesse scheinen Unterrichtsformen mit **Freiheitsspielräumen** positive Effekte zu haben (Grolnick & Ryan, 1987; Hartinger, 2005). Fokussiert man das akademische Selbstkonzept als abhängige Variable, zeigen ältere Studien zum offenen Unterricht in der Summe nur sehr schwache positive Effekte (Giaconia & Hedges, 1982). Auch binnendifferenzierende Maßnahmen (Bildung von Gruppen vs. Klassenunterricht) haben vergleichbar schwache Effekte auf das akademische Selbstkonzept (Lou et al., 1996). Krätzschmar (2010) konnte keine signifikanten Unterschiede in der Entwicklung der akademischen Selbstkonzepte in Englisch, Mathematik und im Lesen zwischen Sekundarstufenschülern ausmachen, die a) in einem eher lehrerzentrierten Unterricht, b) in einem individualisierteren Unterricht mit oder c) ohne Altersmischung lernten.

Häufig wird berichtet, dass die Koppelung zwischen fachlicher Leistung und akademischem Selbstkonzept schwächer ausfällt, wenn sich der Unterricht durch Freiheitsgrade auszeichnet (Rosenholtz & Rosenholtz, 1981; Rosenholtz & Simpson 1984a, b; Kammermeyer & Martschinke, 2003; Renkl, Helmke & Schrader, 1997): In Klassen mit höheren Freiheitsgraden scheint das akademische Selbstkonzept damit weniger eng an die tatsächlichen Leistungen gebunden zu sein als in Klassen mit geringeren Freiheitsgraden.

Insgesamt scheinen die Effekte von Maßnahmen der Binnendifferenzierung und Individualisierung auf affektiv-motivationale Variablen von Lernenden im Grundschulalter etwas stärker ausgeprägt zu sein als auf ältere Lernende. Erklärbar ist dies u. a. mit der mit zunehmendem Alter höheren entwicklungsbedingten Stabilität affektiv-motivationaler Persönlichkeitsmerkmale, die dem Einfluss der Unterrichtsgestaltung in der Sekundarstufe engere Grenzen setzt als in der Grundschule. In der deutschen SCHOLASTIK-Studie ergab sich z. B., dass Freiheitsgrade im Unterricht die Lernfreude von Grundschülern positiv beeinflussen können (vgl. Helmke, 1997).

Auch die Forschungslage zum Einfluss von Scaffolding auf affektiv-motivationale Aspekte des Lernprozesses ist dünn. Die wenigen Studien lassen die Annahme zu, dass Scaffolding positive Einflüsse auf Emotion und Motivation von Schülern haben kann (zsf. van de Pol et al., 2010).

4.2.10 Zusammenfassung und Einbettung der Befunde

Lange Zeit ging man in der Unterrichtsforschung von einer prinzipiellen Unvereinbarkeit leistungs- und motiva-

tionsförderlichen Unterrichts aus. Die hier dargestellten Befunde verdeutlichen jedoch, dass Merkmale, die das Lernen befördern, auch die affektiv-motivationale Entwicklung von Schülern positiv beeinflussen können. Dies wird auch durch Ergebnisse sog. ▶ **Optimalklassenstudien** gestützt. Sie untersuchen, durch welche Merkmale sich jene Klassen auszeichnen, die vergleichsweise hohe Zuwächse im **kognitiven und affektiv-motivationalen** Bereich erzielen. Diese „Positivklassen" zeichnen sich durch eine effektive Klassenführung, eine intensive Lernzeitnutzung, ein eher mäßiges Interaktionstempo, durch hohe inhaltliche Klarheit und individuelle Unterstützung der Lernenden aus (Gruehn, 1995; Helmke & Schrader, 1990; Weinert & Helmke, 1996). Auch umfassende domänenspezifische Förderprogramme, die häufig mit Ergänzungen und Veränderungen im Curriculum einhergehen, zeigen positive Effekte auf kognitive und motivationale Variablen von Lernenden (zsf. Hattie, 2009). Darüber hinaus zeigte sich jedoch, dass die Merkmalsprofile der Optimalklassen vergleichsweise breit streuen, d. h. den „Königsweg" bzw. das Muster erfolgreichen Unterrichts gibt es nicht. Erfolgreicher Unterricht lässt sich offenbar unterschiedlich, wenngleich nicht beliebig realisieren.

Die dargestellten Merkmale lernwirksamen und motivationsförderlichen Unterrichts lassen sich zu mehreren übergeordneten Dimensionen von Unterrichtsqualität verdichten:

1. **Zeit zum Lernen** durch eine effektive Klassenführung und eine deutliche Strukturiertheit des Unterrichts: Eine effektive Unterrichts- und Klassenführung und ein gut strukturierter Unterricht tragen dazu bei, dass ein hohes Ausmaß an Lerngelegenheiten zur Verfügung steht und für die Auseinandersetzung mit dem Lerngegenstand genutzt werden kann. Eine effektive Klassenführung und eine deutliche Strukturiertheit des Unterrichts sind somit wichtige Voraussetzungen für eine intensive Be- und Verarbeitung der Unterrichtsinhalte und für das Erleben eigener Wirksamkeit und Kompetenz auf Seiten der Lernenden.

2. **Kognitiv anspruchsvolle und vertiefte Auseinandersetzung mit zentralen Informationen, Ideen und Konzepten:**
   a) Merkmale wie die kognitive Aktivierung und die metakognitive Förderung der Lernenden, die Bereitstellung informativen Feedbacks sowie die kognitionspsychologisch verstandene Strukturiertheit des Unterrichts beschreiben einen Unterricht, in dem die Lernenden zu einer vertieften Verarbeitung der Unterrichtsinhalte, zu einer Verknüpfung neuer Informationen mit bereits bestehendem Wissen und damit zu einer Erweiterung bestehender kognitiver Strukturen angeregt werden.

b) Fachlich anspruchsvolles Lernen setzt aber auch voraus, dass die Lehrperson fachlich zentrale Konzepte, Ideen und Prinzipien zum Gegenstand des Unterrichts macht und diese inhaltlich relevanten Lerngelegenheiten in kohärenter Weise arrangiert. Dieses Merkmal des Unterrichts dürfte wesentlich von Planungsentscheidungen der Lehrperson beeinflusst sein. Im Unterricht spiegelt es sich in der inhaltlichen Klarheit und fachlichen Kohärenz des Unterrichts, in der Behandlung fachlich relevanter und zentraler Konzepte und Prinzipien sowie in der Beachtung zentraler Bedingungen sinnvollen Übens wider. Diese Merkmale tragen dazu bei, dass der Lernende seine Aufmerksamkeit auf wichtige und relevante Aspekte des Inhalts richtet, kennzeichnende Eigenschaften des Gegenstands oder Prinzips erkennt, das zu lernende Konzept oder Prinzip diskriminiert und das zu erwerbende Wissen mit seinem Vorwissen vernetzt. Ob die Auswahl und Behandlung fachlich relevanter Konzepte und Ideen, deren inhaltlich und strukturell klare Erarbeitung und deren kognitiv anregende Verarbeitung empirisch betrachtet eine Basisdimension von Unterrichtsqualität abbilden oder möglicherweise doch mehrere Dimensionen repräsentieren, ist bislang offen.

3. **Unterstützendes Unterrichtsklima:** Eine vertiefte inhaltliche Auseinandersetzung mit dem Unterrichtsgegenstand erfordert ein hohes Engagement der Lernenden. Eine positiv ausgeprägte Lehrer-Schüler-Beziehung und ein unterstützendes Unterrichtsklima sind wichtige Voraussetzungen für dieses Engagement der Lernenden, für das Erleben sozialer Eingebundenheit und die Förderung der Motivation und beeinflussen hierüber auch die kognitive Verarbeitung des Unterrichtsinhalts.

Anknüpfend an konstruktivistische und motivationspsychologische Perspektiven auf unterrichtliches Lernen und die dargestellten Befunde der Unterrichtsforschung lassen sich die vermuteten **Wirkungen dieser Basisdimensionen guten Unterrichts** vereinfacht und verkürzt im folgenden theoretischen Modell (◘ Abb. 4.4) zusammenfassen (vgl. auch Klieme, Lipowsky, Rakoczy & Ratzka, 2006; Klieme, Pauli & Reusser, 2009). Dabei wird zwischen den verdichteten Basisdimensionen auf der Angebotsseite, den angenommenen Wirkmechanismen dieser Basisdimensionen auf der Nutzungsebene und der Wirkungsebene unterschieden. Lernwirksamer und motivationsförderlicher Unterricht zeichnet sich demnach durch die kognitiv aktivierende Behandlung fachlich zentraler Inhalte, durch eine effektive Klassenführung mit wenigen Unterrichtsstörungen und durch ein positiv geprägtes Unterrichtsklima aus.

Während die kognitiv aktivierende Behandlung fachlich zentraler Inhalte eine vertiefte kognitive Auseinandersetzung relevanter Konzepte und Inhalte nach sich zieht und sich darüber auf den Aufbau von Wissen und die Entwicklung von Verständnis auswirken sollte, stellt die effektive Klassenführung eine grundlegende Voraussetzung dafür dar, dass die Lernenden die zur Verfügung stehende Lernzeit aktiv (on-task) nutzen, was sich wiederum positiv auf den Lernerfolg, über das Erleben eigener Kompetenz aber auch positiv auf die Motivation der Lernenden auswirken sollte. Ein positiv gefärbtes Unterrichtsklima trägt dazu bei, dass sich die Lernenden für ihr Lernen engagieren und anstrengen, was sich über motivationale Aspekte des Lernens auch auf den Lernerfolg auswirken kann.

4.2.11 Grenzen

Bei dem hier vorgenommenen variablenzentrierten Review des Forschungsstands ist Folgendes zu beachten:

1. Zwischen den dargestellten Merkmalen guten Unterrichts ergeben sich teilweise inhaltliche Überschneidungen. Zum Teil ist auch von ähnlichen Wirkmechanismen auszugehen. Dies lässt sich z. B. exemplarisch am „kooperativen Lernen" und an der „kognitiven Aktivierung" zeigen, die sich beide auf die Theorien Piagets und Vygotskys stützen. Diese Überschneidungen bedeuten auch, dass sich die Effekte mehrerer Merkmale nicht einfach addieren lassen.

2. Guter Unterricht lässt sich somit nicht zwangsläufig an der Anzahl der überdurchschnittlich ausgeprägten Merkmale festmachen. Die Optimalklassenstudien identifizierten in der Regel mehrere Konfigurationen von Merkmalsausprägungen erfolgreicher Klassen. Unterricht kann demnach auf verschiedene Weisen erfolgreich durchgeführt und gestaltet werden.

3. Die dargestellten Merkmale unterscheiden sich hinsichtlich ihrer Komplexität und hinsichtlich ihres Inferenzgrades. Dies lässt sich exemplarisch an den Merkmalen Feedback und kognitive Aktivierung zeigen. Beim Feedback handelt es um ein vergleichsweise eng umgrenztes und gut beobachtbares Merkmal von Unterricht, während die kognitive Aktivierung aus unterschiedlichen Facetten besteht, demzufolge eine höhere Komplexität aufweist, in der Regel über eine Reihe von Indikatoren erfasst wird und schwieriger zu messen ist als z. B. Feedback oder die beiden anderen Basisdimensionen von Unterrichtsqualität (vgl. Praetorius et al., accepted).

4. Die für diesen Beitrag herangezogenen Studien beziehen sich auf unterschiedliche curriculare Kontexte, betrachten unterschiedliche abhängige Variablen und Lerner unterschiedlichen Alters. Bei entsprechender

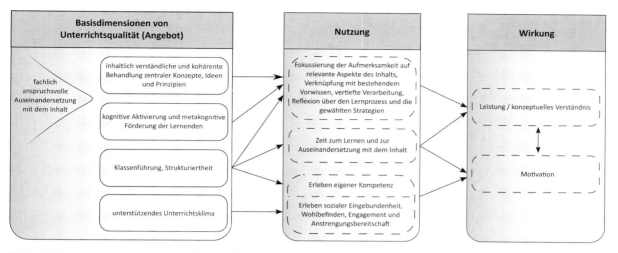

■ **Abb. 4.4** Basisdimensionen guten Unterrichts und deren angenommene Wirkungen (Modifiziert nach Klieme et al., 2006; Klieme et al., 2009; mit freundlicher Genehmigung des Waxmann Verlags)

Differenzierung dürften sich Abweichungen von dieser zusammenfassenden Darstellung ergeben.

5. Aktuelle Forschungsergebnisse verweisen darauf, dass durch den Einbezug domänenspezifischer und curricularer Merkmale noch bedeutsamere Effekte des Unterrichts zu erwarten sind (Drollinger-Vetter, 2011; Hattie, 2009; Seidel & Shavelson, 2007). So zeigen beispielsweise domänenspezifische Schülertrainings (z. B. im Lesen oder in der Mathematik) in der Regel erhebliche Effekte auf den Lernerfolg der Schüler (Hattie, 2009). Diese waren jedoch nicht Gegenstand dieses Kapitels.

Fazit

Im Mittelpunkt dieses Kapitels stand die Frage, welche Merkmale einen lernwirksamen und motivationsförderlichen Unterricht charakterisieren und wie sich entsprechende Effekte theoretisch erklären lassen. Den Ergebnissen der herangezogenen Studien zufolge zeichnet sich ein lernwirksamer und motivationsförderlicher Unterricht durch ein ausreichendes Maß an Lerngelegenheiten und eine intensiv genutzte Lernzeit mit wenig Unterrichtsstörungen und -unterbrechungen, durch eine deutliche Strukturierung des Unterrichtsverlaufs, durch die Behandlung inhaltlich relevanter Konzepte, Aufgaben und Kernideen, eine hohe inhaltliche Klarheit bei der Darstellung und Bearbeitung des Unterrichtsgegenstands, durch fachliche Kohärenz, durch die kognitive Aktivierung und durch den intensiven fachlichen Austausch der Lernenden, durch inhaltsbezogene Rückmeldungen seitens der Lehrperson, durch variantenreiche, herausfordernde und zum Nachdenken anregende, vermischte und

verteilte Übungsphasen und Wiederholungen sowie durch ein von gegenseitiger Wertschätzung geprägtes Unterrichtsklima aus. Diese Merkmale sind nicht notwendigerweise an bestimmte Unterrichtsformen oder -methoden gebunden, sondern lassen sich grundsätzlich in Formen direkter und indirekter Instruktion verwirklichen.

Die angeführten theoretischen Erklärungen für die berichteten Effekte der dargestellten Unterrichtsmerkmale können nicht darüber hinwegtäuschen, dass eine konsistente Theorie des Unterrichts, die die Spezifität der einzelnen Unterrichtsfächer ausreichend berücksichtigt und empirische Befunde unterschiedlicher Disziplinen einbezieht, noch aussteht.

Verständnisfragen

1. Was versteht man unter dem Angebots-Nutzungs-Modell?
2. Wie lassen sich positive Effekte kooperativen Lernens von Lernenden theoretisch erklären?
3. Erläutern Sie, inwieweit erfolgversprechendes Lehrerfeedback vom fachlichen und fachdidaktischen Wissen der Lehrperson abhängig sein dürfte.
4. Erläutern Sie die Unterschiede zwischen kognitiver Aktivierung und inhaltlicher Klarheit.
5. Was versteht man unter den drei Basisdimensionen von Unterrichtsqualität?
6. Vergleichen Sie den STAD- und JIGSAW-Ansatz zum kooperativen Lernen.
7. Erläutern Sie, warum konstruktivistische Theorien des Wissenserwerbs nur bedingt geeignet sind, bestimmte Unterrichtsformen zu legitimieren.
8. Was versteht man unter direkter und indirekter Instruktion?

Vertiefende Literatur

Hasselhorn, M. & Gold, A. (2013). *Pädagogische Psychologie. Erfolgreiches Lehren und Lernen* (3. Aufl.). Stuttgart: Kohlhammer.

Hattie, J. (2009). Visible learning. *A synthesis of over 800 meta-analyses relating to achievement*. London: Routledge.

Helmke, A. (2012). *Unterrichtsqualität und Lehrerprofessionalität. Diagnose, Evaluation und Verbesserung des Unterrichts* (4. Aufl.). Seelze: Kallmeyer.

Klauer, K. J. & Leutner, D. (2012). *Lehren und Lernen. Einführung in die Instruktionspsychologie* (2. Aufl.) Weinheim: Beltz.

Wellenreuther, M. (2009). *Forschungsbasierte Schulpädagogik. Anleitung zur Nutzung empirischer Forschung für die Schulpraxis.* Baltmannsweiler: Schneider.

Literatur

Aebli, H. (1976). *Grundformen des Lehrens. Eine Allgemeine Didaktik auf kognitionspsychologischer Grundlage*. Stuttgart: Klett.

Aebli, H. (1983). *Zwölf Grundformen des Lehrens. Eine Allgemeine Didaktik auf psychologischer Grundlage*. Stuttgart: Klett-Cotta.

Alfieri, L., Brooks, P., Aldrich, N., & Tenenbaum, H. (2011). Does discovery-based instruction enhance learning? *Journal of Educational Psychology, 103*(1), 1–18.

Ames, C., & Archer, J. (1988). Achievement goals in the classroom: Student's learning strategies and motivation processes. *Journal of Educational Psychology, 80,* 260–267.

Anderson, J. R. (2001). *Kognitive Psychologie*. Heidelberg: Spektrum.

Arlin, M. (1984). Time, equality and mastery learning. *Review of Educational Research, 54*(1), 65–86.

Atkinson, R. K., Derry, S. D., Renkl, A., & Wortham, D. W. (2000). Learning from examples: Instructional principles from the worked examples research. *Review of Educational Research, 70,* 181–214.

Aronson, E., Blaney, N., Stephan, C., Sikes, J., & Snapp, M. (1978). *The Jigsaw Classroom*. Beverly Hills, CA: Pergamon Press.

Ausubel, D. P. (1974). *Psychologie des Unterrichts*. Weinheim: Beltz.

Babu, S. & Mendro, R. (2003). *Teacher accountability: HLM-based teacher effectiveness indices in a state assessment program.* Chicago: Paper presented at the annual meeting of the American Educational Research Association. Verfügbar unter http://www.dallasisd.org/inside_disd/depts/evalacct/research/articles.htm [Mai, 2006]

Bangert-Drowns, R. L., Kulik, C., Kulik, J. A., & Morgan, M. T. (1991). The instructional effect of feedback in test-like events. *Review of Educational Research, 61,* 213–238.

Baumert, J., & Kunter, M. (2006). Stichwort: Professionelle Kompetenz von Lehrkräften. *Zeitschrift für Erziehungswissenschaft, 9*(4), 469–520.

Baumert, J., Kunter, M., Blum, W., Brunner, M., Voss, T., Jordan, A., Klusmann, U., Krauss, S., Neubrand, M., & Tsai, Y.-M. (2010). Teachers' mathematical knowledge, cognitive activation in the classroom, and student progress. *American Educational Research Journal, 47*(1), 133–180.

Baumert, J., Kunter, M., Brunner, M., Krauss, S., Blum, W., & Neubrand, M. (2004). Mathematikunterricht aus Sicht der PISA-Schülerinnen und -Schüler und ihrer Lehrkräfte. In PISA-Konsortium Deutschland (Hrsg.), *PISA 2003. Der Bildungsstand der Jugendlichen in Deutschland – Ergebnisse des zweiten internationalen Vergleichs* (S. 314–354). Münster: Waxmann.

Baumert, J., Roeder, P. M., Sang, F., & Schmitz, B. (1986). Leistungsentwicklung und Ausgleich von Leistungsunterschieden in Gymnasialklassen. *Zeitschrift für Pädagogik, 32*(5), 639–660.

Bennett, R. E. (2011). Formative assessment: A critical review. *Assessment in Education: Principles, Policy & Practice, 18*(1), 5–25.

Black, P., & Wiliam, D. (1998). Assessment and classroom learning. *Assessment in Education: Principles, Policy & Practice, 5*(1), 7–74.

Bjork, R. A. (1994). Memory and metamemory considerations in the training of human beings. In J. Metcalfe, & A. Shimamura (Hrsg.), *Metacognition: Knowing about knowing* (S. 185–205). Cambridge, MA: MIT Press.

Bjork, E. L., & Bjork, R. A. (2011). Making things hard on yourself, but in a good way: Creating desirable difficulties to enhance learning. In M. A. Gernsbacher, R. W. Pew, L. M. Hough, & J. R. Pomerantz (Hrsg.), *Psychology and the real world: Essays illustrating fundamental contributions to society* (S. 56–64). New York: Worth Publishers.

Bloom, B. S. (1971). Mastery learning. In J. H. Block (Hrsg.), *Mastery learning: Theory and practice* (S. 47–63). New York: Holt, Rinehart & Winston.

Bloom, B. S. (Hrsg.). (1974). *Taxonomie von Lernzielen im kognitiven Bereich* (4. Aufl.). Weinheim: Beltz.

Bloom, B. S. (1976). *Human characteristics and school learning*. New York: McGraw-Hill.

Blumberg, E., Möller, K., & Hardy, I. (2004). Erreichen motivationaler und selbstbezogener Zielsetzungen in einem schülerorientierten naturwissenschaftsbezogenen Sachunterricht – Bestehen Unterschiede in Abhängigkeit von der Leistungsstärke? In W. Bos, E.-M. Lankes, N. Plaßmeier, & K. Schwippert (Hrsg.), *Heterogenität. Eine Herausforderung an die empirische Bildungsforschung* (S. 41–55). Münster: Waxmann.

Borich, G. D. (2007). *Effective teaching methods: research-based practic* (6. Aufl.). Upper Saddle River, New Jersey: Pearson Merrill Prentice Hall.

Borsch, F., Jürgen-Lohmann, J., & Giesen, H. (2002). Kooperatives Lernen in Grundschulen: Leistungssteigerung durch den Einsatz des Gruppenpuzzles im Sachunterricht. *Psychologie in Erziehung und Unterricht, 49,* 172–183.

Brophy, J. (2000). *Teaching*. Educational Practices Series, Bd. 1. Brüssel: International Academy of Education (IAE).

Brophy, J., & Evertson, C. (1980). *Lernen durch Unterricht*. Bochum: Kamp.

Bruner, J. S. (1961). The act of discovery. *Harvard Educational Review, 31*(1), 21–32.

Butler, D., & Winne, P. (1995). Feedback and self-regulated learning: A theoretical synthesis. *Review of Educational Research, 65*(3), 245–281.

Butler, R. (1987). Task-Involving and Ego-Involving properties of evaluation: Effects of different feedback conditions on motivational perceptions, interest and performance. *Journal of Educational Psychology, 79*(4), 474–482.

Campbell, J., Kyriakides, L., Muijs, D., & Robinson, W. (2004). *Assessing teacher effectiveness. Developing a differentiated model*. London: RoutledgeFalmer.

Cardelle-Elawar, M. (1995). Effects of metacognitive instruction on low-achievers in mathematics problems. *Teaching and Teacher Education, 11*(1), 81–95.

Carroll, J. B. (1963). A model of school learning. *Teacher College Record, 64*(8), 723–733.

Cepeda, N. J., Pashler, H., Vul, E., Wixted, J., & Rohrer, D. (2006). Distributed practice in verbal recall tasks. A review and quantitative synthesis. *Psychological Bulletin, 132*(3), 354–380.

Cepeda, N. J., Vul, E., Rohrer, D., Wixted, J. T., & Pashler, H. (2008). Spacing effects in learning: A temporal ridgeline of optimal retention. *Psychological Science, 19,* 1095–1102.

Chandler, P., & Sweller, J. (1991). Cognitive load theory and the format of instruction. *Cognition and Instruction, 8*(4), 293–332.

Chesebro, J. L. (2003). Effects of teacher clarity and nonverbal immediacy on student learning, receiver apprehension, and affect. *Communication Education*, *52*(2), 135–147.

Chi, M. T. H. (2009). Active-constructive-interactive: A conceptual framework for differentiating learning activities. *Topics in Cognitive Science*, *1*, 73–105.

Chi, M. T. H., Bassok, M., Lewis, M. W., Reimann, P., & Glaser, R. (1989). Self-explanations: How students study and use examples in learning to solve problems. *Cognitive Science*, *13*, 145–182.

Cognition and Technology Group at Vanderbilt (1997). *The Jasper Project. Lessons in curriculum, instruction, assessment, and professional development*. Mahwah, NJ: Erlbaum.

Cohen, E. G. (1994). Restructuring the classroom: Conditions for productive small groups. *Review of Educational Research*, *64*(1), 1–35.

Collins, A., Brown, J. S., & Newman, S. E. (1989). Cognitive apprenticeship: Teaching the crafts of reading, writing, and mathematics. In L. B. Resnick (Hrsg.), *Knowing, learning, and instruction* (S. 453–494). Hillsdale, NJ: Erlbaum.

Cornelius-White, J. (2007). Learner-centered teacher-student relationships are effective: A meta-analysis. *Review of Educational Research*, *77*(1), 113–143.

Cruickshank, D. R. (1985). Applying research on teacher clarity. *Journal of Teacher Education*, *36*, 44–48.

Deci, E. L., Koestner, R., & Ryan, R. M. (1999). A meta-analytic review of experiments examining the effects of extrinsic rewards on intrinsic motivation. *Psychological Bulletin*, *125*, 627–668.

Deci, E. L., & Ryan, R. M. (1985). *Intrinsic motivation and self-determination in human behavior*. New York: Plenum Press.

De Corte, E. (2000). Marrying theory building and the improvement of school practice: a permanent challenge for instructional psychology. *Learning and Instruction*, *10*, 249–266.

De Lisi, R., & Golbeck, S. L. (1999). Implications of Piagetian theory for peer learning. In A. M. O'Donnell, & A. King (Hrsg.), *Cognitive perspectives on peer learning* (S. 3–37). Mahwah, NJ: Erlbaum.

Den Brok, P., Brekelmans, M., & Wubbels, T. (2004). Interpersonal teacher behaviour and student outcomes. *School Effectiveness and School Improvement*, *15*, 407–442.

Dignath, C., Büttner, G., & Langfeldt, H.-P. (2008). How can primary school students acquire self-regulated learning most efficiently? A meta-analysis on interventions that aim at fostering self-regulation. *Educational Research Review*, *3*, 101–129.

Dihoff, R. E., Brosvic, G. M., & Epstein, M. L. (2003). The role of feedback during academic testing: The delay retention effect revisited. *Psychological Record*, *53*(4), 533–549.

Dillon, J. T. (1982). Cognitive correspondence between question/statement and response. *American Educational Research Journal*, *19*, 540–552.

Dochy, F., Segers, M., Van den Bossche, P., & Gijbels, D. (2003). Effects of problem-based learning: A meta-analysis. *Learning and Instruction*, *13*, 533–568.

Donovan, J. J., & Radosevich, D. J. (1999). A meta-analytic review of the distribution of practice effect: Now you see it, now you don't. *Journal of Applied Psychology*, *84*(5), 795–805.

Drollinger-Vetter, B. (2011). *Verstehenselemente und strukturelle Klarheit. Fachdidaktische Qualität der Anleitung von mathematischen Verstehensprozessen im Unterricht*. Münster: Waxmann.

Drollinger-Vetter, B., & Lipowsky, F. (2006). Fachdidaktische Qualität der Theoriephasen. In E. Klieme, C. Pauli, & K. Reusser (Hrsg.), *Dokumentation der Erhebungs- und Auswertungsinstrumente zur schweizerisch-deutschen Videostudie „Unterrichtsqualität, Lernverhalten und mathematisches Verständnis". Teil 3: Videoanalysen* (S. 189–205). Frankfurt am Main: GFPF.

Dunlosky, J., Rawson, K. A., Marsh, E., Nathan, M. J., & Willingham, D. (2013). Improving students' learning with effective learning techniques: Promising directions from Cognitive and Educational Psychology. *Psychological Science in the Public Interest*, *14*(1), 4–58.

Dunn, K. E., & Mulvenon, S. W. (2009). A critical review of research on formative assessment: The limited scientific evidence on the impact of formative assessment in education. *Practical Assessment, Research & Evaluation*, *14*(7), 1–11.

Eder, F. (2001). Schul- und Klassenklima. In D. H. Rost (Hrsg.), *Handwörterbuch Pädagogische Psychologie* (2. Aufl. S. 578–586). Weinheim: Beltz.

Einsiedler, W., & Hardy, I. (2010). Kognitive Strukturierung im Unterricht: Einführung und Begriffsklärungen. *Unterrichtswissenschaft*, *38*(3), 194–209.

Einsiedler, W., & Treinies, G. (1997). Effects of teaching methods, class effects, and patterns of cognitive teacher-pupil interactions in an experimental study in primary school classes. *School Effectiveness and School Improvement*, *8*(3), 327–353.

Elawar, M. C., & Corno, L. (1985). A factorial experiment in teachers written feedback on student homework: Changing teacher behavior a little rather than a lot. *Journal of Educational Psychology*, *77*(2), 162–173.

Fauth, B., Decristan, J., Rieser, S., Klieme, E., & Büttner, G. (2014). Students ratings of teaching quality in primary school. Dimensions and prediction of student outcomes. *Learning and Instruction*, *29*, 1–9.

Fawcett, L. M., & Garton, A. F. (2005). The effect of peer collaboration on children's problem-solving ability. *British Journal of Educational Psychology*, *75*(2), 157–169.

Fend, H. (1981). *Theorie der Schule* (2. Aufl.). München: Urban & Schwarzenberg.

Fraser, B. J. (1994). Research on classroom and school climate. In D. Gabel (Hrsg.), *Handbook of research on science teaching and learning* (S. 493–541). New York: MacMillan.

Fraser, B. J., Walberg, H. J., Welch, W. W., & Hattie, J. A. (1987). Syntheses of educational productivity research. *International Journal of Educational Research*, *11*, 145–252.

Fredrick, W. C., & Walberg, H. J. (1980). Learning as a function of time. *Journal of educational research*, *73*(4), 183–94.

Fuchs, L., Fuchs, D., Karns, K., Hamlett, C. L., Dutka, S., & Katzaroff, M. (1996). The relation between student ability and the quality and effectiveness of explanations. *American Educational Research Journal*, *33*(3), 631–664.

Furrer, C., & Skinner, E. (2003). Sense of relatedness as a factor in children's academic engagement and performance. *Journal of Educational Psychology*, *95*(1), 148–161.

Gabriel, K. (2013). Videobasierte Erfassung von Unterrichtsqualität in der Grundschule. Eine Teilstudie des PERLE-Projekts zur Erfassung der Klassenführung und des Unterrichtsklimas im Anfangsunterricht. Unveröffentlichte Dissertation. Kassel: Universität.

Gadgil, S., Nokes-Malach, T. J., & Chi, M. T. H. (2012). Effectiveness of holistic mental model confrontation in driving conceptual change. *Learning and Instruction*, *22*(1), 47–61.

Gayle, B. M., Preiss, R. W., & Allen, M. (2006). How effective are teacher-initiated classroom questions in enhancing student learning?. In B. M. Gayle, R. W. Preiss, N. Burrell, & M. Allen (Hrsg.), *Classroom communication and instructional processes. Advances through meta-analysis* (S. 279–293). Mahwah, New Jersey: Lawrence Erlbaum.

Giaconia, R., & Hedges, L. V. (1982). Identifying features of effective open education. *Review of Educational Research*, *52*(4), 579–602.

Goodenow, C. (1993). Classroom belonging among early adolescent students: Relationships to motivation and achievement. *Journal of Early Adolescence*, *13*, 21–43.

Gräsel, C., & Parchmann, I. (2004). Die Entwicklung und Implementation von Konzepten situierten, selbstgesteuerten Lernens. *Zeitschrift für Erziehungswissenschaft*, *7* (Beiheft 3), 171–184.

4

Grolnick, W. S., & Ryan, R. M. (1987). Autonomy in children's learning: An experimental and individual difference investigation. *Journal of Personality and Social Psychology, 52*(5), 890–898.

Grouws, D. A., & Cebulla, K. J. (2000). *Improving student achievement in mathematics.* Educational Practices Series, Bd. 4. Brüssel: International Academy of Education (IAE).

Gruehn, S. (1995). Vereinbarkeit kognitiver und nichtkognitiver Ziele im Unterricht. *Zeitschrift für Pädagogik, 41*, 531–553.

Gruehn, S. (2000). *Unterricht und schulisches Lernen. Schüler als Quellen der Unterrichtsbeschreibung.* Münster: Waxmann.

Gutiérrez, R., & Slavin, R. E. (1992). Achievement effects of the nongraded elementary school: A best evidence synthesis. *Review of Educational Research, 62*(4), 333–376.

Hänze, M., & Berger, R. (2007). Cooperative learning, motivational effects and student characteristics: An experimental study comparing cooperative learning and direct instruction in 12th grade physics classes. *Learning and Instruction, 17*(1), 29–41.

Hardy, I., Jonen, A., Möller, K., & Stern, E. (2006). Effects of instructional support within constructivist environments for elementary school students' understanding of „Floating and Sinking". *Journal of Educational Psychology, 98*(2), 307–326.

Harnischfeger, A., & Wiley, D. E. (1977). Kernkonzepte des Schullernens. *Zeitschrift für Entwicklungspsychologie und Pädagogische Psychologie, 9*(3), 207–228.

Hartig, J., & Rakoczy, K. (2010). Mehrebenenanalyse. In H. Holling, & B. Schmitz (Hrsg.), *Handbuch Statistik, Methoden und Evaluation* (S. 538–547). Göttingen: Hogrefe.

Hartinger, A. (2005). Interesse durch Öffnung von Unterricht – wodurch? *Unterrichtswissenschaft, 34*(3), 272–289.

Hasselhorn, M., & Gold, A. (2013). *Pädagogische Psychologie. Erfolgreiches Lehren und Lernen* (3. Aufl.). Stuttgart: Kohlhammer.

Hasselhorn, M., & Labuhn, A. S. (2008). Metakognition und selbstreguliertes Lernen. In W. Schneider, & M. Hasselhorn (Hrsg.), *Handbuch der Pädagogischen Psychologie* (S. 28–37). Göttingen: Hogrefe.

Hattie, J. (2009). *Visible learning. A synthesis of over 800 meta-analyses relating to achievement.* London: Routledge.

Hattie, J. (2012). *Visible learning for teachers. Maximizing impact of learning.* London: Routledge.

Hattie, J., Biggs, J., & Purdie, N. (1996). Effects of learning skills interventions on student learning. A meta-analysis. *Review of Educational Research, 66*(2), 99–136.

Hattie, J., & Timperley, H. (2007). The power of feedback. *Review of Educational Research, 77*(1), 81–112.

Heimann, P., Otto, G., & Schulz, W. (1965). *Unterricht – Analyse und Planung.* Hannover: Schroedel.

Helmke, A. (1997). Entwicklung lern- und leistungsbezogener Motive und Einstellungen. Ergebnisse aus dem SCHOLASTIK-Projekt. In F. Weinert, & A. Helmke (Hrsg.), *Entwicklung im Grundschulalter* (S. 59–76). Weinheim: Beltz.

Helmke, A. (2007). Lernprozesse anregen und steuern – Was wissen wir über Klarheit und Strukturiertheit? *Pädagogik, 6*, 44–47.

Helmke, A. (2011). Forschung zur Lernwirksamkeit des Lehrerhandelns. In E. Terhart, H. Bennewitz, & M. Rothland (Hrsg.), *Handbuch der Forschung zum Lehrerberuf* (S. 630–643). Münster: Waxmann.

Helmke, A. (2012). *Unterrichtsqualität und Lehrerprofessionalität. Diagnose, Evaluation und Verbesserung des Unterrichts* (4. Aufl.). Seelze: Kallmeyer.

Helmke, A., Schneider, W., & Weinert, F. E. (1986). Quality of instruction and classroom learning outcomes: The German contribution to the IEA classroom environment study. *Teaching & Teacher Education, 2*(1), 1–18.

Helmke, A., & Schrader, F.-W. (1990). Zur Kompatibilität kognitiver, affektiver und motivationaler Zielkriterien des Schulunterrichts – Clusteranalytische Studien. In M. Knopf, & W. Schneider (Hrsg.), *Entwick-lung. Allgemeine Verläufe – Individuelle Unterschiede – Pädagogische Konsequenzen* (S. 180–200). Göttingen: Hogrefe.

Heubusch, J. D., & Lloyd, J. W. (1998). Corrective feedback in oral reading. *Journal of Behavioral Education, 8*(1), 63–79.

Hickey, D. T., Moore, A. L., & Pellegrino, J. W. (2001). The motivational and academic consequences of elementary mathematics environments: Do constructivist innovations and reforms make a difference? *American Educational Research Journal, 38*(3), 611–652.

Hiebert, J., & Grouws, D. A. (2007). The effects of classroom mathematics teaching on students' learning. In F. K. Lester (Hrsg.), *Second handbook of research on mathematics teaching and learning. A project of the National Council of Teachers of Mathematics* (S. 371–404). Charlotte, NC: Information Age Publishing/NCTM.

Hiebert, J., & Wearne, D. (1993). Instructional tasks, classroom discourse, and students' learning in second-grade arithmetic. *American Educational Research Journal, 30*(2), 393–425.

Hijzen, D., Boekaerts, M., & Vedder, P. (2007). Exploring the links between students' engagement in cooperative learning, their goal preferences and appraisals of instructional conditions in the classroom. *Learning and Instruction, 17*(6), 673–687.

Hines, C., Cruickshank, D., & Kennedy, J. (1985). Teacher clarity and its relationship to student achievement and satisfaction. *American Educational Research Journal, 22*(1), 87–99.

Hmelo-Silver, C. E., Duncan, R. G., & Chinn, C. A. (2007). Scaffolding and achievement in problem-based and inquiry learning: A response to Kirschner, Sweller, and Clark (2006). *Educational Psychologist, 42*(2), 99–107.

Howe, C., & Tolmie, A. (2003). Group work in primary school science: discussions, consensus and guidance from experts. *International Journal of Educational Research, 39*, 51–72.

Huth, K. (2004). *Entwicklung und Evaluation von fehlerspezifischem informativem tutoriellem Feedback (ITF) für die schriftliche Subtraktion.* http://hsss.slub-dresden.de/deds-access/hsss.urlmapping. Zugegriffen: März, 2008

Iyengar, S. S., & Lepper, M. R. (2000). When choice is demotivating: Can one desire too much of a good thing? *Journal of Personality and Social Psychology, 79*(6), 995–1006.

Jacobs, B. (2002). *Aufgaben stellen und Feedback geben.* http://psydok.sulb.uni-saarland.de/volltexte/2004/438/pdf/feedback.pdf. Zugegriffen: Februar, 2013

Johnson, D. W., Johnson, R. T., & Stanne, M. B. (2000). *Cooperative learning methods: A meta-analysis.* Minneapolis: University of Minnesota.

Jurkowski, S., & Hänze, M. (2010). Soziale Kompetenzen, transaktives Interaktionsverhalten und Lernerfolg. Experimenteller Vergleich zweier unterschiedlich gestalteter Gruppenunterrichtsbedingungen und Evaluation eines transaktivitätsbezogenen Kooperationsskriptes. *Zeitschrift für Pädagogische Psychologie, 24*, 241–257.

Kammermeyer, G., & Martschinke, S. (2003). Schulleistung und Fähigkeitsselbstbild im Anfangsunterricht – Ergebnisse aus dem KILIA-Projekt. *Empirische Pädagogik, 17*, 486–503.

King, A. (1991). Effects of training in strategic questioning on children's problem-solving performance. *Journal of Educational Psychology, 83*(3), 307–317.

King, A. (1994). Guiding knowledge construction in the classroom: Effects of teaching children how to question and how to explain. *American Educational Research Journal, 31*(3), 338–368.

Kingston, N., & Nash, B. (2011). Formative Assessment: A meta-analysis and a call for research. *Educational Measurement: Issues and Practice, 30*(4), 28–37.

Kirschner, P. A., Sweller, J., & Clark, R. E. (2006). Why minimal guidance during instruction does not work: an analysis of the failure of constructivist, discovery, problem-based, experiential, and inquiry-based teaching. *Educational Psychologist, 41*(2), 75–86.

Kirschner, F., Paas, F., Kirschner, P. A., & Janssen, J. (2011). Differential effects of problem-solving demands on individual and collaborative learning outcomes. *Learning and Instruction, 21*, 587–599.

Klafki, W. (1963). *Studien zur Bildungstheorie und Didaktik*. Weinheim: Beltz.

Klafki, W. (1996). *Neue Studien zur Bildungstheorie und Didaktik* (5. Aufl.). Weinheim: Beltz.

Klauer, K. J., & Leutner, D. (2007). *Lehren und Lernen. Einführung in die Instruktionspsychologie*. Weinheim: Beltz.

Klahr, D., & Nigam, M. (2004). The equivalence of learning paths in early science instruction: Effects of direct instruction and discovery learning. *Psychological Science, 15*, 661–667.

Kleickmann, T., Vehmeyer, J., & Möller, K. (2010). Lehrervorstellungen und kognitives Strukturieren im Unterricht am Beispiel von Scaffolding-Maßnahmen. *Unterrichtswissenschaft, 38*(3), 210–228.

Klieme, E., Lipowsky, F., Rakoczy, K., & Ratzka, N. (2006). Qualitätsdimensionen und Wirksamkeit von Mathematikunterricht. Theoretische Grundlagen und ausgewählte Ergebnisse des Projekts „Pythagoras". In M. Prenzel, & L. Allolio-Näcke (Hrsg.), *Untersuchungen zur Bildungsqualität von Schule. Abschlussbericht des DFG-Schwerpunktprogramms* (S. 127–146). Münster: Waxmann.

Klieme, E., Pauli, C., & Reusser, K. (2009). The Pythagoras Study. Investigating effects of teaching and learning in Swiss and German mathematics classrooms. In T. Janik, & T. Seidel (Hrsg.), *The power of video studies in investigating teaching and learning in the classroom* (S. 137–160). Münster: Waxmann.

Klieme, E., Schümer, G., & Knoll, S. (2001). Mathematikunterricht in der Sekundarstufe I: Aufgabenkultur und Unterrichtsgestaltung. In Bundesministerium für Bildung und Forschung (BMBF) (Hrsg.), *TIMSS – Impulse für Schule und Unterricht. Forschungsbefunde, Reforminitiativen, Praxisberichte und Video-Dokumente* (S. 43–57). München: Medienhaus Biering.

Klieme, E., & Warwas, J. (2011). Konzepte der Individuellen Förderung. *Zeitschrift für Pädagogik, 57*(6), 805–818.

Kluger, A. N., & DeNisi, A. (1996). The effects of feedback interventions on performance: A historical review, a meta-analysis, and a preliminary feedback intervention theory. *Psychological Bulletin, 119*(2), 254–284.

Klusmann, U., Kunter, M., Trautwein, U., & Baumert, J. (2006). Lehrerbelastung und Unterrichtsqualität aus der Perspektive von Lehrenden und Lernenden. *Zeitschrift für Pädagogische Psychologie, 20*(3), 161–173.

Kornell, N., & Bjork, R. A. (2008). Learning concepts and categories: Is spacing the "enemy of induction"? *Psychological Science, 19*, 585–592.

Krätzschmar, M. (2010). *Selbstkonzepte in altersgemischten Lerngruppen. Eine Längsschnittstudie mit Kontrollgruppen in der Sekundarstufe*. Münster: Waxmann.

Kramarski, B., & Mevarech, Z. R. (2003). Enhancing mathematical reasoning in the classroom: Effects of cooperative learning and metacognitive training. *American Educational Research Journal, 40*(1), 281–310.

Krammer, K. (2009). *Individuelle Lernunterstützung in Schülerarbeitsphasen. Eine videobasierte Analyse des Unterstützungsverhaltens von Lehrpersonen im Mathematikunterricht*. Münster: Waxmann.

Krause, U.-M., & Stark, R. (2004). Too much of a good thing? Unwanted side effects of successful instructional interventions. In P. Gerjets, P. A. Kirschner, J. Elen, & R. Joiner (Hrsg.), *Instructional design for effective and enjoyable computer-supported learning*. Tübingen: Knowledge Media Research Center. Verfügbar unter http://www.iwm-kmrc.de/workshops/sim2004/pdf_files/Krause_et_al.pdf [Januar, 2008]

Krause, U.-M., Stark, R., & Mandl, H. (2004). Förderung des computerbasierten Wissenserwerbs durch kooperatives Lernen und eine Feedbackmaßnahme. *Zeitschrift für Pädagogische Psychologie, 18*(2), 125–136.

Kulhavy, R. W., & Stock, W. A. (1989). Feedback in written instruction: The place of response certitude. *Educational Psychology Review, 1*(4), 279–308.

Kulik, J. A., & Kulik, C. (1988). Timing of feedback and verbal learning. *Review of Educational Research, 58*(1), 79–97.

Kulik, J. A., & Kulik, C. (1992). Meta-analytic findings on grouping programs. *Gifted Child Quarterly, 36*(2), 73–77.

Kulik, C. L., Kulik, J. A., & Bangert-Drowns, R. L. (1990). Effectiveness of mastery learning programs. A meta analysis. *Review of Educational Research, 60*, 265–299.

Kunter, M. (2005). *Multiple Ziele im Mathematikunterricht*. Münster: Waxmann.

Kunter, M., & Baumert, J. (2006). Linking TIMSS to research on learning and instruction: A re-analysis of the German TIMSS and TIMSS video data. In S. J. Howie, & T. Plomp (Hrsg.), *Contexts of learning mathematics and science: Lessons learned from TIMSS* (S. 335–351). London: Routledge.

Kunter, M., Baumert, J., Blum, W., Klusmann, U., Krauss, S., & Neubrand, M. (2011). *Professionelle Kompetenz von Lehrkräften. Ergebnisse des Forschungsprogramms COACTIV*. Münster: Waxmann.

Kunter, M., & Voss, T. (2011). Das Modell der Unterrichtsqualität in COACTIV: Eine multikriteriale Analyse. In M. Kunter, J. Baumert, W. Blum, U. Klusmann, S. Krauss, & M. Neubrand (Hrsg.), *Professionelle Kompetenz von Lehrkräften* (S. 85–113). Münster: Waxmann.

Lanahan, L., McGrath, D. J., McLaughlin, M., Burian-Fitzgerald, M., & Salganik, L. (2005). *Fundamental problems in the measurement of instructional processes: Estimating reasonable effect sizes and conceptualizing what is important to measure*. Washington: American Institutes. Verfügbar unter http://www.air.org/news/documents/AERA2005Fundamental%20Problems.pdf [Januar, 2008]

Learning Mathematics for Teaching Project (2010). Measuring the mathematical quality of instruction. *Journal of Mathematics Teacher Education, 14*(1), 25–47.

Lipowsky, F. (2002). Zur Qualität offener Lernsituationen im Spiegel empirischer Forschung – Auf die Mikroebene kommt es an. In U. Drews, & W. Wallrabenstein (Hrsg.), *Freiarbeit in der Grundschule* (S. 126–159). Frankfurt/Main: Arbeitskreis Grundschule.

Lipowsky, F. (2006). Auf den Lehrer kommt es an. In C. Allemann-Ghionda & E. Terhart (Hrsg.), Kompetenzen und Kompetenzentwicklung von Lehrerinnen und Lehrern: Ausbildung und Beruf (S. 47–70). *Zeitschrift für Pädagogik, 51*, Beiheft. Weinheim: Beltz.

Lipowsky, F., Rakoczy, K., Pauli, C., Drollinger-Vetter, B., Klieme, E., & Reusser, K. (2009). Quality of geometry instruction and its short-term impact on students' understanding of the Pythagorean Theorem. *Learning and Instruction, 19*(6), 527–537.

Lou, Y., Abrami, P. C., Spence, J. C., Poulsen, C., Chambers, B., & d'Apollonia, S. (1996). Within-class grouping: A meta-analysis. *Review of Educational Research, 66*(4), 423–458.

Louis, K. S., & Marks, H. (1998). Does professional community affect the classroom? Teachers' work and student experiences in restructuring schools. *American Journal of Education, 106*(4), 532–575.

Lysakowski, R. S., & Walberg, H. J. (1982). Instructional effects of cues, participation, and corrective feedback: A quantitative synthesis. *American Educational Research Journal, 19*(4), 559–578.

Maier, U. (2010). Formative Assessment – Ein erfolgversprechendes Konzept zur Reform von Unterricht und Leistungsmessung? *Zeitschrift für Erziehungswissenschaft, 13*(2), 293–308.

Mandl, H., & Friedrich, H. F. (Hrsg.). (2006). *Handbuch Lernstrategien*. Göttingen: Hogrefe.

Marzano, R.J., Gaddy, B.B. & Dean, C. (2000). *What works in classroom instruction. Aurora: Mid-continent Research for Education and Learning*(McREL). Verfügbar unter http://www.mcrel.org/products/learning/whatworks.pdf [April, 2001].

Mayer, R. E. (2004). Should there be a three-strikes rule against pure discovery learning? The case for guided methods of instruction. *American Psychologist, 59*(1), 14–19.

Mayer, R. E. (2009). Constructivism as a theory of learning versus constructivism as a prescription for instruction. In S. Tobias, & T. M. Duffy (Hrsg.), *Constructivist instruction: success or failure?* (S. 184–200). New York, NY: Routledge.

Mayer, R. E., & Moreno, R. (2003). Nine ways to reduce cognitive load in multimedia learning. *Educational Psychologist, 38*, 43–52.

Menke, D. T., & Pressley, M. (1994). Elaborative interrogation. Using „why" questions to enhance the learning from text. *Journal of Reading, 37*(8), 642–645.

Messner, R., & Reusser, K. (2006). Aeblis Didaktik auf psychologischer Grundlage im Kontext der zeitgenössischen Didaktik. In M. Baer, M. Fuchs, P. Füglister, K. Reusser, & H. Wyss (Hrsg.), *Didaktik auf psychologischer Grundlage. Von Hans Aeblis kognitionspsychologischer Didaktik zur modernen Lehr- und Lernforschung* (S. 52–73). Bern: h.e.p.

Meyer-Ahrens, I., & Wilde, M. (2013). Der Einfluss von Schülerwahl und der Interessantheit des Unterrichtsgegenstands auf die Lernmotivation im Biologieunterricht. *Unterrichtswissenschaft, 41*(1), 57–71.

Mills, S. R., Rice, C. T., Berliner, D. C., & Rousseau, E. W. (1980). Correspondence between teacher questions and student answers in classroom discourse. *Journal of Experimental Education, 48*, 194–204.

Moreno, R. (2004). Decreasing cognitive load for novice students: Effects of explanatory versus corrective feedback in discovery-based multimedia. *Instructional Science, 32*, 99–113.

Mosteller, F., Light, R., & Sachs, J. (1996). Sustained inquiry in education: Lessons from skill grouping and class size. *Harvard Educational Review, 66*, 797–828.

Mory, E. H. (2004). Feedback research revisited. In D. H. Jonassen (Hrsg.), *Handbook of research on educational communications and technology* (S. 745–783). Mahwah, NJ: Lawrence Erlbaum.

Narciss, S. (2002). *The impact of informative tutoring feedback on achievement and motivation in computer-based instruction.* http://studierplatz2000.tu-dresden.de/lehrlern/pdf/artikel/ImpactFeedback_sn.pdf (Erstellt: Januar, 2008)

Narciss, S. (2004). The impact of informative tutoring feedback and self-efficacy on motivation and achievement in concept learning. *Experimental Psychology, 51*(3), 214–228.

Nichols, J. D. (1996). The effects of cooperative learning on student achievement and motivation in a high school geometry class. *Contemporary Educational Psychology, 21*, 467–476.

Niegemann, H. M. (2001). *Neue Lernmedien. Konzipieren, entwickeln, einsetzen.* Göttingen: Hans Huber.

Niegemann, H. M. (2004). Lernen und Fragen: Bilanz und Perspektiven der Forschung. *Unterrichtswissenschaft, 32*, 345–356.

Niegemann, H. M., & Stadler, S. (2001). Hat noch jemand eine Frage? Systematische Unterrichtsbeobachtung zu Häufigkeit und kognitivem Niveau von Fragen im Unterricht. *Unterrichtswissenschaft, 29*, 171–192.

Opdenakker, M.-C., Maulana, R., & Den Brok, P. (2012). Teacher–student interpersonal relationships and academic motivation within one school year: developmental changes and linkage. *School Effectiveness and School Improvement, 23*(1), 95–119.

Osterman, K. F. (2000). Students' need for belonging in the school community. *Review of Educational Research, 70*, 323–367.

Paas, F. G. W. C., & Van Merrienboer, J. J. G. (1994). Variability of worked examples and transfer of geometrical problem-solving skills: A cognitive-load approach. *Journal of Educational Psychology, 86*(1), 122–133.

Pauli, C. (2010). *Fostering understanding and thinking in discursive cultures of learning.*Unpublished paper presented at the meeting of EARLI SIG 10 and SIG 21, Utrecht, the Netherlands.

Pauli, C., & Reusser, K. (2000). Zur Rolle der Lehrperson beim kooperativen Lernen. *Schweizerische Zeitschrift für Bildungswissenschaften, 22*(3), 421–442.

Pauli, C. & Reusser, K. (2011). *Discursive cultures of learning in (everyday) mathematics teaching: Promises and challenges.* Paper presented at the AERA research conference "Socializing Intelligence Through Academic Talk and Dialogue", University of Pittsburgh, September 22–25, 2011.

Piaget, J. (1985). *The equilibration of cognitive structures.* Chicago: University of Chicago Press.

Praetorius, A.-K., Pauli, C., Reusser, K., Rakoczy, K., & Klieme, E. One lesson is all you need? Stability of instructional quality across lessons. *Learning and Instruction.*

Preiss, R. W., & Gayle, B. M. (2006). A meta-analysis of the educational benefits of employing advanced organizers. In B. M. Gayle, R. W. Preiss, N. Burrell, & M. Allen (Hrsg.), *Classroom communication and instructional processes. Advances through meta-analysis* (S. 329–344). Mahwah, New Jersey: Lawrence Erlbaum.

Puntambekar, S., & Hübscher, R. (2005). Tools for scaffolding students in a complex learning environment: What have we gained and what have we missed? *Educational Psychologist, 40*, 1–12.

Puzio, K. & Colby, G.T. (2010). *The effects of within class grouping on reading achievement: A meta-analytic synthesis.* Paper presented at the annual meeting of the Society for Research on Educational Effectiveness (SREE), Washington, DC.

Rakoczy, K. (2007). *Motivationsunterstützung im Mathematikunterricht.* Münster: Waxmann.

Rakoczy, K. (2011). Formatives Assessment – theoretische Erkenntnisse und praktische Umsetzung im Mathematikunterricht. In C. Fischer (Hrsg.), *Diagnose und Förderung statt Notengebung? Problemfelder schulischer Leistungsbeurteilung* (S. 73–91). Münster: Waxmann.

Rakoczy, K., Klieme, E., Drollinger-Vetter, B., Lipowsky, F., Pauli, C., & Reusser, K. (2007). Structure as a quality feature in mathematics instruction. In M. Prenzel (Hrsg.), *Studies on the educational quality of schools. The final report on the DFG Priority Programme* (S. 101–120). Münster: Waxmann.

Reeve, J. (2002). Self-determination theory applied to educational settings. In E. Deci, & R. M. Ryan (Hrsg.), *Handbook of self-determination research* (S. 183–203). Rochester, NY: The University of Rochester Press.

Reinmann-Rothmeier, G., & Mandl, H. (2001). Unterrichten und Lernumgebungen gestalten. In B. Weidenmann, A. Krapp, G. L. Huber, M. Hofer, & H. Mandl (Hrsg.), *Pädagogische Psychologie* (S. 603–648). Weinheim: PVU.

Reis, S. M., McCoach, D. B., Little, C. M., Muller, L. M., & Kaniskan, R. B. (2011). The effects of differentiated instruction and enrichment pedagogy on reading achievement in five elementary schools. *American Educational Research Journal, 48*(2), 462–501.

Renkl, A. (2011). Aktives Lernen = gutes Lernen? Reflektion zu einer (zu) einfachen Gleichung. *Unterrichtswissenschaft, 39*(3), 194–196.

Renkl, A., Atkinson, R. K., Maier, U. H., & Staley, R. (2002). From example study to problem solving: Smooth transitions help learning. *Journal of Experimental Education, 70*, 293–315.

Renkl, A., Gruber, H., & Mandl, H. (1996). Kooperatives problemorientiertes Lernen in der Hochschule. In J. Lompscher, & H. Mandl (Hrsg.), *Lehr- und Lernprobleme im Studium: Bedingungen und Veränderungsmöglichkeiten* (S. 131–147). Bern: Huber.

Renkl, A., Helmke, A., & Schrader, F. W. (1997). Schulleistung und Fähig-keitsselbstbild – Universelle Beziehungen oder kontextspezifische Zusammenhänge? Ergebnisse aus dem SCHOLASTIK-Projekt. In F. E. Weinert, & A. Helmke (Hrsg.), *Entwicklung im Grundschulalter* (S. 374–383). Weinheim: Beltz.

Renkl, A., Stark, R., Gruber, H., & Mandl, H. (1998). Learning from worked-out examples: The effects of example variability and elicited self-explanations. *Contemporary Educational Psychology, 23*, 90–108.

Reusser, K. (2006). Konstruktivismus – vom epistemologischen Leitbe-griff zur Erneuerung der didaktischen Kultur. In M. Baer, M. Fuchs, P. Füglister, K. Reusser, & H. Wyss (Hrsg.), *Didaktik auf psychologischer Grundlage. Von Hans Aeblis kognitionspsychologischer Didaktik zur modernen Lehr- und Lernforschung* (S. 151–168). Bern: h.e.p.

Reusser, K., Pauli, C., & Elmer, A. (2011). Berufsbezogene Überzeugungen von Lehrerinnen und Lehrern. In E. Terhart, H. Bennewitz, & M. Roth-land (Hrsg.), *Handbuch der Forschung zum Lehrerberuf* (S. 478–495). Münster: Waxmann.

Richter, T., Borromeo-Ferri, R., Ebersbach, M., Hänze, M., Lipowsky, F., Mayer, J., Mitte, K., & Reinhard, M.-A. (2013). *Wünschenswerte Er-schwernisse beim Lernen: Kognitive Mechanismen, Entwicklungsvor-aussetzungen und effektive Umsetzung im Unterricht. Vollantrag zur Einrichtung eines LOEWE-Schwerpunkts.* Kassel: Universität.

Rindermann, H. (2007). Die Bedeutung der mittleren Klassenfähigkeit für das Unterrichtsgeschehen und die Entwicklung individueller Fähigkeiten. *Unterrichtswissenschaft, 35*(1), 68–89.

Rittle-Johnson, B., Siegler, R. S., & Alibali, M. W. (2001). Developing con-ceptual understanding and procedural skill in mathematics: An iterative process. *Journal of Educational Psychology, 93*, 346–362.

Rittle-Johnson, B., & Star, J. R. (2007). Does comparing solution methods facilitate conceptual and procedural knowledge? An experimental study on learning to solve equations. *Journal of Educational Psycho-logy, 99*(3), 561–574.

Robinson, V., Hohepa, M., & Lloyd, C. (2009). *School leadership and stu-dent outcomes. Identifying what works and why. Best Evidence Syn-thesis Iteration (BES).* Wellington: Ministry of Education.

Rodger, S., Murray, H. G., & Cummings, A. L. (2007). Effects of teacher clarity and student anxiety on student outcomes. *Teaching in Higher Education, 12*(1), 91–104.

Roediger, H. L., & Karpicke, J. D. (2006a). The power of testing memory: Basic research and implications for educational practice. *Perspecti-ves on Psychological Science, 1*, 181–210.

Roediger, H. L., & Karpicke, J. D. (2006b). Test-enhanced learning: Taking memory tests improves long-term retention. *Psychological Science, 17*, 249–255.

Roediger, H. L., Putnam, A. L., & Smith, M. A. (2011). Ten benefits of tes-ting and their applications to educational practice. In J. Mestre, & B. Ross (Hrsg.), *Psychology of learning and motivation: Cognition in education* (S. 1–36). Oxford: Elsevier.

Rohrbeck, C. A., Ginsburg-Block, M., Fantuzzo, J. W., & Miller, T. R. (2003). Peer assisted learning Interventions with elementary school stu-dents: A meta-analytic review. *Journal of Educational Psychology, 95*(2), 240–257.

Rohrer, D. (2009). Avoidance of overlearning characterises the spacing effect. *European Journal of Cognitive Psychology, 21*(7), 1001–1012.

Rohrer, D. (2012). Interleaving helps students distinguish among similar concepts. *Educational Psychology Review, 24*, 355–367.

Rohrer, D., & Taylor, K. (2006). The effects of overlearning and distribu-ted practice on the retention of mathematics knowledge. *Applied Cognitive Psychology, 20*, 1209–1224.

Rohrer, D., & Taylor, K. (2007). The shuffling of mathematics practice pro-blems improves learning. *Instructional Science, 35*, 481–498.

Rosenholtz, S. J., & Rosenholtz, S. H. (1981). Classroom organization and the perception of ability. *Sociology of Education, 54*(2), 132–140.

Rosenholtz, S. J., & Simpson, C. (1984a). Classroom organization and the stratification of students. *Elementary School Journal, 85*(1), 21–37.

Rosenholtz, S. J., & Simpson, C. (1984b). The formation of ability con-ceptions: Developmental trend or social construction? *Review of Educational Research, 54*(1), 31–63.

Rosenshine, B., & Stevens, R. (1986). Teaching functions. In M. C. Wittrock (Hrsg.), *Handbook of research on teaching* (S. 376–391). New York, NY: Macmillan.

Rosenshine, B., Meister, C., & Chapman, S. (1996). Teaching students to generate questions: A review of the intervention studies. *Review of Educational Research, 66*(2), 181–221.

Rowe, M. B. (1974). Wait time and rewards as instructional variables, their influence on language, logic and fate control: Part one – Wait time. *Journal of Research in Science Teaching, 11*(2), 81–94.

Rowe, K. J., & Rowe, K. S. (1999). Investigating the relationship between students' attentive-in-attentive behaviors in the classroom and their literacy progress. *International Journal of Educational Research, 31*, 1–138.

Ryan, R. M., Stiller, J. D., & Lynch, J. H. (1994). Representations of relati-onships to teachers, parents, and friends as predictors of acade-mic motivation and self-esteem. *Journal of Early Adolescence, 14*, 226–249.

Samson, G. E., Strykowski, B., Weinstein, T., & Walberg, H. J. (1987). The effects of teacher questioning level on student achievement: a quantitative synthesis. *Journal of Educational Research, 80*, 290–295.

Schacter, J., & Thum, Y. M. (2003). Paying for high- and low-quality teaching. *Economics of Education Review, 23*(4), 411–430.

Scheerens, J., & Bosker, R. (1997). *The foundations of educational effec-tiveness.* Oxford: Elsevier.

Schmidt, H. G., Loyens, S. M., Van Gog, T., & Paas, F. (2007). Problem-based learning is compatible with human cognitive architecture: Commentary on Kirschner, Sweller, and Clark (2006). *Educational Psychologist, 42*(2), 91–97.

Schmidt, W. H., & Maier, A. (2009). Opportunity to learn. In G. Sykes, B. Schneider, & D. N. Plank (Hrsg.), *Handbook of education policy re-search* (S. 541–559). New York: Routledge.

Schmidt-Weigand, F., Hänze, M., & Wodzinski, R. (2009). Complex prob-lem solving and worked examples: The role of prompting strategic behavior and fading-in solution steps. *Zeitschrift für Pädagogische Psychologie, 23*(2), 129–138.

Schmidt-Weigand, F., Franke-Braun, G., & Hänze, M. (2008). Erhöhen gestufte Lernhilfen die Effektivität von Lösungsbeispielen? Eine Studie zur kooperativen Bearbeitung von Aufgaben in den Natur-wissenschaften. *Unterrichtswissenschaft, 36*, 365–384.

Schmidt-Weigand, F., Hänze, M., & Wodzinski, R. (2012). How can self-re-gulated problem solving be implemented in the school curriculum? Results from a research project on incremental worked examples. In M. Edwards, & S. O. Adams (Hrsg.), *Learning strategies, expectations and challenges* (S. 45–69). Hauppauge, NY: Nova Publishers.

Schnotz, W. (2006). *Pädagogische Psychologie.* Weinheim: PVU.

Schrader, F.-W., Helmke, A., & Dotzler, H. (1997). Zielkonflikte in der Grundschule. Ergebnisse. In F. E. Weinert, & A. Helmke (Hrsg.), *Ent-wicklung im Grundschulalter* (S. 299–316). Weinheim: PVU.

Schulz, W. (1980). Ein Hamburger Modell der Unterrichtsplanung – Seine Funktionen in der Alltagspraxis. In B. Adl-Amini, & R. Künzli (Hrsg.), *Didaktische Modelle und Unterrichtsplanung* (S. 49–87). München: Juventa.

Schwerdt, G., & Wuppermann, A. (2011). Is traditional teaching really all that bad? A within-student between-subject approach. *Economics of Education Review, 30*, 365–379.

Seabrook, R., Brown, G. D. A., & Solity, J. E. (2005). Distributed and massed practice: From laboratory to classroom. *Applied Cognitive Psychology, 19*, 107–122.

Seidel, T., Rimmele, R., & Prenzel, M. (2005). Clarity and coherence of lesson goals as a scaffold for student learning. *Learning and Instruction, 15*(6), 539–556.

Seidel, T., & Shavelson, R. (2007). Teaching effectiveness research in the past decade: The role of theory and research design in disentangling meta-analysis results. *Review of Educational Research, 77*(4), 454–499.

Shayer, M., & Adhami, M. (2007). Fostering cognitive development through the context of mathematics. Results of the CAME Project. *Educational Studies in Mathematics, 64*(3), 265–291.

She, H. C., & Fisher, D. (2002). Teacher communication behavior and its association with students' cognitive and attitudinal outcomes in science in Taiwan. *Journal of Research in Science Teaching, 39*(1), 63–78.

Shute, V. J. (2008). Focus on formative feedback. *Review of Educational Research, 78*(1), 153–189.

Slavin, R. E. (1987). Ability grouping and student achievement in elementary schools: A best-evidence synthesis. *Review of Educational Research, 57*(3), 293–336.

Slavin, R. E. (1996). Research on cooperative learning and achievement: What we know, what we need to know. *Contemporary Educational Psychology, 21*, 43–69.

Sobel, H. S., Cepeda, N. J., & Kapler, I. V. (2011). Spacing effects in real-world classroom vocabulary learning. *Applied Cognitive Psychology, 25*, 763–767.

Souvignier, E., & Kronenberger, J. (2007). Cooperative learning in third graders' jigsaw groups for mathematics and science with and without questioning training. *British Journal of Educational Psychology, 77*(4), 755–771.

Springer, L., Stanne, M. E., & Donovan, S. S. (1999). Effects of small-group learning on undergraduates in Science, Mathematics, Engineering, and Technology: A meta-analysis. *Review of Educational Research, 69*(1), 21–51.

Stark, R. (1999). *Lernen mit Lösungsbeispielen. Einfluss unvollständiger Lösungsbeispiele auf Beispielelaboration, Lernerfolg und Motivation.* Göttingen: Hogrefe.

Stein, M. K., & Lane, S. (1996). Instructional tasks and the development of student capacity to think and reason: An analysis of the relationship between teaching and learning in a reform mathematics project. *Educational Research and Evaluation, 2*(1), 50–80.

Taylor, K., & Rohrer, D. (2010). The effects of interleaved practice. *Applied Cognitive Psychology, 24*(6), 837–848.

Taylor, B. M., Pearson, P. D., Peterson, D. S., & Rodriguez, M. C. (2003). Reading growth in high-poverty classrooms: The influence of teacher practices that encourage cognitive engagement in literacy learning. *The Elementary School Journal, 104*(1), 3–28.

Teddlie, C., & Reynolds, D. (Hrsg.). (2001). *The international handbook of school effectiveness research.* London: Routledge Falmer.

Terhart, E. (1994). Unterricht. In D. Lenzen (Hrsg.), *Erziehungswissenschaft. Ein Grundkurs* (S. 133–158). Reinbek: Rowohlt.

Therrien, W. J. (2004). Fluency and comprehension gains as a result of repeated reading: A meta-analysis. *Remedial and Special Education, 24*(4), 252–261.

Tiedemann, J., & Billmann-Mahecha, E. (2004). Kontextfaktoren der Schulleistung im Grundschulalter. Ergebnisse aus der Hannoverschen Grundschulstudie. *Zeitschrift für Pädagogische Psychologie, 18*(2), 113–124.

Tobin, K. (1987). The role of wait time in higher cognitive level learning. *Review of Educational Research, 57*(1), 69–95.

Turner, J. C., Cox, K. E., DiCintio, M., Meyer, D. K., Logan, C., & Thomas, C. (1998). Creating contexts for involvement in mathematics. *Journal of Educational Psychology, 90*(4), 730–745.

Van den Boom, G., Paas, F., & Van Merriënboer, J. J. G. (2007). Effects of elicited reflections combined with tutor or peer feedback on self-regulated learning and learning outcomes. *Learning and Instruction, 17*(5), 532–548.

Van de Pol, J., Volman, M., & Beishuizen, J. (2010). Scaffolding in teacher-student interaction: A decade of research. *Educational Psychology Review, 22*(3), 271–297.

Van Landeghem, G., Van Damme, J., Opdenakker, M.-C., De Fraine, B., & Onghena, P. (2002). The effect of schools and classes on noncognitive outcomes. *School Effectiveness and School Improvement, 13*(4), 429–451.

Veenman, M. V. J., Van Hout-Wolters, B., & Afflerbach, P. (2006). Metacognition and learning: conceptual and methodological considerations. *Metacognition and Learning, 1*(1), 3–14.

Voerman, L., Meijer, P. C., Korthagen, F. A., & Simons, R. S. (2012). Types and frequencies of feedback interventions in classroom interaction in secondary education. *Teaching and Teacher Education, 28*, 1107–1115.

Vollmeyer, R., & Rheinberg, F. (2005). A surprising effect of feedback on learning. *Learning and Instruction, 15*(6), 589–602.

Vygotsky, L. S. (1978). *Mind in society. The development of higher psychological processes.* Cambridge, MA: Harvard University Press.

Walberg, H. J., & Paik, S. J. (2000). Effective educational practices. *Educational practices series, 3*, 1–24. Verfügbar unter http://www.ibe.unesco.org/publications/EducationalPracticesSeriesPdf/prac03e.pdf [April, 2005]

Walshaw, M., & Anthony, G. (2008). The teacher's role in classroom discourse. A review of recent research in mathematics classroom. *Review of Educational Research, 78*(3), 516–551.

Wang, M. C., Haertel, G. D., & Walberg, H. J. (1993). Toward a knowledge base for school learning. *Review of Educational Research, 63*(3), 249–294.

Webb, N. M., Nemer, K. M., Chizhik, A., & Sugrue, B. (1998). Equity issues in collaborative group assessment: Group composition and performance. *American Educational Research Journal, 35*(4), 607–651.

Webb, N. M., Nemer, K. M., & Zuniga, S. (2002). Short circuits or superconductors? Effects of group composition on high-achieving students' science assessment performance. *American Educational Research Journal, 39*(4), 943–989.

Weinert, F. E., & Helmke, A. (1996). Der gute Lehrer: Person, Funktion oder Fiktion? In A. Leschinsky (Hrsg.), *Die Institutionalisierung von Lehren und Lernen. Beiträge zu einer Theorie der Schule* (S. 223–234). Weinheim: Beltz.. Zeitschrift für Pädagogik, 34. Beiheft

Wentzel, K. R. (1997). Student motivation in middle school: The role of perceived pedagogical caring. *Journal of Educational Psychology, 89*, 411–419.

Wijnia, L., Loyens, S. M. M., & Derous, E. (2011). Investigating effects of problem-based versus lecture-based learning environments on student motivation. *Contemporary Educational Psychology, 26*(2), 101–113.

Wilen, W. W. (1991). *Questioning skills, for teachers* (3. Aufl.). Washington, DC: National Education Association.

Winne, P. H. (1979). Experiments relating teachers' use of higher cognitive questions to student achievement. *Review of Educational Research, 49*, 13–50.

Wood, D., Bruner, J. S., & Ross, G. (1976). The role of tutoring in problem solving. *Journal of Child Psychology and Psychiatry and Allied Disciplines, 17*, 89–100.

Wubbels, T., & Brekelmans, M. (2005). Two decades of research on teacher–student relationships in class. *International Journal of Educational Research, 43*, 6–24.

Wuttke, E. (2005). *Unterrichtskommunikation und Wissenserwerb. Zum Einfluss von Kommunikation auf den Prozess der Wissensgenerierung*. Frankfurt: Lang.

Zohar, A. (2004). *Higher order thinking in science classrooms: Students learning and teachers' professional development*. Dordrecht: Kluwer Academic Publishers.

Zohar, A., & Dori, Y. (2003). Higher order thinking skills and low achieving students – Are they mutually exclusive? *Journal of the Learning sciences, 12*(2), 145–182.

Zohar, A., & David, A. B. (2008). Explicit teaching of meta-strategic knowledge in authentic classroom situations. *Metacognition Learning, 3*(1), 59–82.

Klassenführung

Tina Seidel

E. Wild, J. Möller (Hrsg.), *Pädagogische Psychologie,* Springer-Lehrbuch,
DOI 10.1007/978-3-642-41291-2_5, © Springer-Verlag Berlin Heidelberg 2015

5

Lehrer klagen häufig darüber, dass es im Unterricht an Disziplin mangelt und die Schüler nicht zu bändigen sind. Die Lernenden klagen ebenfalls: darüber, dass die Lehrer schlecht vorbereitet sind, der Unterricht chaotisch organisiert ist und man sich durch den Lärm der anderen gestört fühlt. Neben den Klagen gibt es aber auch positive Beispiele: Klassenzimmer, aus denen ein dezenter Lärmpegel dringt, der auf eine konzentrierte Arbeitsatmosphäre hinweist; Klassenzimmer, in denen Lehrende durch die einzelnen Arbeitsgruppen gehen, Hilfestellungen geben, Schüler sich gegenseitig unterstützen und in denen offensichtlich alle wissen, wohin die (Lern-)Reise geht. Das folgende Kapitel behandelt Grundlagen der ▶ **Klassenführung**. Dabei wird die Klassenführung als Komponente der Unterrichtsqualität eingebettet und das „Syndrom" der Klassenführung in seinen einzelnen Komponenten vorgestellt. Die Grundlagen der Klassenführung werden anhand von Beispielen aus den Forschungsarbeiten von Jacob S. Kounin erläutert. Abschließend werden drei Komponenten der Klassenführung herausgestellt: Umgang mit Störungen, Management von Lernzeit und Begleitung von Lernprozessen (◘ Abb. 5.1).

◘ Abb. 5.1

5.1   Klassenführung als zentrales Thema der Unterrichtsforschung

Lehrer, vor allem aber auch Lehramtstudierende und Berufsanfänger wünschen sich oft mehr Informationen über einen angemessenen Umgang mit Störungen im Unterricht und zur Führung einer Klasse. Die nachfolgenden Überlegungen lassen das besondere Interesse an diesen Themen verständlich werden und erklären, warum Klassenführung seit jeher ein zentrales Forschungsthema der Pädagogischen Psychologie ist:

- Beim **Unterricht** handelt es sich in erster Linie um ein **komplexes Phänomen** (Doyle, 1986). Unterricht zeichnet sich durch eine große Anzahl an Ereignissen aus, die miteinander vernetzt sind und sich wechselseitig beeinflussen. Ereignisse im Unterricht passieren unmittelbar und schnell, sie sind nur schwer vorhersehbar und haben häufig einen unerwarteten Verlauf. Außerdem kennzeichnet sich Unterricht durch die gemeinsame Geschichte der Klasse und der Lehrperson. Einzelne Ereignisse können also nicht als voneinander unabhängig und losgelöst betrachtet werden.
- Unterricht besteht aus **Aushandlungsprozessen**, bei denen unterschiedliche Ziele, Einstellungen, Interessen und Kognitionen der Lernenden und Lehrenden aufeinandertreffen (Shuell, 1996). Die Rolle der Lehrenden besteht darin, extrinsische Zielstellungen (aus Sicht des Lehrplans, der Lehrenden) an die Schüler heranzutragen und den Unterricht so zu gestalten,

dass extrinsische Motivationslagen internalisiert und in eigene Ziele integriert werden (▶ Kap. 7). Gleichzeitig können Lehrende das Lernen ihrer Schüler nicht einfach „anschalten". Ihre Aufgabe ist es, eine strukturierte Lernumgebung vorzubereiten und die Wahrscheinlichkeit für Lernen zu erhöhen (Prenzel, 1995).

- Unterricht zeichnet sich durch **soziale Gruppenprozesse** aus. Mit dieser sozialen Situation umzugehen und heterogene Gruppen unterschiedlichen Alters zu leiten und zu begleiten, stellt für viele eine Herausforderung dar (Kounin, 2006). Dementsprechend schließt sich die Diskussion an, ob man für den Umgang mit dieser sozialen Situation „geschaffen" bzw. geeignet ist oder ob man sich diese Kompetenzen im Verlauf der Ausbildung aneignen kann.
- Unterricht ist eingebettet in den **institutionellen Kontext von Schule** und die an der Schule und im Bildungssystem vorherrschenden Ziele und Erwartungen. Für den Unterricht bedeutet dies, dass Lehrer nicht losgelöst von diesem Kontext agieren können und von ihnen erwartet wird, dass sie Ziele in einer bestimmten Zeit erreichen.

Anfänger im Lehrberuf haben oft die Vorstellung, dass eine gelungene Klassenführung eine Art Voraussetzung für das „eigentliche" Geschäft des Unterrichtens darstellt (Brophy & Good, 1986). Aus wissenschaftlicher Sicht ist Klassenführung dagegen als ein Syndrom zu verstehen, das eine Reihe verschiedener Unterrichtsmerkmale einschließt und integraler Teil des Prozesses des Unterrichtens ist. In den nachfolgenden Ausführungen wird deshalb der Begriff der Klassenführung als ein besonderer Aspekt des Unterrichts herausgestellt. Im Zusammenhang mit den Ausführungen im Kapitel „Unterricht" ordnet sich die Klassenführung zu großen Anteilen in die Dimension der Strukturiertheit von Unterricht ein, etwa in Bezug auf die Festlegung von Regeln, Erwartungen und Normen (▶ Abschn. 4.2).

Einschränkend ist anzumerken, dass sich die Ausführungen zur Klassenführung in diesem Kapitel auf Lernende ohne gravierende Störungsbilder konzentrieren, wie sie beispielsweise bei Lern- und Verhaltensstörungen auftreten (▶ Kap. 16, ▶ Kap. 17, ▶ Kap. 18). Für diese Fragen bedürfte es einer erweiterten Darstellung und Diskussion pädagogisch-psychologischer Interventionsmaßnahmen, die den Rahmen dieses Kapitels übersteigen.

5.2   Begriffsklärung

Der Begriff der Klassenführung lenkt den Blick zunächst auf jene Maßnahmen, mit deren Hilfe Lehrende für Disziplin sorgen, einen reibungslosen Ablauf des Unterrichts gewährleisten, mit störenden Schülern umgehen, Regeln aufstellen, Konflikte lösen (▶ Abschn. 4.2). Da es hier im Kern um den Umgang mit unerwünschten Verhaltensweisen von Schülern geht, werden Begriffe wie Disziplin, Regelklarheit, und Strukturgebung bedeutsam, die auch in der erziehungspsychologischen Literatur (ausführlich dazu ▶ Abschn. 10.2) im Zentrum stehen. Zieht man eine Parallele von der „Führung" im Klassenzimmer zum elterlichen **Erziehungsstil** (Helmke, 2012), dann ist hier wie da ein autoritatives Erziehungsverhalten zielführend. Dieses zeichnet sich dadurch aus, dass zwar Normen und Werte vorgegeben, diese aber gemeinsam mit den Kindern bzw. Schülern ausgehandelt werden. Ziel ist es, die Kinder von der Notwendigkeit der Normen und Werte zu überzeugen.

Eine weitere Facette von „Klassenführung" hebt auf Unterrichtsstrategien ab, die dazu beitragen, dass sich Lernende möglichst zeitintensiv mit den Lerninhalten auseinandersetzen (Helmke & Weinert, 1997). Es geht darum, die Lerninhalte vorzustrukturieren und den Ablauf einer Stunde so zu gestalten, dass die Schüler wesentliche Lehrziele als Lernziele nachvollziehen und integrieren können. Kurz gefasst dient Klassenführung somit der Herbeiführung positiven und erwünschten Verhaltens durch eine **maximale Bereitstellung** von **aktiver Lernzeit** (▶ Abschn. 4.1). Dass hierbei der (Förderung der) Lernmotivation von Lernenden eine wichtige Rolle zukommt, wird aus der folgenden Definition Weinerts deutlich.

Nach Weinert (1996; S. 124) ist es die zentrale Funktion von **Klassenführung**,

>> … die Schüler einer Klasse zu motivieren, sich möglichst lange und intensiv auf die erforderlichen Lernaktivitäten zu konzentrieren, und – als Voraussetzung dafür – den Unterricht möglichst störungsarm zu gestalten oder auftretende Störungen schnell und undramatisch beenden zu können. Die wichtigste Voraussetzung für wirkungsvolles und erfolgreiches Lernen ist das Ausmaß der aktiven Lernzeit, das heißt der Zeit, in der sich

die einzelnen Schüler mit den zu lernenden Inhalten aktiv, engagiert und konstruktiv auseinandersetzen. Je mehr die Unterrichtzeit für die Reduktion störender Aktivitäten verbraucht bzw. verschwendet wird, desto weniger aktive Lernzeit steht zur Verfügung. Je häufiger einzelne Schüler im Unterricht anwesend und zugleich geistig abwesend sind, umso weniger können sie lernen. Der Klassenführung kommt deshalb eine Schlüsselfunktion im Unterricht zu.

Ein weiterer Aspekt der Klassenführung betrifft die Unterstützung der **individuellen Lernaktivitäten** der Schüler (Shuell, 1996). Zentral ist dabei, wie Lehrende mit Schülern interagieren, wie sie Rückmeldungen an die Lernenden geben, wie sie das Lernen der Schüler überwachen und regulierend begleiten. Das Ziel ist es, erwünschtes Verhalten zu fördern und zu unterstützen. Diese Komponente von Klassenführung steht im Zentrum der von der Bildungsdirektion Zürich (2006) vorgeschlagenen Definition.

> **Definition**
>
> **Klassenführung** ist alles, was Lehrpersonen mittels Aktivitäten und Haltungen zur Steuerung der Interaktionen in der Klasse beitragen, wobei ihnen bewusst ist, dass die Klasse mehr ist als die Summe der einzelnen Schüler und dass sich die individuellen und die sozialen Lernprozesse gegenseitig beeinflussen. Ziel ist ein Klassenklima, welches gute Lehr- und Lernprozesse ermöglicht, die Entfaltung und den Schutz jedes Einzelnen gewährleistet, den Schülern ermöglicht, an gemeinschaftsbildenden Aktivitäten zu lernen und die Motivation der Schüler stärkt, sich zugunsten der Gemeinschaft einzusetzen (Bildungsdirektion Kanton Zürich, 2006, S. 1).

5.3   Der Klassiker: Kounins Techniken der Klassenführung

Unter den Forschungsarbeiten zur Klassenführung gelten die Beiträge von Jacob S. Kounin (1976, 2006) als wegweisend. Ausgangspunkt für das Forschungsprogramm stellte ein Zwischenfall in der Hochschullehre dar: Ein Student las während der Vorlesung offensichtlich Zeitung. Der Forscher hatte den Studenten daraufhin öffentlich gemaßregelt. In der Folge verhielten sich die anderen Studierenden, die von der Maßregelung überhaupt nicht betroffen waren, deutlich anders: Sie starrten auf ihre Unterlagen, waren zurückhaltend und trauten sich kaum, offen an einem Gespräch mit dem Dozenten teilzunehmen. Kounin interpretierte diese pädagogische Situation als „Welleneffekt", den er nicht antizipiert und beabsichtigt hatte. Das in

Folge entstandene Forschungsprogramm zur Klassenführung von Kounin stellt einen der wichtigsten Beiträge der Pädagogischen Psychologie in der Unterrichtsforschung dar und besitzt immer noch eine hohe Aktualität. Gleichzeitig ist es ein Beispiel dafür, wie Forschung einen wesentlichen Praxisbezug aufweist und von vielen Pädagogen konkret umgesetzt werden kann. Aus diesem Grund wird dem Klassiker im Folgenden besondere Aufmerksamkeit geschenkt.

Aus forschungsmethodischer Sicht sind die Arbeiten von Kounin (2006) von besonderer Qualität und erfüllen viele Kriterien, die aktuell für die Bildungsforschung eingefordert werden (Raudenbush, 2005; Seidel & Shavelson, 2007). Kounin setzt z. B. verschiedene methodische Zugänge ein: Beobachtungen von pädagogischen Interaktionen bei unterschiedlichen Zielgruppen, Durchführung experimenteller Untersuchungen, Befragung von Schülern mittels Fragebogen und Interviews, Durchführung von Videoaufzeichnungen und deren systematische Auswertung mittels differenzierter Kategoriensysteme. Darüber hinaus untersucht er unterschiedliche Zielpopulationen: Interaktionen zwischen Lehrenden und Lernenden im Vorschulbereich, in der Schule und in der Hochschule.

Die Untersuchungen von Kounin verweisen auf acht Lehrerstilvariablen, die sich in fünf Merkmalsbereiche einer effektiven Klassenführung aufteilen:

> **Merkmalsbereiche einer effektiven Klassenführung (nach Kounin, 1976, 2006)**
> 1. **Disziplinierung**: Fähigkeit des Lehrenden, bei Störungen durch Lernende auf eine klare, feste und nicht zu harte Weise zu reagieren.
> 2. **Allgegenwärtigkeit** und **Überlappung**: Fähigkeit des Lehrenden, den Schülern zu verdeutlichen, dass man über die Situation im Klassenzimmer stets informiert ist und ggf. einschreiten wird; sowie die Fähigkeit, bei gleichzeitig auftretenden Problemen die Aufmerksamkeit simultan auf mehrere Dinge richten zu können.
> 3. **Reibungslosigkeit** und **Schwung**: Fähigkeit des Lehrenden, für einen flüssigen Unterrichtsverlauf zu sorgen und speziell in Übergangsphasen für eine fortgesetzte Auseinandersetzung mit den Lerninhalten zu sorgen.
> 4. **Gruppenmobilisierung**: Fähigkeit des Lehrenden, sich auf die Gruppe als Ganzes zu konzentrieren; gleichzeitig aber auch die Fähigkeit, den einzelnen Schüler individuell zu unterstützen.
> 5. **Abwechslung** und **Herausforderung**: Fähigkeit des Lehrenden, die Lernaktivitäten (insbesondere in Stillarbeitsphasen) so zu gestalten, dass sie als abwechslungsreich und herausfordernd erlebt werden.

Wesentlich in den Forschungsergebnissen von Kounin war die Erkenntnis, dass nicht die Art der Disziplinierungsmaßnahmen der Lehrenden bei Störungen entscheidend für eine effektive Klassenführung ist, sondern die Art und Weise, wie Lehrer den Unterricht organisieren, den Unterrichtsprozess überwachen und durch die Art der Aufgabenstellungen für eine kognitiv aktivierende Lernumgebung sorgen.

Die acht Lehrstilvariablen in den fünf Merkmalsbereichen werden im Folgenden anhand von Fallbeispielen näher erläutert.

5.3.1 Disziplinierungsmaßnahmen

Der Ausgangspunkt für Kounin war die Frage, wie Lehrende mit Störungen im Unterricht umgehen und ob die Art und Weise, wie Lehrer für Disziplin sorgen, messbare Auswirkungen auf das Verhalten der Schüler in einer Klasse hat. In Bezug auf die Häufigkeit von Störungen im Unterricht wurde zunächst festgestellt (Kounin, 2006): Unterhaltungen (30 %), Lärm, Gelächter und laute Unterhaltung (25 %), sachfremde Orientierung (17,2 %), Kaugummikauen (6,8 %) gelten als häufigste Störungen. Weitere bezogen sich auf Zuspätkommen, Vergessen von Hausarbeiten oder benötigten Arbeitsmitteln und unerlaubtes Verlassen des Platzes. Auch wenn sich diese Verhaltensweisen in der Art und Verteilung bis heute verändert haben dürften, geben die Häufigkeiten doch einen Einblick in relativ typische Formen von störenden Verhaltensweisen im Unterricht.

Drei Dimensionen unterschied Kounin in Bezug auf Disziplinierungsmaßnahmen:
- Klarheit
- Festigkeit
- Härte

Klarheit beinhaltet die Menge der Informationen, die ein Lehrender in Bezug auf seine Disziplinierung gibt. Die Informationen können variieren zwischen einer einfachen Benennung („Lass das!") bis zur Benennung eines konkreten Fehlverhaltens („Du sollst nicht mit deinem Nachbarn sprechen!") bzw. durch Aufzeigen des Weges zur Einstellung des Fehlverhaltens („Bitte sieh nach vorne!") oder durch Angabe eines konkreten Gruppenstandards („In der Regel sagen wir ›bitte‹, wenn wir etwas haben möchten!"). Je mehr konkrete Informationen gegeben werden, desto höher ist die Klarheit einer Disziplinierungsmaßnahme.

Festigkeit bezieht sich auf das Ausmaß, mit dem Lehrende die Ernsthaftigkeit ihrer Disziplinierung zum Ausdruck bringen. Ein beiläufiges „Lass das" ist ein Ausdruck für eine geringe Festigkeit in der Disziplinierung. Eine hohe Festigkeit ist dadurch gekennzeichnet, dass der Leh-

Abb. 5.2 Festigkeit des Lehrers aus Schülerperspektive: Den Einzelnen sehen und alle im Blick behalten (© bjupp/Fotolia.com)

rende nachdrängt und den fokussierten Schüler ansieht, bis das störende Verhalten eingestellt wird (Abb. 5.2).

Als **Härte** bezeichnet Kounin Disziplinierungen, in denen Lehrende Aggressionen zum Ausdruck bringen (z. B. Zorn, Gereiztheit). Dies können böse Blicke sein oder Bemerkungen, in denen Strafen angedroht oder tatsächlich erteilt werden.

Die empirischen Untersuchungen von Kounin zeigten: Bei experimentellen Untersuchungen, in denen sich Lehrende unter zwei Bedingungen bei Disziplinierungsmaßnahmen unterschiedlich verhalten, ließ sich ein Welleneffekt bei den Studierenden nachweisen. Dozenten mit harten Disziplinierungsmaßnahmen wurden von den Studierenden negativ bewertet, während ein konstruktiver Umgang eines Dozenten positive Wirkungen entfaltete. Nachfolgeuntersuchungen unter Feldbedingungen in der Schule (Beobachtungen im Klassenzimmer und Videoanalysen) konnten diese Befunde allerdings nicht mehr bestätigen. Unter diesen ökologischen Bedingungen zeigte sich vielmehr, dass die Art der Disziplinierungsmaßnahme **keinen systematischen Effekt** auf das Verhalten der Schüler hatte. In Folge wurden deshalb vier zentrale Merkmalsbereiche für effektive Klassenführung entwickelt und über Videoanalysen empirisch gesichert (Kounin, 2006).

5.3.2 Allgegenwärtigkeit und Überlappung

Allgegenwärtigkeit

Allgegenwärtigkeit bedeutet die Fähigkeit des Lehrenden, den Schülern mitzuteilen, dass er über ihr Tun stets informiert ist. Sprichwörtlich bedeutet die Allgegenwärtigkeit, dass ein Lehrender „Augen im Hinterkopf" hat bzw. den

Lernenden vermittelt, dass man genau weiß, was im Klassenzimmer vorgeht.

> **Beispiel**
>
> Der Lehrer führt mit einer Gruppe im Lesekreis Lautübungen durch. Johnny, der einer Stillarbeitsgruppe angehört, dreht sich um und flüstert Jimmy etwas zu. Der Lehrer blickt auf und sagt: „Johnny, lass die Unterhaltung und beschäftige dich mit deinen Additionsaufgaben!". Diese Zurechtweisung wurde nun nach ihrer Klarheit, Festigkeit und Härte bewertet. Aber sie waren für das Verhalten der Kinder gleichgültig. Gab es bei diesem Zurechtweisungsfall sonst noch etwas, was über den Führungserfolg entscheiden konnte? Wir spulten das [Video] Band zurück und ließen es dann noch einmal durchlaufen. Dabei wurden wir gewahr, dass in einem anderen Teil des Zimmers zwei Jungen sich Papierflugzeuge zuwarfen. Dies war vor und während der Zeit im Gange, als der Lehrer Johnny für sein Reden zurechtwies. Ist dieser Sachverhalt von Bedeutung?
>
> Nehmen wir ein anderes Beispiel: Der Lehrer ist gerade damit beschäftigt, der ganzen Klasse Additionsregeln beizubringen, indem er die Kinder der Reihe nach Aufgaben an der Tafel lösen läßt. Mary beugt sich zum rechten Nachbartisch hinüber und flüstert mit Jane. Beide kichern. Der Lehrer sagt: „Mary und Jane, lasst das!" Diese Zurechtweisung wurde ebenfalls auf verschiedene Qualitäten hin untersucht, von denen keine sich als relevant für das Schülerverhalten erwies. Wieder spulten wir das [Video] Band zurück und ließen es noch einmal durchlaufen. Dabei stellten wir fest, dass etwa 45 Sekunden früher Lucy und John, die mit Jane zusammen an einem Tisch saßen, miteinander zu flüstern begannen. Robert sah ihnen zu und ließ sich gleichfalls in die Unterhaltung ein. Dann kicherte Jane und sagte etwas zu John. Daraufhin beugte Mary sich vor und flüsterte Jane etwas zu. An dieser Stelle wies der Lehrer Mary und Jane zurecht. Ist die Tatsache, dass Mary sich erst spät in diese Kette von Gesprächen und Gekicher einreihte, irgendwie von Bedeutung? (Kounin, 2006, S. 89f)

Die Ausführungen von Kounin verdeutlichen sehr anschaulich das Prinzip der Allgegenwärtigkeit. Klassenführung im Sinne der Allgegenwärtigkeit vollzieht sich über die Art und Weise, wie ein Lehrender sein Wissen über den Zustand in der Klasse vermittelt, zu welchem Zeitpunkt er in das Geschehen eingreift und ob die richtige Person (bzw. das richtige Objekt) fokussiert wird. Die oben genannten Beispiele beschreiben Situationen, in denen Lehrende ihr

Wissen über die gesamte Situation im Klassenzimmer nicht vermittelt haben, ein zu spätes Eingreifen erfolgte und die falsche Personengruppe fokussiert wurde.

Die empirischen Befunde der Videoanalysen zeigen einen systematischen Zusammenhang zwischen der Allgegenwärtigkeit von Lehrenden und dem Führungserfolg. Eine hohe Allgegenwärtigkeit korreliert positiv mit dem Mitarbeitsverhalten sowie der Rate an ausbleibendem Fehlverhalten aufseiten der Schüler. Die Allgegenwärtigkeit ist somit förderlich für die Mitarbeit und hemmend in Bezug auf das Fehlverhalten der Lernenden.

Überlappung

Überlappung bezeichnet die Fähigkeit eines Lehrenden, die Aufmerksamkeit simultan auf mehrere Dinge richten zu können. Situationen der Überlappung ergeben sich oft im Zuge von Disziplinierungsmaßnahmen sowie bei unvorhergesehenen Schülerverhaltensweisen.

> **Beispiel**
>
> Der Lehrer arbeitet mit einer Lesegruppe, und Mary liest gerade vor. John und Richard, beide dem Stillarbeitsbereich zugeteilt, unterhalten sich vernehmlich. Der Lehrer schaut zu ihnen und sagt: „Mary, lies weiter, ich höre dir zu", und fast gleichzeitig „John und Richard, ich höre euch reden. Dreht euch jetzt um und macht eure Arbeit!". Im anderen Fall ist der Lehrer ebenfalls mit einer Lesegruppe beschäftigt, und Betty liest laut. Gary und Lee, beide von der Stillarbeitsgruppe, rangeln spielerisch miteinander. Der Lehrer schaut zu ihnen und sagt ärgerlich: „Schluß mit dem Unfug! Aber auf der Stelle! Lee, du bist noch nicht fertig mit deinen Aufgaben. Mach sie jetzt sofort, und zwar richtig! Und Gary, du genauso!" Darauf geht er zum Lesekreis zurück, nimmt sein Buch wieder auf, setzt sich auf seinen Stuhl und sagt ruhig: „So, nun wollen wir unsere Geschichte weiterlesen." (Kounin, 2006, S. 93)

Das Beispiel verdeutlicht, wie unterschiedlich die beiden Lehrer mit den simultan auftretenden Ereignissen umgehen. Der erste Lehrer vermittelt Mary, dass er ganz bei der Sache ist. Gleichzeitig geht er auf das störende Verhalten der beiden anderen Schüler ein, kurz und bündig, um sich dann dem Lesekreis wieder zuzuwenden. Der zweite Lehrer unterbricht die Aktivität im Lesekreis und stürzt sich förmlich auf das störende Verhalten der beiden Schüler.

Die empirischen Ergebnisse zeigen einen positiven Zusammenhang zwischen Überlappung und der Mitarbeit der Schüler. Bei positiver Überlappung tritt weniger Fehlverhalten aufseiten der Lernenden auf. Dies trifft insbesondere auf Übungs- und Stillarbeitsphasen zu.

5.3.3   Reibungslosigkeit und Schwung

Beim Unterrichten müssen Lehrende eine Vielzahl von Aktivitäten initiieren, beobachten und aufrechterhalten. Die Dimensionen von Reibungslosigkeit und Schwung fokussieren dabei die Fähigkeit eines Lehrenden, für einen flüssigen Unterrichtsverlauf zu sorgen und speziell in Übergangsphasen für eine fortgesetzte Auseinandersetzung mit den Lerninhalten zu sorgen.

> **Beispiel**
>
> Fräulein Smith arbeitet mit der Gruppe der „Rockets" im Lesekreis, während die anderen Gruppen an ihren Plätzen still arbeiten. Mary hat soeben ihren Lesevortrag beendet. Die Lehrerin sagt: „Schön, Mary. Und damit sind wir am Ende unserer Geschichte angelangt. Geht nun an eure Plätze zurück und macht eure Stillarbeit fertig." Sie schließt ihr Buch, schaut sich etwa drei Sekunden lang im Zimmer um und sagt dann: „So, jetzt dürfen die Bluebirds zum Lesekreis vorkommen."
> Fräulein Jones beschäftigt sich mit den „Brownies" im Lesekreis, während die anderen Gruppen an ihren Plätzen stillarbeiten. John hat gerade zu Ende gelesen. Die Lehrerin schließt ihr Buch und sagt: „Gut, John. Geht nun alle an eure Plätze zurück und macht eure Aufgaben fertig". Und sie fügt sofort hinzu: „Cubs, jetzt seid ihr an der Reihe, bitte kommt vor zum Lesekreis."
> (Kounin, 2006, S. 102)

Im ersten Beispiel wird deutlich, dass die Lehrerin sich am Ende des Lesekreises der ersten Gruppe zuerst ein Bild über die Klassensituation verschafft, bevor sie die nächste Gruppe zu sich bittet. Im zweiten Beispiel benennt die Lehrerin eine zweite Gruppe, ohne sich vorher über die momentane Beschäftigung der „Cubs" zu informieren. Damit riskiert sie, dass diese unerwartet aus ihren bisherigen Aktivitäten herausgerissen werden. Reibungslosigkeit und Schwung bezieht sich aber nicht nur auf Übergangsphasen im Unterricht. Auch während einer Aktivität ist es von Bedeutung, eine thematische Entschlossenheit zu wahren. Reibungslosigkeit und Schwung lassen sich empirisch vor allem über negative Indikatoren, bei Kounin als Sprunghaftigkeit bezeichnet, belegen. Dazu zählen Reizabhängigkeit (sich ablenken lassen von einzelnen Reizen), Unvermitteltheiten, thematische Inkonsequenzen, Verkürzungen, thematische Unentschlossenheit, Überproblematisierungen, Fragmentierungen von Gruppen und Handlungseinheiten.

Die empirischen Befunde von Kounin verweisen wiederum auf einen positiven Zusammenhang zwischen Reibungslosigkeit/Schwung und Mitarbeit bzw. Ausbleiben von Fehlverhalten aufseiten der Schüler. Die Vermeidung von Verhaltungsweisen, die einen flüssigen Ablauf des Unterrichts verhindern, ist eine der wichtigsten Determinanten für effektive Klassenführung.

5.3.4 Gruppenmobilisierung

Die Gruppenmobilisierung bezieht sich auf die Fähigkeit eines Lehrenden, sich auf die Klasse als Ganzes zu konzentrieren und die einzelnen Schüler „bei der Stange" zu halten. Merkmale für positive Gruppenmobilisierung sind:

- alle Methoden, die vor dem Aufrufen eines Schülers „Spannung" erzeugen: Pausieren, Sichumschauen, um die Lernenden vor dem Aufruf zu sammeln;
- Verfahren, bei denen die Schüler in Ungewissheit darüber bleiben, wer als nächstes aufgerufen wird;
- häufiges Aufrufen möglichst vieler verschiedener Schüler; Aufforderungen an die Lernenden sich zu melden, bevor der Aufruf ergeht;
- Handlungen, die den nicht aufgerufenen Lernenden zu verstehen geben, dass sie ebenfalls im Fokus der Aufmerksamkeit stehen;
- Einbeziehung neuer, ungewöhnlicher Materialien.

Beispiel

Zehn Kinder haben als Lesegruppe in einem Halbkreis Platz genommen, Fräulein Smith sitzt vor ihnen und hält Schautafeln in der Hand. Auf jeder der Tafeln steht ein Wort. Die Lehrerin verkündet: „Heute wollen wir immer ein Wort lesen und dann versuchen, ein anderes Wort zu finden, das sich darauf reimen lässt. Fangen wir bei Richard an und gehen dann im Kreis herum." Fräulein Smith dreht sich zu Richard, der am rechten Ende des Halbkreises sitzt, hält ihm eine Papptafel entgegen und fragt: „Wie heißt dieses Wort, Richard?" Richard antwortet: „Nest." Die Lehrerin: „Richtig. Nenne mir nun ein Wort, das sich auf „Nest" reimt!" „Rest." „Sehr schön", erwidert die Lehrerin. Sie wendet sich zu Mary, die links neben Richard sitzt, und zeigt ihr eine andere Tafel: „Nun, Mary, wie heißt dieses Wort?" „Drachen", sagt Mary. „Richtig", bestätigt die Lehrerin. „Und nun sag mir ein Wort, das sich auf „Drachen" reimt!" „Machen", antwortet Mary. Die Lehrerin sagt: „Sehr schön", nimmt wieder eine andere Tafel, beugt sich damit zu Ruth hinüber, die links neben Mary sitzt und fragt: „Ruth, kannst du mir sagen, wie dieses Wort heißt?" „Sonne", antwortet Ruth. Die Lehrerin fährt mit der Befragung fort, bis jedes Kind ein Wort gelesen und ein Reimwort genannt hat.
Sehen wir uns eine andere Lehrerin an, die die gleiche Übung durchführt. Fräulein Jones sitzt vor der Lesegruppe. Sie hält einen Stapel Pappkarten in der Hand und fragt: „Wer kann mir das nächste Wort lesen?" Sie macht eine Pause, hält eine Karte hoch, schaut gespannt in die Runde und sagt dann: „John." John antwortet: „Buch." Die Lehrerin: „Gut. Wer kann mir nun ein Wort nennen, das ganz ähnlich klingt?" Wieder macht sie eine Pause, schaut sich um und ruft Mary auf. „Kuchen", sagt Mary. Darauf fragt die Lehrerin: „Wer findet ein Wort, das sich auf „Kuchen" reimt?" Sie blickt umher und ruft Richard auf, der mit „Suchen" antwortet. (Kounin, 2006, S. 117)

Die beiden Bespiele verdeutlichen wiederum einen unterschiedlichen Umgang der beiden Lehrerinnen mit einer vergleichbaren Situation. Während die erste Lehrerin ein starres Schema anwendet und die Schüler nach vorgefertigten Karten der Reihe nach aufruft, wandert der Blick der Lehrerin im zweiten Beispiel jedes Mal durch die Gruppe. Gleichzeitig erzeugt sie Spannung, bevor sie einzelne Schüler aufruft und gibt ihnen die Möglichkeit, sich selbst für einzelne Karten zu entscheiden.

Die Auswertungen von Kounin belegen auch für die Dimension der Gruppenmobilisierung einen positiven Zusammenhang zur Mitarbeit und zu ausbleibendem Fehlverhalten. Wenn es Lehrenden gelingt, die Schüler zu mobilisieren, erreichen sie eine aktive Mitarbeit und ein geringes Fehlverhalten.

5.3.5 Abwechslung und Herausforderung

Abwechslung und Herausforderung stellen eine Dimension der Klassenführung dar, bei der die Lernaktivitäten (insbesondere in Stillarbeitsphasen) so gestaltet sind, dass sie als abwechslungsreich und herausfordernd erlebt werden. Dadurch sollen sich Schüler konzentriert und kognitiv aktiv mit den Lerninhalten auseinandersetzen können. Indikatoren für Abwechslung und Herausforderung sind Abwechslung in Art und Umfang der erforderlichen intellektuellen Tätigkeit, in der Darbietungsweise des Lehrers, den Arbeitsmitteln, der Gruppenanordnung, den Lernaktivitäten und den einbezogenen Standorten im Klassenzimmer.

In den empirischen Untersuchungen zeigte sich folgendes Bild: Konzentriert man sich auf die reinen schulspezifischen Aktivitäten, lässt sich ein positiver Zusammenhang zwischen Abwechslung und Herausforderung und dem Verhalten der Schüler feststellen. Der Zusammenhang ist besonders bei Stillarbeitsphasen und im Grundschulunterricht deutlich (Kounin, 2006).

Die Dimensionen für effektive Klassenführung von Kounin (1976, 2006) stellen bis heute die theoretische und empirische Grundlage für weiterführende Forschungsar-

Videoanalysen in der Unterrichtsforschung

Die Forschungsarbeiten von Kounin (1976, 2006) stellen ein Beispiel für die besonderen Vorteile von Videostudien in der Unterrichtsforschung dar. Über die Aufzeichnung von Interaktionen zwischen Lehrenden und Lernenden im Unterricht können einzelne Sequenzen wiederholt und aus unterschiedlichen Perspektiven analysiert werden. Als Kounin beispielsweise feststellte, dass nicht die Art der Disziplinierungsmaßnahme entscheidend für das Verhalten der Schüler war, konnte das Videomaterial erneut unter den Perspektiven von Allgegenwärtigkeit und Überlappung, Reibungslosigkeit und Schwung, Gruppenmobilisierung, Abwechslung und Herausforderung analysiert werden. Durch die Anwendung von Videoanalysen ist es möglich, sowohl die Häufigkeiten bestimmter Verhaltensweisen im Unterricht zu messen (quantifizierendes Vorgehen), als auch über

Fallanalysen Situationen im Unterricht differenziert zu beschreiben (qualitatives Vorgehen).

Aus methodischer Sicht gelten folgende Grundlagen der Beobachtung (Seidel & Prenzel, 2010):

- Überlegungen zur Art der Beobachtung (z. B. teilnehmend oder nicht teilnehmend),
- Wahl der Analyseeinheit (z. B. feste Zeitsegmente oder spezifische Ereignisse),
- Entwicklung verschiedener Arten von Kodierverfahren (z. B. Zeichensysteme, Kategoriensysteme, Schätzverfahren),
- Sicherstellung der Güte der Beobachtungsverfahren (z. B. in der Prüfung von Objektivität, Validität und Reliabilität),
- Wahl geeigneter statistischer Analyseverfahren (z. B. Analyse der Häufig-

keiten bestimmter Verhaltensweisen, Zeitreihenanalysen, Skalierung von Unterrichtsfaktoren).

Videostudien liefern auch heute einen bedeutsamen Beitrag zur pädagogisch-psychologischen Forschung (Seidel, 2011). Mit den TIMSS-Videostudien erfolgte erstmals die Umsetzung einer international vergleichenden Unterrichtsstudie (Stigler, Gonzales, Kawanaka, Knoll, & Serrano, 1999), die technisch wie methodisch die Standards für eine Reihe deutschsprachiger Videostudien im Mathematik-, Englisch-, und Physikunterricht setzte. Die Ergebnisse von Videoanalysen münden heute meist in mehrebenenanalytische Verfahren ein, bei denen Variablen auf der Unterrichtsebene (ermittelt über Videoanalysen) mit Variablen auf der Ebene der Schüler (z. B. ermittelt über Fragebogen und Tests) gekoppelt werden.

beiten dar. Allerdings wird in aktuellen Studien häufiger auf Fragebogenverfahren (bei Schülern) oder Schätzverfahren (Einschätzungen von Videoaufzeichnungen mittels Fragebogen) zurückgegriffen. Zudem werden Daten zunehmend mehrebenenanalytisch ausgewertet. Auf diese Weise können die Merkmale auf verschiedenen Aggregatebenen (z. B. individuelle und Klassenebene) berücksichtigt und eine Vielzahl von Einflussfaktoren kontrolliert werden. Leider fehlt in den aktuellen Studien häufig das Moment der konkreten Beschreibung von Verhaltensweisen von Lehrenden durch Videoanalysen (▶ Exkurs „Videoanalysen in der Unterrichtsforschung").

Im Folgenden werden nun aktuelle Ansätze und Studien zur Klassenführung vorgestellt. Diese werden nach drei Facetten von Klassenführung gegliedert: Klassenführung als Umgang mit Störungen, Klassenführung als Management von Lernzeit und Klassenführung als Begleitung von Lernprozessen bei Schülern.

5.4   Klassenführung als Umgang mit Störungen

Klassenführung mit einem Schwerpunkt auf Umgang mit Störungen bzw. Vermeiden von Störungen ist eng mit dem englischen Begriff des „classroom management" verbunden (Doyle, 1986; Emmer & Stough, 2001). ▶ **Klassenmanagement** versteht sich in diesem Sinne als das Herstellen und Aufrechterhalten von Ordnungsstrukturen im Klas-

senzimmer. Ziel ist es, den Unterricht möglichst störungsarm zu halten. Als Kriterium für effektives Klassenmanagement wird dementsprechend ein geringes Störungsausmaß herangezogen, meist gemessen über die Wahrnehmung der Schüler einer Klasse.

Betrachtet man Klassenführung als Umgang mit Störungen spielt die Einführung von **Regelsystemen** eine besondere Rolle (◨ Abb. 5.3). Im Gegensatz zu Kounin, der auf Disziplinierungsmaßnahmen im engeren Sinne fokussierte und hierfür keine nennenswerten Effekte auf das Schülerverhalten fand, belegen aktuelle Studien durchaus moderate Einflüsse. Effektives Klassenmanagement zeichnet sich dadurch aus, dass Regeln und Unterrichtsabläufe gleich zu Beginn des Schuljahres in der Klasse etabliert werden. Es besteht außerdem darin, dass Lehrpersonen ihre Erwartungen deutlich kommunizieren, systematisch das Verhalten der Schüler beobachten und regelmäßig Feedback geben (Emmer, Evertson & Anderson, 1980; Evertson & Harris, 1992).

In einer Studie von Schönbächler (2006) wurde untersucht, in welchen Bereichen Regeln im Klassenzimmer aus der Wahrnehmung der Lehrenden und Lernenden etabliert werden. Sie befragte 923 Schüler sowie deren Lehrpersonen dazu, welches die drei wichtigsten Regeln im Klassenzimmer sind. Die Antworten aller Befragten wurden in vier Bereiche kategorisiert: Material/Eigentum, Ordnung/Ruhe, soziale Interaktion und Zuverlässigkeit. Die deskriptiven Auswertungen der Antworten von Lehrpersonen und Schüler zeigen einen Schwerpunkt der wichtigsten Regeln im Bereich der Ordnung/Ruhe (Lehrende: 46,0 %, Lernende: 61,6 % aller genannten Regeln) und der sozialen Interaktionen (Lehrende: 48,4 %, Lernende: 31,5 %). Gleichzeitig wird deutlich, dass die Lehrenden aus ihrer Perspektive einen Schwerpunkt auf den Bereich der Regeln für soziale Interaktionen legen, während dies bei den Lernenden vor allem im Bereich der Regeln zu Ordnung und Ruhe wahrgenommen wird.

Klassenführung im Sinne des Umgangs mit störenden Verhaltensweisen der Lernenden und der Etablierung eines Regelsystems muss allerdings als eine flexible Organisationsform des Unterrichts und nicht als ein starres Verhaltenssystem betrachtet werden. Effektives Klassenmanagement ist dementsprechend dadurch charakterisiert, dass Lehrende sowohl Regeln setzen als auch flexibel mit ihnen umgehen und situationsspezifisch agieren und reagieren. Neuenschwander (2006) konnte vor dem Hintergrund des Konzepts einer **souveränen Klassenführung**, die sich durch Regelklarheit und Flexibilität/Adaptivität (d. h. flexible Anpassung des Verhaltens an die jeweilige Situation im Klassenzimmer) kennzeichnet, feststellen, dass eine souveräne Klassenführung positive Effekte auf die Mathematikleistung bei Schülern der 6. Jahrgangsstufe zeigt. Bei einer souveränen Klassenführung nahmen die Schüler bei ihren Lehrpersonen eine hohe Erklärungs- und Kommunikationskompetenz wahr. Außerdem akzeptierten die Schüler ihre Lehrpersonen bei dieser Qualität der Klassenführung mehr als bei einer rigiden und wenig angepassten Klassenführung.

In weiteren Studien wird das Resultat einer effektiven Klassenführung – das Ausmaß eines störungsarmen Unterrichts – als Indikator für effektive Klassenführung verwendet. Auch hier lassen sich systematisch positive Effekte auf kognitive und motivational-affektive Lernergebnisse der Schüler zeigen.

In einer deutsch-schweizerischen Videostudie zur Qualität des Mathematikunterrichts (Rakoczy, 2007; Rakoczy et al., 2007) wurde festgestellt, dass ein störungsarmer Unterricht eng mit einem positiven Kompetenzerleben aufseiten der Lernenden verbunden ist. Darüber hinaus berichten die Schüler aus störungsarmen Klassenzimmern eine hohe Intensität an kognitiven Aktivitäten und positiven emotionalen Erfahrungen (▶ Abschn. 4.2).

Kunter und Kollegen (Kunter, 2005; Kunter, Baumert, & Köller, 2007) berichten ähnliche Befunde. Sie zeigen, dass sich ein geringes Ausmaß an Störungen positiv auf die erlebte Herausforderung im Mathematikunterricht auswirkt. Klieme & Rakoczy (2003) stellen auf der Schulebene fest, dass eine hohe Disziplin in Schulen mit hohen Leistungen (gemessen über die Lesekompetenz) einhergeht. Bei allen Studien wird der Befund in der Art interpretiert, dass eine hohe Disziplin und störungsarmer Unterricht eine Voraussetzung für erfolgreiches Lernen in der Klasse ist.

◘ Abb. 5.3 Man kann nicht alles sehen – der Umgang mit Störungen erfordert die Einführung eines Regelsystems (© photos.com)

5.5 Klassenführung als Management von Lernzeit

Klassenführung als Form des Managements von Lernzeit legt den Schwerpunkt auf eine **maximale Bereitstellung von Zeit** für eine aktive Auseinandersetzung mit Lerninhalten (Helmke & Weinert, 1997). Natürlich ist Klassenführung als Management von ▶ **Lernzeit** wiederum eng mit dem Konzept des Umgangs mit Störungen verbunden. Aus der Perspektive der Forschenden wird hier allerdings der Schwerpunkt bereits auf vorausschauende Handlungsweisen der Lehrenden gelegt, um durch die Organisation des Unterrichtsablaufs für eine optimale Nutzung der Unterrichtszeit zu sorgen. Darüber hinaus bedeutet Management von Lernzeit, dass Lehrende den Unterricht möglichst klar vorstrukturieren und durch klare Zielstellungen für einen reibungslosen Ablauf des Unterrichts sorgen.

In der SCHOLASTIK-Studie (Helmke & Weinert, 1997) wurden zur Erfassung der Klassenführung Videoaufzeichnungen des Unterrichts analysiert sowie die Einschätzungen der Schüler mittels Fragebogen berücksichtigt. Die Befunde verweisen auf einen positiven Effekt der Klassen-

Abb. 5.4 Das Ziel: Ein Klima, das gute Lehr- und Lernprozesse ermöglicht (© photos.com)

führung auf das Lernen der Schüler. Es zeigt sich ein systematischer Zusammenhang zwischen der Bereitstellung von Lernzeit und der von den Schülern empfundenen Aufmerksamkeit. Eine hohe Ausschöpfung der Lernzeit wirkt sich darüber hinaus positiv auf die Leistungsentwicklung im Fach Mathematik aus. Aus der Perspektive der Schüler haben ein effektives Management und eine hohe Zielorientierung (d. h. eine Orientierung des Unterrichts an den Lehr- und Lernzielen der Unterrichtseinheit) einen positiven Effekt auf die Einstellungen gegenüber Mathematik, auf das fachspezifische Selbstkonzept in Mathematik sowie auf die Leistungsentwicklung im Verlauf des Schuljahres.

Eine zweite Facette von Klassenführung als Management von Lernzeit hebt auf die Organisation des Unterrichts ab. Dazu zählen die Wahl der Methoden, die strukturierte und kohärente Darbietung des Wissens und eine Orientierung des Unterrichts entlang der Lehr-und Lernziele.

Mit Blick auf diese Aspekte stellt Mayr (2006) fest, dass erfolgreiche Lehrpersonen sich von weniger erfolgreichen Lehrpersonen (gemessen über den Grad des Abschaltens, Unruhe, Aggression und Regelverletzung aus Sicht der Lernenden) darin unterscheiden, dass sie bedeutsame Lernziele vermitteln, der Unterricht strukturiert ist, klare Arbeitsanweisungen bestehen, der Unterricht als interessant wahrgenommen wird und sie zudem eine hohe Fachkompetenz aufweisen (■ Abb. 5.4).

Seidel, Rimmele & Prenzel (2005) untersuchen die Klarheit und Transparenz des Unterrichts (ermittelt über Videoanalysen von Unterrichtsaufzeichnungen) und zeigen einen positiven Effekt eines zielorientierten Unterrichts auf die Wahrnehmung von inhaltlicher Relevanz, Instruktionsqualität, Autonomieunterstützung und Kompetenzunterstützung aufseiten der Schüler. In einem zielorientierten Unterricht erleben sich die Schüler intrinsisch motiviert und führen tiefer gehende Lernaktivitäten aus. Darüber hinaus zeigt sich ein positiver Effekt der Zielori-

entierung auf die Lernentwicklung im Verlauf eines Schuljahres.

Insgesamt lässt sich festhalten, dass das Management von Lernzeit in der Regel substanzielle Effekte auf das Lernen der Schüler zeigt. Dies belegt eine Reihe von Metaanalysen (Seidel & Shavelson, 2007) sowie eine Vielzahl an Studien aus dem deutschsprachigen und internationalen Raum.

5.6   Klassenführung als Begleitung von Lernprozessen bei Schülern

In aktuellen Modellen des Lehrens und Lernens wird Unterricht von den Lernprozessen der Schüler aus gedacht (Seidel, 2011). Dementsprechend orientiert sich Unterricht an den für Lernen notwendigen Prozessen: der Klärung von Zielen, der Orientierung hin zu den Zielen, der Ausführung von Lernaktivitäten, der Evaluation von Lernergebnissen und der Begleitung und Überwachung von Lernprozessen (Bolhuis, 2003). Unterricht stellt in diesem Sinn eine vorstrukturierte Lernumgebung dar, die eine **möglichst intensive kognitive Auseinandersetzung** mit den Lerninhalten und eine **intrinsische Lernmotivation** begünstigen soll. Werden die individuellen Lernprozesse der Schüler unterstützt, bauen sie reichhaltige, flexible und vernetzte Wissensstrukturen auf und erreichen ein vertieftes Verständnis von Lerninhalten.

Kennzeichnend für diese Auffassung der Gestaltung von Lernumgebungen ist zudem, dass Klassenführung verstärkt aus einer **prozessorientierten Perspektive** betrachtet wird. Interaktionen zwischen Lehrenden und Lernenden werden aus einer interaktionistischen bzw. auch systemischen Sichtweise heraus analysiert. Zentral sind die Aushandlungsprozesse zwischen Lehrenden und Lernenden. Die Rolle der Lehrenden besteht darin, extrinsische Zielstellungen an die Lernenden heranzutragen und den Unterricht so zu gestalten, dass extrinsische Motivationslagen internalisiert und in eigene Ziele integriert werden können (Prenzel, 1995). Wenn Schüler erfolgreich Lehrziele als eigene Lernziele internalisieren, wächst die Chance, dass sie sich intrinsisch motiviert und verständnisorientiert mit Lerninhalten auseinandersetzen. Tun sie dies nicht, dominieren Formen externaler Lernmotivation bzw. Amotivation. Amotivation und externale Lernmotivation wiederum führen u. a. dazu, den Unterricht passiv zu verfolgen bzw. sich nicht auf die Lerninhalte zu konzentrieren und dann häufiger den Unterricht zu stören.

Die Folge einer möglichst lang andauernden und intensiven Auseinandersetzung der Schüler mit Lerninhalten ist nach dieser Auffassung ein Klassenklima, das durch Konzentration, Herausforderung, und gegenseitige Wertschätzung gekennzeichnet ist. Dementsprechend wird

Exkurs

Effekte distaler und proximaler Variablen zur Messung von Klassenführung

In einer Metaanalyse von Seidel & Shavelson (2007) wurden empirische Studien der letzten zehn Jahre (1994–2005) in Hinblick auf Effekte des Unterrichts auf das Lernen von Schülern untersucht. Als Grundlage für die Klassifikation des Unterrichts diente ein prozessorientiertes Modell des Lehrens und Lernens. Im prozessorientierten Modell wurden Unterrichtsvariablen identifiziert, welche

- den Rahmen für die Ausführung von Lernaktivitäten bereitstellen (z. B. Organisation des Lernens, Management von Lernzeit, sozialer Kontext in der Klasse) und distal die Ausführung von Lernaktivitäten beeinflussen,
- die Ausführung von Lernaktivitäten durch die Klärung von Zielen, der Begleitung des Lernens und der Evaluation der Lernergebnisse mittelbar unterstützen und
- die konkret die Ausführung von Lernaktivitäten initiieren und pro-

ximal auszuführende Lernprozesse beeinflussen.
Die zentralen Befunde der Metaanalyse in Bezug auf Klassenführung sind:

- Effekte der Klassenführung sind multikriterial und betreffen kognitive wie motivational-affektive Komponenten des Lernens.
- Je proximaler Unterrichtskomponenten die Ausführung von Lernaktivitäten unterstützen, desto größer der Effekt des Unterrichts auf das Lernen der Schüler; je distaler, desto geringer die Effekte.
- Klassenführung als störungsarme Organisation des Unterrichts wird als distal zur konkreten Ausführung von Lernaktivitäten betrachtet und erzielt dementsprechend relativ geringe Effekte auf das Lernen der Schüler. Klassenführung im Sinne des Managements von Lernzeit und als Begleitung des Lernens unterstützt die Ausführung von Lernaktivitäten

mittelbar. Hier werden moderate Effekte auf das Lernen der Schüler festgestellt.

- Die Stärke der Effekte auf das Lernen hängt stark vom gewählten Forschungsdesign ab. Wird Klassenführung im Rahmen von Survey-Studien mittels Fragebogenverfahren erfasst, sind die Effektstärken gering. Erfolgt die Untersuchung von Klassenführung mittels (quasi-)experimenteller Forschungsdesigns oder auf der Basis von Videoanalysen, erreichen die Studien moderate Effektstärken.
Domänenspezifische Aspekte des Unterrichts (z. B. mathematisches Problemlösen, naturwissenschaftliches Experimentieren) stellen solche Unterrichtskomponenten dar, die im Vergleich proximal die Ausführung von Lernaktivitäten beeinflussen. Dementsprechend sind die erzielten Effekte auf das Lernen hier am größten (moderate bis starke Effekte).

Klassenführung mit dem Ziel versehen, eine Situation zu erzeugen, die gute Lehr- und Lernprozesse ermöglicht, die Entfaltung der Schüler unterstützt und es den Lernenden ermöglicht, kooperativ zu lernen und motiviert an Lerninhalte heranzugehen (Bildungsdirektion Kanton Zürich, 2006). Betrachtet man Kounins (2006) Ausführungen zur Klassenführung, zeigt sich, dass diese Ideen bereits in den frühen Arbeiten vertreten waren. Allerdings noch unter Begriffen wie Schwung oder Gruppenmobilisierung. Aktuelle Begriffe umfassen dagegen Verhaltensweisen der Lehrpersonen, die in den Bereichen Regulation, Monitoring, Begleitung, Rückmeldung und Unterstützung angesiedelt sind.

Betrachtet man Klassenführung unter der Perspektive der ▶ **Lernbegleitung** reihen sich eine Vielzahl von Studien in das Syndrom der Klassenführung ein. Vor allem die Qualität der Interaktion zwischen Lehrenden und Lernenden in der Begleitung, Unterstützung und Rückmeldung von Lernprozessen sowie das Klima innerhalb einer Klassengemeinschaft werden für die Klassenführung von Bedeutung (▶ Exkurs „Effekte distaler und proximaler Variablen zur Messung von Klassenführung").

Turner & Patrick (2004) beschreiben den Aushandlungsprozess zwischen Lehrenden und Lernenden, deren Überzeugungen und Zielorientierungen und die Auswirkungen der Qualität der Interaktionen zwischen Lehrenden und Lernenden auf das Verhalten von Schülern. Sie zeigen, wie das Verhalten von Schülern von der Qualität der Interaktionen zwischen ihnen und den jeweiligen Lehrern abhängt. Das Verhalten von Schülern im Unterricht ändert sich deutlich, wenn sie im Zuge des Jahrgangsstufenwechsels auf neue Lehrer treffen. Verfolgen Lehrer das Ziel, dass die Lernenden vorwiegend ein Verständnis für Lerninhalte erwerben sollen (Lernzielorientierung), zeigen die Schüler ein Verhalten, das auf ein starkes kognitives Engagement deutet. Bestanden die Ziele der Lehrenden und Lernenden darin, Leistung zu demonstrieren (Leistungszielorientierung), war das Verhalten der Schüler sehr wechselhaft und zum Teil störend. Ähnliche Befunde in Bezug auf die Unterstützung selbstregulierten Lernens in Abhängigkeit der Erwartungen und Zielorientierung der Lehrenden berichten Perry, VandeKamp, Mercer & Nordby (2002). Die Kongruenz bzw. Friktion zwischen Erwartungen und Handlungen der Lehrenden und Lernenden spielt also eine zentrale Rolle für das Gelingen von Aushandlungsprozessen im Unterricht (Vermunt & Verloop, 1999).

Ein weiteres Beispiel für Effekte der Qualität der Interaktionen zwischen Lehrenden und Lernenden auf die Lernmotivation, die kognitiven Lernaktivitäten und die Entwicklung von Interesse zeigen die Analysen von Seidel, Prenzel & Rimmele (2003) sowie von Seidel (2003). Werden die Interaktionen in der Klasse stark von der Lehrperson dominiert, entstehen für die Lernenden keine Freiräume für eigenständiges Denken und keine Internalisierung von Lernzielen. Dementsprechend erleben sich Schüler in eng geführten Interaktionen nicht in ihrer Autonomie und ihrer Kompetenz unterstützt und sind in Folge amotiviert bzw. external motiviert. Im Verlauf eines Schuljahres entsteht so ein deutlicher Abfall des Interesses an dem entsprechenden Schulfach.

Ähnliche Zusammenhänge werden von Rakoczy (2007) berichtet: Wertschätzende Beziehungen zwischen Lehrenden und Lernenden im Unterricht hängen eng mit der von den individuellen Schülern wahrgenommenen Autonomie zusammen. Die Bedeutsamkeit der Wahrnehmung von Autonomie, Kompetenz und sozialer Eingebundenheit für intrinsische Lernmotivation im Unterricht untermauern eine Reihe weiterer deutschsprachiger Untersuchungen (Seidel, 2011).

Auf der Ebene der Schule zeigen sich ebenfalls konsistente Befunde zur Bedeutung der Unterstützung durch die Lehrpersonen. Lernende, die sich von ihren Lehrern unterstützt fühlen, haben positivere Einstellungen gegenüber Schule und Unterricht als Lernende aus Schulen mit geringer Unterstützung (Hascher, 2004). In Bezug auf störungsarmen Unterricht zeigt sich, dass erfolgreiche Lehrpersonen positive und wertschätzende Beziehungen mit ihren Schülern aufbauen (Mayr, 2006).

5.7   Klassenführung als trainierbare Fähigkeit von Lehrenden

Die bisherigen Ausführungen haben sich darauf konzentriert, die Verhaltensweisen von Lehrenden bei der Klassenführung zu beschreiben, und zu untersuchen, inwieweit Unterschiede im Verhalten die Lernergebnisse beeinflussen. Im Zusammenhang mit der Klassenführung stellt sich aber auch die Frage, unter welchen Bedingungen diese Fähigkeiten erlernbar bzw. trainierbar sind. Grundsätzlich geht man davon aus, dass pädagogisch-psychologische Kompetenzen erlernbar sind (Voss, Kunter & Baumert, 2011). Aus diesem Grund wird das Wissen um Klassenführung auch in der universitären Ausbildung vermittelt und z. T. die entsprechenden Handlungsfähigkeiten vermittelt. Ein prominentes Beispiel stellt in diesem Zusammenhang das „Incredible Years Teacher Classroom Management Training" (IY TCM) dar (Webster-Stratton et al., 2011). Im IY TCM werden Lehrpersonen zusammen mit Eltern und weiteren Erziehern darin geschult, ihre Führungskompetenzen zu trainieren und zu optimieren. Die Trainings beinhalten Elemente wie effektives Verhaltensmanagement, proaktives Unterrichten, positive Lehrer-Schüler-Beziehungen, Lehrer-Eltern-Kollaboration sowie Möglichkeiten der Unterstützung der emotionalen Regulation und des Erwerbs sozialer Fähigkeiten von Kindern und Jugendlichen. Das Programm wurde vielfach positiv evaluiert und unter anderem auch erfolgreich in das uni-

versitäre Studium integriert (Snyder et al., 2011). Neben diesen Trainings zum Erwerb von Handlungsfertigkeiten wird aber auch die Fähigkeit zur Analyse von Klassensituationen geschult. Dazu werden beispielsweise videobasierte Instrumente entwickelt, anhand derer Studierende ihre Analysefähigkeiten zum Thema Klassenführung trainieren können (Gold, Förster & Holodynski, 2013).

> **Fazit**
>
> Bei der Klassenführung handelt es sich um ein Syndrom, das **verschiedene Unterrichtsmerkmale** bündelt. Zentral ist dabei die Auffassung, Lernumgebungen so zu gestalten, dass Lernen störungsarm abläuft, die vorgegebene Lernzeit maximal ausgeschöpft wird und die Lehrenden die Lernprozesse optimal begleiten und unterstützen.
>
> Die empirische Befundlage zur Relevanz dieser Elemente zeichnet ein eindeutiges Bild: **Störungsarmer Unterricht** hat in der Regel positive Wirkungen auf kognitive, aber auch motivational-affektive Komponenten des Lernens. Die **optimale Nutzung von Unterrichtszeit** durch die Organisation und Strukturierung des Unterrichts hängt wiederum eng mit der Qualität der Lernprozesse, aber auch der längerfristigen Lernentwicklungen (vor allem im kognitiven Bereich) zusammen. Die **Qualität der Begleitung und Unterstützung der Lernprozesse** fördern vor allem motivational-affektive Komponenten des Lernens bei Schülern. Der Umgang mit Störungen stellt in gewisser Weise eine Voraussetzung für erfolgreiches Lernen dar; die optimale Ausschöpfung der zur Verfügung stehenden Zeit die Grundlagen für die Ausführung von Lernaktivitäten; die Begleitung des Lernens betrifft die Unterstützung qualitativ hochwertiger Lernprozesse.

Verständnisfragen

1. Was sind die fünf Merkmalsbereiche einer effektiven Klassenführung nach dem „Klassiker" Kounin (1976)?
2. In welche Bereiche lässt sich Klassenführung auf der Basis des heutigen Forschungsstandes einteilen?
3. Was bedeutet Klassenmanagement?
4. Was versteht man unter aktiver Lernzeit?
5. Was bedeutet Lernbegleitung?

Vertiefende Literatur

Doyle, W. (1986). Classroom organization and management. In M. C. Wittrock (Ed.), *Handbook of Research on Teaching* (pp. 392–431). New York: Macmillan.

Kounin, J. S. (2006). *Techniken der Klassenführung* (Original der deutschen Ausgabe, 1976). Münster: Waxmann.

Seidel, T., & Shavelson, R. J. (2007). Teaching effectiveness research in the past decade: Role of theory and research design in disentangling meta-analysis results. *Review of Educational Research, 77*, 454–499.

Literatur

Bildungsdirektion Kanton Zürich (2006). *Klassenführung*. www.bildungs-direktion.zh.ch.

Bolhuis, S. (2003). Towards process-oriented teaching for self-directed lifelong learning: a multidimensional perspective. *Learning and Instruction, 13*(3), 327–347.

Brophy, J., & Good, T. L. (1986). Teacher behavior and student achievement. In M. C. Wittrock (Hrsg.), *Handbook of research and teaching* (S. 328–375). New York: Macmillan.

Doyle, W. (1986). Classroom organization and management. In M. C. Wittrock (Hrsg.), *Handbook of research on teaching* (S. 392–431). New York: Macmillan.

Emmer, E. T., Evertson, C. M., & Anderson, L. M. (1980). Effective classroom management at the beginning of the school year. The. *Elementary School Journal, 80*(5), 219–231.

Emmer, E. T., & Stough, L. M. (2001). Classroom management: A critical part of educational psychology, with implications for teacher education. *Educational Psychologist, 36*, 103–112.

Evertson, C. M., & Harris, A. H. (1992). What we know about managing classrooms. *Educational Leadership, 49*(7), 74–79.

Gold, B., Förster, S., & Holodynski, M. (2013). Evaluation eines videobasierten Trainingsseminars zur Förderung der professionellen Wahrnehmung von Klassenführung im Grundschulunterrich. *Zeitschrift für Pädagogische Psychologie, 27*, 141–155.

Hascher, T. (2004). *Wohlbefinden in der Schule*. Münster: Waxmann.

Helmke, A. (2012). *Unterrichtsqualität und Lehrerprofessionalität. Diagnose, Evaluation und Verbesserung des Unterrichts* (4. Aufl.). Seelze: Klett-Kallmeyer. Schule weiterentwickeln – Unterricht verbessern. Orientierungsband

Helmke, A., & Weinert, F. E. (1997). Unterrichtsqualität und Leistungsentwicklung: Ergebnisse aus dem SCHOLASTIK- Projekt. In F. E. Weinert, & A. Helmke (Hrsg.), *Entwicklung im Grundschulalter* (S. 241–251). Weinheim: Psychologie Verlagsunion.

Klieme, E., & Rakoczy, K. (2003). Unterrichtsqualität aus Schülerperspektive: Kulturspezifische Profile, regionale Unterschiede und Zusammenhänge mit Effekten von Unterricht. In J. Baumert, C. Artelt, & E. Klieme et al. (Hrsg.), *PISA 2000 – Ein differenzierter Blick auf die Länder der Bundesrepublik Deutschland* (S. 333–360). Opladen: Leske + Budrich.

Kounin, J. S. (2006). *Techniken der Klassenführung*. Münster: Waxmann. Original der deutschen Ausgabe, 1976

Kunter, M. (2005). *Multiple Ziele im Mathematikunterricht*. Münster: Waxmann.

Kunter, M., Baumert, J., & Köller, O. (2007). Effective classroom management and the development of subject-related interest. *Learning and Instruction, 17*, 494–509.

Mayr, J. (2006). Klassenführung auf der Sekundarstufe II: Strategien und Muster erfolgreichen Lehrerhandelns. *Schweizerische Zeitschrift für Bildungswissenschaften, 28*(2), 227–242.

Neuenschwander, M. P. (2006). Überprüfung einer Typologie der Klassenführung. *Schweizerische Zeitschrift für Bildungswissenschaften, 28*(2), 243–258.

Perry, N. E., VandeKamp, K. O., Mercer, L. K., & Nordby, C. J. (2002). Investigating teacher-student interactions that foster self-regulated learning. *Educational Psychologist, 37*(1), 5–15.

Prenzel, M. (1995). Zum Lernen bewegen. Unterstützung von Lernmotivation durch Lehre. *Blick in die Wissenschaft, 4*(7), 58–66.

Rakoczy, K. (2007). *Motivationsunterstützung im Mathematikunterricht*. Münster: Waxmann.

Rakoczy, K., Klieme, E., Drollinger-Vetter, B., Lipowsky, F., Pauli, C., & Reusser, K. (2007). Structure as quality feature in mathematics instruction. In M. Prenzel (Hrsg.), *Studies on the educational quality of schools. The final report on the DFG Priority Programme* (S. 101–120). Münster: Waxmann.

Raudenbush, S. W. (2005). Learning from attempts to improve schooling: the contribution of methodological diversity. *Educational Researcher, 34*(5), 25–31.

Schönbächler, M.-T. (2006). Inhalte von Regeln und Klassenmanagement. *Schweizerische Zeitschrift für Bildungswissenschaften, 28*(2), 259–274.

Seidel, T. (2003). *Lehr-Lernskripts im Unterricht*. Münster: Waxmann.

Seidel, T. (2011). Lehrerhandeln im Unterricht. In E. Terhart, H. Bennewitz, & M. Rothland (Hrsg.), *Handbuch der Forschung zum Lehrerberuf* (S. 605–629). Münster: Waxmann.

Seidel, T., & Prenzel, M. (2010). Beobachtungsverfahren: Vom Datenmaterial zur Datenanalyse. In B. Holling, & B. Schmitz (Hrsg.), *Handbuch der Psychologischen Methoden und Evaluation* (S. 139–152). Göttingen: Hogrefe.

Seidel, T., Prenzel, M., & Rimmele, R. (2003). Gelegenheitsstrukturen beim Klassengespräch und ihre Bedeutung für die Lernmotivation – Videoanalysen in Kombination mit Schülerselbsteinschätzungen. *Unterrichtswissenschaft, 31*(2), 142–165.

Seidel, T., Rimmele, R., & Prenzel, M. (2005). Clarity and coherence of lesson goals as a scaffold for student learning. *Learning and Instruction, 15*(6), 539–556.

Seidel, T., & Shavelson, R. J. (2007). Teaching effectiveness research in the past decade: Role of theory and research design in disentangling meta-analysis results. *Review of Educational Research, 77*, 454–499.

Shuell, T. J. (1996). Teaching and learning in a classroom context. In D. C. Berliner, & R. C. Calfee (Hrsg.), *Handbook of Educational Psychology* (S. 726–764). New York: Macmillan.

Snyder, J., Low, S., Schultz, T., Barner, S., Moreno, D., Garst, M., & Schrepferman, L. (2011). The impact of brief teacher training on classroom management and child behavior in at-risk preschool settings: Mediators and treatment utility. *Journal of Applied Developmental Psychology, 32*(6), 336–345. doi:10.1016/j.appdev.2011.06.001.

Stigler, J. W., Gonzales, P., Kawanaka, T., Knoll, S., & Serrano, A. (1999). *The TIMSS Videotape Classroom Study. Methods and findings from an exploratory research project on eighth-grade mathematics instruction in Germany, Japan, and the United States*. Washington, D.C.: U.S. Department of Education.

Vermunt, J. D., & Verloop, N. (1999). Congruence and friction between learning and teaching. *Learning and Instruction, 9*, 257–280.

Voss, T., Kunter, M., & Baumert, J. (2011). Assessing Teacher Candidates' General Pedagogical/Psychological Knowledge: Test Construction and Validation. *Journal of Educational Psychology, 103*(4), 952–969. doi:10.1037/a0025125.

Webster-Stratton, C., Reinke, W. M., Herman, K. C., & Newcomer, L. L. (2011). The Incredible Years Teacher Classroom Management Training: The Methods and Principles That Support Fidelity of Training Delivery. *School Psychology Review, 40*(4), 509–529.

Weinert, F. E. (1996). *Psychologie des Lernens und der Instruktion*. Enzyklopädie der Psychologie. Pädagogische Psychologie, Bd. 2. Göttingen: Hogrefe.

Medien

Holger Horz

E. Wild, J. Möller (Hrsg.), *Pädagogische Psychologie,* Springer-Lehrbuch,
DOI 10.1007/978-3-642-41291-2_6, © Springer-Verlag Berlin Heidelberg 2015

In der heutigen sog. Mediengesellschaft prägen Medientechnologien das Lernen und Arbeiten sowie das Freizeitverhalten der Menschen in einem größeren Ausmaß als je zuvor. Aufgrund sowohl der stetig zunehmenden sozialen Bedeutung von Medien als auch wegen ihrer rasanten technologischen Fortentwicklung gilt es, den Einfluss von Medien auf Menschen empirisch zu erfassen, um Hinweise auf einen sinnvollen und erfolgreichen Umgang mit Medien in den verschiedensten Lebenssituationen geben zu können. Auf einen kurzen Überblick über die Entwicklung der Medien und Medienforschung folgen in ► Abschn. 6.2 die wichtigsten Befunde und Theorien zur Rezeption text- und bildbasierter Lernmedien. Nach der separaten Betrachtung des Lernens mit Texten und Bildern steht in ► Abschn. 6.3 das Lernen mit multimedialen Lernumgebungen aus kognitionspsychologischer Perspektive im Mittelpunkt der Betrachtung. Abschließend werden in diesem Abschnitt einige wichtige Tipps zur medienbasierten Unterrichtsgestaltung referiert, wobei der Schwerpunkt auf dem Einsatz computerbasierter, multimedialer Medien in unterschiedlichen Bildungskontexten liegt. In ► Abschn. 6.4 werden die wichtigsten Fakten zur Mediennutzung in außerinstitutionellen Kontexten erläutert, wobei sowohl das Mediennutzungsverhalten als auch die Frage zum Einfluss der Medien auf das menschliche Verhalten thematisiert werden (◘ Abb. 6.1).

6.1 Entwicklung der Medien und Medienforschung

6.1.1 Entwicklung der Medien

Unter dem Begriff Medien werden umgangssprachlich vor allem technologiebasierte Informationsträger und -vermittler wie z. B. Computer, Fernseher, Radio etc. verstanden. Jedoch sind auch nichttechnologische Medien wie Gebärden, Sprache, Laute, Schrift und Bilder als Medien zu bezeichnen.

> **Definition**
>
> ► **Medien** vermitteln Zeichen (z. B. Sprachlaute, Buchstaben, Bilder) zwischen Subjekten und/oder Objekten mit dem Ziel der Informationsübertragung.

Entsprechend den verschiedenen medialen Innovationen können vier Stufen der Medienentwicklung unterschieden werden. Die **primäre Medienkultur** umfasst die Epoche bis 1450, in der allein personengebundene Medien (z. B. Sprache) oder Medien, die einzeln hergestellt werden (Briefe, Schriften, gemalte Bilder), benutzt wurden. Die hier eingesetzten Medien werden als **primäre Medien** bezeichnet und kommen ohne technische Vervielfältigungsmethoden aus.

◘ **Abb. 6.1** (© Dmitriy Shironosov/iStock/Thinkstock)

In der Phase der **technikbasierten Medienkultur**, die mit der Erfindung des Buchdrucks begann, wurden in zunehmendem Maße Medien entwickelt, die eine höhere Verbreitung durch Vervielfältigungstechniken erbrachten. Hierzu zählen die **sekundären Medien,** bei denen einer der Kommunizierenden technische Hilfsmittel zur medialen Informationsvermittlung einsetzt (z. B. Zeitung). Ebenso verbreiteten sich in dieser Epoche die sog. **tertiären Medien**, für deren Gebrauch alle miteinander Kommunizierenden technische Hilfsmittel einsetzen müssen (z. B. Radio, Fernsehen). Die Datenvermittlung in den Informationsprozessen erfolgt bei sekundären und tertiären Medien in analoger Form.

In der Mitte des 20. Jahrhunderts setzte die Entwicklung der **quartären Medien** ein, die auf computer- und netzwerkbasierten Informationsvermittlungsprozessen beruhen, in denen digitale Daten übermittelt werden (z. B. E-Mail, Internet), weswegen dies den Beginn der **digitalen Medienkultur** markiert.

6.1.2 Entwicklung der Medienforschung

Die psychologische Erforschung von Medien und deren Wirkung setzte erst zu Beginn des 20. Jahrhunderts ein. Die frühen medienpsychologischen Arbeiten beschäftigten sich mit den Zusammenhängen zwischen Mediennutzungsverhalten und den individuellen Merkmalen ihrer Nutzer (Trepte, 2004). Bereits der Beginn der wissenschaftlichen Erforschung von Medien war von einer deutlichen Skepsis gegenüber den Massenmedien und ihrem gesellschaftlichen Einfluss geprägt (Peters & Simonson, 2004; ► Exkurs „Ist die Glaubwürdigkeit einer Informationsquelle letztlich irrelevant?"). Der kulturelle Medienpessimismus, der bis heute (z. B. Spitzer, 2005, 2012) vor allem in populärwissenschaftlichen Büchern zur Mediennutzung postuliert wird, ist dabei empirisch kaum abgesichert und theoretisch nur wenig begründet,

Exkurs

Ist die Glaubwürdigkeit einer Informationsquelle letztlich irrelevant?

Aus heutiger Sicht von besonderer Bedeutung sind die frühen medienpsychologischen Untersuchungen von Carl Hovland und Kollegen (Hovland & Weis, 1951; Hovland, 1959) zur Wirksamkeit von Medien in Abhängigkeit von der Glaubwürdigkeit einer Informationsquelle. So konnte ein sog. **Sleeper-Effekt** nachgewiesen werden: Die wahrgenommenen Glaubwürdigkeitseinschätzungen einer als glaubwürdig und einer als unglaubwürdig dargestellten Kommunikationsquelle nähern sich umso mehr einander an, je mehr Zeit seit der Informationsaufnahme vergangen ist. Es konnte aber auch gezeigt werden, dass die Angleichung der Glaubwürdigkeit verschiedener Informationsquellen rückgängig gemacht werden kann, wenn man die (Un-) Glaubwürdigkeit der jeweiligen Quelle den Rezipienten erneut in Erinnerung ruft.

erklärt aber, warum in der wissenschaftlichen Literatur bis heute das Gefahrenpotenzial insbesondere der Massenmedien betont wird.

Erst in den 1960er und 1970er Jahren nahm die Zahl der wissenschaftlichen Publikationen, in denen Medienphänomene primär durch Rückgriff auf psychologische Theorien und Methoden untersucht wurden, zu. Insbesondere die Forschung zu Einflüssen des Fernsehens setzte die Tradition einer deutlichen „Medienskepsis" fort. So wurde der Fernsehkonsum von Kindern in den 1960er Jahren für zahlreiche psychovegetative Störungen verantwortlich gemacht und in Verbindung mit einer vermeintlich zunehmenden Aggressivität von Kindern gebracht (► Exkurs „Historische Forschung zu aggressivem Verhalten durch Fernsehkonsum"). In den 1970er Jahren setzte auch die medienpsychologische Forschung zu Fragen der Mensch-Computer-Interaktion ein. Kein anderes Medium führte zu einem solch deutlichen Anstieg der Forschungsaktivitäten im Bereich der Medienpsychologie wie die rasche Verbreitung der Computer insbesondere der Personal Computer.

Neuere medienpsychologische Arbeiten fokussieren den Einsatz von Medien in Lern- und Arbeitssettings, als Mittler in globalisierten Kommunikationskontexten und als Unterhaltungswerkzeuge. Aus pädagogisch-psychologischer Sicht stehen heute insbesondere die Fragestellungen zur Gestaltung von Lernmedien, Einsatzszenarien von Medien in Lernkontexten im wissenschaftlichen Fokus. Weiterhin werden Fähigkeiten, die für einen kompetenten Umgang mit Medien erworben werden müssen, sowie die vermeintlichen und tatsächlichen (Gefahren-)Potenziale von Medien in zahlreichen Forschungsprojekten thematisiert. Nachfolgend werden analoge und computerbasierte Lernmedien thematisiert.

Exkurs

Historische Forschung zu aggressivem Verhalten durch Fernsehkonsum

Albert Bandura (1965; Bandura, Ross & Ross, 1963) zeigte Vorschulkindern in einem Experiment einen Film, in dem ein Erwachsener mit verschiedenen Gegenständen spielte und gegenüber einer Puppe in Kindgröße verschiedene aggressive Verhaltensweisen (z. B. schlagen, beschimpfen) zeigte. Bandura variierte das Ende des Films, indem (a) eine zweite Person hinzukommt, die den Erwachsenen mit Süßigkeiten belohnt, (b) diese zweite Person den aggressiven Erwachsenen bestraft und (c) keine Person oder weitere Handlung zu sehen ist (Kontrollgruppe). Anschließend sollten die Kinder in einem Nebenraum mit denselben Spielzeugen wie der Erwachsene im Film spielen. Darunter war auch die Puppe, mit der im Film aggressiv umgegangen wurde. Dabei ahmten die Kinder auch das im Film beobachtete aggressive Verhalten gegenüber der Puppe nach, wobei die Kinder, welche die Bestrafung des Erwachsenen im Film betrachteten, weniger aggressives Verhalten zeigten, als die Kinder der beiden anderen Gruppen, die sich im Verhalten kaum unterschieden. Gerade weil sich die Kinder der Kontrollgruppe ähnlich aggressiv verhielten wie die Kinder der Gruppe, in der der Erwachsene im Film belohnt wurde, folgerte man, dass Gewalt in Film und Fernsehen ein Modellverhalten für Kinder darstellt. Studien der 1970er Jahre konnten jedoch nachweisen, dass das Betrachten von aggressiven Inhalten im Fernsehen nicht kausal zu langfristig aggressiverem Verhalten führt. Vielmehr beeinflusst u. a. das Familienklima (Schneewind, 1978), inwiefern Kinder langfristig aggressives Verhalten zeigen. Eine detailliertere Darstellung zu Auswirkungen des Konsums gewalthaltiger Medien erfolgt in einem Exkurs in ► Abschn. 6.4.2.

6.2 Lernmedien

Lernmedien werden mit dem Ziel eingesetzt, kognitive Prozesse bei den Rezipienten auszulösen, die zu einer langfristigen Anpassung bestehender Wissensstrukturen führen (**Adaption**), in die neue Informationen integriert werden (**Assimilation**) bzw. die den Aufbau neuer Wissensstrukturen (**Akkomodation**) bedingen. Weiterhin können Medien zur Automatisierung und Schematisierung des Wissens beitragen.

Bei der hier am Lernbegriff des kognitiven Entwicklungsmodells Piagets (2003) ausgerichteten Darstellung des medienbasierten Lernens ist zusätzlich zu berücksichtigen, dass die Verarbeitung neuer Information und die aktive Verknüpfung mit bestehenden Wissensstrukturen im Arbeitsgedächtnis stattfinden. Jedoch ist die Verarbeitungskapazität des Arbeitsgedächtnisses begrenzt (Baddeley, 1992). Aus der begrenzten Kapazität des Arbeitsgedächtnisses ergibt sich die Notwendigkeit, den medienbasierten Lernprozess so zu gestalten, dass keine Überlastung des Arbeitsgedächtnisses auftritt (► Abschn. 6.2.3). Weiterhin sollten bei der instruktionalen Gestaltung von Lernmedien

(**Instructional Design**) die kognitiven, motivationalen und emotionalen Anforderungen des Lernens mit Medien soweit als möglich berücksichtigt werden, damit Lernziele möglichst effizient erreicht werden können.

Lernmedien werden üblicherweise anhand ihrer medialen Repräsentationsform (▶ **Medialität**), ihrer Kodierungsform (▶ **Kodalität**) und anhand der Sinnesmodalität, die zur Verarbeitung einer Information benötigt wird (▶ **Modalität**), unterschieden. So kann z. B. ein geschriebener Text in Buchform vorliegen oder mittels eines Computerbildschirms präsentiert werden (Unterschied in der Medialität). Während geschriebene Texte durch Buchstaben erzeugt werden, basieren gesprochene Texte auf Lauten (Unterschied in der Kodalität). Dadurch müssen geschrieben Texte in der Regel mittels des visuellen Systems, gehörte Texte hingegen mittels des auditiven Systems (Unterschied in der Modalität) rezipiert werden.

6.2.1 Texte und Hypertexte

Texte sowohl in geschriebener als auch in gesprochener Form (z. B. Audiofile, Unterrichtsvortrag) gelten weiterhin als „Leitmedium" (Schnotz, 2006) in Lehr- und Lernsituationen. Texte stellen eine zusammenhängende Informationsressource in geschriebener Sprache dar, die aus per Konventionen festgelegten Symbolen (Phoneme, Silben, Worten, Sätzen) besteht. In Abhängigkeit von der Kultur bestehen sehr unterschiedliche Formen, wie diese Konventionen umgesetzt werden, was z. B. durch unterschiedliche Alphabete deutlich wird.

Während Texte seit Jahrhunderten genutzt werden, um Informationen zu vermitteln und zu archivieren, stellen Hypertexte eine vergleichsweise neue Form der Textrepräsentation dar. Insbesondere durch die stark angestiegene Verbreitung von Computern als Lernmedien werden Hypertexte in zunehmender Zahl als Lernmedien eingesetzt, da sie in computergestützten Lernumgebungen einfacher realisiert werden können als in anderen Medien. Ein sehr bekanntes Beispiel für ein solches Hypertext-/Hypermedia-Angebot im Internet ist Wikipedia.

> **Definition**
>
> ▶ **Hypertexte** stellen eine spezifische Form von Texten dar, weil sie Textteile mittels spezifischer Verknüpfungen (Hyperlinks) in meist nichtlinearer Form präsentieren. Dadurch entsteht eine netzwerkartige Struktur zwischen den einzelnen Teilen eines Hypertexts. Werden nicht nur Texte, sondern verschiedene Medien (Bilder, Texte, Animationen etc.) miteinander durch Hyperlinks verknüpft, spricht man von ▶ **Hypermedia**.

Hypertexte erlauben höhere Freiheitsgrade beim Lernen als konventionelle Texte in ihrer Gestaltung. So können Redundanzen vermieden werden, indem Hyperlinks zu Textteilen an die Stellen gesetzt werden, an denen in konventionellen Texten in der Regel redundante Textabschnitte verwendet werden. Vielfach wird vermutet, dass die netzwerkartige Darstellung von Informationen in Hypertexten einen Lernvorteil an sich darstellt, weil in kognitivistischen Modellen des Langzeitgedächtnis auch von einem netzwerkartigen Aufbau der Wissensrepräsentationen (Anderson, 2001) ausgegangen wird. Diese „kognitive Plausibilitätshypothese" (Schulmeister, 1997) hat sich jedoch empirisch nicht bestätigt (Rouet & Levonen, 1996).

Lernen mit Texten und Hypertexten

Um Texte und Hypertexte als Lernmedien nicht nur mündlich, sondern auch schriftlich adäquat nutzen zu können, ist es für die Lernenden notwendig, über eine adäquate **Lesekompetenz** zu verfügen.

> **Definition**
>
> Als **Lesekompetenz** (▶ Kap. 16 und ▶ Kap. 17) wird die Fähigkeit bezeichnet, sachrichtig Informationen aus schriftlichen Texten entnehmen zu können (van Dijk & Kintsch, 1983; Richter & Christmann, 2002). Die Lesekompetenz setzt sich aus hierarchisch geordneten Teilfähigkeiten zusammen. Diese Teilfähigkeiten umfassen hierarchieniedrige basale Wahrnehmungs- und Identifikationsprozesse (z. B. Buchstaben- und Wortidentifikation beim Lesen einer Zeitung). Zudem werden hierarchiehohe Prozesse zum Aufbau interner mentaler Repräsentationen benötigt (z. B. Verstehen eines Zeitungsartikels, der über Wahlergebnisse berichtet) sowie zur Interpretation und Evaluation der Textinformationen (z. B. Bewertung eines Wahlergebnisses, über das man in der Zeitung gelesen hat, auf dem Hintergrund der eigenen Vorkenntnisse über Wahlsystem, bisherige Machtverhältnisse etc.).

Um einen Text zu lesen, müssen folgende perzeptuelle und kognitive Verarbeitungsprozesse durchgeführt werden:

- Zunächst werden einzelne Buchstaben visuell wahrgenommen und zu Worten zusammengesetzt. Auf diese Weise entsteht eine mentale **Textoberflächenrepräsentation**. Diese ermöglicht dem Lernenden eine wörtliche Widergabe des Textes, allerdings entsteht auf dieser Ebene des Leseprozesses noch kein Verständnis des Textes.
- Für ein inhaltliches Verständnis eines Textes ist der Aufbau eines **propositionalen Modells** nötig (van Dijk & Kintsch; 1983). In einem propositionalem Modell wird der Text nicht mehr wörtlich, sondern

nur durch miteinander verknüpfte Sinneinheiten (Propositionen) repräsentiert (z. B. der Begriff „Demokratie" ist bei den meisten Menschen verbunden mit Sinneinheiten wie Wahlen, Wahlfreiheit, Parlament etc.).

— Neben der eher abstrakten Repräsentation in einem propositionalen Modell, wird der Textinhalt auch in einem **mentalen Modell** repräsentiert. Das mentale Modell besteht aus einer analogen und realitätsnahen kognitiven Repräsentation der Inhalte eines Textes (auch ▶ Abschn. 6.2.3). Mentale Modelle sind subjektive Strukturen, welche die reale Welt im Arbeitsgedächtnis abbilden (Johnson-Laird, 1983). Setzt man die vorherigen Beispiele fort, so wäre das mentale Modell, das beim Lesen eines Zeitungsartikels über eine Wahl entsteht, angereichert mit subjektiven Erinnerungen, ob man die Partei präferiert, die gewann, die bildlichen Erinnerungen an das Aussehen der im Artikel erwähnten Politiker usw.

Ein für das Verständnis eines Textes zentrales Merkmal ist der Grad der **Textkohärenz**. In der Regel bestehen Texte aus Sätzen, die aufeinander bezogen sind, um einen Inhalt kohärent zu beschreiben. Dabei kann man zwischen der lokalen und globalen Textkohärenz unterscheiden. Während sich die **lokale Textkohärenz** allein auf den thematischen Zusammenhang zwischen zwei Sätzen bezieht, bezeichnet die **globale Textkohärenz** den thematischen Zusammenhang aller Sätze eines Textes in Bezug auf dessen Thema. Das Verständnis eines Textes ist einfacher, wenn eine hohe lokale und insbesondere eine hohe globale Textkohärenz vorliegen und wenn die Themen eines Textes kontinuierlich aufeinander aufgebaut werden (Schnotz, 1994).

Beim Lernen mit Hypertexten ergeben sich zusätzliche Anforderungen an die Leser, die bei der Lektüre konventioneller Texte nicht auftreten. Schwieriger als in einem konventionellen Text ist das gezielte Auffinden von Informationen. Letzteres beansprucht dabei umso mehr kognitive Ressourcen, je komplexer das Netzwerk verschiedener Textteile in einem Hypertext wird.

Individuelle Faktoren des Lernens mit Texten und Hypertexten

Erwerb der Schriftsprache. Grundlegende Voraussetzung zum Verständnis von **mündlich** dargebotenen Texten ist die Kenntnis der wesentlichen Konventionen einer Sprache. Um **schriftliche** Texte verstehen zu können, ist darüber hinaus die Beherrschung der Schriftsprache („**Alphabetisierung**") nötig. Der Erwerb einer Schriftsprache erfolgt in jahrelangen – meist institutionalisierten – Lernprozessen. Dabei ist es auch in technisch und sozial hochentwickelten Kulturen keineswegs selbstverständlich, dass

die Alphabetisierung bei allen Angehörigen einer Kultur gelingt. Auch in technisch und sozial hoch entwickelten Gesellschaften verfügen relevante Minderheiten nicht über die Fähigkeit, schriftliche Texte ausreichend zu verstehen oder zu produzieren, ohne dass gesundheitliche Gründe (z. B. hirnorganisch bedingte intellektuelle Defizite) dem erfolgreichen Erwerb einer Schriftsprache im Weg stehen. So sind in Deutschland knapp 2 % der Bevölkerung „echte" Analphabeten, jedoch müssen ca. 14 % der Bevölkerung als **funktionale Analphabeten** eingestuft werden (Grotlüschen & Riekmann, 2012).

Definition

Der Begriff **funktionaler Analphabetismus** bezeichnet die unzureichend entwickelte Fähigkeit, die schriftbasierte Sprache in sozial adäquater Weise zu verstehen und Texte zu produzieren. So können Menschen, die als funktionale Analphabeten einzustufen sind, zwar meist ihren Namen schreiben und einzelne Worte erkennen, sind jedoch nicht in der Lage, längere Texte zu verstehen (▶ Abschn. 16.1).

Vorwissen und Lesefähigkeit. Das **Lernen** mit Texten und Hypertexten wird von zahlreichen individuellen Faktoren beeinflusst (Artelt, Stanat, Schneider & Schiefele, 2001; Richter & Christmann, 2002; ▶ Abschn. 17.5; ▶ Abschn. 16.1). So sind bei Schülern einer Klasse erhebliche Unterschiede in der allgemeinen Lesefähigkeit, in der Lesegeschwindigkeit sowie in den für das Lesen relevanten Teilprozessen wie z. B. Geschwindigkeit des Zugriffs auf den Wortschatz, Wortschatzumfang, Textverständnis und Inferenzbildung (Schlussfolgerungen, die über den gelesenen Inhalt hinausgehen) zu beobachten. Insbesondere das thematische Vorwissen und die Lesefähigkeit können das Lernen mit (Hyper-)Texten beeinflussen (u. a. Richter, Naumann, Brunner & Christmann, 2005; Naumann, Richter, Flender, Christmann & Groeben, 2007). So verringert ein geringes inhaltliches Vorwissen die Effizienz des Aufbaus propositionaler und mentaler Modelle während des Lernens mit Texten. Zudem ist die Interpretation und Evaluation von Texten nur eingeschränkt möglich, wenn Lernende über geringes inhaltliches Vorwissen verfügen oder basale Leseprozesse nicht vollständig automatisiert sind.

Die Fähigkeit im Umgang mit computerbasierten Hypertexten beeinflusst den Lernerfolg mit diesem Medium in entscheidender Weise. So kann eine erhebliche Desorientierung von Lernenden bei der Bearbeitung von komplexen Hypertexten auftreten, die als „**Lost-in-Hyperspace**"-Phänomen bekannt ist (Conklin, 1987). Lernende mit geringer Erfahrung im Umgang mit computerbasierten Lernmedien erreichen beim Lernen mit Hypertexten meist einen weitaus geringeren Lernerfolg als Personen mit höherer Expertise in diesem Bereich (z. B. Horz, 2004). Zusätzlich beeinflusst das thematische Vorwissen die Rezeption von Hypertexten (u. a. Last, O'Donnell & Kelly, 2001), da Lernende mit höherem thematischem Vorwissen weniger Orientierungsprobleme in Hypertexten aufweisen.

Gestaltung von Texten und Hypertexten

Der erfolgreiche Einsatz von (Hyper-)Texten als Lernmedien hängt von ihrer Gestaltung ab. Die Qualität der Gestaltung wird durch eine Vielzahl von Oberflächenmerkmalen wie Schriftart und Schriftgröße, aber auch von inhaltlichen Merkmalen wie Wort- und Satzlänge, Textkomplexität und -ordnung, Prägnanz und motivierende Textgestaltung bedingt. Während für Oberflächenmerkmale empirisch gut gesicherte Standards existieren (Ballstaedt, 1997), ist die Bestimmung der inhaltlichen Qualität eines Textes weitaus schwieriger.

Eine gebräuchliche Sammlung von Kriterien zur inhaltlichen Textgestaltung stellt bis heute das „Hamburger Verständlichkeitskonzept" dar (Langer, Schulz von Thun & Tausch, 1974). In diesem Konzept werden vier Dimensionen der Verständlichkeit von Texten genannt, die faktorenanalytisch anhand von Expertenurteilen ermittelt wurden (▶ Übersicht).

Diese vier Dimensionen der Textverständlichkeit sind weitgehend unkorreliert. So ist es möglich, dass ein Text eine hohe Ausprägung auf einer Dimension aufweist, während er auf einer anderen Dimension nur gering ausgeprägt ist.

Der Hamburger Verständlichkeitsansatz wird sowohl wegen seiner atheoretischen Herleitung, die allein auf Expertenurteilen basiert, als auch wegen der für die Praxis unzureichenden Spezifizierung der Verständlichkeitsdimensionen kritisiert (Groeben, 1982). Weiterhin konnte empirisch gezeigt werden, dass die Verständlichkeit eines Textes insbesondere von der inhaltlichen und gedanklichen Strukturierung abhängt (Christmann & Groeben, 1999). Trotz dieser Kritik ist das Hamburger Verständlichkeitskonzept aufgrund seiner klaren Gestaltungsregeln zur Erstellung von Texten von hohem praktischem Nutzen. Darüber hinaus mangelt es in diesem Bereich an ähnlich praktikablen Gestaltungsempfehlungen.

Dimensionen des „Hamburger Verständlichkeitskonzepts"

1. **Sprachliche Einfachheit:**
   Ein Text sollte kurze, einfache Formulierungen verwenden. Wenn möglich, sollten geläufige, konkretanschauliche Wörter genutzt werden. Fremdworte sollten nur sparsam eingesetzt und erklärt werden.
2. **Gliederung/Ordnung:**
   Ein Text sollte eine klar erkennbare äußere Gliederung haben (z. B. inhaltlich aufeinander bezogene Teile werden unter einer Überschrift dargestellt, Wesentliches ist hervorgehoben etc.). Zudem sollte eine logische innere Ordnung vorhanden sein, in der Informationen aufeinander bezogen dargestellt werden, sodass ein roter Faden im Textaufbau erkennbar wird.
3. **Kürze/Prägnanz:**
   Texte sollten sich auf notwendige Formulierungen beschränken und keine weitschweifigen und/oder redundanten Darstellungen enthalten.
4. **Zusätzliche Stimulanz:**
   Ein Text sollte den Leser motivieren, ihn vollständig zu rezipieren. Dazu sollte ein Text ein mittleres Maß an Stimulanz enthalten, das durch anschauliche Darstellungen, originelle Formulierungen, direkte Ansprache des Lesers etc. erreicht werden kann.

6.2.2 Bilder, Animationen und Filme

Bilder haben als Lernmedien eine lange Tradition. Heute werden unterschiedlichste Formen statischer und bewegter Bilder (Animationen, Filme) für eine Vielzahl instruktionaler Funktionen eingesetzt. Neben der genannten Unterscheidung zwischen statischen und bewegten Bildern wurde eine Reihe unterschiedlicher Kategorisierungssysteme entwickelt, um Bildtypen unterscheiden zu können. Den meisten dieser Kategorisierungen ist gemein, dass sie die Bilder nach dem Grad der realitätsgetreuen Darstellung unterscheiden. So zeichnen sich Fotografien und realistische Zeichnungen durch eine hohe Realitätsnähe aus. Skizzen und vereinfachte Abbildungen enthalten meist wenig detaillierte, reduzierte Abbildungen zentraler Elemente des abgebildeten Objekts. Schemata und logische Bilder repräsentieren nur noch einzelne Elemente eines Objekts oder einen Sachverhalt in abstrakter Form (◘ Abb. 6.2).

Unter den verschiedenen Abbildungsformen, die in Lernmedien eingesetzt werden, sind die logischen Bilder hervorzuheben.

Definition

Logische Bilder stellen Zusammenhänge zwischen Merkmalen eines Objekts oder Sachverhalts dar, wobei mit Ausnahme der Isotypendiagramme keine Ähnlichkeit mit dem eigentlichen Objekt oder Sachverhalt besteht.

Abb. 6.2 Abbildungen von Hasen mit zunehmender Realitätsnähe

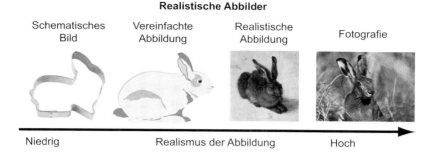

Realistische Abbilder

Schematisches Bild • Vereinfachte Abbildung • Realistische Abbildung • Fotografie

Niedrig — Realismus der Abbildung — Hoch

Abstrakte Darstellung **ohne** realistische Abbildungselemente

Logisches Bild

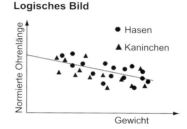

Ziel von logischen Bildern ist die Veranschaulichung abstrakter Sachverhalte. Die bekanntesten Typen logischer Bilder sind Kreis-, Balken-, Säulen-, Kurven-, Linien-, Punkte-, Streu- und Isotypendiagramme (Abb. 6.3; Ballstaedt, 1997).

Lernen mit Bildern, Animationen und Filmen
Verarbeitung von Bildern

Aus instruktionaler Sicht können Bilder in Lernumgebungen sehr verschiedene lernförderliche Funktionen haben. Werden Bilder allein aus ästhetisch-dekorativen Gründen eingesetzt, ist davon auszugehen, dass sie den Lernprozess behindern, da sie bei der Informationsverarbeitung einer Lernumgebung kognitive Ressourcen des Arbeitsgedächtnisses beanspruchen, ohne lernrelevante kognitive Prozesse auszulösen oder zu erleichtern. Daher werden dekorative Bilder in Lernumgebungen auch als „seductive details" bezeichnet (Levin, Anglin, Carney, 1987; Harp & Mayer, 1998). Ein Beispiel für eine Lernumgebung mit zahlreichen „seductive details" stellt die „Sesamstraße" dar. Es konnte gezeigt werden, dass Kinder sich überwiegend die dekorativen Elemente der Sendungen merkten und nur in geringem Maße die zu lernenden Informationen behielten (Fisch, 2004). Inwiefern aber „seductive details" eine motivationsstützende Funktion haben, die Kinder animiert, sich überhaupt mit Lerninhalten aus Lernumgebungen wie der Sesamstraße befassen, ist bisher nicht eindeutig geklärt. Sicher ist jedoch, dass informative Bilder (z. B. Grafiken, Diagramme etc.), die nicht primär aus dekorativen Gründen in eine Lernumgebung integriert sind, den Lernprozess auf unterschiedliche Weise fördern können (Übersicht).

Die kognitive Verarbeitung von Bildern erfolgt zunächst in Form **präattentiver Prozesse**. Hierunter fasst man visuelle Routinen zusammen, die automatisiert entlang von Wahrnehmungsgesetzen (z. B. „Gesetz der guten Gestalt") ablaufen und kaum bewusst gesteuert oder vom Vorwissen der Lernenden beeinflusst werden. Durch präattentive Prozesse nehmen wir ein Bild in seiner Gesamtheit wahr. Für eine vertiefte Verarbeitung eines Bildes müssen dann **attentive Prozesse** folgen, in denen Elemente eines Bildes einer bewussten und zielgerichteten Analyse unterzogen werden. Dabei ergeben sich aus dem Bildformat (z. B. realistisches Foto vs. logische Abbildung) unterschiedliche Anforderungen an das Vorwissen der Rezipienten, da sie mit kulturellen Konventionen hinsichtlich der Darstellungsformen und ihrer Bedeutung vertraut sein müssen, um ein Bild adäquat zu interpretieren. So stellt z. B. in einem Kreisdiagramm der gesamte Kreis in der Regel 100 % der betreffenden Gesamtmenge dar und jeder Sektor entspricht in seiner relativen Größe dem Anteil einer Kategorie an der Gesamtmenge. Dabei ist zu bedenken, dass Bilder nicht in all ihren Details analog mental repräsentiert werden, sondern die mentale Repräsentation von Bildern bei den Lernenden anhand von mentalen Modellen erfolgt, wie dies auch bei der Verarbeitung von Texten geschieht (Abschn. 6.2.1). Das heißt, ähnlich wie bei Texten werden nur die wichtigsten Bedeutungseinheiten von Bildern mental repräsentiert.

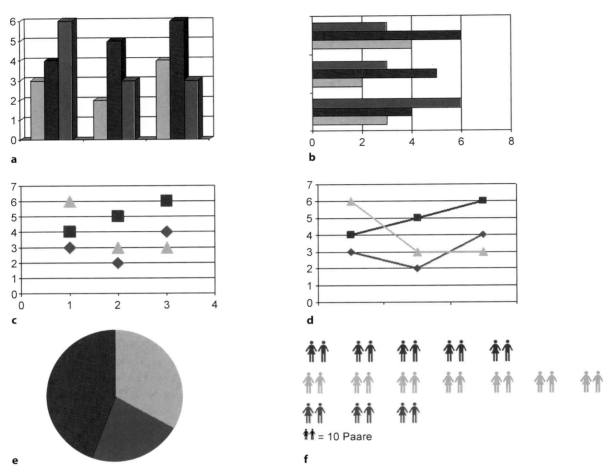

◘ Abb. 6.3a–f Beispiele logischer Bilder. **a** Säulendiagramm, **b** Balkendiagramm, **c** Punktediagramm, **d** Liniendiagramm, **e** Kreisdiagramm, **f** Isotypendiagramm

Für den Lernprozess förderliche Merkmale informativer Bilder

- **Interpretationserleichterung:**
  Bilder können Inhalte veranschaulichen, konkretisieren und so deren Verständnis erleichtern.
- **Motivation:**
  Bilder können das Interesse der Lernenden wecken oder während des Lernens aufrechterhalten.
- **Orientierung und Strukturierung:**
  Komplexe Inhalte und Inhaltsstrukturen können durch Bilder einfacher „auf einen Blick" dargestellt werden.
- **Vertiefte Enkodierung:**
  Bilder können die Behaltensleistung und Verarbeitungstiefe von Lernmaterialien verbessern (► Abschn. 6.2.3).

Verarbeitung von Filmen und Animationen

Weit verbreitet ist die Annahme, dass bewegte Bilder wie Animationen und Filme das Lernen in größerem Maße fördern als statische Bilder, da sie Informationen in einer Art und Weise darbieten, die der Alltagswahrnehmung in höherem Maße entspricht als statische Bilder oder Texte. Eine Metaanalyse von Höffler und Leutner (2007) zeigte eine durchschnittliche Überlegenheit von Animationen hinsichtlich des Lernerfolgs gegenüber statischen Darstellungen. Aktuelle Forschungsarbeiten deuten zugleich darauf hin, dass die Effektivität des Lernens mit Animationen und Filmen sowohl von deren Gestaltung abhängt als auch von zentralen Lernermerkmalen (Lowe & Schnotz, 2008; Höffler & Leutner, 2007). Animationen und Filme sind als Lernmedien dann von besonderem Nutzen, wenn die Lernenden ein dynamisches („animiertes") mentales Modell erstellen sollen und die Animation diese dynamisierte mentale Repräsentation unterstützt. Allerdings kann eine Animation oder ein Film auch zu einer mangelhaften Repräsentation führen, da die dargebotenen bewegten

Bilder im Unterschied zu statischen Bildern flüchtig sind. Daher müssen Lernende bei Filmen und Animationen im Arbeitsgedächtnis über eine längere Zeitspanne hinweg aktuelle Bilder fortlaufend mit zuvor gesehenen Bildern integrieren, was eher zu einer Überlastung des Arbeitsgedächtnisses führen kann, als die Rezeption von statischen Bildern (vgl. auch „Split-attention-Effekt", ▶ Abschn. 2.3).

Zwar können sich Filme und Animationen aus motivationaler Sicht als günstige Lernmedien erweisen, wobei jedoch die positive motivationale Wirkung von Filmen und Animationen nicht unbedingt zu einem höheren Lernerfolg führt. So wird das Betrachten von Filmen im Vergleich zum Lesen eines Textes als „einfach" durch die Lernenden empfunden und das Betrachten von Filmen macht den Lernenden vergleichsweise mehr Spaß als z. B. die Bearbeitung textbasierter Lernmedien. Es ist jedoch zu beachten, dass dies dazu führen kann, dass sich Lernende weniger anstrengen, die Inhalte eines Films mental zu bearbeiten und mit ihrem Vorwissen zu verknüpfen als beim Lesen eines Textes („Television-is-easy-Effekt"; Salomon, 1984).

Individuelle Faktoren

Attentive Prozesse sind in hohem Maße abhängig vom Vorwissen der Lernenden. Lange Zeit war man der Überzeugung, dass der Lernerfolg mit dem Realismusgrad eines Bildes oder einer Filmsequenz ansteigt („Realismusthese"). Diese Annahme konnte jedoch durch Dwyer (1978) widerlegt werden, indem er nachwies, dass Lernende mit geringerem Vorwissen durch abstrahierte Zeichnungen mehr lernten als durch realitätsgetreue Bilder.

Ebenso ist ein erhebliches Maß an Vorwissen notwendig, um logische Bilder und ▶ Piktogramme sachrichtig zu interpretieren. Ist man mit den kulturellen Konventionen nicht oder nur unzureichend vertraut, unter deren Annahme ein logisches Bild oder Piktogramm erstellt wurde, bleibt ein Bild meist unverständlich oder wird falsch interpretiert.

Nicht nur das Verständnis von Bildern, sondern auch die Nutzung von Filmen und Animationen muss erlernt werden. So sind z. B. Kinder im Grundschulalter durch filmische Erzähltechniken wie Rückblenden oder raschen Szenenwechseln überfordert. Es gibt auch einzelne Hinweise darauf, dass Fernsehen bei Kindern die Fantasie weniger anregt, als wenn sie Geschichten erzählt bekommen. Jedoch ist die Schlussfolgerung, dass Filme, Fernsehen oder interaktive Medien eine ungünstigere kognitive Entwicklung bedingen, in dieser Form nicht haltbar (▶ Abschn. 6.2.3 und ▶ Abschn. 6.4).

Gestaltung von Bildern, Animationen und Filmen

Grundsätzlich gilt für Bilder in Lernumgebungen, dass Bildelemente an sich klar erkennbar und gut differenzier-

bar sein sollten. Hierfür ist eine Darstellungsperspektive zu wählen, die möglichst alle relevanten Bildelemente erkennen lässt. Ebenso sind eine angemessene Detailliertheit sowie die Auswahl eines realitätsnahen Darstellungskontextes von Bedeutung.

Für logische Bilder gilt darüber hinaus, dass die gewählte Repräsentationsform den darzustellenden Inhalt möglichst exakt wiedergibt und die Interpretation der zentralen Sachverhalte möglichst durch das gewählte Format eines logischen Bildes unterstützt werden sollte. Weiterhin sollte nach Schnotz (2006) der Aufbau logischer Bilder so gewählt sein, dass die **Syntax, Semantik** und **Pragmatik der Gestaltung** optimiert sind. Die **Gestaltungssyntax** beschreibt die Beziehungen der Bildelemente zueinander. So sind in logischen Bildern Elemente, die zusammengehören, als solche kenntlich zu machen. Dies kann z. B. durch die Farbgebung, die Nutzung unterschiedlicher Texturen, Umrahmungen, Legenden etc. erfolgen. Um die Bedeutung der einzelnen Bildelemente zu verdeutlichen, bedarf es einer klaren **Gestaltungssemantik**. So werden z. B. unterschiedliche Objektmengen durch entsprechende proportionale Größendarstellungen in logischen Bildern dargestellt, wohingegen unterschiedliche qualitative Merkmale vor allem durch verschiedene Formen oder Farben repräsentiert werden. Letztlich ist bei logischen Abbildungen darauf zu achten, dass die Darstellungsform ein sachrichtiges Erkennen der dargestellten Inhalte unterstützt (**Gestaltungspragmatik**). So sollten die Rezipienten nicht zur Annahme falscher Schlussfolgerungen durch die Gestaltung eines logischen Bildes verleitet werden, indem z. B. Achsen unterbrochen, nicht beim Nullpunkt angesetzt oder Proportionen in unzulässiger Weise dargestellt werden. Falsche Schlussfolgerungen können auch entstehen, wenn relationale Unterschiede durch Vergrößerung von Flächen dargestellt werden, statt richtigerweise durch Längen (◼ Abb. 6.4).

6.2.3 Multimedia

Die Begriff ▶ **Multimedia** wurde durch die rasche Verbreitung des Computers als Lernmedium in den 90er Jahren populär. Dabei sind im eigentlichen Sinne keineswegs nur digitale (Lern-)Medien als „multi"-medial zu bezeichnen, wenn sie verschiedene Medien beinhalten, sondern z. B. nahezu alle Lehrbücher, Lehrfilme oder Unterrichtsformen sind multimedial, da in ihnen Medien unterschiedlicher Kodierungsformen enthalten sind, die z. T. auch verschiedene Sinnesmodalitäten ansprechen. Wenn man aber die Interaktivität von Medien als ein Kennzeichen von Multimedia mit einbezieht, kennzeichnet dieser Begriff insbesondere computergestützte Lernmedien.

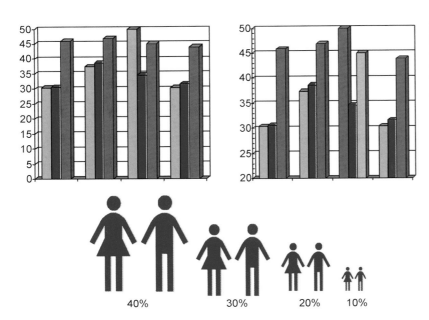

Abb. 6.4 Beispiele für Grafiken mit Fehlern in der Gestaltungssemantik und -pragmatik. In den beiden oberen Abbildungen wirken die abgebildeten Unterschiede trotz identischer Daten in der rechten Abbildung größer, da die Ordinate erst bei einem Wert vom 20 beginnt. In der unteren Abbildung werden die Flächen der Objekte proportional vergrößert statt richtigerweise nur deren Höhe

---

Definition

Multimediale Informationsressourcen enthalten Informationen, die mittels verschiedener Kodierungsformen wie z. B. Bilder und Texte (**Multikodalität**) dargestellt und meist mittels verschiedener Sinnesmodalitäten rezipiert werden (z. B. Texte in gedruckter Form durch die Augen und in gesprochener Form durch das Ohr; **Multimodalität**).

Lernen mit Multimedia

Vielfach empirisch belegt ist, dass das Lernen mit multimedialen Lernumgebungen im Vergleich zu rein textuellen Lernumgebungen einen höheren Lernerfolg erbringt (**„Multimedia-Prinzip"**). Häufig wird der Lernvorteil multimedialer Lernumgebungen anhand der **Theorie der dualen Kodierung** (Paivio, 1986) erklärt. Die Theorie der dualen Kodierung geht davon aus, dass die Informationsverarbeitung im kognitiven System des Menschen in zwei unterschiedlichen, aber interagierenden Untersystemen – einem verbalen und einem piktorialen System – erfolgt. Weiterhin wird angenommen, dass beide Untersysteme in ihrer Verarbeitungskapazität begrenzt sind, miteinander interagieren, aber auch unabhängig voneinander aktiv sein können. Werden aufeinander bezogene verbale und piktoriale Inhalte gelernt, so wird der Lerninhalt in beiden Systemen verarbeitet und gespeichert, was zu einer doppelten Kodierung und damit zu einem höheren Lernerfolg führt. Einschränkend ist anzumerken, dass entsprechend Paivios Theorie dieser Lernvorteil nur für Inhalte existiert, für die im Gedächtnis sowohl eine abstrakt-verbale (in Form „symbolischer Codes") als auch eine konkret-bildhafte

mentale Repräsentation (in Form „analoger Codes") besteht. So dürfte der Begriff „Brot" im Gedächtnis der meisten Menschen bildhaft und abstrakt kodiert sein, wohingegen für den Begriff „Wahrheit" vermutlich die wenigsten Menschen über eine konkret-bildhafte Repräsentation in ihrem Gedächtnis verfügen.

Mayer (1997, 2001) entwickelte ausgehend von der Theorie der dualen Kodierung eine **„kognitive Theorie des multimedialen Lernens"**. Mayers Theorie bezieht sich zudem auf das Modell des Arbeitsgedächtnisses von Baddeley (1986, ◻ Abb. 6.5), in dem postuliert wird, dass das Arbeitsgedächtnis aus einer zentralen Exekutive, einer phonologischen Schleife, einem visuell-räumlichen „Notizblock" und einem episodischen Speichersystem besteht. Die Speichersysteme weisen sowohl eine inhaltliche als auch zeitlich begrenzte Informationsverarbeitungskapazität auf. In der phonologischen Schleife werden gehörte und/oder gelesene (!) Informationen verarbeitet. Dieses System ist mit einem Wiederholungsmechanismus ausgestattet, der die phonologischen Informationen vor einem raschen Zerfall schützt. Im visuell-räumliche Notizblock werden visuelle und räumliche Informationen in „skizzenhafter" Form zwischengespeichert. Im episodischen Speicher – einer späteren Weiterentwicklung des Arbeitsgedächtnismodells durch Baddeley, der in der Theorie Mayers ursprünglich noch nicht berücksichtigt war – werden phonologische, visuelle und räumliche Informationen zwischenzeitlich integriert.

Mayer übernimmt die Annahme eines auditiv-verbalen und eines visuell-piktorialen Kanals der Informationsverarbeitung in seine Theorie. Multimediale Informationen werden in separaten visuell-bildhaften und auditiv-verbalen Kanälen verarbeitet und erst im Arbeitsgedächtnis

◻ **Abb. 6.5** Modell des Arbeitsgedächtnisses. (Modifiziert nach Baddeley, 2003.
Adapted by permission from Macmillan
Publishers Ltd: *Nature Reviews Neuroscience*,
copyright 2003)

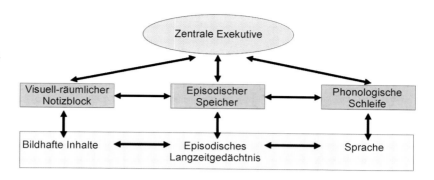

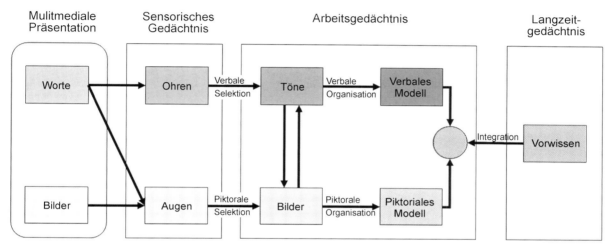

◻ **Abb. 6.6** Modellhafte Darstellung der kognitiven Theorie des multimedialen Lernens

zusammen mit Informationen aus dem Langzeitgedächtnis
integriert (◻ Abb. 6.6). Sein Modell wird durch zahlreiche
empirische Forschungsbefunde gestützt. Allerdings geht
Mayers Modell davon aus, dass die vorhandenen multimedialen Informationsangebote auch immer tatsächlich
genutzt werden und dass Bilder den Wissenserwerb grundsätzlich fördern. Beides muss jedoch nicht notwendigerweise immer eintreten.

Folglich kann kritisch gegenüber dem Modell von
Mayer eingewendet werden, dass nicht immer alle Informationsquellen einer multimedialen Informationsressource genutzt werden und Bilder mit Texten nicht immer
lernförderlicher sein müssen als Texte allein. Diese Überlegungen berücksichtigt Schnotz in seinem **integrativen
Modell des Text- und Bildverstehens**. Analog zu dem Modell von Mayer geht das integrative Modell des Text- und
Bildverstehens davon aus, dass auf der **Wahrnehmungs-
ebene** zwischen **verschiedenen Sinneskanälen** (z. B.
einem auditiven und einem visuellen Kanal) und auf der
kognitiven Ebene zwischen verschiedenen **Repräsenta-
tionskanälen** (einem deskriptionalen und einem depik-
tionalen Kanal) unterschieden werden kann (Schnotz &
Bannert, 2003; Schnotz, 2005). Gemäß dem Modell des integrativen Text- und Bildverstehens werden durch auditive

bzw. visuelle Wahrnehmungsprozesse eine Text- bzw. eine
Bildoberflächenrepräsentation des betreffenden Lernmaterials generiert. Anschließend wird durch bedeutungsge-
nerierende kognitive Prozesse aus den auditiv und visuell
wahrgenommenen verbalen Informationen eine mentale
Repräsentation gebildet, die aus konzeptuellen Sinneinheiten (Propositionen; ▶ Abschn. 6.2.1) besteht. Aus den bild-
basierten Informationen hingegen wird ein mentales Modell konstruiert, das Struktur- und Funktionseigenschaften
besitzt, die denen des dargestellten Inhalts entsprechen und
damit diesen Inhalt repräsentieren. Durch schemageleitete
Modellkonstruktions- und Modellinspektionsprozesse interagieren diese beiden mentalen Repräsentationen kontinuierlich miteinander. So bilden sie eine kohärente mentale
Repräsentation der rezipierten Informationen, wobei die
beteiligten Repräsentationen gegenseitig zu ihrer Elaboration beitragen (◻ Abb. 6.7).

Aus der Perspektive des Modells des integrativen Text-
und Bildverstehens ist die Hauptursache für den Lernvorteil multimedialer Lehrangebote darin zu sehen, dass verbale und piktoriale Informationen bei ihrer integrativen
Verarbeitung gemeinsam zur Konstruktion eines mentalen
Modells beitragen. Allerdings besteht auch die Möglichkeit, dass sich Lernende im Rahmen eines multimedialen

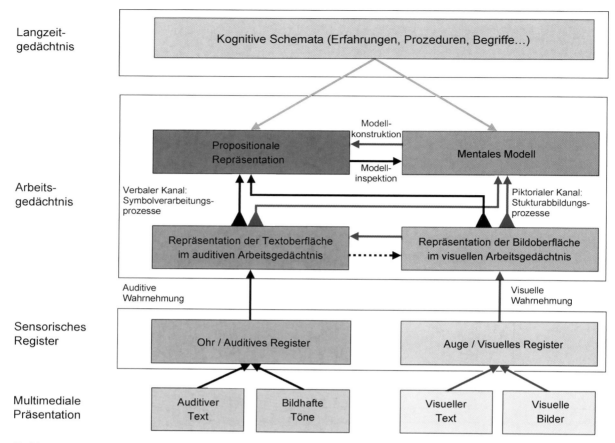

◘ Abb. 6.7 Modell des integrativen Text- und Bildverstehens. (Modifiziert nach Schnotz & Bannert, 2003, with permission from Elsevier, & Schnotz, 2005, with permission from Cambridge University Press)

Informationsangebots auf eine Informationsquelle konzentrieren und die andere ignorieren, indem beispielsweise das Verstehen des Texts durch das Verstehen des Bildes ersetzt wird und umgekehrt. Zudem kann ein Bild aufgrund seiner Visualisierungsstruktur die intendierte Anwendung des gelernten Wissens hemmen (Schnotz & Bannert, 2003), wodurch eine multimediale Repräsentation (z. B. Lernprogramm) eines Inhalts im Vergleich zu einer monomedialen Lernumgebung (z. B. Text) auch zu einer schlechteren Lernleistung führen kann. Sowohl die Konsequenzen des Ignorierens eines Mediums in einer multimedialen Lernumgebung als auch die Möglichkeit, dass monomediale Lernumgebungen in ihrer Lernwirksamkeit multimedialen Lernumgebungen unter bestimmten Bedingungen überlegen sein können, können anhand des Modells des integrativen Text- und Bildverstehens, jedoch nicht anhand des Modells von Mayer erklärt werden.

Individuelle Faktoren

Individuelle Faktoren beeinflussen den erfolgreichen Einsatz multimedialer Lernumgebungen entscheidend. So ist das Lernen mit multimedialen Lernumgebungen beson-

ders dann vorteilhaft, wenn Lernende ein eher geringes thematisches Vorwissen besitzen und über (ausreichend) hohe visuell-räumliche Fähigkeiten verfügen (Mayer, 2001). Jedoch bringt ein geringeres thematisches Vorwissen auch die Gefahr einer rasch eintretenden Überforderung der Lernenden im Umgang mit komplexen Lernumgebungen mit sich, weil Lernende mit geringem Vorwissen im Vergleich zu solchen mit höherem Vorwissen ein höheres Maß an kognitiven Ressourcen zur Bearbeitung eines Themas benötigen. Solch eine kognitive Überlastung kann insbesondere dann in komplexen Lernumgebungen auftreten, wenn diese zahlreiche Unterstützungsfunktionen (Glossar, Hilfen, elaborierte Beispiele etc.) enthalten, zu deren adäquater Nutzung aber auch kognitive Ressourcen in nicht unerheblichem Maße benötigt werden (Horz, Winter & Fries, 2009; Horz, 2012).

Es ist leicht nachzuvollziehen, dass die Fähigkeit räumlich getrennte Informationen zu integrieren, notwendig ist, um erfolgreich mit multimedialen Lernumgebungen zu lernen, da hier Informationen räumlich verteilt angeboten werden (Plass, Chun, Mayer, & Leutner, 2003). Weniger plausibel scheint zunächst, dass ein hohes Vorwissen für das Lernen mit Multimedia nachteilig sein kann. Lernende mit hohem thematischem Vorwissen bekommen in multimedialen Lernumgebungen Inhalte mehrfach dargeboten, über die sie (vermeintlich) bereits in ihren Wissensstrukturen größtenteils verfügen. Dadurch elaborieren sie die verschiedenen Inhaltsquellen einer multimedialen Lernumgebung wesentlich weniger und übersehen so eventuell auch für sie neue Informationen in den verschiedenen Medien einer multimedialen Lernumgebung („expertise reversal effect"; Kalyuga, Ayres, Chandler & Sweller, 2003).

Weil das Lernen mit multimedialen Lernumgebungen häufig computerbasiert erfolgt, wird verschiedentlich angenommen, dass die Multimedialisierung des Lernens zu einer systematischen Benachteiligung von Frauen und Mädchen führt, da Frauen und Mädchen über geringere computerbezogene Fähigkeiten sowie negativere motivationale und emotionale Voraussetzungen beim computergestützten Lernen verfügen. Zwar existieren vielfältige Befunde zu computerbezogenen Geschlechtsunterschieden, jedoch konnte bereits Whitley (1997) in einer Metaanalyse nachweisen, dass es sich dabei um in ihrer Effektstärke kleine Unterschiede handelt. Zudem variieren diese computerbezogenen Geschlechtsunterschiede kulturabhängig. So gibt es Befunde aus China und Südostasien, die im Unterschied zu Arbeiten aus dem europäischen und amerikanischen Raum zeigen, dass hier Frauen über bessere computerbezogene Voraussetzungen verfügen. Dennoch ist zu beachten, dass auch aktuell weiterhin signifikante Unterschiede im computerbezogenen Verhalten als auch im computerbezogenen Wissen bestehen (u. a. Dickhäuser & Stiensmeiner-Pelster, 2002; Horz, 2004), die aber in jüngeren Kohorten bereits geringer auszufallen scheinen (PISA-Konsortium Deutschland, 2007).

Gestaltung von Multimedia

Nachfolgend werden Effekte der Gestaltung multimedialer Lernumgebungen dargestellt (Mayer, 2005). Die dargestellten Effekte sind alle in experimentellen Untersuchungen belegt worden und basieren theoretisch auf der Cognitive Load Theory (▶ Exkurs „Cognitive Load Theory"; Sweller, van Merriënboer & Paas, 1998).

Split-Attention-Effekt. Wenn in multimedialen Lernumgebungen schriftliche Texte zusammen mit statischen und/oder dynamischen Bildern dargeboten werden, müssen die Lernenden ihre Aufmerksamkeit notwendigerweise zwischen der textuellen und bildlichen Information aufteilen. Das heißt, das Auge muss zwischen beiden Informationsquellen wechseln. Dies führt zu einem Split-Attention-Effekt, welcher den Lernerfolg verringert. Ein Split-Attention-Effekt tritt insbesondere dann auf, wenn Animationen oder Filme zusammen mit schriftlichem Text dargeboten werden, da in diesem Fall aufgrund der

| Exkurs |

Cognitive Load Theory

Die Cognitive Load Theory postuliert, dass beim Lernen im Arbeitsgedächtnis drei verschiedene kognitive Belastungen auftreten. Die **intrinsische Belastung** („intrinsic load") wird durch die Lerninhalte selbst bedingt (z. B. eine Lernumgebung erklärt das Prinzip der Kernspaltung zur Erzeugung von Atomstrom). Die **extrinsische Belastung** („extraneous load") entsteht durch die kognitive Verarbeitung von Gestaltungselementen einer Lernumgebung, die irrelevante Informationen enthalten (in der Lernumgebung zum Atomstrom sind Bilder der wichtigsten Physiker enthalten, die zur Erforschung der Kernspaltung beitrugen, z. B. Otto Hahn). Weiterhin ist die **lernbezogene Belastung** („germane load") zu berücksichtigen, die durch die kognitiven Prozesse der Lernenden entsteht, die ein Verstehen und Behalten der zu lernenden Informationen ermöglichen (Weiterführung des Beispiels „Atomstrom": Es wird mit „Eselsbrücken" gelernt, die helfen, sich die unterschiedlichen Zerfallsarten bei der Kernspaltung zu merken).

begrenzten Informationsaufnahme und Verarbeitungskapazität des kognitiven Systems entweder Teile der Animation bzw. des Films oder Teile des Textes ignoriert werden müssen, da diese nur flüchtig präsentiert werden. Daher sollten Texte in multimedialen Lernumgebungen insbesondere bei Animationen und Filmen in gesprochener Form dargeboten werden.

Temporale und räumliche Kontiguitätseffekte. Wenn die räumliche und/oder zeitliche Distanz zwischen aufeinander bezogenen Informationen in multimedialen Lernumgebungen groß (niedrige Kontiguität der Medien) ist, kann sich dies negativ auf den Wissenserwerb auswirken. Die negativen Phänomene niedriger Kontiguität können verringert werden, wenn Texte und Abbildungen räumlich und zeitlich möglichst nahe beieinander präsentiert werden, da so die Suchprozesse zwischen den Informationsquellen verkürzt werden. So erzielen Lernende bessere Ergebnisse, wenn Texte und Bilder physisch integriert anstatt getrennt dargeboten werden. Daher kann man die Empfehlung geben, dass die räumliche Distanz zwischen illustrierten Textstellen und zugehörigen statischen oder animierten Bildern gering gehalten werden sollte.

Modalitätseffekt. Wenn Texte in gesprochener Form anstelle von schriftlich integrierten Texten in eine Lernumgebung eingebunden werden, stellt sich ein höherer Lernerfolg ein (Modalitätseffekt). Werden Texte auditiv mit instruktionalen Bildern dargeboten, kann die gesamte Kapazität des auditiven Kanals der Textverarbeitung gewidmet werden, während die gesamte Kapazität des visuellen Kanals für die Bildverarbeitung genutzt werden kann. Auf diese Weise kann ein Maximum an gleichzeitiger

Verfügbarkeit von verbaler und piktorialer Informationen im Arbeitsgedächtnis erreicht werden. Augenscheinlich entsteht der Modalitätseffekt schlicht durch Vermeidung eines Split-Attention-Effekts, jedoch zeigten Mayer und Moreno (1998), dass selbst dann bessere Lernergebnisse im Vergleich zu einer inhaltsgleichen Lernumgebung erzielt werden, in der die Texte schriftlich präsentiert werden, wenn ein auditiver Text und Animationen nacheinander dargeboten werden (und somit keine Split-Attention-Situation vorliegt). Mayer und Moreno (1998) nehmen daher an, dass die Nutzung des verbalen sowie des piktorialen Kanals beim multimedialen Lernen zu einer erhöhten Nutzung der Speicherkapazität des Arbeitsgedächtnisses führt. Allerdings ist diese Interpretation umstritten (Rummer, Schweppe, Fürstenberg, Seufert & Brünken, 2010; Schüler, Scheiter, Rummer & Gerjets, 2012).

Effekte der individuellen Verarbeitungssteuerung. Folgt man den bisherigen Empfehlungen, sollten instruktionale Bilder immer mit auditiv statt visuell präsentiertem Text kombiniert werden. Dies gilt aber nicht in allen Fällen. Wichtigster Kritikpunkt ist, dass der Split-Attention-Effekt bei der Kombination von schriftlichen Texten mit statischen Bildern nur in sehr geringem Maße auftritt und nur dann, wenn die Lernzeit deutlich begrenzt ist. Zudem ist zu bedenken, dass ein schriftlicher Text eine bessere Steuerung der Informationsaufnahme erlaubt. Bei schriftlich dargebotenem Text können Satz- oder Textteile bei Verständnisschwierigkeiten neu gelesen werden, während gesprochener Text für die Lernenden in der Regel nur flüchtig dargeboten wird. Es ist zu vermuten, dass die Kontrollvorteile einer schriftlichen Darbietung besonders bei schwierigen Texten eine wichtige Rolle spielen.

Weitere Maßnahmen zur Reduzierung der kognitiven Belastung. Um die Lernwirksamkeit multimedialer Lernumgebungen zu verbessern, ist im Allgemeinen die Regel zu beachten, dass die extrinsische Belastung einer Lernumgebung soweit als möglich reduziert werden sollte. Auf diese Weise stehen kognitive Kapazitäten für die Verarbeitung der Lerninhalte (intrinsische Belastung) und für lernbezogene Aktivitäten (lernbezogene Belastung) zur Verfügung. Zur Verringerung der kognitiven Belastung in multimedialen Lernumgebungen nennen Mayer und Moreno (2003) diverse Möglichkeiten, die weiter unten aufgeführt sind.

6.2.4   Einsatz medialer Präsentationen

Die zuvor dargestellten Gestaltungskriterien für Text und Bild fokussieren die aus pädagogisch-psychologischer und medienpsychologischer Sicht bedeutsame Fragestellung, wie Texte und Bilder grundsätzlich gestaltet sein sollten,

um den Lernprozess zu optimieren. Diese grundlegende Frage der Lernmediengestaltung steht aber in der Unterrichtspraxis oft weniger im Mittelpunkt des Interesses als die Frage, unter welchen Umständen es sinnvoll ist, mit Tafel, Flipchart, elektronischen Folien etc. zu arbeiten oder wie diese konkret einzusetzen sind und wie ein adäquater Medienwechsel während einer Unterrichtseinheit durchgeführt wird. Zu den praktischen Fragen des Medieneinsatzes im Unterricht existiert eine sehr umfangreiche und ausführliche Ratgeberliteratur sowohl in gedruckter Form (z. B. zur Präsentation: Hey, 2008; Dollinger, 2003; z. B. zur Gestaltung schriftlicher Materialien: Reinmann, 2012) als auch im Internet (z. B. ▶ http://www.e-teaching.org). Bei der Auswahl von Ratgeberliteratur zu Fragen des Medieneinsatzes im Unterricht, zur Gestaltung von Lerntexten etc. sollte man darauf achten, dass sich das jeweilige Werk an neueren wissenschaftlichen Erkenntnissen des Lehrens und Lernens orientiert, was in diesem Bereich oft nur in geringem Maße der Fall ist.

Richtlinien zum Medieneinsatz aus der Perspektive der Lehrperson

Einfachheit und Erfahrung. Grundsätzlich ist anzumerken, dass Medien im Unterricht in ihrer Handhabung einfach einzusetzen sein sollten, damit die Lehrenden keine erheblichen kognitiven Ressourcen auf den Medieneinsatz verwenden müssen. Dementsprechend sollten Lehrpersonen darauf achten, dass sie Medien einsetzen, mit deren Anwendung sie ausreichend vertraut sind. Jedoch sollen hier (zukünftige) Lehrpersonen ausdrücklich ermutigt werden, mediale Innovationen im Unterricht zu erproben. Neue Technologien oder Einsatzszenarien sollten dann eingesetzt werden, wenn der Lerninhalt nur geringe inhaltliche Anforderungen an die Lehrperson stellt bzw. die Lehrperson mit den Lehrinhalten sehr gut vertraut ist.

Vorbereitung und didaktische Planung. Allgemein bekannt ist, dass im Unterrichtsablauf hemmende Probleme wie technische Schwierigkeiten beim Einsatz von Projektionstechniken („Beamer funktioniert nicht") umso häufiger auftreten, je mehr technikbasierte Lehrmedien eingesetzt werden, weswegen Lehrende häufig weiterhin auf analoge Medien zurückgreifen (▶ Abschn. 6.3.2). Als Leitlinie kann gelten, dass der Medieneinsatz nicht primär an den technischen Möglichkeiten orientiert sein, sondern die Entscheidung für ein Lehrmedium vor allem aus didaktischen Erwägungen erfolgen sollte (z. B. Horz et al., 2003).

Medienbezogene Kompetenzen. Abhängig davon über welche personellen Kapazitäten und medienbezogenen Kompetenzen die Lehrperson verfügt, können die Lerninhalte durch unterschiedliche Medien aufbereitet und kombiniert werden. Dazu muss meist als Basis des multimedialen Lehr-/Lernsettings eine digitale Lernplattform (wie Moodle, OLAT etc.) eingesetzt werden, um den Lernenden die vielfältigen Lernmaterialien, Kommunikations- und Kooperationsformen anbieten zu können. Um solche Plattformen effektiv nutzen zu können, müssen Lehrende und Lernende über die notwendigen Nutzungskompetenzen entsprechend ihrer Rollen im Lernsetting verfügen. Dies setzt in der Regel eine zumindest kurze Schulung für die Nutzung einer Lernplattform voraus. Weiterhin sollte man basale Regeln der virtuellen Kommunikation („Netiquette"; für eine erste Übersicht: ▶ http://de.wikipedia.org/wiki/Netiquette) kennen, um erfolgreich in sozialen Netzwerken oder mittels anderer elektronischer Kommunikationsformen (z. B. Telekonferenz-Tools wie Skype, E-Mail) zu agieren.

Richtlinien zum Medieneinsatz aus der Perspektive des Lernmediums

Didaktische Gestaltung von Lernmedien. Die didaktische Gestaltung der Lernmedien kann nur bedingt alle situativen und einzigartigen Ereignisse explizit berücksichtigen (z. B. spontane Konflikte unter Schülern, zeitlich-räumliche Einschränkungen wie z. B. durch einen Raumwechsel). Doch sollte die didaktische Planung stets multikriterial (z. B. kognitive und motivationale Voraussetzungen, Vorwissen, Gruppenzusammensetzung, Zusammenarbeitsformen, Lernziele und zu entwickelnde Kompetenzen, zeitliches Setting, sekundäre Kompetenzen, soziale Ziele etc.) erfolgen. Dabei sollte i. d. R. ein breites Spektrum relevanter und planbarer Kriterien im didaktischen Design berücksichtigt werden, um unter anderem die Maßnahmen zur Aktivierung der Lernenden, die Kommunikationsereignisse zwischen Lehrenden und Lernenden oder Lernenden untereinander zu planen. Zur strukturierten didaktischen Planung sollten theoretisch fundierte und empirisch geprüfte didaktische Modelle herangezogen werden. Auch die Gestaltung der Lehrmaterialien sollte im didaktischen Planungsprozess konsistent zu den anderen Unterrichtselementen umgesetzt werden. Dabei ist zu beachten, dass je größer die Zahl der relevanten Kriterien im didaktischen Planungsprozess ist, desto bedeutsamer wird eine klare Hierarchisierung der Planungskriterien untereinander. Zur langfristigen Entwicklung von Lehrmaterialien und Lehr- und Lernsettings im Sinne eines Qualitätsmanagements ist zudem die Evaluation der eigenen Lehrmaterialien unerlässlich.

Ein besonderer Aspekt der didaktischen Planung ist die an die Voraussetzungen der Lernenden adaptierte Gestaltung von Lehr-/Lernsettings. Hier führt die adaptive didaktische Gestaltung in der Regel zu unterschiedlich schwierigen und medialisierten Formen von Lernmaterialien. Während z. B. Lernende mit geringem Vorwissen anhand einfach formulierter Texte mit erklärenden Bil-

dern erfolgreicher lernen als mit komplexen, bilderlosen Texten (zsf. Horz & Schnotz, 2010), kann bei Lernenden mit hohem Vorwissen ein umgekehrter Effekt auftreten („Expertise reversal effect", Kalyuga, Ayres, Chandler & Swellwe, 2003; ▶ Abschn. 6.2.3). Bei Personen mit hohem Vorwissen kann ein sowohl inhaltlich als auch sprachlich komplexer Text ohne ergänzende, rasch zu verstehende Bilder zu einer höheren Elaboration eines Textes führen als didaktisch möglichst einfache und rasch verständliche Lernmaterialien.

Texte. Texte, ob in gesprochener Form im Frontalunterricht oder in gedruckter Form in Büchern oder als Online-Texte in hypermedialen Lernumgebungen, stellen das Leitmedium in Lernprozessen dar. Daher sollte der Gestaltung von Lehrtexten in der Unterrichtsvorbereitung sowie der Planung von Lernumgebungen bzw. der Vorbereitung von Unterrichtsvorträgen das Hauptaugenmerk gelten.

Um Texte erfolgreich als Lernmedien einsetzen zu können, sollten sie wie alle Lernmedien auch aus didaktischer Perspektive hinsichtlich ihrer Gestaltung (s. o.), aber auch hinsichtlich ihrer Nutzung in Verbindung mit anderen Lernmedien optimiert werden. Hierzu kann man Texte (s. o.) – wie auch alle anderen Lernmedien – nach makro- und mikrodidaktischen Prinzipien gestalten (zur detaillierten Planung s. z. B. Reinmann, 2012) und das Ergebnis nach eigenen Zielkriterien (z. B. Lernerfolg) empirisch überprüfen.

Statische Bilder, bewegte Bilder und Multimedia. Durch computerbasierte Lehr- und Lernsettings können heute statische und bewegte Bilder (Animationen, Filme) sehr viel rascher erstellt, modifiziert und zu Lehrzwecken eingesetzt werden. Insbesondere instruktionale Bilder helfen komplexe Zusammenhänge darzustellen und individuelle Lernprozesse zu unterstützen (▶ Abschn. 6.2.2). Jedoch sollte beachtet werden, dass Bilder meist nicht alleine als Lehr- und Lernmedien ausreichen, sondern in Verbindung mit gesprochenen oder gehörten Texten präsentiert werden, sodass es sich dann um ein multimediales Lernarrangement handelt. Dabei ist zu beachten, dass die parallele kognitive Verarbeitung mehrerer, aufeinander bezogener Informationsquellen rascher eine kognitive Überlastung der Lernenden bedingt. Dementsprechend sollten die nachfolgenden Regeln zur Reduktion der kognitiven Belastung in multimedialen Lernumgebungen beachtet werden (nach Mayer & Moreno, 2003):

- **Off-Loading:** Wenn der visuelle Kanal durch die Darbietung schriftlicher textueller und bildhafter Informationen überlastet ist, sollte den Lernenden der Text stattdessen in auditiver Form angeboten werden (vgl. Modalitätseffekt) oder Bilder vereinfacht werden.

- **Pretraining und Segmenting:** Wenn sowohl der auditive als auch der visuelle Kanal durch intrinsische kognitive Prozesse gleichzeitig überlastet sind, kann diese Überlastung durch ein inhaltliches und/oder medienbezogenes Vorabtraining der Lernenden reduziert werden („pretraining"). Solche Trainings sind jedoch meist nur mit einem hohen Aufwand zu realisieren. Alternativ kann die Lernumgebung in kleinere Einheiten unterteilt werden („segmenting").
- **Weeding und Signaling:** Wenn eine kognitive Überlastung durch extrinsische Belastungen auftritt (z. B. zu viele Zusatzinformationen, Fallbeispiele), kann entweder jedwedes Zusatzmaterial entfernt werden („weeding"), das nicht unbedingt notwendig zum Verständnis der eigentlichen Lerninhalte ist, oder aber man kann durch Signalisierungstechniken (z. B. farbliche Kodierungen oder Unterstreichungen; „signaling") die zentralen Elemente einer Lernumgebung hervorheben, um so die essenziellen Elemente zu verdeutlichen.
- **Aligning und Eliminating:** Tritt eine Überlastung einer der beiden Wahrnehmungskanäle aufgrund einer zu hohen intrinsischen Belastung auf, kann man entweder die Lernumgebung restrukturieren („aligning") und in einer einfacheren Strukturierung neu ordnen oder aber man entfernt („eliminating") – ähnlich wie beim Weeding der Zusatzmaterialien – (redundante) Lerninhalte.
- **Synchronizing und Individualizing:** Wenn die mentale Integration der multimedialen Informationen zu einer Überlastung der kognitiven Kapazitäten im Arbeitsgedächtnis führt, kann diese Überlastung durch eine verbesserte Synchronisation der einzelnen Medien überwunden werden („synchronizing"), wenn keine optimale Kontiguität vorliegt. Alternativ kann man versuchen, die Inhalte und Gestaltung der Lernumgebung an das Vorwissen und die visuellen räumlichen Fähigkeiten der Lernenden anzupassen („individualizing"). Letzteres ist in der Praxis meist ebenfalls mit einem erheblichen Zusatzaufwand für die Autoren multimedialer Lernumgebungen verbunden.

Sonstige Lernmedien. Bisher existieren nur wenige Arbeiten, die sich aus medialer Sicht mit dem Einsatz weiterer Lernmedien (z. B. zerlegbare Modelle, Geruchsproben, Materialproben, Werkstoffe) im Unterricht systematisch beschäftigen. Generell können derartige Lehrmedien helfen, Unterrichtsthemen anschaulicher und verständlicher zu präsentieren. Dabei sollte aber beachtet werden, dass allein die möglichst anschauliche Gestaltung eines Themas durch ergänzende Objekte und die damit meist induktiven Denkprozesse (ein Fallbeispiel wird präsentiert und soll auf andere Situationen übertragen werden) nicht allein den Lernerfolg garantiert. Um den Transfer des erworbenen Wissens auf andere Fragestellungen zu unterstützen, sollten neben anschaulichen Lernmedien auch Lernmedien eingesetzt werden, die das Abstraktionsvermögen und deduktive Denkprozesse (Anwendung eines Gesetzes auf diverse Einzelfälle) unterstützen.

Richtlinien zum Medieneinsatz aus der Perspektive des einzusetzenden technischen Geräts

Digitale Präsentationsmedien. Die Präsentationsrichtlinien für die Gestaltung von digitalen Folien (z. B. mittels Powerpoint) stimmen weitgehend mit denen von Overheadfolien (s. u.) überein. Jedoch sollten vor einer Präsentation unbedingt die lokalen technischen Gegebenheiten gründlich getestet werden, da der Einsatz digitaler Folien im Vergleich zu Overheadfolien technisch deutlich komplexere Anforderungen stellt, aufgrund des notwendigen Einsatzes eines Computers und eines Beamers (sowie ggf. zusätzlich von Fernbedienungen). Der wesentliche Vorteil an computerbasierten Präsentationen ist, dass man mittels Computer und Beamer verschiedene Medien (Audio-Dateien, Filme, Bilder etc.) innerhalb einer Lernumgebung einbinden kann, für die man ansonsten verschiedene Wiedergabegeräte benötigen würde. Zudem können digitale Präsentationen original und kostengünstig an die Lernenden via Lernplattformen verteilt werden, wohingegen Overheadfolien allenfalls als Papierausdrucke an Lernende weitergegeben werden können. Insbesondere ist bei digitalen Präsentationen zu beachten, dass die Zahl der eingesetzten Folien nicht zu groß wird, damit sich kein „Daumenkino"-Eindruck bei den Zuhörern einstellt. Um die Zahl der digitalen Folien zu begrenzen, kann man auch andere Präsentationsmedien einsetzen. Beispielsweise kann eine Tafel oder ein Overheadprojektor parallel zur digitalen Präsentation genutzt werden, um Informationen wie Gliederungen und Übersichten darzustellen, die während der gesamten Präsentationsdauer von Nutzen sein können. Besonders zu erwähnen, sind die zunehmend in Bildungsinstitutionen verbreiteten „elektronischer Whiteboards" als Lehrmedien. Es handelt sich dabei um berührungssensitive Bildschirme in der Größe einer Tafel, die analog zu konventionellen Tafeln genutzt werden können, aber auch die integrative Nutzung computerbasierter Materialien (digitale Folien, Filme, Internet-Applikationen etc.) ermöglichen. Um eine professionelle Nutzung dieses komplexen und multipotenten Lehrmediums zu erzielen, sind eine ausführliche Einweisung, stete Nutzung und Bereitstellung kontinuierlicher Fortbildungsmaßnahmen für Lehrkräfte unerlässlich (Hilbert, Fabriz, Imhof & Hargesheimer, 2012). Anderenfalls werden diese Geräte hinsichtlich ihrer potenziellen Funktionalitäten nur in kleinen Teilen analog zu konventionellen Tafeln und Beamern genutzt.

Lernplattformen. In den vergangenen Jahren haben Lernplattformen (▶ Abschn. 6.3.1) in allen Bereichen institutionalisierter und informeller Lehr- und Lernsettings große Verbreitung gefunden. Der wichtigste Vorteil von Lernplattformen ist die internetbasierte Bereitstellung von Funktionen, die es ermöglichen, orts- und zeitunabhängig (zusätzliche) Lehrmaterialien anzubieten, Kommunikationsprozesse in Lerngruppen oder zwischen Lehrenden und Lernenden herzustellen sowie eigenständige Lernprozesse durch „Denkwerkzeuge" (Mindmaps, Wikis etc.) zu unterstützen. Die große Vielfalt der technischen Möglichkeiten in Lernplattformen führt aber dazu, dass sich viele Lehrpersonen bei der Nutzung von Lernplattformen überfordert fühlen. Daher sollten Lernplattformen so gestaltet sein, dass sie hinsichtlich der Komplexität der Bedienung den Kompetenzen der Lehrenden und Lernenden anpassen. Verfügt eine Lernplattform zudem über ein möglichst intuitives Design, erleichtert dies ebenfalls die Nutzung auch durch wenig computerkompetente Personen erheblich. Um Lernplattformen adaptiv an die Nutzervorkenntnisse und möglichst intuitiv zu gestalten, sind Templates (vorgefertigte Masken, die nur eine Auswahl von Funktionen bereitstellen) erforderlich, die durch versierte Administratoren von Lernplattformen bereitgestellt werden sollten. Da Lehren und Lernen meist zyklische Prozesse sind, kann man in zukünftigen Lehr- und Lernzyklen die Komplexität der Funktionen einer Lernplattform in der Regel sukzessive erhöhen. Je länger und intensiver eine Lernplattform genutzt wird, desto höher kann in der Regel deren Komplexität sein, da die Nutzer durch einen längerfristigen Gebrauch mit immer mehr Funktionen vertraut werden. Aus diesem Grund ist es wichtig, dass Ausbildungsinstitutionen (Schulen, Hochschulen) sich möglichst auf eine Lernplattform beschränken und nicht mehrere Lernplattformen parallel nutzen. Wenn in einer Ausbildungsinstitution mehrere Lernplattformen genutzt werden, wird der Prozess der Kompetenzsteigerung im Umgang mit einer Lernplattform erheblich verlangsamt, wenn nicht gar verhindert.

Overheadprojektor. Overheadprojektoren erlauben im Unterschied zu Tafelanschrieben, dass die Lehrkraft den Zuhörern während der Medienpräsentation und -bearbeitung zugewandt bleiben und vorbereitete Visualisierungen präsentieren kann. Für den Einsatz von Overheadprojektoren ist es wichtig, vor dem Unterricht die Projektionsgegebenheiten zu überprüfen (Sonneneinfall, Projektionsfläche, Positionierung der Lehrkraft, Einstellen der Schärfe etc.). Sowohl für Tafelanschriebe als auch Darstellungen mittels Overheadprojektoren gilt, dass eine Mindestschriftgröße verwandt werden sollte, die auch von den hinteren Zuhörerplätzen von normalsichtigen Zuhörern leicht gelesen werden kann. Diese Mindestschriftgröße kann aufgrund der Projektionsgegebenheiten stark variieren, weswegen auch dieser Aspekt vor dem Unterricht erprobt werden sollte.

Tafel und Flipchart. Tafel und Flipchart (DIN-A1-Papierblöcke, die an einem Ständer befestigt sind) erlauben die Darstellung spontan angefertigter handschriftlicher Annotationen oder aber die Darstellung vorbereiteter Elemente, die an der Tafel oder dem Flipchart befestigt werden. Tafeln und Flipcharts sind vergleichsweise einfach zu handhaben und technisch wenig aufwendig. Flipcharts besitzen ein höheres grafisches Potenzial als Tafeln, da z. B. Farben intensiver und Formen detaillierter dargestellt werden können. Zudem können Inhalte in umfangreichem Maße auf Flipcharts vorbereitet und auch wiederverwendet werden, wohingegen Tafelanschriebe in der Regel für jede Unterrichtseinheit neu erstellt werden müssen.

Video und Dia. Mittels Videos (Blue-Ray-Disc, DVD-, CD-, Kassettenabspielgeräten mit Fernseher und/oder Projektoren) und Dias (Geräten zur statischen Bildprojektion) lassen sich alle Arten von statischen und dynamischen Bildern in qualitativ hochwertiger Form präsentieren. Meist ist die Bildqualität der Medien, die mittels Video- und Diaprojektoren wiedergegeben werden, etwas höher als von vergleichbaren computerbasierten Wiedergabetechniken. Jedoch sollte man sich auch beim Einsatz dieser Geräte vorab sowohl mit den Projektions- als auch den Wiedergabegeräten vertraut gemacht haben. Anzumerken bleibt, dass Videos sich insbesondere eignen, Lernende mit einem Thema erstmalig vertraut zu machen und Interesse zu wecken.

6.3 Medien in Bildungskontexten

Seit den 1990er Jahren hat eine rasche Verbreitung „Neuer Medien" – gemeint sind Medien, die auf Computer- und Netzwerktechniken basieren – in allen Bildungsbereichen stattgefunden. Grund dafür ist, dass in dieser Zeit die Mehrheit der Bildungsinstitutionen (Schule, Universität, Fortbildungsinstitutionen) flächendeckend Zugang zu technischen Innovationen wie ausreichend leistungsstarken Computer und Internet erhielten. Jedoch fällt die technische Qualität der Ausstattung wie auch die Intensität der Nutzung von computerbasierten Medien in den jeweiligen Bildungsinstitutionen sehr unterschiedlich aus. Daher haben computerbasierte Medien in den verschiedenen Bildungskontexten derzeit einen sehr unterschiedlichen Stellenwert für die Lehre und das Lernen.

6.3.1 Formen des Lehrens und Lernens mit Medien

Medien werden in nahezu allen heutigen Lehr- und Lernsettings eingesetzt. Berücksichtigt man die Veränderungen der Lehr- und Lernsettings durch Neue Medien, so lassen sich heute die folgenden drei grundlegenden Kategorien des medienbasierten Lehrens und Lernens unterscheiden:

1. Analoge Formen. Hierunter werden alle Formen der Präsenzlehre als auch des medienbasierten Lehrens und Lernens aufgefasst, bei denen keine Computer oder elektronischen Netzwerke genutzt werden. So ist z. B. der Frontalunterricht per Präsenzvortrag mit Overheadfolien, die Gruppenarbeit mit Peers und Arbeitsplättern ebenso wie das Lesen eines Lehrbuchs dieser Kategorie zuzuordnen.

2. Digitale Formen. Insgesamt haben sich vier Arten digitalen Lehrens und Lernens entwickelt, die meist in Form thematisch abgrenzbarer Einheiten (Module) realisiert werden. Gängigerweise lassen sich folgende Varianten unterscheiden:

a) Als **originär digitale (Lehr-/Lern-)Module** werden Lernumgebungen bezeichnet, die meist mittels Editoren-Tools direkt digital erstellt wurden. Aus didaktischer Sicht umfassen diese Module zahlreiche, meist an konstruktivistischen Ansätzen des problembasierten Lernens (▶ Abschn. 1.3.4) orientierte, interaktive, multi- und hypermediale Lernumgebungen in Form von Trainings, Simulationen, fallbasierten Beispielen, Mikrowelten etc. Beispiele für derartige Module sind internetbasierte Lernprogramme, Flugsimulatoren, Lernspiele usw. Zahlreiche Beispiele findet man unter ▶ http://www.lernmodule.net.

b) Als **digitalisierte Präsenzlehre** werden (Lehr-/Lern-)Module bezeichnet, die aus der digitalen Aufzeichnung von Präsenzlehrveranstaltung entstehen oder bei denen Lehrveranstaltungen wie Seminare, Vorträge und Vorlesungen mittels Computern und elektronischer Netze (z. B. Internet) an verschiedene Orte übertragen werden (Teleteaching). Vorlesungsaufzeichnungen kann man an zahlreichen Hochschulen erhalten wie z. B. unter ▶ http://electure.studiumdigitale.uni-frankfurt.de/.

c) Als **Lernmanagement-System** (oft auch als Lernplattform oder Content-Management-System bezeichnet) fungiert eine Software, die dazu genutzt wird, Lerninhalte über ein institutionsinternes Intranet oder das Internet für die Lernenden bereitzustellen. Weiterhin unterstützen Lernmanagement-Systeme das Lernen mit den bereitgestellten Inhalten. Meist werden auch Werkzeuge (Tools) für das kooperative Arbeiten (Chat Tools, Agentensysteme, Foren etc.) und eine Nutzerverwaltung in Lernmanagement-Systemen bereitgestellt. Häufig können auch (teil-)virtuelle Kurse durch Lernplattformen administriert werden. Verschiedene Lernplattformen unterstützen die Möglichkeit elektronische Prüfungen durchzuführen und erleichtern mittels integrierter Editoren die Erstellung von digitalen Lernmaterialien, ohne Programmierkenntnisse zu benötigen. Einen ersten Eindruck über ein „Open-Source"-Lernmanagementsystem (kostenfreie Nutzung möglich) kann man unter ▶ http://www.moodle.de erhalten.

d) In **computer- und netzwerkunterstützten Kooperationen und Kollaborationen** können Lehrende mit Lernenden digital vermittelt (z. B. Teletutoring, E-Coaching), Lernende untereinander in offener Form (Computer-Supported Collaboration) oder anhand von Kooperationsskripten (Computer-Supported Cooperation) zusammenarbeiten. Es existieren zahlreiche Tools, die entweder rein textbasiert, mit Audio- und teilweise Bildsignal und/oder virtuellen Agenten eine Zusammenarbeit ermöglichen. Eine Übersicht von Tools zur internetbasierten Kooperation und Kollaboration findet man unter ▶ http://www.univie.ac.at/cscw/tools2.htm.

3. Blended Learning. Der Begriff Blended Learning („vermischtes Lernen") bezeichnet Lehr- und Lernformen, in denen verschiedene analoge und digitale Medien und Methoden eingesetzt werden, um Synergieeffekte hinsichtlich der Vorteile der verschiedenen Lehr- und Lernformen zu verstärken und die Nachteile einzelner Lehr- und Lernformen zu reduzieren. In einer sehr breit gefassten Definition umfasst der Begriff Blended Learning alle Mischformen unterschiedlicher Lehr- und Lernmethoden. Heute ist der Begriff Blended Learning jedoch gebräuchlich, um Mischformen analogen und digitalen Lehrens und Lernens zu bezeichnen.

6.3.2 Neue Medien in der Schule

Gerade durch die Verbreitung von Computern in allen Lebensbereichen hat eine „Medialisierung" des Alltags, aber auch des Lehrens und Lernens in Ausbildungsinstitutionen wie der Schule stattgefunden. Medien sind daher in der Schule aus zweifacher Sicht von Bedeutung. Zum einen erweitern sie das Spektrum der Lehr- und Lernmethoden in erheblicher Weise, zum anderen müssen Schülerinnen und Schüler in der Schule einen Grad an Medienkompetenz erwerben, der sie zu einem adäquaten Umgang mit Medien in unserer Gesellschaft befähigt. Dass die Schule der Aufgabe zur Vermittlung der Medienkompetenz – insbesondere im Bereich computer- und internetgestützter

Medien – gerade in Deutschland nur bedingt nachkommt, zeigen internationale Bildungsstudien, in denen deutlich wird, dass hierzulande der Einsatz von Computern als Lehr- und Lernmedien in der Schule im internationalen Vergleich stark unterdurchschnittlich ist. So nutzen nur 31 % der deutschen Schüler Computer in der Schule im Vergleich zum OECD-Durchschnitt von 56 % aller Schüler (PISA-Konsortium Deutschland, 2007). Insbesondere in Grund- und Hauptschulen ist die Ausstattung mit Computern defizitär, da hier nur ein Viertel bis ein Drittel aller Schulen mit aktuellen und funktionsfähigen Computern ausgestattet ist, was zumindest in der Hälfte aller Gymnasien der Fall ist. Zudem nutzen weniger als die Hälfte aller Hauptschüler überhaupt Computer im Unterricht (Gymnasium 65 %) bzw. es erhalten nur 37 % aller Hauptschüler EDV-Unterricht im Gegensatz zu 49 % aller Schüler an Gymnasien (CHIP, 2008).

Definition

Die **Medienkompetenz** setzt sich nach Baacke (1997) aus vier Dimensionen zusammen: Medienkunde, Medienkritik, Mediennutzung und Mediengestaltung. Als **Medienkunde** wird das Wissen über Medien bezeichnet sowie die Kompetenz, Geräte zum Einsatz von Medien auch zu nutzen (z. B. Computer bedienen zu können). Die Fähigkeit zur **Medienkritik** soll eine Person in die Lage versetzen, eine angemessene (gesellschaftliche) Bewertung von Medien und mit Medien verbundenen Prozessen durchzuführen sowie sein Wissen über Medien auf die eigene Mediennutzung anzuwenden. Als **Mediennutzung** bezeichnet man die Fähigkeit zum interaktiven Umgang mit Medien und zur Rezeption von Medien. Schließlich wird die Erstellung medienbasierter Inhalte durch die Fähigkeiten der **Mediengestaltung** einer Person bestimmt.

Noch bevor computerbasierte Medien in Schulen als reguläres Lernmedium Einzug gehalten haben, wurden bereits erste Stimmen laut, die den Nutzen des Computers als Lehr- und Lernmedium grundsätzlich in Zweifel ziehen. Dabei ist zu bedenken, dass nahezu jede mediale Innovation im Bildungsbereich zunächst skeptisch betrachtet wurde, wie der ▶ Exkurs „Antiker Medienpessimismus" zeigt.

Neben der defizitären technischen Ausstattung dürften unzureichende Kenntnisse im Umgang mit computerbasierten Medien der Lehrenden ein Grund für die vergleichsweise geringe Nutzung von Computern an Schulen sein (Bofinger, 2007). Daher verwundert es nicht, dass Lehrende computerbasierte Medien nur in geringem Maße angemessen in den Unterricht einbinden, wie Bofinger (2007) in einer bayrischen Studie unter Beteili-

---

Exkurs

Antiker Medienpessimismus

Diese Erfindung [die Schrift und damit das Lesen] wird nämlich den Seelen der Lernenden vielmehr Vergessenheit einflößen, weil sie das Gedächtnis vernachlässigen werden; denn im Vertrauen auf die Schrift werden sie sich nur äußerlich vermittels fremder Zeichen, nicht aber innerlich aus sich selbst erinnern. Nicht also für das Gedächtnis, sondern nur für die Erinnerung hast du ein Mittel erfunden, und von der Weisheit bringst du deinen Lehrlingen nur den Schein bei, nicht aber sie selbst.
Zitat aus: „Phaidros", Platon, 428–348 v. Chr. (Stephanus, 2008)

---

gung von rund 9.000 Lehrenden nachweist. Im Jahr 2006 gaben nur 21 % der Lehrenden (2002: 17 %) in Schulen an, digitale Medien im Fachunterricht oft oder sehr oft zu nutzen. Betrachtet man die Ursachen für den geringen Einsatz computerbasierter Medien in Schulen, so ist festzustellen, dass Lehrende einen zu geringen Mehrwert computerbasierter Medien im Unterricht beklagen und angeben, dass andere Methoden zur Inhaltsvermittlung geeigneter seien als Neue Medien. Weiterhin geben Lehrende als Gründe für die geringe Mediennutzung an, dass sie allgemein eine zu hohe Arbeitsbelastung hätten, um Unterricht vorzubereiten, in dem computerbasierte Medien integriert sind. Um den Medieneinsatz im Unterricht zu verbessern, wünschen zwei Drittel aller Lehrenden kleinere Klassen. Diesem Anliegen folgen Wünsche nach Fortbildung im Umgang mit Software und Technik sowie nach Bereitstellung von „Best-Practice"-Beispielen, um den Unterrichtseinsatz von Medien zu verbessern und zu steigern. Fragt man nach der Einbindung von medienpädagogischen Zielen in den Unterricht, so geben nur 8 % der Lehrkräfte an, diese häufiger im Fachunterricht zu berücksichtigen. Zusammenfassend kann man daher folgern, dass der defizitäre Medieneinsatz in Deutschland sowohl auf die technischen Rahmenbedingungen als auch auf die mangelhafte Vorbereitung der Lehrenden auf den Einsatz computerbasierter Medien in den Unterricht zurückgeführt werden kann. Schüler scheinen dagegen trotz bestehender Geschlechtunterschiede über ausreichende Expertise in der Nutzung von Computern insgesamt zu verfügen (▶ Abschn. 6.4.3).

6.3.3 Neue Medien in der Hochschule

Der Einsatz Neuer Medien hat zum einen die Lehre und das Lernen in konventionellen Hochschulen wie Universitäten und Fachhochschulen nachhaltig beeinflusst, aber auch einen neuen Hochschultypus hervorgebracht, die virtuelle Hochschule.

Konventionelle Hochschulen

Gerade im Hochschulbereich waren die Innovationen des digitalen Lehrens und Lernens zunächst durch die Entwicklung neuer technischer Applikationen geleitet, da diese häufig an Hochschulen entwickelt wurden. Typischerweise wurden erst nach der Entwicklung einer Applikation die spezifischen didaktischen Einsatzmöglichkeiten der jeweiligen Technik erforscht und auf ihre Effektivität hin untersucht (z. B. Horz, Fries & Hofer, 2003). Das heißt, meist wurde eine Technik entwickelt, von deren Einsatzmöglichkeiten man nur sehr vage Vorstellungen hatte. Daher wurden neu entwickelte Techniken unsachgemäß in der Lehre eingesetzt, insbesondere wenn man nicht ausreichend die didaktische Funktion einer Technik berücksichtigte.

Trotz dieser zunächst eher problematischen „try outs" in der Hochschullehre haben Neue Medien hier den höchsten Verbreitungsgrad verglichen mit Schulen oder anderen institutionalisierten Ausbildungsgängen in der Erwachsenenbildung. Es lassen sich im Unterschied zur Schule zahlreiche Formen digitalisierter Lehre und Blended-Learning-Szenarien (▶ Abschn. 6.3.1) an den meisten Hochschulen finden. Grund dafür sind die häufig genannten Vorteile Neuer Medien in der Hochschullehre.

Vorteile Neuer Medien
- Selbstbestimmtes Lernen bezüglich des Lerntempos
- Selbstbestimmtes Lernen bezüglich des Lernwegs
- Zeitunabhängiges Lehren und Lernen
- Ortsunabhängiges Lehren und Lernen

Neben diesen Vorteilen werden aber im Unterschied zu analogen Lehr- und Lernformen häufig auch Probleme genannt, die die Vorteile eines sinnvollen Medieneinsatzes unterminieren können.

Probleme Neuer Medien
- Zunehmende soziale Isolierung der Lernenden und zunehmende Anonymität zwischen Lehrenden und Lernenden
- Kognitive Überlastung der Lernenden aufgrund eines komplexen Instruktionsdesign
- Kognitive Überlastung der Lernenden aufgrund hoher Selbstregulationsanforderungen (▶ Kap. 3; ▶ Abschn. 17.4).

Aus instruktionaler Sicht liegt eine weitere Stärke der Neuen Medien in den flexiblen medialen Gestaltungsmöglichkeiten multimedialer Lernumgebungen. Diese „Multimedialisierung" des Lehrens und Lernens anhand

von digitalen Modulen bedarf jedoch der Berücksichtigung spezifischer Instruktionsdesigns (▶ Abschn. 6.2.3).

Es reicht nicht aus, dass Neue Medien in der Hochschule didaktisch sinnvoll gestaltet werden, damit Lehren und Lernen verbessert wird. Zusätzlich zur didaktischen Optimierung müssen auch die organisationalen Rahmenbedingungen adäquat gestaltet sein. Die organisatorischen Rahmenbedingungen müssen in Verbindung mit anderen digitalen Modulen oder weiteren analogen Lehr- und Lernformen einen effizienten und lernwirksamen Aufbau des Lehrens und Lernens in umfassenderen, teilweise langfristigen Ausbildungssettings wie der Hochschule erlauben. Die mangelhafte organisationale Einbindung zeigt sich z. B. in der bis heute problematischen Anerkennung von Lernleistungen, die anhand von digitalen Modulen erbracht wurden oder in der unsicheren inhaltlichen und technischen Pflege erstellter Module, die dadurch sehr rasch als veraltet wahrgenommen werden. Dies führte dazu, dass die Mehrzahl der digitalen Module kaum in nachhaltiger Weise genutzt wird.

Um die Effizienz von digitalen Lehr-Lern-Angeboten mittels neuer Medien an der Hochschule zu steigern und so den didaktischen Nutzen als auch den ökonomischen Mehrwert zu erhöhen, kann man Nutzungszyklen kreieren, welche die konventionelle Lehre an Universitäten mit Neuen Medien verbinden. Ein Beispiel hierfür ist der Nutzungszyklus digitalisierter Präsenzlehre.

Man kann eine Teleteaching-Veranstaltung (eine Präsenzlehrveranstaltung, die interaktiv via Internet an mehrere Orte übertragen wird) oder konventionelle Veranstaltungen digital aufzeichnen. Insbesondere im Falle einer Teleteaching-Veranstaltung ist das Aufzeichnen sinnvoll, da man ohnehin digitale Datenströme zur Übertragung erzeugt. Die digitale Veranstaltungsaufzeichnung (VAZ) kann von den Studierenden als eine Art didaktisch optimiertes, digitales Veranstaltungsskript genutzt werden. Später kann die Veranstaltungsaufzeichnung für weitere Blended-Learning-Veranstaltungen eingesetzt werden (z. B. aufgezeichnete Vorlesung mit begleitendem Präsenztutorium). Wenn eine Veranstaltung erneut im Präsenzmodus dargeboten wird, kann man die Veranstaltungsaufzeichnung gezielt editieren, indem man mangelhafte Stellen in der Präsenzveranstaltung überarbeitet, nochmals aufzeichnet und dann die aufgezeichneten Passagen in die bestehende VAZ einfügt. Auf diese Weise entsteht ein Nutzungszyklus (◻ Abb. 6.8) mit hoher Nachhaltigkeit.

Aktuell werden sogenannte **Massive Open Online Courses (MOOC)** als innovative Lehrform etabliert, in denen konventionelle Universitäten mehrheitlich kostenfreie Onlinekurse anbieten. Diese Onlinekurse sind häufig mit dem Präsenzangebot der Lehrenden verknüpft. In MOOC werden sowohl Vorlesungsaufzeichnungen als auch Präsenzübertragungen sowie diverse Mischformen (Online-Präsenzübertragung von Vorlesungen, Vorle-

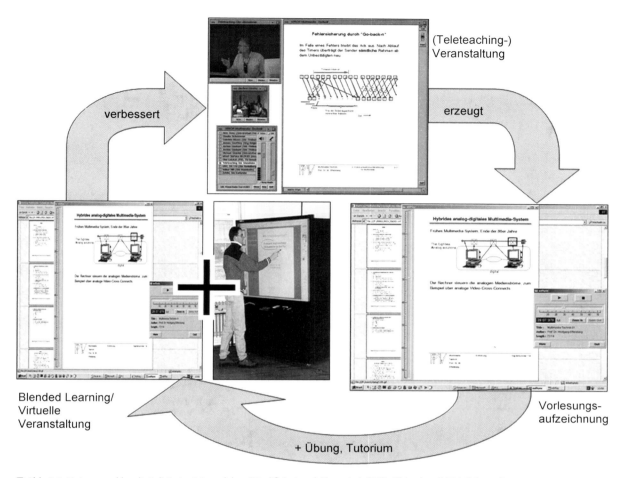

Abb. 6.8 Nutzungszyklus digitalisierter Präsenzlehre. (Modifiziert nach Horz et al., 2003, Bildrechte: British Telecom)

sungsaufzeichnungen, Online-Tutorien etc.) eingesetzt. Möglicherweise werden MOOC die bisher weniger erfolgreichen virtuellen Hochschulen verdrängen. Als virtuelle Hochschule bezeichnet man eigenständige Organisationen, die heute ähnlich wie Fernuniversitäten ein Studieren ohne Präsenzlehre meist auf Basis von Lernmanagementsystemen und dazugehörigen digitalen Lehr-/Lernmodulen sowie Kommunikations-Tools ermöglichen. Betrachtet man das Angebot virtueller Universitäten aus inhaltlicher Sicht, so stellt man fest, dass im Vergleich zu konventionellen Hochschulen ein eher kleines Angebot an Studienmöglichkeiten besteht. MOOC haben daher das Potenzial, die Brücke zwischen der konventionellen Hochschullehre und den Vorteilen virtuellen Studierens zu schlagen.

6.3.4 Neue Medien in der beruflichen Fortbildung

Während in Schulen das Lehren und Lernen mit Neuen Medien immer noch mit zahlreichen Schwierigkeiten behaftet ist, kann der Einsatz neuer Medien in der betrieblichen Weiterbildung ähnlich wie in den Hochschulen positiv bewertet werden, wenn man dessen wachsende Verbreitung der Beurteilung zu Grunde legt. Dabei ist aber zu beachten, dass die Situation an Berufsschulen eher der Situation an regulären Schulen entspricht.

Sicherlich sind die Potenziale des Lehrens und Lernens mit computerbasierten Medien in der betrieblichen Weiterbildung bei Weitem noch nicht ausgeschöpft, da z. B. computerbasierte Medien in der betrieblichen Fortbildung von den Fortzubildenden vielfach skeptisch betrachtet werden. So wird gerade die Möglichkeit, sich mit Kollegen während Fortbildungen persönlich auszutauschen, als Vorteil konventioneller Fortbildungsangebote betrachtet ebenso wie die Möglichkeit, sich in Distanz zum Arbeitsplatz weiterzubilden. Gerade die Reduktion der Abwesenheitszeiten am Arbeitsplatz wird jedoch seitens der Unternehmen als ein Vorteil von Fortbildungsangeboten mit computerbasierten Medien (z. B. durch Selbstlernprogramme oder betriebseigene Lernmanagementsysteme) genannt. Ebenso begrüßen viele Arbeitgeber die zeitliche

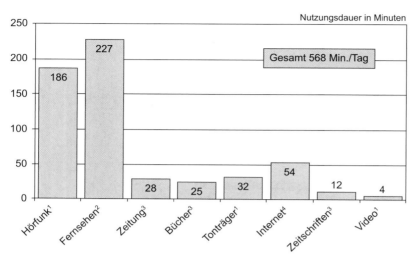

Abb. 6.9 Dauer der Mediennutzung in Deutschland (2005)

Flexibilisierung der Fortbildung mittels computerbasierter Medien, da die betriebliche Fortbildung mittels digitaler Lernmodule in Phasen geringeren Arbeitsaufkommens durchgeführt werden kann.

6.4   Medien in außerinstitutionellen Kontexten

Medien sind aus pädagogisch-psychologischer Sicht nicht nur als Träger von Informationen in institutionalisierten Lernprozessen relevant. So haben Medien in unserer Gesellschaft auch zentrale Bedeutung, um sich über nahezu alle Lebensbereiche mittels Fernsehnachrichten, Wikipedia, Ratgeber, Fachzeitschriften usw. zu informieren. Zudem spielen Medien eine zentrale Rolle im Freizeitverhalten, ermöglichen Lernprozesse in nicht institutionalisierten Lernsettings und helfen Medienkompetenz zu entwickeln und diese Kompetenz in positiver Weise zu erleben.

Dementsprechend bemühen sich z. B. Museen in besonderer Weise darum, Bildungsinhalte gerade auch in der Freizeit von Menschen zu vermitteln. Derartige Formen ▶ informellen Lernens betonen hierbei positive Zusammenhänge zwischen einer angemessenen kontextuellen Einbettung der Lerninhalte, einer höheren intrinsischen, weil selbstbestimmteren Bildungsmotivation im Vergleich zu institutionalisierten Bildungskontexten mit dem Ziel einer vertieften mentalen Verankerung des Wissens. So werden Lernformen durch die Medialisierung aller Lebensbereiche (und nicht nur der schulischen und beruflichen) zunehmend bedeutsam, in denen das Freizeitverhalten mit Lernkontexten verbunden wird. Sie werden vor allem durch digitale Medien gefördert, weil auf diese Weise Informationen durch die Lernenden selbstgesteuert in großer Zahl orts- und zeitunabhängig genutzt werden

können und auch in didaktisch vielfacher und häufig auch ästhetisch ansprechender Weise vermittelt werden (Krüger & Vogt, 2007).

Um an diesen medialen Angeboten angemessen partizipieren zu können, ist, wie bereits zuvor dargestellt, auch die Vermittlung von Medienkompetenz eine originär pädagogische Aufgabe ▶ Abschn. 6.3.2. Ein kompetenter Umgang mit Medien ist umso wichtiger, wenn man bedenkt, dass Erwachsene in Deutschland zurzeit täglich mehr als 8 Stunden Medien konsumieren (❑ Abb. 6.9). Dabei werden Medien hauptsächlich zur Unterhaltung und zur Information genutzt. Die weit verbreitete Annahme, dass vor allem Kinder und Jugendliche Medien in ausufernder Weise konsumieren, ist falsch. Kinder verbringen deutlich weniger Zeit mit dem Fernsehen als Erwachsene (ein Drittel bis zur Hälfte; ❑ Abb. 6.12). Vielmehr geben Kinder zwischen 6 und 13 Jahren als eine ihrer liebsten Freizeitaktivitäten an, dass sie draußen spielen oder Freunde treffen. Fernsehen wird erst an dritter Stelle von rund 30 % der Kinder genannt (Medienpädagogischer Forschungsverbund Südwest, 2005).

6.4.1   Musik und Radio

Unterhaltungsmedien werden in sehr unterschiedlichen Kontexten genutzt. Betrachtet man die Mediennutzung im Tagesverlauf (❑ Abb. 6.10), so zeigt sich, dass Radio hauptsächlich tagsüber gehört wird, das Fernsehen nachmittags und im stark zunehmenden Maße am Abend genutzt wird. Am Morgen wird mehr gelesen als zu anderen Zeiten des Tages. Tonträger werden hingegen eher am Abend genutzt. Anhand dieser unterschiedlichen Nutzungszeiten verdeutlicht sich, dass Medien situationsspezifisch genutzt werden.

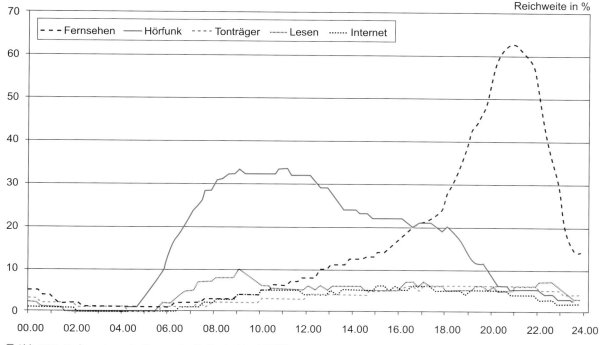

☐ **Abb. 6.10** Mediennutzung im Tagesverlauf in Deutschland (2005)

Musik und Radio

Die Gründe, warum Menschen Musik hören, sind sehr vielfältig. Neben der Verfügbarkeit von Musik, die sich durch Internetangebote potenziell enorm gesteigert hat, spielen Gewohnheiten, situative Komponenten (allein, mit Freunden etc.) sowie die aktuelle Gestimmtheit eine ausschlaggebende Rolle.

Die Auswahl der Musikrichtung hängt neben den langfristigen Gewohnheiten von situativen Musikpräferenzen ab. Grundsätzlich wird als das zentrale Motiv der Radio- und Musikrezeption die Regulation der eigenen Stimmung gesehen (**Mood-Management-Theorie**). Dabei kann man einerseits die Musikauswahl durch das **Isoprinzip** und andererseits durch das **Kompensationsprinzip** erklären (Schramm, 2004). Das Isoprinzip postuliert, dass Menschen stimmungskongruente Musik hören wollen. Jedoch scheint dies im Falle einer eher traurigen Stimmung nur auf einen Teil der Menschen zuzutreffen. Das Kompensationsprinzip hingegen besagt, dass es Situationen gibt, wie das Musikhören während einer uninteressanten Tätigkeit (z. B. Arbeiten im Haushalt), in denen Menschen Musik bevorzugen, die hilft, Monotonie zu vermeiden. An dieser Stelle soll aber nicht unerwähnt bleiben, dass der Einsatz von Musik während des Lernens zwar kompensatorisch motiviert sein mag, bisherige Forschungsergebnisse zeigen jedoch eher eine den Lernerfolg hemmende Wirkung von Hintergrundmusik während des Lernens (Mayer & Moreno, 2003; Brünken, Plass & Leutner, 2004). Hingegen ist

die Wirkung von Hintergrundmusik in anderen Kontexten (z. B. bei der Arbeit, in Geschäften etc.) nicht nachweisbar oder allenfalls als gering anzusehen (Behne, 1999).

Die Rezeption von Musik und Informationen sind auch die zentralen Gründe für den Radiokonsum. Hier zeigt sich aber, dass Radiokonsum eine eher für Berufstätige typische Beschäftigung ist, der sie während der Arbeit oder auf den Wegen von und zur Arbeit nachgehen. Dies führt dazu, dass Radio vor allem tagsüber von den Menschen zwischen 20 und 70 Jahren gehört wird, während ältere Menschen, aber insbesondere Kinder und Jugendliche einen deutlich geringeren Radiokonsum aufweisen (☐ Abb. 6.11).

6.4.2 Fernsehen

Betrachtet man die Dauer des täglichen Fernsehkonsums, so zeigt sich, dass es vor allem ältere Menschen und Personen mit einem niedrigen Bildungsabschluss sind, die über einen besonders hohen Fernsehkonsum berichten (☐ Abb. 6.12; ▶ Exkurs „Auswirkungen intensiven Fernsehkonsums und gewalthaltiger Medieninhalte").

Eine bekannte Erklärung für den Konsum von Fernsehen und anderen Medien ist der **Uses-and-Gratifications-Ansatz** (Vogel, Suckfüll & Gleich, 2007). In diesem Ansatz wird angenommen, dass Menschen die Art und Weise des Medienkonsums aufgrund des erwarteten Nutzens und der (angenommenen) Bedürfnisbefriedigung wählen. Es wird

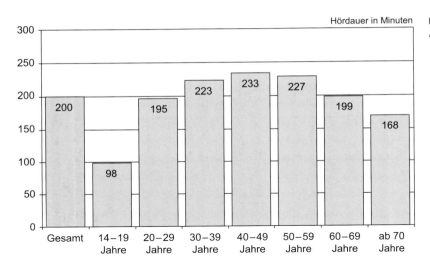

Abb. 6.11 Dauer des Radiokonsums nach Altersgruppen in Deutschland (2007)

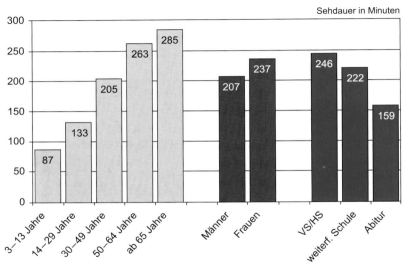

Abb. 6.12 Sehdauer in Deutschland nach Alter, Geschlecht und Bildungsstand (2007)

aber verschiedentlich kritisiert, dass sich Menschen nicht immer dem erwarteten Nutzen bewusst seien und die Wahl des Medienkonsums eher selten durch aktive volitionale Entscheidungsprozesse geleitet sei.

Im Unterschied zum Uses-and-Gratifications-Ansatz besagt die **Theorie der selektiven Zuwendung** (Vogel et al., 2007), dass Menschen die Medien wählen, die ihrem eigenen Standpunkt inhaltlich nahestehen. Hierbei spielen vor allem politische, moralische und weitere normative Einstellungen eine gewichtige Rolle. Dabei verstärkt die selektive Medienauswahl und -wahrnehmung langfristig die eigenen Standpunkte und führt zu einer Gewohnheitsbildung, indem Menschen mit der Zeit eine ▶ **Kanaltreue** entwickeln. Zudem zielt die Gestaltung des Fernsehprogramms darauf ab, diese Kanaltreue zu unterstützen, indem Zuschauer über verschiedene Sendungen hinweg (z. B. durch Moderationstechniken wie die Vorschau auf kommende Sendungen während einer Sendung) gebunden werden (**Vererbungseffekt**; Schramm & Hasebrink, 2004).

Insgesamt betrachtet geht dieser Ansatz somit davon aus, dass die Wahl des Medieninhalts primär nicht volitional gesteuert ist. Auch die **Mood-Management-Theorie** (Zillmann, 1988) postuliert eine wenig volitional gesteuerte Wahl der Medieninhalte. Sie nimmt an, dass Menschen danach streben, ihre Stimmungslage zu optimieren, indem positive Stimmungen beibehalten, negative Stimmungen reduziert oder ganz vermieden werden.

6.4.3 Computer und Internet

Unter allen Unterhaltungsmedien haben computer- und internetbasierte Medien in den letzten 10 Jahren ihre Reichweite in etwa verzehnfacht (▶ Abb. 6.13). So sind inzwischen etwa zwei Drittel der Bevölkerung Deutschlands der Gruppe der ▶ **Onlinenutzer** zuzurechnen. Dabei werden computer- und internetbasierte Medien von einem Großteil der erwachsenen Nutzer sowohl zu arbeitsbezoge-

Auswirkungen intensiven Fernsehkonsums und gewalthaltiger Medieninhalte

Über die Auswirkungen des Fernsehkonsums gibt es eine lang anhaltende Kontroverse (▶ Abschn. 6.1.2, Exkurs). Während für Erwachsene bisher kaum Befunde zu den Folgen des Fernsehkonsums vorliegen, wird in verschiedenen Arbeiten vermutet, dass die soziale und emotionale Entwicklung sowie die Sprach- und Lesefertigkeiten von Kindern durch einen hohen Fernsehkonsum beeinträchtigt werden. Allerdings wirkt sich der Fernsehkonsum je nach Alter, Geschlecht, Intelligenz und sozialem Hintergrund der Kinder unterschiedlich aus (Ennemoser, Schiffer, Reinsch & Schneider, 2003). Nachgewiesen ist, dass Kinder mit hohem Fernsehkonsum eine schwächere Sprach- und Leseleistungen aufweisen, wobei zu fragen ist, inwiefern diese Kinder aufgrund ihrer Lese- und Sprachdefizite das „leichtere" Medium Fernsehen als Freizeitbeschäftigung bevorzugen (Ennemoser & Schneider, 2007; Ennemoser et al., 2003).
Betrachtet man die Auswirkungen des Konsums gewalthaltiger Inhalte in Filmen und Spielen durch Fernsehen, Computer, Spielekonsolen und das Internet, zeigt sich, dass nach der Betrachtung gewalttätiger Inhalte die Rezipienten solcher Inhalte kurzzeitig ein höheres Erregungspotenzial aufweisen, welches sich aber rasch wieder auf das normale Niveau vor dem Medienkonsum einstellt. Zudem werden gewalthaltige Inhalte nicht von allen Rezipienten in gleicher Weise interpretiert, sondern in vielfältiger Weise verarbeitet. Beispielsweise kann

das Betrachten eines gewalthaltigen Inhalts als Teil eines Initiationsritus unter Jugendlichen wahrgenommen werden („Mutprobe") und nicht als Aufforderung zur realen Gewalttätigkeit. Jedoch ist die häufig als Begründung für den Nutzen von gewalthaltigen Inhalten angeführte Katharsis-Hypothese empirisch klar widerlegt. Gemäß dieser Hypothese senkt das Betrachten gewalthaltiger Inhalte die eigene Gewaltbereitschaft, indem die eigenen Aggressionen stellvertretend durch das Betrachten gewalthaltiger Inhalte ausgelebt werden können (u. a. Bushman & Huesmann, 2001).
Betrachtet man die kurzzeitigen Folgen gewalthaltiger Medien, so zeigen sich höhere Dispositionen zu aggressiven und geringere zu prosozialen Verhaltensweisen. Damit verbunden ist eine stärkere Erregung der Rezipienten sowie eine verstärkte Wahrnehmung der Umwelt als feindlich sowie vermehrt Emotionen, die mit Aggressionen verbunden sind (Anderson & Bushman, 2001). Insbesondere Kinder im Vorschulalter reagieren in stärkerem Maße mit aggressivem Verhalten nach dem Konsum gewalthaltiger Medien im Vergleich zu Kindern im Schulalter bzw. frühen Erwachsenenalter (Bushman & Huesmann, 2001). Auch wurden bei Jungen im Vergleich zu Mädchen stärkere Reaktionen auf in Medien beobachtete Gewalt registriert.
Im Unterschied zum gut untersuchten Bereich der kurzfristigen Auswirkungen von gewalthaltigen Medien existieren weitaus weniger Langzeitstudien. Insbe-

sondere fehlen Daten zu Auswirkungen gewalthaltiger Inhalte bei erwachsenen Medienkonsumenten. Die wenigen, meist korrelativen Befunde zeigen zusammenfassend, dass ein Zusammenhang zwischen hohem Fernsehkonsum in der Kindheit (durchschnittlich mehr als 2 Stunden täglich, insbesondere mit regelmäßigem Konsum realistischer Gewaltdarstellungen) und erhöhter alltäglicher Aggression sowie einer verringerten Empathie existiert (Bushman & Huesmann, 2006; Anderson, 2004). Jedoch sind solche negativen Auswirkungen eher als Teil einer komplexen Entwicklungskonstellation zu sehen und nicht allein durch das Fernsehen verursacht. So führen in Verbindung mit dem Fernsehkonsum zahlreiche psychische (z. B. geringe Empathie, starke Erregbarkeit, fehlende soziale Kompetenz) und vor allem soziale Faktoren (z. B. geringe und wenig einfühlsame Betreuung durch Eltern, geringes Einkommen, geringe soziale Eingebundenheit) zu negativen Konsequenzen für das aktuelle und langfristige Verhalten der Rezipienten. Fasst man die bestehenden empirischen Befunde zusammen, ist von einem geringen bis mäßigen Einfluss des Medienkonsums auf die Befindlichkeit und die psychosoziale Entwicklung der Rezipienten auszugehen, denn der Medienkonsum stellt dabei nur einen unter mehreren teils gewichtigeren Faktoren dar, wobei jedoch vor allem jüngere Kinder stärker durch Medien beeinflusst werden.

---

nen Aufgaben als auch zur Unterhaltung eingesetzt. Jedoch überwiegt bei Kindern und Jugendlichen die Nutzung von Computern und Internet zu Unterhaltungszwecken (Medienpädagogischer Forschungsverbund Südwest, 2005). Bemerkenswert ist, dass trotz der im internationalen Vergleich geringen Nutzung von Computern in der Schule (▶ Abschn. 6.3.2) Kinder und Jugendliche ab 10 Jahren dennoch in großer Breite Erfahrungen im Umgang mit Computern besitzen, da rund 92 % der Schüler privat einen Zugang zu Computern haben und sogar 43 % der 10- bis 19-Jährigen über einen eigenen Computer verfügen (CHIP, 2008).

Betrachtet man die Onlinenutzung nach Altersgruppen, so zeigt sich deutlich, dass computer- und internetbasierte Medien im Gegensatz zum Fernsehen Medien sind, die von vergleichsweise jungen Menschen genutzt werden

(◘ Abb. 6.14). Während die unter 30-Jährigen zu weit über 90 % Onlineangebote nutzen, sinkt diese Rate mit zunehmendem Alter ab. Bei den Menschen im Rentenalter nutzen nur noch ein Viertel aller Personen Onlineangebote.

Computer- und internetbasierte Medien können die Funktionen aller anderen Unterhaltungsmedien in vergleichbarer Weise erfüllen, da etwa Radio- und Musikprogramme oder Musikdateien gehört bzw. Onlinezeitungen gelesen werden können. Nutzt man den Computer zur Wiedergabe der zuvor genannten Medien, dann können die Nutzungsmotive, Auswirkungen und Risiken des Medienkonsums von computerbasierten Medien mit denen des Musik-, Radio- und Fernsehkonsums gleichgesetzt werden. Eine Besonderheit hingegen stellt die Interaktivität des Computers und des Internets dar, was sich insbesondere an computer- und internetbasierten Spielen ver-

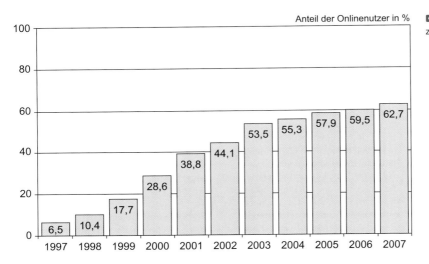

◻ Abb. 6.13 Entwicklung der Onlinenutzung in Deutschland bis 2007

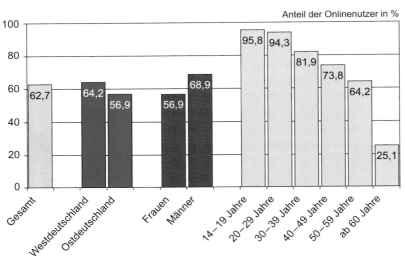

◻ Abb. 6.14 Onlinenutzung in Deutschland nach Gebiet, Geschlecht und Altersklassen in Deutschland (2007)

deutlichen lässt. Mittels Computern und Internet können Menschen mit anderen Spielern oder dem Computer selbst interagieren.

Gerade die Nutzung von computer- und internetbasierten Spielen hat zu einer sehr kontroversen Debatte hinsichtlich der Motive und der Auswirkungen dieser Spiele geführt. Gerade die Interaktivität computerbasierter Spiele sowie die Individualisierungsmöglichkeiten von Computerspielen (z. B. durch die individuelle Gestaltung der Spielfigur) kann zu einem höheren Selbstwirksamkeitserleben führen, was die Nutzer als besonders positiv erleben und sie stark motiviert, ein Spiel fortzuführen. Zudem trägt die hohe Belohnungsrate in Computerspielen dazu bei, dass eine hohe Selbstwirksamkeit erlebt wird (Klimmt, 2004). Die Bindung an ein Spiel wird zusätzlich durch das Zusammenspiel mit anderen Spielen in sog. „massively multiplayer online role-playing games" (MMORPG) verstärkt, weil hier langfristige soziale Beziehungen zu anderen Spielern aufgebaut werden. Diese sozialen Beziehungen zwi-

schen Spielern werden zum Teil durch das Spielgeschehen selbst notwendig, um weitere Fortschritte im Spielablauf zu erzielen.

Insbesondere die in Einzelfällen zeitlich sehr extreme Nutzung von Computerspielen (über 40 Stunden pro Woche) von Kindern und Jugendlichen, hat erhebliche Kritik hervorgerufen. Neben der Debatte, inwiefern Computerspiele mit gewalttätigen Inhalten aggressiv machen (zu dieser Debatte ▶ Abschn. 6.4.2), werden der intensiven Nutzung von Computer und Internet als Unterhaltungsmedien Folgen wie zunehmende soziale Isolierung, Verlust sozialer Kompetenz, mangelhaftes Lern- und Leistungsverhalten, höhere Delinquenz und schlechtere körperliche Gesundheit zugeschrieben. Zwar gibt es einige empirische Evidenz für diese Kritikpunkte, dennoch erscheint manche Kritik (z. B. „Bildschirm-Medien machen dick, faul und gewalttätig"; Spitzer, 2005) an computerbasierten Unterhaltungsmedien überzogen. Zudem muss man fragen, inwiefern ein Verbot für Kinder und Jugendliche im Umgang mit Computern und dem Internet langfristig sogar schädlich sein kann, da Kinder und Jugendliche in diesem Falle wohl keine zeitgemäße Medienkompetenz erwerben können. Völlig unstrittig hingegen ist, dass es entscheidend für die Vermeidung negativer Folgen der Computer- und Internetnutzung bei Kindern und Jugendlichen ist, dass Eltern den Medienkonsum ihrer Kinder begleiteten und in Verbindung mit den Schulen die Medienkompetenz ihrer Kinder fördern.

Fazit

Das heutige Lehren und Lernen ist ohne Medien nicht mehr vorstellbar. Insbesondere Neue Medien haben zu einem enormen Anwachsen der Lehr- und Lernformen geführt. Um medienbasiertes Lehren und Lernen effizient zu gestalten, ist das Verständnis der kognitiven Prozesse bei der Rezeption von Texten, statischen sowie animierten Bildern und multimedialen Lernumgebungen von Bedeutung, da Lernen in Abhängigkeit vom Medium unterschiedliche kognitive Kompetenzen voraussetzt. Weiterhin ist zu bedenken, dass insbesondere das Vorwissen einen starken Einfluss auf medienbasierte Lernprozesse ausübt. Betrachtet man den Einsatz von Medien in institutionalisierten Bildungskontexten, zeigt sich, dass in der Schule das Lernen mit Neuen Medien bisher erst in geringerem Maße integriert ist als an Hochschulen und in der beruflichen Fortbildung. Letztlich sind Medien aus pädagogisch-psychologischer Sicht auch als Unterhaltungsmedien von Relevanz, da Medien unseren Alltag und insbesondere unser Freizeitverhalten erheblich bestimmen. Deswegen sind auch die Gründe für das individuelle Medienkonsumverhalten als auch die Auswirkungen des Medienkonsums – insbesondere auf die Entwicklung von Kindern und Jugendlichen – von Bedeutung. Um negative Einflüsse von Medien zu vermeiden und ein kompetentes Mediennutzungsverhalten zu erlernen, ist der angeleitete Erwerb von Medienkompetenz entscheidend.

Verständnisfragen

1. Welche Rolle spielen die lokale und globale die Textkohärenz beim Lesen eines Textes?
2. Wie kann der Lernvorteil multimedialer Medien im Vergleich zum Lernen mit Texten erklärt werden? Unter welchen Bedingungen tritt der Lernvorteil multimedialer Medien auf?
3. Wie weit ist die Integration der sog. „Neue Medien" in institutionellen Bildungskontexten fortgeschritten?
4. Was sind die Unterschiede zwischen den verschiedenen Ansätzen zur Erklärung des Medienkonsums?
5. Führt der Konsum gewalthaltiger Medien zu einer höheren realen Gewalttätigkeit der Medienkonsumenten?

Vertiefende Literatur

Batinic, B. & Appel, M. (Hrsg.). (2008). *Medienpsychologie*. Heidelberg: Springer.

Issing, L. J. & Klimsa, P. (Hrsg.). (2009). *Online-Lernen*. München: Oldenbourg.

Mangold, R., Vorderer, P. & Bente, G. (Hrsg.). (2004). *Lehrbuch der Medienpsychologie*. Göttingen: Hogrefe.

Mayer, R. E. (Ed.). (2005). *The Cambridge Handbook of Multimedia Learning*. Cambridge: Cambridge University Press.

Literatur

Anderson, J. R. (2001). *Kognitive Psychologie*. Heidelberg: Spektrum.

Anderson, C. A. (2004). An update of the effects of playing violent games. *Journal of Adolescence, 27*, 113–122.

Anderson, C. A., & Bushman, B. J. (2001). Effects of violent video games on aggressive behaviour, aggressive cognition, aggressive affect, physiological arousal, and prosocial behaviour: a meta-analytic review of the scientific literature. *Psychological Science, 12*, 353–359.

Artelt, C., Stanat, P., Schneider, W., & Schiefele, U. (2001). Lesekompetenz: Testkonzeption und Ergebnisse. In J. Baumert, E. Klieme, & M. Neubrand et al. (Hrsg.), *PISA 2000 – Basiskompetenzen von Schülerinnen und Schülern im internationalen Vergleich* (S. 69–137). Opladen: Leske + Budrich.

Baacke, D. (1997). *Medienpädagogik*. Tübingen: Niemeyer.

Baddeley, A. D. (1986). *Working memory*. New York: Oxford University Press.

Baddeley, A. (1992). Working Memory. *Science, 255*, 556–559.

Baddeley, A. (2003). Working memory: looking back and looking forward. *Nature Reviews Neuroscience, 4*, 829–839.

Ballstaedt, S. P. (1997). *Wissensvermittlung. Die Gestaltung von Lernmaterial*. Weinheim: Beltz PVU.

Bandura, A. (1965). Influence of models reinforcement contingencies on the acquisition of imitative response. *Journal of Personality and Social Psychology, 1*, 589–595.

Bandura, A., Ross, D., & Ross, S. A. (1963). Imitation of film-mediated aggressive models. *Journal of Abnormal and Social Psychology, 66*, 3–11.

Behne, K.-E. (1999). Zu einer Theorie der Wirkungslosigkeit von (Hintergrunds-)Musik. *Jahrbuch Musikpsychologie, 14*, 7–28.

Bofinger, J. (2007). *Digitale Medien im Fachunterricht. Schulische Medienarbeit auf dem Prüfstand*. Donauwörth: Auer.

Brünken, R., Plass, J. L., & Leutner, D. (2004). Assessment of cognitive load in multimedia learning with dual-task methodology: Auditory load and modality effects. *Instructional Science, 32*, 115–132.

Bushman, B. J., & Huesman, L. R. (2001). Effects of televised violence on aggression. In D. G. Singer, & J. L. Singer (Hrsg.), *Handbook of children and the media* (S. 223–254). London: Sage.

Bushman, B. J., & Huesmann, L. R. (2006). Short-term and Long-term Effects of Violent Media on Aggression in Children and Adults. *Archives of Pediatrics & Adolescent Medicine, 160*, 348–352.

CHIP (2008). *CHIP-Studie: „Kids am Computer"*. http://www.chip.de/vbc/4936564/CHIPStudie.pdf. Zugegriffen: 30.04.2008

Christmann, U., & Groeben, N. (1999). Psychologie des Lesens. In B. Franzmann, K. Hasemann, D. Löffler, & E. Schön (Hrsg.), *Handbuch Lesen* (S. 145–223). München: Saur.

Conklin, J. (1987). Hypertext: A survey and introduction. *IEEE Computer, 20*, 17–41.

Dickhäuser, O., & Stiensmeiner-Pelster, J. (2002). Erlernte Hilflosigkeit am Computer? Geschlechtsunterschiede in computerspezifischen Attributionen. *Psychologie in Erziehung und Unterricht, 49*, 44–55.

Dollinger, M. (2003). *Wissen wirksam weitergeben: Die wichtigsten Instrumente für Referenten, Trainer und Moderatoren*. Zürich: Orell Füssli.

Dwyer, F. M. (1978). *Strategies for Improving Visual Learning*. Pennsylvania: Learning Services.

Ennemoser, M., Schiffer, K., Reinsch, C., & Schneider, W. (2003). Fernsehkonsum und die Entwicklung von Sprach- und Lesekompetenzen im frühen Grundschulalter: Eine empirische Überprüfung der SÖS-Mainstreaming-Hypothese. *Zeitschrift für Entwicklungspsychologie und Pädagogische Psychologie, 35*, 12–26.

Ennemoser, M., & Schneider, W. (2007). Relations of television viewing and reading: Findings from a 4-year longitudinal study. *Journal of Educational Psychology, 99*, 349–368.

Fisch, S. M. (2004). *Children's learning from educational television: Sesame Street and beyond*. Mahwah, New Jersey: Lawrence Erlbaum Associates.

Groeben, N. (1980). *Rezeptionsforschung als empirische Literaturwissenschaft* (2. Aufl.). Tübingen: Narr.

Groeben, N. (1982). *Leserpsychologie: Textverständnis – Textverständlichkeit*. Münster: Aschendorff.

Grotlüschen, A., & Riekmann, W. (2012). *Funktionaler Analphabetismus in Deutschland. Ergebnisse der ersten leo. – Level-One Studie*. Münster: Waxmann.

Harp, S. F., & Mayer, R. E. (1998). How seductive details do their damage: A theory of cognitive interest in science learning. *Journal of Educational Psychology, 90*, 414–434.

Hey, B. (2008). *Präsentieren in Wissenschaft und Forschung: Ein Leitfaden zur Vorbereitung von Referaten, Vorträgen, Konferenzen und Symposien*. Weinheim: Wiley-VCH.

Hilbert, T., Fabriz, S., Imhof, M., & Hargesheimer, J. (2012). Smarter lehren mit SMART – Boards: Der Einsatz interaktiver Whiteboards im schulischen Unterricht. In M. Krämer, S. Dutke, & J. Barenberg (Hrsg.), *Psychologiedidaktik und Evaluation IX* (S. 277–284). Aachen: Shaker.

Höffler, T. N., & Leutner, D. (2007). Instructional animation versus static pictures: A meta-analysis. *Learning and Instruction, 17*, 722–738.

Horz, H. (2004). *Lernen mit Computern: Interaktionen von Personen- und Programmmerkmalen in computergestützten Lernumgebungen*. Münster: Waxmann.

Horz, H. (2012). Situated Prompts in Authentic Learning Environments. In N. M. Seel (Hrsg.), *Encyclopedia of the Sciences of Learning* (S. 3086–3087). Heidelberg: Springer.

Horz, H., Fries, S., & Hofer, M. (2003). Stärken und Schwächen der Gestaltung eines kollaborativen Teleseminars zum Thema „Distance Learning". *Zeitschrift für Medienpsychologie, 15*, 48–59.

Horz, H., & Schnotz, W. (2010). Cognitive Load in Learning with Multiple Representations. In J. L. Plass, R. Moreno, & R. Bruenken (Hrsg.), *Cognitive Load: Theory & Application* (S. 229–252). New York: Cambridge University Press.

Horz, H., Winter, C., & Fries, S. (2009). Differential Benefits of Instructional Prompts. *Computers in Human Behavior, 25*, 818–828.

Hovland, C. I. (1959). Reconciling conflicting results derived from experimental and survey studies of attitude change. *American Psychologist, 14*, 8–17.

Hovland, C. I., & Weiss, W. (1951). The influence of source credibility on communication effectiveness. *Public Opinion Quarterly, 15*, 635–650.

Johnson-Laird, P. N. (1983). *Mental models: Towards a cognitive science of language, inference and consciousness*. Cambridge, England: Cambridge University Press.

Kalyuga, S., Ayres, P., Chandler, P., & Sweller, J. (2003). The expertise reversal effect. *Educational Psychologist, 38*, 23–31.

Klimmt, C. (2004). Computer- und Videospiele. In R. Mangold, P. Vorderer, & G. Bente (Hrsg.), *Lehrbuch der Medienpsychologie* (S. 695–716). Göttingen: Hogrefe.

Krüger, D., & Vogt, H. (2007). Das Contextual Model of Learning – ein Theorierahmen zur Erfassung von Lernprozessen in Museen. In M. Wilde (Hrsg.), *Theorien in der biologiedidaktischen Forschung* (S. 165–176). Berlin: Springer.

Langer, I., Schulz von Thun, W., & Tausch, R. (1974). *Verständlichkeit in Schule, Verwaltung, Politik und Wissenschaft*. München: Reinhardt.

Last, D. A., O'Donnell, A. M., & Kelly, A. E. (2001). The effects of prior knowledge and goal strength on the use of hypertext. *Journal of Educational Multimedia & Hypermedia, 10*, 3–25.

Levin, J. R., Anglin, G. J., & Carney, R. N. (1987). On empirically validating functions of pictures in prose. In D. M. Willows, & H. A. Houghton (Hrsg.), *Basic research* The psychology of illustration, (Bd. 1, S. 51–85). New York: Springer.

Lowe, R. K., & Schnotz, W. (Hrsg.). (2008). *Learning with animation. Research implications for design*. New York: Cambridge University Press.

Mayer, R. E. (1997). Multimedia learning: Are we asking the right questions? *Educational Psychologist, 32*, 1–19.

Mayer, R. E. (2001). *Multimedia learning*. New York: Cambridge University Press.

Mayer, R. E. (Hrsg.). (2005). *The Cambridge Handbook of Multimedia Learning*. Cambridge: Cambridge University Press.

Mayer, R. E., & Moreno, R. (1998). A split-attention effect in multimedia learning: Evidence for dual processing systems in working memory. *Journal of Educational Psychology, 90*, 312–320.

Mayer, R. E., & Moreno, R. (2003). Nine ways to reduce cognitive load in multimedia learning. *Educational Psychologist, 38*, 43–52.

Medienpädagogischer Forschungsverbund Südwest (2005). *KIM-Studie. Kinder und Medien, Computer und Internet*. http://www.mpfs.de/fileadmin/Studien/KIM05.pdf. Zugegriffen: 29.02.2008

Münsterberg, H. (1916). *The photoplay. A psychological study*. New York: D. Appleton & Company.

Naumann, J., Richter, T., Flender, J., Christmann, U., & Groeben, N. (2007). Signaling in expository hypertexts compensates for deficits in reading skill. *Journal of Educational Psychology, 99*, 791–807.

Paivio, A. (1986). *Mental representation: A dual coding approach*. Oxford, England: Oxford University Press.

Piaget, J. (2003). *Meine Theorie der geistigen Entwicklung*. Weinheim: Beltz.

Peters, J. D., & Simonson, P. (Hrsg.). (2004). *Mass Communication and American Social Thought: Key Texts, 1919–1968*. Lanham: Rowman & Littlefied.

PISA-Konsortium Deutschland (Hrsg.). (2007). *PISA 2006 – Die Ergebnisse der dritten internationalen Vergleichsstudie*. Münster: Waxmann.

Plass, J. L., Chun, D. M., Mayer, R. E., & Leutner, D. (2003). Cognitive load in reading a foreign language text with multimedia aids and the influence of verbal and spatial abilities. *Computers in Human Behavior, 19*, 221–243.

Reinmann, G. (2012). *Studientext Didaktisches Design*. München. Online: http://lernen-unibw.de/studientexte (Stand 20.04.2013).

Richter, T., & Christmann, U. (2002). Lesekompetenz: Prozessebenen und interindividuelle Unterschiede. In N. Groeben, & B. Hurrelmann (Hrsg.), *Lesekompetenz: Bedingungen, Dimensionen, Funktionen* (S. 25–58). Weinheim: Juventa.

Richter, T., Naumann, J., Brunner, M., & Christmann, U. (2005). Strategische Verarbeitung beim Lernen mit Text und Hypertext. *Zeitschrift für Pädagogische Psychologie, 19*, 5–22.

Rouet, J.-F., & Levonen, J. J. (1996). Studying and learning with hypertext: Empirical studies and their implications. In J.-F. Rouet, J. J. Levonen, A. Dillon, & R. J. Spiro (Hrsg.), *Hypertext and Cognition* (S. 9–23). Mahwah, NJ: Erlbaum.

Rummer, R., Schweppe, J., Fürstenberg, A., Seufert, T., & Brünken, R. (2010). Working memory interference during processing texts and pictures: Implications for the explanation of the modality effect. *Applied Cognitive Psychology, 24,* 164–176.

Salomon, G. (1984). Television is „easy" and print is „tough". *Journal of Educational Psychology, 76,* 647–658.

Schneewind, K. A. (1978). Erziehungs- und Familienstile als Bedingungen kindlicher Medienerfahrung. *Fernsehen und Bildung, 11,* 234–248.

Schnotz, W. (1994). *Aufbau von Wissensstrukturen.* Weinheim: Beltz.

Schnotz, W. (2005). An Integrated Model of Text and Picture Comprehension. In R. E. Mayer (Hrsg.), *Handbook of Multimedia Learning* (S. 49–69). Cambridge: Cambridge University Press.

Schnotz, W. (2006). *Pädagogische Psychologie: Workbook.* Weinheim: Beltz.

Schnotz, W., & Bannert, M. (2003). Construction and interference in learning from multiple representations. *Learning and Instruction, 13,* 141–156.

Schramm, H. (2004). Musikrezeption und Radionutzung. In R. Mangold, P. Vorderer, & G. Bente (Hrsg.), *Lehrbuch der Medienpsychologie* (S. 443–463). Göttingen: Hogrefe.

Schramm, H., & Hasebrink, U. (2004). Fernsehnutzung und Fernsehwirkung. In R. Mangold, P. Vorderer, & G. Bente (Hrsg.), *Lehrbuch der Medienpsychologie* (S. 465–492). Göttingen: Hogrefe.

Schüler, A., Scheiter, K., Rummer, R., & Gerjets, P. (2012). Enhanced cognitive resources or temporal contiguity? Revising the explanation of the modality effect in multimedia learning. *Learning & Instruction, 22,* 92–102.

Schulmeister, R. (1997). *Grundlagen hypermedialer Lernsysteme. Theorie – Didaktik – Design* (2. Aufl.). München: Oldenbourg.

Spitzer, M. (2005). *Vorsicht Bildschirm! Elektronische Medien, Gehirnentwicklung, Gesundheit und Gesellschaft.* Stuttgart: Klett.

Spitzer, M. (2012). *Digitale Demenz: Wie wir uns und unsere Kinder um den Verstand bringen.* München: Droemer/Knaur.

Stephanus, H. (2008). *Übersetzung des „Phaidros" von Plato.* http://www.emerco.de/resources/platon/phaidros/. Zugegriffen: 29.02.2008

Sweller, J., van Merriënboer, J. J. G., & Paas, F. G. W. C. (1998). Cognitive architecture and instructional design. *Educational Psychology Review, 10,* 251–296.

Trepte, S. (2004). Zur Geschichte der Medienpsychologie. In R. Mangold, P. Vorderer, & G. Bente (Hrsg.), *Lehrbuch der Medienpsychologie* (S. 4–25). Göttingen: Hogrefe.

van Dijk, T. A., & Kintsch, W. (1983). *Strategies of discourse comprehension.* New York: Academic Press.

Vogel, I., Suckfüll, M., & Gleich, U. (2007). Medienhandeln. In U. Six, U. Gleich, & R. Gimmler (Hrsg.), *Kommunikationspsychologie und Medienpsychologie* (S. 335–355). Weinheim: Beltz-PVU.

Whitley Jr., B. E. (1997). Gender differences in computer-related attitudes and behavior: A meta-analysis. *Computers in Human Behavior, 13,* 1–22.

Zillmann, D. (1988). Mood management through communication choices. *American Behavioral Scientist, 31,* 327–341.

Motivieren

Motivation

Ulrich Schiefele, Ellen Schaffner

E. Wild, J. Möller (Hrsg.), *Pädagogische Psychologie,* Springer-Lehrbuch,
DOI 10.1007/978-3-642-41291-2_7, © Springer-Verlag Berlin Heidelberg 2015

Motivationale Merkmale und Prozesse werden in der Pädagogischen Psychologie vor allem auf das Lernen bezogen. Der besondere Stellenwert der Motivation für das Lernverhalten und die Leistung ist dabei durch zahlreiche empirische Studien belegt worden (▶ Abschn. 7.2). Diese Studien zeigen, dass bestimmte Formen der Lernmotivation den Lernerfolg unabhängig von kognitiven Lernvoraussetzungen, wie z. B. der Intelligenz, begünstigen, wohingegen andere Motivationsformen den Lernerfolg beeinträchtigen können. Dabei ist zu berücksichtigen, dass Motivation die Lernleistung nicht nur auf einem relativ direkten Weg (z. B. über Aspekte der Informationsverarbeitung) beeinflussen kann. Es gibt darüber hinaus Hinweise auf verschiedene indirekte Auswirkungen von Motivation. Die Motivation beeinflusst nicht nur bildungsbezogene Entscheidungen wie Kurs- und Studienfachwahlen, sondern auch lernbezogene Verhaltensweisen wie die investierte Lernzeit. Die Bedeutung der Motivation ergibt sich nicht nur aus ihrer leistungsförderlichen Wirkung. Vielmehr sind hoch motivierte Lerner bzw. Schüler auch deshalb wünschenswert, weil der Unterricht mit motivierten Schülern konfliktfreier, reibungsloser und effizienter abläuft. Die daraus resultierende Erhöhung von Lernzeit und Erlebensqualität kann wiederum den Lernerfolg begünstigen. Schließlich sind Motivation und (vor allem) Interesse wichtig, weil sie dafür sorgen, dass Schüler auch langfristig danach streben, sich mit bestimmten Fächern auseinanderzusetzen (z. B. in Studium und Beruf). In Übereinstimmung mit dieser Sichtweise hat die neuere, konstruktivistische Instruktionsforschung (▶ Kap. 4) motivationale Variablen zunehmend als wichtige Kriterien erfolgreichen Unterrichts berücksichtigt (▶ Abb. 7.1).

○ Abb. 7.1

scheiden, mit denen Schüler lernen (Schiefele & Schreyer, 1994; Wild, 2000).

> **Definition**
>
> Nach Rheinberg & Vollmeyer (2012, S. 15) kann die **Motivation** als eine „aktivierende Ausrichtung des momentanen Lebensvollzugs auf einen positiv bewerteten Zielzustand" definiert werden.

7.1 Unterschiedliche Motivationsformen und -merkmale

Motivation gilt als zentrales Konstrukt der Verhaltenserklärung. Insbesondere die Zielrichtung (was eine Person tut), die Ausdauer (wie lange eine Person etwas tut) und die Intensität (wie sehr sich eine Person bei einer Tätigkeit konzentriert bzw. anstrengt) werden als motivationsabhängige Verhaltensmerkmale angesehen (z. B. Rheinberg & Vollmeyer, 2012; Schunk, Pintrich & Meece, 2008). Die Motivation einer Schülerin sollte somit einen Einfluss darauf haben, ob sie am Nachmittag für eine Prüfung lernt statt z. B. ihre Freunde zu treffen (Zielrichtung), wie viel Zeit sie in die Prüfungsvorbereitung investiert (Ausdauer) und wie sehr sie sich beim Lernen anstrengt (Intensität). Neben diesen „klassischen" Aspekten des Verhaltens können weitere motivationsabhängige Verhaltensmerkmale angenommen werden. Beim Lernen ist hier insbesondere die Art und Weise des Lernverhaltens in Betracht zu ziehen. So ist z. B. nachgewiesen worden, dass sich abhängig von der motivationalen Ausgangslage die Strategien unter-

Die Definition von Rheinbergs & Vollmeyer (2012) betont die „energetisierende" Funktion der Motivation sowie die Tatsache, dass sie einen aktuellen bzw. vorübergehenden Zustand darstellt. Motivation wird jedoch auch als habituelles Merkmal operationalisiert und erforscht. In der Regel werden die Versuchspersonen dabei gefragt, wie häufig eine bestimmte aktuelle Motivation in einem längeren Zeitraum (z. B. innerhalb des letzten Jahres) bei ihnen aufgetreten ist. Eine **habituelle Motivation** ist folglich durch ihr wiederholtes bzw. gewohnheitsmäßiges Auftreten gekennzeichnet (Pekrun, 1988). Demnach zeichnet sich ein Schüler mit einer hohen habituellen Lernmotivation dadurch aus, dass er häufig und in vielen Situationen zum Lernen motiviert ist.

Die bisher behandelte allgemeine Definition der Motivation ist hinsichtlich ihres Erklärungswerts des Lernverhaltens und der Lernleistung allerdings begrenzt. So hat sich in der pädagogisch-psychologischen Forschung die Unterscheidung verschiedener Motivationsformen durchgesetzt, die das Lernverhalten im Sinne der allgemeinen Definition zwar gleichermaßen „energetisieren", gleichzeitig aber z. B. die Verwendung verschiedener (reproduktions- vs. verständnisorientierter) Lernstrategien nach sich ziehen und den Lernerfolg entsprechend unterschiedlich beeinflussen können (Schiefele & Schreyer, 1994; Wild, 2000). Als zentral ist in diesem Zusammenhang die Unterscheidung zwischen intrinsischer und extrinsischer Motivation hervorzuheben.

7.1.1 Extrinsische und intrinsische Motivation

Lernmotivation wird als Absicht verstanden, spezifische Inhalte oder Fertigkeiten zu lernen, um damit bestimmte Ziele bzw. Zielzustände zu erreichen. Diese allgemeine Begriffsbestimmung lässt offen, welche Ziele jeweils im Einzelnen verfolgt werden. Es können zwei übergeordnete Kategorien von Zielen unterschieden werden: die Konsequenzen, die auf eine Handlung folgen (z. B. soziale Anerkennung), und die Erlebenszustände, die bereits während der Handlungsausführung eintreten (z. B. Anregung, Kompetenzgefühle). Im ersten Fall liegen die angestrebten Zielzustände **außerhalb der Handlung** und man spricht deshalb von **extrinsischer** Lernmotivation. Im zweiten Fall liegen die angestrebten Zielzustände **innerhalb der Handlung** und die entsprechende Lernmotivation ist **intrinsischer** Natur. In der Forschung wurden die extrinsische und intrinsische Lernmotivation häufig als habituelle Merkmale operationalisiert (Schiefele, 1996).

> **Definition**
>
> Unter **extrinsischer Lernmotivation** versteht man die Absicht, eine Lernhandlung durchzuführen, weil damit positive Konsequenzen herbeigeführt oder negative Konsequenzen vermieden werden. **Intrinsische Lernmotivation** bezeichnet die Absicht, eine bestimmte Lernhandlung durchzuführen, weil die Handlung selbst von positiven Erlebenszuständen begleitet wird (Schiefele, 1996).

Die bisherige Forschung gibt Hinweise darauf, dass sich extrinsische und intrinsische Lernmotivation nicht ausschließen, sondern z. B. gleichermaßen hoch ausgeprägt sein können (z. B. Amabile et al., 1994; Buff, 2001). Dies ist aus theoretischen Gründen nicht verwunderlich, denn Lernen ist neben intrinsischen Anreizen meist auch mit handlungsexternen Konsequenzen verbunden (z. B. soziale Anerkennung, Erreichen von Ausbildungszielen). Dennoch lassen sich die Effekte intrinsischer und extrinsischer Motivation separat voneinander untersuchen,

z. B. indem man eine der beiden Motivationsformen experimentell induziert (Schaffner & Schiefele, 2007) oder den Effekt der jeweils anderen Motivationsform bei der Vorhersage eines Kriteriums (z. B. der Lernleistung) statistisch kontrolliert.

Extrinsische Motivation

Im Bereich schulischen Lernens können gute Leistungen als das wichtigste Handlungsergebnis aufgefasst werden. Damit in Übereinstimmung existiert zur Leistungsmotivation bzw. zur leistungsbezogenen Lernmotivation eine große Zahl von Forschungsarbeiten (Brunstein & Heckhausen, 2006; Wigfield, Eccles, Schiefele, Roeser & Davis-Kean, 2006).

> **Definition**
>
> Die **leistungsbezogene Lernmotivation** äußert sich in der Absicht, eine Lernhandlung durchzuführen, um später im Rahmen einer Leistungssituation (z. B. in einer Prüfung) eine gute Leistung erbringen zu können.

Dabei ist zu beachten, dass gute Leistungen nicht um ihrer selbst willen angestrebt werden (vgl. Heckhausen, 1989), sondern weil sie positive Konsequenzen für die Selbstbewertung (z. B. Stolz), die Fremdbewertung (z. B. soziale Anerkennung durch den Lehrer) und die Annäherung an Oberziele (z. B. Ausüben eines bestimmten Berufs) nach sich ziehen. Die leistungsbezogene Lernmotivation richtet sich also auf Sachverhalte, die prinzipiell außerhalb der Lernhandlung liegen bzw. auf sie folgen. Sie stellt daher eine Form der extrinsischen Lernmotivation dar (auch Schneider, 1996).

Neben der leistungsbezogenen Lernmotivation lassen sich weitere Formen extrinsischer Lernmotivation unterscheiden. Denn auch wenn die Leistung im schulischen Kontext stark betont wird, zielt nicht jede Lernhandlung notwendig auf das Erreichen einer guten Leistung ab. Lernhandlungen können auch direkt auf Selbstbewertung, Fremdbewertung und die Annäherung an Oberziele gerichtet sein. Beispielsweise ist denkbar, dass ein Schüler seine Hausaufgaben vor allem deshalb sorgfältig bearbeitet, weil er von seinen Eltern dafür Lob erhält. Neben dieser auf Fremdbewertung zielenden **sozialen Lernmotivation** erscheint auch die Annahme einer **selbstbewertungsbasierten** und einer **an Oberzielen orientierten Lernmotivation** sinnvoll (z. B. „Wenn ich es schaffe, diesen komplizierten Text durchzuarbeiten, bin ich stolz auf mich", „Ich arbeite diesen komplizierten Text durch, weil ich das darin enthaltene Wissen später einmal brauchen kann"). Solche Facetten der Lernmotivation wurden allerdings nur selten empirisch untersucht (z. B. Covington, 1992; Hayamizu & Weiner, 1991; Pekrun, 1983).

Eine wichtige Differenzierung der leistungsbezogenen Lernmotivation ergibt sich aus dem **Konzept der Bezugsnormen** von Rheinberg (1980; Rheinberg & Fries, 2010). Rheinberg unterscheidet bei der Leistungsbeurteilung zwischen einer individuellen, einer sozialen und einer sachlichen Bezugsnorm. Im Falle der individuellen Bezugsnorm ist der zu erreichende Gütemaßstab durch die eigene frühere Leistung des Lerners bestimmt, bei der sozialen Bezugsnorm dagegen durch das Leistungsniveau einer bestimmten Bezugsgruppe (z. B. der Schulklasse) und bei der sachlichen Bezugsnorm durch ein aus sachlichen (z. B. curricularen) Erwägungen abgeleitetes Leistungs- bzw. Lernziel. Man kann daher unterschiedliche Formen der leistungsbezogenen Lernmotivation differenzieren, je nachdem, ob gute Leistungen im Vergleich mit der eigenen früheren Leistung (individuelle Bezugsnorm), im Vergleich zu anderen Personen (soziale Bezugsnorm) oder im Vergleich mit einem sachlichen Kriterium (sachliche Bezugsnorm) angestrebt werden. Die leistungsbezogene Lernmotivation, die sich an individuellen Vergleichsmaßstäben orientiert und Leistungssteigerung anstrebt, deckt sich am ehesten mit der klassischen Leistungsmotivationstheorie (z. B. Atkinson, 1957). Diese Form der Motivation kann daher als Leistungsmotivation im engeren Sinne oder als **kompetenzbezogene Leistungsmotivation** bezeichnet werden. Wenn die handelnde Person jedoch danach strebt, soziale Bezugsnormen zu übertreffen, dann kann man von **wettbewerbsbezogener Leistungsmotivation** sprechen.

Zusammenfassend ergibt sich demnach die folgende Differenzierung verschiedener Formen von extrinsischer Lernmotivation. Zum einen lassen sich zwei Formen der leistungsbezogenen Lernmotivation unterscheiden, wobei in einem Fall der individuelle Kompetenzgewinn und im anderen Fall das überlegene Abschneiden im Vergleich mit anderen im Vordergrund steht. Zum anderen lassen sich die soziale, die selbstbewertungsbasierte und die oberzielorientierte Lernmotivation voneinander abgrenzen. Prototypisch betrachtet kann man demnach Schüler unterscheiden, die beim Lernen vor allem danach streben, von wichtigen Bezugspersonen gelobt bzw. anerkannt zu werden, auf die Ergebnisse ihrer Lernhandlungen mit positiver Selbstbewertung zu reagieren (z. B. Stolz, Freude) und/oder wichtige persönliche Ziele (z. B. ein bestimmtes Ausbildungsniveau) zu erreichen.

Empirische Befunde zu Komponenten der extrinsischen Lernmotivation

Bisher erfolgte die Differenzierung verschiedener Formen extrinsischer Lernmotivation auf einer theoretischen Ebene über die Gründe, die bei der Initiierung von Lernaktivitäten (v. a. im schulischen Kontext) eine Rolle spielen. Doch lässt sich die vorgenommene Differenzierung extrinsischer Lernmotivation auch empirisch bestätigen? Unterscheiden

die Probanden (meist Schüler oder Studierende) tatsächlich zwischen den verschiedenen Formen extrinsischer Lernmotivation, wie z. B. der leistungsbezogenen und der sozialen Lernmotivation? Zur Beantwortung dieser Fragen kann auf Studien zurückgegriffen werden, in denen Instrumente zur Erfassung der habituellen (extrinsischen und intrinsischen) Lernmotivation eingesetzt wurden (Schiefele, 1996). Diese Instrumente sehen vor, dass die Probanden nach dem Ausmaß befragt werden, in dem sie verschiedene Formen der Lernmotivation üblicherweise zeigen (z. B. „Ich lerne vor allem deshalb, um von anderen gelobt zu werden"). Eine Analyse einschlägiger Fragebogen (z. B. Amabile, Hill, Hennessey & Tighe, 1994; Gottfried, 1986; Harter, 1981; Vallerand et al., 1992, 1993) ergab für die habituelle extrinsische Lernmotivation die Unterscheidung sechs verschiedener Komponenten (▶ Übersicht).

Die in der Übersicht enthaltene leistungsbezogene Lernmotivation geht über die im vorangegangenen Abschnitt getroffene Differenzierung hinaus. Dort wurde die an individuellen Bezugsnormen orientierte leistungsbezogene Lernmotivation als kompetenzbezogene Lernmotivation charakterisiert und von der an sozialen Bezugsnormen orientierten, wettbewerbsbezogenen Lernmotivation unterschieden. Die Inhaltsanalyse einschlägiger Instrumente legt jedoch zusätzlich eine auf **Leistungsrückmeldung** zielende Form der Lernmotivation nahe, bei der weder die Kompetenzerweiterung noch der Wettbewerb im Vordergrund stehen (Amabile et al., 1994). Eine entsprechend motivierte Person lernt vor allem, um in einer Leistungs- oder Testsituation ein gutes Resultat bzw. eine positive Bewertung ihrer Leistung (insbesondere im Sinne von Noten, nicht im Sinne sozialer Anerkennung) zu erreichen. Die Übersicht zeigt zudem, dass eine rein selbstbewertungsbasierte Lernmotivation bislang nicht in die Forschung einbezogen wurde. Die Aspekte der Fremdbewertung (soziale extrinsische Lernmotivation) und der Annäherung an Oberziele (beruflich-materielle und beruflich-inhaltliche extrinsische Lernmotivation) sind jedoch vertreten.

Komponenten der extrinsischen Lernmotivation (ELM)
Lernen, um

1. positive Leistungsrückmeldungen (z. B. Noten) zu erhalten (**leistungsbezogene** ELM),
2. die eigene Kompetenz zu erweitern (**kompetenzbezogene** ELM),
3. andere zu übertreffen bzw. die eigene überlegene Fähigkeit zu demonstrieren (**wettbewerbsbezogene** ELM),
4. soziale Anerkennung zu erhalten (**soziale** ELM),

5. beruflich-materielle Ziele zu erreichen (Prestige, Gehalt; **beruflich-materielle** ELM),
6. eine angestrebte berufliche Tätigkeit ausüben zu können (**beruflich-inhaltliche** ELM).

Intrinsische Motivation

Als zentrales Merkmal der intrinsischen Motivation wurde bereits festgehalten, dass positive Erlebnisqualitäten eine Handlung begleiten und maßgeblich dafür sind, dass eine Person die entsprechende Handlung initiiert und ausführt. Das Konstrukt der intrinsischen Motivation entwickelte sich im Zusammenhang mit Versuchen, eine motivationale Basis des ▶ Explorations- und Neugierverhaltens zu finden (Deci & Moller, 2005; Deci & Ryan, 1985; Schiefele & Streblow, 2005). ▶ Behavioristische Theorien stießen hier an ihre Grenzen, da diese Verhaltensweisen ohne einen äußeren Anreiz (wie z. B. eine Belohnung) erfolgen. Während der Begriff „intrinsische Motivation" zunächst nur ausdrücken sollte, dass das Individuum über eine ihm eigene Motivationsquelle verfügt, die nicht auf primäre Triebe oder externe Verstärkung zurückgeführt werden kann, bemühten sich die in der Folge entwickelten Theorien zur intrinsischen Motivation um eine Spezifikation der handlungsbegleitenden Erlebnisqualitäten, durch die ein bestimmtes Verhalten (z. B. Lernen) einen eigenen Anreiz erhält. Dabei kann die nachfolgend behandelte **Selbstbestimmungstheorie** von Deci und Ryan (1985, 2002b) als bedeutsamste moderne Theorie der intrinsischen Motivation gelten.

Kompetenz, Selbstbestimmung und soziale Bezogenheit

Deci und Ryan (1985, 2002) vertreten die Auffassung, dass Menschen über ein angeborenes Bedürfnis verfügen, sich effektiv und kompetent mit ihrer Umwelt auseinanderzusetzen (vgl. White, 1959). Wird dieses Bedürfnis beim Handeln (z. B. der Erledigung der Hausaufgaben) erfüllt, steigt die Wahrscheinlichkeit, dass intrinsische Motivation auftritt und die Handlung eine positive Erlebnisqualität erhält. Deci und Ryan betonen allerdings auch, dass die Annahme eines Kompetenzbedürfnisses nicht ausreicht, um intrinsisch motiviertes Verhalten zu erklären. Es gibt zahlreiche Handlungen, die zwar kompetenzmotiviert sind, aber dennoch nicht um ihrer selbst willen durchgeführt werden. Eine Schülerin kann sich beim Lernen von Vokabeln z. B. durchaus kompetent fühlen, ohne dass eine intrinsische Motivation vorliegt. Die Autoren postulieren daher eine weitere wesentliche Bedingung für das Eintreten intrinsischer Motivation: Eine Person muss sich frei von äußerem Druck bzw. als selbstbestimmt handelnd erleben. Wie bezüglich des Kompetenzerlebens gehen die

Autoren auch in diesem Fall davon aus, dass alle Menschen Autonomie als etwas Positives erleben, weil ihnen ein psychologisches Bedürfnis nach Selbstbestimmung angeboren ist (vgl. deCharms, 1968). Deci und Ryan verweisen schließlich noch auf die Bedeutung eines dritten Grundbedürfnisses, dem Bedürfnis nach sozialer Bezogenheit. Dieses Bedürfnis manifestiert sich u. a. in dem Ziel, vertrauensvolle und unterstützende Beziehungen zu anderen Menschen aufzubauen. Die soziale Bezogenheit kann nicht nur erklären, warum soziale Anerkennung einen so wichtigen extrinsischen Anreiz darstellt, sondern sie bedingt auch die Entwicklung von Interessen (indem z. B. das Hobby eines engen Freundes übernommen wird) und das Entstehen von intrinsischer Motivation (indem z. B. Tätigkeiten, die Kooperation mit anderen ermöglichen, intrinsische Anreize erhalten).

Die psychologischen Grundbedürfnisse nach Kompetenz, Selbstbestimmung und sozialer Bezogenheit bilden nach Deci und Ryan (1985, 2002) die gemeinsame Grundlage für das Auftreten intrinsisch motivierten Verhaltens. Sie sind gewissermaßen als „Nährstoffe" zu verstehen, die für eine gesunde Entwicklung wesentlich sind (Deci & Moller, 2005). Folglich ist zu erwarten, dass Kontextfaktoren, die zur Befriedigung der Grundbedürfnisse beitragen, nicht nur die intrinsische Motivation, sondern auch die psychische Gesundheit fördern. Dagegen sollten Kontextfaktoren, die die Grundbedürfnisse einschränken, negative Konsequenzen für die intrinsische Motivation und – zumindest längerfristig – auch für die psychische Gesundheit nach sich ziehen.

Weil die subjektiven Wahrnehmungen von Kompetenz und Selbstbestimmung bei einer Tätigkeit (z. B. dem Lernen) nach Deci und Ryan positiven Erlebniswert besitzen, können sie dazu führen, dass eine Tätigkeit auch ohne äußere Motivierung initiiert und durchgeführt wird. Es handelt sich demnach um **handlungsimmanente Anreize**, die beispielsweise auch zur Erklärung des Explorations- und Neugierverhaltens herangezogen werden können (s. oben). Als weitere handlungsimmanente Anreize kommen auch das Flow-Erleben (s. unten) und bestimmte handlungsbegleitende Emotionen (z. B. Freude, situationales Interesse) infrage.

Wenngleich das Postulat der Bedürfnisse nach Kompetenz, Selbstbestimmung und sozialer Bezogenheit eine hohe Plausibilität besitzt, ist ein direkter Nachweis ihrer Existenz schwierig. Die Forschungsstrategie von Deci und Ryan (1985, 2002) bestand zunächst darin, den Nachweis zu erbringen, dass Beeinträchtigungen der Selbstbestimmung durch externe Kontrolle (z. B. angekündigte Belohnungen) zur Reduzierung von intrinsischer Motivation führen. Dieser „Unterminierungseffekt" tritt allerdings nur unter bestimmten Bedingungen auf (z. B. muss eine angekündigte Belohnung während der Handlung bewusst sein;

vgl. Schiefele & Streblow, 2005). In weiteren Studien zeigten Deci und Ryan (1985, 2002), dass die Wahrnehmung von Kompetenz, Selbstbestimmung und sozialer Bezogenheit positiv mit der intrinsischen Lernmotivation und Aspekten der psychischen Gesundheit zusammenhängt.

Tätigkeits- und gegenstandszentrierte Lernmotivation

Die intrinsische Lernmotivation richtet sich also auf positive Erlebenszustände, die während der Ausführung einer Handlung eintreten. Dabei kann die Frage gestellt werden, ob die beim Lernen auftretenden Erlebenszustände eher auf den Charakter der Lernhandlung selbst zurückgehen oder eher durch den Gegenstand der Lernhandlung bedingt sind (Schiefele, 1996; Schiefele & Streblow, 2005). Im ersten Fall spricht man von einer **tätigkeitszentrierten intrinsischen Lernmotivation**. Sie tritt ein, wenn ein Lerner unabhängig vom Lerngegenstand bestimmte Handlungsformen (z. B. Gruppenarbeit, praktisches Experimentieren) bevorzugt. Im zweiten Fall spricht man von einer **gegenstandszentrierten intrinsischen Lernmotivation**. Diese kennzeichnet einen Lerner, der sich unabhängig von der jeweils durchgeführten Tätigkeitsform für bestimmte Inhalte interessiert und deshalb positive Gefühle während des Lernens erlebt. Individuelle Interessen des Lerners stellen daher eine wichtige Bedingung des Auftretens intrinsischer Lernmotivation dar.

Die Unterscheidung einer gegenstands- und tätigkeitszentrierten intrinsischen Lernmotivation stimmt mit den Befunden der oben erwähnten Studien überein, in denen die habituelle extrinsische und intrinsische Lernmotivation erfasst worden ist (z. B. Amabile et al., 1994). Neben den bereits berichteten Komponenten der extrinsischen Lernmotivation wurden in diesen Studien zwei Komponenten der intrinsischen Lernmotivation differenziert (Schiefele, 1996): **Lernen aus Interesse und Neugier** (gegenstandszentriert) und **Freude am Lernen** (tätigkeitszentriert). Allerdings erwiesen sich die beiden Komponenten empirisch (bzw. faktorenanalytisch) als nicht trennbar, d. h. die intrinsische Lernmotivation kann im Gegensatz zur extrinsischen Lernmotivation als einheitliches Merkmal aufgefasst werden. Dies deutet darauf hin, dass Gegenstand und Tätigkeit aus der Sicht der Lerner zumindest in motivationaler Hinsicht eine Einheit bilden.

Flow-Erleben

Die von Csikszentmihalyi (1985, 1990; Csikszentmihalyi, Abuhamdeh & Nakamura, 2005) entwickelte Flow-Theorie ergänzt die Sichtweise der Selbstbestimmungstheorie. Csikszentmihalyi konnte zeigen, dass Personen, die eine offenbar intrinsisch motivierte Tätigkeit ausüben, ein charakteristisches Erleben zeigen, dass er als **Flow** bezeichnet hat. Das Erleben von Flow beinhaltet im Kern ein vollkommenes Aufgehen in der Tätigkeit (Absorbiertsein). Weitere Aspekte dieses Erlebens sind die Selbstvergessenheit, das Verschmelzen von Handlung und Bewusstsein und das Gefühl von Kontrolle. Aus den Forschungsarbeiten von Csikszentmihalyi ist zu schließen, dass das Flow-Erleben – neben den von Deci und Ryan (1985, 2002) postulierten Kompetenz- und Selbstbestimmungsgefühlen – einen zentralen Anreiz intrinsisch motivierter Tätigkeiten darstellt.

Die subjektive Passung von Fähigkeit und Handlungsanforderung stellt dabei die wichtigste Bedingung des Flow-Erlebens dar. Flow wird vor allem dann erlebt, wenn die handelnde Person weder unter- noch überfordert ist. Damit wird die Nähe zur Selbstbestimmungstheorie deutlich, denn eine optimale Passung von Fähigkeit und Handlungsanforderung müsste theoretisch auch mit einem hohen Kompetenzerleben einhergehen (Rheinberg, 2006; Schiefele & Streblow, 2005).

Grundbedürfnisse, Internalisierung und extrinsische Motivation

Eine wichtige Differenzierung der Theorie von Deci und Ryan (1985, 2002) betrifft die Unterscheidung verschiedener Internalisierungsstufen der extrinsischen Motivation im Rahmen der **Theorie der organismischen Integration**. Mit Hilfe dieser Differenzierung lassen sich einerseits Formen der extrinsischen Motivation identifizieren, die der psychischen Gesundheit nicht abträglich sind. Andererseits trägt die erweiterte Theorie der Tatsache Rechnung, dass extrinsisch motivierte Handlungen (z. B. Prüfungsvorbereitung zu einem langweiligen Thema) dem Bedürfnis nach Kompetenz, Selbstbestimmung und sozialer Bezogenheit dienlich sein können – auch wenn sie keinen Eigenanreiz besitzen. Die extrinsische Motivation einer Handlung schließt die Erfüllung der psychologischen Grundbedürfnisse also nicht prinzipiell aus.

In der **Theorie der organismischen Integration** gehen Deci und Ryan davon aus, dass bei der Sozialisation eines Kindes extrinsische Motivationsprozesse unerlässlich sind. Diese betreffen insbesondere die Übernahme von Normen, Einstellungen und Handlungszielen im Rahmen von Internalisierungsprozessen. Diese Prozesse werden prinzipiell von den gleichen Bedürfnissen getragen wie die intrinsische Motivation. Demzufolge ermöglicht die Internalisierung gesellschaftlicher Normen z. B., dass sich das Individuum bei sozial erwünschten Verhaltensweisen (z. B. der Erledigung von Hausaufgaben) selbstbestimmt erlebt und von anderen Personen (z. B. dem Klassenlehrer) sozial anerkannt wird. Längerfristig erleichtert die Internalisierung von Handlungsnormen (z. B. der geltenden Regeln innerhalb des Klassenzimmers) auch das Wirksamkeitserleben beim Lernen und unterstützt somit die Kompetenzentwicklung des Individuums. Würde ein Schüler demgegenüber extern vorgegebene Handlungsziele

◻ Tab. 7.1 Differenzierung extrinsischer und intrinsischer Motivation. (Adaptiert nach Deci & Ryan, 2002)

Extrinsische Motivation				Intrinsische Motivation
Externale Regulation	Introjizierte Regulation	Identifizierte Regulation	Integrierte Regulation	Intrinsische Regulation
Handeln aufgrund von äußerem Druck (Belohnung, Bestrafung)	Internalisierung eines Handlungsziels ohne Identifizierung	Identifizierung mit einem Handlungsziel, aber vorhandene Konflikte mit anderen Zielen	Identifizierung mit einem Handlungsziel ohne Konflikte mit anderen Zielen	Handeln aufgrund von handlungsbegleitenden Anreizen
fremdbestimmt		**selbstbestimmt**		

überwiegend zurückweisen, wäre die Erfüllung der drei grundlegenden Bedürfnisse erheblich erschwert.

Deci und Ryan unterscheiden drei Stufen der Internalisierung, die auch als Formen der Verhaltensregulation (Fremd- vs. Selbstbestimmung) beschrieben werden (◻ Tab. 7.1). Daneben existiert eine Vorstufe der **externalen Regulation**. Auf dieser Ebene der Entwicklung hat noch keine Internalisierung stattgefunden. Das bedeutet, der Handelnde verfolgt noch kein eigenständiges Ziel, sein Handeln wird allein durch externe Belohnungen bzw. Bestrafungen reguliert. Die erste Stufe der Internalisierung, die **introjizierte Regulation**, kennzeichnet Personen, die ein eigenständiges Handlungsziel verfolgen, mit dem sie sich jedoch nicht identifizieren. Diese Personen handeln nur aufgrund von innerem Druck, z. B. um ein schlechtes Gewissen zu vermeiden oder weil es von anderen Personen erwartet wird. Auf der Ebene der **identifizierten Regulation** werden die ursprünglich externalen Handlungsziele als persönlich wichtige Zielsetzungen akzeptiert. Die Stufe der **integrierten Regulation** wird schließlich erreicht, wenn die Person sich nicht nur mit einem bestimmten Handlungsziel (z. B. einer höheren beruflichen Position) identifiziert, sondern dieses auch ohne Konflikte mit anderen Zielen (z. B. Ausüben eines Hobbys) in ihr Selbst integriert hat.

Die vier Stufen der Regulation repräsentieren Formen der extrinsischen Motivation, die sich vor allem durch das Maß an erlebter Autonomie unterscheiden. Mit zunehmender Internalisierung werden die von außen an die Person herangetragenen Ziele verstärkt in das Selbstbild integriert. Dabei können die externale und die introjizierte extrinsische Motivation als **fremdbestimmt** gelten, die identifizierte und integrierte Regulation dagegen als **selbstbestimmt**. Die Formen selbstbestimmter extrinsischer Motivation unterscheiden sich von der intrinsischen Motivation durch das Fehlen intrinsischer (bzw. handlungsimmanenter) Anreize.

Die Stufen von der externalen hin zur integrierten Regulation können als Entwicklungsphasen verstanden werden, die jedoch nicht notwendig alle durchlaufen werden. So ist es z. B. möglich, die persönliche Relevanz eines neuen Handlungsziels im Sinne der identifizierten Regulation unmittelbar zu erkennen, ohne die Stufen der externalen und introjizierten Regulation zu durchlaufen. Demgegenüber kann es auch zu einer Stagnation auf einer niedrigen Internalisierungsstufe kommen, z. B. wenn die Umwelt den Internalisierungsprozess nicht ausreichend unterstützt und die persönliche Bedeutung eines Handlungsziels nicht vermitteln kann. Folglich sind die Regulationsstufen auch geeignet, um qualitative Unterschiede in der Verhaltensregulation zwischen Personen zu kennzeichnen. So wird z. B. in dem Selbstregulationsfragebogen von Ryan und Connell (1989a, 1989b) das Ausmaß erfragt, in dem Schüler Lernaktivitäten durchführen,

a) weil es von anderen erwartet wird oder um Schwierigkeiten zu vermeiden (external),
b) um sich nicht schlecht zu fühlen oder damit Lehrer und Mitschüler eine gute Meinung über die eigene Person haben (introjiziert) oder
c) weil ihnen die Durchführung der Aktivität sehr wichtig ist bzw. um mehr zu verstehen und Neues zu lernen (identifiziert).

Die integrierte Regulation wurde nicht berücksichtigt, weil sie empirisch nicht von der identifizierten Regulation abgegrenzt werden konnte (auch Vallerand et al., 1992, 1993). Es fällt einerseits auf, dass die externale und die introjizierte Regulation im Sinne der sozialen extrinsischen Lernmotivation (s. oben ▶ Übersicht) aufgefasst werden. Andererseits wird die identifizierte Regulation weitgehend mit der kompetenzbezogenen Lernmotivation gleichgesetzt. Offenkundig bedürfen diese Bezüge zwischen den von Deci und Ryan (1985, 2002) unterschiedenen Regulationsformen und den von anderen Autoren unterschiedenen Formen extrinsischer Lernmotivation noch weiterer Aufklärung.

7.1.2 Dispositionale Motivationsmerkmale

Als dispositionale Motivationsmerkmale werden im Folgenden das **Leistungsmotiv**, die **Zielorientierungen** und das **Interesse** betrachtet. Während habituelle Motivationsmerkmale lediglich beschreiben, dass bestimmte Motivationen wiederholt auftreten, ohne dafür eine Ursache zu benennen, sind dispositionale Motivationsmerkmale durch eine benennbare psychische Struktur (in der Regel eine mentale Repräsentation auf Gedächtnisebene) gekennzeichnet (Pekrun, 1988). So basiert das Interesse eines Schülers an einem Wissensbereich darauf, dass er diesen Bereich mit positiven Emotionen und einer persönlichen Relevanz verbindet und diese Verbindung in seinem Gedächtnissystem repräsentiert ist (z. B. Schiefele, 1996, 2009). Da die entsprechende mentale Repräsentation relativ dauerhaft in der Person des Schülers verankert ist, kann sie das Auftreten habitueller und aktueller Motivationsformen beeinflussen. Die dispositionalen Motivationsmerkmale nehmen folglich kausal betrachtet eine vorrangige Position gegenüber den aktuellen und habituellen Motivationsformen ein.

Die an dieser Stelle behandelten dispositionalen Motivationsmerkmale können als besonders bedeutsame Determinanten für das Auftreten aktueller Lernmotivation in einer konkreten Situation gelten. Daneben spielen jedoch auch situative Faktoren (z. B. Ankündigung positiver Handlungsfolgen) sowie das Selbstkonzept (▶ Kap. 8) eine Rolle.

Leistungsmotiv

Motive sind nach Rheinberg & Vollmeyer (2012) als zeitlich stabile **Bewertungsvorlieben** aufzufassen, d. h. als überdauernde Präferenzen für das Erleben spezifischer Zustände. Der Hinweis auf die Stabilität rechtfertigt es, Motive als Bedingungen der jeweils aktuellen Motivation aufzufassen und den dispositionalen Motivationsmerkmalen zuzuordnen.

> ### Definition
>
> Während **Leistungsmotivation** relativ eindeutig als das Streben nach Erreichen oder Übertreffen individueller oder sozialer Gütemaßstäbe definiert werden kann (z. B. Heckhausen, 1989), besteht Konsens darüber, das Leistungsmotiv in ein Annäherungsmotiv („Hoffnung auf Erfolg") und ein Vermeidungsmotiv („Furcht vor Misserfolg") zu unterteilen (Brunstein & Heckhausen, 2006; Elliot & Thrash, 2002; McClelland, 1987).

Die Erforschung des Leistungsmotivs erfolgte vielfach über den Einsatz ▶ **projektiver Motivmessverfahren** (z. B. Heckhausen, 1963; McClelland, 1980), die jedoch u. a. aufgrund unzureichender Gütekriterien und dem Vorgehen bei der inhaltlichen Auswertung kritisiert wurden (z. B. Schiefele, 1996).

Weil projektive Verfahren darüber hinaus relativ aufwändig sind, wurden in der Forschung zunehmend auch Fragebogen zur Messung der Komponenten des Leistungsmotivs eingesetzt (z. B. Hermans, Petermann & Zielinski, 1978; Gjesme & Nygard, 1970). Allerdings zeichnen sich diese Instrumente durch eine Heterogenität der erfassten Komponenten aus, die nicht in allen Fällen als zentrale Motivbestandteile zu akzeptieren sind (z. B. „Ausdauer und Fleiß", die eher Folgen des Leistungsmotivs darstellen; Hermans et al., 1978). Interessanterweise konnte wiederholt festgestellt werden, dass die mit projektiven Verfahren und mit Fragebogen gemessenen Motive kaum miteinander korrelieren, durch unterschiedliche Situationen angeregt werden und divergente Effekte aufweisen (Brunstein, 2003, 2006).

Dies hat McClelland, Koestner und Weinberger (1989) dazu veranlasst, ein Modell vorzuschlagen, in dem zwei Arten von Motiven unterschieden werden, nämlich implizite und explizite Motive. **Implizite Motive** entziehen sich weitgehend der Introspektion, da sie früh gelernte Präferenzen für bestimmte Anreize (z. B. Leistungsmotiv: Herausforderung durch schwierige Aufgaben) darstellen. Sie sind deshalb nur indirekt bzw. durch projektive Verfahren messbar. **Explizite Motive** stellen bewusste Selbstzuschreibungen einer Person dar und können daher gut mit Fragebogenverfahren erfasst werden. Empirisch ließ sich zeigen, dass implizite und explizite Maße des Leistungsmotivs teilweise zu unterschiedlichen Ergebnissen in Leistungssituationen führen. So wirken z. B. bei Personen mit hohem implizitem Leistungsmotiv Rückmeldungen nach der individuellen Bezugsnorm leistungssteigernd, während Personen mit hohem expliziten Leistungsmotiv stärker auf Rückmeldungen nach der sozialen Bezugsnorm ansprechen (Brunstein & Hoyer, 2002; Brunstein & Schmitt, 2004). Zur Vorhersage von Zielorientierungen (s. unten) leisteten implizite und explizite Motivmaße in einer Studie von Trash und Elliot (2002) allerdings sehr ähnliche Beiträge.

Zielorientierung

In den letzten 20 Jahren hat sich die Zielorientierung („goal orientation") als ein zentrales motivationales Konstrukt in der Pädagogischen Psychologie etabliert (z. B. Dweck, 1991; Elliot, 1999; Kaplan & Maehr, 2007; Spinath & Schöne, 2003). Die **Theorie der Zielorientierung** ist als Weiterentwicklung der Leistungsmotivationsforschung zu verstehen. Von besonderer Bedeutung sind dabei die Arbeiten von Dweck (1986, 1991) und Nicholls (1984, 1989), die in etwa zur gleichen Zeit ähnliche Konzeptionen vorgelegt haben. Zielorientierungen werden einerseits als dauerhaft im Gedächtnis repräsentierte **Zielüberzeugungen** verstanden (z. B. „Ich strebe an, bessere Studienleistungen als andere Studierende zu erreichen"), die somit dispositionalen Charakter besitzen (Elliot, 2005). Andererseits können Zielorientierungen auch situativ erzeugt werden (z. B. durch die Ankündigung sozialer Vergleiche in einer Leistungssituation) und dann zu einer entsprechenden aktuellen Motivation führen (z. B. aktuelle wettbewerbsbezogene Lernmotivation).

Die Theorie von Nicholls

Nach Nicholls (1984, 1989) liegt dem Leistungsverhalten das Ziel zugrunde, ein hohes Fähigkeitsniveau zu entwickeln bzw. sich und anderen zu demonstrieren. In Abhängigkeit von der Art der **Bezugsnorm** (s. oben) kann es jedoch zwei unterschiedliche Konzepte von Fähigkeit geben. Wenn Fähigkeit unter Bezugnahme auf die eigenen früheren Leistungen oder das bisherige Wissensniveau beurteilt wird (individuelle Bezugsnorm), dann bedeutet Fähigkeit einen Zuwachs an Bewältigung, d. h., man beurteilt sich als fähig, wenn man Dinge tun kann, die man vorher nicht konnte. Wenn Fähigkeit dagegen unter Bezug auf die Leistungen anderer Personen beurteilt wird (soziale Bezugsnorm), dann bedeutet Fähigkeit, dass man bei gleicher oder geringerer Anstrengung die gleiche oder eine höhere Leistung bringt als andere Personen. Nicholls (1989) postuliert, dass Personen (z. B. Schüler) in Abhängigkeit von den beiden Fähigkeitskonzeptionen entsprechende Zielorientierungen entwickeln. Dabei soll die **intraindividuelle** Fähigkeitskonzeption mit einer **Aufgabenorientierung** („task orientation") und die **interindividuelle** Fähigkeitskonzeption mit einer **Ich-Orientierung** („ego orientation") korrespondieren.

> **Definition**
>
> Die **aufgabenorientierte** Person strebt danach, ihre Fähigkeit dadurch zu demonstrieren, dass sie bestimmte Aufgaben bzw. Probleme bewältigen kann. Die **Ich-orientierte** Person ist nicht damit zufrieden, dass sie bestimmte Kompetenzen erworben hat. Ihr geht es darum, ihre überlegene Fähigkeit im Vergleich mit anderen Personen zu zeigen.

Nach Nicholls (1989) bedeutet Erfolg für die beiden Personengruppen Unterschiedliches. Der aufgabenorientierte Lerner betrachtet die Erweiterung seiner Kompetenz als Erfolg. Der Ich-orientierte Lerner erlebt sich dagegen als erfolgreich, wenn er andere übertreffen kann. Die Zielorientierungen lassen sich eindeutig auf die zuvor behandelten Definitionen der Leistungsmotivation beziehen (s. oben). So ist die Aufgabenorientierung mit der kompetenzbezogenen Leistungsmotivation weitestgehend deckungsgleich, die Ich-Orientierung korrespondiert mit der wettbewerbsbezogenen Leistungsmotivation.

Nicholls (1989) nimmt an, dass die aufgabenorientierte Person im Prozess des Lernens bzw. Kompetenzerwerbs dazu tendiert, intrinsisch motiviert zu sein, d. h., diesen Prozess unabhängig von seinen Folgen als etwas in sich Interessantes oder Wertvolles zu betrachten. Dagegen erlebt die Ich-orientierte Person die Phase des Kompetenzerwerbs als Mittel zur Demonstration ihrer Fähigkeit. Aufgabenorientierung ist jedoch nicht mit intrinsischer Lernmotivation gleichzusetzen. Sie kann in einer gegebenen Situation auch vorhanden sein, ohne dass intrinsische Motivation auftritt. Zu erwarten ist jedoch eine positive Korrelation zwischen Aufgabenorientierung und intrinsischer Lernmotivation. Dieser Zusammenhang konnte empirisch bestätigt werden (► Abschn. 7.1.2).

Die Theorie von Dweck

Im Gegensatz zu Nicholls geht Dweck (1986, 1991; Elliott & Dweck, 1988) von der Frage aus, wie unangepasstes Bewältigungshandeln (schnelles Aufgeben bei Hindernissen, Vermeiden schwieriger Aufgaben) bei Schülern erklärt werden kann. Da niedrige Intelligenz in den Studien von Dweck als Ursache ausgeschlossen werden konnte, präferiert die Autorin eine motivationale Erklärung. Dies führt zur Annahme, dass hilflosigkeits- und bewältigungsorientierte Schüler unterschiedliche Ziele haben. Dweck postuliert, dass hilflose Schüler sich vor allem an Leistungszielen („performance goals") und bewältigungsorientierte Schüler vor allem an Lernzielen („learning goals") orientieren. Das Verfolgen von Lernzielen bedeutet, dass vornehmlich danach gestrebt wird, die vorhandene Kompetenz zu erweitern. Lernziele entsprechen somit der Aufgabenorientierung bei Nicholls. Das Verfolgen von Leistungszielen bedeutet nach Dweck, dass positive Bewertungen der eigenen Kompetenz angestrebt und negative Bewertungen vermieden werden. Hier offenbart sich somit ein wesentlicher Unterschied zwischen den Konzeptionen von Nicholls und Dweck. Während die Ich-Orientierung das Anstreben von Überlegenheit im sozialen Vergleich beinhaltet, wird bezüglich der Leistungszielorientierung eine stärkere Differenzierung nahegelegt (vgl. Grant & Dweck, 2003). So kann eine positive Bewertung der eigenen Kompetenz aufgrund unterschiedlicher Kriterien erfolgen, wie beispielsweise einem individuellen Kompetenzzuwachs, dem Lob eines Lehrers oder dem positiven Abschneiden im sozialen Vergleich. In der Forschung der letzten zwei Jahrzehnte wurde jedoch die Unterscheidung von Ich-Orientierung sensu Nicholls und Leistungszielorientierung sensu Dweck nicht explizit berücksichtigt. Vielmehr finden sich in der Literatur leicht variierende Operationalisierungen der Leistungszielorientierung (die sich als Begriff durchgesetzt hat), mal mit stärkerer (z. B. Roedel, Schraw & Plake, 1994) und mal mit schwächerer Betonung des Strebens nach Überlegenheit im sozialen Vergleich (z. B. Spinath, Stiensmeier-Pelster, Schöne & Dickhäuser, 2002).

Integration und Weiterentwicklung durch Elliot

Elliot (1999; Elliot & Harackiewicz, 1996) hat die Ansätze von Nicholls (1984, 1989) und Dweck (1986, 1991) weiterentwickelt. Anstelle von Aufgaben- bzw. Lernzielorientierung spricht er von **Bewältigungszielen** („mastery goals") und anstelle von Ich-Orientierung – in Übereinstimmung mit Dweck – von **Leistungszielen** („performance goals"), wobei Letztere ganz im Sinne von Nicholls wettbewerbsorientiert gemeint sind (Streben nach Überlegenheit). Über die bisherigen Ansätze hinausgehend unterscheidet Elliot bei den Leistungszielen eine Annäherungs- und eine Vermeidungskomponente. Damit ergibt sich eine klare Parallele zur Leistungsmotivforschung und der Unterscheidung eines Erfolgs- und eines Misserfolgsmotivs (s. oben).

> **Definition**
>
> Von einem **Annäherungsleistungsziel** wird gesprochen, wenn es darum geht, die eigene Kompetenz im Vergleich mit anderen Personen zu demonstrieren. Dagegen bedeutet das Verfolgen eines **Vermeidungsleistungsziels**, dass die Person versucht, ihre vermeintlich unterlegene Kompetenz gegenüber anderen Personen zu verbergen.

Beim Annäherungsleistungsziel wird ein positives Ereignis (Demonstration überlegener Kompetenz) angestrebt, beim Vermeidungsleistungsziel soll ein negatives Ereignis (Auftreten unterlegener Kompetenz) vermieden werden. Darüber hinaus schlug Elliot (1999; Elliot & McGregor, 2001) vor, die Annäherungs-Vermeidungs-Dichotomie auch auf Bewältigungsziele anzuwenden. Lerner mit einem **Annäherungsbewältigungsziel** versuchen so viel Wissen wie möglich zu erwerben, während Lerner mit einem **Vermeidungsbewältigungsziel** eher danach streben, ihr bereits verfügbares Wissen bzw. Können nicht zu verlieren oder einen neuen Lernstoff nicht misszuverstehen. Sowohl die Befunde von Elliot und McGregor (2001) als auch von Pastor, Barron, Miller und Davis (2007) stützen das Vier-Faktorenmodell der Zielorientierung und zeigen insbesondere, dass die Annahme einer **Vermeidungsbewältigungsorientierung** empirisch sinnvoll ist.

Zu Beginn der Forschung zu Zielorientierungen war eine dichotome Konzeption vorherrschend, nämlich die Unterscheidung zwischen Lern- und Leistungszielorientierung. Dabei wurde eine „normative" Auffassung vertreten, wonach die Lernzielorientierung zu positiven bzw. adaptiven Auswirkungen im Schul- bzw. Leistungskontext führt, die Leistungszielorientierung dagegen negative Effekte nach sich zieht (Pintrich, 2000; auch Harackiewicz, Barron, Pintrich, Elliot & Thrash, 2002). Im

Zuge der Differenzierung der Zielorientierungen in eine Annäherungs- und Vermeidungskomponente wurde jedoch deutlich, dass negative Auswirkungen vor allem der **Vermeidungsleistungszielorientierung** zuzuschreiben sind. Pintrich (2000) und Harackiewicz, Barron, Pintrich et al. (2002) postulierten daher auf der Basis empirischer Befunde eine revidierte Zielorientierungstheorie, in der Annäherungsleistungszielen auch eine adaptive Funktion zukommt und das Verfolgen **multipler Ziele** (insbesondere von Lern- und Annäherungsleistungszielen) zu einer optimalen Motivation mit den meisten positiven Konsequenzen führt (▶ Abschn. 7.2.2).

Interesse

In der Interessenforschung wird zwischen dem überdauernden individuellen Interesse und dem situationsspezifisch auftretenden situationalen Interesse unterschieden (Krapp, 2010; Schiefele, 1996, 2009).

> **Definition**
>
> Das **individuelle Interesse** kann als relativ dauerhaftes, dispositionales Merkmal einer Person verstanden werden, das sich in der Auseinandersetzung mit einem Gegenstandsbereich (z. B. Schulfach) entwickelt und als mehr oder weniger starke Wertschätzung dieses Bereichs zum Ausdruck kommt. Das **situationale Interesse** bezeichnet dagegen den durch äußere Umstände (z. B. einen spannenden Vortrag) hervorgerufenen Zustand des Interessiertseins, der u. a. durch eine erhöhte Aufmerksamkeit und Gefühle der Neugier und Faszination gekennzeichnet ist.

In ähnlicher Weise wie das oben erwähnte Kompetenzerleben (oder das Flow-Erleben) stellt das situationale Interesse einen handlungsbegleitenden, emotionalen Zustand dar. Insofern kann das Erleben situationalen Interesses als relevante Quelle von intrinsischer Lernmotivation aufgefasst werden.

Aktuelle Ansätze der Interessenforschung (Hidi, Renninger & Krapp, 2004; Krapp, 2010; Schiefele, 2009) interpretieren Interesse als eine spezifische Beziehung zwischen einer Person und einem Gegenstand. Dies wird insbesondere in der „Person-Objekt-Theorie" des Interesses von Krapp (2005, 2010) hervorgehoben. Die Betonung dieses Aspekts soll verdeutlichen, dass sich Interesse immer auf einen Gegenstand bezieht und durch die Auseinandersetzung mit diesem entwickelt.

Das individuelle Interesse einer Person an einem Gegenstand setzt sich aus gefühls- und wertbezogenen Valenzüberzeugungen zusammen. Von **gefühlsbezogenen Valenzüberzeugungen** spricht man, wenn ein Sachverhalt für eine Person mit positiven Gefühlen verbunden ist. Von **wertbezogenen Valenzüberzeugungen** ist die Rede, wenn einem Sachverhalt Attribute im Sinne persönlicher Bedeutsamkeit bzw. Wichtigkeit zugeschrieben werden.

Die Art und Zahl der unterscheidbaren gefühlsbezogenen Valenzen wurde bislang nicht eingehend untersucht. Meist werden Gefühlszustände erfragt, die plausiblerweise als interessentypisch gelten, wie z. B. Gefühle des Absorbiertseins (bzw. „Flow"), der Freude, der Neugier, der Anregung, der Faszination oder des Beteiligtseins. In ähnlicher Weise können auch verschiedene Gründe für die persönliche Bedeutsamkeit eines Gegenstands differenziert werden. Persönliche Bedeutsamkeit kann z. B. entstehen, weil die Beschäftigung mit dem Interessengegenstand als wichtig für die Entwicklung der eigenen Persönlichkeit, als Beitrag zur Selbstverwirklichung oder als identitätsstiftend gesehen wird.

Ein Sachverhalt kann sowohl aus extrinsischen bzw. instrumentellen als auch aus intrinsischen Gründen positive Gefühle auslösen oder bedeutsam sein. Eine extrinsische Valenzüberzeugung liegt z. B. vor, wenn ein Student eine hohe Wertschätzung des Fachs Mathematik zeigt, weil die Beherrschung mathematischen Wissens für den von ihm angestrebten Beruf zentral ist. Zur Charakterisierung von Interesse kommen definitionsgemäß jedoch nur intrinsische Gründe infrage (z. B. das Erleben von Flow beim Lösen mathematischer Probleme). Dies bedeutet, dass die auf einen Gegenstand bezogenen intrinsischen Valenzen, die das Vorhandensein von Interesse indizieren, unabhängig von den Beziehungen des Gegenstands zu anderen Sachverhalten bestehen müssen. Natürlich ist dabei denkbar, dass eine Person Interesse an einem Gegenstand hat und gleichzeitig auf diesen Gegenstand bezogene extrinsische Valenzüberzeugungen aufweist.

7.2 Bedeutung der Motivation für Lernen und Leistung

In der Vergangenheit wurden Zusammenhänge zwischen Motivation und Lernen bzw. Leistung vor allem in Bezug auf die folgenden Konstrukte erforscht: Leistungsmotivation bzw. -motiv, Zielorientierung, intrinsische vs. extrinsische Motivation und Interesse. In den einzelnen Studien

hat man unterschiedliche Indikatoren von Lernen und Leistung zugrunde gelegt, z. B. Schulnoten, standardisierte Leistungstests (z. B. zur Messung der Kompetenz in Mathematik) sowie Ergebnisse einzelner Klausuren oder textbezogener Verstehenstests. Die Lernindikatoren reichen also von kumulativen Leistungen, die während eines längeren Zeitraums entstanden sind, bis hin zu Lernergebnissen bei konkreten, zeitlich begrenzten Lernaufgaben.

7.2.1 Leistungsmotivation

Die Leistungsmotivationsforschung hat sich vor allem darauf konzentriert, die Auswirkungen des (impliziten und expliziten) Leistungsmotivs auf eine Reihe von leistungsbezogenen Verhaltensmerkmalen zu untersuchen (Brunstein & Heckhausen, 2006), insbesondere auf die Anstrengung (z. B. operationalisiert als Mengenleistung bei Additionsaufgaben), die Ausdauer und die Bevorzugung herausfordernder Aufgaben. Während dabei zahlreiche positive Befunde zu verzeichnen sind, die die Bedeutsamkeit des Leistungsmotivs unterstreichen, ergibt sich bezüglich des Zusammenhangs von Leistungsmotiv und **Leistungsergebnissen** eine weniger eindeutige Befundlage. Das Leistungsmotiv ist für das Leistungsergebnis bei der Bearbeitung einer Aufgabe folglich nicht generell prädiktiv. Der Stand der Forschung lässt auch keine Vorhersage zu, unter welchen Voraussetzungen bzw. bei welcher Art von Aufgaben ein positiver Effekt des Leistungsmotivs auf das Leistungsergebnis zu erwarten ist. Hierzu müssten zunächst Erkenntnisse gewonnen werden, aus denen hervorgeht, über welche spezifischen Prozesse bei der Aufgabenbearbeitung das Leistungsmotiv einen Effekt auf das Leistungsergebnis entfaltet (Brunstein & Heckhausen, 2006). Allerdings liegen Befunde vor, die hinsichtlich der Effekte des Leistungsmotivs auf Leistungen im schulischen Kontext aufschlussreich sind.

Leistungsmotiv und Schulleistung

Einige ältere Befunde legen nahe, dass nur dann ein signifikanter Zusammenhang zwischen Leistungsmotiv und Schulleistung zu erwarten ist, wenn eine optimale Anregung des Leistungsmotivs z. B. durch herausfordernde Aufgaben erfolgt (s. auch McClelland, 1980). Als herausfordernd gelten dabei Aufgaben, die mit einer gewissen Anstrengung lösbar sind – also ein etwa mittleres Schwierigkeitsniveau aufweisen. So fand man für fähigkeitshomogene Klassen (für deren Schüler angenommen werden kann, dass der Unterricht in der Regel ein mittleres Schwierigkeitsniveau aufweist) eine positivere Leistungsentwicklung erfolgsmotivierter Schüler gegenüber misserfolgsmotivierten Schülern (O'Connor, Atkinson & Horner, 1966).

Die neuere Forschung konzentriert sich stärker auf die Unterscheidung von implizitem und explizitem Leistungsmotiv. Dabei hat sich insbesondere gezeigt, dass das **implizite Leistungsmotiv** vor allem in Situationen vorhersagestark ist, in denen das Leistungsverhalten eigeninitiativ (z. B. ohne situative Notwendigkeit) und spontan auftritt. Dagegen ist das **explizite Leistungsmotiv** eher für solches Leistungsverhalten prädiktiv, das durch eine Situation bzw. andere Personen eingefordert wird (z. B. in einer Prüfung). Es überrascht daher nicht, dass das explizite Leistungsmotiv besser als das implizite Leistungsmotiv schulische Leistungen vorhersagen kann. Bei beruflichen Leistungen verhält es sich umgekehrt, denn im Rahmen einer beruflichen Laufbahn besteht zumindest potenziell ein größerer Spielraum für spontane und selbstinitiierte Lern- und Leistungsaktivitäten (Brunstein, 2006). Darüber hinaus gibt es Hinweise (s. Brunstein & Hoyer, 2002), dass das implizite Leistungsmotiv dann wirksam wird, wenn es um die Verbesserung der eigenen Leistungsfähigkeit bzw. Kompetenz geht (individuelle Bezugsnorm), während sich das explizite Leistungsmotiv eher in sozialen Vergleichssituationen auswirkt (soziale Bezugsnorm). Daraus folgt, dass das implizite Leistungsmotiv auch im Schulkontext immer dann an Bedeutsamkeit gewinnt, wenn die individuelle Leistungsverbesserung im Vordergrund steht und soziale Vergleiche weitgehend irrelevant sind (Brunstein, 2006).

7.2.2 Zielorientierung

Die Forschung zu Zielorientierungen knüpft unmittelbar an die Leistungsmotivationsforschung an. So geht es auch hier um interindividuelle Unterschiede hinsichtlich der Bewertung von Leistungen unter Berücksichtigung einer Annäherungs- und Vermeidungskomponente. Allerdings werden Zielorientierungen als kognitiv repräsentierte und bewusste Merkmale verstanden, sodass sie dem extrinsischen Leistungsmotiv näher stehen als dem intrinsischen. Im Unterschied zur Leistungsmotivationsforschung ist die Forschung zu Zielorientierungen sehr stark auf die Bereiche Lernen und Leistung in der Schule bezogen. Aus diesem Grund existiert eine Fülle empirischer Befunde, die über die Zusammenhänge der Zielorientierungen mit Lern- und Schulleistungen Aufschluss geben. Besonders hervorzuheben sind Studien, in denen unterschiedliche Zielorientierungen experimentell induziert und hinsichtlich ihrer Effekte auf das Lernen untersucht wurden (z. B. Bergin, 1995; Graham & Golan, 1991). Diese Studien sind nicht zuletzt deshalb wertvoll, weil sie die theoretisch postulierten Wirkungen der Zielorientierungen auf Lernprozesse und -resultate auch in kausaler Hinsicht prüfen können.

Lern- vs. Leistungsziele

Wie Spinath und Schöne (2003) feststellen, belegt sowohl die experimentelle als auch die korrelative Forschung eine Reihe von Vorteilen der Lern- gegenüber der Leistungszielorientierung. Diese betreffen günstigere Attributionen für Erfolg und Misserfolg (eigene Anstrengung anstelle von Fähigkeit), positivere Gefühle gegenüber Lern- und Leistungsaufgaben, vermehrte intrinsische Motivation und größeres Interesse am Lerngegenstand. Darüber hinaus ergaben sich auch deutliche Effekte auf lernbezogene Prozesse. Lernzielorientierte Lerner beschäftigen sich intensiver mit dem Lernmaterial, wenden adäquatere Verarbeitungsstrategien an und sind ausdauernder (z. B. Ford, Smith, Weissbein, Gully & Salas, 1998; Grant & Dweck, 2003; Lau & Nie, 2008). Zu erwähnen ist dabei, dass Zielorientierungen häufig fachspezifisch erfasst wurden (z. B. Pintrich, 2000) und nicht im Sinne eines übergreifenden Persönlichkeitsmerkmals (z. B. Spinath et al., 2002).

Insbesondere in experimentellen Studien konnten bessere Lernleistungen bei Lernzielen gegenüber Leistungszielen belegt werden (s. die ▶ **Metaanalyse** von Utman, 1997). Auch in natürlichen Lern- und Leistungssituationen wurden für die Lernzielorientierung häufig positivere Zusammenhänge mit Leistungsmaßen nachgewiesen als für die Leistungszielorientierung (z. B. Köller, 1998a; 1998b; Lau & Nie, 2008; Meece & Holt, 1993). Ausnahmen werden von Spinath und Schöne (2003; auch Midgley, Kaplan & Middleton, 2001) darauf zurückgeführt, dass in diesen Fällen die Rahmenbedingungen eher Leistungsziele nahegelegt haben (z. B. durch eine starke Betonung sozialer Vergleiche; Harackiewicz, Barron, Tauer, Carter & Elliot, 2000). Allerdings ist mit Grant und Dweck (2003) festzustellen, dass gerade neuere Studien keine Effekte der Lernzielorientierung auf Leistung fanden. Diese Befunde stammen jedoch fast ausschließlich aus den Arbeitsgruppen um Elliot und Harackiewicz (s. die Übersicht von Harackiewicz et al., 2002; sowie die neueren Studien von Harackiewicz, Durik, Barron, Linnenbrink-Garcia & Tauer, 2008; und Hullemann, Durik, Schweigert & Harackiewicz, 2008). Im Gegensatz dazu konnten Grant und Dweck (2003) die leistungsförderliche Wirkung von Lernzielen bestätigen.

Trotz der bestehenden Inkonsistenzen hinsichtlich der Vorhersage von Leistungen ist die generell positive Wirkung von Lernzielen – u. a. aufgrund ihrer konsistent positiven Beziehungen zu Aspekten eines adaptiven Lernverhaltens und der intrinsischen Motivation – relativ unumstritten. Im Unterschied dazu war die Einschätzung der Leistungsziele lange Zeit widersprüchlich (Grant & Dweck, 2003; Harackiewicz, Barron, Pintrich et al., 2002; Pintrich, 2000). Erst durch die Unterscheidung von Annäherungs- und Vermeidungsleistungszielen ließ sich diese Unstimmigkeit größtenteils auflösen. Es wurde deutlich, dass sich Vermeidungsleistungsziele auf Lernverhalten und Leistung sowie auf Motivation und emotionales Erleben eher negativ auswirken, während den Annäherungsleistungszielen zumindest eine leistungsförderliche Funktion zugesprochen wird (z. B. Elliot, McGregor & Gable, 1999; Harackiewicz et al., 2000; s. jedoch Ford et al., 1998; Köller, 1998a).

In einem Überblick über bisherige Studien zu Zielorientierungen im Studium zeigten Harackiewicz et al. (2002), dass Leistungsziele konsistent positive Beziehungen zu Leistungsmaßen aufweisen, während Lernziele vor allem das Ausmaß an Interesse, intrinsischer Motivation, Anstrengung, Ausdauer und Verarbeitungsqualität vorhersagen (z. B. Barron & Harackiewicz, 2001; Elliot et al., 1999; Harackiewicz, Barron, Tauer & Elliot, 2002). Dies bestätigt sich auch in neueren Studien von Harackiewicz et al. (2008) und Hullemann et al. (2008). Betrachtet man die vorliegenden Studien jedoch genauer, so ist zum einen festzustellen, dass die Korrelationen der Leistungszielorientierung mit Leistungsindikatoren eher niedrig ausfallen (< 0,30 oder < 0,20). Zum anderen ist die Lernzielorientierung vereinzelt durchaus auch positiv mit akademischen Leistungen korreliert (z. B. Elliot et al., 1999, Studie 1; auch Grant & Dweck, 2003). Schließlich zeigen die Studien von Elliot et al. (1999, Studie 2) und Hulleman et al. (2008), dass trotz nicht signifikanter Korrelationen zwischen Lernzielorientierung und Leistung indirekte Effekte der Lernzielorientierung auf die Leistung auftreten können (z. B. vermittelt über Anstrengung und Persistenz).

Zusammenfassend ist festzustellen, dass lediglich die Effekte der Zielorientierungen auf das Lernverhalten und einzelne Determinanten erfolgreichen Lernens (Attributionen, intrinsische Motivation, Umgang mit Misserfolg etc.) relativ eindeutig zugunsten der Lernzielorientierung ausfallen. Die Effekte der Zielorientierungen auf die Leistung sind demgegenüber widersprüchlich und bedürfen der weiteren Klärung. Mögliche Ursachen für die bestehenden Widersprüche betreffen insbesondere die abweichenden Operationalisierungen von Lernzielen und Annäherungsleistungszielen (Grant & Dweck, 2003), die Art der jeweils untersuchten Lernleistung (z. B. Bearbeitung eines Textes vs. Schulnote) und die Nichtberücksichtigung von Kontexteinflüssen, die den Effekt der Zielorientierung auf die Leistung eventuell moderieren (Spinath & Schöne, 2003).

7.2.3 Intrinsische vs. extrinsische Motivation

Studien zum Zusammenhang zwischen intrinsischer Lernmotivation und schulischen Leistungen haben relativ übereinstimmend einen positiven Zusammenhang mit geringer bis mittlerer Ausprägung ergeben (z. B. Gottfried,

1990; Gottfried, Fleming & Gottfried, 2001; Ratelle, Guay, Vallerand, Larose & Senécal, 2007; Vallerand et al., 1993; s. auch die Übersichten von Schiefele & Schreyer, 1994, und Schiefele & Streblow, 2005). Neben der Bedeutung für Schulleistungen belegt die bisherige Forschung, dass die intrinsische Lernmotivation deutlich stärker als die extrinsische Lernmotivation mit solchen Lernstrategien korrespondiert, die eine tiefere Verarbeitung des Lernmaterials beinhalten (z. B. Schiefele & Schreyer, 1994; Walker, Green & Mansell, 2006). Allerdings sollte nicht generell davon ausgegangen werden, dass die extrinsische Lernmotivation ohne besondere Bedeutung für Lernleistungen ist. Beispielsweise fanden Schiefele et al. (2003) sowohl für die leistungs- als auch die wettbewerbsbezogene Lernmotivation signifikante Beiträge zur Vorhersage von Studienleistungen. Darüber hinaus sind insbesondere für die Annäherungsleistungszielorientierung (▶ Abschn. 7.2.2) und die identifizierte extrinsische Motivation positive Zusammenhänge mit Leistung festgestellt worden (z. B. Ratelle et al., 2007; Vallerand et al., 1993).

Intrinsische Motivation und Fähigkeitsniveau

Interessanterweise scheinen besonders Kinder mit niedrigen Intelligenzwerten von intrinsischer Motivation zu profitieren. In einer Studie von Tzuriel und Klein (1983) wurden Schüler zunächst drei verschiedenen Intelligenzstufen (hoch, mittelmäßig, niedrig) zugeordnet. Im nächsten Schritt führten die Autoren innerhalb der drei Intelligenzgruppen Vergleiche zwischen intrinsisch und extrinsisch motivierten Schülern hinsichtlich ihrer Schulleistungen durch. Dabei zeigte sich in allen drei Gruppen, dass intrinsisch motivierte Schüler bessere Leistungen erzielten als extrinsisch motivierte. Dieser Unterschied war in der Gruppe mit der niedrigsten Intelligenz jedoch am höchsten ausgeprägt. Von den Autoren wird dieses Ergebnis damit erklärt, dass intrinsische Motivation mit der Bevorzugung herausfordernder Aufgaben einhergeht und auf diese Weise zu Leistungssteigerungen führt. Bei weniger intelligenten Schülern könnte die Vermeidung anspruchsvoller Aufgaben besonders groß sein und intrinsische Motivation folglich einen besonderen Vorteil darstellen.

Experimentelle Befunde

In einer Übersicht experimenteller Arbeiten zum Vergleich von intrinsischer und extrinsischer Motivation konnten Schaffner und Schiefele (2007) feststellen, dass die betrachteten Studien mehrheitlich in der Bedingung mit „intrinsischer" Instruktion signifikant bessere Textlernleistungen fanden als in der Bedingung mit „extrinsischer" Instruktion (z. B. Grolnick & Ryan, 1987). Die Anleitungen zur Erzeugung von intrinsischer Motivation betonten die persönliche Relevanz der Lerninhalte, stützten das Gefühl von

Selbstbestimmung oder Herausforderung und schwächten den Aspekt einer möglichen Bewertung der Lernergebnisse ab. Extrinsische Motivation wurde hingegen begünstigt durch die Ankündigung eines Lerntests, teilweise mit der zusätzlichen Ankündigung der Vergabe von Noten oder Rangplätzen. Ein weiteres sehr wichtiges Ergebnis besteht darin, dass die signifikanten Effekte der Motivationsmanipulation fast durchgängig Lernkriterien betrafen, die sich auf das konzeptuelle Verständnis eines Textes bezogen. Dagegen ergaben sich in der Regel keine Unterschiede in Hinblick auf Faktenfragen und quantitative Maße der Textwiedergabe (Schaffner & Schiefele, 2007).

Flow-Erleben und Leistung

Schließlich sei noch erwähnt, dass auch für das Flow-Erleben positive Zusammenhänge mit Lernen und Leistung nachweisbar sind (z. B. Schüler, 2007). So konnte Nakamura (1991) zeigen, dass Schüler mit hoher mathematischer Fähigkeit, aber schwachen Leistungen, seltener Flow erleben als gleichermaßen fähige, aber leistungsstarke Schüler. Noch aussagekräftiger sind jene Studien, die signifikante Vorhersagewerte des Flow-Erlebens für (Studien-) Leistungen auch dann erzielten, wenn andere relevante Bedingungsfaktoren (z. B. Leistungsniveau, Vorwissen) kontrolliert wurden (Engeser, Rheinberg, Vollmeyer & Bischoff, 2005).

7.2.4   Interesse

Interesse und Textlernen

Die Bedeutsamkeit des individuellen Interesses für Lernleistungen konnte vielfach belegt werden. Besondere Aufmerksamkeit wurde dem Interessenkonstrukt im Rahmen der Forschung zum Textlernen zuteil (Schiefele, 1996). Sowohl für das situative als auch das individuelle Interesse existieren zahlreiche Belege eines positiven Zusammenhangs mit dem Lernen aus Texten. Diese Arbeiten sind bereits verschiedentlich zusammenfassend dargestellt worden (z. B. Alexander, Kulikowich & Jetton, 1994; Schiefele, 1996, 1999, 2009). Hervorzuheben ist dabei, dass Interesseneffekte auch Bestand haben, wenn relevante kognitive Bedingungsfaktoren (insbesondere Vorwissen und Fähigkeiten) kontrolliert werden. Zudem gibt es Belege dafür, dass Interesse einen größeren Effekt auf Indikatoren tiefergehenden Leseverstehens (z. B. Hauptgedanken erfassen, Anwendungsfragen beantworten) ausübt als auf einfache Lernindikatoren (z. B. Faktenfragen, Zahl reproduzierter Sinneinheiten).

In jüngerer Zeit wurde der Einfluss thematischen Interesses auf die Wirkung von Texten untersucht, die eine konzeptuelle Veränderung („conceptual change") hervorrufen sollen. Andre und Windschitl (2003) berichten eine Reihe von Studien, in denen zwei Textvarianten (Thema: elektrischer Strom) verglichen wurden: ein traditioneller, erklärender Text und ein „Konzeptveränderungstext", der alternative Auffassungen anspricht und auf dieser Grundlage ein korrektes Verständnis fördern möchte. Die Ergebnisse belegen, dass thematisches Interesse signifikant zur Vorhersage konzeptuellen Verstehens beiträgt, und zwar unabhängig von der vorgegebenen Textvariante sowie vom Vorwissen und der verbalen Fähigkeit der Probanden. Die Autoren nehmen an, dass Interesse die Auseinandersetzung mit einem Text erleichtert und eine tiefere Verarbeitung anregt. In einer Studie von Mason, Gava und Boldrin (2008) konnte die besondere Bedeutung thematischen Interesses für die Wirkung von Konzeptveränderungstexten deutlich bestätigt werden.

Schulische Interessen, Leistung und Kurswahlen

In einer Übersichtsarbeit stellten Schiefele, Krapp und Schreyer (1993) fest, dass die Ausprägung schulfachbezogener Interessen in mittlerem Ausmaß mit den entsprechenden Leistungen bzw. Noten korreliert. Dieser Befund wird auch in einer Reihe neuerer Arbeiten bestätigt, in denen Interesse (auch als „enjoyment" oder „task value" bezeichnet) insbesondere zusammen mit Zielorientierungen, Selbstkonzept und Selbstwirksamkeit sowohl bei Schülern als auch Studierenden untersucht wurde (z. B. Barron & Harackiewicz, 2001; Baumert, Schnabel & Lehrke, 1998; Harackiewicz, Barron, Tauer & Elliot, 2002; Marsh, Trautwein, Lüdtke, Köller & Baumert, 2005). Auf der Grundlage von PISA-Daten konnten Chiu und Xihua (2008) zeigen, dass das Mathematikinteresse in 80 % aller beteiligten Länder auch bei Kontrolle einer Vielzahl von anderen Einflussvariablen (z. B. sozioökonomischer Status, Leistungsniveau, Selbstkonzept) signifikant zur Vorhersage mathematischer Kompetenz beiträgt.

Mithilfe von längsschnittlichen Daten belegten Köller, Baumert und Schnabel (2001), dass eine wechselseitige Beeinflussung zwischen Interesse und Leistung wahrscheinlich ist. Sie untersuchten eine große Stichprobe von Gymnasiasten zu drei verschiedenen Zeitpunkten: am Ende der 7. sowie der 10. Klasse und in der Mitte der 12. Klasse. Zu diesen Zeitpunkten wurden u. a. das Interesse am Fach Mathematik und die Mathematikleistung (mithilfe eines standardisierten Tests) erhoben. Zusätzlich wurde registriert, ob sich die Schüler für Mathematik als Leistungskurs entschieden. Strukturgleichungsanalysen ergaben, dass das Interesse in der 7. Klasse keine signifikanten Effekte auf die Leistung in der 10. oder 12. Klasse hatte. Dagegen beeinflusste das Leistungsniveau in der 7. Klasse das Interesse in der 10. Klasse signifikant, d. h. kompetentere Schüler zeigten sich interessierter. Es waren jedoch direkte und indirekte signifikante Effekte des Interesses in der 10. Klasse auf die Leistung in der 12. Klasse festzustellen. Der **indirekte Effekt** des Interesses wurde über die Kurswahl vermittelt: Hoch interessierte Schüler wählten deutlich häufiger einen Leistungskurs als die weniger interessierten Schüler. Erwartungsgemäß trugen sowohl die Kurswahl als auch die Leistung in der 10. Klasse signifikant zur Leistung in der 12. Klasse bei. Erstaunlicherweise konnte für das Interesse in der 10. Klasse (über die Leistung in der 10. Klasse und die Kurswahl hinaus) ein signifikanter **direkter Effekt** auf die Leistung in der 12. Klasse festgestellt werden.

Die Ergebnisse der Studie von Köller et al. (2001; auch Baumert et al., 1998; Baumert & Köller, 1998; Köller, 1998a; Marsh et al., 2005) legen nahe, dass in der Sekundarstufe I nur geringe oder gar keine Zusammenhänge zwischen Interesse und Leistung zu beobachten sind (s. jedoch Lau & Nie, 2008; Chiu & Xihua, 2008). Köller et al. (2001) argumentieren dabei, dass in den unteren Schulstufen die Motivation der Schüler vornehmlich durch extrinsische Anreize und Werte (z. B. häufige schriftliche Tests, Verstärkung durch die Eltern) reguliert wird. Folglich sollte das Interesse nur eine marginale Rolle bei der Initiierung und Aufrechterhaltung von Lernaktivitäten spielen. In der Sekundarstufe II nehmen hingegen die Häufigkeit schriftlicher Tests und extrinsischer Anreize ab und die Möglichkeit zur Selbstbestimmung zu. Folglich gewinnt das Interesse einen größeren Einfluss auf die Regulation von Lernaktivitäten. Diese Annahme wird durch den von Köller et al. (2001) gefundenen direkten Effekt des Interesses in der 10. Klasse auf die Leistung in der 12. Klasse bestätigt. Darüber hinaus wählten die interessierten Schüler deutlich häufiger Mathematik als Leistungskurs. Insbesondere der letztgenannte Befund ist in Einklang mit der Forschung zu akademischen Wahlentscheidungen von Eccles (1983, 2005; Wigfield & Eccles, 2000), deren Befunde die Annahme stützen, dass motivationale Merkmale der Lerner sich stärker auf Verhaltensentscheidungen (z. B. Kurswahlen, Studienfachwahlen) als auf die Leistungsgüte auswirken. Die besondere Bedeutung von Interesse für Kurswahlen konnte auch von Schiefele und Csikszentmihalyi (1995), Bong (2001) und Harackiewicz et al. (2008) demonstriert werden. Die beiden erstgenannten Studien belegen dabei die Unabhängigkeit des Interesseneffekts von Fähigkeitsindikatoren und Selbstwirksamkeitsüberzeugungen.

7.3 Entwicklung und Förderung motivationaler Merkmale

Die bisher behandelten Motivationsmerkmale wurden in der Forschung auch hinsichtlich ihrer längsschnittlichen Entwicklung betrachtet. Ein wichtiges Forschungsgebiet stellt beispielsweise die Veränderung von intrinsischer Motivation im Verlauf der Schulzeit dar. In den entspre-

chenden Studien wurden in der Regel auch Merkmale der Schüler oder des Umfelds berücksichtigt, die als motivationsförderliche oder -hemmende Bedingungen infrage kommen (z. B. Stipek, 1996; Wigfield et al., 2006) und auf die wir deshalb im Folgenden näher eingehen.

7.3.1 Leistungsmotivation und Zielorientierung

Entwicklungsverläufe

Für das Leistungsmotiv und die Zielorientierung liegen relativ wenige Befunde zu Veränderungen während der Schulzeit vor. Empirische Evidenz wurde vor allem im Rahmen von Studien auf der Grundlage des Erwartungs-Wert-Modells von Eccles (1983, 2005; Wigfield & Eccles, 2000; Wigfield et al., 2006) gewonnen (▶ Abschn. 7.1.1). Die Studien von Eccles und Wigfield und anderen Autoren (z. B. Watt, 2004) zeigen bedeutsame Veränderungen für diejenigen Variablen, die als wichtigste Determinanten der Leistungsmotivation gelten (zusammenfassend Wigfield et al., 2006). Sowohl für Einschätzungen der eigenen Fähigkeit und Erfolgserwartungen als auch für fachbezogene Wertüberzeugungen (z. B. persönliche Bedeutsamkeit) konnte eine kontinuierliche Abnahme im Laufe der Schulzeit festgestellt werden. Für diese negative Entwicklung wurden vor allem zwei Gründe angeführt. Zum einen verstehen und interpretieren Kinder mit zunehmendem Alter die evaluativen Rückmeldungen, die sie erhalten, angemessener und nehmen häufiger soziale Vergleiche vor. Auf diese Weise werden die Selbsteinschätzungen realistischer und deshalb auch vergleichsweise negativer. Zum anderen ist zu vermuten, dass die schulische Lernumgebung mit steigender Klassenstufe Leistungsbewertungen immer stärker betont und somit auch den Wettbewerb zwischen den Schülern anregt. Für einen Teil der Schüler führt diese Entwicklung zu niedrigeren fähigkeits- und wertbezogenen Überzeugungen.

Die Forschung zu Zielorientierungen könnte weiteren Aufschluss zu der Frage geben, ob Formen der Leistungsmotivation sich im Laufe der Schulzeit verändern. Entsprechende Befunde sind jedoch selten (Anderman, Austin & Johnson, 2002). Nach der Theorie von Nicholls (1984, 1989) ist eine zunehmende Entwicklung von der Aufgaben- bzw. Lernzielorientierung hin zur Ich- bzw. Leistungszielorientierung zu erwarten. Die Ergebnisse von Nicholls belegen, dass jüngere Kinder noch nicht zwischen Anstrengung und Fähigkeit differenzieren können und bei der Beurteilung ihrer Kompetenz eine individuelle Bezugsnorm zugrunde legen. Im Laufe des Jugendalters kommt es zu einem Differenzierungsprozess, der zu einem elaborierten Fähigkeitskonzept (das nun von der Anstrengung abgegrenzt wird) und einer stärkeren Orientierung am sozialen

Vergleich führt. Die Studien von Köller, Baumert und Rost (1998), Seifert (1995, 1996) sowie Anderman und Midgley (1997) zeigen darüber hinaus, dass erst ab der 5. Klassenstufe mit einer zunehmenden Leistungszielorientierung zu rechnen ist.

Fördermaßnahmen

Die Untersuchung von Maßnahmen zur Förderung der Leistungsmotivation hat bereits eine sehr lange Tradition (z. B. McClelland & Winter, 1969; ▶ Kap. 8 und ▶ Kap. 16). Erwähnenswert ist beispielsweise das „**Origin-Training**" von deCharms (1979), in dem u. a. die Bedeutung selbstbestimmten Verhaltens betont wird. Dadurch rückt das Training von deCharms in die Nähe der Ansätze zur Förderung von intrinsischer Motivation und Interesse (s. unten). Im deutschen Sprachraum hat das von Heckhausen (1989) konzipierte **Selbstbewertungsmodell des Leistungsmotivs** eine entscheidende Rolle für die Entwicklung von Trainingsverfahren gespielt (Rheinberg & Krug, 2005).

In diesen Verfahren stehen drei Ansatzpunkte zur **Steigerung des Erfolgsmotivs** (bzw. zur Verringerung des Misserfolgsmotivs) im Mittelpunkt:

- das Setzen realistischer (mittelschwerer) Ziele,
- die Durchführung günstiger Ursachenerklärungen für Erfolg und Misserfolg und
- der Aufbau einer positiven Selbstbewertungsbilanz.

Eine wichtige Weiterentwicklung der Leistungsmotivförderung basiert auf der Erkenntnis, dass eine individuelle Bezugsnormorientierung des Lehrers ähnliche Wirkungen hervorrufen kann wie ein gezieltes Trainingsverfahren (Rheinberg, 1980; Rheinberg & Krug, 2005; ▶ Abschn. 7.1.2). Diese Orientierung zeichnet sich dadurch aus, dass der Lehrer die aktuellen Leistungsergebnisse der Schüler im Kontext ihrer früheren Leistungen beurteilt, Aufgaben an das Leistungsniveau der Schüler anpasst und bei der Ursachenzuschreibung den Faktor Anstrengung betont. Eine solche Vorgehensweise entspricht weitgehend einem Unterricht, der im Sinne der Zielorientierungstheorie Bewältigungs- bzw. Lernziele in den Vordergrund stellt (z. B. Ames, 1992; Anderman et al., 2001; Lau & Nie, 2008).

7.3.2 Interesse und intrinsische Motivation

Entwicklungsverläufe

Es ist seit Längerem bekannt, dass das Interesse an Schulfächern im Laufe der Schulzeit kontinuierlich abnimmt (Hidi, 2000; Krapp, 2002; Wild & Hofer, 2000). Die Schwächung motivationaler Schülermerkmale zeigt sich jedoch nicht nur bezüglich der Interessen, sondern auch für Einstellungen gegenüber der Schule, aufgabenbezogene Wert-

überzeugungen und Indikatoren habitueller intrinsischer Motivation (z. B. Anderman & Maehr, 1994; Gottfried, Marcoulides, Gottfried, Oliver & Guerin, 2007; Helmke, 1993; Pekrun, 1993; Wigfield et al., 2006).

Die Abnahme schulischer Interessen betrifft insbesondere die naturwissenschaftlichen Fächer (Mathematik, Physik, Chemie). Dabei ist jedoch zu beachten, dass sich nicht für alle Themen eines Faches Interessenabnahmen zeigen (Krapp, 2002). Darüber hinaus beeinflussen Kontextbedingungen, die Schulform und das Geschlecht die Entwicklung von Interessen. Hoffmann, Lehrke und Todt (1985; Hoffmann & Lehrke, 1986) fanden beispielsweise, dass sowohl Mädchen als auch Jungen ein geringes Interesse an Physik äußern, wenn der Unterricht stark wissenschaftlich ausgerichtet ist, d. h. mit starker Betonung der Gültigkeit genereller physikalischer Gesetze. Wenn es dem Lehrer jedoch gelingt, physikalische Prinzipien und Fakten zu praktischen Problemen und dem Alltag der Schüler in Beziehung zu setzen, dann ist das Interesse an Physik bei Jungen und Mädchen hoch ausgeprägt.

Es gibt mehrere mögliche Gründe für die Abnahme schulischer Interessen (Baumert & Köller, 1998). Eine Erklärungsmöglichkeit sieht vor, dass eine mangelnde Passung zwischen den schulischen Curricula und den generellen Interessen der Schüler besteht. Vor allem bezüglich des naturwissenschaftlichen Unterrichts wird vermutet, dass eine zu starke Wissenschaftsorientierung zu einer Vernachlässigung der Alltagserfahrungen der Schüler führt. Im Rahmen ihrer ▶ **Stage-Environment-Fit-Theorie** haben Eccles et al. (1991, 1993) darauf hingewiesen, dass die schulische Lernumwelt zunehmend weniger auf die sich entwickelnden Werte, Bedürfnisse und (außerschulischen) Interessen der Schüler abgestimmt ist. So gerät beispielsweise das mit steigendem Alter zunehmende Bedürfnis nach Selbstbestimmung mit der restriktiven Lernumwelt der Schule bzw. dem stark lehrergesteuerten Unterricht in Konflikt. Zusätzlich wird die Beziehung zu Mitschülern durch die vorherrschende Konkurrenz um gute Noten und die Vernachlässigung kooperativen Lernens belastet (auch Wild & Hofer, 2000).

Baumert und Köller (1998) vertreten die Ansicht, dass die Abnahme schulischer Interessen im Verlauf der Sekundarstufe I das Ergebnis eines Differenzierungsprozesses darstellen kann (auch Todt, 1990; Todt & Schreiber, 1998). In der späten Kindheit und frühen Adoleszenz werden sich die Schüler immer mehr ihrer Stärken und Schwächen bewusst. Der Prozess des Vergleichens von Stärken und Schwächen beeinflusst die Entwicklung von Interessen. So belegen empirische Befunde, dass Schüler in den Bereichen stärkeres Interesse zeigen, in denen sie ein höheres Selbstkonzept ihrer Fähigkeit aufweisen (Denissen, Zarrett & Eccles, 2007; Köller, Schnabel & Baumert, 1998, 2000). Darüber hinaus bedingt der Übergang von der

Schule zur beruflichen Ausbildung bzw. zum Arbeitsmarkt, dass die Schüler bestimmte Interessen betonen und vertiefen, während sie andere aufgeben. Damit in Übereinstimmung fanden Köller, Schnabel und Baumert (1998) eine Abnahme der Korrelationen zwischen den verschiedenen Interessenbereichen (z. B. zwischen Deutsch und Mathematik) im Laufe der Zeit. Dies spricht für die Existenz eines Differenzierungsprozesses, der zumindest zum Teil die Reduzierung schulischer Interessen erklären kann (auch Krapp & Lewalter, 2001).

In Übereinstimmung mit der verfügbaren Evidenz sind drei unterschiedliche Prozesse der Abnahme von Interessen und intrinsischer Motivation anzunehmen:

1. Bestimmte Unterrichtsmerkmale, wie z. B. die Vernachlässigung der Alltagserfahrungen und Interessen der Schüler, und der restriktive, wenig Raum für Selbstbestimmung bietende Charakter schulischer Lernumwelten behindern die Entfaltung schulfachbezogener Interessen.

2. Die Schüler entwickeln zunehmend stabile außerschulische Interessen, die in Konkurrenz zu den Schulfächern treten.

3. Im Laufe der Schulzeit führt die Wahrnehmung einer hohen Fähigkeit in bestimmten Bereichen (z. B. Schulfächern) zu Interessenschwerpunkten, die wiederum die Aufgabe oder Abwertung anderer Interessenbereiche bedingen.

Der letztgenannte Punkt ist nicht zuletzt deshalb bedeutsam, weil er impliziert, dass die generelle Interessenabnahme zumindest teilweise das Ergebnis eines durchaus positiven Prozesses (nämlich der fähigkeitsabhängigen Spezialisierung) darstellt. Um diese Überlegungen zu stützen ist jedoch weitere Forschung notwendig.

Fördermaßnahmen

Nicht nur die Entwicklungsverläufe von Interessen und habitueller intrinsischer Motivation zeigen starke Parallelen, sondern auch die diskutierten Maßnahmen zur Förderung beider motivationaler Merkmale (z. B. Bergin, 1999; Brophy, 2004; Moschner & Schiefele, 2000; Schiefele & Streblow, 2006; Wild, 2001; Wild & Remy, 2002). Von Bedeutung ist insbesondere die Frage, wie Interesse und intrinsische Motivation nicht nur geweckt, sondern auch relativ dauerhaft aufrechterhalten werden können. Verschiedene Autoren (z. B. Deci & Ryan, 1985, 2002; Krapp, 1998; Schiefele, 2004; Wild & Remy, 2002) haben argumentiert, dass die Erfüllung der in der Selbstbestimmungstheorie postulierten Bedürfnisse nach Kompetenz, Selbstbestimmung und sozialer Bezogenheit eine zentrale Voraussetzung für die Entstehung und Aufrechterhaltung von intrinsischer Lernmotivation und fachlichen Interessen darstellt. Aus spezifisch interessentheoretischer Sicht

ist darüber hinaus die Erhöhung der gefühls- und wertbezogenen Bedeutsamkeit bzw. Valenz des Lerngegenstands als wichtige Voraussetzung zu nennen (Schiefele, 2004). Somit bieten sich insgesamt die folgenden vier **Interventionsbereiche** an:

- Förderung der Kompetenzwahrnehmung
- Förderung der Selbstbestimmung
- Förderung der sozialen Bezogenheit
- Förderung der Bedeutsamkeit des Lerngegenstands.

Förderung der Kompetenzwahrnehmung. Jeder der vier Interventionsbereiche umfasst übergeordnete Interventionsziele, die genauer spezifiziert und mit konkreten Interventionsmaßnahmen verbunden werden können (Schiefele, 2004). So lassen sich der Förderung der Kompetenzwahrnehmung die folgenden Interventionsziele zuordnen: positive Rückmeldungen und Bekräftigungen, Förderung aktiver Beteiligung und lebenspraktischer Anwendungen, klare, strukturierte und anschauliche Stoffpräsentation und Unterstützung bei herausfordernden Aufgaben. Das Interventionsziel Förderung aktiver Beteiligung und lebenspraktischer Anwendungen kann beispielsweise konkret durch solche Handlungen gefördert werden, die es erlauben, mit realen und lebensnahen Materialien umzugehen und dabei kognitiv und physisch aktiv zu sein. Dies könnte z. B. beinhalten, dass Schüler im Fach Deutsch eine Kurzgeschichte in ein Theaterstück umwandeln und es dann mit verteilten Rollen spielen. In den naturwissenschaftlichen Fächern besteht die Möglichkeit zum selbstständigen Experimentieren und zum Ausprobieren dabei gewonnener Erkenntnisse anhand realistischer Aufgaben (z. B. Trinkwasseranalyse).

Förderung der Selbstbestimmung. Auf die Bedeutung der Selbstbestimmung haben insbesondere Deci und Ryan (1985, 2002) hingewiesen und postuliert, dass intrinsische Motivation und Interesse nur dann entwickelt werden, wenn Schüler über ein ausreichendes Ausmaß an Handlungsspielräumen und Wahlmöglichkeiten verfügen (dazu die Befunde von Reeve, Bolt & Cai, 1999; Tsai, Kunter, Lüdtke, Trautwein & Ryan, 2008). Dafür sind Vorgehensweisen geeignet, die zu mehr Mitbestimmung führen (z. B. bei der Auswahl des Lernstoffs), die relativ große Freiräume ermöglichen (z. B. Projektunterricht), die die Selbstbewertung des eigenen Lernfortschritts zulassen (z. B. durch das Anlegen von Lernkurven auf der Basis von Lerntests) und die es dem Schüler erlauben, selbst Entscheidungen zu treffen und Lösungen für Probleme zu finden.

Kunter, Baumert und Köller (2007) konnten demonstrieren, dass auch **motivationsunspezifische Maßnahmen** im Unterricht das fachliche Interesse der Schüler fördern, wenn die Grundbedürfnisse nach Kompetenz und Autonomie angesprochen werden. Die Autoren untersuchten die

Auswirkungen von **Klassenmanagementstrategien** (Klarheit der Regeln und Lehrersteuerung) auf die Entwicklung des Interesses an Mathematik. Sie nahmen an, dass vorstrukturierte und gut organisierte Lernumgebungen das Erleben von Kompetenz und Selbstbestimmung steigern und sich somit auch interessenförderlich auswirken. Die Befunde bestätigen, dass Regelklarheit und Lehrersteuerung positiv zur Vorhersage des Interesses beitragen und dass dieser Effekt durch das Erleben von Kompetenz und Selbstbestimmung vermittelt wird.

Förderung sozialer Bezogenheit. Die Annahme eines Bedürfnisses nach sozialer Bezogenheit erklärt nicht nur die besondere Bedeutung sozialer Anerkennung bzw. Zurückweisung als extrinsische Motivationsquelle, sondern auch die Steigerung intrinsischer Motivation durch die Kopplung von Lernhandlungen bzw. -gegenständen mit befriedigenden sozialen Kontakten (Deci & Ryan, 1985, 2002). Daher bildet die Förderung sozialer Bezogenheit eine weitere Möglichkeit zur Förderung von intrinsischer Motivation und Interesse. Um dieses Ziel zu erreichen, scheinen insbesondere Formen der Teamarbeit und des kooperativen Lernens geeignet zu sein. Dabei ist darauf zu achten, dass die gemeinsame Arbeit einen intensiven sozialen Austausch erfordert und jeder Schüler die Verantwortung für bestimmte Teilaufgaben übernimmt. Zusätzlich kann das Erleben sozialer Bezogenheit auch durch ein partnerschaftliches Lehrer-Schüler-Verhältnis positiv beeinflusst werden (Schiefele, 2004).

Förderung der Bedeutsamkeit des Lerngegenstands. Aus interessentheoretischer Sicht stellt die Förderung der Bedeutsamkeit des Lerngegenstands ein zentrales Interventionsziel dar (Bergin, 1999; Krapp, 1998; Schiefele, 2004). Diesem Ziel lassen sich einige konkrete Maßnahmen zuordnen, so z. B. klare und persönlich bedeutungsvolle Lernziele formulieren (z. B. Mathematik als Grundlage des technischen Fortschritts hervorheben), als Lehrender das eigene Interesse am Stoffgebiet zum Ausdruck bringen (z. B. berichten, warum man sich als Lehrer für sein Fachgebiet entschieden hat) und praktische Anwendungsmöglichkeiten des Lernstoffs hervorheben (z. B. Bedeutung der Chemie für die Themen Ernährung und Gesundheit).

Neben den aufgeführten Einzelmaßnahmen (die natürlich auch gebündelt angewendet werden können) existieren auch umfassende und langfristige Programme zur Beeinflussung fachlichen Interesses und intrinsischer Motivation bei Schülern (Moschner & Schiefele, 2000). In einem von Häußler und Hoffmann (2002; auch Hoffmann, 2002; Hoffmann, Häußler & Peters-Haft, 1997) durchgeführten Modellprojekt gelang es, die Interessen von Mädchen der 7. Klassenstufe am naturwissenschaftlichen Unterricht positiv zu beeinflussen. Die durchgeführten Maßnahmen

beinhalteten z. B. die Einbettung der Inhalte des Physikunterrichts in Kontexte, die Mädchen besonders interessieren, aber im herkömmlichen Physikunterricht vernachlässigt werden. Gleichzeitig war man bemüht, geschlechtsspezifische Dominanzen zu vermeiden und verwendete vor allem solche Kontexte, die an außerschulische Erfahrungsbereiche anknüpfen, die Mädchen und Jungen gleichermaßen zugänglich sind. Darüber hinaus hatten die Schüler die Möglichkeit, aktiv und eigenständig zu lernen, Erfahrungen aus erster Hand zu sammeln und einen Bezug zum Alltag und ihrer Lebenswelt herzustellen. Auch wurden die Bedeutung der Naturwissenschaften für die Gesellschaft und der lebenspraktische Nutzen naturwissenschaftlicher Inhalte immer wieder verdeutlicht.

> **Fazit**
> Der hier vorgelegte Überblick zu Aspekten pädagogisch-psychologischer Motivationsansätze verdeutlicht die Existenz relativ vielfältiger motivationaler Merkmale, die zudem in der Regel eine substanzielle Bedeutung für den Lernerfolg in Schule und Studium aufweisen. Es fällt jedoch auf, dass die Beziehungen zwischen den verschiedenen motivationalen Konstrukten nur teilweise als geklärt gelten können. So werden beispielsweise Konstrukte voneinander unterschieden (z. B. das explizite Leistungsmotiv und die Zielorientierungen), die offenkundig starke Überschneidungen aufweisen. Es ergibt sich daher als dringliche Aufgabe für die künftige Forschung, die unterschiedlichen Konzeptionen der Lernmotivation in eine kohärente Rahmentheorie zu integrieren und die Zusammenhänge zwischen ihnen zu klären (z. B. Urhahne, 2008). Eine bessere Integration der Konstruktvielfalt wäre nicht nur aus theoretischen, sondern auch aus praktischen Gründen zu begrüßen, denn eine größere theoretische Klarheit würde die Rezeption motivationaler Theorien durch Lehrer, Erzieher, Weiterbilder und andere Praktiker erleichtern und somit die Wahrscheinlichkeit motivationaler Interventionen in den pädagogischen Anwendungsfeldern erhöhen.
>
> Die vorliegenden Befunde zu den Auswirkungen der Motivation auf Lernen und Leistung vermitteln ein insgesamt positives Bild. Ohne Zweifel kommt der Motivation hier eine wichtige Rolle zu, auch jenseits von kognitiven Bedingungsfaktoren. Aber es besteht noch weiterer Klärungsbedarf. Einige Autoren (insbesondere Eccles, 1983, 2005; Wigfield & Eccles, 2000) wiesen darauf hin, dass motivationale Lernermerkmale vor allem ausbildungsbezogene Entscheidungen (z. B. Kurswahlen) beeinflussen. Besonders deutlich konnte dies von Köller et al. (2001) für den Einfluss des Interesses auf die

Leistungskurswahl im Fach Mathematik demonstriert werden. Dagegen wurde der Einfluss der Motivation auf Leistungsindikatoren als geringer eingeschätzt. Allerdings muss hier wiederum nach Motivationsformen (z. B. Lern- vs. Leistungszielorientierung) und Leistungsformen (z. B. standardisierte Leistungstests vs. Lernleistung in einer spezifischen Textlernsituation) unterschieden werden. Eine wichtige Aufgabe der künftigen Forschung besteht deshalb darin, mehr systematische und differenzierte Kenntnisse über den Zusammenhang von Motivation und akademischen Leistungen zu gewinnen. Zusätzlich wäre es dabei wichtig, auch die Motivationseffekte auf die den Leistungen zugrunde liegenden Lernprozesse zu untersuchen (Brunstein & Heckhausen, 2006).

Ein praktisch besonders bedeutsamer Befund besteht darin, dass insbesondere für die intrinsische Motivation, das Interesse und die Lernzielorientierung im Laufe der Schulzeit signifikante Abnahmen zu beobachten sind. Um diese Abnahmen wirksam zu bekämpfen, kann auf eine Reihe von Interventionsmöglichkeiten zurückgegriffen werden. Dabei haben die obigen Ausführungen gezeigt, dass trotz aller Verschiedenheit der theoretischen Konzeptionen eine relative große Gemeinsamkeit hinsichtlich der Fördermaßnahmen besteht. Insbesondere die Studien zur Steigerung des Leistungsmotivs belegen, dass auch Lernfreude und Interesse geweckt werden, wenn es gelingt, durch herausfordernde Ziele und günstige Attributionsmuster positive Selbstbewertungen in Leistungssituationen zu erreichen (Rheinberg & Krug, 2005; Schiefele & Streblow, 2006). Diese Konvergenz der Effekte von motivationalen Interventionen ist vermutlich darauf zurückzuführen, dass die Bedürfnisse nach Kompetenz und Selbstbestimmung für die Motivation eine dominierende Rolle spielen (deCharms, 1979; Deci & Ryan, 1985, 2002). Entsprechend wurde wiederholt festgestellt, dass zumindest die an individuellen Bezugsnormen orientierte Leistungsmotivation (Aufgaben- bzw. Lernzielorientierung) mit den Ausprägungen von Interessen und intrinsischer Motivation positiv zusammenhängt.

Verständnisfragen

1. Was versteht man unter Lernmotivation und wie unterscheiden sich die intrinsische und die extrinsische Form der Lernmotivation?
2. Welcher Zusammenhang besteht zwischen intrinsischer Motivation und letztgültigen Zielen des Verhaltens?
3. Unter welchen Bedingungen kann auch das implizite Leistungsmotiv zur Vorhersage von Schulleistungen beitragen?
4. Worin unterscheidet sich die Wirkung von Annäherungsleistungszielen und Lernzielen?
5. Inwiefern kann die im Laufe der Schulzeit zu beobachtende Abnahme von Schülerinteressen auch positiv betrachtet werden?

Vertiefende Literatur

Heckhausen, J. & Heckhausen, H. (Hrsg.). (2006). *Motivation und Handeln.* Heidelberg.
Schunk, D. H., Pintrich, P. R. & Meece, J. L. (2008). *Motivation in education.* Upper Saddle River, NJ: Pearson Education.

Literatur

Alexander, P. A., Kulikowich, J. M., & Jetton, T. L. (1994). The role of subject-matter knowledge and interest in the processing of linear and nonlinear texts. *Review of Educational Research, 64,* 201–252.

Amabile, T. M., Hill, K. G., Hennessey, B. A., & Tighe, E. M. (1994). The Work Preference Inventory: Assessing intrinsic and extrinsic motivational orientations. *Journal of Personality and Social Psychology, 66,* 950–967.

Ames, C. (1992). Classrooms: Goals, structures, and student motivation. *Journal of Educational Psychology, 84,* 261–271.

Anderman, E. M., Austin, C. C., & Johnson, D. M. (2002). The development of goal orientations. In A. Wigfield, & J. S. Eccles (Hrsg.), *Development of achievement motivation* (S. 197–220). San Diego, CA: Academic Press.

Anderman, E. M., Eccles, J. S., Yoon, K. S., Roeser, R., Wigfield, A., & Blumenfeld, P. (2001). Learning to value mathematics and reading: Relations to mastery and performance-orientated instructional practices. *Contemporary Educational Psychology, 26,* 76–95.

Anderman, E. M., & Maehr, M. L. (1994). Motivation and schooling in the middle grades. *Review of Educational Research, 64,* 287–309.

Anderman, E. M., & Midgley, C. (1997). Changes in achievement goal orientations, perceived academic competence, and grades across the transition to middle-level schools. *Contemporary Educational Psychology, 22,* 269–298.

Anderman, L. H., & Kaplan, A. (Hrsg.). (2008). *The role of interpersonal relationships in student motivation.* Washington, DC: Heldref Publications. Special issue, Journal of Experimental Education, Vol. 76, No. 2

Andre, T., & Windschitl, M. (2003). Interest, epistemological belief, and intentional conceptual change. In G. M. Sinatra, & P. R. Pintrich (Hrsg.), *Intentional conceptual change* (S. 173–197). Mahwah, NJ: Erlbaum.

Atkinson, J. W. (1957). Motivational determinants of risk-taking behavior. *Psychological Review, 64,* 359–372.

Barron, K. E., & Harackiewicz, J. M. (2001). Achievement goals and optimal motivation: Testing multiple goal models. *Journal of Personality and Social Psychology, 80,* 706–722.

Baumert, J., & Köller, O. (1998). Interest research in secondary level I: An overview. In L. Hoffmann, A. Krapp, K. A. Renninger, & J. Baumert (Hrsg.), *Interest and learning* (S. 241–256). Kiel: IPN.

Baumert, J., Schnabel, K., & Lehrke, M. (1998). Learning math in school: Does interest really matter?. In L. Hoffmann, A. Krapp, K. A. Renninger, & J. Baumert (Hrsg.), *Interest and learning* (S. 317–326). Kiel: IPN.

Bergin, D. A. (1995). Effects of a mastery versus competitive motivation situation on learning. *Journal of Experimental Education, 63,* 303–314.

Bergin, D. A. (1999). Influences on classroom interest. *Educational Psychologist*, *34*, 87–98.

Bong, M. (2001). Role of self-efficacy and task-value in predicting college students' course performance and future enrollment intentions. *Contemporary Educational Psychology*, *26*, 553–570.

Brophy, J. E. (2004). *Motivating students to learn*. Mahwah, NJ: Erlbaum.

Brunstein, J. C. (2003). Implizite Motive und motivationale Selbstbilder: Zwei Prädiktoren mit unterschiedlichen Gültigkeitsbereichen. In J. Stiensmeier-Pelster, & F. Rheinberg (Hrsg.), *Diagnostik von Motivation und Selbstkonzept* (S. 59–88). Göttingen: Hogrefe.

Brunstein, J. C. (2006). Implizite und explizite Motive. In J. Heckhausen, & H. Heckhausen (Hrsg.), *Motivation und Handeln* (S. 235–253). Heidelberg: Springer.

Brunstein, J. C., & Heckhausen, H. (2006). Leistungsmotivation. In J. Heckhausen, & H. Heckhausen (Hrsg.), *Motivation und Handeln* (S. 143–191). Heidelberg: Springer.

Brunstein, J. C., & Hoyer, S. (2002). Implizites versus explizites Leistungsstreben: Befunde zur Unabhängigkeit zweier Motivationssysteme. *Zeitschrift für Pädagogische Psychologie*, *16*, 51–62.

Buff, A. (2001). Warum lernen Schülerinnen und Schüler? Eine explorative Studie zur Lernmotivation auf der Basis qualitativer Daten. *Zeitschrift für Entwicklungspsychologie und Pädagogische Psychologie*, *33*, 157–164.

Chiu, M. M., & Xihua, Z. (2008). Family and motivation effects on mathematics achievement: Analyses of students in 41 countries. *Learning and Instruction*, *18*, 321–336.

Covington, M. V. (1992). *Making the grade*. Cambridge, MA: Cambridge University Press.

Csikszentmihalyi, M. (1985). *Das Flow-Erlebnis*. Stuttgart: Klett-Cotta. Original erschienen 1975: *Beyond boredom and anxiety*.

Csikszentmihalyi, M. (1990). *Flow – The psychology of optimal experience*. New York: Harper & Row.

Csikszentmihalyi, M., Abuhamdeh, S., & Nakamura, J. (2005). Flow. In A. J. Elliot, & C. S. Dweck (Hrsg.), *Handbook of competence and motivation* (S. 598–608). New York: Guilford Press.

deCharms, R. (1968). *Personal causation: The internal affective determinants of behavior*. New York: Academic Press.

deCharms, R. (1979). *Motivation in der Klasse*. München: Moderne Verlags GmbH. Original erschienen 1976: *Enhancing motivation: Change in the classroom*.

Deci, E. L., & Moller, A. C. (2005). The concept of competence. In A. J. Elliot, & C. S. Dweck (Hrsg.), *Handbook of competence and motivation* (S. 579–597). New York: Guilford Press.

Deci, E. L., & Ryan, R. M. (1985). *Intrinsic motivation and self-determination in human behavior*. New York: Plenum Press.

Deci, E. L., & Ryan, R. M. (2002). Overview of self-determination theory: An organismic dialectical perspective. In E. L. Deci, & R. M. Ryan (Hrsg.), *Handbook of self-determination research* (S. 3–33). Rochester, NY: University of Rochester Press.

Denissen, J. J. A., Zarrett, N. R., & Eccles, J. S. (2007). I like to do it, I'm able, and I know I am: Longitudinal couplings between domain-specific achievement, self-concept, and interest. *Child Development*, *78*, 30–447.

Dweck, C. S. (1986). Motivational processes affecting learning. *American Psychologist*, *41*, 1040–1048.

Dweck, C. S. (1991). Self-theories and goals: Their role in motivation, personality, and development. In R. A. Dienstbier (Hrsg.), *Perspectives on Motivation* Nebraska symposium on motivation, (Bd. 38, S. 199–235). Lincoln, NE: University of Nebraska Press.

Eccles, J. S. (1983). Expectancies, values, and academic behaviors. In J. T. Spence (Hrsg.), *Achievement and achievement motives* (S. 75–146). San Francisco: Freeman.

Eccles, J. S. (2005). Subjective task value and the Eccles et al. model of achievement-related choices. In A. J. Elliot, & C. S. Dweck (Hrsg.), *Handbook of competence and motivation* (S. 105–121). New York: Guilford Press.

Eccles, J. S., Buchanan, C. M., Flanagan, C., Fuligni, A., Midgley, C. M., & Lee, D. (1991). Control versus autonomy during early adolescence. *Journal of Social Issues*, *47*, 53–68.

Eccles, J. S., Midgley, C., Wigfield, A., Buchanan, C. M., Reumann, D., Flanagan, C., & MacIver, D. (1993). Development during adolescence. The impact of stage-environment fit on young adolescents' experiences in schools and families. *American Psychologist*, *48*, 90–101.

Elliot, A. J. (1999). Approach and avoidance motivation and achievement goals. *Educational Psychologist*, *3*, 169–189.

Elliot, A. J. (2005). A conceptual history of the achievement goal construct. In A. J. Elliot, & C. S. Dweck (Hrsg.), *Handbook of competence and motivation* (S. 52–72). New York: Guilford Press.

Elliot, A. J., & Harackiewicz, J. M. (1996). Approach and avoidance achievement goals and intrinsic motivation: A mediational analysis. *Journal of Personality and Social Psychology*, *70*, 461–475.

Elliot, A. J., & McGregor, H. A. (2001). A 2 x 2 achievement goal framework. *Journal of Personality and Social Psychology*, *80*, 501–519.

Elliot, A. J., McGregor, H. A., & Gable, S. (1999). Achievment goals, study strategies, and exam performance: A mediational analysis. *Journal of Educational Psychology*, *3*, 549–563.

Elliot, A. J., & Thrash, T. M. (2002). Approach-avoidance motivation in personality: Approach and avoidance temperaments and goals. *Journal of Personality and Social Psychology*, *82*, 804–818.

Elliott, E. S., & Dweck, C. S. (1988). Goals: An approach to motivation and achievement. *Journal of Personality and Social Psychology*, *54*, 5–12.

Engeser, S., Rheinberg, F., Vollmeyer, R., & Bischoff, J. (2005). Motivation, Flow-Erleben und Lernleistung in universitären Lernsettings. *Zeitschrift für Pädagogische Psychologie*, *19*, 159–172.

Ford, J. K., Smith, E. M., Weissbein, D. A., Gully, S. M., & Salas, E. (1998). Relationships of goal orientation, metacognitive activity, and practice strategies with learning outcomes and transfer. *Journal of Applied Psychology*, *83*, 218–233.

Fries, S., & Dietz, F. (2007). Learning in the face of temptation: The case of motivational interference. *Journal of Experimental Education*, *76*, 93–112.

Gjesme, T. & Nygard, R. (1970). Achievement-related motives: Theoretical considerations and construction of a measuring instrument (Unpublished manuscript). Oslo: University of Oslo.

Gottfried, A. E. (1986). *Children's academic intrinsic motivation inventory (CAIMI)*. Odessa, FL: Psychological Assessment Resources.

Gottfried, A. E. (1990). Academic intrinsic motivation in young elementary school children. *Journal of Educational Psychology*, *82*, 525–538.

Gottfried, A. E., Fleming, J. S., & Gottfried, A. W. (2001). Continuity of academic intrinsic motivation from childhood through late adolescence: A longitudinal study. *Journal of Educational Psychology*, *93*, 3–13.

Gottfried, A. E., Marcoulides, G. A., Gottfried, A. W., Oliver, P. H., & Guerin, D. W. (2007). Multivariate latent change modeling of developmental decline in academic intrinsic math motivation and achievement: Childhood through adolescence. *International Journal of Behavioral Development*, *31*, 317–327.

Graham, S., & Golan, S. (1991). Motivational influences on cognition: Task involvement, ego involvement, and depth of information processing. *Journal of Educational Psychology*, *83*, 187–194.

Grant, H., & Dweck, C. S. (2003). Clarifying achievement goals and their impact. *Journal of Personality and Social Psychology*, *85*, 541–553.

Grolnick, W. S., & Ryan, R. M. (1987). Autonomy in children's learning: An experimental and individual difference investigation. *Journal of Personality and Social Psychology*, *52*, 890–898.

Häußler, P., & Hoffmann, L. (2002). An intervention study to enhance girls' interest, self-concept, and achievement in physics classes. *Journal of Research in Science Teaching, 39,* 870–888.

Harackiewicz, J. M., Barron, K. E., Pintrich, P. R., Elliot, A. J., & Thrash, T. M. (2002). Revision of achievement goal theory: Necessary and illuminating. *Journal of Educational Psychology, 94,* 638–645.

Harackiewicz, J. M., Barron, K. E., Tauer, J. M., Carter, S. M., & Elliot, A. J. (2000). Short-term and long-term consequences of achievement goals: Predicting interest and performance over time. *Journal of Educational Psychology, 92,* 316–330.

Harackiewicz, J. M., Barron, K. E., Tauer, J. M., & Elliot, A. J. (2002). Predicting success in college: A longitudinal study of achievement goals and ability measures as predictors of interest and performance from freshman year through graduation. *Journal of Educational Psychology, 94,* 562–575.

Harackiewicz, J. M., Durik, A. M., Barron, K. E., Linnenbrink-Garcia, L., & Tauer, J. M. (2008). The role of achievement goals in the development of interest: Reciprocal relations between achievement goals, interest, and performance. *Journal of Educational Psychology, 100,* 105–122.

Harlow, H. F. (1950). Learning and satiation of response in intrinsically motivated complex puzzle performance by monkeys. *Journal of Comparative and Physiological Psychology, 43,* 289–294.

Harter, S. (1981). A new self-report scale of intrinsic versus extrinsic orientation in the classroom: Motivational and informational components. *Developmental Psychology, 17,* 300–312.

Hayamizu, T., & Weiner, B. (1991). A test of Dweck's Model of achievement goals as related to perceptions of ability. *Journal of Experimental Education, 59,* 226–234.

Heckhausen, H. (1963). *Hoffnung und Furcht in der Leistungsmotivation.* Meisenheim: Hain.

Heckhausen, H. (1989). *Motivation und Handeln.* Berlin: Springer.

Helmke, A. (1993). Die Entwicklung der Lernfreude vom Kindergarten bis zur 5. Klassenstufe. *Zeitschrift für Pädagogische Psychologie, 7,* 77–86.

Hermans, H., Petermann, F., & Zielinski, W. (1978). *Leistungs Motivations Test.* Amsterdam: Swets & Zeitlinger.

Hidi, S. (2000). An interest researcher's perspective: The effects of extrinsic and intrinsic factors on motivation. In C. Sansone, & J. M. Harackiewicz (Hrsg.), *Intrinsic and extrinsic motivation* (S. 309–339). San Diego: Academic Press.

Hidi, S., Renninger, K. A., & Krapp, A. (2004). Interest, a motivational variable that combines affective and cognitive functioning. In D. Y. Dai, & R. J. Sternberg (Hrsg.), *Motivation, emotion and cognition* (S. 89–115). Mahwah, NJ: Erlbaum.

Hoffmann, L. (2002). Promoting girls' interest and achievement in physics classes for beginners. *Learning and Instruction, 12,* 447–465.

Hoffmann, L., Häußler, P., & Peters-Haft, S. (1997). *An den Interessen von Mädchen und Jungen orientierter Physikunterricht.* Kiel: Institut für die Pädagogik der Naturwissenschaften.

Hoffmann, L., & Lehrke, M. (1986). Eine Untersuchung über Schülerinteressen an Physik und Technik. *Zeitschrift für Pädagogik, 32,* 189–204.

Hoffmann, L., Lehrke, M., & Todt, E. (1985). Development and change of pupils' interest in physics: Design of longitudinal study (grade. In M. Lehrke, L. Hoffmann, & P. L. Gardner (Hrsg.), *Interests in science and technology* (S. 71–80). Kiel: Institute for Science Education.

Holodynski, M. (2007). Entwicklung der Leistungsmotivation. In M. Hasselhorn, & W. Schneider (Hrsg.), *Handbuch der Psychologie: Entwicklungspsychologie* (S. 299–311). Göttingen: Hogrefe.

Hullemann, C. S., Durik, A. M., Schweigert, S. A., & Harackiewicz, J. M. (2008). Task values, achievement goals, and interest: An integrative analysis. *Journal of Educational Psychology, 100,* 398–416.

Kaplan, A., & Maehr, M. L. (2007). The contributions and prospects of goal orientation theory. *Educational Psychology Review, 19,* 141–184.

Köller, O. (1998a). Different aspects of learning motivation: The impact of interest and goal orientation on scholastic learning. In L. Hoffmann, A. Krapp, K. A. Renninger, & J. Baumert (Hrsg.), *Interest and learning* (S. 317–326). Kiel: IPN.

Köller, O. (1998b). *Zielorientierungen und schulisches Lernen.* Münster: Waxmann.

Köller, O., Baumert, J., & Rost, J. (1998). Zielorientierung: Ihr typologischer Charakter und ihre Entwicklung im frühen Jugendalter. *Zeitschrift für Entwicklungspsychologie und Pädagogische Psychologie, 30,* 128–138.

Köller, O., Baumert, J., & Schnabel, K. U. (2001). Does interest matter? The relationship between academic interest and achievement in mathematics. *Journal of Research in Mathematics Education, 32,* 448–470.

Köller, O., Schnabel, K. U. & Baumert, J. (1998, April). *The impact of academic self-concepts of ability on the development of interests during adolescence.* Paper presented at the annual meeting of the American Educational Research Association, San Diego.

Köller, O., Schnabel, K. U., & Baumert, J. (2000). Der Einfluß der Leistungsstärke von Schulen auf das fachspezifische Selbstkonzept der Begabung und das Interesse. *Zeitschrift für Entwicklungspsychologie und Pädagogische Psychologie, 32,* 70–80.

Krapp, A. (1998). Entwicklung und Förderung von Interessen im Unterricht. *Psychologie in Erziehung und Unterricht, 44,* 185–201.

Krapp, A. (2002). Structural and dynamic aspects of interest development: Theoretical considerations from an ontogenetic perspective. *Learning and Instruction, 12,* 383–409.

Krapp, A. (2005). Basic needs and the development of interest and intrinsic motivational orientations. *Learning and Instruction, 15,* 381–395.

Krapp, A. (2010). Interesse. In D. H. Rost (Hrsg.), *Handwörterbuch Pädagogische Psychologie* (S. 311–323). Weinheim: Beltz.

Krapp, A., & Lewalter, D. (2001). Development of interests and interest-based motivational orientations: A longitudinal study in vocational school and work settings. In S. Volet, & S. Järvelä (Hrsg.), *Motivation in learning contexts* (S. 201–232). Amsterdam: Pergamon.

Kunter, M., Baumert, J., & Köller, O. (2007). Effective classroom management and the development of subject-related interest. *Learning and Instruction, 17,* 494–509.

Lau, S., & Nie, Y. (2008). Interplay between personal goals and classroom goal structures in predicting student outcomes: A multilevel analysis of person-context interactions. *Journal of Educational Psychology, 100,* 15–29.

Linnenbrink, E. A. (2005). The dilemma of performance-approach goals: The use of multiple goal contexts to promote students' motivation and learning. *Journal of Educational Psychology, 97,* 197–213.

Marsh, H. W., Trautwein, U., Lüdtke, O., Köller, O., & Baumert, J. (2005). Academic self-concept, interest, grades, and standardized test scores: Reciprocal effects models of causal ordering. *Child Development, 76,* 397–416.

Mason, L., Gava, M., & Boldrin, A. (2008). On warm conceptual change: The Interplay of text, epistemological beliefs, and topic interest. *Journal of Educational Psychology, 100,* 291–309.

McClelland, D. C. (1980). Motive dispositions: The merits of operant and respondent measures. In L. Wheeler (Hrsg.), *Review of personality and social psychology* (Bd. 1, S. 10–41). Beverly Hills: Sage.

McClelland, D. C. (1987). *Human motivation.* Cambridge, MA: Cambridge University Press.

McClelland, D. C., Koestner, R., & Weinberger, J. (1989). How do self-attributed and implicit motives differ? *Psychological Review, 96,* 690–702.

McClelland, D. C., & Winter, D. G. (1969). *Motivating economic achievement*. New York: Free Press.

Meece, J. L., & Holt, K. (1993). A pattern analysis of students' achievement goals. *Journal of Educational Psychology, 85*, 582–590.

Midgley, C., Kaplan, A., & Middleton, M. (2001). Performance-approach goals: Good for what, for whom, under what circumstances, and at what cost? *Journal of Educational Psychology, 93*, 77–86.

Moschner, B., & Schiefele, U. (2000). Motivationsförderung im Unterricht. In M. K. W. Schweer (Hrsg.), *Lehrer-Schüler-Interaktion* (S. 177–193). Opladen: Leske & Budrich.

Nakamura, J. (1991). Optimales Erleben und die Nutzung der Begabung. In M. Csikszentmihalyi, & I. S. Csikszentmihalyi (Hrsg.), *Die außergewöhnliche Erfahrung im Alltag. Die Psychologie des flow-Erlebnisses* (S. 326–334). Stuttgart: Klett-Cotta.

Nicholls, J. G. (1984). Achievement motivation: Conceptions of ability, subjective experience, task choice, and peformance. *Psychological Review, 91*, 328–346.

Nicholls, J. G. (1989). *The competitive ethos and democratic education*. Cambridge, MA: Harvard University Press.

O'Connor, P., Atkinson, J. W., & Horner, M. S. (1966). Motivational implications of ability grouping in schools. In J. W. Atkinson, & N. T. Feather (Hrsg.), *A theory of achievement motivation* (S. 231–248). New York: Wiley.

Pastor, D. A., Barron, K. E., Miller, B. J., & Davis, S. L. (2007). A latent profile analysis of college students' achievement goal orientation. *Contemporary Educational Psychology, 32*, 8–47.

Pekrun, R. (1983). *Schulische Persönlichkeitsentwicklung*. Frankfurt a.M.: Lang.

Pekrun, R. (1988). *Emotion, Motivation und Persönlichkeit*. München/Weinheim: Psychologie Verlags Union.

Pekrun, R. (1993). Facets of adolescents' academic motivation: A longitudinal expectancy-value approach. In M. L. Maehr, & P. R. Pintrich (Hrsg.), *Advances in motivation and achievement* (Bd. 8, S. 139–189). Greenwich, CT: Jai.

Pintrich, P. R. (2000). Multiple goals, multiple pathways: The role of goal orientation in learning and achievement. *Journal of Educational Psychology, 92*, 544–555.

Ratelle, C. F., Guay, F., Vallerand, R. J., Larose, S., & Senécal, C. (2007). Autonomous, controlled, and amotivated types of academic motivation: A person-oriented analysis. *Journal of Educational Psychology, 99*, 734–746.

Reeve, J., Bolt, E., & Cai, Y. (1999). Autonomy-supportive teachers: How they teach and motivate students. *Journal of Educational Psychology, 91*, 537–541.

Rheinberg, F. (1980). *Leistungsbewertung und Lernmotivation*. Göttingen: Hogrefe.

Rheinberg, F. (2006). Intrinsische Motivation und Flow-Erleben. In J. Heckhausen, & H. Heckhausen (Hrsg.), *Motivation und Handeln* (S. 331–354). Heidelberg: Springer.

Rheinberg, F., & Fries, S. (2010). Bezugsnormorientierung. In D. H. Rost (Hrsg.), *Handwörterbuch Pädagogische Psychologie* (S. 61–68). Weinheim: Beltz.

Rheinberg, F., & Krug, S. (2005). *Motivationsförderung im Schulalltag*. Göttingen: Hogrefe.

Rheinberg, F., & Vollmeyer, R. (2012). *Motivation*. Stuttgart: Kohlhammer.

Roedel, T. D., Schraw, G., & Plake, B. S. (1994). Validation of a measure of learning and performance goal orientations. *Educational and Psychological Measurement, 54*, 1014–1021.

Ryan, R. M., & Connell, J. P. (1989a). Perceived locus of causality and internalization: Examining reasons for acting in two domains. *Journal of Personality and Social Psychology, 57*, 749–761.

Ryan, R. M. & Connell, J. P. (1989b). *Self-regulation Questionnaire* (Unpublished manuscript). Rochester: University of Rochester.

Schaffner, E., & Schiefele, U. (2007). The effect of experimental manipulation of student motivation on the situational representation of text. *Learning and Instruction, 17*, 755–772.

Schiefele, U. (1996). *Motivation und Lernen mit Texten*. Göttingen: Hogrefe.

Schiefele, U. (1999). Interest and learning from text. *Scientific Studies of Reading, 3*, 257–279.

Schiefele, U. (2004). Förderung von Interessen. In G. W. Lauth, M. Grünke, & J. C. Brunstein (Hrsg.), *Interventionen bei Lernstörungen* (S. 134–144). Göttingen: Hogrefe.

Schiefele, U. (2009). Situational and individual interest. In K. R. Wentzel, & A. Wigfield (Hrsg.), *Handbook of motivation at school* (S. 197–222). New York/London: Routledge.

Schiefele, U., & Csikszentmihalyi, M. (1995). Motivation and ability as factors in mathematics experience and achievement. *Journal for Research in Mathematics Education, 26*, 163–181.

Schiefele, U., Krapp, A., & Schreyer, I. (1993). Metaanalyse des Zusammenhangs von Interesse und schulischer Leistung. *Zeitschrift für Entwicklungspsychologie und Pädagogische Psychologie, 25*, 120–148.

Schiefele, U., & Schreyer, I. (1994). Intrinsische Lernmotivation und Lernen. Ein Überblick zu Ergebnissen der Forschung. *Zeitschrift für Pädagogische Psychologie, 8*, 1–13.

Schiefele, U., & Streblow, L. (2005). Intrinsische Motivation – Theorien und Befunde. In R. Vollmeyer, & J. C. Brunstein (Hrsg.), *Motivationspsychologie und ihre Anwendung* (S. 39–58). Stuttgart: Kohlhammer.

Schiefele, U., & Streblow, L. (2006). Motivation aktivieren. In H. Mandl, & H. F. Friedrich (Hrsg.), *Handbuch Lernstrategien* (S. 232–247). Göttingen: Hogrefe.

Schiefele, U., Streblow, L., Ermgassen, U., & Moschner, B. (2003). Lernmotivation und Lernstrategien als Bedingungen der Studienleistung: Ergebnisse einer Längsschnittstudie. *Zeitschrift für Pädagogische Psychologie, 17*, 185–198.

Schneider, K. (1996). Intrinsisch (autotelisch) motiviertes Verhalten – dargestellt an den Beispielen des Neugierverhaltens sowie verwandter Verhaltenssysteme (Spielen und leistungsmotiviertes Handeln). In J. Kuhl, & H. Heckhausen (Hrsg.), *Motivation, Volition, Handlung* Enzyklopädie der Psychologie, C, Serie Motivation und Emotion, (Bd. 4, S. 119–152). Göttingen: Hogrefe.

Schneider, K., & Schmalt, H.-D. (2000). *Motivation* (3. Aufl.). Stuttgart: Kohlhammer.

Schüler, J. (2007). Arousal of flow experience in a learning setting and its effects on exam performance and affect. *Zeitschrift für Pädagogische Psychologie, 21*, 217–227.

Schunk, D. H., Pintrich, P. R., & Meece, J. L. (2008). *Motivation in education*. Upper Saddle River, NJ: Pearson Education.

Seifert, T. L. (1995). Characteristics of ego- and task-oriented students: A comparison of two methodologies. *British Journal of Educational Psychology, 65*, 125–138.

Seifert, T. L. (1996). The stability of goal orientations in grade five students: Comparison of two methodologies. *British Journal of Educational Psychology, 66*, 73–82.

Spinath, B., & Schöne, C. (2003). Ziele als Bedingungen von Motivation am Beispiel der Skalen zur Erfassung der Lern- und Leistungsmotivation (SELLMO). In J. Stiensmeier-Pelster, & F. Rheinberg (Hrsg.), *Diagnostik von Motivation und Selbstkonzept* (S. 29–40). Göttingen: Hogrefe.

Spinath, B., & Stiensmeier-Pelster, J. (2000). Zielorientierung und Leistung: Die Rolle des Selbstkonzepts eigener Fähigkeiten. In H. Metz-Goeckel, B. Hannover, & S. Leffelsend (Hrsg.), *Selbst, Motivation und Emotion* (S. 44–55). Berlin: Logos.

Spinath, B., Stiensmeier-Pelster, J., Schöne, C., & Dickhäuser, O. (2002). *SELLMO: Skalen zur Erfassung der Lern- und Leistungsmotivation*. Göttingen: Hogrefe.

Stipek, D. J. (1996). Motivation and instruction. In D. C. Berliner, & R. C. Calfee (Hrsg.), *Handbook of educational psychology* (S. 85–113). New York: Macmillan.

Thrash, T. M., & Elliot, A. J. (2002). Implicit and self-attributed achievement motives: Concordance and predictive validity. *Journal of Personality, 70*, 729–755.

Todt, E. (1990). Entwicklung des Interesses. In H. Hetzer (Hrsg.), *Angewandte Entwicklungspsychologie des Kindes- und Jugendalters* (S. 213–264). Wiesbaden: Quelle & Meyer.

Todt, E., & Schreiber, S. (1998). Development of interests. In L. Hoffmann, A. Krapp, K. A. Renninger, & J. Baumert (Hrsg.), *Interest and learning* (S. 25–40). Kiel: Institute for Science Education.

Tsai, Y.-M., Kunter, M., Lüdtke, O., Trautwein, U., & Ryan, R. M. (2008). What makes lessons interesting? The role of situational and individual factors in three school subjects. *Journal of Educational Psychology, 100*, 460–472.

Tzuriel, D., & Klein, P. S. (1983). Learning skills and types of temperaments as discrimination between intrinsically and extrinsically motivated children. *Psychological Reports, 53*, 59–69.

Urhahne, D. (2008). Sieben Arten der Lernmotivation. Ein Überblick über zentrale Forschungskonzepte. *Psychologische Rundschau, 59*, 150–166.

Utman, C. H. (1997). Performance effects of motivational state: A meta-analysis. *Personality and Social Psychology Review, 1*, 170–182.

Vallerand, R. J., Pelletier, L. G., Blais, M. R., Brière, N. M., Senécal, C. B., & Vallières, E. F. (1992). The Academic Motivation Scale: A measure of intrinsic, extrinsic, and amotivation in education. *Educational and Psychological Measurement, 52*, 1003–1017.

Vallerand, R. J., Pelletier, L. G., Blais, M. R., Brière, N. M., Senécal, C. B., & Vallières, E. F. (1993). On the assessment of intrinsic, extrinsic, and amotivation in education: Evidence on the concurrent and construct validity of the Academic Motivation Scale. *Educational and Psychological Measurement, 53*, 159–172.

Walker, C. O., Greene, B. A., & Mansell, R. A. (2006). Identification with academics, intrinsic/extrinsic motivation, and self-efficacy as predictors of cognitive engagement. *Learning and Individual Differences, 16*, 1–12.

Watt, H. M. G. (2004). Development of adolescents' self- perceptions, values, and task perceptions according to gender and domain in 7th- through 11th-grade Australian students. *Child Development, 75*, 1556–1574.

Weiner, B. (1986). *An attributional theory of motivation and emotion*. New York: Springer.

White, R. W. (1959). Motivation reconsidered: The concept of competence. *Psychological Review, 66*, 297–333.

Wigfield, A., & Eccles, J. S. (2000). Expectancy-value theory of achievement motivation. *Contemporary educational psychology, 25*, 68–81.

Wigfield, A., Eccles, J. S., Schiefele, U., Roeser, R. W., & Davis-Kean, P. (2006). Development of achievement motivation. In N. Eisenberg (Hrsg.), *Social, emotional, and personality development* Handbook of child psychology, (Bd. 3, S. 933–1002). Hoboken, NJ: Wiley.

Wild, E. (2001). Familiale und schulische Bedingungen der Lernmotivation von Schülern. *Zeitschrift für Pädagogik, 47*, 481–499.

Wild, E., & Hofer, M. (2000). Elterliche Erziehung und die Veränderung motivationaler Orientierungen. In *Interesse und Lernmotivation* (S. 31–52). Münster: Waxmann.

Wild, E., & Remy, K. (2002). Affektive und motivationale Folgen der Lernhilfen und lernbezogenen Einstellungen von Eltern. *Unterrichtswissenschaft, 30*, 26–51.

Wild, K.-P. (2000). *Lernstrategien im Studium*. Münster: Waxmann.

Selbstkonzept

Jens Möller, Ulrich Trautwein

E. Wild, J. Möller (Hrsg.), *Pädagogische Psychologie,* Springer-Lehrbuch,
DOI 10.1007/978-3-642-41291-2_8, © Springer-Verlag Berlin Heidelberg 2015

Erzielt ein Fußballspieler über Monate kein Tor, so heißt es häufig, dass es ihm am nötigen „Selbstvertrauen" fehlt. Ist eine Schülerin überzeugt, dass ihr Mathematik „liegt" und machen ihr entsprechend die Mathematikstunden viel Spaß, so sagt ihre Lehrkraft möglicherweise, dass die Mathematik ihr sehr wichtig ist, eben ein zentraler Teil ihres Selbstbilds, ihrer „Identität". Durchlebt ein Jugendlicher eine Krise, etwa weil wichtige Freundschaften zerbrechen oder er schulischen Misserfolg erlebt, so könnte die Diagnose seiner Umwelt lauten, dass sein „Selbstwertgefühl" angeknackst ist. So verschieden die drei Beispiele auf den ersten Blick sein mögen, ihnen ist gemein, dass sie das Feld der psychologischen Selbstkonzeptforschung berühren. In diesem Kapitel geht es um schulbezogene und außerschulische Selbstkonzepte. Es soll dargestellt werden, wie sich schulbezogene Selbstkonzepte entwickeln, wodurch sie beeinflusst werden und welche Auswirkungen sie auf das Erleben und Verhalten von Personen haben. Dabei geht es um brisante Fragen: Wie finden Kinder und Jugendliche ihre Identität? Wieso sind die Leistungen der Mitschülerinnen und Mitschüler dafür verantwortlich, ob ich denke, dass ich in Sprachen gut bin? Und wieso drückt meine Note in Deutsch auf mein Selbstvertrauen in Mathematik? Zunächst aber sollen in ▶ Abschn. 8.2 kurz die theoretischen Wurzeln der pädagogisch-psychologischen Selbstkonzeptforschung beschrieben werden, indem dargestellt wird, wie von James und im symbolischen Interaktionismus über das „Selbst" gedacht wurde. Zudem werden gedächtnis- und entwicklungspsychologische Selbstkonzeptmodelle skizziert und die Kernmerkmale sozialpsychologischer Selbstkonzeptforschung aufgeführt. In ▶ Abschn. 8.3 erfolgt eine eingehende Beschreibung von Struktur, Stabilität und Erfassung des Selbstkonzepts, bevor in ▶ Abschn. 8.4 die Determinanten des Selbstkonzepts beschrieben werden. In ▶ Abschn. 8.5 wird die Bedeutung des Selbstkonzepts für schulische Leistungen und Wahlentscheidungen dargestellt. In ▶ Abschn. 8.6 werden abschließend Möglichkeiten der Förderung der Selbstkonzepte vorgestellt (◘ Abb. 8.1).

◘ Abb. 8.1

finden von Kindern, Jugendlichen und Erwachsenen von einer positiven Selbstbewertung profitiert.
2. Die Annahme, dass eine positive Bewertung der eigenen Leistungsfähigkeit die tatsächlich gezeigten Leistungen positiv beeinflussen kann, ist empirisch gut gesichert.

Das Selbstkonzept hat folgerichtig großes Interesse in der Forschung gefunden; mittlerweile sind mehrere Tausend wissenschaftliche Artikel zum Selbstkonzept veröffentlicht worden.

8.1 Schulisches Selbstkonzept

Mit dem Begriff **Selbstkonzept** werden Einschätzungen und Einstellungen bezüglich ganz unterschiedlicher Aspekte der eigenen Person bezeichnet. Zu diesen Einstellungen und Einschätzungen zählen sowohl globale gefühlsmäßige Bewertungen der eigenen Person („Was tauge ich eigentlich?") als auch mehr oder weniger rationale Einschätzungen der eigenen Eigenschaften, Fähigkeiten und Kompetenzen („Wie schlau/eitel/schnell bin ich?"). Traditionell ist die Forschung zum Selbstkonzept in der Pädagogischen Psychologie – und hier insbesondere in Bezug auf Schüler – sehr aktiv. Das hat vor allem zwei Gründe:
1. Die Vermittlung eines positiven Selbstbilds gilt als ein wichtiges Erziehungsziel, da das psychische Wohlbe-

---

Definition

Der Begriff **Selbstkonzept** wird in der aktuellen pädagogisch-psychologischen Forschung verwendet, um die mentale Repräsentation der eigenen Person zu beschreiben. Selbstkonzepte sind Vorstellungen, Einschätzungen und Bewertungen, die die eigene Person betreffen (Moschner, 2001). Diese Selbstbeschreibungen können sich auf einzelne Facetten der Person („Ich zeige in Mathematik gute Leistungen") oder auf die gesamte Person („Ich wünschte, ich wäre jemand anderes") beziehen.

Bei Selbstbeschreibungen in einem bestimmten Bereich (z. B. schulbezogenes Selbstkonzept oder Selbstkonzept des Aussehens) wird von einem **bereichsspezifischen Selbstkonzept** („domain-specific self-concept") gesprochen.

In diesem Beitrag beschäftigen wir uns fast ausschließlich mit schulbezogenen Selbstkonzepten, wie beispielsweise dem mathematischen Selbstkonzept. Globale Bewertungen der eigenen Person, die häufig mit dem Begriff ▶ **Selbstwertgefühl** („self-esteem" bzw. „self-worth") oder globales Selbstkonzept beschrieben werden, berücksichtigen wir dagegen nur am Rande. Ein Fragebogen zum globalen Selbstkonzept oder Selbstwertgefühl würde typischerweise Items wie „Im Großen und Ganzen bin ich mit mir zufrieden" enthalten. Bereichsspezifische Selbstkonzepte werden dagegen über stärker fokussierte Aussagen erfasst wie „In Mathematik bin ich einfach nicht so begabt wie viele meiner Mitschüler" (mathematisches Selbstkonzept).

Schulbezogene Selbstkonzepte firmieren unter unterschiedlichen Bezeichnungen. Gängig sind im Deutschen insbesondere die Begriffe Fähigkeitsselbstkonzept sowie Selbstkonzept der Begabung. Der Begriff Fähigkeitsselbstkonzept betont etwas stärker den Aspekt des wahrgenommenen Leistungsstands (die Performanz), während im Begriff Selbstkonzept der Begabung auch potenzielle Leistungen (bzw. die Anlagen, die eine Person besitzt) berücksichtigt sind. Beide Konzepte weisen jedoch breite Überlappungen auf und werden von manchen Autoren synonym verwendet. Auch empirisch erscheint eine Trennbarkeit kaum möglich (Marsh, Trautwein, Lüdtke, Baumert & Köller, 2007). Der Begriff Kompetenzüberzeugungen („competence beliefs"), der ebenfalls gern verwendet wird, ist breiter als der Begriff des Selbstkonzepts. Beispielsweise gehören auch die sog. ▶ **Selbstwirksamkeitsüberzeugungen** (▶ Exkurs „Selbstwirksamkeit") zu den Kompetenzüberzeugungen.

Diskutiert wird, ob Selbstkonzepte rein beschreibende kognitive Repräsentationen eigener Fähigkeiten darstellen oder auch evaluative Komponenten enthalten. Da schulbezogene Fähigkeiten und Fertigkeiten wichtige Konsequenzen haben und diese Konsequenzen von Schülern tagtäglich wahrgenommen werden, darf man wohl getrost davon ausgehen, dass schulbezogene Selbstkonzepte praktisch für alle Schüler auch eine evaluative Komponente besitzen. Vereinfacht gesprochen: Wenn jemand sagt, er sei nicht gut in der Schule, so lässt ihn das nicht kalt.

Neben dem Zusammenhang mit der Schulleistung haben insbesondere die genauere theoretische und empirische Bestimmung des Selbstkonzepts, dessen Genese sowie die pädagogisch motivierte Veränderung des Selbstkonzepts den wissenschaftlichen Diskurs bestimmt. Die Fülle an wissenschaftlichen Artikeln hat dazu geführt, dass inzwischen die Bedeutung des Selbstkonzepts sowie zentrale Mechanismen der Genese des Selbstkonzepts gut dokumentiert sind.

Ein Lehrbuchkapitel kann und soll nicht die gesamte Komplexität eines so lebendigen Forschungsfeldes wiedergeben. Es muss vereinfachen, ohne zu trivialisieren, und selektiv in der Auswahl der beschriebenen Forschungser-gebnisse sein, ohne den Blick ungebührlich zu verengen. Bei der Abfassung dieses Kapitels haben wir dies u. a. zu erreichen versucht, indem wir primär eine pädagogisch-psychologische Sichtweise vom Selbstkonzept einnehmen, innerhalb dieses Bereichs jedoch eine Fokussierung auf Einzelphänomene und einzelne Studien vermeiden.

8.2 Theoretische Wurzeln der pädagogisch-psychologischen Selbstkonzeptforschung

8.2.1 William James

In der englischsprachigen Literatur wird meist William James als Begründer der Selbstkonzeptforschung bezeichnet, der am Ende des 19. Jahrhunderts seine einflussreichen Arbeiten vorlegte. James trieb u. a. die Frage um, warum verschiedene Personen mit ähnlichen Fähigkeiten ein ganz unterschiedliches Selbstbild erwerben und entsprechend unterschiedlich zufrieden mit sich sind. Zur Systematisierung des Forschungsfelds führte James eine Differenzierung im Selbst ein, indem er zwischen dem Betrachter („I") und dem Betrachteten („Me") unterschied. Das „I" ist die denkende und handelnde Person selbst, es bezeichnet nicht das Selbst als Objekt der Betrachtung, sondern ist gewissermaßen das betrachtende Subjekt, das „self as a knower". Das **„Me"** stellt dagegen das Objekt der Betrachtung der eigenen Person dar. Das „Me" entspricht dem Selbstkonzept, dem „self as known", oder dem selbstbezogenen Denken, Empfinden und Wissen. Das „I" betrachtet also das „Me". Das „self as known" stellt die Aspekte einer Person dar, derer sich das „self as knower" bewusst ist.

Das „Me" wird bei James als hierarchisches und multidimensionales Selbstkonzept konzipiert. Das „Me" wird aus Erfahrungen konstruiert, es ist das „empirical ego" (James, 1892/1999). Es setzt sich aus spirituellen, sozialen und materiellen Aspekten zusammen. Die oberste Hierarchieebene bildet das **spirituelle Selbst**, welches Wissen über eigene Eigenschaften, Fähigkeiten und Einstellungen beinhaltet, „the entire collection of my states of consciousness, my psychic faculties and dispositions taken concretely" (James, 1892/1999, S. 71). Hier sind in moderner Terminologie fähigkeitsbezogene Selbstkonzepte und schulfachspezifische Interessen anzusiedeln. Das **soziale Selbst** verstand James dagegen eher als wahrgenommene Fremdwahrnehmung einer Person. Jeder Mensch hat demnach so viele Varianten des sozialen Selbst, wie Personen sich in unterschiedlicher Weise an ihn erinnern. Das soziale Selbst besteht also im Wesentlichen aus Kognitionen darüber, welches Ansehen man bei verschiedenen Personen(-gruppen) hat bzw. wie man von ihnen wahrgenommen wird. Das **materielle Selbst** schließlich umfasst

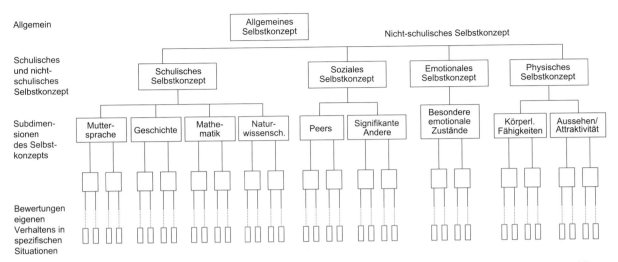

◘ Abb. 8.2 Multidimensionales und hierarchisches Selbstkonzept. (Modifiziert nach Shavelson et al. 1976, copyright © 1976 by SAGE Publications. Reprinted by Permission of SAGE Publications.)

Wissen über den eigenen Körper, wichtige andere Personen (Familie) und vertraute Gegenstände.

Zum „Me" zählen auch affektive Einstellungen gegenüber der eigenen Person, das sog. „self-feeling" eines Menschen sich selbst gegenüber, das in unterschiedlichem Ausmaß etwa Stolz und Scham beinhaltet. Im Wesentlichen ist dieses **Selbstwertgefühl** nach James das Ergebnis von Erfolgen oder Misserfolgen und der Stellung, die ein Mensch in der Welt hat. Hierbei geht es primär um subjektive Interpretationen von Erfolgen und Misserfolgen und nicht um deren objektive Ausprägung. Nach James bestimmt sich das Selbstwertgefühl eines Menschen als Verhältnis von Erfolg und Anspruch. Das Selbstwertgefühl basiert auf Fähigkeiten in einzelnen Domänen. Die Domänen werden je nach persönlicher Wichtigkeit bei der Ausgestaltung des Selbstwertgefühls berücksichtigt. James postulierte Prozesse, nach denen sich das Selbstwertgefühl aus der Summe gewichteter bereichsspezifischer Selbstkonzepte zusammensetzt.

Auch wenn die empirisch ausgerichtete Selbstkonzeptforschung manche Vorstellung von James zu revidieren half, bleibt festzuhalten, dass seine Arbeiten die Basis für spätere Selbstkonzeptmodelle, wie etwa das hierarchische Selbstkonzeptmodell von Shavelson, Hubner und Stanton (1976; ◘ Abb. 8.2), lieferten.

8.2.2   Symbolischer Interaktionismus

Selbstkonzepte sind ganz maßgeblich von Interaktionen mit der sozialen Umwelt beeinflusst. Diese Erkenntnis wurde seit Anfang des 20. Jahrhunderts insbesondere von Vertretern des symbolischen Interaktionismus, aber auch von klinischen Psychologen wie Carl Rogers popularisiert. Nach den Annahmen des symbolischen Interaktionismus ist das Selbstkonzept in erster Linie ein Resultat der ► **Fremdwahrnehmungen** einer Person durch andere Personen. Das Selbstkonzept ist danach so etwas wie ein Abziehbild der Einstellungen anderer Menschen zu dieser Person, eine Reflexion ihrer wahrgenommenen Wirkung auf andere. Cooley (1902) prägte in diesem Zusammenhang den Begriff des „looking-glass-self". Andere Personen spiegeln einer Person ihre Einstellungen und Gefühle gegenüber dieser Person wider; in diesem Spiegel sieht sich die Person und konstruiert aus den Fremdwahrnehmungen ihr eigenes Selbstkonzept.

Insbesondere Menschen, die einer Person nahestehen, haben nach dieser Konzeption starken Einfluss auf deren Selbstkonzept: „In the presence of one whom we feel to be of importance, there is a tendency to enter into and adopt, by sympathy, his judgment of ourself" (Cooley, 1902, S. 175). Mead (1934) betonte darüber hinaus, dass nicht nur Individuen, sondern auch soziale Gruppen und deren Normen das Selbstkonzept prägen. Dabei bestimmt die Gesamtheit der sozialen Gruppen, deren Mitglied eine Person ist, deren Selbstbild. Die Person nimmt einen „generalisierten Anderen" wahr, quasi als Querschnitt aller sozialen Gruppen. Die Einstellung, die dieser generalisierte Andere zu der Person hat, prägt deren Selbstkonzept; die Einstellung der anderen zu einer Person wird dann von dieser übernommen.

Das Verdienst der symbolischen Interaktionisten für die Selbstkonzeptforschung besteht in der **Betonung der Rolle der sozialen Umwelt** für die Selbstkonzeptentwicklung. Diese wird heute nicht mehr angezweifelt, wenn auch nicht alle Postulate des symbolischen Interaktionismus

Direkte versus indirekte Rückmeldungen

Wie kommt es zu den nur moderaten Zusammenhängen zwischen Selbst- und Fremdbild? Angeregt von den insgesamt ernüchternden empirischen Befunden hinsichtlich der Übereinstimmung von Selbstbild und Fremdbild nannte Felson (1993) einige Gründe, die zu diesem Befundmuster beitragen könnten. Als eine mögliche Ursache wird die niedrige Kongruenz zwischen Fremdbild und wahrgenommenem Fremdbild gesehen, da zunächst das wahrgenommene Fremdbild in das Selbstbild integriert werden muss. Oft seien die Rückmeldungen von anderen zu Aspekten der eigenen Person aber uneindeutig oder positiv verzerrt: Gesellschaftliche Konventionen würden es in vielen Fällen verbieten, kritische bzw. negative Rückmeldungen zu geben. Es soll gewährleistet werden, dass alle Mitglieder der Gesellschaft ihr Gesicht wahren können („face-work"), was durch gegenseitige Rücksicht gewährleistet wird.

Nichtsdestotrotz gab Felson (1993) auch Hinweise darauf, welche Möglichkeiten einem Individuum zur Verfügung stehen, um ein realistisches Selbstbild zu erwerben. Zum einen können in Situationen, in denen negative Rückmeldungen sozial „verboten" sind, Rückschlüsse aus der Abwesenheit positiver Rückmeldung gezogen werden. Zudem gibt es gewisse Informationskanäle (z. B. enge Freunde und Lebenspartner), von denen man realitätsnahes Feedback erbitten kann. Eine besondere Rolle nehmen nach Felson (1993) institutionalisierte Leistungsrückmeldungen ein, wie man sie in der Schule etwa bei der Zeugnisvergabe oder der Rückgabe von Klassenarbeiten erhält: Sie werden als relativ verlässliches Feedback angesehen. Solche Rückmeldungen werden besonders dann als informativ angesehen, wenn sie Informationen über die relative Position zu anderen beinhalten und damit einen sozialen Vergleich ermöglichen.

Felson (1993) nahm somit an, dass ein direkter verbaler Rückmeldeprozess eher die Ausnahme als die Regel ist. Neben den hier aufgeführten indirekten und institutionalisierten Rückmeldungen beschrieb Felson jedoch noch einen weiteren, indirekten Weg zur Selbsteinschätzung, bei dem gemeinsame Standards („shared standards") einer Bezugsgruppe eine besonders wichtige Rolle spielen. Nach dieser Annahme kann ein Individuum zu einer Repräsentation der eigenen Reputation kommen, indem es die in der Bezugsgruppe vorherrschenden Standards internalisiert und sich selbst daran misst (Felson, 1993, S. 11):

„The process can be explained in terms of the socialization of standards, or as the normative effect of reference groups. A normative effect suggests that individuals learn standards from others and then evaluate themselves using these standards."

---

empirisch bestätigt werden konnten. So fallen Übereinstimmungen zwischen Selbst- und Fremdeinschätzungen in der Regel niedriger aus als erwartet (Shrauger & Schoeneman, 1979; ▶ Exkurs „Direkte versus indirekte Rückmeldungen"). Diese Übereinstimmungen zwischen Selbstbild und tatsächlichem Fremdbild sind jedenfalls niedriger als die Übereinstimmungen zwischen dem Selbstbild von Schülern und dem von diesen Schülern selbst wahrgenommenen Fremdbild. Meine Vermutung, was andere Personen über mich denken, ist also auch ein Resultat selektiver Wahrnehmung und Informationsverarbeitung, die von meinem Selbstbild gesteuert wird.

8.2.3 Gedächtnispsychologische Modelle des Selbstkonzepts

Mit der kognitiven Wende in der Psychologie ab den 1970er Jahren setzte ein Siegeszug der Selbstkonzeptforschung ein. Das Selbst wurde als kognitive (Gedächtnis-) Struktur modelliert, die durch Informationsaufnahme geformt wird sowie unter bestimmten Umständen selbst die Informationsaufnahme beeinflusst. So konzipierte Filipp (1979) das **Selbstkonzept als Wissensstruktur** hinsichtlich der eigenen Person. Neben verschiedenen Quellen selbstbezogenen Wissens hat Filipp den Prozess der Aufnahme und Verarbeitung selbstbezogener Informationen untersucht. Sie unterschied dabei vier Phasen, nämlich

1. die Vorbereitungsphase, in der die Diskrimination selbstbezogenen Wissens geschieht,
2. die Aneignungsphase, in der die selbstbezogene Information in ein internes, aktualisiertes Selbstmodell integriert wird,
3. die Speicherungsphase, in der das selbstbezogene Wissen beispielsweise in der Form eines Schemas gespeichert wird, sowie
4. die Erinnerungsphase, in der die selbstbezogenen Informationen abgerufen und handlungsleitend werden können.

Ein weiteres Beispiel für die gedächtnispsychologische Tradition sind die Arbeiten von Markus (1977). Sie unterscheidet zwischen **überdauernden und situationalen Aspekten des Selbstkonzepts**. In der Konzeption von Markus umfassen die stabilen Aspekte des Selbstkonzepts beispielsweise positive oder negative Sichtweisen von Aspekten der eigenen Person, aber auch Wunschvorstellungen der eigenen Person (Ideal-Selbst). Nach Markus werden vor dem Hintergrund dieser relativ stabilen Aspekte des Selbstkonzepts in konkreten Situationen bestimmte Selbstkonzeptaspekte aktiviert, von Markus als „working self" bezeichnet. Das „working self-concept" wird auf der einen Seite durch die stabilen Aspekte des Selbstkonzepts bestimmt, auf der anderen Seite aber durch aktuelle situative und soziale Einflüsse modifiziert.

Nach Markus umfassen die stabilen Aspekte des Selbstkonzepts eine Reihe von verschiedenen Selbstkonzeptfacetten, wie beispielsweise die guten und schlechten Seiten der eigenen Person, das Ideal-Selbst und das negative Selbst. Gleichzeitig machte Markus darauf aufmerksam, dass in Abhängigkeit von der Situation unterschiedliche Verarbeitungsstrategien auftreten.

Der Inhalt des jeweiligen **Working Self-Concept** ist somit nach Markus nicht nur durch die stabilen Selbstkonzepte bestimmt, sondern auch durch die jeweilige soziale Situation. Als Belege für ihre Vorstellungen führte Markus Ergebnisse aus experimentellen Studien an. So manipulierten beispielsweise Markus und Kunda (1986) das temporäre Selbstkonzept von Studentinnen, indem ihnen suggeriert wurde, sie würden extrem ähnliche ("Ähnlichkeitsbedingung") bzw. unähnliche ("Einzigartigkeitsbedingung") Vorlieben aufweisen wie drei gleichzeitig untersuchte Studierende. Markus und Kunda fanden Belege dafür, dass die Untersuchungsteilnehmerinnen in Reaktion auf die experimentelle Manipulation ihr tatsächliches Selbstkonzept veränderten. Hannover (1997) hat diesen Ansatz theoretisch und empirisch weiterentwickelt und insbesondere für die Pädagogische Psychologie nutzbar gemacht (s. auch Kessels & Hannover, 2004).

8.2.4   Entwicklungspsychologische Arbeiten

In der Entwicklungspsychologie wurde in den vergangenen Jahrzehnten eine Reihe von Modellen zur Genese des Selbstkonzepts erarbeitet. Ein Beispiel für einen entwicklungspsychologisch begründeten Ansatz, der auch für die pädagogisch-psychologische Forschung bedeutsam wurde, sind die Beiträge von Harter (z. B. 1998, 1999). Harter entwickelte, aufbauend auf den Arbeiten von James (1892/1999) und Piaget (1960), in mehreren Etappen ein **Modell der kognitiven Entwicklung des Selbstkonzepts**. Zunächst beschrieb Harter (1983) die Selbstkonzeptentwicklung anhand der Unterscheidung kognitiver Prozesse nach Piaget (1960). Konkret-operationale Selbstbeschreibungen in der früheren Kindheit werden zunehmend abgelöst durch abstrakte Selbstbeschreibungen mit Eigenschaftscharakter. Selbstbeschreibungen von Kindern betreffen häufig beobachtbare Attribute wie Eigentum oder Fähigkeiten; zudem sind die Bewertungen der eigenen Person sehr positiv, soziale Vergleichsinformation ist nicht ausreichend vorhanden bzw. wird noch nicht adäquat genutzt (Ruble & Frey, 1987). Ältere Kinder und Jugendliche können auch negative Eigenschaften in das Selbstkonzept integrieren, außerdem steigt die Bedeutung des leistungsbezogenen und des sozialen Selbstkonzepts. Die einzelnen Selbstkonzepte differenzieren sich aus durch

inter- und intraindividuelle Vergleichsprozesse. Durch Vergleiche mit Gleichaltrigen werden die Selbstkonzepte zunehmend realistischer und differenzierter.

Später erfolgte durch Harter (1998, 1999) eine Reformulierung der Entwicklung des Denkens im Kindes- und Jugendalter. Harter beschrieb für sechs Altersstufen vom Säuglingsalter bis zum späten Jugendalter die **Struktur** und die **zentralen Inhalte** von Selbstkonzepten sowie deren **Übereinstimmung mit der Wirklichkeit**. Danach sind die Selbstkonzepte bis weit in die Kindheit hinein ("middle childhood") stark positiv verzerrt, durch die allmähliche Integration auch negativer Informationen über eigene Fähigkeiten und Eigenschaften in das Selbstbild nimmt die Genauigkeit der Selbsteinschätzungen zu. Mit dieser Entwicklung geht die zunehmende Ausdifferenzierung des eigenen Rollenbildes einher; am Ende der Jugendzeit reflektiert das Selbstkonzept relativ stabile Überzeugungen und Werte.

8.2.5   Sozialpsychologische Selbstkonzeptforschung

In der Sozialpsychologie hat sich eine ausgesprochen lebendige und oftmals faszinierende Forschungsaktivität zum Selbstkonzept entwickelt, in der u. a. beschrieben wird, wie es den meisten Menschen gelingt, ein positives Selbstbild zu erhalten. Es gibt in Hinblick auf die Konzepte, Themen und Methoden viele Überschneidungen mit der pädagogisch-psychologischen Selbstkonzeptforschung.

Wichtige Unterschiede zwischen der sozialpsychologischen und der pädagogisch-psychologischen Forschung bestehen jedoch nach wie vor in zweierlei Hinsicht. Zum einen fokussiert der Großteil der sozialpsychologischen Selbstkonzeptforschung das Selbstwertgefühl (▶ Exkurs „Allgemeines Selbstkonzept als Einstellung: Die Beiträge von Morris Rosenberg") und ist nur bedingt an bereichsspezifischen Selbstkonzepten interessiert, die in der pädagogisch-psychologischen Forschung die Publikationsaktivitäten dominieren. Zum anderen nimmt die sozialpsychologische Forschung in hohem Maße eine Prozessperspektive ein, die zu den oft eher eigenschaftsorientierten Selbstkonzeptmodellen der Pädagogischen Psychologie in deutlichem Kontrast steht. Bezieht man sich auf die oben dargestellte Unterscheidung nach James, so beschränkt sich das pädagogisch-psychologische Selbstkonzept in erster Linie auf das „Me", während bedeutsame Anteile der sozialpsychologischen Selbstkonzeptforschung eine Präferenz für das „I", die aktive Seite des Selbst, haben. Das Selbst fungiert hier als motiviertes, dynamisches System mit handlungsleitender Funktion (Mischel & Morf, 2003). Genannt werden beispielsweise theoretische Annahmen, wonach viele oder alle Menschen Bedürfnisse nach Selbstbewertung („self-evaluation"), Selbstwertsteigerung („self-enhancement"), Selbstbestätigung („self-verification"), Selbstwertschutz („self-defense") oder Selbstverbesserung („self-improvement") haben, die in unterschiedlichen Situationen unterschiedlich bedeutsam sind. In schulischen Leistungssituationen scheint das Bedürfnis nach Selbstverbesserung besonders prominent; so verglichen sich die Schüler in der Studie von Möller und Köller (1998) vor allem mit leistungsstärkeren Mitschülern.

8.3 Struktur, Stabilität und Erfassung des Selbstkonzepts

Aktuelle pädagogisch-psychologische Arbeiten zum Selbstkonzept gehen in der Regel von einer Konzeption aus, bei der das Selbstkonzept – in Übereinstimmung mit gedächtnispsychologischen Arbeiten – eine kognitive Repräsentation eigener Fähigkeiten und/oder Begabungen darstellt. Versucht man eine Einordnung in die Theorie von James, so steht im Blickpunkt pädagogisch-psychologischer Arbeiten meist das „Me". Im Einklang mit James wird die Notwendigkeit einer bereichsspezifischen Sicht hervorgehoben – ein Mensch kann sich in unterschiedlichen Teilbereichen ganz unterschiedlich wahrnehmen. Die Betonung der sozialen Umwelt als wichtige Determinante des Selbstkonzepts wirkt wie ein Widerhall der frühen Arbeiten des symbolischen Interaktionismus, und aus der Entwicklungspsychologie wurden zentrale Modellvorstellungen zur Genese des Selbstkonzepts adaptiert. Im Folgenden stellen wir zentrale Modelle vor und geben einen kurzen Überblick über Instrumente, mit denen das Selbstkonzept erfasst werden kann.

8.3.1 Struktur des Selbstkonzepts: Bereichsspezifität und Hierarchie

Eine Übersichtsarbeit zum Stand der Selbstkonzeptforschung von Shavelson et al. (1976) wird häufig als Startpunkt der modernen pädagogisch-psychologischen Selbstkonzeptforschung bezeichnet. In dieser Arbeit beklagten Shavelson und Mitarbeiter eine fehlende theoretische Tiefe und Stringenz in der Selbstkonzeptforschung und kritisierten, dass die meisten der vorhandenen Messinstrumente auf Ad-hoc-Basis konstruiert worden waren. Sie schlugen unter Bezugnahme auf James (1892/1999) vor, das Selbstkonzept mehrdimensional und hierarchisch zu konzipieren. Das von ihnen entwickelte Modell, das heute meist als „Shavelson-Modell" bezeichnet wird, ist in ◼ Abb. 8.2 dargestellt.

Eine zentrale Annahme des Shavelson-Modells ist die **multidimensionale Struktur**. Um die Komplexität seiner Erfahrung mit der Umwelt zu reduzieren, organisiert ein

> **Exkurs**
>
> **Allgemeines Selbstkonzept als Einstellung: Die Beiträge von Morris Rosenberg**
>
> Die Arbeiten von Rosenberg (1965, 1986) hatten einen nachhaltigen Einfluss auf die weitere Forschung zum Selbstwertgefühl. Rosenberg (1965, S. 5f.) konzipierte das Selbstkonzept als Einstellung („attitude") einer Person zu sich selbst:
>
> „In the present study, we conceive of the self-image as an attitude toward an object. … Putting it baldly, there is no qualitative difference in the characteristics of attitudes toward the self and attitudes toward soup, soap, cereal, or suburbia."
>
> Er betont, dass diese Perspektive es erlaubt, bei der Erforschung des Selbst die gleichen Instrumente zu verwenden wie in der übrigen Einstellungsforschung.
> Rosenberg (1965) entwickelte dementsprechend einen ökonomisch einsetzbaren, eindimensionalen und reliablen Fragebogen, die Rosenberg-Skala. Zehn Items erfragen auf einer 4-stufigen Antwortskala generalisierte, affektiv-evaluative Selbsteinschätzungen. Ein Itembeispiel lautet: „At times I think I am no good at all." Dieser Fragebogen zum Selbstwertgefühl wird noch heute als Standardinstrument in unterschiedlichen Forschungskontexten eingesetzt. Die pädagogisch-psychologische Forschung hat allerdings gezeigt, dass bereichsspezifische Selbstkonzepte in Hinblick auf schulrelevante Kriteriumsvariablen fast ausnahmslos eine höhere prognostische Validität besitzen (Marsh & Craven, 2006; Trautwein, Lüdtke, Köller & Baumert, 2006).

Individuum diese Erfahrungen mithilfe von Kategorien. Eine Einteilung von Erfahrungen in Kategorien bedeutet auch, dass das Selbstkonzept mehrere Facetten hat, d. h. eine multidimensionale Struktur aufweist. In anderen Worten: Personen bauen Überzeugungen darüber auf, in welchen Bereichen sie besonders hohe oder geringe Fähigkeiten und Begabungen haben. Die logisch nächste Frage ist dann, wie viele unterschiedliche Bereiche Menschen unterscheiden, wie viele Dimensionen das Selbstkonzept also umfasst.

Shavelson et al. (1976) argumentierten, dass das Kategoriensystem von Schülern auf einer relativ generellen Ebene zumindest die Facetten Schule, soziale Akzeptanz, physische Fähigkeiten sowie emotionales Befinden beinhalte. Innerhalb des Bereichs Schule sollte dann wiederum zwischen dem Selbstkonzept bezüglich unterschiedlicher Fächer unterschieden werden sowie innerhalb der Fächer nach unterschiedlichen Teilfertigkeiten. Shavelson et al. (1976) nahmen darüber hinaus an, dass sich das Selbstkonzept im Laufe der Entwicklung vom Kindes- zum Erwachsenenalter zunehmend differenziert. Die Modellvorstellung einer **zunehmenden Differenzierung von Selbstkonzepten** ist gut mit einer Neo-Piaget'schen Entwicklungstheorie vereinbar (Harter, 1998, 1999). Kinder erwerben demnach im Austausch mit der sozialen Umwelt und als Antwort auf kognitive Herausforderungen diffe-

Intelligenzanalogie beim Shavelson-Modell

Die von Shavelson et al. (1976) verwendete Intelligenzanalogie hat den Vorzug der großen Anschaulichkeit. Aus theoretischen und empirischen Gründen mag man sie jedoch durchaus kritisch betrachten. Aus theoretischer Sicht kann kritisiert werden, dass die Intelligenzanalogie in Konflikt mit zentralen Annahmen zur Selbstkonzeptgenese steht. Im g-Faktor-Modell der Intelligenz wird dem g-Faktor eine wichtige Rolle bei der Ausprägung bereichsspezifischer Fertigkeiten zugesprochen. Entsprechend müsste man argumentieren, dass das generelle Selbstkonzept die Ausprägungen aller bereichsspezifischen Selbstkonzepte beeinflusst. Dies widerspricht jedoch der Annahme, dass es wiederholte, situationsspezifische Erfahrungen sind, die das bereichsspezifische Selbstkonzept primär prägen. Auch aus empirischer Warte wird man den Postulaten zur Selbstkonzeptpyramide nur bedingt zustimmen. Marsh und Hattie (1996) unterschieden verschiedene „strenge" Formen der Hierarchie. Eine strenge hierarchische Modellvorstellung würde verlangen, dass in einer (konfirmatorischen oder explorativen) Faktorenanalyse lediglich ein starker globaler Faktor gefunden wird, auf den bereichsspezifische Selbstkonzepte laden. Das andere Extrem – und damit ein Hinweis auf eine schwache Hierarchie – würde ein multidimensionales Modell darstellen, bei dem sich mehrere bereichsspezifische Faktoren finden ließen, die gar nicht oder nur schwach miteinander korreliert wären. Die Idee einer Hierarchie lässt sich aber auch dann aufrechterhalten, wenn man nur schwache Korrelationen findet. In diesem Falle können Konstrukte auf einer höheren Hierarchieebene (z. B. das allgemeine schulische Selbstkonzept) hierarchieniedrigere Selbstkonzepte (z. B. das mathematische oder verbale Selbstkonzept) nur bedingt erklären.

---

renziertere Konzepte von sich selbst und ihren Fähigkeiten, und zunehmend fällt es ihnen leichter, bei sich selbst relative Stärken und Schwächen zu erkennen. Überprüfen lassen sich diese theoretischen Annahmen, indem man Korrelationsmuster zwischen Selbstkonzeptfacetten betrachtet: Je älter die Kinder bzw. Jugendlichen sind, desto geringer sollten die Korrelationen zwischen unterschiedlichen Selbstkonzeptdomänen ausfallen. In der Tat findet sich einige empirische Stützung für diese Vermutung, zumindest für die relativ frühe Entwicklung. Die Forschungsgruppe um Marsh (Überblick in Marsh & Craven, 1997) hat beispielsweise gezeigt, dass es mit elaborierten Methoden möglich ist, eine Vielzahl von Selbstkonzeptfacetten analytisch zu trennen. So unterscheidet der Akademische Selbstbeschreibungsbogen (ASDQ; Marsh, 1990a) allein im schulischen Bereich 14 fachspezifische Selbstkonzepte sowie ein globales Selbstkonzept schulischer Fähigkeiten. Der multidimensionale Charakter des Selbstkonzepts ist heute allgemein akzeptiert.

Darüber hinaus postulierten Shavelson et al. (1976), dass das Selbstkonzept auch eine **hierarchische Struktur** besitze, an dessen Spitze ein allgemeines Selbstkonzept („general self-concept") stehe. Sie verwiesen hierbei auf Konzepte der Intelligenzforschung, die von einem allgemeinen g-Faktor, der gleichsam an der Spitze der Hierarchie steht, und mehreren spezifischeren Subfaktoren ausgehen (▶ Exkurs „Intelligenzanalogie beim Shavelson-Modell"). So unterschieden die Autoren beispielsweise zwischen einem schulischen Selbstkonzept und einem nichtschulischen Selbstkonzept, wobei ersteres wiederum in hierarchisch gegliederter Art und Weise in fächerspezifische Facetten aufgeteilt wurde.

Die Annahmen zur hierarchischen Struktur des Shavelson-Modells wurden über die Zeit zunehmend gelockert. Das ursprünglich von Shavelson et al. (1976) postulierte Modell sah in Bezug auf die schulbezogenen Komponenten ein generelles schulisches Selbstkonzept vor, welches eine Art Integration der einzelnen unterrichtsfachspezifischen Selbstkonzepte beispielsweise in Mathematik oder dem muttersprachlichen Unterrichtsfach darstellen sollte. Empirische Untersuchungen ergaben allerdings, dass das verbale Selbstkonzept und das mathematische Selbstkonzept nur unwesentlich, gar nicht oder sogar negativ miteinander korreliert waren. Marsh, Byrne und Shavelson (1988) unterschieden deshalb auf der Ebene globaler schulischer Faktoren zwei weitgehend getrennte schulische Selbstkonzepte. Das **verbale Selbstkonzept** speist sich aus Selbsteinschätzungen zum muttersprachlichen Unterrichtsfach, zu den Fremdsprachen und Fächern wie Geschichte. Das **mathematische Selbstkonzept** integriert Selbsteinschätzungen in Fächern wie Mathematik, Physik und Chemie. Tatsächlich lässt sich diese Aufteilung in konfirmatorischen Faktorenanalysen gut bestätigen. Das resultierende, revidierte Modell des schulischen Selbstkonzepts beinhaltet also nicht mehr die von Shavelson angenommene Variante eines hierarchischen Charakters innerhalb der schulischen Domäne, sondern geht von zwei übergeordneten Faktoren aus. ◻ Abb. 8.3 zeigt diese Aufgliederung des schulischen Selbstkonzepts in ein verbales und ein mathematisches Selbstkonzept. Das revidierte Modell wurde zur Grundlage einer Vielzahl von empirischen Untersuchungen, die sich mit den Beziehungen zwischen mathematischen und verbalen Selbstkonzepten einerseits und den zugehörigen mathematischen und verbalen Leistungen andererseits befassten. Sie sind unter dem Stichwort Internal/External-Frame-of-Reference-Modell (I/E-Modell) bzw. Bezugsrahmenmodell ausführlich beschrieben (▶ Abschn. 8.4.3).

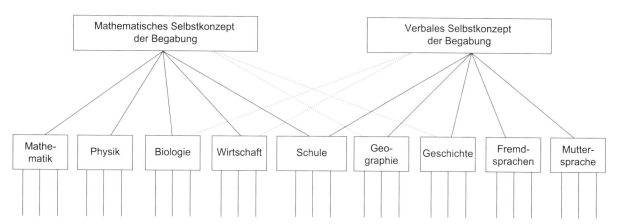

☐ **Abb. 8.3** Struktur des schulischen Selbstkonzepts im revidierten Modell. (Modifiziert nach Marsh et al., 1988, © 1988 Australian Psychological Society, mit freundlicher Genehmigung von John Wiley and Sons)

8.3.2 Stabilität des Selbstkonzepts

Verlieren Schüler in einem gewissen Alter die Lust auf die Schule, weil ihr schulisches Selbstkonzept – beispielsweise im Verlauf der Pubertät – absinkt? Wie stabil sind die Unterschiede zwischen Schülern einer bestimmten Klasse? Und kommt es vor, dass eine Schülerin, die lange Zeit dachte, sie sei in Deutsch viel begabter als in Mathematik, doch noch ihre Meinung ändert und ein Faible für die Mathematik erwirbt? In all diesen Fragen steckt bereits die Frage nach den Determinanten eines hohen oder niedrigen Selbstkonzepts, die erst im nächsten Abschnitt vertieft behandelt wird. Eine erste Antwort erhält man jedoch bereits dann, wenn man nur die sog. **Stabilität** des Selbstkonzepts betrachtet. Ganz einfach ist die Antwort allerdings nicht, denn man kann verschiedene Formen von Stabilität unterscheiden (Mortimer, Finch & Kumka, 1982):

- normative Stabilität
- Mittelwertsstabilität
- strukturelle Stabilität
- intraindividuelle Stabilität
- Konstruktstabilität

Je nach verwendeter Stabilitätskonzeption kann man zu ganz unterschiedlichen Aussagen über die Stabilität des Selbstkonzepts gelangen.

Normative Stabilität. Mit normativer Stabilität („normative stability", „differential stability" oder „correlational stability") ist die Stabilität von interindividuellen Unterschieden in Selbstkonzepten bei mehrmaliger Messung gemeint. Empirisch erfasst wird diese Art der Stabilität in der Regel durch die Korrelation der Werte derselben Personengruppe in zwei Messungen mit demselben Instrument. In dem Maße, in dem sich Rangpositionen zwischen den Messungen verschieben, sinkt die normative Stabilität.

Andererseits wird die normative Stabilität durch eine Verschiebung des Mittelwerts zwischen den zwei Messungen nicht notwendigerweise gesenkt. Insgesamt weisen schulbezogene Selbstkonzepte bereits im Grundschulalter beachtliche normative Stabilitäten auf. Marsh, Craven und Debus (1998) berichteten für Zweitklässler eine Ein-Jahres-Stabilität für die Selbstkonzeptbereiche Mathematik, Lesen und Schule von 0,46 bis 0,64. Mit höherem Alter nimmt die Stabilität nochmals zu. Stabilitätskoeffizienten von 0,70 und höher sind keine Seltenheit (Wigfield et al., 1997). Selbst bei einem Wechsel der Bezugsgruppe, wie er beispielsweise nach dem Ende der Schulzeit erfolgt, finden sich beachtliche Stabilitätskoeffizienten (Marsh et al., 2007). Die berichteten Stabilitätskoeffizienten ähneln den Stabilitäten, die für die zentralen Persönlichkeitseigenschaften im Sinne der Big-Five-Konzeption ermittelt werden (Asendorpf & van Aken, 2003). Insgesamt weisen Selbstkonzepte damit eine recht hohe normative Stabilität auf. Wer zu einer bestimmten Zeit ein vergleichsweise hohes Selbstkonzept berichtet hat, berichtet auch noch Jahre später mit einer gewissen Wahrscheinlichkeit ein vergleichsweise hohes Selbstkonzept. Das schließt situationsspezifische Schwankungen natürlich nicht aus.

Mittelwertstabilität. Neben der normativen Stabilität wurde in erster Linie die Mittelwertstabilität („level stability") des Selbstkonzepts untersucht. Unterscheidet sich beispielsweise bei einer Schülergruppe das durchschnittliche schulische Selbstkonzept, das in der 7. Klasse berichtet wurde, nicht von dem, das in der 10. Klasse berichtet wurde, so würde man dies als einen Hinweis auf eine hohe Mittelwertstabilität deuten. Trotz einer hohen Stabilität des Mittelwerts in der Gesamtgruppe kann es jedoch sehr wohl sein, dass das Selbstkonzept einzelner Schüler bzw. von Gruppen von Schülern zu- oder abnimmt. Das mittlere physikbezogene Selbstkonzept einer Klasse würde beispielsweise dann stabil bleiben, wenn das Selbstkonzept der Jungen steigt, während das der Mädchen sinkt.

Insgesamt weisen viele Studien darauf hin, dass es beim Selbstkonzept zu statistisch signifikanten Mittelwertveränderungen kommt. So fand beispielsweise Helmke (1998) in einer Untersuchung mit Grundschulkindern einen deutlichen Rückgang der Mittelwerte beim schulischen Selbstvertrauen zwischen der 1. und 6. Schulklasse. Während Kinder zu Beginn der Schulzeit eine deutliche Überschätzung ihrer eigenen Leistung zeigten, war diese bei Kindern der 6. Klassenstufe nur noch gering ausgeprägt.

Worauf ist das Absinken schulischer Selbstkonzepte, das rasch nach Eintritt in die Schule beobachtet werden kann und sich bis in die mittlere Adoleszenz zieht, zurückzuführen? Ist dieses Muster notwendigerweise ein Grund zur Besorgnis? Vermutlich tragen mehrere Faktoren zum Rückgang bereichsspezifischer Selbstkonzepte bei. Problematisch ist, dass die schulischen Strukturen und Rückmeldesysteme unnötigerweise negative Auswirkungen haben; so produzieren beispielsweise Benotungssysteme, die am sozialen Vergleich („Klassenspiegel") orientiert sind, in jeder Klasse automatisch „Verlierer", während kriteriale Bezugssysteme dies vermeiden können. Das Absinken des Selbstkonzeptniveaus dürfte aber auch ein Beleg für allgemeine Entwicklungsverläufe in Hinsicht auf realistischere Selbstbewertungen sein (Harter, 1998, 1999). Darüber hinaus spiegelt der allgemeine Mittelwertverlauf eine Herausbildung der eigenen Identität nebst notwendiger Interessendifferenzierung wider: Obwohl im Allgemeinen das Selbstkonzept sinkt, haben fast alle Schüler Bereiche, in denen ihr Selbstkonzept stabil bleibt oder sogar ansteigt.

Strukturelle Stabilität. Strukturelle Stabilität bzw. Invarianz liegt dann vor, wenn ein Konstrukt über die Zeit hinweg die gleichen Dimensionen und dieselben Verbindungen zwischen diesen Domänen aufweist. Hinsichtlich der strukturellen Stabilität zeigten sich sowohl Belege für eine zunehmende Differenzierung des Selbstkonzepts als auch Hinweise darauf, dass eine solche Differenzierung bereits in der frühen Adoleszenz abgeschlossen ist. So stellte Marsh (1989) die von Shavelson et al. (1976) sowie Harter (1998) formulierte Hypothese infrage, dass sich mit fortschreitendem Alter eine zunehmende Differenzierung des Selbstkonzepts finden lasse. Marsh untersuchte dabei die mittleren Korrelationen zwischen Selbstkonzeptdomänen und stellte fest, dass die Größe dieser Korrelationen bis zur 5. Klasse tatsächlich abnimmt – danach jedoch stabil bleibt. Marsh beschränkte deshalb die Annahme einer zunehmenden Differenzierung auf die Altersstufen bis zur 5. Klasse.

Intraindividuelle Stabilität. Eine interessante, aber empirisch eher vernachlässigte Variante der Stabilität stellt die intraindividuelle oder ipsative Stabilität dar. Eine hohe ipsative Stabilität ist dann gegeben, wenn bei einem Individuum die Organisation von verschiedenen Selbstkonzeptdomänen über die Jahre hinweg stabil bleibt. Beispielsweise könnte ein Jugendlicher von der 5. bis zur 10. Klasse immer ein hohes mathematisches Selbstkonzept, dafür aber ein niedriges verbales Selbstkonzept und ein mittelhohes Selbstkonzept sportlicher Fähigkeiten haben.

Konstruktstabilität. Konstruktstabilität oder inhaltliche Stabilität schließlich liegt dann vor, wenn ein Konstrukt bzw. Item für die Befragten über einen längeren Zeitraum stets dieselbe Bedeutung hat. So mag man sich überlegen, ob das Selbstkonzept Mathematik in der Grundschule und in der gymnasialen Oberstufe eine ähnliche Bedeutung hat – geht es doch in der Grundschule um einfache Rechenoperationen, in der gymnasialen Oberstufe dagegen u. a. um Kurvendiskussionen, anspruchsvolle Geometrie sowie Wahrscheinlichkeitstheorie. Im Prinzip ist der Nachweis inhaltlicher Stabilität natürlich Voraussetzung dafür, dass die übrigen Stabilitätsaspekte geprüft werden. Insbesondere bei solchen Konstrukten, bei denen nur geringe Stabilitäten gefunden werden, lässt sich hinterfragen, ob denn wirklich jeweils „das Gleiche" gemessen wurde. Allerdings: Die inhaltliche Stabilität empirisch zu bestimmen, ist eine komplexe Aufgabe, da idealerweise ein längsschnittliches Design mit einer aufwendigen Konstruktvalidierung kombiniert werden müsste.

8.3.3   Erfassung des Selbstkonzepts

Fragebögen zur Erfassung des Selbstkonzepts gibt es in einer großen Zahl. Allerdings handelt es sich häufig um ad hoc konstruierte Instrumente, deren theoretische Einbindung und psychometrische Kennwerte zu wünschen übrig lassen. Im deutschen Sprachraum liegt eine Reihe von standardisierten Fragebögen zur Erfassung des schulbezogenen Selbstkonzepts vor (z. B. Rost & Sparfeldt, 2002; Schöne, Dickhäuser, Spinath & Stiensmeier-Pelster, 2002; Schwanzer et al., 2005), die in Hinblick auf die einbezogenen Domänen und das jeweilige Verständnis von Selbstkonzept gewisse Unterschiede aufweisen. Umstritten ist nach wie vor, ob die **affektive** („Ich mag Mathematik") und die **kognitiv-evaluative Komponente** („Ich bin gut in Mathematik") des akademischen Selbstkonzepts voneinander getrennt werden sollten. Auf der einen Seite wird argumentiert, dass das Selbstkonzept neben einer kognitiv-evaluativen auch eine affektive Komponente hat und beide in Selbstkonzeptskalen wie dem „Self Description Questionnaire" (SDQ) von Marsh (1990b) empirisch kaum zu trennen seien. Demgegenüber fordern andere Autoren eine klare Trennung der beiden Aspekte akademischer Selbstkonzepte. Sie verstehen unter akademischen Selbstkonzepten primär Kompetenzwahrnehmungen („Ich bin gut in Mathematik") und rechnen die affektive Komponente eher dem Interesse bzw. der Motivation zu (▶ Kap. 7). Entsprechend werden Instrumente bevorzugt, deren Items allein die kognitiv-evaluative Komponente thematisieren.

Die meisten Selbstkonzeptinstrumente sind Forschungsinstrumente – eine Diagnostik auf Individualebene ist nicht vorgesehen. Eine Ausnahme bilden die SESSKO („Skalen zur Erfassung des schulischen Selbstkonzepts") von Schöne et al. (2002; kritisch Sparfeldt, Schilling, Rost & Müller, 2003), die laut Autoren zur Einzelfalldiagnostik geeignet sind und für die Normwerte vorliegen. Allerdings ist fraglich, ob diese Normwerte in Hinblick auf Interventionsbedarf bei zu niedrigem (bzw. zu hohem) Selbstkonzept für sich allein aussagekräftig sind – vermutlich müssten für solche Zwecke die tatsächlich gezeigten Leistungen auspartialisiert werden.

Neben Fragebogeninstrumenten, die in Hinblick auf die Erfassung von Selbstkonzepten die Methode der Wahl zu sein scheinen, gibt es mittlerweile auch Ansätze zur Erfassung des „impliziten" Selbstkonzepts (Greenwald & Farnham, 2000). Inwieweit die implizite Erfassung des Selbstkonzepts die Selbstberichtsverfahren sinnvoll ergänzen kann, ist allerdings noch weitgehend ungeklärt.

8.4 Determinanten des Selbstkonzepts: Welche Faktoren beeinflussen die Höhe der fachbezogenen Selbstkonzepte?

Selbstkonzepte werden von vielen Faktoren beeinflusst; sie spiegeln nur bedingt einen „objektiven" Status wider. Ein Schüler, der in einem Mathematikleistungstest zu den besten 10 % seines Jahrgangs gehört, mag trotzdem der Meinung sein, für Mathematik wenig begabt zu sein. Solche Diskrepanzen zwischen objektiver Leistung und subjektiver Selbsteinschätzung wirken auf viele Forscher faszinierend und fördern die wissenschaftliche Produktivität in diesem Feld. Der Kontrast zwischen Objektivität und Subjektivität sowie die multiple Bedingtheit des Selbstkonzepts gehören zu seinen besonders faszinierenden Eigenschaften und sorgen für einen kaum abreißenden Strom von Beiträgen, die die Stabilität und Veränderung des Selbstkonzepts beschreiben. In diesem Abschnitt geben wir zunächst einen Überblick über unterschiedliche Quellen selbstkonzeptrelevanter Informationen. Danach geben wir eine vertiefte Beschreibung von zwei einflussreichen Modellen, die die komplexe Verarbeitung von Vergleichsinformationen beschreiben und gehen auf Geschlechterstereotype sowie den Einfluss von Unterricht ein.

8.4.1 Soziale, dimensionale, temporale und kriteriale Vergleichsinformationen

Es hat sich eingebürgert, als Quellen der Selbstkonzeptgenese zwischen sozialen, dimensionalen, temporalen und kriterialen Vergleichsinformationen zu unterscheiden. Die Verarbeitung und Verwendung sozialer Vergleichsinformation lässt sich bereits im Vorschulalter beobachten und gewinnt in den Folgejahren zunehmend an Bedeutung (Festinger, 1954; Frey & Ruble, 1990). Die besondere Rolle ▶ **sozialer Vergleiche** wird heute nicht mehr infrage gestellt. ▶ **Temporale Vergleiche** beinhalten einen längsschnittlichen Abgleich der eigenen Fähigkeit in einem Bereich zu unterschiedlichen Zeitpunkten. Da die meisten Schüler im Laufe eines Schuljahres Wissen hinzuerwerben, sollte, so Rheinberg (2006), bei Schülern ein temporaler Vergleich in der Regel mit einer günstigen Entwicklung des Selbstkonzepts einhergehen. ▶ **Dimensionale Vergleiche** betreffen den intraindividuellen Vergleich zwischen mehreren Domänen (▶ Abschn. 8.4.3; zum Überblick Möller & Köller, 2004). ▶ **Kriteriale Vergleichsinformationen** gewinnen Personen schließlich dadurch, dass sie beobachten, ob sie eine bestimmte Leistung gezeigt und damit „ein Kriterium" erfüllt haben.

Spannend, aber auch eine Herausforderung, ist die Tatsache, dass sich die unterschiedlichen Vergleichsinformationen oftmals nicht sauber trennen lassen. Man nehme einmal den Fall an, dass Anna in der letzten Deutscharbeit die Note 3 erhalten hat. Diese Note enthält soziale Vergleichsinformationen (der Notendurchschnitt der Klasse mag beispielsweise 3,2 gewesen sein), aber auch kriteriale Vergleichsinformationen (die Leistung war „befriedigend"). Sie erlaubt zudem einen temporalen Vergleich (in der letzten Arbeit hat Anna noch eine 2 erhalten) sowie einen dimensionalen Vergleich (in Mathematik und Englisch steht Anna zwischen 3 und 4). Welche Auswirkungen die Klassenarbeit auf die Veränderung von Annas Deutschselbstkonzept hat, dürfte von der Gewichtung all dieser Vergleichsinformationen abhängen.

Für die sozialen, temporalen, dimensionalen und kriterialen Vergleiche und deren Konsequenzen ist es mitentscheidend, welche Ursachen Schüler einem erlebten **Misserfolg bzw. Erfolg zuschreiben**. Erfolge und Misserfolge wirken sich vor allem dann auf das fachliche Selbstkonzept der Begabung aus, wenn sie internal-stabil auf eine vorhandene oder mangelnde Begabung zurückgeführt werden (Möller, 2008). Günstiger sind gerade im Fall von Misserfolg internal-variable Ursachenzuschreibungen etwa auf die eigene mangelnde Anstrengung, denn sie ist variabel und kontrollierbar und verspricht damit Verbesserungsmöglichkeiten. Allerdings ist es bei schulischen Leistungssituationen wie Klassenarbeiten bei andauernden Misserfolgen kaum möglich, das eigene Fähigkeitsselbstkonzept gegen die negativen Leistungsrückmeldungen zu schützen.

Im Folgenden werden zwei interessante Phänomene vorgestellt, die beide als Bezugsrahmeneffekte bezeichnet werden können. Sowohl der „Big-Fish-Little-Pond-Effekt" als auch das „I/E-Modell" thematisieren die Zusammenhänge zwischen schulischen Leistungen und fachbezogenen Selbstkonzepten. Bei beiden Phänomenen geht es um die Auswirkungen von Leistungsvergleichen auf die Selbstkonzepte, wobei im ersten Fall der soziale Vergleich im Vordergrund steht, während im zweiten Fall der soziale Vergleich um dimensionale Vergleiche ergänzt wird.

8.4.2 Big-Fish-Little-Pond Effekt

Mit welchen anderen Schülern vergleichen Kinder und Jugendliche ihre Leistungen? Den Bezugsrahmen für soziale Vergleiche scheint primär die Schulklasse zu definieren, der man angehört. Hierauf weisen Arbeiten zum sog. ▶ **Big-Fish-Little-Pond-Effekt** (Marsh, 1987; Köller, 2004) hin, nach dem Schüler definierter Leistungsstärke ein relativ hohes schulisches Selbstkonzept aufweisen, wenn sie sich in sehr leistungsschwachen Klassen befinden. Sie werden zum großen Fisch im kleinen Teich. Hingegen haben Schüler identischer Leistungsstärke niedrigere schulische Selbstkonzepte, wenn sie in leistungsstarken Klassen platziert werden (Schwarzer, Lange & Jerusalem, 1982; im Überblick Köller, 2004). Dieser Effekt ist größenteils über die Leistungsrückmeldungen durch Lehrkräfte vermittelt. In leistungsstarken Klassen bekommen Schüler bei gleichen Leistungen schlechtere Noten als in leistungsschwachen Klassen (Trautwein, Lüdtke, Marsh, Köller & Baumert, 2006). Klassen mit sehr leistungsstarken Schülern bieten zudem mehr Möglichkeiten für soziale Aufwärtsvergleiche mit leistungsstärkeren Mitschülern, die negative Konsequenzen für die selbst eingeschätzten Fähigkeiten haben.

Besonders gut kann dieser ▶ **Bezugsgruppeneffekt** beim Übergang von Grundschülern in die Sekundarschule beobachtet werden. Zunächst einmal ist hier eine gewisse Ungerechtigkeit zu vermuten: In leistungsstarken Grundschulklassen sind bessere Leistungen als in leistungsschwächeren Grundschulklassen notwendig, damit ein Schüler eine Gymnasialempfehlung bekommt (Trautwein & Baeriswyl, 2007). Eine Reihe von Untersuchungen belegt, dass Schüler im unteren Leistungsbereich am Ende der Primarstufe vom Wechsel in die Hauptschule im psychosozialen Bereich profitieren. Da der ungünstige Leistungsvergleich mit deutlich leistungsstärkeren Schülern entfällt und die Noten besser ausfallen (Schwarzer et al., 1982), erholt sich auch das leistungsbezogene Selbstkonzept. Als Erklärung können wiederum soziale Vergleichsprozesse herangezo-

gen werden: In der Hauptschule steigen die Gelegenheiten für soziale Abwärtsvergleiche mit schwächeren Mitschülern. Für leistungsstarke Schüler hat der Übergang auf das Gymnasium hinsichtlich ihrer selbst wahrgenommenen Fähigkeiten den entgegengesetzten Effekt. Gehörten sie in der Grundschule noch zu den Besten, so erleben sie auf dem Gymnasium, dass viele Mitschüler in der Leistung ebenbürtig oder besser sind. Auf dem Gymnasium steigen die Gelegenheiten für soziale Aufwärtsvergleiche mit leistungsstärkeren Mitschülern. Zudem fallen die Noten in Klassenarbeiten oder Zeugnissen im Vergleich zur Grundschule schlechter aus. Die sozialen Vergleiche führen hier eher zu einem Absinken fähigkeitsbezogener Selbstkonzepte. Dieser Prozess mündet darin, dass das mittlere schulische Selbstkonzept auf den verschiedenen Schulformen im Laufe der Sekundarstufe I stark konvergiert.

Ist der Bezugsgruppeneffekt allein auf das Selbstkonzept begrenzt? Dies ist nicht der Fall. In einer Analyse (Köller, Daniels, Schnabel & Baumert, 2000) der Daten der Third International Mathematics and Science Study (TIMSS) fand sich ebenso wie in Analysen mit Daten aus der PISA-Studie (Trautwein et al., 2006) neben den erwarteten Effekten auf das mathematische Selbstkonzept auch ein Bezugsgruppeneffekt auf das Interesse an Mathematik. Bei gleicher Testleistung berichteten Schüler ein höheres Interesse an Mathematik, wenn sie sich in einer vergleichsweise leistungsschwachen Klasse befanden. Vermutlich wirkte hier teilweise das Selbstkonzept als Mediator: Je leistungsschwächer die Bezugsgruppe war, desto höher das Selbstkonzept des einzelnen Schülers (bei Kontrolle der individuellen Leistung), was wiederum zu einem höheren Fachinteresse führen sollte. Zudem konnten Belege dafür gefunden werden, dass sich Bezugsgruppeneffekte auch auf diverse Wahlentscheidungen auswirken; Trautwein, Gerlach und Lüdtke (2008) fanden beispielsweise Hinweise darauf, dass Kinder in ihrer Freizeit weniger stark in Sportvereinen aktiv sind, wenn sie viele sportliche Klassenkameraden haben.

Marsh (1991) hat für eine Reihe weiterer Kriteriumsvariablen die Bedeutung von Bezugsgruppeneffekten aufgezeigt. Allerdings gibt es durchaus bedeutsame Unterschiede in der Höhe der Bezugsgruppeneffekte. In den Items vieler Selbstkonzeptinstrumente sind soziale Vergleiche oftmals implizit oder explizit thematisiert, indem beispielsweise nach Leistungen bzw. Noten in einem Fach gefragt wird. Dies scheint eine Gewähr für besonders ausgeprägte Bezugsgruppeneffekte darzustellen. Werden von Schülern Kompetenzeinschätzungen mithilfe von Instrumenten verlangt (Marsh, Trautwein, Lüdtke & Köller, 2008), bei denen der soziale Vergleich eine geringere Rolle spielt (weil beispielsweise ein kriterialer Vergleichsmaßstab verwendet wird), fallen die Referenzgruppeneffekte erwartungsgemäß kleiner aus. Interessanterweise fand sich in der Arbeit von Marsh et al.

(2008) in Hinblick auf die selbst berichtete Anstrengung im Unterricht überhaupt kein Bezugsgruppeneffekt.

Es wurde vermutet, dass die Zuweisung leistungsstarker Schüler zu einer besonderen Schule bzw. Schulform neben den negativen Effekten auch positive Effekte auf Selbstkonzepte haben könnte. So könnte das Bewusstsein, einer prestigeträchtigen Schulform wie dem Gymnasium anzugehören, selbstkonzeptsteigernd wirken. Dieser Mechanismus wurde auch als **„basking-in-reflected-glory"** (Cialdini & Richardson, 1980) bzw. Assimilationseffekt bezeichnet (Marsh, Kong & Hau, 2000; kritisch Wheeler & Suls, 2007). Allerdings ist dieser Prestigeeffekt – so er überhaupt gefunden wird – in aller Regel deutlich schwächer ausgeprägt als der negative Effekt der ungünstigen sozialen Vergleiche in leistungsstarken Klassen (Trautwein et al., 2006; Trautwein, Lüdtke, Marsh & Nagy, 2009). Bei vergleichbarer Leistungsstärke wird also in der Regel derjenige Schüler eine günstigere Selbstkonzeptentwicklung erleben, der in eine vergleichsweise leistungsschwache Klasse wechselt, als derjenige, der in eine leistungsstarke Klasse platziert wird.

Heißt das nun, dass man Eltern generell raten sollte, ihre Kinder in eine leistungsschwächere Gruppe zu schicken, weil sich so ihr Selbstkonzept günstig entwickeln dürfte? Ganz so einfach kann man es sich leider nicht machen, denn in Hinblick auf die Leistungsentwicklung finden sich Hinweise auf ein gegenteiliges Muster (Becker, Lüdtke, Trautwein & Baumert, 2006): Hier profitieren Schüler möglicherweise von der Zugehörigkeit zu einer leistungsstarken Gruppe. Für Eltern, Schüler und Lehrkräfte ergibt sich aus diesen Befunden ein Spannungsfeld: Leistungsstärkere Umgebungen scheinen der Leistungsfähigkeit des Einzelnen zuträglich, beeinträchtigen aber das Selbstkonzept. Umgekehrt fördern leistungsschwächere Umgebungen das Selbstkonzept, wirken aber weniger leistungsfördernd. Als psychologisch begründete Empfehlung ergibt sich daraus, dass soziale Vergleichsprozesse gerade bei schwachen Schülern nicht in den Vordergrund gerückt werden sollten. Diese profitieren eher von längsschnittlichen Vergleichen, mit denen Lehrer ihnen ihre Leistungszuwächse deutlich machen können.

8.4.3 Internal/External-Frame-of-Reference-Modell

Wie oben (▶ Abschn. 8.4.1) bereits erwähnt, zeigte sich in Studien zu bereichsspezifischen Selbstkonzepten ein überraschender Befund: Das akademische Selbstkonzept ließ sich in zwei distinkte Facetten unterteilen, das **verbale** und das **mathematische Selbstkonzept** (◻ Abb. 8.3; z. B. Marsh et al., 1988). Überraschend war dieser Befund insbesondere, weil lange bekannt war, dass verbale und

mathematische Leistungen deutlich positiv korreliert sind und man daher entsprechende positive Korrelationen zwischen den Selbstkonzepten erwartete. Das Internal/External-Frame-of-Reference-Modell, kurz: ▶ **I/E-Modell von Marsh** (1986), gilt als empirisch sehr gut bestätigtes Modell zur Erklärung der Zusammenhänge zwischen fachspezifischen Schulleistungen und fachspezifischen Selbstkonzepten. Auf der Basis hoch positiver Korrelationen zwischen den schulischen Leistungen in mathematisch-naturwissenschaftlichen und verbalen Schulfächern nimmt das Modell vier Prozesse an:

1. Schüler wenden zur Beurteilung der eigenen Leistungen einen **externalen Bezugsrahmen** („external frame of reference") an. Sie vergleichen ihre Fachleistungen in den Schulfächern mit den Leistungen ihrer Mitschüler („Wie gut bin ich in Mathematik im Vergleich zu meinen Mitschülern?").

2. Diese **interindividuellen bzw. sozialen Vergleiche** führen dazu, dass Schüler mit guten Leistungen ein hohes Selbstkonzept der Begabung in diesem Fach entwickeln und Schüler mit schwachen Schulleistungen ein niedriges Selbstkonzept. Statistisch ergibt sich daraus eine positive Korrelation zwischen Schulleistungen und Selbstkonzepten innerhalb eines Faches. In Pfadanalysen zeigen sich positive Pfade von der Leistung etwa im muttersprachlichen Unterrichtsfach auf das verbale Selbstkonzept, wie in ◻ Abb. 8.4 dargestellt.

3. Schüler verwenden eine zweite Informationsquelle: Sie nutzen zur Beurteilung der eigenen Leistungen neben dem **externalen Bezugsrahmen** einen internalen Bezugsrahmen („internal frame of reference"). Sie vergleichen ihre Leistungen in mathematisch-naturwissenschaftlichen Fächern mit ihren eigenen Leistungen in sprachlichen Fächern („Wie gut bin ich in Mathematik im Vergleich zu meinen Leistungen in Deutsch?").

4. Diese **intraindividuellen bzw. dimensionalen Vergleiche** führen dazu, dass beispielsweise Schüler mit guten Leistungen in der mathematischen Domäne ihr Selbstkonzept der Begabung in der verbalen Domäne abwerten und Schüler mit intraindividuell schwachen Leistungen in der mathematischen Domäne ihr Selbstkonzept der Begabung in der verbalen Domäne aufwerten.

Der entscheidende Prozess scheint dabei ein **Kontrasteffekt** zu sein, der in der Theorie dimensionaler Vergleiche (Möller & Marsh, 2013) beschrieben wird: Schüler nehmen die Unterschiede in ihrer eigenen Leistungsfähigkeit übertrieben deutlich wahr – alltagssprachlich ausgedrückt überschätzen sie ihre Stärken und unterschätzen ihre Schwächen. In der Folge kontrastieren sich die verbalen und mathematischen Selbstkonzepte. Statistisch ergeben sich daraus in Pfadanalysen negative Pfade von der Leis-

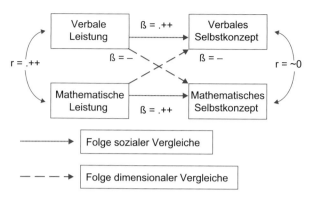

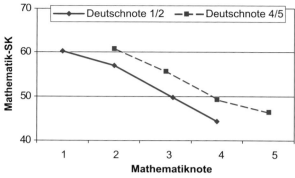

☐ **Abb. 8.4** Das Internal/External-Frame-of-Reference-Modell

☐ **Abb. 8.5** Mathematisches Selbstkonzept

tung etwa in Mathematik auf das verbale Selbstkonzept oder der Leistung etwa in Deutsch auf das mathematische Selbstkonzept, wie in ☐ Abb. 8.4 veranschaulicht. Dabei scheinen dimensionale Vergleiche in der Summe zu höheren Selbstkonzepten beizutragen: Die positiven Effekte dimensionaler Abwärtsvergleiche mit dem schwächeren Fach sind etwas stärker als die negativen Effekte dimensionaler Aufwärtsvergleiche mit dem stärkeren Fach, wie Pohlmann und Möller (2009) in Feldstudien und Experimenten zeigen konnten.

Die positiven Effekte der schulischen Leistungen auf die Selbstkonzepte im selben Schulfach sind meist stärker als die negativen Effekte der schulischen Leistungen auf die Selbstkonzepte im anderen Schulfach. Danach wirken soziale Vergleiche stärker als dimensionale Vergleiche. Aber auch die Effekte der dimensionalen Vergleiche sind substanziell, wie die grafische Darstellung in ☐ Abb. 8.5 zeigt. Die Höhe des mathematischen Selbstkonzepts ist zunächst abhängig von der Mathematiknote; das mathematische Selbstkonzept sinkt mit steigender (also schlechterer) Mathematiknote aufgrund sozialer Vergleiche mit Mitschülern.

In ☐ Abb. 8.5 ist für Schüler mit den Mathematiknoten 2, 3 und 4 das mathematische Selbstkonzept (SK), getrennt für Schüler mit guten Deutschnoten (1 und 2) bzw. schlechten Deutschnoten (4 und 5) dargestellt. In Abhängigkeit von der Deutschnote zeigen sich Unterschiede in der Höhe des mathematischen Selbstkonzepts der Begabung. Schüler, die in Mathematik die Note 3 („befriedigend") und in Deutsch eine schlechtere Note haben, liegen in ihrem mathematischen Selbstkonzept mehr als eine halbe Standardabweichung über den Schülern mit gleicher Mathematik-, aber besserer Deutschnote. Somit scheint der dimensionale Vergleich der eigenen Leistungen in den beiden Schulfächern zu unterschiedlichen Selbsteinschätzungen in Mathematik zu führen. Damit verringert sich die Korrelation zwischen mathematischem und verbalem Selbstkonzept (▶ Exkurs „Metaanalyse zum I/E-Modell").

Auch längsschnittlich und experimentell angelegte Studien (im Überblick Möller & Köller, 2004) zeigen Effekte von Leistungsindikatoren auf die Veränderung von akademischen Selbstkonzepten. Bei identischem mathematischem Selbstkonzept zu Beginn von Studien ergeben sich positive Effekte der Mathematikleistungen auf die Veränderung des mathematischen Selbstkonzepts und negative Effekte auf die Veränderung des muttersprachlichen Selbstkonzepts (Köller et al., 1999). Zu ergänzen bleibt, dass sich die Effekte dimensionaler Vergleiche nicht zeigen, wenn andere Personen, wie Lehrer, Mitschüler oder Eltern, die akademischen Selbstkonzepte von Schülern einschätzen. Insbesondere Lehrer überschätzten die Korrelationen zwischen den Schülerselbstkonzepten deutlich (Pohlmann, Möller & Streblow, 2004). Die Kenntnis der Effekte dimensionaler Vergleiche könnte also dazu beitragen, dass Lehrer die Selbstbilder ihrer Schüler besser nachvollziehen können.

Pädagogisch bedeutsam ist auch, dass dimensionale Vergleiche Kontrasteffekte auslösen, die zu einer Überschätzung der eigenen Fähigkeiten in den Domänen intraindividueller Stärke und zu einer Unterschätzung der eigenen Fähigkeiten in den intraindividuell eher schwächeren Domänen führen. Damit beeinträchtigen sie die Genauigkeit der Selbsteinschätzungen eigener Fähigkeiten. Dies ist insbesondere für begabte Schüler von Nachteil, die sich möglicherweise vorzeitig zu stark spezialisieren, obwohl sie auch in den Bereichen, die sie selbst als ihre relativen Schwächen erleben, sehr gute Leistungen erzielen könnten. Umgekehrt fand das I/E-Modell auch bei lernbehinderten Schülern Bestätigung (Möller, Streblow & Pohlmann, 2009). Für diese Personengruppe könnten sich die dimensionalen Vergleiche als Vorteil erweisen, da die recht positive Einschätzung ihrer relativen Stärken dazu führt, dass sich ihr diesbezügliches Selbstkonzept kaum von dem von Regelschülern unterscheidet.

Aus entwicklungspsychologischer Perspektive können die mit einer Beeinträchtigung einer realistischen Selbsteinschätzung verbundenen dimensionalen Vergleiche

Metaanalyse zum I/E-Modell

In einer ▶ **Metaanalyse** mit Daten von über 120.000 Personen wurden alle 69 vorhandenen Studien integriert, in denen die Zusammenhänge untersucht wurden, die das I/E-Modell beschreibt (Möller, Pohlmann, Köller & Marsh, 2009). Zunächst zeigten sich nahezu ausschließlich deutlich positive Korrelationen zwischen mathematischen und verbalen schulischen Leistungen mit einem Median von $Md = 0{,}63$. Wie nach dem I/E-Modell zu erwarten, sind die Selbstkonzepte niedriger korreliert als die Leistungsmaße ($Md = 0{,}10$). Die Leistungen und Selbstkonzepte im selben Fach sind durchweg positiv und substanziell korreliert (für Mathematik $Md = 0{,}47$, in der Muttersprache $Md = 0{,}39$). Werden die aus der Metaanalyse resultierenden Befunde einer Pfadanalyse unterzogen, ergibt sich das Ergebnismuster aus ◻ Abb. 8.4. Danach sind die Pfade von der Schulleistung im muttersprachlichen Fach auf das mathematische Selbstkonzept ($-0{,}27$) und umgekehrt die Pfade von der Mathematik auf das verbale Selbstkonzept ($-0{,}21$) negativ. Dieses Zusammenhangsmuster gilt übrigens relativ unabhängig vom Alter der Schüler sowohl für Beurteilungen durch Lehrernoten als auch für Ergebnisse aus objektiven Leistungstests. Dass das I/E-Modell spezifisch für fachbezogene Selbstkonzepte gilt, zeigte sich ebenfalls in der Metaanalyse: Studien, die statt des Selbstkonzepts Selbstwirksamkeitsüberzeugungen (▶ Exkurs „Selbstwirksamkeit") erfassten, erbrachten theoriekonform keine Bestätigung der Zusammenhänge. Soziale und dimensionale Vergleiche scheinen für die Selbstwirksamkeit von untergeordneter Bedeutung zu sein.

durchaus funktional sein. Es gilt als eine zentrale Entwicklungsaufgabe, eine eigene Identität auszubilden und im Laufe der Kindheit und Jugend Übergänge zwischen Schulformen, von der Schule in die berufliche Erstausbildung oder in das Studium zu bewältigen (Havighurst, 1952). Akademische Selbstkonzepte sind Bestandteile der persönlichen Identität; sie beinhalten Wissen über eigene Stärken und Schwächen. Wenn die eigenen Stärken positiv und die eigenen Schwächen negativ verzerrt wahrgenommen werden, wozu die dimensionalen Vergleiche beitragen, mag dies einerseits richtungsweisende Entscheidungen wie Kurswahlen erleichtern. Andererseits sorgen die Kontrasteffekte aber dafür, dass die Unterschiede zwischen sprachlichen und mathematischen Leistungen überbetont werden. So könnte die in guten Leistungen in sprachlichen Fächern begründete überpointierte Wahrnehmung eigener mathematischer Unzulänglichkeiten dazu führen, dass Schüler und gerade Schülerinnen Studienfächer, die mit Mathematik zu tun haben, meiden. Dieses (etwas verzerrte) Wissen um die eigene Leistungsfähigkeit trägt dazu bei, sich Umwelten und Herausforderungen zu wählen, die zum eigenen Fähigkeitsprofil passen. Auch an geschlechterstereotypen Fachwahlen mögen dimensionale Verglei-

che beteiligt sein. Die im I/E-Modell gefundenen Muster finden sich allerdings bei Mädchen wie bei Jungen. Dennoch gibt es typische Unterschiede im Selbstkonzept zwischen Jungen und Mädchen, wie das folgende Kapitel zeigt.

8.4.4 Geschlecht und Geschlechterstereotype

Von großer theoretischer und praktischer Relevanz sind Geschlechterunterschiede in der Selbstkonzeptentwicklung. Differenziert man die Ausprägung von schulbezogenen Selbstkonzepten nach dem Geschlecht, so zeigen sich recht konsistent Unterschiede, die den allgemeinen Geschlechterstereotypen entsprechen (Marsh & Hattie, 1996; Watt & Eccles, 2008). So berichten Jungen im Mittel ein höheres mathematisches Selbstkonzept als sprachliches Selbstkonzept, während bei Mädchen ein umgekehrtes Muster zu finden ist.

Diese Geschlechterunterschiede spiegeln nur teilweise tatsächlich vorhandene Leistungsunterschiede wider. Vielmehr lassen sie sich auch auf Geschlechterstereotypien zurückführen, die sich im Denken und Handeln von zentralen Bezugspersonen wie Eltern und Lehrer ausdrücken. So konnten Studien der Arbeitsgruppe um Eccles (z. B. Frome & Eccles, 1998) belegen, dass bei gleichem Leistungsstand Eltern und Lehrkräfte dazu tendieren, Jungen in Mathematik eine höhere Begabung zu attestieren. Diese geschlechterstereotype Einschätzung scheint wiederum einen Effekt auf die Selbsteinschätzungen von Jungen und Mädchen zu haben. Lehrkräfte scheinen bei gleichem Leistungsstand bei Jungen eine höhere Begabung, bei Mädchen dagegen ein stärkeres Ausmaß an Fleiß wahrzunehmen (Trautwein & Baeriswyl, 2007).

Dass geschlechterstereotype Vorstellungen auch von Eltern Effekte haben, zeigten Längsschnittstudien von Eccles (z. B. Frome & Eccles, 1998). Eltern erwarten von Jungen in Mathematik bessere Leistungen als von Mädchen, und diese Erwartungen der Eltern scheinen die Selbstkonzepte der Schülerinnen negativ und die der Schüler positiv zu beeinflussen. Die Selbstkonzepte wiederum beeinflussten die spätere Kurswahl entsprechend.

Stereotype nehmen nicht nur Einfluss auf die langfristige Entwicklung von Selbstkonzepten, sondern können – wenn aktiviert – auch kurzfristig in Testsituationen wirksam werden. Darauf hat bereits die Forschung von Markus und Kunda (1986) zum „working self-concept" hingewiesen. In jüngerer Vergangenheit hat die Forschung zum sog. „stereotype threat" einige Aufmerksamkeit gefunden, die im ▶ Exkurs „Forschung zum ‚Stereotype Threat'" dargestellt wird.

Forschung zum „Stereotype Threat"

Für Furore sorgte in den vergangenen Jahren die Forschung zum sog. Stereotype Threat (Steele & Aronson, 1995). Demnach führt die Aktivierung negativer Stereotype über bestimmte Subgruppen dazu, dass die Mitglieder dieser Gruppen schlechtere Leistungen produzieren, als wenn das negative Stereotyp nicht aktiviert ist.

So konnten Steele und Aronson (1995) in einer Serie von Experimenten zeigen, dass die Leistung schwarzer Studierender dann vergleichsweise schwach ausfiel, wenn sie sich in einer Situation befanden, in der Stereotype über Leistungsunterschiede je nach Hautfarbe salient wurden. Dabei reichte es aus, die Testaufgaben als „Intelligenztest" zu bezeichnen, um die Leistung der schwarzen Untersuchungsteilnehmer zu beeinträchtigen. Ähnliche Befunde fanden sich in Hinblick auf die Mathematikleistung von Mädchen

und Frauen: Ihre Mathematikleistungen litten dann, wenn in der Testsituation Stereotype zu Geschlechtsunterschieden aktiviert wurden. Wiederum reichten einfache Manipulationen (wie beispielsweise die Anwesenheit von Männern) aus, um die negativen Effekte des Stereotype Threat zu erzeugen. Als Faktoren, die den Effekt erklären können, wurden u. a. Leistungsängstlichkeit, Erwartungseffekte, aufgewendete Anstrengung sowie kognitive Interferenzen angeführt. Handelt es sich beim Stereotype Threat um einen Selbstkonzepteffekt? Es ist keine Frage, dass von Mitgliedern einer abgewerteten Gruppe Stereotype als Ausdruck der Meinung eines „generalized other" in das eigene Selbstbild inkorporiert werden können. Wahrgenommene Stereotype sind potenziell selbstkonzeptrelevant. Allerdings scheinen Stereotype-Threat-Effekte auch dann aufzutauchen,

wenn die Stereotypien gar nicht in das Selbstbild integriert wurden, sondern nur als Fremdbild wahrgenommen werden. Unklar ist, welche psychologischen Prozesse bei diesen Effekten ablaufen: Was passiert in Situationen, in denen bei Individuen ein (bedrohliches) Stereotyp aktiviert wird? Ändert sich in diesen Momenten das Selbstkonzept bzw. der Referenzrahmen, an dem die eigenen Fähigkeiten gemessen werden? Solche Fragen wird die Pädagogische Psychologie in den kommenden Jahren beantworten müssen. Darüber hinaus ist zu klären, wie stark die Effekte des Stereotype Threat unter „normalen" Schulbedingungen überhaupt ausfallen. Zwei Beispiele: Unter welchen Bedingungen ist Koedukation für wen schädlich? Zeigen sich bei bestimmten Migrantengruppen in Deutschland Leistungseinbußen in Folge von Stereotype Threat?

8.4.5 Schulischer Kontext und Selbstkonzeptentwicklung

Wie sehr werden schulbezogene Selbstkonzepte durch das **Schulsystem**, die Schule und den Unterricht beeinflusst? Der Big-Fish-Little-Pond-Effekt, der oben vorgestellt wurde, zeigt, dass der schulische Kontext einen starken Einfluss auf die Ausprägung des Selbstkonzepts ausüben kann. Auch Studien zur Passung von Entwicklungsstufe und Lebensumwelt (dem sog. „stage-environment fit") deuten darauf hin, dass das Selbstkonzept von Jugendlichen von der Struktur eines Bildungssystems beeinflusst werden kann. So findet sich – wie bereits beschrieben – in der frühen Adoleszenz ein Rückgang in den mittleren Ausprägungen vieler bereichsspezifischer Selbstkonzepte. Während einige Forschungsgruppen dies als Kennzeichen pubertärer Entwicklungen interpretieren, argumentierten Roeser und Eccles (1998), dass dieser Abfall im Selbstkonzept zumindest teilweise auf den in den meisten Schulen in den USA zu diesem Zeitpunkt stattfindenden Wechsel auf die Highschool zurückgeführt werden kann. Dieser Schulwechsel führe zu instabilen Umgebungen und bringe mit dem stärker an der Leistung orientierten Unterrichtsklima neue Anforderungen an die Jugendlichen mit sich.

Haben auch **Lehrkräfte** einen Einfluss auf die Ausprägung der Selbstkonzepte ihrer Schüler? Tatsächlich finden sich empirisch solche Belege. So haben Studien zum Lern- und Sozialklima in Klassen sowie zu förderlichem Lehrerverhalten immer wieder Selbstkonzepteffekte be-

richtet. Beispielsweise geht eine individuelle Bezugsnormorientierung bei Lehrkräften mit einer günstigen Selbstkonzeptentwicklung bei Schülern einher (Lüdtke, Köller, Marsh & Trautwein, 2005; Rheinberg, 2006). Wenn Lehrer Leistungen ausschließlich im sozialen Vergleich bewerten und sanktionieren und damit sehr stark soziale Bezugsnormen in den Mittelpunkt rücken sowie dabei die intraindividuellen Leistungszuwächse vernachlässigen, leidet das Selbstkonzept insbesondere der schwächeren Schüler. Verwenden Lehrer zusätzlich individuelle Bezugsnormen, nach denen die Schülerleistung quasi im Längsschnitt betrachtet wird, haben auch schwächere Schüler die Möglichkeit, Anerkennung für ihre Leistungszuwächse zu erhalten und günstige Attributionsmuster und höhere Selbstkonzepte zu entwickeln.

Allerdings sollte man nicht unbedingt erwarten, dass individuelle Bezugsnormen ausreichen, um für alle Schüler einer Klasse überdurchschnittlich positive Selbstkonzepte hervorzubringen. Die unterschiedlichen Leistungen in jeder Klasse und die damit verbundenen Effekte sozialer Vergleiche sorgen dafür, dass es viele Schüler gibt, die sich mit „besseren" Schülern aufwärts vergleichen – mit den bekannten negativen Effekten auf das Selbstkonzept. Von daher verwundert es nicht, dass es wohl keine Klasse gibt, in der alle Schüler ein überdurchschnittlich positives Selbstkonzept berichten. Will man untersuchen, wie erfolgreich bestimmte Lehrkräfte dabei sind, den Schülern einen festen Glauben in die eigenen Fähigkeiten zu vermitteln, sollte man deshalb neben dem Selbstkonzept noch weitere Indikatoren wie die Selbstwirksamkeitsüberzeugungen (► Exkurs „Selbstwirksamkeit") einbeziehen.

8.5 Wirkungen des Selbstkonzepts

Die besondere theoretische und praktische Bedeutung bereichsspezifischer Selbstkonzepte ergibt sich unter anderem daraus, dass diese Personenmerkmale leistungsbezogenes Verhalten erklären und vorhersagen können. Es besteht weitgehender Konsens darüber, dass eine hohe Ausprägung des Selbstkonzepts, vermittelt über motivationale Variablen, Lernprozesse in der jeweiligen Domäne fördern kann.

8.5.1 Selbstkonzept und Leistung

In welcher Beziehung stehen Selbstkonzept und Leistung? Schon früh konnten Studien einen positiven Zusammenhang zwischen den beiden Variablen zeigen (Wylie, 1979), doch wie sieht die kausale Einflussrichtung aus? Der ► **Skill-Development-Ansatz** geht davon aus, dass fachbezogene Selbstkonzepte von schulischen und außerschulischen Rückmeldungen beeinflusst werden, dass also Leistungen ursächlich für Selbstkonzepte sind. Wie bereits oben erläutert wurde, basieren Selbstkonzepte in der Tat teilweise auf konkreten Leistungsrückmeldungen mit anschließenden sozialen Vergleichen und Kausalattributionen. Die „objektiven" Leistungen übersetzen sich jedoch nicht direkt in ein „objektives" Selbstkonzept. Auch die sozialen Vergleiche, wie sie im Big-Fish-Little-Pond-Effekt beschrieben werden, sind ein Beispiel dafür, wie schulische Leistungen im Sinne des Skill-Development-Ansatzes auf das Selbstkonzept wirken.

Der ► **Self-Enhancement-Ansatz** dagegen nimmt an, dass Selbstkonzepte Lernleistungen beeinflussen können (z. B. Helmke & van Aken, 1995). In jüngerer Zeit wurden mehrere (Baumeister, Campbell, Krueger & Vohs, 2003; Marsh & Craven, 2006; Valentine, DuBois & Cooper, 2004) prominente Übersichtsarbeiten zum Zusammenhang von Selbstkonzept und Leistung veröffentlicht. Die Ergebnisse dieser Arbeiten bestätigen recht deutlich den positiven Zusammenhang zwischen schulischem Selbstkonzept und der schulischen Leistung bzw. der schulischen Leistungsentwicklung. In einer Metaanalyse sämtlicher Längsschnittstudien zum Einfluss fähigkeitsbezogener Selbsteinschätzungen auf zukünftige Leistungen analysierten Valentine et al. (2004) insgesamt 60 Studien mit über 50.000 Teilnehmern. In fast allen Studien ergaben sich positive Effekte der Selbsteinschätzungen auf künftige Leistungen. Auch wenn die vorherigen Leistungen kontrolliert wurden, ergab sich ein zwar kleiner, aber doch bedeutsamer Effekt auf die Veränderung der Leistung. Der Zusammenhang kann so in-

> **Exkurs**
>
> ### Selbstwirksamkeit
>
> Die Selbstwirksamkeit oder auch Selbstwirksamkeitserwartung ist die subjektive Wahrscheinlichkeit, neue und/oder schwierige Situationen aufgrund eigener Kompetenz bewältigen zu können (Bandura, 1997). Ein Schüler hat beispielsweise dann hohe Selbstwirksamkeitserwartungen, wenn er oder sie bezüglich einer anstehenden Klassenarbeit relativ sicher ist, den anstehenden Aufgabentyp gut bewältigen und daher eine gute Note erzielen zu können. Selbstwirksamkeitserwartungen sind damit Urteile über eigene Fähigkeiten in spezifischen zukünftigen Situationen. Schulische Selbstwirksamkeitsüberzeugungen zeigen in aller Regel – zumindest in querschnittlichen Untersuchungen – einen hohen Zusammenhang mit schulischen Leistungsergebnissen (Bandura, 1997).
> Basis der Selbstwirksamkeitserwartungen sind Erfahrungen mit dem konkreten Aufgabentyp. Notwendig zur Herausbildung solcher Erwartungen sind internal-stabile Attributionen auf die eigene Begabung. Fachspezifische Selbstkonzepte sind meist breiter angelegt (bei ihnen geht es nicht um die Wahrscheinlichkeit, eine bestimmte konkrete Aufgabe lösen zu können, sondern etwa um die eigenen Fähigkeiten in einem Unterrichtsfach). Im Unterschied zu fachspezifischen Selbstkonzepten ist die Höhe der Selbstwirksamkeitserwartungen nur wenig durch soziale Vergleichsinformation bestimmt. Für die Frage, ob ich eine konkrete Aufgabe lösen kann, ist es unerheblich, ob andere dies besser oder schlechter können. Die Selbstwirksamkeit wird häufig erfasst als Schätzung der prozentualen Erfolgswahrscheinlichkeit einer Aufgabenlösung.

terpretiert werden, dass von zwei Schülern mit identischer Leistung in einem Fach überdurchschnittlich häufig derjenige zukünftig besser abschneidet, der ein höheres Selbstkonzept seiner fachspezifischen Begabung hat. Der positive Effekt eines vergleichsweise hohen Selbstkonzepts auf die nachfolgende Leistungsentwicklung kann mittlerweile als empirisch gesichert gelten. Die Effekte fielen in denjenigen Studien besonders hoch aus, in denen eine einzelne Leistungsdomäne (also beispielsweise der Zusammenhang von mathematischem Selbstkonzept und Schulleistung in Mathematik) untersucht wurde (Valentine et al., 2004).

Die Forschung innerhalb des Self-Enhancement-Ansatzes zeigt somit in einer ganzen Reihe von Studien die Bedeutung des Selbstkonzepts für nachfolgende Leistungen. Da auch für den Skill-Development-Ansatz empirische Belege gefunden wurden, ist davon auszugehen, dass Selbstkonzept und Leistung in einem reziproken (d. h. sich gegenseitig verstärkenden) Zusammenhang stehen. Dies wird im so genannten Reciprocal-Effects-Modell (Marsh & Craven, 2006) formuliert. Kombiniert man das I/E-Modell mit dem Reciprocal Effects Model, findet man, dass die Leistungen längsschnittlich die Selbstkonzepte im nicht korrespondierenden Fach negativ beeinflussen. Dagegen zeigt sich kein längsschnittlicher Einfluss der Selbstkon-

Negative Folgen eines hohen Selbstkonzepts?

Die Annahmen und empirischen Befunde, dass ein „hohes" Selbstkonzept mit günstigen Folgen assoziiert ist, sowie die damit assoziierten Forderungen, ein positives Selbstkonzept zu fördern, sind nicht nur auf Zustimmung gestoßen. In der Tat gibt es durchaus auch Modellvorstellungen mit gegenteiligen Wirkmechanismen. Die erste Gegenposition besagt, dass ein realistisches Selbstkonzept einem hohen Selbstkonzept vorzuziehen sei, da eine Selbstüberschätzung langfristig negative Konsequenzen habe. Auf den ersten Blick scheinen die regressionsanalytischen Untersuchungen, bei denen bei Kontrolle des tatsächlichen Leistungsstands ein vergleichsweise hohes Selbstkonzept mit günstiger Leistungsentwicklung einhergeht, eher dafür zu sprechen, dass „Selbstüberschätzung" positive Folgen habe. Allerdings wurden die Folgen von Selbstüberschätzung bislang in der pädagogisch-psychologischen Selbstkonzeptforschung in der Tat nicht ausreichend geklärt. Man muss sich nämlich vergegenwärtigen, dass übliche Selbstkonzeptinventare gar nicht dazu taugen, das Ausmaß von „Selbstüberschätzung" zu ermitteln, da zu deren Entwicklung multiple Vergleiche beitragen. Ein Selbstkonzept muss sich damit nicht an einem „objektiven" Standard messen lassen; hierfür wären wohl Selbsteinschätzungen, bei denen explizit nach objektivierbaren Performanzkriterien gefragt wird, interessanter.

Eine zweite Gegenposition verweist darauf, dass Personen mit hohen fachbezogenen Selbsteinschätzungen womöglich dazu tendieren, nicht mehr viel Anstrengung in das Fach zu investieren. Hilfreich sei es deshalb, wenn sich Schüler eher an leistungsstärkeren Mitschülern orientieren und dafür möglicherweise auch Einbußen in Hinblick auf das Selbstkonzept in Kauf nehmen würden (Blanton, Buunk, Gibbons & Kuyper, 1999). In der Tat sind pädagogische Maßnahmen und Rückmeldungen immer eine Gratwanderung: Schüler dürfen ruhig wissen, dass sie noch nicht genug wissen – aber sie sollen daran glauben, dass sie das Wissen erwerben können und es sich lohnt, das Wissen zu erwerben. Eine Orientierung an leistungsstarken Mitschülern dürfte deshalb positiv sein, wenn sie mit der Überzeugung verknüpft ist, von dem Mitschüler lernen zu können bzw. ähnlich viel hinzulernen zu können, aber negative Folgen haben, wenn der Vergleich mit diesem Mitschüler das eigene Selbstkonzept stark negativ beeinträchtigt.

---

zepte in einem Fach auf die Leistungen im anderen Fach; die Wirkungen der Selbstkonzepte auf die Leistungen zeigen sich nur fachspezifisch (zum so genannten Reciprocal-I/E-Modell s. Möller et al., 2011).

Warum fördert ein hohes schulisches Selbstkonzept die schulische Kompetenzentwicklung? Welche Mechanismen liegen dem Befundmuster zugrunde? Vermutlich wirkt ein positiv ausgeprägtes Selbstkonzept sowohl beim Kompetenzerwerb als auch in Performanzsituationen unterstützend (► Exkurs „Negative Folgen eines hohen Selbstkonzepts?"). Die leistungsfördernde Wirkung eines positiv ausgeprägten Selbstkonzepts wurde u. a. in einer Arbeit von Helmke (1992) dokumentiert, der mithilfe eines längsschnittlichen Designs das Zusammenspiel von Mathematikleistung und mathematischem Selbstkonzept beobachtete. In dieser Studie sagte ein hohes mathematisches Selbstkonzept ein erhöhtes Engagement der Schüler im Unterricht sowie eine höhere Anstrengungsbereitschaft bei den Hausaufgaben und Probearbeiten vorher; diese Variablen wiederum waren positiv mit einer günstigen Leistungsentwicklung in Mathematik assoziiert.

Positive Konsequenzen eines hohen Selbstkonzepts in Performanzsituationen dokumentierten in einer experimentellen Studie Eckert, Schilling und Stiensmeier-Pelster (2006). Konfrontiert mit Intelligenztestaufgaben, für die es keine korrekten Lösungen gab und die somit subjektiv zu einem Versagenserlebnis führten, waren es vor allem Versuchspersonen mit niedrigem Selbstkonzept, deren anschließende Leistung bei anderen Aufgaben unter dem Misserfolgserlebnis litt.

8.5.2 Selbstkonzept, Interesse und leistungsthematische Wahlentscheidungen

Zu den pädagogisch relevanten positiven Effekten des Selbstkonzepts gehört auch die Förderung von fachbezogenen Interessen, die wiederum in engem Zusammenhang mit lernförderlichen Verhaltensweisen und Kurswahlen stehen. Systematisch sind diese Konstrukte, das Selbstkonzept, das Interesse und Wahlentscheidungen im Erwartungs-Wert-Modell von Eccles (1983) integriert, das im Folgenden vorgestellt wird.

Das **Erwartungs-Wert-Modell** bietet eine Systematisierung derjenigen Faktoren, von denen angenommen werden kann, dass sie die Selbstkonzeptgenese beeinflussen und erlaubt eine Vorhersage von leistungsthematischem Verhalten. Das Modell postuliert, dass sich die Leistung in einem Fach kurz-, mittel- und langfristig dann positiv entwickelt, wenn ein Schüler davon ausgeht, erfolgreich sein zu können (Erwartungs-Komponente) und er das Fach interessant, wichtig oder nützlich findet (Wert-Komponente). Die Erwartungskomponente wird durch die Wahrscheinlichkeit repräsentiert, eine Aufgabe lösen oder in einem Schulfach gute Leistungen erbringen zu können. Damit ist die Erwartungskomponente sehr eng mit dem Selbstkonzept verbunden. Aus der Einschätzung der eigenen Leistungsfähigkeit in einer Domäne wird die Erwartung abgeleitet, zukünftig gute Leistungen erbringen zu können. Als Wertkomponente ist definiert, welche Bedeutung die Aufgabe oder Tätigkeit für jemanden hat,

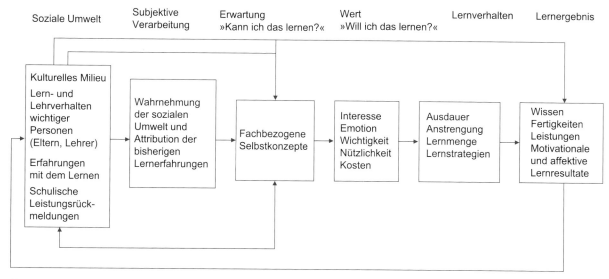

Abb. 8.6 Das Selbstkonzept als Mediator im Erwartungs-Wert-Modell

welchen Nutzen er ihr zuschreibt und wie interessant er sie findet; zudem mindern wahrgenommene Kosten wie die eigene Anstrengung, die mit der Aktivität verbunden sind, den Wert einer Tätigkeit. Eine Kombination von Erwartungs- und Wertkomponente bestimmt die Leistungsmotivation, die Anstrengung und Ausdauer einer Person sowie ihr leistungsbezogenes Wahlverhalten (z. B. Kurswahlen).

Das **Fähigkeitsselbstkonzept** steht im Mittelpunkt des erweiterten Erwartungs-Wert-Modells nach Eccles (1983; Wigfield & Eccles, 1992), wie es in einer Variante in ☐ Abb. 8.6 dargestellt wird. Es ist eine Art Mittler oder ► **Mediator** zwischen den Leistungserfahrungen einer Person und der Lernmotivation und dem Lernverhalten.

In dem Modell wird das Selbstkonzept von zentralen Umgebungsfaktoren beeinflusst. Dazu zählen zunächst einmal das kulturelle Milieu, in dem ein Kind aufwächst, sowie die familiäre und schulische Umwelt (► Kap. 10). Welche Bedeutung eine Familie der schulischen Bildung ihres Kindes zuschreibt und welchen Bildungsstand die Eltern für ihr Kind anstreben, sollte danach wesentlich die schulische Entwicklung mitbestimmen. Auch ganz konkretes Erziehungsverhalten der Eltern ist wichtig: So lässt sich beispielsweise zeigen, dass die Lesekompetenz von Schülern von familiären und individuellen Bedingungen abhängt und dass dabei der familiäre Einfluss zu einem Großteil auf sprachliche Interaktionen von Eltern und Kindern zurückgeht. Der soziale Hintergrund wirkt vor allem über die sprachliche Interaktion von Eltern und Kindern auf das Leseselbstkonzept, die Lesemotivation und schließlich die Lesekompetenz der Schüler (Retelsdorf & Möller, 2008).

Ein niedriges fähigkeitsbezogenes Selbstkonzept wirkt sich ungünstig auf das Lernverhalten und das Lernresultat

aus: Wer sich in einer Domäne eine geringe Begabung zuschreibt, wird in der Regel wenig motiviert sein, sich mit diesem Fachgebiet auseinanderzusetzen.

So beeinflusst das **fachbezogene Selbstkonzept** die Wertkomponente deutlich. Schüler, die in einer Domäne überdurchschnittliche Leistungen zeigen und daher ein hohes bereichsspezifisches Selbstkonzept entwickeln, erleben die Auseinandersetzung mit Aufgaben aus diesem Bereich emotional positiver und finden diesen Bereich wichtiger als Schüler, die weniger gute Leistungen bringen. Der Wert, den eine Domäne für jemanden hat, hängt, so betrachtet, zumindest teilweise vom Selbstkonzept ab. Auf der anderen Seite motiviert der Wert die Person zur Auseinandersetzung mit dieser Domäne und erhöht die Ausdauer, die Anstrengung und die Lernzeit. Wigfield und Eccles (1992) zeigen, dass eine erhöhte Lernmotivation auch die Art und Weise des Umgangs mit Lernmaterialien prägt: Während gering Motivierte eher oberflächliche Lernstrategien einsetzen, wie Auswendiglernen, zeigen motivierte Personen tiefer gehende Lernstrategien, wie Elaborations- und Transformationsstrategien.

Insgesamt entsteht also folgendes Bild der Mittlerrolle des fachbezogenen Selbstkonzepts: Wenn ein unterstützendes familiäres und schulisches Klima vorhanden ist und vor allem positive Lernerfahrungen vorliegen, führen positive Leistungsrückmeldungen zu einem hohen Selbstkonzept. Mit einem hohen Selbstkonzept sind die Voraussetzungen günstig, dass ein Schüler in dieser Domäne auch eine hohe Lernmotivation zeigt. Auch die motivationalen Voraussetzungen sprechen dann für ein zukünftig hohes Engagement und entsprechende Lernergebnisse.

Generell scheint zu gelten, dass sich fachbezogene Selbstkonzepte und Interessen gegenseitig positiv beeinflussen, auch wenn es je nach untersuchter Altersstufe und untersuchter Domäne gewisse Unterschiede in der Stärke der jeweiligen Effekte geben mag. Die wechselseitige positive Beeinflussung sowie der oben gezeigte Zusammenhang mit der Schulleistung führen dazu, dass der Zusammenhang von Selbstkonzept, Interessen und Schulleistung gerade in höheren Klassenstufen sehr eng ausfallen kann.

Sowohl Selbstkonzepte als auch Interessen haben sich als besonders gute Prädiktoren von individuellen akademischen Schwerpunktsetzungen herausgestellt. Einflüsse des Selbstkonzepts sowie von Interessen konnten beispielsweise sowohl für Kurswahlen in amerikanischen Highschools (Marsh & Yeung, 1997) als auch in der gymnasialen Oberstufe (Nagy et al., 2008) gezeigt werden.

8.6   Schulische und außerschulische Interventionsmaßnahmen

Abschließend sollen Maßnahmen vorgestellt werden, die das mehr oder weniger explizite Ziel haben, schulbezogene Selbstkonzepte zu beeinflussen. Solche Maßnahmen können sowohl durch speziell entworfene Selbstkonzepttrainings als auch durch Lehrer etwa während des normalen Unterrichts initiiert werden. Bei der Beurteilung solcher Maßnahmen muss jedoch, wie bereits oben beschrieben, immer beachtet werden, dass vielfältige Referenzgruppeneffekte die Veränderung von Selbstkonzepten beeinflussen. Automatisch ablaufende soziale und dimensionale Vergleiche, wie sie im Big-Fish-Little-Pond Effekt und I/E-Modell thematisiert sind, schränken notwendigerweise die Kraft und Nachhaltigkeit von gezielten Interventionen ein. Ergänzend ist deshalb die Berücksichtigung von Selbstwirksamkeitsüberzeugungen sowie weiterer Konstrukte zu empfehlen.

Zur Steigerung des Selbstkonzepts können Maßnahmen beispielsweise aus dem Erwartungs-Wert-Modell (□ Abb. 8.6) abgeleitet werden. Positive Lernerfahrungen und Leistungsrückmeldungen sowie unterstützendes Verhalten durch Eltern und Lehrkräfte schaffen die Ausgangsbasis für ein positives Selbstkonzept. Da die Höhe des Selbstkonzepts eng mit den Ursachenzuschreibungen für Leistungen verknüpft ist, kann darüber hinaus von günstigen Auswirkungen internal-variabler Misserfolgsattributionen auf das Selbstkonzept ausgegangen werden. In **Attributionstrainingsprogrammen** werden direkt bestimmte Attributionsmuster eingeübt (zum Überblick Försterling, 1985). Weiter gefasste Motivationsförderungsprogramme streben ebenfalls Veränderungen der Bewertung der eigenen Fähigkeiten an (▶ Kap. 17).

Wie DeCharms (1968) betonen auch Rheinberg und Krug (2004) die Notwendigkeit **realistische Anspruchsniveaus** zu entwickeln. Schüler, die zu leichte oder zu schwere Aufgaben als Grundlage der Selbstbewertung wählen, vermeiden detaillierte Rückmeldung zu ihrer eigenen Leistungsfähigkeit. Geeigneter sind Ziele, die sich an der individuellen Leistungsentwicklung des Schülers orientieren und knapp über dem bisher Erreichten liegen. Besonders bei Misserfolg kann bei einer solchen Aufgabenwahl auf die eigene Anstrengung attribuiert werden, die dann bei zukünftigen Anforderungen gesteigert werden kann.

Speziell zur Erhöhung des Selbstkonzepts sind sog. **Outward-Bound-Programme** durchgeführt worden. Dabei werden in erlebnispädagogischer Tradition herausfordernde und oft sportliche Aktivitäten verlangt, wie beispielsweise das Überqueren eines Flusses mittels einer selbst konstruierten Brücke oder das (abgesicherte) Balancieren auf einem Hochseil. Tatsächlich zeigen mehrere empirische Untersuchungen solcher Programme positive Ergebnisse für das Selbstkonzept. Marsh und Richards (1988) reicherten ein solches Outward-Bound-Programm durch akademische Inhalte an und konnten einen positiven Effekt der Maßnahme auch auf das mathematische Selbstkonzept zeigen.

O'Mara, Marsh, Craven und Debus (2006) führten eine Metaanalyse von insgesamt 145 Studien durch, um die Effekte von Interventionsprogrammen auf die Selbstkonzepte von Kindern und Jugendlichen beschreiben zu können. Insgesamt ergab sich eine mittlere Effektstärke von d = 0,47. Danach hatten die Trainingsgruppen, in denen eine Intervention durchgeführt wurde, ein um knapp die Hälfte der Standardabweichung höheres Selbstkonzept als die Kontrollgruppe, die kein Programm mitgemacht hatte. Interventionen, die auf einen spezifischen Aspekt des Selbstkonzepts ausgerichtet waren, waren besonders effektiv, wenn genau dieser spezifische Aspekt des Selbstkonzepts auch gemessen wurde.

> **Fazit**
>
> Das schulische Selbstkonzept zählt zu den am gründlichsten untersuchten pädagogisch-psychologischen Variablen. Interessant erscheint es vor allem, weil es in Modellen wie dem Big-Fish-Little-Pond-Effekt oder dem I/E-Modell zu Abweichungen von rein rationalen Selbsteinschätzungen kommt. Deutlich geworden ist nicht nur die Abhängigkeit des Selbstkonzepts von schulischen Leistungen und umgekehrt seine Bedeutung für die schulische Leistungsentwicklung. Das Selbstkonzept ist auch in komplexe motivationale Prozesse eingebunden wie Entscheidungen für bestimmte Kurse oder Studienfächer. Zusammengefasst kann die Förderung eines adäquaten und positiven Selbstkonzepts als zentrales Ziel pädagogischer Bemühungen gelten.

Verständnisfragen

1. Was versteht man unter einem bereichsspezifischen Selbstkonzept?
2. Welche Rolle spielt das schulische Selbstkonzept im Erwartungs-Wert-Modell?
3. Unterscheiden Sie den Skill-Development-Ansatz vom Self-Enhancement-Ansatz.
4. Beschreiben Sie den Big-Fish-Little-Pond-Effekt.
5. Was versteht man unter dimensionalen Vergleichen?

Vertiefende Literatur

Bracken, B. A. (Ed.). (1996). *Handbook of self-concept*. New York: Wiley.

Helmke, A. (1992). *Selbstvertrauen und schulische Leistungen*. Göttingen: Hogrefe.

Marsh, H. W. & Craven, R. G. (2006). Reciprocal effects of self-concept and performance from a multidimensional perspective: Beyond seductive pleasure and unidimensional perspectives. *Perspectives on Psychological Science, 1*, 133–162.

Literatur

Asendorpf, J. B., & van Aken, M. A. G. (2003). Personality-relationship transaction in adolescence: Core versus surface personality characteristics. *Journal of Personality, 71*, 629–662.

Bandura, A. (1997). *Self-efficacy: the exercise of control*. New York: Freeman.

Baumeister, R. F., Campbell, J. C., Krueger, J. I., & Vohs, K. D. (2003). Does high self-esteem cause better performance, interpersonal success, happiness, or healthier lifestyles? *Psychological Science in the Public Interest, 4*, 1–44.

Becker, M., Lüdtke, O., Trautwein, U., & Baumert, J. (2006). Leistungszuwachs in Mathematik: Evidenz für einen Schereneffekt im mehrgliedrigen Schulsystem? *Zeitschrift für Pädagogische Psychologie, 20*, 233–242.

Blanton, H., Buunk, B. P., Gibbons, F. X., & Kuyper, H. (1999). When better-than-others compare upward: Choice of comparison and comparative evaluation as independent predictors of academic performance. *Journal of Personality and Social Psychology, 76*, 420–430.

Cialdini, R. B., & Richardson, K. D. (1980). Two indirect tactics of image management: Basking and blasting. *Journal of Personality and Social Psychology, 39*, 406–415.

Cooley, C. H. (1902). *Human nature and the social order*. New York: Charles Scribner's Sons.

DeCharms, R. (1968). *Personal causation: The internal affective determinants of behavior*. New York: Academic Press.

Eccles, J. S. (1983). Expectancies, values, and academic choice: Origins and changes. In J. Spence (Hrsg.), *Achievement and achievement motivation* (S. 87–134). San Francisco: W. H. Freeman.

Eckert, C., Schilling, D., & Stiensmeier-Pelster, J. (2006). Einfluss des Fähigkeitsselbstkonzepts auf die Intelligenz- und Konzentrationsleistung. *Zeitschrift für Pädagogische Psychologie, 20*, 41–48.

Felson, R. B. (1993). The (somewhat) social self: How others affect self-appraisals. In J. M. Suls (Ed.) , *The self in social perspective* (pp. 1–26). Hillsdale, NJ, England: Lawrence Erlbaum Associates, Inc.

Festinger, L. (1954). A theory of social comparison processes. *Human Relations, 7*, 117–140.

Filipp, S.-H. (1979). Entwurf eines heuristischen Bezugsrahmens für Selbstkonzept-Forschung: Menschliche Informationsverarbeitung und naive Handlungstheorie. In S.-H. Filipp (Hrsg.), *Selbstkonzept-forschung: Probleme, Befunde, Perspektiven* (S. 129–152). Stuttgart: Klett-Cotta.

Försterling, F. (1985). Attributional retraining: A review. *Psychological Bulletin, 98*, 495–512.

Frey, K. S., & Ruble, D. N. (1990). Strategies for comparative evaluation: Maintaining a sense of competence across the life span. In R. J. Sternberg, & J. Kolligian Jr (Hrsg.), *Competence considered* (S. 167–189). New Haven, CT: Yale University Press.

Frome, P. M., & Eccles, J. S. (1998). Parents' influence on children's achievement-related perceptions. *Journal of Personality and Social Psychology, 74*, 435–452.

Greenwald, A. G., & Farnham, S. D. (2000). Using the implicit association test to measure self-esteem and self-concept. *Journal of Personality and Social Psychology, 79*, 1022–1038.

Hannover, B. (1997). *Das dynamische Selbst: Die Kontextabhängigkeit selbstbezogenen Wissens*. Bern: Huber.

Harter, S. (1983). Developmental perspectives on the self-system. In P. H. Mussen, & E. M. Hetherington (Hrsg.), *Socialization, personality, and social development* 4. Aufl. Handbook of child psychology, (Bd. 4, S. 275–386). New York: Wiley.

Harter, S. (1998). The development of self-representations. In W. Damon, & N. Eisenberg (Hrsg.), *Social, emotional, and personality development* 5. Aufl. Handbook of child psychology, (Bd. 3, S. 553–617). New York: Wiley.

Harter, S. (1999). *The construction of the self: A developmental perspective*. New York: Guilford Press.

Havighurst, R. J. (1952). *Developmental tasks and, education*. New York: David McKay.

Helmke, A. (1998). Vom Optimisten zum Realisten? Zur Entwicklung des Fähigkeitsselbstkonzeptes vom Kindergarten bis zur 6. Klassenstufe. In F. E. Weinert (Hrsg.), *Entwicklung im Kindesalter* (S. 115–132). Weinheim: PVU.

Helmke, A. (1992). *Selbstvertrauen und schulische Leistungen*. Göttingen: Hogrefe.

Helmke, A., & van Aken, M. A. G. (1995). The causal ordering of academic achievement and self-concept of ability during elementary school: A longitudinal study. *Journal of Educational Psychology, 87*, 624–637.

James, W. (1892/1999). The self. In R. F. Baumeister (Ed.), *The self in social psychology* (pp. 69–77). Philadelphia, PA: Psychology Press. (Original: James, W. [1892/1948]. *Psychology*. Cleveland, OH: World Publishing.)

Kessels, U., & Hannover, B. (2004). Empfundene „Selbstnähe" als Mediator zwischen Fähigkeitsselbstkonzept und Leistungskurswahlintentionen. *Zeitschrift für Entwicklungspsychologie und Pädagogische Psychologie, 36*, 130–138.

Köller, O. (2004). *Konsequenzen von Leistungsgruppierungen*. Münster: Waxmann.

Köller, O., Daniels, Z., Schnabel, K. U., & Baumert, J. (2000). Kurswahlen von Mädchen und Jungen im Fach Mathematik: Zur Rolle von fachspezifischem Selbstkonzept und Interesse. *Zeitschrift für Pädagogische Psychologie, 14*, 26–37.

Köller, O., Klemmert, H., Möller, J., & Baumert, J. (1999). Leistungsbeurteilungen und Fähigkeitsselbstkonzepte: Eine längsschnittliche Überprüfung des Internal/External Frame of Reference Modells. *Zeitschrift für Pädagogische Psychologie, 13*, 128–134.

Lüdtke, O., Köller, O., Marsh, H. W., & Trautwein, U. (2005). Teacher frame of reference and the big-fish-little-pond effect. *Contemporary Educational Psychology, 30*, 263–285.

Markus, H. (1977). Self-schemata and processing information about the self. *Journal of Personality and Social Psychology, 35*, 63–78.

Markus, H., & Kunda, Z. (1986). Stability and malleability of the self-concept. *Journal of Personality and Social Psychology, 51*, 858–866.

Marsh, H. W. (1986). Global self-esteem: Its relation to specific facets of self-concept and their importance. *Journal of Personality and Social Psychology, 51,* 1224–1236.

Marsh, H. W. (1987). The big fish little pond effect on academic self-concept. *Journal of Educational Psychology, 79,* 280–295.

Marsh, H. W. (1989). Age and sex effects in multiple dimensions of self-concept: Preadolescence to early adulthood. *Journal of Educational Psychology, 81,* 417–430.

Marsh, H. W. (1990a). The structure of academic self-concept: The Marsh/Shavelson model. *Journal of Educational Psychology, 82,* 623–636.

Marsh, H. W. (1990b). A multidimensional, hierarchical model of self-concept: Theoretical and empirical justification. *Educational Psychology Review, 2,* 77–172.

Marsh, H. W. (1991). The failure of high-ability high schools to deliver academic benefits: The importance of academic self-concept and educational aspirations. *American Educational Research Journal, 28,* 445–480.

Marsh, H. W., Byrne, B. M., & Shavelson, R. J. (1988). A multifaceted academic self-concept: Its hierarchical structure and its relation to academic achievement. *Journal of Educational Psychology, 80,* 366–380.

Marsh, H. W., & Craven, R. (1997). Academic self-concept: Beyond the dustbowl. In G. D. Phye (Hrsg.), *Handbook of classroom assessment* (S. 137–198). San Diego, CA: Academic Press.

Marsh, H. W., & Craven, R. G. (2006). Reciprocal effects of self-concept and performance from a multidimensional perspective: Beyond seductive pleasure and unidimensional perspectives. *Perspectives on Psychological Science, 1,* 133–162.

Marsh, H. W., Craven, R., & Debus, R. (1998). Structure, stability, and development of young children's self-concepts: A multicohort-multioccasion study. *Child Development, 69,* 1030–1053.

Marsh, H. W., & Hattie, J. (1996). Theoretical perspectives on the structure of self-concept. In B. A. Bracken (Hrsg.), *Handbook of self-concept* (S. 38–90). New York: Wiley.

Marsh, H. W., Kong, C.-K., & Hau, K.-T. (2000). Longitudinal multilevel models of the big fish little pond effect on academic self-concept: Counterbalancing contrast and reflected-glory effects in Hong Kong schools. *Journal of Personality and Social Psychology, 78,* 337–349.

Marsh, H. W., & Richards, G. E. (1988). The Outward Bound Bridging Course for low-achieving males: Effects on academic achievement and multidimensional self-concepts. *Australian Journal of Psychology, 40,* 281–298.

Marsh, H. W., Trautwein, U., Lüdtke, O., Baumert, J., & Köller, O. (2007). Big Fish Little Pond Effect: Persistent negative effects of selective high schools on self-concept after graduation. *American Educational Research Journal, 44,* 631–669.

Marsh, H. W., Trautwein, U., Lüdtke, O., & Köller, O. (2008). Social comparison and big-fish-little-pond effects on self-concept and efficacy perceptions: Role of generalized and specific others. *Journal of Educational Psychology, 100,* 510–524.

Marsh, H. W., & Yeung, A. (1997). Coursework selection: Relations to academic self-concept and achievement. *American Educational Research Journal, 34*(4), 691–720.

Mead, G. H. (1934). *Mind, self, and society from the standpoint of a social behaviorist.* Chicago: University of Chicago Press.

Mischel, W., & Morf, C. C. (2003). The self as a psycho-social dynamic processing system: A meta-perspective on a century of the self in psychology. In M. R. Leary, & J. P. Tangney (Hrsg.), *Handbook of self and identity* (S. 15–43). New York: Guilford.

Möller, J. (2008). Lernmotivation. In A. Renkl (Hrsg.), *Lehrbuch Pädagogische Psychologie* (S. 263–298). Bern: Huber.

Möller, J., & Köller, O. (1998). Dimensionale und soziale Vergleiche nach schulischen Leistungen. *Zeitschrift für Entwicklungspsychologie und Pädagogische Psychologie, 30,* 118–127.

Möller, J., & Köller, O. (2004). Die Genese akademischer Selbstkonzepte: Effekte dimensionaler und sozialer Vergleiche. *Psychologische Rundschau, 55,* 19–27.

Möller, J., & Marsh, H. W. (2013). Dimensional comparison theory. *Psychological Review, 120,* 544–560.

Möller, J., Pohlmann, B., Köller, O., & Marsh, H. W. (2009). A meta-analytic path analysis of the internal/external frame of reference model of academic achievement and academic self-concept. *Review of Educational Research, 79,* 1129–1167.

Möller, J., Retelsdorf, J., Köller, O., & Marsh, H. W. (2011). The Reciprocal I/E Model: An Integration of Models of Relations between Academic Achievement and Self-Concept. *American Educational Research Journal, 48,* 1315–1346.

Möller, J., Streblow, L., & Pohlmann, B. (2009). Achievement and self-concept of students with learning disabilities. *Social Psychology of Education, 12,* 113–122.

Mortimer, J. T., Finch, M. D., & Kumka, D. (1982). Persistence and change in development: The multidimensional self-concept. In P. B. Baltes, & O. G. Brim (Hrsg.), *Life-span development and behavior* (Bd. 4, S. 263–313). New York: Academic Press.

Moschner, B. (2001). Selbstkonzept. In D. H. Rost (Hrsg.), *Handwörterbuch Pädagogische Psychologie* (S. 629–634). Weinheim: Beltz.

Nagy, G., Garrett, J., Trautwein, U., Cortina, K. S., Baumert, J., & Eccles, J. (2008). Gendered high school course selection as a precursor of gendered careers: The mediating role of self-concept and intrinsic value. In H. Watt, & J. Eccles (Hrsg.), *Gender and occupational outcomes: Longitudinal assessment of individual, social, and cultural influences* (S. 115–143). Washington: American Psychological Association.

O'Mara, A. J., Marsh, H. W., Craven, R. G., & Debus, R. (2006). Do self-concept interventions make a difference? A synergetic blend of construct validation and meta-analysis. *Educational Psychologist, 41,* 181–206.

Piaget, J. (1960). *The psychology of intelligence.* Patterson, NJ: Littlefield, Adams.

Pohlmann, B., & Möller, J. (2009). On the benefit of dimensional comparisons. *Journal of Educational Psychology, 101,* 248–258.

Pohlmann, B., Möller, J., & Streblow, L. (2004). Zur Fremdeinschätzung von Schülerselbstkonzepten durch Lehrer und Mitschüler. *Zeitschrift für Pädagogische Psychologie, 18,* 157–169.

Retelsdorf, & Möller, J. (2008). Familiäre Bedingungen und individuelle Voraussetzungen der Lesekompetenz von Schülerinnen und Schülern. *Psychologie in Erziehung und Unterricht, 55,* 227–237.

Rheinberg, F. (2006). *Motivation* (6. Aufl.). Stuttgart: Kohlhammer.

Rheinberg, F., & Krug, S. (2004). *Motivationsförderung im Schulalltag.* Göttingen: Hogrefe.

Roeser, R. W., & Eccles, J. S. (1998). Adolescents' perceptions of middle school: Relation to longitudinal changes in academic and psychological adjustment. *Journal of Research on Adolescence, 8,* 123–158.

Rosenberg, M. (1965). *Society and the adolescent self-image.* Princeton: Princeton University Press.

Rosenberg, M. (1986). Self-concept from middle childhood through adolescence. In J. Suls, & A. G. Greenwald (Hrsg.), *Psychological perspectives on the self* (Bd. 3, S. 107–136). Hillsdale, NJ: Erlbaum.

Rost, D. H., & Sparfeldt, J. R. (2002). Facetten des schulischen Selbstkonzepts. Ein Verfahren zur Messung des differentiellen Selbstkonzepts schulischer Leistungen und Fähigkeiten (DISK-Gitter). *Diagnostica, 48,* 130–140.

Ruble, D. N., & Frey, K. S. (1987). Social comparison and self-evaluation in the classroom: Developmental changes in knowledge and function. In J. C. Masters, & W. P. Smith (Hrsg.), *Social comparison, social justice, and relative deprivation: Theoretical, empirical, and policy perspectives* (S. 81–103). Hillsdale, NJ: Erlbaum.

Schöne, C., Dickhäuser, O., Spinath, B., & Stiensmeier-Pelster, J. (2002). *Skalen zur Erfassung des schulischen Selbstkonzepts. Manual.* Göttingen: Hogrefe.

Schwanzer, A., Trautwein, U., Lüdtke, O., & Sydow, H. (2005). Entwicklung eines Instruments zur Erfassung des Selbstkonzepts junger Erwachsener. *Diagnostica, 51,* 183–194.

Schwarzer, R., Lange, B., & Jerusalem, M. (1982). Selbstkonzeptentwicklung nach einem Bezugsgruppenwechsel. *Zeitschrift für Entwicklungspsychologie und Pädagogische Psychologie, 14,* 125–140.

Shavelson, R. J., Hubner, J. J., & Stanton, G. C. (1976). Validation of construct interpretations. *Review of Educational Research, 46,* 407–441.

Shrauger, J. S., & Schoeneman, T. J. (1979). Symbolic interactionist view of self-concept: Through the looking glass darkly. *Psychological Bulletin, 86,* 549–573.

Sparfeldt, J., Schilling, S. R., Rost, D. H., & Müller, C. (2003). Bezugsnormorientierte Selbstkonzepte? Zur Eignung der SESSKO. *Zeitschrift für Differentielle und Diagnostische Psychologie, 24,* 325–335.

Steele, C. M., & Aronson, J. (1995). Stereotype threat and the intellectual test performance of African-Americans. *Journal of Personality and Social Psychology, 69,* 797–811.

Trautwein, U., & Baeriswyl, F. (2007). Wenn leistungsstarke Klassenkameraden ein Nachteil sind: Referenzgruppeneffekte bei Übergangsentscheidungen. *Zeitschrift für Pädagogische Psychologie, 21,* 119–133.

Trautwein, U., Gerlach, E., & Lüdtke, O. (2008). Athletic classmates, physical self-concept, and free-time physical activity: A longitudinal study of frame of reference effects. *Journal of Educational Psychology, 100,* 988–1001.

Trautwein, U., Lüdtke, O., Köller, O., & Baumert, J. (2006). Self-esteem, academic self-concept, and achievement: How the learning environment moderates the dynamics of self-concept. *Journal of Personality and Social Psychology, 90,* 334–349.

Trautwein, U., Lüdtke, O., Marsh, H. W., Köller, O., & Baumert, J. (2006). Tracking, grading, and student motivation: Using group composition and status to predict self-concept and interest in ninth grade mathematics. *Journal of Educational Psychology, 98,* 788–806.

Trautwein, U., Lüdtke, O., Marsh, H. W., & Nagy, G. (2009). Within-school social comparison: How students' perceived standing of their class predicts academic self-concept. *Journal of Educational Psychology, 101,* 853–866.

Valentine, J. C., DuBois, D. L., & Cooper, H. (2004). The relations between self-beliefs and academic achievement: A systematic review. *Educational Psychologist, 39,* 111–133.

Watt, H. M. G., & Eccles, J. S. (Hrsg.). (2008). *Gender and Occupational Outcomes: Longitudinal assessments of individual, social, and cultural influences.* Washington, D.C.: APA books.

Wheeler, L., & Suls, J. (2007). Assimilation in social comparison: Can we agree on what it is? *Revue Internationale de Psychologie Sociale, 20,* 31–51.

Wigfield, A., Eccles, J. S., Yoon, K. S., Harold, R. D., Arbreton, A., Freedman-Doan, K., & Blumenfeld, P. C. (1997). Changes in childrens' competence beliefs and subjective task values across the elementary school years: A three-year study. *Journal of Educational Psychology, 89,* 451–469.

Wigfield, A., & Eccles, J. S. (1992). The development of achievement task values: A theoretical analysis. *Developmental Review, 12,* 265–310.

Wylie, R. C. (1979). *The self concept: Theory and research on selected topics* Bd. 2. Lincoln: University of Nebraska Press.

Emotionen

Anne C. Frenzel, Thomas Götz, Reinhard Pekrun

E. Wild, J. Möller (Hrsg.), *Pädagogische Psychologie,* Springer-Lehrbuch,
DOI 10.1007/978-3-642-41291-2_9, © Springer-Verlag Berlin Heidelberg 2015

Dieses Kapitel beschäftigt sich mit Emotionen im Lern- und Leistungskontext. Fragen Sie sich doch einmal selbst – wie fühlen Sie sich, während Sie die Inhalte dieses Lehrbuchs durcharbeiten? Macht Ihnen diese Aufgabe Spaß? Langweilt es Sie? Ärgern Sie sich dabei? Und der Gedanke daran, dass Ihre Lernergebnisse überprüft werden: Jagt er Ihnen einen Schauer über den Rücken oder erfüllt es Sie mit Stolz, Ihre Erkenntnisse und Lösungen präsentieren zu dürfen? Die wissenschaftliche Auseinandersetzung mit Emotionen findet vor allem in Allgemeiner Psychologie, Sozialpsychologie und Klinischer Psychologie statt, daneben auch in der Neuro-, Entwicklungs- und Differenziellen sowie Pädagogischen Psychologie. Insgesamt handelt es sich hierbei um einen relativ „jungen" Forschungsbereich. Abgesehen von der traditionellen Prüfungsangstforschung (überblicksartig in Schnabel, 1998; Zeidner, 1998) wurde der Relevanz von Emotionen im Kontext von Lernen und Leistung erst in den letzten 15 Jahren durch intensive Forschungstätigkeit Rechnung getragen. In diesem Kapitel werden vorwiegend Arbeiten zu Emotionen im Leistungskontext vorgestellt und Aspekte aus den Nachbardisziplinen dann aufgegriffen, wenn sie für den pädagogischen Kontext relevant sind (◘ Abb. 9.1).

9.1   Begriffsbestimmung

9.1.1   Emotionen – Mehrdimensionale Konstrukte

► **Emotionen** sind innere, psychische Prozesse. Charakteristisch ist vor allem ihr „gefühlter" Kern: Emotionen spürt man, sie sind keine reinen Gedankeninhalte. Jede Emotion ist durch ein für sie typisches psychisches Erleben gekennzeichnet. Dies wird auch als der „affektive Kern" einer Emotion bezeichnet. Affektives Erleben ist notwendig und hinreichend für eine Emotion. Die meisten Emotionen lassen sich recht eindeutig entlang der Dimension Valenz in „positiv" vs. „negativ" einordnen. Emotionen haben einen stark wertenden Charakter, sie sind Signalgeber dafür, wie angenehm oder unangenehm eine aktuelle Situation empfunden wird.

» Emotion would not be emotion without some evaluation at its heart. (Parkinson, 1997, S. 62)

Neben diesem affektiven Kern werden in vielen Definitionen vier weitere zentrale **Komponenten** von Emotionen genannt (◘ Abb. 9.2 und ► Exkurs „Prüfungsangst – Facetten"):

━ Die **physiologische** Komponente: Je nach emotionalem Zustand ändern sich z. B. Herzrate, Hautleitfähigkeit oder Muskeltonus – kurz gesagt, die allgemeine

◘ Abb. 9.1

Anspannung oder der Erregungszustand. Auch im zentralen Nervensystem finden Emotionen ihre Entsprechung, sowohl kortikale als auch subkortikale Areale (u. a. der präfrontale Kortex und die Amygdala) zeigen beim Erleben von Emotionen spezifische Erregungsmuster.

━ Die **kognitive** Komponente: Emotionales Erleben geht meist mit emotionstypischen Gedankeninhalten einher; bei Angst sind dies beispielsweise Gedanken an die Konsequenzen eines möglichen Scheiterns („Was werden wohl meine Eltern sagen, wenn ich wieder mit einer schlechten Note nach Hause komme?").

━ Die **expressive** Komponente: Verschiedene Emotionen gehen mit für sie typischem verbalem und nonverbalem Ausdrucksverhalten einher. Dies macht Emotionen für Interaktionspartner erkennbar.

━ Die **motivationale** Komponente: Emotionen lösen entsprechendes Verhalten aus. Aus evolutionspsychologischer Perspektive wird argumentiert, dass Organismen überhaupt erst deshalb Emotionen entwickelt haben, weil diese dafür sorgen, adaptives (d .h. überlebensförderliches) Verhalten zu zeigen, z. B. aus Angst zu flüchten oder in guter Stimmung die Umwelt zu explorieren.

> **Definition**
>
> **Emotionen** sind mehrdimensionale Konstrukte, die aus affektiven, physiologischen, kognitiven, expressiven und motivationalen Komponenten bestehen (◘ Abb. 9.2).

9.1.2   Struktur von Emotionen

Es gibt zwei zentrale Ansätze zur Beschreibung der Struktur von Emotionen, nämlich dimensionale und kategoriale

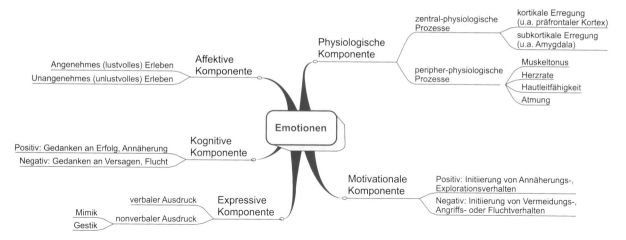

□ Abb. 9.2 Mindmap Emotionen

Prüfungsangst – Facetten

Das affektive Erleben bei ▶ **Prüfungsangst** ist durch Aufgeregtheit, Nervosität und Unsicherheitsgefühle gekennzeichnet. Körperlich macht sich Prüfungsangst durch erhöhte Erregung mit Symptomen wie Zittern, Schweißausbrüchen oder Übelkeit bemerkbar. Diese affektiven und physiologischen Komponenten werden in der Literatur häufig zusammen als „Emotionality-Komponente" der Prüfungsangst bezeichnet (Liebert & Morris, 1967; Zeidner, 1998). Prüfungsängstliche Personen plagen zudem permanente Sorgen um eigene Fähigkeitsmängel – so kreisen ihre Gedanken schon während des Lernens und auch in der Prüfung um Versagen und um die Konsequenzen eines möglichen Misserfolgs. Dieser kognitive Aspekt der Prüfungsangst wird auch mit dem Begriff „Worry-Komponente" bezeichnet. Schließlich geht Prüfungsangst mit Flucht- oder Vermeidungstendenzen bezüglich Lern- und Prüfungssituationen einher. Die Schwierigkeit liegt hier darin, dass es in unserer modernen Gesellschaft keineswegs „adaptiv" (also Erfolg bringend) ist, in solchen Situationen Vermeidungs- und Fluchtverhalten an den Tag zu legen. Im Gegenteil, nicht zu lernen vermindert die Erfolgsaussichten und an einer Prüfung nicht teilzunehmen impliziert in der Regel, sie nicht zu bestehen.

Modelle. Unter einer **dimensionalen Perspektive** werden Emotionen anhand einer begrenzten Anzahl quantitativ variierender Eigenschaften gruppiert. Die beiden am häufigsten genannten Dimensionen sind Valenz (positiv bis negativ bzw. angenehm bis unangenehm) und Aktivierung/Erregung (niedrige bis hohe Aktivierung). Die Frage „Wie fühlen Sie sich im Moment?" würde in diesem Ansatz beispielsweise mit „positiv erregt" beantwortet. Manche Autoren beziehen daneben noch weitere Dimensionen mit ein (wie Intensität, Wachheit oder erlebte Dominanz). Beim **kategorialen Ansatz** wird darauf Wert gelegt, zwischen einer Vielzahl an qualitativ unterschiedlichen („diskreten") Emotionen zu differenzieren. Obige Frage würde in diesem Ansatz beispielsweise mit „ärgerlich" oder „ängstlich" beantwortet. Aus dieser Perspektive wird argumentiert, dass es auch noch zwischen Emotionszuständen, die im dimensionalen Ansatz identisch klassifiziert werden, phänomenologisch große Unterschiede gibt. So fühlt man sich z. B. sowohl bei Angst als auch bei Ärger negativ und erregt; das subjektive Erleben unterscheidet sich jedoch recht stark bei diesen beiden Emotionen. Aus einer dimensionalen Perspektive wird dem wiederum entgegengehalten, dass trotz der subjektiv-phänomenologischen Unterschiedlichkeit diese Emotionen typischerweise hoch positiv miteinander korrelieren, dass man also in einer angstbesetzen Situation auch rasch ärgerlich reagiert oder Personen, die allgemein zu Ärger neigen, auch häufig berichten, Angst zu erleben.

Im Kontext der Suche nach einer begrenzten Anzahl an diskreten Emotionen, die universell auftreten, ist der Begriff **Basisemotionen** geprägt worden. Basisemotionen scheinen alle Menschen zu kennen und unterscheiden zu können. Sie gehen über Kulturen hinweg mit den jeweils gleichen, typischen Gesichtsausdrücken einher und sind durch spezifische Auslösebedingungen sowie spezifische resultierende Handlungstendenzen charakterisiert. Von verschiedenen Autoren wurden immer wieder unterschiedliche Vorschläge gemacht, welche Gefühlszustände zu den Basisemotionen zu zählen sind. Besonders häufig werden dabei die folgenden Emotionen genannt (Ortony & Turner, 1990):

- Freude
- Überraschung
- Trauer
- Ärger
- Angst
- Ekel.

Eine weitere wichtige strukturelle Eigenschaft von Emotionen liegt darin, dass sie zum einen als momentane

Zustände und zum anderen als dispositionelle Reaktionstendenzen betrachtet werden können. In der allgemeinpsychologischen Forschung werden Emotionen meist als situative, momentane Zustände (sog. emotionale **States**) beschrieben. In der Differenziellen Psychologie, d. h. bei der Betrachtung von Unterschieden zwischen Individuen, betrachtet man Emotionen aber auch aus der Perspektive, dass es dispositionelle Unterschiede in der Neigung zu geben scheint, in verschiedenen Situationen mit bestimmten Emotionen zu reagieren. In diesem Zusammenhang spricht man von Emotionen als **Traits** (relativ stabile Persönlichkeitseigenschaften; Pekrun & Frenzel, 2009). So unterscheiden sich Personen beispielsweise in ihrer generellen positiven bzw. negativen Affektivität, d. h. der Neigung, positive oder negative Emotionen vermehrt zu erleben. Aber auch bezüglich des Erlebens diskreter Emotionen gibt es dispositionelle Unterschiede. Beispiele sind die Trait-Angst (auch Prüfungsängstlichkeit), sowie die Neigung zum Ärger oder auch zur Langeweile. Zahlreiche pädagogisch-psychologische Forschungsarbeiten beziehen sich auf Emotionen als Traits.

Aktuelle Ergebnisse aus der pädagogisch-psychologischen Forschung zeigen, dass es sehr wichtig ist, sich der inhaltlichen Bedeutung von Trait- und State-Emotionen bei der Interpretation empirischer Befunde bewusst zu sein. So zeigt eine Studie von Götz und Kollegen (2013), dass die State-Angst-Ausprägungen von Jungen und Mädchen im Fach Mathematik identisch sind, während Mädchen – trotz gleicher Noten im Fach Mathematik – höhere Werte für Trait-Mathematikangst angeben als Jungen. Bei den Trait-Angaben scheinen subjektive Überzeugungen (z. B. „Mathematik kann ich nicht") stärker einzufließen als bei den State-Angaben. Geschlechterunterschiede im mathematikbezogenen Selbstkonzept erzeugen dann die geschlechterbezogenen Unterschiede in der Trait-Mathematikangst – die sich bei der State-Erhebung nicht finden. In anderen Worten: Trait-Angaben spiegeln im Vergleich zu State-Angaben wohl zu einem größeren Ausmaß unser Denken über Dinge wider.

9.1.3   Verwandte Konstrukte

Emotionen werden im Kontext zahlreicher weiterer Phänomene diskutiert, die in diesem Beitrag am Rande zur Sprache kommen. Hierzu zählen die Konstrukte Stimmung, Wohlbefinden, Stress und Flow, die im Folgenden kurz erläutert werden.

Die Begriffe Emotion und **Stimmung** werden in vielen Forschungsarbeiten weitgehend synonym benutzt. Emotionen und Stimmungen sind tatsächlich durch weitgehend kongruente Komponenten charakterisiert (affektives Erleben, spezifisches physiologisches Erregungsmuster,

charakteristische Gedankeninhalte sowie Ausdrucksverhalten). Unterschiede bestehen darin, dass Stimmungen typischerweise länger anhaltend, aber dabei weniger intensiv ausgeprägt und in geringerem Maße auf bestimmte Objekte gerichtet sind als Emotionen. Im Unterschied zu diskreten Emotionen werden Stimmungen zudem typischerweise ausschließlich dimensional als positiv, neutral oder negativ klassifiziert.

Emotionen werden typischerweise als integrale Bestandteile von subjektivem **Wohlbefinden** genannt. Wohlbefinden besteht nicht nur in der Abwesenheit negativer Emotionen (z. B. keine Angst zu haben), sondern beinhaltet auch das Empfinden positiver Emotionen (allem voran das Erleben von Freude). Hinzu kommt in vielen Definitionen zum subjektiven Wohlbefinden, dass man subjektive und gesellschaftliche Werte als erfüllt sieht und insgesamt sein Leben als positiv bewertet (Diener, Suh, Lucas & Smith, 1999).

Bei ► **Stress** handelt es sich um einen Zustand der „Alarmbereitschaft" eines Organismus, der sich auf erhöhte Leistungsanforderungen einstellt. In der modernen Stressforschung wird zudem betont, dass erlebter Stress dann auftritt, wenn die eigenen Fähigkeiten und Fertigkeiten von den Anforderungen der Umwelt übertroffen bzw. infrage gestellt werden. In solchen Situationen erlebt man häufig auch Angst, weswegen die Emotion Angst als eng verwandt mit subjektiv erlebtem Stress angesehen werden kann. Daher weisen Theorien zu Entstehung, Wirkungen und zum Umgang mit Angst und Stress relativ große Überschneidungen auf (einen guten Überblick hierzu bietet Schwarzer, 2000).

Der Begriff ► **Flow** wurde durch Csikszentmihalyi (1985) geprägt. Er beschreibt damit das „holistische Gefühl bei völligem Aufgehen in einer Tätigkeit" (ebd., S. 58/59), das dann auftritt, wenn Handlungsanforderungen und Handlungskompetenzen in einem ausgewogenen Verhältnis zueinander stehen. In den Zustand von Flow kann man insbesondere dann geraten, wenn man in eine anspruchsvolle Tätigkeit involviert ist und sich den Anforderungen der Tätigkeit voll gewachsen fühlt. Obwohl Flow eher ein kognitiver Zustand als eine Emotion ist und deshalb auch nie im Kontext der Basisemotionen erwähnt wird, handelt es sich dabei um einen Erlebenszustand, der insbesondere im Lern- und Leistungskontext wiederholt Beachtung findet – nicht zuletzt deshalb, weil man im Flow außerordentlich gute und kreative Leistungen erbringen kann.

9.1.4   Emotionsregulation

Eng verwandt mit der Erforschung von Emotionen an sich ist auch die Beschäftigung mit der Frage, ob und wie wir Emotionen regulieren können. ► **Emotionsregula-**

tion kann als zielgerichtete, bewusste oder unbewusste Aufrechterhaltung, Steigerung oder Senkung der eigenen Emotionen oder der Emotionen anderer Menschen definiert werden (Gross & Thompson, 2006). Ansätzen zur Emotionsregulation liegt ein hedonistischer Gedanke zugrunde – wir streben danach, möglichst häufig und intensiv positive und möglichst selten und gering ausgeprägte negative Emotionen zu erleben und regulieren auf dieses Ziel hin. Emotionsregulation impliziert dabei nicht nur, wie man reagiert, sobald eine emotionale Reaktion eingetreten ist, sondern auch, dass man sich über mögliche emotionsinduzierende Umstände bewusst ist und diese gezielt aufsucht oder vermeidet, um das eigene emotionale Erleben zu optimieren. Ein Großteil der Forschungsaufmerksamkeit richtete sich bisher jedoch vor allem auf den Umgang mit negativen Gefühlszuständen; in diesem Zusammenhang spricht man auch von „Coping". Im Zentrum der Coping-Forschung steht die Frage, wie gut es gelingt, mit Stress, Angst, Trauer und allgemein negativem Affekt umzugehen. In diesem Zusammenhang werden häufig drei zentrale **Coping-Strategien** genannt (Zeidner & Endler, 1996). Diese sind

- emotionsorientiertes Coping (direkte Regulierung der Emotion, z. B. durch Entspannungstechniken oder Medikamenteneinnahme),
- problemorientiertes Coping (d. h. Identifikation der emotionsauslösenden Umstände und deren aktive Änderung),
- meidensorientiertes Coping (d. h. behaviorale oder mentale Flucht aus der emotionsauslösenden Situation bzw. Vermeidung einer Konfrontation mit der Situation).

Letztere Form des Copings wird für viele Situationen als die am wenigsten günstige beschrieben. Emotionsregulation spielt auch im Lern- und Leistungskontext eine bedeutsame Rolle (Götz, Frenzel, Pekrun & Hall, 2006). Inwieweit es gelingt, sich in einer Lernsituation in eine positive Stimmung zu versetzen oder auch in einer Prüfungssituation Angst im Griff zu haben, wirkt sich vermutlich nicht unerheblich auf die resultierenden Leistungen aus (▶ Abschn. 9.3.7). Die Fähigkeit, Emotionen zu regulieren, ist zudem ein wichtiger Bestandteil des in jüngster Zeit vielbeachteten Konstrukts ▶ emotionale Intelligenz (▶ Exkurs „Emotionale Intelligenz – Populär und wissenschaftlich").

9.2 Erfassung von Emotionen

Eine der größten Herausforderungen bei der Auseinandersetzung mit Emotionen liegt in deren Erfassung bzw. Diagnostik. Da Emotionen definitionsgemäß durch subjektives Erleben gekennzeichnet sind, liegt es nahe, sie durch **Befragung der Betroffenen** zu erfassen. Tatsächlich ist eine Vielzahl an Forschungsarbeiten zu Emotionen auf der Basis von Fragebogenskalen entstanden. Einem dimensionalen Ansatz folgend ist hierbei die „Positive and Negative Affect Schedule" (PANAS) von Watson, Clark und Tellegen (1988; in deutscher Fassung von Krohne, Egloff, Kohlmann & Tausch, 1996) entwickelt und vielfach eingesetzt worden. Die PANAS ist ein Selbstbeschreibungsinstrument, das aus 20 Adjektiven besteht, von denen je 10 positive und negative Empfindungen und Gefühle beschreiben (z. B. aktiv, begeistert, gereizt). Die Probanden schätzen die Intensität auf einer 5-stufigen Skala ein (gar nicht bis äußerst). Vielfach anhand von Fragebogen erforscht wurde auch die diskrete Emotion Angst. Hier ist das „State-Trait Angstinventar" von Spielberger (1983; in deutscher Fassung von Laux, Glanzmann, Schaffner & Spielberger, 1981) das am häufigsten eingesetzte Instrument. Die zwei Skalen mit jeweils 20 Items (z. B.: Ich bin besorgt, dass etwas schiefgehen könnte) dienen zur Erfassung von Angst als Zustand (State-Angst) und Angst als Eigenschaft (Trait). Alternativ zu quantitativen Fragebogenverfahren können Emotionen auch durch strukturierte Interviews erfasst werden. Auch Prüfungsangst wird typischerweise durch Selbstbericht erfasst (▶ Exkurs „Erfassung von Prüfungsangst: AFS und DAI").

Direkte Befragungsmethoden zur Emotionserfassung sind jedoch dafür kritisiert worden, dass sie sprachbasiert sind und Selbsteinschätzungen, d. h. subjektive Rekonstruktionen der eigenen Befindlichkeit, darstellen und somit anfällig für bewusste oder unbewusste Verzerrungen sind (▶ Exkurs „Erfassung von Prüfungsangst: AFS und DAI"). Eine häufig eingesetzte Form der sprachfreien Erfassung, die trotzdem auf dem subjektiven Erlebensbericht von Probanden basiert, ist das „Self-Assessment Manikin" von Lang (1980). Hier wird die emotionale Befindlichkeit anhand von drei Dimensionen (Valenz, Arousal und Dominanz) erfasst, die jeweils durch drei grafische Figuren veranschaulicht werden. Man spricht in diesem Zusammenhang auch von einem affektiven Ratingsystem.

Schließlich gibt es eine Reihe an Methoden zur Emotionserfassung, die vollständig auf den subjektiven Bericht der Probanden verzichten. Hierzu zählt die Codierung der emotionstypischen **Prosodie** (d. h. des Tonfalls) oder auch der emotionstypischen **Mimik**. Von Paul Ekman und Kollegen wurde das sog. „Facial Action Coding System" (FACS) entwickelt. Im FACS werden kleinste, den Gesichtsausdruck bewirkende Muskelbewegungen erfasst und in ihrer Kombination für die Kodierung diverser diskreter Emotionen herangezogen (Ekman, Friesen & Hager, 2002). Die **zentral-physiologischen Prozesse**, die beim Erleben von Emotionen ablaufen, lassen sich anhand von bildgebenden Verfahren (z. B. fMRT) und durch Messungen der Gehirnströme (z. B. EEG) erfassen. Schließlich kann man

Exkurs

Emotionale Intelligenz – Populär und wissenschaftlich

Daniel Golemans Buch „Emotionale Intelligenz" (Goleman, 1997) ist öffentlich viel beachtet worden und hat unter Laien wie Wissenschaftlern eine engagierte Debatte ausgelöst. Goleman ist der Frage nachgegangen, was eigentlich den „Lebenserfolg" eines Menschen ausmacht, d. h. beruflich erfolgreich zu sein, von seinen Mitmenschen akzeptiert und geachtet zu werden, Freunde zu haben und insgesamt mit seinem Leben zufrieden zu sein. Seine zentrale Aussage war, dass hierzu der traditionell definierte IQ weniger ausschlaggebend sei als bisher angenommen wurde. Vielmehr sei dazu eine ausgeprägte emotionale Intelligenz notwendig, d. h. der intelligente Umgang mit den eigenen Emotionen und denen von Mitmenschen. Der besondere Reiz an dieser Form der Intelligenz: Diese Fähigkeit sei erlernbar.
Die fachwissenschaftliche Betrachtung des Konstrukts „emotionale Intelligenz" wurde insbesondere durch die Forschungsarbeiten von Mayer und Salovey geprägt (auch Golemans Ausführungen stützen sich stark auf deren Arbeiten).

Sie definieren emotionale Intelligenz als Gesamtheit von vier Fähigkeiten: Wahrnehmen, Verstehen, Integrieren und Regulieren der eigenen Emotionen und der Emotionen anderer (Mayer & Salovey, 1997; zu diesem und weiteren Modellen Emotionaler Intelligenz vgl. Neubauer & Freudenthaler, 2006). Zur **Wahrnehmung** zählt hierbei die Fähigkeit, Emotionen zu erkennen und diskrete Emotionen auseinanderzuhalten, aber auch „ehrliche" und „unehrliche" Gefühlsausdrücke unterscheiden zu können. Das **Verstehen** von Emotionen beinhaltet, auch komplexe und simultan auftretende Emotionen zu durchschauen, die Bedeutung, die Emotionen über Beziehungen vermitteln, interpretieren zu können und potenzielle Übergänge zwischen Emotionen auszumachen. **Integrieren** bedeutet, sich Emotionen zunutze zu machen, um das eigene Denken zu verbessern, beispielsweise sich selbst in bestimmte Stimmungen zu versetzen, um seine Aufmerksamkeit zu verbessern und um ein Ziel besser zu erreichen. **Regulieren** schließlich beinhaltet, sowohl für ange-

nehme als auch unangenehme Gefühle offen zu bleiben, sich auf Emotionen einlassen zu können oder sich von ihnen loszulösen, je nachdem, ob sie als dienlich eingeschätzt werden; und zudem natürlich die Fähigkeit, Emotionen bei sich und anderen aufrechtzuerhalten, zu steigern oder zu senken.
Insbesondere Golemans Ansatz ist insofern kritisierbar, als emotionsbezogene Fähigkeiten vermutlich in ähnlichem Ausmaß erlernbar sind wie andere kognitive Fähigkeiten. Auch die fachwissenschaftlichen Ansätze zur emotionalen Intelligenz sind kritisiert worden; es wird beispielsweise argumentiert, die beschriebenen Fähigkeiten seien in der Psychologie seit Langem beschriebene Persönlichkeitseigenschaften oder auch letztlich die Anwendung von traditionell definierter Intelligenz in sozialen Situationen.
Die Kernannahme, dass Erfolg im Leben nicht allein von kognitiven Kompetenzen abhängt, sondern dass auch emotionsbezogene Faktoren eine wichtige Rolle spielen, ist unumstritten.

Exkurs

Erfassung von Prüfungsangst: AFS und DAI

Der „Angstfragebogen für Schüler" (AFS) von Wiecierkowski et al. (1974) und das „Differenzielle Leistungsangstinventar" (DAI) von Rost und Schermer (1997) sind zwei einschlägige normorientierte Verfahren, die sich für die Erfassung von Prüfungsangst und weiteren schulbezogenen Ängsten eignen. Der **AFS** ist ein mehrfaktorieller Fragebogen, der die ängstlichen und unlustvollen Erfahrungen von Schülern unter drei Aspekten erfasst: Prüfungsangst, allgemeine („manifeste") Angst und Schulunlust. Ferner enthält er eine Skala zur Erfassung der Tendenz von Schülern, sich angepasst und sozial erwünscht darzustellen. Es liegen Normen für Schüler von 9–17 Jahren (3.–10. Schulklasse) vor. Je nach Alter beträgt die Bearbeitungszeit 10–25 Minuten. Er kann im Einzel- und Gruppenverfahren durchgeführt werden. Der AFS eignet sich zur Erfassung des Ausmaßes der Angstathmosphäre in Schulklassen sowie zur individuellen Diagnostik, Therapieindikation und -kontrolle.
Das **DAI** ist eine Fragebogenbatterie zur Erfassung multipler Facetten von Leistungsängstlichkeit. Es besteht aus vier Bereichen: Angstauslösung, Angstmanifestation, Angst-Copingstrategien sowie Angststabilisierung. Es liegen Normen für Schüler der 8.–13. Schulklasse vor. Das DAI kann im Einzel- und Gruppenverfahren durchgeführt werden. Es ist hinsichtlich Ursachen, Diagnoseansätzen und Modifikationsmöglichkeiten von Leistungsängstlichkeit sehr aufschlussreich.

auch anhand von **peripher-physiologischen Messdaten** Hinweise auf das emotionale Erleben von Probanden erlangen. Hierzu zählen die Erfassung des Hautwiderstands, der Herzfrequenz oder des Blutdrucks. Auch bestimmte im Blut bzw. im Speichel nachweisbare Botenstoffe – insbesondere **Cortisol** – werden in Studien häufig als Indikatoren erhöhter emotionaler Erregung (Angst bzw. Stress) herangezogen.

9.3   Leistungsemotionen

9.3.1   Definition und Taxonomisierung

Unter Leistungsemotionen („achievement emotions") werden diejenigen Emotionen von Schülern verstanden, die sie in Bezug auf leistungsbezogene Aktivitäten und die Leistungsergebnisse dieser Aktivitäten erleben (Pekrun, 2006). Zwischenmenschliche Gefühle wie Sympathie oder Abneigung sind somit eher nicht dieser Gruppe von Emotionen zuzuordnen. Im pädagogischen Kontext handelt es sich bei entsprechenden Aktivitäten vor allem um **Lernaktivitäten**; Lernemotionen – als spezielle Teilgruppe der Leistungsemotionen – spielen hier deshalb eine wesentliche Rolle.

⏹ Tab. 9.1 Klassifikation von Leistungsemotionen

		Positiv (angenehm)	Negativ (unangenehm)
Fokus: Aktivität	aktuell	Lernfreude	Langeweile, Frustration
Fokus: Ergebnis	prospektiv	Hoffnung	Angst, Hoffnungslosigkeit
	retrospektiv – selbstbezogen	Ergebnisfreude, Erleichterung, Stolz	Trauer, Enttäuschung, Scham/Schuld, Ärger
	retrospektiv – fremdbezogen	Dankbarkeit, Schadenfreude	Ärger, Neid, Mitleid

---

Definition

Lernsituationen seien als Situationen definiert, in denen man sich intentional mit einem inhaltlich definierten Lerngegenstand mit dem Ziel auseinandersetzt, seine Kompetenzen und Wissensbestände in diesem Gegenstandsbereich zu erweitern (nicht-intentionales Lernen bzw. implizites Lernen sind hier nicht angesprochen). Von **Leistung** ist dann die Rede, wenn das eigene Handeln und die eigene Tüchtigkeit im Hinblick auf einen Gütemaßstab bewertet werden (Rheinberg, 2004).

Unabhängig davon, dass der Gütemaßstab zur Bewertung von Leistungen in unterschiedlichen Bezugsnormen verankert sein kann (individuell, sozial oder sachlich ► Kap. 7), impliziert eine Bewertung entlang eines solchen Gütemaßstabes häufig ein eindeutiges Urteil: Erfolg oder Misserfolg. Da es sich bei Lernsituationen immer auch um Leistungssituationen handelt, sind Lernemotionen als eine Teilgruppe der Leistungsemotionen aufzufassen.

Um Leistungsemotionen theoretisch zu taxonomisieren, hat Pekrun (2006; auch Pekrun & Jerusalem, 1996) vorgeschlagen, Valenz, Objektfokus und zeitlichen Bezug als wichtige Ordnungskriterien zu berücksichtigen (⏹ Tab. 9.1).

- **Valenz** unterscheidet positive (subjektiv angenehme) von negativen (subjektiv unangenehmen) Emotionen.
- Anhand des Objektfokus wird unterschieden, ob die Emotionen primär auf die **Aktivität** oder auf das **Leistungsergebnis** dieser Aktivität gerichtet sind (Erfolg vs. Misserfolg).
- Der zeitliche Bezug beschreibt, ob der Fokus beim Erleben einer Emotion eher auf die Zukunft (**prospektiv**), auf die gegenwärtige Tätigkeit (**aktuell**) oder zurückblickend auf ein Ergebnis (**retrospektiv**) gerichtet ist. Bei einem auf die Aktivität gerichteten Objektfokus ist der zeitliche Bezug grundsätzlich die Gegenwart, d. h. die momentan durchgeführte Tätigkeit. Lernfreude, Langeweile oder auch Frustration beim Lernen sind Beispiele für solche Emoti-

onen. Liegt der Objektfokus auf Ergebnissen, kann der zeitliche Bezug prospektiv oder retrospektiv sein. Zu prospektiven Emotionen zählen beispielsweise Hoffnung und Angst.

Vor allem bei retrospektiven Emotionen erscheint zudem eine weitere Klassifikation hinsichtlich des persönlichen Bezugs sinnvoll, um zu unterscheiden, ob sie selbst- oder fremdbezogen sind. Stolz ist eine typische selbstbezogene Emotion, die man erlebt, wenn man auf eine eigene Errungenschaft zurückblickt. Dankbarkeit ist ein Beispiel einer fremdbezogenen Emotion, die auftritt, wenn man einen Erfolg jemand anderem zu verdanken hat. Auch die Emotion Ärger wird meist als fremdbezogen dargestellt (man ärgert sich über eine andere Person). Interviewstudien von Molfenter (1999) ist jedoch zu entnehmen, dass Ärger in Lern- und Leistungssituationen durch die Teilnehmer gleichermaßen unter selbst- wie unter fremdbezogener Perspektive beschrieben wurde. Ein Interviewbeispiel für selbstbezogenen Ärger während einer Prüfung ist folgende Aussage eines Teilnehmers: „Ich habe mich geärgert, weil ich genau gewusst habe, das Thema beherrsche ich eigentlich, aber ich werde es aufgrund meiner Desorientiertheit nicht so verkaufen können, wie ich es eigentlich könnte"; ein Beispiel für fremdbezogenen Ärger folgende Aussage: „Ich war dann schon ein bisschen verärgert … Weil ich gedacht habe, ach, was reitet der Prüfer denn jetzt auf den Details herum, wenn mein Themengebiet eigentlich etwas ganz anderes mehr anbieten würde."

9.3.2 Fachspezifität von Leistungsemotionen

Kann man vom emotionalen Erleben eines Schülers in einem bestimmten Fach (z. B. Mathematik) auf das emotionale Erleben in einem anderen Fach (z. B. Deutsch) schließen? Neuere Studien zur Fachspezifität von Emotionen zeigen deutlich, dass dies nur sehr begrenzt möglich ist (Götz, Frenzel, Pekrun, Hall & Lüdtke, 2007). Die

Exkurs

Langeweile – Eine allbekannte, jedoch wenig untersuchte Emotion

Insbesondere Philosophen waren es, die sich intensive Gedanken zur Langeweile gemacht haben (z. B. Seneca, Arthur Schopenhauer, Søren Kierkegaard, Martin Heidegger) – Nietzsche nannte sie beispielsweise die „Windstille der Seele". Empirisch ist Langeweile noch wenig erforscht. Im Kontext der wissenschaftlichen Auseinandersetzung mit Langeweile zeigt sich ein definitorischer Minimalkonsens zumindest in zwei Aspekten:

1. Bei Langeweile handelt es sich um einen subjektiv als schwach negativ erlebten Gefühlszustand.
2. Langeweile ist durch ein subjektiv langsames Verstreichen der Zeit (Zeitdilatation) im Sinne der Wortbedeutung von „lange Weile" geprägt.

Was den ersten Punkt anbelangt, so deuten jedoch aktuelle Studien darauf hin, dass Langeweile in spezifischen Situationen durchaus auch als positiv erlebt werden kann, in manchen Fällen hingegen auch als sehr negativ. Es gibt erste Ansätze, statt „der" Langeweile, die in der Regel eher unangenehm erlebt wird, verschiedene Langeweileformen zu unterscheiden (z. B. indifferente Langeweile als eine eher positiv und reaktante Langeweile als eine negativ erlebte Langeweileform; s. Götz & Frenzel, 2006; Götz, Frenzel, Hall, Nett, Pekrun & Lipnevich, 2014). Allerdings gibt es bisher kaum Belege für solche positiven Wir-

kungen. Vielmehr weisen Studien darauf hin, dass Langeweile vor allem negative Konsequenzen hat, wie beispielsweise deviantes Verhalten, Delinquenz, Abusus psychotroper Substanzen, Spielsucht, Übergewicht und schwache Leistungen (Harris, 2000; Vodanovich & Kass, 1990). Was die Wirkungen von Langeweile anbelangt, so können diese durchaus positiv sein, z. B. im Hinblick auf die Initiierung kreativer Prozesse im Sinne von Inkubationsphasen. Allerdings weisen Studien darauf hin, dass sie vor allem mit einer Vielzahl negativer Aspekte einhergeht, wie beispielsweise deviantem Verhalten, Delinquenz, Abusus psychotroper Substanzen, Spielsucht, Übergewicht und schwachen Leistungen (Harris, 2000; Vodanovich & Kass, 1990). Im pädagogisch-psychologischen Kontext stellt Langeweile unter dem Gesichtspunkt der ineffektiven Nutzung von „Humanressourcen" ein untersuchungsrelevantes Konstrukt dar – Studien deuten darauf hin, dass sich Schüler je nach Fach sehr häufig im Unterricht langweilen (z. B. Nett, Götz & Hall, 2011; Larson & Richards, 1991) und dass dies negative Folgen für Aufmerksamkeit, Lernmotivation, die Nutzung von Lernstrategien sowie resultierende Schul- und Studienleistungen hat (vgl. Pekrun, Goetz, Daniels, Stupnisky & Perry, 2010). In einer Interviewstudie von Götz, Frenzel und Haag (2006) wurden als Ursachen

von Langeweile im Unterricht folgende Aspekte von Schülern der 9. Jahrgangsstufe genannt (beginnend mit dem am häufigsten Genannten):

1. Unterrichtsgestaltung (z. B. Abwechslungsarmut)
2. spezifische Unterrichtsthemen und -inhalte (z. B. „trockene" Themen)
3. Ursachen in der Person des Schülers (z. B. Verständnisprobleme) oder des Lehrers (z. B. „ausgepowerte" Lehrer) sowie wahrgenommene Eigenschaften des Fachs (z. B. Sinnlosigkeit des Fachs).

Eine weitere Studie (Götz, Frenzel & Pekrun, 2007a; 9. Jahrgangsstufe) deutet darauf hin, dass Schüler beim Erleben von Langeweile im Unterricht fast ausschließlich meidensorientierte, d. h. nicht lern- und leistungsförderliche Strategien zu ihrer Bewältigung einsetzten (mentale oder behaviorale Flucht). Viele Schüler geben an, die Langeweile einfach zu „ertragen". Langeweile kann wohl insgesamt als eine „tückische" Emotion bezeichnet werden: Obwohl sie mit zahlreichen negativen Konsequenzen einhergeht, scheint sie, wenn überhaupt, meist nicht lern- und leistungsförderlich reguliert zu werden (Nett, Götz & Daniels, 2010), da sie von Schülern als relativ schwach negativ erlebt wird und in subjektiv als unwichtig eingestuften Situationen auftritt.

Zusammenhänge zwischen dem emotionalen Erleben in unterschiedlichen Fächern sind insgesamt gering und am deutlichsten für inhaltlich „verwandte" Fächer wie Mathematik und Physik oder Deutsch und Englisch. Für ältere Schüler sind die Zusammenhänge insgesamt noch schwächer als für jüngere, d. h. das Ausmaß an Fachspezifität emotionalen Erlebens scheint im Laufe der Schulzeit größer zu werden (Götz et al., 2007). Die empirischen Ergebnisse zeigen somit deutlich: Es gibt weniger den allgemein prüfungsängstlichen, lernfreudigen oder gelangweilten Schüler; Schüler erleben vielmehr unterschiedlich stark ausgeprägte Emotionen in den diversen Fächern. Ähnliche Befunde gibt es auch in der Forschung zu Motivation, Selbstkonzept sowie Selbstregulation (▶ Kap. 3, ▶ Kap. 7, ▶ Kap. 8). Daraus ist zu schließen, dass es für Lehrkräfte wichtig ist, das emotionale Erleben einzelner Schüler fachspezifisch zu beurteilen und entsprechend spezifisch zu intervenieren und zu fördern.

9.3.3 Auftretenswahrscheinlichkeit von Leistungsemotionen und ihre Relevanz für Leistung und Wohlbefinden

Im Zentrum des Forschungsinteresses und der Theoriebildung zu Emotionen im Lern- und Leistungskontext stand traditionell die Prüfungsangst. Zu Ursachen, Wirkungen und möglichen Interventionsstrategien bezüglich Prüfungsangst liegen umfangreiche Erkenntnisse vor. Andere Emotionen wie Stolz und Scham, Ärger oder Langeweile haben dagegen bisher vergleichsweise wenig Forschungsaufmerksamkeit gefunden (▶ Exkurs „Langeweile – Eine allbekannte, jedoch wenig untersuchte Emotion"). Angst ist jedoch nicht die einzige Emotion, die im Lern- und Leistungskontext auftritt und von Bedeutung ist. Pekrun (1998) hat in einer Interviewstudie mit Schülern der Oberstufe (56 Gymnasiasten der Klassen 11, 12 und 13) das emotionale Erleben im Lern- und Leistungskontext exploriert. In diesen Interviews wurde nach dem Emotionserleben in Bezug auf vier verschiedene Situationstypen gefragt (Schulunterricht, häusliches Lernen bzw. Hausaufgaben, mündliche und schriftliche Prüfungen sowie Situationen der Leistungsrückmeldung bzw. Rückgaben von Prüfungsergebnissen). Entgegen der intuitiven Annahme, dass Lern- und Leistungssituationen vorwiegend durch negatives emotionales Erleben geprägt sind, zeigte sich als Ergebnis, dass positive und negative Emotionen in etwa gleich häufig genannt wurden. Insbesondere Freude und Erleichterung wurden etwa ebenso häufig genannt wie Angst. Aufgrund der kleinen und spezifischen Stichprobe ist die Generalisierbarkeit dieser Befunde eingeschränkt. Interviews mit Studierenden ergaben jedoch vergleichbare Ergebnisse (Pekrun, 1998).

In den letzten 15 Jahren wurden dementsprechend auch Emotionen jenseits der Angst in den Blick der pädagogisch-psychologischen Forschung genommen. Man ist sich heute einig, dass Emotionen eine zentrale Rolle für die Erklärung von Schülerreaktionen auf schulische Herausforderungen spielen. Zudem werden Emotionen als relevant für die Auslösung, Aufrechterhaltung oder Reduzierung von Anstrengung in Lern- und Leistungssituationen und damit als zentrale Prädiktoren von Lernleistungen angesehen (Schutz & Pekrun, 2007).

Emotionen sind jedoch nicht nur im Kontext der unmittelbaren Vorhersage schulischen oder universitären Lern- und Leistungsverhaltens von Bedeutung. Angesichts der rasanten Veränderungen unserer modernen Welt ist lebenslanges Lernen unumgänglich geworden. Immer wieder wird man mit neuen, unbekannten Aufgaben konfrontiert und einmal erworbene Kompetenzen sind weniger als früher ein Garant für Lebenserfolg. Die Gefühle, die man mit Lernen und Leistung verbindet, und die mit ihnen verknüpfte Bereitschaft, sich wiederholt in Lernsituationen zu begeben, dürften daher über die gesamte Lebensspanne von Bedeutung sein. Neben der Vermittlung von Wissen und Kompetenz sollte es deshalb ein ebenso wichtiges Ziel von Unterricht sein, eine positive emotionale Einstellung gegenüber Lernen und Leistung zu erzeugen.

Schließlich sind Emotionen, wie oben bereits erwähnt, auch wichtige Bestandteile des allgemeinen Wohlbefindens und der psychischen Gesundheit. Unabhängig von ihren Wirkungen auf Leistung verdienen sie damit Aufmerksamkeit in pädagogisch-psychologischen Kontexten (Hascher, 2004). Ist das emotionale Erleben eines Schülers von Angst, Ärger und Langeweile geprägt, ist davon auszugehen, dass sein allgemeines Wohlbefinden gering ist. Gelingt es hingegen Eltern und Schulen, bei Schülern die Freude am Lernen in den Mittelpunkt zu rücken, ist somit ihr gesamtes Wohlbefinden positiver ausgeprägt. Ohne dabei in „Spaß"-

oder „Kuschelpädagogik" zu verfallen, gebietet eine ernsthafte Auseinandersetzung mit Emotionen im Lern- und Leistungskontext, dass ein Augenmerk auf solche Aspekte des Wohlbefindens von Schülern gelegt wird.

9.3.4 Versuch einer Abgrenzung von Emotionen und Kognitionen im Lern- und Leistungskontext

Was ist das Spezifikum von Emotionen, gerade auch in Abgrenzung zu Konstrukten wie Fähigkeitsselbstkonzepten oder Erwartungen? Bei diesen kognitiven Konstrukten handelt es sich um psychische Repräsentationen, die selbst- oder aufgabenbezogene Überzeugungen beinhalten. Diese implizieren zunächst keine Bewertung (z. B. „In Diktaten mache ich in der Regel wenige Fehler" im Sinne eines Selbstkonzepts, „Diese Mathe-Aufgabe kann ich wahrscheinlich lösen" im Sinne einer Erfolgserwartung). Sind Emotionen im Spiel, findet eine affektive Wertung statt – d. h., die Tatsache, ob man viele oder wenige Fehler im Diktat macht, bekommt dann eine emotionale Färbung, wenn die Zahl der Fehler von Bedeutung ist. Da in unserer leistungsorientierten Gesellschaft Kompetenzen eine zentrale Rolle spielen, sind Fähigkeitseinschätzungen vermutlich grundsätzlich emotional gefärbt (► Exkurs „Selbstwerttheorie – Weitreichende ‚gefühlte' Folgen von Misserfolg"). Es ist uns nicht gleichgültig, wie viele Rechtschreibfehler wir machen, wenn uns jemand etwas diktiert, oder wie gut wir eine Mathematikaufgabe beherrschen. Beantwortet man beispielsweise das Item „Diese Mathe-Aufgabe kann ich wahrscheinlich lösen" mit „Stimmt eher nicht", so impliziert dies häufig schon eine negative emotionale Selbstbewertung (auch ► Kap. 8).

Kognitionen und Emotionen sind im Leistungskontext also eng assoziiert und auch theoretisch gibt es zwischen beiden Überlappungen. Allerdings gilt es zu beachten, dass Verhaltensvorhersagen rein aufgrund „kühler" kognitiver Variablen manchmal misslingen, und es hilfreich sein kann, Emotionen zu berücksichtigen, um Leistungshandeln zu verstehen. Ein Beispiel hierfür ist eine Studie von Boekaerts und Kollegen (Boekaerts, 2007). In dieser Studie wurden 357 Schüler der Mittelstufe gebeten, anhand von Tagebüchern ihre Kompetenz, Anstrengung und ihre Gefühle beim Erledigen der Mathematik-Hausaufgaben zu beschreiben. Unter der Annahme einer rein „kühlen Berechnung" würde man erwarten, dass es aufgrund von Rückkopplungsschleifen zu einer Anpassung der Anstrengung aufgrund der Kompetenzeinschätzung kommt: Hält sich ein Schüler für kompetent und schätzt die Hausaufgabe als leicht ein, kann er oder sie die Anstrengung reduzieren. Umgekehrt sollte eine niedrige eigene Kompe-

Selbstwerttheorie – Weitreichende „gefühlte" Folgen von Misserfolg

Martin Covington (1992) hat mit seiner Selbstwerttheorie das Zusammenspiel zwischen Emotionen, Anstrengung und Leistung aufschlussreich beleuchtet. Die Kernaussage seiner Theorie besagt, dass der Selbstwert von Personen (also die Überzeugung, „wertvolle" und liebenswerte Menschen zu sein und sich selbst akzeptieren zu können; auch ▶ Kap. 8) eng an ihre Erfolge und Kompetenzüberzeugungen geknüpft ist. Covington argumentiert, dass es in unserer modernen Gesellschaft die Tendenz gibt, die Wertigkeit von Personen durch ihre Leistungen zu definieren, und dass viele Schüler daher Kompetenz (insbesondere Kompetenz im schulischen Bereich) mit Wertigkeit gleichsetzen. Dementsprechend wird Misserfolg ein Indikator für die „Wertlosigkeit" einer Person, was erklärt, warum Schüler im Misserfolgsfall häufig sehr emotional reagieren (mit Verzweiflung, Minderwertigkeits- und Schuldgefühlen). Dies gilt besonders dann, wenn der Misserfolg von den Schülern auf ihre mangelnde Fähigkeit zurückgeführt wird (▶ Abschn. 9.3.6). Eine solche fähigkeitsbasierte Misserfolgsattribution liegt insbesondere dann nahe, wenn man sich besonders angestrengt hatte (*trotz* all der Anstrengung hat man versagt, dann muss man wohl inkompetent sein). Gemäß dieser Annahmen ist die Investition von Anstrengung als „zweischneidiges Schwert" zu sehen (Covington & Omelich, 1979): Obwohl sich Lernende durchaus bewusst sind, dass Anstrengung und Lernaufwand für gute Leistungsergeb-

nisse unerlässlich sind, sind sie manchmal doch zögerlich, volle Anstrengung zu investieren, da in diesem Fall ein möglicher Misserfolg mit maximalen emotionalen Kosten einhergehen würde. Daher legen viele Lernende sog. „Self-Handicapping" an den Tag. Self-Handicapping bedeutet, bewusst (oder unbewusst) Hindernisse für den eigenen Erfolg zu schaffen, d. h., sich Ausreden für einen möglichen Misserfolg zurechtzulegen. Diese Ausreden dienen dazu, dass ein Misserfolg im Nachhinein relativierend auf die gegebenen Umstände zurückgeführt werden kann – mit reduzierten Kosten für den eigenen Selbstwert („Dafür, dass ich in der Nacht vor der Prüfung noch so lang gefeiert habe, war ich doch noch recht gut"). Zu typischen Self-Handicapping-Strategien zählt Prokrastination (d. h. exzessives Aufschieben des Lernens bis zur letzten Minute), aber auch der Konsum von Alkohol und Drogen oder bewusste Selbstbeeinträchtigung durch wenig Schlaf vor einer Prüfung oder schlicht geringe Anstrengung beim Lernen. Sogar Prüfungsangst kann in diesem Sinne als selbstwertdienliche Ausrede wirken. Smith, Ingram und Brehm (1983) konnten dies in einem Experiment zeigen. An diesem Experiment nahmen jeweils zur Hälfte Probanden mit stark bzw. gering ausgeprägter Prüfungsangst teil. Sie mussten eine (prüfungsrelevante) Aufgabe absolvieren. Allen wurde nach der ersten Hälfte rückgemeldet, sie hätten schwach abgeschnitten. Jeweils einem Drittel der Studenten in jeder Gruppe

wurde zudem mitgeteilt, dass Leistungen bei diesem Aufgabentyp recht stark durch Symptome von Prüfungsangst beeinträchtigt würden. Einem weiteren Drittel wurde mitgeteilt, dass Prüfungsangst für den Aufgabentyp keine Auswirkung haben sollte, den restlichen Studenten wurde dazu nichts gesagt. Bevor sie die gleiche Aufgabe erneut absolvieren sollten, wurden die Probanden gebeten, jegliche Symptome von Prüfungsangst zu beschreiben, die sie erlebten. Es zeigte sich, dass die Teilnehmer mit stark ausgeprägter Prüfungsangst unter der Bedingung „Prüfungsangst relevant für Leistung" viel stärkere Symptome berichteten, als unter der Bedingung „irrelevant" oder „neutral". Die Teilnehmer mit gering ausgeprägter Prüfungsangst berichteten unter allen drei Bedingungen ähnlich wenige Symptome. Bei Personen mit stark ausgeprägter Prüfungsangst können also Symptome allein deswegen verstärkt auftreten oder wahrgenommen werden, weil sie als Ausrede für schlechtes Abschneiden dienen können.

Für Lehrkräfte bedeuten diese Befunde, dass sie mangelnde Anstrengung von Schülern unter Umständen nicht auf deren Unwillen oder mangelnde Motivation zurückführen sollten, sondern auch unter dem Aspekt des Selbstwertschutzes betrachten sollten. Insbesondere auch für Eltern ist zudem eine wichtige Schlussfolgerung, dass darauf geachtet werden sollte, die Wertschätzung der eigenen Kinder nicht an deren Leistungsfähigkeit zu koppeln.

---

tenzeinschätzung dazu führen, dass erhöhte Anstrengung investiert wird. In der Studie stellte sich jedoch heraus, dass das Gegenteil der Fall ist: Je höher die selbsteingeschätzte Kompetenz, desto *mehr* Anstrengung investierten die Schüler; je geringer sie ihre Kompetenz für die gestellten Hausaufgaben einschätzten, desto *weniger* strengten sie sich an. Boekaerts und Kollegen konnten zeigen, dass die Gefühle der Schüler hier eine vermittelnde Rolle spielen. Bei hoch eingeschätzter Kompetenz berichteten die Teilnehmer positive Emotionen (Freude, Zufriedenheit), die offensichtlich als „kraftspendende" Ressourcen dienten, die Aufgaben als Herausforderung zu sehen und bereit zu sein, Anstrengung zu investieren. Niedrige Kompetenzeinschätzungen dagegen gingen mit negativen Emotionen einher (Angespanntheit, Unzufriedenheit, Ärger), die Vermeidungsverhalten hervorriefen, mit der Folge, dass eine ver-

längerte Auseinandersetzung mit den Aufgaben umgangen und Anstrengung reduziert wurde.

9.3.5 Entwicklungsverläufe von Emotionen im Lern- und Leistungskontext

Es gibt eine Reihe von Forschungsarbeiten zu **frühkindlichen und vorschulischen Formen von Leistungsemotionen**, insbesondere zu Stolz und Scham (Lagattuta & Thompson, 2007; Lewis, 2000). Als Ergebnis dieser Arbeiten sind sich Entwicklungspsychologen einig, dass Kinder ca. im Alter von 3 Jahren in der Lage sind, zumindest die basalen kognitiven Prozesse zu durchlaufen, die das Erleben von Stolz und Scham ermöglichen: Sie haben dann ein

Bewusstsein ihres Selbst, erkennen und beachten äußere Standards zur Beurteilung von Leistungen und sie internalisieren diese Standards für ihre Selbstbewertung. Im Alter zwischen 3 und 5 Jahren verbessern sie diese Fähigkeiten durch ihre rapide Sprachentwicklung; sie sind nun auch in der Lage, Standards selbst zu benennen, Stolz und Scham bei sich selbst und anderen zu erkennen und verbal zu bezeichnen. Allerdings haben Kinder in diesem Alter noch Schwierigkeiten, Stolz von Freude zu differenzieren, und zeigen positive emotionale Reaktionen als Ergebnis jeder Art von Erfolg, egal ob dieser aufgrund ihrer eigenen Anstrengung oder aufgrund von günstigen äußeren Bedingungen (z. B. einfache Aufgabe) eingetreten ist. Diese Unterscheidung treffen sie erst ab dem Alter von ca. 8 Jahren.

Zudem gibt es vereinzelte Längsschnittstudien zur Entwicklung von **Leistungsemotionen ab dem Schuleintritt**. Diese zeichnen ein wenig erfreuliches Bild: Das durchschnittliche Ausmaß an negativen Emotionen scheint im Laufe der Schulzeit eher anzusteigen, jenes positiver Emotionen hingegen abzusinken. Für die Prüfungsangst ist gezeigt worden, dass sie insbesondere im Laufe der Grundschule relativ stark ansteigt und dann im Durchschnitt der Schüler etwa konstant bleibt. Die Lernfreude dagegen scheint mit dem Beginn der Einschulung und sogar noch in der Sekundarstufe im Schülerdurchschnitt kontinuierlich abzusinken und sich erst ab der 8. Klasse zu stabilisieren (Helmke, 1993; Pekrun et al., 2007). So konnten Pekrun und Kollegen (2007) in einer Längsschnittstudie zu Entwicklungsverläufen von Emotionen speziell im Fach Mathematik zwischen der 5. und der 8. Jahrgangsstufe einen bedeutsamen Abfall in der Freude feststellen (um mehr als zwei Drittel einer Standardabweichung). Dabei sind die Verluste in der Freude in den Jahrgangsstufen 5 und 6 besonders stark und schwächen sich zur 8. Klasse hin ab. Bei der Emotion Stolz sind ähnliche Entwicklungsverläufe zu verzeichnen (Diskrepanzen zwischen der 5. und 8. Klassenstufe von ca. einer halben Standardabweichung). Die Emotionen Angst und Scham bleiben in diesem Entwicklungszeitraum mehr oder weniger konstant, Ärger und Langeweile dagegen steigen in bedeutsamer Weise an (um ca. eine halbe Standardabweichung; Pekrun et al., 2007). Ähnliche, zunächst eher steil und dann flacher absinkende, asymptotische Entwicklungsverläufe zeigen sich auch beim Interesse (z. B. Watt, 2004).

Verschiedene Erklärungen sind für diese ungünstigen emotionalen Entwicklungsverläufe denkbar (auch ▶ Kap. 7). Zum einen gelangen viele Schüler während der Grundschulzeit über einen (schmerzlichen) Entwicklungsprozess von unbändiger Neugier, universellen Interessen und fast grenzenloser Überzeugung hinsichtlich der eigenen Fähigkeiten über wiederholte Misserfolgserlebnisse zur Einsicht in eigene Unzulänglichkeiten (Helmke, 1983; Jerusalem & Schwarzer, 1991). Darüber hinaus erleben die Schüler die schulischen Anforderungen insbesondere im Verlauf der Sekundarstufe noch einmal als stark ansteigend. Somit ist eine zunehmende Anstrengung erforderlich, um den eigenen und den Erwartungen anderer (Eltern, Lehrkräfte) weiter gerecht zu werden. Diese erhöhte Investition an Anstrengung bringt offensichtlich emotionale Kosten mit sich. Zudem wird argumentiert, dass insbesondere im Laufe der Adoleszenz außerschulische und soziale Themen mit den schulischen Themen zu konkurrieren beginnen. Akademische Inhalte werden deshalb als langweiliger erlebt und der Ärger, sich mit diesen und nicht mit anderen subjektiv als wichtiger eingestuften Inhalten beschäftigen zu müssen, steigt an. Schließlich können vermutlich auch sich verändernde Instruktionsstrukturen und Klassenklimata für die negativen emotionalen Entwicklungsverläufe mitverantwortlich gemacht werden: Mit ansteigenden Klassenstufen erhöht sich der Wettbewerb unter den Schülern, es scheinen vermehrt traditionelle, lehrerzentrierte Unterrichtsstrategien eingesetzt zu werden und der persönliche Kontakt zwischen Lehrkräften und Schülern scheint abzunehmen. Inwieweit diese veränderten instruktionalen Bedingungen tatsächlich mit vermehrt negativen und weniger positiven Leistungsemotionen verknüpft sind, ist jedoch bisher kaum empirisch erforscht worden.

Eine entscheidende Rolle für Entwicklungsverläufe von Leistungsemotionen spielen auch sog. **Bezugsgruppeneffekte**, besonders bei Entwicklungsübergängen innerhalb der Schullaufbahn. In Deutschland betrifft das beispielsweise den Übergang von der Grundschule in Schulen des gegliederten Sekundarschulwesens (Hauptschule, Realschule, Gymnasium). Dieser Wechsel ist mit einem Wechsel der Bezugsgruppe verbunden. Während die Schulklassen der Grundschule Schüler aller Leistungsniveaus umfassen, ist man am Gymnasium nach dem Übergang mit einer relativ homogenen Bezugsgruppe leistungsstarker Mitschüler konfrontiert, an der Hauptschule hingegen mit einer Bezugsgruppe leistungsschwächerer Schüler (auch ▶ Kap. 8). Bei den Gymnasiasten verringern sich damit – unter Verwendung sozialvergleichender, am Klassenmaßstab orientierter Normen – die Chancen zu guten Leistungsbewertungen, während sie für Hauptschüler steigen (übersichtsartig Köller, 2004). Aber nicht nur Selbstkonzepte sind betroffen, sondern in der Folge auch Leistungsemotionen von Schülern. So ist die Prüfungsangst bei hochbegabten Schülern in Hochbegabtenklassen stärker ausgeprägt als jene von hochbegabten Schülern in regulären Klassen (Preckel, Zeidner, Götz & Schleyer, 2008). Götz et al. (2004) fanden zudem in einer Studie, dass sich das Leistungsniveau einer Klasse unter Kontrolle der individuellen Leistung auch unabhängig von einem Schulart- bzw. Klassenwechsel negativ auf die Entwicklung von Lernfreude und Angst in Mathematik von Schülern auswirkt.

Dem Nutzen optimierter Lernbedingungen in homogen leistungsstarken Lerngruppen stehen demzufolge nicht unerhebliche emotionale Kosten gegenüber. Umgekehrt kann sich ein Übergang in leistungsschwächere Bezugsgruppen unter Umständen durchaus psychosozial positiv auswirken, wenn die betroffenen Schüler dann nicht mehr zu den Leistungsschwachen zählen und im sozialen Vergleich mit ihren Mitschülern besser abschneiden.

9.3.6   Ursachen von Emotionen im Lern- und Leistungskontext

Appraisal-Theorie

Es gibt nur wenige Situationen oder Ereignisse, in denen alle Menschen mit den gleichen Emotionen reagieren. Zum Beispiel scheint den meisten von uns eine gewisse Angst vor Höhen, aber auch Angst vor negativer Bewertung durch andere Personen gemein zu sein. Zum Teil sind uns emotionale Reaktionen somit gewissermaßen durch die Evolution in die Wiege gelegt. Die Mehrheit an Situationen ist jedoch nicht allgemein emotionsinduzierend. Es ist auffällig, dass wir auch in ähnlichen Situationen mal mit mehr und mal mit weniger Angst, Überraschung oder Freude reagieren. Oft reagieren auch zwei verschiedene Personen auf ein und dasselbe Ereignis mit unterschiedlichen Emotionen. Als eine Erklärung hierfür ist in der Emotionsforschung der sog. **Appraisal**-Ansatz entwickelt worden. Dieser besagt, dass es nicht die Situationen selbst sind, die Emotionen in uns hervorrufen, sondern vielmehr die **Interpretationen** der Situationen dazu führt, dass wir bestimmte Emotionen erleben. Diese Idee ist nicht neu; bereits der Stoiker Epiktet schrieb: „Nicht die Dinge selbst beunruhigen die Menschen, sondern die Vorstellungen von den Dingen" (Schmidt, 1978, S. 24).

> **Definition**
>
> ▶ **Appraisals** sind kognitive Einschätzungen von Situationen, Tätigkeiten oder der eigenen Person. Unterschiedliche Konstellationen von Appraisals rufen unterschiedliche Emotionen hervor.

Die Vielzahl an Interpretationsmöglichkeiten von Situationen ist von Appraisal-Theoretikern geordnet und verschiedenen Dimensionen zugeordnet worden. Weite Verbreitung hat Lazarus' Modell (Lazarus, 1991) gefunden, in dem er primäre von sekundären Appraisals unterscheidet. In einer Ausdifferenzierung der Theorie der primären und sekundären Appraisals für diskrete Emotionen beschrieben Smith und Lazarus (1993), dass das primäre Appraisal zum einen eine Beurteilung der persönlichen Bedeutsamkeit einer Situation beinhaltet

(wichtig vs. unwichtig), zum anderen eine Beurteilung der Valenz (positiv vs. negativ bzw. konsistent vs. inkonsistent mit den eigenen Bedürfnissen). Beim sekundären Appraisal wird beurteilt, wie die Situation zustande gekommen ist (fremd- oder selbstverursacht), ob man über geeignete Ressourcen verfügt, um mit der Situation umzugehen (Coping-Potenzial) und ob zu erwarten ist, dass sich die Situation ändert. Andere Appraisal-Theoretiker unterscheiden nicht zwischen primären und sekundären Appraisal-Dimensionen, betonen aber die Wichtigkeit weiterer Aspekte, z. B., für wie wahrscheinlich man das Eintreten einer Situation hält. Insgesamt kommen die Appraisal-Theoretiker alle zum gleichen Schluss: Je nachdem, wie man eine Situation einschätzt, wird man emotional reagieren, wobei spezifische Konstellationen von Appraisals definieren, welche Emotion man erlebt (z. B. Scherer, Schorr & Johnstone, 2001). So tritt z. B. die Emotion Dankbarkeit in Situationen auf, die wir als persönlich relevant, positiv und durch andere Personen verursacht erleben; Ärger entsteht, wenn wir den Eindruck haben, dass etwas persönlich Bedeutsames, Negatives eingetreten ist, das vermeidbar gewesen wäre; Angst erleben wir, wenn etwas Negatives, persönlich Relevantes mit gewisser Wahrscheinlichkeit auftreten kann, wir aber nur über wenige Ressourcen verfügen, um es abzuwenden.

Pekruns Kontroll-Wert-Ansatz zu Leistungsemotionen
Theoretische Annahmen

Pekrun (2000; 2006) hat eine Theorie entwickelt, die auf Appraisal-theoretischen Ansätzen fußt, aber speziell auf Leistungsemotionen fokussiert. Er postuliert in dieser Theorie, dass aus den diversen kognitiven Appraisals, die allgemein für die Entstehung von Emotionen vorgeschlagen wurden, insbesondere zwei Appraisal-Dimensionen für Leistungsemotionen bedeutsam sind. Diese sind

- die **subjektive Kontrolle** über lern- und leistungsbezogene Aktivitäten und Leistungsergebnisse und
- der **Wert** dieser Aktivitäten und Ergebnisse.

Subjektive Kontrolle. Subjektive Kontrolle bezieht sich auf wahrgenommene kausale Einflüsse auf Handlungen und ihre Ergebnisse. Dazu zählen zukunftsgerichtete Kausalerwartungen (z. B. „Wenn ich mich anstrenge, dann schaffe ich die Prüfung!" oder auch „Ich bin in diesem Bereich begabt, ich werde die Prüfung schon schaffen!"), aktuelle Kontrollwahrnehmungen (z. B. „Die Aufgabenstellung verstehe ich nicht – ich kann die Aufgabe nicht bearbeiten!") ebenso wie rückblickende Kausalattributionen von Erfolgen und Misserfolgen (z. B. „Ich bin durchgefallen, weil ich mich nicht genug angestrengt habe!" oder „Ich habe schlecht abgeschnitten, weil der Lehrer nicht den Stoff abgefragt hat, der vereinbart war!").

Wert. Ähnlich wie bei Smith und Lazarus' „primärem Appraisal" beinhaltet die Kategorie Wert bei Pekrun zum einen eine kategoriale Bedeutung (ist die Lernaktivität bzw. das Leistungsergebnis subjektiv **positiv** oder **negativ**), zum anderen eine dimensionale Bedeutung (**wie wichtig** bzw. persönlich bedeutsam ist die Aktivität bzw. das Leistungsergebnis).

Nun stellt sich die Frage, was zur Bewertung konkreter Situationen und Tätigkeiten beiträgt, d. h. was die Appraisals bestimmt. Warum bewertet man eine Prüfung als „machbar" oder als unüberwindbare Hürde, als wichtig oder unwichtig, ein Leistungsergebnis als Erfolg oder Misserfolg? Es ist anzunehmen, dass Appraisals zum einen durch die **Situation** selbst, aber auch durch die sie wahrnehmende **Person** beeinflusst werden. So können situative Bedingungen die Kontrollerwartungen bestimmen (wie z. B. Schwierigkeit der Aufgaben und Durchfallquoten bei Prüfungen) oder die Einschätzung der Bedeutsamkeit der Situation beeinflussen (z. B. die Gewichtung einer Prüfung für die Gesamtnote im Abschlusszeugnis). Diese mehr oder weniger objektiven Gegebenheiten der Situation müssen wiederum von Personen individuell beurteilt werden. Sind die situativen Gegebenheiten unbekannt oder unauffällig, spielen **generalisierte subjektive Kontroll- und Wertüberzeugungen** eine bedeutendere Rolle für die Entstehung von Emotionen. Ein positives mathematisches Fähigkeitsselbstkonzept wird beispielsweise dazu beitragen, Prüfungssituationen in diesem Fach eher als kontrollierbar und bewältigbar zu beurteilen. Ebenso beeinflussen generalisierte Überzeugungen, beispielsweise hinsichtlich der Relevanz eines Fachs für die eigene Karriere, das Bedeutsamkeits-Appraisal in einer Situation. Auch Leistungsziele (d. h. Annäherungs- bzw. Vermeidungsziele anhand kriterialer, individueller bzw. sozial vergleichender Gütemaßstäbe; ▶ Kap. 7) spielen eine Rolle dafür, welche Kontrollierbarkeit und welche Bedeutsamkeit man Lernaktivitäten und Leistungsergebnissen beimisst.

Wie wirken Appraisals auf das Erleben von Emotionen in Lern- und Leistungssituationen? Wie die derzeitige Tätigkeit bewertet wird (angenehm oder unangenehm) bzw. ob Erfolg oder Misserfolg eingetreten ist oder möglicherweise eintreten wird, bestimmt zunächst die Valenz von Emotionen (d. h. positive oder negative Emotionen werden erlebt). Die Kontroll-Appraisals bestimmen zudem die Qualität von Emotionen, d. h. sie bestimmen, welche diskrete Emotion erlebt wird (bei hohem Kontrollerleben wird man beispielsweise Vorfreude auf eine Prüfung erleben, bei geringerem hingegen Angst). Wie intensiv diese Emotionen erlebt werden, hängt sowohl vom Ausmaß des Kontrollerlebens als auch der Bedeutsamkeit ab. Dabei verstärkt die Einschätzung der persönlichen Wichtigkeit sowohl positive als auch negative Emotionen (eine Ausnahme stellt hierbei die Langeweile dar; ▶ Exkurs „Langeweile –

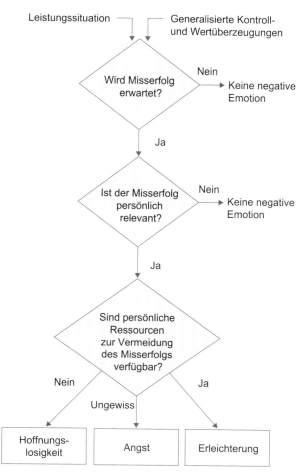

○ **Abb. 9.3** Schema zu prospektiven Emotionen

eine allbekannte, jedoch wenig untersuchte Emotion"). Das Ausmaß, in welchem man Kontrolle in der jeweiligen Situation erlebt, verstärkt positive Emotionen in der Regel und schwächt negative ab. ○ Abb. 9.3 zeigt beispielhaft, wie Emotionen aufgrund von Kontroll- und Wert-Appraisals entstehen können, wenn eine Leistungssituation bevorsteht (prospektiver zeitlicher Bezug): Die situativen Gegebenheiten sowie die persönlichen generalisierten Überzeugungen bedingen zunächst, ob man Misserfolg erwartet. Wie persönlich relevant man diesen Misserfolg einschätzt und wie man die persönlichen Ressourcen einschätzt, die Situation bewältigen zu können, trägt schließlich dazu bei, ob man sich hoffnungslos, ängstlich oder erleichtert fühlen wird.

Empirische Befunde Für die Prüfungsangst ist die Bedeutung von mangelnder wahrgenommener Kontrolle empirisch gut belegt (z. B. Hembree, 1988; Zeidner, 1998): Ein Schüler erlebt intensivere Angst, wenn Misserfolge drohen, er aber z. B. aufgrund von niedrigem Selbstkonzept bezweifelt, diese vermeiden zu können. Dass für die Intensität der erlebten Angst zusätzlich auch die Bedeutsamkeit

Exkurs

Die Methode der Vignetten-Aufgaben zur Untersuchung des Zusammenhangs zwischen Attributionen und Emotionen

Für eine empirische Untersuchung der postulierten Zusammenhänge zwischen Attributionen und Emotionen verwandte Weiner in vielen seiner Studien sog. Vignetten-Aufgaben. Bei diesem Paradigma werden den Probanden kurze schriftliche Szenarien (Vignetten) vorgelegt, in denen Personen beschrieben werden, die Misserfolge bzw. Erfolge erleben, verbunden mit Hinweisen darauf, auf welche Ursachen der Erfolg oder Misserfolg zurückzuführen ist. Aufgabe der Probanden ist es dann zu beurteilen, wie sich die in den Vignetten beschriebenen Personen unter den gegebenen Umständen fühlen. Ein Beispiel für eine solche Vignette, wie sie von Weiner und Kollegen verwendet wurde, ist: Es war schrecklich wichtig für Peter, in einer bevorstehenden Prüfung gut abzuschneiden. Peter ist sehr begabt. Peter bekam eine gute Note und glaubte, dass er das aufgrund seiner Begabung geschafft hat. Wie, glauben Sie, hat sich Peter gefühlt, als er die Note erfahren hat? (Weiner, 1986, S. 122) In dieser Vignette wurde also eine Erfolgsattribution auf Begabung und damit aus Sicht des Handelnden einer internalen, stabilen Ursache nahegelegt. Weiners Ergebnisse zeigten, dass viele Probanden in diesem Fall die Emotion Stolz nannten.

von Misserfolg eine Rolle spielt, konnte Pekrun (1991) empirisch bestätigen. Auch in einer neueren Studie von Frenzel, Pekrun und Götz (2007) berichteten Schüler im Fach Mathematik dann stärkere Angst, wenn ihre Kompetenzüberzeugungen in diesem Fach gering ausgeprägt waren. Unabhängig von den Kompetenzüberzeugungen spielten aber zusätzlich auch die Überzeugungen der Schüler zur Bedeutsamkeit von Leistung in Mathematik eine Rolle dafür, wie viel Angst sie vor dem Fach berichteten. In dieser Studie konnte auch gezeigt werden, dass subjektive Kontrollüberzeugungen und Überzeugungen der Bedeutsamkeit von Leistung für das Erleben anderer Emotionen jenseits der Angst eine wichtige Rolle spielen. So zeigte sich beispielsweise, dass Schüler dann vermehrt Stolz in Mathematik berichteten, wenn sie hohe Kompetenzüberzeugungen hatten und zugleich gute Leistungen in diesem Fach für wichtig hielten. Freude am Fach Mathematik zeigte sich in dieser Studie dann als besonders ausgeprägt, wenn Schüler hohe Kompetenzüberzeugungen und zugleich gute Leistungen in diesem Fach hatten und wenn sie das Fach an sich positiv bewerteten.

Für retrospektive, ergebnisbezogene Emotionen gibt es zudem aus der Kausalattributionsforschung zahlreiche empirische Befunde. Kausalattributionen sind Ursachenzuschreibungen für zurückliegende Ereignisse, also Antworten auf die Frage „Warum ist das passiert?" (auch ► Kap. 7). Kausalattributionen können Einfluss darauf nehmen, wie man emotional auf Ereignisse reagiert. Bernard Weiner hat

den Zusammenhang zwischen Attributionen und Emotionen umfassend analysiert, insbesondere für Erfolge und Misserfolge (Weiner, 1985, 1986; ► Exkurs „Die Methode der Vignetten-Aufgaben zur Untersuchung des Zusammenhangs zwischen Attributionen und Emotionen").

Weiner und Kollegen untersuchten zahlreiche verschiedene Erfolgs- und Misserfolgsattributionen und die nachfolgenden Emotionen. Sie kamen dabei zu zwei zentralen Schlüssen:
1. Erfolg und Misserfolg an sich rufen Emotionen hervor. Unabhängig davon, worauf man ein Leistungsergebnis zurückführt, erlebt man Freude bei Erfolg und Frustration bei Misserfolg. Diese beiden Emotionen nennt Weiner daher auch ergebnisabhängige („outcome-dependent") Emotionen.
2. Beginnt eine Person, nach den Ursachen für das Leistungsergebnis zu suchen, stellen sich weitere, differenzierte Emotionen ein: Diese nennt Weiner attributionsabhängige („attribution-dependent") Emotionen.

Wie auch in Pekruns Kontroll-Wert-Ansatz wird hierbei der Dimension **Kontrollierbarkeit** Bedeutung dafür beigemessen, welche diskrete Emotion erlebt wird. Zudem wird hier noch die Dimension **Lokation** (internal vs. external) berücksichtigt. Die Emotionen Stolz und Scham sind demzufolge durch Attributionen auf internale Ursachen von Erfolg und Misserfolg charakterisiert. Im Falle von Attributionen auf externale Verursachung von Erfolg bzw. Misserfolg sollte man Weiner zufolge Dankbarkeit bzw. Ärger erleben. Die dritte in der Kausalattributionsforschung typischerweise berücksichtige Attributionsdimension **Stabilität** beeinflusst laut Weiner vorwiegend die Erwartung bezüglich zukünftiger Leistungsergebnisse und das Erleben von Hoffnung und Hoffnungslosigkeit.

Interessant ist, dass wir nicht nur unseren eigenen Erfolgen und Misserfolgen Ursachen zuschreiben, sondern auch denen anderer Personen und entsprechend emotional reagieren können (► Exkurs „Appraisal rückwärts – Wie wir von den Emotionen anderer auf deren Überzeugungen und unsere Fähigkeiten schließen").

Die Mehrzahl der Überlegungen und Befunde zu den Zusammenhängen zwischen Kausalattributionen und Emotionen geht in die 1970er und 1980er Jahre zurück. Diese gelten damit schon fast als „historische Klassiker", auch weil sie theoretisch plausibel und empirisch gut belegt zu sein scheinen. Trotzdem gibt es bis heute noch einige Uneinigkeit, beispielsweise hinsichtlich der Frage, inwieweit Kontrollierbarkeit für die Entstehung von Stolz eine Rolle spielt – das heißt, ob eher Anstrengungs- oder Begabungsattributionen zu Stolz führen (Hareli & Weiner, 2002). Zudem ist die Methode der Vignetten insofern teilweise kritisch zu betrachten, als durch sie ggf. keine realen, persönlich erlebten Emotionen und Attributions-

Appraisal rückwärts – Wie wir von den Emotionen anderer auf deren Überzeugungen und unsere Fähigkeiten schließen

Ursachenzuschreibungen beeinflussen die emotionalen Reaktionen auf Leistungsergebnisse. Das gilt nicht nur für unsere eigenen Erfolge und Misserfolge, sondern auch für die anderer Personen (Weiner, 1986), insbesondere für die Beurteilung von Erfolgen oder Misserfolgen von Schülern durch ihre Lehrkräfte. Schülererfolge, die auf kontrollierbare Ursachen zurückzuführen sind, lösen Zufriedenheit bei beobachtenden Lehrkräften aus. Unerwartete (d. h. unkontrollierbare) Schülererfolge rufen dagegen Überraschung beim Beobachter hervor. Schülermisserfolge, denen Lehrkräfte kontrollierbare Ursachen (insbesondere mangelnde Anstrengung) zuschreiben, führen bei Lehrkräften zu Ärger oder auch Enttäuschung; Schülermisserfolge aufgrund von unkontrollierbaren Faktoren (insbesondere mangelnde Begabung) wecken Mitleid oder empathische Hoffnungslosigkeit. Bereits Kinder im Alter von 6 Jahren können auf der Basis vorgegebener Ursachenkonstellationen (insbesondere Anstrengung vs. Begabung) vorhersagen, ob Lehrkräfte ärgerlich oder mitleidig auf Schülermisserfolge reagieren werden (Graham & Weiner, 1986). Bemerkenswert ist, dass dieser Prozess auch „rückwärts" möglich ist – dass man also von den Emotionen bei anderen

Personen auf deren Attributionen rückschließen kann. Rustemeyer (1984) hat dies in einer Laborstudie eindrucksvoll zeigen können. In ihrer Studie wies sie Probanden die Rolle von „Schülern" zu und setzte diese systematisch verschiedenen Emotionen durch die Testleiter (die „Lehrkräfte") aus. In einem Vortest wurde die (scheinbare) Fähigkeit der Probanden in einer optischen Wahrnehmungsaufgabe durch die Testleiter ermittelt. Das Ergebnis (Erfolg vs. Misserfolg) in einer folgenden, ähnlichen Aufgabe teilte der Testleiter den Probanden unter Angabe seiner eigenen Emotion mit (je nach Bedingung Zufriedenheit, Überraschung, Ärger oder Mitleid). Daraufhin wurden die Probanden aufgefordert zu beurteilen, wie hoch sie ihre eigene Fähigkeit einschätzten und welche Erfolgserwartung sie bei künftigen, ähnlichen Aufgaben hätten. Die Ergebnisse zeigten, dass die Probanden bei Überraschung nach Erfolg und Mitleid nach Misserfolg ihre Fähigkeiten geringer einschätzten und weniger zuversichtlich waren, zukünftige Aufgaben lösen zu können, als wenn der Testleiter mit Zufriedenheit auf Erfolg oder Ärger auf Misserfolg reagiert hatte. Ähnliche Ergebnisse erzielte Butler (1994) in einer Feldstudie mit Sechstklässlern. Den Schülern wurde hier eine Vignette

vorgelegt, in der beschrieben wurde, wie ein Schüler einen Misserfolg erlebt und die Lehrkraft verbal emotional darauf reagiert (ärgerlich vs. mitleidig). Die Schüler führten im Falle von Ärger der Lehrkraft den Misserfolg des beschriebenen Schülers eher auf seine mangelnde Anstrengung zurück. Bei Lehrermitleid dagegen attribuierten sie den beschriebenen Misserfolg eher auf mangelnde Fähigkeit.

Als Fazit ist zu ziehen, dass gerade die beiden Emotionen Ärger und Mitleid Wirkungen haben können, die den intuitiven Erwartungen aufgrund der Valenz dieser Emotionen widersprechen. Ärger ist eine negative Emotion, die zu zeigen üblicherweise sozial nicht erwünscht ist, gerade auch bei Lehrkräften. Unter den beschriebenen Umständen kann Ärger dem anderen jedoch mitteilen, dass man seine Fähigkeiten hoch einschätzt. Mitleid bei Misserfolgen der anderen auszudrücken wird dagegen i. Allg. als positive Reaktion angesehen, die Empathiefähigkeit impliziert. In diesem Fall kann Mitleid jedoch signalisieren, dass man die Kompetenzen des anderen für gering hält – mit negativen Auswirkungen für den Betroffenen.

Emotions-Verbindungen erfasst werden, sondern möglicherweise eher „Überzeugungen zu Emotionen" (im Sinne von Metakognitionen).

Einflüsse der Sozialumwelt auf Leistungsemotionen

Emotionen und ihnen zugrunde liegende Appraisals entstehen zum einen aufgrund von generalisierten Überzeugungen. Zum anderen hängen sie von der jeweiligen Situation ab. In der Folge stellt sich die Frage, welche situativen Gegebenheiten Appraisals in welcher Weise beeinflussen und wie generalisierte Überzeugungen bei Schülern entstehen. Dies ist insbesondere im Hinblick auf die Frage bedeutsam, wie Leistungsemotionen bei Schülern positiv beeinflusst werden können (auch ► Exkurs „Prüfungsangst – Möglichkeiten zur Intervention"). Unter einer sozial-kognitiven Perspektive ist anzunehmen, dass Überzeugungen von Personen immer in Auseinandersetzung mit ihrer Sozialumwelt entstehen. Pekrun (2000; 2006) nennt folgende fünf Facetten der Sozialumwelt, die insbesondere

die Kontrollüberzeugungen und die Überzeugungen zur Bedeutsamkeit von Lernaktivitäten und Leistungsergebnissen beeinflussen können (◻ Abb. 9.4):

- Instruktion
- Wertinduktion
- Autonomiegewährung
- Erwartungen und Zielstrukturen
- Leistungsrückmeldungen und -konsequenzen.

Instruktion. Gelungene Instruktion in Form einer klar strukturierten und verständlichen Stoff- und Aufgabenpräsentation bedingt nicht nur realen Kompetenz- und Wissenszuwachs, sondern trägt auch dazu bei, dass Schüler positive subjektive Kompetenzüberzeugungen entwickeln. Für Kontroll-Appraisals in Lern- und Leistungssituationen ist somit die kognitive Qualität während des Instruktionsprozesses von großer Bedeutung. Durch die Auswahl der Art und Schwierigkeit von Aufgaben während des Lernprozesses und bei Leistungsüberprüfungen kann zudem auf situative Kontroll-Appraisals Einfluss genommen wer-

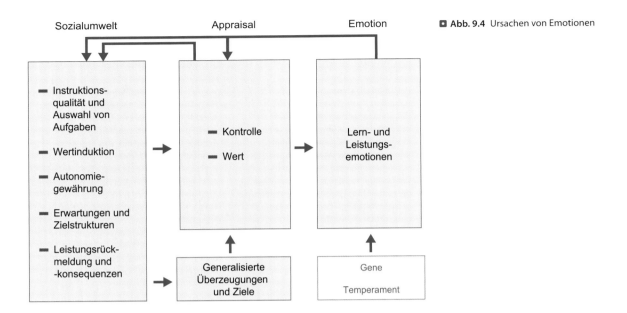

Abb. 9.4 Ursachen von Emotionen

den. Inhaltlich und strukturell neuartige Aufgaben können die wahrgenommene Kontrolle senken.

Wertinduktion. Mit diesem Begriff ist primär die Vermittlung der Bedeutsamkeit von Lernaktivitäten und Leistungsergebnissen gemeint. Diese lässt sich direkten Mitteilungen von anderen Personen und Medien entnehmen. Schüler, denen durch Eltern, Lehrkräfte und Medien wiederholt explizit mitgeteilt wird, dass bestimmte Fächer oder auch gute Leistungen von großer Bedeutung sind, bilden erwartungsgemäß – wenn auch nicht zwangsläufig – mit der Zeit entsprechende generalisierte Überzeugungen aus. Hinzu kommen die häufig glaubwürdigeren, eher indirekten Botschaften zu Wertigkeiten von Verhalten, die durch Erwartungen und Rückmeldungen von Bezugspersonen und durch das Modellverhalten solcher Personen entstehen. Zudem können Lernstoff und Aufgaben so gestaltet werden, dass sie für den Lerner Bedeutungsgehalt besitzen.

Autonomiegewährung. Wie in der Selbstbestimmungstheorie der Motivation von Deci und Ryan argumentiert (z. B. Deci & Ryan, 1993; Ryan & Deci, 2000; ► Kap. 7) wird wahrgenommener Autonomie im Kontext von Lernen und Leistung eine zentrale Rolle bezüglich der Übernahme von Werten und Handlungszielen zugeschrieben. Nur wenn Schülern auf altersangemessene Weise Selbstständigkeit und Handlungsspielräume gewährt werden, können diese ihr eigenes Handeln erproben und entwickeln. Selbstgesteuerte, erfolgreiche Handlungen bewirken wiederum die Ausbildung von Kontrollüberzeugungen. Bedingung hierfür ist, dass jeweils bereits hinreichende Kompetenzen für die Aufgaben selbst sowie für die Selbstregulation von Handlungen vorliegen. Kom-

plexe, nur sehr grob umrissene, scheinbar viele Freiheiten gewährende Aufgaben fördern unter Umständen keine positiven Emotionen während der Aufgabenbearbeitung, sondern senken eher das Kontrollerleben der Schüler und machen sie hilflos.

Erwartungen und Zielstrukturen. Erwartungen bestimmen maßgeblich, ob ein Leistungsergebnis als Erfolg oder Misserfolg zu beurteilen ist. Äußerungen angemessen hoher Erwartungen vonseiten der Bezugspersonen können bei Lernenden zudem den Glauben an ihre Kompetenz und Kontrollüberzeugungen positiv beeinflussen. Überhöhte Erwartungen, insbesondere verknüpft mit Sanktionen bei Nichterreichung, erhöhen jedoch die Bedeutung von Misserfolg und sind somit ungünstig für die Emotionsentwicklung. Empirische Studien belegen, dass Wettbewerb in der Klasse mit der Angst von Schülern positiv korreliert (Götz, 2004; Pekrun, 1983; Zeidner, 1998). Somit sind kooperative Zielstrukturen, in denen der eigene Erfolg an die Zielerreichung der Kooperationspartner geknüpft ist, oder auch individualistische Strukturen, bei denen eigener Erfolg vom Erfolg anderer Personen unabhängig ist, im Hinblick auf das emotionale Erleben von Schülern zu bevorzugen.

Leistungsrückmeldungen und -konsequenzen. Leistungsrückmeldungen sind die wichtigste Quelle für die Ausbildung von Kompetenzüberzeugungen. Die Einschätzung der persönlichen Ressourcen zur Bewältigung einer Prüfungssituation hängt in großem Maße davon ab, wie man in vergangenen Prüfungen abgeschnitten hat. Eintretende Konsequenzen für Erfolg und Misserfolg beeinflussen dagegen deren Bedeutsamkeit: Persönlich relevante Folgen (im Misserfolgsfall z. B. eine Prüfung wiederholen zu müssen; im Erfolgsfall z. B. öffentlich geehrt oder auch finanziell belohnt zu werden) intensivieren positives wie negatives emotionales Erleben. Insbesondere der Einsatz negativer Konsequenzen bei Misserfolg sollte daher im Hinblick auf das emotionale Erleben eher vermieden werden.

In ◘ Abb. 9.4 sind die in diesem Abschnitt beschriebenen Annahmen zu den Einflüssen der Sozialumwelt über generalisierte Überzeugungen und aktuelle Appraisals auf Emotionen im Lern- und Leistungskontext dargestellt. Dieses Modell berücksichtigt auch mögliche Rückkopplungsschleifen. So ist auch davon auszugehen, dass Emotionen ihrerseits Überzeugungen und Appraisals rückwirkend beeinflussen: Wiederholtes Angsterleben in Prüfungen wirkt sich beispielsweise negativ auf eigene Kompetenzüberzeugungen und somit auf das aktuelle Kontroll-Appraisal in neuen Prüfungen aus. Zudem ist anzunehmen, dass Emotionen und Appraisals, soweit sie für die Sozialumwelt ersichtlich sind, diese wiederum beeinflussen: Zum Beispiel wird hilflos wirkenden Schülern erwartungsgemäß mehr Unterstützung angeboten. Begeisterten und interessierten Schülern werden dagegen eher herausfordernde Aufgaben zugewiesen und es werden ihnen mehr Mitsprache und größere Handlungsspielräume eingeräumt. Schließlich ist in ◘ Abb. 9.4 auch berücksichtigt, dass neben Appraisals auch dispositionelle Neigungen wie das Temperament auf Leistungsemotionen Einfluss nehmen.

9.3.7 Wirkungen von Emotionen im Lern- und Leistungskontext

Allgemeinpsychologische Befunde zu Wirkungen von Emotionen

Wie wirken Emotionen auf Denken und Gedächtnis? Hängen unsere kognitiven Leistungen davon ab, wie wir uns fühlen? Hinsichtlich dieser Fragen sind Befunde aus zwei Forschungstraditionen interessant, der Stimmungsforschung und der Gedächtnisforschung.

Stimmungsforschung. Beim typischen Untersuchungsparadigma der Stimmungsforschung wird Stimmung in den drei Ausprägungen positiv, neutral und negativ induziert und nachfolgend untersucht, wie sich dies auf kognitive Prozesse auswirkt. Die theoretischen Überlegungen und empirischen Befunde hierzu sind uneinheitlich. Zum einen wird argumentiert, dass Stimmung – sowohl positive als auch negative – kognitive Ressourcen verbraucht und somit kognitive Leistungen negativ beeinflusst. Tatsächlich konnte in einer Reihe von Studien gezeigt werden, dass beispielsweise die Aufmerksamkeit, kognitive Planung und die Leistung bei Analogieaufgaben sowohl in

| Exkurs |

Prüfungsangst – Möglichkeiten zur Intervention
Exzessive Prüfungsangst lässt sich in der Regel erfolgreich therapieren. Einige Formen der Prüfungsangsttherapie zählen sogar zu den wirksamsten Psychotherapien, die heute verfügbar sind (mit Effektstärken im Therapie- und Kontrollgruppenvergleich von d > 1; Hembree, 1988). Unterschiedliche Therapieformen setzen dabei an den affektiv-physiologischen Symptomen von Prüfungsangst, den zugrunde liegenden kognitiven Einschätzungen oder auch den individuellen Defiziten bezüglich Lern- und Prüfungsstrategien an (vgl. auch Zeidner, 1998).
Beispiele für **emotionsorientierte** Therapieformen sind verhaltenstherapeutische Verfahren der Angstinduktion (Expositionsbehandlung, systematische Desensibilisierung) kombiniert mit Biofeedbackverfahren und Entspannungstrainings (z. B. progressive Muskelentspannung). **Kognitive** Ansätze zur Reduktion der Prüfungsangst zielen darauf ab, die angstimmanenten irrationalen, „katastrophisierenden" Gedankeninhalte mit erfolgsorientierten Gedankeninhalten zu ersetzen (Selbstinstruktion). Beim **Strategietraining** werden mit dem Klienten kognitive und metakognitive Selbstregulations- und Lernstrategien eingeübt (Setzen realistischer Ziele, Planung und Überwachung), um die Qualität der inhaltlichen Vorbereitung auf die Prüfung und das Vorgehen in der Prüfung zu optimieren.

negativer als auch in positiver Stimmung schwächer ausgeprägt waren als in neutraler Stimmung (z. B. Meinhardt & Pekrun, 2003; Oaksford, Morris, Grainger & Williams, 1996; Spies, Hesse & Hummitzsch, 1996). Es wird aber auch argumentiert, dass positive und negative Stimmung mit unterschiedlichen Verarbeitungsstilen einhergeht und damit je nach Typ der gestellten Aufgaben sowohl positive als auch negative Effekte beider Stimmungslagen zu erwarten sind. Demgemäß wird negative Stimmung stärker mit konvergentem, analytischem, detailorientiertem Denken assoziiert und damit zwar mit einer tieferen, aber dafür „schmaleren" Herangehensweise an gestellte Aufgaben. Positiver Stimmung wird dagegen zugeschrieben, das divergente, heuristische und damit auch flexiblere und kreativere Denken zu begünstigen (z. B. Clore et al., 2001). Empirisch konnte mittlerweile wiederholt gezeigt werden, dass die Leistungen in Wortflüssigkeit oder auch der Fähigkeit, rasch zu neuen Aufgaben zu wechseln, in positiver Stimmung besser sind; die empirische Evidenz zu gesteigerten Leistungen bei konvergenten Denkaufgaben in negativer Stimmung ist dagegen schwächer (Mitchell & Phillips, 2007).

Gedächtnisforschung. Im Kontext der Gedächtnisforschung wird u. a. untersucht, inwieweit der emotionale Gehalt von Stimulusmaterial darauf wirkt, wie gut es gelernt und erinnert wird. Übereinstimmend belegt eine Vielzahl an Studien, dass man sich sowohl an positive als auch negative emotionale Stimuli (Bilder, Texte, aber auch autobiografische Ereignisse) besser erinnert als an neutrales Material oder neutrale Ereignisse. Dies wird u. a. darauf zurückgeführt, dass emotionale Stimuli neurologisch mit einer Erregung der Amygdala einhergehen. In bildgebenden Verfahren konnte gezeigt werden, dass die gesteigerte Gedächtnisleistung bei emotionalen im Vergleich zu neutralen Bildern bei Versuchspersonen mit starker Amygdalaaktivation besonders ausgeprägt ist. Der Zusammenhang zwischen Emotionen und Gedächtnis wiederum hat damit zu tun, dass die Amygdala auf den sensorischen Kortex wirkt (diejenige Hirnregion, die Aufmerksamkeit auf den Stimulus richtet) sowie den Hippocampus beeinflusst (diejenige Hirnregion, die für Prozesse der Konsolidierung im Gedächtnis verantwortlich ist; Richardson, Strange & Dolan, 2004).

Sowohl die Stimmungs- als auch die Gedächtnisforschung geben wichtige Hinweise auf die Frage nach dem Zusammenhang zwischen Emotionen und Lernen; beide Forschungstraditionen scheinen jedoch relevante Aspekte zu vernachlässigen. In der Stimmungsforschung wird zwar berücksichtigt, in welcher Stimmung die Probanden bei der Durchführung verschiedener Aufgaben sind, der emotionale Gehalt der Aufgaben selbst (z. B. Interessantheit oder Aversivität) bleibt aber in der Regel unbeachtet. Hingegen wird in der Gedächtnisforschung zwar berücksichtigt, welche Valenz und welches Erregungspotenzial im Stimulusmaterial selbst steckt, die Frage danach, wie sich die Probanden bei der Durchführung der Aufgaben fühlen, wird hier jedoch nicht thematisiert. Eine Ausnahme bilden die Untersuchungen zu zustandsabhängigem Lernen (Bower, 1981; Parrott & Spackman, 2000). Hier wurden Effekte der Valenz des Stimulusmaterials und der Stimmung der Lernenden untersucht. Diese Studien ergaben, dass inhaltlich positiv gefärbtes Lernmaterial in positiver Stimmung besonders gut gelernt wird. Auch ließen sich positive Effekte auf die Erinnerungsleistung nachweisen, wenn inhaltlich negativ valentes Lernmaterial in negativer Stimmung gelernt wird. Auch bei diesen Untersuchungen bleibt jedoch unbeachtet, inwieweit die Lernaufgabe an sich die Befindlichkeit der Lernenden beeinflusst (d. h. ob das Lernen ihnen Spaß macht oder sie frustriert) und wie sich dies auf die kognitiven Prozesse beim Lernen auswirkt.

Ein weiterer Kritikpunkt ist, dass die Lernsituationen in diesen ausschließlich laborbasierten Studien eher artifiziell und somit in ihrer Generalisierbarkeit, z. B. im Hinblick auf schulisches Lernen, eingeschränkt sind. Speziell für die Stimmungsforschung gilt zudem, dass sie lediglich neutrale, positive und negative Stimmung unterscheidet und diese doch eher „grobe" Differenzierung menschlichen affektiven Erlebens kaum Schlüsse auf diskretes emotionales Erleben und dessen Auswirkungen zulässt.

Anwendung auf den Lern- und Leistungskontext

In Anknüpfung an die oben beschriebenen Befunde und basierend auf Überlegungen zum Zusammenhang zwischen Emotionen und Motivation schlägt Pekrun (2000; 2006; Pekrun, Götz, Titz & Perry, 2002) insbesondere drei Wirkmechanismen vor, wie lern- und leistungsbezogene Emotionen auf akademische Leistung Einfluss nehmen können, nämlich über kognitive Ressourcen, Lernstrategien und Motivation.

Wirkungen von Emotionen auf kognitive Ressourcen

Auch für lern- und leistungsbezogene Emotionen ist anzunehmen, dass sie kognitive Ressourcen verbrauchen. Das Erleben negativer Emotionen während einer Aufgabe bedingt somit, dass Aufmerksamkeit von der zu bearbeitenden Aufgabe abgelenkt wird. Dies beeinträchtigt die Leistung vor allem bei komplexen Aufgaben, die vermehrt kognitive Ressourcen beanspruchen. Im Lern- und Leistungskontext ist das insbesondere für Angst empirisch gut belegt (▶ Exkurs „Prüfungsangst – Wirkung auf Leistung"). Aber auch Ärger während einer Aufgabe verbraucht notwendige Ressourcen und beeinträchtigt so die Aufgabenbearbeitung. So ergaben sich in einer Studie von Götz (2004) negative Korrelationen zwischen selbstberichtetem Ärger und Konzentration, erfasst im Verlauf eines Mathematiktests. Wie oben beschrieben, konnte in der Stimmungsforschung gezeigt werden, dass auch positive Stimmung kognitive Ressourcen verbraucht. Hier wurde die Stimmung jedoch unabhängig von den gestellten Aufgaben manipuliert. Für positive aufgabenbezogene Emotionen (wie Lernfreude) ist anzunehmen, dass diese dazu beitragen, die Aufmerksamkeit auf die Aufgabe zu fokussieren. Dies führt zu Leistungssteigerungen bei emotional positiv erlebten Aufgaben. In der Studie von Götz (2004) ergaben sich positive Korrelationen zwischen selbst berichteter Freude und Konzentration. Je mehr Freude die Schüler während eines Mathematiktests erlebten, desto eher gaben sie an, sich „voll auf die Lösung der Aufgabe konzentriert" und „die Zeit ganz vergessen" zu haben. Dies stand wiederum in einem positiven Zusammenhang mit ihren Leistungen im Test. Diese Befunde stehen im Einklang mit dem Konzept „Flow", dem positiven emotionalen Erleben, wenn man in der Bearbeitung einer Aufgabe völlig aufgeht (▶ Abschn. 9.1.3).

Wirkungen von Emotionen auf Lernstrategien

In Anknüpfung an Befunde aus der Stimmungsforschung zu unterschiedlichen Verarbeitungsstilen bei positiver vs. negativer Stimmung ist davon auszugehen, dass Leistungsemotionen auch den Einsatz von **Lernstrategien** be-

Prüfungsangst – Wirkung auf Leistung

Der Zustand einer prüfungsängstlichen Person ist durch körperliche Symptome, das Bedürfnis nach Flucht und durch sorgenvolle Gedanken geprägt. Insbesondere diese kognitive Komponente der Angst führt zu Beeinträchtigungen in der Leistung. Vergleicht man Schüler gleichen Vorwissensstandes und gleichen kognitiven Potenzials, schneiden Prüfungsängstliche bei kognitiv anspruchsvollen Aufgaben schlechter ab. Dieser leistungsmindernde Effekt der „Worry-Komponente" könnte in zahlreichen Studien empirisch belegt werden.

Ein Beispiel: Galassi, Frierson und Sharer (1981) baten College-Studenten dreimal während einer Geschichtsklausur, anhand einer Checkliste ihre Gedanken zu beschreiben (vorher, in der Mitte der Prüfung und ca. 10 Minuten vor dem Ende). Im Vergleich zu Studenten mit niedriger Prüfungsangst gaben die hoch Prüfungsängstlichen mit größerer Häufigkeit an, negative Gedankeninhalte zu haben („Wie schrecklich es wäre, schlecht zu sein oder durchzufallen!" dachten z. B. 45 % der hoch, 11 % der niedrig Ängstlichen). Zudem berichteten hoch Ängstliche mit geringerer Wahrscheinlichkeit, während der Prüfung an Positives zu denken („Die Prüfung läuft doch ganz gut!" dachten z. B. nur 43 % der hoch, aber 70 % der niedrig Ängstlichen). Insgesamt 49 % der niedrig Ängstlichen, aber nur 26 % der hoch Ängstlichen gaben an, ihre Gedanken seien klar und sie könnten sich konzentrieren.

Von Bedeutung ist jedoch nicht nur die Quantität negativer und positiver Gedankeninhalte, sondern auch ihr Fokus: Prüfungsängstliche neigen dazu, während der Prüfung an sich selbst und ihre Unzulänglichkeit sowie an mögliche negative Folgen zu denken, anstatt die Aufmerksamkeit und Gedankeninhalte auf die Aufgaben und ihre Lösungen zu fokussieren. Diese Hemmung der aufgabenbezogenen Aufmerksamkeit wird in sog. Interferenztheorien beschrieben. Zusätzlich zur Annahme, Prüfungsangst führe zu schwächeren Leistungen aufgrund von aufgabenirrelevantem Denken *in der Prüfung*, wird in der Literatur auch diskutiert, dass Prüfungsangst mit defizitären Lernstrategien bereits *während des Lernens* einhergeht und so die schwächeren Leistungen erklärt werden können. Tatsächlich sind prüfungsängstliche Schüler dadurch charakterisiert, dass sie Lernzeiten im Klassenzimmer schlechter nutzen, weniger kompetente Mitschriften verfassen und sich den Lernstoff eher durch rigide, oberflächliche Strategien anzueignen versuchen als durch verständnisorientierte, flexible Lernstrategien (Zeidner, 1998).

Neben diesen beschriebenen Wirkmechanismen von Prüfungsangst auf Leistung gilt es selbstverständlich auch die umgekehrte Wirkrichtung zu beachten – nämlich die Effekte negativer Leistungsrückmeldungen auf Prüfungsangst in nachfolgenden Prüfungen. Erlebt ein Schüler wiederholt Misserfolge in schriftlichen und mündlichen Prüfungssituationen, verstärkt das die Prüfungsängstlichkeit. Gepaart mit den oben beschriebenen Effekten von Prüfungsangst auf die Qualität des Lern- und Leistungsverhaltens vor und während Prüfungen entsteht so ein Teufelskreis ungünstiger Beeinflussung von Prüfungsangst und Leistung.

---

einflussen. So sollten positive Emotionen wie Freude und Stolz mit verständnisorientierten, flexiblen Strategien wie Elaboration einhergehen, während Angst und Ärger eher mit rigiden, weniger verständnisorientierten Lernstrategien wie Wiederholen im Zusammenhang stehen dürften. Je stärker gestellte Aufgaben flexibles, transferorientiertes Denken erfordern, desto mehr beeinträchtigen negative Emotionen somit die Leistung. Zudem postuliert Pekrun (2000; 2006) einen Effekt von Emotionen auf das Ausmaß der **Selbstregulation des Lernens**. Demzufolge sollten positive Emotionen selbstreguliertes Vorgehen beim Lernen begünstigen, negative Emotionen dagegen eher das Befolgen extern vorgegebener Regeln befördern. Götz (2004) untersuchte den Zusammenhang zwischen Emotionen und Selbst- bzw. Fremdregulation bei Sekundarschülern in Mathematik (Selbstregulation war dabei mit Items wie diesem operationalisiert: „Beim Lernen für Mathe stecke ich mir eigene Ziele, die ich erreichen möchte"; Fremdregulation u. a. mit dem Item „Was ich für Mathe lerne, hängt von meinem Lehrer und meinen Eltern ab"). Die Ergebnisse zeigten, dass Freude in Mathematik sowohl mit Selbst- als auch mit Fremdregulation positiv korrelierte, Angst hingegen mit Selbstregulation in einem negativen, sowie mit Fremdregulation in einem positiven Zusammenhang stand.

Wirkungen von Emotionen auf intrinsische und extrinsische Motivation

Pekrun (2000; 2006) argumentiert zudem, dass Emotionen differenziell auf die **Motivation** von Schülern wirken. Er unterscheidet dazu aktivierende Emotionen (z. B. Freude und Angst) und deaktivierende Emotionen (z. B. Erleichterung und Langeweile). Positiv-aktivierende aktivitätsbezogene Emotionen wie Lernfreude bedingen, dass man das Lernen an sich als belohnend empfindet, also intrinsisch motiviert an das Lernen herangeht (▶ Kap. 7). Ist eine Leistungssituation durch positiv-aktivierende ergebnisbezogene Emotionen charakterisiert (wie Vorfreude auf ein gutes Ergebnis), beflügelt dies, Anstrengung als Mittel zum Zweck (gute Leistungen und ihre Folgen) zu investieren. Dies entspricht einem Zustand extrinsischer Motivation, in diesem Sinne sind positiv-aktivierende Emotionen in der Regel auch mit dem Ausmaß an extrinsischer Motivation positiv korreliert. Aufgrund erhöhter intrinsischer und extrinsischer Motivation stehen positiv-aktivierende Emotionen daher insgesamt in einem positiven Zusammenhang mit Leistung.

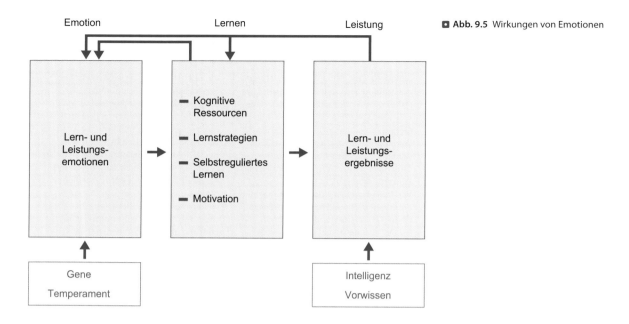

Abb. 9.5 Wirkungen von Emotionen

Herrschen dagegen in einer Lern- oder Leistungssituation negativ-deaktivierende Emotionen wie Langeweile oder Hoffnungslosigkeit vor, senkt dies sowohl die intrinsische Motivation (also die Tätigkeit um ihrer selbst willen ausführen zu wollen) als auch die extrinsische Motivation (also sich als Mittel zum Zweck anzustrengen). Somit stehen negativ-deaktivierende Emotionen in der Regel in einem negativen Zusammenhang mit der Leistung.

Positiv-deaktivierende und negativ-aktivierende Emotionen schließlich haben komplexe motivationale Folgen und somit auch weniger eindeutige Bezüge zur Lernleistung. Beispielsweise senkt Prüfungsangst zum einen intrinsische Motivation, da die Lernhandlung an sich aufgrund der Angst als unangenehm empfunden wird. Zugleich steigert Angst aber zugleich unter Umständen die Anstrengung aufgrund von erhöhter (extrinsischer) Motivation zur Vermeidung von Misserfolg (Pekrun, 2006).

Neben den Wirkungen von Emotionen auf Motivation ist auch anzunehmen, dass Motivation über Kontroll- und Werteinschätzungen auf die Emotionsbildung zurückwirkt (Pekrun, 2006; auch Heckhausen, 1989). Darüber hinaus werden, wie oben beschrieben, Handlungstendenzen (d. h. Motivation) auch als Bestandteile von Emotionen genannt (▶ Abschn. 9.1.2). Auf der Ebene der Operationalisierung gibt es zudem praktische Überschneidungen zwischen Emotionen und Motivation; so wird hier Tätigkeitsfreude explizit als Emotion angesehen, sie ist aber auch einschlägiger Indikator für intrinsische Motivation. Unabhängig davon, ob Motivation und Emotionen in Sinne einer Teil-Ganzes-Beziehung oder sich gegenseitig bedingend angesehen werden, ist eine enge Verknüpfung beider Phänomene unumstritten.

Abb. 9.5 stellt die Wirkungen von Leistungsemotionen über die beschriebenen Mechanismen dar. Hier werden auch bisher nicht näher beschriebene Rückkopplungsschleifen berücksichtigt. Selbstverständlich ist anzunehmen, dass Leistungen ihrerseits das Lernverhalten und die Motivation sowie das emotionale Erleben rückwirkend beeinflussen. Zudem wird in der Abbildung berücksichtigt, dass auch Intelligenz und Vorwissen auf Leistungsergebnisse Einfluss nehmen.

9.3.8 Anregungen zur Gestaltung eines emotionsgünstigen Unterrichts

Aus den oben beschriebenen Bedingungsfaktoren für das Erleben von Emotionen im Lern- und Leistungskontext leiten sich Empfehlungen für die Gestaltung eines emotionsgünstigen Unterrichts ab (auch Götz et al., 2004). So kann auf die subjektiven Überzeugungen der Schüler Einfluss genommen werden. Zudem können der „intelligente Umgang" mit lern- und leistungsbezogenen Emotionen und deren Regulation gefördert werden. Einen nicht unerheblichen Einfluss auf Schüleremotionen haben schließlich die von den Lehrkräften selbst vorgelebten Emotionen.

Einflussnahme auf Kontroll- und Wertkognitionen

Positive subjektive Kontrollüberzeugungen werden Schüler dann entwickeln, wenn sie ihr Lernen als kontrollierbar erleben. Ziel ist es, Schülern die Gewissheit zu geben, dass sie durch spezifische Handlungen relativ eindeutig vorhersehbare Wirkungen erzielen können, also „Kontrolle" über die Ergebnisse ihrer Handlung haben. Dies ist u. a. durch folgende Handlungsweisen von Lehrkräften erreichbar:

- klare Strukturierung des Unterrichts (z. B. durch Offenlegung kurz- und langfristiger Inhalts- und Zeitpläne bezüglich der Unterrichtsinhalte),
- Gestaltung von Lerngelegenheiten, in denen Kontrollerfahrungen durch individuelle Zielsetzungen und selbstständige Strategieauswahl gemacht werden können (z. B. Projektarbeit),
- eindeutige Formulierung von Erwartungen und Zielen (z. B. Zielvereinbarungen und Bekanntgabe des Notenschlüssels vor einer schriftlichen Arbeit),
- Vermittlung kontrollierbarer Ursachen von Erfolg und Misserfolg, insbesondere durch Anstrengung (vgl. Reattributionstrainings; z. B. Ziegler & Schober, 2001),
- deutliche Trennung zwischen „Lernzeiten", in denen Fehler als Lerngelegenheiten betrachtet werden und nicht in die Leistungsbewertung einfließen, und „Prüfungszeiten", in denen Lernzielkontrollen vorgenommen werden.

Überzeugungen zur Bedeutsamkeit von Lernaktivitäten und Leistungsergebnissen lassen sich direkt und indirekt vermitteln. Bei hoher Bedeutsamkeit von Leistungsergebnissen werden sowohl positive als auch negative Emotionen verstärkt. Es gibt eine Reihe von Möglichkeiten, wie Lehrkräfte insbesondere die Bedeutsamkeit von Lernaktivitäten selbst, und nicht von Leistungsergebnissen, fördern können, was sich vorwiegend positiv auf das emotionale Erleben von Schülern auswirken sollte:

- direkte Kommunikation des intrinsischen Wertes, der Neuartigkeit und möglicher Ambiguität des Lerngegenstands („Das ist ganz anders als man auf den ersten Blick denkt", „Darüber sind sich die Wissenschaftler bis heute nicht einig"),
- Aufgabenstellungen, die der Lebenswelt der Schüler entnommen sind (sog. „authentische" Aufgaben),
- Vorgabe von Wahlmöglichkeiten (z. B. beim Bearbeiten von Aufgaben),
- Vermeidung primär kompetitiver Leistungsrückmeldungen („Du bist besser/schlechter als die meisten anderen in der Klasse") zugunsten von individuellen oder auch kriteriumsbezogenen Kompetenzrückmeldungen (z. B. „Du kannst quadratische Gleichungen jetzt schon viel besser lösen" bzw. „Du solltest das Lösen quadratischer Gleichungen noch üben"), sodass positive bzw. negative Leistungskonsequenzen nicht im Mittelpunkt stehen (vgl. auch Rheinberg & Krug, 1999).

Unterstützung bei der Regulation von Emotionen

Auch wenn Lernumgebungen optimal gestaltet sind, werden negative Emotionen im Lern- und Leistungskontext kaum vollständig zu vermeiden sein. Daher ist neben den beschriebenen Möglichkeiten der positiven Einflussnahme auf die Emotionsentstehung bei Schülern eine Anleitung zur Selbstregulation von Leistungsemotionen zu empfehlen. Auch wenn das Emotionswissen und die Fähigkeit zur Emotionsregulation schon früh in der Eltern-Kind-Beziehung geprägt werden, können auch Lehrkräfte ihre Schüler beim Umgang mit ihren Emotionen insbesondere in Bezug auf schulische Herausforderungen unterstützen. Götz, Frenzel und Pekrun (2007b) schlagen hierzu folgende Möglichkeiten vor:

- Förderung des Bewusstseins, dass Emotionen eine wichtige Rolle im Lern- und Leistungskontext spielen (Motivierung zur Auseinandersetzung mit den Themen „Emotionen" und „Emotionsregulation"),
- Aufzeigen, dass Leistungsemotionen beeinflussbar sind, d. h., dass man ihnen nicht „blind ausgeliefert" ist (Vermittlung der Kontrollierbarkeit emotionalen Erlebens),
- Vermittlung von Wissen über Leistungsemotionen, z. B. durch die Erweiterung des Emotionsvokabulars und durch das Aufzeigen der Wirkungen von Emotionen auf Lernen und Leistung,
- Vermittlung und Üben konkreter Emotionsregulations- und Coping-Strategien, d. h. sowohl emotionsorientierter Strategien (z. B. durch Entspannungsübungen und positive Selbstinstruktion) als auch problemorientierter Strategien (z. B. externe Hilfe aufzusuchen oder die Situation kognitiv positiv umzudeuten; ► Exkurs „Prüfungsangst – Eine Gefahr für die Validität von Prüfungen").

Vorleben leistungsförderlicher Emotionen

Es ist davon auszugehen, dass Emotionen von Lehrkräften Auswirkungen auf Emotionen von Schülern haben. Wenn Lehrkräfte authentische positive inhalts- und tätigkeitsbezogene Emotionen im Zusammenhang mit Lernen und Leistung zeigen, so werden Schüler im Sinne von Modelllernen ebenfalls vermehrt positive Emotionen in diesen Situationen erleben. Außerdem ist anzunehmen, dass jenseits von Modelllernen das Erleben und Zeigen positiver Emotionen von Lehrkräften in Form von Humor und enthusiastischem Unterrichten eine nicht zu unterschätzende positive Wirkung auf das emotionale Erleben von Schülern hat (z. B. Frenzel, Götz, Lüdtke, Pekrun & Sutton, 2009). Schließlich können Lehrkräfte auch einen positiven emotionalen Umgang mit eigenen Fehlern und eigener Unzulänglichkeit modellhaft vorleben, sowie ihre

Exkurs

Prüfungsangst – Eine Gefahr für die Validität von Prüfungen

Validität eines Tests oder einer Prüfung bedeutet, dass tatsächlich das gemessen wird, was der Test oder die Prüfung zu messen vorgibt (► Kap. 13). Entwirft eine Lehrkraft beispielsweise eine Mathematikprüfung, so zielt sie darauf ab, die Kompetenz der Schüler im Stoff der ca. vier bis sechs zurückliegenden Stunden zu erfassen. Es gibt verschiedene Gefahren für die Validität einer solchen Mathematikprüfung; beispielsweise können die gewählten Aufgaben nicht das zuletzt besprochene Stoffgebiet, sondern weiter zurückliegende Kompetenzen oder noch nicht behandelte Fertigkeiten betreffen. Problematisch ist auch, dass man – ungewollt – bei Korrekturen dazu neigt, formal (z. B. im Schriftbild) einwandfreie Aufgabenbearbeitungen großzügiger zu

bewerten als unordentlich und chaotisch gestaltete Aufgabenbearbeitungen. In dieser Hinsicht spiegelt der Punktwert dann nicht wie angestrebt die mathematische Kompetenz im betreffenden Stoffgebiet wider, sondern vielmehr die Gewissenhaftigkeit und die Fähigkeit, Ergebnisse in einer formal übersichtlichen Form darzustellen.
Es bedeutet aber auch eine Gefahr für die Validität von Prüfungen, wenn sie so gestaltet sind, dass sie bei den Prüfungsteilnehmern besondere Angst auslösen. Prüfungsangst beeinträchtigt die adäquate Umsetzung der eigenen kognitiven Kompetenz in Leistung. Ist eine Prüfung so gestaltet, dass sie große Prüfungsangst beim Prüfling hervorruft, liefert die Tatsache, dass dieser eine Auf-

gabe nicht lösen kann, keinen eindeutigen Aufschluss darüber, ob dem Prüfling die entsprechenden Kenntnisse fehlen oder ob er sein eigentlich vorhandenes Wissen aufgrund der Prüfungsangst nicht abrufen konnte.
Nun kann man argumentieren, dass eine solche Kompetenz zum Umgang mit Stress in der modernen Gesellschaft notwendig ist; Lehrkräfte also ggf. bewusst (zumindest auch) darauf abzielen, diese Kompetenz durch ihre Tests abzuprüfen. Wichtig wäre aus dieser Perspektive jedoch, den Schülern neben den fachlichen Fertigkeiten auch entsprechende Strategien und Tipps zu vermitteln, um adäquat mit Stress und Angst in Bewertungssituationen umgehen zu können.

eigenen Anstrengungen, ihre Emotionen zu regulieren, zur Lernerfahrung für Schüler werden lassen.

Fazit

In diesem Kapitel wurden Emotionen als mehrdimensionale Konstrukte mit affektiven, kognitiven, expressiven, physiologischen und motivationalen Komponenten vorgestellt. Basierend auf traditionellen Appraisal-theoretischen Ansätzen ist davon auszugehen, dass Emotionen durch die Bewertung von Situationen, Tätigkeiten und der eigenen Person entstehen. Im Lern- und Leistungskontext ist dabei Kontroll- und Wert-Appraisals besondere Bedeutsamkeit zuzuschreiben. Diese Bewertung wird durch generalisierte Überzeugungen der Handelnden, aber auch durch äußere Umstände beeinflusst. Lehrkräften ist somit die Möglichkeit gegeben, durch gezielte Gestaltung der Lernumgebung und der Lernaufgaben auf das emotionale Erleben von Schülern Einfluss zu nehmen. Emotionen entfalten Wirkungen auf kognitive Ressourcen während der Aufgabenbearbeitung, auf den Einsatz von Lernstrategien, auf das Ausmaß von Selbstregulation und auf die Motivation während des Lernens. Sie sind somit von großer Bedeutung für resultierende Lernleistungen. Zudem sind sie wichtige Bestandteile des subjektiven Wohlbefindens. Daher sollte die Förderung positiver und die Reduktion negativer Emotionen im Kontext schulischen und außerschulischen Lernens auch als Wert an sich angestrebt werden. Aber nicht nur die Emotionen der Schüler, sondern auch die der

Lehrkräfte sind von großer Bedeutung. Sie wirken sich auf die Qualität von Instruktionsprozessen aus – und schließlich ist es auch belohnend für die Lehrkräfte, Schüler zu unterrichten, die von Lernfreude und Interesse an den Lerninhalten erfüllt sind.

Verständnisfragen

1. Wie können Emotionen definiert werden?
2. Inwiefern sind Emotionen und Stimmungen bzw. Emotionen und Stress verwandt bzw. voneinander abzugrenzen?
3. Was ist die zentrale Annahme der Appraisal-Theorien? Welche Appraisals gelten laut Pekruns Theorie als besonders bedeutsam für die Entstehung von Emotionen im Lern- und Leistungskontext?
4. Über welche Mechanismen wirken Emotionen auf schulische Leistungen?
5. Wie können Lehrkräfte Leistungsemotionen von Schülern positiv beeinflussen?

Vertiefende Literatur

M. Lewis, M. & J. Haviland-Jones, M. (Eds.). (2000). *Handbook of emotions* (2nd edn.). New York: The Guilford Press.
Schulze, R., Freund, P. A. & Roberts, R. D. (Eds.). (2006). *Emotionale Intelligenz. Ein internationales Handbuch.* Göttingen: Hogrefe.
Gross, J. G. (Ed.). (2006). *Handbook of emotion regulation.* New York: Guilford.
Brandstätter, V. & Otto, J. H. (Hrsg.). (2009). *Handbuch der Allgemeinen Psychologie: Motivation und Emotion.* Göttingen: Hogrefe.
Möller, J. & Köller, O. (Hrsg.). (1996). *Emotionen, Kognitionen und Schulleistung.* Weinheim: Beltz.

Literatur

Boekaerts, M. (2007). Understanding students' affective processes in the classroom. In P. A. Schutz, & R. Pekrun (Hrsg.), *Emotion in Education* (S. 37–56). San Diego, CA: Elsevier.

Bower, G. H. (1981). Mood and memory. *American Psychologist, 36,* 129–148.

Butler, R. (1994). Teacher communications and student interpretations: Effects of teacher responses to failing students on attributional inferences in two age groups. *British Journal of Educational Psychology, 64,* 277–294.

Clore, G. L., Wyer, R. S., Dienes, B., Gasper, K., Gohm, C., & Isbell, L. M. (2001). Affective feelings as feedback: Some cognitive consequences. In L. L. Martin, & G. L. Clore (Hrsg.), *Theories of mood and cognition: A user's guidebook* (S. 27–62). Mahway, N.J.: Lawrence Erlbaum Associates, Inc.

Covington, M. V. (1992). *Making the grade: A self-worth perspective on motivation and school reform.* Cambridge: Cambridge University Press.

Covington, M. V., & Omelich, C. L. (1979). Effort: The double-edged sword in school achievement. *Journal of Educational Psychology, 71,* 169–182.

Csikszentmihalyi, M. (1985). *Das Flow-Erlebnis. Jenseits von Angst und Langeweile: Im Tun aufgehen.* Stuttgart: Klett-Cotta.

Deci, E., & Ryan, R. (1993). Die Selbstbestimmungstheorie der Motivation und ihre Bedeutung für die Pädagogik. *Zeitschrift für Pädagogik, 39,* 223–238.

Diener, E., Suh, E. M., Lucas, R. E., & Smith, H. L. (1999). Subjective well-being: Three decades of progress. *Psychological Bulletin, 125,* 276–302.

Ekman, P., Friesen, W. V., & Hager, J. C. (2002). *Facial Action Coding System.* Salt Lake City, UT: Research Nexus. E-book

Frenzel, A. C., Götz, T., Lüdtke, O., Pekrun, R., & Sutton, R. E. (2009). Emotional transmission in the classroom: Exploring the relationship between teacher and student enjoyment. *Journal of Educational Psychology, 101(3),* 705–716.

Frenzel, A. C., Pekrun, R., & Götz, T. (2007). Girls and mathematics – a „hopeless" issue? A control-value approach to gender differences in emotions towards mathematics. *European Journal of Psychology of Education, 22,* 497–514.

Galassi, J. P., Frierson Jr., H. T., & Sharer, R. (1981). Behaviour of high, moderate, and low test anxious students during an actual test situation. *Journal of Consulting and Clinical Psychology, 49,* 51–62.

Goleman, D. (1997). *EQ – Emotionale Intelligenz.* München: dtv.

Götz, T. (2004). *Emotionales Erleben und selbstreguliertes Lernen bei Schülern im Fach Mathematik.* München: Herbert Utz Verlag.

Goetz, T., Bieg, M., Lüdtke, O., Pekrun, R., & Hall, N. C. (2013). Do girls really experience more anxiety in mathematics? *Psychological Science, 24(10),* 2079–2087.

Götz, T., & Frenzel, A. C. (2006). Phänomenologie schulischer Langeweile. *Zeitschrift für Entwicklungspsychologie und Pädagogische. Psychologie, 38(4),* 149–153.

Götz, T., Frenzel, A. C., & Haag, L. (2006). Ursachen von Langeweile im Unterricht. *Empirische Pädagogik, 20,* 113–134.

Goetz, T., Frenzel, A. C., Hall, N. C., Nett, U., Pekrun, R., & Lipnevich, A. (2014). Types of Boredom: An Experience Sampling Approach. *Motivation and Emotion, 38,* 1–19.

Götz, T., Frenzel, A. C., & Pekrun, R. (2007a). Regulation von Langeweile im Unterricht. Was Schülerinnen und Schüler bei der „Windstille der Seele" (nicht) tun. *Unterrichtswissenschaft, 35,* 312–333.

Götz, T., Frenzel, A. C., & Pekrun, R. (2007b). Emotionstrainings. In J. Zumbach, & H. Mandl (Hrsg.), *Fallbuch Pädagogische Psychologie – Lehr- und Lernpsychologie* (S. 255–264). Göttingen: Hogrefe.

Götz, T., Frenzel, A. C., Pekrun, R., & Hall, N. (2006). Emotionale Intelligenz im Lern- und Leistungskontext. In R. Schulze, P. A. Freund, & R. D. Roberts (Hrsg.), *Emotionale Intelligenz. Ein internationales Handbuch* (S. 237–256). Göttingen: Hogrefe.

Götz, T., Frenzel, A. C., Pekrun, R., Hall, N. C., & Lüdtke, O. (2007). Between- and within-domain relations of students' academic emotions. *Journal of Educational Psychology, 99,* 715–733.

Götz, T., Zirngibl, A., & Pekrun, R. (2004). Lern- und Leistungsemotionen von Schülerinnen und Schülern. In T. Hascher (Hrsg.), *Schule positiv erleben. Erkenntnisse und Ergebnisse zum Wohlbefinden von Schülerinnen und Schülern* (S. 49–66). Bern: Haupt AG.

Graham, S., & Weiner, B. (1986). From an attributional theory of emotion to developmental psychology: A round-trip ticket? *Social Cognition, 4,* 152–179.

Gross, J. G., & Thompson, R. A. (2006). Emotion regulation: Conceptual foundations. In J. G. Gross (Hrsg.), *Handbook of emotion regulation* (S. 3–26). New York: Guilford Press.

Hareli, S., & Weiner, B. (2002). Social emotions and personality inferences: A scaffold for new direction in the study of achievement motivation. *Educational Psychologist, 37,* 183–193.

Harris, M. B. (2000). Correlates and characteristics of boredom proneness and boredom. *Journal of Applied Social Psychology, 30,* 576–598.

Hascher, T. (2004). *Schule positiv erleben. Erkenntnisse und Ergebnisse zum Wohlbefinden von Schülerinnen und Schülern.* Bern: Haupt AG.

Heckhausen, H. (1989). *Motivation und Handeln* (2. Aufl.). Berlin: Springer.

Helmke, A. (1983). *Schulische Leistungsangst.* Frankfurt: Lang Verlag.

Helmke, A. (1993). Die Entwicklung der Lernfreude vom Kindergarten bis zur 5. Klassenstufe. *Zeitschrift für Pädagogische Psychologie, 7,* 77–86.

Hembree, R. (1988). Correlates, causes, effects and treatment of test anxiety. *Review of Educational Research, 58,* 47–77.

Jerusalem, M., & Schwarzer, R. (1991). Entwicklung des Selbstkonzepts in verschiedenen Lernumwelten. In R. Pekrun, & H. Fend (Hrsg.), *Schule und Persönlichkeitsentwicklung: Ein Resumée der Längsschnittforschung* (S. 115–130). Stuttgart: Enke Verlag.

Köller, O. (2004). *Konsequenzen von Leistungsgruppierungen.* Münster: Waxmann.

Krohne, H. W., Egloff, B., Kohlmann, C.-W., & Tausch, A. (1996). Untersuchungen mit einer deutschen Version der „Positive and Negative Affect Schedule" (PANAS). *Diagnostica, 42,* 139–156.

Lagattuta, K. H., & Thompson, R. A. (2007). The development of self-conscious emotions: Cognitive processes and social influences. In J. L. Tracy, R. W. Robins, & J. P. Tangney (Hrsg.), *The self-conscious emotions* (S. 91–113). New York: Guilford Press.

Lang, P. J. (1980). *Self-assessment manikin.* Gainesville, FL: The Center for Research in Psychophysiology, University of Florida.

Larson, R. W., & Richards, M. H. (1991). Boredom in the middle school years: Blaming schools versus blaming students. *American Journal of Education, 99,* 418–443.

Laux, L., Glanzmann, P., Schaffner, P., & Spielberger, C. D. (1981). *Das State-Trait-Angstinventar (STAI).* Weinheim: Beltz Testgesellschaft.

Lazarus, R. S. (1991). *Emotion and adaptation.* New York: Oxford University Press.

Lewis, M. (2000). Self-conscious emotions: Embarrassment, shame, and guilt. In M. Lewis, & J. M. Haviland-Jones (Hrsg.), *Handbook of emotions* (2. Aufl. S. 623–636). New York: The Guilford Press.

Liebert, R. M., & Morris, L. W. (1967). Cognitive and emotional components of test anxiety: a distinction and some initial data. *Psychological Reports, 20,* 975–978.

Mayer, J. D., & Salovey, P. (1997). What is emotional intelligence?. In P. Salovey, & D. J. Sluyter (Hrsg.), *Emotional development and emotional intelligence: Educational implications* (S. 3–31). New York: Basic Books.

Meinhardt, J., & Pekrun, R. (2003). Attentional resource allocation to emotional events: An ERP study. Cognition and. *Emotion, 17,* 477–500.

Mitchell, R. L. C., & Phillips, L. H. (2007). The psychological, neurochemical and functional neuroanatomical mediators of the effects of positive and negative mood on executive functions. *Neuropsychologia, 45,* 617–629.

Molfenter, S. (1999). Prüfungsemotionen bei Studierenden: Explorative Analysen und Entwicklung eines diagnostischen Instrumentariums. Unpublished doctoral thesis, Universität Regensburg, Regensburg.

Nett, U., Goetz, T., & Daniels, L. (2010). What to do when feeling bored? Students' strategies for coping with boredom. *Learning and Individual Differences, 20,* 626–638.

Nett, U. E., Goetz, T., & Hall, N. C. (2011). Coping with boredom in school: An experience sampling perspective. *Contemporary Educational Psychology, 36*(1), 49–59.

Neubauer, A. C., & Freudenthaler, H. H. (2006). Modelle emotionaler Intelligenz. In R. Schulze, P. A. Freund, & R. D. Roberts (Hrsg.), *Emotionale Intelligenz. Ein internationales Handbuch* (S. 39–60). Göttingen: Hogrefe.

Oaksford, M., Morris, F., Grainger, B., & Williams, J. M. G. (1996). Mood, reasoning, and central executive processes. *Journal of Experimental Psychology: Learning, Memory and Cognition, 22,* 477–493.

Ortony, A., & Turner, T. J. (1990). What's basic about basic emotions? *Psychological Review, 97,* 315–331.

Parkinson, B. (1997). Untangling the appraisal-emotion connection. *Personality and Social Psychology Review, 1,* 62–79.

Parrott, W. G., & Spackman, M. P. (2000). Emotion and memory. In M. Lewis, & J. M. Haviland-Jones (Hrsg.), *Handbook of emotions* (S. 476–490). New York: Guilford Press.

Pekrun, R. (1983). *Schulische Persönlichkeitsentwicklung. Theorieentwicklung und empirische Erhebungen zur Persönlichkeitsentwicklung von Schülern der 5. bis 10. Klassenstufe.* Frankfurt: Lang Verlag.

Pekrun, R. (1991). Prüfungsangst und Schulleistung: Eine Längsschnittstudie. *Zeitschrift für Pädagogische Psychologie, 5,* 99–109.

Pekrun, R. (1998). Schüleremotionen und ihre Förderung: Ein blinder Fleck der Unterrichtsforschung. *Psychologie in Erziehung und Unterricht, 45,* 230–248.

Pekrun, R. (2000). A social-cognitive, control-value theory of achievement emotions. In J. Heckhausen (Hrsg.), *Motivational Psychology of Human Development* (S. 143–163). Oxford, UK: Elsevier.

Pekrun, R. (2006). The control-value theory of achievement emotions: Assumptions, corollaries, and implications for educational research and practice. *Educational Psychology Review, 18,* 315–341.

Pekrun, R., & Frenzel, A. C. (2009). Persönlichkeit und Emotion. In V. Brandstätter, & J. H. Otto (Hrsg.), *Handbuch Allgemeine Psychologie. Motivation und Emotion* (2. Aufl. S. 686–962). Göttingen: Hogrefe.

Pekrun, R., Goetz, T., Daniels, L. M., Stupnisky, R. H., & Perry, R. P. (2010). Boredom in achievement settings: Control-value antecedents and performance outcomes of a neglected emotion. *Journal of Educational Psychology, 102,* 531–549.

Pekrun, R., Götz, T., Titz, W., & Perry, R. P. (2002). Academic emotions in students' self-regulated learning and achievement: A program of qualitative and quantitative research. *Educational Psychologist, 37,* 91–105.

Pekrun, R., & Jerusalem, M. (1996). Leistungsbezogenes Denken und Fühlen: Eine Übersicht zur psychologischen Forschung. In J. Möller, & O. Köller (Hrsg.), *Emotionen, Kognitionen und Schulleistung* (S. 3–21). Weinheim: Beltz.

Pekrun, R., vom Hofe, R., Blum, W., Frenzel, A. C., Götz, T., & Wartha, S. (2007). Development of mathematical competencies in adolescence: The PALMA longitudinal study. In M. Prenzel (Hrsg.), *Studies on the educational quality of schools. The final report on the DFG Priority Programme* (S. 17–37). Münster, Germany: Waxmann.

Preckel, F., Zeidner, M., Götz, T., & Schleyer, E. (2008). Female 'big fish' swimming against the tide: The 'big-fish-little-pond effect' and gender ratio in special gifted classes. *Contemporary Educational Psychology, 33,* 78–96.

Rheinberg, F. (2004). *Motivation* (5. Aufl.). Stuttgart: Kohlhammer.

Rheinberg, F., & Krug, S. (1999). *Motivationsförderung im Schulalltag.* Göttingen: Hogrefe.

Richardson, M. P., Strange, B., & Dolan, R. J. (2004). Encoding of emotional memories depends on the amygdala and hippocampus and their interactions. *Nature Neuroscience, 7,* 278–285.

Rost, D. H., & Schermer, F. J. (1997). *Differentielles Leistungsangst Inventar (DAI).* Frankfurt: Swets Test Services.

Rustemeyer, R. (1984). Selbsteinschätzung eigener Fähigkeit – vermittelt durch die Emotionen anderer Personen. *Zeitschrift für Entwicklungspsychologie und Pädagogische Psychologie, 16,* 149–161.

Ryan, R. M., & Deci, E. L. (2000). Self-determination theory and the facilitation of intrinsic motivation, social development, and well-being. *American Psychologist, 55,* 68–78.

Scherer, K. R., Schorr, A., & Johnstone, T. (Hrsg.). (2001). *Appraisal processes in emotion.* Oxford, UK: Oxford University Press.

Schmidt, H. (Hrsg.). (1978). *Handbüchlein der Moral und Unterredungen/ Epiktet* (10. Aufl.). Stuttgart: Kröner.

Schnabel, K. (1998). *Prüfungsangst und Lernen. Empirische Analysen zum Einfluss fachspezifischer Leistungsängstlichkeit auf schulischen Lernfortschritt.* Münster: Waxmann.

Schutz, P. A., & Pekrun, R. (Hrsg.). (2007). *Emotions in education.* San Diego, CA: Elsevier.

Schwarzer, R. (2000). *Stress, Angst und Handlungsregulation.* Stuttgart: Kohlhammer.

Smith, C. A., & Lazarus, R. S. (1993). Appraisal components, core relational themes, and the emotions. *Cognition and Emotion, 7,* 233–269.

Smith, T. W., Ingram, R. E., & Brehm, S. S. (1983). Social anxiety, anxious preoccupation and recall of self-relevant information. *Journal of Personality and Social Psychology, 44,* 1276–1283.

Spielberger, C. D. (1983). *Manual for the State-Trait Anxiety Inventory (STAI).* Palo Alto, CA: Consulting Psychologists Press.

Spies, K., Hesse, F. W., & Hummitzsch, C. (1996). Mood and capacity in Baddeley's model of human memory. *Zeitschrift für Psychologie, 204,* 367–381.

Vodanovich, S. J., & Kass, S. J. (1990). A factor analytic study of the Boredom Proneness Scale. *Journal of Personality Assessment, 55,* 115–123.

Watson, D., Clark, L. A., & Tellegen, A. (1988). Development and validation of brief measures of positive and negative affect: the PANAS scales. *Journal of Personality and Social Psychology, 54,* 1063–1070.

Watt, H. M. G. (2004). Development of adolescents' self-perceptions, values, and task perceptions according to gender and domain in 7th- through 11-th grade Australian students. *Child Development, 75,* 1556–1574.

Weiner, B. (1985). An attributional theory of achievement motivation and emotion. *Psychological Review, 92,* 548–573.

Weiner, B. (1986). *An attributional theory of motivation and emotion.* New York: Springer.

Wieczerkowski, W., Nickel, H., Janowski, A., Fittkau, B., & Rauer, W. (1974). *Angstfragebogen für Schüler (AFS).* Braunschweig: Westermann.

Zeidner, M. (1998). *Test anxiety: The state of the art.* New York: Plenum.

Zeidner, M., & Endler, N. E. (1996). *Handbook of coping.* New York: Wiley.

Ziegler, A., & Schober, B. (2001). *Theoretische Grundlagen und praktische Anwendungen von Reattributionstrainings.* Regensburg: Roderer.

Interagieren

Familie

Elke Wild, Sabine Walper

E. Wild, J. Möller (Hrsg.), *Pädagogische Psychologie,* Springer-Lehrbuch,
DOI 10.1007/978-3-642-41291-2_10, © Springer-Verlag Berlin Heidelberg 2015

Familien sind der primäre Entwicklungs- und Bildungskontext von Kindern. Nicht nur in der Kindheit, sondern auch weit darüber hinaus spielen Familien eine entscheidende Rolle in der Förderung und Unterstützung ihrer Familienmitglieder – nicht zuletzt im hohen Alter. Fraglos ändern sich die Aufgaben und Beziehungen im Verlauf der Familienentwicklung, wobei die jeweilige Lebenslage und der Kontext, in dem das Familienleben stattfindet, eine wichtige Rolle für die Ausgestaltung der Interaktionen spielt. Wie sich die Anforderungen an Eltern im Verlauf der Familienentwicklung wandeln, welchen Einfluss kritische Lebensereignisse auf das Familienleben haben und welche Aspekte des Familienlebens für die Entwicklungschancen von Kindern und Jugendlichen besonders relevant sind, ist Gegenstand dieses Kapitels (◘ Abb. 10.1).

10.1   Einleitung

Wenn heute von „Familien" die Rede ist, bezieht sich die erste Assoziation vermutlich nach wie vor auf ein verheiratetes Paar, das mit seinen leiblichen Kindern (bzw. seinem leiblichen Kind) in einem Haushalt zusammenlebt. Dieses in der Familiensoziologie als „bürgerliche Kernfamilie" bezeichnete Arrangement stellt das Leitbild der „Normalfamilie" dar und ist selbst angesichts der Pluralisierung familialer Lebensformen statistisch gesehen immer noch die häufigste Familienform (Peuckert, 2012). Allerdings wird der Begriff der **Familie** – in der Bevölkerung wie in der Familienforschung – schon seit längerem auf unterschiedlichste Konstellationen des Aufwachsens von Kindern angewendet – so sprechen wir beispielsweise von Adoptiv- und Pflegefamilien, Ein-Elternteil-Familien und Stieffamilien oder auch (gleichgeschlechtlichen) Regenbogenfamilien. Um diese Beziehungskonstellationen von anderen sozialen Gruppen abgrenzen zu können, folgen wir der Definition von Hofer (2002a).

◘ Abb. 10.1

> **Definition**
>
> Hofer (2002a, S. 6) definiert **Familie** als „eine Gruppe von Menschen, die durch nahe und dauerhafte Beziehungen miteinander verbunden sind, die sich auf eine nachfolgende Generation hin orientiert und die einen erzieherischen und sozialisatorischen Kontext für die Entwicklung der Mitglieder bereitstellt".

Auch wenn die Familie lange Zeit vor allem als Ort der primären Sozialisation und Erziehung betrachtet wurde, stellt sie doch zugleich eine wichtige und fortdauernde Bildungsinstanz (vor und neben der Schule) dar (Autorengruppe Bildungsberichterstattung, 2012). Angesichts globaler gesellschaftlicher Entwicklungen (s. u.) gilt dies heute in zunehmendem Maße.

Die damit einhergehenden Erwartungen und Anforderungen wie auch die Hilfen, die Erziehungsberechtigte in Anspruch nehmen können, variieren naturgemäß in Abhängigkeit vom Alter des Kindes. Daher sind die Ausführungen in ▶ Abschn. 10.2 nicht an den Funktionen der Familie (vgl. etwa Nave-Herz, 2002) orientiert, sondern entlang „prototypischer" Phasen der Familienkarriere (vgl. Wild & Hofer, 2002) gegliedert. Das von Aldous (1977) eingeführte Konzept der „Familienkarriere" oder des „Familienzyklus" geht davon aus, dass der Lebenszyklus einer Familie – wie der eines Menschen – einer typischen Entwicklungssequenz folgt (s. auch Kreppner & Lerner, 2013). Der Übergang von einer Phase in die nächste wird durch Veränderungen der kindlichen Bedürfnisse und Kompetenzen, der elterlichen Rollenvorstellungen und Selbstbilder sowie in den wechselseitigen Erwartungen von Eltern und Kindern an die Beziehung(-spartner) ausgelöst. Auch wenn nicht alle Familien sämtliche Etappen der Familienkarriere (geradlinig) durchlaufen – man denke etwa an Eltern, denen das Sorgerecht entzogen wird, oder an Paare, die ein Pflegekind für eine gewisse Zeit in Obhut nehmen –, ist die regulative Idee aufeinanderfolgender Phasen des Familienzyklusses mit je eigenen Anforderungen heuristisch fruchtbar (zum Konzept der Familienentwicklungsaufgabe vgl. Duvall & Miller, 1985). Sie erlaubt eine Beschreibung von erwartbaren Wachstumsverantwortlichkeiten, die Familienmitglieder in einer gegebenen Entwicklungsstufe meistern müssen, um ihre biologischen Bedürfnisse zu befriedigen, den kulturellen Erfordernissen gerecht zu werden und die Ansprüche und Werte ihrer Mitglieder zu erfüllen.

Wie noch zu zeigen sein wird, gelingt es nicht allen Familien gleich gut, den veränderten Bedürfnissen, Fähigkeiten und Erwartungen der Familienmitglieder Rechnung zu tragen. Unterschiede in der Funktionsfähigkeit von Familien werden jedoch besonders deutlich im Umgang mit sogenannten **kritischen Lebensereignissen**, die plötzlich eintreten und umfassendere Anpassungsleistungen verlangen. In ▶ Abschn. 10.3 wird daher am Beispiel von drei kritischen Lebensereignissen bzw. anforderungsreichen Lebenslagen – Trennung/Scheidung, Krankheit und Armut/Arbeitslosigkeit – herausgearbeitet, welche Bedingungen einer konstruktiven Bearbeitung von Familienkrisen entgegen stehen und welche ihr zuträglich sind. Die betrachteten kritischen Lebensereignisse sind *exemplarisch* ausgewählt, um nachvollziehbar zu machen, dass und warum die Identifizierung „ultimativer" Ratschläge im Umgang mit kritischen Lebensereignissen obsolet ist. Umso mehr möchten wir mit unseren Ausführungen verdeutlichen, inwiefern in der Beratungspraxis auf wissenschaftlich fundierte Erkenntnisse zu problemlagenspezifischen Risiko- und Schutzfaktoren aufgebaut werden kann.

10.2 Die Rolle des Elternhauses im Verlauf der Familienentwicklung

In einer kaum noch überschaubaren Anzahl populärwissenschaftlicher Ratgeber wird Eltern gesagt, wie sie die Entwicklung ihres Kindes vom Säuglings- bis zum Erwachsenenalter unterstützen können und sollten. Viele dieser Darstellungen zielen auf einfache Botschaften ab. Was dabei leicht aus dem Blick gerät, sind die jeweiligen Lebensumstände der Eltern und die individuellen Besonderheiten der Kinder, die als zentrale Rahmenbedingungen Einfluss auf die Ausgestaltung des Familienalltags nehmen. Die im Folgenden zusammengefassten Forschungserkenntnisse tragen vor allem jenen Rahmenbedingungen Rechnung, die durch den jeweiligen Entwicklungsstand der Kinder bzw. den spezifischen Abschnitt in der Familienkarriere gegeben sind.

Betrachtet werden in diesem Abschnitt fünf Stadien der Familienkarriere. In ▶ Abschn. 10.2.1 wird zunächst die **Phase der Familiengründung** betrachtet. Es wird erläutert, inwiefern sich diese heute anders gestaltet als noch vor 50 Jahren und welche Konsequenzen dies für das Aufwachsen von Kindern hat. Darauf aufbauend wird

der Frage nachgegangen, wie und unter welchen Bedingungen die Bedürfnisse von Säuglingen und Kleinkindern (0–2 Jahre) bestmöglich befriedigt werden. Auch familiale Risikofaktoren und mögliche Unterstützungsangebote werden dargelegt.

Ab dem 3. Lebensjahr erweitert sich allein aufgrund motorischer und sprachlicher Entwicklungsfortschritte der Lebensraum von Kleinkindern. Wie sich hierdurch die Anforderungen an Eltern verändern und welche Rolle neu hinzutretenden Interaktionspartnern – etwa der Erzieherin im Kindergarten oder gegebenenfalls weiterer Geschwisterkinder – für die psychosoziale und intellektuelle Entwicklung von **Vorschulkindern** zukommt, ist Gegenstand des ▶ Abschn. 10.2.2.

Um das vollendete 6. Lebensjahr herum werden Kinder hierzulande eingeschult. Von nun an sind Familien und Schulen aufgefordert, sich zum Zweck der bestmöglichen Erziehung und Bildung des jeweiligen Kindes auszutauschen und sich in ihren spezifischen Bemühungen zu ergänzen bzw. zu unterstützen. Wie sich das Familienleben durch den **Schuleintritt** verändert und inwiefern Eltern zu einer vertrauensvollen „Erziehungspartnerschaft" mit der Schule beitragen können, wird in ▶ Abschn. 10.2.3 behandelt.

Wohl um keinen anderen Entwicklungsabschnitt ranken sich so viele Mythen wie um die **Pubertät**. In ▶ Abschn. 10.2.4 wird ausgeführt, warum es keineswegs alarmierend ist, wenn Jugendliche manche Standpunkte ihrer Eltern hinterfragen und warum der augenscheinliche Bedeutungszuwachs der Gleichaltrigen nicht impliziert, dass der Sozialisationseinfluss des Elternhauses schwindet.

In ▶ Abschn. 10.2.5 werden schließlich Veränderungen in der Beziehung zwischen Eltern und ihren volljährigen „Kindern" thematisiert. Hierbei kommen auch Fehlentwicklungen, die unter anderem unter dem Schlagwort „Helikopter-Eltern" untersucht werden, zur Sprache.

10.2.1 Die Gründung einer Familie

Bereits seit vielen Jahren alarmieren Statistiken über rückläufige Geburtenraten die Öffentlichkeit. Die seitens der Politik initiierte Palette der Maßnahmen, die es jungen Erwachsenen erleichtern soll, ein (weiteres) Kind zu bekommen, ist bunt. Sie reicht von finanziellen Entlastungen bei einer traditionellen Arbeitsteilung (Ehegattensplitting, Betreuungsgeld) bis hin zum Ausbau von Kitas. Die Vielzahl der Maßnahmen ist nicht zuletzt deshalb umstritten, weil sie offenbar nicht die gewünschte erleichternde Wirkung in Form deutlich steigender Geburtenraten erzielt (Stock et al., 2012). Dabei steht der Wunsch eine Familie zu gründen ganz oben auf der Liste der persönlichen Ziele von Jugendlichen und jungen Erwachsenen (Hurrelmann,

Albert & TNS Infratest Sozialforschung, 2006). Wie passt dies zusammen?

Aus familiensoziologischer Sicht ist die sogenannte „kindzentrierte Familie" (Nave-Herz, 2012), in der zwei liebende Eltern um ihren Nachwuchs kreisen, ein vergleichsweise neues Phänomen. Von der Gestaltung des Familienlebens noch an der Wende zum 20. Jahrhundert vermitteln H. Zilles Skizzen aus seinem Berliner „Milljöh" einen lebhaften Eindruck. Sechs oder mehr Geschwister waren keine Seltenheit, Alleinerziehende und Patchwork-Familien waren genauso anzutreffen wie heute und Kinder streunten unbeaufsichtigt umher, wenn sie nicht arbeiten mussten, um zum Überleben der Familie beizutragen.

Doch mit der Schaffung staatlicher Unterstützungs- und Versorgungssysteme und dem wachsenden Wohlstand in der Nachkriegszeit konnten es sich immer breitere Teile der Gesellschaft „leisten", vorrangig aus romantischen Gründen zu heiraten und auch den Kinderwunsch von pragmatischen Zielen zu entkoppeln. In der Folge rückten psychologische Motive für Elternschaft in den Vordergrund: Kinder werden heute vor allem als persönliche Bereicherung empfunden, Elternschaft als eine Facette der Selbstverwirklichung (Nauck, 2001). Nicht zuletzt hat auch die Verbreitung der „Pille" dazu beigetragen, dass sich die Idee einer „verantworteten Elternschaft" in praktisch allen Schichten durchsetzen konnte.

Dass junge Menschen den Übergang zur Elternschaft unter bestmöglichen Bedingungen vollziehen möchten, ist verständlich, denn die Umstellung des Paares auf die neuen Aufgaben verläuft nicht ohne Anstrengungen, erfordert Kompromisse und eröffnet vielfach Reibungspunkte (Graf, 2002; Reichle & Werneck, 1999). Steigende Ansprüche und Erwartungen „postmoderner" Paare lassen beispielsweise Fragen der Vereinbarkeit von Familie und Beruf virulent werden und können bei unbefriedigenden Lösungen für die Arbeitsteilung die Ehestabilität beeinträchtigen (vgl. ▶ Abschn. 10.3.1). Demgegenüber ist die Tendenz, hohe Maßstäbe an die eigene Erziehungskompetenz zu setzten, durchaus begrüßenswert, weil (Klein-)Kinder aufgrund ihrer beschränkten Kompetenzen stark auf die Fürsorge ihrer primären Betreuungspersonen angewiesen sind. Allerdings tragen (zu) hohe Ansprüche an die Elternrolle auch dazu bei, dass viele Paare den Kinderwunsch aufschieben, bis die finanziellen und sonstigen Rahmenbedingungen „stimmen", und selbst dann werden sie mehrheitlich nicht mehr als ein oder zwei Kinder bekommen.

Zahlreiche wissenschaftliche Studien stützen die von Eltern heutzutage gehegte Überzeugung, dass gerade in den ersten Lebensmonaten wichtige Grundlagen für die weitere intellektuelle und psychosoziale Entwicklung gelegt werden. Vor allem **bindungstheoretisch** inspirierte Längsschnittstudien zeigen, dass sicher gebundene Kinder – unter sonst gleichen Bedingungen – eher als unsi-

cher-vermeidend oder ambivalent gebundene Kinder in der Lage sind, Angst oder Trauer erzeugende Situationen effektiv zu bewältigen und zuträgliche Beziehungen zu Gleichaltrigen und relevanten anderen (z. B. Lehrkräften) aufzubauen (Grossmann & Grossmann, 2012; Sroufe, Egeland, Carlson & Collins, 2007). Auch tendieren sie dazu, ihre Umwelt intensiv zu explorieren, und können so ihr Kompetenzspektrum besonders schnell erweitern.

Eine nachweislich zentrale Voraussetzung für eine sichere Bindung ist die **Feinfühligkeit** der Eltern beziehungsweise relevanter Bindungspersonen im Umgang mit kindlichen Bedürfnissen und Signalen (wann ist es müde, wann hungrig, wann überfordert mit den Reizen seiner Umwelt?). Eine richtige Deutung der Signale und angemessene sowie prompte Reaktionen der Eltern tragen dazu bei, dass Kinder ihre Welt als kontrollierbar und die Bezugspersonen als zuverlässig wahrnehmen und zugleich in altersangemessener Weise in ihrer Selbstständigkeit unterstützt werden. Die inneren und sozialen Ressourcen sicher gebundener Kleinstkinder wiederum erleichtern – im Verbund mit den fortlaufenden, phasenspezifisch variierenden Unterstützungsleistungen der Eltern – eine störungsfreie Entwicklung in späteren Entwicklungsphasen.

10.2.2 Familienleben mit einem Kleinkind

In den ersten Lebensmonaten eines Kindes sind die Eltern vornehmlich mit fürsorglichen Tätigkeiten der Kinderpflege (Füttern, Wickeln etc.) befasst. Bereits in der zweiten Hälfte des ersten Lebensjahrs nehmen jedoch sozialisatorische und „lehrende" Aktivitäten breiteren Raum ein. Je „mobiler" Kinder werden und je größer ihr Wortschatz wird, desto bedeutsamer wird der **häusliche Anregungsgehalt** (für einen Überblick s. Bradley & Corwyn, 2006). Unter diesem Begriff wird ein breites Spektrum an Erfahrungsmöglichkeiten und Lebensbedingungen gefasst, das von materiell und kulturell geprägten Aspekten (z. B. beengter Wohnraum, Verfügbarkeit von Büchern und anderen anregenden Spielzeugen und Lernmaterialien) über gemeinsame Aktivitäten (z. B. vorlesen, Ausflüge machen, gemeinsame Mahlzeiten) bis hin zu Erziehungspraktiken (z. B. elterliche Disziplinierungsstrategien, Selbstständigkeitserziehung) und „psychohygienischen" Bedingungen (z. B. Familienklima, Regeln des Miteinander) reicht. Diese Merkmale häuslicher Umgebung korrespondieren vom Säuglingsalter an bis in die Schulzeit hinein systematisch und substanziell mit kindlichen Kompetenzmaßen und leisten selbst bei Kontrolle der sozioökonomischen Ausgangslage einen eigenständigen Beitrag zur Vorhersage der kognitiven, sprachlichen und sozialen Entwicklung von Kindern (vgl. auch NICHD Early Child Care Research Network, 2005).

Wie bereits angedeutet, hat sich auch in der Erziehung ein beträchtlicher Wandel vollzogen (Walper, 2004). Der Boom bei Erziehungsratgebern und die wachsende Nachfrage nach Beratungs- und Förderangeboten deuten darauf hin, dass Unsicherheiten zugenommen haben, weil die Erwartungshaltungen in der Erziehung gestiegen sind und immer weniger auf sozial geteilte Normen zurückgegriffen werden kann. Dies leistet der Sorge Vorschub, Fehler in der Erziehung zu machen oder auch Fördermöglichkeiten nicht hinreichend wahrgenommen zu haben. Weil Eltern sich in hohem Maße für gelingende Erziehung verantwortlich sehen und diese an einer optimalen Entwicklung des Kindes festmachen, wird jedes Problem, jede Abweichung zum Ausdruck des eigenen Scheiterns.

Auch wenn diese alltagsweltliche Sicht zu kurz gegriffen ist, weil die Persönlichkeitsentwicklung von Kindern auch von genetischen Faktoren und zahlreichen Kontextbedingungen abhängt, die nicht dem Einfluss der Eltern unterliegen (Borkenau, Riemann & Spinath, 1999), gilt es, die wachsenden Befürchtungen von Eltern ernst zu nehmen. Inwiefern hohe Ansprüche an die Elternrolle deren Ausgestaltung und die Eltern-Kind-Beziehung verkomplizieren können, wird in einer Studie der Konrad-Adenauer-Stiftung deutlich. Unter dem beredeten Titel „Eltern unter Druck" werden Ergebnisse einer umfassenden quantitativen Befragung und ergänzender qualitativer Interviews zusammengefasst (Henry-Huthmacher et al., 2008). Die Autoren kommen zu dem Schluss, dass sich Eltern aller Statusgruppen des Stellenwerts von früher Bildung bewusst sind und in dem Bestreben, ihrem Kind Startvorteile zu verschaffen, sich ein Zeit, Kraft und Geld verschlingendes Programm auferlegen. Um keine Chance zu verpassen, das eigene Kind im Wettbewerb um gute Schulen, Bestnoten und Studienplätze gut aufzustellen, werden Eltern (und vor allem Mütter) zu „Managern" eines immer dichter mit Mal-, Turn-, Musik-, Sprach- und Schwimmkursen gefüllten Wochenplans. Dieser verlangt auch Kindern einiges ab, da wenig Raum für freies Spiel, ziellose Kreativität und Entspannung bleibt. So wird in zeitkritischen Essays von einer „Diktatur des Guten" gesprochen (Stelzer & Gaab, 2009) und davon, dass Kinder leicht zu einem „Projekt" der Eltern geraten (vgl. dazu auch ▶ Abschn. 10.2.5).

Aus wissenschaftlicher Perspektive ist bislang unklar, ob im Generationenvergleich eine wachsende Zahl von Vorschulkindern den übertriebenen Erwartungen und Bemühungen ihrer Eltern ausgesetzt ist. Eine rasche Bearbeitung dieser Forschungsfragen wäre jedoch wünschenswert, da dies theoretisch, praxeologisch und bildungspolitisch bedeutsame Hinweise verspricht. Mit Blick auf die Theorieentwicklung und die praktische (Beratungs-)Arbeit mit Eltern wäre zu klären, wann „gutgemeinte" Förderabsichten dem Wohl des einzelnen Kindes (oder auch der Eltern) eher schaden als dienen und woran sich im Ein-

zelfall ein dysfunktionales Elternengagement festmachen lässt. Unter bildungspolitischen Gesichtspunkten steht dagegen die Frage im Zentrum, ob die von breiten Teilen der Elternschaft übernommene Idee einer „verantworteten Elternschaft" unter den Bedingungen moderner Leistungsgesellschaften nicht faktisch dazu führt, dass privaten Bildungsinvestitionen ein immer größerer Stellenwert zukommt. Damit könnte sich allen bildungspolitischen Bemühungen zum Trotz die Schere zwischen Kindern aus unterschiedlich privilegierten Familien weiter öffnen.

Seitdem internationale Vergleichsstudien wie IGLU (Bos et al., 2007) einmal mehr unterstrichen haben, dass Bildungsungleichheiten von Schülerinnen und Schülern wesentlich auf ungleiche Startchancen *vor* dem Schuleintritt zurückzuführen sind, wird eine möglichst frühe institutionelle Betreuung als besonders bedeutsame „Stellschraube" zur Verringerung **primärer Disparitäten** erachtet. Dementsprechend wird mit dem Ausbau öffentlicher oder betrieblicher Betreuungseinrichtungen nicht nur der Anspruch einer besseren Vereinbarkeit von Familie und Beruf verknüpft, sondern auch die Erwartung einer kompensatorischen Förderung von Kindern aus sozial schwachen und Migrantenfamilien, die im Elternhaus kein optimal anregendes Umfeld vorfinden. Damit sind benachteiligte Eltern aber keineswegs aus der Verantwortung entlassen oder entmündigt. Vielmehr zielen andere Bemühungen darauf ab Eltern zu unterstützen, ihre eigenen Möglichkeiten und Stärken mit Unterstützung der Fachkräfte vor Ort – wie den Erzieherinnen oder anderen Ansprechpartnern in Familienbildungszentren – auszuloten und weiterzuentwickeln.

Unabhängig von Fragen der Bildungs(un)gerechtigkeit ist zu konstatieren, dass der Betreuungsbedarf hierzulande kontinuierlich steigt, obwohl gerade in Westdeutschland die Bedenken gegenüber einer Fremdbetreuung, insbesondere von Kindern unter drei Jahren stärker ausgeprägt sind als in anderen europäischen Ländern (Badinter, 2010). Mittlerweile geben Eltern in Deutschland für rund 40 % der unter Dreijährigen einen Betreuungsbedarf an (Alt, Hubert & Berngruber, 2013), und entscheidend hierfür dürfte das von jungen Erwachsenen mehrheitlich geäußerte Bestreben sein, sowohl berufliche als auch familiäre Ziele verfolgen und verbinden zu wollen (Albert et al., 2010). Doch obwohl dieses Ansinnen dem Wunsch vieler Partner nach gemeinsamer Erziehungsverantwortung entspricht und vor allem das Streben von Frauen nach einer eigenen Erwerbstätigkeit aus volkswirtschaftlicher Sicht ausdrücklich zu begrüßen ist, fühlen sich speziell Frauen dem Verdacht ausgesetzt, eine „Rabenmutter" zu sein, wenn sie ihren beruflichen Ambitionen nachgehen. Analysiert man die ins Feld geführten Argumente, überwiegen vorwissenschaftliche Annahmen über die (vermeintlich) einzigartige Bedeutung der Mutter in den ersten Lebensmonaten und -jahren des Kindes. Aus dieser Logik betrachtet können die im Einzelfall relevanten Motive für eine mütterliche Erwerbstätigkeit allenfalls die zwangsläufig entstehende „Schuld" gegenüber dem Kind abmildern – dies ist vor allem dann der Fall, wenn Mütter aus existenzieller Not einer Berufstätigkeit nachgehen, die erkennbar nicht der Befriedigung „egozentrischer" Bedürfnisse nach Anerkennung, Selbstbestätigung oder Aufstieg dient.

Jedoch lassen sich auch ohne akute Notsituation gute Gründe für eine steigende Erwerbsbeteiligung von Müttern anführen. Diese reichen von dem Wunsch, die bisherigen Investitionen in die Ausbildung und den Berufseinstieg längerfristig zu sichern und nicht durch eine längere Erwerbsunterbrechung aufs Spiel zu setzen, über den Wunsch nach einem (auch für die Kinder) verbesserten Lebensstandard bis zur langfristigen Einkommenssicherung – auch im Krisenfall oder Rentenalter. Zu bedenken ist, dass die Scheidungsrate kontinuierlich steigt und vor allem alleinerziehende Mütter und deren Kinder überproportional häufig von **Armut** betroffen sind (► Abschn. 10.3.3). Da Alleinerziehende nicht selten über einen längeren Zeitraum in relativer Armut leben (UNICEF, 2005) und Beeinträchtigungen in der kindlichen Entwicklung vor allem im Kontext dauerhafter ökonomischer Deprivation zu beobachten sind (► Walper, 2008), gewinnt die berufliche Entwicklung von Frauen allein als Armutsprophylaxe an Bedeutung. Wenn also junge Frauen ein Lebenskonzept verfolgen, das darauf abzielt, dass sich Ausbildungskosten auszahlen und sie einer ausbildungsadäquaten Berufstätigkeit nachgehen können, die ihnen wie auch ihren Kindern in jedem Fall (d. h. auch bei Trennung und unabhängig von möglicherweise schwankenden Unterhaltszahlungen) ein finanzielles Auskommen sichert, ist dies nicht Ausdruck wachsender Egozentrik, sondern einer rationalen Abwägung von (auch langfristigen) Nutzen und Risiken.

Aus bildungswissenschaftlicher und entwicklungspsychologischer Sicht ist zudem hervorzuheben, dass Vorschulkinder in sprachlicher, kognitiver und sozialer Hinsicht von einer institutionellen Betreuung profitieren (Sylva et al., 2004). Selbst bei einem Kita-Besuch im Alter von unter drei Jahren lassen sich keine nachteiligen Effekte auf die psychosoziale Entwicklung finden (Walper & Grgic, 2013), wenn der Umfang der Fremdbetreuung altersangemessen dosiert wird, die Eingewöhnungsphase angemessen gestaltet und die Qualität der Einrichtung sichergestellt ist (Becker-Stoll, Niesel & Wertfein, 2009). Viele Studien zeigen zudem, dass der Ertrag von früher Bildung vor allem für benachteiligte Gruppen hoch ist. Migrantenkinder etwa, die eine Krippe besucht haben, besuchen deutlich häufiger das Gymnasium als diejenigen, die zu Hause betreut wurden. Vom Kindergartenbesuch profitieren jedoch nicht nur die benachteiligten Kinder – Berechnung

des Wirtschaftsnobelpreisträgers James Heckman (2006) zufolge, hat ein Land von jedem Dollar, den es in die frühe Förderung der Ärmsten investiert, einen 7- bis 12-fachen Nutzen, weil Sozialkosten eingespart und mehr Steuern eingenommen werden.

Die Erkenntnis, dass sich staatliche Investitionen in eine gute frühe Bildung volkswirtschaftlich auszahlen, unterstreicht die Sinnhaftigkeit aktueller bildungspolitischer Anstrengungen um den Ausbau von Kitaplätzen und Ganztagsschulen gerade auch in Deutschland, wo die Bildungs- und Teilhabechancen Heranwachsender besonders stark von der sozialen Herkunft abhängen (Ehmke & Jude, 2010; Stanat, Rauch & Segeritz, 2010). Dennoch nehmen die Ungleichheiten weltweit und insbesondere in wohlhabenden Ländern wie Deutschland zu. Die regelmäßig vorgelegten Armuts- und Reichtumsberichte des Bundesministeriums für Arbeit und Soziales (► Exkurs „Frühkindliche Bildung und Betreuung" und ► Abschn. 10.3.3) zeigen einige Erklärungsansätze auf.

Jenseits der bislang dargestellten Erklärungen, die auf statistisch belegbare Unterschiede bei der Inanspruchnahme öffentlicher Bildungseinrichtungen fokussieren, ist zu vermuten, dass intakte Familien der Mittel- und Oberschicht weitaus mehr in privat finanzierte Aktivitäten zur Förderung ihrer Kinder investieren (können) als beispielsweise Migrantenfamilien und Alleinerziehende. Leider mangelt es bislang allerdings an Statistiken und Studien, die verlässliche Auskünfte darüber geben, in welchem Umfang informelle und nonformale Bildungsangebote wahrgenommen werden und was diese leisten. Genauso unklar ist, inwiefern und mit welchem Erfolg Regelungen zur Aufteilung von Kindern auf nahe gelegene Kitas und Schulen unterlaufen werden. Stattdessen finden sich in der Presse Schilderungen von Kita- und Schulleitungen, die im lokalen „Konkurrenzkampf um Mittelschichtsfamilien" mit der Zusage einer sozial homogenisierten Gruppenaufteilung werben (z. B. Friedrichs, 2013). Dieses Beispiel mag kein repräsentatives Abbild liefern; es lässt dennoch ahnen, dass und warum die geforderte Verbesserung von Bildungschancen alle staatlichen Bildungseinrichtungen vor eine immer schwierigere Aufgabe stellt.

10.2.3 Der Schuleintritt: Eltern als Lernbegleiter und Lehrkräfte als „Erziehungspartner"

Die Aussage, dass Familien nicht nur einen Be- und Erziehungsraum für Kinder, sondern auch eine wichtige Lernumgebung darstellen, mag heutzutage wenig Widerspruch erzeugen. Doch noch Ende der 1980er-Jahre war die Vorstellung einer strikten Arbeitsteilung zwischen Schule und Elternhaus in der Öffentlichkeit weit verbrei-

Frühkindliche Bildung und Betreuung

Seit die erste PISA-Untersuchung aufgezeigt hat, wie schlecht es in Deutschland gelingt, herkunftsbedingte Leistungsunterschiede im Bildungssystem wettzumachen, wird intensiv diskutiert, welche Faktoren für die Entstehung und Verschärfung dieser sozialen Disparitäten ausschlaggebend sind. Hierbei richtet sich ein zentrales Augenmerk auf die frühkindliche Bildung und Betreuung, die in Deutschland in der Regel erst im Kindergartenalter einsetzt. Insbesondere das Einstiegsalter unterscheidet sich deutlich nach sozialen Faktoren, hierunter auch nach dem Bildungshintergrund und der Erwerbstätigkeit der Eltern.

So wird in dem vierten Armuts- und Reichtumsbericht (BMAS, 2013, S. 22 f.) konstatiert, dass

„Kinder aus bildungsfernen und einkommmensschwachen Elternhäusern sowie insbesondere Kinder mit Migrationshintergrund seltener und kürzer eine Kin-dertagesstätte besuchen als Kinder ohne Migrationshintergrund. Zu den Faktoren, die sich auf die Inanspruchnahme von Betreuungsangeboten auswirken, zählen die Erwerbstätigkeit und der Bildungsabschluss der Eltern sowie die Anzahl der in der Familie zu betreuenden Kinder. Hinzu kommen Informationsdefizite über Betreuungsoptionen, sprachliche Barrieren und die interkulturelle Offenheit auf Seiten der Betreuungseinrichtungen. Da Kinder erwerbstätiger Eltern bei der Platzvergabe den Vorzug erhalten, bleibt Kindern von erwerbslosen Eltern (...) der Zugang zu Betreuungseinrichtungen oftmals verwehrt. Dieser Zustand ändert sich mit Inkrafttreten des Rechtsanspruchs auf Kinderbetreuung für jedes Kind ab dem vollendeten ersten Lebensjahr im August 2013 (…).“

„Erschwerend für den alltagsnahen Spracherwerb wirkt aber, dass jedes dritte Kind mit nicht deutscher Familiensprache in einer Kita betreut wird, in der die Deutsch sprechenden gleichaltrigen Kinder in der Minderheit sind. (...) Beim Übergang in die Schule werden Kinder aus Familien mit niedrigem sozioökonomischen Status und Kinder mit Migrationshintergrund häufiger wegen Sprach- und Sprechstörungen, psychomotorischen Störungen sowie intellektuellen Entwicklungsstörungen von der Einschulung zurückgestellt. Verspätet eingeschulte Kinder holen auch im Verlauf der Grundschulzeit ihre Defizite zumeist nicht auf. Es gelingt Deutschland im internationalen Vergleich damit weniger gut, Kinder in ihren aktuellen Klassenverbänden zu fördern (...). Umgekehrt begünstigen ein guter Bildungsgrad der Eltern, ihre Bildungserwartung und ihr Unterstützungspotenzial den Erfolg von Kindern in der Grundschule sowie den späteren Übergang auf ein Gymnasium.“

tet. Die entsprechend getrennten Zuständigkeitskonzeptionen – Lehrkräfte waren für den Erwerb intellektueller Wissensbestände und Fähigkeiten zuständig, Eltern oblag die Verantwortung, im Rahmen der familialen Erziehung die psychosoziale Entwicklung von Kindern zu fördern – spiegelten sich auch in der Forschungslandschaft wider: Pädagogisch-psychologische Untersuchungen zur Rolle des Elternhauses für die schulische Entwicklung waren rar und blieben es in Deutschland bis zum Ausklang des 20. Jahrhunderts (zusf. Wild & Lorenz, 2010). Dass der inzwischen vorliegende Forschungsstand deutlich umfassender ist, hat vielfältige Gründe. Sie reichen von dem oben bereits erwähnten Wandel im Selbstverständnis und Anspruch von Eltern über den politisch gewollten Ausbau von inklusiven und ganztägigen Schulen bis hin zu wissenschaftsinternen Diskursen über die Bildungsbedeutsamkeit familialer Sozialisationsprozesse (vgl. Müller, 2012, Walper & Grgic, 2013; Wild et al., 2012). Im Ergebnis ist festzuhalten, dass die traditionellen Zuständigkeitsbereiche von Schule und Familie immer mehr verschwimmen (Fegter & Andresen, 2008) und **Bildungs-** und **Erziehungsprozesse** daher kaum noch unabhängig voneinander zu betrachten sind.

Wie bereits ausgeführt, beeinflussen Eltern indirekt über den häuslichen Anregungsgehalt die Ausbildung von Fähigkeiten und Haltungen, die für den schulischen Erfolg bedeutsam sind. Nach der Einschulung verbreitern sich die Möglichkeiten, das eigene Kind schulisch zu begleiten. In der Forschung zum Engagement von Eltern für die schulische Entwicklung ihrer Kinder (**parental involvement in schooling**) unterscheidet man zwischen „**school-based involvement**“ – darunter fällt etwa der Besuch von Elternsprechtagen, die Mithilfe bei Schulfesten und -ausflügen oder auch die Mitwirkung in der Elternpflegschaft – und „**home-based involvement**“. Letzteres hebt vor allem auf die elterliche Hilfe beim häuslichen Lernen ab, etwa Hilfestellungen bei den Hausaufgaben oder auch das Üben im Vorfeld von Klassenarbeiten oder in Reaktion auf Lern- und Leistungsprobleme. Da für die Lern- und Leistungsentwicklung vor allem häusliche Aktivitäten prognostisch bedeutsam sind, konzentrieren sich die folgenden Abschnitte auf diesen Teilbereich.

Im Vergleich zur Lehrer-Schüler-Interaktion bergen lernbezogene Eltern-Kind-Interaktionen spezifische Potenziale (Wild, 2004). In der dyadischen Situation zu Hause gibt es keine vorgegebene Zeittaktung wie in der Schule, sodass genügend Zeit für Wiederholung zur Verfügung steht. Erworbenes Wissen kann den Eltern gegenüber zusammengefasst und dadurch wiederholt und aufgearbeitet werden. Eltern können ihren Kindern Rückmeldung über individuelle Fortschritte geben, ohne den sozialen Bezugsrahmen der Klasse zur Leistungsbeurteilung in Betracht ziehen zu müssen, und haben so die Möglichkeit, einen offenen Umgang mit Fehlern zu fördern. Weiterhin können Eltern, wenn sie Über- oder Unterforderung bei ihrem Kind wahrnehmen, die Aufgabenschwierigkeit an das individuelle Leistungsniveau des Kindes anpassen und so eine für das Kind optimale Herausforderung schaffen.

Theoretisch ist also zu erwarten, dass sich diese Unterstützungsangebote positiv sowohl auf die Lernmotivation als auch den Erwerb von Selbstregulations- und Lernstrategien auswirken (Hoover-Dempsey et al., 2001). Daher ist es grundsätzlich positiv zu bewerten, dass Kinder bei der Bewältigung schulischer Anforderungen nur selten auf sich gestellt sind. So gaben in einer Studie von Wild und Remy (2002) weniger als 10 % der 304 befragten Drittklässler an, dass sie ihre Hausaufgaben im Fach Mathematik immer alleine machen müssen. Vergleichbare Prozentsätze ergeben sich, wenn Siebtklässler zu den Chemie-Hausaufgaben befragt werden (Exeler & Wild, 2003) und wenn anstelle der Schülerangaben die Sicht der Eltern herangezogen wird (Trautwein & Kropf, 2004; Wild & Gerber, 2007).

Gleichwohl variieren Art und Umfang der Hausaufgaben und der elterlichen Hausaufgabenbetreuung in Abhängigkeit vom Alter der Schüler, dem besuchten Schultyp und dem Fach (z. B. Trautwein, Lüdtke, Schnyder & Niggli, 2006; Wagner, Schober & Spiel, 2005). Auch die Ressourcen der Eltern spielen eine Rolle. Empirische Studien zu den *Bedingungen* für die Art und das Ausmaß elterlichen Schulengagements (Grolnick, Benjet, Kurowski & Apostoleris, 1997; Hoover-Dempsey et al., 2005; Wild & Yotyodying, 2012) unterstreichen die Bedeutung der elterlichen Selbstwirksamkeitserwartungen und anderer psychologischer „Motivatoren" wie die Lern- und Leistungszielorientierungen von Eltern oder auch deren Zuständigkeitsvorstellungen. Zusammengenommen erklären sie, warum sozial weniger privilegierte Familien vor „institutionellen" Kontakten mit der Schule und den Lehrkräften eher zurückschrecken und oftmals als „schwer erreichbar" oder „desinteressiert" gelten, obwohl sie durchaus aktiv Anteil an der schulischen Entwicklung ihrer Kinder nehmen (Müller, 2012) und von diesen als wichtige Quelle der Unterstützung wertgeschätzt werden (Cooper, in Druck).

Aus dem Umfang, in dem Eltern beim häuslichen Lernen involviert sind, lassen sich jedoch noch keine Rückschlüsse auf die **Qualität der elterlichen Hilfe** ziehen – und diese ist letztlich entscheidend für den Lernfortschritt. Analysiert wurde sie in zwei Forschungslinien, die auf unterschiedlichen theoretischen Ansätzen basieren. Gemein ist ihnen, dass sie dem Elternhaus einen wichtigen Stellenwert für die Entwicklung der Lernmotivation und des Selbstkonzepts (▶ Kap. 7 und ▶ Kap. 8) beimessen. Die erste Forschungslinie setzt an dem **Erwartungs-Wert-Modell der Leistung** und leistungsrelevanter Entscheidungen von Eccles und Kollegen an (z. B. Eccles, 2007; Wigfield & Eccles, 2000). In Einklang mit diesem Modell belegen längsschnittliche Studien für unterschied-

liche Domänen wie Mathematik, Lesen und Sport, dass selbst bei Kontrolle der Eingangsleistungen zwei Faktoren einen wesentlichen Beitrag zur Vorhersage der Leistungsentwicklung und des Wahlverhaltens von Schülern leisten: die **Erfolgserwartungen** und **Valenzüberzeugungen** der Schülerinnen und Schüler (Durik, Vida & Eccles, 2006; Wigfield & Eccles, 2000). Letztere bilden ab, wie wichtig es einer Person ist, in einem Fach gut zu sein, wie viel Spaß ihr die Lernhandlung an sich macht und/oder wie wichtig eine Lernhandlung für das Erreichen zukünftiger Ziele erscheint. Mit der Erfolgserwartung („success expectation") ist dagegen die subjektiv eingeschätzte Wahrscheinlichkeit angesprochen, dass das angestrebte Ereignis eintritt, also ob ein Kind oder Jugendlicher meint, eine Mathematikaufgabe lösen zu können.

Aus der Perspektive dieses Ansatzes sind also jene Merkmale des Elternhauses bedeutsam, die die Erwartungs- und Valenzüberzeugungen der Schüler beeinflussen. Dementsprechend wurde insbesondere der Rolle elterlicher Überzeugungen und domänenspezifischer Werthaltungen nachgegangen (Eccles, 2007). Erwartungsgemäß ließen sich interindividuelle Unterschiede in den Fähigkeitsselbstkonzepten von Schülern von der 1. bis zur 12. Klasse mithilfe des elterlichen Vertrauens in die kindliche Leistungsfähigkeit erklären und zwar auch dann, wenn die Eingangsleistungen der Schüler kontrolliert wurden (auch Fredricks & Eccles, 2005). Für die Herausbildung kindlicher Valenzüberzeugungen scheint primär die elterliche Vorbildfunktion wichtig zu sein. Wenn Eltern ihre Kinder zu Aktivitäten wie Lesen, Musizieren oder Sport ermutigen, diese gemeinsam mit ihrem Kind ausführen und Material (Bücher, Musikinstrumente, Sportartikel) zur Verfügung stellen, nehmen Schüler außerschulische Lernangebote eher wahr und gehen diesen Aktivitäten auch selbstbestimmt nach (Eccles, 2007; Simpkins, Davis-Kean & Eccles, 2005).

In empirischen Studien, die auf dem Modell von Eccles aufbauen, werden Valenzüberzeugungen meist über den Grad der wahrgenommenen Nützlichkeit einer Lernhandlung erfasst. Die Förderung einer solchen Form der extrinsischen Motivation (▶ Kap. 7) stellt aus der Perspektive der **Selbstbestimmungstheorie** (für einen Überblick s. Deci & Ryan, 2000) allerdings eher ein „Zwischenziel" erzieherischer Bemühungen dar. Von einer „gelungenen" Sozialisation ist aus dieser Sicht erst dann zu sprechen, wenn Heranwachsende die von relevanten Bezugspersonen (Eltern, Lehrer) an sie herangetragenen Erwartungen und Anforderungen akzeptieren und sich zu eigen machen. Bei dieser zweiten Forschungsperspektive steht daher der Prozess der Internalisierung im Zentrum, der im Erleben der Schüler mit einem wachsenden Gefühl von Selbstbestimmung einhergeht. Damit fremdbestimmte (external regulierten) Formen der Verhaltensregulation zu selbstbestimmteren

Formen der Lernmotivation, im Idealfall zur Herausbildung von personalen Interessen, transformiert werden, ist aus der Perspektive der Selbstbestimmungstheorie die Befriedigung von drei **psychologischen Grundbedürfnissen** essenziell: dem Bedürfnis nach Kompetenzerleben, Autonomieerleben und sozialer Eingebundenheit.

Angewendet auf die Qualität häuslicher Lernumgebungen sollten Kinder bildungsbezogene Werte und Standards umso eher verinnerlichen, je mehr ihnen die Chance eröffnet wird, sich als kompetent und Urheber der eigenen Handlung zu erleben und sich anerkannt und wertgeschätzt zu fühlen. **Autonomieunterstützung** zeigt sich in Ermutigungen zur Eigeninitiative, im Anbieten subjektiv bedeutsamer Wahlmöglichkeiten, in der Anerkennung der Perspektive und Gefühle des Kindes, in emotionaler Unterstützung vor allem bei der Bewältigung von Misserfolgen sowie in Rückmeldungen, die die Aufmerksamkeit des Kindes auf den individuellen Lernfortschritt richten. Darüber hinaus kommt adaptiven, auf den jeweiligen Lern- und Entwicklungsstand des Kindes zugeschnittenen Hilfestellungen eine besondere Bedeutung zu: Im Sinne des „Scaffolding-Prinzips" gilt es, so wenig Hilfe wie möglich, aber so viel Hilfe wie nötig zu gewähren, damit der Lerner in seiner Selbstständigkeit gefördert wird, ohne dass sich Gefühle von Überforderung oder Hilflosigkeit einstellen (Pomerantz, Ng & Wang, 2006; Shumow, 1998). Autonomieunterstützung beim Lernen erschöpft sich also nicht in einem bloßen Fehlen von Kontrolle und ist auch nicht mit einem permissiven Umgang mit schulischen Belangen (▶ Abschn. 10.2.4) zu verwechseln. Autonomieunterstützung setzt vielmehr eine vertrauensvolle Beziehung zu signifikanten Bezugspersonen und die Bereitstellung von **Strukturen**, die den Rahmen für autonomes Verhalten altersangemessen abstecken und dadurch vor allem jüngere Schüler vor Überforderung schützen, voraus. Hierzu zählt, dass Eltern ihren Kindern Wertmaßstäbe vorleben und vermitteln, schul- bzw. lernbezogene Erwartungen transparent machen und aufzeigen, welche (sachlogischen) Konsequenzen es hat, wenn Regeln oder Grenzen verletzt werden. Strukturgebung ist dabei von einem **kontrollierenden Verhalten** abzugrenzen, das auf eine Verhaltensanpassung des Kindes abzielt und mit einer Frustration des kindlichen Autonomieerlebens einhergeht.

In Einklang mit den skizzierten Überlegungen wurden in überwiegend angloamerikanischen Studien zur Funktionalität elterlicher Hilfen beim Lernen (zusf. Wild & Lorenz, 2010) positive Zusammenhänge zwischen der kindlichen Bedürfnisbefriedigung und dem Kompetenzerleben von Schülern, ihren Kontrollüberzeugungen sowie ihrem Wohlbefinden gefunden. Darüber hinaus zeigte sich, dass Schüler umso eher selbstbestimmte Formen der Lernmotivation berichteten, je mehr sie sich von ihren Eltern in ihrem Bedürfnis nach Autonomie, Kompetenz und Wertschätzung unterstützt fühlten. Auch wurden Kinder mit autonomieunterstützenden und emotional zugewandten Eltern von ihren Lehrern als kompetenter und leistungsfähiger eingeschätzt und konnten ihre Lernleistung schneller verbessern (Dumont et al., in Druck).

Unter bildungspolitischen Gesichtspunkten ist hervorzuheben, dass die Qualität der von Eltern gewährten Hilfe weniger eindeutig mit der Schichtzugehörigkeit zusammenzuhängen scheint als gemeinhin angenommen. So erfahren Kinder aus sozial besser gestellten Elternhäusern zwar mehr positive Formen der elterlichen Unterstützung, aber auch mehr Kontrolle und Einmischung im Hausaufgabenprozess (zusf. Dumont, 2012). Ein hoher sozialer Status ist also keineswegs ein Garant für eine förderliche Hilfe beim Lernen. Gerade leistungsmotivierte und „erfolgsverwöhnte" Eltern können auf den von Henry-Huthmacher et al. (2008) beobachteten Erwartungs- und Leistungsdruck mit einem Überengagement reagieren, das sich in problematischen Verhaltensweisen zeigt, die (unbeabsichtigt) dem Wohl des Kindes und damit auch dem eigenen Bestreben zuwiderlaufen. Dies ist bereits der Fall, wenn Kinder mit überzogenen Leistungserwartungen konfrontiert werden, die kindliche Kompetenz subtil in Zweifel gezogen wird, das häusliche Lernen durch ein hohes Maß an Druck und engmaschiger Verhaltenskontrolle gekennzeichnet ist oder Eltern das Lernverhalten ihrer Kinder durch Liebesentzug oder leistungsabhängige Zuwendung zu steuern versuchen („conditional regard", vgl. Roth et al., 2009). Gezielte Maßnahmen zur Steigerung der Qualität häuslicher Lehr-Lern-Umgebungen – etwa im Rahmen der Elternarbeit oder auch in universellen Elterntrainings – können dazu beitragen, dass die ohnehin von vielen Eltern investierte Zeit und Kraft zielführender eingesetzt und elterliches Überengagement vermieden wird.

Gleichwohl bedenklich ist es, wenn Wunschkinder zu einem „Futter für Therapeuten, Nachhilfelehrer und die Pharmaindustrie" (Largo & Beglinger, 2009) werden, weil sie nicht die gewünschten Leistungen zeigen. Bislang mangelt es an empirischen Studien, die einen wachsenden und zu einem immer früheren Zeitpunkt der Familienkarriere einsetzenden Rückgriff auf pädagogische, psychologische oder medizinische Hilfen zweifelsfrei belegen. Auffällig ist jedoch, dass Elternratgeber und Elterntrainings sowie kommerziell betriebene Nachhilfeinstitute und Einrichtungen, die Förderangebote für Kinder mit Teilleistungsschwächen oder auch (vermeintlich) Hochbegabte bereitstellen, sich einer immer größeren Beliebtheit erfreuen. Zudem ist nachweislich die Verschreibung von Medikamenten mit dem konzentrationssteigernden Wirkstoff Methylphenidat im letzten Jahrzehnt exponentiell gestiegen (Grobe, Blitzer & Schwartz, 2013), obwohl die Prävalenz von klinisch bedeutsamen Störungen der Aufmerksamkeitssteuerung und

Impulskontrolle, bei denen eine solche medikamentöse Behandlung angezeigt sein könnte, auf einem gleichbleibend niedrigen Niveau von unter 10 % liegen dürfte. Folgt man den Erfahrungen hiesiger Kinder- und Jugendpsychotherapeuten (vgl. Blech, 2013), dann sprechen sich immer mehr Eltern schon deshalb für eine Medikation aus, weil sie sich eine Verbesserung der Schulleistungen ihrer Kinder erhoffen und eine Übertrittsempfehlung auf das Gymnasium sicherstellen wollen. Sollten sich diese Eindrücke wissenschaftlich erhärten lassen, wären gerade in der Praxis tätige Pädagogische Psychologen aufgerufen, diesem Trend durch eine offensive Aufklärungs- und Beratungsarbeit entgegenzuwirken.

In Teilen kann dem wachsenden Leistungsdruck und seinen im Einzelfall problematischen Folgen bereits durch die Etablierung von tragfähigen **Erziehungspartnerschaften** zwischen Elternhaus und Schule entgegen gewirkt werden. Eine von der Vodafone-Stiftung ins Leben gerufene Expertenkommission hat daher, aufbauend auf den Standards for Family-School-Partnership der Parent-Teacher-Association aus den USA, Qualitätsmerkmale einer partnerschaftlichen Kooperation zwischen Eltern und Schulpersonal zusammengefasst, an denen sich Schulen im Rahmen ihrer Schulentwicklung orientieren können[1]. Die mit „Best-practice"-Beispielen angereicherten Empfehlungen sollen dazu beitragen, dass die derzeit noch sehr disparate Praxis in Deutschland (zusf. Wild & Lorenz, 2010) auf einem möglichst hohen Niveau angeglichen wird. Die an einzelnen Schulen zu erreichende Qualität der Kooperation wird dabei ausdrücklich als eine Gemeinschaftsaufgabe verstanden. So obliegt es zwar vorrangig der Schule als einer staatlichen Bildungsinstitution, Eltern aller Statusgruppen einzuladen und auch die Interessen von Minderheiten zu berücksichtigen. Eine demokratisch organisierte Erziehungspartnerschaft lebt jedoch von dem Gedanken, dass sich alle Parteien ihrer Bring- und Holschuld bewusst sind und sich im Rahmen ihrer Möglichkeiten einbringen. Die Empfehlungen tragen zudem aktuellen Entwicklungen im Schulsystem Rechnung – und hier vor allem der forcierten Öffnung von Schule, dem Ausbau von Ganztagsschulen und der Ausweitung inklusiver Modelle der Beschulung –, indem bei der Kooperation mit Eltern nicht nur Lehrkräfte, sondern auch weitere Personengruppen (Schulsozialarbeiter, Erzieher, Integrationshelfer und Schulpsychologen) berücksichtigt werden.

Diese betonte Einbindung der Familie mag verwundern, zielt doch – ganz im Sinne des Subsidiaritätsprinzips – der Einsatz „professioneller Helfer" meist darauf ab, familiale Defizite zu kompensieren. Hieraus wird gemeinhin eine als legitim empfundene Eingrenzung der elterlichen Pflichten und Rechte abgeleitet. So verbindet sich beispielsweise mit der Abschaffung der Hausaufgaben die Idee, dass das Elternhaus in den Hintergrund tritt oder treten sollte, um schichtabhängige Bildungsungleichheiten zu nivellieren. Jedoch ist die Frage, inwieweit auf diesem Weg der Einfluss der Familie vermindert werden kann, unbeantwortet. Mehrere Argumente stimmen skeptisch. Erstens stammen Befunde zur Bedeutung des parental involvement vorrangig aus angloamerikanischen Studien, beziehen sich also auf Heranwachsende, die überwiegend ganztägig beschult werden. Zweitens erschöpft sich die elterliche Hilfe beim Lernen (home-based involvement) nicht in der Betreuung der Hausaufgaben und drittens erhalten umgekehrt viele Halbtagsschüler eine institutionelle Hausaufgabenhilfe (z. B. im Hort), die nicht minder kompensatorisch wirken sollte. Zudem zeigen Evaluationsstudien in Deutschland, dass an offenen Ganztagsangeboten vor allem Kinder aus Ein-Elternteil-Familien, Stieffamilien und strukturell intakten Doppelverdiener-Familien teilnehmen (Züchner, Arnoldt & Vossler, 2007; Börner, Steinhauser, Stötzel & Tabel, 2012; Börner, Gerken, Stötzel & Tabel, 2013). Dies legt nahe, dass Nachmittagsangebote von Eltern vorrangig als attraktiv erachtet werden, weil sie eine verlässliche Betreuung bieten, während inhaltliche Aspekte (z. B. spezifische Förderangebote, Kompensation von elterlichen Kompetenzdefiziten) sowohl hinsichtlich ihrer Bedeutung als auch in ihrer Qualität sehr unterschiedlich eingeschätzt werden (Andresen & Richter, 2011). Kritisch beurteilt wird übrigens besonders die Qualität der Hausaufgabenbetreuung – an ihr entzünden sich auch immer wieder Diskussionen über Verantwortlichkeiten und Transparenz.

Insgesamt bleibt festzuhalten, dass auch und gerade der Erfolg von Ganztagsschulen wesentlich von den etablierten Kooperationsstrukturen abhängt und hier vor allem die Zuständigkeiten von Elternhaus und Schule neu auszutarieren sind. So heißt es in der Stellungnahme der Bundesregierung zu dem von einer Sachverständigenkommission erstellten 14. Kinder- und Jugendbericht (BMFSFJ, 2013):

» Die Kommission weist zu Recht darauf hin, dass das „Reformprojekt Ganztagsschule" erheblich zur (Neu)Gestaltung heutiger Kindheiten beigetragen hat und sich Zeiten und Räume von Kindern und Jugendlichen ändern. Vor dem Hintergrund, dass die Ganztagsschule sich auf dem Weg zum Regelangebot befindet, unterstreicht die Kommission die Frage der Qualität von Betreuung, Erziehung und Bildung für die Gestaltung des Aufwachsens aller Kinder. Dabei kommt der besseren Verbindung von schulischen und außerschulischen Bildungsorten, der verstärkten Beteiligung der Eltern sowie insbesondere auch der Partizipation der Kinder und Jugendlichen selbst eine zentrale Bedeutung zu.

---

1   Siehe ▶ http://www.vodafone-stiftung.de/pages/programme/talente_-_elternbildung/presse/publikationen/subpages/qualitaetsmerkmale_schulischer_elternarbeit/index.html

10.2.4 Die Transformation der Eltern-Kind-Beziehung im Jugendalter

Erziehung ist eine Funktion der Familie, die in jeder Phase des Familienzyklus bedeutsam ist, in der minderjährige Kinder involviert sind – und mitunter auch darüber hinaus (▶ Abschn. 10.2.5). Im Erleben von Eltern werden Erziehungsfragen jedoch vor allem im Jugendalter salient, weil wachsende Unabhängigkeitsbestrebungen der Jugendlichen neue Themen in der Auseinandersetzung um Regeln und Normen eröffnen und die elterliche Autorität stärker hinterfragt wird. Aus diesem Grund und um zu zeigen, dass mit der zunehmenden Rolle der Peers die elterlichen Anstrengungen alles andere als überflüssig werden, werden Erkenntnisse der Erziehungspsychologie an dieser Stelle behandelt.

Definition

▶ **Erziehung** zielt auf eine Förderung der psychischen Entwicklung von Menschen sowie die Vermittlung von gesellschaftlichem Wissen, Verhaltensregeln und Normen ab. Im Gegensatz zu **Sozialisation** beruht Erziehung auf einer pädagogischen Intention.

Empirische Studien (z. B. Schneewind & Ruppert, 1995) belegen in den letzten Jahrzehnten deutliche Veränderungen in den erzieherischen Zielen und Methoden. Heutzutage geht die Mehrheit der Eltern – in Einklang mit der Fachliteratur (Fuhrer, 2005) – davon aus, dass in der modernen Gesellschaft eine andere Art von **Erziehung** benötigt wird als in traditionalen Gesellschaften, in denen Autorität, Gehorsam und Weitergabe von allseits geteilten Normen deren Weiterbestehen garantieren. So haben Erziehungsziele wie „**Selbstständigkeit und freier Wille**" an Bedeutung gewonnen, sind die Einflussmöglichkeiten von Kindern auf Familienentscheidungen gestiegen, stellen die intergenerationalen Beziehungen immer weniger einen „Befehlshaushalt" als einen „Verhandlungshaushalt" dar, in dem die Rechte und Pflichten der Familienmitglieder gemeinsam ausgehandelt werden (z. B. Jugendwerk der Deutschen Shell, 1985; Walper, 2004). Für heutige Elterngenerationen impliziert diese Liberalisierung in der Eltern-Kind-Beziehung indes keine Befreiung von lästigen Pflichten, sondern die Aufforderung, die eigenen Entscheidungen, Erwartungen oder Meinungen fortwährend argumentativ zu begründen. Solche Gespräche sind für Eltern nicht selten anstrengend und manchmal nervenaufreibend, gleichwohl sind sie sinnvoll, da Jugendliche auf diese Weise „selbstständig werden im Gespräch" (Hofer, 2003).

Aus erziehungspsychologischer Sicht sind mit der wachsenden Sensibilität für die kindlichen Belange und der Hinwendung zu autoritativen Erziehungspraktiken (s. u.) wichtige Voraussetzungen dafür gegeben, dass sich im Regelfall eine enge und positive Eltern-Kind-Beziehung entwickeln kann und den körperlichen und psychischen Bedürfnissen Heranwachsender mehr denn je Rechnung getragen wird. So ist es nicht verwunderlich, dass Heranwachsende im Alter von 6 bis 11 Jahren (Andresen & Hurrelmann, 2010) und 12- bis 25-Jährige (Albert et al., 2010) das Verhältnis zu ihren Eltern mehrheitlich als sehr gut bezeichnen. Dass aber auch ein überwältigender Teil der Jugendlichen eigene Kinder bekommen und diese so erziehen möchte, wie man selbst erzogen wurde, zeigt: Selbst in der Adoleszenz kehren sich „gut erzogene" Heranwachsende nur selten von den vermittelten Werten ab und strengen intergenerationale „Grabenkämpfe" innerhalb der Familie an. Was aber macht „gute Erziehung" aus?

Mit dieser Frage befasst sich die pädagogische und psychologische Forschung seit langer Zeit, wobei die Forschung zu (elterlichen) **Erziehungsstilen** starken konjunkturellen Schwankungen unterlag. Einem regelrechten „Boom" in den 1960er-Jahren folgte eine Phase der Stagnation, da die Bilanz, die in den 80er-Jahren vor allem von deutschen Wissenschaftlern (z. B. Brandstädter & Montada, 1980; Schneewind, 1980) gezogen wurde, äußerst kritisch ausfiel. Angesichts zahlreicher methodologischer und inhaltlicher Kritikpunkte wurde angezweifelt, ob von einer Fortführung dieser Forschungstradition überhaupt ein wissenschaftlicher Erkenntnisfortschritt zu erwarten sei.

Etwa zur gleichen Zeit wurde in anderen Ländern unter dem Eindruck der Studentenrevolten und Hippiekultur eine intensiv und sehr kontroverse Debatte über die Frage geführt, warum sich Heranwachsende von gesellschaftlichen Werten und Normen abwenden und Problemverhalten gerade auch im Jugendalter wahrscheinlicher wird. Zentrale Arbeiten zum Thema Erziehung, die in den USA vor allem Diana Baumrind vorlegte, wurden von der Arbeitsgruppe um Larry Steinberg aufgegriffen, fortgeführt und auf eine breite empirische Basis gestellt. Die Ergebnisse der hieraus hervorgegangenen, inzwischen über 30 Jahre bestehenden Erziehungsstilforschung wurden 2001 unter dem programmatischen Titel „We know some things" zusammengefasst (Steinberg, 2001, 2004). Da diese im anglo-amerikanischen Sprachraum entstandenen Arbeiten unser heutiges Verständnis von elterlicher Erziehung maßgeblich prägen, werden sie im Folgenden näher erläutert.

Am Ausgangspunkt der Arbeiten von Baumrind stand weniger ein theoretischer Ansatz, aus dem sich Aussagen beispielsweise über die für die Genese sozialer oder intellektueller Kompetenzen relevanten Bedingungsfaktoren ableiten ließen. Baumrind (1991b,c) wollte vielmehr von den „Ergebnissen" her Rückschlüsse auf (dys-)funktionale Erziehungspraktiken ziehen. Sie ging daher empirisch der Funktionalität elterlicher Erziehungspraktiken nach, indem sie verglich, auf welche Art und Weise mehr oder weniger kompetente Kinder und Jugendliche erzogen worden waren. „Kompetenz" wurde dabei an zwei Kriterien festgemacht: der sozialen Kompetenz und der Autonomie. Dahinter stand der Gedanke, dass Heranwachsende nur dann in der Lage sind, ihre Rolle in der Gesellschaft zu finden und sich in die Gemeinschaft einzugliedern, wenn sie einerseits soziales Verantwortungsbewusstsein und soziale Fertigkeiten mitbringen und andererseits über ein gewisses Maß an Selbstständigkeit und Unabhängigkeit verfügen, auch um sich durchsetzen und dem Druck, zum Beispiel von Peers (auch ▶ Kap. 12), widerstehen zu können.

Zunächst bezogen auf das Vorschulalter differenzierte Baumrind (1991a, b) auf Basis ihrer Daten drei **prototypische Erziehungsstile**:

- Eltern, die einen **autoritären** Erziehungsstil pflegen, versuchen das Verhalten und die Einstellungen ihrer Kinder zu formen und zu kontrollieren. Sie orientieren sich dabei an religiösen Normen, moralischen Vorstellungen oder an sozialen Konventionen, wobei traditionelle Werte wie Respekt vor Autoritäten und Gehorsam generell als wichtig erachtet und über kontrollierende und gegebenenfalls strafende Verhaltensweisen durchzusetzen versucht werden.
- Eltern, die ihre Kinder **autoritativ** erziehen, leiten sie an, indem sie ihnen die Hintergründe für ihr Verhalten und ihre Entscheidungen sachlich erklären. Sie unterstützen verbale Aushandlungsprozesse, sind konsistent in ihrem Verhalten und thematisieren explizit ihre normativen Überzeugungen und Ansprüche. Sie erwarten von ihren Kindern, dass sie in altersangemessener Weise zum Funktionieren der Familie beitragen, z. B. indem sie Aufgaben im Haushalt übernehmen. Gleichzeitig sind autoritativ erziehende Eltern fürsorglich, fühlen sich ihren Kindern emotional stark verbunden und unterstützen diese in ihren Interessen und in der Bewältigung von (z. B. schulischen) Anforderungen.
- **Permissiv** – oder nachsichtig – erziehende Eltern verhalten sich ebenfalls liebevoll und unterstützend. Sie begegnen ihren Kindern mit großer Akzeptanz und verzichten auf Strafen oder autoritäre Durchsetzungspraktiken. Gleichzeitig gehen sie Konfrontationen mit ihren Kindern aus dem Weg und vermeiden es, Grenzen konsequent durchzusetzen.

Den ersten Ergebnissen (Baumrind, 1991a) zufolge sind autoritativ erzogene Vorschulkinder durchschnittlich kompetenter als Gleichaltrige, die anders erzogen wurden. So gingen beispielsweise autoritative Erziehungspraktiken bei Mädchen mit einer größeren Zielstrebigkeit, Unabhängigkeit und Leistungsorientierung einher, bei Jungen mit einem freundlicheren und kooperativeren Verhalten. Die überlegene Kompetenz autoritativ Erzogener zeigt sich

auch in einer weiteren Studie zum Grundschulalter (Baumrind, 1991a, b), wobei die drei genannten Erziehungsstile hier um einen vierten ergänzt wurden. Dieser **vernachlässigende** Erziehungsstil ist dadurch gekennzeichnet, dass ähnlich wie beim permissiven Stil keine Strukturen etabliert oder Grenzen gesetzt werden, darüber hinaus aber auch eine emotionale Bindung an das Kind fehlt. Diese emotionale Kälte kann im Extremfall in Form von Kindesmisshandlung zum Ausdruck kommen. Empirisch schnitten Kinder, deren Eltern ein solches Verhalten zeigen, in allen erhobenen Kompetenzmaßen am schlechtesten ab.

Bezogen auf Familien mit Jugendlichen unterschied Baumrind sieben Erziehungstypen (für einen Überblick s. Baumrind, 1991b). Auch wenn diese stark ausdifferenzierte Klassifikation in der nachfolgenden Forschung nicht aufgegriffen wurde, sei doch auf den von ihr herausgearbeiteten **„Good-enough"-Typ** hingewiesen. Er ist dadurch gekennzeichnet, dass Eltern in allen betrachteten Aspekten (Restriktivität, Monitoring und Autonomieunterstützung) durchschnittliche Ausprägungen erzielten. Bei Jugendlichen, deren Eltern diesem Erziehungstyp zuzuordnen waren, zeigten sich keine Auffälligkeiten in der schulischen und psychosozialen Entwicklung. Dies weist darauf hin, dass es für eine normale und gesunde Entwicklung nicht zwingend notwendig ist, stets ein „optimales" Erziehungsverhalten zu zeigen.

Der von Baumrind (1991a) gewählte typologische Zugang ist in der Überzeugung begründet, dass es für die kindliche Persönlichkeitsentwicklung vorteilhaft ist, wenn Eltern sowohl streng als auch liebevoll mit ihren Kindern umgehen. Indirekt wird diese These gestützt durch die empirisch nachgewiesene Überlegenheit autoritativ erzogener Kinder in fast allen Performanzmaßen und die Tatsache, dass vernachlässigte Kinder durchgängig die schlechtesten Werte erzielten. Erst die Arbeitsgruppe um Steinberg (z. B. Steinberg, Lamborn, Dornbusch & Darling, 1992) ging jedoch der genuinen und gemeinsamen Bedeutung der beiden, den vier Erziehungsstilen zugrunde liegenden Dimensionen nach.

Unter konzeptuellen Gesichtspunkten ist zu erwähnen, dass anstelle des von Baumrind zur Kennzeichnung der ersten Dimension verwendeten Begriffs der Strenge nun der der **Verhaltenskontrolle** („strictness", „monitoring") verwendet wurde (zur Kritik an diesem Konzept vgl. Fletcher, Steinberg & Williams-Wheeler, 2004; Stattin & Kerr, 2000). Eltern mit hohen Werten auf dieser Dimension richten hohe, aber realistische Erwartungen an ihre Kinder, halten sich über deren Aktivitäten, Freundschaften und Interessen auf dem Laufenden, formulieren klare Regeln und setzen diese auch mit disziplinierenden Maßnahmen durch. Die zweite von Baumrind postulierte Dimension der Wärme („responsiveness) wurde unter dem neuen Begriff **Involvement** aufgegriffen. Er hebt auf das Ausmaß ab, in dem Eltern ihr Kind in seiner Entwicklung begleiten und sich auf dessen spezielle Bedürfnisse einstellen. Ergänzend führte Steinberg eine dritte Dimension **psychologische Autonomiegewährung** ein (zusammenfassend Steinberg, 2001). Sie beschreibt das Ausmaß, in dem Eltern Jugendliche ermutigen und ihnen erlauben, eigene Meinungen und Überzeugungen zu entwickeln. Psychologische Kontrolle, die von Jugendlichen als Einmischung, Überbehütung oder Druck erlebt wird, stellt den Gegenpol von psychologischer Autonomiegewährung dar (zur Kritik an diesem Konzept vgl. Lorenz & Wild, 2007; Silk, Morris, Kanaya & Steinberg, 2003).

Empirisch (zusf. Steinberg, 2001) zeigte sich, dass alle drei Dimensionen in spezifischer Weise zu einer günstigeren psychosozialen Entwicklung und akademischen Kompetenz von Jugendlichen beitragen. Je mehr Eltern über die Aktivitäten und das Erleben ihrer Kinder wissen, umso seltener tritt jugendliches Problemverhalten in Form von Drogen- und Alkoholkonsum oder delinquentem Verhalten auf. Psychologische Autonomiegewährung und Involvement erwiesen sich insofern als protektive Faktoren, als sie der Ausbildung internalisierender Probleme (Depressionen, Ängste) entgegenwirken. Hohe Ausprägungen auf beiden Dimensionen gehen darüber hinaus auch mit einer positiveren Leistungsentwicklung – gemessen an der Notenentwicklung im Verlauf eines Jahres – einher. Für die Arbeitshaltung der Jugendlichen schließlich sind alle drei erfassten Dimensionen bedeutsam.

Um im engeren Sinne von „Effekten" des elterlichen Erziehungsverhaltens sprechen zu können, ist sicherzustellen, dass korrespondierende Unterschiede in der kindlichen Entwicklung nicht auf andere Einflussgrößen, wie die Lebensumstände der Familie, zurückzuführen sind. Hierzu vorgelegte Arbeiten zeigen, dass selbst bei Kontrolle der Schichtzugehörigkeit das elterliche Erziehungsverhalten einen statistisch bedeutsamen Beitrag zur Varianzaufklärung in verschiedenen Kriterien, darunter den schulischen Leistungen, der psychosozialen Reife und den Arbeitshaltungen bzw. der Lernmotivation Jugendlicher, leistet.

Zusammenfassend beschreibt das Konzept der autoritativen Erziehung Verhaltensweisen, mit denen Eltern – oder auch andere Erziehungsverantwortliche – Heranwachsende zu Eigenverantwortung und Gemeinschaftsfähigkeit führen können. Aufgrund neuerer Arbeiten, die zur Präzision der beiden zentralen Dimensionen Wärme und Lenkung beigetragen haben, lässt sich eine autoritative Erziehung am besten dadurch charakterisieren, dass Kinder zum einen emotionale Zuwendung erfahren, ohne mit dieser „erpresst" zu werden. Dies ist etwa der Fall, wenn Eltern mit Liebesentzug drohen oder das kindliche Bestreben nach elterlicher Anerkennung zum Zweck einer engmaschigen Verhaltenssteuerung ausnutzen (zur Unterscheidung zwischen beiden Formen des „conditional regard" vgl. Roth et al., 2009). Zum anderen folgt eine autoritative

Erziehung der Idee einer „Freiheit in Grenzen" (Wiss. Beirat, 2005, S. 55). Damit ist gemeint, dass Heranwachsende in ihrer Autonomieentwicklung unterstützt und „herausgefordert" werden, aber zugleich Struktur erfahren, indem sie konsequent mit Regeln und Grenzen konfrontiert werden, deren Übertretung antizipierbare Konsequenzen nach sich zieht (vgl. Grolnick & Pomerantz, 2009).

Alle genannten Prinzipien müssen natürlich immer an das einzelne Kind angepasst werden – ein hyperaktiver Jugendlicher etwa braucht mehr Struktur als andere Kinder und die Erziehung zur Selbstständigkeit muss sich bei einem geistig behinderten Kind anders gestalten als bei einem intellektuell Begabten. Insofern ist eine autoritative Erziehung nicht durch ein „blindes Befolgen von Regeln" zu bewerkstelligen – sie setzt vielmehr voraus, dass Eltern willens und fähig sind, die Bedürfnisse und Signale ihres Kindes angemessen wahrzunehmen, zu interpretieren und zu beantworten.

Wie schwierig es sein kann, emotionale Zuwendung oder auch die Balance von Freiheit und Verantwortung altersangemessen zu realisieren, erfahren viele Eltern spätestens im Umgang mit ihren jugendlichen Kindern. Im Zuge der Identitätsentwicklung in der Adoleszenz beginnen Heranwachsende immer stärker die Einstellungen und Gebote ihre Eltern zu hinterfragen und entwickeln Beziehungen zu Gleichaltrigen, die der Eltern-Kind-Beziehung an Intensität häufig nicht nachstehen und die Rolle der Eltern als bislang wichtigster Gesprächspartner relativieren. Nicht selten zeigen Jugendliche in Peer-Beziehungen auch eine Unterordnungsbereitschaft, die Eltern befremdend finden können. Schließlich kann die Dynamik in einer Clique Jugendlicher dazu beitragen, dass das im Rahmen der Identitätsfindung wachsende Bestreben, sich und seine Umwelt zu explorieren, in riskante Aktivitäten und Problemverhaltensweisen mündet.

Es ist also nur verständlich, wenn Eltern besorgt, vielleicht auch gekränkt oder schlicht genervt reagieren und Eltern-Kind-Konflikte in dieser Phase des Familienzyklus zunehmen. Diese vermehrten Auseinandersetzungen haben aber, wenn sie nicht eskalieren und konstruktiv bearbeitet werden, auch ihr Gutes: Sie tragen dazu bei, dass Jugendliche „selbstständig werden im Gespräch" (Hofer, 2003). Dass die emotionale Nähe im Urteil verschiedener Geburtskohorten immer weniger unter Streitigkeiten zwischen Eltern und Jugendlichen zu leiden scheint, spricht zudem dafür, dass eine autoritative Erziehung die Transformation einer asymmetrischen Eltern-Kind-Beziehung in eine „Peerlike"-Beziehung vorbereitet und erleichtert. Welche nachteilige Folgen es umgekehrt für die psychosoziale Entwicklung junger Erwachsener hat, wenn sie ihre „Territorien des Selbst" nicht altersangemessen erobern (können), lässt sich am Beispiel des „Helicopter-parenting"-Phänomens verdeutlichen, das im folgenden Kapitel erläutert wird.

10.2.5 Familienbande nach der Adoleszenz

Die Überschrift verweist auf einen zeitlich ausgedehnteren Abschnitt im Leben der Familie, der streng genommen mehrere Stufen der Familienkarriere umfasst. Wir konzentrieren uns hier auf die Veränderungen, die im Leben von **Familien mit jungen Erwachsenen** anstehen. Diese Phase ist angesichts verlängerter Ausbildungswege und verzögerter Familiengründung als „Emerging Adulthood" stärker in den Mittelpunkt gerückt (Arnett, 2000). In diese Zeit fallen in aller Regel der Auszug aus dem Elternhaus und wichtige Entscheidungen rund um den Berufseinstieg, zunehmend auch die vorgelagerten Orientierungsprozesse im Verlauf der Ausbildung bzw. des Studiums. Trotz fortschreitender Verselbstständigung sind Eltern oft noch wichtige Ansprechpartner bei diesen Entscheidungen.

Ein für alle Familienmitglieder einschneidendes Ereignis ist der Auszug der Kinder aus dem Elternhaus. Weil u. a. im Zuge der Bildungsexpansion immer mehr Kinder eine immer längere Ausbildung durchlaufen, geht dem Auszug meist eine mehr oder weniger ausgedehnte Zeit des Lebens in einem gemeinsamen Haushalt voraus, in der sich alle Familienmitglieder stärker ihren persönlichen Zielen zuwenden (können). Beim Auszug des Kindes mischt sich allerdings für viele Eltern die Freude über die nun vorhandene Zeit und Freiheit, Hobbys wieder aufnehmen oder beruflichen Ambitionen nachgehen zu können, mit Wehmut und Gefühlen der Verunsicherung. Mag das „Kind" auch schon während oder nach der Schulzeit mehrere Monate im Ausland gewesen sein – erst der Auszug markiert, dass das Elternhaus nicht länger der „Start- und Landeplatz" ist. Eine weitere Kehrseite der neu gewonnenen Freiheit sind die neuen Gestaltungserfordernisse in Bezug auf das (eigene und partnerschaftliche) Leben, in dessen Mittelpunkt bislang der Nachwuchs stand.

Wie reibungslos diese Herausforderungen im Einzelfall gemeistert werden, hängt von Merkmalen der Familie und ihrer Mitglieder ab (zusf. Berger, 2009). Da der oben beschriebene Wandel in den Erziehungszielen und -praktiken die erfolgreiche Bewältigung vorangehender Familienentwicklungsaufgaben generell wahrscheinlicher werden lässt, kann die nun anstehende Neustrukturierung der familialen Interaktionen jedoch im Regelfall unter guten Voraussetzungen erfolgen. Hierbei kann auch der vorläufige Verbleib im Elternhaus akzeptiert und gewollt sein. In einer belgischen Studie etwa zeigte sich, dass nicht das Wohnarrangement per se für die Zufriedenheit junger Erwachsener ausschlaggebend ist, sondern deren autonome Motivation in der Entscheidung für das gewählte Arrangement (Kins, Beyers, Soenens & Vansteenkiste, 2009). Das Beispiel verdeutlicht, dass Schwierigkeiten im Zuge der Transition nicht an „äußeren" Gegebenheiten, sondern am Befinden der Betroffenen festzumachen sind.

Ein von den Medien unter dem Schlagwort „Hotel Mama" stark aufgegriffenes Phänomen besteht darin, dass Eltern in umfassender Weise von ihren Kindern weit über deren Volljährigkeit hinaus beansprucht werden. Den Befunden von Papastefanou (1996, 2006) zufolge kann sich dies unterschiedlich äußern. Während sich manche Eltern ausgenutzt fühlen, weil sie punktuelle „Dienstleistungen" wie Wäsche waschen oder Essen kochen am Wochenende erbringen (sollen), ohne einen subjektiv wünschenswerten Gegenwert etwa in Form gemeinsam und exklusiv verbrachter Zeit zu erhalten, sehen sich andere gezwungen, ihren Nachwuchs (immer) wieder zuhause zu beherbergen, weil dessen Zukunftspläne – das Studium am anderen Ort, das Zusammenwohnen mit der Freundin usw. – scheitern. Aus professioneller Distanz betrachtet ist diesen „Verwerfungen" zunächst nur eines gemein: Sie sind Ausdruck eines nicht oder unzulänglich vollzogenen Ablösungsprozesses. Zu welchen Teilen hieran implizite Motive oder Handlungsgewohnheiten der Eltern, Charakteristika der Heranwachsenden oder der gemeinsamen Beziehungsgeschichte zusammenkommen, bleibt wissenschaftlich zu klären.

Ebenfalls erst in Ansätzen erforscht ist ein Phänomen, das gegenwärtig in der Medienlandschaft unter dem Titel **„Helicopter Parenting"** firmiert. Helicopter Parents kreisen buchstäblich über dem Leben ihrer volljährigen Kinder und sind fortwährend damit beschäftigt, deren (Ausbildungs-)Erfolg zu überwachen und sich selbst bei allfälligen Anforderungen aktiv einzuschalten. Weil dies bei Studierenden, denen eine mindestens durchschnittliche Leistungsfähigkeit und Selbstständigkeit zugesprochen und abverlangt wird, besonders irritierend erscheint, fokussieren wissenschaftliche Untersuchungen auf den Studienkontext (Lum, 2006).

Die von Somers und Settle (2010) angestellten Überlegungen zu der Frage, warum das Phänomen des Helicopter Parenting gerade heutzutage zu beobachten ist und immer mehr Eltern in die Belange ihrer studierenden Kinder involviert sind, knüpfen an den oben beschriebenen Wertewandel und wachsenden Bildungsdruck an. Bei aller Plausibilität ist jedoch anzumerken, dass gegenwärtig noch um eine konzeptuelle Präzisierung und theoretische Einordnung des Konstrukts gerungen wird (Padilla-Walker & Nelson, 2012) und es an belastbaren Erkenntnissen zur (vermeintlich steigenden) Prävalenz dieses speziellen Erziehungsmusters mangelt. Erste Studien deuten darauf hin, dass die wohlgemeinten Aktivitäten von Helicopter Parents kontraproduktiv für das Wohlbefinden der jungen Erwachsenen sind (LeMoyne & Buchanan, 2011). So verspricht diese noch junge Forschungslinie weiterführende Erkenntnisse zu den konstitutiven Merkmalen einer „guten Erziehung" auch und gerade jenseits der Adoleszenz. Aus erziehungspsychologischer Sicht dürften Helicopter Parents hohe Werte auf den Dimensionen Wärme und Kontrolle, aber niedrige Ausprägungen auf der Dimension Autonomieunterstützung erzielen (Padilla-Walker & Nelson, 2012). Dies stützt die Vermutung, dass Kontrolle und Autonomieunterstützung *nicht* als sich ausschließende Endpole einer Dimension zu fassen sind (z. B. Silk et al., 2003) und kann darüber hinaus als Hinweis gewertet werden, dass die Beziehung zwischen Wärme und „Erziehungserfolg" nicht linear ist. Entsprechende Überlegungen finden sich in familientherapeutisch beeinflussten Modellen wie dem Circumplex-Modell von Olsen (2000), in dem eine moderate Ausprägung auf den Dimensionen Zusammenhalt und Struktur als psychohygienisch optimal postuliert wird.

Festzuhalten ist, dass Transformationsprozesse in der Eltern-Kind-Beziehung durch die Auflösung des gemeinsamen Haushalts nicht gleichsam natürlich beendet werden. Auch über den Auszug hinaus bleiben die Eltern in aller Regel wichtige Ansprechpartner. Gleichwohl zeigen sich an der Gestaltung des Auszugs der Kinder Unterschiede in dem Grad, in dem der altersangemessene Ablösungsprozess vollzogen wurde – und zwar nicht nur seitens der jungen Erwachsenen, sondern auch seitens der Eltern. Ein vermeintlich „egoistisches" oder auch „unselbstständiges" Verhalten junger Erwachsener, die länger als (finanziell oder beruflich) nötig im Elternhaus bleiben, mag dabei auf eine unzureichende Selbständigkeitserziehung durch die Eltern oder auch deren mangelnde Selbstemanzipation zurückzuführen sein. Es mag auch unbewusst die Einlösung von unterschwelligen Elternwünschen darstellen oder Ausdruck eines unreifen Versuchs sein, sich dieser tatsächlichen oder vermeintlichen Erwartungshaltungen zu erwehren. Einmal mehr zeigt sich hier, dass Entwicklung in der Familie ein ko-konstruktiver Prozess ist, der die jüngere und die ältere Generation gleichermaßen betrifft.

10.3 Familien in der Krise

Familienleben bedeutet, sich permanent auf neue und wechselnde Anforderungen einzustellen. Lernt der Sohn laufen, gilt es Treppen zu sichern und Porzellan außer Reichweite zu bringen; durchläuft die Tochter die Pubertät, müssen sich Eltern auf die wechselnden Launen ihres Nachwuchses einstellen. Der „ganz normale Wahnsinn" des Familienalltags reicht von durchwachten Nächten beim kranken Kind über Debatten zum Sinn und Unsinn von Hausaufgaben bis hin zum Spagat zwischen beruflichen Terminen, elterlichen „Fahrdiensten" und Elternsprechtagen. Von solchen erwartbaren Veränderungen (normative Familienentwicklungsaufgaben) und damit einhergehenden Alltagsbelastungen sind **kritische Lebensereignisse** abzugrenzen, die unerwartet und unabhängig von regulären Übergangsphasen in der Lebensspanne auftreten und eine Minderheit – oder besser: eine mehr oder weniger

große Teilgruppe von Familien – treffen, sodass bei der erforderlichen Herausbildung neuer Orientierungs- und Handlungsmuster nicht auf gesellschaftlich etablierte Rollenmuster und Strategien zurückgegriffen werden kann.

Welche Konsequenzen kritische Lebensereignisse für die Qualität der Eltern-Kind-Beziehung und die kindliche Persönlichkeitsentwicklung nach sich ziehen (können), wird in diesem Abschnitt am Beispiel von drei unterschiedlich gelagerten Stressoren beleuchtet.

In ▶ Abschn. 10.3.1 gehen wir zunächst auf das Thema Trennung/Scheidung/Stiefelternschaft ein, weil es eine stetig wachsende Zahl von Kindern und Jugendlichen betrifft. Im Fokus steht die Frage, welche kurz- und langfristigen Folgen für die kindliche (Schul-)Entwicklung im Fall einer Trennung zu erwarten sind. Dabei wird auch beleuchtet, ob das Aufwachsen in hoch konflikthaften, aber strukturell intakten Familien mit einem höheren Risiko kindlicher Verhaltensauffälligkeiten verbunden ist, ob sich im Vergleich von Ein-Elternteil- und Stieffamilien der Mehrwert von Zwei-Eltern-Familien abzeichnet und ob etwaige Probleme vom Alter des Kindes zum Zeitpunkt der Trennung oder eher von anderen (internen wie externen) Belastungsfaktoren abhängen.

Lebensbedrohliche oder chronische Erkrankungen betreffen nur eine Minderheit von Familien und tangieren das ganze Familiensystem, auch wenn zunächst ein einzelnes Familienmitglied direkt betroffen ist. Vorliegende Erkenntnisse zu den Folgen der Erkrankung von Kindern oder eines Elternteils werden in ▶ Abschn. 10.3.2 zusammengefasst. Ein besonderes Augenmerk wird dabei auf die Frage gerichtet, warum sich eine psychische Beeinträchtigung von Eltern als prognostisch bedeutsamster Risikofaktor erweist.

Schließlich sollen am Beispiel von Familien, in denen ein Elternteil oder beide Eltern ihren Arbeitsplatz verloren haben, die Folgen ökonomischer Deprivation aufgezeigt werden. Dabei heben wir in ▶ Abschn. 10.3.3 vor allem auf Bedingungen ab, die die psychosoziale und schulische Entwicklung armer Kinder beeinflussen.

Bei allen hier thematisierten kritischen Lebensereignissen beziehungsweise belastenden Lebenslagen werden Risiko- und Schutzfaktoren herausgestellt, denn deren Kenntnis ist essenziell für pädagogische Psychologen und andere Berufsgruppen, an die sich Betroffene hilfesuchend wenden. In erster Linie sind hier Mitarbeiter in öffentlichen oder privaten Erziehungsberatungsstellen angesprochen, da deren zentrale Aufgabe darin besteht, Personensorgeberechtigte zu unterstützen, um eine, dem Wohle des Kindes entsprechende, Erziehung sicherzustellen. Probleme in Folge von Trennung/Scheidung stehen dabei in fast einem Viertel aller Fälle im Zentrum und auch bei den anderen Anmeldungsgründen (nach Gerth & Menne 2009 ca. 40 % „Beziehungsprobleme", jeweils ca. 25 % „Entwicklungsauffälligkeiten" und „Schul-/Ausbildungsprobleme" sowie ca. 20 % „sonstige Probleme) dürften im Hintergrund nicht selten finanzielle Engpässe und/oder gesundheitliche Beeinträchtigungen mitspielen. Dass vergleichbare Problemlagen – wenn auch mit anderer Gewichtung – von Eltern zum Anlass für die Inanspruchnahme einer schulpsychologischen Beratung genommen werden, zeigt: So wie sich familiale Problemlagen in Leistungseinbußen und den Unterricht störenden Verhaltensauffälligkeiten niederschlagen können, können Schulprobleme auf umschriebene Störungen im Kindes- und Jugendalter (wie etwa oppositionelles Verhalten oder ein Hyperaktivitäts-Aufmerksamkeitsdefizit) zurückgehen, die (auch) das Familiensystem auf eine Bewährungsprobe stellen.

10.3.1 Aufwachsen in einer Ein-Elternteil- oder Stieffamilie

Eine Trennung oder Scheidung der Eltern zu erleben ist heute keine Seltenheit mehr. Rund ein Drittel aller Ehen in Deutschland endet vor dem Scheidungsrichter und in der Hälfte der Fälle sind minderjährige Kinder involviert (Statistisches Bundesamt, 2013). Hinzu kommt der steigende Anteil nichtehelich geborener Kinder, die mit noch höherer Wahrscheinlichkeit eine Trennung ihrer Eltern erleben (Walper & Langmeyer, 2012). Dies mag auf den ersten Blick nahe legen, dass sich die Bedeutung einer Trennung/Scheidung relativiert hat und auch Belastungen betroffener Kinder heute weniger markant sind als noch vor 40 Jahren. Dies scheint jedoch selbst in westlichen Industrienationen nicht durchgängig der Fall zu sein. Befunde aus den USA deuten darauf hin, dass sich in manchen Bereichen die Nachteile für Scheidungskinder sogar im Verlauf der 1990er-Jahre verschärft haben – vermutlich auch deshalb, weil in dieser Zeit staatliche Investitionen zur Unterstützung Alleinerziehender zurückgefahren wurden (Amato, 2001).

Wie auch immer dieser Befund zu deuten ist: Er unterstreicht, dass die Folgen einer elterlichen Trennung keineswegs einheitlich sind. Ein durchgängiges Thema von Bestandsaufnahmen der Forschung zu Scheidungsfolgen (Amato, 2010) ist daher die Vielfalt der Lebensumstände, Bewältigungsressourcen und Biografien von Eltern und Kindern, in der die Heterogenität der Befunde begründet sein dürfte. Im Folgenden gehen wir hierauf näher ein, stellen dann Faktoren vor, die sich als maßgebliche Moderatoren erwiesen haben, und wenden uns schließlich den Besonderheiten von Stief- oder „Patchwork"-Familien zu.

Zur Vielfalt von Trennungsfamilien

Nicht selten sehen sich Scheidungskinder und ihre Familien mit Vor-Urteilen konfrontiert, die einer pauschalierenden Defizitperspektive entsprechen. Auch ein großer Teil der frühen Untersuchungen folgte einer solchen **problem- oder defizitorientierten** Perspektive, die alle Abweichungen vom Modell der ehelichen Kernfamilie für die Sozialisation der Kinder als problematisch oder zumindest weniger günstig betrachtete. Weder die Bandbreite der Begleitumstände einer Trennung (z. B. Ausmaß gerichtlicher Auseinandersetzungen) noch die unterschiedlichen Belastungsmomente, die aus einer Trennung resultieren können (z. B. finanzielle Probleme, fortgesetzte Streitigkeiten), wurden angemessen in den Blick genommen. Erst recht wurde den möglichen Chancen „alternativer" Lebensformen kaum Beachtung geschenkt. Spätestens seit den 1980er-Jahren war jedoch deutlich, dass diese einseitige Sichtweise der Vielfalt von Scheidungsfamilien nicht angemessen Rechnung trägt.

Trennungsprozesse verlaufen sehr unterschiedlich. Eltern können sich einvernehmlich vor der Geburt des Kindes getrennt haben oder Jahre in einer belasteten Partnerschaft ausharren und erst später im Streit auseinandergehen. Der getrennt lebende Elternteil kann in hohem Maße involviert bleiben und gut mit dem häuslichen Elternteil kooperieren – was eher nur einer Minderheit gelingt. Beide können aber auch wiederholt vor Gericht ziehen und konfliktbelastet miteinander konkurrieren – zum Glück ein sehr seltenes, aber umso belastenderes Phänomen. Nicht zuletzt kann der getrennt lebende Elternteil (gewollt oder ungewollt) aus dem Leben seiner Kinder verschwinden – was längerfristig in mehr als einem Drittel der Fälle geschieht (Walper, 2009a). In manchen Fällen werden Eltern mehrfach geschieden und konfrontieren auch ihre Kinder mit instabilen Familienarrangements, deren Belastungspotenzial für Kinder mit der Anzahl der Transitionen steigt (Amato, 2010). Manche tragen Sorge für Kinder, die aus verschiedenen Ehen stammen, und stehen vor der Aufgabe, in einer solchen komplexen Stieffamilie Zusammenhalt zu etablieren (Walper & Wild, 2002). In anderen Fällen bleiben ledige Eltern nach der Trennung von einem Partner allein, ziehen ihr Kind aber unter Umständen gemeinsam mit anderen Erwachsenen (z. B. Großeltern) auf.

Diese Variationen werden in neueren familiensystemischen und entwicklungsorientierten Ansätzen explizit berücksichtigt. Besonders bewährt hat sich die **Scheidungs-Stress-Bewältigungs-Perspektive**, die (a) eine Trennung nicht als punktuelles Ereignis, sondern als zeitlichen Prozess betrachtet, (b) typische Stressoren im Kontext einer Trennung in den Blick nimmt, die allerdings im Einzelfall durchaus variieren können, und (c) die jeweils gegebenen Bewältigungsressourcen der Betroffenen berücksichtigt (Amato 2010; Walper, 2009a). Vor diesem Hintergrund lassen sich Unterschiede im Anpassungsverlauf der Kinder nach einer elterlichen Trennung besser erklären. Als besonders relevante Stressoren für die Kinder erweisen sich ökonomische Belastungen beziehungsweise das Abgleiten in Armut, fortgesetzte Streitigkeiten der Eltern und Beeinträchtigungen der elterlichen Erziehungskompetenzen.

Gleichwohl spielen nicht nur die Umstände der Trennung, die nachfolgenden Belastungen und die Besonderheiten der weiteren Familienentwicklung für die Entwicklungsverläufe von Scheidungskindern eine zentrale Rolle, sondern auch die Vorgeschichte der Trennung. **Prospektive Längsschnittstudien** haben gezeigt, dass sich vielfach schon vor einer Trennung vermehrte familiale Belastungen wie Partnerschaftskonflikte, finanzielle Schwierigkeiten und Erziehungsprobleme finden, die mit Beeinträchtigungen der kindlichen Entwicklung einhergehen (z. B. Heinicke, Guthrie & Ruth, 1997; Shaw, Emery & Tuer, 1993). Punktuelle Vergleiche von Trennungsfamilien mit Kernfamilien sind insofern kaum geeignet, ein realistisches Bild von Scheidungs*folgen* zu zeichnen. Um aussagekräftige Erkenntnisse zu den kurz- und langfristigen Bedingungen und Auswirkungen einer Trennung zu erlangen, müssten idealerweise prospektive Längsschnittstudien an umfänglichen Stichproben durchgeführt werden, in denen alle für die Belastung bzw. Anpassungsfähigkeit der Familienmitglieder potenziell bedeutsamen Faktoren Berücksichtigung finden. Da ein solches Unterfangen jedoch allein aus forschungspragmatischen Gründen kaum zu realisieren ist, gilt es aus der Vielzahl vorliegender Befunde (mit ihren je eigenen Beschränkungen) konsistente Ergebnismuster „herauszudestillieren".

Psychosoziale Entwicklung von Kindern in Ein-Elternteil- und Stieffamilien

Empirisch beobachtete Unterschiede in der Entwicklung von Kindern, die mit beiden leiblichen Elternteilen aufwachsen oder in anderen Familienkonstellationen groß werden, fallen in der Regel zugunsten der zuerst genannten Gruppe aus (zusammenfassend Clarke-Stewart & Brentano, 2006; Schwarz, 2007; Wallerstein & Lewis, 2007; Walper & Schwarz, 2002; Walper & Wild, 2002). Die Unterschiede sind im Durchschnitt jedoch eher moderat und keineswegs einheitlich. Zudem stammt die Mehrzahl der einschlägigen Studien aus den USA und die Übertragbarkeit dieser Befunde auf hiesige Verhältnisse scheint nicht immer gegeben zu sein (Walper, 2009a). So legen etwa internationale Studien mit Blick auf die schulische Entwicklung von Scheidungskindern wiederholt nahe, dass sie mehr Fehlzeiten haben, schlechtere Schulnoten erzielen und öfter frühzeitig und ohne Abschluss von der Schule abgehen als Gleichaltrige aus Kernfamilien. Interessanterweise findet sich in den PISA-Daten für Deutschland allerdings kein Unterschied in den schulischen Kompetenzen von Jugendlichen aus Ein-Eltern-Familien und solchen, die mit zwei Eltern aufwachsen (Ehmke, Hohensee, Heidemeier & Prenzel, 2004).

Auch für Stiefkinder wurden im Vergleich zu Kindern aus Kernfamilien häufiger Auffälligkeiten in der psycho-

sozialen Entwicklung, Beeinträchtigungen des kindlichen Wohlbefindens und ein erhöhtes Risiko für Problemverhalten im Jugendalter berichtet (vgl. Walper & Wild, 2002). Im Vergleich zu allein erzogenen Kindern leben sie zwar zumeist in finanziell günstigeren Verhältnissen und haben zwei Erwachsene als Ansprechpartner im Haushalt, aber das Zusammenleben in Stieffamilien bringt andere Herausforderungen für die Betroffenen mit sich (s. u.). So wird nachvollziehbar, warum sich die Situation von Stiefkindern keineswegs durchgängig als günstiger im Vergleich zu Kindern aus Ein-Elternteil-Familien darstellt (vgl. Walper & Wild, 2002).

Insgesamt lässt sich also eine Reihe von Ergebnissen anführen, die auf den ersten Blick die früher forschungsleitende These defizitorientierter Ansätze unterstützen, wonach die Entwicklung von Scheidungs- und Stiefkindern mit größerer Wahrscheinlichkeit belastet sein sollte als die von Gleichaltrigen aus strukturell intakten Familien. Eine solche Perspektive vermag aber beispielsweise nicht zu erklären, warum ein erhöhtes Maß an Verhaltensauffälligkeiten vor allem bei Heranwachsenden zu finden ist, die in ihrer frühen Kindheit die Trennung ihrer Eltern erlebten, während eine Trennung im Jugendalter eher mit vermehrten Konflikten in der Eltern-Kind-Beziehung und schulischen Problemen einherzugehen scheint (Lansford et al., 2006). Mehr noch, einige Befunde stehen in klarem Widerspruch zu defizitorientierten Ansätzen. Hierzu zählt vor allem die Erkenntnis, dass sich die Entwicklung von Scheidungskindern *langfristig* meist als unauffällig darstellt und lediglich bei einer Minderheit von überdauernden psychosozialen Problemen auszugehen ist (Amato, 2010; Hetherington & Kelly, 2003). Auch die Beobachtung, dass die Gründung einer Stieffamilie häufig mit (vorübergehenden) Störungen in der kindlichen Entwicklung einhergeht, spricht gegen die These, dass kindliches Problemverhalten primär auf eine mangelnde Verfügbarkeit von zwei (biologischen oder sozialen) Elternteilen als Rollenmodellen und Identifikationsfiguren zurückzuführen ist. Antworten auf diese Fragen sind nur zu erlangen, wenn man die spezifischen Herausforderungen betrachtet, mit denen Eltern und Kinder im Zuge einer Scheidung und Wiederheirat konfrontiert werden, und die Bedingungen beleuchtet, die dazu beitragen, diese erfolgreich zu meistern. Diese Herausforderungen und die für ihre Bewältigung relevanten Faktoren werden daher im Folgenden näher erläutert.

Herausforderungen nach einer Scheidung

Wie groß der Leidensdruck ist, dem sich Paare mit Kindern (auch noch) nach der Trennung ausgesetzt fühlen, hängt neben psychosozialen Belastungen vor, während und nach der Trennung (Amato & Bryndl, 2007) nicht zuletzt von lebenspraktischen Problemen ab, die sich mit der Gründung eines Ein-Elternteil-Haushaltes einstellen können (Schwarz & Noack, 2002). Hierzu zählen insbesondere **sozioökonomische Faktoren** wie Probleme der Vereinbarkeit von Familie und Beruf für den häuslichen Elternteil sowie finanzielle Schwierigkeiten etwa aufgrund unzureichender Unterhaltszahlungen. Auch ist das Verhältnis der Geschiedenen zueinander vielfach durch Ambivalenz und Ablehnung geprägt, sodass die Regelung der Unterhaltszahlungen oder Besuchsrechte leicht zu einer konfliktreichen Angelegenheit gerät. Stets mit betroffen von der emotionalen Anspannung der Eltern und anhaltenden Auseinandersetzungen sind Kinder und Jugendliche, die nun lernen müssen, mit der veränderten Beziehung ihrer Eltern und den daraus resultierenden Loyalitätskonflikten umzugehen (Walper & Beckh, 2006).

Längsschnittstudien zufolge dauert es etwa 2–3 Jahre nach der räumlichen Trennung, bis sich der Umgang zwischen Eltern und Kindern normalisiert hat (Hetherington, 1991). Allerdings gehen die akuten Belastungen der Familienmitglieder schon am Ende des ersten Jahres deutlich zurück. Das psychische Befinden Geschiedener scheint sich nach durchschnittlich 2–5 Jahren zu stabilisieren, wobei dem Ausmaß der erfahrenen sozialen Unterstützung eine zentrale Rolle zukommt (Krumrei, Coit, Martin, Fogo & Mahoney, 2007).

Stressoren wie die oben genannten, aber auch **Ressourcen** wie zum Beispiel soziale Unterstützung aus dem Bekanntenkreis können sich in dem Maße, in dem sie die Qualität der Beziehung des Kindes zu relevanten (primären) Bezugspersonen und die Erziehungskompetenz des sorgeberechtigten Elternteils beeinflussen, auf die kindliche Entwicklung auswirken. Vergleichsstudien an geschiedenen und verheirateten Eltern haben nicht durchgängig (z. B. Freeman & Newland, 2002; Hanson, McLanahan & Thomson, 1998) aber wiederholt auf Beeinträchtigungen in der erzieherischen Kompetenz von Geschiedenen hingewiesen. Sie seien weniger informiert über die Aktivitäten und Freunde ihrer Kinder, erzögen inkonsistenter, nähmen erzieherische Fragen insgesamt weniger wichtig und äußerten ein geringeres Interesse an schulischen Belangen der Kinder (Hetherington, 1993; Wallerstein, Lewis & Blakeslee, 2000).

In all diesen Studien bleibt jedoch offen, ob sich das Verhalten der Eltern durch die Scheidung verändert hat oder ob Beeinträchtigungen des elterlichen Erziehungsverhaltens – und daraus unter Umständen resultierende Verhaltensauffälligkeiten der Kinder – nicht bereits vor der Trennung bestanden haben, also beispielsweise ebenso in strukturell intakten, aber hoch konfliktbelasteten Familien anzutreffen sein sollten. Zahlreiche Studien an strukturell intakten Familien sprechen dafür, dass Konflikte zwischen den Eltern die Eltern-Kind-Beziehung auch hier belasten (Krishnakumar & Buehler, 2000). Tatsächlich zeigen prospektive Längsschnittstudien, dass geschiedene Eltern bereits Jahre vor der Scheidung ein erhöhtes Risiko aufweisen, mit mehr Problemen in der Erziehung konfrontiert

zu sein, etwa ein geringeres pädagogisches Engagement zu zeigen, häufiger autoritäre Erziehungspraktiken einzusetzen und mit Blick auf die schulische Laufbahn der Kinder geringere Aspirationen zu hegen (Block, Block & Gjerde, 1988; Sun & Li, 2001). Mit Blick auf kindliche Anpassungsprobleme, wie sie für Scheidungskinder vermehrt beschrieben werden, konnte ferner nachgewiesen werden, dass ein beträchtlicher Teil der Kinder die Verhaltensauffälligkeiten bereits längere Zeit vor der elterlichen Trennung zeigte (Cherlin et al., 1991; Strohschein, 2005). Dies legt nahe, dass die Zeit *vor* (und nicht erst nach) der elterlichen Trennung für Eltern wie auch Kinder vielfach mit großen Belastungen verbunden ist. Zudem relativieren Befunde aus den (wenigen) vorliegenden komparativen Arbeiten klar die oben skizzierten Effekte des Familienstatus: Mit Blick auf das elterliche Erziehungsverhalten etwa zeigen sich mehr Ähnlichkeiten als Unterschiede zwischen geschiedenen und verheirateten Eltern (Strohschein, 2007), und auch längsschnittlich lassen sich nur geringfügige Veränderungen in den elterlichen Erziehungspraktiken nach einer Trennung nachweisen (Astone & McLanahan, 1991). Daraus folgt, dass distalen Faktoren (wie der Stabilität der Ehe) ein geringerer Vorhersagewert für die kindliche Entwicklung zukommt als proximalen Faktoren wie der Beziehung zwischen den Eltern, dem Ausmaß an Familienkonflikten und dem elterlichen Erziehungsverhalten.

Unter den Faktoren, die nachweislich den Effekt chronischer Belastungen von Alleinerziehenden auf die kindliche Entwicklung moderieren, kommt dem Verhältnis des Kindes zum getrennt lebenden (leiblichen) Elternteil eine zentrale Bedeutung zu. Ungeachtet des weit überwiegend gemeinsamen Sorgerechts beider Eltern sind es mit über 80 % in Deutschland nach wie vor die Väter, die nach der Trennung nicht mehr in einem gemeinsamen Haushalt mit ihren Kindern leben. Zeigen die getrennt lebenden Väter hohes Engagement gegenüber ihrem Kind, können sie bei Einschränkungen der mütterlichen Erziehungsmöglichkeiten eine kompensatorische Funktion übernehmen (vgl. Pröls, 2011). Allerdings tragen persönliche Belastungen der Mütter auch zu mehr Problemen in der Interaktion mit dem Vater bei, die einen Kontaktabbruch zum Vater wahrscheinlicher werden lassen.

Generell wird die **Kontakthäufigkeit** zum getrennt lebenden beziehungsweise externen Elternteil durch verschiedene Faktoren beeinflusst wie die Sorgerechtsregelung, die psychische Anpassung des externen Elternteils, dem Ausmaß, in dem sich dieser als für sein Kind wichtig oder abgelehnt fühlt und die Qualität der Beziehung zum häuslichen Elternteil des Kindes. Häufiger geht der Kontakt getrennt lebender Väter zu ihren Kindern verloren, wenn der Vater kein (gemeinsames) Sorgerecht hat, seine Befindlichkeit beeinträchtigt ist, er sich als Belastung für sein Kind erlebt und wenn die Beziehung zur Mutter konflikthaft ist.

Kontaktabbrüche sind auch umso wahrscheinlicher, je mehr Zeit seit der Trennung vergangen ist und je jünger das Kind bei der Trennung war (Walper & Krey, 2009).

Förderlich wirkt sich die Aufrechterhaltung der Beziehung zwischen dem getrennt lebenden Elternteil und dem Kind auf die Anpassung des Kindes aus, solange das Ausmaß elterlicher Konflikte in der Nachscheidungsphase gering ist. Massive und anhaltende Auseinandersetzungen der Eltern dagegen werden von Kindern als besonders belastend erlebt und erschweren die Anpassung aller Beteiligten. Häufig handelt es sich hierbei um Familien, die bereits vor und während der Scheidung zu physischen und verbalen Feindseligkeiten neigten (Johnston, Kline & Tschann, 1989).

Herausforderungen im Zuge einer Wiederheirat

Statistiken zeigen, dass ein überwiegender Anteil von geschiedenen Frauen und Männern wieder heiratet, auch wenn die Wiederheiratsneigung und das Wiederheiratstempo deutlichen Alters- und Geschlechtseffekten unterliegen. Die mit dem Eingehen einer Folgeehe entstehende Stieffamilie hebt sich von einer Kernfamilie mit Kindern im gleichen Alter dadurch ab, dass nicht alle Familienmitglieder auf eine gemeinsame Familiengeschichte zurückblicken. Stiefeltern treffen vielmehr auf eine mehr oder weniger eingespielte Teilfamilie, in der das Zusammengehörigkeitsgefühl von Eltern und Kindern auf geteilte Erlebnisse und Erfahrungen zurückgeht und über viele Jahre gewachsen ist. Das Zusammenwachsen von Stieffamilien stellt sich deshalb als längerfristiger Prozess dar, der mit etwa 5 Jahren deutlich länger andauert als die Reorganisation des Familiensystems nach einer Trennung der Eltern (Hetherington & Jodl, 1994).

Befunde zur Entwicklung der **Beziehung zwischen** Stiefeltern und ihren Kindern weisen bei allen Inkonsistenzen darauf hin, dass in Stieffamilien ein geringeres Maß an emotionaler Verbundenheit und weniger klare Rollenerwartungen vorherrschen als in strukturell intakten Familien. Generell werden Spannungen zwischen Stiefkindern und Stiefeltern vor allem dann wahrscheinlich, wenn Letztere frühzeitig versuchen, in die Disziplinierung und Kontrolle der Kinder einzugreifen (Coleman, Ganong & Fine, 2000; Hetherington & Jodl, 1994) und eine intensive Beziehung zu diesen zu entwickeln, bevor die Kinder hierzu bereit sind. Kinder entziehen sich solchen Bestrebungen und entwickeln oft eine abneigende Haltung gegenüber dem so agierenden Stiefelternteil, der seinerseits wieder mit Rückzug reagiert (Hetherington & Jodl, 1994). Entsprechend vorteilhaft ist es, wenn Stiefeltern eine abwartend-geduldige Haltung entwickeln und sich an den Bedürfnissen ihrer Stiefkinder orientieren.

Der besondere Stellenwert des **elterlichen Erziehungsverhaltens** für die psychosoziale Entwicklung von Stiefkindern zeigt sich daran, dass der Vorhersagewert familienstruktureller Faktoren sinkt, wenn entsprechende Unterschiede in den Erziehungspraktiken von biologischen und Stiefeltern berücksichtigt werden (z. B. Steinberg, 1987; Walper, 1995). Letztlich ist die Qualität der Beziehungen und Interaktionen für die Entwicklung der Kinder weitaus bedeutsamer als der Familienstatus. Für die pädagogisch-psychologische Arbeit ist es also wichtig zu berücksichtigen, dass mit der Entstehung einer Stieffamilie neue Anpassungsleistungen erforderlich werden, nicht nur durch die Erziehungskompetenz des neu hinzugekommenen Partners, sondern auch die des leiblichen Elternteils. Entsprechend ist mit besonderen Herausforderungen sowohl für Alleinerziehende als auch für wiederverheiratete Eltern zu rechnen.

Insgesamt zeichnen vorliegende Studien zur Situation und Entwicklung von Kindern in Ein-Elternteil- und Stieffamilien somit ein vielschichtiges Bild. Einerseits finden sich zahlreiche Hinweise auf ein erhöhtes Risiko dieser Gruppe(n). Andererseits sind die Unterschiede zwischen Stief- bzw. Ein-Elternteil- und Kernfamilien absolut betrachtet eher gering und verweisen auf eine große Variabilität innerhalb dieser Gruppen. So wird eine zentrale Aufgabe zukünftiger Studien darin bestehen, diesen Unterschieden systematisch nachzugehen und die bislang erst ansatzweise erfolgte Identifizierung von Faktoren voranzutreiben, die eine Wiederherstellung des innerfamilialen Gleichgewichts unterstützen oder auch stören können.

10.3.2 Krankheit als Familienaufgabe

Die Fürsorge für Familienangehörige im Krankheitsfall ist seit jeher eine zentrale Leistung, die Familien für ihre Mitglieder und damit auch für die Gemeinschaft erbringen. Auch wenn mittlerweile ein hoch spezialisiertes Gesundheitswesen die medizinische Expertise und Versorgung übernommen hat, verbleiben doch viele Aufgaben rund um die Krankenversorgung und Pflege in der Familie. Nicht nur Kinderkrankheiten gehören zum Familienalltag, auch Eltern sind mit gesundheitlichen Risiken konfrontiert, die ihre Möglichkeiten, Aufgaben in der Familie zu übernehmen, einschränken und die anderen Familienmitglieder zu Rücksichtnahme und Fürsorge anhalten. Wird jedoch ein Familienmitglied von einer schweren akuten oder chronischen Krankheit betroffen, tangiert dies die anderen Familienmitglieder nicht nur auf einer praktischen Ebene, sondern vor allem auch emotional (▶ Kap. 18).

Insofern mag es nahe liegen, dass sich eine schwere Erkrankung eines Familienmitglieds unweigerlich und nachhaltig belastend auf das Erleben und Verhalten aller Betroffenen und insbesondere auch der Kinder auswirkt. Im Licht vorliegender Befunde (s. u.) muss diese Vermutung jedoch relativiert werden: Selbst akute, lebensbedrohliche oder den Lebensvollzug beeinträchtigende chronische Erkrankungen eines Elternteils oder eines Kindes ziehen in vielen Fällen keine anhaltenden Beeinträchtigungen der Familienmitglieder nach sich. Eine Erklärung für dieses vielleicht überraschende Ergebnis liefern familienstresstheoretische Ansätze (Hofer, 2002b), denen zufolge die Erkrankung eines Familienmitglieds ein potenziell stressrelevantes Ereignis ist, welches nicht unbedingt eine Krise auslösen muss. Vielmehr wird in der **Anpassungsphase** („adjustment phase"), also unmittelbar nach der Konfrontation mit einem Stressor, dieser zunächst vor dem Hintergrund bereits bestehender normativer Anforderungen und den direkt mit einem kritischen Ereignis einhergehenden Härten eingeschätzt. In dem sich anschließenden Bewältigungsprozess werden Copingstrategien und Ressourcen eingesetzt mit dem Ziel, möglichst tiefgreifende Veränderungen in der Familienstruktur und in den Rollenaufteilungen zu vermeiden („resistance to change"). Gelingt es der Familie nicht, die neuen Anforderungen routinemäßig zu meistern und werden die mit der Krankheit einhergehenden Schwierigkeiten als unüberwindbar definiert, kommt es zu einer Verschärfung der Belastungssituation und damit zur Krise.

Im Umgang mit der Krise müssen sich die Familienmitglieder erneut über ihre Einschätzung der Situation, über geeignete Lösungsmöglichkeiten und Bewältigungsstrategien sowie über die Inanspruchnahme von Ressourcen verständigen. Ziel des gemeinsamen Verständigungsprozesses in der nun einsetzenden **Adaptationsphase** ist eine Umstrukturierung des Familiensystems, die darauf abzielt, die Rechte und Pflichten der einzelnen Familienmitglieder entlang ihrer jeweiligen Bedürfnisse und Möglichkeiten neu auszutarieren. Zu den hierbei relevanten Ressourcen zählen nicht nur außerfamiliale Unterstützungssysteme (soziale Unterstützung) und Charakteristika der einzelnen Familienmitglieder, sondern auch Merkmale der familialen Binnenstruktur wie Kohäsion und Rollenflexibilität, relative Autonomie der Familienmitglieder und wechselseitige Toleranz, Expressivität sowie Übereinstimmung in Einstellungen und Werten. Weitere funktionale Merkmale familialer Bewältigung sind eine übereinstimmende Identifikation und Anerkennung des Stressors, eine lösungsorientierte Problembewältigung (anstelle einer Suche nach Schuldzuschreibungen) sowie eine offene Familienkommunikation.

Welche spezifischen Belastungen mit einer Erkrankung einhergehen und welche Faktoren – als Ressourcen oder Risikofaktoren – den familialen Umgang mit der Krankheit und ihren Folgen beeinflussen, hängt prinzipiell davon ab, ob Eltern oder Kinder erkranken. Im ersteren Fall sind Kinder eher indirekt betroffen und sollten in ihrer Entwicklung vor allem dann gefährdet sein, wenn die Krankheit eines Elternteils dessen Erziehungskompetenz oder die des Partners einschränkt. Im zweiten Fall dagegen können Störungen in der kindlichen Entwicklung auf die Erkrankung des Kindes an sich zurückgehen oder auch auf Erziehungsprobleme, die sich im elterlichen Umgang mit dem kranken Kind einstellen. Diese können unabhängig von der Erkrankung das Wohl der Kinder gefährden oder auch etwaige krankheitsbedingte Beeinträchtigungen verschärfen.

In den folgenden Ausführungen wird auf beide Konstellationen eingegangen, wobei jeweils Schwerpunkte gesetzt werden. Bezogen auf die Folgen einer Erkrankung des Kindes fokussieren wir auf den familialen Umgang mit **chronischen körperlichen Erkrankungen**, da sich die in Familien mit akut und chronisch kranken Kindern beobachteten Belastungsreaktionen ähneln, chronische Erkrankungen jedoch mit spezifischen Herausforderungen für die langfristige Eltern-Kind-Beziehung verknüpft sind. Bezogen auf mögliche Implikationen einer Erkrankung von Eltern wird primär Literatur zu den Folgen **psychischer Erkrankungen** vorgestellt, da diese in weitaus stärkerem Maße als körperliche Erkrankungen zu einer Gefährdung des kindlichen Wohls beitragen können.

Kranke Kinder und ihre Familien

Schwere Erkrankungen im Kindes- und Jugendalter sind selten und betroffene Eltern reagieren meist geschockt und fassungslos, wenn ihnen mitgeteilt wird, dass ihr Kind akut lebensbedrohlich erkrankt ist (z. B. Hung, Wu & Yeh, 2004). Dennoch liegen vergleichsweise wenige aussagekräftige psychologische Studien zu den Folgen eines solchen Ereignisses für das Familiensystem vor (Dolgin & Phipps, 1996). Eine umfänglichere Literatur existiert dagegen zu **chronischer Erkrankung von Kindern** (Boekaerts & Roder, 1999; Dell Orto & Power, 2007; Tröster, 2005). Dies ist nicht zuletzt auf die stärkere Verbreitung chronischer Krankheiten zurückzuführen. Insgesamt leiden rund 24 % aller Kinder und Jugendlichen in Deutschland an chronischen Erkrankungen (Lohaus & Heinrichs, 2013) und mit Blick auf die Familie ist zu berücksichtigen, dass chronische Erkrankungen aufgrund des medizinischen Fortschritts und der deutlich verlängerten Lebenserwartung immer häufiger auftreten (werden).

> **Definition**
>
> Nach Schaeffer und Moers (2000) zeichnen sich **chronische Krankheiten** durch Dauerhaftigkeit, Komplexität und eine spezifische Verlaufsdynamik aus. Konkret ist der Lebensvollzug der Betroffenen langfristig durch die Krankheit und ihre Behandlung geprägt, wobei sich instabile und stabile Phasen typischerweise abwechseln und mit zunehmendem Alter mit einer Kumulation von Symptomen und Krankheit(sfolg)en gerechnet werden muss

Zu den intensiver untersuchten chronischen Krankheiten im Kindes- und Jugendalter zählt der juvenile Diabetes (im Volksmund auch Zuckerkrankheit genannt), der im Kindes- und Jugendalter die häufigste Stoffwechselerkrankung ist. Damit es nicht zu mehr oder weniger schwerwiegenden Symptomen (z. B. Sehstörungen, Herzinfarkt) kommt, ist eine Behandlung des Diabetes mellitus Typ 1 in Form einer Insulintherapie und einer speziellen Diät erforderlich. Während Kinder und Jugendliche, die früher unter dieser Krankheit litten, von einer geringen Lebenserwartung ausgehen mussten, können gut eingestellte diabetische Heranwachsende heute ein relativ normales Leben führen. Durch die Behandlung kann sowohl die Symptombelastung als auch die Wahrscheinlichkeit von Folgeerkrankungen (Merkmale der Komplexität) deutlich reduziert werden. Gleichwohl führt sie nicht zu einer Heilung, weshalb sich die betroffenen Kinder auf ein Leben mit der Krankheit einstellen müssen. Folgt man den Ergebnissen einer im Großraum Bonn durchgeführten Längsschnittstudie an 108 diabetischen und 107 gesunden Jugendlichen (Boeger & Seiffge-Krenke, 1994), dann scheint dies vielen Heranwachsenden gut zu gelingen. Allerdings werden Entwicklungsaufgaben, die eine zunehmende Autonomie von den Eltern und eine vermehrte Hinwendung zu gleich- und gegengeschlechtlichen Altersgenossen beinhalten, von diabetischen Jugendlichen nur zögerlich in Angriff genommen. Entwicklungsverzögerungen bei diabetischen Jugendlichen zeigen sich auch insofern, als die Lösung dieser Aufgaben für die Zukunft von ihnen weniger angestrebt wird als von den gesunden Gleichaltrigen (Boeger & Seiffge-Krenke, 1994; Boeger, Seiffge-Krenke & Roth, 1996).

Eine Reihe von Studien ist der Frage nachgegangen, inwiefern das Auftreten einer chronischen Erkrankung Auswirkungen auf das Familienleben hat und welche Rolle der Familie und anderen Stützsystemen (z. B. Ärzten) bei der Krankheitsverarbeitung zukommt (Boeger et al., 1996; Sherifali & Ciliska, 2006). Zusammengenommen zeigen sie, dass Familien mit einem chronisch erkrankten Kind oft erhebliche finanzielle und organisatorische Aufwendungen tätigen müssen und sich häufig wenig unterstützt fühlen. Im Zentrum des Erlebens der betroffenen Eltern steht jedoch das „Krankheitsmanagement", das heißt der Umgang mit den (meist) ambulanten Therapiemaßnahmen und Lebensumstellungen. Hierbei ist zu berücksichtigen, dass sich die Situation von Eltern eines diabetischen Kindes in einem Punkt grundsätzlich von der von Eltern mit einem akut erkrankten Kind unterscheidet: Die (Dauer-)Behandlung des Diabetes erfolgt weitgehend losgelöst von Einrichtungen des Gesundheitssystems, sodass das Krankheitsmanagement, welches die laufende Kontrolle der Blutzuckerwerte, die regelmäßige Einnahme der Medikamente und das Einhalten der Ernährungsvorschriften umfasst, stark in der Verantwortung der Eltern liegt.

Verschiedene Studien zeigen, dass insbesondere in der Zeit nach der Diagnose die Sorge für ein zuckerkrankes Kleinkind mit einem erhöhten Stresspegel und depressiven Symptomen aufseiten der Eltern einhergeht. In einer schweizerischen Studie an 74 Eltern etwa, die gerade mit der Diagnose ihres Kindes konfrontiert worden waren, wurden bei 24 % der Befragten Symptome einer posttraumatischen Depression (PTSD) diagnoziert, die zu Beeinträchtigungen des Familienlebens und der Partnerschaft führten (Landolt et al., 2002). Etwaige depressive Verstimmungen aufseiten der Eltern können zudem in späteren Phasen in intensiven Kummer und Ängste umschlagen, wenn akute Gesundheitsprobleme bei den Kindern auftreten, die eine stationäre Behandlung erforderlich werden lassen.

Langfristig sind es insbesondere die Mütter, die sich von chronischen Sorgen überhäuft fühlen. Die steigende Verselbstständigung der Jugendlichen in Bezug auf ihr Krankheitsmanagement trägt bei ihnen offensichtlich nicht dazu bei, dass sie sich entlastet fühlen. Die Angst, ihr Kind könnte zu nachlässig mit seiner Krankheit umgehen, kann wiederum leicht in ein überbehütendes und/oder stark kontrollierendes Verhalten münden, das vorliegenden Befunden zufolge klar kontraproduktiv ist. Hingegen steigt die Wahrscheinlichkeit, dass medikamentös gut eingestellte Kinder die verordnete Diät und Insulintherapie konsequent einhalten, wenn sie in einem fürsorglichen Elternhaus aufwachsen, in dem offen über die Probleme und Belange der Familienmitglieder gesprochen wird, elterliche Anweisungen aber auch situationsangemessen und konsequent durchgesetzt werden (Davis et al., 2001; Hanson et al., 1998). Darüber hinaus hat sich eine hohe Ehezufriedenheit als prognostisch bedeutsam für ein effektives „Krankheitsmanagement" erwiesen.

Erkrankungen der Eltern

Den Auswirkungen einer **körperlichen** Erkrankung von Eltern wurde besonders häufig in Studien an Familien mit einer an Krebs erkrankten Mutter nachgegangen. Obwohl eine solche Erkrankung durchaus mehr oder weniger erhebliche chronische Langzeitfolgen nach sich ziehen kann, ist bislang kaum etwas über das Befinden der (in unserer alternden Gesellschaft vermutlich nicht unerheblichen und steigenden Zahl) von Kindern und Jugendlichen bekannt, die in die Pflege kranker Elternteile einbezogen sind (zu Art und Umfang der geleisteten Hilfen durch Kinder s. Metzing, Schnepp, Hübner & Büscher, 2006).

Dass selbst jene Untersuchungen, in denen Familien während oder unmittelbar nach der Diagnose bzw. Behandlung befragt wurden, zu widersprüchlichen Befunden geführt haben (Annunziato, Rakotomihamina & Rubacka, 2007), ist neben methodischen Einschränkungen wesentlich auf moderierende Faktoren zurückzuführen, darunter

Art, Schwere und Dauer der Erkrankung sowie die Verfügbarkeit von personellen und sozialen Ressourcen (Harris & Zakowski, 2003). Mit Blick auf die psychosoziale Entwicklung der mitbetroffenen Kinder zeichnet sich jedoch vergleichsweise durchgängig ab, dass diese mehrheitlich mit den akuten Belastungen kompetent umzugehen wissen und keine deutlichen oder nachhaltigen Beeinträchtigungen zeigen (Lewis & Darby, 2003; Osborn, 2007).

Ungleich problematischer stellt sich dagegen die Situation von Kindern und Jugendlichen mit einem **psychisch** gestörten Elternteil dar. In ihrer Übersicht über den Forschungsstand kommen Oyserman, Mowbray, Meares & Firminger (2000) zu dem Ergebnis, dass in 32–56 % der Fälle, in denen Kinder mit einer psychisch gestörten Mutter aufwachsen, die Kinder selbst Symptome einer schizophrenen oder affektiven Störung im Sinne internationaler Klassifikationssysteme (DSM-IV und ICD-10; APA, 2000; WHO, 1991) zeigen. Die Gründe hierfür sind vielschichtig. Zum einen wurden in verhaltensgenetischen Studien zur Erblichkeit von Psychosen vergleichsweise hohe Erblichkeitskoeffizienten (zwischen 34 und 80 %) ermittelt. Zum anderen unterstreichen Studien, in denen psychisch gestörte und gesunde Mütter hinsichtlich soziodemografischer Merkmale verglichen wurden, dass es bei den von einer psychischen Erkrankung betroffenen Frauen häufig zu einer Kumulation von Stressoren kommt. Frauen mit der Diagnose einer schweren psychischen Störung (z. B. endogene Depression, Schizophrenie, Borderline-Persönlichkeitsstörung, antisoziale Persönlichkeit) haben häufiger einen ebenfalls psychisch gestörten Partner, bekommen ihr erstes Kind meist zu einem sehr frühen Zeitpunkt, haben häufig mehrere Kinder, kämpfen mit großen finanziellen Problemen und sind mit größerer Wahrscheinlichkeit alleinerziehend oder führen eine Beziehung, die durch anhaltende Konflikte und Gewalt gekennzeichnet ist.

Zwar scheinen gerade psychisch gestörte Frauen die Mutterrolle als befriedigend und bereichernd zu erleben und sich motivierter zu fühlen, mit ihrer Krankheit einhergehende Probleme zu bewältigen. Gleichwohl deuten Vergleichsstudien (meist an depressiven und gesunden Müttern) darauf hin, dass die Erziehungskompetenz psychisch gestörter Eltern im Regelfall beeinträchtigt ist (z. B. Johnson, Cohen, Kasen, Ehrensaft & Crawford, 2006). Bereits im Kleinstkindalter zeigt sich, dass an einer psychischen Störung leidende Mütter im Umgang mit einem Säugling weniger responsiv und emotional ansprechbar sind und eher dazu tendieren, Sorgen rund um die Pflege des Kindes zu verdrängen. Im Umgang mit dem Kleinkind scheint es ihnen schwerer zu fallen, zwischen den eigenen Bedürfnissen und denen ihres Kindes zu trennen und konsequent aufzutreten. Gleichzeitig sind vermehrt negativ gefärbte oder unempathische Eltern-Kind-Interaktionen zu beobachten. Nach Schuleintritt zeigen sich psychisch gestörte

Mütter weniger engagiert und unterstützend, wobei die betroffenen Kinder von den Müttern selbst aber auch von Lehrern häufiger als verhaltensauffällig beschrieben werden. Die Schwere der mütterlichen Symptomatik korreliert dabei signifikant mit der Frustrationstoleranz des Kindes und dessen Bereitschaft und Fähigkeit, Aufgaben motiviert und andauernd zu bearbeiten. Diese kindlichen Probleme wiederum sind in engem Zusammenhang damit zu sehen, dass kranke Mütter häufiger Verhaltensprobleme aufseiten des Kindes überbetonen, unrealistische Erwartungen an die Leistungsfähigkeit ihrer Kinder hegen, seltener eine anregungsreiche Umgebung bereitstellen und bei Konflikten (z. B. im Zusammenhang mit Hausaufgaben) seltener in der Lage sind, die eigenen Emotionen konstruktiv zu regulieren.

Die skizzierten Unterschiede zwischen kranken und gesunden Müttern werden meist geringer, wenn der Effekt soziodemografischer Faktoren auspartialisiert wird, lassen sich statistisch aber auch dann noch absichern. Innerhalb der Gruppe der kranken Mütter beobachtbare Unterschiede gehen dahin, dass eine unsichere Bindung vor allem dann entsteht, wenn die Erkrankung der Mutter bereits vor der Geburt zum Ausbruch kam, wenn die Erkrankung besonders ungünstig verlief und wiederholte stationäre Behandlungen erforderlich wurden, und wenn es sich um alleinerziehende Mütter handelte, der Vater also nicht krankheitsbedingte Beeinträchtigungen abfedern konnte.

10.3.3 Armut und Arbeitslosigkeit

Zu Beginn dieses Kapitels wurde die Bedeutung sozialer Disparitäten für die Teilhabechancen von Kindern und Jugendlichen im Bildungssystem angesprochen. An dieser Stelle werden die Auswirkungen von Armut und Arbeitslosigkeit der Eltern auf die Entwicklung von Kindern und Jugendlichen näher betrachtet.

Facetten von Armut

Die Fragen, welche Bevölkerungsgruppen besonders häufig von Armut und Arbeitslosigkeit betroffen sind, welche Risikofaktoren hierfür ausschlaggebend sind und vor allem: welche Folgen dies für die Entwicklung betroffener Kinder und Jugendliche hat, umreißen ein Thema, das seit knapp 30 Jahren die hiesige Sozialisationsforschung beschäftigt. Unter dem Schlagwort der „Infantilisierung der Armut" war Ende der 1980er-Jahre deutlich geworden, dass in Deutschland vor allem Kinder, und insbesondere junge Kinder vor dem Schuleintritt, ein erhöhtes Armutsrisiko haben. Zahlreiche Studien haben sich in der Folgezeit diesem Thema angenommen (z. B. Holz & Hock, 2006; Walper, 2008). Der UNICEF-Vergleichsstudie „Child Poverty in Rich Countries 2005" zufolge ist seit 1990 in den meisten reichen Nationen der Anteil der Kinder, die in Armut leben, weiter gestiegen (UNICEF, 2005). Wird bei Armut an Hunger und Obdachlosigkeit gedacht, dürfte dies angesichts der Verfügbarkeit von wohlfahrtsstaatlichen Leistungen in den meisten dieser Länder zunächst verwundern. Allerdings beschränkt sich Armut nicht auf diese Extremformen **absoluter Armut**, sondern betrifft auch Formen **relativer Armut**, bei der nicht das physische, wohl aber das soziokulturelle Existenzminimum unterschritten wird. Relative Armut bezieht sich vorrangig darauf, inwieweit der in einem Land gegebene durchschnittliche Lebensstandard unterschritten wird. Sie ist damit vor allem ein Indikator sozialer Ungleichheit beziehungsweise Disparitäten, während das landesübliche durchschnittliche Einkommensniveau, das wesentlich über den möglichen Lebensstandard bestimmt, unberücksichtigt bleibt.

Definition

Dem dritten Armuts- und Reichtumsbericht des Bundesministeriums für Arbeit und Soziales (2008) zufolge ist im engeren Sinne arm, wer nicht über genügend Mittel zum physischen Überleben verfügt (absolute Armut). Entsprechend wird die **Armutsgrenze** definiert als Einkommensniveau, das minimal notwendig ist, um eine Familie mit Nahrung, Unterkunft, Kleidung sowie medizinisch zu versorgen. In Deutschland ist im Sozialhilferecht über die physische Existenz hinaus das soziokulturelle Existenzminimum abgesichert, das eine Teilhabe am gesellschaftlichen Leben sichern soll. Psychologisch entscheidend und hierzulande relevant ist diese **relative Armut**. Bezogen auf **relative Einkommensarmut** wird als Referenzgröße das mittlere Einkommen einer betrachteten Gesellschaft herangezogen. Als arm gilt hierbei, wer über weniger als die Hälfte des durchschnittlichen bedarfsgewichteten Netto-Äquivalenzeinkommens verfügt. In letzter Zeit wird häufiger – so auch im vierten Armuts- und Reichtumsbericht der Bundesregierung – auf die **Armutsrisikoquote** (60 % des durchschnittlichen-Netto-Äquivalenzeinkommens) Bezug genommen (BMAS, 2013). Bei der Ermittlung des bedarfsgewichteten Äquivalenzeinkommens wird das Netto-Haushaltseinkommen so in ein Pro-Kopf-Einkommen umgerechnet, dass der wirtschaftliche Vorteil von Mehrpersonenhaushalten gegenüber Einpersonenhaushalten und der unterschiedliche Bedarf von Erwachsenen und Kindern berücksichtigt wird.

Speziell in Deutschland ist der Prozentsatz der Familien, die mit weniger als 50 % des Durchschnittseinkommens auskommen müssen, stärker gestiegen als in den meisten anderen Industrienationen (Unicef, 2005). Legt man die Armutsrisikoquote zugrunde, lebten im Jahr 2011 laut Mikrozensus knapp 19 % aller minderjährigen Kinder in Deutschland in Familien mit relativ geringem Einkommen (60 % des Durchschnittseinkommens; s. BMAS, 2013, S. 111). Die Armutsrisikoquote für Minderjährige liegt damit fast 4 % über dem Vergleichswert für die Gesamtbevölkerung (15,1 %). Demnach leben Kinder nach wie vor überdurchschnittlich häufig in finanziell beengten Verhältnissen. Besonders betroffen von Einkommensarmut beziehungsweise relativ geringem Einkommen waren und sind Kinder und Jugendliche in Familien mit mindestens einem arbeitslosen Elternteil und/oder geringen Bildungsressourcen der Eltern, Kinder in Ein-Elternteil-Familien und/oder kinderreichen Familien sowie Kinder mit Migrationshintergrund. Für Alleinerziehende mit zwei und mehr Kindern fällt die Armutsrisikoquote mit 62 % besonders hoch aus (BMAS, 2013, S. 112). Ausschlaggebend sind also familienstrukturelle Merkmale, da sie nicht zuletzt die Erwerbsmöglichkeiten der Eltern beeinflussen. Bei Alleinerziehenden fallen auch unzureichende Unterhaltszahlungen in die Waagschale. Angesichts der schwierigen Situation Alleinerziehender auf dem Arbeitsmarkt sind sie nicht nur häufiger auf staatliche Unterstützung (Arbeitslosengeld II) angewiesen, sondern bleiben auch länger im Hilfebezug als Zwei-Eltern-Familien. Zuwandererfamilien sind ebenfalls überrepräsentiert in der Gruppe derjenigen, die auf Transferleistungen, insbesondere Arbeitslosengeld II, angewiesen sind. Die Armutsrisikoquote von Menschen mit Migrationshintergrund und ausländischer Staatsangehörigkeit ist gegenüber Personen ohne Migrationshintergrund sogar dreimal höher. Sonderauswertungen des Mikrozensus 2009 zeigen, dass immerhin 45 % aller armutsgefährdeten Familien mit minderjährigen Kindern einen Migrationshintergrund aufweisen (vgl. BMAS, 2013, S. 125). In den 1990er Jahren hat sich der Anteil armer Kinder in dieser Bevölkerungsgruppe verdreifacht. Dieser Anstieg trägt deshalb maßgeblich zum Gesamtanstieg der Kinderarmut in Deutschland bei.

In den letzten Jahren sind aber auch positive Entwicklungen zu verzeichnen: Nachdem die Einkommen lange immer weiter auseinanderdrifteten, ist Statistiken des Bundesministeriums für Arbeit und Soziales (BMAS) zufolge die Einkommensspreizung in Deutschland seit 2007 insgesamt rückläufig (BMAS, 2013). Die Arbeitslosenquote ist in Deutschland seit 2005 rückläufig, wobei sogar die Jugendarbeitslosigkeit – anders als in vielen anderen europäischen Ländern – noch stärker abgenommen hat als die Arbeitslosigkeit insgesamt. Im Jahr 2012 waren im Jahresdurchschnitt nur knapp 6 % der 15- bis 26-Jährigen arbeitslos. Auch die Anzahl der Kinder in Haushalten, die Grundsicherung für Arbeitssuchende erhalten, hat abgenommen. Vor allem Familien mit kleinen Kindern scheinen von der günstigen Arbeitsmarktentwicklung profitiert zu haben. Der Anteil der Familien mit Kindern unter drei Jahren, die in SGB-II-Bedarfsgemeinschaften leben, ist um 3 % auf 18,2 % im Jahresdurchschnitt 2011 gesunken. Allerdings verdeutlichen diese Zahlen, dass die Armutsrisiken immer noch vorrangig junge Familien betreffen.

Neben dem Fokus auf Einkommensarmut gibt es Ansätze, die andere Aspekte der jeweiligen Lebenslage mit in den Blick nehmen, insbesondere die Erwerbssituation, die jeweiligen Bildungsressourcen, die Wohnsituation und vielfach auch die gesundheitliche Situation und soziale Einbindung. Armut wird dann als Unterschreiten von Mindeststandards beziehungsweise Unterversorgung in diesen zentralen Lebenslagendimensionen verstanden (s. Walper, 2008).

Um einen noch breiter gefassten Ansatz handelt es sich bei dem sogenannten **Capability Approach** (CA), der von dem Nobelpreisträger für Ökonomie Amartya Sen und der Philosophin Martha Nussbaum entwickelt wurde. Aus dessen Perspektive ist Chancengleichheit – grob gefasst – als Gleichheit zentraler, für wertvoll erachteter Chancen der Verwirklichung von Wohlergehen zu fassen und Chancenungleichheit entsprechend als ein Mangel an Verwirklichungschancen. Das Konzept der **Verwirklichungschancen** wiederum verweist auf ein breites Spektrum an qualitativ unterschiedlichen Zuständen und Handlungen, die Menschen für sich anstreben und verwirklichen können. Diese werden im CA entlang der beiden Dimensionen „Well-being" und „Agency" eingeordnet. Hierbei bezieht sich **Well-being** auf die Chance auf Wohlbefinden, seelische Gesundheit und persönliches Wachstum, während **Agency** auf die Herausbildung von Handlungsbefähigung und psychologischer Autonomie abhebt – also auf die Gewährung und Nutzung von Gestaltungs- und Entscheidungsfreiräumen. Entsprechend ist Benachteiligung nicht nur dann zu konstatieren, wenn Mitglieder einer Gesellschaft unter Bedingungen leben (müssen), die ihre seelische oder physische Gesundheit bedrohen. Ungleichheit liegt vielmehr auch dann vor, wenn Personen in unterschiedlichem Maße darin unterstützt beziehungsweise daran gehindert werden, begründete Zielvorstellungen für das eigene Leben zu entwickeln, zu formulieren und nachhaltig zu verfolgen.

Die analytische und sozialpolitische Tragweite einer solchen Konzeptualisierung wird in Studien deutlich, die für den Armuts- und Reichtumsbericht erstellt worden sind. Legt man das traditionelle Kriterium monetärer Armut zugrunde, können 16,8 % der Bevölkerung als benachteiligt gelten, da sie über weniger als 60 % des Median-Einkommens verfügen. Wird aber – wie im Armuts- und Reichtumsbericht – ein Mangel an nichtfinanziellen individuellen und gesellschaftlichen Verwirklichungschancen (z. B. Gesundheit, Bildung, Zugang zum Gesundheitssys-

tem und zu angemessenem Wohnraum) als Kriterium gewählt, kommt man zu einem Anteil von knapp 40 % aller Bürgerinnen und Bürger, die von einer deutlichen Einschränkung betroffen sind, obwohl sie nicht den monetär Armen zuzurechnen sind (vgl. Arndt, Dann, Kleimann, Strotmann & Volkert, 2006).

Armut als Stressor für Eltern und Kinder

Einkommensarmut bedeutet zunächst vor allem finanzielle Probleme und notwendige Einschränkungen im Konsum. Darüber hinaus bringt Armut jedoch vielfach auch Existenzängste, Selbstzweifel, Depression, soziale Schamgefühle und nicht zuletzt Konfliktpotenzial in den alltäglichen Interaktionen mit sich (z. B. Petterson & Albers, 2001; Salentin, 2002; Wadsworth & Compas, 2002). Entsprechend lässt sich dieser Bereich familialer Belastungslagen ebenfalls stresstheoretisch betrachten: Armut ist demnach ein zentraler Stressor, der das Familienleben auf vielfältige Weise beeinflusst und die Bewältigungsmöglichkeiten betroffener Familie stark beansprucht. Dennoch können auch hier die Folgen für die betroffenen Eltern und Kinder je nach verfügbaren Ressourcen im materiellen, persönlichen und sozialen Bereich variieren (Garmezy, 1991).

Hinsichtlich des Belastungspotenzials von (Einkommens-)Armut für betroffene Familien hat sich vielfach gezeigt, dass die erforderlichen finanziellen Einschränkungen und ökonomischen Unsicherheiten auch vermehrte Sorgen und psychische Belastungen der Eltern wahrscheinlich machen, die das Familienklima überschatten und sich in Beeinträchtigungen der familialen Beziehungen und Interaktionen niederschlagen (Walper & Kruse, 2008). Dies betrifft sowohl die elterliche Partnerschaft – sofern es sich um eine Zwei-Eltern-Familie handelt – als auch das elterliche Erziehungsverhalten, das weniger aufmerksam und zugewandt, vielfach auch schroffer und strafender wird (vgl. Walper, 2008). Wie Glen Elder und Rand Conger in ihren Arbeiten zeigen konnten, ist hierbei der finanzielle Druck in der Haushaltsführung ausschlaggebend (Conger, Rueter & Conger, 2000; Elder, Conger, Foster & Ardelt, 1992): Objektive sozioökonomische Härten führen zunächst zu erhöhtem finanziellem Druck, der sich in notwendigem Verzicht oder unbezahlten Rechnungen in der alltäglichen Haushaltsführung bemerkbar macht. Dieser Druck unterminiert wiederum die psychischen Ressourcen der Eltern, provoziert bei Paaren mehr Unzufriedenheit und Unstimmigkeiten, geht mit Konflikten um unerfüllbare Wünsche der Kinder einher (Conger, Ge, Elder, Lorenz & Simons, 1994; vgl. auch Walper & Kruse, 2008) und belastet auf diesem Weg auch das Erziehungsverhalten. Die elterliche Feinfühligkeit gegenüber kindlichen Bedürfnissen wird geringer, ebenso die liebevolle Zuwendung und achtsame Überwachung kindlicher Aktivitäten und Belange, Strategien der Machtdurchsetzung nehmen hingegen zu und zwar vor allem, wenn die Eltern wenig soziale Unterstützung wahrnehmen (z. B. Hashima & Amato, 1994). Dazu kommt, dass finanziell bedingter Stress dazu beiträgt, dass der Blick der Eltern auf ihre Kinder kritischer ausfällt und das Verhalten der Kinder mehr negative Einschätzungen und Emotionen der Eltern hervorruft (Pinderhughes, Bates, Dodge, Pettit & Zelli, 2000). Damit wird zusätzlich die Wahrscheinlichkeit eines entwicklungsförderlichen Erziehungsstils, wie er im oben behandelten Konzept autoritativer Erziehung angesprochen wird, geringer.

Vor allem solche psychosozialen Folgewirkungen finanzieller Knappheit sind letztlich ausschlaggebend für Beeinträchtigungen der Befindlichkeit und erhöhtes Problemverhalten bei Kindern aus deprivierten Familien (Conger, Conger & Elder, 1997; NICHD-Early Child Care Network, 2005; Pinderhughe et al., 2000). In einer Reihe von Studien konnte gezeigt werden, dass die beeinträchtigende Wirkung von Einkommenseinbußen, materiellen Sorgen oder auch dem drohenden Verlust des Arbeitsplatzes weitgehend über innerfamiliale Prozesse, namentlich die psychische Befindlichkeit der Eltern, deren Erziehungsverhalten und Schulengagement sowie die Qualität der Eltern-Kind-Beziehung, vermittelt wird (Whitbeck, Simons, Conger, Wickrama, Ackley & Elder, 1997; Lempers & Clark-Lempers, 1997; Gutman & Eccles, 1999). Auch Befunde aus deutschen Studien konnten dies bestätigen (Walper, Gerhard, Schwarz & Gödde, 2001) und weisen darauf hin, dass Armutserfahrungen durchaus langfristig wirksam sind und selbst bei einer Verbesserung der finanziellen Lage wirksam bleiben können. Entsprechendes erbrachte eine Längsschnittstudie, der zufolge Jugendliche noch sechs Jahre, nachdem sie eine Verknappung in der Haushaltsführung berichtet hatten, Einschränkungen in ihrer Befindlichkeit erlebten (Walper, 2009b). So ist es wenig verwunderlich, dass sich dauerhafte Armut als besonders belastend für betroffene Kinder erwiesen hat (z. B. Bolger, Patterson, Thompson & Kupersmidt, 1995).

Jenseits des Familienzusammenhangs machen ökonomisch deprivierte Kinder und Jugendliche oftmals auch im weiteren sozialen Kontext weniger positive und mehr negative Erfahrungen. Sie gehören seltener einem Verein an, sind weniger in die Gruppe der Gleichaltrigen eingebunden beziehungsweise werden von diesen weniger akzeptiert und fühlen sich häufiger einsam (Bolger et al., 1995; Klocke, 1996; Walper et al., 2001). Insofern bieten Gleichaltrige keineswegs immer einen solidarischen Ausgleich, der häusliche Belastungen wettmacht, sondern können im Gegenteil die Probleme verschärfen. Denn Erfahrungen sozialer Ausgrenzung durch Gleichaltrige untergraben das Selbstwertgefühl betroffener Kinder und Jugendlicher und erhöhen deren Depressivität (Walper et al., 2001). Hinzu kommen weitere Stressoren, mit denen Kinder, die in Armut aufwachsen, häufiger konfrontiert sind. Neben

physischen Kontextbedingungen (unangemessene Wohnbedingungen, Lärm, Crowding) können dies beispielsweise frühe Trennungen oder Gewalt in der Nachbarschaft sein (Evans & English, 2002). Diese Stressbedingungen scheinen zu erhöhten psychischen Belastungen, physiologischen Stressreaktionen und den größeren Selbstregulationsschwierigkeiten von betroffenen Kindern beizutragen. In diesem Zusammenhang konnten in einer Studie, die Bewältigungsstrategien von Jugendlichen in Armut untersuchte, zwei hilfreiche Arten von Problembewältigung aufgezeigt werden. Es handelt sich um Kontrollstrategien, die sich entweder auf eine aktive Veränderung der Situation (primäre Kontrolle) oder auf eine veränderte Wahrnehmung und Deutung der Situation (sekundäre Kontrolle) beziehen (Wadsworth & Compas, 2002). Jugendliche mit hohen Belastungsfaktoren im Familienkontext (vor allem bei vermehrten Familienkonflikten im Kontext finanzieller Härten) griffen weniger auf diese Strategien zurück und zeigten ein eher dysfunktionales vermeidendes Coping beziehungsweise Rückzug (Disengagement). Die Coping-Strategien der Jugendlichen mediierten dabei den Zusammenhang zwischen familialen Belastungen und der Befindlichkeit der Jugendlichen.

Armut und Bildung

Studien aus unterschiedlichen Ländern belegen seit vielen Jahren, dass die schulischen Leistungen, Bildungsabschlüsse und Schul- beziehungsweise Berufsabschlussvorstellungen Heranwachsender eng mit dem elterlichen Einkommen, Beruf und Bildungsniveau kovariieren (zusf. Conger & Dogan, 2007; Hoover-Dempsey, Battiato, Walker, Reed, DeJong & Jones, 2001; Wild, Hofer & Pekrun, 2001; Wild & Hofer, 2002). In diesem Zusammenhang ist – gegenwärtige oder frühere – Armut ein zentraler Faktor, der Risiken für die Leistungsentwicklung und Bildungsbiografie birgt (Davis-Kean, 2005; Entwisle & Alexander, 1996), weil für den Lernerfolg relevante Kompetenzen unzureichend ausgebildet werden. Tatsächlich scheinen Nachteile im Bereich kognitiver Fähigkeiten und des schulischen sowie beruflichen Erfolgs sogar weitaus gravierender auszufallen als Nachteile in anderen Entwicklungsbereichen (Duncan & Brooks-Gunn, 1997; Petterson & Albers, 2001). So erweisen sich mangelnde sozioökonomische Ressourcen der Familie bei der Sprachentwicklung der Kinder als deutlicher Nachteil (Hoff-Ginsberg, 2000) und die Intelligenzentwicklung von Kindern aus einkommensarmen Familien liegt – selbst bei Kontrolle potenzieller Drittvariablen (perinatale Probleme, Geburtsgewicht, chronische Krankheiten) – bereits vor dem vierten Lebensjahr deutlich unter der Norm (Mackner, Black & Starr, 2003). Im Alter von fünf Jahren zeigen sich zudem stärkere Effekte dauerhafter statt zeitbegrenzter Armut (Duncan, Brooks-Gunn & Klebanov, 1994).

Internationale Vergleichsstudien, wie die PISA-Studie, ergänzen dieses Bild, indem sie belegen, dass die Entwicklung zentraler Kulturtechniken (wie der Lesekompetenz) stark vom sozioökonomischen Hintergrund der Familien beeinflusst wird, wobei dies in Deutschland noch stärker gilt als in vielen anderen Ländern (Baumert & Schümer, 2001; Baumert, Watermann & Schümer, 2003). Vergleicht man die Ergebnisse der PISA-Studie, die sich auf 15-jährige Schüler bezieht, mit den in der IGLU-Studie für Grundschüler ermittelten Befunden, so scheint es deutschen Grundschulen eher als weiterführenden Schulen zu gelingen, soziale Disparitäten vergleichsweise gering zu halten. Auch hier differiert jedoch das durchschnittliche Kompetenzniveau von Kindern unterschiedlicher sozialer und ethnischer Herkunft. So weicht etwa das Leseverständnis von Drittklässlern aus Elternhäusern der obersten und untersten Sozialschicht um etwa eine halbe Standardabweichung ab. Dies entspricht rund der Differenz von einem Schuljahr (Bos et al., 2003). Bereits in den ersten Klassenstufen sind also **primäre Disparitäten** zu beobachten, das heißt es bestehen schon zu diesem frühen Zeitpunkt Ungleichheiten in den Kompetenzen, die für den Zugang zu Bildungsangeboten entscheidend sind. Diese werden verschärft durch **sekundäre Disparitäten**, das heißt von der Kompetenz unabhängige Ungleichheiten in den Bildungschancen.

Sekundäre Disparitäten entstehen, weil sozioökonomische Ressourcen der Eltern nicht nur die schulischen Kompetenzen der Kinder beeinflussen, sondern auch unabhängig hiervon in die Notengebung, die Übertrittsempfehlungen und die Schulwahlentscheidungen der Eltern am Ende der Grundschule einfließen (Ditton, 2004). Im deutschen Bildungssystem, das eine Zuweisung zu unterschiedlichen Schulzweigen bereits in der vierten Klasse vorsieht, kommt solchen sekundären Herkunftseffekten vergleichsweise großes Gewicht zu (Ditton, 2007a). Zwar folgen auch Eltern mit geringeren sozioökonomischen Ressourcen häufig der von der Grundschule ausgestellten Gymnasialempfehlung. Eltern mit höheren sozioökonomischen Ressourcen zeigen jedoch auch ohne Gymnasialempfehlung deutliche Präferenzen für einen Gymnasialabschluss ihrer Kinder und wissen diese Vorstellung umzusetzen (zusf. Maatz, Baumert, Gresch & McElvany, 2010). Ausschlaggebend hierfür dürften nicht unterschiedliche Erwartungen an die Nützlichkeit eines höheren Schulabschlusses sein, da sich Eltern in dieser Hinsicht weitgehend einig sind (Ditton, 2007b). Wohl aber sind schichtabhängige Unterschiede in den antizipierten Erfolgschancen des eigenen Kindes zu beobachten und auch die Fähigkeit, als Eltern die jeweils nötigen Ressourcen bereitstellen zu können, ist in privilegierten Familien erwartungsgemäß höher (vgl. ▶ Abschn. 10.3.3). Angesichts dieser Befunde kann die Stärkung des Elternwillens beim Übertritt durchaus kritisch gesehen werden. Ohne eine intensive Beratung der Eltern werden für einige Schüler Bildungschancen ungenutzt bleiben, während andere Kinder vor der Aufgabe stehen, den überhöhten Erwartungen ihrer Eltern gerecht werden zu müssen.

Insgesamt unterstreichen diese Befunde die Rolle der Familie als primäre Sozialisations- und Bildungsinstanz und lassen verständlich werden, warum Kinder aus sozial privilegierten Elternhäusern die schulische und berufliche Laufbahn meist erfolgreicher durchlaufen. Allerdings macht die in PISA konstatierte enorme transkulturelle Variabilität des Zusammenhangs zwischen Soziallage und Kompetenz deutlich, dass der Effekt sozioökonomischer Faktoren nicht allein durch Drittvariablen wie Intelligenz oder Persönlichkeitsmerkmale von Eltern erklärt werden kann, die genetisch (mit-)bestimmt sind (zusf. Plomin, DeFries, McClearn & Rutter, 1999) und sich in den Bildungsverläufen der Eltern- und Kindergeneration widerspiegeln. Vielmehr sind es (auch) Merkmale des Bildungssystems, die herkunftsbedingte Disparitäten nivellieren oder verstärken.

> **Fazit**
>
> Die Ausführungen in diesem Kapitel sollten verdeutlichen, dass sich die Anforderungen an Eltern (und deren Kinder) im Verlauf der Familienkarriere stetig verändern und das der Familie innewohnende Potenzial nur dann ausgeschöpft wird, wenn die Eltern-Kind-Interaktion auf die altersabhängigen Bedürfnisse des Nachwuchses und die Fähigkeiten des einzelnen Kindes abgestellt wird. Diese Idee steht daher auch – mehr oder weniger ausdrücklich – im Zentrum vorliegender Trainings zur Steigerung der elterlichen Erziehungskompetenz (zusf. Wiss. Beirat, 2005; Tschöpe-Scheffler, 2006).
>
> Mit dem innerfamilialen Sozialisationsgeschehen ist eine entscheidende „Stellgröße" für die kindliche Persönlichkeitsentwicklung angesprochen. Daraus im Umkehrschluss abzuleiten, dass Eltern grundsätzlich die Verantwortung für kindliche Fehlentwicklungen zuzuschreiben ist, ist gleichwohl unzulässig. Ein solch deterministisches Verständnis verkennt nicht nur die Rolle von Erbanlagen, kindlichen Selbstsozialisationsprozessen und bidirektionalen Wirkungen der Eltern-Kind-Interaktion. Es lenkt vielmehr auch von der Tatsache ab, dass Beeinträchtigungen in den Familienbeziehungen häufig auf belastende Lebenslagen und kritische Lebensereignisse zurückgehen und viele unverschuldet in eine Krise gestürzte Eltern dennoch bemüht sind, ihr Kind bestmöglich zu begleiten.
>
> Was eine „gute Erziehung" ausmacht, lässt sich vor dem Hintergrund der inzwischen über 50 Jahre hinweg betriebenen Erziehungsstilforschung dahingehend beantworten, dass eine störungsfreie Persönlichkeitsentwicklung von Kindern und Jugendlichen umso

wahrscheinlicher wird, je mehr Eltern die für einen autoritativen Erziehungsstil charakteristischen Verhaltensweisen zeigen. So ist es positiv zu bewerten, dass die Voraussetzungen für die Realisierung eines solchen, durchaus anspruchsvollen Erziehungsstils heute in vielerlei Hinsicht besonders günstig sind. Besorgniserregend sind gleichwohl die nach wie vor hohe Zahl von in Armut lebenden Kindern und der Erwartungsdruck, unter dem immer mehr Eltern stehen beziehungsweise unter den sie sich selbst stellen.

Nicht zuletzt Befunde der Armuts- und Ungleichheitsforschung unterstreichen, wie stark das Elternhaus die psychosoziale, intellektuelle und schulische Entwicklung der Kinder beeinflusst. Mit Blick auf die Rolle der Familie als eine bedeutsame Lernumgebung ist festzuhalten, dass neben bildungsaffinen Werthaltungen und positiven Einschätzungen der kindlichen Leistungsfähigkeit durch die Eltern vor allem auch gemeinsame lernrelevante Aktivitäten und eine qualitätsvolle Ausgestaltung elterlicher Hilfen zielführend sind. Je mehr Eltern Interesse an schulischen Inhalten und an den schulischen Erfahrungen ihrer Kinder zum Ausdruck bringen, diesen klare Leistungserwartungen und Standards vermitteln, die kindliche Zuversicht in die eigene Leistungsfähigkeit stärken, emotionale Unterstützung bei der Bewältigung von Misserfolgen leisten und die Herausbildung von Selbstregulationskompetenzen fördern, umso eher ermöglichen sie ihren Kindern ein erfolgreiches und selbstbestimmtes Lernen. Die wenigen wissenschaftlich fundierten Ratgeber und Trainings, die auf den elterlichen Umgang mit schulischen Belangen fokussieren (Rammert & Wild, 2007; Niggli, Wandeler & Villinger, 2009; McElvany & Artelt, 2009; Otto, 2009), setzen diese Erkenntnisse in praktische Anleitungen um.

Beeinträchtigungen in der elterlichen Erziehungskompetenz werden wahrscheinlicher, wenn Familien mit unvermittelten Schicksalsschlägen (z. B. Erkrankung eines Familienmitglieds oder plötzliche Arbeitslosigkeit) oder mit Krisen (z. B. Trennung/Scheidung, fortdauernde ökonomische Deprivation) konfrontiert sind. Aus systemischer Sicht werden in allen diesen Fällen Anpassungsleistungen erforderlich, die zumindest vorübergehend das Erleben und Verhalten der Betroffenen beeinträchtigen können. Ob eine Krise erfolgreich gemeistert wird oder langfristige negative Folgen insbesondere für die Persönlichkeitsentwicklung der betroffenen Kinder nach sich zieht, hängt dabei wesentlich von den jeweils verfügbaren (personalen und sozialen) Ressourcen der Familie beziehungsweise ihrer Mitglieder ab. Gleichwohl sind Familien vielfach auf Unterstützung in herausforderungsreichen Situationen angewiesen. Hierzu vorliegende Angebote können auf spezifische Probleme und Adressaten gerichtet oder eher allgemein präventiver Natur sein (► Kap. 18). Beide Ansätze finden sich beispielsweise in den Programmen der Frühprävention für Familien ab der Schwangerschaft bis zum Kindergartenalter, die im Rahmen des Nationalen Zentrums Frühe Hilfen (NZFH) im Auftrag des Bundesministeriums für Familie, Senioren, Frauen und Jugend auf den Weg gebracht wurden (Sann, 2012; s. auch ► http://www.nzfh.de). Zentral ist hierbei das Anliegen, die Entwicklungschancen für Kinder durch eine möglichst wirksame Vernetzung von Hilfen des Gesundheitswesens und der Kinder- und Jugendhilfe zu verbessern und sie früher und besser vor möglichen Gefährdungen zu schützen. Aber auch in allen nachfolgenden Phasen können Fragen und Probleme auftreten, die den Rückgriff auf professionelle Hilfe sinnvoll machen. Im Fall einer Trennung/ Scheidung der Eltern etwa kann auf ein differenziertes Angebot an Beratung, Mediation, aber auch Kursen zurückgegriffen werden (Walper & Bröning, 2008).

Für Eltern mit Schulkindern sind Beratungslehrer und Schulpsychologen, aber auch die Mitarbeiter in Erziehungsberatungsstellen oft wichtige Ansprechpartner. Leider sind die Hürden bei der Inanspruchnahme professioneller Angebote für viele Familien aber immer noch hoch. Um ein möglichst gesundes, unbelastetes Aufwachsen von Kindern und Jugendlichen zu ermöglichen, muss uns daran gelegen sein, die Sichtbarkeit, Erreichbarkeit und Koordination der vielfältigen Angebote für Familien zu verbessern.

Verständnisfragen

1. Wie haben sich seit der Nachkriegszeit die Rahmenbedingungen für den Übergang zur Elternschaft in Deutschland (wie in vielen anderen Ländern) verändert?

2. Wie ist die wachsende Nachfrage nach und Bereitstellung von institutioneller Fremdbetreuung gerade auch für Familien mit Kindern unter drei Jahren zu bewerten?

3. Welche Erziehungsstile lassen sich voneinander abgrenzen und wie sieht eine „gute" Erziehung aus?

4. Warum ist ein simpler Vergleich des Wohlbefindens von Kindern, die in strukturell intakten oder Scheidungsfamilien leben, wenig aufschlussreich?

5. Welche Befunde sprechen für die hohe Anpassungsfähigkeit von Kindern und welche Faktoren erhöhen die Vulnerabilität Heranwachsender?

Vertiefende Literatur

Fuhrer, U. (2005). *Lehrbuch Erziehungspsychologie.* Bern: Huber.

Hofer, M., Wild, E. & Noack P. (2002). *Lehrbuch Familienbeziehungen. Eltern und Kinder in der Entwicklung* (2. Aufl.). Göttingen: Hogrefe.

Lohaus, A. & Heinrichs, N. (Hrsg.). (2013). *Chronische Erkrankungen im Kindes- und Jugendalter. Psychologische und medizinische Grundlagen.* Weinheim: Beltz Verlag.

Wild, E., & Lorenz, F. (2010). *Elternhaus und Schule. StandardWissen Lehramt.* Paderborn: Schöningh (UTB).

Literatur

Albert, M., Hurrelmann, K., Quenzel, G., & TNS Infratest Sozialforschung (2010). *Jugend 2010: Eine pragmatische Generation behauptet sich. 16. Shell Jugendstudie.* Frankfurt am Main: Fischer-Taschenbuch-Verlag.

Aldous, J. (1977). Family interaction patterns. *Annual Review of Sociology, 3,* 105–135.

Alt, C., Hubert, S. & Berngruber, A. (2013). Auf einen Blick. Betreuungsangebote und -bedarf aus Elternsicht: Passgenauigkeit und Zufriedenheit. *DJI Online August 2013: Die 45-Stunden-Woche für Kita-Kinder? Flexible und intensive Betreuungszeiten in der Diskussion.* Verfügbar unter: http://www.dji.de/index.php?id=43398&L=0

Amato, P. R. (1994). The implications of research findings on children in stepfamilies. In A. Booth, & J. Dunn (Hrsg.), *Stepfamilies: who benefits? Who does not?* (S. 81–87). Hillsdale, NJ: Erlbaum.

Amato, P. R. (2001). Children of divorce in the 1990 s: An update of the Amato and Keith (1991) meta-analysis. *Journal of Family Psychology, 15*(3), 355–370.

Amato, P. R. (2010). Research on divorce: Continuing trends and new developments. *Journal of Marriage and Family, 72*(3), 650–666.

Amato, P. R., & Bryndl, H.-M. (2007). A comparison of high- and low-distress marriages that end in divorce. *Journal of Marriage and Family, 69,* 621–638.

American Psychiatric Association (2000). *Diagnostic and statistical manual of mental disorders (DSM-IV).* Washington, DC: American Psychiatric Association.

Andresen, S., & Hurrelmann, K. (2010). *Kinder in Deutschland 2010. 2. World Vision Kinderstudie.* Frankfurt am Main: Fischer.

Andresen, S., & Richter, M. (2011). Familien als Akteure der Ganztagsschule. *Zeitschrift für Erziehungswissenschaft, 14*(3), 205–219.

Annunziato, R. A., Rakotomihamina, V., & Rubacka, J. (2007). Examining the effects of maternal chronic illness on child well-being in single parent families. *Journal of Developmental & Behavioral Pediatrics, 28,* 386–391.

Arnett, J. J. (2000). Emerging adulthood: A theory of development from the late teens through the twenties. *American Psychologist, 55*(5), 469.

Arndt, C., Dann, S., Kleimann, R., Strotmann, H. & Volkert, J. (2006). Das Konzept der Verwirklichungschancen (A. Sen). Empirische Operationalisierung im Rahmen der Armuts- und Reichtumsmessung. Machbarkeitsstudie (Endbericht). Bundesministerium für Arbeit und Soziales.

Astone, N. M., & McLanahan, S. S. (1991). Family Structure, Parental Practices and High School Completion. *American Sociological Review, 56,* 309–320.

Autorengruppe Bildungsberichterstattung (2012). *Bildung in Deutschland 2012. Ein indikatorengestützter Bericht mit einer Analyse zur kulturellen Bildung im Lebenslauf.* Bielefeld: W. Bertelsmann Verlag.

Badinter, E. (2010). *Der Konflikt: Die Frau und die Mutter* (5. Aufl.). München: Beck.

Baumert, J., & Schümer, G. (2001). Familiäre Lebensverhältnisse, Bildungsbeteiligung und Kompetenzerwerb. In PISA-Konsortium (Hrsg.), *PISA 2000. Basiskompetenzen von Schülerinnen und Schülern im internationalen Vergleich.* Opladen: Leske + Budrich.

Baumert, J., Watermann, R., & Schümer, G. (2003). Disparitäten der Bildungsbeteiligung und des Kompetenzerwerbs. *Zeitschrift für Erziehungswissenschaft, 6*(1), 46–72.

Baumrind, D. (1991a). Effective parenting during the early adolescent transition. In P. A. Cowan, & M. Hetherington (Hrsg.), *Family transitions* (S. 111–163). Hillsdale: Erlbaum.

Baumrind, D. (1991b). Parenting styles and adolescent development. In J. Brooks-Gunn, R. M. Lerner, & A. C. Petersen (Hrsg.), *The encyclopedia of adolescence* (S. 746–758). New York: Garland.

Baumrind, D. (1991c). The influence of parenting style on adolescent competence and substance use. *Journal of Early Adolescence, 11,* 56–95.

Becker-Stoll, F., Niesel, R., & Wertfein, M. (2009). *Handbuch Kinder in den ersten drei Lebensjahren: Theorie und Praxis für die Tagesbetreuung.* Freiburg: Herder.

Berger, F. (2009). Auszug aus dem Elternhaus – Strukturelle, familiale und persönlichkeitsbezogene Bedingungsfaktoren. In H. Fend, F. Berger, & U. Grob (Hrsg.), *Lebensverläufe, Lebensbewältigung, Lebensglück* (S. 195–243). Wiesbaden: VS Verlag für Sozialwissenschaften.

Blech, J. (2013). Psychopille & Pausenbrot. *Der Spiegel, (26).* Zugriff am 20.09.2013 unter http://www.spiegel.de/spiegel/print/d-99311928.html.

Block, J., Block, J. H., & Gjerde, P. F. (1988). Parental functioning and the home environment in families of divorce: Prospective and concurrent analyses. *Journal of the American Academy of Child and Adolescent Psychiatry, 27,* 207–213.

Boeger, A., & Seiffge-Krenke, I. (1994). Symptombelastung, Selbstkonzept und Entwicklungsverzögerung bei gesunden und chronisch kranken Jugendlichen mit Typ-I-Diabetes. *Zeitschrift für Kinder- und Jugendpsychiatrie, 22,* 5–15.

Boeger, A., Seiffge-Krenke, I., & Roth, M. (1996). Symptombelastung, Selbstkonzept und Entwicklungsverzögerung bei gesunden und chronisch kranken Jugendlichen: Ergebnisse einer 4 1/2 jährigen Längsschnittstudie. *Zeitschrift für Kinder- und Jugendpsychiatrie, 24,* 231–239.

Boekaerts, M., & Roder, I. (1999). Stress, coping, and adjustment in children with a chronic disease: A review of the literature. Disability and Rehabilitation: An International, *Multidisciplinary Journal, 21,* 311–337.

Börner, N., Steinhauer, R., Stötzel, J., & Tabel, A. (2012). *Bildungsbericht Ganztagsschule NRW.* Dortmund: Eigenverlag Forschungsverbund DJI/TU Dortmund.

Börner, N., Gerken, U., Stötzel, J., & Tabel, A. (2013). *Bildungsbericht Ganztagsschule NRW 2013.* Dortmund: Eigenverlag Forschungsverbund DJI/TU Dortmund.

Bolger, K. E., Patterson, C. J., Thompson, W. W., & Kupersmidt, J. B. (1995). Psychosocial adjustment among children experiencing persistent and intermittent family economic hardship. *Child Development, 66,* 1107–1129.

Borkenau, P., Riebmann, R., & Spinath, F. M. (1999). *Gene, Umwelt und Verhalten.* Bern: Huber.

Bos, W., Hornberg, S., Arnold, K. H., Faust, G., Fried, L., & Lankes, E. M. et al. (Hrsg.). (2007). *IGLU 2006. Lesekompetenzen von Grundschulkindern in Deutschland im internationalen Vergleich.* Münster: Waxmann.

Bos, W., Lankes, E.-M., Prenzel, M., Schwippert, K., Valtin, R. & Walther, G. (Hrsg.). (2003). *Erste Ergebnisse aus IGLU. Schülerleistungen am Ende der vierten Jahrgangsstufe im internationalen Vergleich.* Münster: Waxmann.

Bradley, R. H., & Corwyn, R. F. (2006). The family environment. In C. Tamis-LaMonda, & L. Balter (Hrsg.), *Child psychology: A handbook of contemporary issues* (2. Aufl. S. 493–520). New York: Garland.

Brandstädter, J., & Montada, L. (1980). Normative Implikationen der Erziehungsstilforschung. In K. A. Schneewind, & T. Herrmann (Hrsg.), *Erziehungsstilforschung. Theorien, Methoden und Anwendung der Psychologie elterlichen Erziehungsverhaltens* (S. 33–55). Bern: Huber.

Bundesministerium für Arbeit und Soziales (2008). Lebenslagen in Deutschland. Der 3. Armuts- und Reichtumsbericht der Bundesregierung. Zugriff am 18.09.2013, unter http://www.bmas.de/DE/Service/Publikationen/forschungsbericht-der-3-armuts-und-reichtumsbericht-der-bundesregierung.html.

Bundesministerium für Arbeit und Soziales (Hrsg.). (2013). *Lebenslagen in Deutschland – Der vierte Armuts- und Reichtumsbericht der Bundesregierung.* Bonn. Zugriff am 22.07.2013 unter http://www.bmas.de/DE/Service/Publikationen/a334-4-armuts-reichtumsbericht-2013.html.

Bundesministerium für Familie, Senioren, Frauen und Jugend (2013). 14. Kinder- und Jugendbericht: Bericht über die Lebenssituation junger Menschen und die Leistungen der Kinder- und Jugendhilfe in Deutschland. Zugriff am 18.09.2013 unter http://www.bmfsfj.de/RedaktionBMFSFJ/Broschuerenstelle/Pdf-Anlagen/14-Kinder-und-Jugendbericht,property=pdf,bereich=bmfsfj,sprache=de,rwb=true.pdf.

Bundesministerium für Familie, Senioren, Frauen und Jugend (2013). Vierter Zwischenbericht zur Evaluation des Kinderförderungsgesetzes Bericht der Bundesregierung 2013 nach § 24a Abs. 5 SGB VIII über den Stand des Ausbaus für ein bedarfsgerechtes Angebot an Kindertagesbetreuung für Kinder unter drei Jahren für das Berichtsjahr 2012. Zugriff am 25.09.2013 unter http://www.bmfsfj.de/RedaktionBMFSFJ/Broschuerenstelle/Pdf-Anlagen/Kif_C3_B6G-Vierter-Zwischenbericht-zur-Evaluation-des-Kinderf_C3_B6rderungsgesetzes,property=pdf,bereich=bmfsfj,sprache=de,rwb=true.pdf.

Cherlin, A. J., Furstenberg, F. F., Chase-Lansdale, P. L., Kiernan, K. E., Robins, P. K., Morrison, D. R., et al. (1991). Longitudinal studies of effects of divorce on children in Great Britain and the United States. *Science*, 252, 1386–1389.

Clarke-Stewart, A., & Brentano, C. (2006). *Divorce: Causes and consequences.* New Haven: Yale University Press.

Coleman, M., Ganong, L. H., & Fine, M. A. (2000). Reinvestigating remarriage: Another decade of progress. *Journal of Marriage and the Family*, 62, 1288–1307.

Conger, R. D., Ge, X., Elder Jr., G. H., Lorenz, F. O., & Simons, R. L. (1994). Economic stress, coercive family process, and developmental problems of adolescents. *Child Development*, 65, 541–561.

Conger, R. D., Conger, K. J., & Elder, G. H. J. (1997). Family economic hardship and adolescent adjustment: mediating and moderating processes. In G. J. Duncan, & J. Brooks-Gunn (Hrsg.), *Consequences of growing up poor* (S. 288–310). New York: Russell Sage Foundation.

Conger, K. J., Rueter, M. A., & Conger, R. D. (2000). The role of economic pressure in the lives of parents and their adolescents: The Family Stress Model. In L. J. Crockett, & R. K. Silbereisen (Hrsg.), *Negotiating adolescence in times of social change* (S. 201–233). Cambridge: Cambridge University Press.

Conger, R. D., & Dogan, S. J. (2007). Social class and socialization in families. In J. F. Grusec, & P. D. Hastings (Hrsg.), *Handbook of socialization theory and research* (S. 433–460). New York: Guilford.

Cooper, C. R. Cultural Brokers: How Immigrant Youth in Multicultural Societies Navigate and Negotiate Their Pathways to College Identities. In U. Quasthoff, & V. Heller (Hrsg.), *Learning in Context: Linguistic, Social and Cultural Explanations of Inequality* Special Issue of Learning, Culture and Social Interaction.

Davis, C. L., Delamater, A. M., Shaw, K. H., La Greca, A. M., Eidson, M. S., Perez-Rodriguez, J. E., et al. (2001). Parenting styles, regimen adherence and glycemic control in 4–10 year old children with diabetes. *Journal of Pediatric Psychology*, 26, 123–129.

Davis-Kean, P. E. (2005). The influence of Parent Education and Family Income on Child Achievement: The indirect Role of Parental Expectations and the Home Environment. *Journal of Family Psychology*, 19(2), 294–304.

Deci, E. L., & Ryan, R. M. (2000). The „what" and „why" of goal pursuits: Human needs and the self-determination of behaviour. *Psychological Inquiry*, 11, 227–268.

Dell Orto, A. E., & Power, P. W. (2007). *The psychological and social impact of illness and disability* (5. Aufl.). New York: Springer.

Ditton, H. (2004). Der Beitrag von Schule und Lehrern zur Reproduktion Bildungsungleichheit. In R. Becker, & W. Lauterbach (Hrsg.), *Bildung als Privileg? Erklärungen und Befunde zu den Ursachen von Bildungsungleichheit* (S. 251–281). Opladen: Leske + Budrich.

Ditton, H. (2007a). Schulübertritte, Geschlecht und soziale Herkunft. In H. Ditton (Hrsg.), *Kompetenzaufbau und Laufbahnen im Schulsystem* (S. 63–87). Münster: Waxmann.

Ditton, H. (2007b). Kosten, Nutzen und Erfolgswahrscheinlichkeit. In H. Ditton (Hrsg.), *Kompetenzaufbau und Laufbahnen im Schulsystem* (S. 89–115). Münster: Waxmann.

Dolgin, M. J., & Phipps, S. (1996). Reciprocal influences in family adjustment to childhood cancer. In L. Baider, C. L. Cooper, & A. Kaplan De-Nour (Hrsg.), *Cancer and the family* (S. 73–92). Oxford: Wiley.

Dumont, H. (2012). Elterliche Hausaufgabenhilfe unter dem Blickwinkel sozialer Disparitäten. Unveröffentlichte Dissertation, Universität Tübingen

Dumont, H., Trautwein, U., Nagy, G., & Nagengast, B. Quality of parental homework involvement: Predictors and reciprocal relations with academic functioning in the reading domain. *Journal of Educational Psychology*.

Duncan, G. J., Brooks-Gunn, J., & Klebanov, P. K. (1994). Economic deprivation and early childhood development. *Child Development*, 65, 296–318.

Duncan, G. J., & Brooks-Gunn, J. (1997). Income effects across the life span: Integration and interpretation. In G. J. Duncan, & J. Brooks-Gunn (Hrsg.), *The consequences of growing up poor* (S. 596–610). New York: Russell Sage Foundation.

Durik, A. M., Vida, M., & Eccles, J. S. (2006). Task values and ability beliefs as predictors of high school literacy choices: A developmental analysis. *Journal of Educational Psychology*, 98, 382–393.

Duvall, E. M., & Miller, B. C. (1985). *Marriage and family development* (6. Aufl.). New York u.a: Harper & Row.

Eccles, J. S. (2007). Families, schools, and developing achievement-related motivations and engagement. In J. E. Grusec, & P. D. Hastings (Hrsg.), *Handbook of socialization: Theory and research* (S. 665–691). New York: Guilford.

Ehmke, T., Hohensee, F., Heidemeier, H., & Prenzel, M. (2004). Familiäre Lebensverhältnisse, Bildungsbeteiligung und Kompetenzerwerb. In P.-K. Deutschland (Hrsg.), *PISA 2003. Der Bildungsstand der Jugendlichen in Deutschland – Ergebnisse des zweiten internationalen Vergleichs*. Münster: Waxmann.

Ehmke, T., & Jude, N. (2010). Soziale Herkunft und Kompetenzerwerb. In E. Klieme, C. Artelt, J. Hartig, N. Jude, O. Köller, M. Prenzel, W. Schneider, & P. Stanat (Hrsg.), *PISA 2009. Bilanz nach einem Jahrzehnt* (S. 231–254). Münster/New York/München/Berlin: Waxmann.

Elder, G. H., Conger, R. D., Foster, E. M., & Ardelt, M. (1992). Families under economic pressure. *Journal of Family Issues*, 13, 5–37.

Entwisle, D. R., & Alexander, K. L. (1996). Family type and children's growth in reading and math over the primary grades. *Journal of Marriage and the Family*, 58, 341–355.

Evans, G. W., & English, K. (2002). The environment of poverty: Multiple stressor exposure, psychophysiological stress, and socioemotional adjustment. *Child Development, 73*(4), 1238–1248.

Exeler, J., & Wild, E. (2003). Die Rolle des Elternhauses für die Förderung selbstbestimmten Lernens. *Unterrichtswissenschaft, 31*(1), 6–22.

Fegter, S., & Andresen, S. (2008). Entgrenzung. In T. Coelen, & H.-U. Otto (Hrsg.), *Grundbegriffe Ganztagsschule* (S. 832–841). Wiesbaden: VS Verlag für Sozialwissenschaften.

Fletcher, A. C., Steinberg, L., & Williams-Wheeler, M. (2004). Parental influences on adolescent problem behavior: Revisiting Stattin and Kerr. *Child Development, 75*, 781–796.

Fredricks, J. A., & Eccles, J. S. (2005). Family socialization, gender, and sport motivation and involvement. *Psychology, 27*, 3–31.

Freeman, H. S., & Newland, L. A. (2002). Family transitions during the adolescent transition: Implications for parenting. *Adolescence, 37*, 457–475.

Friedrichs, J. (2013, 04.07.). Die geteilte Straße. In *Die Zeit*, 28/2013. Zugriff am 20.09.2013 unter http://www.zeit.de/2013/28/bildungsungerechtigkeit-bildungspolitik/komplettansicht.

Fuhrer, U. (2005). *Lehrbuch Erziehungspsychologie*. Bern: Huber.

Garmezy, N. (1991). Resilience and vulnerability to adverse developmental outcomes associated with poverty. *American Behavioral Scientist, 34*(4), 416–430.

Gerth, U. & Menne, K. (2009). Der Beitrag der Erziehungsberatung zur Förderung der Gesundheit von Kindern und Jugendlichen (Expertise zum 13. Kinder- und Jugendbericht der Bundesregierung). Zugriff am 18.09.2013 unter www.dji.de/bibs/13_KJB_Gerth-Menne_Erziehungsberatung.pdf.

Graf, J. (2002). *Wenn Paare Eltern werden*. Weinheim: Beltz.

Grobe, T. G. & Blitzer, E. M., Schwartz, F. W. (2013). *Barmer GEK Arztreport 2013: Auswertungen zu Daten bis 2011. Schwerpunkt: Aufmerksamkeitsdefizit-/Hyperaktivitätsstörungen ADHS* (Schriftenreihe zur Gesundheitsanalyse Nr. 18). Zugriff am 22.07.2013 unter http://presse.barmer-gek.de/barmer/web/Portale/Presseportal/Subportal/Presseinformationen/Archiv/2013/130129-Arztreport-2013/PDF-Arztreport-2013,property=Data.pdf.

Grolnick, W. S., Benjet, C., Kurowski, C. O., & Apostoleris, N. H. (1997). Predictors of parent involvement in children's schooling. *Journal of Educational Psychology, 89*(3), 538–548.

Grolnick, W. S., & Pomerantz, E. M. (2009). Issues and challenges in studying parental control: Toward a new conceptualization. *Child Development Perspectives, 3*(3), 165–170.

Grossmann, K. E., & Grossmann, K. (2012). *Bindungen – das Gefüge psychischer Sicherheit* (2. Aufl.). Stuttgart: Klett-Cotta.

Gutman, L. M., & Eccles, J. S. (1999). Financial strain, parenting behaviors, and adolescents' achievement: Testing model equivalence between African American and European American families and between single and two-parent families. *Child Development, 70*, 1464–1476.

Hanson, T. L., McLanahan, S., & Thomson, E. (1998). Windows on divorce: Before and after. *Social Science Research, 27*, 329–349.

Harris, C. A., & Zakowski, S. G. (2003). Comparisons of distress in adolescents of cancer patients and controls. *Psycho-Oncology, 12*, 173–182.

Hashima, P. Y. & Amato, P. R. (1994). Poverty, social support, and parental behavior. *Child Development, 65*(2), 394–403.

Heckman, J. (2006). Skill Formation and the Economics of Investing in Disadvantaged Children. *Science, 312*, 1900–1902.

Helmke, Hashima, P. Y., & Amato, P. R. (1994). Poverty, social support, and parental behavior. *Child Development, 65*(2), 394–403.

Heinicke, C. M., Guthrie, D., & Ruth, G. (1997). Marital adaptation, divorce, and parent–infant development: A prospective study. *Infant Mental Health Journal, 18*(3), 282–299.

Henry-Huthmacher, C., Borchard, M., Merkle, T., & Wippermann, C. (2008). *Eltern unter Druck. Selbstverständnisse, Befindlichkeiten und Bedürfnisse von Eltern in verschiedenen Lebenswelten.* Stuttgart: Lucius & Lucius.

Hetherington, E. M. (1991). The role of individual differences and family relationships in children's coping with divorce and remarriage. In P. A. Cowan, & E. M. Hetherington (Hrsg.), *Family transitions* (S. 165–194). Hillsdale, NJ: Erlbaum.

Hetherington, E. M. (1993). An overview of the Virginia Longitudinal Study of Divorce and Remarriage with a focus on early adolescence. *Journal of Family Psychology, 7*, 39–56.

Hetherington, E. M., & Jodl, K. M. (1994). Stepfamilies as settings for child development. In A. Booth, & J. Dunn (Hrsg.), *Stepfamilies: who benefits? Who does not?* (S. 55–79). Hillsdale, NJ: Erlbaum.

Hetherington, E. M., & Kelly, J. (2003). *Scheidung. Die Perspektiven der Kinder.* Weinheim: Beltz.

Hofer, M. (2002a). Familienbeziehungen in der Entwicklung. In M. Hofer, E. Wild, & P. Noack (Hrsg.), *Lehrbuch Familienbeziehungen* (S. 4–27). Bern: Huber.

Hofer, M. (2002b). Theoretische Ansätze in der Familienpsychologie. In M. Hofer, E. Wild, & P. Noack (Hrsg.), *Lehrbuch Familienbeziehungen* (S. 28–49). Göttingen: Hogrefe.

Hofer, M. (2003). *Selbstständig werden im Gespräch. Wie Jugendliche und Eltern ihre Beziehung verändern.* Bern: Huber.

Hoff-Ginsberg, E. (2000). Soziale Umwelt und Sprachlernen. In H. Grimm (Hrsg.), *Sprachentwicklung* Enzyklopädie der Psychologie: C. Theorie und Forschung, (Bd. 3, S. 463–494). Göttingen: Hogrefe.

Holz, G., & Hock, B. (2006). Infantilisierung von Armut begreifbar machen – Die AWO-ISS-Studien zu familiärer Armut. *Vierteljahreshefte zur Wirtschaftsforschung, 75*(1), 77–88.

Hoover-Dempsey, K. V., Battiato, A. C., Walker, J. M., Reed, R. P., DeJong, J., & Jones, K. P. (2001). Parental involvement in homework. *Educational Psychologist, 36*(3), 195–209.

Hoover-Dempsey, K. V., Walker, J., Sandler, H., Whetsel, D., Green, C., Wilkins, A., et al. (2005). Why do parent become involved?: Research findings and implications. *The Elementary School Journal, 106*, 106–130.

Hung, J. W., Wu, Y. H., & Yeh, C. H. (2004). Comparing stress levels of parents of children with cancer and parents of children with physical disabilities. *Psycho-Oncology, 13*, 898–903.

Hurrelmann, K., Albert, M., & TNS Infratest Sozialforschung (Hrsg.). (2006). *Jugend 2006. Eine pragmatische Generation unter Druck.* Frankfurt/M.: Fischer.

Johnson, J. G., Cohen, P., Kasen, S., Ehrensaft, M. K., & Crawford, T. N. (2006). Associations of parental personality disorders and axis i disorders with childrearing behavior. *Psychiatry, 69*(4), 336–350.

Johnston, J. R., Kline, M., & Tschann, J. M. (1989). Ongoing postdivorce conflict: Effects on children of joint custody and frequent access. *American Journal of Orthopsychiatry, 59*, 576–593.

Jugendwerk der Deutschen Shell (1985). *Jugendliche und Erwachsene '85. Generationen im Vergleich.* Opladen: Leske & Budrich.

Kins, E., Beyers, W., Soenens, B., & Vansteenkiste, M. (2009). Patterns of home leaving and subjective well-being in emerging adulthood: The role of motivational processes and parental autonomy support. *Developmental Psychology, 45*(5), 1416–1429.

Klocke, A. (1996). Aufwachsen in Armut. *Zeitschrift für Sozialisationsforschung und Erziehungssoziologie, 16*(4), 390–409.

Kreppner, K., & Lerner, R. M. (2013). *Family systems and life-span development*: Psychology Press.

Krishnakumar, A., & Buehler, C. (2000). Interparental conflict and parenting behaviors. A meta-analytic review. *Family Relations, 49*, 25–44.

Krumrei, E., Coit, C., Martin, S., Fogo, W., & Mahoney, A. (2007). Post-divorce adjustment and social relationships: A meta-analytic review. *Journal of Divorce & Remarriage, 46*, 145–166.

Landolt, M. A., Ribi, K., Laimbacher, J., Vollrath, M., Gnehm, H. E., & Sennhauser, F. H. (2002). Posttraumatic stress disorder in parents of children with newly diagnosed type 1 diabetes. *Journal of Pediatric Psychology, 27*, 647–652.

Lansford, J. E., Malone, P. S., Castellino, D. R., Dodge, K. A., Pettit, G. S., & Bates, J. E. (2006). Trajectories of internalizing, externalizing, and grades for children who have and have not experienced their parents' divorce or separation. *Journal of Family Psychology, 20*, 292–301.

Largo, R., & Beglinger, M. (2009). *Schülerjahre*. München: Piper.

LeMoyne, T., & Buchanan, T. (2011). Does "hovering" matter? Helicopter parenting and its effect on well-being. *Sociological Spectrum, 31*(4), 399–418.

Lempers, J. D., & Clark-Lempers, D. S. (1997). Economic hardship, family relationships, and adolescent distress: An evaluation of a stress-distress mediation model in mother-daughter and mother-son dyads. *Adolescence, 32*(126), 339–356.

Lewis, F. M., & Darby, E. L. (2003). Adolescent adjustment and maternal breast cancer: A test of the "faucet hypothesis". *Journal of Psychosocial Oncology, 21*, 81–104.

Lohaus, A., & Heinrichs, N. (Hrsg.). (2013). *Chronische Erkrankungen im Kindes- und Jugendalter. Psychologische und medizinische Grundlagen*. Weinheim: Beltz Verlag.

Lorenz, F., & Wild, E. (2007). Parental involvement in schooling – results concerning its structure and impact on students' motivation. In M. Prenzel, & L. Allolio-Näcke (Hrsg.), *Studies on the educational quality of schools. The final report on the DFG Priority Programme* (S. 299–316). Münster: Waxmann.

Lum, L. (2006). Handling "Helicopter Parents". *Diverse: Issues in Higher Education, 23*(20), 40–43.

Maaz, K., Baumert, J., Gresch, C., & McElvany (Hrsg.). (2010). *Der Übergang von der Grundschule in die weiterführende Schule. Leistungsgerechtigkeit und regionale, soziale und ethnisch-kulturelle Disparitäten*. Bonn: BMBF.

Mackner, L. M., Black, M. M., & Starr, R. H. (2003). Cognitive development of children in poverty with failure to thrive: A prospective study through age 6. *Journal of Child Psychology and Psychiatry and Allied Disciplines, 44*, 743–751.

McElvany, N., & Artelt, C. (2009). Systematic reading training in the family: Development, implementation, and initial evaluation of the Berlin Parent-Child Reading Program. *Learning and Instruction, 19*, 79–95.

Metzing, S., Schnepp, W., Hübner, B., & Büscher, A. (2006). Die Lücke füllen und in Bereitschaft sein – Kinder und Jugendliche als pflegende Angehörige. *Pflege & Gesellschaft, 11*, 351–373.

Müller, Claudia (2012): Kindliche Erzählfähigkeiten und (schrift-) sprachsozialisatorische Einflüsse in der Familie. Eine longitudinale Einzelfallstudie mit ein- und mehrsprachigen (Vor-) Schulkindern. Unveröffentlichte Dissertation, Technische Universität Dortmund.

Nauck, B. (2001). Der Wert von Kindern für ihre Eltern. *Kölner Zeitschrift für Soziologie und Sozialpsychologie, 53*(3), 407–435.

Nave-Herz, R. (2002). *Familie heute. Wandel der Familienstrukturen und Folgen für die Erziehung*. Darmstadt: Wissenschaftliche Buchgesellschaft.

Nave-Herz, R. (2012). *Familie heute. Wandel der Familienstrukturen und Folgen für die Erziehung* (5. Aufl.). Darmstadt: Primus Verlag.

National Institute of Child Health and Human Development Early Child Care Research Network (2005). Predicting individual differences in attention, memory, and planning in first graders from experiences at home, child care, and school. *Developmental Psychology, 41*, 99–114.

Niggli, A., Wandeler, C., & Villiger, C. (2009). Globale und bereichsspezifische Komponenten eines Elterntrainings zur Betreuung bei Lesehausaufgaben – Zusammenhänge im familiären Kontext. *Unterrichtswissenschaft, 37*, 230–245.

Olson, D. H. (2000). Circumplex model of marital and family sytems. *Journal of Family Therapy, 22*(2), 144–167.

Osborn, T. (2007). The psychosocial impact of parental cancer on children and adolescents: A systematic review. *Psycho-Oncology, 16*, 101–126.

Otto, B. (2009). Lässt sich das selbstregulierte Lernen von Schülern durch ein Training der Eltern optimieren?. In M. Landmann, & B. Schmitz (Hrsg.), *Selbstregulation erfolgreich fördern* (S. 164–183). Stuttgart: Kohlhammer.

Oyserman, D., Mowbray, C. T., Meares, P. A., & Firminger, K. B. (2000). Parenting among mothers with a serious mental illness. *American Journal of Orthopsychiatry, 70*, 296–315.

Padilla-Walker, L. M., & Nelson, L. J. (2012). Black hawk down?: Establishing helicopter parenting as a distinct construct from other forms of parental control during emerging adulthood. *Journal of Adolescence, 35*(5), 1177–1190.

Papastefanou, C. (1996). *Auszug aus dem Elternhaus*. Weinheim: Juventa.

Papastefanou, C. (2006). Ablösung im Erleben junger Erwachsener aus verschiedenen Familienstrukturen. *Zeitschrift für Soziologie der Erziehung und Sozialisation, 26*(1), 23–35.

Petterson, S. M., & Albers, A. B. (2001). Effects of poverty and maternal depression on early child development. *Child Development, 72*(6), 1794–1813.

Peuckert, R. (2012). *Familienformen im sozialen Wandel* (8. Aufl.). Wiesbaden: VS Verlag.

Pinderhughes, E. E., Bates, J. E., Dodge, K. A., Pettit, G. S., & Zelli, A. (2000). Discipline Responses: Influences of Parents' Socioeconomic Status, Ethnicity, Beliefs about parenting, Stress, and Cognitive-Emotional Processes. *Journal of Family Psychology, 14*(3), 380–400.

Plomin, R., DeFries, J. C., McClearn, G. E., & Rutter, M. (1999). *Gene, Umwelt und Verhalten. Einführung in die Verhaltensgenetik*. Bern: Huber.

Pomerantz, E. M., Ng, F. F., & Wang, Q. (2006). Mothers' mastery-oriented involvement in children's homework: Implications for the well-being of children with negative perception of competence. *Journal of Educational Psychology, 98*, 99–111.

Pröls, C. (2011). *Die Vater-Kind-Beziehung im Kontext von Trennung und Scheidung*. Berlin: Köster.

Rammert, M., & Wild, E. (2007). *Hausaufgaben ohne Stress. Informationen und Tipps für Eltern*. Freiburg/Basel/Wien: Herder.

Reichle, B., & Werneck, H. (1999). *Übergang zur Elternschaft. Aktuelle Studien zur Bewältigung eines unterschätzten Lebensereignisses*. Stuttgart: Enke.

Roth, G., Assor, A., Niemiec, C. P., Ryan, R. M., & Deci, E. L. (2009). The emotional and academic consequences of parental conditional regard: Comparing conditional positive regard, conditional negative regard, and autonomy support as parenting practices. *Developmental Psychology, 45*(4), 1119–1142. doi:10.1037/a0015272.

Salentin, K. (2002). *Armut, Scham und Stressbewältigung: die Verarbeitung ökonomischer Belastungen im unteren Einkommensbereich*. Wiesbaden: Deutscher Universitätsverlag.

Sann, A. (2012). Frühe Hilfen – Entwicklung eines neuen Praxisfeldes in Deutschland. *Psychologie in Erziehung und Unterricht, 4*, 256–274.

Schaeffer, D., & Moers, M. (2000). Bewältigung chronischer Krankheiten – Herausforderungen für die Pflege. In B. Rennen-Allhoff, & D. Schaeffer (Hrsg.), *Handbuch Pflegewissenschaft*. Weinheim: Juventa.

Schneewind, K. A. (1980). Elterliche Erziehungsstile: Einige Anmerkungen zum Forschungsgegenstand. In K. A. Schneewind, & T. Herrmann (Hrsg.), *Erziehungsstilforschung* (S. 19–30). Bern: Huber.

Schneewind, K. A., & Ruppert, S. (1995). *Familien gestern und heute: ein Generationenvergleich über 16 Jahre.* München: Quintessenz.

Schwarz, B. (2007). Reorganisation der Familie nach Trennung und Scheidung. In M. Hasselhorn, & W. Schneider (Hrsg.), *Handbuch der Entwicklungspsychologie* Handbuch der Psychologie, (Bd. 7, S. 522–533). Göttingen: Hogrefe.

Schwarz, B., & Noack, P. (2002). Scheidung und Ein-Elternteil-Familien. In M. Hofer, E. Wild, & P. Noack (Hrsg.), *Lehrbuch Familienbeziehungen. Eltern und Kinder in der Entwicklung* (2. Aufl. S. 312–335). Göttingen: Hogrefe.

Shaw, D. S., Emery, R. E., & Tuer, M. D. (1993). Parental functioning and children's adjustment in families of divorce: a prospective study. *Journal of Abnormal Child Psychology, 21*(1), 119–134.

Sherifali, D., & Ciliska, D. (2006). Parenting children with diabetes and Belsky's determinants of parenting model: Literature review. *Journal of Advanced Nursing, 55*, 636–642.

Shumow, L. (1998). Promoting parental attunement to children's mathematical reasoning through parent education. *Journal of Applied Developmental Psychology, 19*, 109–127.

Silk, J. S., Morris, A. S., Kanaya, T., & Steinberg, L. (2003). Psychological control and autonomy granting: Opposite ends of a continuum or distinct constructs? *Journal of Research on Adolescence, 13*, 113–128.

Simpkins, S. D., Davis-Kean, P. E., & Eccles, J. S. (2005). Parents' socializing behavior and children's participation in math, science, and computer out-of-school activities. *Applied Developmental Science, 9*, 14–30.

Somers, P., & Settle, J. (2010). The Helicopter Parent (Part 2): International Arrivals and Departures. *College and University, 86*(2), 2–9.

Sroufe, L. A., Egeland, B., Carlson, E. A., & Collins, W. A. (2007). *The development of the person.* New York: Guilford Press.

Stanat, P., Rauch, D., & Segeritz, M. (2010). Schülerinnen und Schüler mit Migrationshintergrund. In E. Klieme, C. Artelt, J. Hartig, N. Jude, O. Köller, M. Prenzel, W. Schneider, & P. Stanat (Hrsg.), *PISA 2009. Bilanz nach einem Jahrzehnt* (S. 200–230). Münster/New York/München/Berlin: Waxmann.

Statistisches Bundesamt. (2013). *Weniger Ehescheidungen im Jahr 2012. Pressemitteilung vom 30. Juli 2013.* Wiesbaden: Statistisches Bundesamt. Zugriff am 18.09.2013 unterhttps://www.destatis.de/DE/PresseService/Presse/Pressemitteilungen/2013/07/PD13_253_12631.html.

Stattin, H., & Kerr, M. (2000). Parental monitoring: A reinterpretation. *Child Development, 71*, 1072–1095.

Steinberg, L. (1987). Recent research on the family at adolescence: The extent and nature of sex differences. *Journal of Youth and Adolescence, 16*, 191–197.

Steinberg, L. (2001). We know some things: Parent-adolescent relationships in retrospect and prospect. *Journal of Research on Adolescence, 11*, 1–19.

Steinberg, L. (2004). *The 10 basic principles of good parenting.* New York: Simon & Schuster.

Steinberg, L., Lamborn, S. D., Dornbusch, S. M., & Darling, N. (1992). Impact of parenting practices on adolescent achievement: Authoritative parenting, school involvement, and encouragement to succeed. *Child Development, 63*, 1266–1281.

Stelzer, T., & Gaab, M. (2009). *Ich will doch nur spielen. ZEIT online.* http://www.zeit.de/2009/32/Das-therapierte-Kind-32 (Erstellt: 21.11.2013)

Stock, G., Bertram, H., Fürnkranz-Prskawetz, A., Holzgreve, W., Kohli, M., & Staudinger, U. M. (2012). *Zukunft mit Kindern: Fertilität und gesellschaftliche Entwicklung in Deutschland, Österreich und der Schweiz* Bd. 29. Frankfurt, New York: Campus Verlag.

Strohschein, L. (2005). Parental divorce and child mental health trajectories. *Journal of Marriage and Family, 67*, 1286–1300.

Strohschein, L. (2007). Challenging the presumption of diminished capacity to parent: Does divorce really change parenting practices. *Family Relations, 56*, 358–368.

Sun, Y., & Li, Y. (2001). Marital disruption, parental investment, and childrens' academic achievement: A prospective analysis. *Journal of Family Issues, 22*, 27–62.

Sylva, K., Melhuish, E., Sammons, P., Siraj-Blatchford, I. & Taggart, B. (2004). *The effective provision of pre-school education (EPPE) project: Final Report: A longitudinal study funded by the DfES 1997–2004.* Institute of Education, University of London/Department for Education and Skills/Sure Start.

Trautwein, U., & Kropf, M. (2004). Das Hausaufgabenverhalten und die Hausaufgabenmotivation von Schülern – und was ihre Eltern darüber wissen. *Psychologie in Erziehung und Unterricht, 51*, 285–295.

Trautwein, U., Lüdtke, O., Schnyder, I., & Niggli, A. (2006). Predicting Homework Effort: Support for a Domain-Specific, Multilevel Homework Model. *Journal of Educational Psychology, 98*, 438–456.

Tröster, H. (2005). Themenschwerpunkt: Chronische Krankheiten. *Kindheit und Entwicklung, 14*, 63–68.

Tschöpe-Schaffler, S. (2006). *Konzepte der Elternbildung – eine kritische Übersicht.* Opladen: Leske + Budrich.

UNICEF (2005). Child Poverty in Rich Countries. UNICEF Innocenti Research Centre, Florence. Letzter Zugriff am 18.09.2013 unter *www.unicef-irc.org/publications/pdf/repcard6e.pdf*

Wadsworth, M. E., & Compas, B. E. (2002). Coping with family conflict and economic strain: The adolescent perspective. *Journal of Research on Adolescence, 12*(2), 243–274.

Wagner, P., Schober, B., & Spiel, C. (2005). Time students spend working at home for school. *Learning and Instruction, 18*, 309–320.

Wallerstein, J., & Lewis, J. M. (2007). Sibling outcomes and disparate parenting and stepparenting after divorce: Report from a 10-year longitudinal study. *Psychoanalytic Psychology, 24*, 445–458.

Wallerstein, J. S., Lewis, J., & Blakeslee, S. (2000). *The unexpected legacy of divorce: A 25 year landmark study.* New York: Hyperion.

Walper, S. (1995). Familienbeziehungen und Sozialentwicklung Jugendlicher in Kern-, Eineltern- und Stieffamilien. *Zeitschrift für Entwicklungspsychologie und Pädagogische Psychologie, 27*, 93–121.

Walper, S. (2004). Der Wandel der Familien als Sozialisationsinstanz. In D. Geulen, & H. Veith (Hrsg.), *Sozialisationstheorie interdisziplinär – aktuelle Perspektiven.* Stuttgart: Lucius & Lucius.

Walper, S. (2008). Sozialisation in Armut. In K. Hurrelmann, M. Grundmann, & S. Walper (Hrsg.), *Handbuch der Sozialisationsforschung* (S. 204–214). Weinheim: Beltz.

Walper, S. (2009a). Trennung und Scheidung – Folgen für Kinder im Spiegel deutscher Forschung. In S. Höfling (Hrsg.), *Interventions for the Best Interest of the Child in Family Law Procedures. Interventionen zum Kindeswohl* (S. 29–55). München: Hanns Seidel Stiftung.

Walper, S. (2009b). Links of Perceived Economic Deprivation to Adolescents' Well-Being Six Years Later. *Zeitschrift für Familienforschung, 21*, 107–127.

Walper, S., & Beckh, K. (2006). Adolescents' development in high-conflict and separated families. Evidence from a German longitudinal study. In A. Clarke-Stewart, & J. Dunn (Hrsg.), *Families count: Effects on child and adolescent development* (S. 238–270). Cambridge, MA: Cambridge University Press.

Walper, S., & Bröning, S. (2008). Bewältigungshilfen bei Trennung und Scheidung. In F. Petermann, & W. Schneider (Hrsg.), *Angewandte Entwicklungspsychologie* (S. 571–604). Göttingen: Hogrefe.

Walper, S., Gerhard, A.-K., Schwarz, B., & Gödde, M. (2001). Wenn an den Kindern gespart werden muß: Einflüsse der Familienstruktur und finanzieller Knappheit auf die Befindlichkeit von Kindern und Jugendlichen. In S. Walper, & R. Pekrun (Hrsg.), *Familie und Entwicklung. Perspektiven der Familienpsychologie* (S. 266–291). Göttingen: Hogrefe.

Walper, S., & Grgic, M. (2013). Verhaltens- und Kompetenzentwicklung im Kontext der Familie: Zur relativen Bedeutung von sozialer Herkunft, elterlicher Erziehung und Aktivitäten in der Familie. *Zeitschrift für Erziehungswissenschaft, 16*, 503–531.

Walper, S., & Krey, M. (2009). Familienbeziehungen nach Trennungen. In K. Lenz, & F. Nestmann (Hrsg.), *Persönliche Beziehungen*. Weinheim: Juventa.

Walper, S., & Kruse, J. (2008). Kindheit und Armut. In M. Hasselhorn, & R. K. Silbereisen (Hrsg.), *Psychologie des Säuglings- und Kindesalters* Enzyklopädie der Psychologie, Serie V: Entwicklungspsychologie, (Bd. 4, S. 431–487). Göttingen: Hogrefe.

Walper, S., & Langmeyer, A. (2012). Sorge nicht miteinander verheirateter Eltern aus interdisziplinärer Sicht. In D. Coester-Waltjen, V. Lipp, E. Schumann, & B. Veit (Hrsg.), *Reformbedarf im nichtehelichen Eltern-Kind-Verhältnis* (S. 37–65). Göttingen: Universitätsverlag Göttingen.

Walper, S., & Schwarz, B. (2002). *Was wird aus den Kindern? Chancen und Risiken für die Entwicklung von Kindern aus Trennungs- und Stieffamilien*. Weinheim: Juventa.

Walper, S., & Wild, E. (2002). Wiederheirat und Stiefelternschaft. In M. Hofer, E. Wild, & P. Noack (Hrsg.), *Lehrbuch Familienbeziehungen. Eltern und Kinder in der Entwicklung* (2. Aufl. S. 336–361). Göttingen: Hogrefe.

Whitbeck, L. B., Simons, R. L., Conger, R. D., Wickrama, K. A. S., Ackley, K. A., & Elder, G. H. (1997). The effects of parents' working conditions and family economic hardship on parenting behaviors and children's self-efficacy. *Social Psychology Quarterly, 60*, 291–303.

Wigfield, A., & Eccles, J. S. (2000). Expectancy-value theory of achievement motivation. *Contemporary educational psychology, 25*, 68–81.

Wild, E. (2004). Häusliches Lernen. Forschungsdesiderate und Forschungsperspektiven. *Zeitschrift für Erziehungswissenschaft, 7*, 37–64.

Wild, E. & Hofer, M. (2002). Familien mit Schulkindern. In: M. Hofer, E. Wild & P. Noack (Hrsg.). *Lehrbuch Familienbeziehungen* (S. 216–240). Göttingen: Hogrefe.

Wild, E., Hofer, M., & Pekrun, R. (2001). Psychologie des Lerners. In A. Krapp, & B. Weidenmann (Hrsg.), *Pädagogische Psychologie* (S. 207–270). Weinheim: PVU.

Wild, E., & Remy, K. (2002). Quantität und Qualität der elterlichen Hausaufgabenbetreuung von Drittklässlern in Mathematik. *Zeitschrift für Pädagogik, 45*, 276–290.

Wild, E., & Gerber, J. (2007). Charakteristika und Determinanten der Hausaufgabenpraxis in Deutschland von der vierten zur siebten Klassenstufe. *Zeitschrift für Erziehungswissenschaft, 3*, 326–380.

Wild, E., & Berglez, A. (2002). Familien mit Schulkindern. In M. Hofer, E. Wild, & P. Noack (Hrsg.), *Lehrbuch Familienbeziehungen* (2. Aufl. S. 216–240). Göttingen: Hogrefe.

Wild, E., & Lorenz, F. (2010). *Elternhaus und Schule*. StandardWissen Lehramt. Paderborn: Schöningh (UTB).

Wild, E., Quasthoff, U., Hollmann, J., Otterpohl, N., Krah, A., & Ohlhus, S. (2012). Die Rolle familialer Unterstützung beim Erwerb von Argumentationskompetenz in der Sekundarstufe I. *Diskurs Kindheits- und Jugendforschung, 1*, 101–112.

Wild, E., & Yotyodying, S. (2012). Studying at Home: With Whom and in Which Way? Homework Practices and Conflicts in the Family. In M. Richter, & S. Andresen (Hrsg.), *The Politicization of Parenthood* (S. 165–180). Heidelberg: Springer.

Wissenschaftlicher Beirat für Familienfragen (2005). *Familiale Erziehungskompetenzen. Beziehungsklima und Erziehungsleistung in der Familie als Problem und Aufgabe*. Weinheim: Juventa.

World Health Organisation (1991). *Internationale Klassifikation psychischer Störungen – ICD-10*. Bern: Huber. Kapitel V

Züchner, I., Arnold, B., & Vossler, A. (2007). Kinder und Jugendliche in Ganztagsangeboten. In H.-G. Holtappels, E. Klieme, T. Rauschenbach, & L. Stecher (Hrsg.), *Ganztagsschule in Deutschland. Ergebnisse der Ausgangserhebung der „Studie zur Entwicklung von Ganztagsschulen" (StEG)* (S. 106–122). Weinheim: Juventa.

Lehrer

Mareike Kunter, Britta Pohlmann

E. Wild, J. Möller (Hrsg.), *Pädagogische Psychologie,* Springer-Lehrbuch,
DOI 10.1007/978-3-642-41291-2_11, © Springer-Verlag Berlin Heidelberg 2015

Lehrkräfte sind zentrale Akteure im Bildungssystem. Dass sie einen substanziellen Einfluss auf das Lernen und die Entwicklung ihrer Schüler haben können, ist auch aus empirischer Sicht unstrittig (z. B. Rowan, Correnti & Miller, 2002). Forschung zum „Lehrereffekt" zeigt, dass Schüler auch bei gleichen persönlichen Voraussetzungen innerhalb einer Schule systematische Unterschiede in ihren Leistungsentwicklungen zeigen, je nachdem, von welcher Person sie unterrichtet werden. Warum jedoch manche Lehrkräfte erfolgreicher als andere sind und welche persönlichen Voraussetzungen dies bestimmen, soll im vorliegenden Kapitel näher betrachtet werden.

Das Anliegen dieses Kapitels ist es, den Leserinnen und Lesern einen Eindruck über den aktuellen Kenntnisstand in der pädagogisch-psychologischen Lehrerforschung zu geben und aufzuzeigen, in welchen Bereichen gesicherte Erkenntnisse vorliegen. Speziell soll auch darauf hingewiesen werden, in welchen Bereichen noch deutliche Wissenslücken zu konstatieren sind.

Um die Leser auf das Thema Lehrer einzustimmen, liefern wir zunächst eine Art Anforderungsanalyse, die die typischen Herausforderungen des Lehrerberufs beschreibt. Anschließend fassen wir Ansätze der pädagogisch-psychologischen Lehrerforschung zusammen und erläutern dann, welche Merkmale von Lehrern bisher in der Forschung Aufmerksamkeit fanden. Das Kapitel schließt mit einer Beschreibung von Ansätzen zur Veränderung von Lehrermerkmalen (■ Abb. 11.1).

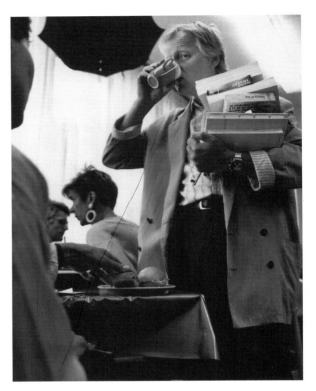

■ Abb. 11.1

11.1   Merkmale des Lehrerberufs

11.1.1 Die Rolle von Lehrern: Anforderungen und Erwartungen

Lehrkräfte haben einen komplexen Beruf. Ihre Tätigkeit ist vielseitig, oft wenig planbar und bietet zwar einerseits hohe gestalterische Freiheitsgrade, unterliegt aber andererseits diversen praktischen Einschränkungen (Lortie, 1975). In ihrer Haupttätigkeit, dem Unterrichten, stehen Lehrkräfte vor der Herausforderung, Schüler dazu zu bewegen, sich aktiv mit Themen auseinanderzusetzen und anstrengende Lerntätigkeiten vorzunehmen, die die Lernenden typischerweise nicht freiwillig gewählt haben. Auch wenn jeder einzelne Schüler dabei individuell zu fördern ist, findet diese Interaktion normalerweise in einer Gruppe statt. Auf die Lehrkraft kommt somit die Aufgabe zu, diese Gruppe zu ordnen und so zu organisieren, dass Lernen überhaupt möglich wird: Die vielen simultan ablaufenden Ereignisse erfordern Aufmerksamkeit und Konzentration, da oftmals schnelle Entscheidungen zu treffen sind, ohne dabei die ursprünglichen Lernziele aus dem Blick zu verlieren. Über diese unmittelbaren Unterrichtstätigkeiten hinaus müssen Unterrichtsstunden geplant, Arbeiten korrigiert, Arbeitsgruppen und Schulausflüge geleitet sowie Elternge-

spräche geführt werden – und all dies geschieht unter den aufmerksamen Augen der Öffentlichkeit und Bildungspolitik, die ihrerseits Forderungen an „den Lehrkörper" stellen. Vor allem die Erwartungen der Öffentlichkeit und die vermeintlich geringe Wertschätzung ihrer Tätigkeit wird von vielen Lehrkräften als besondere berufliche Belastung wahrgenommen (Osterwalder, 2003). Jedoch scheint sich hier – zumindest, was die Situation in Deutschland betrifft – in den letzten Jahren eine Trendwende vollzogen zu haben. So liegt in einer aktuellen repräsentativen Bevölkerungsumfrage der Lehrerberuf auf dem dritten Platz in einer Rangreihe von Berufen, vor denen die Befragten am meisten Achtung haben, und zwar noch vor Rechtsanwälten, Diplomaten oder Unternehmern (Institut für Demoskopie Allensbach, 2011; ▶ Exkurs „Was zeichnet den ‚guten Lehrer' aus?").

Die zunehmende Wertschätzung des Berufs geht einher mit einer Reihe an Veränderungen in der Schullandschaft, die Lehrkräfte vor neue Herausforderungen stellen. Ausgelöst durch die für Deutschland enttäuschenden Ergebnisse in den internationalen Schulleistungsstudien des letzten Jahrzehnts (Klieme et al., 2010; ▶ Kap. 15) wurden in Deutschland eine Reihe an Maßnahmen umgesetzt, die die beruflichen Aufgaben von Lehrkräften erweitern. So sind beispielsweise Lehrkräfte im Zuge der wachsenden Bedeutung von Qualitätssicherungsmaßnahmen (zum

Was zeichnet den „guten Lehrer" aus?

Wir alle haben Hypothesen darüber, was ein guter Lehrer ist. Diese Annahmen sind stark davon geprägt, welche Erfahrungen man selbst in seiner Schulzeit gemacht hat – immerhin verbringt der typische Schüler bis zu 15.000 Stunden in der Schule (Rutter, Maughan, Mortimore & Ouston, 1980) und erlebt dabei eine Vielzahl an unterschiedlichen Lehrkräften in vielen verschiedenen Situationen. Als Einstimmung in das Thema des Kapitels können Sie versuchen, sich an Ihre eigene Schulzeit zu erinnern: Wer war die beste Lehrkraft, die Sie je in Ihrer Schullaufbahn erlebt haben? Denken Sie an einen Lehrer oder eine Lehrerin, die Sie besonders beeindruckt hat und überlegen Sie, was diese Person im Vergleich zu andern Lehrern ausgezeichnet hat. Vielleicht überlegen Sie auch einmal, welche Lehrkraft Sie im negativen Sinn beeindruckt hat: Welches war der schlechteste Lehrer, den Sie je erlebt haben? Welche Merkmale wies diese Person auf?

Beispiel in Form der Bildungsstandards, ▶ Kap. 15) gefordert, sich zunehmend mit Diagnostik und Evaluation auseinanderzusetzen und die Leistungen ihrer Schüler angemessen zu dokumentieren. Da in den letzten Jahren Schulen zunehmend mehr Autonomie gewährt wurde und sie in einen gewissen Wettbewerb untereinander gestellt wurden, sind Lehrkräfte weiterhin gefordert, sich aktiv in die Schulentwicklung einzubringen. Schließlich führen die Etablierung von Ganztagsschulen sowie die Öffnung von Schulen für behinderte Kinder und Jugendliche (Inklusion) dazu, dass sich Lehrkräfte auch Kompetenzen hinsichtlich Beratung und individueller Förderung, die über den Unterricht hinausgehen, aneignen (▶ Kap. 16, ▶ Kap. 17, ▶ Kap. 18).

Den vielseitigen Herausforderungen, denen Lehrkräfte im Berufsalltag begegnen, steht eine besondere Beschäftigungsstruktur entgegen. Im Hinblick auf die langfristige Berufstätigkeit zeichnet sich die Lehrerlaufbahn in der Regel zwar einerseits durch eine relativ hohe Sicherheit des Arbeitsplatzes, aber andererseits durch ein nur gering steigendes Gehalt und wenig Aufstiegsmöglichkeiten innerhalb des Tätigkeitsfeldes aus. Aus psychologischer Sicht bedeutet dies, dass erhöhtes Engagement und Anstrengung nicht zwingend zu materiellen Belohnungen führen und sogar unbefriedigende Arbeitsleistungen nicht unmittelbar negative Konsequenzen nach sich ziehen müssen. Hinzu kommt, dass sich die Arbeitsleistung von Lehrkräften nur schwer anhand von objektiven Kriterien messen lässt, vor allem auch deshalb, weil „Erfolge" oder „Misserfolge" des Unterrichts natürlich in einem hohen Grad auch von den Schülern selbst bestimmt werden. Gleichzeitig steht das tägliche Handeln unter einer relativ hohen Autonomie, da innerhalb des Unterrichts kaum strukturelle Vorgaben eingehalten werden müssen und ein Großteil der Arbeitszeit in freier Zeiteinteilung genutzt werden kann.

Festzuhalten ist somit, dass die Tätigkeit des Lehrers einen vielseitigen Beruf darstellt, der im täglichen Handeln hohe Konzentration und Anstrengung erfordert, und langfristig gesehen vor allem Anforderungen an die selbstregulativen Fähigkeiten (▶ Kap. 3) der Lehrer stellt. Dieses typische Anforderungsprofil gilt es zu beachten, wenn man fragen möchte, welche persönlichen Merkmale für eine erfolgreiche Berufsausübung relevant sind.

11.1.2 Lehrer als Thema in der Pädagogischen Psychologie: Klassische Themen und neuere Trends

Die Kernfrage, welche Merkmale eine Lehrkraft aufweisen sollte, um den Beruf erfolgreich auszuüben, ist in der psychologischen Forschung immer wieder thematisiert worden (Baumert & Kunter, 2006; Bromme, 1997). Dabei lässt sich eine Veränderung in den theoretischen Perspektiven, unter denen diese Frage im Verlauf der Zeit betrachtet wurde, beobachten.

In den Anfangsjahren der Lehrerforschung wurde insbesondere untersucht, inwieweit Lehrkräfte sich durch besondere Ausprägungen in Persönlichkeitsmerkmalen wie Ehrlichkeit, Konventionalität, Humor, Affektivität sowie Extraversion und Introversion auszeichnen, und ob Unterschiede in diesen Merkmalen auch Unterschiede im Unterrichtserfolg der Lehrkräfte erklären können. Diese Fragestellung spiegelt eine grundlegende Annahme über den Lehrerberuf wider, die sehr häufig sowohl bei Schülern selbst als auch in der Fachliteratur zu finden ist: Nämlich die Idee des „geborenen Lehrers" bzw. die Überzeugung, dass es sich beim Lehrerberuf um eine Art Kunst handelt, für die nur bestimmte Personen das notwendige Talent mitbringen. Empirisch finden sich für diese Annahme aber kaum Belege (Bromme & Haag, 2004; Getzels & Jackson, 1963; Rushton, Morgan & Richard, 2007).

Ein veränderter Blick auf den Lehrerberuf findet sich ab den 1980er-Jahren in zwei unterschiedlichen Forschungssträngen. So hat man sich zum einen verstärkt den Kognitionen von Lehrern zugewendet, indem die Struktur ihres Wissens, Unterschiede zwischen Experten und Novizen, aber auch Überzeugungssysteme oder Erwartungen untersucht wurden (Bromme, 1997; Woolfolk Hoy, Davis & Pape, 2006). Parallel dazu hat sich zum anderen ein weiterer Forschungsstrang etabliert, nämlich die Forschung zu

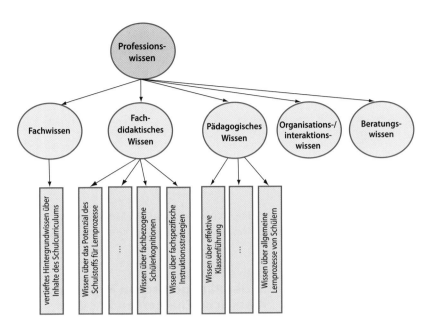

◻ Abb. 11.2 Beispiel für die Systematisierung von Lehrerwissen: Erfassung von Lehrerwissen im Projekt COACTIV. (Modifiziert nach Baumert & Kunter, 2006; Brunner et al., 2006, mit freundlicher Genehmigung des Waxmann Verlags)

Lehrerstress und Lehrerbelastung (Kyriacou, 1987; Vandenberghe & Huberman, 1999).

In der aktuellen Forschung finden sich mit den Arbeiten zur „professionellen Kompetenz" von Lehrkräften stärker integrative Ansätze, die einen breiteren theoretischen Rahmen spannen und versuchen, sowohl kognitive als auch emotional-affektive Merkmale von Lehrern in ihrem Wechselspiel zueinander zu betrachten (Baumert & Kunter, 2006; Blömeke, Kaiser & Lehmann, 2010a,b).

Definition

Professionelle Kompetenz beschreibt die persönlichen Voraussetzungen für die erfolgreiche Bewältigung spezifischer beruflicher Aufgaben. Dabei sind speziell Merkmale gemeint, die veränderbar sind und sich im Verlauf der beruflichen Ausbildung und Karriere weiterentwickeln können. Für Lehrkräfte werden häufig die Kompetenzaspekte Wissen, Überzeugungen, Motivation und selbstregulative Fähigkeiten unterschieden (Kunter et al., 2011).

Ausgehend von dem Verständnis, dass Kompetenz lern- und vermittelbar ist, geht es in aktuellen Forschungsfragen zunehmend nicht mehr nur darum, die Eigenschaften „guter" bzw. erfolgreicher Lehrkräfte zu beschreiben. Stattdessen werden Lehrkräfte selbst als Lernende verstanden: Wann und wie lernen Lehrer und wie kann es ihnen gelingen, auch in späteren Berufsjahren immer wieder neu den wandelnden Anforderungen erfolgreich zu begegnen? Wir werden darauf in ▶ Abschn. 11.5 näher eingehen.

11.2 Kognitive Merkmale: Wissen und Überzeugungen

Kognitive Merkmale beziehen sich auf Aspekte des Denkens, Schlussfolgerns, Gedächtnisses oder auf Einstellungen und Überzeugungen. Vor allem das Wissen und die Überzeugungen von Lehrkräften werden als besonders relevant für ihr berufliches Handeln gesehen. Gelegentlich werden beide Bereiche auch unter dem Begriff der „Expertise" zusammengefasst.

11.2.1 Wissen

Was müssen Lehrer wissen, um erfolgreich unterrichten zu können? Antworten auf diese Frage haben unmittelbare praktische Relevanz: Während bekannt ist, dass z. B. Einstellungen und Meinungen von Lehrkräften häufig sehr stabil und nur sehr schwierig direkt beeinflussbar sind, geht man davon aus, dass Wissen leichter veränderbar ist, z. B. durch geeignete Lehrangebote. Die Frage, welches Wissen hilfreich ist, um erfolgreich zu unterrichten, ist deshalb besonders dann wichtig, wenn es um Ziele der Lehrerbildung geht: Welche Inhalte sollte die Lehrer-Erstausbildung vermitteln und welche Inhalte sollten systematisch in die Lehrerfortbildung integriert werden?

In der Psychologie wird häufig zwischen deklarativem Wissen, d. h. Wissen über Fakten und Sachverhalte („Wissen, was"), und prozeduralen Wissensinhalten, d. h. Handlungswissen („Wissen, wie"), unterschieden (▶ Kap. 1). Bei Lehrkräften kann somit z. B. Wissen über fachliche Sachverhalte oder die Kenntnis verschiedener Methoden als deklaratives Wissen verstanden werden. Wissen darüber, *wie* bestimmte Methoden angewendet oder disziplinarische Maßnahmen vollzogen werden, kann als prozedurales Wissen verstanden werden. Zur inhaltlichen Beschreibung des **Lehrerwissens** wird häufig auf eine Taxonomie von Shulman (1987) zurückgegriffen, die – ohne explizit zwischen deklarativem und prozeduralem Wissen zu unterscheiden – mehrere Wissensinhalte beschreibt, welche speziell für das Unterrichten unmittelbar relevant erscheinen (◘ Abb. 11.2).

Definition

Arten des Lehrerwissens (nach Shulman, 1987; Baumert & Kunter, 2006)

- **Fachwissen** („content knowledge"): tiefes Verständnis des zu unterrichtenden Schulstoffs
- **Fachdidaktisches Wissen** („pedagogical content knowledge"): Wissen darüber, wie fachliche Inhalte durch Instruktion vermittelt werden können
- **Curriculares Wissen** („curricular knowledge"): Wissen über die Anordnung von Inhalten in Lehrplänen und über verfügbare Lehrmaterialien
- **Allgemeines pädagogisches Wissen** („pedagogical knowledge"): Wissen über die Schaffung und Optimierung von Lehr-Lern-Situationen sowie entwicklungspsychologisches und pädagogisch-psychologisches Grundwissen

---

Dabei gelten Fachwissen, fachdidaktisches Wissen und curriculares Wissen als fachspezifische Wissenskomponenten, während generelle, fachübergreifende Wissensinhalte durch das allgemeine pädagogische Wissen beschrieben werden. Diese Systematik hat sich in der Literatur als theoretischer Konsens zur Beschreibung verschiedener Wissensinhalte durchgesetzt. Allerdings gibt es bisher nur sehr wenige Arbeiten, die die vermutete Dimensionalität empirisch überprüft haben. Als ein Beispiel seien die Ergebnisse einer Studie von Krauss et al. (2008) genannt, in der ein Test zur Erfassung des mathematischen Wissens und des fachdidaktischen Wissens bei Mathematiklehrkräften der Sekundarstufe 1 zum Einsatz kam (◘ Abb. 11.2). Während der Fachteil reine Mathematikaufgaben beinhaltete, mussten die Lehrkräfte im fachdidaktischen Teil z. B. typische Schülerfehler zu bestimmten mathematischen Themen nennen oder verschiedene Erklärungen für mathematische Probleme finden. Dabei zeigten sich deutliche Unterschiede im Wissensumfang zwischen den Lehrkräften. Bemerkenswert war, dass beide Wissensaspekte zwar hoch miteinander korrelierten, aber dennoch konzeptuell voneinander abgrenzbar waren. Das heißt, dass manche Lehrkräfte zwar hohes Fachwissen aufwiesen, aber geringeres fachdidaktisches Wissen und umgekehrt.

Speziell in der deutschsprachigen Literatur wird häufig vom Diagnosewissen bzw. der **diagnostischen Kompetenz** von Lehrkräften gesprochen. Gemeint ist dabei Wissen über und die Fähigkeit zur korrekten Beurteilung von Schülern (Schrader, 1998). So hat beispielsweise ein Befund der PISA-Erhebung 2000, nachdem ein Großteil der befragten Hauptschullehrkräfte nicht in der Lage waren, diejenigen ihrer Schüler zu identifizieren, die im Lesekompetenztests als besonders schwache Leser auffielen, zur Diskussion über die vermeintlich geringe diagnostische Kompetenz deutscher Lehrer geführt (Artelt, Stanat, Schneider & Schiefele, 2001). Diagnosewissen bzw. diagnostische Kompetenz kann fachspezifische, fachübergreifende, prozedurale oder deklarative Aspekte beinhalten. Studien zeigen, dass Lehrkräfte im Mittel zwar relativ gut darin sind, die Leistungen ihrer Schüler zu beurteilen (Südkamp, Kaiser & Möller, 2012), dass aber große individuelle Unterschiede zwischen Lehrkräften bestehen (▶ Exkurs „Unterschiede zwischen ‚Experten' und ‚Novizen'"). Aktuelle Forschungsarbeiten zeigen, dass die Qualität diagnostischer Urteile von Lehrkräften unter anderem von der Erfahrung der Lehrkräfte, aber auch von Merkmalen der Situation beeinflusst wird (z. B. Krolak-Schwerdt, Böhmer & Gräsel, 2009). Diagnostische Kompetenz gilt als eine wichtige Voraussetzung, um Unterricht angemessen planen und durchführen können, wobei jedoch nur wenige Studien vorliegen, die diese Annahme auch empirisch stützen (z. B. Anders et al., 2010).

Auch wenn es überaus plausibel scheint, dass eine umfangreiche Wissensbasis der Lehrkraft die Grundlage für erfolgreiches unterrichtsbezogenes Handeln darstellt und sich somit auch in den Lernergebnissen der Schüler niederschlagen sollte, liegen erstaunlicherweise nur wenig belastbare Befunde vor, die diese Annahme empirisch stützen. Zwar weisen mehrere Beobachtungsstudien darauf hin (z. B. Borko et al., 1992; Leinhardt & Smith, 1985), dass Lehrkräfte mit viel Berufserfahrung, die sich reflektiert und tiefgründig mit ihrem Fach und den Instruktionsprozessen ihres Fachs auseinandersetzen, ihren Unterricht in besonderem Maße kognitiv anregend und adaptiv gestalten. Da es sich hier aber häufig um interpretative Fallstudien handelt, die zudem oft mit speziellen Lehrergruppen und ohne Vergleichsgruppen arbeiten, ist die Übertragbarkeit der Ergebnisse dieser Studien auf die Lehrerpopulation allgemein eher eingeschränkt.

Wie kommt es zu dieser Forschungslücke? Die besondere Schwierigkeit liegt darin begründet, geeignete Maße zur Erfassung des Wissens zu entwickeln, die genutzt werden können, um Unterschiede zwischen Lehrkräften zuverlässig zu beschreiben. So hat man sich in einer Reihe von Studien darauf beschränkt, Wissen in Form von formalen Abschlüssen zu erfassen und hat z. B. untersucht, inwieweit die Menge der Kurse, die eine Lehrkraft in dem

Unterschiede zwischen „Experten" und „Novizen"

Dass sich die Wahrnehmung und Interpretation von Klassensituationen bei Junglehrern („Novizen") und erfahrenen Lehrkräften („Experten") deutlich unterscheidet, belegt u. a. eine Arbeit von Sabers, Cushing und Berliner (1991). Erfahrene Lehrkräfte, Berufsanfänger und Lehramtsstudierende betrachteten in diesem Quasi-Experiment authentische Videoaufnahmen, die den Unterricht in einer Klasse zeigten. Die Videoaufnahmen wurden auf drei verschiedenen Bildschirmen gezeigt, auf denen die Szenen aus jeweils unterschiedlichen Blickwinkeln dargestellt wurden; diese unterschiedlichen Filme wurden darüber hinaus zeitversetzt gestartet (◻ Abb. 11.3). Die

Studienteilnehmer wurden aufgefordert, die Unterrichtsszenen zu beobachten und eine Reihe von Fragen dazu zu beantworten. Es stellte sich heraus, dass die erfahrenen Lehrkräfte im Vergleich zu den Novizen die Möglichkeiten der drei Monitore besser nutzten, während sich die Studierenden und Berufsanfänger sehr stark auf den mittleren Monitor, d. h., auf nur eine einzige Perspektive, konzentrierten. Weiterhin kommentierten die erfahrenen Lehrkräfte das Unterrichtsgeschehen häufiger in Form von Bewertungen und Interpretationen, während beide Novizengruppen eher bewertungsfreie Beschreibungen abgaben. Interessanterweise zeigten sich jedoch keine Gruppen-

unterschiede in einem Wissenstests, der unterrichtsirrelevante Informationen aus den Szenen abfragte.

Diese Ergebnisse weisen darauf hin, dass es Lehrkräften mit zunehmender Berufserfahrung besser gelingt, mit der Multidimensionalität des Unterrichtsgeschehens umzugehen: Aufgrund ihres Erfahrungsschatzes scheint es erfahrenen Lehrkräften somit leichter zu fallen, die vielen Ereignisse, die während des Unterrichts gleichzeitig stattfinden und unmittelbare Reaktionen erfordern, zu ordnen und zu bewerten – während Novizen größere Schwierigkeiten haben, die zahlreichen auf sie einströmenden Informationen auf produktive Weise zu nutzen.

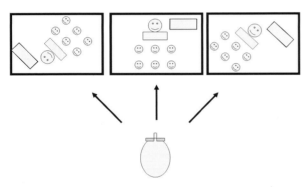

◻ **Abb. 11.3** Versuchsaufbau zur Untersuchung der unterschiedlichen Wahrnehmung und Interpretation von Unterrichtssequenzen bei Experten- und Novizen-Lehrkräften

unterrichteten Fach belegt hat, die Unterrichtsgüte oder Lernergebnisse der Schüler vorhersagen kann – hier kommen mehrere Studien zu sehr unterschiedlichen Ergebnissen (Ball, Lubienski & Mewborn, 2001; Baumert & Kunter, 2006).

Eine direkte Erfassung von Wissen in Form von Tests – die für Schüler ja längst etabliert ist – wurde für Lehrkräfte erst in den letzten Jahren begonnen. Als ein erster gesicherter empirischer Befund lässt sich festhalten, dass sich Lehrkräfte durchaus in Umfang und Tiefe ihres berufsbezogenen Wissens unterscheiden. Solche interindividuellen Unterschiede lassen sich beispielsweise anhand von internationalen Vergleichstudien (Blömeke et al., 2010a, 2010b) ermitteln oder in Studien, in denen Lehrer nach Art der Ausbildung (z. B. Baumert & Kunter, 2006; Brunner et al., 2006) oder Länge der Berufserfahrung verglichen werden, wie es im sog. Experten-Novizen-Paradigma häufig geschieht (z. B. Sabers, Cushing & Berliner,

1991; ◻ Abb. 11.3; Krolak-Schwerdt & Rummer, 2005). Aus dem breiten Spektrum der berufsbezogenen Expertise scheint gerade das fachbezogene Wissen bedeutsam dafür zu sein, inwieweit Unterricht fachlich anregend gestaltet wird und zu günstigen Lernergebnissen der Schülerinnen und Schüler führt, wobei dem fachdidaktischen Wissen anscheinend eine höhere Bedeutung zukommt als dem Fachwissen alleine (Ball et al., 2001; Baumert et al., 2010). Doch auch pädagogisch-psychologisches Wissen, etwa über Lernvoraussetzungen von Kindern und Jugendlichen, über Wirksamkeit bestimmter Methoden oder Wissen über Klassenführung (▶ Kap. 5) scheint für erfolgreiche Unterrichtsgestaltung maßgeblich zu sein (Voss, Kunter & Baumert, 2011). Kritisch ist anzumerken, dass typische Papier-und-Bleistifttests vermutlich nur begrenzt geeignet sind, um situationsgebundenes prozedurales Wissen von Lehrkräften zu erfassen. Innovative Zugänge wie z. B. Computersimulationen oder Rollenspiele dürften hier besser geeignet sein (siehe Kasten), um beispielsweise verschiedene Aspekte der diagnostischen Kompetenz zu erfassen (z. B. die Untersuchungen im „Simulierten Klassenraum" von Südkamp, Möller & Pohlmann, 2008).

Im Zentrum pädagogisch-psychologischer Forschung standen bisher vor allem Wissensbereiche, die unmittelbar unterrichtsrelevant sind. Wie eingangs aufgezeigt, gehen die beruflichen Aufgaben von Lehrkräften jedoch über das reine Unterrichten hinaus. Gerade die jüngsten Veränderungen im Bildungsbereich erfordern von Lehrkräften auch breiteres pädagogisches und psychologisches Wissen, wie etwa Kenntnisse über außerunterrichtliche Fördermaßnahmen, Beratung oder Kooperation – Aspekte die bisher in der Lehrerbildung nur wenig Platz ge-

Tab. 11.1 Überzeugungen von Lehrkräften: Bezugssystem, Inhalte und Beispiele. (Modifiziert nach Woolfolk Hoy et al., 2006. Reproduced with permission of Lawrence Erlbaum Associates Inc.)

Bezugssystem	Inhalte	Beispiele für untersuchte Konstrukte
Selbst	Vorstellungen zur eigenen Identität, Überzeugungen über eigene Fähigkeiten	Eigenes Rollenverständnis Selbstwirksamkeitsüberzeugungen
Lehr-Lern-Kontext	Überzeugungen über Lehren und Lernen, das Fach, einzelne Schüler	Lerntheoretische Überzeugungen Epistemologische Überzeugungen über das eigene Fach Erwartungen an Schüler Attributionen für Schülerleistungen
Bildungssystem	Bildungspolitische Themen, Standards, Reformen	Einstellung zu konkreten Reformen Einstellung zu Standards
Gesellschaft	Kulturelle Normen und Werte, die Bildung und Schule betreffen, Einstellungen zu Kindheit und Jugend	Normative Erziehungsziele Moralvorstellungen

funden haben. Ein zukünftig vermutlich immer wichtiger werdender Aufgabenbereich von pädagogischen Psychologen ist es daher, Lehrkräfte im Aufbau ihres professionellen Wissens in diesen weiterführenden Bereichen zu unterstützen, sei es im Zuge der Lehrerbildung oder durch Trainings und Weiterbildungsmaßnahmen (▶ Abschn. 11.5).

11.2.2 Überzeugungen und Erwartungen

Überzeugungen von Lehrkräften werden häufig im Zusammenhang mit ihrem Wissen diskutiert (Woolfolk Hoy et al., 2006).

> ┌─ **Definition** ─────────────────────
> ▶ **Lehrerüberzeugungen** („teacher beliefs") beinhalten Vorstellungen und Annahmen von Lehrkräften über schul- und unterrichtsbezogene Phänomene und Prozesse mit einer bewertenden Komponente.

Anders als Wissen, welches sich inhaltlich auf Fakten oder Schemata bezieht, repräsentieren die Überzeugungen von Personen deren Meinungen, Bewertungen oder auch subjektive Erklärungssysteme (Pajares, 1992). Vergleicht man etwa eine Wissensfrage wie „Welche unterschiedlichen Möglichkeiten, gibt es, um einem Schüler den Satz des Pythagoras zu erklären?" (zur Erfassung des mathematikspezifischen fachdidaktischen Wissens) mit einer Überzeugungsfrage wie „Welche Methoden bevorzugen Sie, um Ihren Schülern den Satz des Pythagoras zu erklären?" (Überzeugung über die Wirksamkeit bzw. Nützlichkeit bestimmter Methoden), so wird deutlich, dass Überzeugungen persönliche Bewertungen beinhalten, die immer

eine subjektive Komponente enthalten und daher nicht per se als richtig oder falsch bewertet werden können. Gleichzeitig können natürlich Überzeugungen mehr oder weniger gut begründet sein oder auf falschen Prämissen beruhen. Im letzteren Fall spricht man auch von intuitiven oder naiven Überzeugungen (siehe z. B. Patrick & Pintrich, 2001). Solche intuitiven Überzeugungen sind häufig wenig differenziert und reflektiert, stehen mitunter im Konflikt mit tatsächlichen Fakten und können somit dann das Handeln von Lehrkräften einschränken. Beispielhaft wird dies weiter unten an den Erwartungseffekten verdeutlicht. Die reflektierte Auseinandersetzung mit den eigenen Überzeugungen und die bewusste Überprüfung, inwieweit die eigenen Bewertungssysteme das Handeln möglicherweise einschränken, gelten daher als eine wichtige Komponente der Professionalität von Lehrkräften (Bromme, 1997, Woolfolk Hoy et al., 2006).

Im Gegensatz zu vielen anderen Lehrermerkmalen hat der Bereich der Überzeugungen relativ viel Aufmerksamkeit in der pädagogisch-psychologischen Forschung gefunden. Untersucht wurden dabei Überzeugungen, die von Einstellungen zur eigenen Person über Haltungen zum eigenen Fach und zu einzelnen Schülern bis hin zu subjektiven Theorien über Lehren und Lernen reichen. Zur Ordnung der vielfältigen Ansätze bietet es sich an, Überzeugungen darauf hin zu gliedern, auf welche Systemebene sie sich beziehen (☐ Tab. 11.1).

Aus dieser Perspektive betrachten können Lehrkräfte bestimmte Vorstellungen darüber haben, welche spezielle Rolle sie als Lehrer gerne einnehmen wollen. Sie können zudem in unterschiedlichem Maße davon überzeugt sein, bestimmte lehrerrelevante Fähigkeiten mehr oder weniger stark zu besitzen. Des Weiteren können sich Überzeugungen auf den unmittelbaren Wirkungskontext der Lehrkräfte, also ihre Schule, ihre Klassen, ihre Schüler oder ihr

◘ Tab. 11.2 Unterschiedliche Dimensionen der Lehrer-Selbstwirksamkeit mit Beispielen aus gängigen Fragebögen

	Persönliche Wirksamkeitsüberzeugung (Schmitz & Schwarzer, 2000, S. 16)	Allgemeine Wirksamkeitsüberzeugung (Gibson & Dembo, 1984, S. 573; Übersetzung durch den Autor)
Bezogen auf die Lehrtä-tigkeit allgemein	„Ich weiß, dass ich es schaffe, selbst den proble-matischsten Schülern den prüfungsrelevanten Stoff zu vermitteln."	„Für eine Lehrkraft ist es schwierig, etwas zu erreichen, weil der familiäre Hintergrund eines Schülers/einer Schülerin seine/ihre Leistungen so stark beeinflusst."
Bezogen auf spezifische Aufgaben im Lehrerberuf	„Ich weiß, dass ich zu den Eltern guten Kontakt halten kann, selbst in schwierigen Situationen."	„Wenn Schüler zu Hause nicht richtig erzogen werden, dann sind sie auch im Unterricht undis-zipliniert."

Fach beziehen. Unabhängig von ihrem direkten Umfeld haben Lehrkräfte ferner Meinungen über Aspekte des Bildungssystems allgemein, wie z. B. über bildungspolitische Themen oder bildungsrelevante Innovationen. Schließlich sind Lehrkräfte – wie alle Menschen – von kulturspezifischen Normen und Werten geprägt, die gesellschaftliche Haltungen zu erziehungsnahen Themen wie Bildungskonzepten oder das grundsätzliche Verständnis von Kindheit und Jugend widerspiegeln.

Nicht immer müssen bei einer Person die auf verschiedenen Ebenen angesiedelten Überzeugungen inhaltlich miteinander kongruent sein. So ist z. B. vorstellbar, dass eine Lehrkraft zwar prinzipiell eine positive Meinung zu reformorientierten Unterrichtsansätzen hat, aber gleichzeitig findet, dass in ihrer speziellen Schule mit der von ihr unterrichteten Schülerklientel diese Methoden nicht einsetzbar sind. Dass starke Überzeugungskonflikte innerhalb einer Person möglicherweise einen beruflichen Belastungsfaktor darstellen und gerade auch bei Berufsanfängern zum sog. „Praxisschock" führen können, ist gut vorstellbar.

Zahlreiche Befunde belegen, dass Überzeugungen von Lehrkräften eine bedeutsame Rolle für ihr Handeln spielen können. Welche Meinung eine Lehrkraft über einen bestimmten Schüler, eine bestimmte Methode oder inhaltliche Zielsetzung hat, kann auf unterschiedliche Weise ihr Verhalten in der jeweiligen Situation bestimmen. Es lassen sich mindestens drei Effekte unterscheiden (Pajares, 1992):

- **Filtereffekt:** Die Wahrnehmung und Interpretation von Ereignissen wird beeinflusst.
- **Motivierender Effekt:** Die Entscheidung für eine bestimmte Handlung wird beeinflusst.
- **Steuerungseffekt:** Die Reaktionen auf Handlungen anderer werden beeinflusst.

Die pädagogisch-psychologische Forschung hat sich mit den möglichen Wirkungen der verschiedenen Lehrerüberzeugungen relativ intensiv auseinandergesetzt. Im Folgenden stellen wir exemplarisch drei Überzeugungsbereiche vor, für die entsprechend gut abgesicherte Erkenntnisse vorliegen.

Überzeugungen über das Selbst: Selbstwirksamkeitsüberzeugungen von Lehrkräften

Das Konstrukt der **Selbstwirksamkeit** geht auf die sozialkognitive Theorie Banduras zurück (▶ Kap. 1) und beschreibt die Überzeugungen, inwieweit Personen sich in der Lage sehen, bestimmte Aufgaben – auch unter schwierigen Bedingungen – erfolgreich zu bewältigen. Übertragen auf Lehrkräfte und ihre primären Aufgaben bedeutet Selbstwirksamkeit somit in einem allgemeinen Sinne die Einschätzung einer Lehrperson darüber, wie gut es ihr gelingen kann, das Lernen und Verhalten ihrer Schüler zu unterstützen und zu fördern, und zwar auch bei vermeintlich schwierigen oder unmotivierten Schülern (Tschannen-Moran & Hoy, 2001).

> **Definition**
>
> **Lehrer-Selbstwirksamkeit:** Überzeugungen einer Lehrperson darüber, wie gut es ihr gelingen kann, effektiv zu unterrichten

Um eine genaueres Verständnis von Selbstwirksamkeitsüberzeugungen bei Lehrkräften zu gewinnen, lassen sich zwei Beschreibungsdimensionen differenzieren (◘ Tab. 11.2). So können die Überzeugungen der Lehrkräfte von Einschätzungen über die Lehrtätigkeit i. Allg. bis hin zu Annahmen über ganz spezifische Aufgaben reichen. Gleichzeitig kann die Überzeugung, eine Aufgabe gut oder weniger gut bewältigen zu können, von zwei unterschiedlichen Aspekten beeinflusst werden, die als persönliche Wirksamkeitsüberzeugung („personal teaching efficacy") und allgemeine Wirksamkeitsüberzeugung („general teaching efficacy") bezeichnet werden. Während sich die persönliche Wirksamkeitsüberzeugung darauf bezieht, wie sehr eine Lehrkraft annimmt, dass sie selbst die Fähigkeit und die Mittel besitzt, um eine Aufgabe zu meistern, beschreibt die allgemeine Wirksamkeitsüberzeugung, wie sehr eine Lehrkraft annimmt, dass die Bewältigung einer Aufgabe überhaupt – unabhängig von der eigenen Person –

möglich ist. Konkrete Beispiele für diese unterschiedlichen Facetten der Lehrer-Selbstwirksamkeit sind anhand von Fragebogenitems in ◻ Tab. 11.2 dargestellt.

Die enge Verbindung zwischen Selbstwirksamkeitsüberzeugungen und dem Verhalten von Lehrkräften ist in vielen Studien demonstriert worden (Schwarzer & Warner, 2010; Tschannen-Moran & Hoy, 2001). So berichten Lehrkräfte mit hohen Selbstwirksamkeitsüberzeugungen von positiveren Einstellungen gegenüber innovativen Unterrichtsmethoden, scheinen diese auch häufiger einzusetzen (Tschannen-Moran & Hoy, 2001; Wolters & Daugherty, 2007) und schildern vergleichsweise hohes Engagement auch im außerunterrichtlichen Bereich wie z. B. bei Schulprogrammen (Somech & Drach-Zahavy, 2000). Ferner sind positive Selbstwirksamkeitsüberzeugungen mit höherer Berufszufriedenheit und geringerer Beanspruchungssymptomatik verbunden (Schmitz & Schwarzer, 2000).

Ob positive Selbstwirksamkeitsüberzeugungen aber tatsächlich das Lehrerverhalten günstig beeinflussen, lässt sich aufgrund der bisherigen Datenlage nur schwer beurteilen. Da es sich bei den meisten der vorliegenden Studien um Querschnittsdesigns handelt, die darüber hinaus häufig ausschließlich mit Selbstberichten arbeiten, kann nicht ausgeschlossen werden, dass die beobachteten Zusammenhänge durch Effekte in der umgekehrten Richtung erklärt werden können. Es ist beispielsweise durchaus plausibel anzunehmen, dass Lehrkräfte, wenn sie auf eine interessierte und engagierte Schüler- bzw. Elternschaft stoßen oder innovative Methoden häufiger anwenden, auch nach und nach das Gefühl entwickeln, diese sicher und effektiv anwenden zu können. Um mehr über die Rolle von Selbstwirksamkeit als Motor für effektives Lehrerverhalten herauszufinden, sind demnach echte Längsschnittdesigns oder (quasi-)experimentelle Studien gefragt (z. B. Stein & Wang, 1988).

Eine weitere offene Frage betrifft den Zusammenhang zwischen Selbstwirksamkeit und der Lernbereitschaft der Lehrkräfte selbst. Lehrkräfte sind über ihre gesamte Berufsbiografie hinweg immer wieder gefordert, sich mit neuen Konzepten, bildungspolitischen Erneuerungen und sich wandelnden Schulsituationen auseinanderzusetzen. Die Selbstwirksamkeitsüberzeugungen der Lehrkräfte könnten theoretisch auf unterschiedliche Weise auf das diesbezügliche Verhalten wirken. Einerseits könnten hohe Selbstwirksamkeitsüberzeugungen dazu führen, sich diesen Herausforderungen vermehrt zu stellen. Andererseits könnte aber auch ein sehr hoher Glaube in die eigenen Fähigkeiten verhindern, dass Lehrkräfte ihre eigene Entwicklung kritisch reflektieren und aktiv nach Lerngelegenheiten zur Verbesserung der Fähigkeiten suchen (Wheatley, 2002). Eine empirische Überprüfung dieser Frage ist bisher nicht erfolgt.

Überzeugungen über bestimmte Schüler: Lehrererwartungen

Überzeugungen, die Lehrkräfte über bestimmte Schüler haben, sind unter dem Stichwort **Erwartungseffekte** ("teacher expectation effects") untersucht worden und stellen ein wichtiges Thema der pädagogisch-psychologischen Lehrerforschung dar (Ludwig, 2001).

> **Definition**
>
> Unter dem **Erwartungseffekt** versteht man, dass eine Lehrkraft bestimmte Überzeugungen über das Potenzial eines Schülers hat und allein diese Erwartungen dazu beitragen, dass sich der Schüler so verhält oder Leistungen zeigt, wie die Lehrkraft es erwartet hat. Erwartungseffekte können in positive oder negative Richtungen gehen.

In der Studie von Rosenthal und Jacobsen (1968) zum sog. ▶ **Pygmalioneffekt** (▶ Exkurs „Pygmalioneffekt") wurde zum ersten Mal beschrieben, dass sich Schüler unterschiedlich in ihren Leistungen entwickeln, je nachdem, welche Erwartungen ihre Lehrkraft an sie hat. Diese Untersuchung regte seit den 1960er Jahren eine ganze Reihe weiterer Studien an (zusammenfassend Babad, 1993; Jussim & Harber, 2005), die untersuchten, ob solche Erwartungseffekte wirklich auftreten, unter welchen Bedingungen sie verstärkt auftreten, welche Wirkmechanismen dahinter stehen und ob bzw. durch welche Maßnahmen Erwartungseffekte reduziert werden können.

Die Befundlage zur Rolle der Lehrererwartung ist äußerst heterogen und generelle Aussagen über die Stärke, praktische Relevanz oder Auftretensformen von Erwartungseffekten in der Lehrer-Schüler-Interaktion sind nur schwer zu treffen (Jussim & Harber, 2005; Rosenthal, 1991). Dies liegt vor allem daran, dass je nach Studie häufig ein ganz unterschiedliches Verständnis von Erwartungseffekten zugrunde liegt. So werden erstens Effekte auf verschiedene „Outcome"-Variablen thematisiert. Am häufigsten wird der direkte Effekt der Lehrererwartungen auf die Leistung von Schülern behandelt (z. B. auf die Intelligenzentwicklung: z. B. Jussim & Harber, 2005; Rosenthal & Jacobsen, 1968; oder auf Schulleistungen: z. B. Madon, Jussim & Eccles, 1997; s. a. Trouilloud, Sarrazin, Bressoux & Bois, 2006 für motivationale Merkmale). Untersucht wird aber auch, inwieweit lediglich die Leistungs*beurteilungen* der Lehrkräfte durch ihre Erwartungen verändert werden, und zwar unabhängig von den tatsächlichen Schüler-Outcomes.

Zweitens spricht man von Erwartungseffekten im Sinne einer **sich selbst erfüllenden Prophezeiung** („self-fulfilling prophecy") streng genommen nur dann, wenn das erwartete Ereignis – wie die Intelligenzsteigerung im

Exkurs

Pygmalioneffekt

Der Pygmalioneffekt ist eine speziell auf die Interaktion zwischen Lehrern und Schülern bezogene Form der sich selbst erfüllenden Prophezeiung. Der Begriff geht auf die klassische Studie zurück, die Rosenthal und Jacobsen unter dem Titel „Pygmalion in the Classroom" (in Anlehnung an den Bildhauer Pygmalion in der griechischen Mythologie, der eine von ihm geschaffene Statue zum Leben erweckt) 1968 veröffentlichten.

In dem – aus heutiger Sicht ethisch äußerst fragwürdigen – Experiment erhielten Grundschullehrkräfte unterschiedliche Informationen über das Leistungspotenzial ihrer Schüler. Dabei wurde ihnen mitgeteilt, dass ein Teil der Schüler Ergebnisse in einem speziellen Intelligenztest aufweisen würde, welche zeigen, dass bei diesen Schülern in Kürze eine besonders günstige Intelligenzentwicklung zu erwarten sei. In Wirklichkeit waren die Informationen, welche Intelligenzentwicklung für welchen Schüler zu erwarten sei, rein zufällig verteilt; alle Schüler hatten lediglich an einem regulären Intelligenztest teilgenommen. Nach einem Schuljahr wies bei einer erneuten Testung die Schülergruppe mit vermeintlich hohem Potenzial im Vergleich zu den anderen Schülern tatsächlich einen deutlich höheren Zugewinn in der Intelligenz auf.

Die Ergebnisse der Studie von Rosenthal und Jacobsen lieferten den Anlass für viele Nachfolgestudien, in denen immer wieder nach Belegen für oder gegen die Existenz des Pygmalioneffektes gesucht wurde (Babad, 1993; Jussim & Harber, 2005, Rosenthal, 1991). Der Begriff Pygmalioneffekt wird dabei meistens in Referenz auf die Studien von Rosenthal und Mitarbeitern verwendet, die sich eng an das ursprüngliche Forschungsparadigma der Originalstudie anlehnen. Der weitaus häufiger verwendete Begriff der Erwartungseffekte umfasst dagegen unterschiedliche Auftretensformen (s. unten).

Beispiel der Pygmalion-Studie – noch nicht stattgefunden hat und somit die mentale Antizipation des Ereignisses auf das Ereignis selbst wirkt (Ludwig, 2001). Für den Schulbetrieb relevanter dürften vor allem **sich selbst erhaltende Prophezeiungen** („self-maintaining prophecy") sein, bei denen die Erwartungen der Lehrkraft auf faktisch bereits bestehenden Unterschieden (also z. B. von der Lehrkraft beobachtete Leistungsdifferenzen in der Klasse) beruhen. In diesem Fall handelt es sich also nicht notwendig um Fehleinschätzungen von Lehrkräften, sondern um durchaus begründete Erwartungen – die aber möglicherweise dazu beitragen, die Leistungsunterschiede innerhalb der Klasse zu verstärken.

Auch wenn somit allgemein gültige Aussagen nur schwer zu treffen sind, spricht der heutige Forschungsstand doch dafür, dass Erwartungseffekte der beschriebenen Art sowohl in authentischen Klassensituationen als auch in künstlichen Experimentalsettings auftreten (Jussim & Harber, 2005; Rosenthal, 1991). Allerdings handelt es sich wohl um eher kleine Effekte. Ausgehend von den durchschnittlich beobachteten Effektgrößen lässt sich schlussfolgern, dass die Erwartungen einer Lehrkraft nur bei etwa 5–10 % ihrer Schüler tatsächlich deren Leistungen beeinflussen (Jussim & Harber, 2005). Die Befundlage deutet weiterhin darauf hin, dass Erwartungseffekte besonders bei bestimmten Schülergruppen wahrscheinlich sind, wie z. B. bei Kindern mit sozial schwachem familiärem Hintergrund oder Kindern aus ethnischen Minderheiten (Tenenbaum & Ruck, 2007) – aber auch (in positiver Richtung) bei Schülern mit hoher physischer Attraktivität (Ritts, Patterson & Tubbs, 1992).

Wie entsteht ein Zusammenhang zwischen den Lehrererwartungen und der Leistungsentwicklung von Schülern? Es ist plausibel, dass eine Lehrkraft sich, je nachdem, wie sie über einen bestimmten Schüler denkt, sich diesem Schüler gegenüber auf spezielle Weise verhält. Dabei scheinen vor allem zwei Wirkmechanismen eine besondere Rolle zu spielen (Babad, 1993), nämlich das sozioemotionale Klima und das Lernangebot. So scheinen Lehrkräfte die soziale Interaktion mit Schülern, von denen sie einen günstigen Eindruck haben bzw. von denen sie zukünftig gute Leistungen erwarten, insgesamt freundlicher und geduldiger zu gestalten. Darüber hinaus werden diese Schüler nicht nur häufiger im Unterricht aufgerufen, sondern erhalten auch eher schwierigere Aufgaben, werden somit also stärker herausgefordert. Dies verdeutlicht, dass Erwartungseffekte nicht ausschließlich negativ sein müssen: So zeigen verschiedene Studien, dass hohe Erwartungen (zum Teil auch leichte Überschätzungen) seitens der Lehrkräfte sich durchaus günstig auf die Leistungs- und Motivationsentwicklung von Schülern auswirken können, und dass tendenziell diese positiven Effekte die negativen Effekte einer Unterschätzung überlagern (Jussim & Harber, 2005; Madon et al., 1997; Trouillard et al., 2007).

Die Tatsache, dass die Interaktion mit anderen Menschen stark durch die eigenen Erwartungen und Erklärungsmuster, die man in Bezug auf seine Interaktionspartner hat, beeinflusst wird, findet sich in allen Bereichen menschlichen Handelns und ist kein lehrertypisches Phänomen. Im Fall von Lehrkräften können Erwartungseffekte aber besonders gravierende Konsequenzen haben, die mitunter die Lebenswege von Schülern entscheidend beeinflussen können. Dass sich Erwartungen seitens der Lehrkräfte auf die Schülerbeurteilung und auch auf die Notengebung auswirken, wurde in vielen Studien belegt (Ludwig, 2001).

Besondere Bedeutung dürften Erwartungseffekte auch bei Entscheidungen über Fördermaßnahmen oder Übergangsempfehlungen von Lehrkräften haben. Angesichts der Tatsache, dass solche Entscheidungen von immenser Bedeutung für die Bildungskarrieren der jeweiligen Kinder und Jugendlichen sind, scheint es angezeigt, in solchen Situationen besonders auch auf mögliche Erwartungseffekte zu achten. Ein Beispiel für die substanzielle praktische Relevanz von Erwartungseffekten und für die komplexen Zusammenhänge, die diesem Phänomen zugrunde liegen, ist eine Studie zu Übergangsempfehlungen von Grundschullehrkräften in der Schweiz (Trautwein & Baeriswyl, 2007). In dieser Studie konnte gezeigt werden, dass die Übertrittsempfehlungen der Lehrkräfte am Ende der Grundschule u. a. von den allgemeinen Einschätzungen, die die Lehrkräfte zum Fähigkeitspotenzial der Schüler abgaben, bestimmt wurden. Diese Fähigkeitseinschätzungen der Lehrkräfte wiederum waren nur zum Teil durch objektive Leistungsunterschiede der Schüler erklärbar. Darüber hinaus zeigte sich ein Geschlechtereffekt (Mädchen wurde geringeres Potenzial zugesprochen) und ein Bezugsgruppeneffekt (in Klassen mit insgesamt hohem Leistungsniveau waren die Einschätzungen geringer). Diese Ergebnisse belegen, dass Erwartungen von Lehrkräften ihr Entscheidungsverhalten in wichtigen Situationen beeinflussen können und dass diese Erwartungen zum Teil auf Faktoren begründet sind, die wenig mit dem tatsächlichen (Leistungs-) Verhalten der Schüler selbst zu tun haben.

Da die Forschung gezeigt hat, dass Erwartungen von Lehrkräften nur begrenzt und mit relativ viel Aufwand zu verändern sind (Babad, 1993), ist es vermutlich sinnvoll, gerade bei wichtigen Bildungsentscheidungen Prozeduren zu etablieren, die das Risiko von Fehlentscheidungen aufgrund von Erwartungseffekten minimieren. Dies könnte z. B. eine stärkerer Gewichtung objektiver Leistungskriterien oder die Berücksichtigung mehrerer Lehrerurteile sein. Um in der täglichen Unterrichtspraxis das Auftreten von Erwartungseffekten zu reduzieren, bieten sich Reflexionen des eigenen Unterrichtshandelns in Form von Videofeedback oder Team-Teaching-Methoden an (▶ Abschn. 11.5.1).

Überzeugungen über Lehren und Lernen: Lerntheoretische Überzeugungen

Die Haupttätigkeit aller Lehrkräfte ist das Unterrichten. Insofern kommt den Meinungen, die Lehrende über das Unterrichten haben, eine besondere Wichtigkeit zu. ▶ **Lerntheoretische Überzeugungen** beschreiben die Annahmen und Wertvorstellungen, die Lehrende über Lehr-Lern-Prozesse haben; sie beziehen sich spezifisch auf das jeweilige Fach (z. B. „Schüler lernen Lesen am besten durch die Ganzwortmethode") oder auf Lehren und Lernen i. Allg. (z. B. „Schüler lernen am besten, wenn man sie möglichst eigenständig Probleme bearbeiten lässt").

Viele Studien zeigen, dass sich die Vorstellungen und Meinungen über Lehren und Lernen von Lehrkräften mit zwei grundlegenden Lerntheorien aus psychologischer Sicht in Verbindung bringen lassen, nämlich einerseits dem Informationsverarbeitungsansatz und andererseits der konstruktivistischen Lerntheorie (▶ Kap. 1). Beide Lerntheorien basieren auf unterschiedlichen Annahmen darüber, wie Wissen konzeptionalisiert ist, und welche Lernprozesse angenommen werden – je nach Ansatz bedeutet dies auch unterschiedliche Vorstellungen über die Lehrerrolle. So finden sich einerseits Lehrkräfte, die Lernen und Lehren eher im Sinne eines Sender-Empfänger-Modells (▶ „**transmission view**") verstehen, bei dem eine fest umschriebene Menge an Informationen von der Lehrkraft an die Schüler weitergegeben wird. Die wichtigste Aufgabe der Lehrkraft wäre es daher, die Informationen so aufzubereiten, dass sie effektiv von den Lernenden aufgenommen, gespeichert und wieder abgerufen werden kann – praktisch könnte dies dadurch geschehen, dass komplexe Sachverhalte in kleinere Einheiten heruntergebrochen werden, genügend Zeit zum Speichern (d. h. Üben) bereitgestellt wird und Fehler beim Abruf möglichst direkt korrigiert werden. Lehrkräfte, die andererseits eher ein konstruktivistisches Verständnis vom Lehr-Lern-Prozess haben (▶ „**constructivist view**"), gehen davon aus, dass Wissen im gemeinsamen Diskurs mit Lehrenden und Lernenden aufgebaut wird und legen besonderen Wert darauf, individuelle Problemlöse- und Konstruktionsprozesse zu unterstützen. Für die Aufgaben der Lehrkraft bedeutet dies eher ein Verständnis des Lehrers als Mediator, der Denkprozesse durch komplexe Problemstellungen auslöst und durch individuelle Hilfestellungen („scaffolding") den Wissensaufbau der Lernenden unterstützt.

Vor allem Studien in den Fächern Mathematik und Naturwissenschaft belegen, dass Lehrkräfte tendenziell eher in die eine oder andere Richtung in ihren lerntheoretischen Überzeugungen tendieren – obwohl es durchaus möglich ist, dass eine Person beide Positionen gleichzeitig vertritt und je nach Situation unterschiedliche Gewichtungen legt. Insgesamt aber scheinen Lehrkräfte sich eher der einen oder anderen „Tradition" verpflichtet zu fühlen und richten ihren Unterricht auch danach aus. Einer Studie an Grundschullehrern (Staub & Stern, 2002) zufolge setzten Lehrkräfte, die bezogen auf den Mathematikunterricht eher konstruktivistische Überzeugungen über Lehren und Lernen hatten, in ihrem Unterricht vermehrt Aufgaben ein, die komplexe Denkprozesse erforderten. Diese Unterrichtspraxis wirkte sich günstig auf die mathematischen Fähigkeiten der Schüler aus – und zwar vor allem bei Aufgaben, die eher komplexe Problemlöseansätze erforderten (vgl. auch Dubberke, Kunter, McElvany, Brunner & Baumert, 2008).

Konservatismus von Lehrerüberzeugungen

Ein immer wiederkehrendes Thema in Bezug auf Überzeugungen von Lehrkräften betrifft die Beobachtung, dass in der Lehrerschaft häufig traditionelle Auffassungen über Lernen und Schule zu finden sind und sich die Überzeugungen von Lehrkräften nach abgeschlossener Ausbildung nur noch wenig im Verlauf der Berufsausübung zu verändern scheinen; diese **Veränderungsresistenz** (Lortie, 1975; Pajares, 1992) wird daher häufig auch als ein Faktor herangeführt, der es erschwert, Reformen und Innovationen in der Schule umzusetzen.

Aus psychologischer Sicht bietet vor allem die Literatur zum „conceptual change" einen Erklärungsansatz für die Stabilität und Veränderungsresistenz von Lehrerüberzeugungen an (Posner, Strike, Hewson & Gertzog, 1982): So ist davon auszugehen, dass sich Konzepte und Überzeugungen nur dann verändern, wenn zum einen die bisher bestehenden alten Konzepte nicht reichen, um beobachtete Phänomene zu erklären, und zum anderen neue Konzepte zur Verfügung stehen, die plausibel und erklärungsmächtig sind. **Lern- und schulbezogene Überzeugungen** von Lehrkräften entwickeln sich vermutlich vor allem in drei Lerngelegenheiten (Richardson, 1996), nämlich

1. den eigenen Schulerfahrungen,
2. der formalen Ausbildung und
3. den eigenen persönlichen Erfahrungen („life experiences").

Überzeugungen zum Lehren und Lernen und zur Rolle von Schule und Erziehung werden somit bereits sehr früh gefestigt – und es ist davon auszugehen, dass Personen mit einer kritischen Haltung gegenüber dem Schul- und Bildungssystem vermutlich gerade nicht den Lehrerberuf wählen und auch später nicht in der Lehrerausbildung tätig sind. Innerhalb dieser systemimmanenten Laufbahn, die wenig Gelegenheit zum Hinterfragen der früh erworbenen Haltungen bietet, ist es wahrscheinlich, dass sich traditionelle Überzeugungen erhalten bzw. progressive Überzeugungen kaum durchsetzen (Lortie, 1975). Bedenkt man darüber hinaus den eingangs angesprochenen Filtereffekt von Überzeugungen, so lässt sich fragen, wie häufig Lehrkräfte überhaupt herausgefordert werden, sich mit neuen Ansichten und Überzeugungen auseinanderzusetzen.

In neueren Ansätzen der Lehrerbildung hat man sich daher der Frage zugewandt, wie man eigentlich Situationen gestalten müsste, um Lehrkräfte anzuregen, sich ihrer Überzeugungen bewusst zu werden und sie zu reflektieren. Unter Rückgriff auf die Conceptual-Change-Literatur sind Fortbildungskonzepte entstanden, die genau an dieser Frage ansetzen (z. B. Möller, Hardy, Jonen, Kleickmann & Blumberg, 2006; auch ▶ Abschn. 11.5.1).

11.3   Motivationale Merkmale

Wenn es um Eigenschaften guter Lehrer geht, wird immer wieder auf deren Motivation verwiesen. Vermutlich werden auch den Lesern dieses Kapitels vor allem diejenigen Lehrkräfte in Erinnerung geblieben sein, die gerade nicht „Dienst nach Vorschrift" machten, sondern sich im Unterricht oder außerhalb durch hohes persönliches Engagement auszeichneten. Mit der Motivation von Lehrkräften sind die persönlich variierenden Gründe für die Initiation, Richtung, Intensität und Aufrechterhaltung von Verhalten angesprochen (▶ Kap. 7). In der Lehrerforschung ist vor allem der Aspekt der Initiation besonders häufig thematisiert worden, also die Frage, warum Personen überhaupt ein Lehrerstudium beginnen. In neuerer Zeit wird auch untersucht, warum manche Lehrkräfte – unabhängig von ihren ursprünglichen Berufswahlmotiven – ihren Beruf mit mehr oder weniger Energie verfolgen. Theoretisch wurden hierbei vor allem Überlegungen zur Schülermotivation auf Lehrende übertragen. Die Frage nach der Aufrechterhaltung und dem Absinken von Motivation, was im Extremfall bis zur Aufgabe des Berufs führen kann, wird in ▶ Abschn. 11.4 unter dem Thema „Beanspruchungserleben" diskutiert.

11.3.1   Berufswahlmotive

Was motiviert Studienanfänger ein Lehramtsstudium aufzunehmen? Die vorliegenden Untersuchungen zur **Berufswahlmotivation** angehender Lehrkräfte weisen ausnahmslos auf die subjektiv hohe Bedeutsamkeit der Arbeit mit Kindern und Jugendlichen hin (im Überblick Brookhart & Freeman, 1992). Als weitere wichtige Gründe werden der gesellschaftliche Beitrag, die abwechslungsreiche und interessante Tätigkeit, fachbezogene Interessen, die Vermittlung von Wissen, erfahrungsbestimmte Motive, die Vereinbarkeit von Familie und Beruf und die Möglichkeit zur eigenen Weiterbildung genannt. Darüber hinaus sind extrinsische Motive wie der hohe Freizeitanteil, die Arbeitsplatzsicherheit und das gute Gehalt von Bedeutung, werden allerdings in der Regel weniger stark gewichtet. Es lassen sich jedoch auch Unterschiede beobachten, zum Beispiel bei Lehrkräften unterschiedlicher Schulformen (Brookhart & Freeman, 1992; Retelsdorf & Möller, 2012; ▶ Exkurs „Fragebogen zur Erfassung der Motivation für die Wahl des Lehramtsstudiums").

In jüngerer Zeit wurde versucht, die Forschung zur Berufswahlmotivation von Lehrkräften an elaborierte motivationstheoretische Modelle anzubinden. So entwickelten Watt und Richardson (2008) auf Basis des ▶ **Erwartungs-Wert-Modells** von Eccles (2005)

Fragebogen zur Erfassung der Motivation für die Wahl des Lehramtsstudiums (FEMOLA)

Der FEMOLA (Pohlmann & Möller, 2007) erfasst erwartungs- und wertbezogene Faktoren (Eccles, 2005) für die Wahl des Lehramtsstudiums. Als erwartungsbezogene Komponenten ließen sich die Fähigkeitsüberzeugung und die wahrgenommene geringe Schwierigkeit des Studiums identifizieren, als wertbezogene Komponenten das pädagogische Interesse, das fachliche Interesse und Nützlichkeitsaspekte. Entsprechend dem Erwartungs-Wert-Modell bildeten sich die sozialen Einflüsse als weiterer, empirisch trennbarer Faktor für die Studienwahl heraus. ◘ Tab. 11.3 zeigt die 6 resultierenden Skalen mit jeweils einem Itembeispiel. Vergleiche zwischen Lehramtsstudierenden des Gymnasiums und der Realschule wiesen darauf hin, dass angehende Gymnasiallehrkräfte in stärkerem Maße fachliche Interessen als Studienwahlmotiv angaben, während die zukünftigen Realschullehrkräfte höhere Ausprägungen auf den Skalen „geringe Schwierigkeit" und „Nützlichkeitsaspekte" aufwiesen.

◘ **Tab. 11.3** Skalen und Itembeispiele des FEMOLA

Faktor	Itembeispiel „Ich habe das Lehramtsstudium gewählt, weil …
Pädagogisches Interesse	… ich gern mit Kindern und Jugendlichen arbeite."
Fachliches Interesse	… ich die Inhalte meiner Fächer interessant finde."
Fähigkeitsüberzeugung	… ich denke, dass ich eine gute Lehrerin/ein guter Lehrer sein werde."
Nützlichkeitsaspekte	… ich neben dem Beruf auch noch Zeit für Familie, Freunde und Hobbies haben will."
Soziale Einflüsse	… mir in der Familie nahe gelegt wurde, das Lehramtsstudium aufzunehmen."
Geringe Schwierigkeit des Studiums	… es leichter ist als andere Studiengänge."

die „Factors Influencing Teaching Choice Scale" (FIT-Choice-Scale) und konnten mit diesem Instrument 12 Einflussfaktoren für die Wahl des Lehrerberufs differenzieren. Für den deutschsprachigen Raum wurde der „Fragebogen zur Erfassung der Motive für die Wahl des Lehramtsstudiums" (FEMOLA; Pohlmann & Möller, 2010) entwickelt, dem ebenfalls das Erwartungs-Wert-Modell zugrunde liegt. Mit diesem Instrument ließen sich faktorenanalytisch 6 Faktoren identifizieren, wobei auch hier intrinsische, z. B. pädagogisches oder fachliches Interesse, und extrinsische Motive, z. B. Nützlichkeitsaspekte oder soziale Einflüsse, unterschieden werden können (► Exkurs „Fragebogen zur Erfassung der Motivation für die Wahl des Lehramtsstudiums (FEMOLA)"). Unter Nutzung der FIT-Choice-Skala ließ sich zeigen, dass Lehramtsstudierende mit eher intrinsischen Zielen eine günstigere Studiermotivation zeigten (Watt & Richardson, 2007). Um allerdings einzuschätzen, wie wichtig die Berufswahlmotive für die spätere Berufsausübung sind, braucht es prospektive Längsschnittstudien, die bisher kaum vorhanden sind. Es ist weiterhin zu berücksichtigen, dass die Mehrzahl der Studien geschlossene, reaktive Antwortformate verwenden und daher Antworttendenzen wie selbstwertdienliche Verzerrungen oder Ja-Sage-Tendenzen bei der Angabe der Motive nicht auszuschließen sind.

11.3.2 Enthusiasmus und intrinsische Motivation

Wie eingangs beschrieben gilt es als eine wichtige Eigenschaft von Lehrern, begeistert und motiviert zu sein, häufig wird hierfür auch der Begriff **Enthusiasmus** verwendet. Ausgangspunkt ist die Annahme, dass Lehrkräfte, die ihren Beruf gern ausüben und sich für ihr Fach interessieren, diese Begeisterung auch auf ihre Schüler übertragen und diese anregen können, sich mit Freude und Interesse dem Lernstoff zu widmen. Diese Annahme wird durch experimentelle Studien empirisch gestützt: So zeigen Lernende in Unterrichtssituationen günstigeres Lernverhalten und höhere Motivation, wenn sie annehmen, dass die Lehrperson aus Interesse (anstatt aus externen Gründen) unterrichtet (Wild, Enzle & Hawkins, 1992) und wenn Lehrkräfte beim Unterrichten durch nonverbale Mittel (Mimik, Gestik) Freude am Lerngegenstand suggerieren (Babad, 2007). Studien zum Erleben bei Lehrkräften belegen, dass Lehrer, die selbst davon berichten, ihren Beruf gerne und mit Freude auszuüben bessere Unterrichtsqualität (Roth, Assor, Kanat-Maymon & Kaplan, 2007) und hoch engagiertes Verhalten in und außerhalb des Unterrichts zeigen (Long & Hoy, 2006). Dieses intrinsische Erleben scheint sich tatsächlich auch auf die Schüler zu übertragen (Bakker, 2005; Frenzel et al., 2009).

11.3.3 Zielorientierungen

Einer der derzeit prominentesten motivationspsychologischen Ansätze setzt an dem Konstrukt der **Zielorientierungen** (▶ Kap. 7) an, das unterschiedliche Tendenzen im Umgang mit Leistungssituationen beschreibt. Meistens wird zwischen einer ▶ **Lernzielorientierung** („mastery approach") und einer ▶ **Leistungszielorientierung** unterschieden („performance approach"), wobei Letztere oft noch in Annäherungs- und Vermeidungsziele differenziert wird (Elliot, 1999). Während Personen mit Leistungszielorientierung dazu tendieren, in leistungsthematischen Situationen vor allem ihren relativen Leistungsstand im Vergleich zu anderen Personen zu fokussieren, sehen Personen mit Lernzielorientierung solche Situationen eher als Möglichkeit des Lernens und Erreichens von selbstgesetzten Standards.

Ausgehend von der Annahme, dass die Schule nicht nur für Schüler, sondern auch für Lehrkräfte einen leistungsthematischen Kontext darstellt, untersuchte Butler (2007; Butler & Shibaz, 2008) die Bedeutung unterschiedlicher Zielorientierungen von Lehrkräften für ihr Verhalten in und außerhalb des Unterrichts. Dabei wurde angenommen, dass Lehrkräfte mit einer Lernzielorientierung berufliche Herausforderungen – z. B. schwierige Unterrichtssituationen – eher als Chance für berufliche Weiterentwicklung begreifen, während leistungszielorientierte Lehrkräfte in solchen Situationen eher daran denken, wie ihr Handeln von anderen bewertet wird. Zusätzlich wurde eine Arbeitsvermeidungsorientierung, also die Tendenz, die leistungsrelevanten Situationen mit möglichst wenig Aufwand zu erledigen, erfasst. Es zeigte sich nicht nur, dass je nach Zielorientierung Lehrkräfte zu unterschiedlichen Unterrichtsgestaltungen neigten, was sich auch im Verhalten der Schüler niederschlug. Vielmehr neigten auch Personen mit einer Lernorientierung eher dazu, außerhalb des Unterrichts Unterstützung und Anregung von anderen zu suchen. Ähnliche Befunde finden sich auch bei weiteren Studien, in denen Lehrkräfte oder Lehramtsstudierende – zum Teil auch in Längsschnittstudien – untersucht wurden (Dickhäuser, Butler & Tönjes, 2007; Malmberg, 2006; Nitsche, Dickhäuser, Fasching & Dresel, 2011).

Insgesamt zeigt die Forschung zu Zielorientierungen von Lehrkräften, dass es fruchtbar sein kann, psychologische Konzepte, die in anderen Kontexten entwickelt wurden, zu nutzen, um den unterschiedlichen Berufserfolg von Lehrkräften zu erklären.

11.4   Emotionale Merkmale: Beanspruchungserleben

Wie eingangs gezeigt wurde, stehen Lehrer im Rahmen ihrer beruflichen Tätigkeit vor vielseitigen Anforderungen. Für einen Teil der Lehrkräfte scheinen diese Anforderungen besondere **Belastungen** darzustellen, denn verschiedene empirische Untersuchungen beschreiben für manche Lehrkräfte ein vergleichsweise hohes **Beanspruchungserleben**, das sowohl kurzfristige Reaktionen wie negative Emotionen als auch langfristige Folgen wie Stresserkrankungen umfassen kann (z. B. Barth, 2001; Körner, 2003). Auch wenn bisher kaum verlässliche Zahlen darüber vorliegen, ob Lehrkräfte deutlich mehr als andere Berufsgruppen an Stresserkrankungen leiden, ist die Erforschung und Behandlung von Stresserkrankungen von Lehrkräften ein wichtiges Aufgabengebiet von Psychologen.

> **Definition**
>
> ▶ **Belastungen** sind berufsbezogene Umweltfaktoren, die auf die Person einwirken und zu positiven oder negativen Reaktionen führen können. Unterschieden wird zwischen objektiven Belastungen (psychophysiologisch nachweisbare Umweltmerkmale wie z. B. Lärm oder organisatorische Strukturen) und subjektiven Belastungen (individuelle Wahrnehmung und Interpretation von Umweltbedingungen).
>
> Bei ▶ **Beanspruchung** handelt es sich um individuelle Reaktionen auf Belastungen; unterschieden werden kann zwischen kurzfristigen Beanspruchungsreaktionen (z. B. positives/negatives Empfinden, verminderte Konzentration) und langfristigen Beanspruchungsfolgen (chronischer Stress, Burnout).
>
> Unter ▶ **Burnout** versteht man langfristige Beanspruchungsfolgen; Burnout ist ein psychologisches Syndrom, welches durch die Symptome emotionale Erschöpfung, Depersonalisierung und ein Gefühl verminderter Leistungsfähigkeit gekennzeichnet ist (Maslach, Schaufeli & Leiter, 2001).

Als eine langfristige Beanspruchungsfolge wird speziell auch bei Lehrern das **Burnout-Syndrom** diskutiert (▶ Definition). Das am häufigsten verwendete Verfahren zur Messung von Burnout ist das „Maslach Burnout Inventory" (MBI; Maslach & Jackson, 1981; s. auch Enzmann & Kleiber, 1989). Dieser Fragebogen erfasst drei Aspekte, die den Autorinnen zufolge die Kernsymptome des Burnouts darstellen: emotionale Erschöpfung, Depersonalisierung und wahrgenommener Leistungsmangel. Emotionale Erschöpfung beschreibt dabei Gefühle der emotionalen Überforderung und der Ermüdung (z. B. „Am Ende des

Schultages fühle ich mich erledigt."). Depersonalisierung kommt in einer zunehmend zynischen und negativen Einstellung zum Ausdruck, vor allem bezogen auf die Schüler (z. B. „Ich glaube, ich behandle Schüler zum Teil ziemlich unpersönlich."). Die dritte Dimension „Leistungsmangel" hebt auf das Gefühl der verminderten Leistungsfähigkeit ab (z. B. „Ich fühle mich voller Tatkraft", umgepoltes Item). Das Burnout-Syndrom hat in den letzten Jahren viel mediale Aufmerksamkeit erhalten, nicht zuletzt durch prominente Fälle aus dem Unterhaltungs- oder Sportbereich. Unter Psychologen und Psychiatern wird die Diagnose jedoch kontrovers diskutiert, da unklar ist, ob es sich hierbei um ein eigenständiges Krankheitsbild mit einer spezifischen berufsbezogenen Entstehungsgeschichte und spezifischer Therapie oder eine Variante von Depression handelt (Hillert, 2010).

11.4.1 Belastungsfaktoren: Umweltfaktoren und individuelle Ressourcen

Fragt man Lehrkräfte, welche Aspekte ihres Berufslebens sie selbst als besonders belastend empfinden, werden häufig institutionelle Faktoren genannt, wie etwa hohe Arbeitsbelastungen durch große Klassen, heterogene Leistungsniveaus in den Klassen, schwierige Schüler, hohe Lärmpegel und hohe Stundenbelastungen. Darüber hinaus werden auch fehlende Unterstützung durch die Eltern und die Gesellschaft sowie das Erleben von Fremdbestimmung durch Verbürokratisierung, Verrechtlichung und bildungspolitische Maßnahmen als belastende Aspekte beschrieben (Schaarschmidt, 2005; Burke, Greenglass & Schwarzer, 1996).

Dennoch scheinen nicht alle Lehrkräfte in gleichem Maße von den berufstypischen Belastungen beeinträchtigt zu werden. Wie in ▶ Abschn. 11.3.2 dargestellt wurde, berichten viele Lehrkräfte, ihren Beruf gerne und mit Freude auszuüben – trotz teilweise ungünstiger schulischer Bedingungen.

Theoretische Ansätze zur Erklärung von Beanspruchungserleben (z. B. Antonovsky, 1987) betonen, dass berufliche Situationen vor allem dann von Personen als belastend empfunden werden, wenn es ihnen an Ressourcen mangelt, um die Situation angemessen bewältigen zu können. Dabei wird zwischen personalen Ressourcen (z. B. Fähigkeiten oder Strategien) und sozialen Ressourcen (z. B. Unterstützung durch Kollegen) unterschieden. Wichtig ist, dass Lehrkräfte nicht ausschließlich als Opfer ihrer Arbeitsbedingungen betrachtet werden, sondern ihnen eine aktive Rolle bei der Mitgestaltung ihrer Belastungssituation zugeschrieben wird.

Ein bekanntes Instrument zur Erfassung des beruflichen Beanspruchungserlebens und zum Umgang mit Belastungen ist der von Schaarschmidt und Fischer (1997) entwickelte „Fragebogen zu arbeitsbezogenen Verhaltens- und Erlebensmustern" (AVEM). Dieses Verfahren erlaubt es, Personen hinsichtlich ihrer berufsbezogenen Ressourcen und ihres Risikos für psychische und physische Erkrankungen zu differenzieren. Auf Basis der Ausprägungen im Arbeitsengagement, der psychischen Widerstandsfähigkeit sowie den arbeits- und lebensbezogenen Emotionen lassen sich verschiedene Bewältigungsmuster identifizieren. Speziell der „Gesundheitstyp", der durch eine Kombination von gleichzeitig hohem Engagement und hoher Widerstandsfähigkeit gekennzeichnet ist, scheint wenig psychische und somatische Beanspruchungsfolgen aufzuweisen, während im Gegensatz dazu für Lehrkräfte des Risikotyps A (hohes Engagement, aber geringe Widerstandsfähigkeit) und des Risikotyps B (geringes Engagement und geringe Widerstandsfähigkeit) ein erhöhtes Risiko für Burnout-Symptome sowie eine erhöhte Zahl an krankheitsbedingten Fehltagen und selbstberichteten Leistungseinbußen beobachtet werden konnten. Ein interessantes Bewältigungsmuster stellt der „Schontyp" dar, der durch geringeres Arbeitsengagement und hohe Distanzierungsfähigkeit gekennzeichnet ist. Lehrkräfte dieses Typus weisen in der Regel keine erhöhten Beanspruchungssymptome auf – inwieweit ein solches Bewältigungsmuster allerdings langfristig zu negativen beruflichen Entwicklungen führt, ist noch eine offene empirische Frage.

Im Rahmen des Ansatzes der persönlichen Ressourcen kommt auch der Selbstwirksamkeitserwartung eine Bedeutung zu (▶ Abschn. 11.3.2). Lehrer, die der Überzeugung sind, kompetent handeln zu können, haben anscheinend bessere Stressbewältigungsstrategien und erleben eine höhere Berufszufriedenheit (Schmitz, 2001). Als weitere persönliche Ressourcen werden internale Kontrollüberzeugungen (z. B. van Dick, Wagner & Petzelt, 1999), schulisches Engagement und sinnvoll erlebte außerschulische Tätigkeit (Buschmann & Gamsjäger, 1999) oder realistische Erwartungen an den Beruf (Schmitz & Leidl, 1999) diskutiert.

11.4.2 Die Bedeutung von Beanspruchungssymptomen für die Berufsausübung

Die beschriebenen Beanspruchungsfolgen können die Lebensqualität und das Wohlbefinden der Lehrkräfte erheblich einschränken und letztlich zum Aufgeben des Berufs führen. Da es sich bei der Lehrerschaft um die größte akademische Berufsgruppe handelt, ist es von besonderer

Relevanz, die für das Belastungserleben relevanten Bedingungen zu identifizieren. Dies gilt umso mehr, als sich die physische und psychische Gesundheit der Lehrkräfte auf das Niveau ihrer Arbeit auswirken dürfte. So könnte ein erhöhtes Beanspruchungserleben zu problematischen Verhaltensänderungen der Lehrkräfte führen, wie z. B. zu ungeduldigem oder wenig wertschätzenden sozialem Verhalten den Schülern gegenüber oder einer weniger gründlichen Unterrichtsvorbereitung (Maslach & Leiter, 1999). Erste empirische Befunde weisen darauf hin, dass die Unterrichtsqualität bei Lehrkräften mit ungünstigen Bewältigungsmustern und erhöhtem Beanspruchungserleben tatsächlich leidet, was wiederum mit ungünstigen motivationalen Ausprägungen seitens der Schüler einhergeht (Klusmann, Kunter, Trautwein, Lüdtke & Baumert, 2008).

11.5 Veränderung von Lehrermerkmalen in Ausbildung und Beruf

Auch wenn – wie bereits diskutiert – Annahmen über „geborene Lehrer" durchaus gängig sind, entwickeln sich viele der für den Lehrerberuf notwendigen Voraussetzungen erst im Verlauf der Berufsausbildung oder -ausübung. Vor allem die kognitiven Merkmale wie Wissen und Überzeugungen sind Kern der professionellen Kompetenz von Lehrkräften, die sich vor allem im Rahmen strukturierter Lerngelegenheiten herausbilden. Dabei stellt die Ausbildungsphase selbst vermutlich die wichtigste Gelegenheit zum Kompetenzaufbau dar. In Deutschland ist die **Lehrerbildung** konsekutiv aufgebaut, mit zunächst einer ersten theoretisch angelegten Phase – dem Universitätsstudium – und einer zweiten praktischen Phase – dem Referendariat. Die spätere Weiterbildung im Beruf wird gelegentlich als dritte Phase bezeichnet. Die Lehrerbildung ist eines der aktuell am meisten diskutierten bildungsbezogenen Themen und in allen drei Phasen wurden in den letzten Jahren in Deutschland zum Teil tiefgreifende Reformen vorgenommen. Im Folgenden werden kurz einige Herausforderungen und Problemfelder der jeweiligen Phasen skizziert, um ein Bild davon zu vermitteln, wie Lehrkräfte in ihrer Kompetenzentwicklung unterstützt werden können – und auch, welche Rolle die Pädagogische Psychologie dabei spielen kann.

11.5.1 Das Lehramtsstudium

Das Lehramtsstudium an der Hochschule dient dazu, theoretische Grundlagen in den Fächern, den dazugehörigen Fachdidaktiken, aber auch den bildungswissenschaftlichen Disziplinen (▶ Definition) – Erziehungswissenschaft, Psy-

chologie, Bildungssoziologie – zu vermitteln. Die Pädagogische Psychologie hat hier ihren Ursprung: Viele der ersten Pädagogischen Psychologen hatten Lehrstühle für Lehrerbildung inne, und auch heute sind Lehrveranstaltungen für Lehramtsstudierende ein wichtiges Tätigkeitsfeld Pädagogischer Psychologen.

> **Definition**
>
> Unter den **Bildungswissenschaften** werden im Rahmen der Lehrerbildung die universitären Disziplinen zusammengefasst, die den fachunabhängigen Teil des Lehramtsstudiums ausmachen, also in der Regel Erziehungswissenschaft, Psychologie und Soziologie. Aufgrund der Kritik, dass in der Vergangenheit die Lehrveranstaltungen aus diesen drei Disziplinen nur wenig aufeinander abgestimmt waren, sind viele Universitäten mittlerweile dazu übergegangen, stärker koordinierte Lehrangebote anzubieten, bei denen die Abgrenzungen zwischen den einzelnen Disziplinen weniger hervortreten.

Kenntnisse in Pädagogischer Psychologie sind fester Bestandteil des Curriculums jedes Lehramtsstudiums (Patrick, Anderman, Bruening & Duffin, 2011), das in der Regel Themen wie Lernen und Lehren, Entwicklung und Erziehung in sozialen Kontexten, pädagogisch-psychologische Diagnostik und Evaluation sowie Intervention und Beratung umfasst (Deutsche Gesellschaft für Psychologie, 2002). Lehramtsstudierende haben so die Gelegenheit, fundiertes Wissen über die psychologische Seite ihres Berufs aufzubauen, das – wie im ▶ Abschn. 11.2.1 gezeigt wurde – eine wichtige Grundlage für die erfolgreiche Berufsbewältigung darstellt. Auch im Hinblick auf die Veränderungen von Überzeugungen (▶ Abschn. 11.2.2) kann der psychologische Studienanteil eine wichtige Rolle spielen – immer dann, wenn Lehramtsstudierende im Zuge ihrer Auseinandersetzung mit psychologischen Theorien und Befunden angeregt werden, ihre intuitiven Vorstellungen zu revidieren.

Einschränkend sei jedoch angemerkt, dass Psychologie nur einen kleinen Teil des Lehramtsstudiums umfasst: So machen beispielsweise bei angehenden Gymnasiallehrkräften die Anteile der Fächer und der Fachdidaktik durchschnittlich etwa zwei Drittel aus, während die Bildungswissenschaften nur mit etwa 12 % veranschlagt sind; hinzu kommen Schulpraktika (Bauer, Diercks, Rösler, Möller & Prenzel, 2012). Dennoch sind sich Experten einig, dass psychologische Inhalte ein zentraler Teil des Lehramtsstudiums sein sollten (Kunina-Habenicht et al., 2012) – inwieweit dies in den derzeit an vielen Standorten betriebenen Reformen des Lehramtsstudiums umgesetzt wird, ist eine noch offene Frage.

11.5.2 Einstieg in die Praxis: Das Referendariat

Das Referendariat ist ein Alleinstellungsmerkmal des deutschen Lehrerbildungssystems – in kaum einem anderen Land ist eine vergleichbare lange Phase des begleitenden Berufseinstiegs fest etabliert. Im Anschluss an das Studium werden junge Lehrkräfte graduell in das Unterrichten und andere schulbezogene Aufgaben eingeführt, begleitet durch Mentoren an den Schulen (Ausbildungslehrkräfte) und begleitende Studienseminare. Während die Universitätsphase von vielen Lehrkräften retrospektiv als theorielastig und wenig praxisvorbereitend bewertet wird, beschreiben diese das Referendariat oft als sehr hilfreich (Abs, 2011; Czerwenka & Näller, 2011). Die Referendarsausbildung liegt in Deutschland in den Händen der staatlichen Studienseminare, deren Ausbilder in der Regel erfahrene Lehrkräfte sind, sodass Psychologen in dieser Phase weniger stark praktisch involviert sind.

Dagegen hat sich die pädagogisch-psychologische Forschung ausgiebig mit der spannenden Phase des Übergangs von der Universität in die Praxis beschäftigt. Wie Studien zeigen, stehen junge Lehrkräfte vor einer Reihe an spezifischen Problemen, wie etwa Schwierigkeiten bei der Klassenführung, angemessenem Umgang mit einer heterogenen Schülerschaft, Unsicherheiten im Umgang mit Eltern, Problemen bei der Zusammenstellung von Unterrichtsmaterialen oder Schwierigkeiten, angemessen auf individuelle Schülerprobleme einzugehen (Veenman, 1984). Dieser „Praxisschock" kann dazu führen, dass die Selbstwirksamkeitsüberzeugungen (▶ Abschn. 11.2.2) abnehmen (Woolfolk Hoy & Burke-Spiro, 2005) und die jungen Lehrkräfte sich stark belastet fühlen (Klusmann, Kunter & Baumert, 2012). Gleichzeitig stehen verschiedene Unterstützungssysteme zur Verfügung, wie etwa die Mentoren oder andere Referendare, also ihre Peers, die negative Entwicklungen verhindern können (Richter, Kunter, Lüdtke, Klusmann & Baumert, 2011).

11.5.3 Weiterbildung und Trainings im Beruf

Wie viele andere Berufsgruppen sind Lehrkräfte aufgefordert, sich auch nach abgeschlossener Ausbildung kontinuierlich weiterzubilden. In Deutschland ist die Weiterbildung zwar in vielen Bundesländern als Dienstpflicht für Lehrkräfte vorgeschrieben, doch ist sie im seltensten Fall explizit geregelt. Meist steht es Lehrkräften frei, sich aus einer großen Anzahl an Fortbildungen die für sie am attraktivsten erscheinenden auszuwählen. Nachgewiesen ist, dass sich Lehrkräfte in der Anzahl und Qualität ihrer Fortbildungsaktivitäten deutlich unterscheiden und dass neben schulischen Einflussfaktoren vor allem auch motivationale Merkmale, wie etwa die unter ▶ Abschn. 11.3.3 beschriebenen Zielorientierungen, prädiktiv sind (z. B. Nitsche, Dickhäuser, Dresel & Fasching, 2013).

Fortbildungen für Lehrkräfte umfassen zahlreiche Angebote. Neben fachdidaktischen Weiterbildungen sind auch hier Psychologen aktiv. So wurden beispielsweise unterrichtsorientierte Trainings entwickelt, um didaktische Fertigkeiten im Unterricht zu verbessern. Besonders erfolgreich sind dabei Programme, die sowohl Aspekte des Verhaltenstrainings („microteaching") als auch kognitive Komponenten („reflective teaching") einbeziehen (siehe z. B. Kramis, 1991).

Unter ▶ **Microteaching** versteht man eine Methode des Unterrichtstrainings, bei der angemessenes Lehrerverhalten systematisch eingeübt werden soll. Die komplexe Unterrichtssituation wird dabei in überschaubare Sequenzen unterteilt, um dann schrittweise einzelne Teilfertigkeiten (z. B. Frageverhalten, Verstärkung, Einleiten eines neuen Unterrichtsabschnitts) zu trainieren. Nach den Prinzipien des Modelllernens und des Verstärkungslernens werden diese Fertigkeiten in Rollenspielen und durch Videoanalysen erworben. Evaluationsstudien (im Überblick Klinzing, 2002) weisen darauf hin, dass sich Microteaching zumindest für die kurzzeitige Veränderung einzelner Verhaltensweisen gut eignet. Zur Nachhaltigkeit der erzielten Effekte, insbesondere im normalen Unterricht, liegen allerdings widersprüchliche Ergebnisse vor (vgl. Klinzing, 2002).

Trainingsprogramme, die versuchen, sowohl Verhaltensveränderungen hervorzurufen als auch handlungsleitende Kognitionen zu beeinflussen, basieren oft auf der sozial-kognitiven Lerntheorie. Die therapeutischen Konzepte der Verhaltensmodifikation werden auf den schulischen Kontext übertragen, mit dem Ziel, Lehrer bei der Bewältigung beruflicher Probleme zu unterstützen und ihnen Strategien zum verbesserten Umgang mit Schülern zu vermitteln. Bekannte Trainings im deutschsprachigen Raum sind unter anderem das Konstanzer Trainingsmodell (Dann & Humpert, 2002), das die Kompetenz von Lehrkräften im Umgang mit aggressiven und störenden Schülern verbessern soll, oder das Münchener Lehrertraining (Havers & Toepell, 2002) zum Umgang mit Disziplinierungsschwierigkeiten im Unterricht und zur Reflexion der persönlichen Vorstellungen hinsichtlich des Lehrerberufs.

Weiterhin wurden Trainings zur Verbesserung der allgemeinen beruflichen Kompetenzen entwickelt, um Lehrkräften Strategien zum erfolgreichen Umgang mit nicht unterrichtsspezifischen Situationen zu vermitteln. Zu solchen allgemeinen Programmen zählen beispielsweise Maßnahmen zur Verbesserung der Stressbewältigung (z. B. Kretschmann, 2000).

Anzumerken ist jedoch, dass die Wirksamkeit vieler Fortbildungen und Trainings empirisch im seltensten Fall bewiesen ist. Zwar werden viele Fortbildungen von Lehrkräften oft als hilfreich bewertet, doch findet die Umsetzung des neu Gelernten im Unterricht nur selten statt und Effekte auf die Schüler sind selten zu beobachten (Lipowsky, 2011). Dies liegt offenbar zu einem großen Teil daran, dass viele Fortbildungen zum einen punktuell angelegt sind und spezifische Schulkontexte sowie die langfristige Implementation nicht berücksichtigen. Weiterhin weist die Forschung darauf hin, dass Fortbildungen, die nur auf die Vermittlung von Wissen und Fertigkeiten ausgerichtet sind, ohne dass Lehrkräfte angeregt werden, ihre bisherigen Praktiken und Überzeugungen zu hinterfragen, wenig effektiv sind (Gregoire, 2003). Die dritte Phase der Lehrerbildung ist somit ein Feld, das bislang Potenziale brach liegen lässt. Die in den letzten Jahren zunehmend gewonnenen Erkenntnisse zur professionellen Kompetenz von Lehrkräften bieten jedoch wertvolle Hinweise, wie Lehrerfortbildungen zukünftig wirksamer gestaltet werden könnten.

> **Fazit**
>
> Die Pädagogische Psychologie beschäftigt sich mit den psychischen Prozessen, die sich innerhalb von pädagogischen Situationen abspielen. Die wissenschaftliche Beschäftigung mit dem Erleben und Handeln von Lehrkräften ist daher aus mindestens zwei Gründen relevant.
>
> Zum einen sind Lehrkräfte maßgeblich dafür verantwortlich, die Lernprozesse von Schülern zu steuern und zu begleiten. Wie wir im vorliegenden Kapitel gezeigt haben, können verschiedene Merkmale der Lehrkräfte ausschlaggebend dafür sein, wie gut ihnen die Gestaltung von unterrichtlichen Lernsituationen gelingt. Eine umfangreiche Wissensbasis über fachliche Inhalte, Methoden und Lernprozesse scheint hilfreich zu sein, um adaptiv auf Bedürfnisse der Lernenden einzugehen. Gleichzeitig weisen viele empirische Befunde darauf hin, dass die Wahrnehmung und Interpretation von Unterrichtsgegebenheiten häufig durch spezifische Überzeugungen der Lehrenden beeinflusst werden und ihr Handeln bestimmen. Diese Überzeugungen können – wie am Beispiel der Erwartungseffekte gezeigt – somit Einfluss auf das Lernen und Verhalten der Schüler nehmen. Dass sich neben kognitiven Aspekten auch motivational-emotionale Lehrermerkmale wie die Freude an der Tätigkeit oder die erlebte Beanspruchung auf das unterrichtliche Handeln auswirken können, wird durch neuere Forschungsergebnisse belegt.

Das Verhalten und Erleben von Lehrern ist aber auch aus einem weiteren Grund ein wichtiges Thema für die Pädagogische Psychologie. In neueren Ansätzen wird durchgängig davon ausgegangen, dass nicht angeborene Talente, sondern berufsspezifische erlernbare Kompetenzen entscheidend sind für eine erfolgreiche Berufsausübung. Es existieren daher verschiedene Ansätze zur Aufrechterhaltung, Verbesserung und Erweiterung von Handlungs- und Unterrichtskompetenzen, die sich an Lehramtsstudierende, Referendare und ausgebildete Lehrkräfte richten. Lehrer rücken somit selbst als Lernende in den Fokus pädagogischer Interventionen – aus empirischer Sicht ist dieses Thema noch längst nicht erschöpfend erschlossen.

Die Lehrerforschung wurde lange Zeit durch die Diskussion um „den guten Lehrer" geprägt und von Fallstudien sowie qualitativen Analysen dominiert. In den letzten Jahren ist vermehrt der Trend zu beobachten, stärker quantitativ ausgerichtete Ansätze zu verfolgen und die Generalisierbarkeit der Befunde in besonderer Weise zu berücksichtigen. Die meisten der aktuell vorliegenden Befunde stammen allerdings aus querschnittlichen Designs und beruhen größtenteils auf Selbstberichten. Für die zukünftige Forschung sind daher insbesondere längsschnittlich angelegte Studien oder Interventionsstudien erforderlich, um Wirkzusammenhänge nachzuweisen und die Nachhaltigkeit der vermuteten Effekte sicherzustellen.

Verständnisfragen

1. Wie hat sich die Perspektive auf Lehrer in der pädagogisch-psychologischen Forschung im Verlauf der Zeit geändert und welche Konsequenzen hatte das für die empirische Forschung?

2. Was versteht man unter Erwartungseffekten und wie ist der derzeitige empirische Kenntnisstand hierzu?

3. Welche Formen des Lehrerwissens kann man unterscheiden?

4. Haben Lehrkräfte ein höheres Risiko für Stresserkrankungen? Diskutieren Sie diese Frage vor dem Hintergrund empirischer Befunde.

5. In Diskussionen über Ansätze zur Verbesserung der Bildungsqualität wird gelegentlich vorgeschlagen, den Zugang zum Lehrerberuf stärker zu beschränken und nur hoch motivierte und talentierte Kandidaten zuzulassen. Nehmen Sie – basierend auf Erkenntnissen der pädagogisch-psychologischen Forschung – Stellung zu diesem Vorschlag.

6. Stellen Sie sich vor, Sie sind Bildungsminister(in) und sollen die Lehrerbildung reformieren. Welche Ansatzpunkte halten Sie für besonders wichtig?

Vertiefende Literatur

Bromme, R. (1997). Kompetenzen, Funktionen und unterrichtliches Handeln des Lehrers. In F. E. Weinert (Hrsg.), *Psychologie des Unterrichts und der Schule* (Bd. 3, S. 177–212). Göttingen: Hogrefe.

Vandenberghe, R., & Huberman, A. M. (1999). *Understanding and preventing teacher burnout: A sourcebook of international research and practice.* Cambridge, UK: Cambridge University Press.

Woolfolk Hoy, A., Davis, H., & Pape, S. (2006). *Teachers' knowledge, beliefs, and thinking. In P. A. Alexander & P. H. Winne (Eds.), Handbook of educational psychology* (pp. 715–737). Mahwah, N. J.: Lawrence Erlbaum.

Literatur

Abs, H. J. (2011). Programme zur Berufseinführung von Lehrpersonen. In E. Terhart, H. Bennewitz, & M. Rothland (Hrsg.), *Handbuch der Forschung zum Lehrberuf* (S. 381–397). Münster: Waxmann.

Anders, Y., Kunter, M., Brunner, M., Krauss, S., & Baumert, J. (2010). Diagnostische Fähigkeiten von Mathematiklehrkräften und die Leistungen ihrer Schülerinnen und Schüler. *Psychologie in Erziehung und Unterricht, 57*(3), 175–193.

Antonovsky, A. (1987). *Unraveling the mystery of health. How people manage stress and stay well.* San Francisco: Jossey-Bass.

Artelt, C., Stanat, P., Schneider, W., & Schiefele, U. (2001). Lesekompetenz: Testkonzeption und Ergebnisse. In J. Baumert, E. Klieme, & M. Neubrand et al. (Hrsg.), *PISA 2000: Basiskompetenzen von Schülerinnen und Schülern im internationalen Vergleich* (S. 69–137). Opladen: Leske + Budrich.

Babad, E. (1993). Pygmalion – 25 years after interpersonal expectations in the classroom. In P. D. Blanck (Hrsg.), *Interpersonal expectations. Theory, research, and applications* (S. 125–153). New York: Cambridge University Press.

Babad, E. (2007). Teachers' nonverbal behavior and its effects on students. In R. P. Perry, & J. C. Smart (Hrsg.), *The scholarship of teaching and learning in higher education: An evidence-based perspective* (S. 201–261). New York: Springer.

Bakker, A. B. (2005). Flow among music teachers and their students: The crossover of peak experiences. *Journal of Vocational Behavior, 66,* 26–44.

Ball, D. L., Lubienski, S. T., & Mewborn, D. S. (2001). Research on teaching mathematics: The unsolved problem of teachers' mathematical knowledge. In V. Richardson (Hrsg.), *Handbook of research on teaching* (S. 433–456). New York: Macmillan.

Barth, A.-R. (2001). Burnout bei Lehrern. In D. H. Rost (Hrsg.), *Handwörterbuch Pädagogische Psychologie* (S. 70–75). Weinheim: Psychologie Verlags Union.

Bauer, J., Direcks, U., Rösler, L., Möller, J., & Prenzel, M. (2012). Lehramtsausbildung in Deutschland: Wie groß ist die strukturelle Vielfalt? *Unterrichtswissenschaft, 40,* 101–120.

Baumert, J., & Kunter, M. (2006). Stichwort: Professionelle Kompetenz von Lehrkräften. *Zeitschrift für Erziehungswissenschaft, 9,* 469–520.

Baumert, J., Kunter, M., Blum, W., Brunner, M., Voss, T., Jordan, A., et al. (2010). Teachers' mathematical knowledge, cognitive activation in the classroom, and student progress. *American Educational Research Journal, 47*(1), 133–180.

Blömeke, S., Kaiser, G., & Lehmann, R. (Hrsg.). (2010a). *TEDS-M 2008 – Professionelle Kompetenz und Lerngelegenheiten angehender Primarstufenlehrkräfte im internationalen Vergleich.* Münster: Waxmann.

Blömeke, S., Kaiser, G., & Lehmann, R. (Hrsg.). (2010b). *TEDS-M 2008 – Professionelle Kompetenz und Lerngelegenheiten angehender Mathematiklehrkräfte für die Sekundarstufe I im internationalen Vergleich.* Münster: Waxmann.

Borko, H., Eisenhart, M., Brown, C., Underhill, R., Jones, D., & Agard, P. (1992). Learning to teach hard mathematics: Do novice teachers and their instructors give up too easily. *Journal for Research in Mathematics Education, 23,* 194–222.

Bromme, R. (1997). Kompetenzen, Funktionen und unterrichtliches Handeln des Lehrers. In F. E. Weinert (Hrsg.), *Psychologie des Unterrichts und der Schule* (Bd. 3, S. 177–212). Göttingen: Hogrefe.

Bromme, R., & Haag, L. (2004). Forschung zur Lehrerpersönlichkeit. In W. Helsper, & J. Böhme (Hrsg.), *Handbuch der Schulforschung* (S. 777–793). Wiesbaden: VS Verlag für Sozialwissenschaften.

Brookhart, S. M., & Freeman, D. J. (1992). Characteristics of entering teacher candidates. *Review of Educational Research, 62,* 37–60.

Brunner, M., Kunter, M., & Krauss, S. (2006). Die professionelle Kompetenz von Mathematiklehrkräften: Konzeptualisierung, Erfassung und Bedeutung für den Unterricht. Eine Zwischenbilanz des COACTIV-Projekts. In M. Prenzel, & L. Allolio-Näcke et al. (Hrsg.), *Untersuchungen zur Bildungsqualität von Schule. Abschlussbericht des DFG-Schwerpunktprogramms* (S. 54–82). Münster: Waxmann.

Burke, R. J., Greenglass, E. R., & Schwarzer, R. (1996). Predicting burnout over time: Effects of work stress, social support and self-doubts on burnout and its consequences. *Anxiety, Stress and Coping, 9,* 261–275.

Buschmann, I., & Gamsjäger, E. (1999). Determinanten des Lehrer-Burnout. *Psychologie in Erziehung und Unterricht, 46,* 281–292.

Butler, R. (2007). Teachers' achievement goals and associations with teachers' help-seeking: Examination of a novel approach to teacher motivation. *Journal of Educational Psychology, 99,* 241–252.

Butler, R., & Shibaz, L. (2008). Achievement goals for teaching as predictors for students' perception of teachers' behaviours and student helpseeking and cheating. *Learning and Instruction, 18,* 453–467.

Czerwenka, K., & Nölle, K. (2011). Forschung zur ersten Phase der Lehrerbildung. In E. Terhart, H. Bennewitz, & M. Rothland (Hrsg.), *Handbuch der Forschung zum Lehrerberuf* (S. 362–380). Münster: Waxmann.

Dann, H.-D., & Humpert, W. (2002). Das Konstanzer Trainingsmodell (KTM). Grundlagen und neue Entwicklungen. *Zeitschrift für Pädagogik, 48,* 215–226.

Deutsche Gesellschaft für Psychologie (2002). *Psychologie in den Lehramtsstudiengängen – Ein Rahmencurriculum* (Erarbeitet durch die Kommission „Psychologie in den Lehramtsstudiengängen"). Online im Internet: URL http://www.dgps.de/dgps/kommissionen/lehramt/Rahmencurriculum_2008.pdf (Stand 02.11.2012)

Dickhäuser, O., Butler, R., & Tönjes, B. (2007). Das zeigt doch nur, dass ich's nicht kann – Zielorientierung und Einstellung gegenüber Hilfe bei Lehramtsanwärtern. *Zeitschrift für Entwicklungspsychologie und Pädagogische Psychologie, 39,* 120–126.

Dubberke, T., Kunter, M., McElvany, N., Brunner, M., & Baumert, J. (2008). Lerntheoretische Überzeugungen von Mathematiklehrkräften: Einflüsse auf die Unterrichtsgestaltung und den Lernerfolg von Schülerinnen und Schülern. *Zeitschrift für Pädagogische Psychologie, 22,* 193–206.

Elliot, A. J. (1999). Approach and avoidance motivation and achievement goals. *Educational Psychologist, 34,* 169–189.

Enzmann, D., & Kleiber, D. (1989). *Helfer-Leiden: Stress und Burnout in psychosozialen Berufen.* Heidelberg: Roland Asanger.

Frenzel, A. C., Goetz, T., Lüdtke, O., Pekrun, R., & Sutton, R. E. (2009). Emotional transmission in the classroom: Exploring the relationship between teacher and student enjoyment. *Journal of Educational Psychology, 101*(3), 705–716.

Getzels, J. W., & Jackson, P. W. (1963). The teacher's personality and characteristics. In N. L. Gage (Hrsg.), *Handbook of research on teaching* (S. 506–582). Chicago: Rand McNally.

Gibson, S., & Dembo, M. H. (1984). Teacher efficacy: A construct validation. *Journal of Educational Psychology, 76*, 569–582.

Gregoire, M. (2003). Is it a challenge or a threat? A dual-process model of teachers' cognition and appraisal processes during conceptual change. *Educational Psychology Review, 15*(2), 147–179.

Havers, N., & Toepell, S. (2002). Trainingsverfahren für die Lehrerausbildung im deutschen Schulsystem. *Zeitschrift für Pädagogik, 48*(2), 174–193.

Hillert, A. (2010). Burnout – was ist das? Eine kritische Annäherung an ein Phänomen. *Wirtschaftspsychologie aktuell, 17*(2), 28–32.

Institut für Demoskopie Allensbach (2011). *Ärzte weiterhin vorn – Pfarrer verlieren deutlich an Ansehen: Allensbacher Berufsprestige-Skala 2011.* Allensbach: Institut für Demoskopie Allensbach.

Jussim, L., & Harber, K. D. (2005). Teacher expectations and self-fulfilling prophecies: Knows and unknowns, resolved and unresolved controversies. *Personality and Social Psychology Review, 9*, 131–155.

Klieme, E., Artelt, C., Hartig, J., Jude, N., Köller, O., Prenzel, M., Schneider, W., & Stanat, P. (Hrsg.). (2010). *PISA 2009: Bilanz nach einem Jahrzehnt.* Münster: Waxmann.

Klinzing, H. G. (2002). Wie effektiv ist Microteaching? Ein Überblick über fünfunddreißig Jahre Forschung. *Zeitschrift für Pädagogik, 48*, 194–214.

Klusmann, U., Kunter, M., Voss, T., & Baumert, J. (2012). Berufliche Beanspruchung von angehenden Lehrkräften: Effekte von Persönlichkeit, pädagogischer Vorerfahrung und professioneller Kompetenz. *Zeitschrift für Pädagogische Psychologie, 26*, 275–290.

Klusmann, U., Kunter, M., Trautwein, U., Lüdtke, O., & Baumert, J. (2008). Teachers' occupational well-being and the quality of instruction: The important role of self-regulatory patterns. *Journal of Educational Psychology, 103*, 702–715.

Körner, S. (2003). *Das Phänomen Burnout am Arbeitsplatz Schule. Ein empirischer Beitrag zur Beschreibung des Burnout-Syndroms und seiner Verbreitung sowie zur Analyse von Zusammenhängen und potentiellen Einflussfaktoren auf das Ausbrennen von Gymnasiallehrern.* Berlin: Logos.

Kramis, J. (1991). Eine Kombination mit hoher Effektivität: Microteaching – Reflective Teaching – Unterrichtsbetrachtung. *Unterrichtswissenschaft, 19*, 260–277.

Krauss, S., Brunner, M., Kunter, M., Baumert, J., Blum, W., & Neubrand, M. (2008). Pedagogical content knowledge and content knowledge of secondary mathematics teachers. *Journal of Educational Psychology, 100*, 716–725.

Kretschmann, R. (Hrsg.). (2000). *Stressmanagement für Lehrerinnen und Lehrer. Trainingshandbuch.* Weinheim: Beltz.

Krolak-Schwerdt, S., & Rummer, R. (2005). Der Einfluss von Expertise auf den Prozess der schulischen Leistungsbeurteilung. *Zeitschrift für Entwicklungspsychologie und Pädagogische Psychologie, 37*, 205–213.

Krolak-Schwerdt, S., Böhmer, M., & Gräsel, C. (2009). Verarbeitung von schülerbezogener Information als zielgeleiteter Prozess: Der Lehrer als „flexibler Denker". *Zeitschrift für Pädagogische Psychologie, 23*, 175–186.

Kunina-Habenicht, O., Lohse-Bossenz, H., Kunter, M., Dicke, T., Förster, D., Gößling, J., et al. (2012). Welche bildungswissenschaftlichen Inhalte sind wichtig in der Lehrerbildung? Ergebnisse einer Delphi-Studie. *Zeitschrift für Erziehungswissenschaft, 15*(4), 649–682.

Kunter, M., Baumert, J., Blum, W., Klusmann, U., Krauss, S., & Neubrand, M. (2011). *Professionelle Kompetenz von Lehrkräften – Ergebnisse des Forschungsprogramms COACTIV.* Münster: Waxmann.

Leinhardt, G., & Smith, D. A. (1985). Expertise in mathematics instruction: Subject matter knowledge. *Journal of Educational Psychology, 77*, 247–271.

Lipowsky, F. (2011). Theoretische Perspektiven und empirische Befunde zur Wirksamkeit von Lehrerfort- und -weiterbildung. In E. Terhart, H. Bennewitz, & M. Rothland (Hrsg.), *Handbuch der Forschung zum Lehrerberuf* (S. 398–417). Münster: Waxmann.

Long, J. F., & Hoy, A. W. (2006). Interested instructors: A composite portrait of individual differences and effectiveness. *Teaching and Teacher Education, 22*, 303–314.

Lortie, D. C. (1975). *School teacher. A sociological study.* Chicago, IL: The University of Chicago Press.

Ludwig, P. H. (2001). Pygmalioneffekt. In D. H. Rost (Hrsg.), *Handwörterbuch Pädagogische Psychologie* (2. Aufl. S. 567–573). Weinheim: Beltz.

Madon, S., Jussim, L., & Eccles, J. (1997). In search of the powerful self-fulfilling prophecy. *Journal of Personality & Social Psychology, 72*, 791–809.

Malmberg, L.-E. (2006). Goal-orientation and teacher motivation among teacher applicants and student teachers. *Teaching & Teacher Education: An International Journal of Research and Studies, 22*, 58–76.

Maslach, C., & Jackson, S. E. (1981). The measurement of experienced burnout. *Journal of Occupational Behaviour, 2*, 99–113.

Maslach, C., & Leiter, M. P. (1999). Teacher burnout: A research agenda. In R. Vandenberghe, & M. A. Huberman (Hrsg.), *Understanding and preventing teacher burnout: A sourcebook of international research and practice* (S. 295–303). Cambridge: Cambridge University Press.

Maslach, C., Schaufeli, W. B., & Leiter, M. P. (2001). Job burnout. *Annual Review of Psychology, 52*, 397–422.

Möller, K., Hardy, I., Jonen, A., Kleickmann, T., & Blumberg, E. (2006). Naturwissenschaften in der Primarstufe. Zur Förderung konzeptuellen Verständnisses durch Unterricht und zur Wirksamkeit von Lehrerfortbildungen. In M. Prenzel, & L. Allolio-Näcke (Hrsg.), *Untersuchungen zur Bildungsqualität von Schule. Abschlussbericht des DFG-Schwerpunktprogramms* (S. 161–193). Münster: Waxmann.

Nitsche, S., Dickhäuser, O., Dresel, M., & Fasching, M. S. (2013). Zielorientierungen von Lehrkräften als Prädiktoren lernrelevanten Verhaltens. *Zeitschrift für Pädagogische Psychologie, 27*, 95–103.

Nitsche, S., Dickhäuser, O., Fasching, M. S., & Dresel, M. (2011). Rethinking teachers' goal orientations: Conceptual and Methodological Enhancements. *Learning and Instruction, 21*, 574–586.

Nitsche, S., Dickhäuser, O., Fasching, M. S., & Dresel, M. (2013). Teachers' professional goal orientations: Importance for further training and sick leave. *Learning and Individual Differences, 23*(0), 272–278.

Osterwalder, F. (2003). Schatten über der Schule – Schatten über den Lehrenden. Lehrerschelte und ihre historischen Funktionen. *Pädagogik, 55*, 30–33.

Pajares, M. F. (1992). Teachers' beliefs and educational research: Cleaning up a messy construct. *Review of Educational Research, 62*, 307–332.

Patrick, H., Anderman, L. H., Bruening, P. S., & Duffin, L. C. (2011). The Role of Educational Psychology in Teacher Education: Three Challenges for Educational Psychologists. *Educational Psychologist, 46*(2), 71–83.

Patrick, & Pintrich (2001). Conceptual change in teachers' intuitive conceptions of learning, motivation and instruction: the role of motivational and epistemological beliefs. In B. Torff, & R. Sternberg (Hrsg.), *Understanding and Teaching the Intuitive Mind: Student and Teacher Learning* (S. 117–143). Mahwah, New Jersey: Lawrence Erlbaum Associates.

Pohlmann, B., & Möller, J. (2010). Fragebogen zur Erfassung der Motivation für die Wahl des Lehramtsstudiums (FEMOLA). *Zeitschrift für Pädagogische Psychologie, 24*, 73–84.

Posner, G. J., Strike, K. A., Hewson, P. W., & Gertzog, W. A. (1982). Accommodation of a scientific conception: Toward a theory of conceptual change. *Science Education, 66*, 211–227.

Retelsdorf, J., & Möller, J. (2012). Grundschule oder Gymnasium? Zur Motivation ein Lehramt zu studieren. *Zeitschrift für Pädagogische Psychologie, 26*, 5–17.

11

Richardson, V. (1996). The role of attitudes and beliefs in learning to teach. In J. Sikula, T. Buttery, & E. Guyton (Hrsg.), *Handbook of research on teacher education* (S. 102–106). New York: Macmillan.

Richter, D., Kunter, M., Lüdtke, O., Klusmann, U., & Baumert, J. (2011). Soziale Unterstützung beim Berufseinstieg ins Lehramt. *Zeitschrift für Erziehungswissenschaft, 14*(1), 35–59.

Ritts, V., Patterson, M. L., & Tubbs, M. E. (1992). Expectations, impressions and judgments of physically attractive students: a review. *Review of Educational Research, 62,* 413–426.

Rosenthal, R. (1991). Teacher expectancy effects: A brief update 25 years after the pygmalion experiment. *Journal of Research in Education, 1,* 3–12.

Rosenthal, R., & Jacobson, L. (1968). *Pygmalion in the classroom.* New York: Holt, Rinehart, & Winston.

Roth, G., Assor, A., Kanat-Maymon, Y., & Kaplan, H. (2007). Autonomous motivation for teaching: How self-determined teaching may lead to self-determined learning. *Journal of Educational Psychology, 99*(4), 761–774.

Rowan, B., Correnti, R., & Miller, R. J. (2002). What large-scale, survey research tells us about teacher effects on student achievement: Insights from the Prospects study of elementary schools. *Teachers College Record, 104,* 1525–1567.

Rushton, S., Morgan, J., & Richard, M. (2007). Teacher's Myers-Briggs personality profiles: Identifying effective teacher personality traits. *Teaching and Teacher Education, 23,* 432–441.

Sabers, D. S., Cushing, K. S., & Berliner, D. C. (1991). Differences among teachers in a task characterized by simultaneity, multidimensional, and immediacy. *American Educational Research Journal, 28,* 63–88.

Schaarschmidt, U. (2005). *Halbtagsjobber? Psychische Gesundheit im Lehrerberuf – Analyse eines veränderungsbedürftigen Zustandes.* Weinheim: Beltz.

Schaarschmidt, U., & Fischer, A. (1997). AVEM – ein diagnostisches Instrument zur Differenzierung von Typen gesundheitsrelevanten Verhaltens und Erlebens gegenüber der Arbeit. *Zeitschrift für Differentielle und Diagnostische Psychologie, 18,* 151–163.

Schmitz, E., & Leidl, J. (1999). Brennt wirklich aus, wer einst entflammt war? Studie 2: Eine LISREL-Analyse zum Burnout-Prozeß bei Lehrpersonen. *Psychologie in Erziehung und Unterricht, 46,* 302–310.

Schmitz, G. S. (2001). Kann Selbstwirksamkeit Lehrer vor Burnout schützen? Eine Längsschnittstudie in zehn Bundesländern. *Psychologie in Erziehung und Unterricht, 48,* 302–310.

Schmitz, G. S., & Schwarzer, R. (2000). Selbstwirksamkeitserwartung von Lehrern: Längsschnittbefunde mit einem neuen Instrument. *Zeitschrift für Pädagogische Psychologie, 14,* 12–25.

Schrader, F. (1998). Diagnostische Kompetenz von Eltern und Lehrern. In D. H. Rost (Hrsg.), *Handwörterbuch Pädagogische Psychologie* (S. 68–69). Weinheim: Beltz Psychologie Verlags Union.

Schwarzer, R., & Warner, L. M. (2010). Forschung zur Selbstwirksamkeit bei Lehrerinnen und Lehrern [Research on teacher self-efficacy]. In E. Terhart, H. Bennewitz, & M. Rothland (Hrsg.), *Handbuch der Forschung zum Lehrerberuf* (S. 452–466). Münster: Waxmann-Verlag.

Shulman, L. S. (1987). Knowledge and teaching: Foundations of the new reform. *Harvard Educational Review, 57,* 1–22.

Somech, A., & Drach-Zahavy, A. (2000). Understanding extra-role behavior in schools: The relationships between job satisfaction, sense of efficacy and teachers' extra-role behavior. *Teaching and Teacher Education, 16,* 649–659.

Staub, F. C., & Stern, E. (2002). The nature of teachers' pedagogical content beliefs matters for students' achievement gains: Quasi-experimental evidence from elementary mathematics. *Journal of Educational Psychology, 94,* 344–355.

Stein, M. K., & Wang, M. C. (1988). Teacher development and school improvement: The process of teacher change. *Teaching and Teacher Education, 4,* 171–187.

Südkamp, A., Möller, J., & Pohlmann, B. (2008). Der Simulierte Klassenraum: Eine experimentelle Untersuchung zur diagnostischen Kompetenz. *Zeitschrift für Pädagogische Psychologie, 22,* 261–276.

Südkamp, A., Kaiser, J., & Möller, J. (2012). Accuracy of Teachers' Judgments of Students' Academic Achievement: A Meta-Analysis. *Journal of Educational Psychology, 104,* 743–762.

Tenenbaum, H. R., & Ruck, M. D. (2007). Do teachers hold different expectations for ethnic minority than for European-American children?: A meta-analysis. *Journal of Educational Psychology, 99,* 253–273.

Trautwein, U., & Baeriswyl, F. (2007). Wenn leistungsstarke Klassenkameraden ein Nachteil sind. Referenzgruppeneffekte bei Übertrittsentscheidungen. *Zeitschrift für Pädagogische Psychologie, 21,* 119–133.

Trouilloud, D., Sarrazin, P., Bressoux, P., & Bois, J. (2006). Relation between teachers' early expectations and students' later perceived competence in physical education classes: Autonomy-supportive climate as a moderator. *Journal of Educational Psychology, 98,* 75–86.

Tschannen-Moran, M., & Hoy, A. W. (2001). Teacher efficacy: Capturing an elusive construct. *Teaching and Teacher Education, 17,* 783–805.

Vandenberghe, R., & Huberman, A. M. (1999). *Understanding and preventing teacher burnout: A sourcebook of international research and practice.* Cambridge, UK: Cambridge University Press.

van Dick, R., Wagner, U., & Petzelt, T. (1999). Arbeitsbelastung und gesundheitliche Beschwerden von Lehrerinnen und Lehrern: Einflüsse von Kontrollüberzeugungen, Mobbing und sozialer Unterstützung. *Psychologie in Erziehung und Unterricht, 46,* 269–280.

Veenman, S. (1984). Perceived problems of beginning teachers. *Review of Educational Research, 54*(2), 143–178.

Voss, T., Kunter, M., & Baumert, J. (2011). Assessing Teacher Candidates' General Pedagogical/Psychological Knowledge: Test Construction and Validation. *Journal of Educational Psychology, 103*(4), 952–969.

Watt, H. M. G., & Richardson, P. W. (2008). Motivations, perceptions, and aspirations concerning teaching as a career for different types of beginning teachers. *Learning and Instruction, 18,* 408–428.

Wheatley, K. F. (2002). The potential benefits of teacher efficacy doubts for educational reform. *Teaching and Teacher Education, 18,* 5–22.

Wild, T. C., Enzle, M. E., & Hawkins, W. L. (1992). Effects of perceived extrinsic versus intrinsic teacher motivation on student reactions to skill acquisition. *Personality and Social Psychology Bulletin, 18,* 245–251.

Wolters, C. A., & Daugherty, S. G. (2007). Goal structures and teachers' sense of efficacy: Their relation and association to teaching experience and academic level. *Journal of Educational Psychology, 99,* 181–193.

Woolfolk Hoy, A., & Burke-Spero, R. (2005). Changes in teacher efficacy during the early years of teaching: A Comparison of four measures. *Teaching and Teacher Education, 21,* 343–356.

Woolfolk Hoy, A., Davis, H., & Pape, S. (2006). Teachers' knowledge, beliefs, and thinking. In P. A. Alexander, & P. H. Winne (Hrsg.), *Handbook of educational psychology* (S. 715–737). Mahwah, N. J.: Lawrence Erlbaum.

Gleichaltrige

Ursula Kessels, Bettina Hannover

E. Wild, J. Möller (Hrsg.), *Pädagogische Psychologie*, Springer-Lehrbuch,
DOI 10.1007/978-3-642-41291-2_12, © Springer-Verlag Berlin Heidelberg 2015

„Worauf freust du dich in der Schule?" – Welche spontanen Antworten sind auf diese Frage zu erwarten? Fragen Sie Ihre Nichte, das Nachbarskind, den Sohn Ihrer Freundin; versetzen Sie sich in Ihre Schulzeit zurück und überlegen Sie, was Sie selbst geantwortet hätten. Würde die Freude daran, Neues zu lernen und zu verstehen, als Erstes genannt werden? Vermutlich nicht. Die Schule ist allein durch die Tatsache, dass Kinder und Jugendliche dort den überwiegenden Teil ihrer (mehr oder weniger) wach verbrachten Zeit zubringen, der zentrale Ort für sie, um Freundschaften zu knüpfen und sich mit Gleichaltrigen zu treffen. Und genau dieses wird auch am häufigsten als die positive Seite von Schule empfunden: Man freut sich darauf, in der Schule die Freundin zu sehen, mit den anderen Kindern zu spielen oder mit der Clique auf dem Schulhof herumzustehen (z. B. Preuss-Lausitz, 1999; van Ophuysen, 2007).

Im folgenden Kapitel wird es darum gehen, welche Bedeutung und Funktion Gleichaltrige für Kinder und Jugendliche haben. Ein Schwerpunkt liegt auf dem Bereich „Schule und Lernen". Was ist das Besondere an den Beziehungen zwischen Heranwachsenden, in welcher Hinsicht bieten sie einander etwas, mit dem weder Eltern noch Lehrkräfte aufwarten können? Welche Arten von Beziehungen lassen sich im Klassenkontext beschreiben? Was ist Beliebtheit und was hat Beliebtheit im Klassenverband mit schulbezogenen Merkmalen wie Motivation und Leistung zu tun? Wie lässt sich die Abgrenzung verschiedener Cliquen voneinander erklären? Wie kann bei problematischen Interaktionen wie Bullying interveniert werden? (◘ Abb. 12.1).

◘ Abb. 12.1

12.1   Bedeutung und Funktion der Gleichaltrigengruppe

Es wird kontrovers darüber diskutiert, wie groß der Einfluss von Peers (▶ Exkurs „Gleichaltrige: Peers") – im Gegensatz zum Einfluss der Eltern – auf die kognitive und soziale Entwicklung von Kindern und Heranwachsenden ist. In der aktuellen Diskussion um die **sozialisatorische Bedeutung von Peers** vertritt beispielsweise Harris (1995; 2000) die Ansicht, dass der Einfluss der Gleichaltrigen auf die Persönlichkeitsentwicklung gegenüber dem der Eltern ungleich größer sei: Ausgehend von verhaltensgenetischen Befunden, nach denen sich nur zwischen 0 und 10 Prozent der Varianz in Persönlichkeitsmerkmalen von Geschwistern auf die „geteilte Umwelt" des gemeinsamen Elternhauses zurückführen lassen, entwirft sie in ihrer Theorie der Gruppensozialisation ein vorrangig von Peergruppen gesteuertes Sozialisationsmodell. Coleman (1961) hat für die Phase des Jugendalters eine eigenständige, von der Erwachsenenwelt vollständig abgegrenzte **Jugendkultur** postuliert, die impliziert, dass intergenerationale Konflikte ab dem Jugendalter unvermeidbar und

sogar erwünscht seien. Eine wichtige Funktion dieser Jugendkultur sei gerade die Ablösung von den Eltern und den von ihnen übernommenen Normen.

Andere Autoren widersprechen dieser Auffassung vor dem Hintergrund, dass nicht nur Kinder, sondern auch die meisten Jugendlichen ihre Eltern als wichtige Bezugspersonen bezeichnen (Schneewind & Ruppert, 1995). Die vor allem ab dem Jugendalter intensiveren Beziehungen zu den Peers scheinen die zu den Eltern also nicht abzulösen, sondern vielmehr zu ergänzen (Schmidt-Denter, 2005). Von Salisch (2000) betont, dass der Einfluss von Peers auf die Persönlichkeitsentwicklung gegenüber dem der Familie aus folgenden Gründen nur sekundär sei: Kinder bauen Kontakte zu Gleichaltrigen auf der Grundlage dessen auf, was sie im familiären Kontext erworben haben (Bindungsqualität, Erziehungsstil), und Eltern beeinflussen durch Kontaktanbahnung und Ratschläge auch ganz direkt die Art und Qualität der Peerbeziehungen ihrer Kinder. Fletcher, Darling, Steinberg und Dornbusch (1995) stellten anhand von Querschnittsdaten fest, dass nicht nur der Erziehungsstil der eigenen Eltern einen Einfluss auf das Leistungsverhalten und die gelungene Entwicklung Jugendlicher hat, sondern darüber hinaus sich auch der Erziehungsstil der Eltern der eigenen Freunde auswirkt: Wenn der Freundeskreis aus Jugendlichen besteht, deren Eltern einen autoritativen Erziehungsstil haben (statt einem autoritären oder Laissez-faire-Stil), so wirkt sich auch dies auf die eigenen Schulleistungen und die eigene psychosoziale Anpassung positiv aus. Die Autoren vermuten weiter, dass sich Jugendliche vorrangig mit solchen Peers anfreunden, deren Eltern einen ähnlichen Erziehungsstil haben wie die eigenen.

Ungeachtet der Differenzen bezüglich des relativen Einflusses der Eltern und Peers auf die Persönlichkeitsentwicklung besteht doch Einigkeit darüber, dass die Kontakte und Beziehungen zu Gleichaltrigen eine ein-

Gleichaltrige: Peers

Wo im deutschsprachigen Raum etwas holprig von „Gleichaltrigen" die Rede ist, haben die Angelsachsen mit dem
deutlich griffigeren „Peer" einen eleganteren und zugleich inhaltlich interessanteren und umfassenderen Begriff gewählt
– sodass dieser auch schon lange bei uns im Duden zu finden
ist. Der Ausdruck „Peers" stammt aus der Welt des englischen
Adels und meint in seiner ursprünglichen Bedeutung nicht
gleich alte, sondern einander gleichgestellte, ebenbürtige
Personen (nämlich die Mitglieder des House of Lords, des
Britischen Oberhauses).

zigartige und hervorgehobene Rolle in der Entwicklung
von Kindern und Jugendlichen spielen. Nach Krappmann
(1993) bezeichnet die sogenannte „Kinderkultur" („peer
culture") eine eigenständige Sozialwelt der Kinder, die un-
verzichtbarer Ort der Entwicklung von Autonomie und
Kompetenz ist. Im Folgenden wird dargestellt, welche spezifischen Funktionen Peer-Kontakte für Heranwachsende
haben.

Kognitive und soziale Entwicklung

Schon Piaget (1954/1932) schrieb den Gleichaltrigen
eine besondere Rolle bei der **kognitiven Entwicklung**
zu: Gerade weil sie einander gleichrangig sind und sich
auf der gleichen oder benachbarten Stufe der kognitiven Entwicklung befinden, können sie einander Denk-
anstöße liefern, die sie in ihrer Entwicklung befördern.
Aufbauend auf Piaget bezeichnet Youniss (1980, 1994)
als das Wesentliche der Beziehungen zu Peers, dass sie
unter **bilateraler Kontrolle** stehen und sich durch eine
symmetrische Reziprozität auszeichnen. Dies bedeutet, dass die möglicherweise konträren Standpunkte
unter Peers zunächst gleichen Anspruch darauf haben,
die richtige Sichtweise auf den jeweiligen Sachverhalt
darzustellen. Bei Interaktionen mit Vertretern der vo-
rangehenden Generation (unilaterale Kontrolle und
komplementäre Reziprozität) steht hingegen von vorn-
herein fest, dass diese durch den Vorsprung in Wissen
und Lebenserfahrung und qua ihrer Rolle als Erziehungsberechtigte im Recht sein werden. Durch die Auseinandersetzung mit einer von der eigenen Sichtweise
abweichenden Meinung eines Gleichaltrigen entstehe
dagegen ein echter kognitiver Konflikt, der gleichzeitig
auch ein sozialer Konflikt ist. Die Kinder oder Heranwachsenden müssen die eigene Sichtweise kommunizieren lernen, mit der differierenden Sichtweise vergleichen
und letztlich zu einer gemeinsam erarbeiteten Lösung
kommen. Die Entwicklung einer gemeinsamen Sichtweise ist in symmetrisch-reziproken Beziehungen nur
über kooperative Perspektivenkoordination und das

Aushandeln von Kompromissen möglich, wodurch **Kooperation** und **Konsensbildung** erreicht werden können
(**Ko-Konstruktion sozialer Realität**; Youniss, 1994). Zusammengefasst müssen die interagierenden Kinder, um
die Ko-Konstruktion gemeinsam zu bewerkstelligen, wesentliche kognitive Entwicklungsschritte vollziehen, die
die Überwindung des kindlichen Egozentrismus sensu
Piaget beinhalten und insgesamt das Sprechen, Denken
und moralische Urteilen befördern. Auch wenn nicht
jede Interaktion zwischen Peers so gleichberechtigt stattfindet, wie es das Modell der **symmetrisch-reziproken
Interaktion** impliziert, schaffen Peerbeziehungen doch
insgesamt Gelegenheitsstrukturen, in denen solche symmetrisch-reziproken Interaktionen wahrscheinlicher realisiert werden (v. Salisch, 1993).

Die besondere Qualität der Interaktionen der Gleichaltrigen im Sinne von Gleichrangigen schließt auch nicht
aus, dass Interaktionen zwischen Kindern, die im Alter
voneinander abweichen, nicht ebenfalls entwicklungsför-
derlich wären. Gerade bei Vorschulkindern konnte beobachtet werden, dass die Interaktion erleichtert wird, wenn
eines der beiden Kinder etwas älter ist und für das jüngere
Kind **Modellcharakter** besitzt. Die etwas älteren Kinder
können den jüngeren etwas beibringen und ihnen helfen.
Dies wirkt sich sowohl auf den Erwerb von Kompetenzen
der jüngeren Kinder als auch auf die Entwicklung der sozialen Fähigkeiten der älteren Kinder positiv aus (zusammenfassend Schmidt-Denter, 2005).

Kinder spielen am liebsten mit anderen Kindern. Dem
kooperativen Spiel werden zahlreiche entwicklungsför-
dernde Funktionen aus dem kognitiven und sozialen Bereich zugeschrieben.

- Es vermittelt **soziale Kompetenzen**, indem Kinder
  lernen, wie andere einbezogen werden.
- Es lehrt, dass soziale Interaktionen durch Regeln
  gesteuert werden und führt so zum **Erwerb sozialer
  Normen.**
- Es dient als Medium für den **Spracherwerb.**
- Es fördert die **kognitive Entwicklung** auch durch den
  Gebrauch von Objekten im Spiel.
- Es ermöglicht die **Einübung von Rollen**, die in der
  Erwachsenenwelt beobachtet werden.
- Es ist für die Konstruktion sozialer Schemata zentral.
- Es fördert den Erwerb **prosozialer Verhaltensweisen**
  (zusammenfassend Schmidt-Denter, 2005).

Insgesamt kommt den Peerkontakten eine zentrale Sozi-
alisationsfunktion zu, weil für die Aufrechterhaltung von
gelingenden Interaktionen kooperative und prosoziale Verhaltensweisen nötig sind.

Dass positive Interaktionen mit Peers den Kompetenzerwerb von Kindern fördern, spiegelt sich schließlich auch
darin wider, dass im Klassenverband akzeptierte Kinder im

Durchschnitt bessere Schulleistungen zeigen als Kinder, die von anderen abgelehnt werden. In ▶ Abschn. 12.3 wird ausführlicher beschrieben, wie die gelungene Integration in die Gleichaltrigengruppe mit schulischen Leistungen zusammenhängt.

Affiliation

Als **Affiliation** wird in der Psychologie die Verhaltenstendenz bezeichnet, die Gesellschaft anderer Menschen zu suchen. Peerkontakte und Freundschaften sind ein Ausdruck dieses ganz offenbar angeborenen menschlichen Bedürfnisses nach Kontakt, Nähe und Austausch. In welcher Hinsicht Kinder und Jugendliche Freundschaften gerade darüber definieren, dass sie einander mögen und unterstützen, wird in ▶ Abschn. 12.2.2 detaillierter dargestellt.

Unterstützung bei der Bewältigung von Übergängen und Entwicklungsaufgaben

Den Peerbeziehungen kommt eine zentrale Rolle bei der Bewältigung von Übergängen und Entwicklungsaufgaben zu. Gerade die Gleichaltrigkeit der Peers impliziert, dass sie in einem ähnlichen Zeitraum die gleichen **normativen Lebensereignisse und Entwicklungsaufgaben** zu meistern haben (z. B. Einschulung, Schulwechsel, Pubertät, erste sexuelle Beziehungen, Ablösung vom Elternhaus). Der Austausch darüber macht vor allem in der Adoleszenz einen beträchtlichen Anteil der Interaktionen aus: Mit zunehmendem Alter sprechen Jugendliche immer häufiger mit ihren Freunden – und relativ seltener mit ihren Eltern – über Schwierigkeiten oder Probleme, die sie mit sich selbst und mit anderen haben (Fend, 2005). Die Erfahrung, dass Freunde ähnlichen Belastungen ausgesetzt sind wie man selbst, hat erleichternde Wirkung. Die Imitation gelungener Lösungen ermöglicht es den Jugendlichen, neue Orientierungen aufzubauen und die mit den Veränderungen der Adoleszenz einhergehenden Unsicherheiten zu verringern (Schmidt-Denter, 2005). Dass Freundschaften und Cliquen vor allem zwischen Jugendlichen bestehen, die einander hinsichtlich zentraler Merkmale ähnlich sind, erhöht vermutlich die Nützlichkeit der Modelllösungen der Freunde für die eigene Lebensgestaltung. Dies bedeutet aber ebenfalls, dass Peers auch besonders wirkungsvolle Modelle für entwicklungsabträgliche Verhaltensweisen sind, wie z. B. für Drogenkonsum oder kriminelles Verhalten (z. B. Keenan, Loeber, Zhang, Stouthammer-Loeber & Van Kammen, 1995).

Identitätsentwicklung und Selbstpräsentation

Über die Zugehörigkeit zu einer Gruppe von Gleichaltrigen können Kinder und Jugendliche sowohl der Außenwelt als auch sich selbst ein bestimmtes Bild von

der eigenen Person vermitteln (vgl. Kessels & Hannover, 2004). Cliquen haben häufig einen bestimmten Ruf (z. B. „die Schläger" oder „die Braven"), der auf jedes einzelne Mitglied der Clique angewendet wird und beeinflusst, wie andere es wahrnehmen. Diese spezifische Wahrnehmung durch andere beeinflusst wiederum, wie sich die Gruppenmitglieder selbst sehen (vgl. Hannover, Pöhlmann & Springer, 2004). So kann ein Junge beispielsweise über die Zugehörigkeit zu einer Gruppe, die sich deviant verhält, anderen kommunizieren, dass er unangepasst und draufgängerisch ist (vgl. auch Engels, Kerr & Stattin, 2007). Diese **Präsentation seines Selbst** führt gleichzeitig dazu, dass er diese Eigenschaften an sich selbst tatsächlich wahrnimmt.

12.2   Beliebtheit und Freundschaft

Ein wichtiges Forschungsfeld beschäftigt sich mit Fragen, die die Art und das Ausmaß der Integration eines Kindes oder Jugendlichen in die Gruppe der Gleichaltrigen betreffen, wobei in der Regel auf den Klassenverband fokussiert wird.

12.2.1   Beliebtheit

Vor allem in der englischsprachigen Literatur wird bezüglich des **Peer-Status** zwischen zwei Konzepten unterschieden, die sich im Deutschen zwar beide als „Beliebtheit" übersetzen lassen, aber Unterschiedliches meinen.

Beliebtheit als soziale Akzeptanz

Zum einen kann Beliebtheit das Ausmaß des Gemochtwerdens im Sinne der **sozialen Akzeptanz** („social acceptance") eines Kindes meinen. Wie „beliebt" bzw. sozial akzeptiert ein Kind innerhalb des Klassenverbandes ist, wird überwiegend mit **soziometrischen Verfahren** gemessen. Dabei handelt es sich um Fragebögen, in denen sämtliche Mitglieder einer Gruppe (z. B. einer Schulklasse) eine bestimmte Anzahl (meistens drei) von Mitschülerinnen und Mitschülern benennen müssen, die sie am liebsten mögen und/oder mit denen sie am liebsten bestimmte Aktivitäten machen würden (z. B. zusammenarbeiten, nebeneinander sitzen, zum Geburtstag einladen), und Mitschüler, mit denen sie dies nicht tun möchten. Aus den Antworten kann zum einen ein Soziogramm für die gesamte Klasse erstellt werden, das die Strukturierung der Klasse insgesamt beschreibt. Zum anderen lässt sich aber auch in Bezug auf die einzelnen Schülerinnen und Schüler erkennen, wie oft sie von ihren Klassenkameraden genannt wurden.

In der Forschung hat sich das von Coie, Dodge und Cappotelli (1982) entwickelte zweidimensionale Schema zur Beschreibung der Stellung eines Kindes durchgesetzt: Als **durchschnittliche Kinder** werden jene bezeichnet, die eine mittlere Anzahl von Nominierungen erhalten – dies ist die größte Untergruppe. **Beliebte Kinder** sind jene mit vielen positiven und wenigen negativen Nennungen, die also eine hohe Beachtung und gleichzeitig eine hohe Präferenz erfahren. Als **abgelehnte Kinder** werden diejenigen bezeichnet, die viele negative und wenige positive Stimmen erhalten (hohe Beachtung und wenig Präferenz). **Unbeachtete Kinder** sind jene, die wenige positive und auch wenige negative Stimmen erhalten (mittlere Präferenz und niedrige Beachtung). Eine meist kleine Gruppe der **umstrittenen Kinder** vereint mit vielen positiven und vielen negativen Nennungen eine hohe Beachtung mit mittlerer Präferenz.

Beliebtheit als Reputation

Zum anderen kann mit Beliebtheit auch eine **Reputation im Sinne von Popularität** („popularity") gemeint sein, die dadurch erfasst wird, dass die befragten Kinder angeben sollen, für wie „popular" sie die zu beurteilenden Kinder halten (Schwartz, Hopmeyer Gorman, Nakamoto & McKay, 2006).

Es zeigte sich, dass ältere Kinder und Jugendliche, die als „popular" bezeichnet werden, von ihren Klassenkameraden nicht unbedingt auch gern gemocht wurden. Denn populäre Schülerinnen und Schüler setzen häufig manipulative Strategien zur Erhaltung der eigenen Machtposition ein (Parkhurst & Hopmeyer, 1998; Rose, Swenson & Carlson, 2004).

12.2.2 Freundschaft

Freundschaften unterscheiden sich von anderen beispielsweise im familiären Raum bestehenden Beziehungen vor allem dadurch, dass sie grundsätzlich auf **Freiwilligkeit und Reziprozität** beruhen. Dies impliziert auch, dass Freundschaften störanfällig sind und nur in dem Maße bestehen, wie beide Seiten kontinuierlich durch Stützung und Bejahung zum Bestehen der Freundschaft beitragen (Auhagen, 1993). Das zentrale Kriterium einer Freundschaftsbeziehung ist der **Austausch von Gesellschaft und Zuneigung.**

Was Kinder und Jugendliche genau unter Freundschaft verstehen, ist Gegenstand der Forschung über **Freundschaftskonzepte.** Empirische Forschung zeigt, dass sich dieses Verständnis – parallel zum gezeigten Verhalten zwischen Freunden – im Laufe der Kindheit und Jugend verändert. Grob eingeteilt steht in der Wahrnehmung jüngerer Kinder im Mittelpunkt einer Freundschaftsbeziehung der Austausch von Handlungen und Objekten (vor allem im gemeinsamen Spiel), während bei etwas älteren Kindern der Austausch von dauerhafterem gegenseitigen Vertrauen betont wird und schließlich ab der Adoleszenz der Austausch von Gedanken und Gefühlen als wichtigstes Merkmal einer Freundschaft gesehen wird (für einen Überblick siehe Schmidt-Denter, 2005).

In empirischen Untersuchungen wird „Freundschaft" in der Regel dadurch erfasst, dass ein Kind (bzw. bei jüngeren Kinder seine Bezugsperson) ein anderes Kind als „Freund" oder „Freundin" nominiert und diese Wahl vom gewählten Kind bestätigt wird. Die Freundesnetze von Schulkindern vor der Pubertät sind im Wesentlichen altershomogen und bestehen überwiegend innerhalb der eigenen Geschlechtsgruppe (▶ Abschn. 12.4.2). Die erlebte **Qualität der jeweiligen Freundschaft** wird in Studien durch Fragebögen erhoben, in denen verschiedene Funktionen von Beziehungen erfasst werden, wie z. B. Zuneigung, Nähe im Sinne von Intimität, instrumentelle Hilfe, emotionale Unterstützung, Geselligkeit, Erhöhung des Selbstwertes und Arten der Konfliktbewältigung. Von Salisch (2000) weist darauf hin, dass ein gerade für jüngere Kinder zentraler Aspekt von Freundschaft, nämlich Spaß haben, in den meisten Instrumenten leider nicht mit erfasst wird.

12.3 Merkmale von Kindern und Jugendlichen mit unterschiedlichem Peer-Status

Im Folgenden wird dargestellt, hinsichtlich welcher Merkmale sich Kinder und Jugendliche mit unterschiedlichem Peer-Status unterscheiden, wobei der Fokus auf lern- und leistungsbezogenen Variablen liegt.

12.3.1 Beliebtheit als soziale Akzeptanz: Welche Kinder und Jugendlichen werden gemocht, welche werden eher abgelehnt?

In der Literatur zur sozialen Akzeptanz von Kindern und Jugendlichen wird recht übereinstimmend berichtet, dass beliebte Schülerinnen und Schüler positivere Eigenschaften aufweisen als weniger beliebte oder abgelehnte Kinder: sie gelten als kooperativ und hilfsbereit, kontaktfreudig, durchsetzungsfähig und mit „Führungsqualitäten" ausgestattet (z. B. Newcomb, Bukowski & Pattee, 1993; zusammenfassend Wentzel, 2005). Dagegen zeigen abgelehnte Kinder und Jugendliche im Vergleich zu den beliebten oder durchschnittlichen Kindern häufiger Verhaltensweisen, die es plausibel machen, dass andere Kinder den Kontakt mit ihnen eher meiden: Etwa die Hälfte der abgelehnten Kinder zeigt antisoziales, negatives Verhalten, was körperliche Übergriffe auf andere Kinder, Bedrohungen, und Störungen des Unterrichts umfasst („**aggressiv-abgelehnte Kinder**"; Newcomb et al., 1993). Darüber hinaus erreichen im Klassenverband abgelehnte Kinder auch überdurchschnittliche Werte auf Skalen, die Rückzug, Depression und Ängstlichkeit messen („**submissiv-abgelehnte Kinder**"; Cillessen et al, 1992; Parkhurst & Asher, 1992).

Werden die Schulleistungen und andere schulnahe Variablen betrachtet, so wird deutlich, dass die Akzeptanz im Klassenverband in der Regel positiv mit schulischem Erfolg korreliert ist (zusammenfassend Wentzel, 2005). Vor allem finden sich konsistente Befunde, nach denen abgelehnte Kinder schlechtere Schulleistungen zeigen als nicht abgelehnte Kinder (Hatzichristou & Hopf, 1996; Newcomb at al., 1993). Sie wiederholen häufiger eine Klasse und verlassen häufiger vorzeitig die Schule als andere Kinder. Eine Untersuchung von Ollendick, Weist, Borden und Greene (1992) zeigte, dass ein Drittel der abgelehnten und ein Viertel der umstrittenen Kinder innerhalb eines Zeitraumes von fünf Jahren mindestens einmal sitzen blieb.

12.3.2 Beliebtheit als Reputation: Welche Kinder und Jugendlichen gelten als beliebt?

Während soziale Akzeptanz in der Peergruppe mit positivem Sozialverhalten und Leistungsverhalten korreliert ist, scheint Beliebtheit als Reputation, zumindest in der nordamerikanischen Forschung und den dort üblichen Konnotationen des Begriffs „popular", zum Teil sogar mit **weniger gut angepasstem Verhalten** einherzugehen. Es wird berichtet, dass die als „popular" bezeichneten Jugendlichen ein erhöhtes Maß an (vor allem relationaler) Aggressivität aufweisen (Cillessen & Mayeux, 2004), sich verhältnismäßig früh für Sex und Alkohol interessieren und eher wenig schulisches Engagement zeigen (zusammenfassend Schwartz et al., 2006). In besonderem Maße konfligieren Popularität und schulische Leistungen, wenn die in einem Setting dominierende Peergruppe **leistungsfeindliche Normen** vorgibt. In Interviewstudien in den USA zeigte sich, dass diese Situation in den Peergruppen schwarzer Jugendlicher deutlich häufiger auftritt als in den Peergruppen asiatischstämmiger Jugendlicher (Steinberg, Dornbusch & Brown, 1992).

Ebenfalls sind alle Konnotationen, die der Begriff des „Strebers" mit sich führt, Hinweise darauf, dass besonders leistungsmotivierte Schüler und Schülerinnen nicht immer auch gleichzeitig die beliebtesten Kinder und/ oder die Kinder mit den meisten Freunden sind. Im Gegenteil ist der Vorwurf, ein „Streber" zu sein, deutlich rufschädigend (z. B. Bishop et al., 2004; Pelkner & Boehnke, 2003). Vor allem ab der Sekundarstufe gelten Schülerinnen und Schüler, denen ein besonderes Bemühen um gute Schulleistungen unterstellt wird, als eher unbeliebt (Juvonen & Murdock, 1995).

Diese **jugendspezifischen Normen** sind nicht ohne Folgen für das leistungsbezogene Verhalten von Schülern. Eine experimentelle Studie (Kessels, Warner, Holle & Hannover, 2008) konnte zeigen, dass Jugendliche im Beisein ihrer Peers unter bestimmten Bedingungen das Ausmaß an schulischem Engagement herunterspielten (▶ Exkurs „Wer Physik mag, ist unbeliebt"). Dabei wurde folgendermaßen vorgegangen: Nach einem Leistungstest wurde Jugendlichen im Beisein ihrer Peers falsches Leistungsfeedback gegeben. Variiert wurde, ob bei diesem sehr positiven Leistungsfeedback („Du hast sehr vieles richtig; du hast die Aufgaben sehr gut und sehr clever gelöst") dem Feedback-Empfänger im Beisein von Klassenkameraden gleichzeitig eine besondere Nähe zur Lehrkraft unterstellt wurde („Du bist sicher ein Schüler, auf den deine Lehrer richtig stolz sind") oder nicht. Direkt anschließend wurde die Frage gestellt, wie viel Zeit sie jeden Tag mit ihren Hausaufgaben verbringen; auch die Antwort auf diese Frage war für die anwesenden Klassenkameraden zu hören. Erwartungsgemäß gaben die

Exkurs

Wer Physik mag, ist unbeliebt

Es scheint für die Art der Beziehung zwischen schulischem Engagement und Beliebtheit auch eine Rolle zu spielen, in welchen **Fächern** sich Jugendliche stark engagieren und ob die gezeigten Leistungen in Übereinstimmung mit geschlechtsrollenkonformen Erwartungen stehen. Beispielsweise gelten Schülerinnen und Schüler, die Mathematik oder Physik als Lieblingsfach haben, unter deutschen und holländischen Jugendlichen als deutlich weniger beliebt und schlechter integriert als Schülerinnen und Schüler, die die Fächer Deutsch oder Englisch bevorzugen (Hannover & Kessels, 2004; Taconis & Kessels, in press). Darüber hinaus wird Mädchen, die in Physik die Klassenbesten sind, von ihren Mitschülerinnen und Mitschülern zugeschrieben, vor allem beim anderen Geschlecht wenig angesehen zu sein, wie eine Studie von Kessels (2005) mit Neuntklässlern zeigte. Weiter ergab die Studie, dass auch die Mädchen selbst, die gute oder sehr gute Physiknoten hatten, sich von den Jungen in ihrer Klasse am stärksten abgelehnt fühlten.

Jugendlichen nach der Unterstellung einer großen Nähe zur Lehrkraft an, weniger Hausaufgaben zu machen.

12.3.3 Ursachen für die positiven Korrelationen zwischen sozialer Akzeptanz und Schulleistungen

Warum zeigen sozial akzeptierte Schülerinnen und Schüler bessere Leistungen als abgelehnte Kinder? Verschiedene Erklärungen für diesen Zusammenhang sind denkbar und aufgrund vorliegender Forschungsergebnisse plausibel.

1. Es wäre möglich, dass soziale Akzeptanz und Schulleistungen **kausal verknüpft** sind. Sollte ein kausaler Zusammenhang bestehen, sind zwei Varianten der Verknüpfung denkbar: soziale Akzeptanz könnte zu guten Schulleistungen führen, und/ oder gute Schulleistungen könnten zu höherer sozialer Akzeptanz führen.

   Längsschnittstudien haben vor allem für die Phase des Schuleinstiegs zeigen können, dass die Akzeptanz in der Peergruppe prädiktiv für schulisches Engagement und gute Schulleistungen war, wohingegen erfahrene Ablehnung im Klassenverband bei den betroffenen Kindern dazu führte, dass die Schulleistungen schlechter wurden (Ladd, Kochenderfer & Colemann, 1997). Über den Schulbeginn hinausgehend konnte die Forschung jedoch in der Regel keinen direkten Einfluss von Peer-Ablehnung auf nachfolgende Schulleistungen nachweisen. Allerdings verweist eine Längsschnittstudie von De Rosier, Kupersmidt und Patterson (1994) von der zweiten bis fünften Jahrgangsstufe darauf, dass in der Schule erfahrene Ablehnung dazu führt, dass Kinder versuchen, dieser unangenehmen Erfahrung möglichst zu entgehen: Abgelehnte Kinder hatten im vierten Jahr der Untersuchung signifikant mehr Fehltage als andere Kinder (bei Kontrolle der Anzahl der Fehltage zu Beginn der Untersuchung). Einzelne Ergebnisse legen dagegen auch die umgekehrte Wirkrichtung nahe: So zeigte eine Cross-lagged-panel-Analyse von Petillon (1993), dass diejenigen Kinder, die zu Beginn der Schule nach Ansicht ihrer Lehrkräfte besonders gute Leistungen zeigten, am Ende der zweiten Klasse als Sitznachbarn besonders begehrt waren. Allerdings stellt sich hier die Frage, inwiefern die Bevorzugung als Sitznachbar tatsächlich das Gemochtwerden abbildet und sich die befragten Kinder nicht schlicht unterrichtsbezogene Vorteile vom Sitzen neben guten Schülerinnen und Schülern versprachen.

   Hinweise auf **reziproke Einflüsse** bei der Beziehung von Peer-Status und Schulleistungen gab eine Studie von Chen, Rubin, und Li (1997) mit chinesischen Kindern (unter denen möglicherweise gute Schulleistungen angesehener sind als bei US-amerikanischen oder deutschen Schulkindern, vgl. Steinberg et al., 1992). Positive Peer-Beziehungen trugen zu besseren Schulleistungen zwei Jahre später bei, und Schulleistungen hatten ihrerseits einen Einfluss auf den Peer-Status zwei Jahre später (jeweils unter Kontrolle der Ausgangswerte).

2. Es wäre möglich, dass die Kovariation zwischen akademischen Leistungen und Peer-Akzeptanz nicht auf einer kausalen Verknüpfung dieser beiden Variablen basiert, sondern sich daraus ergibt, dass andere Variablen (sogenannte **Drittvariablen**) diese beiden Bereiche ihrerseits beeinflussen. Crick und Dodge (1994) zeigten beispielsweise, dass die Fähigkeiten, sich Ziele zu setzen, eigene Emotionen zu regulieren und eigenes Verhalten zu überwachen („self-monitoring"), Leistungen angemessen zu attribuieren und Ziel-Mittel-Analysen vorzunehmen, dazu beitragen, sich in sozialen *und* akademischen Domänen planvoll und strategisch zu verhalten.

3. Es wäre auch möglich, dass positive Peer-Beziehungen „Gelegenheitsstrukturen" beim Verfolgen von leistungsbezogenen Zielen bieten (zusammenfassend Wentzel, 2005). Gute Beziehungen zu Klassenkameraden können dazu beitragen, dass sie einander schulbezogene Werte und Erwartungen kommunizieren,

füreinander Modelle erfolgreichen Lernverhaltens sind und einander Rat und praktische Hilfe geben (z. B. Klärung von nicht verstandenen Anweisungen der Lehrkraft oder Leihen von Stiften und Papier). Außerdem sichern Freunde im Klassenverband die emotionale Unterstützung und bieten Schutz vor Gewalt und Belästigung (▶ Abschn. 12.6).

Insgesamt stellt sich die Frage, ob der vielfach belegte Zusammenhang zwischen sozialer Akzeptanz im Klassenverband und individuellen Schulleistungen nicht auch teilweise auf einen methodischen Artefakt zurückgeführt werden kann, der aus der Operationalisierung von sozialer Akzeptanz in den einzelnen Studien resultiert. Wenn zur Erfassung der Akzeptanz Soziogramme verwendet werden, in denen Kinder angeben, neben wem sie gerne im Unterricht sitzen möchten oder mit wem sie eine Schulaufgabe am liebsten bearbeiten würden, kann neben reiner Sympathie auch das wahrgenommene Leistungsniveau der genannten Kinder ausschlaggebend für die Wahlen sein, weil die Zusammenarbeit mit guten Schülern besonders attraktiv erscheint. In diesem Falle würde sich eine Überschätzung des Zusammenhanges zwischen dem Gemochtwerden im Klassenverband und schulischen Leistungen ergeben.

12.4   Beziehungen zwischen Gruppen von Gleichaltrigen

Beginnend in der mittleren Kindheit und verstärkt in der Phase der Adoleszenz orientieren sich Kinder bzw. Jugendliche an **sozialen Gruppen**. So berichten am Ende der Grundschulzeit die meisten Kinder, dass sie Mitglied einer Freundesgruppe sind, und die meisten Interaktionen zwischen Gleichaltrigen finden innerhalb solcher sozialer Gruppen Gleichaltriger statt (z. B. Crockett, Losoff, & Petersen, 1984).

> **Definition**
>
> Unter einer **sozialen Gruppe** versteht man zwei oder mehr Personen, die sowohl von Außenstehenden als auch von sich selbst als zu derselben Kategorie gehörig wahrgenommen werden: Die Mitglieder wissen um die eigene Gruppenzugehörigkeit (kognitive Komponente) und dieses Wissen geht mit einer positiven oder negativen Bewertung (evaluative Komponente) sowie positiven bzw. negativen Gefühlen (emotionale Komponente) einher.

12.4.1   Gruppenzugehörigkeit als Teil der eigenen Identität: Soziale Identität und Intergruppenbeziehungen

Tajfel und Turner (1985) bezeichnen das Wissen über eigene Gruppenzugehörigkeiten und deren Bewertung sowie die damit verbundenen Gefühle als die **soziale Identität** einer Person. Ein Beispiel für eine soziale Gruppe sind die Mitglieder einer bestimmten Ethnie. Die soziale Identität ist in diesem Fall die gemeinsame ethnische Identität (z. B. „Ich gehöre zur Gruppe der Türken"; kognitive Komponente), „Ich bin stolz darauf, Türkin zu sein" (evaluative Komponente), „Ich fühle mich gut als Türkin" (emotionale Komponente). Ein anderes Beispiel für eine soziale Gruppe ist eine sogenannte **Clique**. Cliquen sind soziale Netzwerke, in die bestimmte Personen eingebunden und von denen andere ausgeschlossen sind. Sie werden einerseits definiert über ihre Größe (typischerweise drei bis neun Personen) und andererseits darüber, dass ihre Mitglieder in der Regel untereinander befreundet sind (Gifford-Smith & Brownell, 2003).

Die Mitgliedschaft in einer bestimmten Gruppe (z. B. in einer bestimmten Clique in der Schulklasse) ist umso attraktiver, je positiver die Gruppe im sozialen Umfeld bewertet wird, denn entsprechend positiv sind die Gefühle, die mit der Mitgliedschaft einhergehen. Diese Tatsache kann genutzt werden: Die Interessen oder das Engagement von Kindern und Jugendlichen für bestimmte Inhaltsdomänen oder Aktivitäten können gesteigert werden, wenn diese mit dem Erwerb der Mitgliedschaft in einer attraktiven sozialen Gruppe einhergehen. Beispiele sind das Engagement in kirchlichen Jugendgruppen oder in politischen Jugendorganisationen. Allerdings schließt das Wissen über die Zugehörigkeit zu einer sozialen Gruppe (sog. **Ingroup**) notwendigerweise ein, dass man sich von anderen Gruppen, zu denen man nicht selbst gehört, abgrenzt (sog. **Outgroup**). Die **Theorie der sozialen Identität** (Tajfel & Turner, 1985) beschreibt die negative Dynamik, die sich aus der Tatsache ergibt, dass Menschen dazu neigen, die eigene Gruppe in einem positiv verzerrten und Outgroups in einem negativ verzerrten Licht zu sehen. Besteht ein Konsens darüber, dass bestimmte Ingroups und Outgroups existieren – z. B. dass es innerhalb einer Schulklasse eine Mädchenclique gibt, die sich vor allem für Mode, Jungs und Disko interessiert und eine Mädchenclique, die es ablehnt, sich hübsch anzuziehen und den Jungs gefallen zu wollen –, ist die Voraussetzung dafür geschaffen, dass sich ihre Mitglieder nicht mehr als Individuen (interpersonales Verhalten), sondern vielmehr als Mitglieder der jeweiligen Gruppe zueinander verhalten (intergruppales Verhalten). Intergruppales Verhalten ist dadurch gekennzeichnet, dass die Gruppen sich untereinander sozial vergleichen mit dem Ziel, **positive** soziale Distinktheit zu erreichen, was bedeutet, sich positiv von den anderen Gruppen abzuheben (Tajfel & Turner, 1985). Im Ergebnis wird die eigene Gruppe auf- und die Außengruppe abgewertet. In unserem Beispiel sagen die Mädchen der einen Clique vielleicht, dass die Mädchen der anderen Clique sich nur deshalb nicht für Jungen interessieren würden, weil sie „alle hässlich und zu dick" seien, während umgekehrt diese Mädchen entgegnen würden, die anderen interessierten sich ja nur deshalb für Mode und Disko, weil sie „zu dumm" seien, um durch Leistungen in der Schule Anerkennung zu finden. In pädagogischen Kontexten können sich solche Intergruppenprozesse als problematisch erweisen, z. B. zu Feindseligkeiten innerhalb einer Klasse oder Diskriminierung von Schülergruppen führen, die gemeinsames Lernen verunmöglichen (▶ Abschn. 12.5).

12.4.2 Gleich und gleich gesellt sich gern: Homophilie

Gruppen von Personen, die häufig miteinander interagieren, zeichnen sich typischerweise durch eine starke **Homogenität** hinsichtlich Merkmalen wie Alter, Geschlecht, Ethnizität, Bildungshintergrund und sozialen Einstellungen aus (z. B. Giordana, 2003; Levine & Moreland, 1998). Diese Tendenz zur Homogenität ist nicht spezifisch für das Kindes- und Jugendalter: Auch bei Erwachsenen ist zu beobachten, dass „gleich und gleich sich gern gesellt" (Levine & Moreland, 1998).

Definition

▶ **Homophilie** bezeichnet allgemein das Phänomen, dass Kontakt zwischen ähnlichen Personen wahrscheinlicher ist als Kontakt zwischen unähnlichen Personen, **Gruppen-Homophilie** das Phänomen, dass Mitglieder einer Gruppe einander ähnlicher sind als Nicht-Gruppenmitglieder und **Freundschafts-Homophilie** das Phänomen, dass Menschen auch ihre Freunde vorzugsweise unter solchen Personen wählen, die ihnen selbst auf relevanten Merkmalen ähnlich sind.

Die Gründe für Gruppen-Homophilie sind sowohl in **Selektions-** als auch in **Sozialisationseffekten** zu suchen: Zunächst kommen Menschen am wahrscheinlichsten mit solchen anderen in Kontakt, die ihnen räumlich nah sind, sei es aufgrund des Besuches derselben Schule, des Wohnens in derselben Straße oder der Zugehörigkeit zum gleichen Sportverein. Da die Verteilung von Personen auf Schulen, Wohnviertel oder Sportvereine jedoch nicht zufällig, sondern sozial stratifiziert ist, treffen Menschen besonders wahrscheinlich auf andere, die ihnen hinsichtlich

Merkmalen wie z. B. Alter, Bildungsnähe oder Einkommen ähnlich sind. Darüber hinausgehend ziehen Gruppen typischerweise Personen an, die bestimmte Merkmale miteinander teilen. Z. B. vereint die Laienspielgruppe einer Schule vermutlich Schüler, die relativ extravertiert und künstlerisch interessiert sind und weniger Schüler, die extrem schüchtern sind oder sich wesentlich über deviantes Verhalten definieren. Und schließlich sozialisieren sich Gruppenmitglieder wechselseitig auf eine solche Weise, dass sie sich über die Zeit hinweg in ihren Einstellungen und Verhaltensweisen einander angleichen oder aber solche Mitglieder, die diesen Anpassungsprozess nicht durchlaufen, aus der Gruppe ausschließen (▶ Abschn. 12.4.3).

Ein weiterer wichtiger Mechanismus, der zu Gruppen- und Freundschafts-Homophilie beiträgt, liegt in der Tatsache begründet, dass Menschen bestrebt sind, die Richtigkeit ihrer Meinungen oder die Qualität ihrer Fähigkeiten durch **soziales Vergleichen** mit anderen zu überprüfen: Immer dann, wenn es keine überprüfbaren objektiven Tatsachen gibt, anhand derer wir die Angemessenheit unserer Meinungen oder die Qualität unserer Fähigkeiten einschätzen können, schauen wir, was andere sagen, tun oder können. Sind diese anderen derselben Meinung wie wir oder können sie etwas vergleichbar gut wie wir, so fühlen wir uns der Angemessenheit unserer eigenen Überzeugungen und Fähigkeiten versichert (Festinger, 1954). Dabei ist nun aber nicht jeder Mensch als Vergleichsperson geeignet: Personen, die uns ähnlich sind, sind dazu funktionaler als solche, die uns sehr unähnlich sind. Beispielsweise werden Sie Ihre Zeit bei einem Lauf über 200 m weder mit der Leistung des aktuellen Weltmeisters noch mit der Ihres fünfjährigen Patenkindes vergleichen, um zu beurteilen, ob Sie einen guten oder schlechten Sprint hingelegt haben, sondern Sie werden gleichaltrige Personen ähnlicher Konstitution und Fitness zum Vergleich heranziehen.

Homophilie in Bezug auf Geschlecht

Besonders deutlich zeigt sich das Phänomen der Freundschafts-Homophilie bei einer Betrachtung der Beziehungen zwischen den Geschlechtern: beginnend im Alter von ungefähr drei Jahren bis zum Ende der mittleren Kindheit (ca. elf Jahre) spielen Kinder vorzugsweise mit Kindern des eigenen Geschlechts (Maccoby, 1998). Es können wiederum sowohl selektive als auch sozialisatorische Ursachen ausgemacht werden. Schon ab der Vorschulzeit versuchen Kinder aktiv herauszufinden, was es bedeutet, ein Mädchen bzw. ein Junge zu sein und sich selbst entsprechend zu verhalten. Sie sind vor allem daran interessiert zu erfahren, was andere Vertreter des eigenen Geschlechts tun – dies ist z. B. darin sichtbar, dass sie gleichgeschlechtliche Modelle häufiger und länger beobachten als gegengeschlechtliche (für einen Überblick siehe Ruble, 1994) und dass sie gleichgeschlechtliche Spielpartner gegengeschlechtlichen vorziehen. Die sozialisatorische Komponente besteht nun darin, dass Mädchen und Jungen in den jeweils **geschlechtssegregierten Gruppen** unterschiedliche „peer cultures" (Maccoby, 1998) entwickeln und sich somit wechselseitig in verschiedene Richtung sozialisieren (für einen Überblick siehe Underwood, 2004): So ist das Interaktionsverhalten in Jungengruppen durch körperliches Kräftemessen gekennzeichnet, z. B. beim Balgen und in sportlichen Wettkämpfen. Demgegenüber entwickeln Mädchen stärker kooperative Interaktionsformen, z. B. kommunizieren sie stärker sprachlich untereinander oder spielen mit verteilten Rollen. Ausgehend von diesen unterschiedlichen Interaktionsstilen entwickelt sich nach Meinung verschiedener Autoren geschlechtsspezifische Formen von Beziehungsgestaltung, Kompetenzen und Vulnerabilitäten (für einen Überblick siehe Underwood, 2007). So argumentieren beispielsweise Rose und Rudolph (2006), dass Mädchen aufgrund stärkerer Selbstoffenbarung (self-disclosure) in Freundschaftsbeziehungen, aufgrund einer Höherbewertung von Beziehungen und sozialer Eingebundenheit und aufgrund stärker empfundener Empathie gegenüber anderen wahrscheinlicher die Kompetenz erlangen, intensivere und intime Freundschaften zu entwickeln und zu bewahren als Jungen, gleichzeitig aber auch anfälliger für Angst vor sozialer Zurückweisung werden.

Die selbstinitiierte **Geschlechtersegregation** wird erst mit dem Übergang in die Pubertät, in der (in der Regel) das jeweils andere Geschlecht attraktiv gefunden wird, aufgegeben.

Homophilie in Bezug auf ethnische oder kulturelle Zugehörigkeit

Ein weiteres Beispiel für Freundschafts-Homophilie stellen die sozialen Beziehungen dar, die zwischen Kindern und Jugendlichen verschiedener ethnischer oder kultureller Herkunftsgruppen bestehen. McPherson, Smith-Lovin und Cook (2001) gehen davon aus, dass Rasse oder Ethnie noch stärker als Geschlecht oder Alter Varianz in sozialen Netzwerken aufklären. Titzmann, Silbereisen und Schmitt-Rodermund (2007) verweisen darauf, dass Freundschaften zwischen Schülerinnen und Schülern mit und ohne Migrationshintergrund als ein bedeutsames Kriterium für erfolgreiche Integration interpretiert werden können: Freundschaften über verschiedene ethnische Gruppen hinweg können zum Abbau von Vorurteilen und sozialer Diskriminierung beitragen und auf diese Weise die sozialen Beziehungen zwischen den Gruppen als solchen sowie den Zugang von Migranten zu Informationen und Ressourcen der Aufnahmegesellschaft verbessern. Interethnischen Kontakten im Jugendalter messen Titzmann et al. (2007) dabei eine besondere Bedeutung bei, weil in dieser Lebensphase Freunde wesentliche Hilfestellung bei der Bewältigung altersspezifischer Entwicklungsaufgaben bieten können, die Voraussetzung für die erfolgreiche Lebensgestaltung im

neuen kulturellen Kontext ist. Diese Entwicklungsaufgaben umfassen z. B. die Entwicklung von Eigenständigkeit oder von befriedigenden Beziehungen zum anderen Geschlecht sowie den Erwerb kulturspezifischen Wissens oder kulturspezifischer Kompetenzen. Vor diesem Hintergrund ist es bedenklich, dass verschiedene Studien unter Einbezug unterschiedlicher Länder und ethnischer Gruppen konsistent finden, dass Freundschaftsbeziehungen häufiger innerhalb derselben ethnischen Gruppe entstehen und auch stabiler über die Zeit sind, als dies für Freundschaften zwischen Personen verschiedener ethnischer Herkunft der Fall ist (z. B. Haug, 2003; Lee, Howes & Chamberlain, 2007).

Aufgrund der Erkenntnisse der Sozialen Identitätstheorie (Tajfel & Turner, 1985) muss gemutmaßt werden, dass Gruppen- und Freundschafts-Homophilie zu wechselseitiger **Stereotypenbildung** über die jeweilige ethnische Outgroup beiträgt, die in sozialen Vorurteilen oder sozialer Diskriminierung ihren Ausdruck finden kann. Formen kooperativen Lernens (▶ Abschn. 12.5) können zu ihrem Abbau beitragen.

12.4.3 Wie aus sozialen Normen Gruppendruck wird: Konformität

Beziehungen zwischen Gleichaltrigen gehen mit der Entwicklung eigenständiger **sozialer Normen** einher, die die im Elternhaus oder von anderen Erwachsenen kommunizierten Normen ergänzen oder gar ersetzen können.

> **Definition**
>
> Unter **sozialen Normen** versteht man von einer Gruppe geteilte Erwartungen darüber, wie sich ihre Mitglieder verhalten sollten. Diese Erwartungen werden in Form von impliziten oder expliziten Regeln kommuniziert, deren Einhaltung belohnt (z. B. dadurch, dass Mitglieder, die den Erwartungen am ehesten entsprechen, den höchsten sozialen Status innerhalb der Gruppe genießen) und deren Nichtbeachtung sanktioniert wird und zum Ausschluss aus der Gruppe führen kann.

Die Einflussnahme der Gruppe auf jedes einzelne Mitglied kann dabei auf zweierlei Weise geschehen. **Informativer sozialer Einfluss** bedeutet, dass die Meinung anderer Gruppenmitglieder als valider Standard für die Bildung der eigenen Meinung übernommen wird. Dieser Einfluss ist besonders stark, wenn

a) der zu beurteilende Stimulus uneindeutig ist,
b) die anderen Mitglieder als Expertinnen oder Experten wahrgenommen werden und
c) die Person ihre eigene Kompetenz anzweifelt.

Informativer sozialer Einfluss dürfte in Peergruppen in Kindheit und Jugend eine besonders große Rolle spielen, da sich Heranwachsende häufig mit Fragen auseinandersetzen, auf die es entweder keine eindeutig richtigen oder falschen Antworten gibt – z. B. weltanschauliche Fragen – oder aber die tabuisiert sind – z. B. auf Sexualität oder Drogenkonsum bezogene Fragen. Gruppenmitglieder, die aufgrund ihres hohen sozialen Status innerhalb der Gruppe oder aber auch aufgrund von Vorerfahrungen oder eines Altersvorsprungs als Expertinnen bzw. Experten für das jeweilige Thema gelten, wirken somit in besonderem Maße als Quelle sozialen Informationseinflusses.

Von dieser Form sozialer Einflussnahme ist der sogenannte **normative soziale Einfluss** zu unterscheiden, der aus dem Bestreben entsteht, in der eigenen Gruppe anerkannt zu sein und nicht ausgeschlossen zu werden. Weil abweichendes Verhalten in Gruppen in der Regel auf Ablehnung oder gar Ausgrenzung stößt, passen sich die Mitglieder der Gruppenmeinung an. Normativer Einfluss ist dann besonders stark, wenn

a) der Person die Gruppenmitgliedschaft sehr wichtig ist,
b) die Gruppe einflussreich ist und die Person glaubt, dass abweichendes Verhalten negativ sanktioniert würde und
c) die Gruppe ihre Meinung konsistent äußert.

Beide Formen der Einflussnahme innerhalb sozialer Gruppen, informative und normative, führen zu **Konformität**, d. h. zum Übereinstimmen des Individuums mit den Normen der Gruppe. Während sozialer Informationseinfluss dabei jedoch typischerweise zu einer tatsächlichen Anpassung der eigenen Meinung oder des eigenen Verhaltens an die Meinung bzw. das Verhalten der Gruppe führt, kann normativer Einfluss auch bewirken, dass zwar öffentlich den Erwartungen der Gruppe entsprochen wird, die eigene Meinung oder das privat praktizierte Verhalten aber unverändert bleiben.

Weil in der Jugendphase die Akzeptanz bei der Peergruppe als besonders wichtig empfunden wird, gehen Heranwachsende oft besonders stark mit den Normen ihrer Cliquen konform, indem sie z. B. ihren Kleidungsstil entsprechend anpassen und bestimmte, gerade „angesagte" Produkte unbedingt auch besitzen möchten. Die Konformität wird dabei noch weiter durch Gruppen-Homophilie verstärkt: Die Gruppenmitglieder werden für soziale Vergleiche über die in der Umwelt vertretenen Meinungen oder Verhaltensweisen genutzt, d. h. über das, was üblich oder „normal" ist. Die Homogenität der Gruppen begünstigt nun, dass ein selektives und damit verzerrtes Bild entsteht, in dem die Mehrheitsmeinung, das Mehrheitsverhalten oder das, was für die meisten Gruppenmitglieder gilt, deutlich überrepräsentiert ist.

Die Verschiedenheit der tatsächlichen Lebenslagen von Gleichaltrigen wird somit von den Betroffenen unterschätzt.

12.5 Miteinander und voneinander lernen

Im schulischen Rahmen werden Lernformen, in denen Kinder und Jugendliche gemeinsam arbeiten, aus verschiedenen Gründen eingesetzt. In diesem Abschnitt werden die Auswirkungen kooperativer Lernformen auf das **soziale Lernen** dargestellt. Die Wirkung kooperativer Lernumgebungen auf den Kompetenzerwerb und die Motivation wird im ▶ Kap. 4 behandelt.

12.5.1 Überwindung von gruppenbedingten Feindseligkeiten durch kooperative Lernformen

1954 wurde in den USA die Rassentrennung an Schulen per Gerichtsbeschluss abgeschafft und die Integration von Schülerinnen und Schülern verschiedener Abstammung angestrebt. Allerdings führte die Umsetzung dieses Beschlusses zu so starken Auseinandersetzungen zwischen Schülern der verschiedenen Ethnien, dass das Integrationsprogramm fast wieder aufgegeben wurde. In dieser Situation wurden kooperative Lernformen wie z. B. der **Jigsaw-Classroom (deutsch: Gruppenpuzzle)** entwickelt, die helfen sollten, Feindseligkeiten zwischen Schülergruppen abzubauen und gemeinsames Lernen im Klassenzimmer zu ermöglichen (Aronson, 2000; Aronson & Patnoe, 1997). Die Schwierigkeiten in den Schulen zeigten, dass bloßer Kontakt zwischen Angehörigen einander ablehnender Gruppen nicht ausreichend ist, um Feindseligkeiten zwischen ihnen zu beseitigen (was Gordon Allport in der Kontakthypothese zunächst postuliert hatte). Vielmehr müssen gemeinsame Ziele induziert werden, deren Verfolgung die Grundlage für Kooperation bildet.

> **Definition**
>
> **Kooperative Aufgaben** zeichnen sich dadurch aus, dass sie nur gemeinschaftlich gelöst werden können. Es entsteht somit **positive Interdependenz** zwischen Personen, nach dem Motto: „Sink or swim together!" (vgl. Aronson & Patnoe, 1997). Es wird ein gemeinsames Gruppenziel definiert und gleichzeitig sichergestellt, dass jedes Gruppenmitglied individuelle Verantwortung für den eigenen Beitrag übernimmt und auch die Möglichkeit hat, diesen wirkungsvoll zu leisten.

Aus der **Sozialen Identitätstheorie** (Tajfel & Turner, 1985; ▶ Abschn. 12.4.1) lässt sich genauer ableiten, auf welche Weise positive Interdependenz zwischen sozialen Gruppen hergestellt werden kann: Die negative Interdependenz zwischen den Gruppen muss dadurch abgeschwächt werden, dass der instrumentelle Wert sozialer Vergleiche für die soziale Identität verringert wird; also z. B. dadurch, dass die Bedeutsamkeit der Ingroup-Outgroup-Kategorisierung reduziert wird.

Um Feindseligkeiten zwischen Cliquen, die sich stark voneinander abgrenzen, abzubauen, ist es deshalb wichtig, jede Kleingruppe, die zusammen eine kooperative Aufgabe bearbeitet, **heterogen** zu besetzen. Bestimmen beispielsweise Konflikte zwischen Cliquen unterschiedlicher Herkunftskulturen oder auch unterschiedlicher „Subkulturen" (wie „Gamer" oder „Rapper", „Prolls" oder „Bonzen") das Klassengeschehen, so ist die Einführung kooperativer Lernformen, in denen Angehörige der verschiedenen Cliquen zusammen auf ein gemeinsames Ziel hinarbeiten, sehr sinnvoll. Entscheidend ist, dass eine kooperative Lernaufgabe gefunden wird, die

a) nur durch den Beitrag aller gemeinschaftlich gelöst werden kann und
b) die unterschiedlichen Vorerfahrungen und Kenntnisse der unterschiedlichen Gruppenmitglieder nutzt – durch die so erfolgende Erweiterung der Vergleichsdimensionen zwischen den verschiedenen beteiligten sozialen Gruppen/Cliquen ergibt sich für jede von ihnen positive Distinktheit.

Verschiedene Studien zeigen, dass durch solche Formen kooperativen Lernens in heterogenen Kleingruppen nicht nur **Wissensinhalte** besonders wirkungsvoll vermittelt werden, sondern mittelfristig auch **prosoziales Verhalten** und Sympathie zwischen sozialen Gruppen (z. B. Aronson, & Patnoe, 1997; Borsch, Jürgen-Lohmann & Giesen, 2002) und die **soziale Selbstwirksamkeit** der Schülerinnen und Schüler (Drössler, Jerusalem & Mittag, 2007) gesteigert werden können.

12.5.2 Peer Educator als Wissenvermittler

Unter bestimmten Umständen können Gleichaltrige besonders wirkungsvolle Lehrende sein, nämlich dann, wenn es sich um altersspezifische Themen oder Erfahrungsbereiche handelt. Hinter dem Begriff **Peer Education** verbirgt sich die Idee, dass eigens trainierte Jugendliche (sog. Peer Educators) eine Gruppe Gleichaltrige (z. B. Schulklasse, Besucher einer Jugendfreizeiteinrichtung) über ein altersspezifisch relevantes Thema (z. B. Empfängnisverhütung, Drogen, Streitschlichtung) informieren und

ihre Einstellungen und Verhaltensweisen zu beeinflussen versuchen (Kleiber & Appel, 1999). Die Wirkung dieser Vorgehensweise liegt vor allem in einem **Multiplikatoreneffekt**: Weil Peers als „ähnliche andere" bedeutsame soziale Vergleichspersonen sind (▶ Abschn. 12.4.2), können sie besonders wahrscheinlich auf Einstellungen und Verhaltensweisen Jugendlicher Einfluss nehmen. Kleiber und Appel (1999) verweisen auf eine Vielzahl von Studien, nach denen das primäre Ziel von Peer Education, nämlich die Erhöhung des Wissens bei Adressatinnen und Adressaten, tatsächlich erreicht wird – wenngleich hierbei Peer Educators nur insofern wirkungsvoller als erwachsene Expertinnen bzw. Experten sind, als sich die Rezipienten wahrscheinlicher mit Fragen an sie wenden. Vermittelt darüber sind Peer Educators aber offenbar auch insofern besonders effektiv, als sie die Kommunikationskompetenz Jugendlicher zum jeweiligen Thema besser fördern können (z. B. über die Verwendung von Kontrazeptiva). Weniger eindeutig ist laut Kleiber und Appel (1999) hingegen die Befundlage betreffend tatsächlicher Einstellungs- und Verhaltensänderungen; hierzu liegen sowohl Studien vor, die eine besondere Wirksamkeit von Peer Educators nachweisen als auch solche, in denen dies nicht gezeigt werden konnte.

12.6 Problematische Interaktionen unter Gleichaltrigen: Aggression und Bullying

Auch wenn für die meisten Schüler die Schule positiv besetzt ist, weil sie dort ihre Freunde und Klassenkameraden treffen, gibt es doch häufig auch sehr problematische Interaktionen unter Gleichaltrigen, die den Schulbesuch für etliche Kinder und Jugendliche in erster Linie angstbesetzt und qualvoll werden lassen. Im folgenden Abschnitt wird **aggressives Verhalten** unter Kindern und Jugendlichen, vor allem das so genannte **Bullying**, behandelt. Auf Definitionen von Aggression und Bullying folgt die Darstellung zweier Blickrichtungen auf die Problematik des aggressiven Verhaltens im Klassenzimmer. Zuerst werden Theorien und Befunde zu den Merkmalen aggressiver Kinder vorgestellt, die vor allem deren spezifische Defizite in der sozialen Informationsverarbeitung beschreiben. Darauf folgt die Konzeptualisierung von Bullying als komplexes soziales Geschehen, an dem zahlreiche Mitglieder einer Klasse in verschiedenen Rollen beteiligt sind. Schließlich werden Maßnahmen vorgestellt, die auf Prävention und/ oder Eindämmung von Aggression und Bullying im Schulkontext abzielen (▶ Kap. 18).

12.6.1 Aggression und Bullying

> **Definition**
>
> **Aggression/aggressives Verhalten** werden definiert als zielgerichtetes Verhalten mit Schädigungsabsicht. Jede Handlung, die mit der Absicht ausgeführt wird, eine andere Person zu schädigen oder zu verletzen, die ihrerseits versucht, dieser Schädigung zu entgehen, wird als Aggression/ aggressives Verhalten bezeichnet.
>
> In der Literatur finden sich unterschiedliche Kategorisierungen der verschiedenen Formen, die aggressives Verhalten annehmen kann. So wird beispielsweise unterschieden zwischen
>
> - **proaktiver und reaktiver Aggression**; diese Unterscheidung bezieht sich auf die Initiierung von aggressivem Verhalten (aus eigenem Antrieb heraus versus ärgerlich/ defensiv auf eine Frustration oder Provokation reagierend).
> - **instrumenteller und feindseliger Aggression**; in dieser Unterscheidung wird auf das Motiv der aggressiven Handlung rekurriert (ein bestimmtes Ziel erreichen wollen versus impulsiv/ ärgerbedingt handeln).
> - **direkter und indirekter Aggression**; bei indirekter Aggression weiß das Opfer nicht, wer der Täter ist.
> - **physischer, verbaler und relationaler (sozialer) Aggression**; physische Aggression umfasst körperliche Schädigungen jeder Art, verbale Aggression umfasst z. B. Verspotten, Beleidigen und soziale/ relationale Aggression ist definiert als Verhalten, das darauf zielt, die Beziehung einer Person zu ihren Peers zu beschädigen und/ oder ihr soziales Zugehörigkeitsgefühl und Akzeptiertsein zu verletzen.
>
> **Aggressivität** wird definiert als die relativ überdauernde Bereitschaft einer Person, sich in unterschiedlichen Situationen aggressiv zu verhalten (Personenmerkmal).

> **Definition**
>
> Unter **Bullying** wird ein aggressives Verhalten gefasst, bei dem ein Schüler oder eine Schülerin wiederholt und über einen längeren Zeitraum den schädigenden Handlungen von Mitschülern ausgesetzt ist (Olweus, 2002). Kennzeichnend ist dabei ein Ungleichgewicht der (physischen oder psychischen oder sozialen) Kräfte von Täter/n und Opfer. Smith und Sharp (1994) stellen als zentrales Merkmal von Bullying den „systematischen Missbrauch von Macht" heraus.
>
> Es werden drei Arten von Bullying unterschieden, die alleine oder als Mischform ausgeübt werden können (Scheithauer, Hayer & Petermann, 2003):
>
> 1. **physisches Bullying**
> 2. **verbales Bullying**
> 3. **relationales Bullying** (rufschädigendes Verhalten dem Opfer gegenüber, z. B. Gerüchte und Verleumdungen in Umlauf bringen, Ausgrenzung, Manipulation des Umfeldes).
>
> Eine neuere Form des Bullying stützt sich auf die modernen Kommunikationsmedien: **Cyberbullying** oder electronic bullying nutzt E-Mail, Chatrooms und Handys bei der gezielten Schädigung der Opfer (Kowalski & Limber, 2007; Li, 2007).

Physisches Bullying wird fast ausschließlich von Jungen ausgeübt, relationales Bullying, das deutlich subtiler abläuft und damit auch oft schwerer zu erfassen ist, von Jungen und Mädchen (Scheithauer et al., 2003).

Durchschnittlich werden in deutschen Schulen zwischen fünf und elf Prozent der Schülerinnen und Schüler mindestens einmal pro Woche Opfer von Bullying. Zwischen fünf und neun Prozent der Schülerinnen und Schüler nehmen regelmäßig die Rolle des Bullys wahr. Dabei gibt es zwischen einzelnen Klassen und Schulen erhebliche Schwankungen (Scheithauer, Hayer & Bull, 2007).

Auch wenn sowohl Opfer als auch Täter beim Bullying keinesfalls eine homogene Gruppe sind, haben Scheithauer und Kollegen (2003) typische Opfer- und Täter-Merkmale („Warnsignale") aus der Literatur herausgefiltert, bei deren Auftreten Eltern und Lehrkräfte überprüfen sollten, ob möglicherweise Bullying vorliegt. So haben Bullying-Opfer beispielsweise häufig Angst vor dem Schulbesuch, wenige oder keine Freunde, sind sozial zurückgezogen, beklagen den Verlust von Dingen, weisen (kleinere) Verletzungen auf, haben Schlafstörungen, sind häufig niedergeschlagen und ängstlich und weigern sich, über diese Situation oder die eigenen Sorgen zu sprechen. Täter im Bullying-Geschehen dagegen seien häufig körperlich stark, impulsiv, gegenüber Erwachsenen vorlaut und aggressiv und zeigen verschiedene Formen dissozialen Verhaltens.

Im Sprachgebrauch der Schülerinnen und Schüler und auch der erwachsenen Laien in Deutschland hat sich der Begriff Bullying (noch) nicht eingebürgert; hier heißt es meistens – wie in der Arbeitswelt – Mobbing. („Bully" klingt für deutsche Ohren ja auch eher nach sympathischem altem VW-Bus und überhaupt nicht nach „brutalem Kerl", was dieses Wort im Englischen bedeutet.) Die angelsächsisch geprägte Wissenschaftssprache hat aber den Begriff Bullying übernommen.

12.6.2 Fokus: Spezifische Defizite aggressiver Kinder in der sozialen Informationsverarbeitung

Ein sehr einflussreiches Modell der Beschreibung von aggressivem Verhalten bei Kindern und Jugendlichen stammt von Dodge und Crick (Dodge, 1986; Crick & Dodge, 1994; Crick & Dodge, 1996). Im so genannten **SIP-Modell (social information processing model)** werden sechs Phasen der sozialen Informationsverarbeitung unterschieden, die Menschen durchlaufen, bevor sie in einer sozialen Situation reagieren. Aggressive Kinder, so die These von Crick und Dodge (1994), zeigen in allen Phasen des Modells spezifische Tendenzen, die aggressives oder feindseliges Verhalten wahrscheinlicher machen als es normalerweise der Fall ist. Im Folgenden werden kurz die einzelnen Phasen beschrieben. Dabei wird jeweils verdeutlicht, auf welche Weise einer (unangemessenen) aggressiven Reaktion der Weg gebahnt werden kann (Abb. 12.2).

1. **Enkodierung der Hinweisreize:** Welche sozialen Hinweisreize werden in einer sozialen Situation überhaupt wahrgenommen und enkodiert? Es wird angenommen, dass aggressive Kinder eine **selektive Wahrnehmung** aufweisen, aufgrund derer sie ihre Aufmerksamkeit vor allem auf solche Aspekte einer sozialen Situation lenken, die sich als feindselig oder negativ deuten lassen (z. B. „Lukas stürzt auf mich zu und kippt mir seinen Saft über die Hose"), wohingegen jene Aspekte der gleichen Situation, die freundlich oder allgemein positiv sind, weniger wahrscheinlich wahrgenommen und enkodiert werden (z. B. „Lukas nähert sich mir lächelnd mit seinem Saftglas in der Hand, mit den Worten ‚Du, ich muss dir was erzählen'.").

2. **Interpretation der Hinweisreize:** Die Deutung des jeweils Wahrgenommenen ist ein komplexer, mehrere Schritte umfassender Prozess, bei dem Kinder mit einer aggressiven „Voreinstellung" mit größerer Wahrscheinlichkeit zu Interpretationen gelangen, die die erlebte Situation als feindselig und negativ erscheinen lassen. Dies kann zum Beispiel durch bestimmte **Attributionen** der Handlungen und Absichten der anderen geschehen („Lukas hat mir mit Absicht seinen Saft über die Hose gekippt"). Eine Deutung, die dieser gleichen Situation jede aggressive Note nimmt, wäre beispielsweise „Der arme Lukas ist immer so ungeschickt, das wollte er natürlich nicht".

3. **Klärung der eigenen Ziele** in der jeweiligen Situation: Es wird angenommen, dass das Kind, das in unserem Beispiel den Saft abbekommen hat, für die jeweilige Situation ein bevorzugtes Ergebnis wählt, ein Ziel verfolgt. Ein Ziel, das wahrscheinlich zur Eskalation führt, könnte hier lauten „Ich will jetzt mal klarstellen, dass mir keiner ungestraft Saft überkippen darf". Eine

prominente Rolle spielt in dieser Phase das Ziel, die eigene Erregung und Anspannung „irgendwie" zu vermindern. Verfolgt das besudelte Kind dagegen das Ziel, Lukas zu trösten und zu erfahren, was er ihm erzählen wollte, werden Verhaltensweisen wahrscheinlicher, die diese Situation friedlich verlaufen lassen.

4. **Zugang zu Reaktionen/Konstruktion von (neuen) Reaktionen:** Es wird angenommen, dass nach der mentalen Abbildung der Situation und der Auswahl eines zu verfolgenden Zieles das Kind nun das Repertoire der ihm bekannten und möglichen Reaktionen durchgeht, bevor es eine auswählt und ausführt. Aus wie vielen verschiedenen möglichen Reaktionsweisen ein Kind auswählen kann, wie diese möglichen Reaktionen im Einzelnen aussehen und in welcher Reihenfolge dem Kind die möglichen Reaktionen in den Sinn kommen, ist für den weiteren Verlauf der Interaktion ganz entscheidend. Aggressiven Kindern fallen offenbar als Erstes feindselige und aggressive Reaktionen ein (weil positivere Reaktionen gar nicht gelernt wurden oder in der Vergangenheit keinen Erfolg zeigten oder durch seltene Ausführung wenig zugänglich sind). Eine „typische" und damit hoch zugängliche Reaktion für ein aggressives Kind wäre beispielsweise, besagtem Lukas nach seinem Missgeschick einen gezielten Kinnhaken zu verpassen, wohingegen ein wenig aggressives Kind darin geübter ist, mit einem kleinen freundlichen Witz die Spannung aus der Situation zu nehmen („Woher wusstest du, dass ich auch Saft wollte?").

5. **Entscheidung für eine Reaktion:** Für welche der möglichen Reaktionen sich das Kind entscheidet, hängt von seiner Bewertung dieser Reaktionen ab („Ist es in Ordnung, jemanden zu schlagen?"), von seinen Erwartungen, was nach der von ihm gezeigten Reaktion dann wohl weiter passieren wird (Ergebniserwartungen) und der Einschätzung seiner eigenen Selbstwirksamkeit, also ob sich das Kind in der Lage fühlt, die jeweilige Reaktion selbst erfolgreich durchzuführen.

6. **Ausführung des Verhaltens:** In Folge der Phasen 1 bis 5 wird nun das gewählte Verhalten ausgeführt. Damit ist die soziale Interaktion nicht abgeschlossen, sondern führt zur Bewertung und zu Reaktionen seitens der Peers, die wiederum als neue Hinweisreize die „Phase 1" einleiten.

Wichtig ist, dass es in allen Phasen des Prozesses der sozialen Informationsverarbeitung zu einer Rückkopplung mit den zurückliegenden Erfahrungen des Kindes kommt, die es in seinem Gedächtnis abgespeichert hat (in Abb. 12.2 ist dies mit „Datenbasis" bezeichnet). Aus den eigenen Erfahrungen generierte und abgespeicherte **Schemata und Skripte** beeinflussen jeweils, wie neue Hinweisreize wahrgenommen werden, wie sie interpretiert werden und

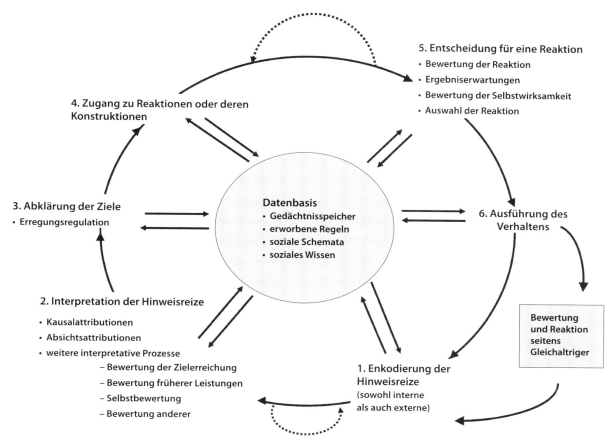

5. Entscheidung für eine Reaktion
- Bewertung der Reaktion
- Ergebniserwartungen
- Bewertung der Selbstwirksamkeit
- Auswahl der Reaktion

4. Zugang zu Reaktionen oder deren Konstruktionen

Datenbasis
- Gedächtnisspeicher
- erworbene Regeln
- soziale Schemata
- soziales Wissen

6. Ausführung des Verhaltens

3. Abklärung der Ziele
- Erregungsregulation

2. Interpretation der Hinweisreize
- Kausalattributionen
- Absichtsattributionen
- weitere interpretative Prozesse
  – Bewertung der Zielerreichung
  – Bewertung früherer Leistungen
  – Selbstbewertung
  – Bewertung anderer

Bewertung und Reaktion seitens Gleichaltriger

1. Enkodierung der Hinweisreize
(sowohl interne als auch externe)

◨ **Abb. 12.2** Modell der sozialen Informationsverarbeitung bei Kindern. (Nach Crick, N. R & Dodge, K. A. (1994). A Review and Reformulation of Social Information-Processing Mechanisms in Children's Social Adjustment. *Psychological Bulletin, 115,* 74–101. Adapted with permission of the American Psychological Association.)

welche Reaktionsmöglichkeiten dem Kind „in den Sinn kommen".

Crick und Dodge (1994) berichten zahlreiche Belege, nach denen aggressive und/ oder abgelehnte Kinder in den einzelnen Phasen des Modells spezifische Wahrnehmungs-, Interpretations- und Reaktionsroutinen zeigen, die ihren aggressiven Verhaltensweisen vorangehen.

12.6.3 Fokus: Bullying als soziales Geschehen im Klassenkontext

Eine erweiterte Sicht auf Aggression im Klassenkontext fokussiert weniger auf bestimmte Merkmale der einzelnen Täter und der jeweiligen Opfer, sondern versteht **Bullying als ein gruppendynamisches Geschehen**, an dem so gut wie alle Mitglieder der Klasse oder Schule auf die eine oder andere Art beteiligt sind. So haben Lagerspetz, Björkqvist, Berts und King (1982) betont, dass Bullying unter Schulkindern ein **kollektives Geschehen** ist, das auf **sozialen Beziehungen und Rollen** basiert, die die einzelnen Schüle-

rinnen und Schüler einnehmen beziehungsweise die ihnen zugeschrieben werden. Salmivalli, Lagerspetz, Björkqvist, Österman und Kaukiainen (1996) haben daraus den Participant Role Ansatz entwickelt, mit dem sie die verschiedenen Rollen der am Bullying direkt oder indirekt Beteiligten beschrieben haben. Erfasst werden diese Rollen mit der 50 Items umfassenden Participant Role Scale. In ihrer Studie konnten 87 % der untersuchten 573 Sechstklässler als eine der folgenden Rollen einnehmend charakterisiert werden: 8 % wurden als aktiv, initiativ und anführend beim Bullying beschrieben (ringleader bully). 12 % wurden die Rolle des Opfers (victim) zugeschrieben (dies wurde – ohne Einsatz der Participant Role Scale - darüber erfragt, welche Kinder in der Regel die Opferrolle einnehmen). 7 % wurden als Assistenten des Bullys bezeichnet (assistant bully), die ebenfalls aktiv am Bullying beteiligt sind, dabei aber nicht die Führungsrolle einnehmen, sondern den Bully unterstützen und ihm zuarbeiten, beispielsweise das Opfer festhalten. 20 % der Kinder einer Klasse nahmen jeweils die Rolle von Verstärkern (reinforcer) ein, die dem Bully ein interessiertes Publikum sind, ihn zuweilen anstiften und durch Anerkennung und Lachen verstärken. 17 % wurden als Verteidiger (defender) klassifiziert, die das Opfer unterstützen und trösten und versuchen, die Bullys und Assistenten daran zu hindern, es zu drangsalieren. 24 % wurden als Außenstehende (outsider) klassifiziert, die sich in keiner Weise an der Bullying Situation beteiligen und „nichts tun". Eine deutsche Untersuchung von Schäfer und Korn (2004) bestätigte diese Rollen für ein Sample von vier Hauptschulklassen, auch wenn die Verteilung auf einige Rollen etwas anders war (weniger Verstärker, mehr Assistenten).

Als besonders relevant ist hier die Erweiterung des Blickwinkels auf die nicht unmittelbar an der Bullyingsituation beteiligten Schülerinnen und Schüler hervorzuheben. Schließlich wären sie in der Lage, dem Opfer zu Hilfe zu kommen – oft wird dies aber unterlassen. Aus der sozialpsychologischen Forschung zum sogenannten **Bystander-Effekt** ist bekannt, welche Umstände dazu führen, dass Personen in Situationen, in denen jemand anderes bedroht wird, lediglich zuschauen, statt helfend einzugreifen. Dieser Effekt ist sogar umso stärker, je mehr andere bystander anwesend sind: dann nimmt das Gefühl, persönlich für den Verlauf der Situation verantwortlich zu sein, ab (**Verantwortungsdiffusion**), weil man das Nichteingreifen der anderen Anwesenden als Hinweis darauf wertet, dass keine wirkliche Notsituation vorliegt (**pluralistische Ignoranz**), und weil man sich vor den anderen als einzig Eingreifender nicht blamieren möchte (Darley & Lantané, 1968). Ein Interventionsprogramm, das sich auch auf das Verhalten der Bystander beim Bullying bezieht, wird im nächsten Abschnitt vorgestellt.

Dass Bullying auch die Funktion der Festlegung und Stabilisierung von Hierarchien innerhalb der Gruppe hat, wird beispielsweise durch eine Untersuchung nahe gelegt, die zeigen konnte, dass Jungen nach dem Übergang von der Grundschule in die weiterführende Schule in ihrer neuen Klasse zu Beginn des Jahres zunächst mehr Bullying zeigten, gegen Ende des Schuljahres entsprechendes Verhalten aber wieder zurückging (Pellegrini & Bartini, 2001). Die Autoren vermuten, dass dies damit zusammenhängt, dass sich im Laufe des ersten Jahres Dominanzstrukturen etabliert hatten, die dann nicht mehr permanent ausgehandelt werden mussten.

Dass Bullys ausschließlich als proaktiv aggressive Kinder mit den von Crick und Dodge (1994) beschriebenen spezifischen Defiziten in der sozialen Informationsverarbeitung anzusehen sind, wurde von Sutton, Smith und Swettenham (z. B. 1999a, 1999b, 2001) hinterfragt. Das durch die Literatur transportierte Stereotyp vom Bully als körperlich starkem, aber wenig intelligentem „Trottel", der Gewalt anwendet, weil er sich nicht anders zu helfen weiß, sei empirisch nicht haltbar; vor allem nicht, wenn neben der physischen Aggression auch andere Formen von indirekter oder relationaler Aggression betrachtet werden.

Sutton und Kollegen formulierten die These, dass viele der Bullys im Gegenteil auch über ausgeprägte Fähigkeiten im sozialen Bereich verfügen können, die sie in „machiavellistischer" Manier zur Herstellung und Aufrechterhaltung der eigenen machtvollen Position und zum Durchsetzen egoistischer Ziele nutzen. Denn gerade indirekte und relationale Aggression könne nur dann zum Erfolg führen, wenn ein Großteil des sozialen Umfeldes so manipuliert wird, dass es dabei mitmacht, also beispielsweise Gerüchte glaubt und weiter verbreitet, Personen tatsächlich ausschließt usw. Zur Initiierung und Steuerung eines solchen Prozesses sei ein erhebliches Maß an sozialen Kompetenzen nötig. Empirisch bestätigte sich, dass bei einem Test, der anhand vom Verständnis von Kurzgeschichten die Fähigkeiten in sozialer Kognition maß (Verständnis der vermutlichen Gedanken und vermutlichen Gefühle anderer Personen), die ringleader bullies signifikant besser abschnitten als Opfer, Verteidiger oder Assistenten (Sutton et al., 1999b).

Auch wenn dieses einzelne Ergebnis nicht überbewertet werden sollte, machen Sutton und Kollegen (2001) doch zurecht auf die Gefahr aufmerksam, den Bully zu „pathologisieren", weil dies zu einer einseitigen Defizitzuschreibung und damit zu einer Art Betriebsblindheit im Umgang mit dem Problem führen würde, die das soziale Umfeld und die dort herrschenden Normen zu wenig berücksichtigt. Alsaker (2003) betont, dass nur dann Erfolge in der Bullying Prävention und Bekämpfung zu erwarten sind, wenn Bullying im Klassenkontext nicht zur Anerkennung, sondern zur Ächtung der Täter führen würde.

12.6.4 Maßnahmen gegen Aggression und Bullying an Schulen: Prävention und Intervention

Psychotherapeutische Interventionen

Fundierte **verhaltenstherapeutische Interventionen**, die an den spezifischen Defiziten aggressiver Kinder und Jugendlichen ansetzen und sich damit auf die Grundlagen des SIP-Modells von Crick und Dodge (1994) beziehen, stammen in Deutschland vor allem von Petermann und Petermann (z. B. 2005). Die für aggressive Kinder typischen „Fehler" in den einzelnen Phasen der sozialen Informationsverarbeitung werden in diesen Trainings gezielt bearbeitet, indem die Selbst- und Fremdwahrnehmung geschult werden, neue Problemsichtweisen vermittelt und neue Reaktionen in Rollenspielen umgesetzt und geübt werden. Sowohl gewaltfreie Selbstbehauptung wie auch Einfühlungsvermögen und kooperatives Verhalten werden eingeübt. Eingeleitet werden die Übungen meist durch eine bildgeleitete Kurzentspannung, um die motorische Unruhe der Kinder zu lindern. Für eine detaillierte Darstellung der Trainings sei auf die zahlreichen, ständig aktualisierten Buchpublikationen der Autor/innen verwiesen. Diese Trainings wenden sich an die Gruppe der aggressiven Kinder und werden in Einzel- und Gruppensitzungen durch ausgebildete Psychotherapeuten durchgeführt (▶ Kap. 18).

Interventions- und Präventionsprogramme bei Bullying, die am System Klasse und Schule ansetzen

Als sich Anfang der 80er Jahre drei norwegische Schüler das Leben nahmen, weil sie die Schikanen durch Mitschüler nicht mehr ertragen konnten, startete dort eine landesweite Kampagne gegen Bullying. Im Zentrum der Kampagne stand das von Dan Olweus (2002; neueste deutsche Auflage) entwickelte Bullying Prevention Program, das inzwischen in vielen anderen Ländern durchgeführt wird. Es setzt an allen drei am Bullying beteiligten Ebenen an: Schulebene, Klassenebene und Individualebene. Ein wichtiger Bestandteil des Programms ist die anfängliche Erhebung des tatsächlichen Auftretens von Bullying in der einzelnen Schule, um ein Bewusstsein für das Problem zu schaffen und dem oft praktiziertem Wegsehen und Ignorieren – gerade auf Seiten der Lehrer und Eltern – entgegenzuwirken. Ein anderer wichtiger Bestandteil ist die Etablierung sozialer Normen, nach denen Bullying und Gewalt in der Klasse geächtet werden (klare Regeln zur Gewaltvermeidung, klare Regeln zur Bestrafung bei Verstößen gegen diese Regeln) sowie die Stärkung der Klassengemeinschaft, u. a. durch den Einsatz kooperativer Lernformen. Olweus' Ansatz stand Pate für zahlreiche weitere Programme, in denen sich der Fokus nicht ausschließlich auf die unmittelbar und sichtbar involvierten Täter und Opfer richtet, sondern am gesamten System von Klasse und Schule ansetzt. So wird auch in dem US-amerikanischen Programm „Steps to Respect" die gesamte Schule als Rahmen der Anti-Bullying Strategien gesetzt und das gesamte Kollegium fortgebildet, bevor es den Schülerinnen und Schülern in einem zwölf bis vierzehnwöchigen Curriculum beibringt, wie sie Bullying erkennen, verhindern und melden sollen – und auch, wie sie sich selbst sozial kompetent verhalten und Freundschaften knüpfen können. In besonderem Maße konzentriert sich dieses Programm auf die Rolle der Gruppe der Zuschauer (bystanders). So wird versucht, den nicht direkt beteiligten bystanders ein gesteigertes Verantwortungsgefühl und klare Umgangsregeln für Situationen zu vermitteln, in denen jemand zum Opfer wird (Frey, Hirschstein, Snell, Edstrom, MacKenzie & Broderick, 2005).

Eine weitere Maßnahme zur Förderung von sozialen Kompetenzen und Zivilcourage in der Schule und zur Prävention von Bullying, die ebenfalls explizit an der ganzen Schulklasse ansetzt, ist das Programm *fairplayer* (Scheithauer & Bull, 2007; für eine Zusammenfassung siehe Scheithauer, Hayer & Bull (2007) sowie für eine detaillierte Beschreibung im Internet unter ▶ fairplayer.de).

Dieses Programm wird in 14–16 Schuldoppelstunden von Lehrkräften durchgeführt, die zuvor an einer entsprechenden Lehrerfortbildung teilgenommen haben. In mehreren Wochen werden strukturierte Rollenspiele durchgeführt und moralische Dilemma-Diskussionen durchgeführt sowie mit Modelllernen, Verstärkung und Verhaltensrückmeldung gearbeitet.

Auch die Schulämter der einzelnen Länder erstellen Handreichungen zur Thematik, die Empfehlungen an Lehrkräfte darstellen, wie sie in ihrer Schule gegen Bullying vorgehen können (z. B. die Berliner Anti-Mobbing-Fibel von Taglieber, 2005). Dies verdeutlicht, dass der professionelle Umgang mit aggressiven Peer-Interaktionen in den vergangenen Jahren als eine wichtige und originäre Aufgabe von Lehrkräften zunehmend in den Blickpunkt gerückt ist.

Fazit

In diesem Kapitel haben wir uns mit der Funktion und Bedeutung von Peers beschäftigt. Dabei wurde dargestellt, wie die Interaktion mit Gleichaltrigen Kinder und Jugendliche in ihrer sozialen und kognitiven Entwicklung fördert und welche Rolle die Position im Klassenverband sowohl für das Wohlbefinden als auch für die schulischen Leistungen spielt. Auch die spezifischen Entwicklungsaufgaben des Kindes- und Jugendalters machen die Peers zu einer wichtigen Orientierungshilfe und Unterstützung. Wie gut die Bewältigung dieser Aufgaben gelingt, hängt wesentlich davon ab, wie wirkungsvoll ein Kind oder Jugendlicher die Unterstützung durch Gleichaltrige nutzen kann. So kann die Bildung von Cliquen als ein zentraler Faktor für die Ausbildung sozialer Identitäten gelten. Dabei sind jedoch ebenfalls die potentiellen Konflikte zwischen sich voneinander abgrenzenden Gruppierungen zu berücksichtigen. Auch insgesamt stehen neben den positiven Auswirkungen von gelingenden Peerkontakten die negativen Folgen von aggressiven Verhaltensweisen unter Schülern, die den Schulgang für zahlreiche Kinder und Jugendliche zur Qual werden lassen. Programme zur Verringerung von Bullying und Aggression gehören deshalb in vielen Schulen zum selbstverständlichen Repertoire.

Verständnisfragen

1. Welche Erklärungen gibt es für das Phänomen der Homophilie?
2. Benennen Sie verschiedenen Formen sozialen Einflusses, die innerhalb einer Gruppe Jugendlicher wirksam werden können!

3. Was ist mit der „Ko-Konstruktion sozialer Realität" unter gleichaltrigen Kindern gemeint und weshalb ist dies in Beziehungen zwischen Gleichaltrigen eher möglich als in Beziehungen, die Kinder zu Erwachsenen haben?
4. Wie wird in der Forschung anhand von soziometrischen Verfahren der Peerstatus eines Kindes ermittelt und welche fünf Kategorien des Peerstatus werden in der Literatur unterschieden?
5. Was ist der „Bystander-Effekt" und warum ist es wichtig, diesen bei der Entwicklung von Anti-Bullying-Maßnahmen zu berücksichtigen?

Weiterführende Literatur

Newcomb A.F., Bukowski W.M. & Pattee L. (1993). Children's peer relations: a meta-analytic review of popular, rejected, neglected, controversial, and average sociometric status. *Psychological Bulletin, 113*, 99–128.
Salisch, M. v. (2000). Zum Einfluss von Gleichaltrigen (Peers) und Freuden auf die Persönlichkeitsentwicklung. In: Amelang, M. (Hrsg.), *Determinanten individueller Unterschiede. Bd. 4 der Reihe Differentielle Psychologie in der Enzyklopädie der Psychologie* (S. 345–405). Göttingen: Hogrefe.

Literatur

Alsaker, F. D. (2003). *Quälgeister und ihre Opfer. Mobbing unter Kindern – und wie man damit umgeht.* Bern: Huber.
Aronson, E. (2000). *Nobody left to hate. Teaching compassion after Columbine.* New York: Freeman.
Aronson, E., & Patnoe, S. (1997). *The jigsaw classroom: Building cooperation in the classroom* (2. Aufl.). New York: Addison Wesley Longman.
Auhagen, A. E. (1993). Freundschaft unter Erwachsenen. In A. E. Auhagen, & M.v Salisch (Hrsg.), *Zwischenmenschliche Beziehungen* (S. 215–233). Göttingen: Hogrefe.
Bishop, J., Bishop, M., Bishop, M., Gelbwasser, L., Green, S., Peterson, E., Rubinsztaj, A., & Zuckerman, A. (2004). Why we harass nerds and freaks: A formal theory of student culture and norms. *Journal of School Health, 74*, 235–251.
Borsch, F., Jürgen-Lohmann, J., & Giesen, H. (2002). Kooperatives Lernen in Grundschulen: Leistungssteigerung durch den Einsatz des Gruppenpuzzles im Sachunterricht. *Psychologie in Erziehung und Unterricht, 49*, 172–183.
Buhs, E. S., & Ladd, G. W. (2001). Peer-rejection as an antecedent of young children's school adjustment: An examination of mediating processes. *Developmental Psychology, 37*, 550–560.
Chen, X., Rubin, K. H., & Li, D. (1997). Relation between academic achievement and social adjustment: Evidence from Chinese children. *Developmental Psychology, 33*, 518–525.
Cillessen, A. H., Van IJzendoorn, H. W., Van Lieshout, C. F., & Hartup, W. W. (1992). Heterogeneity among peer-rejected boys: Subtypes and stabilities. *Child Development, 63*, 893–905.
Cillessen, A. H. N., & Mayeux, L. (2004). From censure to reinforcement: Developmental changes in the association between aggression and social status. *Child Development, 75*, 147–163.
Coie, J. D., Dodge, K. A., & Cappotelli, H. (1982). Dimensions and types of social status: A cross-age perspective. Developmental Psychology, 18 , 557–570
Coleman, J. S. (1961). *The Adolescent Society*. New York: Free Press

Crick, N. R., & Dodge, K. A. (1994). A Review and Reformulation of Social Information-Processing Mechanisms in Children's Social Adjustment. *Psychological Bulletin, 115*, 74–101.
Crick, N. R., & Dodge, K. A. (1996). Social Information-Processing Mechanisms in Reactive and Proactive Aggression. *Child Development, 67*, 993–1002.
Crockett, L., Losoff, M., & Petersen, A. C. (1984). Perceptions of the peer group and friendship in early adolescence. *Journal of Early Adolescence, 4*, 155–181.
Darley, J. M., & Latané, B. (1968). Bystander intervention in emergencies: Diffusion of responsibility. *Journal of Personality and Social Psychology, 8*, 377–383.
De Rosier, M., Kupersmidt, J., & i Patterson, C. (1994). Children's academic and behavioral adjustment as a function of the chronicity and proximity of peer rejection. *Child Development, 65*, 1799–1813.
Dodge, K. A. (1986). A social information processing model of social competence in children. In M. Perlmutter (Hrsg.), *The Minnesota Symposium on Child Psychology* (Bd. 18, S. 77–125). Hillsdale, NJ: Erlbaum.
Drössler, S., Jerusalem, M., & Mittag, W. (2007). Förderung sozialer Kompetenzen im Unterricht. Implemetation eines Lehrerfortbildungsprojektes. *Zeitschrift für Pädagogische Psychologie, 21*, 157–168.
Engels, R., Kerr, M., & Stattin, H. (Hrsg.). (2007). *Friends, lovers, and groups: Key relationships in adolescence*. London: Wiley.
Fend, H. (2005). *Entwicklungspsychologie des Jugendalters* (3. Aufl.). Opladen: Leske + Budrich.
Festinger, L. (1954). A theory of social comparison processes. *Human Relations, 7*, 117–140.
Fletcher, A. C., Darling, N. E., Steinberg, L., & Dornbusch, S. (1995). The company they keep: Relation of adolescents' adjustment and behavior to their friends' perceptions of authoritative parenting in the social network. *Developmental Psychology, 31*, 300–310.
Frey, K. S., Hirschstein, M. K., Snell, J. L., Edstrom, L. V., MacKenzie, E. P., & Broderick, C. J. (2005). Reducing Playground Bullying and Supporting Beliefs: An Experimental Trial of the STEPS TO RESPECT Program. *Developmental Psychology, 41*, 479–491.
Furman, W. (1996). The measurement of friendship perceptions: Conceptual and methodological issues. In W. M. Bukowski, A. F. Newcomb, & W. W. Hartup (Hrsg.), *The company they keep: Friendships in childhood and adolescence* (S. 68–80). New York: Cambridge University Press.
Gifford-Smith, M. E., & Brownell, C. A. (2003). Childhood peer relationships: Social acceptance, friendships, and peer networks. *Journal of School Psychology, 41*(4), 235–284.
Giordano, P. C. (2003). Relationships in adolescence. *Annual Review of Sociology, 29*, 257–281.
Hannover, B., & Kessels, U. (2004). Self-to-prototype matching as a strategy for making academic choices. Why German high school students do not like math and science. *Learning and Instruction, 14*(1), 51–67.
Hannover, B., Pöhlmann, C., & Springer, A. (2004). Selbsttheorien der Persönlichkeit. In K. Pawlik (Hrsg.), *Theorien und Anwendungen der Differentiellen Psychologie* Enzyklopädie der Psychologie, (Bd. V, S. 317–364). Göttingen: Hogrefe.
Harris, J. R. (1995). Where Is the Child's Environment? A Group Socialization Theory of Development. *Psychological Review, 102*, 458–489.
Harris, J. R. (2000). *Ist Erziehung sinnlos?* Reinbek: Rowohlt.
Haug, S. (2003). Interethnische Freundschaftsbeziehungen und soziale Integration. Unterschiede in der Ausstattung mit sozialem Kapital bei jungen Deutschen und Immigranten. *Kölner Zeitschrift für Soziologie und Sozialpsychologie, 55*, 716–736.
Hatzichristou, C., & Hopf, D. (1996). A Multiperspective Comparison of Peer Sociometric Status Groups in Childhood and Adolescence. *Child Development, 67*, 1085–1102.

Juvonen, J., & Murdock, T. (1995). Grade-level differences in the social value of effort: Implications for self-presentation tactics of early adolescents. *Child Development*, 66, 1694–1705.

Keenan, K., Loeber, R., Zhang, Q., Stouthamer-Loeber, M., & Van Kammen, W. B. (1995). The influence of deviant peers on the development of boys' disruptive and delinquent behavior: a temporal analysis. *Development & Psychopathology*, 7, 715–726.

Kessels, U. (2005). Fitting into the stereotype: How gender-stereotyped perceptions of prototypic peers relate to liking for school subjects. *European Journal of Psychology of Education*, 20, 309–323.

Kessels, U., & Hannover, B. (2004). Entwicklung schulischer Interessen als Identitätsregulation. In J. Doll, & M. Prenzel (Hrsg.), *Bildungsqualität von Schule: Lehrerprofessionalisierung, Unterrichtsentwicklung und Schülerförderung als Strategien der Qualitätsverbesserung* (S. 398–412). Münster: Waxmann.

Kessels, U., Warner, L., Holle, J., & Hannover, B. (2008). Identitätsbedrohung durch positives schulisches Leistungsfeedback. Die Erledigung von Entwicklungsaufgaben im Konflikt mit schulischem Engagement. *Zeitschrift für Entwicklungspsychologie und Pädagogische Psychologie*, 40, 22–31.

Kleiber, D., & Appel, E. (1999). Peer Education. Ergebnisse eines Interventionsprojektes im Auftrag der BZgA zur Prävention ungewünschter Schwangerschaften und HIV. In Bundeszentrale für gesundheitliche Aufklärung (Hrsg.), *Wissenschaftliche Grundlagen, Teil 2 Forschung und Praxis der Sexualaufklärung und Familienplanung*, (Bd. 13.2, S. 157–175). Köln: BZgA.

Kowalski, R. M., & Limber, S. P. (2007). Electronic bullying among middle school students. *Journal of Adolescent Health*, 41, 22–S30.

Krappmann, L. (1993). Kinderkultur als institutionalisierte Entwicklungsaufgabe. In M. Markefka, & B. Nauck (Hrsg.), *Handbuch der Kindheitsforschung* (S. 365–376). Neuwied: Luchterhand.

Krappmann, L & Oswald, H. (1983). Beziehungsgeflechte und Gruppen von gleichaltrigen Kindern in der Schule. In F. Neidhardt (Hrsg.), *Soziologie der Gruppe, Sonderheft 25 der Kölner Zeitschrift für Soziologie und Sozialpsychologie*, S. 420–450.

Kwon, K., & Lease, M. (2007). Clique membership and social adjustment in children's same-gender cliques. The contribution of the type of clique to children's self-reported adjustment. *Merrill-Palmer Quarterly*, 53, 216–242.

Ladd, G. W., Kochenderfer, B. J., & Coleman, C. C. (1997). Classroom peer acceptance, friendship, and victimization: Distinct relational systems that contribute uniquely to children's school adjustment. *Child Development*, 68, 1181–1197.

Lagerspetz, K. M. J., Björkqvist, K., Berts, M., & King, E. (1982). Group aggression among school children in three schools. *Scandinavian Journal of Psychology*, 23, 45–52.

Lee, L., Howes, C., & Chamberlain, B. (2007). Ethnic heterogeneity of social networks and cross-ethnic friendships of elementary school boys and girls. *Merrill-Palmer Quarterly*, 53, 325–346.

Levine, J. M., & Moreland, R. L. (1998). Small groups. In D. T. Gilbert, S. T. Fiske, & G. Lindzey (Hrsg.), *McGraw-Hill* 4. Aufl. The handbook of social psychology, (Bd. 2, S. 415–469). New York.

Li, Q. (2007). New bottle but old wine: A research of cyberbullying in schools. *Computers in Human Behavior*, 23, 177–191.

Maccoby, E. E. (1998). *The two sexes: Growing up apart, coming together*. Cambridge: Harvard University Press.

McPherson, M., Smith-Lovin, L., & Cook, J. M. (2001). Birds of a feather: Homophily in social networks. *Annual review of sociology*, 415–444.

Newcomb, A. F., Bukowski, W. M., & Pattee, L. (1993). Children's peer relations: a meta-analytic review of popular, rejected, neglected, controversial, and average sociometric status. *Psychological Bulletin*, 113, 99–128.

Ollendick, T. H., Weist, M. D., Borden, M. C., & Greene, R. W. (1992). Sociometric status and academic, behavioral, and psychological adjustment: A five year longitudinal study. *Journal of Clinical Psychology*, 60, 80–87.

Olweus, D. (2002). *Gewalt in der Schule: Was Lehrer und Eltern wissen sollten – und tun können* (3. Aufl.). Bern: Huber.

Oswald, H., Krappmann, L., Uhlendorff, H., & Weiss, K. (1994). Social relationships and support among children of the same age in middle childhood. In K. Hurrelmann, & F. Nestmann (Hrsg.), *Social support and social networks in childhood and adolescence* (S. 45–71). Berlin: De Gruyter.

Parkhurst, J. T., & Asher, S. R. (1992). Peer rejection in middle school: Subgroup differences in behavior, loneliness, and interpersonal concerns. *Developmental Psychology*, 28, 231–241.

Parkhurst, J. T., & Hopmeyer, A. (1998). Sociometric popularity and peer-perceived popularity: Two distinct dimensions of peer status. *Journal of Early Adolescence*, 18, 125–144.

Peery, J. C. (1979). Popular, amiable, isolated, rejected: A reconzeptualization of sociometric status in preschool children. *Child Development*, 50, 1131–1234.

Pelkner, A., & Boehnke, K. (2003). Streber als Leistungsverweigerer? Projektidee und erstes Datenmaterial einer Studie zu mathematischen Schulleistungen. *Zeitschrift für Erziehungswissenschaft*, 6, 106–125.

Pellegrini, A. D., & Bartini, M. (2001). Dominance in Early Adolescent Boys: Affiliative and Aggressive Dimensions and Possible Functions. *Merrill-Palmer Quarterly*, 47, 142–163.

Petillon, H. (1993). *Das Sozialleben des Schulanfängers. Die Schule aus der Sicht des Kindes*. Weinheim: Beltz.

Petermann, F., & Petermann, U. (2005). *Training mit aggressiven Kindern* (11. Aufl.). Weinheim: BeltzPVU.

Piaget, J. (1954). *Das moralische Urteil beim Kinde*. Zürich: Rascher. Orig. 1932

Preuss-Lausitz, U. (1999). Schule als Schnittstelle moderner Kinderfreundschaften – Jungen und Mädchen im Austausch von Distanz und Nähe. *Zeitschrift für Soziologie der Erziehung und Sozialisation*, 19, 163–187.

Rose, A. J., & Rudolph, K. D. (2006). A review of sex differences in peer relationship processes: Potential trade-offs for the emotional and behavioral development of girls and boys. *Psychological Bulletin*, 132, 98–131.

Rose, A. J., Swenson, L. P., & Carlson, W. (2004). Friendships of aggressive youth: Considering the influences of being disliked and of being perceived as popular. *Journal of Experimental Child Psychology*, 88, 25–45.

Ruble, D. N. (1994). A phase model of transitions: Cognitive and motivational consequences. In M. P. Zanna (Hrsg.), *Advances in experimental social psychology* (Vol. 26, S. 163–214). San Diego, CA: Academic Press.

v Salisch, M. (1993). Kind-Kind-Beziehungen: Symmetrie und Asymmetrie unter Peers, Freunden und Geschwistern. In A. E. Auhagen, & M.v Salisch (Hrsg.), *Zwischenmenschliche Beziehungen* (S. 59–78). Göttingen: Hogrefe.

v Salisch, M. (2000). Zum Einfluss von Gleichaltrigen (Peers) und Freuden auf die Persönlichkeitsentwicklung. In M. Amelang (Hrsg.), *der Reihe Differentielle Psychologie in der Enzyklopädie der Psychologie* Determinanten individueller Unterschiede, (Bd. 4, S. 345–405). Göttingen: Hogrefe.

Salmivalli, C., Lagerspetz, K., Björkqvist, K., Österman, K., & Kaukiainen, A. (1996). Bullying as a group process: Participant roles and their relations to social status within the group. *Aggressive Behavior*, 22, 1–15.

Salmivalli, C., Kaukiainen, A., & Voeten, M. (2005). Anti-bullying intervention: Implementation and outcome. *British Journal of Educational Psychology*, 75, 465–487.

Schäfer, M., & Korn, S. (2004). Bullying als Gruppenphänomen. *Zeitschrift für Entwicklungspsychologie und Pädagogische Psychologie, 36*(1), 19–29.

Scheithauer, H., Hayer, T., & Bull, H. D. (2007). Gewalt an Schulen am Beispiel Bullying. Aktuelle Aspekte eines populären Themas. *Zeitschrift für Sozialpsychologie, 38*, 141–152.

Scheithauer, H., Hayer, T., & Petermann, F. (2003). *Bullying unter Schülern – Erscheinungsformen, Risikobedingungen und Interventionskonzepte.* Göttingen: Hogrefe.

Scheithauer, H., & Bull, H. D. (2007). *fairplayer.manual. Förderung von sozialen Kompetenzen und Zivilcourage. Prävention von Bullying und Schulgewalt. Theorie- und Praxismanual für die Arbeit mit Jugendlichen und Schulklassen* (3. Aufl.). Bremen: NR-Verlag.

Schmidt-Denter, U. (2005). *Soziale Beziehungen im Lebenslauf.* Weinheim: BeltzPVU.

Schneewind, K. A., & Ruppert, S. (1995). *Familien gestern und heute: ein Generationenvergleich über 16 Jahre.* München: Quintessenz.

Schwartz, D., Hopmeyer Gorman, A., Nakamoto, J., & McKay, T. (2006). Popularity, Social Acceptance, and Aggression in Adolescent Peer Groups: Links with Academic Performance and School Attendance. *Developmental Psychology, 42*, 1116–1127.

Smith, P. K., & Sharp, S. (1994). *School bullying: Insights and perspectives.* London: Routledge.

Steinberg, L., Dornbusch, S. M., & Brown, B. B. (1992). Ethnic differences in adolescent achievement: An ecological perspective. *American Psychologist, 47*, 723–729.

Sutton, J., Smith, P. K., & Swettenham, J. (1999a). Bullying and „theory of mind": A critique of the „social skills deficit" view of anti-social behaviour. *Social Development, 8*, 117–127.

Sutton, J., Smith, P. K., & Swettenham, J. (1999b). Social cognition and bullying: Social inadequacy or skilled manipulation? *British Journal of Developmental Psychology, 17*, 435–450.

Sutton, J., Smith, P. K., & Swettenham, J. (2001). 'It's easy, it works, and it makes me feel good': A response to Arsenio and Lemerise. *Social Development, 10*, 74–78.

Taglieber, W. (2005). *Berliner Anti-Mobbing-Fibel.* Berlin: LISuM.

Tajfel, H., & Turner, J. C. (1985). The social identity theory of intergroup behaviour. In S. W. G. A. Worchel (Hrsg.), *Psychology of intergroup relations* (S. 7–24). Chicago: Nelson-Hall.

Taconis, R., & Kessels, U. How choosing a science major depends on the „science culture". *International Journal of Science Education.*

Titzmann, P. F., Silbereisen, R. K., & Schmitt-Rodermund, E. (2007). Friendship homophily among diaspora migrant adolescents in Germany and Israel. *European Psychologist, 12*, 181–195.

Uhlendorff, H. (1995). *Soziale Integration in den Freundeskreis: Eltern und ihre Kinder.* Materialien aus der Bildungsforschung, Bd. 52. Berlin: Max-Planck-Institut für Bildungsforschung Berlin.

Underwood, M. K. (2004). Gender and peer relations: Are the two gender cultures really all that different?. In J. B. Kupersmidt, & K. A. Dodge (Hrsg.), *Children's peer relations: From developmental science to intervention to policy* (S. 21–36). Washington, DC: American Psychological Association.

Underwood, M. K. (2007). Introduction to the special issue „gender and children's friendships". Do girls' and boys' friendships constitute different peer cultures, and what are the trade-offs for development. *Merrill-Palmer Quarterly, 53*(3), 319–324.

Van Ophuysen, S. (2007). Freunde treffen und früh aufstehen: angenehme und unangenehme Aspekte im Schülerleben und ihr Einfluss auf die allgemeine Schulfreude. Vortrag auf der Tagung der Arbeitsgruppe für empirische pädagogische Forschung (AEPF), Wuppertal im März 2007.

Wenztel, K. R. (1991). Relations between social competence and academic achievement in early adolescence. *Child Development, 62*, 1066–1078.

Wenztel, K. R. (2003). School adjustment. In W. Reynolds, & G. Miller (Hrsg.), *Educational psychology* Handbook of psychology, (Bd. 7, S. 235–258). New York: Wiley.

Wenztel, K. R. (2005). Peer Relationships, Motivation, and Academic Performance at School. In A. J. Elliot, & C. S. Dweck (Hrsg.), *Handbook of competence and motivation* (S. 279–296). New York: Guilford Publications.

Youniss, J. (1980). *Parents and peers in social development. A Sullivan-Piaget Perspective.* Chicago: University of Chicago Press.

Youniss, J. (1994). *Soziale Konstruktion und psychische Entwicklung.* Frankfurt a. M.: Suhrkamp.

Diagnostizieren und Evaluieren

Pädagogisch-psychologische Diagnostik

Oliver Wilhelm, Olga Kunina-Habenicht

E. Wild, J. Möller (Hrsg.), *Pädagogische Psychologie*, Springer-Lehrbuch,
DOI 10.1007/978-3-642-41291-2_13, © Springer-Verlag Berlin Heidelberg 2015

Im Alltag schreiben wir Personen, die uns umgeben, häufig mit großer Selbstverständlichkeit bestimmte Ausprägungen von Eigenschaften wie „Intelligenz" oder „soziale Kompetenz" zu. Die Datengrundlage und unsere Fähigkeit, zu zutreffenden Urteilen zu kommen, sind dabei oft unzureichend. Somit ermöglichen informelle Daten und unsere Urteilsfähigkeit kaum zuverlässige und korrekte Aussagen über nicht direkt beobachtbare psychische Eigenschaften wie „Gewissenhaftigkeit" oder „mathematische Begabung".

In diesem Kapitel werden wir darauf eingehen, wie wir in der pädagogisch-psychologischen Diagnostik zu geeigneten Beobachtungen gelangen und darauf aufbauend fundierte diagnostische Beurteilungen abgeben können. Hierzu werden zunächst Definitionen, Ziele und Anwendungsgebiete der pädagogisch-psychologischen Diagnostik erörtert. In einem zweiten Abschnitt werden methodische Grundlagen der Beurteilung diagnostischer Instrumente besprochen. Im dritten Abschnitt gilt die Aufmerksamkeit der Beurteilung und exemplarischen Darstellung verschiedener Informationsquellen und -arten (◼ Abb. 13.1).

13.1   Definition und Zielstellungen von Diagnostik

13.1.1 Definition pädagogisch-psychologischer Diagnostik

Nach Schmidt-Atzert und Amelang (2012, S. 4) dient die psychologische Diagnostik der Beantwortung von Fragestellungen, die sich auf die Beschreibung, Klassifikation, Erklärung oder Vorhersage menschlichen Verhaltens und Erlebens beziehen. Sie schließt die gezielte Erhebung von Informationen über das Verhalten und Erleben eines oder mehrerer Menschen sowie deren relevanter Bedingungen ein. Die erhobenen Informationen werden für die Beantwortung der Fragestellungen interpretiert. Das diagnostische Handeln wird von psychologischem Wissen geleitet. Zur Erhebung von Informationen werden Methoden verwendet, die wissenschaftlichen Standards genügen.

Diese Definition stimmt weitgehend mit zahlreichen weiteren Auffassungen zur psychologischen Diagnostik überein. Die Abgrenzung zwischen pädagogisch-psychologischer und psychologischer Diagnostik wird kontrovers diskutiert. Während Klauer (1982, S. XI) behauptet, dass „die pädagogische Diagnostik aus der psychologischen Diagnostik herausgewachsen ist", vertreten Autoren wie Ingenkamp und Lissmann (2005, S. 12) die Meinung, dass „die pädagogische Diagnostik nach ihren Angaben, Zielen und Handlungsfeldern immer eigenständig war". Wir vertreten die Auffassung, dass zwischen psychologischer und pädagogisch-psychologischer Diagnostik große Überlappungen bezüglich der grundsätzlichen Problem-

◼ Abb. 13.1

lage und der angewandten Methoden bestehen. Eine erste Besonderheit in der pädagogisch-psychologischen Diagnostik entsteht durch den pädagogischen, schulischen oder bildungspolitischen Charakter der Probleme, die typischerweise an sie herangetragen werden. Eine zweite Besonderheit besteht in der starken Orientierung auf Fragen der Veränderbarkeit. In ▶ Abschn. 13.1.2 gehen wir genauer auf wichtige Anwendungsfelder der pädagogisch-psychologischen Diagnostik ein.

Diagnostik soll zur Lösung praktischer Probleme beitragen. Allerdings werden beispielsweise Entscheidungen über Schullaufbahnen, Platzierungen in der beruflichen Weiterbildung, die Hochschulzulassung oder den Umgang mit Verhaltensauffälligkeiten im schulischen Kontext oft ohne die Berücksichtigung der Expertise der pädagogisch-psychologischen Diagnostik getroffen. Damit die pädagogisch-psychologische Diagnostik zukünftig bei solchen Entscheidungen stärker einbezogen wird, sollte ihr Nutzen nachvollziehbar aufgezeigt werden.

Der Einsatz von **pädagogisch-psychologischer Diagnostik** soll bei der Lösung praktischer pädagogischer, schulischer oder bildungsbezogener Probleme und Fragestellungen helfen. Pädagogisch-psychologische Diagnostik bezieht sich auf einzelne Merkmalsträger, in der Regel Personen. Von den Merkmalsträgern werden Ausprägungen interessierender Merkmale und Konstrukte gemessen. Hierzu werden unterschiedliche Verfahrensklassen (Leistungstests, Fragebögen, Interviews, demografische Angaben etc.) eingesetzt. Die gewonnene Information wird mit möglichst transparenten, nachvollziehbaren und problemadäquaten Methoden zu einem Urteil verdichtet.

13.1.2 Diagnostische Ziele

Bei der Beantwortung einer diagnostischen Fragestellung können **unterschiedliche Ziele** verfolgt werden. Pawlik (1982) hat eine hilfreiche Taxonomie diagnostischer Probleme vorgeschlagen, in der folgende Dimensionen unterschieden werden:

- Status- versus Prozessdiagnostik
- Selektions- versus Modifikationsdiagnostik
- kriteriums- versus normorientierte Diagnostik.

Eine wichtige Dimension zur Charakterisierung diagnostischer Probleme ist nach dieser Taxonomie zunächst die Unterscheidung zwischen ▶ **Statusdiagnostik** und ▶ **Prozessdiagnostik**.

Statusdiagnostik. Sehr häufig ist bei der Beantwortung diagnostischer Fragestellungen die Ausprägung der interessierenden Eigenschaft zum gegebenen Zeitpunkt ausschlaggebend. Diese typische Fragestellung ist der sog. Statusdiagnostik zugeordnet. Die untersuchten Merkmale sind dabei nicht direkt beobachtbar, sondern führen im Sinne einer Verhaltensbereitschaft dazu, dass Personen in ähnlichen Situationen mit einer hohen Wahrscheinlichkeit ähnlich handeln. So sind bspw. extravertierte Menschen in den meisten sozialen Situationen aufgeschlossen und gesellig. Somit wird in der Statusdiagnostik eine wenigstens mittelfristige zeitliche und situative Stabilität der untersuchten Merkmale vorausgesetzt. Ein typisches Beispiel für Statusdiagnostik ist die Untersuchung von Studienplatzbewerbern bezüglich der Eignung für ein bestimmtes Hochschulstudium.

Prozessdiagnostik. Die Prozessdiagnostik beschäftigt sich im Gegensatz zur Statusdiagnostik mit der Beurteilung spontaner oder gezielt herbeigeführter Veränderungen über einen Zeitraum. Ein typisches Beispiel ist die Untersuchung der Veränderung sprachlicher Denkleistungen eines Schulkindes, das an einer Lese-Rechtschreib-Schwäche leidet, während des Therapieverlaufs. Methodisch spielen hier insbesondere Aspekte der Einzelfallanalyse (Köhler, 2008) und der Veränderungsmessung (Collins & Sawyer, 2001) eine deutlich größere Rolle als bei der Statusdiagnostik.

Eine diagnostische Untersuchung dient häufig dem Zweck, eine Veränderung (Modifikation) von Bedingungen oder Verhaltensweisen aufzuzeigen. Die Konzepte der **Selektions- und Modifikationsdiagnostik** stellen die zweite wichtige Dimension der Taxonomie von Pawlik dar.

Selektionsdiagnostik. Ein typisches Beispiel für die **Personenselektion** ist die Auswahl geeigneter Kandidaten für die Zulassung zu Universitäten für Studiengänge, bei denen die Anzahl der Bewerber die Anzahl der vorhandenen Studienplätze deutlich übersteigt. Im Vordergrund steht hierbei die Maximierung des Nutzens für die jeweilige Hochschule.

In der Berufsberatung werden die Intensität und das Profil fachlicher Interessen und Kenntnisse ermittelt, um die Auswahl von passenden Bedingungen (**Bedingungsselektion**) – mögliche Ausbildungsberufe oder Studienrichtungen – zu ermöglichen, die am besten auf die jeweilige Person zugeschnitten sind. Hier werden also Fragen der optimalen Platzierung adressiert mit dem Ziel, den Nutzen für Klienten zu maximieren.

Modifikationsdiagnostik. Während einer Verhaltenstherapie eines Grundschulkindes, bei dem eine Rechenschwäche (Dyskalkulie) diagnostiziert wurde, steht dagegen die **Modifikation des Verhaltens** im Vordergrund. Während der Therapie werden häufige Fehlerquellen beim Lösen von Rechen- und Sachaufgaben aufgezeigt. Der Therapeut erarbeitet in Zusammenarbeit mit dem Kind und seinen Eltern in verschiedenen Übungen adäquate Strategien, die das Ausmaß und die Auswirkungen der Rechenschwäche mildern sollen.

Bei der Entscheidung, welche weiterführende Schule nach der Grundschule besucht werden soll, handelt es sich auf den ersten Blick um **Bedingungsmodifikation**. Hier soll für die betreffende Person eine optimale Situationsveränderung bzw. Platzierung herbeigeführt werden. Neben diesem Platzierungsaspekt spielt jedoch auch der Selektionsaspekt eine wichtige Rolle. Mit der Entscheidung, ob ein Kind die Haupt-, Realschule oder das Gymnasium besuchen soll, wird auch über zukünftige Bildungs- und Berufsmöglichkeiten entschieden, da eine Auswahlentscheidung getroffen wird, die dem Kind optimale Fördermöglichkeiten bieten soll. Verschiedene Formen möglicher Fehlentscheidungen erörtern wir kurz in ▶ Abschn. 13.2.4.

Ein weiteres wichtiges Problem bei der Klärung eines diagnostischen Problems betrifft die Frage, nach welchem Standard Ausprägungen gemessener Merkmale beurteilt werden (Klauer, 1987; Pawlik, 1982). Die dritte bedeutsame Dimension nach Pawlik stellt daher die Differenzierung zwischen **kriteriums- und normorientierter Diagnostik** dar.

Kriteriumsorientierte Diagnostik. Bei der Vergabe von Bildungszertifikaten liegt bspw. ein klar definiertes und sachlich motiviertes Kriterium vor, das für die Zertifikaterteilung wenigstens erreicht werden muss. In solchen Fällen spricht man von kriteriumsorientierter Diagnostik, da hierbei die Leistung der jeweiligen Person im Vergleich zu einem definierten Kriterium bewertet wird. Hier geht es also primär um die Frage, welche Personen das festgelegte Kriterium erreichen oder überschreiten. Die Unterschiede zwischen Personen sind bei diesem methodischen Ansatz von untergeordneter Bedeutung. Bei einer beruflichen Weiterbildung mit Erteilung eines Zertifikats wird z. B. festgestellt, ob ein Mitarbeiter die inhaltlichen Vorgaben der Prüfung erfüllt und damit nachgewiesen hat, die infrage stehenden Leistungen im beruflichen Alltag erbringen zu können. Dabei spielt es zunächst keine Rolle, ob andere Personen eventuell noch bessere Leistungen gezeigt haben.

Normorientierte Diagnostik. Bei der normorientierten Diagnostik wird den Unterschieden zwischen Personen besondere Beachtung geschenkt. Hier werden die Ausprägungen auf interessierenden Merkmalen mit einer relevanten Bezugsgruppe verglichen. So wird bspw. die Leistung eines 11-jährigen Jungen in einem Intelligenztest im Vergleich zu anderen Jungen innerhalb seiner Altersgruppe bewertet.

Neben dem Vergleich mit sachlichen und sozialen Bezugsnormen kann auch der **Vergleich innerhalb von Personen** (sog. intraindividueller Vergleich) vorgenommen werden. Hier stehen die relative Stärke verschiedener Merkmalsausprägungen – ein Profil – zu einem Zeitpunkt oder der Vergleich der Stärke einer Merkmalsausprägung zu verschiedenen Messzeitpunkten im Vordergrund. Während diese intraindividuellen Vergleiche in den letzten Jahren verstärkt erforscht werden (z. B. Brehmer & Lindenberger, 2007), werden sie in der diagnostischen Praxis relativ selten angewandt. Im Rahmen von pädagogischen Förder- und Lernprogrammen sowie Interventionsstudien erfolgt meist der Vergleich mit sachlichen Kriterien oder sozialer Bezugsnorm.

Viele praktisch auftretende diagnostische Fragestellungen lassen sich diesen diagnostischen Zielen jedoch nicht eindeutig zuordnen. Ein anschauliches Beispiel ist die Bewertung einer Klassenarbeit in einer Schulklasse. Zahlreiche Untersuchungen haben gezeigt, dass bei der Leistungsbewertung sowohl die in den Lehrplänen vorgegebenen Lernziele als auch die Leistung des Schülers im Vergleich zum allgemeinen Klassenniveau berücksichtigt werden (Tent, 1998; Ingenkamp, 1995). Weitere Studien zeigen, dass die herangezogenen Kriterien zu Leistungsbewertungen in der Sekundarstufe II in verschiedenen Bundesländern und an verschiedenen Schultypen (z. B. Gesamtschule vs. Gymnasium) stark schwanken (Köller, Baumert & Schnabel, 1999). So kann bspw. in Bayern für eine konkrete Klassenarbeit eine Drei vergeben werden, während die gleiche Leistung in Hamburg mit einer Eins bewertet wird. Für viele praktische Probleme in der pädagogisch-psychologischen Diagnostik liegt also faktisch eine Mischung aus norm- und kriterienorientierter Diagnostik vor.

13.1.3 Anwendungsgebiete und Nachbardisziplinen der pädagogischen Diagnostik

Die Anwendungsgebiete der pädagogisch-psychologischen Diagnostik reichen von der Beurteilung der Einschulungsreife über Fragen der Berufsberatung bis zur Diagnose von Teilleistungsstörungen. Dabei können sich Berührungspunkte mit klinisch-psychologischen Problemen, etwa bei der Diagnose von Teilleistungsschwächen oder Selektionsproblemen, ergeben, wie sie häufig von der Arbeits- und Organisationspsychologie bearbeitet werden, etwa bei der Regelung des Hochschulzugangs. Wenn sich Diagnostik nicht auf einzelne Personen bezieht, sondern etwa auf Organisationen wie Schulen, ist für die pädagogische Diagnostik von solchen Systemen ein Transfer von Know-how aus anderen diagnostischen Teildisziplinen notwendig – etwa aus der Organisationspsychologie (Felfe & Liepmann, 2008). Ein wichtiges Teilgebiet der pädagogisch-psychologischen Diagnostik befasst sich mit **Entscheidungen, die Bildungslaufbahnen betreffen**. In diesem Teilgebiet relevant sind die folgenden diagnostischen Fragestellungen:

- zur Einschulung
- zur Lernbehinderung
- zu Teilleistungsstörungen
- zu Verhaltensauffälligkeiten
- zur Schulformzuordnung ab der Sekundarstufe
- zur Hochbegabung
- zum Hochschulzugang
- zur Berufsberatung
- zur beruflichen Weiterbildung.

Einschulung

In der Einschulungsdiagnostik sollen **soziale, emotionale, motorische und kognitive Kompetenzen** einzuschulender Kinder beurteilt werden. Die in der Praxis eingesetzten Testverfahren bilden jedoch vorrangig kognitive Kompetenzen ab. Bei niedrig ausgeprägten Kompetenzen kann ein Kind vom Schulbesuch für ein Schuljahr zurückgestellt werden, ggf. können Kinder bei stark ausgeprägten Kompetenzen nach entsprechender diagnostischer Klärung auch frühzeitig eingeschult werden (für eine Übersicht zu aktuellen Regelungen s. Faust, 2006). Traditionelle Einschulungsdiagnostik ist mit zwei Kernproblemen konfrontiert. Zum einen verhindert die verzögerte Einschulung das, was Kinder mit schwächer ausgeprägten Kompetenzen besonders nötig haben: schulische Förderung. Zum anderen ist die Anzahl der Fehlentscheidungen schon dann gering, wenn fast alle Personen eine bestimmte Ausprägung aufweisen (d. h. für die Einschulung „geeignet" sind) und wenn überhaupt keine Diagnostik betrieben wird (d. h. alle Kinder eingeschult werden). Eine Verbesserung gegenüber diesem Zustand ist aus klassifikatorischer Sicht schwer zu erzielen. Probleme dieser Art werden in ▶ Abschn. 13.2.4 näher diskutiert.

Lernbehinderung

Lernbehinderung ist ein wissenschaftlich wenig präziser Begriff, der auf ca. 2,5 % aller Kinder eines Geburtsjahrgangs angewandt wird um auszudrücken, dass die Kinder dem Regelschulunterricht nicht hinreichend folgen können. Die Diagnose einer Lernbehinderung ist im Wesentlichen an eine normorientierte Klassifikation von Intelligenzmessungen geknüpft. Die Diagnose der Lernbehinderung wird erschwert durch regionale Variationen eingesetzter Verfahren und verwendeter Normen und Kriterien (Borchert, 2000; Kanaya, Scullin & Ceci, 2003; Moog & Nowacki, 1993). Ein weiteres gravierendes Problem betrifft die starke Überlappung der Sonderschulzugehörigkeit mit sozioökonomischem Status und der unzureichenden Trennung der Intelligenzverteilungen von Haupt- und Sonderschülern.

Teilleistungsstörungen

In Abgrenzung zur Lernbehinderung oder Intelligenzminderung sind kognitive Teilleistungsstörungen auf Beeinträchtigungen in spezifischen Bereichen beschränkt. Häufig wird diesen isolierten Beeinträchtigungen dadurch Rechnung getragen, dass Teilleistungsstörungen nur bei ansonsten unbeeinträchtigter Intelligenz vorliegen können (DSM-IV). Diese Grundsätze finden auch in der Revision des DSM-IV Beachtung – auch wenn dort die Art der Teilleistungsstörung nachrangig kodiert wird. Eine Implikation dieser Grundsätze ist, dass weniger intelligente Kinder per Definition schwerlich kognitive Teilleistungsstörungen aufweisen können. Eine weitere Implikation der Definition besteht darin, dass, in Abhängigkeit vom Zusammenhang zwischen spezifischer und allgemeiner Leistung, ein bestimmter Prozentsatz der Kinder die wesentliche Voraussetzung einer Teilleistungsstörung aufweisen muss.

Lese-Rechtschreib-Schwierigkeiten und Dyskalkulie sind die beiden schwerwiegendsten Teilleistungsstö-rungen. Für beide Störungen liegt eine Fülle recht guter Messinstrumente und erfolgserprobter Behandlungsmethoden vor (Bakker, 2006; Kaufmann, 2008; ▶ Kap. 17).

In eher auf Störungen und Schwierigkeiten fokussierten Teilgebieten der pädagogisch-psychologischen Diagnostik werden die Berührungspunkte mit der klinischen Psychologie offensichtlich. Diagnose und Intervention bei Verhaltensauffälligkeiten wie hyperaktivem Verhalten (ADHS) oder Störungen des Sozialverhaltens stehen hier im Vordergrund der praktischen Arbeit.

Verhaltensauffälligkeiten

Die in der pädagogischen Praxis am häufigsten auftretenden **Verhaltensauffälligkeiten** lassen sich drei Störungsgruppen zuordnen: Aufmerksamkeits- und Konzentrationsstörungen, Störungen des Sozialverhaltens und emotionale Störungen des Kindesalters. Die **Aufmerksamkeitsdefizit-/Hyperaktivitätsstörung** (ADHS) ist eine in der Regel im Kindesalter beginnende psychische Störung, die primär durch leichte Ablenkbarkeit, schwach ausgeprägtes Konzentrations- und Aufmerksamkeitsvermögen sowie leichte Reizbarkeit gekennzeichnet ist – häufig in Kombination mit Hyperaktivität (motorische Unruhe bzw. übermäßiger Bewegungsdrang). ADHS wird bei 3–10 % der Kinder diagnostiziert, wobei Jungen unter den betroffenen Kindern deutlich überrepräsentiert sind (WHO & Dilling, 2008). In der ICD-10 (ICD-10 und DSM-IV sind zwei wesentliche Klassifikationssysteme psychischer Störungen der Weltgesundheitsorganisation und der American Psychiatric Association) werden unter **Störungen des Sozialverhaltens** sich wiederholende und andauernde Muster mutwilligen dissozialen, aggressiven oder aufsässigen Verhaltens verstanden. Diese Störungen zählen zu den häufigsten im Kindes- und Jugendalter diagnostizierten Störungen und treten oft zusammen mit ADHS auf (WHO & Dilling, 2008). Zu **emotionalen Störungen** des Kindesalters zählt insbesondere Angst, die durch bestimmte, im Allgemeinen ungefährliche Objekte hervorgerufen wird. Diese Störungsgruppe umfasst u. a. phobische Störungen, soziale Ängstlichkeit und Trennungsangst. Diese Störungen treten besonders häufig zusammen mit depressiven Störungen auf (WHO & Dilling, 2008). Die zuverlässige Erfassung der für die jeweilige Diagnose in den internationalen Klassifikationssystemen definierten notwendigen und optionalen Kriterien gestaltet sich in der Praxis häufig schwierig. Die Methode der Wahl ist die Verhaltensbeobachtung in problematischen Situationen. Da dies nicht immer möglich ist, muss der Therapeut in vielen Fällen auf die Fremdbeurteilung durch die Bezugspersonen vertrauen, die jedoch subjektiv gefärbt ist. Die gebräuchlichen diagnostischen Kriterien und auch die verfügbaren diagnostischen Instrumente unterscheiden sich ein wenig.

Lernbehinderungen, Teilleistungsstörungen und Verhaltensauffälligkeiten sind auch die vorrangigen Beschäftigungsfelder der **Erziehungsberatung**. Trotz dieser Fokussierung ist in der Erziehungsberatung im Grunde die ganze Bandbreite der pädagogisch-psychologischen Diagnostik relevant. In der Regel handelt es sich in der Erziehungsberatung um Interventionen in Einzelfällen, bei denen sorgfältige Diagnostik und intensive Qualitätskontrolle besonders bedeutsam sind (► Kap. 18).

Schulformzuordnung ab der Sekundarstufe

Die je nach Bundesland zwischen der 4. und 6. Klassenstufe erfolgende Zuordnung zur weiterführenden Schule in der Sekundarstufe sollte weitgehend am Schulleistungsvermögen bzw. der Intelligenz der Kinder orientiert sein (Maaz, Trautwein, Lüdtke & Baumert, 2008). Aus der Perspektive vieler Eltern ist mit der Schulformzuordnung weniger eine optimale Platzierung als vielmehr eine Selektion verknüpft. Tatsächlich ist auch mit einer Haupt- oder Realschulempfehlung die Chance, das Abitur zu absolvieren, grundsätzlich gegeben. Jedoch ist die Durchlässigkeit des Bildungssystems von niedrigeren zu höheren Schulabschlüssen geringer als in umgekehrter Richtung. Umgekehrt ist mit einer Gymnasialempfehlung keinesfalls eine Erfolgsgarantie verbunden (Maaz, Neumann, Trautwein, Wendt, Lehmann & Baumert, 2008). Während die Überschätzung des tatsächlichen Leistungsvermögens mit potenzieller Überforderung der Schüler verbunden ist, wird bei Unterschätzung den Schülern die optimale Förderung verwehrt. Unstrittig sind Schulempfehlungen von Lehrkräften ebenso wie Intelligenztests gute – wenngleich hoch redundante – Indikatoren für die Vorhersage des Schulerfolgs (Sauer & Gamsjäger, 1996). Die Vorhersage des Schulerfolgs weist jedoch erhebliche Ungenauigkeiten auf, die wenigstens teilweise überhöhten oder fehlenden elterlichen Ambitionen und Kontexteffekten (Trautwein & Baeriswyl, 2007) geschuldet sind.

Hochbegabung

Ähnlich wie bei der Lernbehinderung geht es bei der Diagnostik der Hochbegabung nach Rost (1993) darum,

- eine Gruppe besonders begabter Personen zu identifizieren und
- nach ihren Möglichkeiten optimal zu fördern – etwa in speziellen Institutionen bzw.
- spezifische Probleme dieser Personengruppe besonders zu adressieren – etwa vermeintlich gehäuft auftretende Verhaltensauffälligkeiten hochbegabter Kinder in Gruppen mit gemischtem Leistungsniveau.

Im Kern steht bei der Hochbegabung eine überdurchschnittlich ausgeprägte Intelligenz. Aufbauend auf Intelligenzstrukturtheorien (etwa Carroll, 1993) sollte von kognitiver Hochbegabung jedoch nur mit Blick auf etablierte Intelligenztestverfahren gesprochen werden. Zur

Vorhersage hochbegabter Verhaltensweisen sind neben überdurchschnittlichen intellektuellen Fähigkeiten weitere Bedingungsfaktoren von Bedeutung, die in verschiedenen Hochbegabungstheorien thematisiert werden, wie z. B. Kreativität, soziale Kompetenz oder nichtkognitive Persönlichkeitsmerkmale wie Leistungsorientierung und Aufgabenzuwendung (vgl. dazu Renzullis Modell; Reis & Renzulli, 2011; Sternbergs Modell; Sternberg, 1993; oder das Münchner Hochbegabungsmodell; Heller, 2001). Im Gegensatz zu Kreativität oder sozialer Kompetenz ist intellektuelle Hochbegabung im Sinne einer statistischen Norm hinreichend definiert über das Überschreiten einer bestimmten Schwelle (z. B. Intelligenzquotient 130 oder höher) in etablierten Leistungsfaktoren wie verbale, mathematische oder räumlich-kognitive Fähigkeiten, die mit erprobten Tests erfasst werden. Solche Tests erfassen in der Regel individuelle Unterschiede in anspruchsvollen Denktätigkeiten wie etwa schlussfolgerndes Denken (Wilhelm, 2005). Interessant ist, dass auch bei spezielleren – etwa mathematischen – Hochbegabungen (Lubinski, Benbow, Webb & Bleske-Rechek, 2006) in der Regel eine erheblich erhöhte Intelligenz vorliegt (Rost, 1993).

Hochschulzulassung

Ein in Deutschland im Vergleich zu angloamerikanischen Ländern in der Praxis unterentwickeltes Anwendungsfeld der pädagogisch-psychologischen Diagnostik stellen Entscheidungen im Feld der Hochschulzulassung dar. Die Hochschulen tragen im Rahmen restriktiver Landesgesetze bei der Auswahl von Studienbewerbern die Verantwortung für die Zulassung. In Studiengängen mit großem Bewerberandrang und hohen Zurückweisungsquoten wirken sich Variationen der Zulassungspraxis besonders stark aus. Allerdings ist festzuhalten, dass es Hochschulen in vielen Fällen kaum möglich ist, die ihnen eingeräumte begrenzte Freiheit auszuschöpfen angesichts

- fehlender finanzieller Spielräume,
- juristischer Hürden wie dem jeweils geltenden Landesrecht und schwer vorhersehbarer lokaler Rechtsprechung in Zulassungsfragen,
- mangelnder pädagogisch-psychologischer Expertise und
- umständlicher Selbstverwaltung wie dem Erlass von Zulassungs- und Zugangssatzungen.

Aus erfahrungswissenschaftlicher Sicht sind die Empfehlungen zur Hochschulzulassung an Eindeutigkeit kaum zu übertreffen (Formazin, Schroeders, Köller, Wilhelm & Westmeyer, 2011). Schulabschlüsse und Schulleistungen, die zur Hochschulzugangsberechtigung führen – in der Regel das Abitur bzw. die Abiturdurchschnittsnote – erklären Studienleistungen recht gut. Dies gilt auch für sog. Studierfähigkeitstests. Aus der Perspektive der Maximierung der Vorhersage ist besonders relevant, inwiefern beide Prädiktoren zusammen die Vorhersage des Studienerfolgs verbessern. Die empirischen Belege sprechen dafür, dass die beiden untereinander teilweise redundanten Prädiktoren sich in ihren Vorhersageleistungen ergänzen.

In Hinblick auf die Hochschulzulassung existieren jedoch weitere, empirisch nicht hinreichend geklärte Probleme. Hierzu zählen

- Fairnessprobleme bei der Beurteilung von Schulleistungen (Michaelis & Weyer, 1972),
- Ursachen für den häufig zu beklagenden Studienabbruch,
- Konsequenzen verschiedener Zulassungsprozeduren für die soziale und ethnische Zusammensetzung der Studierenden und
- die Messung des Kriteriums „Studienerfolg", insbesondere jenseits traditionell herangezogener Prüfungsleistungen in den Anfangssemestern.

An einigen Hochschulen werden in vielen zulassungsbeschränkten Studiengängen Verfahren eingesetzt, deren Nützlichkeit äußerst fragwürdig ist. So werden bspw. in der Praxis neben der Abiturnote gewichtete, für den Studiengang vermeintlich relevante Einzelnoten herangezogen – ein nachgewiesenermaßen nutzloses Unterfangen (Gold & Souvignier, 2005; Steyer, Yousfi & Würfel, 2005). Insgesamt ist zu konstatieren, dass die Entscheidungsfindung im Feld der Hochschulzulassung in Deutschland häufig ohne die Einbeziehung der pädagogisch-psychologischen Diagnostik erfolgt und nur in wenigen Fällen mit den Empfehlungen zu vereinbaren ist, die aus der vorliegenden empirischen Evidenz abgeleitet werden können.

Berufsberatung

Berufsberatung ist in Deutschland eine gesetzlich geregelte Aufgabe der Bundesagentur für Arbeit. Eckardt (1990, 1991), Eckardt und Schuler (1995) und Wottawa und Hossiep (1997) geben gute Einführungen in die psychologische Sichtweise der Berufsberatungspraxis. Aus der diagnostischen Sicht steht bei der Berufsberatung bzw. Berufseignungsdiagnostik die Frage nach der optimalen Platzierung des Klienten im Vordergrund – mit dem Ziel, individuelle berufliche Leistungen und berufliche Zufriedenheit des Klienten zu maximieren (Eckardt & Schuler, 1995).

Berufliche Weiterbildung

In der beruflichen Weiterbildung werden sehr ähnliche Fragestellungen adressiert wie in der Berufsberatung. In beiden Fällen geht es darum, die optimale Passung zwischen den Eigenschaften und Fähigkeiten der Klienten mit den Gegebenheiten und Anforderungen des (zukünftigen) Arbeitsplatzes zu schaffen. Der Unterschied zwischen Berufsberatung und beruflicher Weiterbildung

besteht hauptsächlich in der Stichprobe, die diese Beratungsangebote wahrnimmt, in Bezug auf ihren beruflichen Werdegang und ihr Alter. Während die Berufsberatung von vorwiegend jüngeren Menschen mit keiner bzw. nur wenig Berufserfahrung aufgesucht wird, stehen bei der beruflichen Weiterbildung in der Regel Fragen zu geeigneten Umschulungs- oder Spezialisierungsmöglichkeiten für Arbeitnehmer, die meist über einen abgeschlossenen Ausbildungs- oder Studienabschluss sowie ausreichende Berufserfahrung verfügen, im Vordergrund. Die Qualität der angebotenen Fortbildungsmaßnahmen reicht dabei von wenig hilfreichen und nicht sachgerecht evaluierten kurzfristigen Maßnahmen bis hin zu anspruchsvollen und gut erprobten qualifizierenden Bildungslehrgängen, bei denen spezifische Fertigkeiten erlernt und Zertifikate erworben werden können, die aufgrund von wohl definierten Kriterien vergeben werden.

In der pädagogisch-psychologischen Diagnostik werden Entscheidungen getroffen, deren Konsequenzen häufig nur schwer abschätzbar sind. Daher verlangen Sachlogik und Berufsethos, dass das Vorgehen in der diagnostischen Praxis juristisch abgesichert sein muss. Die deutsche Gesellschaft für Psychologie (DGPs) und der Berufsverband Deutscher Psychologen (BDP) gaben 1998 ethische Richtlinien heraus, die zugleich die „Berufsordnung für Psychologen" des BDP von 1998 darstellen (DGPs & BDP, 1998). An diesen Richtlinien sollte sich natürlich auch die pädagogisch-psychologische Diagnostik orientieren. Darüber hinaus unterliegt die diagnostische Praxis den rechtlichen Vorgaben durch Gesetzgeber, Verwaltung und Gerichte. Die Dienstpflichten von Lehrkräften und Psychologen, die im öffentlichen Dienst tätig sind, sind durch arbeits-, dienst- und beamtenrechtliche Vorschriften weitestgehend geregelt (Tent & Stelzl, 1993). Auch die empirische Forschung an Schulen muss zahlreiche rechtliche Regelungen einhalten, bspw. indem empirische Studien einzeln durch die zuständige Landesbehörde für Bildung überprüft und genehmigt werden müssen.

13.2 Beurteilung psychologischer Messverfahren

Um die an sie herangetragenen praktischen Probleme lösen zu können, stehen in der Diagnostik eine Reihe unterschiedlich formalisierter Werkzeuge wie Tests, Fragebögen, Beobachtungsinventare und Interviews zur Verfügung. Im ► Abschn. 13.3 werden verschiedene diagnostische Verfahren exemplarisch vorgestellt und diskutiert. Bei allen diagnostischen Entscheidungen ist es von entscheidender Bedeutung auf welchen Datenquellen die Diagnosen beruhen und wie brauchbar die zugrunde liegenden Informationen für die gegebene Fragestellung sind.

Wir werden zunächst auf einige zentrale Begriffe der Diagnostik eingehen und anschließend wesentliche Gütekriterien bei der Beurteilung diagnostischer Informationsquellen erörtern. Abschließend werden die Bedeutung unterschiedlicher methodischer Ansätze beleuchtet und die Konsequenzen von Klassifikationen dargestellt.

13.2.1 Besonderheiten bei der Messung psychologischer Merkmale

Während in der Physik und anderen sog. exakten Wissenschaften die Messung interessierender Größen (z. B. Körpergröße, Masse, Dichte etc.) häufig sehr präzise und eindeutig erfolgen kann, liegen bei Messungen psychologischer Größen oft beträchtliche Ungenauigkeiten vor. Mit Blick auf das Verständnis psychologischer Merkmale ist es wichtig, dass diese Eigenschaften nicht direkt beobachtbar sind, sondern aus beobachtetem Verhalten erschlossen werden müssen. So lässt sich z. B. die Intelligenz eines Menschen auf der Beobachtungsebene nicht unmittelbar feststellen. Diese und viele weitere nicht direkt beobachtbare Eigenschaften werden in der Psychologie als **Konstrukte** bezeichnet, weil sie durch den Forscher präzisiert bzw. definiert werden müssen. Konstrukte werden in statistischen Modellen häufig als **latente Variablen** konzeptualisiert.

Definition

Ein **Konstrukt** ist ein nicht direkt beobachtbarer Sachverhalt innerhalb einer wissenschaftlichen Theorie. Konstrukte sind gedanklicher bzw. theoretischer Natur. In der pädagogisch-psychologischen Diagnostik sind Konstrukte insbesondere interessierende Merkmale in Beobachtungseinheiten – in der Regel Personen. Durch Operationalisierung und statistische Abstraktion können aus beobachteten Variablen (etwa gelösten Mathematikaufgaben) Ausprägungen von Konstrukten (etwa mathematische Begabung eines Schülers) geschätzt werden.

Eine **latente Variable** ist ein Parameter in einem mathematischen Modell. Sie repräsentiert das psychologische Konstrukt und wird aus empirischen Daten erschlossen.

Ausprägungen der interessierenden Merkmale bzw. Konstrukte werden aufgrund von Ausprägungen auf beobachteten Variablen (auch ▸ **manifeste Variablen** oder **Indikatoren** genannt) geschätzt. So wird etwa die Intelligenz einer Person anhand der Antworten auf verschiedene Aufgaben in einem Intelligenztest geschätzt. Eine Kernannahme bei der Postulierung ▸ **latenter Variablen** ist, dass die interessierenden Merkmale das beobachtete Verhalten bedingen

und somit die Zusammenhänge der beobachteten Variablen erklären. Diesen Vorgang der Präzisierung des interessierenden Merkmals bezeichnet man als **Operationalisierung**.

Definition

Manifeste Variablen stellen eine **Operationalisierung** der interessierenden latenten Variablen dar. Die Operationalisierung beruht auf einer möglichst präzisen Definition des psychologischen Konstrukts sowie einer inhaltlich motivierten Ableitung der manifesten Variablen (bzw. Indikatoren), mit denen individuelle Unterschiede oder intraindividuelle Veränderungen in diesem Konstrukt mithilfe des Messinstruments gemessen werden sollen.

Manifeste Variablen bzw. Indikatoren sind beobachtete Variablen, von denen – geeignete Operationalisierung vorausgesetzt – auf das zugrunde liegende psychologische Konstrukt geschlossen wird. In der psychologischen Diagnostik können die Begriffe Testkonstruktion und Operationalisierung weitgehend synonym verwendet werden.

Leider besteht in der Psychologie häufig kein Einvernehmen darüber, mit welchen psychologischen Eigenschaften bestimmte Verhaltensweisen assoziiert sind und wie die interessierenden Merkmale optimal beobachtet und gemessen werden können. Auch die Diskussion der zugrunde liegenden und als ursächlich geltenden Konstrukte ist durch viele konzeptuelle und sprachliche Unschärfen und Beliebigkeiten geprägt. So wird in Handbüchern zu diagnostischen Verfahren häufig nicht ausreichend erläutert, wie die theoretischen Konstrukte wie „Leseverständnis" definiert und operationalisiert werden. Zusätzlich werden in der Forschung für ähnliche Konstrukte unterschiedliche Bezeichnungen verwendet (z. B. „Lesekompetenz", „Leseverständnis" oder „Sprachbeherrschung"), sodass häufig unklar bleibt, inwieweit sich diese Konstrukte inhaltlich überlappen bzw. voneinander unterscheiden.

Im alltagssprachlichen Gebrauch werden Eigenschaftszuschreibungen häufig als bipolare kategoriale Konzepte verwendet. Eine Person ist begabt oder nicht begabt, faul oder fleißig usw. Natürlich werden hierbei sprachliche Modulationen vorgenommen, sodass wir auch alltagssprachlich für die meisten Merkmale eine stärkere oder schwächere Ausprägung ausdrücken können. In der pädagogisch-psychologischen Diagnostik sind die infrage stehenden Merkmale in der Regel kontinuierlich und nicht kategorial, d. h. dass ein Schüler mehr oder weniger mathematisch begabt oder gewissenhaft ist. In großen nationalen und internationalen Bildungsstudien (▸ Kap. 15) und auch im gemeinsamen Europäischen Referenzrahmen für Sprachbeherrschung werden häufig die eigentlich kontinuierlichen

Größen in einige wenige Kategorien zusammengefasst, die als geordnete Entwicklungs- oder Kompetenzstufen verstanden werden. Bei diesem Vorgehen gehen Informationen über die Unterschiede innerhalb der einzelnen Kategorien verloren (MacCallum, Zhang, Preacher & Rucker, 2002). Diese Klassifikation erleichtert jedoch die Kommunikation von Befunden. Sie erlaubt bspw. die Benennung des prozentualen Anteils von Schülern, die eine bestimmte Kompetenzstufe in einem bestimmten Leistungstest erreicht haben. So lässt sich z. B. prägnant der Anteil an Risikoschülern in verschiedenen Gruppen miteinander vergleichen.

Von diesem Verständnis der gemessenen Variablen muss unbedingt die darauf aufbauende Erstellung einer **Diagnose** unterschieden werden. Hier finden sich häufiger kategoriale Aussagen über Personen, etwa eine Schülerin leide an einer Lese-Rechtschreib-Schwäche (Dyslexie) oder ein Schüler sei aufmerksamkeitsgestört etc. Allerdings ist auch hier häufig ein kontinuierliches Verständnis der Urteile angebracht (Rost, 2004; Kraemer, Noda & O'Hara, 2003). Personen, bei denen eine dyslexische Störung diagnostiziert wurde, unterscheiden sich beispielsweise im Schweregrad, in der Reaktion auf eine Intervention und in der daraus resultierenden Beeinträchtigung im Alltag auch untereinander. Auch Personen, die nicht als dyslexisch charakterisiert wurden, weisen große Unterschiede in ihren lexikalischen Begabungen auf und sind darüber hinaus unterschiedlich stark gefährdet, zukünftig eine Dyslexie zu entwickeln.

Definition

Diagnose bzw. Prognose sind Begriffe, die der Medizin entlehnt sind. Dort bezieht sich der Begriff **Diagnose** auf das Erkennen einer Störung oder Krankheit anhand spezifischer Zeichen oder Symptome, etwa ob ein Patient eine Lungenentzündung hat. Der Begriff **Prognose** bezieht sich auf den erwarteten oder vorhergesagten Verlauf einer Störung oder Krankheit. In der pädagogisch-psychologischen Diagnostik beruhen Diagnosen und Prognosen in der Regel auf Beurteilungen von Beobachtungseinheiten (in der Regel Personen) mit Blick auf vorgegebene Fragestellungen, etwa ob ein Schüler eine Gymnasialempfehlung erhalten soll.

▶ **Diagnostischer Prozess** bezeichnet im Kern die begründete Zuschreibung einer Eigenschaft zu einer bestimmten Beobachtungseinheit. Der diagnostische Prozess muss wissenschaftlichen Ansprüchen unter Berücksichtigung von Kosten-Nutzen Aspekten genügen. Im diagnostischen Prozess lassen sich die Phasen der Problemanalyse, der hypothesengetriebenen Informationsgewinnung, des diagnostischen Urteilens und der Evaluation unterscheiden (Jäger, 1988).

13.2.2 Gütekriterien zur Beurteilung psychologischer Messverfahren

In der Praxis werden im Rahmen der pädagogisch-psychologischen Diagnostik häufig verschiedene Messverfahren (z. B. Fragebögen oder Leistungstests) eingesetzt, die für die konkrete diagnostische Fragestellung relevante Merkmale erfassen. Zur Messung der interessierenden Konstrukte können meist ebenfalls unterschiedliche Verfahren herangezogen werden. Daher stellt sich in der Praxis häufig die Frage, welches Verfahren für die konkrete Fragestellung angemessen ist. Als wesentliche Aspekte zur Beurteilung der Qualität von Messverfahren werden in der psychologischen Diagnostik häufig drei Kriterien herangezogen: ▶ **Objektivität**, ▶ **Reliabilität** und ▶ **Validität**. Wir besprechen zunächst kurz das Kriterium Objektivität und gehen dann etwas ausführlicher auf Reliabilität und Validität ein.

Objektivität

Objektivität ist ein wesentlicher Aspekt der Messqualität psychologischer Testverfahren und nach Lienert (1969) zu verstehen als der Grad, in dem Testergebnisse unabhängig vom Untersucher sind. Laut Lienert spiegelt sich die Unabhängigkeit des Untersuchers in drei Aspekten wider: der Objektivität der Durchführung, der Auswertung und der Interpretation. Diese drei Aspekte können bei Fragebögen und Leistungstests sichergestellt werden, indem z. B. standardisierte Vorgaben für die Durchführung und Auswertung des jeweiligen Instruments in Form von Instruktionen für Testdurchführung und Auswertungsschablonen zur Verfügung gestellt werden. Im Handbuch zum jeweiligen Verfahren sollten dabei insbesondere bei Leistungstests eindeutige Richtigantworten für alle Aufgaben vorliegen. Zusätzlich sollten Informationen zur Bildung des Gesamtwerts für die Leistung im Test enthalten sein. Wünschenswert sind außerdem Erläuterungen zum Vorgehen, wie der ermittelte Gesamtwert im Leistungstest anhand der Normtabellen zu bewerten ist.

Etwas schwieriger ist die Sicherung der Objektivität bei Beobachtungsinventaren (z. B. zur Feststellung von Verhaltensauffälligkeiten) oder Interviews. Um die Durchführungsobjektivität zu gewährleisten, werden bei Beobachtungsinventaren unter anderem standardisierte Checklisten eingesetzt, mit denen möglichst verbindliche Kriterien für die Verhaltensbeobachtung festgelegt werden. Bei (halb-)standardisierten Interviews wird meist vorher ein verbindlicher Fragenkatalog erstellt. Zur Prüfung, inwieweit die Auswertungsobjektivität vorliegt, werden in der Praxis für die Beobachtung und Auswertung häufig mehrere Personen herangezogen und anschließend die Übereinstimmung zwischen den Beurteilern bestimmt.

Reliabilität

Die Reliabilität eines Messverfahrens gibt dessen Zuverlässigkeit an. Traditionell werden drei Reliabilitätsarten unterschieden: Stabilität, Äquivalenz und Inter-Item-Konsistenz.

Bei der **Stabilität** interessiert insbesondere, inwiefern in der Zeit zwischen zwei Testungen Effekte wirken, die die Zuverlässigkeit des Verfahrens mindern. Wird ein Verfahren bei ein und derselben Person mehrfach eingesetzt, so variiert die individuelle Leistung bei diesen **Messwiederholungen** auch unter strikt kontrollierten Bedingungen abhängig von Zufallsfaktoren wie Tageszeit, Stimmung und Wohlbefinden. Zahlreiche Lern- und Gedächtniseffekte können die Leistungen bei Messwiederholungen beeinflussen. Die beobachteten Werte einer Person zu zwei verschiedenen Zeitpunkten unterscheiden sich auch dann, wenn die Ausprägung des interessierenden Merkmals dieser Person sich nicht verändert hat. Da das Ausmaß des Messfehlers einer einzigen Testung in der Regel nicht abschätzbar ist, geht man bei Untersuchungen zur Reliabilität im Sinne der zeitlichen Stabilität vereinfachend davon aus, dass Messfehler über mehrere Messzeitpunkte zufällig entstehen und nicht vorhersehbar sind. Messfehler können jedoch auch systematisch auftreten, etwa wenn einige Bewerber sich aufgrund von hoher Gewissenhaftigkeit nach der ersten Leistungstestung intensiv auf die Folgetestung vorbereiten. Die Korrelation von Erst- mit Wiederholungstestung wird auch **Stabilitätskoeffizient** genannt. Dieser Reliabilitätsaspekt wird in der Literatur auch als **Retest-Reliabilität** bezeichnet. In den Stabilitätskoeffizienten geht eine Fülle von teils zusammenhangsteigernden Aspekten (etwa direkte Erinnerung an Angaben aus der Ersttestung) und teils zusammenhangsenkenden Aspekten ein (etwa tatsächliche Merkmalsänderungen zwischen den Testungen oder Wirkungen von Interventionen).

Die meisten Leistungstests oder Fragebögen bestehen aus mehreren Fragen bzw. Aufgaben. Beim Aspekt der **Äquivalenz** interessiert insbesondere, inwiefern die Zuordnung der einzelnen Aufgaben zu Paralleltests (z. B. zu Form A und B) die Zuverlässigkeit des Verfahrens mindert. Ein optimales diagnostisches Verfahren sollte bei ein und derselben Person zu gleichen Ergebnissen führen, unabhängig davon, welche Testform die Person bearbeitet hat.

Beim Aspekt der **Inter-Item-Konsistenz** wird der Gedanke des Einflusses von mehreren Testformen aufgegriffen und auf die Ebene der einzelnen Aufgaben erweitert. Das bedeutet, dass es hier konkret darum geht, inwieweit die einzelnen Aufgaben zuverlässig das gleiche Konstrukt messen. In der Praxis wird die interne Konsistenz noch häufig als Cronbach's Alpha (Cronbach, 1951) bestimmt.

Zur Beurteilung der Reliabilität und insbesondere der Inter-Item-Konsistenz werden in der Literatur verschiedene Koeffizienten (z. B. Cronbach's Alpha) und Richtwerte (häufig .75 oder höher) vorgeschlagen. Zunächst ist jedoch zu beachten, dass Koeffizienten betrachtet werden, die der jeweiligen Fragestellung angemessen sind (etwa Stabilität versus Konsistenz). Bei der Auswahl von Instrumenten ist aber auch zu berücksichtigen, dass die gleich zu besprechende Validität gegenüber der Reliabilität in aller Regel den Vorrang erhalten sollte. Wir vertreten die Ansicht, dass die Vorgabe von Richtwerten praktischen Anforderungen nicht gerecht wird. Sofern nur sehr wenig Zeit für die Erhebung von Informationen zur Verfügung steht – etwa in der Umfrageforschung –, sind auch niedrige Reliabilitäten hinnehmbar, insbesondere wenn die Alternative darin bestünde, überhaupt keine Information zu bekommen. Zusammengenommen bestehen diagnostische Herausforderungen oft darin, unter extern gesetzten Maßgaben bzgl. verfügbarer Ressourcen inhaltlich und psychometrisch optimierte Informationen zusammenzutragen.

Validität

Validität ist das entscheidende und zentrale Gütekriterium bei der Bewertung und Auswahl geeigneter Messverfahren in der pädagogisch-psychologischen Diagnostik. In der Literatur werden unterschiedliche Konzeptionen des Validitätsbegriffs diskutiert.

> **Definition**
>
> Eine weit verbreitete Definition der **Validität** lautet: Validität ist das Ausmaß, zu dem ein Test das misst, was er zu messen vorgibt. Validität ist in diesem Verständnis eine **Eigenschaft des Tests**.

In älteren Konzeptionen, die mit dieser Auffassung vereinbar sind, wurde zwischen verschiedenen Validitätsarten – Inhalts-, Übereinstimmungs-, bzw. Vorhersage- und Konstruktvalidität – unterschieden (American Psychological Association, 1954). In der neueren Konzeption von Messick (1989), an die sich auch die aktuellen Standards der American Psychological Association (APA, 2002) für psychometrische Tests anlehnen, wird auf diese Unterscheidung bewusst verzichtet, wobei die oben genannten Validitätsaspekte in die umfassendere Konzeption von Messick integriert wurden.

> **Definition**
>
> In den APA-Standards (2002) wird **Validität** als eine **Eigenschaft der Testwerte** verstanden. Validität gibt den Grad an, zu dem die empirischen Belege und theoretischen Sachverhalte die beabsichtigte Interpretation der Testwerte unterstützen.

Nach Messick (1989) lassen sich mindestens zwei miteinander zusammenhängende Fragen unterscheiden, mit denen sich die Validitätsprüfung befassen kann:

- Gibt es Belege, die die beabsichtigte Interpretation bzw. Bedeutung der Testwerte unterstützen?
- Gibt es Hinweise darauf, dass diese Testwerte relevant und nützlich in Bezug auf bestimmte praktische Anwendungen sind?

Zur Beantwortung der ersten Frage sollte man das interessierende Konstrukt und die damit zusammenhängende Interpretation der Messwerte genau definieren und von anderen Konstrukten abgrenzen. Diese detaillierte Definition erlaubt es, ein konzeptuelles Rahmensystem (sog. „nomologisches Netz") zu entwickeln. Basierend auf theoretischen Überlegungen, lassen sich Hypothesen über die Zusammenhänge in diesem Rahmensystem ableiten, die gelten müssten, wenn die Testwerte im beabsichtigten Sinne interpretiert werden können. So würde man beispielsweise erwarten, dass die Testwerte aus einem neu entwickelten Mathematiktest höher mit anderen Mathematiktests korrelieren als mit einem Leseverständnis- oder Intelligenztest.

Die zweite Frage zielt darauf ab zu klären, ob Zusammenhänge zwischen den Testwerten und praktisch relevanten Kriterien (z. B. Schulnoten) bestehen. So sollte z. B. ein neu entwickelter Mathematiktest eine hohe Korrelation mit der Mathematiknote aufweisen.

Relevante Evidenz für die Validität eines Tests kann nach APA-Standards in mehrere Kategorien eingeteilt werden:

- **Testinhaltsanalysen** sollen die Beurteilung der Passung zwischen dem zugrunde liegenden Konstrukt und den konstruierten Testaufgaben erlauben. Diese Passung kann zum einen durch streng theoriegeleitete Aufgabenkonstruktion sichergestellt werden. Zum anderen können Expertenbefragungen durchgeführt werden, bei denen die Repräsentativität und Adäquatheit der Aufgaben beurteilt wird. Praktisch bedeutet das, dass im Handbuch eine Definition des interessierenden Merkmals sowie Angaben zu dessen theoretischer Einordnung enthalten sein sollten. Ferner sollten Informationen zum Vorgehen bei der Aufgabenentwicklung verfügbar sein.
- **Zusammenhänge mit anderen Variablen** erlauben Schlüsse über konvergente, diskriminante und prädiktive Validität in einem nomologischen Netzwerk und sollten in einem Handbuch unbedingt berichtet werden. Leistungstests (z. B. verschiedene Mathematiktests), die auf das gleiche psychologische Konstrukt (mathematische Begabung) abzielen, sollten hohe Korrelationen untereinander aufweisen. In diesem Fällen spricht man von **konvergenter Validität**. Um sicherzugehen, dass ein Messinstrument ein spezifisches

Konstrukt (z. B. arithmetische Fähigkeiten) erfasst, das von anderen Konstrukten abgegrenzt werden kann, werden auch Zusammenhänge zu anderen Konstrukten aus dem nomologischen Netzwerk (z. B. allgemeine kognitive Leistungen, Leseverständnistest etc.) betrachtet. In diesem Fall spricht man von **diskriminanter oder divergenter Validität**. Diese Zusammenhänge sollten deutlich geringer sein als Zusammenhänge, die konvergente Validierung reflektieren. Der **Multi-Trait-Multi-Method-(MTMM-)Ansatz** erlaubt die simultane Prüfung konvergenter und diskriminanter Validitätsaspekte (Eid & Diener, 2006). Zusätzlich sollten die Testleistungen (z. B. in einem Schulleistungstest) mit relevanten Kriterien (z. B. Schulnoten) korrelieren. In diesem Fall spricht man von **Vorhersage- bzw. prädiktiver Validität**. So sollten Hochschulzulassungstests die späteren Studienleistungen möglichst gut vorhersagen.

- Bei der **Analyse der internen Teststruktur** steht die Struktur des interessierenden Merkmals im Vordergrund. Dazu werden Zusammenhänge zwischen den einzelnen Aufgaben bzw. einzelnen Testskalen näher untersucht. Hierbei wird empirisch geprüft, ob ein Test ein oder mehrere latente Konstrukte erfasst. Dazu sollten in einem Handbuch Ergebnisse aus konfirmatorischen Strukturgleichungsmodellen oder probabilistischen Item-Response-Modellen berichtet werden (vgl. dazu ▶ Abschn. 13.2.3).
- **Analysen individueller Strategien** sollen detailliert Aufschluss geben über Prozesse, die bei der Bearbeitung der Testaufgaben beteiligt sind. Dies kann z. B. über die Methode des lauten Denkens erfolgen, bei der Versuchspersonen ihre Vorgehensweise bei der Lösung der Aufgabe kommentieren bzw. verbalisieren. Ferner kann die Verwendung bestimmter Lösungsstrategien per Fragebogen erfasst werden. Solche Validitätshinweise werden in der Praxis selten in einem Handbuch berichtet.

Borsboom, Mellenbergh und Van Heerden (2004) kritisieren den Validitätsansatz von Messick und argumentieren, dass Validität eine Eigenschaft des Tests und nicht wie von Messick (1989) vorgeschlagen eine Eigenschaft der Testwerte ist.

> **Definition**
>
> Borsboom et al. (2004) definieren **Validität konstruktbezogen**. Ein Test ist demnach für die Erfassung eines bestimmten Konstruktes valide, wenn
> a) dieses Attribut existiert und
> b) die Variation in diesem Konstrukt die Variation in den gemessenen beobachteten Variablen kausal verursacht.

Borsboom et al. (2004) argumentieren weiter, dass es nicht ausreicht, die Konstruktvalidität durch korrelative Zusammenhänge im nomologischen Netz bzw. zu Außenkriterien zu begründen, sondern zeigen auf, dass eine umfassende theoretische Definition und Einordnung des interessierenden Konstrukts zentral für die Validierung ist. Inhaltlichen Überlegungen bei der Konstruktion von Messinstrumenten kommt in diesem Zusammenhang eine entscheidende Bedeutung zu. Ausgehend von den älteren Validitätskonzeptionen (APA, 1954) hat sich in jüngerer Vergangenheit damit ein Validitätsverständnis durchgesetzt, das weniger an der Vorhersagemaximierung interessiert ist als an adäquat begründeten Messungen von Personeneigenschaften.

Weitere relevante Gütekriterien

Bei der Beurteilung diagnostischer Messverfahren sollten alle drei beschriebenen Gütekriterien gleichwertig berücksichtigt werden, da sie sich gegenseitig bedingen. Objektivität ist eine wesentliche Voraussetzung für die Reliabilität eines Tests. Reliabilität ist eine wesentliche Voraussetzung für die Validität eines Verfahrens, d. h. ein unreliables Verfahren kann nicht im oben beschriebenen Sinne valide sein. In der Praxis lassen sich Objektivität und Reliabilität anhand der oben vorgeschlagenen Hinweise bzw. Schwellenwerte relativ einfach beurteilen, während die Bewertung der Validität oft anspruchsvoller ist. Neben diesen drei Gütekriterien sind in der Praxis die Qualität der Normierung und Kosten-Nutzen-Verhältnis als weitere Aspekte für die Beurteilung der Testverfahren von Bedeutung.

Der im Test erzielte Gesamtwert wird in der Regel anhand der Normwerte, die für ein Verfahren im Handbuch enthalten sein sollten, eingeordnet. Bei der Auswahl des geeigneten Verfahrens sollte darauf geachtet werden, dass für das Instrument **aktuelle Normen** für die relevante Zielgruppe vorliegen. Sind die Normen deutlich älter als zehn Jahre, ist das Verfahren veraltet. Richtet sich das Verfahren an die relevante Zielgruppe? So sollte z. B. für Hauptschüler kein Intelligenztest verwendet werden, der ausschließlich an Gymnasialschülern oder Erwachsenen normiert wurde. Wichtig ist auch, dass die untersuchte Normstichprobe ausreichend groß und repräsentativ für die angestrebte Zielgruppe ist. So sollte z. B. ein Intelligenztest für die Sekundarstufe I Normen für alle Schultypen (Hauptschule, Realschule, Gymnasium) enthalten.

Zum anderen spielen Überlegungen zum **Kosten-Nutzen-Verhältnis** des Verfahrens eine wichtige Rolle. Bei der Auswahl der diagnostischen Instrumente sollten angesichts der begrenzten Zeit, die für die diagnostische Untersuchung zur Verfügung steht, der zeitliche und ggf. finanzielle Aufwand (z. B. wenn mehrere Beurteiler herangezogen werden) der Durchführung gegen den zu erwartenden Nutzen bzw. Informationsgewinn abgewogen werden. Etwas allgemeiner gesprochen kann bei der Betrachtung des Kosten-Nutzen-Verhältnisses der (auch monetäre) Netto-Nutzen diagnostischer Anstrengungen analysiert werden (Brogden, 1949; Cronbach & Gleser, 1965; Holling & Reiners, 1999).

Probleme in der Praxis und Forschung

In der pädagogisch-psychologischen Diagnostik werden Entscheidungen getroffen, die weitreichende Konsequenzen für die betroffenen Personen oder Organisationen nach sich ziehen können. Daher ist es unerlässlich, die Qualität und Zuverlässigkeit der Informationen, auf denen die Entscheidung beruht, nach wissenschaftlichen Kriterien zu beurteilen. Dies ist in der Psychologie keine einfache Aufgabe, da die infrage stehenden Größen nicht direkt beobachtbar sind, sondern indirekt aus beobachtbaren Verhaltensweisen erschlossen werden müssen.

Für die Beurteilung jedes diagnostischen Messverfahrens stellen sich zwei Fragen:

- Sind die gewählten Indikatoren (Fragen, Aufgaben etc.) inhaltlich-theoretisch adäquat und reflektieren die Messinstrumente den aktuellsten Stand der Forschung?
- Liefern die ausgewählten Messinstrumente methodisch fundierte Messungen psychischer Größen?

In der Praxis ist die inhaltliche und theoretische Angemessenheit psychologischer Testverfahren sehr viel schwieriger zu beurteilen als die methodische und analytische Fundiertheit. Dies hat zum beklagenswerten Umstand geführt, dass sich Debatten um die Qualität psychologischer Verfahren häufig auf leichter kommunizierbare methodische Aspekte – wie die Beurteilerübereinstimmung, die interne Konsistenz oder die prädiktive Validität – fokussieren. Diese und ähnliche methodische Aspekte ersetzen jedoch keineswegs die Aussagen über die theoretische Adäquatheit des jeweiligen Leistungstests oder Fragebogens. Ein Mathematiktest kann beispielsweise objektiv, reliabel und prognostisch valide sein, ohne dabei die relevanten fachdidaktischen und denkpsychologischen Theorien adäquat abzubilden. Nahezu die gesamte Literatur, die sich mit Testkonstruktion und Testanalyse befasst, ist ausschließlich auf methodische Aspekte ausgerichtet. Umgekehrt findet sich in den grundlagenorientierten Fächern in der Regel der umgekehrte Sachverhalt. Der theoretischen Erwägung der zu messenden Merkmale wird intensive Beachtung geschenkt, aber messmethodische Erwägungen werden vernachlässigt. Beide Zustände werden den in der Testkonstruktion bzw. Operationalisierung eigentlich zu lösenden Problemen nicht hinreichend gerecht.

Theoretisch und methodisch fundierte Testentwicklung erfordert ein umfassendes Domänenwissen und eine fundierte statistische Methodenausbildung. Testtheoretische Überlegungen und das Verständnis wesentlicher statistischer Auswertungsmethoden stellen einen grundlegenden Pfeiler der pädagogisch-psychologischen Diagnostik dar. Die inhaltliche Expertise für die in Frage stehenden Messungen ist, wie bereits betont, ebenfalls von ausschlaggebender Bedeutung. Ohne inhaltliche Expertise ist es unmöglich, Messinstrumente nach dem aktuellen Stand der Wissenschaft zu entwickeln. Inhaltliche Expertise ist auch erforderlich, wenn es um die Deutung von Testergebnissen geht. Zu viele Messinstrumente in der psychologischen Diagnostik tragen identische oder sehr verwandte Etiketten ohne tatsächlich Gleiches abzubilden. Verschiedene Instrumente, die das Schlagwort „Aufmerksamkeit" enthalten, bilden zum Teil recht verschiedene Denkleistungen ab (die sog. Jingle-Fallacy; Thorndike, 1904). Der umgekehrte Fall, dass Testverfahren mit gänzlich verschiedenen Etiketten weitgehend Ähnliches messen, tritt ebenfalls auf (die sog. Jangle-Fallacy; Kelley, 1927). Testverfahren zur Konzentrationsleistung und zur Bearbeitungsgeschwindigkeit sind z. B. in vielerlei Hinsicht kaum zu unterscheiden.

13.2.3 Testtheorie: Konkurrierende Ansätze und adäquate Methoden

Für die Bewertung der Angemessenheit diagnostischer Verfahren ist es auch wichtig, neben den Gütekriterien die relevanten statistischen Kennwerte für die einzelnen Aufgaben sowie für den gesamten Test zu kennen. Eine einfache und in der Praxis noch gängige Art zu solchen Kennwerten zu gelangen, bietet die sog. klassische Testtheorie.

Im Folgenden werden kurz die Kernannahmen und Grenzen der klassischen Testtheorie diskutiert und einige problemgerechtere Ansätze in der Testtheorie an einem Beispiel illustriert. Das Ziel dieses Abschnitts ist es nicht, die Konzeptualisierung dieser Ansätze ausführlich zu erläutern (s. hierzu Lord & Novick, 1968, für die klassische Testtheorie; Raykov & Marcoulides, 2006, für konfirmatorische Faktorenanalysen; Rost, 2004, und Embretson & Reise, 2000, für probabilistische Messmodelle). Es werden vielmehr die wesentlichen Annahmen sowie Vorzüge und Probleme verschiedener Modellansätze diskutiert. Aus diesem Grund sind die Ausführungen zu den einzelnen Modellklassen vereinfacht und nicht erschöpfend dargestellt.

Klassische Testtheorie in ihren Kernannahmen und -problemen

Die Axiome der klassischen Testtheorie besagen, dass der beobachtete Wert als Summe aus dem wahren Wert und einem Fehlerterm definiert ist. Der im Mittel zu erwartende Fehler ist in der klassischen Testtheorie gleich Null. Fehlerterme sind nach den Axiomen komplett zufällig. Basierend auf diesen Axiomen werden in der klassischen Testtheorie Konzepte wie Reliabilität und deskriptive Item- und Testkennwerte wie Itemschwierigkeiten und Itemtrennschärfen definiert (Lienert, 1969; Nunnaly & Bernstein, 1994).

Die **Itemschwierigkeit** wird bestimmt über den Mittelwert aller Antworten auf eine konkrete Aufgabe (auch genannt **Item**). Bei Leistungstests, bei denen eindeutige richtige und falsche Antworten bekannt sind, liegt die Aufgabenschwierigkeit zwischen 0 und 1 und gibt den prozentualen Anteil der Personen an, die die Aufgabe richtig gelöst haben. Aufgaben mit einem Wert höher als 0,90 sind besonders einfach und unterscheiden kaum zwischen Personen, da sie von fast allen gelöst werden. Aufgaben mit einem Wert nahe Null oder nahe der Ratewahrscheinlichkeit hingegen sind besonders schwer, da sie von einem kleinen Personenkreis erfolgreich bearbeitet werden. **Itemtrennschärfe** gibt an, inwieweit die Aufgabe im Sinne des Gesamttests zwischen den Personen diskriminiert. Sie wird bestimmt durch die Korrelation zwischen der einzelnen Aufgabe und dem Summenwert im Gesamttest (bzw. in der interessierenden Skala).

Itemschwierigkeiten und -trennschärfen einer Aufgabe sind jedoch nicht unabhängig voneinander. Für besonders schwere und besonders leichte Items findet man in der Regel eher geringe Trennschärfen (eine korrigierbare Konfundierung), da sich für diese Items kaum Unterschiede in den individuellen Antworten zeigen. Aufgaben mit mittlerer Schwierigkeit hingegen unterscheiden gut zwischen Personen im mittleren Bereich und weisen meist höhere Trennschärfen auf.

In einem Handbuch sollten insbesondere für Leistungstests Itemschwierigkeiten und -trennschärfen für alle Aufgaben angegeben sein. Die Verteilung der Itemschwierigkeiten sollte der Verteilung der angestrebten Personenverteilung folgen. Ein Screening-Instrument für Hochbegabung sollte zum Beispiel viele schwere Fragen enthalten, sodass unter überdurchschnittlich begabten und hochbegabten Personen möglichst gut unterschieden werden kann. Analog dazu sollte ein Messinstrument zur Erfassung von Teilleistungsstörungen besonders gut zwischen Personen im niedrigen Fähigkeitsbereich differenzieren und viele einfache Aufgaben enthalten. Die Trennschärfe einer Aufgabe sollte möglichst hoch sein (in der Regel 0,20 oder höher). Abhängig von der Fragestellung können aber auch hier nötigenfalls Kompromisse eingegangen werden (s. die Erörterungen zur Reliabilität).

In der **klassischen Testtheorie** werden Aufgaben, die das gleiche Konstrukt messen, einer **Skala** zugeordnet. Der erzielte Wert wird häufig als Summenwert über alle Items der Skala gebildet. Anschließend wird häufig die interne Konsistenz der Skala als Cronbach's Alpha berechnet. In einem nächsten Schritt korreliert man den Summenwert mit einem zusätzlich erfassten Außenkriterium (z. B. Schulnoten). Ist die Korrelation überzufällig von Null verschieden und ausreichend hoch, wird meist argumentiert, der Test sei valide.

Dieses eher einfache Vorgehen beruht auf der ungeprüften Annahme, dass der Summenwert eines Tests das interessierende Merkmal anhand der verwendeten Aufgaben angemessen erfasst. Diese grundlegende Annahme kann in der klassischen Testtheorie jedoch nicht adäquat überprüft werden. Die Schätzung probabilistischer und konfirmatorischer Modelle erlaubt hingegen eine Überprüfung dieser Annahme. Ein weiteres Problem der klassischen Testtheorie besteht darin, dass in diesem Ansatz die relative Personenfähigkeit in der untersuchten Personenstichprobe bei der Berechnung der Itemschwierigkeit unberücksichtigt bleibt. So sollte zum Beispiel eine Gruppe von 100 vermeintlich hochbegabten Kindern bei einem neu entwickelten Mathematiktest besser abschneiden als eine Gruppe dyskalkulischer, versetzungsgefährdeter Problemschüler. Diese Gruppenunterschiede würden sich aber auch in den Itemschwierigkeiten niederschlagen, indem die Aufgaben für die Hochbegabtengruppe im Vergleich zur anderen Gruppe deutlich leichter erscheinen. In diesem Sinne liefert die klassische Testtheorie also stichprobenabhängige Kennwerte.

Die neueren Ansätze der probabilistischen Item-Response-Modelle sowie konfirmatorische Strukturgleichungsmodelle, die im ▶ Exkurs „Probabilistische Messmodelle" kurz erläutert werden, unterscheiden sich von der klassischen Testtheorie u. a. in einem entscheidenden Merkmal. Sie nehmen an, dass die beobachteten Antworten eine Funktion der nicht direkt beobachtbaren Merkmalsausprägung sind und führen das Konzept „latenter Variablen" ein. In diesen Ansätzen wird von mehreren beobachteten, aber fehlerbehafteten Einzelindikatoren (Fragen, Aufgaben etc.), die zu einer Skala zählen, abstrahiert und die latenten Merkmalsausprägungen werden auf der Grundlage der beobachteten Werte geschätzt.

Zusammenfassend ist es wichtig festzuhalten, dass Modelle, in denen pädagogisch-psychologische Konstrukte als latente Variablen abgebildet werden, überzeugendere und wissenschaftlichere Konzepte repräsentieren, als dies in häufig inhaltlich und methodisch nicht überzeugenden Anwendungen der klassischen Testtheorie der Fall ist. Konfirmatorische Strukturgleichungsmodelle und pro-

babilistische Messmodelle stehen für grundsätzlich verwandte Modellierungsansätze.

Betrachten wir nun ein Beispiel, in dem 100 Schüler einen Mathematiktest bestehend aus 20 Fragen bearbeiten.

Beispiel

Mathematiktest

Wir lassen 100 Schüler einen Mathematiktest bestehend aus 20 Items bearbeiten (◘ Tab. 13.1). Zehn dieser Items betreffen geometrische Probleme, 10 weitere Items sind als Algebraaufgaben zu klassifizieren. Wir bestimmen zunächst, welche Fragen richtig und welche falsch gelöst wurden.

Im Rahmen der klassischen Testtheorie würden wir zunächst für jeden Schüler die Summe richtig gelöster Antworten über alle 20 Items berechnen. Wir würden ungeprüft annehmen, dass dieser Summenwert die gesammelte Information über die zugrunde liegenden mathematischen Fähigkeiten der Schüler erschöpfend repräsentiert. Anhand der gleichen Stichprobe würden wir anschließend die oben erläuterten Itemkennwerte berechnen. Der **Mittelwert** gibt den relativen Anteil der Richtiglösungen an und wird als **Itemschwierigkeit** gedeutet. Die **Standardabweichung** gibt die Wurzel aus der mittleren quadrierten Abweichung vom Mittelwert an. Die **Itemtrennschärfe** gibt in der klassischen Testtheorie die Stärke des Zusammenhangs zwischen einem Einzelitem und dem Summenwert wieder. In konfirmatorischen und probabilistischen Modellen erfolgt die Schätzung der Trennschärfen (bzw. Ladungen oder Diskriminationsparameter) durch Berechnungen der Zusammenhänge zwischen Items und latenten Variablen.

13.2.4 Klassifikatorische Diagnostik

Am Ende eines diagnostischen Prozesses erfolgen häufig kategoriale Entscheidungen, z. B. „Kandidat ist angenommen", „Bewerber wird abgelehnt" oder „Matthias Müller leidet an einer Lese-Rechtschreib-Schwäche". Merkmalsträger werden demnach in wenigstens zwei Kategorien eingeteilt. Wir bezeichnen diesen Zuordnungsprozess als **klassifikatorische Diagnostik**. Das Vorgehen bei solchen Klassifikationen weist beträchtliche Ähnlichkeit mit dem Vorgehen in der Medizin auf.

In ◘ Tab. 13.2 ist ein fiktives Beispiel für die Diagnostik von Dyskalkulie in einer Gruppe von 100 Kindern mit schlechten Mathematikleistungen in der 3. Klasse angeführt. Das Ergebnis könnte etwa die Klassifikation auf der Grundlage eines neu entwickelten Mathematiktests sein.

◻ **Tab. 13.1** Daten für den Mathematiktest

	Item 1	Item 2	...	Item 19	Item 20	Anzahl korrekt gelöster Aufgaben
Schüler 1	1	1	...	1	1	18
Schüler 2	0	1	...	1	0	10
...	...	...	...	...	...	...
Schüler 99	0	0	...	1	1	12
Schüler 100	1	1	...	0	1	14
Mittelwert	0,92	0,78	...	0,50	0,30	
Streuung	0,27	0,41	...	0,50	0,46	
Trennschärfe	0,15	0,20	...	0,35	0,18	

Exkurs

Probabilistische Messmodelle

Unter dem Oberbegriff „probabilistische Messmodelle" („item reponse models") lassen sich viele verschiedene Modellansätze vereinen, die postulieren, dass das beobachte Antwortverhalten eine Funktion der Ausprägung auf dem nicht beobachtbaren latenten Merkmal (Θ – Theta) und der Itemschwierigkeit ist. Das bedeutet, dass die Wahrscheinlichkeit, eine Aufgabe richtig zu beantworten, von der Ausprägung der jeweiligen latenten Variablen abhängig ist (und von Zufallseinflüssen). Somit sollte – abgesehen von zufallsbedingten Schwankungen – eine Person mit einem hohen Fähigkeitswert alle Aufgaben mit einer höheren Wahrscheinlichkeit lösen als Personen mit niedrigeren Fähigkeitswerten. Analog dazu sollten leichtere Aufgaben von allen Personen mit einer höheren Wahrscheinlichkeit gelöst werden als schwere Aufgaben.

In einem einfachen und restriktiven probabilistischen Messmodell, dem sog. **Rasch-Modell**, wird angenommen, dass die Anzahl der gelösten Items für die Schätzung der Merkmalsausprägung ausreichend ist. Dabei spielt es keine Rolle, welche Items genau gelöst wurden. In diesem Sinne ist die Schätzung der Personenwerte und Itemschwierigkeiten unabhängig von der untersuchten Stichprobe. Diese Eigenschaft wird als „spezifische Objektivität" bezeichnet. Aufgrund dieser Eigenschaft werden Raschmodelle z. B. häufig in nationalen und internationalen Bildungsstudien wie PISA (► Kap. 15) verwendet, in denen sehr viele Aufgaben vorgesehen sind und Personen nur einen Teil der Aufgaben bearbeiten können.

Die Eigenschaft der „spezifischen Objektivität" ist jedoch mit der strengen Voraussetzung verbunden, dass alle Items gleiche Trennschärfen (Diskriminationsparameter) aufweisen und somit gleich gut zwischen Personen unterscheiden. In der Praxis erweist sich diese Annahme oft als problematisch, auch weil deren Gültigkeit für empirische Daten nicht einfach geprüft werden kann. Darüber hinaus ist es in vielen Fällen nicht sehr schlüssig anzunehmen, dass Items spezifisch objektiv sind. Schließlich kann die Passung der Rasch-Modelle auf die empirischen Daten oftmals nur schwer beurteilt werden. Insbesondere die letzten beiden Punkte können mit dem Ansatz der Strukturgleichungsmodelle stringenter überprüft werden (► Exkurs „Konfirmatorische Strukturgleichungsmodelle").

Neben dem Rasch-Modell wurde eine Vielzahl weiterer probabilistischer Messmodelle vorgeschlagen, die u. a. die Schätzung unterschiedlicher Trennschärfen oder die Berücksichtigung der Ratewahrscheinlichkeit erlauben (vgl. vertiefend Rost, 2004; de Ayala, 2009; und Embretson & Reise, 2000). Eine weitere Klasse probabilistischer Messmodelle – sog. kognitiver Diagnosemodelle – erlaubt die Schätzung latenter Fähigkeitsprofile (vgl. dazu Kunina-Habenicht, Rupp & Wilhelm, 2009).

Die tatsächliche Ausprägung ist in Disziplinen wie der Pädagogik oder Psychologie in der Regel kein fehlerfrei feststellbarer Zustand. Man hilft sich in der medizinischen Praxis der Beurteilung von Messinstrumenten häufig damit, dass die „tatsächliche Ausprägung" durch die Anwendung eines diagnostischen Goldstandards – damit ist die unter gegenwärtigen Bedingungen optimal machbare Diagnostik gemeint – operationalisiert wird.

Bei dieser Entscheidung können zwei Arten von Fehlern begangen werden. Der erste Fehler besteht darin, ein Kind, das tatsächlich dyskalkulisch ist, als ungestört zu klassifizieren (**falsch-negativ**). Die Folgen für dieses Kind wären die potenzielle ausbleibende Förderung und ein sich daraus entwickelndes kumulatives Defizit, das später in schulischer Überforderung münden kann. Der zweite Fehler liegt vor, wenn ein Kind als gestört klassifiziert wird, das tatsächlich ungestört ist (**falsch-positiv**). In diesem Fall würde das Kind eine kostenintensive und aufwändige Förderung erhalten, die dem Schüler zwar ggf. nicht schaden wird, jedoch hohe Behandlungskosten verursacht und tatsächlich von Dyskalkulie betroffene Kinder von begrenzten Behandlungsressourcen ausschließt.

Konfirmatorische Strukturgleichungsmodelle

Konfirmatorische Strukturgleichungsmodelle ermöglichen die explizite Überprüfung der empirischen Struktur des infrage stehenden Merkmals (einführend Byrne, 2001; weiterführend Bollen, 1989). Im einfachen Modell (sog. Generalfaktormodell) wird postuliert, dass die Gemeinsamkeiten, die bei der Beantwortung aller Items zu beobachten sind, auf ein einzelnes latentes Merkmal bzw. Konstrukt zurückzuführen sind. In unserem Beispiel wäre dieses Konstrukt „mathematische Begabung". In einem alternativen theoretisch plausiblen Modell könnten auch weitergehende Modelle geprüft werden. So könnte man beispielsweise testen, ob

die Variation in den Items 1–10 durch eine latente Variable „Geometriewissen" und die Variation in den Items 11–20 durch eine latente Variable „Algebrawissen" bedingt wird, wobei die beiden latenten Variablen miteinander korrelieren dürften. In Abhängigkeit davon, wie stark die beiden latenten Faktoren für „Geometriewissen" und „Algebrawissen" miteinander zusammenhängen, kann anhand etablierter statistischer Prüfmethoden fundiert entschieden werden, welches Strukturgleichungsmodell die empirischen Daten besser erklärt (vgl. dazu Schulze, 2005). Eine Stärke dieses Modellierungsansatzes besteht darin, dass Aussagen

über die Passung dieser Modelle zu den empirischen Daten anhand zahlreicher in der Forschung weithin anerkannter Gütekriterien ermöglicht werden (Schermelleh-Engel, Moosbrugger & Müller, 2003). Der Ansatz, über konfirmatorische Strukturgleichungsmodelle Testdaten zu modellieren, ist äußerst vielseitig, flexibel und analytisch weit entwickelt. Er erlaubt z.B. die Modellierung intraindividueller Veränderungen sowie die Betrachtung von Gruppenunterschieden auf latenter Ebene. Die weniger gut entwickelte Schätzung von Personenparametern ist in diesem Ansatz über sog. Faktorscore-Koeffizienten möglich.

⬛ **Tab. 13.2** Fiktive Klassifikationsdaten zur Diagnose von Dyskalkulie mit einem neu entwickelten Mathematiktest-Verfahren (relative Häufigkeiten)

	Ergebnis + (Dyskalkulie)	Ergebnis – (keine Dyskalkulie)	Summe
Ausprägung + (Dyskalkulie)	0,30 (richtig-positiv – RP)	0,12 (falsch-negativ – FN)	P = 0,42
Ausprägung – (keine Dyskalkulie)	0,10 (falsch-positiv – FP)	0,48 (richtig-negativ – RN)	P' = 1 – P = 0,58
Summe	Q = 0,40	Q' = 1 – Q = 0,60	1

Basisrate/Prävalenz (Anteil der tatsächlich an Dyskalkulie leidenden Kinder in der untersuchten Stichprobe):
$P = RP + FN = 0,3 + 0,12 = 0,42$

Selektionsrate (Anteil der Kinder, die mit dem neuen Test als dyskalkulisch diagnostiziert wurden): $Q = RP + FP = 0,3 + 0,1 = 0,40$

Sensitivität des neuen Testverfahrens (Anteil der gestörten Kinder, die mit dem neuen Test korrekt klassifiziert wurden): $SE = RP / P = 0,3 / 0,42 = 0,625$

Spezifität des neuen Testverfahrens (Anteil der nicht gestörten Kinder, die mit dem neuen Test korrekt klassifiziert als ungestört klassifiziert wurden): $SP = RN / P' = 0,48 / 0,58 \approx 0,83$

Effizienz des neuen Testverfahrens $= RP + RN = 0,3 + 0,48 = 0,78$. Das bedeutet, dass 22 % der Kinder mit dem neuen Testverfahren falsch klassifiziert wurden.

Zur Beurteilung der Klassifikationen bei diagnostischen und medizinischen Entscheidungen werden die Spezifität, Sensitivität sowie die Effizienz des Tests bzw. der Entscheidungsprozedur und einige weitere Koeffizienten herangezogen.

Bei der Klassifikation mittels eines perfekten Tests treten keine Fehler auf, daher gilt in diesem Fall $TP = P$, $FN = FP = 0$ und $TN = P'$. Für einen völlig zufälligen und folglich nicht legitimen Test ergeben sich die relativen Häufigkeiten in den Zellen der Klassifikationstabelle aus dem Produkt der Randsummen, es gilt also: $TP = P * Q$, $FN = P * Q'$, $FP = P' * Q$, $TN = P' * Q'$. In der Realität treten diese extremen Fälle jedoch so gut wie nie auf. Für einen **legitimen Test** muss eine signifikante Korrelation zwischen der diagnostischen Entscheidung und dem tatsächlichen Zustand vorliegen.

Definition

Die wichtigsten Begriffe der klassifikatorischen Diagnostik sollen hier am Beispiel einer Dyskalkuliediagnose kurz erläutert werden: Die **Basisrate/ Prävalenz** gibt den Anteil der gestörten Kinder in der Stichprobe an. Unter der **Selektionsrate** versteht man den Anteil der Kinder, für die der Test eine positive Diagnose ergibt. **Sensitivität** des Tests gibt an, welchem Anteil der Kinder mit Dyskalkulie korrekterweise eine Dyskalkuliediagnose zugeschrieben wird. **Spezifität** gibt den Anteil der korrekterweise als ungestört diagnostizierten Kinder an. **Effizienz** gibt den Anteil korrekt klassifizierter Kinder an.

Wettverhältnisse (Odds) geben die Wahrscheinlichkeit an, dass das positive Ereignis für eine bestimmte Personengruppe vorliegt. Die „Chance", dass im oben genannten Beispiel ein Kind mit Dyskalkulietestergebnis tatsächlich dyskalkulisch ist, berechnet sich aus dem Verhältnis „richtig-positiv" zu „falsch-positiv" und beträgt $0,3:0,1$ oder $3:1$. Die „Chance", dass ein Kind ohne auffälliges Dyskalkulietestergebnis tatsächlich dyskalkulisch wäre, beträgt $0,12:0,48$ oder $1:4$. Die *Odds Ratio* ist ein Maß für die Stärke des Unterschieds zwischen zwei Gruppen, hier Kindern mit und ohne auffälliges Dyskalkulietestergebnis. Die Odds Ratio setzt die Odds der beiden Gruppen zueinander ins Verhältnis. Im Beispiel beträgt die Odds Ratio $3:0,25=12$. Das heißt, die Chancen (bzw. das Risiko) von Kindern mit auffälligem Dyskalkulietestergebnis tatsächlich dyskalkulisch zu sein, sind 12-mal so groß wie die von Kindern ohne auffälliges Dyskalkulietestergebnis, tatsächlich dyskalkulisch zu sein. Zahlreiche weitere Koeffizienten erlauben eine detaillierte Bewertung der klassifikatorischen Aspekte von Diagnostik (Kraemer, 1992). Daumenregeln für die Beurteilung solcher Koeffizienten sind schwer zu formulieren, da die in Frage stehenden Zusammenhänge jeweils im Anwendungskontext und mit Blick auf etwaige Implikationen beurteilt werden müssen.

Wie in vielen anderen anwendungsnahen Disziplinen steht bei der Beurteilung der Qualität pädagogisch-psychologischer Diagnostik nicht immer die Frage im Vordergrund, inwiefern eine optimale und fehlerfreie Entscheidung erreicht wurde. Es geht vielmehr häufig darum, eine Verbesserung gegenüber alternativen Vorgehensweisen oder dem Status quo zu erzielen. Solche Nützlichkeitserwägungen und die mit konkurrierenden Prozeduren verbundenen Kosten sollten bei der Beurteilung der Qualität des diagnostischen Prozesses berücksichtigt werden.

13.3 Diagnostische Verfahren und diagnostische Daten

Um die an sie herangetragenen praktischen Probleme lösen zu können, stehen in der Diagnostik eine Reihe verschieden formalisierter Werkzeuge wie Tests, Fragebögen, Beobachtungsinventare oder Interviews zur Verfügung.

Mithilfe der Diagnostik sollen konkrete Aussagen über Beobachtungseinheiten getroffen werden, um dann begründete Entscheidungen zu treffen. In der Regel sind diese Beobachtungseinheiten Personen. Diagnostik kann aber auch in/für Situationen, Gruppen von Personen oder Institutionen, wie etwa Schulen, gelten.

Bei der Diagnostik von Personen ist es von großer Bedeutung, auf welcher Datenquelle die Informationen bzw. Beobachtungen beruhen:

1. Es können Lebensdaten oder biografische Fakten wie Alter, Geschlecht oder Schulabschluss erfragt werden.
2. Personen können um Aussagen über ihre Interessen, Persönlichkeit oder typische Verhaltensweisen gebeten werden. Dies geschieht meist in Form von Fragebögen und seltener über Interviews.
3. Leistungsbezogenes Verhalten (sog. maximale Anstrengung; Cronbach, 1949) kann meist mithilfe von standardisierten Leistungstests erfasst werden. Hierbei sollen Personen in begrenzter Zeit möglichst viele Aufgaben einer bestimmten Beschaffenheit korrekt lösen.
4. Insbesondere zur Beurteilung von Verhaltensauffälligkeiten können sog. Beobachtungsinventare herangezogen werden, um das Verhalten in kritischen Situationen direkt zu beobachten.

13.3.1 Lebensdaten

Wichtige biografische Informationen, die bei Untersuchungen in der pädagogisch-psychologischen Diagnostik berücksichtigt werden, sind Alter, Geschlecht, erworbene Schulabschlüsse und bei Erwachsenen ggf. bisherige Erwerbstätigkeit. Dazu gehören aber auch Informationen darüber, ob jemand in der Schule sitzen geblieben ist, ein Auslandspraktikum absolviert hat oder in einem bestimmten Zeitintervall Verhaltensauffälligkeiten gezeigt hat. Biografische Daten können als manifeste Spuren bestimmter Merkmale und Dispositionen im Lebenslauf eines Individuums verstanden werden; sie sind daher häufig das Ergebnis lang währender Vorgänge (etwa einer Berufsausbildung), deren Ergebnisse durch zahlreiche, häufig unbekannte Determinanten bestimmt sind. Zu diesen Determinanten zählen z. B. Fähigkeiten, Interessen und Persönlichkeitseigenschaften der betreffenden Person, aber auch der sozioökonomische Status der Eltern, epochale Einflüsse, zufällig eintretende Opportunitäten und vieles mehr. Die größte Schwierigkeit bei der Beurteilung biografischer Daten besteht darin, verlässlich zu bestimmen, welche konkreten Aussagen über die Ausprägungen der in Frage stehenden Merkmale und Dispositionen sich aus Lebensdaten ableiten lassen. Sitzenbleiben indiziert in den meisten Fällen eine schwache Schulleistung, in einigen Fällen jedoch wiederholen Kinder mit durchschnittlichen schulischen Fertigkeiten eine Klasse aufgrund von mangelnden Sprachkenntnissen. Neben der mangelnden Motivation oder mangelnder Begabung können aber auch die Strenge der Bewertungsmaßstäbe und Interaktionen solcher Determinanten zur Vorhersage des Sitzenbleibens beitragen.

Informationen wie Schulnoten, Examensleistungen an Hochschulen und weitere Beurteilungen von Lernleistungen nach institutionalisierter Ausbildung zählen unserer Ansicht nach nur mittelbar zu den Lebensdaten. Da den Schulnoten im deutschen Bildungssystem eine herausragende Bedeutung bei wichtigen Selektionsentscheidungen zukommt, werden wir im Folgenden näher auf die Qualität der schulischen Leistungsbeurteilungen eingehen.

13.3.2 Zensuren

Schulleistungen entscheiden beispielsweise darüber, welche weiterführende Schule nach der Grundschule empfohlen und ggf. besucht wird und bilden die Grundlage für die Entscheidung, welche Bewerber zum Hochschulstudium zugelassen werden. Aufgrund dieser großen Bedeutung müssen an die schulischen Leistungsbeurteilungen hohe methodische Anforderungen gestellt werden. Sie müssen objektiv, reliabel und vergleichbar zwischen verschiedenen Klassen und Schulen sein. Selbstverständlich müssen Zensuren auch valide im Sinne der oben angeführten Konzeptualisierung sein.

Die mangelnde Objektivität und Reliabilität der Schulnoten sind vielfach festgestellt und kritisiert worden (vgl. dazu zusammenfassend Ingenkamp, 1995). Da die Schulleistungen von den Lehrkräften beurteilt werden, beruhen die Einzelnoten auf Beurteilungsprozessen, deren Ergebnis von der diagnostischen und pädagogischen Kompetenz sowie von den individuellen Beurteilungstendenzen der Lehrkraft abhängt (Langfeldt & Tent, 1999). Solche subjektiven Urteile sind zahlreichen **verzerrenden Einflussfaktoren** ausgesetzt wie beispielsweise Erinnerungsfehlern, fehlerhaften Attributionen, Urteilstendenzen (Milde- oder Strengeeffekte, Tendenz zur Mitte), Einstellungs- und Erwartungseffekten sowie der aktuellen Befindlichkeit der Lehrkraft (Tent, 1998). Lehrkräften geht es da, auch trotz umfangreicher Erfahrung in der Leistungsbeurteilung, nicht anders als anderen Menschen. Bei objektiv gleicher Leistung schwanken die Lehrerbeurteilungen z. T. erheblich. Langfeldt et al. (1999) geben jedoch zu bedenken, dass die meisten Urteile nur wenig voneinander abweichen. Das Gleiche gilt auch für die Reliabilität der Schulleistungsurteile: Wenn Lehrkräfte ein und dieselbe Leistung mehrmals bewerten, können sich durchaus große Unterschiede zeigen – die Mehrheit der Zweiturteile weicht allerdings nur wenig vom Ersturteil ab (Langfeldt et al., 1999). Dabei ist auch unbedingt in Rechnung zu stellen, dass beim Ein-

satz standardisierter Leistungstests ähnliche Phänomene zu erwarten sind. Auch hier können bei den Schätzungen Abweichungen auftreten, wie im Abschnitt über Reliabilität diskutiert wurde.

Eine grundlegende Schwäche des Lehrerurteils, die für Leistungstests nicht gilt, liegt in der mangelnden Vergleichbarkeit von Noten aufgrund des fehlenden klassenübergreifenden Maßstabs für die Leistungsbeurteilung. Das bedeutet, dass die objektiv gleiche Leistung in Abhängigkeit vom allgemeinen Leistungsniveau der Klasse und der Schule verschieden bewertet wird (▶ Kap. 8 und ▶ Kap. 11).

13.3.3 Selbstberichtsinstrumente

Unter Selbstberichtsinstrumenten werden Verfahren verstanden, bei denen eine Person sich selbst bezüglich interessierender Eigenschaften oder Verhaltensweisen einschätzen soll. In Selbstberichtsinstrumenten gibt es keine objektiv richtige Antwort. Es ist ganz wesentlich zu verstehen, dass die Beurteilungen der Antworten folglich nicht die Abweichungen von einem definierten Leistungsstandard abbilden – also inwieweit sich das Antwortmuster von einem Soll-Antwortmuster unterscheidet –, sondern subjektiv gefärbte Beurteilungen widerspiegeln, die von der Person manipuliert werden können.

In der pädagogischen und klinischen Praxis, etwa bei Untersuchungen von Schulfähigkeit oder Verhaltensauffälligkeiten, werden Selbst- und Fremdbeurteilungen häufig eingesetzt. Typische Beispiele für Selbstberichtsverfahren stellen **Persönlichkeitstests** wie der NEO-PI-R (Ostendorf & Angleitner, 2004) dar. Zu den Selbstberichtsinstrumenten zählen auch Einstellungsfragebögen, semantische Differenziale, Ratingskalen und einiges mehr. Dem NEO-PI-R liegt das Big-Five-Modell zugrunde, nach dem fünf breite und hierarchisch organisierte Persönlichkeitseigenschaften unterschieden werden müssen (McCrae & Costa, 1999). In der folgenden ▶ Übersicht sind Beschreibungen dieser Konstrukte und jeweils ein Beispielitem angegeben.

Typische Items zur Erfassung der „Big-Five"-Persönlichkeitseigenschaften nach NEO-PI-R (Ostendorf & Angleitner, 2004)

- **Extraversion:** Tendenz, gesellig, aktiv, gesprächig, sozial und optimistisch zu sein.
  „Ich habe gern viele Leute um mich herum."
- **Neurotizismus:** Tendenz nervös, ängstlich, traurig, unsicher und verlegen zu sein. Unfähigkeit, die Bedürfnisse zu kontrollieren und angemessen auf Stressreaktionen zu reagieren.
  „Ich bin oft nervös."

- **Gewissenhaftigkeit:** Tendenz leistungsorientiert, ordentlich, diszipliniert und ehrgeizig zu arbeiten. „Ich arbeite hart, um meine Ziele zu erreichen."
- **Verträglichkeit:** Neigung altruistisch, verständnisvoll und mitfühlend zu sein sowie zwischenmenschliches Vertrauen, kooperatives Verhalten und Nachgiebigkeit zu zeigen. „Ich komme mit den meisten Mitmenschen gut zurecht."
- **Offenheit für neue Erfahrungen:** Wertschätzungen für neue Erfahrungen, Bevorzugung von Abwechslung. Personen mit hohen Ausprägungen in dieser Skala sind wissbegierig und kreativ. „Ich führe gerne intellektuelle Diskussionen."

Zu Selbstberichtsverfahren zählen auch Interessentests sowie Motivationsfragebögen, etwa zur Leistungsmotivation. Ein empfehlenswerter Berufsinteressentest ist der AIST (Bergmann & Eder, 2005), der auf dem Hexagon-Modell von Holland (Holland, 1997) beruht, in dem ein Interessenprofil (Nagy, Trautwein & Lüdtke, 2010) auf sechs Interessendomänen (z. B. technische, intellektuelle, künstlerische Interessen) erstellt werden kann.

Ein schwerwiegendes Problem beim Einsatz von Selbstberichtsinstrumenten stellt die **Verfälschbarkeit der Antworten** dar (Ziegler, MacCann & Roberts, 2011). Versuchspersonen weisen in den für sie relevanten Bewertungssituationen mehr oder weniger stark ausgeprägte Tendenzen auf, ihre Antworten zu verfälschen – etwa vermeintlich sozial erwünscht zu reagieren. Der Einsatz von sog. Lügenskalen löst solche Verfälschungsprobleme nicht. In Selektions- oder Beratungssituationen, bei denen für Versuchspersonen viel auf dem Spiel steht, sind Selbstberichte daher kritisch zu beurteilen. Zu diesen Testsituationen zählen neben Selektionssituationen u. U. auch Beratungssituationen, die zu als stigmatisierend empfundenen Behandlungsempfehlungen führen.

Eine weitere, weniger verbreitete Form von Selbstbericht sind **Einschätzungen der eigenen Leistungsfähigkeit** (z. B. Beantwortung der Frage „Wie viele Aufgaben im Test hast du deiner Meinung nach richtig gelöst?"). Diese Mischform zwischen Selbstbericht und Leistungstests (Stankov, 1999) lässt sich in die oben besprochene Taxonomie von typischem und maximalem Verhalten (Cronbach, 1949) ebenso schwierig einordnen wie Tests zum situierten Urteilen (sog. situational judgement tests; vgl. Lievens, Peters & Schollaert, 2008). Diese Verfahren zielen darauf ab, aus Verhaltensabsichten in kritischen Situationen (z. B. „Umgang mit unaufmerksamen Kindern") z. B. auf die für den Unterrichtserfolg ausschlaggebenden Persönlichkeitseigenschaften bzw. -fertigkeiten von Lehr-

kräften zu schließen. Konkret bedeutet das, dass zu einer Situationsbeschreibung mehrere Handlungsalternativen angeboten werden, die entweder hinsichtlich ihrer Angemessenheit bewertet werden sollen oder aus denen eine Alternative ausgewählt werden soll. Die Antwortbewertung erfolgt meistens anhand des Vergleichs mit einer Expertengruppe, da korrekte Antworten für solche Verfahren meist unbekannt sind (Weekley & Ployhart, 2005).

Selbstberichtsinstrumente können auch zur **Erfassung von relevanten Kontextaspekten** wie z. B. zur Erfassung der Unterrichtsqualität oder der Qualität der Eltern-Kind-Beziehung eingesetzt werden. So können z. B. Lehrkräfte ihren eigenen Unterricht hinsichtlich verschiedener Aspekte wie kognitive Aktivierung, Klassenführung oder konstruktive Unterstützung (▶ Kap. 4, ▶ Kap. 11) aus ihrer Perspektive mittels eines Fragebogens beurteilen. Zusätzlich können Schüler analoge Fragebögen bearbeiten, die ihre Wahrnehmung des Unterrichts im Sinne einer Fremdevaluation erfassen. Darüber hinaus werden in nationalen und internationalen Bildungsstudien (▶ Kap. 15) häufig Fragebögen zur Erfassung des sozioökonomischen Status oder Migrationshintergrunds der Schüler eingesetzt. Denkbar ist auch der Einsatz von Fragebögen zur Erfassung der Eltern-Kind-Interaktion aus der Perspektive der Kinder und der Eltern.

13.3.4 Testdaten: Intelligenz- und Schulleistungsdiagnostik

Intelligenz gehört zu den am besten etablierten Konstrukten der empirischen Sozialwissenschaft und wird auch als „Begabung" oder als „allgemeine kognitive Fähigkeit" bezeichnet. Trotz jahrzehntelanger Forschungstradition gibt es keine allgemein anerkannte Definition von Intelligenz. Intelligenztests lassen sich hingegen definieren.

> **Definition**
>
> **Intelligenztests** sind Verfahren, bei denen wesentliche Anteile der Varianz auf individuelle Unterschiede in kognitiver Leistungsfähigkeit zurückzuführen sind. Intellektuelle Fähigkeiten, die mit solchen Verfahren erfasst werden, gelten als über die Zeit relativ stabile Persönlichkeitseigenschaften.

In unterschiedlichen **Intelligenztheorien** variiert die Anzahl und Beschaffenheit der postulierten Fähigkeiten. In neueren Intelligenzmodellen wird aufbauend auf älteren Modellen ein tieferes Verständnis der ablaufenden Denkprozesse angestrebt. Ein weitgehend anerkanntes Intelligenzstrukturmodell, das auf der Grundlage umfangreicher Reanalysen etabliert wurde, postuliert neben einem **Gene-**

Vorgaben   Aufgabe

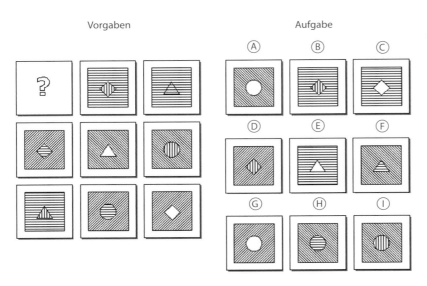

Abb. 13.2 Typische Aufgaben zur Erfassung fluider Intelligenz

ralfaktor mehrere breite **Gruppenfaktoren**, zu denen beispielsweise fluide und kristalline Intelligenz zählen (Carroll, 1993). Fluide Intelligenz kann beschrieben werden als die Fähigkeit, komplexere logische Zusammenhänge und abstrakte Strukturen zu begreifen sowie vielfältige Informationen verfügbar zu halten und manipulieren zu können. Unter dem Begriff kristalline Intelligenz werden individuelle Unterschiede im verfügbaren und anwendbaren Wissen verstanden. Neben fluider und kristalliner Intelligenz werden weitere Intelligenzfähigkeiten unterschieden, wie z. B. allgemeine auditive und visuelle Fähigkeiten sowie verschiedene Gedächtnisleistungen und geschwindigkeitsbezogene Intelligenzleistungen (▶ Kap. 2).

Mit Blick auf verfügbare Tests sind auch Gedächtnis-, Aufmerksamkeits- und Konzentrationstests als speziellere Verfahren zu nennen, die häufig eingesetzt werden. Bezüglich der Aufmerksamkeitstests sind allerdings profunde Probleme der Abgrenzung gegenüber sog. Konzentrationsleistungstests und Verfahren zur Erfassung der Bearbeitungsgeschwindigkeit und der Wahrnehmungsgeschwindigkeit festzustellen.

Die Ausprägung intellektueller Fähigkeiten wird heute in der Regel in alters- und schulformspezifischen Normskalen mit dem Mittelwert 100 und der Standardabweichung 15 ausgedrückt. Der IST 2000 R (Amthauer, Brocke, Liepmann & Beauducel, 2001) ist ein aktueller, recht gut normierter und weit verbreiteter Intelligenztest.

Typische Aufgaben zur Erfassung der **fluiden Intelligenz** sind in ◻ Abb. 13.2 wiedergegeben.

Die **kristalline Intelligenz** wird beispielsweise über folgende Items aus dem IST 2000 R (Amthauer et al., 2001) erfasst:

— Wer war „Alexander der Große"?
  a) Feldherr der römischen Armee unter Julius Caesar
  b) griechisch-makedonischer König

  c) Herrscher im Heiligen Römischen Reich Deutscher Nation
  d) Bezwinger des Hunnenkönigs Attila
— Was kennzeichnet einen „Tinnitus"?
  a) Ohrgeräusche
  b) Rückenschmerzen
  c) Blindheit
  d) Verwirrtheit

Die Unterscheidung zwischen Intelligenztests und Schulleistungstests ist ein schwieriges und kontroverses Thema (Lohman, 2006). Die oben angegebene Definition für Intelligenztests schließt grundsätzlich alle Schulleistungstests ein. **Schulleistungstests** sind häufig auf Leistungen in spezifischen Schulfächern in spezifischen Jahrgangsstufen zugeschnitten, es gibt aber auch fächer- und jahrgangsübergreifende Verfahren. Grundsätzlich ist die Bezeichnung Schulleistungstest auch etwas irreführend, denn geht es in der Regel um die Messung von Schülerleistungen.

Als ein Beispiel eines Schulleistungstests wird hier DEMAT 4 (Gölitz, Roick & Hasselhorn, 2006) aus der DEMAT-Reihe – einer Serie gut etablierter und untersuchter Verfahren zur Erfassung mathematischer Rechenfertigkeiten in der Grundschule für die Klassenstufe 1–4 – vorgestellt. Der Testkonstruktion liegen die Mathematiklehrpläne aller 16 deutschen Bundesländer zugrunde. Der Test erfasst Schülerleistungen in den Bereichen Arithmetik (vgl. Beispielaufgabe in ◻ Abb. 13.3), Sachrechnen und Geometrie. Der Bereich Arithmetik wird durch die Aufgabentypen Zahlenstrahlen, Additionen, Subtraktionen, Multiplikationen und Divisionen gemessen. Zum Bereich Sachrechnen gehören die Aufgabentypen Größenvergleichen und Lösen von Sachaufgaben. Die Geometrieleistung wird mit den Aufgabentypen Lagebeziehungen und Spiegelzeichnungen gemessen. Die Validität des Verfah-

◻ Abb. 13.3 Beispielaufgabe aus dem DEMAT 4. (Aus Gölitz, D., Roick, T. & Hasselhorn, M. (2006). *Deutscher Mathematiktest für vierte Klassen (DEMAT 4).* © by Hogrefe Verlag GmbH & Co. KG, Göttingen • Nachdruck und jegliche Art der Vervielfältigung verboten. Bezugsquelle: Testzentrale Göttingen, Herbert-Quandt-Str. 4, 37081 Göttingen, Tel. (0551) 999-50-999, ► www.testzentrale.de.)

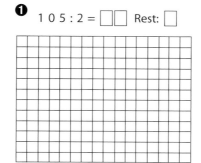

❶ $105 : 2 = \square\square$ Rest: $\square$

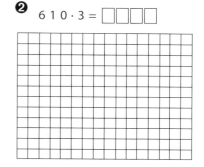

❷ $610 \cdot 3 = \square\square\square\square$

rens ist gut belegt durch substanzielle Zusammenhänge mit anderen etablierten Mathematiktests und Schulnoten. Zur Diagnose spezifischer Defizite in mathematischen Kenntnissen – insbesondere der Dyskalkulie können dann ggf. spezifischere Verfahren herangezogen werden, etwa der ZAREKI (von Aster, Weinhold Zulauf & Horn, 2006). Weitere Informationen zur DEMAT-Reihe sowie allgemein zur Diagnostik von Mathematikleistungen finden sich bei Hasselhorn, Schneider und Marx (2005). In ◻ Abb. 13.3 ist eine Beispielaufgabe aus dem DEMAT 4 dargestellt.

13.3.5 Interviews und Beobachtungsinventare

In der Praxis ist man bei der Beurteilung eines diagnostischen Problems häufig auf Auskünfte der untersuchten Personen oder der Bezugspersonen wie Eltern oder Lehrkräfte angewiesen, deren Urteil subjektiv gefärbt sein kann. Zur Objektivierung dieser Informationen können **standardisierte oder halbstandardisierte Interviews** eingesetzt werden. Um die Transparenz des Vorgehens und der getroffenen Entscheidung zu maximieren, sollte bei der Befragung auf einen standardisierten Fragenkatalog zurückgegriffen werden. Darüber hinaus erleichtern vorab festgelegte Antwortkategorien die Einordnung und Auswertung der häufig schwer miteinander vergleichbaren Antworten.

Eine weitere Klasse von Verfahren bietet sich insbesondere für die Beurteilung von Verhaltensauffälligkeiten an: die Beobachtung von kritischen Situationen mittels sog. **Beobachtungsinventare** (z. B. in der Eltern-Kind-Interaktion oder in der Klasse), wenn man sich nicht ausschließlich auf die Selbst- und Fremdauskunft verlassen will. Um auch hier Transparenz zu gewährleisten, sollten bei der Beobachtung standardisierte Checklisten oder vorab festgelegte Kategorien für das zu beobachtende Verhalten verwendet werden. Darüber hinaus sollten sowohl bei Interviews als auch bei Beobachtungsinventaren mehrere Beobachter bzw. Beurteiler eingesetzt und die

Übereinstimmung zwischen diesen errechnet werden, um die Objektivität der Auswertung und Interpretation der Antworten (bzw. des beobachteten Verhaltens) abzusichern.

13.4 Abschließende Kommentare

Naturgemäß können in einem kurzen Kapitel nicht alle wesentlichen Aspekte einer wichtigen Teildisziplin der Pädagogischen Psychologie Berücksichtigung finden. Daher können auch nicht alle behandelten Sachverhalte im gegebenen Rahmen ausführlich erörtert werden. Im Folgenden werden einige weiterführende Aspekte aufgegriffen und Verweise für ein vertiefendes Studium gegeben.

Nachdem die psychologische Diagnostik lange Zeit starker Kritik sowohl inner- und außerhalb der Disziplin ausgesetzt war, ist seit einigen Jahren ein Umschwung in der Bewertung ihrer Bedeutsamkeit feststellbar. Besonders sichtbar wird dieser Wandel an der Vielzahl der nationalen und internationalen Bildungsstudien wie PISA oder TIMSS (► Kap. 15). Darüber hinaus hat aber auch die Einführung von Bildungsstandards und Vergleichsarbeiten zu einer öffentlichen Diskussion und stärkeren Sichtbarkeit der psychologischen Diagnostik geführt.

In der Diagnostik sind die Analyseeinheiten häufig einzelne oder einige wenige Personen. Spezielle **Methoden der Einzelfallanalyse und Veränderungsmessung** sind hier häufig die statistischen Verfahren der Wahl, und ihr Studium (etwa Köhler, 2008) ist relevant, weil diese Methoden in der Regel im Rahmen des universitären Studiums keinen festen Platz haben.

Diagnostik beruht immer auf empirischer Evidenz und setzt **geeignete Messinstrumente** voraus. In der Realität diagnostischer Praxis ist zu befürchten, dass zahlreiche diagnostische Probleme durch Laien bearbeitet und mit unzureichenden Instrumenten und Methoden entschieden werden (Wottawa & Hossiep, 1997). Die Konsequenzen eines unzulänglichen Vorgehens für betroffene Personen werden dabei oft zu wenig beachtet. Zweifellos würden vergleichbare Zustände in der medizinischen Diagnostik zu großem gesellschaftlichen Unbehagen führen. Wir sind der Meinung, dass es in der pädagogisch-psychologischen Diagnostik einige saliente Probleme – wie etwa die Begründung und die Konsequenzen der Aufteilung der Grundschulkohorten in verschiedene Schulformen in der Sekundarstufe – gibt, bei denen Betroffenen bedeutsame Lebenschancen zugeteilt oder vorenthalten werden. Die biografischen Konsequenzen dieser Entscheidungen werden in Deutschland gesellschaftlich noch nicht hinreichend in Erwägung gezogen.

In vielen benachbarten Disziplinen, insbesondere in der Medizin, gibt es eine verbindliche und aus Kunden- bzw. Patientensicht selbstverständliche **Fort- und Weiterbildungsforderung** für diagnostisch tätige Personen. In der psychologischen Diagnostik gibt es kein solches Qualifizierungsgebot. Dies trägt sicher zu einigen der nicht zufriedenstellenden Gegebenheiten in der psychologischen Diagnostik bei (Schoor, 1995). So werden für diagnostische Zwecke häufig Instrumente verwendet, deren Normen überaltert sind, deren Testinhalte überholt sind und die inhaltliche Weiterentwicklungen in der Grundlagenforschung nicht abbilden. Die Aktualität des Wissens in der Praxis der pädagogisch-psychologischen Diagnostik muss somit leider ebenso bezweifelt werden wie die Realisierung einer problemgerechten Testpraxis.

> **Fazit**
> Pädagogisch-psychologische Diagnostik befasst sich mit der Erfassung nicht direkt beobachtbarer Merkmale von Personen oder Institutionen mit dem Ziel der Beantwortung einer konkreten Fragestellung. Ausprägungen der interessierenden Merkmale werden aufgrund von beobachtetem Verhalten geschätzt. In Bezug auf diagnostische Fragestellungen werden drei Dimensionen unterschieden: Status- und Prozessdiagnostik, Selektions- und Modifikationsdiagnostik sowie kriteriums- und normorientierte Diagnostik.
> An die pädagogisch-psychologische Diagnostik werden Fragestellungen aus vielfältigen Anwendungsfeldern herangetragen, die von der Diagnose der Teilleistungsstörungen bis zu Fragen der Hochschulzulassung reichen. Zur Beantwortung diagnostischer Probleme werden neben demografischen Angaben und Schulnoten insbesondere Leistungstests, Fragebögen und Interviews herangezogen. Im diagnostischen Prozess kommt der Auswahl geeigneter Verfahren eine besondere Bedeutung zu. Bei der Beurteilung der infrage kommenden Messinstrumente sollten neben Gütekriterien wie Objektivität, Reliabilität und Validität insbesondere inhaltliche Abwägungen zum Tragen kommen.

> Diagnostische Entscheidungen können schwerwiegende Konsequenzen nach sich ziehen. Daher muss man sich der möglichen Fehler, die bei einer diagnostischen Entscheidung entstehen können, bewusst sein und sollte versuchen, diese durch die Verwendung adäquater Verfahren und Methoden zu minimieren.

Verständnisfragen
1. Erklären Sie den Begriff „pädagogisch-psychologische Diagnostik". In welchen Anwendungsfeldern kommt die pädagogisch-psychologische Diagnostik zum Einsatz?
2. Welche wichtigen Taxonomien von Problemen der pädagogisch-psychologischen Diagnostik kennen Sie? Nennen Sie jeweils Beispiele für Fragestellungen.
3. Nennen und erläutern Sie drei relevante Gütekriterien anhand derer psychologische Tests bewertet werden?
4. Erklären Sie die Begriffe Basisrate und Selektionsrate an einem Beispiel. Was versteht man unter Sensitivität, Sensibilität und Effizienz eines Testverfahrens?
5. Welche diagnostischen Informationen bzw. Verfahrensklassen können in der pädagogisch-psychologischen Diagnostik herangezogen werden? Welche Vorzüge und Nachteile haben diese Verfahren?

Vertiefende Literatur
Brennan, R. L. (2006). *Educational Measurement* (4th ed.). Westport, CT: Praeger Publishers.
Cronbach, L. J. (1990). *Essentials of Psychological Testing*. New York: Harper Collins.
Schmidt-Atzert, L. & Amelang, M. (2012). *Psychologische Diagnostik*. Berlin: Springer.

Literatur

American Educational Research Association, American Psychological Association, & National Council on Measurement in Education (2002). *Standards for educational and psychological testing*. Washington, DC: American Educational Research Association.
American Psychological Association (1954). Technical recommendations for psychological tests and diagnostic techniques. *Psychological Bulletin, 51*, 201–238.
Amthauer, R., Brocke, B., Liepmann, D., & Beauducel, A. (2001). *Intelligenz-Struktur-Test 2000 R (I-S-T 2000 R)*. Göttingen: Hogrefe.
Bakker, D. J. (2006). Treatment of developmental dyslexia: A review. *Pediatric Rehabilitation, 9*, 3–13.
Bergmann, C., & Eder, F. (2005). *Allgemeiner Interessen-Struktur-Test mit Umwelt-Struktur-Test (UST-R) -Revision*. Göttingen: Beltz Test GmbH.
Bollen, K. A. (1989). *Structural equations with latent variables*. NY: Wiley.
Borchert, J. (Hrsg.). (2000). *Handbuch der Sonderpädagogischen Psychologie*. Göttingen: Hogrefe.
Borsboom, D., Mellenbergh, G. J., & Van Heerden, J. (2004). The concept of validity. *Psychological Review, 111*, 1061–1071.
Brehmer, Y., & Lindenberger, U. (2007). Intraindividuelle Variabilität und Plastizität. In M. Hasselhorn, & W. Schneider (Hrsg.), *Handbuch*

der Entwicklungspsychologie Handbuch der Psychologie, (Bd. 7, S. 407–418). Göttingen: Hogrefe.

Brogden, H. E. (1949). When testing pays off. *Personnel Psychology, 2*, 171–183.

Byrne, B. M. (2001). *Structural Equation Modeling with AMOS: Basic Concepts, Applications, and Programming*. Hillsdale, NJ: LEA.

Carroll, J. B. (1993). *Human cognitive abilities: A survey of factor-analytic studies*. Cambridge, MA: Cambridge University Press.

Cizek, G. (2001). *Setting Performance Standards: Concepts, Methods, and Perspectives*. Mahwah, NJ: LEA.

Collins, L. M., & Sayer, A. (2001). *New Methods for the Analysis of Change*. Washington, DC: APA.

Cronbach, L. J. (1949). *Essentials of psychological testing*. NY: Harper.

Cronbach, L. J. (1951). Coefficient alpha and the internal structure of tests. *Psychometrika, 16*, 297–334.

Cronbach, L. J., & Gleser, G. C. (1965). *Psychological tests and personnel decisions*. Urbana, IL: University of Illinois Press.

de Ayala, R. J. (2009). *The theory and practice of item response theory*. New York: Guilford Press.

Deutsche Gesellschaft für Psychologie (DGPs), & Bund deutscher Psychologinnen und Psychologen (BDP) (1998). *Ethische Richtlinien der DGPs und des BDP*.http://www.dgps.de/dgps/aufgaben/003.php.

Eckardt, H.-H. (1990). Geschichte der Berufseignungsdiagnostik in der Arbeitsverwaltung der Bundesrepublik Deutschland. *Diagnostica, 36*(3), 264–282.

Eckardt, H.-H. (1991). Die Unterstützung individueller beruflicher Entscheidungen durch den Einsatz von Test und selbsterkundungsverfahren. In K. Ingenkamp, & R. S. Jäger (Hrsg.), *Tests und Trends 9* (S. 109–150). Weinheim: Beltz.

Eckardt, H.-H., & Schuler, H. (1995). Berufseignungsdiagnostik. In R. S. Jäger, & F. Petermann (Hrsg.), *Psychologische Diagnostik* (S. 533–551). Weinheim: Beltz Psychologie Verlags Union.

Eid, M., & Diener, E. (Hrsg.). (2006). *Handbook of multimethod measurement in psychology*. Washington, DC: American Psychological Association.

Embretson, S. E., & Reise, S. P. (2000). *Item Response Theory for Psychologists*. Mahwah, NJ: LEA.

Faust, G. (2006). Zum Stand der Einschulung und der neuen Schuleingangsstufe in Deutschland. *Zeitschrift für Erziehungswissenschaft, 9*, 328–347.

Felfe, J., & Liepmann, D. (2008). *Organisationsdiagnostik*. Göttingen: Hogrefe.

Formazin, M., Schroeders, U., Köller, O., Wilhelm, O., & Westmeyer, H. (2011). Studierendenauswahl im Fach Psychologie. Testentwicklung und Validitätsbefunde. *Psychologische Rundschau, 62*, 221–236.

Gölitz, D., Roick, T., & Hasselhorn, M. (2006). *Deutscher Mathematiktest für vierte Klassen (DEMAT 4)*. Göttingen: Hogrefe.

Gold, A., & Souvignier, E. (2005). Prognose der Studierfähigkeit: Ergebnisse aus Längsschnittanalysen. *Zeitschrift für Entwicklungspsychologie und Pädagogische Psychologie, 37*(4), 214–222.

Hasselhorn, M., Schneider, W., & Marx, H. (2005). *Diagnostik von Mathematikleistungen*. Jahrbuch der pädagogisch-psychologischen Diagnostik, Bd. 4. Göttingen: Hogrefe.

Hattie, J. A. (1985). Methodology review: Assessing unidimensionality of tests and items. *Applied Psychological Measurement, 9*, 139.

Heller, K. A. (2001). *Hochbegabung im Kindes- und Jugendalter*. Göttingen: Hogrefe.

Holland, J. L. (1997). *Making vocational choices: A theory of vocational personalities and work environments*. Odessa, FL: Psychological Assessment Resources.

Holling, H., & Reiners, W. (1999). Monetärer Nutzen verschiedener Selektionsstrategien in Assessment Centern. In H. Holling, & G. Gediga (Hrsg.), *Evaluationsforschung* (S. 179–193). Göttingen: Hogrefe.

Ingenkamp, K. (1995). *Die Fragwürdigkeit der Zensurengebung: Texte und Untersuchungsberichte*. Weinheim: Beltz.

Ingenkamp, K., & Lissmann, U. (2005). *Lehrbuch der Pädagogischen Diagnostik*. Weinheim, Basel: Beltz.

Jäger, R. S. (Hrsg.). (1988). *Psychologische Diagnostik - Ein Lehrbuch*. Weinheim: PVU.

Kaufmann, L. (2008). Dyscalculia: neuroscience and education. *Educational Research, 50*, 163–175.

Kanaya, T., Scullin, M., & Ceci, S. J. (2003). The Flynn Effect and U. S. Policies. The Impact of Rising IQ Scores on American Society Via Mental Retardation Diagnoses. *American Psychologist, 58*, 778–790.

Kelley, E. L. (1927). *Interpretation of educational measurements*. Yonkers, NY: World.

Klauer, K. J. (1987). *Kriteriumsorientierte Tests. Lehrbuch der Theorie und Praxis lehrzielorientierten Messens*. Göttingen: Hogrefe.

Klauer, K. J. (1982). *Handbuch der Pädagogischen Diagnostik* Bd. 1. Düsseldorf: Schwann. Studienausgabe

Köhler, T. (2008). *Statistische Einzelfallanalyse*. Weinheim: Beltz.

Köller, O., Baumert, J., & Schnabel, K. (1999). Wege zur Hochschulreife: Offenheit des Systems und Sicherung vergleichbarer Standards. Analysen am Beispiel der Mathematikleistungen von Oberstufenschülern an integrierten Gesamtschulen und Gymnasien in Nordrhein-Westfalen. *Zeitschrift für Erziehungswissenschaft, 2*, 385–422.

Kraemer, H. C. (1992). *Evaluating Medical Tests. Objective and Quantitative Guidelines*. Thousand Oaks, CA: Sage.

Kraemer, H. C., Noda, A., & O'Hara, R. (2003). Categorical Versus Dimensional Approaches to Diagnosis: Methodological Challenges. *Journal of Psychiatric Research, 38*, 17–25.

Kunina-Habenicht, O., Rupp, A. A., & Wilhelm, O. (2009). A practical illustration of multidimensional diagnostic skills profiling: Comparing results from confirmatory factor analysis and diagnostic classification models. *Studies in Educational Evaluation, 35*(2), 64–70. doi:10.1016/j.stueduc.2009.10.003.

Langfeldt, H. P., & Tent, L. (1999). *Pädagogisch-psychologische Diagnostik*. Göttingen: Hogrefe.

Lienert, G. (1969). *Testaufbau und Testanalyse*. Weinheim: PVU.

Lievens, F., Peeters, H., & Schollaert, E. (2008). Situational judgment tests: A review of recent research. *Personnel Review, 37*, 426–441.

Lohman, D. F. (2006). Beliefs about differences between ability and accomplishment: From folk theories to cognitive science. Roeper. *Review, 29*, 32–40.

Lord, F. M., & Novick, M. R. (1968). *Statistical theories of mental test scores*. Reading, MA: Addison-Welsley.

Lubinski, D., Benbow, C. P., Webb, R. M., & Bleske-Rechek, A. (2006). Tracking exceptional human capital over two decades. *Psychological Science, 17*, 194–199.

Maaz, K., Neumann, M., Trautwein, U., Wendt, W., Lehmann, R., & Baumert, J. (2008). Der Übergang von der Grundschule in die weiterführende Schule: Die Rolle von Schüler- und Klassenmerkmalen beim Einschätzen der individuellen Lernkompetenz durch die Lehrkräfte. *Schweizerische Zeitschrift für Bildungswissenschaften, 30*, 519–548.

Maaz, K., Trautwein, U., Lüdtke, O., & Baumert, J. (2008). Educational Transitions and Differential Learning Environments: How Explicit Between-School Tracking Contributes to Social Inequality in Educational Outcomes. *Child Development Perspectives, 2*, 87–84.

MacCallum, R. C., Zhang, S., Preacher, K. J., & Rucker, D. D. (2002). On the practice of dichotomization of quantitative variables. *Psychological Methods, 7*, 19–40.

McCrae, R. R., & Costa, P. T. (1999). A five-factory theory of personality. In L. A. Pervin, & O. P. John (Hrsg.), *Handbook of personality. Theory and research* (S. 139–153). New York: Guilford Press.

Michaelis, J., & Weyer, G. (1972). Zur Selektionseignung der Abiturnoten für die Zulassung zum Medizinstudium – eine Modellstudie. *Deutsches Ärzteblatt, 69*, 982–986.

Messick, S. (1989). Validity. In R. L. Linn (Hrsg.), *Educational measurement.* (3. Aufl., S. 13–103). New York: Macmillan.

Moog, W., & Nowacki, G. (1993). Diagnostische Fallarbeit im Rahmen des Sonderschulaufnahmeverfahrens - Eine Umfrage an Schulen für Lernbehinderte. *Sonderpädagogik, 23*(1), 16–24.

Nagy, G., Trautwein, U., & Lüdtke, O. (2010). The structure of vocational interests in Germany: Different methodologies, different conclusions. *Journal of Vocational Behavior, 76*, 153–169.

Nunnally, J., & Bernstein, I. (1994). *Psychometric Theory.* NY: McGraw Hill.

Ostendorf, F., & Angleitner, A. (2004). *NEO-Persönlichkeitsinventar nach Costa und McCrae, revidierte Fassung (NEO-PI-R).* Göttingen: Hogrefe.

Pawlik, K. (1982). *Diagnose der Diagnostik.* Stuttgart: Klett.

Raykov, T., & Marcoulides, G. A. (2006). *A First Course in Structural Equation Modeling.* Mahwah, New Jersey: Lawrence Erlbaum Associates.

Reis, S. M., & Renzulli, J. S. (2011). Intellectual giftedness. In S. B. Kaufmann, & R. J. Sternberg (Hrsg.), *The Cambridge Handbook of Intelligence* (S. 235–252). Cambridge: Cambridge University Press.

Rost, D. H. (Hrsg.). (1993). *Lebensumweltanalyse hochbegabter Kinder: das Marburger Hochbegabtenprojekt.* Göttingen: Hogrefe.

Rost, J. (2004). *Lehrbuch Testtheorie Testkonstruktion.* Bern: Huber.

Sauer, J., & Gamsjäger, E. (1996). Die Determinanten der Grundschulleistung und ihr prognostischer Wert für den Sekundarschulerfolg. *Psychologie in Erziehung und Unterricht, 43*, 182–204.

Schermelleh-Engel, K., Moosbrugger, H., & Müller, H. (2003). Evaluating the fit of structural equation models: Test of significance and descriptive goodness-of-fit measures. *Methods of Psychological Research – Online, 8*, 23–74. http://www.mpr-online.de/.

Schmidt-Atzert, L., & Amelang, M. (2012). *Psychologische Diagnostik.* Berlin: Springer.

Schoor, A. (1995). Stand und Perspektive diagnostischer Verfahren in der Praxis. Ergebnisse einer repräsentativen Befragung westdeutscher Psychologen. *Diagnostica, 41*, 3–21.

Schulze, R. (2005). Modeling structures of intelligence. In O. Wilhelm, & R. W. Engle (Hrsg.), *Handbook of understanding and measuring intelligence* (S. 241–263). Thousand Oaks, CA: Sage.

Stankov, L. (1999). Mining on the „No Man's Land" between intelligence and personality. In P. L. Ackerman, P. C. Kyllonen, & R. D. Roberts (Hrsg.), *Learning and individual differences: process, trait, and content determinants* (S. 315–338). Washington, DC: American Psychological Association.

Sternberg, R. J. (1993). Procedures for identifying intellectual potential in the gifted: A perspective on alternative „Metaphors of Mind". In K. A. Heller, F. J. Monks, & A. H. Passow (Hrsg.), *International handbook of research and development of giftedness and talent.* Oxford: Pergamon.

Steyer, R., Yousfi, S., & Würfel, K. (2005). Prädiktion von Studienerfolg: Der Zusammenhang zwischen Schul- und Studiennoten im Diplomstudiengang Psychologie. *Psychologische Rundschau, 56*, 129–131.

Tent, L. (1998). Zensuren. In D. H. Rost (Hrsg.), *Handwörterbuch Pädagogische Psychologie* (S. 580–584). Weinheim: PVU.

Tent, L., & Stelzl, I. (1993). *Theoretische und methodische Grundlagen.* Pädagogisch-psychologische Diagnostik, Bd. 1. Göttingen: Hogrefe.

Thorndike, E. L. (1903). *Educational psychology.* NY: Lemcke & Buechner.

Trautwein, U., & Baeriswyl, F. (2007). Wenn leistungsstarke Klassenkameraden ein Nachteil sind: Referenzgruppeneffekte bei Übergangsentscheidungen. *Zeitschrift für Pädagogische Psychologie, 21*, 119–133.

von Aster, M. G., Weinhold Zulauf, M., & Horn, R. (2006). *ZAREKI-R: Die Neuropsychologische Testbatterie für Zahlenverarbeitung und Rechnen bei Kindern, revidierte Version.* Frankfurt: Harcourt Test Services.

Weekley, J. A., & Ployhart, R. E. (2005). *Situational judgment tests: Theory, measurement, and application.* Mahwah, NJ: Lawrence Erlbaum Associates.

WHO, & Dilling, H. (2008). *Internationale Klassifikation psychischer Störungen: ICD-10 Kapitel V (F) Klinisch-diagnostische Leitlinien.* Bern: Huber.

Wilhelm, O. (2005). Measuring reasoning ability. In O. Wilhelm, & R. W. Engle (Hrsg.), *Understanding and measuring intelligence* (S. 373–392). London: Sage.

Wottawa, H., & Hossiep, R. (1997). *Anwendungsfelder psychologischer Diagnostik.* Göttingen: Hogrefe.

Ziegler, M., MacCann, C., & Roberts, R. D. (Hrsg.). (2011). *New perspectives on faking in personality assessment.* New York, NY: Oxford University Press.

Evaluation pädagogisch-psychologischer Maßnahmen

Olaf Köller

E. Wild, J. Möller (Hrsg.), *Pädagogische Psychologie,* Springer-Lehrbuch,
DOI 10.1007/978-3-642-41291-2_14, © Springer-Verlag Berlin Heidelberg 2015

Als angewandte Disziplin bietet die Pädagogische Psychologie eine Vielzahl von Präventions- und Interventionsprogrammen im schulischen und außerschulischen Kontext an (► Kap. 17). Motivationstrainings (z. B. Rheinberg & Krug, 1999) und Denktrainings (Klauer, 1993) sind Beispiele für Interventionen bzw. Maßnahmen auf der Mikro- bzw. Individualebene; Unterrichtsentwicklungsprogramme stellen Interventionen auf einer Mesoebene dar, und schließlich sind Schulreformen Maßnahmen auf der Makro- oder Systemebene. Die Pädagogische Psychologie ist nicht nur bemüht, die Maßnahmen auf den verschiedenen Ebenen theoriebasiert zu entwickeln, sie bedient sich vielmehr auch der entsprechenden sozialwissenschaftlichen Methoden und statistischen Verfahren, um den Erfolg der Maßnahmen zu überprüfen. Erfolg bedeutet hier, dass die Zielvariablen der Maßnahmen/Interventionen optimiert werden; im vorschulischen und schulischen Kontext können dies motivationale, soziale und emotionale Variablen ebenso wie die kognitive Entwicklung sein. Die Überprüfung der Wirksamkeit der Maßnahmen wird als Evaluation, das dazu gehörige wissenschaftliche Vorgehen als Evaluationsforschung bezeichnet.

Im Rahmen dieses Kapitels soll eine Einführung in die Grundlagen der Evaluation gegeben werden. Begonnen wird mit einer Präzisierung dessen, was genau unter einer Evaluation zu verstehen ist und welche Formen der Evaluation unterschieden werden können. Danach wird der Ablauf einer Evaluation in acht Schritten von der Entscheidung, überhaupt eine Evaluation durchzuführen, bis hin zum Ziehen von Konsequenzen aus den Evaluationsbefunden skizziert. ► Abschn. 14.3 widmet sich der Überprüfung der Wirksamkeit von Evaluationen, in ► Abschn. 14.4 werden verschiedene methodische Probleme beschrieben, die bei der Durchführung und Auswertung von Evaluationen entstehen können. Hieran schließt sich ein kurzer Abschnitt an, in dem international gültige Standards für Evaluationsvorhaben vorgestellt werden. ► Abschn. 14.6 beinhaltet dann die Beschreibung eines konkreten Evaluationsvorhabens (◘ Abb. 14.1).

14.1   Begriffsbestimmung

Geht man von einer sehr breiten Definition aus, so kann Evaluation in Anlehnung an Scriven (1991; auch Mittag & Hager, 2000) als jegliche Art der zielgerichteten und zweckorientierten Festsetzung des Wertes einer Sache verstanden werden. Im Sinne dieser Definition können prinzipiell beliebige Objekte, Gegenstände, Maßnahmen etc. evaluiert werden. Im pädagogisch-psychologischen Bereich sind dies typischerweise Interventions- und Präventionsprogramme, vorschulische Erziehung, schulischer Unterricht oder Fortbildungsmaßnahmen.

Jede beliebige Maßnahme und ihre Evaluation können systemtheoretisch im Sinne von ◘ Abb. 14.2 konzeptuali-

◘ Abb. 14.1

siert werden und enthalten nach Chen (2005) die Komponenten:

- Input
- Transformation
- Output
- Feedback
- Umwelt.

Input. Hierunter fallen Ressourcen, die für eine Maßnahme bereitgestellt werden, z. B. organisationale Strukturen, Personal, Finanzen und Infrastruktur.

Transformation (Prozess). Hiermit ist die Durchführung der eigentlichen Maßnahme/Intervention gemeint, die aufseiten der Zielobjekte (Zielpersonen) zu Veränderungen führen soll. Dies kann beispielsweise die konkrete Durchführung eines kombinierten Motivations- und Leseprogramms bei benachteiligten Schülern sein.

Output. Der Output umfasst die Ergebnisse der Transformation aufseiten der Zielobjekte (Zielpersonen). Zielkriterien pädagogisch-psychologischer Programme beinhalten kognitive Variablen, Leistungsmaße, Sozialverhalten, Persönlichkeitsvariablen sowie emotionale und motivationale Merkmale. Die Programme müssen sich letztendlich daran messen lassen, ob es ihnen gelingt, die angesprochenen Kriterien zu optimieren (Frage der Effektivität). Neben diesen Kriterien sind bei Evaluationen aber auch Fragen der Durchführbarkeit, der Akzeptanz und der theoretischen Fundierung eines Programms von Bedeutung (Hager, 2008). Bei den Zielkriterien unterscheidet Hager (2008) Nah- und Fernziele. **Nahziele** beziehen sich auf die Effekte einer Intervention direkt zum Zeitpunkt ihrer Beendigung. Hager nennt hier als Beispiel das kognitive Denktraining von Klauer (1993), dessen Wirksamkeit sich unmittelbar nach Abschluss in einem Anstieg der Leistungsfähigkeit im induktiven Denken ausdrücken sollte. **Fernziele** um-

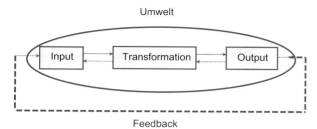

Abb. 14.2 Systemtheoretische Fassung einer Intervention und ihrer Evaluation. (Modifiziert nach Chen, 2005. Republished with permission of SAGE Publications, Inc. Books, © 2005; permission conveyed through Copyright Clearance Center, Inc.)

fassen längerfristige Effekte von Interventionen, so könnte sich das Denktraining von Klauer nach einer gewissen Zeit auch in besseren Schulleistungen niederschlagen.

Umwelt. Maßnahmen bzw. Interventionen finden üblicherweise in natürlichen (ökologischen) Kontexten statt, in denen vielfältige Umweltfaktoren ein Programm im Positiven wie im Negativen beeinflussen können. Zu solchen Faktoren zählen soziale Normen, politische Strukturen, das wirtschaftliche Umfeld, Interessengruppen, Erwartungen des Auftraggebers der Evaluation und Interessen von direkt und indirekt Beteiligten. Wird dem Output im Umfeld keine hinreichende Bedeutung zugemessen oder liegen die Befunde der Evaluation quer zu den Erwartungen des Auftraggebers, so steigt die Wahrscheinlichkeit des vorzeitigen Abbruchs einer Maßnahme.

Feedback. Hierunter fällt die eigentliche Evaluation, die idealer Weise prozessbegleitend stattfinden sollte. Prozess- und Produkt- bzw. Outputinformation können genutzt werden, um Modifikationen auf der Input- und Transformationsseite vorzunehmen. Ohne eingezogene Feedbackschleifen steigt die Gefahr von Misserfolgen.

Globale vs. analytische Evaluation

Notwendige Voraussetzung einer Evaluation ist, dass die ihr zugrunde liegenden Bewertungskriterien expliziert werden und der Evaluationsgegenstand auf der Basis dieser Kriterien bewertet wird. Wird ein Programm bzw. ein Objekt als Ganzes bewertet, so sprechen wir von einer globalen Evaluation, im Falle einer detaillierten Überprüfung einzelner Komponenten eines Programms liegt eine analytische Evaluation vor. Ein typisches Beispiel einer globalen Evaluation stellt der Ländervergleich zur Überprüfung der Schulleistungen in allen 16 Ländern der Bundesrepublik Deutschland (vgl. Köller, Knigge & Tesch, 2010; Stanat, Pant, Böhme & Richter, 2012) dar (▶ Kap. 15). Hier steht das gesamte allgemeinbildende Schulsystem eines Landes auf dem Prüfstand. Eine analytische Evaluation liegt beispielsweise vor, wenn in einem Programm inner- und

außerschulische Maßnahmen zur Förderung schulischer Kompetenzen durchgeführt und diese verschiedenen Maßnahmen getrennt hinsichtlich ihrer Effektivität ausgewertet werden. Konzediert werden muss hier, dass die Unterscheidung von globaler und analytischer Evaluation oft schwierig ist und die Übergänge fließend sind.

Wissenschaftliche Evaluation, Evaluations- und Grundlagenforschung

Von einer wissenschaftlichen Evaluation wird gesprochen, wenn die Bewertung des Evaluationsgegenstandes wenigstens ansatzweise theoriebasiert ist und sich auf empirische Daten stützt, die im Rahmen der Evaluationsforschung mit wissenschaftlichen Methoden bzw. Verfahren gewonnen und analysiert wurden. In diesem Sinne definieren Mittag und Hager (2000, S. 103) Evaluationsforschung als

> die wissenschaftlich fundierte, empirische und hypothesenorientierte Forschung unter systematischer Anwendung sozialwissenschaftlicher Forschungsmethoden. Die Ergebnisse der Evaluationsforschung bilden die wesentliche, wenn auch nicht die einzige Grundlage einer wissenschaftlichen Evaluation.

Noch zielführender ist in diesem Zusammenhang die Definition von Rossi und Freeman (1993, S. 5):

> Evaluation research is the systematic application of social research procedures in assessing the conceptualization and design, implementation, and utility of social intervention programs.

Im Gegensatz zur Evaluationsforschung steht bei der Grundlagenforschung nicht ein Produkt, sondern eine Forschungsfrage, die aus einer Theorie abgeleitet wurde, im Vordergrund (vgl. Rost, 2000). Typische Beispiele hierfür sind Experimente, in denen abgeleitete Aussagen aus einer Theorie überprüft werden.

Isolierte vs. vergleichende vs. kombinierte Evaluation

Hager (2008) unterscheidet drei **Evaluationsparadigmen**, die mit unterschiedlichen Hypothesen verbunden sind. Im Paradigma der isolierten Evaluation steht die Frage nach der grundsätzlichen Wirksamkeit eines Programms im Vordergrund. Eine Wirksamkeitshypothese wird in diesem Paradigma beispielsweise dahingehend formuliert, dass eine Trainingsmaßnahme bei den beteiligten Personen (Interventionsgruppe) eine Veränderung in Richtung eines definierten Ziels bewirkt, während diese Veränderung in einer alternativen Maßnahme, die in einer Kontrollgruppe andere Ziele verfolgt, nicht beobachtbar sein sollte. Hager spricht nur dann von einer „echten" Kontroll-

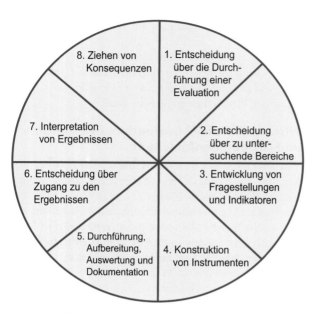

Abb. 14.3 Übersicht über die acht Schritte einer wissenschaftlichen Evaluation. (Modifiziert nach Abs et al., 2006, aus Wolfgang Böttcher, Heinz-Günter Holtappels, Michaela Brohm (Hrsg.), *Evaluation im Bildungswesen* © 2006 Beltz Juventa, Weinheim und Basel)

gruppe, wenn auch in dieser eine Maßnahme/Intervention durchgeführt wird.

Im Paradigma der vergleichenden Evaluation werden mindestens zwei Maßnahmen/Interventionen, welche (mit unterschiedlichen Mitteln) dieselben Ziele verfolgen, gegenübergestellt. Dies betrifft vor allem Interventionsprogramme, die sich bereits in isolierten Evaluationen als erfolgreich erwiesen haben. Zu dieser Gruppe zählen auch Evaluationsstudien, in denen Einzelmaßnahmen mit Maßnahmenkombinationen verglichen werden. Denkbar ist hier, dass verschiedene Programme zur Steigerung von Schulleistungen verknüpft werden. So können ein Motivationstraining und ein Denktraining mit einem Training, das beide Programme verbindet, verglichen werden (vgl. hierzu beispielsweise die Studie von Fries, Lund & Rheinberg, 1999). Die zu testenden Hypothesen bezeichnet Hager (2008) als **Äquivalenzhypothesen** (alle Maßnahmen sind gleich erfolgreich), **Überlegenheitshypothesen** (eine Maßnahme hat größere Effekte auf die Zielvariablen als die andere bzw. die anderen) und **Nicht-Unterlegenheitshypothese** (eine Maßnahme ist mindestens ebenso wirksam wie eine Alternative).

Im Paradigma der kombinierten Evaluation werden schließlich die isolierte und die vergleichende Evaluation zusammengeführt. Anlässe für diese Form ergeben sich, wenn Programme sich zunächst in einer vergleichenden Evaluation als äquivalent erweisen, man aber nicht wirklich daraus schließen kann, wie groß die Wirksamkeit ist. Man wird in diesem Fall eine dritte „echte" Kontrollgruppe hinzuziehen müssen, um die Wirksamkeitshypothese zu prüfen.

Summative vs. formative Evaluation

Je nachdem, ob ein Produkt oder ein Prozess evaluiert wird, spricht man von einer summativen oder einer formativen Evaluation. Summative Evaluationen (Produktevaluationen) finden nach Fertigstellung eines Produktes bzw. Beendigung einer Maßnahme bzw. Intervention statt. Das primäre Ziel besteht darin, Fragen hinsichtlich der Wirksamkeit von Programmen zu beantworten. Formative Evaluationen (Prozessevaluationen) setzen direkt während der Entwicklung oder Erprobung einer Maßnahme bzw. Intervention ein, können aber auch interventionsbegleitend sein. Sie haben die Funktion, die Komponenten eines Programms zu modifizieren bzw. zu optimieren, um die Gesamtwirkung der Maßnahme zu erhöhen.

Interne vs. externe Evaluation

Im schulischen Kontext wird häufig zwischen interner und externer Evaluation unterschieden. Bei der internen Evaluation werden die in ▪ Abb. 14.3 aufgeführten Schritte innerhalb eines Kollegiums gegangen. Planung, Durchführung und Interpretation der Evaluation liegen also in den Händen der Lehrkräfte. Bei der externen Evaluation ist üblicherweise die Schulaufsicht die treibende Kraft, wiewohl international (z. B. in Großbritannien) die externe Schulevaluation durch unabhängige Einrichtungen durchgeführt wird (u. a. das Office for Standards in Education in England).

Ranking

Ein relativ neues Phänomen in der Evaluation von pädagogischen Einrichtungen, Institutionen oder Systemen sind Rankings. Die Schulsysteme der 16 Länder der Bundesrepublik Deutschland werden im Rahmen von PISA öffentlich in eine Reihenfolge gebracht (vgl. u. a. Köller et al., 2010). In England sind sog. **League-Tables** im Internet verfügbar, in denen Einzelschulen in eine Rangreihe hinsichtlich der erreichten Schülerleistungen gebracht werden. Im Bereich der Evaluation von Hochschulen ist beispielhaft das CHE-Hochschulranking zu nennen, das fachbereichsspezifisch deutsche Universitäten hinsichtlich ihrer Angebote für Studierende in eine Rangfolge bringt. **Forschungsrankings** liefern darüber hinaus Informationen über die Forschungsleistungen (Zahl der Publikationen, Promotionen, Zitationen, eingeworbene Drittmittel) von Fachbereichen an Universitäten.

14.2   Die acht Schritte einer wissenschaftlichen Evaluation

In ▪ Abb. 14.3 finden sich die acht Schritte einer systematischen wissenschaftlichen Evaluation in der Form eines Kreislaufs (aus Abs, Maag Merki & Klieme, 2006). Die

Schritte 1 und 2 umfassen den **Entstehungszusammenhang** der Evaluation, der **Begründungszusammenhang** wird über die Schritte 3–5 hergestellt, schließlich besteht der **Verwertungszusammenhang** aus den Schritten 6–8. Rost (2000) bezeichnet diese Phasen in Anlehnung an Rossi, Freeman und Hofmann (1988) als **Konzeptualisierungsphase** (Schritte 1–3), **Implementationsphase** (Schritte 4 und 5) und **Wirkungsforschungsphase** (Schritte 6–8). Alle drei Phasen haben ihre Entsprechung in der Grundlagenforschung.

14.2.1 Entstehungszusammenhang von Evaluationen

Jede empirische Untersuchung, so auch jede Evaluation, bedarf hinsichtlich des Evaluationsgegenstands eines theoretischen bzw. konzeptuellen Überbaus. Darin gilt es zunächst zu klären, welches die zentralen Zieldimensionen sind, die infolge einer Maßnahme optimiert werden sollen. Weitere Fragen beziehen sich auf den Kontext, in dem die Evaluation stattfinden soll. Die angestrebte Zielgruppe ist zu präzisieren; der Ort, an dem die Evaluation stattfindet, muss ebenso festgelegt werden wie das zu verwendende Evaluationsmodell. Geht es in Interventionsmaßnahmen um die Steigerung der Schul- oder Unterrichtsqualität, so ist mit den jeweils Betroffenen zu klären, welchem Qualitätsverständnis von Schule oder Unterricht gefolgt wird und in welche Forschungstradition dieses eingebettet werden kann. Scheerens und Bosker (1997) beispielsweise identifizierten in einem Review der einschlägigen Forschungsliteratur 13 schulische Faktoren, die als relevant für die Steigerung der Schülerleistungen gelten (▶ Übersicht). Hattie (2009, 2012) kommt zu vergleichbaren Faktoren.

Weiterhin muss in dieser Phase festgelegt gelegt werden, in welchen Einrichtungen (Institutionen) die Intervention durchgeführt werden soll, welche Personengruppen und welche Bereiche eingebunden werden sollen. Schließlich müssen auch Festlegungen getroffen werden, ob eine (formative) Prozessevaluation, eine (summative) Produktevaluation oder eine Kombination aus beiden Evaluationsstrategien realisiert werden soll.

Zentrale Faktoren der Qualität einer Schule (nach Scheerens & Bosker, 1997)

1. Leistungsorientierung, hohe Lernerwartungen der Lehrkräfte an die Schüler
2. Effiziente Schulleitung
3. Konsens und Zusammenhalt im Kollegium
4. Qualität von Curriculum und Lernumgebungen
5. Schulklima
6. Evaluationsorientierung
7. Aktive und positive Beziehungen zwischen der Schule und ihrem Umfeld (z. B. Eltern, Betriebe)
8. Klassenklima
9. Zielstrebige Führung des Unterrichts
10. Klar strukturierter Unterricht
11. Selbstständiges Lernen
12. Differenzierung, lernerangepasste Methodik
13. Rückmeldung

Bei der Planung der Intervention und ihrer Evaluation ist die zusätzliche Berücksichtigung einer oder mehrerer Kontroll- bzw. Vergleichsgruppen – wo immer möglich – erforderlich. Kontroll- bzw. Vergleichsgruppen können alternative oder keine Interventionen erhalten, nur bei alternativen Interventionen spricht Hager (2008) von „echten" Kontrollgruppen (s. auch den Abschnitt zu isolierter, vergleichender und kombinierter Evaluation). Die Berücksichtigung von Vergleichsgruppen bietet einen wissenschaftlich haltbaren Vergleichsmaßstab für die Interpretation von Wirkungen. Eine Interventionsmaßnahme, beispielsweise ein Training zum prosozialen Verhalten von verhaltensauffälligen Schülern kann nur dann in seiner Wirksamkeit evaluiert werden, wenn es mit anderen Trainingsgruppen und/oder einer Gruppe ohne Training verglichen wird.

Unbestritten ist allerdings, dass die Forderung nach einer und mehreren Kontrollgruppen zumindest im Kontext Kindergarten oder Schule an Grenzen stößt. So kann auf Systemebene die Wirksamkeit von Schule nicht dadurch untersucht werden, dass man beschulte Kinder und Jugendliche mit unbeschulten Gleichaltrigen vergleicht. Letztere wird man zumindest in den Industrienationen kaum finden. Begibt man sich auf die Ebene der Einzelschule und definiert hier passgenaue Indikatoren der Schul- und Unterrichtsqualität, so werden an die Stelle von Kontrollgruppen Schulen treten, die in vergleichbaren Lagen ähnliche Schüler aufnehmen (**Versuch eines fairen Vergleichs**).

14.2.2 Begründungszusammenhang von Evaluationen

Entsprechend dem Vorgehen in der Grundlagenforschung werden im nächsten Schritt Fragestellungen bzw. Hypothesen formuliert, die das Kausalgefüge zwischen Maßnahmen bzw. Interventionen und Kriterien beschreiben. Welche Maßnahmen führen zu welchen Effekten aufseiten der Qualitätsindikatoren? Wie intensiv müssen sie sein? Gibt es Bedingungen, unter denen sie unwirksam werden? Wirken mehrere, gleichzeitig implementierte Maßnahmen jede für sich oder kumulativ oder gar kompensatorisch?

Mit der theoriebasierten Ableitung und Formulierung von Hypothesen über Kausalitätsgefüge folgt die Evaluationsforschung dem Credo des kritischen Rationalismus (Popper, 1971) und legitimiert so ihren wissenschaftlichen Anspruch. Gleichzeitig ist die Präzisierung des Zusammenhangsgefüges zwischen Maßnahmen und Zielkriterien die Voraussetzung für die Konstruktion von Messinstrumenten, mit deren Hilfe Zielvariablen und potenzielle Prozessindikatoren der Interventionen bzw. Maßnahmen operationalisiert werden können: „Wo quantitative Daten erhoben und interpretiert werden, müssen auch die Regeln der sozialwissenschaftlichen Methodenlehre und Statistik beachtet werden" (Abs et al., 2006, S. 102). Die Einhaltung entsprechender Regeln gilt analog für qualitative Ansätze (vgl. hierzu z. B. Mayring, 2002).

Auch wenn die Anwendung hoher wissenschaftlicher Standards an Evaluationsmaßnahmen nicht unwidersprochen geblieben ist (z. B. Altrichter, 1999), steht außer Zweifel, dass nur bei Verwendung adäquater Untersuchungsdesigns, messgenauer und in der Literatur etablierter Erhebungsverfahren und der Anwendung adäquater Auswertungsmethoden die Validität der in der Evaluation gewonnenen Befunde gegeben ist. Müssen Erhebungsinstrumente für eine Evaluation zunächst entwickelt werden, so sind deren vorherige Erprobung und die Feststellung psychometrischer Eigenschaften notwendige Bedingungen.

14.2.3 Verwertungszusammenhang von Evaluationen

In diesem Zusammenhang werden Entscheidungen getroffen, wer Zugang zu den Ergebnissen haben soll, wie die Befunde zu interpretieren sind und welche Konsequenzen sich daraus für ein Produkt bzw. Programm ergeben. Sofern es nicht gelingt, die Befunde von Evaluationen in konkrete Anschlussmaßnahmen umzusetzen, wird die Sinnhaftigkeit des gesamten Vorgehens bei der Evaluation in Frage gestellt. An die Bereitstellung von Evaluationsbefunden wird sich dementsprechend ein Katalog von Maßnahmen zur Implementation der erwünschten Veränderungen anschließen. Fehlt solch ein Begleit- bzw. Implementationsprogramm, so wächst die Gefahr nicht intendierter Effekte der Evaluation, indem Adressaten die Befunde einfach ignorieren oder gar abwerten.

14.3 Überprüfung der Wirksamkeit von Interventionen

Oben wurde festgestellt, dass Evaluationsdesigns immer auch mindestens eine „echte" Kontrollgruppe berücksichtigen sollten. Darüber hinaus sollte die Evaluation längs-

schnittlich ausgerichtet sein. Hier ist das einfachste aber auch hinreichend flexible Design der **Vortest-Nachtest-Follow-up-Plan** (Hager, 2008). In der Interventionsgruppe und in der Kontrollgruppe wird dabei unmittelbar vor der Maßnahme eine Baseline-Erhebung der Zielvariablen durchgeführt, die zweite Messung erfolgt unmittelbar nach Ende der Maßnahme. Schließlich wird längere Zeit nach Abschluss der Maßnahme eine dritte Messung durchgeführt um zu überprüfen, ob das Programm nachhaltige Effekte auf die Zielgrößen hat. Natürlich schließt dieses relativ elementare Design nicht aus, dass auch während der Maßnahme Messungen stattfinden; sei es, um Modifikationen vornehmen zu wollen oder um frühzeitig abschätzen zu können, ob die Maßnahme trägt. Weiterhin können auch mehr als zwei Gruppen in diesem Plan berücksichtigt werden.

Zum Zeitpunkt der Baseline-Erhebung sollten keine Unterschiede zwischen Interventions- und Kontrollgruppen bestehen, da Ausgangsunterschiede methodische Probleme bei der Auswertung aufwerfen, so beispielsweise das Phänomen der ▶ **Regression zur Mitte** (Campbell & Kenny, 1999), bei dem messfehlerbedingt höhere Ausgangswerte die Chance reduzieren, dass beim Zielkriterium Wachstum beobachtbar ist.

Hinsichtlich der Verläufe der Zielvariablen in isolierten Evaluationen beschreibt Hager (2008) fünf Ergebnismuster, die in ◻ Abb. 14.4 präsentiert werden. Bei einer erfolglosen Intervention zeigt sich eine parallele Entwicklung der Mittelwerte in der Interventions- und Kontrollgruppe. Existieren keine Ausgangsunterschiede, so decken sich beide Verlaufslinien.

Bei einer nur teilweise erfolgreichen Maßnahme zeigt sich in der Interventionsgruppe ein Anstieg in der Zielvariable zwischen Vor- und Nachtest, der allerdings bis zur Follow-up-Messung wieder verschwunden ist. In diesem Fall bleibt die Intervention also auf kurzfristige Effekte beschränkt. Bleiben die Effekte dagegen auch bei der Follow-up-Messung stabil, so handelt es sich in der Tat um eine erfolgreiche Intervention.

Die letzten beiden Graphen in ◻ Abb. 14.4 zeigen ebenfalls Varianten erfolgreicher Interventionen. Im ersten Fall setzt sich der positive Trend bis zur Follow-up-Messung fort, d. h. die Zielvariable verzeichnet auch nach der Intervention einen weiteren Anstieg. Typische Beispiele hierfür finden sich bei Gesundheitsprogrammen, wenn Teilnehmer auch nach der Intervention weiterhin die Verhaltensregeln befolgen und sich ihr körperlicher Zustand über das Programm hinaus verbessert. Im zweiten Fall bleibt die Intervention bis zur Nachtestmessung erfolglos, beim Follow-up ist dann aber ein deutlicher Anstieg erkennbar. In diesem Fall sprechen wir von einer „Schläfer-Effekt" („sleeper effect"). Ein Beispiel hierfür liefert eine Untersuchung von Hall, Hall und Sirin (1996). In dieser Studie

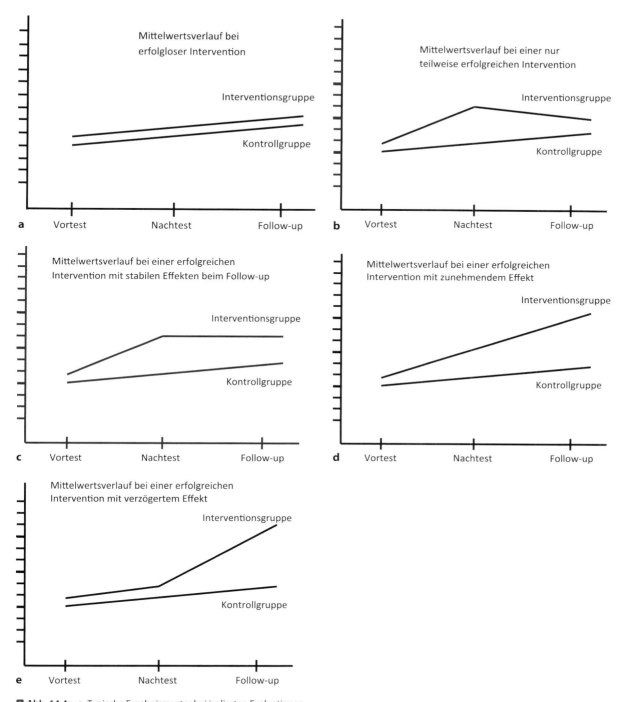

◻ Abb. 14.4a–e Typische Ergebnismuster bei isolierten Evaluationen

erhielt eine Interventionsgruppe von Lehrkräften professionelle Beratung über insgesamt 30 Stunden. Direkt nach der Maßnahme ergaben sich zwischen der Interventionsgruppe und einer Kontrollgruppe keine Unterschiede im wahrgenommenen professionellen Handeln. Erst ein Jahr später wurden dann Unterschiede zwischen beiden Gruppen in einer weiteren Untersuchung sichtbar.

Statistische Signifikanz und Effektstärken in wissenschaftlichen Evaluationen

Die deskriptiven Mittelwertsverläufe in ◻ Abb. 14.4 visualisieren die Effekte einer Intervention. Im Hinblick auf die inferenzstatistische Absicherung der Interventionen werden typischerweise Varianzanalysen mit Messwiederholung und/oder geplante Kontraste durchgeführt (Hager,

☐ Tab. 14.1 Entscheidungen beim Hypothesentesten

		Entscheidung für	
		H_0	H_1
Wahr ist	H_0	$1-\alpha$	α
	H_1	β	$1-\beta$

$1-\alpha$ Wahrscheinlichkeit, dass H_0 beibehalten wird und wahr ist; α Wahrscheinlichkeit, dass H_0 verworfen wird, obwohl H_0 richtig ist (α-Fehler); $1-\beta$ Wahrscheinlichkeit, dass H_0 verworfen wird und H_1 richtig ist (Teststärke bzw. Power); β Wahrscheinlichkeit, dass H_0 beibehalten wird, obwohl H_1 wahr ist (β-Fehler)

☐ Tab. 14.2 Effektstärkenmaße

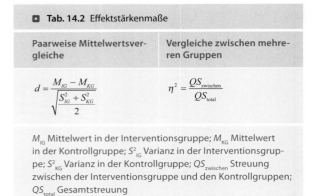

Paarweise Mittelwertsvergleiche	Vergleiche zwischen mehreren Gruppen
$d = \dfrac{M_{IG} - M_{KG}}{\sqrt{\dfrac{S^2_{IG} + S^2_{KG}}{2}}}$	$\eta^2 = \dfrac{QS_{zwischen}}{QS_{total}}$

M_{IG} Mittelwert in der Interventionsgruppe; M_{KG} Mittelwert in der Kontrollgruppe; S^2_{IG} Varianz in der Interventionsgruppe; S^2_{KG} Varianz in der Kontrollgruppe; $QS_{zwischen}$ Streuung zwischen der Interventionsgruppe und den Kontrollgruppen; QS_{total} Gesamtstreuung

2008). Im Falle ungleicher Ausgangswerte zwischen Interventions- und Kontrollgruppen werden ▶ **Kovarianzanalysen** angewendet (Pedhazur, 1997). Die statistischen Hypothesen beziehen sich dabei üblicherweise auf Unterschiede zwischen der Interventionsgruppe und den Kontrollgruppen in den Mittelwertsdifferenzen bzw. in den mittleren Trends. Mit der **Nullhypothese** (H_0) wird angenommen, dass keine Unterschiede zwischen den Gruppen im Verlauf bestehen. Dennoch auftretende Unterschiede zwischen den Gruppen sind rein zufällig. Mit der **Alternativhypothese** (H_1) wird angenommen, dass sich die Mittelwertsdifferenzen bzw. die Trends zwischen Interventionsgruppe und Kontrollgruppen unterscheiden. Als Prüfgröße wird (in Varianzanalysen) die **F-Statistik** verwendet, und die Entscheidung für oder gegen H_0 erfolgt entsprechend den in der Inferenzstatistik geltenden Konventionen: Erreicht der F-Bruch einen Wert, für den unter der Annahme von H_0 gilt, dass dieser oder größere Werte nur noch mit einer Wahrscheinlichkeit von unter 5 % ($\alpha = 0{,}05$) oder von unter einem Prozent ($\alpha = 0{,}01$) auftreten, so wird H_0 verworfen. Aus der Nichthaltbarkeit von H_0 wird dann auf die Geltung der Alternativhypothese H_1 geschlossen (☐ Tab. 14.1).

Die F-Statistik ist allerdings wie alle Prüfstatistiken abhängig von der Stichprobengröße. Sehr kleine, praktisch unbedeutende Mittelwertdifferenzen können signifikant werden, wenn die Stichprobengrößen nur hinreichend groß gewählt werden (vgl. hierzu Bortz & Döring, 2002). Als Folge der Stichprobengrößenabhängigkeit der Prüfstatistiken ist zu Recht darauf hingewiesen worden, dass **Effektstärken** relevantere Größen für die Beurteilung von Mittelwertsdifferenzen sind (vgl. Bortz & Döring, 2002). Wir vertreten eine Position, wonach zu einer angemessenen Auswertung der Daten sowohl die inferenzstatistische Absicherung als auch die Bestimmung von Effektstärken gehört.

Maße für die Effektstärke, die bei kontinuierlichen Zielvariablen typischerweise berechnet werden, sind die

Koeffizienten d und η^2. Die entsprechenden Definitionen finden sich in ☐ Tab. 14.2. Der Koeffizient d wird als Differenz zwischen zwei Mittelwerten, geteilt durch die gepoolte Standardabweichung bestimmt. η^2 ist ein deskriptives Maß für die durch die Gruppenzugehörigkeit aufgeklärte Varianz, das dem quadrierten multiplen Regressionskoeffizient R^2 entspricht. In der Tradition der experimentellen Psychologie haben sich die in ☐ Tab. 14.3 aufgeführten Konventionen zur Beurteilung beider Effektgrößen etabliert (Bortz & Döring, 2002).

Dabei muss allerdings konzediert werden, dass η^2 ebenso wir R^2 nur in sehr großen Stichproben eine unverzerrte Schätzung der Effektstärke auf Populationsebene darstellt. In kleinen Stichproben überschätzt η^2 die Effektstärke, das hier adäquatere Maß ist die Größe ω^2 (vgl. Bortz & Döring, 2002). Die in Stichproben ermittelte Größe d ist dagegen ein unverzerrter (erwartungstreuer) Schätzer für die Effektstärke auf Populationsebene.

Inwieweit diese Konventionen geeignet sind, die praktische Signifikanz von Maßnahmen, die Gegenstand wissenschaftlicher Evaluationen sind, zu beurteilen, ist Gegenstand vielfältiger Diskussionen. So zeigen beispielsweise die großen nationalen und internationalen Schulleistungsstudien der letzten 20 Jahre, dass der gemessene Wissenszuwachs von Schülern in den Kernfächern (Deutsch, Mathematik, erste Fremdsprache) über ein Schuljahr einer Effektstärke d von 0,25–0,50 entspricht. Dementsprechend hat eine Maßnahme zur Unterrichtsentwicklung, die in einer Schülergruppe einen Wissenszuwachs von $d = 0{,}20$ erreicht, durchaus praktische Bedeutung, korrespondiert doch ihr Effekt mit rund einem halben Jahr Beschulung. Diese Diskussion zeigt, dass die Beurteilung der Effektstärke einer Intervention keineswegs trivial ist. Idealerweise wird man bereits bei der Planung eines Maßnahmenpakets die gewünschte Effektstärke festlegen. Hat man solch eine Festlegung getroffen, so lassen sich bei zusätzlicher Festlegung des Signifikanzniveaus und der Teststärke adäquate Stichprobenumfänge kalkulieren (vgl. hierzu Bortz & Döring, 2002).

◻ Tab. 14.3 Konventionen für die Interpretation von Effektstärken. (Nach Bortz & Döring, 2002)

	d	η^2
Unbedeutender Effekt	< 0,20	< 1 %
Kleiner Effekt	0,20–0,50	1–5 %
Mittlerer Effekt	0,50–0,80	6–14 %
Großer Effekt	> 0,80	> 15 %

Einen ganz anderen Weg, die praktische Bedeutsamkeit einer Intervention zu beleuchten, stellt die Kosten-
Nutzen-Analyse (Cost-benefit-Analysis) dar, die primär
nicht auf die Wirksamkeit einer Maßnahme abzielt (Effektivität), sondern den Aufwand einer Intervention in
Relation zu den Erträgen betrachtet (Effizienz). Hier geht
es vor allem auch um die Frage, ob die potenziellen finanziellen Gewinne bzw. später ausbleibenden Kosten eines
Programms höher sind als die für das Programm aufge-
wendeten Finanzmittel. Prominent geworden sind solche
Kosten-Nutzen-Analysen durch die Arbeiten des amerikanischen Bildungsökonomen James Heckman (s. z. B.
Heckman, Moon, Pinto, Savelyev & Yavitz, 2010). Heckman hat systematisch analysiert, mit welchen Kosten-
einsparungen zu rechnen ist, wenn man Interventionsprogramme zur kognitiven, sozialen und emotionalen
Förderung besonders benachteiligter Kinder einführt.
Dabei interessierte vor allem der Zeitpunkt des Einsetzens
der Intervention. Die Befunde dieser Analysen sind in
◻ Abb. 14.5 zusammengefasst, in der die Rendite von Interventionsprogrammen gegen den Zeitpunkt des Beginns
der Intervention dargestellt ist. Erkennbar ist, dass früh
einsetzende Interventionsprogramme eine deutlich höhere Effizienz aufweisen als spät beginnende Programme
(▶ Abschn. 14.6).

14.4 Methodische Probleme bei Evaluationen

In ▶ Abschn. 14.1 wurde bereits darauf hingewiesen, dass
Interventionen immer in spezifischen Umwelten stattfin-
den, die in manchen Fällen auch methodische und statis-
tische Einschränkungen zur Folge haben können. Wottawa
und Thierau (2003) diskutieren drei **Fehlerquellen**, die in
Evaluationsstudien auftreten können, nämlich
- Reifungseffekte
- Nichtäquivalenz von Vergleichsgruppen
- Stichprobenmortalität.

Hinzu kommen noch Probleme, wie sie typischerweise
auch in quasiexperimentellen Studien auftreten, und me-

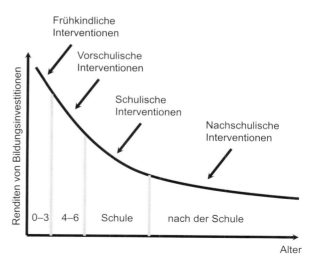

◻ Abb. 14.5 Zusammenhang zwischen dem Alter bei Einsetzen eines
Interventionsprogramms und den Renditen (Verhältnis der Kosten
pro Kind zu den langfristig eingesparten Folgekosten)

thodische Probleme, die aus dem hierarchischen Charakter
der Daten resultieren, die im pädagogisch-psychologischen
Kontext erhoben werden. Diese Probleme sollen im Folgenden kurz skizziert und Lösungsansätze angeboten werden.

14.4.1 Reifungs- und Entwicklungseffekte

Reifungs- und Entwicklungseffekte beschreiben Veränderungen, die nicht auf die Interventionen selbst, sondern auf organismische oder umweltbedingte Effekte
zurückzuführen sind. Die kognitive Leistungsfähigkeit
von Schülern steigt beispielsweise keineswegs allein in
Folge schulischen Unterrichts oder anderer gezielter
Maßnahmen. Entwicklungsbedingte Faktoren (Reifung)
ebenso wie unkontrollierte Umwelteinflüsse (Fernseh-
und Computerkonsum sowie andere häusliche Entwick-
lungsgelegenheiten) wirken sich auf die Veränderungen
aus und können Interventionseffekte überlagern. In der
Tat versuchen Arbeiten zur Effizienz von Schule immer
wieder, konkurrierende Beschulungs- und Alterseffekte
(z. B. Cliffordson & Gustafsson, 2008; Luyten, 2006) zu
trennen und stellen damit der „schulischen Intervention"
Reifungseffekte gegenüber.

Einen besonderen Fall der Entwicklungseffekte stellen
Veränderungen in den Zielvariablen dar, die allein durch
die wiederholte Messung unter Verwendung desselben
Tests entstehen. So zeigen Studien zu Effekten kognitiver
Denktrainings immer wieder, dass sich auch in unbehandelten Kontrollgruppen die Kriterien (Intelligenztestwerte)
zwischen Pre- und Posttest aufgrund von Übungseffekten
verändern („test wiseness", vgl. Sarnacki, 1979).

14.4.2 Äquivalenzprobleme

Im optimalen Fall wird man im Rahmen einer Interventionsstudie Personen zufällig der Interventions- und der Kontrollgruppe zuweisen (▶ **Randomisierung**) und die Evaluation dann in einem Vortest-Nachtest-Follow-up-Design realisieren. Solch ein Vorgehen sichert, dass sich alle Personmerkmale, die jenseits der Intervention einen Einfluss auf die Zielvariable haben, auf die verschiedenen Gruppen gleich verteilen. Als Folge wird die interne Validität der Evaluationsstudie maximiert (zu den Grenzen solchen Vorgehens s. Köller, 2008; Rost, 2005).

In vielen praktischen Feldern wird es allerdings unmöglich sein, Personen zufällig den Gruppen zuzuweisen. Will man beispielsweise Effekte unterschiedlicher Unterrichtsmethoden im Klassenkontext erkunden, so ist es in der Regel unmöglich, Schüler per Zufall den Gruppen zuzuweisen. Anstelle von Einzelpersonen werden dann intakte Klassen den jeweiligen Bedingungen zugeordnet. In diesem Fall kann man nicht mehr davon ausgehen, dass die Mitglieder in den Maßnahmen- und Kontrollgruppen äquivalent hinsichtlich der Ausgangswerte auf den Zielvariablen und anderen Maßen sind. In solchen Fällen der Nichtäquivalenz ist es nötig, Ausgangsunterschiede und Störvariablen in den Gruppen zu kontrollieren, indem man sie aufseiten der Zielpersonen, die in ein Programm eingebunden werden, in der Vortestung mit erhebt. Störvariablen können z. B. das Vorwissen, das Geschlecht oder der Migrationshintergrund von Schülern sein. Bei aller Kontrolle von Ausgangsunterschieden und Störvariablen sind mit solchen Evaluationsdesigns Gefahren verbunden, wie sie für quasiexperimentelle Studien diskutiert werden (vgl. Campbell & Stanley, 1970; Klauer, 2001; Köller, 2008). Dabei sind folgende **Fehlerquellen** zu berücksichtigen:

- **Diffusion oder Imitation der Intervention** kann auftreten, wenn beispielsweise in einer Kontrollgruppe das Programm bekannt wird und die Mitglieder der Kontrollgruppe sich bemühen, das Treatment zu imitieren.
- Ein **kompensatorischer Ausgleich der Intervention** kann auftreten, wenn Kontrollgruppen große Anstrengungen unternehmen, die fehlenden Interventionen durch andere Fördermaßnahmen auszugleichen.
- Von einer **kompensatorischen Anstrengung innerhalb der Kontrollgruppe** spricht man, wenn sich ihre Mitglieder benachteiligt fühlen und sich dann aber in der Posttestung besonders anstrengen.
- Eine **negative Reaktion der Kontrollgruppe** liegt vor, wenn ihre Mitglieder aus dem Gefühl der Benachteiligung sich im Posttest nicht anstrengen, sodass es zu einer erheblichen Unterschätzung ihrer Leistungen kommt.

14.4.3 Stichprobenmortalität

Das Problem der Stichprobenmortalität (statistischen Mortalität) stammt ursprünglich aus der medizinischen Verlaufsforschung, in der Interventionen bzw. Treatments in Patientengruppen hinsichtlich ihrer Effizienz untersucht wurden. Patienten verstarben während des Programms und standen somit für weitere Datenerhebungen nicht mehr zur Verfügung. Dieses Problem fehlender Werte tritt auch im Bereich pädagogisch-psychologischer Interventionsprogramme auf, die mit einem Pretest-Posttest-Follow-up-Design evaluiert werden, wenn Teilnehmer aus den unterschiedlichsten Gründen die weitere Teilnahme an der Maßnahme verweigern. Mit den dann **fehlenden Werten** sind drei statistische Probleme verbunden:

1. ein Verlust an Effizienz, da die Stichprobengröße eingeschränkt ist;
2. ein erschwerter Umgang mit den Daten, weil die statistischen Standardverfahren vollständige Datenmatrizen erwarten;
3. die Gefahr verzerrter Parameterschätzungen aufgrund möglicher Unterschiede zwischen den beobachteten und den fehlenden Daten.

Zur Lösung dieser Probleme wurde eine Vielzahl von Verfahren vorgeschlagen, die vom Ausschluss aller Personen mit ungültigen Werten bis zur Ersetzung fehlender Werte reichen. In der neueren methodischen Literatur (z. B. Lüdtke, Robitzsch, Trautwein & Köller, 2007; Schafer & Graham, 2002) besteht Konsens darüber, dass ein fallweiser Ausschluss die Validität der Befunde deutlich senken kann und Verfahren der Mehrfachschätzung fehlender Werte („multiple imputation", Rubin, 1987) den Schwierigkeiten am besten begegnen und zu vergleichsweise validen Befunden in den statistischen Analysen führen. Mittlerweile existieren zufriedenstellende Softwarelösungen zur **multiplen Imputation**, hervorzuheben sind das Programm NORM von Schafer (1997), die Imputationsmöglichkeiten in *Mplus* (Muthén & Muthén, 2010) und die implementierten Routinen in R. Üblicherweise werden je nach Menge der fehlenden Werte zwischen 5 und 50 vollständige Datensätze generiert, die anschließend simultan statistisch analysiert werden. Die Berücksichtigung von Variablen, die den Ausfallprozess determiniert haben, führt dabei zu weitgehend unverzerrten Schätzungen fehlender Werte. Verfahren der Mittelung der gewonnenen Ergebnisse werden ausführlich bei Little und Rubin (1987) beschrieben. Die aktuellen Versionen vieler Softwarepakete bieten darüber hinaus sog. **„Full-information-maximum-likelihood"-Verfahren** (FIML) zur unverzerrten Parameterschätzung bei unvollständigen Daten an.

Stichprobenmortalität ist im pädagogisch-psychologischen Kontext nur schwer vermeidbar. Zwei Handlungsrichtlinien können dem Problem begegnen, zum einen Strategien, welche die Mortalität minimieren (Stichprobenpflege), und zum anderen der Einsatz adäquater statistischer Analyseverfahren, um zu unverzerrten Parameterschätzungen zu gelangen.

14.4.4 Hierarchische Daten

In Interventionsprogrammen im Kontext Schule werden häufig nicht Personen, sondern ganze Klassen oder gar Schulen einer Interventions- und einer Kontrollgruppe zugewiesen. Innerhalb der Klassen und Schulen, die als „Klumpen" bezeichnet werden, trifft man Schüler an, die sich hinsichtlich verschiedener Merkmale oft sehr ähnlich sind, wohingegen Schüler unterschiedlicher Klassen und Schulen sich oftmals sehr unähnlich sind. Die Ziehung von **Klumpenstichproben** hat für die weiteren statistischen Analysen erhebliche Konsequenzen, vor allem bei der Bestimmung von Standardfehlern, welche das Ausmaß der statistischen Ungenauigkeit eines geschätzten Parameters ausdrücken. Die übliche Berechnung des **Standardfehlers** setzt eine Zufallsstichprobe mit voneinander unabhängigen Beobachtungen voraus. Bei Klumpenstichproben und der resultierenden hierarchischen Datenstruktur ist das nicht der Fall. Die Berechnung des Standardfehlers auf die gerade beschriebene Art führt dann zu einer Unterschätzung. Konsequenzen sind zum einen zu kleine Konfidenzintervalle für die geschätzten Parameter, zum anderen die Inflation möglicher Entscheidungsfehler bei inferenzstatistischen Verfahren.

Das Ausmaß der Unterschätzung von Standardfehlern hängt zum einen von der Klumpengröße in der Stichprobe ab: Steigt diese, so nimmt auch die Unterschätzung zu. Zum anderen bestimmt die Homogenität der Klumpen die Verschätzung der Standardfehler. Die Homogenität wird üblicherweise über die **Intraklassenkorrelation** bestimmt. Die Intraklassenkorrelation beschreibt das Verhältnis der Varianz zwischen den Klumpen zu der Varianz innerhalb der Klumpen. Auf Klassen und deren Leistungen bezogen bildet sich in der Intraklassenkorrelation ab, wie stark die Unterschiede zwischen Klassen im Vergleich zu den Unterschieden zwischen Schülern innerhalb von Klassen sind. Je größer die Intraklassenkorrelation, desto stärker die Verschätzung bei der Bestimmung der Standardfehler.

Einen eleganten Weg bei der multivariaten Behandlung von hierarchischen Daten aus Klumpenstichproben stellen **mehrebenenanalytische Verfahren** dar. Bei diesen Verfahren wird die hierarchische Struktur der Daten direkt modelliert. Ihr großer Vorteil besteht darin, dass sie adäquate Schätzungen der Standardfehler liefern und die gleichzeitige Modellierung von Effekten auf der Individual- und Clusterebene ermöglichen. Der HLM-Ansatz (Bryk & Raudenbush 1987; 1989; Raudenbush & Bryk, 2002) löst die aufgezeigten Probleme, indem er die hierarchische Struktur der Daten nicht nur als Makel des Stichprobenprozesses begreift, der eine Korrektur der Freiheitsgrade in Abhängigkeit von der Intraklassenkorrelation erzwingt, sondern die hierarchische Struktur selbst zum Gegenstand der Prüfung macht. Es handelt sich um einen regressionsanalytischen Ansatz, wobei Personenmerkmale auf individuelle (Ebene 1), Klassen- (Ebene 2) und Schulvariablen (Ebene 3) zurückgeführt werden. Eine einfache deutschsprachige Einführung in das Verfahren der Mehrebenenanalyse findet man bei Lüdtke und Köller (2010).

14.5 Standards für Evaluationen

In den USA werden seit langem Standards für Evaluationen im Bildungsbereich diskutiert, die ihren Niederschlag in den Richtlinien des Joint Committee on Standards for Educational Evaluation (JCSEE, 1994) gefunden haben (zu weiteren Standards s. z. B. Rost, 2000). Die vorgeschlagenen Standards sind in vier Gruppen unterteilt, „die einerseits die Qualität von empirischen Evaluationen und andererseits die Fairness oder Offenheit gegenüber allen beteiligten Personen, Gruppen, Institutionen usw. sicherstellen sollen" (Schiffler & Hübner, 2000, S. 142).

Nutzenstandards („utility standards") fordern, dass mit den Ergebnissen von Evaluationen ein aktueller Wissensbedarf befriedigt werden kann. Evaluationsberichte sollen informativ und zeitgenau zur Verfügung gestellt werden, sodass die Adressaten die Informationen auch für die Bewertung und anschließende Nutzung des Evaluationsgegenstandes verwenden können.

Machbarkeits- oder **Durchführbarkeitsstandards** („feasibility standards") legen Regeln fest, nach denen das Design einer Evaluationsstudie an die Erfordernisse der natürlichen Umgebung, in der die Evaluation stattfinden soll, angepasst werden muss. Grenzen der Realisierung von wissenschaftlichen Evaluationsstudien in ökologisch validen Kontexten werden hier aufgezeigt, und es wird für ein Evaluationsverständnis geworben, wonach die praktischen Gegebenheiten häufig ein pragmatisches Vorgehen unter Berücksichtigung ökonomischer Aspekte nahelegen.

Standards für Anstand und ethisches Vorgehen („propriety standards") garantieren den Schutz individueller Rechte, nicht zuletzt auch im Bereich des Datenschutzes. Berücksichtigt sind hier aber auch ethische Standards, wie sie in der Grundlagenforschung üblich sind und welche auf die Unversehrtheit der Untersuchungsteilnehmer abzielen.

Genauigkeitsstandards („accuracy standards") beziehen sich vor allem auf den Begründungszusammenhang von Evaluationen und sollen sichern, dass eine Evaluation

0–5 Jahre   5–8 Jahre   **Abb. 14.6** Design des Carolina Abeceda-rian Projects

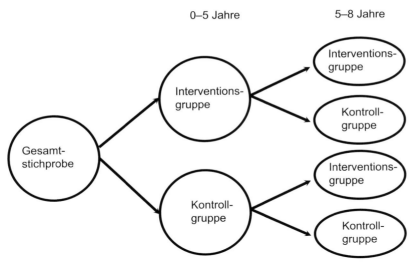

aufseiten der Abnehmer verwertbare Informationen liefert. Eine Evaluation soll danach umfassend sein und möglichst viele Programmkomponenten in die Analyse einbeziehen. Gleichzeitig sollten Regeln wissenschaftlichen Arbeitens eingehalten werden, um die Interpretierbarkeit der Ergebnisse zu gewährleisten.

Die JCSEE-Standards (zu weiteren Details s. Schiffler & Hübner, 2000) zielten ursprünglich auf größere, flächendeckende Programme ab, können allerdings auch als Richtlinien bei kleineren Evaluationsvorhaben herangezogen werden.

14.6 Beispiel für eine wissenschaftliche Evaluation

Im Folgenden wird kurz und beispielhaft auf ein Interventionsprogramm und seine Ergebnisse eingegangen. Es handelt sich um das Carolina Abecedarian Project (CAP). In diesem Programm wurden in den Jahren 1972 bis 1977 vier Stichproben mit jeweils 28 Risikokindern (insgesamt N = 112) aus sozial und kulturell benachteiligten Familien North Carolinas gezogen. Die fast ausnahmslos afroamerikanischen Eltern wiesen niedrige Bildungsstände auf, waren im Schulsystem gescheitert, arbeitslos bzw. hatten geringe Einkommen und nahmen Wohlfahrtsleistungen in Anspruch. Die berücksichtigten Kinder waren zu Beginn des Programms zwischen sechs Wochen und sechs Monate alt. Je 14 Kinder wurden einer Maßnahmen- bzw. einer Kontrollgruppe zugewiesen. Die Maßnahmengruppe erhielt in Betreuungszentren an fünf Wochentagen eine Ganztagesunterstützung, die mit zunehmendem Alter der Kinder immer mehr kognitive Anteile enthielt. Mit dem Eintritt in die Schule wurde eine weitere experimentelle Variation vorgenommen, die halbe Maßnahmengruppe

wurde einem schulischen Förderprogramm zugewiesen, die andere Hälfte nicht. In vergleichbarer Weise wurde mit den Kindern der Kontrollgruppe verfahren, so dass sich das in Abb. 14.6 dargestellte Design ergab.

Alle vier Gruppen wurden bis ins Erwachsenalter wissenschaftlich begleitet. Dabei zeigten sich die günstigsten sozialen und kognitiven Effekte in der Gruppe, die über den gesamten Zeitraum gefördert wurde. Für die Gruppe, die in den ersten fünf Jahren gefördert wurde, nicht aber in der Schule, ergaben sich günstigere Entwicklungsverläufe als für die Gruppe, die nur in der Schulzeit gefördert wurde. Insgesamt waren die Interventionseffekte substanziell, und die bildungsökonomischen Analysen ergaben einen *Cost-Benefit-Quotienten* von ungefähr 1:3, d. h. aus jedem pro Kind investierten Dollar resultierten später mehr als drei Dollar. Diese Gewinne resultierten durch geringere Sozialleistungen und höhere Steuerzahlungen der Kinder aus den Maßnahmengruppen im Vergleich zu den Kindern aus den Kontrollgruppen.

Fazit

In den angewandten Disziplinen der Psychologie, zu denen auch die Pädagogische Psychologie zählt, wird wissenschaftlich fundiertes Wissen genutzt, um in verschiedenen praktischen Kontexten Zielvariablen zu optimieren. In pädagogisch-psychologischen Zusammenhängen zielen die Maßnahmen vor allem auf die Förderung von Lernenden ab. Mit diesem Kapitel wurde der Versuch unternommen zu dokumentieren, welche Anforderungen an die Abläufe einer wissenschaftlichen Evaluation solcher Maßnahmen gestellt werden, welche Probleme auftreten können und welche Ansätze zu ihrer Lösung existieren. Allein eine

Evaluationsforschung, die sich an ihren eigenen, hoch gesetzten wissenschaftlichen Standards orientiert, kann aussagekräftige Ergebnisse zur Effizienz von Interventionsprogrammen liefern. Dies erfordert große Sorgfalt in den jeweiligen Schritten der Evaluation und hohe Expertise aufseiten derjenigen, die die Evaluation verantworten. Die angesprochenen methodischen Herausforderungen (Umgang mit fehlenden Werten, Umgang mit hierarchischen Daten) sollten in diesem Zusammenhang deutlich gemacht haben, dass ein sehr hohes methodisches Know-how vonnöten ist, um zu validen Aussagen auf der Basis der generierten Daten zu gelangen.

Gleichzeitig wurde aber auch argumentiert, dass potenzielle Restriktionen des Umfeldes, in dem eine Evaluation stattfindet, nicht selten im Gegensatz zu den wissenschaftlichen Ansprüchen des Evaluators stehen. Evaluationen werden demzufolge immer wieder das Ergebnis eines Aushandlungsprozesses zwischen Auftraggeber und -nehmer sein.

Verständnisfragen

1. Beschreiben Sie kurz, was unter einer Evaluation zu verstehen ist und welche Unterscheidungen diesbezüglich vorgenommen werden können.
2. Beschreiben Sie den idealtypischen Ablauf einer wissenschaftlichen Evaluation.
3. Beschreiben Sie ein Untersuchungsdesign, mit dem sich Maßnahmen wissenschaftlich evaluieren lassen.
4. Nennen Sie typische methodische Probleme bei wissenschaftlichen Evaluationen und beschreiben sie diese kurz.

Literatur

Chen, H.-T. (2005). *Practical program evaluation*. Thousand Oaks: Sage.
Fend, H. (2008). *Schule gestalten. Systemsteuerung, Schulentwicklung und Unterrichtsqualität*. Wiesbaden: Verlag für Sozialwissenschaften.
Wottawa, H. & Thierau, H. (2003). *Lehrbuch Evaluation* (3. Aufl.). Bern: Huber.

Literatur

Abs, H. J., Maag Merki, K., & Klieme, E. (2006). Grundlegende Gütekriterien für Schulevaluation. In W. Böttcher, H. G. Holtappels, & M. Brohm (Hrsg.), *Evaluation im Bildungswesen. Eine Einführung in die Grundlagen und Praxisbeispiele* (S. 97–108). Weinheim: Juventa.
Altrichter, H. (1999). Anmerkungen zur Diskussion mit Detlev Leutner. In J. Thonhauser, & J.-L. Patry (Hrsg.), *Evaluation im Bildungsbereich. Wissenschaft und Praxis im Dialog* (S. 133–136). Innsbruck/Wien: Studienverlag.
Bortz, J., & Döring, N. (2002). *Forschungsmethoden und Evaluation für Human- und Sozialwissenschaftler* (3. Aufl.). Berlin: Springer.
Bryk, A. S., & Raudenbush, S. W. (1987). Application of hierarchical linear models to assessing change. *Psychological Bulletin, 101*, 147–158.
Bryk, A. S., & Raudenbush, S. W. (1989). Toward a more appropriate conceptualization of research on school-effects: A three-level hierarchical linear model. In R. D. Bock (Hrsg.), *Multilevel analysis of educational data* (S. 159–204). San Diego, CA: Academic Press.
Campbell, D. T., & Kenny, D. A. (1999). *A primer on regression artifacts*. New York: Guilford Press.
Campbell, D. T., & Stanley, J. C. (1970). Experimentelle und quasi-experimentelle Anordnungen in der Unterrichtsforschung. In K. Ingenkamp, & E. Parey (Hrsg.), *Handbuch der Unterrichtsforschung* (S. 445–632). Weinheim: Beltz.
Chen, H.-T. (2005). *Practical program evaluation*. Thousand Oaks: Sage.
Clausen, M. (2002). *Unterrichtsqualität. Eine Frage der Perspektive?* Münster: Waxmann.
Cliffordson, C., & Gustafsson, J.-E. (2008). Effects of age and schooling on intellectual performance: Estimates obtained from analysis of continuous variation in age and length of schooling. *Intelligence, 36*, 143–152.
Fend, H. (1986b). „Gute Schulen – schlechte Schulen". Die einzelne Schule als pädagogische Handlungseinheit. *Die Deutsche Schule, 78*, 275–293.
Fend, H. (2000). Qualität und Qualitätssicherung im Bildungswesen. Wohlfahrtsstaatliche Modelle und Marktmodelle. In A. Helmke, W. Hornstein & E. Terhart (Hrsg.), *Qualität und Qualitätssicherung im Bildungsbereich: Schule, Sozialpädagogik, Hochschule. Zeitschrift für Pädagogik, 41*, Beiheft, 55–72.
Fries, S., Lund, B., & Rheinberg, F. (1999). Läßt sich durch gleichzeitige Motivförderung das Training des induktiven Denkens optimieren? *Zeitschrift für Pädagogische Psychologie, 13*, 37–49.
Gruehn, S. (2000). *Unterricht und Lernen*. Münster: Waxmann.
Hager, W. (2008). Evaluation von pädagogisch-psychologischen Interventionsmaßnahmen. In W. Schneider, & M. Hasselhorn (Hrsg.), *Handbuch der Pädagogischen Psychologie* (S. 721–732). Göttingen: Hogrefe.
Hall, E., Hall, C., & Sirin, A. (1996). Professional and personal development for teachers: The application of learning following a counselling module. *British Journal of Educational Psychology, 66*, 383–398.
Hattie, J. A. C. (2009). *Visible learning. A synthesis of over 800 meta-analyses relating to achievement*. Oxon: Routledge.
Hattie, J. A. C. (2012). *Visible learning for teachers. Maximizing impact on learning*. Oxon: Routledge.
Heckman, J. J., Moon, S. H., Pinto, R., Savelyev, P., & Yavitz, A. (2010). A new cost-benefit and rate of return analysis for the Perry Preschool Program: A summary. In A. J. Reynolds, A. J. Rolnick, M. E. Englund, & J. A. Temple (Hrsg.), *Childhood programs and practises in the first decade of life. A human capital integration* (S. 366–380). Cambridge University Press.
Helmke, A. (2003). *Unterrichtsqualität. Erfassen, bewerten, verbessern*. Seelze: Kallmeyer.
JCSEE (1994). *The program evaluation standards* (2. Aufl.). Thousand Oaks, CA: Sage.
Klauer, K. J. (2001). Forschungsmethoden in der Pädagogischen Psychologie. In A. Krapp, & B. Weidenmann (Hrsg.), *Pädagogische Psychologie. Ein Lehrbuch* (S. 75–97). Weinheim: Beltz/PVU.
Klauer, K. J. (1993). *Denktraining für Jugendliche*. Göttingen: Hogrefe.
Köller, O. (2008). Forschungsansätze in der Pädagogischen Psychologie. In W. Schneider, & M. Hasselhorn (Hrsg.), *Handbuch Pädagogische Psychologie* (S. 697–711). Göttingen: Hogrefe.
Köller, O., Knigge, M., & Tesch, B. (Hrsg.). (2010). *Sprachliche Kompetenzen im Ländervergleich*. Münster: Waxmann.
Konsortium Bildungsberichterstattung (2006). *Bildung in Deutschland. Ein indikatorengestützter Bericht mit einer Analyse zu Bildung und Migration*. Bielefeld: Bertelsmann.

Konsortium Bildungsberichterstattung (2008). *Bildung in Deutschland 2008. Ein indikatorengestützter Bericht mit einer Analyse zu Übergängen im Anschluss an den Sekundarbereich I*. Bielefeld: Bertelsmann.

Little, R. J. A., & Rubin, D. B. (1987). *Statistical analysis with missing data*. New York: Wiley.

Lüdtke, O., & Köller, O. (2010). Mehrebenenanalyse. In D. H. Rost (Hrsg.), *Handwörterbuch Pädagogische Psychologie* (4. Aufl. S. 530). Weinheim: Beltz/PVU.

Lüdtke, O., Robitzsch, A., Trautwein, U., & Köller, O. (2007). Umgang mit fehlenden Werten in der psychologischen Forschung: Probleme und Lösungen. *Psychologische Rundschau, 58*, 103–117.

Luyten, H. (2006). An empirical assessment of the absolute effect of schooling: Regression-discontinuity applied to TIMSS-95. *Oxford Review of Education, 32*, 397–429.

Mayring, P. (2002). *Einführung in die qualitative Sozialforschung* (5. Aufl.). Weinheim: Beltz.

Meyer, H. (2004). *Was ist guter Unterricht?* Berlin: Cornelsen Scriptor.

Mittag, W., & Hager, W. (2000). Ein Rahmenkonzept zur Evaluation psychologischer Interventionsmaßnahmen. In W. Hager, J.-L. Patry, & H. Brezing (Hrsg.), *Handbuch psychologischer Interventionsmaßnahmen. Standards und Kriterien* (S. 102–128). Bern: Huber.

Muthén, L. K., & Muthén, B. (2010). *Mplus. Statistical analysis with latent variables. User's guide* (6. Aufl.). Los Angeles, CA: Muthén & Muthén.

Pedhazur, E. J. (1997). *Multiple regression in behavioral research* (3. Aufl.). Fort Worth: Harcourt Brace College Publishers.

Popper, K. (1971). *Logik der Forschung* (4. Aufl.). Tübingen: Mohr.

Raudenbush, S. W., & Bryk, A. S. (2002). *Hierarchical linear models. Applications and data analysis methods* (2. Aufl.). Newbury Park, CA: Sage.

Rheinberg, F., & Krug, S. (Hrsg.). (1999). *Motivationsförderung im Schulalltag* (2. Aufl.). Göttingen: Hogrefe.

Rossi, P. H., & Freeman, H. E. (1993). *Evaluation. A systematic approach* (5. Aufl.). Newburry Park, CA: Sage.

Rossi, P. H., Freeman, H. E., & Hofmann, G. (1988). *Programm-Evaluation. Einführung in die Methoden angewandter Sozialforschung*. Stuttgart: Enke.

Rost, J. (2000). Allgemeine Standards für die Evaluationsforschung. In W. Hager, J.-L. Patry, & H. Brezing (Hrsg.), *Handbuch Evaluation psychologischer Interventionsmaßnahmen* (S. 129–140). Bern: Huber.

Rost, D. H. (2005). *Interpretation und Bewertung pädagogisch-psychologischer Studien*. Weinheim: Beltz.

Rubin, D. B. (1987). *Multiple imputation for nonresponse in surveys*. New York: Wiley.

Rutter, M., Maughan, B., Mortimer, P., & Ouston, J. (1980). *Fünfzehntausend Stunden. Schulen und ihre Wirkung auf die Kinder*. Weinheim: Beltz.

Sarnacki, R. E. (1979). An Examination of Test-Wiseness in the Cognitive Test Domain. *Review of Educational Research, 49*, 252–279.

Schafer, J. L. (1997). *Analysis of incomplete multivariate data*. New York: Wiley.

Schafer, J. L., & Graham, J. W. (2002). Missing data: Our view of the state of the art. *Psychological Methods, 7*, 147–177.

Scheerens, J., & Bosker, R. (1997). *The foundations of educational effectiveness*. Oxford: Pergamon.

Schiffler, A., & Hübner, S. (2000). Allgemeine Standards für die Evaluationspraxis. Die Standards des „Joint Committee on Standards for Educational Evaluation" und ihre Anwendung auf praktische Aspekte bei der Evaluation von psychologischen Interventionsmaßnahmen. In W. Hager, J.-L. Patry, & H. Brezing (Hrsg.), *Handbuch Evaluation psychologischer Interventionsmaßnahmen* (S. 141–152). Bern: Huber.

Scriven, M. (1991). *Evaluation Thesaurus* (4. Aufl.). Newbury Park, CA: Sage.

Stanat, P., Pant, H. A., Böhme, K., & Richter, D. (2012). *Kompetenzen von Schülerinnen und Schülern am Ende der vierten Jahrgangsstufe in den Fächern Deutsch und Mathematik. Ergebnisse des IQB-Ländervergleichs 2011*. Münster: Waxmann.

Wottawa, H., & Thierau, H. (2003). *Lehrbuch Evaluation* (3. Aufl.). Bern: Huber.

14

Nationale und internationale Schulleistungsstudien

Barbara Drechsel, Manfred Prenzel, Tina Seidel

E. Wild, J. Möller (Hrsg.), *Pädagogische Psychologie,* Springer-Lehrbuch,
DOI 10.1007/978-3-642-41291-2_15, © Springer-Verlag Berlin Heidelberg 2015

Deutsche Schülerinnen und Schüler sind dumm! – PISA-Zeugnis für Kultusminister: Versetzung gefährdet. – Kinder besser als die Schulen. – Zehn Jahre Pisa: Die Bildungsschocker. – Für derlei Schlagzeilen sorgten in Deutschland in den letzten Jahren PISA und andere Vergleichsstudien, deren Ergebnisse zu intensiven Bildungsdiskussionen führten, die an vielen Stellen dazu beigetragen haben, unser Bildungssystem weiterzuentwickeln. Immer wieder wurden solche Studien aber auch kritisiert, da sie beispielsweise einseitig von Wirtschaftsinteressen beeinflusst seien oder deutsche Schüler aufgrund bestimmter Aufgabenformate benachteiligten. Das vorliegende Kapitel beschreibt zentrale Aspekte der theoretischen Fundierung, der Testkonstruktion und der Interpretation der Ergebnisse von internationalen und nationalen Schulleistungsstudien und legt dar, welche Funktionen diese Studien im Bildungssystem übernehmen können. ▶ Abschn. 15.1 beleuchtet zunächst den historischen Zusammenhang, aus dem Schulleistungsstudien entstanden sind. ▶ Abschn. 15.2 betrachtet Schulleistungsstudien systematisch: Welche Varianten solcher Studien gibt es und wie kann man sie klassifizieren? Welche Studien ziehen internationale und welche nationale Vergleiche? Anhand dreier Beispiele wird in ▶ Abschn. 15.3 ein Spektrum von Schulleistungsstudien vorgestellt. Danach behandeln wir die theoretischen Grundlagen und die verschiedenen Konzeptionen, technische und methodische Voraussetzungen, wie Designs und Stichproben sowie Besonderheiten der Datenerhebung und -aufbereitung (▶ Abschn. 15.4), und wenden uns Fragen der Auswertung und der Ergebnisdarstellung zu (▶ Abschn. 15.5). Wie jeder Forschungszugang haben auch Schulleistungsstudien nur eine begrenzte Reichweite. Deshalb gehen wir auf ihre Grenzen in ▶ Abschn. 15.6 ein und beschreiben verschiedene Ergänzungen und Erweiterungen im Design bzw. in den Stichproben von Schulleistungsstudien, die den beschriebenen Problemen Rechnung tragen. In diesem Zusammenhang wird auch thematisiert, wie Fragestellungen sich entwickeln: Schulleistungsstudien werden erweitert, um bestimmte Fragen aus der pädagogisch-psychologischen Forschung tiefergehend bearbeiten zu können. Darüber hinaus tragen Befunde aus der pädagogisch-psychologischen Forschung zur Weiterentwicklung der Studien bei (▶ Abschn. 15.7). Das Kapitel schließt mit einem Ausblick auf aktuelle Trends bei Vergleichsstudien (◘ Abb. 15.1).

15.1   Was können Schüler? Das Interesse an Schülerleistungen

Studien wie das „Programme for International Student Assessment" (PISA) oder die „Progress in International Reading Literacy Study" (PIRLS) betrachten Bildungssysteme aus einer ergebnisorientierten Perspektive. Von der Beantwortung der Frage „Was können Schüler?" werden

◘ Abb. 15.1

Rückschlüsse auf die Frage, wie gut ein ▶ **Schulsystem** seinen Aufgaben gerecht wird, erwartet. So wie Leistungsbeurteilungen bei der (individuellen) Diagnostik von Schülern als Grundlage für Schlussfolgerungen dienen, aufgrund derer Lehrende Lernprozesse unterstützen, können Ergebnisse aus Vergleichsstudien Aufschluss über die Qualität des Bildungssystems geben: Sie bringen Stärken und Schwächen im Vergleich zu anderen Staaten oder Gruppen zutage (Benchmarkingfunktion) und liefern eine Datengrundlage für Überlegungen zur Veränderung und Verbesserung (Monitoringfunktion; ▶ Exkurs „Was können Erwachsene?"). Anders als bei individuellen Diagnosen (▶ Kap. 13, Definition von Amelang & Schmidt-Atzert, 2006) steht hier gewissermaßen das Bildungssystem als „Merkmalsträger" im Blickpunkt.

Je nach Konzeption verwenden Vergleichsstudien verschiedene Begriffe für das zu Messende. Eher curricular orientierte Studien wie TIMSS (Trends in Mathematics and Science Study) oder landesbezogene Vergleichsarbeiten sind Studien, die sich stark auf Fächer und Fachleistungen in bestimmten Jahrgangsstufen beziehen (Mullis et al., 2005; Mullis et al., 2001). Sie können unter dem Begriff **Schulleistungsstudie** zusammengefasst werden. Bei PISA, dessen Konzeption stärker die Voraussetzungen für die gesellschaftliche Teilhabe in den Mittelpunkt stellt, stehen die bis zu einem spezifischen Zeitpunkt erworbenen Kompetenzen im Vordergrund. PISA setzt daher nicht bei einer bestimmten Jahrgangsstufe (z. B. 9. Klasse) an, sondern untersucht ein bestimmtes Lebensalter (z. B. 15-Jährige), etwa weil die Mehrheit der Jugendlichen in diesem Alter vor dem Übertritt in das Berufsleben steht (OECD, 2009). Die Aufgaben, die in solchen ▶ **Tests** gestellt werden, sind anwendungsbezogen und realitätsnah. Das Wissen, die Fertigkeiten und die Strategien, die zur erfolgreichen Bearbeitung dieser Probleme notwendig sind, werden in neueren Studien meist unter dem Begriff ▶ **Kompetenz** zusammengefasst. Im Mittelpunkt des Interesses steht weniger die Fähigkeit, bestimmte Schulleistungen zu erbrin-

Was können Erwachsene?

Auch mit Erwachsenen werden Vergleichsstudien durchgeführt, um das Kompetenzniveau in einem bestimmten Bereich für eine ganze Gesellschaft zu überprüfen. PIAAC, das Programme for the International Assessment of Adult Competencies (OECD, 2013; Rammstedt, 2013), ist eine aktuelle Studie der OECD, die in 24 Ländern speziell den Übergang von der Schule in das Berufsleben und die Kompetenzen Erwachsener untersucht. 2011/2012 wurden dafür erstmalig Erwachsene im Alter von 16 bis 65 Jahren befragt. PIAAC soll in regelmäßigen Abständen wiederholt werden, um gesellschaftliche Veränderungen in den untersuchten Bereichen Lesekompetenz, alltagsmathematische Kompetenz und technologiebasiertes Problemlösen nachverfolgen zu können.

gen, als vielmehr die Frage, wie gut Schüler auf bestimmte Anforderungen vorbereitet sind.

Definition

Weinert (2001) definiert **Kompetenz** als beim Individuum verfügbare oder durch Individuen erlernbare bereichsspezifische Fähigkeiten und Fertigkeiten, um bestimmte Probleme zu lösen sowie die damit verbundenen motivationalen, volitionalen und sozialen Bereitschaften und Fähigkeiten, um die Problemlösungen in variablen Situationen erfolgreich und verantwortungsvoll nutzen zu können.

Beide Zugangsweisen sind insofern nicht unabhängig voneinander, als sich die von Schülern erworbenen Kompetenzen auch in deren Schulleistungen niederschlagen. Da außerschulische Lernorte (z. B. Elternhaus, Freundeskreis, Medien) erheblich zum Kompetenzerwerb von Kindern und Jugendlichen beitragen, wird in einigen Studien von **Bildungsergebnissen** gesprochen. Entsprechend werden Testleistungen, Einstellungen oder Werthaltungen von Schülern auch allgemein als **Ergebnisse von Bildungsprozessen** verstanden (▶ Abschn. 15.4.1).

Wenn wir im Folgenden also über Vergleichsstudien oder **Large-Scale-Assessments** sprechen, sind damit sowohl Studien gemeint, die eng an Lehrplänen oder Bildungsstandards orientiert Schulleistungen erfragen, als auch Studien, die umfassender die Ergebnisse verschiedener Bildungsprozesse in den Blick nehmen.

15.1.1 Outputsteuerung von Bildungssystemen

Aktuelle Vergleichsstudien nutzen ein Grundmodell über die Wirkungsweise von Bildungssystemen, das den Schwerpunkt auf die Beurteilung der Ergebnisse und Erträge von Bildungsprozessen legt (Dunkin & Biddle, 1974). Im Grundmodell wird zwischen Input-, Prozess-, Kontext- und Output-Faktoren in einem Bildungssystem differenziert (vgl. auch Seidel, 2008; auch ▶ Kap. 14). Eine Fortführung bzw. Erweiterung dieses Grundmodells stellt beispielsweise das Angebot-Nutzen-Modell in der Unterrichtsforschung dar (▶ Kap. 4). Allerdings fokussiert dieses auf die individuellen Verarbeitungsprozesse der Lernenden, während das Grundmodell von Dunkin & Biddle (1974) einen allgemeinen strukturellen Rahmen für Prozesse im Bildungssystem liefert. Im Zentrum der vermittelnden Faktoren für Bildung (Prozesse) stehen vor allem formelle Bildungseinrichtungen wie die Schule und der Unterricht.

Inputfaktoren. In den ersten Statistiken über Bildungssysteme wurden vorwiegend Inputfaktoren berücksichtigt, beispielsweise der Anteil der Bildungsausgaben am Bruttosozialprodukt, die Größe von Schulklassen oder die Lehrerausstattung. Dieser Input wurde als aussagekräftig für Bildungsbemühungen angesehen (Bos & Postlethwaite, 2001).

Prozessfaktoren. Im Bereich der Prozessfaktoren werden relevante schulische Faktoren und Merkmale des Unterrichts in den Blick genommen. Auf der Ebene der Schulqualität fallen darunter beispielsweise Aspekte wie die Schulkultur, das Schulmanagement, die Kooperation zwischen Lehrpersonen und die Personalentwicklung. Im Bereich der Unterrichtsqualität stellen sich Fragen nach den Handlungsweisen der Lehrkräfte. Prozessfaktoren wurden intensiv im Rahmen der Prozess-Produkt-Forschung in den Blick genommen (Gage & Needles, 1989).

Outputfaktoren. Der Output beschreibt die Ergebnisse und Erträge von Bildungssystemen (Seidel, 2008). Generell unterscheidet man zwischen kurzfristigen Wirkungen (sog. Outputs, z. B. Schulleistungen) und langfristigen Ergebnissen (sog. Outcomes, z. B. Schulabschlüsse, beruflicher Werdegang, Schulabbrecherquoten (Scheerens & Bosker, 1997)). Kurzfristige Wirkungen betreffen nach Ditton (2000) die Leistungen der Schüler, aber auch ihre Einstellungen und Haltungen. Im Rahmen von Schulleistungsstudien wird der Output zum entscheidenden Bezugspunkt für die Beurteilung des Schulsystems und für Maßnahmen zur Verbesserung und Weiterentwicklung. Als Kriterien zur Überprüfung der Wirksamkeit von Schulsystemen werden Testleistungen in bestimmten Schulfächern oder Kompetenzbereichen, fächerübergreifende Kompetenzen und Merkmale der motivationalen, personalen und sozialen Entwicklung verwendet.

Kontextfaktoren. Neben der individuellen Kompetenzentwicklung hat ein Bildungssystem weitere Ziele zu be-

Tab. 15.1 Internationale Vergleichsstudien im Bildungssystem

Jahr	Studien mit deutscher Beteiligung	Studien ohne deutsche Beteiligung
2009	Programme for International Student Assessment (PISA) 2009	
2008	Trends in Mathematics and Science Study (TIMSS 2007), 4. Jahrgang Progress in International Reading Literacy Study (PIRLS) 2006 Programme for International Student Assessment (PISA) 2006	Trends in Mathematics and Science Study (TIMSS 2007), 8. Jahrgang
2005	Second Information Technology in Education Study III (SITES III) PISA 2003 PIRLS 2001 PISA 2000 mit nationalen Ergänzungen und Erweiterungen der Stichprobe, SITES II Civic Education Study (CIVICS)	Third International Mathematics and Science Study 2003 (TIMSS 2003) PIRLS – keine Beteiligung an der Replikation von IRLS–Teilen (International Reading Literacy Study) Civic Education Study (CIVICS) – ältere Population, (Second Information Technology in Education Study) SITES I
1995	Third International Mathematics and Science Study (TIMSS; – Beteiligung an TIMSS II und TIMSS III und TIMSS-Video) International Reading Literacy Study (IRLS) Computers in Education Study (ComPed; Beteiligung an ComPed II und ComPed III)	Third International Mathematics and Science Study (TIMSS; – keine Beteiligung an TIMSS I) Languages in Education Study (LES) Computers in Education Study (ComPed; keine Beteiligung an ComPed) International Assessment of Educational Progress (IAEP I-Studie)
1985	Study of Written Composition Classroom Environment Study	Second International Science Study (SISS) Second International Mathematics Study (SIMS)
1975	Six Subject Study – Beteiligung an First International Science Study (FISS), Leseverständnis Englisch, Civic Education	Six Subject Study – keine Beteiligung an Französisch, Leseverständnis, Literatur
1965	First International Mathematics Study (FIMS)	

rücksichtigen: Bedeutsame Kriterien für ein entwickeltes, modernes Bildungssystem betreffen auch Aspekte wie beispielsweise die Chancengerechtigkeit. Wie gut gelingt es in den Bildungssystemen, Schüler unabhängig von ihrer sozialen oder soziokulturellen Herkunft oder ihrem Geschlecht zu fördern? Diese Aspekte ordnen sich nach dem Grundmodell in den Bereich der Kontextfaktoren ein (Scheerens & Bosker, 1997). In Vergleichsstudien werden deshalb Fragen zur Stärke des Zusammenhangs zwischen sozialer Herkunft und Kompetenzerwerb untersucht.

15.1.2 Evaluation und Qualitätssicherung im Bildungssystem: Ein Rückblick

Die ersten großen internationalen Vergleichsstudien erfolgten in den 1960er-Jahren (**Tab. 15.1**). Die First International Mathematics Study wurde beispielsweise 1967 publiziert (Husén, 1967). Die Six-Subjects-Study, die Englisch und Französisch als Fremdsprachen, Naturwissenschaften, Literatur, Lesekompetenz und politischer Bildung untersuchte, erschien in den 1970er-Jahren (Thorndike, 1973).

Weitere Mathematik- und Naturwissenschaftsstudien – die Second International Mathematics Study (SIMS) und die Second International Science Study (SISS) – wurden in den 1980er-Jahren veröffentlicht (Postlethwaite & Wiley, 1992; Robitaille & Garden, 1989).

Betrachtet man die Geschichte internationaler Schulleistungsstudien, so fällt auf, dass Deutschland auf die Teilnahme an den ersten Studien weitgehend verzichtet hat. Nur einzelne Bundesländer nahmen an FIMS und Teilen der Six-Subjects-Study teil. Erst in den 90er-Jahren orientierte sich Deutschland mit der Beteiligung an den IEA-Studien TIMSS (Third International Mathematics and Science Study), RLS (Reading Literacy Study) und CIVICS (Civic Education Study) wieder am internationalen Geschehen. Mit systematischen und umfassenden nationalen Bildungsforschungsstudien wurde in den 90er-Jahren begonnen (Baumert et al., 1996; Lehmann, Peek, Pieper & von Stritzky, 1995). Eine „empirische Wende" erfolgte erst seit Anfang des neuen Jahrtausends, als Deutschland an der damals neuen OECD-Studie PISA teilnahm. Seit diesem Zeitpunkt wurde damit begonnen, die Qualität des deutschen Bildungssystems regelmäßig, systematisch, fortlaufend und gestützt auf empirische Daten zu überprüfen.

15.1.3 Bildungsmonitoring heute

Eine wichtige Erkenntnis aus den im vorangegangenen Abschnitt angesprochenen Vergleichsstudien war, dass deutsche Schüler bezüglich ihres Kompetenzniveaus in zentralen Basiskompetenzen einen deutlichen Abstand gegenüber der Weltspitze aufwiesen. Zugleich wurde deutlich, dass es an empirisch fundiertem Wissen über Erklärungszusammenhänge mangelte. So wurde in den letzten Jahren damit begonnen, in Deutschland ein umfassendes und auf modernen Methoden basierendes Bildungsmonitoring aufzubauen.

> **Definition**
>
> Der Begriff **Bildungsmonitoring** bezeichnet die systematische und regelmäßige Erfassung von Indikatoren für die Qualität eines Bildungssystems oder dessen Teilsysteme.

Ein Monitoring gibt Informationen über den Zustand eines Systems und dient als Datenbasis für Bildungsberichte. Da Bildungsergebnisse Auskunft über die erreichte Qualität geben und eventuell Nachsteuerungsbedarf anzeigen, können sie zur Steuerung des Systems genutzt werden. Eine wichtige Voraussetzung für ein erfolgreiches Bildungsmonitoring besteht darin, gezielt Indikatoren zu identifizieren, die relevante Aspekte der Ergebnisqualität, also der Outcomes, repräsentieren. Diese Indikatoren werden durch die Verwendung empirischer Verfahren erfasst. Hervorzuheben ist, dass einzelne Schulleistungsstudien nicht alle Aspekte des Bildungssystems erfassen und Vergleichsstudien nur einen Teil aller für das Bildungssystem relevanten Indikatoren bereitstellen können; weitere Aspekte von Bildungsqualität müssen über zusätzliche Zugänge und mit anderen Mitteln erfasst werden, beispielsweise können die prozentualen Anteile von Schulabbrechern in vielen Staaten über nationale Statistiken festgestellt werden.

15.2 Klassifikation von Vergleichsstudien

Vergleichsstudien verwenden verschiedene Messinstrumente, darunter Fragebögen, Interviews und Quellen z. B. von statistischen Ämtern, zur Ermittlung von Hintergrundinformationen. Der Kern einer Vergleichsstudie ist jedoch die **Testkomponente**: Schüler werden mit Testaufgaben konfrontiert, die Kompetenz messen. Die Antworten der Person auf bestimmte Testaufgaben dienen als Indikator für die (latente) Fähigkeit einer Person, auch außerhalb der Testsituation eine vergleichbare Aufgabe oder ein vergleichbares Problem lösen zu können. Aus der Testleistung eines Schülers oder einer Schülerin wird also auf das Potenzial bzw. die Kompetenz der Person geschlossen.

Das zentrale Kriterium zur Klassifikation von Vergleichsstudien sind ihre Fragestellungen. Von den Fragestellungen hängt es ab, welche Art von Stichprobe aus welcher Population gezogen werden muss, ob die Studien national oder international angelegt sein müssen oder welche Domänen und Hintergrundvariablen betrachtet werden.

Je nach Fragestellungen einer Studie sind bestimmte **Vergleichsperspektiven** zur Bewertung der Testleistungen einer ▶ umschriebenen Gruppe anzulegen (z. B. Klauer, 1987; Rheinberg, 1998). Die Kompetenz einer Person oder einer Gruppe kann beispielsweise an der Kompetenz einer anderen Gruppe gemessen werden. Dies geschieht in internationalen Vergleichsstudien wie PISA, wo jedem teilnehmenden Staat die Ergebnisse der Tests auf einer gemeinsamen Skala zurückgemeldet werden. Jeder Staat kann sich so einem **normorientierten Vergleich** stellen. Diese Ergebnisse informieren über relative Stärken und Schwächen eines Bildungssystems. Diese Daten können auch für ein **Benchmarking** verwendet werden, um zu klären, wie andere (etwa erfolgreichere) Staaten vorgehen. Über mehrere Messzeitpunkte entsteht zusätzliches Steuerungswissen.

Einen **kriteriumsorientierten Vergleich** stellt man an, wenn man die erreichten Kompetenzen an inhaltlich definierten Standards oder Bildungszielen misst, wie etwa den in Lehrplänen oder Bildungsstandards definierten Wissensbeständen oder auch den in theoretischen Rahmenkonzeptionen beschriebenen Ansprüchen an eine Grundbildung („literacy") in einer bestimmten Domäne. So wird beispielsweise in PISA über die inhaltlich begründete Abstufung der Schwierigkeitsskala ermittelt, wie groß die Gruppe besonders schwacher oder besonders leistungsstarker Schüler pro Land ist.

Schließlich gibt es eine **ipsative Perspektive**, die betrachtet, wie sich die Kompetenzen einer Person oder Gruppe über die Zeit verändern oder auch, wie die Kompetenzen in einem Staat auf einer bestimmten Klassenstufe sich über die Jahre voneinander unterscheiden (Trends). **Trendanalysen** geben Aufschluss, ob und wie weit ergriffene Maßnahmen zur Beseitigung von Schwächen (wie z. B. ein Leseförderprogramm oder spezielle Unterstützung für Kinder mit Migrationshintergrund) greifen.

Abhängig von den Fragestellungen lassen sich Vergleichsstudien nach weiteren Gesichtspunkten klassifizieren (Seidel & Prenzel, 2008).

Die ▶ **Stichproben** von Vergleichsstudien unterscheiden sich insofern, als entweder eine gesamte Population

Exkurs

Kombinierte Vergleichsstudien

Es gibt auch besondere Kombinationen internationaler Studien mit nationalen Komponenten, etwa die Stichprobenerweiterungen in mehreren OECD-Teilnehmerstaaten, die ihre PISA-Stichprobe so vergrößert haben, dass nicht nur Ergebnisse auf nationaler, sondern auch auf regionaler Ebene berichtet werden können (z. B. in Deutschland, Spanien, Italien und Kanada). Neben dem Mittelwert für Deutschland werden in der Erweiterung PISA-E Mittelwerte für jedes Land der Bundesrepublik Deutschland ermittelt. Der besondere Vorteil solcher Kombinationen liegt darin, dass neben dem sehr aufschlussreichen nationalen Binnenvergleich der Länder untereinander auch der internationale Bezugspunkt erhalten bleibt (▶ Abschn. 15.3.2 und ▶ Abschn. 15.6).

getestet (beispielsweise bei Vergleichsarbeiten in einem Bundesland) oder eine Zufallsstichprobe aus einer umschriebenen Population gezogen wird. Entsprechend variiert die **Reichweite** einer Studie bzw. die Generalisierbarkeit der Ergebnisse. Vergleichsstudien können eine Anzahl von Staaten, einen bestimmten Staat und seine Untergliederungen (wie z. B. die kanadischen Provinzen oder die Länder der Bundesrepublik Deutschland), eine bestimmte Region oder ein Bundesland, eine Schulart oder eine bestimmte Gruppe von Schulen (beispielsweise Ganztagsschulen) umfassen (▶ Exkurs „Kombinierte Vergleichsstudien").

Ein wichtiges Merkmal von Vergleichsstudien ist die **inhaltliche Ausrichtung**: Welche Domänen werden untersucht und auf welcher theoretischen Basis werden die Bereiche definiert? In der Vergangenheit wurden insbesondere die mathematische und die naturwissenschaftliche Kompetenz sowie die erstsprachliche und die Fremdsprachenkompetenz untersucht. Manche Studien fokussieren auf die Inhalte bestimmter Schulfächer (curriculumorientierte Studien), in anderen Studien steht eher die anschlussfähige, zur Bewältigung des Berufs- und Privatlebens erforderliche Kompetenz im Mittelpunkt.

Eng verknüpft mit der inhaltlichen Ausrichtung ist die Auswahl von **Hintergrund- und Kontextmerkmalen**. Die entsprechenden Daten werden meist durch Fragebögen erhoben. Vergleichsstudien beziehen bisher oft nur die Schüler ein, die Teil des allgemeinbildenden Schulsystems sind. Die Zielgruppe ist dabei wahlweise eine bestimmte Altersgruppe (z. B. 15-Jährige) oder die Angehörigen einer oder mehrerer Klassenstufen (z. B. Viertklässler).

Bezüglich des **Designs** von Vergleichsstudien kann zwischen quer- und längsschnittlich angelegten Untersuchungen differenziert werden. Wenn Daten zu mehreren Erhebungszeitpunkten gewonnen werden, kann entweder ein und dieselbe Stichprobe immer wieder untersucht werden oder es wird zu jeder Erhebungsrunde eine Stich-

probe der entsprechenden Alters- oder Jahrgangsstufe gezogen.

Ein letzter Gesichtspunkt zur Einordnung von Vergleichsstudien ist schließlich die **Organisation**, die die Studie verantwortet. Je nach Reichweite der Studie sind die Organisatoren häufig die Bildungsadministration von Ländern oder Staaten. Viele Internationale Vergleichsstudien werden von der IEA (International Association for the Evaluation of Educational Achievement) oder der OECD (Organisation for Economic Cooperation and Development) initiiert, die über langjährige Erfahrung mit solchen Studien verfügen. Weitere Organisatoren sind beispielsweise die UNESCO (United Nations Educational, Scientific, and Cultural Organisation) oder das IBE (International Bureau of Education). Die Organisatoren der Studien beauftragen wissenschaftliche Institute oder Konsortien, die aus mehreren Instituten besetzt werden, mit der Durchführung der Studie. ▫ Tab. 15.2 gibt einen Überblick wichtiger und im Kapitel beschriebener Studien.

15.3   Drei beispielhafte Vergleichsstudien

Im folgenden Abschnitt stellen wir drei Vergleichsstudien genauer vor, um einen Eindruck von der Bandbreite der unterschiedlichen Varianten zu geben. VERA und die „Überprüfung der Bildungsstandards" sind nationale Studien, PISA hat den internationalen Vergleich zum Ziel. Während VERA Grundschüler als Zielgruppe hat, setzen die beiden anderen Varianten von Vergleichsstudien im Sekundarbereich an. Während VERA und PISA mit wiederkehrenden Erhebungsrunden arbeiten, sollte die „Überprüfung der Bildungsstandards" einen Test konzipieren und erproben, dessen Aufgaben eine Grundlage für die regelmäßige Überprüfung der Bildungsstandards sein soll.

15.3.1 Flächendeckende Erhebung des Lern- und Leistungsstands: VERA

Das Projekt **Vergleichsarbeiten** (VERA) ist eine flächendeckende Lernstandserhebung, die in den Fächern Mathematik und Deutsch durchgeführt wird. Die Studie ist ein Beispiel für eine Vergleichsstudie nationaler Reichweite, die nicht mit einer Stichprobe, sondern mit einer Vollerhebung der 3. und 8. Klassen arbeitet. Entwickelt wurde die Konzeption des Projekts im Jahr 2002 von Helmke und Hosenfeld in Kooperation mit dem rheinland-pfälzischen Ministerium für Bildung, Wissenschaft, Jugend und Kultur (Helmke & Hosenfeld, 2003a; Helmke & Hosenfeld, 2003b). Mittlerweile wird VERA vom Institut zur Qualitätsentwicklung im Bildungswesen (IQB) und den Landes-

◘ Tab. 15.2 Klassifikation wichtiger Studien. (Modifiziert nach Seidel & Prenzel, 2008, mit freundlicher Genehmigung von Hogrefe, Göttingen)

	PISA	TIMSS	PIRLS	VERA	Bildungsstandards
Stichprobe	Zufallsstichprobe	Zufallsstichprobe	Zufallsstichprobe	Vollerhebung	Zufallsstichprobe
Reichweite	International	International	International	Einige Länder Deutschlands	National
Domänen	Lesen Mathematik Naturwissenschaften	Mathematik Naturwissenschaften	Lesen	Mathematik	Mathematik
Ausrichtung	Literacy	Curriculum	Literacy	Bildungsstandards Primarbereich	Bildungsstandards mittlerer Schulabschluss
Zielgruppe	15-Jährige	Klassen 4/8/12	Klassen 3/4	Klassen 3/4	Klasse 9
Design	Trend (3-jähriger Zyklus)	Trend (4-jähriger Zyklus)	Trend (5-jähriger Zyklus)		
Initiator	OECD	IEA	IEA	Land Rheinland-Pfalz	KMK
Vergleichsperspektive					
Normorientierter Vergleich	Internationaler Vergleich	Internationaler Vergleich	Internationaler Vergleich	Vergleich auf Landesebene	Verkoppelung mit internationalem Vergleich
Kriterialer Vergleich	Kompetenzstufen	Kompetenzstufen	Kompetenzstufen	Fähigkeitsniveaus	Standards
Ipsativer Vergleich	Vergleiche über die Zeit	Vergleiche über die Zeit	Vergleiche über die Zeit	–	–
Wissenserwerb	Deskriptiv: Monitoring Benchmark Korrelationsstudie	Deskriptiv: Monitoring Benchmark Korrelationsstudie	Deskriptiv: Monitoring Benchmark Korrelationsstudie	Deskriptiv: Monitoring	Deskriptiv: Monitoring Benchmark

PISA Programme for International Student Assessment; *TIMSS* Trends in Mathematics and Science Study; *PIRLS* Progress in International Reading Literacy Study; *VERA* Vergleichsarbeiten in der Grundschule; *OECD* Organisation for Economic Cooperation and Development; *IEA* International Association for the Evaluation of Educational Achievement; *KMK* Kultusministerkonferenz

instituten bzw. Qualitätsagenturen der Länder gemeinsam organisiert und durchgeführt (► https://www.iqb.hu-berlin.de/vera).

Ziel des Projekts ist es, flächendeckend und jahrgangsbezogen zu untersuchen, welche Kompetenzen Schüler zu einem bestimmten Zeitpunkt in den Bereichen Mathematik und Deutsch erreicht haben. Die Ergebnisse bieten eine empirische Basis, auf der Schulen die Schul- und Unterrichtsentwicklung vorantreiben können. Die für die Vergleichsarbeiten benötigten Testaufgaben werden von Lehrkräften entwickelt und in mehreren Durchgängen überarbeitet und empirisch anhand von Stichproben überprüft. Leitend für die Testentwicklung sind hierbei die jeweiligen Bildungsstandards für die Fächer Deutsch und Mathematik.

In den Schulen führen die Lehrkräfte der teilnehmenden Klassen die Vergleichsarbeiten durch und werten sie nach genau vorgegebenen Regeln aus. Für jede Klasse geben die Lehrer über das Internet die Rohdaten sowie relevante Klassen- und Schülerdaten (z. B. Klassengröße) ein. Die Auswertungen und Rückmeldungen der Ergebnisse auf Schüler-, Klassen- und Schulniveau sind Sache der Länder und erfolgen per E-Mail. Beispielaufgaben zu VERA finden sich u. a. unter ► https://www.iqb.hu-berlin.de/vera/aufgaben.

VERA erlaubt mehrere Vergleichsperspektiven:

- **Normorientierter Vergleich:** Die Vergleichsarbeiten ermöglichen eine Standortbestimmung durch den Vergleich der Ergebnisse von Klassen untereinander und mit den jeweiligen Landesergebnissen. Ein sog. fairer Vergleich gibt zudem die Möglichkeit, das Klassenergebnis mit dem Ergebnis aus einer Klasse in Bezug zu setzen, deren Schülerschaft bezüglich ihrer Hintergrundbedingungen vergleichbar ist.

Erhebungsjahr	2000	2003	2006	2009	2012	2015
Erhebungs-bereiche	**Lesekompetenz** Mathematik Naturwissen-schaften	Lesekompetenz **Mathematik** Naturwissen-schaften Problemlösen	Lesekompetenz **Naturwissen-schaften**	**Lesekompetenz** Mathematik Naturwissen-schaften	Lesekompetenz **Mathematik** Naturwissen-schaften Problemlösen	Lesekompetenz Mathematik **Naturwissen-schaften**
Selbstein-schätzung der Schülerinnen und Schüler	Lernansätze, Leseengagement	Lernansätze, Einstellung zur Mathematik	Lernansätze, Einstellung zu den Naturwissen-schaften	Lernansätze, Leseengage-ment, -motivation und -strategien	Lernansätze, Einstellung zur Mathematik	Lernansätze, Ein-stellung zu den Naturwissenschaf-ten, kooperatives Problemlösen (computerbasiert)

◘ **Abb. 15.2** Jahr der Erhebungsrunde, Untersuchungsbereiche mit Schwerpunktdomäne (PISA Broschüre – Die internationale Schulleistungs-studie der OECD, OECD 2007, ▶ http://www.oecd.org/pisa, mit freundlicher Genehmigung)

▬ **Kriteriumsorientierter Vergleich:** Dieser Vergleich wird gezogen, indem die Leistungen der Klassen mit inhaltlich definierten Fähigkeitsniveaus verglichen werden. Die Ergebnisse lassen sich auf Bildungs-standards sowie Lehrpläne und Kerncurricula der Grundschulen beziehen.

15.3.2 Eine Internationale Vergleichsstudie: PISA

PISA, das „Programme for International Student Assess-ment", ist der zentrale Teil eines umfassenden Indika-torensystems, das die Organisation für wirtschaftliche Zusammenarbeit und Entwicklung (OECD) organisiert. PISA untersucht, wie gut junge Menschen am Ende der Pflichtschulzeit auf Herausforderungen der Wissensgesell-schaft vorbereitet sind. Die erste Erhebungsrunde fand im Jahr 2000 statt, seither wird PISA alle 3 Jahre durchgeführt. An PISA nehmen die 30 OECD-Mitgliedsstaaten teil, welche die Referenz darstellen, an der sich alle teilnehmenden Staa-ten messen. PISA ist auch für Staaten interessant, die selbst nicht der OECD angehören, aber ihre Bildungsergebnisse am OECD-Standard beurteilen möchten. An PISA 2006 nahmen 57 Staaten teil, bei PISA 2012 waren es bereits 68.

Die OECD beauftragt in jeder Erhebungsrunde inter-national zusammengesetzte Konsortien mit der Durchfüh-rung von PISA. In den Teilnehmerstaaten wird PISA nach den internationalen Vorgaben und Standards von natio-nalen Institutionen durchgeführt. In Deutschland hat die Kultusministerkonferenz (KMK) die Durchführung und Berichterstattung für jede Erhebungsrunde ausgeschrieben und in Folge nationale Konsortien mit Wissenschaftlerin-nen und Wissenschaftlern unterschiedlicher Institute (z. B. Max-Planck-Institut für Bildungsforschung, Berlin; Leib-niz-Institut für die Pädagogik der Naturwissenschaften und Mathematik (IPN), Kiel; oder Deutsches Institut für Inter-nationale Pädagogische Forschung (DIPF), Frankfurt) mit der Durchführung beauftragt. Ende 2010 wurde von der

KMK zusammen mit dem Bundesministerium für Bildung und Forschung (BMBF) das „Zentrum für Internationale Bildungsvergleichsstudien" (ZIB) gegründet. Dieses Zent-rum plant und verbindet Forschungsarbeiten zu Large Scale Assessments in drei Instituten (DIPF, IPN und TUM School of Education); es führt – mit Sitz an der TUM School of Education in München – regelmäßig PISA in Deutschland durch und stimmt sich eng mit dem IQB in Berlin ab, das für die nationalen Schulleistungsstudien verantwortlich ist.

PISA ist vor allem darauf gerichtet, zentrale und grundlegende Kompetenzen zu erheben, die für die indi-viduellen Lern- und Lebenschancen und die persönliche wie berufliche Entwicklung über die Lebensspanne ebenso bedeutsam sind wie für die gesellschaftliche, politische und wirtschaftliche Weiterentwicklung. Die Zielgruppe von PISA sind Jugendliche im Alter von 15 Jahren. Diese Fest-legung wurde gewählt, da sich Jugendliche dieser Alters-gruppe in den OECD-Staaten normalerweise noch alle im Pflichtschulsystem befinden, sich zugleich aber dem Ende der Pflichtschulzeit und dem Übergang in das Berufsleben oder in weiterführende Bildungsgänge nähern.

Welche Anforderungen die Testaufgaben stellen, ist in ausführlichen Testkonzeptionen beschrieben und be-gründet, die von Expertenkommissionen in Hinblick auf die generelle Zielstellung von PISA ausgearbeitet wurden (z. B. OECD, 2009). PISA verwendet eine Literacy-ori-entierte Rahmenkonzeption, die sich nicht auf das Ab-prüfen von Lehrplanstoff beschränkt und fokussiert bei den Untersuchungen drei Kompetenzbereiche, die in der Wissensgesellschaft eine wichtige Rolle spielen. Jede Erhe-bungsrunde umfasst alle drei Kompetenzbereiche, wobei bei jedem Durchgang ein Bereich vertieft untersucht wird (◘ Abb. 15.2):

▬ Die **Lesekompetenz**, die in der ersten PISA-Erhe-bungsrunde den Schwerpunkt bildete und seither re-gelmäßig getestet wird, wird als Schlüssel für den Zugang zu Wissen schlechthin betrachtet, denn der größte Teil des Wissens wird über Texte (unterschied-licher Sorten) transportiert und erschlossen.

- Die ebenfalls regelmäßig untersuchte **mathematische Kompetenz** steht weniger für alltägliche Rechenfertigkeit, sondern für die Nutzung von Mathematik als Werkzeug für die Modellierung von Zusammenhängen und für das Lösen von Problemen.
- Der dritte in jeder Runde erneut untersuchte Bereich der **naturwissenschaftlichen Kompetenz** trägt der Tatsache Rechnung, dass Gesellschaft und Kultur von den sich dynamisch weiterentwickelnden Naturwissenschaften und der Technik nachhaltig geprägt werden.

Die PISA-Rahmenkonzeptionen für die drei Testbereiche liefern die Grundlage für die Konstruktion der Tests. Das Aufgabenmaterial wird in Test- und Forschungsinstituten aus mehreren Ländern in Zusammenarbeit mit dem internationalen PISA-Konsortium entwickelt. Darüber hinaus haben alle teilnehmenden Staaten Gelegenheit, selbst Aufgaben einzureichen, die in den Test aufgenommen werden, wenn sie den Kriterien der Rahmenkonzeption entsprechen. Die so entstandenen Aufgaben werden in einem Feldtest erprobt. An der Hauptstudie nimmt in jedem Teilnehmerstaat eine repräsentative Stichprobe von Schülern teil. Die PISA-Ergebnisse werden zentral analysiert und schließlich in internationalen und nationalen Berichten veröffentlicht (z. B. Klieme et. al., 2010; OECD, 2007a; OECD, 2007b; OECD, 2010; Prenzel et al., 2007a).

Auch PISA lässt unterschiedliche **Vergleichsperspektiven** zu:

- Die internationale Einordnung der Befunde eines Landes entspricht einem **normorientierten Vergleich**.
- Kompetenzstufen, die eine inhaltliche Beurteilung der Kompetenzen enthalten, gestatten **kriteriumsorientierte Vergleiche**.
- Da PISA in aufeinander folgenden Erhebungsrunden durchgeführt wird, können **ipsative Vergleiche** gezogen und die Ergebnisse für ein Land über die Zeit betrachtet werden.

PISA ist offen für Ergänzungen und Erweiterungen, solange sichergestellt ist, dass die Studie exakt nach den internationalen Vorgaben erfolgt (▶ Abschn. 15.6). Eine Variante der Ergänzung bestand in den ersten Runden von PISA in Deutschland darin, die PISA-Stichprobe für einen zweiten Testtag zu nutzen. An diesem zweiten Tag wurden die Schüler gebeten, weitere Tests und Fragebögen zu bearbeiten, die für Forschungsfragen von nationalem Interesse genutzt wurden. In PISA 2006 wurde am zweiten Testtag ein Verfahren zur Überprüfung der Bildungsstandards in Mathematik für den mittleren Schulabschluss erprobt, das im folgenden Abschnitt näher erläutert wird. Beispielaufgaben zu PISA finden sich unter ▶ http://www.pisa.tum.de/kompetenzbereiche/beispielaufgaben/.

| **Exkurs** |

Welche Rolle spielen Bildungsstandards im Schulsystem?

Die inhaltliche Diskussion um die Einführung der Bildungsstandards wurde maßgeblich von der BMBF-Expertise „Zur Einführung nationaler Bildungsstandards" (Klieme et al., 2003) angeregt. Sie beschreibt die Funktionen, konzeptuellen Grundlagen und die Entwicklung von Bildungsstandards. Mit der Einführung von Bildungsstandards soll ein weiterer Schritt beim Wechsel von der Input- hin zur Outputorientierung vollzogen werden. Qualitätssicherung im Bildungssystem wird dann nicht mehr allein durch Bildungsprogramme (Lehrpläne) gesteuert, sondern auch über zu erzielende Lernergebnisse (Bildungsstandards).

15.3.3 Überprüfen von Bildungsstandards

Die Erhebungen zur Erreichung von Bildungsstandards stehen exemplarisch für standardorientierte Vergleichsstudien, die auf nationaler Ebene die Qualität der Ausbildung bei Schülern vor dem mittleren Bildungsabschluss prüfen.

Als eine Reaktion auf PISA 2000 führte die ständige Konferenz der Kultusminister der Länder in der Bundesrepublik Deutschland (KMK) Bildungsstandards als wichtigen Bestandteil eines umfassenden Systems der Qualitätssicherung schulischer Bildung ein. Für den mittleren Schulabschluss und für den Hauptschulabschluss wurden damit Bildungsstandards definiert und verbindliche Ziele und Kriterien festgelegt, anhand derer das Erreichen eines Standards erfasst und gemessen werden kann (▶ Exkurs „Welche Rolle spielen Bildungsstandards im Schulsystem?").

Eine an PISA 2006 gekoppelte Studie sollte erstmals empirisch überprüfen, inwieweit die Schüler der 9. Klassen die durch die Bildungsstandards beschriebenen Anforderungen in Mathematik für den mittleren Bildungsabschluss bewältigen können (Prenzel & Blum, 2007). Die Aufgaben können darüber hinaus als Grundstock für weitere Testentwicklungen zur Überprüfung der Bildungsstandards in Mathematik genutzt werden (Blum, Drüke-Noe, Hartung & Köller, 2006; Prenzel & Blum, 2007).

Die Konzeption der Bildungsstandards im Fach Mathematik orientiert sich an den Vorarbeiten der Standards, die vom National Council of Teachers of Mathematics (NCTM, 2000) entwickelt wurden, und an der PISA-Rahmenkonzeption für Mathematik (OECD, 2003). Beide Rahmenkonzeptionen beschreiben die Mathematikkompetenz aus einer inhaltlichen und einer prozessorientierten Sicht. Die KMK-Bildungsstandards unterscheiden „mathematische Leitideen" und „mathematische Kompetenzen" (Kultusministerkonferenz, 2004) und definieren Kompetenzstandards (vgl. auch Ehmke, Leiß, Blum & Prenzel, 2006).

Tab. 15.3 Untersuchungsdesigns in Vergleichsstudien. (Modifiziert nach Seidel & Prenzel, 2008, mit freundlicher Genehmigung von Hogrefe, Göttingen)

Design	Datenerhebungen	Zielgruppe	Stichproben
Querschnittlich			
Eine Erhebung	1	≥ 1 (z. B. Klasse 4, 8, 12)	Zufallsstichproben für jede Population zu jedem Erhebungszeitpunkt
In mehrjährigen Runden wiederkehrende Erhebungen (Trend)	> 1	≥ 1	Zufallsstichproben für jede Population zu jedem Erhebungszeitpunkt
Längsschnittlich			
Einfaches Panel	> 1	1	Eine Zufallsstichprobe wird zu Beginn gezogen und zu allen Erhebungszeitpunkten erneut getestet/befragt
Komplexes Panel	> 1	≥ 1	Mehrere Zufallsstichproben werden gezogen und zu allen Erhebungszeitpunkten erneut getestet/befragt

In den Schuljahren 2004/5 bzw. 2005/6 wurden Bildungsstandards in allen Ländern der Bundesrepublik verbindlich eingeführt. Für die Hauptschule und den mittleren Bildungsabschluss liegen Bildungsstandards für die Fächer Deutsch und Mathematik sowie die erste Fremdsprache (Englisch und Französisch) und die naturwissenschaftlichen Fächer vor, im Primarbereich in den Fächern Deutsch und Mathematik. Standards für die Fächer Deutsch, Mathematik und die erste Fremdsprache werden auch für die allgemeine Hochschulreife entwickelt.

Die Testaufgaben werden von Lehrkräften und fachdidaktischen Experten entwickelt. Auf der Grundlage einer Normierungsstudie werden – ähnlich wie bei PISA (► Abschn. 15.5.2) – Kompetenzstufenmodelle entwickelt. Die Überprüfung der Bildungsstandards erfolgt anhand einer repräsentativen Stichprobe, im Falle der Standards für den mittleren Bildungsabschluss an Schülern der 9. Jahrgangsstufe. Ob und inwieweit es gelingt, die in den Bildungsstandards formulierten Lernziele zu erreichen, wird in Deutschland mittlerweile regelmäßig in mehrjährigen Abständen überprüft und berichtet. Das IQB stellt regelmäßig die Ergebnisse dieser Standardüberprüfungen in sogenannten „Ländervergleichen" dar (Köller, Knigge & Tesch, 2010; Stanat et al., 2012). Ähnlich wie bei PISA erlauben die Ergebnisse keinen Vergleich auf individueller oder Schulebene. Die Befunde werden vergleichend für die Länder der Bundesrepublik dargestellt. Beispielaufgaben zu Bildungsstandards finden sich in den Dokumenten unter ► http://www.kmk.org/bildung-schule/qualitaetssicherung-in-schulen/bildungsstandards/dokumente.html.

15.4 Vergleichsstudien – Von der Idee zur Testdurchführung

Die bisherigen Ausführungen illustrieren, dass es nicht „die" Vergleichsstudie gibt, sondern sich das konkrete Vorgehen in den einzelnen Studien deutlich unterscheidet. Was dies für den konkreten Forschungsprozess bedeutet und welche Arbeitsschritte im Rahmen der Planung und Durchführung der meisten Vergleichsstudien anfallen, wird in den nächsten Abschnitten behandelt.

15.4.1 Designs und Stichproben

Das Zentrum von Vergleichsstudien ist die Testkomponente. Hinzu kommen Daten zu Hintergrundvariablen, die mittels Fragebogen, Interview oder Beobachtung erfasst werden. Gegenstand der Analysen sind Relationen zwischen diesen Variablen.

Die Entscheidung für ein quer- oder längsschnittliches Design wirkt sich auf die Möglichkeiten der Interpretation aus. Vergleichsstudien, die nur zu einem Messzeitpunkt durchgeführt werden, liefern deskriptive Befunde, die zur Standortbestimmung und Bestandsaufnahme beitragen. Will man solide Hinweise auf kausal bedeutsame Bedingungsfaktoren erhalten, dann sind Längsschnittdesigns erforderlich. **Tab. 15.3** gibt einen Überblick über die verschiedenen Möglichkeiten, eine Vergleichsstudie zu gestalten.

Zwei der Designs sind querschnittlich angelegte Studien, die wahlweise eine oder mehrere Zielgruppen (Alters- oder Jahrgangsstufen) einbeziehen, die entweder einmal getestet werden oder die in mehreren Runden zu jedem Erhebungszeitpunkt immer an neuen Stichproben in der jeweiligen Population untersucht werden. Panelstudien verwenden längsschnittliche Designs. Dabei wird eine Stichprobe aus einer Population über mehrere Messzeitpunkte hinweg immer wieder getestet und befragt (einfache Panelstudien). Komplexe Panelstudien starten mit mehreren Stichproben unterschiedlicher Alters- oder Jahrgangsstufen und begleiten diese über mehrere Messzeitpunkte oder Erhebungsrunden. Die Erhebungen in solchen komplexen Panelstudien können gewinnbringend mit querschnittlichen Designs ergänzt werden (vgl. auch Duncan & Kalton, 1987). Viele Vergleichsstudien verwenden auch eine Kombination der beschriebenen Designs oder verkoppeln Teilstichproben einer querschnittlichen Studie mit Komponenten längsschnittlicher Designs.

Vergleichsstudien streben an, repräsentative Aussagen über Kompetenzen und andere Merkmale in einer Population zu treffen. Um den Aufwand einer Erhebung zu reduzieren, werden Stichproben von Personen (bzw. von Schulen, s. unten) gezogen. Die Ziehung der Stichproben ist ein sehr bedeutsamer (und methodisch anspruchsvoller) Schritt im Laufe der Realisierung einer Vergleichsstudie, da die Aussagekraft auf Populationsebene mit der Qualität einer Stichprobe steht und fällt. Ein Sonderfall, in dem Stichproben keine Rolle spielen, sind Vollerhebungen wie beispielsweise flächendeckende Lernstandserhebungen, in denen alle Schüler einer Population in eine Vergleichsstudie einbezogen werden.

In Vergleichsstudien werden aus verschiedenen Gründen häufig **komplexe Stichproben** gezogen. Das bedeutet, dass mehrere Arten der Stichprobenziehung miteinander kombiniert werden müssen. Dies hat verschiedene Gründe: Einfache Zufallsstichproben setzen voraus, dass es Listen sämtlicher Schüler gibt, die der Zielpopulation angehören. Dies stellt vor allem bei altersbasierten Stichproben ein Problem dar. Ebenso wichtig ist jedoch ein zweiter, praktischer Grund: Theoretisch können sich die in einer einfachen Zufallsstichprobe gezogenen Schüler geografisch sehr weit und auf sehr viele verschiedene Schulen verteilen. Der organisatorische Aufwand, der mit einer solchen Stichprobe verbunden wäre, ist kaum zu leisten.

Stichproben in Vergleichsstudien werden deshalb stratifiziert. Das heißt, die Zielpopulation wird in verschiedene Teilstichproben (Strata) unterteilt. Man unterscheidet hier **explizit und implizit stratifizierende Variablen**. Um einen „sampling frame", also die Listen dieser Teilstichproben, zu erstellen, aus denen die Stichproben dann gezogen werden, wird die Zielpopulation unterteilt. Die Schulstichprobe wird nach Ländern geschichtet, d.h. separat für jedes Land behandelt (explizit stratifiziert). Die Ziehung wird so angelegt, dass sich die gezogenen Schulen innerhalb der Schichten proportional zur Zahl der unterrichteten Schüler je nach Schulart auf die unterschiedlichen Schulen verteilen (implizit stratifiziert). Die Grundlage für die Stichpro-

benziehung sind die Angaben der statistischen Ämter eines Staates (in der Bundesrepublik beispielsweise die Angaben der 16 statistischen Landesämter; vgl. z.B. auch Carstensen, Frey, Walter & Knoll, 2007).

Innerhalb der stratifizierten Stichproben werden dann **Klumpenstichproben** gezogen, die sich dadurch auszeichnen, dass die zu testenden Personen in Gruppen zusammengefasst sind (▶ Kap. 14). In Vergleichsstudien ist es gängige Praxis, mehrere Klumpenstichproben nacheinander zu ziehen: Die primären Stichprobeneinheiten sind Schulen, die sekundären Stichprobeneinheiten sind Schüler (vgl. auch Lohr, 1999; Walter & Rost, 2011).

Es werden Schulen gezogen, deren Zahl von der angestrebten Genauigkeit der Stichprobenergebnisse abhängt. In den Schulen werden Zufallsstichproben von Schülern gezogen. Das Beispiel PISA 2006 illustriert, wie aus der laut „sampling frame" vorgesehenen Stichprobe eine realisierte Stichprobe wird.

Wie bereits ausgeführt, werden in Vergleichsstudien alters- bzw. jahrgangsbasierte Stichproben gezogen (▶ Abschn. 15.4.1).

In **altersbasierten Stichproben** entscheidet man sich für eine Untersuchungspopulation, die das Lebensalter der Schüler als Kriterium nimmt. In diesen Studien wird danach gefragt, welche Kompetenzen Jugendliche bis zu einem bestimmten Alter entwickeln, unabhängig davon, auf welcher Klassenstufe sie sich zu diesem Zeitpunkt befinden. Diese Definition bringt es mit sich, dass sich Schüler der Stichprobe auf mehrere Klassenstufen verteilen, in Abhängigkeit davon, wie die Einschulungspraxis und die Regeln zur Klassenwiederholung in den teilnehmenden Staaten sind. Ein Problem der altersbasierten Stichproben tritt auf, wenn ein nennenswerter Anteil der Zielpopulation nicht (mehr) die Schule besucht. Dies ist für 15-Jährige in einigen Staaten der Fall, beispielsweise in der Türkei (über 40 %), in Mexiko (über 35 %) oder Portugal (über 10 %). Man kann vermuten, dass die Jugendlichen, die aus diesem Grund nicht an PISA teilnehmen, zu den kompetenzschwächeren gehören. Das bedeutet, dass so das Kompetenzniveau der Population der 15-Jährigen in diesen Staaten u. U. überschätzt wird.

Beispiel

Stichprobenziehung bei PISA 2006
Im ersten Schritt wurden 227 Schulen für den internationalen Vergleich gezogen. In vier dieser Schulen gab es zum Testzeitpunkt keine Fünfzehnjährigen mehr. Für zwei dieser Schulen konnten Ersatzschulen ermittelt werden. Insgesamt wurden Daten von Schülerinnen und Schülern aus 225 Schulen ausgewertet, die Teilnahmequote beträgt auf Schulebene somit 100 Prozent.

Auf Schülerebene liegt die Teilnahmequote bei 92,3 Prozent, weil meist wegen Krankheit oder fehlender Elterngenehmigungen Schülerinnen und Schüler nicht an der Erhebung teilnahmen. […] Vom Test ausgeschlossene Schülerinnen und Schüler wurden nicht in die Berechnung der Untersuchungsbeteiligung einbezogen; ihr Anteil lag bei 0,66 Prozent. Den internationalen PISA-Regelungen folgend wurden Schülerinnen und Schüler innerhalb der Schulen dann ausgeschlossen, wenn sie weniger als ein Jahr in Deutschland Deutschunterricht erhalten hatten oder wenn ihnen aufgrund einer körperlichen, geistigen oder emotionalen Beeinträchtigung die Teilnahme am Test nicht möglich war.
(Zitiert nach Carstensen et al., 2007, S. 371).

Eine definierte Zielpopulation sollte innerhalb der Staaten möglichst vollständig ausgeschöpft werden. Von **vollständiger Ausschöpfung** spricht man dann, wenn potenziell alle Personen der Zielpopulation für die zu untersuchende Stichprobe ausgewählt werden können. Es gibt einige, wohldefinierte Ausschlussgründe. Ausgeschlossen werden in der Regel Schüler, die aus körperlichen, geistigen oder seelischen Gründen nicht in der Lage sind, selbstständig den Test zu bearbeiten. Ein weiterer Grund kann sein, dass Schüler die Testsprache nicht gut genug beherrschen, weil sie gerade erst zugewandert sind. Neben diesen Gründen könnten sich (je nach Regelung) in manchen Ländern Schüler oder ganze Schulen weigern, an der Studie teilzunehmen. Um Verzerrungen der Stichproben, die durch diese Ursachen zustande kommen könnten, möglichst gering zu halten, werden in Vergleichsstudien auf Schulebene und auf der Ebene der Schüler jeweils Mindestausschöpfungsquoten definiert. Diese Mindestquoten müssen erreicht werden, damit die Daten eines Landes berichtet werden.

Die Wahrscheinlichkeit, in die Stichprobe aufgenommen zu werden, ist aufgrund der expliziten Stratifizierung nach Schularten nicht für alle Schüler gleich. Die Stichprobe ist damit zwar zufällig gezogen, was aber nicht bedeutet, dass sie repräsentativ für die Zielpopulation ist. Um diese Repräsentativität herzustellen, wird für jede Schülerin und jeden Schüler ein sog. **individuelles Gewicht** berechnet.

Die Gewichte drücken aus, wie viele Schüler der Population jede Schülerin bzw. jeder Schüler repräsentieren soll. Das Gewicht gibt somit die Zahl der Jugendlichen in der Population je Person in der Stichprobe an. Die Auswertungen von Ergebnissen, auf die die so konstruierten Gewichte angewendet werden, beziehen sich auf die Fallzahlen der zugrunde liegenden Population, und die Stichprobenergebnisse lassen sich auf diese Population verallgemeinern (vgl. auch Walter & Rost, 2011).

15.4.2 Theoretische Rahmenkonzeptionen

Die Rahmenkonzeption einer Vergleichsstudie beschreibt die Anforderungen an die Konstruktion der Testverfahren und Fragebögen. Die Testkonzeptionen beziehen sich auf die zugrunde liegende bildungstheoretische Auffassung und berücksichtigen den aktuellen Forschungsstand. Sie sind an der zu testenden Zielpopulation und den Zielen der jeweiligen Studie orientiert.

Es gibt im Wesentlichen zwei Möglichkeiten, Kompetenzmessungen normativ zu verankern: Die IEA orientiert sich beispielsweise an curricularen Vorgaben und prüft, inwieweit diese von den Schülern erreicht werden. Aus der Sicht von Schule erscheint ein curricularer Bezugspunkt als naheliegend, denn man hofft so zu erfahren, inwieweit die Lehrpläne in Wissen und Können umgesetzt werden. Für den internationalen Vergleich können die Überschneidungsbereiche der Curricula in den teilnehmenden Staaten der Kompetenzmessung in einer bestimmten Jahrgangsstufe zugrunde gelegt werden. Da in der Mathematik und in den Naturwissenschaften am ehesten international gemeinsame curriculare Anforderungen vorliegen, sind diese Fächer traditionell die Favoriten für internationale Vergleichsstudien. Dennoch stellen sich auch bei diesen Fächern zahlreiche Probleme, die vor allem auf Unterschiede in der Organisation und Sequenzierung der nationalen Curricula zurückzuführen sind.

Unter anderem deshalb wird in neueren Vergleichsstudien (wie in PISA) eine andere Vorgehensweise gewählt. Statt der Erfüllung bestehender Curricula steht bei Literacy-orientierten Studien die Frage im Mittelpunkt, wie gut Schüler eines bestimmten Lebensalters Kompetenzen entwickelt haben, die für ein lebenslanges Lernen in der Wissensgesellschaft und für die aktive Teilhabe am Leben einer Gesellschaft von Bedeutung sind. Nun steht diese Perspektive nicht unbedingt einer curricularen Sicht entgegen – die Präambeln von Lehrplänen sprechen ja auch vergleichbar anspruchsvolle Zielvorstellungen an. Allerdings verfolgen die Literacy-orientierten Ansätze die Absicht, sich zu vergewissern, welche Kompetenzen relevant und anschlussfähig sind. Da solche Anforderungen nicht (wie bei Lehrplänen) in kodifizierter Form vorliegen, müssen sie von Expertengruppen unter Berücksichtigung des Forschungsstandes erarbeitet werden. Dabei verspricht man sich auch, der Gefahr zu entgehen, am Ende nur typisches Schulbuchwissen abzufragen, das Schüler sich kurzfristig angeeignet haben. Vielmehr möchte man sie mit lebensnahen Anforderungen konfrontieren, die eine flexible, situationsangemessene Anwendung von Wissen verlangen.

Die Erhebungen bei Vergleichsstudien beschränken sich nicht nur auf Tests. Unter dem Begriff „Hintergrund- und Kontextmerkmale" verbergen sich Merkmale, die mit den Bildungsergebnissen der Schüler (Outputs) assoziiert sind und deren Lern- und Lebensumgebungen zugeordnet werden können (Kontextfaktoren). Es werden Lern- und Entwicklungsbedingungen erhoben, die vor allem das Elternhaus, die Schule und den Unterricht charakterisieren (Prozessfaktoren; ► Abschn. 15.1.1). Mit der Erhebung von Hintergrundmerkmalen auf diesen unterschiedlichen Ebenen können nicht nur aufschlussreiche Informationen über Bedingungen des Aufwachsens und diesbezügliche Unterschiede gewonnen werden. Die Erhebungen geben auch die Möglichkeit, die unter verschiedenen Bedingungen entwickelte Kompetenz von Schülern zu vergleichen, auf der nationalen wie internationalen Ebene. Damit können auch Aussagen darüber getroffen werden, inwieweit bestimmte Lebensbedingungen (z. B. Merkmale der Herkunft) in den einzelnen Ländern systematisch mit Kompetenzunterschieden – also unterschiedlichen Chancen auf eine erfolgreiche Kompetenzentwicklung – verknüpft sind.

In vielen Studien werden neben den teilnehmenden Schülern auch die Schulleitungen und/oder Lehrpersonen mittels Fragebögen befragt, um Prozessinformationen über die schulische und unterrichtliche Lernumgebung zu sammeln. Einen Einblick in die familiäre Situation und das soziale Umfeld der Familie geben immer häufiger auch Fragebögen an die Eltern der Schüler.

15.4.3 Testkonstruktion und Itementwicklung

Die Testentwicklung erfolgt auf der Basis der Rahmenkonzeption und erfordert festgelegte Arbeitsschritte. Die zentralen Kriterien für die Aufgabenkonstruktion sind folgende:

- Die Aufgaben müssen die bildungstheoretischen Grundgedanken der jeweiligen Testkonzeption verkörpern.
- Die Aufgaben müssen die in der Testkonzeption unterschiedenen inhaltlichen Aspekte umsetzen und repräsentieren.
- Die Aufgaben müssen eine reliable, valide und international vergleichbare Leistungsmessung ermöglichen.

Die Aufgabenentwürfe werden in einem mehrstufigen Verfahren überprüft und weiterentwickelt (☐ Abb. 15.3). Einzelne Schüler werden beispielsweise gebeten, Aufgaben zu bearbeiten und dabei „laut zu denken". Es folgen erste Überprüfungen der Aufgaben mit kleinen Schülergruppen, die die Aufgaben bearbeiten und die man dann bittet, diese nach verschiedenen Gesichtspunkten aus ihrer Perspektive zu bewerten. Nach diesen Prüfungen und eventuellen Überarbeitungen werden die Aufgabenentwürfe innerhalb der Expertengruppen und im Kreis der nationalen Pro-

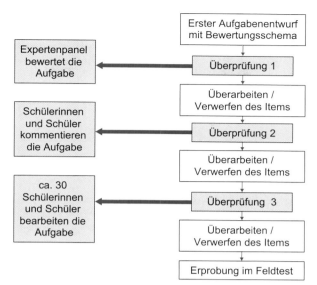

☐ **Abb. 15.3** Das Verfahren zur Aufgabenentwicklung im Überblick

jektmanager aus den Teilnehmerstaaten beurteilt. Unter anderem werden die fachliche Richtigkeit der Aufgaben, die Nähe zum jeweiligen Curriculum des Landes, eine mögliche kulturelle oder geschlechterbezogene Benachteiligung durch die Art oder das Thema der Aufgabe, die Interessantheit und die Schwierigkeit der Aufgaben bewertet. Diejenigen Aufgaben, die den Aufgabenentwicklungsprozess bis zu diesem Punkt „überlebt" haben, werden dann in einem internationalen Feldtest erprobt (Drechsel & Prenzel, 2008).

Antwortformate. Die in Vergleichsstudien eingesetzten Aufgaben weisen unterschiedliche Antwortformate auf. Bei einem Teil der Aufgaben müssen die Schüler unter mehreren vorgegebenen Antwortmöglichkeiten eine oder mehrere korrekte Lösungen markieren (Mehrfachwahl bzw. Multiple Choice). Bei anderen Antwortformaten sollen die Schüler eine eigene Antwort formulieren, die aus einem einzigen Wort oder einer Zahl (Kurzantwort) oder aus mehreren Sätzen (manchmal auch Zeichnungen) besteht (offenes Antwortformat).

Übersetzungen. In internationalen Vergleichsstudien ist die Übersetzung der Testinstrumente eine besondere Herausforderung, denn die Testaufgaben, Fragebögen und Manuale in den verschiedenen Sprachen müssen mehr oder weniger identisch sein. Das heißt, dass die Übersetzungen auch bezüglich ihrer sprachlichen Komplexität und der Schwierigkeit der Begriffe vergleichbar sein müssen. Die Übersetzungen werden nach festgeschriebenen Übersetzungsregeln angefertigt.

Aufgrund der z. T. großen organisatorischen Unterschiede zwischen den Schulsystemen der Staaten, die an Vergleichs-

Dauer	Testheft												
	1	2	3	4	5	6	7	8	9	10	11	12	13
30	N1	N2	N3	N4	N5	N6	N7	M1	M2	M3	M4	L1	L2
30	N2	N3	N4	M3	N6	L2	L1	M2	N1	M4	N5	M1	N7
30	N4	M3	M4	N5	N7	L1	M2	N2	N3	N6	L2	N1	M1
30	N7	L1	M1	M2	N3	N4	M4	N6	L2	N1	N2	N5	M3
30	Fragebogen												

Angabe der Dauer in Minuten. N1–N7: Aufgabengruppen zu den Naturwissenschaften. L1–L2: Aufgabengruppen zum Lesen. M1–M4: Aufgabengruppen zur Mathematik.

◘ **Abb. 15.4** Design des internationalen Tests in PISA 2006. (Aus Prenzel, M., Carstensen, C. H., Frey, A., Drechsel, B. & Rönnebeck, S. (2007b). PISA 2006 – Eine Einführung in die Studie. In M. Prenzel, C. Artelt, J. Baumert (Hrsg.), *PISA 2006. Die Ergebnisse der dritten internationalen Vergleichsstudie* (S. 49). Münster: Waxmann. © Waxmann Verlag. Verwendung mit freundlicher Genehmigung)

studien teilnehmen, sind Anpassungen der Fragebögen nötig. Beispielsweise gilt es, gegliederte und nicht gegliederte Schulsysteme vergleichbar zu machen, die Qualifikationsniveaus von Lehrkräften zu vergleichen oder – beispielsweise für die Beschreibung des sozialen und kulturellen Hintergrundes – Indikatoren für Wohlstand zu finden. Diese Prozedur ist aufwändig und erfolgt unter der Leitung der Organisatoren der Studie, die die Anpassungen und Spezifikationen prüfen und auf Vergleichbarkeit achten. Jede Anpassung, die im Fragebogen vorgenommen wird, muss sorgfältig geprüft und genehmigt werden.

Testdesign. Die Aussagekraft von Vergleichsstudien hängt davon ab, inwieweit es gelingt, die Kompetenzen (auf der Ebene von Staaten oder Personengruppen) möglichst genau zu schätzen. Dazu ist es einerseits erforderlich, eine große Zahl von Aufgaben zu verwenden, um den jeweiligen Bereich umfassend und in der nötigen Breite zu testen. Andererseits kann man die Schüler nicht tagelang mit Aufgaben testen. Um diesen gegenläufigen Ansprüchen gerecht zu werden, nutzt man in Vergleichsstudien ein besonderes Testdesign, das sog. **Multi-Matrix-Design**. Die Menge der Testaufgaben wird nach einem bestimmten Verfahren auf mehrere Schüler verteilt. Sie erhalten jeweils eine Teilmenge der Aufgaben aus den Aufgabenblöcken, die damit eine umfassende und statistisch präzise Schätzung der Kompetenzwerte für Staaten oder Schülergruppen ermöglicht (allerdings können darüber die Kompetenzen individueller Schüler nicht exakt bestimmt werden).

◘ Abb. 15.4 zeigt als Beispiel für ein solches Multi-Matrix-Design das Testdesign des internationalen Tests in PISA 2006: Insgesamt wurden 13 Testhefte eingesetzt, die in verschiedenen Varianten Teile der drei Tests in Naturwissenschaften, Lesen und Mathematik enthalten (Prenzel, Carstensen, Frey, Drechsel & Rönnebeck, 2007b).

Die Testhefte bei PISA sind in verschiedene Aufgabenblöcke à 30 Minuten eingeteilt. Am Schluss des Tests füllen alle Schüler zusätzlich die Fragebögen aus. Die Testitems sind in sog. Units gruppiert: Mehrere thematisch zusammengehörende Items sind in eine Aufgabe (Aufgabeneinheit) eingebaut. Die Aufgabe beginnt normalerweise mit einer einführenden Passage (einem Text, oft mit einem Bild oder einer Tabelle, etc.), die dazu dient, die Schüler in eine bestimmte realitätsbezogene Situation (zugleich einen Anwendungskontext für Wissen) einzuführen. Dann folgen 3 oder 4 Items (also Testfragen), die auf diese Situation bezogen sind.

15.4.4 Itemanalysen und Skalierung

Aus den Angaben der Schüler in Test und Fragebogen, den Angaben der Schulleitungen und ggf. der Eltern oder Lehrkräfte werden Datensätze erstellt, die zur zentralen Auswertung weitergegeben werden. Die Skalierung der Tests ist der erste und grundlegende Auswertungsschritt. Auf der Basis von Modellen der Item-Response-Theorie werden sog. Parameter bestimmt, die nach Personenfähigkeiten und Aufgabenschwierigkeiten differenzieren. Aus beiden ergibt sich die Lösungswahrscheinlichkeit für eine richtige oder falsche Bearbeitung der einzelnen Aufgabe durch jede Person (Rost, 2004; ▶ Exkurs „Modelle der Item-Response-Theorie").

Das Ziel der Skalierung ist es, die Antworten der Schüler auf die Testfragen so zu analysieren, dass sie auf einer gemeinsamen Skala betrachtet werden können und die Kompetenzen der Jugendlichen verglichen werden können. Damit die Personen bzw. Personengruppen bezüglich der gemessenen Kompetenz miteinander verglichen werden können, muss eine Skala eindimensional sein. Außerdem muss eine Skala möglichst messgenau sein, d. h. die anvisierte Kompetenz möglichst zuverlässig und präzise erfassen.

Die Fragebögen werden analog zum Vorgehen bei den Testaufgaben skaliert (ebenfalls häufig unter Anwendung

Modelle der Item-Response-Theorie

Mit Vergleichsstudien wird das Ziel verfolgt, Aussagen über die Qualität von Bildungssystemen zu treffen. Zu diesem Zweck werden die Ergebnisse für Personengruppen (wie z. B. Schüler eines Staates, Mädchen in einer Schulart, die kompetentesten Schüler in Mathematik etc.) analysiert und in Zusammenhang mit verschiedenen Hintergrundmerkmalen gebracht. Es wird eine Auswertungsmethode verwendet, die optimierte Schätzwerte für große Gruppen liefert. Bei Vergleichsstudien spielen damit die Testleistungen einzelner Personen (z. B. einzelner Schüler) nur insofern eine Rolle, als sie einen Beitrag zum Gesamtbild liefern. Individuelle Kompetenzen kann man mit dieser Methode nicht optimal bestimmen. Die zur Skalierung verwendeten Modelle haben die Eigenschaft, dass die Fähigkeit bzw. Kompetenz einer Person bezüglich einer Aufgabe und gleichzeitig die (empirisch bestimmte) Schwierigkeit der Aufgabe auf derselben Skala abgebildet werden kann (für einen genaueren Überblick vgl. z. B. Carstensen, Knoll, Rost & Prenzel, 2004; Rost, 2004).

Staat				
OECD-Staaten	*M*	*(SE)*	*SD*	*(SE)*
Korea	556	(3,8)	88	(2,7)
Finnland	547	(2,1)	81	(1,1)
Kanada	527	(2,4)	96	(1,4)
Neuseeland	521	(3,0)	105	(1,6)
Irland	517	(3,5)	92	(1,9)
Australien	513	(2,1)	94	(1,0)
Polen	508	(2,8)	100	(1,5)
Schweden	507	(3,4)	98	(1,8)
Niederlande	507	(2,9)	97	(2,5)
Belgien	501	(3,0)	110	(2,8)
Schweiz	499	(3,1)	94	(1,8)
Japan	498	(3,6)	102	(2,4)
Vereinigtes Königreich	495	(2,3)	102	(1,7)
Deutschland	495	(4,4)	112	(2,7)
Dänemark	494	(3,2)	89	(1,6)
Österreich	490	(4,1)	108	(3,2)
Frankreich	488	(4,1)	104	(2,8)
Island	484	(1,9)	97	(1,4)
Norwegen	484	(3,2)	105	(1,9)
Tschechische Republik	483	(4,2)	111	(2,9)
Ungarn	482	(3,3)	94	(2,4)
Luxemburg	479	(1,3)	100	(1,1)
Portugal	472	(3,6)	99	(2,3)
Italien	469	(2,4)	109	(1,8)
Slowakische Republik	466	(3,1)	105	(2,5)
Spanien	461	(2,2)	89	(1,2)
Griechenland	460	(4,0)	103	(2,9)
Türkei	447	(4,2)	93	(2,8)
Mexiko	410	(3,1)	96	(2,3)
OECD-Durchschnitt	492	(0,6)	99	(0,4)

von Modellen der Item-Response-Theorie). Die Analysen zur Dimensionalität und Zuverlässigkeit informieren über die Qualität und die Eignung der Fragebogenskalen für die weiteren Auswertungen.

Abb. 15.5 Mittelwerte und Streuungen für Lesekompetenz in PISA 2006; *M* arithmetisches Mittel; *SD* Standardabweichung; *SE* Standardfehler. (Nach Drechsel, B. & Artelt, C. (2007). Lesekompetenz. In M. Prenzel, C. Artelt, J. Baumert, W. Blum, M. Hammann, E. Klieme & R. Pekrun (Hrsg.), *PISA 2006. Die Ergebnisse der dritten internationalen Vergleichsstudie* (S. 229). Münster: Waxmann. © Waxmann Verlag. Verwendung mit freundlicher Genehmigung)

15.5 Auswertungsverfahren und Ergebnisse (mit Beispielen)

Die in ▶ Abschn. 15.3.2 beschriebenen Vergleichsperspektiven bestimmen, welche Ergebnisse ermittelt werden und entscheiden dementsprechend auch über die Auswertungsverfahren. Im Folgenden werden Auswertungsverfahren und Ergebnisse dargestellt, mit denen man bei der Auseinandersetzung mit Ergebnisberichten zu Vergleichsstudien häufig konfrontiert ist.

15.5.1 Vergleiche von Gruppen

Wie bereits ausgeführt, steht in Vergleichsstudien meist eine normorientierte Perspektive im Vordergrund. In diesem Zusammenhang ist hervorzuheben, dass sich Vergleichsstudien in erster Linie zum Vergleich der Ergebnisse von Gruppen eignen und nur bedingt Aufschluss über die Leistung oder die Bildungsergebnisse einzelner Individuen (z. B. einzelner Schüler) geben (zur Individualdiagnostik ▶ Kap. 13). Zur Illustration zeigt ◻ Abb. 15.5 die Ergebnisse aus PISA 2006 zur Lesekompetenz.

Die Festlegung einer gemeinsamen Skala für die Testergebnisse erleichtert den Vergleich von Mittelwerten zwischen den Gruppen. Dabei bietet sich das **arithmetische Mittel** für Vergleiche der im Durchschnitt von einer Teil-

gruppe erreichten Kompetenzwerte an. Diese sog. Kompetenzskalen werden häufig normiert, d. h. es gibt einen über alle beteiligten Gruppen berechneten Durchschnittswert, der die Referenz für die einzelnen Teilgruppen bildet. In PISA beispielsweise liegt dieser normierte Mittelwert bei 500 Punkten und entspricht dem OECD-Durchschnitt. Bei PISA 2006 wurde der OECD-Mittelwert zur exakten Betrachtung über die Zeit am OECD-Mittel von PISA 2000 normiert. Die Lesekompetenz hat sich in den 6 Jahren seit PISA 2000 im Mittel der OECD-Staaten verringert. Deshalb liegt der OECD-Mittelwert in ◻ Tab. 15.4 bei 492 Punkten. Der normierte Mittelwert bildet die Referenz für die Ergebnisse aller anderen Teilgruppen (z. B. einzelner Staaten), die mit dem OECD-Mittelwert verglichen und beurteilt werden.

Neben dem arithmetischen Mittel sind weitere Kennwerte der Verteilung der Leistungen für die Interpretation

◘ Tab. 15.4 Kompetenzstufenbeschreibungen für die Lesekompetenz in PISA

Kompetenzstufe	Aufgaben auf der jeweiligen Kompetenzstufe erfordern vom Leser/von der Leserin …
V > 625 Punkte	… komplexe, unvertraute und lange Texte für verschiedene Zwecke flexibel nutzen zu können. Die Schüler sind in der Lage, solche Texte vollständig und detailliert zu verstehen. Dieses Verständnis schließt auch Elemente ein, die außerhalb des Hauptteils des Textes liegen und die in starkem Widerspruch zu den eigenen Erwartungen stehen. Die Bedeutung feiner sprachlicher Nuancen wird angemessen interpretiert. Sie sind in der Lage, das Gelesene in ihr Vorwissen aus verschiedenen Bereichen einzubetten und den Text auf dieser Grundlage kritisch zu bewerten.
IV 553–625 Punkte	… mit Texten umzugehen, die ihnen im Hinblick auf Inhalt und Form relativ unvertraut sind. Die Schüler sind in der Lage, eingebettete Informationen zu nutzen und sie den Anforderungen der Aufgabe entsprechend zu organisieren. Potenzielle Hürden wie Mehrdeutigkeiten, Sprachnuancen oder den eigenen Erwartungen widersprechende Elemente können sie weitgehend bewältigen. Sie sind in der Lage, ein genaues Verständnis komplexer, relativ langer Texte zu erreichen und diese unter Rückgriff auf externes Wissen zu beurteilen.
III 481–552 Punkte	… verschiedene Teile des Textes zu integrieren, auch wenn die einzubeziehende Information wenig offensichtlich ist, mehrere Kriterien zu erfüllen hat und ihre Bedeutung teilweise indirekt erschlossen werden muss. Die Schüler können mit relativ auffälligen konkurrierenden Informationen umgehen. Sie sind in der Lage, ein genaues Verständnis von Texten mittleren Komplexitätsgrades zu entwickeln und spezifisches Wissen gezielt zu nutzen, um das Gelesene auf dieser Grundlage zu beurteilen.
II 408–480 Punkte	… einfache Verknüpfungen zwischen verschiedenen Teilen eines Textes herzustellen und mit einer begrenzten Anzahl von konkurrierenden Informationen umzugehen. Die Schüler verfügen auch über die Fähigkeit, die Bedeutung einzelner Elemente durch einfache Schlussfolgerungen zu erschließen. Auf dieser Grundlage kann der Hauptgedanke eines im Hinblick auf Inhalt und Form relativ vertrauten Textes identifiziert und ein grobes Verständnis des Textes entwickelt werden. Die gelesenen Informationen können mit Alltagswissen in Beziehung gesetzt und unter Bezugnahme auf persönliche Erfahrungen und Einstellungen beurteilt werden.
I 335–407 Punkte	… mit einfachen Texten umzugehen, die in Inhalt und Form vertraut sind. Die zur Bewältigung der Leseaufgabe notwendige Information im Text muss deutlich erkennbar sein, und der Text darf nur wenige konkurrierende Elemente enthalten, die von der relevanten Information ablenken könnten. Es können nur offensichtliche Verbindungen zwischen dem Gelesenen und allgemein bekanntem Alltagswissen hergestellt werden. Kompetenzstufe I bezeichnet mithin lediglich elementare Lesefähigkeiten.

von Bedeutung. Ein typischer Kennwert für die Streuung ist die **Standardabweichung**. Um die Vergleiche zwischen Gruppen auch in dieser Hinsicht zu erleichtern, normiert man Kompetenzskalen für Mittelwert und Standardabweichung. Für das Beispiel PISA bedeutet dies: Die Standardabweichung aller Messwerte über die OECD-Staaten wird bei der Normierung der Skalen auf 100 Punkte festgelegt.

Tabellen mit Mittelwertvergleichen enthalten außerdem Angaben über den sog. **Standardfehler** der Schätzung des Populationskennwertes. Mithilfe von Zufallsstichproben wird versucht, Aussagen über Merkmalsverteilungen in einer Population (Grundgesamtheit) zu treffen (► Abschn. 15.4.3). Allerdings sind diese Schätzungen auf der Basis von Stichproben immer fehlerbehaftet. Die Größe des Fehlers wiederum lässt sich anhand der (gemessenen) Streuung in der Stichprobe im Verhältnis zur Stichprobengröße schätzen. Die angegebenen Standardfehler kann man auch nutzen, um anhand der geschätzten Populationswerte zu prüfen, ob sich die Mittelwerte von zwei Gruppen überzufällig (mit einer Irrtumswahrscheinlichkeit von 5 %) unterscheiden.

Eine **Rangfolge** der untersuchten Teilgruppen wird erzeugt, indem die teilnehmenden Gruppen anhand ihrer Mittelwerte in einer Tabelle angeordnet werden. Diese Rangfolgen alleine bilden die Mittelwertunterschiede ab. Anhand der Standardfehler für die Populationsschätzung kann man jedoch erkennen, dass die Unterschiede in den Stichprobenmittelwerten nicht immer substanzielle Unterschiede (zwischen den Populationen) abbilden. Deshalb werden geeignete statistische Verfahren zum **Mittelwertvergleich** angewendet. In unserem Beispiel, den internationalen Vergleichstabellen in PISA, werden entsprechend **drei Blöcke** gebildet (OECD-Durchschnitt, oberhalb und unterhalb des OECD-Durchschnittes). Innerhalb dieser Blöcke sind Unterschiede zwischen den Staaten statistisch nicht mehr zuverlässig abzusichern. Folgt man dieser Betrachtung, dann verbietet es sich, die Tabellenplätze entsprechend einer einfachen Rangfolge „durchzunummerieren".

15.5.2 Kompetenzstufen

In den aktuellen Vergleichsstudien werden **Kompetenzstufen** („proficiency levels") differenziert und anhand von Aufgabenanforderungen inhaltlich beschrieben (► Exkurs

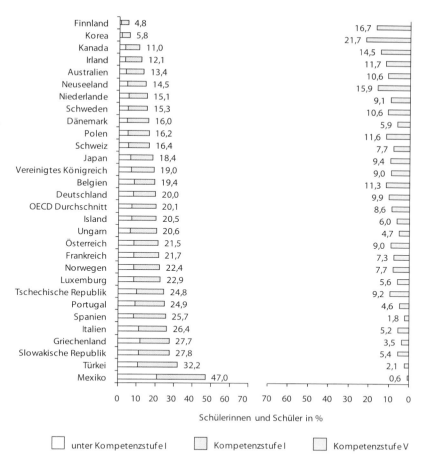

Abb. 15.6 Anteile der Schüler in Prozent unter oder auf Kompetenzstufe I bzw. auf Kompetenzstufe V der Leseskala. (Nach Drechsel, B. & Artelt, C. (2007). Lesekompetenz. In M. Prenzel, C. Artelt, J. Baumert, W. Blum, M. Hammann, E. Klieme & R. Pekrun (Hrsg.), *PISA 2006. Die Ergebnisse der dritten internationalen Vergleichsstudie* (S. 233). Münster: Waxmann. © Waxmann Verlag. Verwendung mit freundlicher Genehmigung)

Land	unter/auf Kompetenzstufe I	Kompetenzstufe V
Finnland	4,8	16,7
Korea	5,8	21,7
Kanada	11,0	14,5
Irland	12,1	11,7
Australien	13,4	10,6
Neuseeland	14,5	15,9
Niederlande	15,1	9,1
Schweden	15,3	10,6
Dänemark	16,0	5,9
Polen	16,2	11,6
Schweiz	16,4	7,7
Japan	18,4	9,4
Vereinigtes Königreich	19,0	9,0
Belgien	19,4	11,3
Deutschland	20,0	9,9
OECD Durchschnitt	20,1	8,6
Island	20,5	6,0
Ungarn	20,6	4,7
Österreich	21,5	9,0
Frankreich	21,7	7,3
Norwegen	22,4	7,7
Luxemburg	22,9	5,6
Tschechische Republik	24,8	9,2
Portugal	24,9	4,6
Spanien	25,7	1,8
Italien	26,4	5,2
Griechenland	27,7	3,5
Slowakische Republik	27,8	5,4
Türkei	32,2	2,1
Mexiko	47,0	0,6

Schülerinnen und Schüler in %

☐ unter Kompetenzstufe I ☐ Kompetenzstufe I ☐ Kompetenzstufe V

Exkurs

Was sind Kompetenzstufen?

Verfahren zur Festlegung von Kompetenzstufen waren erstmals in der TIMS-Studie angewendet und berichtet worden. Dieser methodische Zugang wurde bei PISA weiter verfeinert (OECD, 2002) und scheint inzwischen Routine zu sein. Beispielsweise ist die Festlegung von Kompetenzstufen derzeit auch das Verfahren der Wahl bei der Umsetzung der Bildungsstandards. Hier wird eine Kompetenzstufe als Kriterium für das Erreichen eines Standards (z. B. Minimal- oder Regelstandard) gesetzt. Es wird inhaltlich begründet, warum diese Kompetenzstufe die Minimalanforderung in einem Bereich darstellt.

„Was sind Kompetenzstufen?"). Kompetenzstufen dienen in erster Linie der anschaulichen Charakterisierung dessen, wozu ein Schüler oder eine Schülerin mit einem bestimmten Skalenwert in der entsprechenden Domäne in der Lage ist. Kompetenzstufen sind eine wichtige Grundlage dafür, eine **kriteriale Vergleichsperspektive** einnehmen zu können. In den Rahmenkonzeptionen wird hierzu meist eine bestimmte Kompetenzstufe als Standard oder Mindestniveau festgelegt (Mindestkriterium). Dieser Standard sollte

von allen Schülern erreicht werden, da den Schülern unterhalb dieser Kompetenzstufe ungünstige Perspektiven für die weitere Bildungskarriere und die gesellschaftliche Teilhabe zugesprochen werden. Die Aufgaben im unteren Bereich einer Kompetenzskala sind in einfache und bekannte Kontexte eingebunden und verlangen im Wesentlichen nur eine direkte Anwendung bestimmter Wissenselemente und ein Verständnis einfacher, allgemein bekannter Konzepte. Die Aufgaben im oberen Bereich der Kompetenzskala verlangen hingegen die Interpretation komplexer und unbekannter Inhalte sowie die Übertragung von Konzepten und die Anwendung domänenspezifischer Prozesse auf unbekannte Situationen und Fragestellungen.

☐ Tab. 15.4 präsentiert exemplarisch die Kompetenzstufenbeschreibungen für die Lesekompetenz aus PISA 2000 (Artelt, Schneider & Schiefele, 2002).

Analysiert man die Verteilung der Schüler auf den Stufen der Lesekompetenz, kann man einerseits Spitzengruppen und andererseits Schüler mit grundlegenden Leseschwierigkeiten identifizieren. ☐ Abb. 15.6 zeigt exemplarisch die Anteile der Schüler in Prozent, deren Lesekompetenz unter oder auf Stufe I und auf Stufe V liegt, im internationalen Vergleich.

Im Durchschnitt der OECD-Staaten gehören 20,1 % der Schüler zu der Gruppe, deren Lesekompetenz unter und auf Kompetenzstufe I liegt. Die Kompetenzstufe V erreichen 8,6 % der 15-Jährigen. Ein ähnliches Bild zeigt sich für Deutschland: Die Lesekompetenz von 20 % der Schüler liegt auf und unter Stufe I, die Kompetenzstufe V hingegen erreichen 9,9 %. Die durchschnittlichen Werte der Jugendlichen in allen OECD-Staaten setzen sich aus sehr unterschiedlichen Mischungen von besonders leistungsstarken oder leistungsschwachen 15-Jährigen zusammen: In einigen Staaten, wie beispielsweise Finnland oder Korea, stehen sehr kleine Gruppen auf Stufe I und darunter (4,8 bzw. 5,8 %) relativ großen Anteilen von Schülern gegenüber, die Stufe V erreichen (16,7 bzw. sogar 21,7 %). Andere Konstellationen finden sich z. B. in der Tschechischen Republik oder in Frankreich, in denen vergleichsweise große Gruppen auf Stufe I und darunter (24,8 bzw. 21,7 %) mit nennenswerten Anteilen an 15-Jährigen auf Kompetenzstufe V einhergehen (9,2 bzw. 7,3 %). In Island steht einem im OECD-Vergleich durchschnittlichen Anteil von 20,5 % auf Kompetenzstufe I und darunter ein eher unterdurchschnittlicher Anteil von 6,0 % auf Kompetenzstufe V gegenüber.

15.5.3 Disparitäten

Zu den wichtigsten Bildungszielen gehört der Anspruch, gerechte Chancen für alle Mitglieder einer Gesellschaft herzustellen. Chancen zur Teilhabe an Bildungsangeboten und auf Bildungserfolg sollten nicht von Merkmalen der sozialen Herkunft oder des ethnisch-kulturellen Hintergrundes abhängen. Gegenstand der Betrachtung sind dabei meistens allgemeine Merkmale der sozialen Herkunft und die Disparitäten, die mit einem Migrationshintergrund verbunden sind. Wie unterscheiden sich die Sozialschichtverteilungen der 15-Jährigen zwischen den Teilnehmerstaaten einer Vergleichsstudie? Erreichen Jugendliche aus Familien mit einem höheren sozioökonomischen Status höhere Kompetenzen in den getesteten Bereichen als Schüler, die aus weniger privilegierten Verhältnissen stammen? Sind diese Unterschiede zwischen den Sozialschichten in allen Teilnehmerstaaten gleich hoch ausgeprägt? Solchen Fragen zu Disparitäten wird in Vergleichsstudien nachgegangen.

Wie wird der Zusammenhang zwischen der sozialen Herkunft und der Kompetenz analysiert und beschrieben? Es gibt zwei Maße, die diesen Zusammenhang quantifizieren (vgl. auch Ehmke & Baumert, 2007), beiden liegt ein regressionsanalytischer Ansatz zugrunde:

- den sozialen Gradienten und
- das Maß der aufgeklärten Varianz.

◻ Abb. 15.7 stellt die Steigungen der sozialen Gradienten für die OECD-Staaten bei PISA 2006 in Bezug auf die

naturwissenschaftliche Kompetenz dar. In allen Staaten besteht ein Zusammenhang zwischen der sozialen Herkunft von Schülern und ihrer Kompetenz, jedoch variiert die Höhe des Zusammenhangs. Bei einem Vergleich der Steigungen der sozialen Gradienten muss beachtet werden, dass das Niveau des sozioökonomischen Index in den Staaten unterschiedlich sein kann (Ehmke & Baumert, 2007). Ebenfalls findet man zwischen den Staaten beträchtliche Unterschiede in der naturwissenschaftlichen Kompetenz (Prenzel et al., 2007c).

Betrachtet man die Unterschiede in den Steigungen, so lassen sich die Staaten hinsichtlich der Ausprägung des sozialen Gradienten in drei Gruppen einteilen (je nachdem, ob die Steigung der Gradienten vom Durchschnitt der OECD-Staaten abweicht oder nicht). Demnach bildet die Tschechische Republik zusammen mit Luxemburg, Frankreich, dem Vereinigten Königreich, den Niederlanden und Belgien eine Gruppe von Staaten, in denen der Zusammenhang vergleichsweise am stärksten ausgeprägt ist und signifikant über dem OECD-Durchschnitt liegt. Deutschland befindet sich mit einer Steigung von 36 Punkten in der Gruppe von Staaten, für die der soziale Gradient mit seiner Steigung im OECD-Durchschnittsbereich lokalisiert ist. Zu dieser Gruppe gehören u. a. auch einige der deutschen Nachbarländer (die Schweiz, Österreich, Dänemark, Polen). Zu den Staaten, in denen die Steigung des sozialen Gradienten niedriger ausgeprägt ist als im OECD-Durchschnitt, gehören Kanada, Mexiko, Island, Finnland, Korea und Japan.

Die letzten Spalten der Tabelle in ◻ Abb. 15.7 stellen dar, welcher Varianzanteil im Kompetenzniveau durch den sozioökonomischen Status aufgeklärt wird. Wird ein großer Anteil der Gesamtvarianz durch den sozioökonomischen Status aufgeklärt, so kann das Kompetenzniveau sehr genau vorhergesagt werden. Das Maß der Varianzaufklärung zeigt, dass in einigen Staaten bei vergleichbaren Steigungen des sozialen Gradienten die Vorhersage der Kopplung stärker ist als in anderen. Das durchschnittliche Kompetenzniveau geht nicht systematisch mit der Varianzaufklärung einher. Es gibt keine Hinweise darauf, dass ein hohes Kompetenzniveau nur durch starke soziale Unterschiede erreicht werden kann. Eher deutet sich das Gegenteil an: Gerade in Staaten, in denen der sozioökonomische Status einen unterdurchschnittlichen Vorhersagewert für die Kompetenz hat (wie etwa in Finnland, Japan und Kanada), erreichen Jugendliche ein hohes Kompetenzniveau.

Weitere Möglichkeiten, die Kopplung von sozialer Herkunft und Kompetenzerwerb darzustellen, beziehen sich auf andere Indikatoren der sozialen Herkunft, beispielsweise die EGP-Klassen (Erikson, Goldthorpe & Portocarero, 1979). Die im Zusammenhang mit PISA und PIRLS bekannt gewordene Berechnung relativer Chancen (Odds Ratios) ist beispielsweise bei Arnold, Bos, Richert & Stubbe (2007) oder Ehmke & Baumert (2007) nachzulesen.

Staat	Naturwissenschaftliche Kompetenz		Steigung des sozialen Gradienten		Stärke des Zusammenhangs	
	Achsenabschnitt	(SE)	Steigung	(SE)	R^2	(SE)
Tschechische Republik	517	(3,2)	44	(2,2)	14,3	(1,3)
Luxemburg	491	(1,1)	41	(1,4)	18,3	(1,1)
Frankreich	501	(2,6)	41	(2,2)	17,1	(1,8)
Vereinigtes Königreich	515	(1,9)	37	(1,6)	11,9	(1,2)
Niederlande	522	(2,3)	37	(1,9)	14,2	(1,7)
Belgien	513	(2,1)	37	(1,6)	14,8	(1,3)
Neuseeland	529	(2,4)	36	(1,7)	11,3	(1,1)
Deutschland	521	(2,8)	36	(1,8)	13,6	(1,6)
Slowakische Republik	496	(2,4)	36	(2,2)	14,3	(1,9)
Schweiz	512	(2,7)	35	(1,6)	12,0	(1,2)
Ungarn	509	(2,3)	35	(2,0)	13,4	(1,6)
Vereinigte Staaten	487	(3,3)	35	(2,1)	11,5	(1,6)
Portugal	490	(2,4)	34	(1,8)	14,5	(1,5)
Österreich	513	(3,6)	33	(2,4)	11,7	(2.0)
Polen	508	(2,1)	33	(1,7)	10,7	(1,2)
Griechenland	476	(2,6)	31	(2,1)	12,2	(1,8)
Schweden	503	(2,2)	30	(1,5)	10,0	(0,9)
Australien	522	(1,8)	30	(1,1)	8,9	(0,8)
Norwegen	483	(2,7)	28	(1,9)	8,0	(1,1)
Türkei	441	(4,8)	28	(3,5)	9,9	(3,0)
Spanien	497	(2,1)	28	(1,5)	10,1	(1,2)
Italien	481	(1,9)	27	(1,5)	8,0	(0,9)
Irland	511	(2,6)	27	(1,7)	8,2	(1,3)
Dänemark	498	(2,5)	27	(1,8)	9,3	(1,4)
Kanada	530	(1,9)	26	(1,2)	7,1	(0,7)
Mexiko	422	(2,3)	25	(1,6)	12,2	(1,8)
Island	486	(1,7)	22	(1,5	5,5	(0,9)
Finnland	564	(1,9)	20	(1,3)	5,6	(0,9)
Korea	521	(3,1)	18	(2,6)	2,8	(1,5)
Japan	533	(3,3)	18	(2,0)	2,7	(0,9)
OECD Durchschnitt	503	(0,9)	31	(0,7)	10,8	(0,6)

☐ signifikant über dem   ☐ nicht signifikant verschieden vom   ☐ signifikant unter dem OECD-Durchschnitt

Prädiktorvariable ist der höchste sozioökonomische Status (Highest ISEI). Z-standardisiert am OECD-Durchschnitt.

◻ **Abb. 15.7** Soziale Gradienten der naturwissenschaftlichen Kompetenz im internationalen Vergleich. (Nach Ehmke, T. & Baumert, J. (2007). Soziale Herkunft und Kompetenzerwerb: Vergleiche zwischen PISA 2000, 2003 und 2006. In M. Prenzel, C. Artelt, J. Baumert, W. Blum, M. Hammann, E. Klieme & R. Pekrun (Hrsg.), *PISA 2006. Die Ergebnisse der dritten internationalen Vergleichsstudie* (S. 318). Münster: Waxmann. © Waxmann Verlag. Verwendung mit freundlicher Genehmigung)

15.5.4 Analysen von Zusammenhängen und deren Grenzen

Ein umfassendes Modell, das alle Bedingungen des Kompetenzerwerbs in und außerhalb der Schule berücksichtigt, kann in einer Vergleichsstudie nie abgedeckt werden. Wenn dann auch noch mit Querschnittdesigns gearbeitet wird, können Vermutungen über beeinflussende Faktoren nicht empirisch fundiert zurückgewiesen oder bekräftigt werden. Beispiele, in denen solche Ergebnisse durch kau-

sale Interpretationen überstrapaziert werden, finden sich in der Literatur immer wieder, beispielsweise im thematischen Bericht der OECD zur Vertrautheit mit Informationstechnologien zu PISA 2003 (OECD, 2005; vgl. hierzu auch Wittwer & Senkbeil, 2008).

Einer der ersten Ansätze, mit den Restriktionen eines querschnittlichen Designs umzugehen, wurde in der PISA-I-plus-Studie bei PISA 2003 realisiert (Prenzel et al., 2006a). Hier wurde der internationale Untersuchungsansatz (querschnittlich) durch ein längsschnittliches Er-

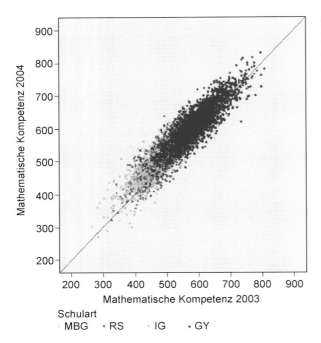

◘ Abb. 15.8 Streudiagramm der mathematischen Kompetenz zum Ende des 9. Schuljahres 2003 und zum Ende des 10. Schuljahres 2004 auf Individualebene; *MBG* Schulen mit mehreren Bildungsgängen; RS Realschulen; IG Integrierte Gesamtschulen; GY Gymnasien. (Aus Ehmke, T., Blum, W., Neubrand, M., Jordan, A. & Ulfig, F. (2006). Wie verändert sich die mathematische Kompetenz von der neunten zur zehnten Klassenstufe? In M. Prenzel, J. Baumert, W. Blum et al. (Hrsg.), *PISA 2003. Untersuchungen zur Kompetenzentwicklung im Verlauf eines Schuljahres* (S. 74). Münster: Waxmann. © Waxmann Verlag. Verwendung mit freundlicher Genehmigung)

hebungsdesign erweitert. Auf diese Weise konnten zwei übergeordnete Fragestellungen verfolgt werden:

1. die Untersuchung von Veränderungen und Entwicklungen im Verlauf eines Schuljahres und
2. die Identifizierung von Bedingungsfaktoren im Elternhaus, im Unterricht und in der Schule, die Einfluss auf die Kompetenzentwicklung der Schüler haben.

Die erste Fragerichtung nutzt die Erhebungen zu zwei Messzeitpunkten, um die Entwicklung der mathematischen und der naturwissenschaftlichen Kompetenz im Verlauf eines Schuljahres zu beschreiben.

◘ Abb. 15.8 veranschaulicht die Verteilung der mathematischen Kompetenz in der 9. und 10. Klassenstufe: Ein Punkt entspricht dem Testwert eines Schülers. Die Punktewolke repräsentiert also die gesamte in PISA-I-plus getestete Stichprobe von etwa 6.000 Schülern. Die Abbildung präsentiert eines der Hauptergebnisse der Studie: Die Punktewolke der Messwerte liegt größtenteils oberhalb der eingezeichneten Diagonalen. Für die Mehrheit der Schüler kann daher ein deutlicher Kompetenzzuwachs in der mathematischen Kompetenz innerhalb eines Schuljahres

festgestellt werden. 58 % der Zehntklässler erreichen einen höheren Wert beim zweiten Messzeitpunkt. Allerdings weisen auch 8 % der Schüler eine negative Entwicklung auf, d. h. sie verschlechtern sich im Verlauf eines Schuljahres. Für die verbleibenden 34 % können keine Veränderungen im Niveau der lebensbezogenen Kompetenz in Mathematik festgestellt werden.

Dieses Ergebnis wird zum Bezugspunkt für die zweite Fragerichtung, die über die Beschreibung von Entwicklungen (generell und bei Teilgruppen) hinausgeht: Lässt sich die Kompetenzentwicklung innerhalb eines Schuljahres unter Kontrolle verschiedener Bedingungen vorhersagen? Sie nutzt die Information aus den beiden Messzeitpunkten, um Bedingungsfaktoren für die Kompetenzentwicklung zur 10. Jahrgangsstufe zu analysieren. Die Grundstruktur von PISA legt es nahe, sich bei diesen Analysen auf einige Bedingungsbereiche zu konzentrieren, nämlich auf das Elternhaus (Ehmke, Hohensee, Siegle & Prenzel, 2006), den Mathematikunterricht (Kunter et al., 2006) und die Schule (Senkbeil, 2006) sowie auf einige Merkmale auf der Individualebene (vgl. auch Prenzel, Carstensen, Schöps & Maurischat, 2006b).

Einen weiteren Ansatz des Umgangs mit der Restriktion des querschnittlichen Designs bildet die Ziehung zusätzlicher Stichproben. Die Ebene der Schulklasse hat sich in der Unterrichtsforschung beispielsweise als eine zentrale Analyseeinheit erwiesen, die in den Blick genommen werden muss, um Unterrichtsaspekte genauer betrachten zu können (z. B. Seidel, Prenzel, Wittwer & Schwindt, 2007). Auf der Grundlage von Befunden aus Vergleichsstudien, die meist einzelne Schüler einer Schule und damit keine kompletten Klassen untersuchen, ist es daher nicht möglich, sich einen umfassenden Überblick über das Unterrichtsgeschehen zu verschaffen oder gar Verbesserungsvorschläge abzuleiten. In einer nationalen Erweiterung der Stichprobe wurde in Deutschland seit PISA 2000 neben der Stichprobe der 15-Jährigen auch immer eine Stichprobe von Neuntklässlern untersucht. Seit PISA 2003 sind dies komplette 9. Klassen, deren Ergebnisse auch mit Aussagen der jeweiligen Lehrperson in Verbindung gebracht werden können. Dies schafft die Voraussetzung dafür, Fragestellungen zum Unterrichtsgeschehen auch im Large-Scale-Format zu thematisieren. Allerdings sind auch hier die Möglichkeiten eingeschränkt, da die querschnittliche Anlage der Untersuchung keine Aussage über die Wirkungen bestimmter Unterrichtsmodelle erlaubt (Baumert et al., 2004).

Beide Beispiele verdeutlichen, dass internationale Vergleichsstudien – so umfangreich sie auch gestaltet sind – spezifische Designs verfolgen und damit in der Aussagefähigkeit an diese Designs gebunden sind. Am Beispiel von PISA haben wir aber gezeigt, wie zumindest in Deutschland sinnvolle Erweiterungen vorgenommen werden, um die methodischen Grundlagen für weiterführende Fragestellungen und belastbare Ergebnisse zu legen. Diese Zusatzuntersuchungen sind für die empirische Bildungsforschung von erheblicher Bedeutung.

15.5.5 Trends

Teilnehmende Staaten sind interessiert an der Veränderung von Kompetenzen und anderen Merkmalen über die Zeit, nicht zuletzt als Erfolgskontrolle für gezielt ergriffene Maßnahmen in bestimmten Bereichen. Untersuchungen solcher Veränderungen über die Zeit werden als Trends bezeichnet. Studien wie PIRLS, TIMSS oder PISA tragen diesen Bedürfnissen Rechnung, indem sie, in regelmäßigen Erhebungsrunden durchgeführt, Aussagen zu Trends machen. Dabei gilt es, die substanziellen Unterschiede zwischen zwei oder mehreren Erhebungsrunden herauszuarbeiten, wobei verschiedene Fehlerquellen, wie z. B. Stichprobenfehler, Unterschiede zwischen den Erhebungsrunden bezüglich der Ausschöpfung der Stichproben oder der Testadministration oder fehlende Daten durch das Multi-Matrix-Design berücksichtigt werden müssen. Das Ausloten der Möglichkeiten und Grenzen von Trendanalysen in internationalen Vergleichsstudien mit komplexen Testdesigns stellt derzeit eine große Herausforderung der Methodenforschung dar. Insbesondere eine international vergleichende Interpretation scheint problematisch zu sein (vgl. Carstensen, Prenzel & Baumert, 2008). Ein Ausweg zur konsistenten Beschreibung von Veränderungen über die Zeit scheint in der Vereinfachung der Testdesigns zu liegen: Werden in den Studien mehr gemeinsame Testaufgaben verwendet, stabilisiert dies die Verknüpfbarkeit zwischen den Erhebungsrunden.

15.5.6 Vergleichsstudien als politische Instrumente?

Die Bildungsdiskussion in Deutschland wurde durch TIMSS, PIRLS und PISA maßgeblich bestimmt und hat viele Anstöße gegeben und Entwicklungsmöglichkeiten aufgezeigt. Eine umfassende öffentliche Bildungsdiskussion ist für die Weiterentwicklung von Bildungssystemen von großem Wert. Sie regt das Nachdenken darüber an, welche Ziele von Schule und Unterricht im Vordergrund stehen sollen und inwieweit diese Ziele erreicht werden. Diese Überlegungen verhelfen den an Schule und Unterricht Beteiligten dazu, sich ihrer Ziele zu vergewissern und sich selbst in Frage zu stellen. Das öffentliche Interesse und das Bewusstsein für die Bedeutung eines hochentwickelten und international konkurrenzfähigen Bildungssystems eines Staates sind unabdingbar. Jedoch kam es in den letzten Jahren auch zu zahlreichen Fehl- oder Überinterpretati-

onen der Studienergebnisse. Die „Wie-PISA-zeigt-Argumente" sind schon beinahe sprichwörtlich geworden, sie verhelfen beliebigen Aussagen mit dem Verweis auf PISA zu Glaubwürdigkeit. PISA-Befunde werden häufig selektiv benutzt, vereinfacht und vorschnell kausal interpretiert. Verdeutlichen lässt sich dies an der Diskussion um die „richtige" Schulstruktur in Deutschland. Aus den hervorragenden Ergebnissen für Finnland ist immer wieder der Schluss gezogen worden, dass man Ergebnisse eines Staates verbessern kann, indem man sich dem finnischen Beispiel anschließt. In Finnland, wie in einigen anderen Staaten, die bei PISA sehr gut abschneiden, wird in einem Gesamtschulsystem unterrichtet. Kritiker des gegliederten Schulsystems nehmen dies zum Anlass, eine Reform der Schulstruktur in Deutschland zu fordern. Es ist allerdings sehr leicht, für ein bestimmtes Ergebnis in einem Staat das Gegenbeispiel eines anderen Staates zu finden: Es gibt auch Staaten mit hochdifferenzierten Schulsystemen, die bei PISA sehr gut abschneiden, beispielsweise die Niederlande oder Belgien. Andererseits finden wir in PISA auch Gesamtschulsysteme, in denen die Kompetenzen der 15-Jährigen tendenziell unter dem OECD-Durchschnitt liegen, beispielsweise Norwegen, die USA oder Italien.

Wie die vorangegangenen Abschnitte zeigen, sind Vergleichsstudien komplexe Studien, sodass auch die sachkundige Interpretation der Ergebnisse alles andere als trivial ist. Gerade weil Vergleichsstudien keine Rezepte oder Anleitungen geben, die erfolgreiche Entwicklungen im Schulsystem garantieren, muss den Entscheidungsträgern im Bildungssystem die eingeschränkte Reichweite und Aussagekraft solcher Studien bewusst sein.

15.6 Erweiterungen von Vergleichsstudien

Vergleichsstudien machen Probleme sichtbar, die gesellschaftlich relevant sind und deshalb hohe Aufmerksamkeit erfahren. Dabei wird leicht übersehen, dass wissenschaftliche Konsortien mit den Studien betraut sind, die dafür Sorge tragen, dass die Erkenntnisse in die Disziplinen zurückwirken und hier neu aufgeworfenen Fragen nachgegangen wird. Mit Blick auf das Zusammenspiel von Vergleichsstudien und anderen Untersuchungen der Bildungsforschung lassen sich zwei Arten von Studien unterscheiden: Ergänzungsstudien und Forschungen mit explikativem und technologischem Fokus.

15.6.1 Ergänzungen

Ergänzungen und Erweiterungen von Vergleichsstudien betreffen in der Regel den Umfang und die Zusammensetzung der Stichprobe, die Erhebungsinstrumente sowie die Erhebungszeitpunkte. Sie eröffnen die Möglichkeit, die Aussagekraft der Studien zu validieren, zusätzliche Variablen zu überprüfen oder Fragestellungen von besonderem oder aktuellem Interesse zu bearbeiten.

In Deutschland wurden beispielsweise in PIRLS und PISA die Stichproben so erweitert, dass die Daten für jedes der 16 Bundesländer aussagekräftige Befunde lieferten. Darüber hinaus wurde in PISA 2003 die Stichprobe um Jugendliche mit Migrationshintergrund ergänzt, um von dieser Teilgruppe der Schüler in Deutschland ein genaueres Bild zu bekommen.

Veränderungen bzw. Erweiterungen der Erhebungsinstrumente zielen darauf ab, aktuelle Entwicklungen und Fragestellungen berücksichtigen zu können. In PISA 2006 etwa wurden die Schulleitungen um Auskunft zu Ganztagsangeboten an ihren Schulen gebeten.

15.6.2 Systematische Vernetzung von Vergleichsstudien mit pädagogisch-psychologischer Forschung

TIMSS und PISA haben eine Reihe von Fragen aufgeworfen, die in der pädagogisch-psychologischen und in der fachdidaktischen Forschung aufgegriffen und bearbeitet werden. Exemplarisch für systematische Erweiterungen sei auf das DFG-Schwerpunktprogramm BIQUA hingewiesen, das als direkte Antwort auf PISA und TIMSS organisiert wurde und in vielfältiger Weise zeigt, wie die Befunde aus Vergleichsstudien aufgegriffen und im Rahmen entsprechender Small-Scale-Designs weiterentwickelt werden (Prenzel, 2007; Prenzel & Allolio-Näcke, 2006). BIQUA beschreibt Bildungsqualität aus verschiedenen Perspektiven: Neben fachbezogenen kognitiven Kompetenzen werden motivationale Orientierungen, Werthaltungen und fächerübergreifende Kompetenzen der Schüler berücksichtigt. Die Einzelprojekte untersuchten die Wirkungen schulischer Lernumgebungen auf die Entwicklung entsprechender Persönlichkeitsmerkmale und Kompetenzen. Darüber hinaus wurden Bedingungsfaktoren in den Blick genommen, beispielsweise das Elternhaus, die Gruppen der Gleichaltrigen und die Medien. Darauf aufbauend untersuchten Studien aus BIQUA, wie durch gezielte Maßnahmen die Qualität von Bildungsprozessen und -ergebnissen verbessert werden kann. Der Fachunterricht stand im Mittelpunkt aller Untersuchungen, die das gesamte Schulspektrum erfassten.

Ziel der Studien war es, generalisierbares Erklärungs- und Veränderungswissen zu entwickeln, das einerseits die Befunde aus Vergleichsstudien ergänzt und differenziert und das andererseits in weiteren Untersuchungen und Interventionsprogrammen umgesetzt werden kann (für einen Überblick vgl. Prenzel & Allolio-Näcke, 2006).

Da die Grenzen des Querschnittsdesigns von internationalen und nationalen Leistungsvergleichen schnell erkannt waren, wurden Möglichkeiten diskutiert, zusätzliche Erhebungsprogramme zu starten, die Längsschnittinformationen, möglichst über weite Bereiche der Lebensspanne, liefern. In vielen Staaten wurden und werden solche Studien (Panels) mit großem Erkenntnisgewinn durchgeführt (Kristen, Römmer, Müller & Kalter, 2005). Vor diesem Hintergrund wurde schließlich in Deutschland ein sorgfältig vorbereitetes und umfassend angelegtes nationales Bildungspanel (National Educational Panel Study, NEPS) eingerichtet (Blossfeld, Roßbach & von Maurice, 2011). Dieses Panel verfolgt die Entwicklung von sechs Alterskohorten durch wiederkehrende Tests zu Fähigkeiten in den Bereichen Lesen/Schreiben, Mathematik, Naturwissenschaften und Informationstechnologien. Diese Tests wurden, einer übergreifenden theoretischen Konzeption folgend, für die verschiedenen Altersstufen entwickelt (Weinert et al., 2011).

Natürlich gehen Impulse für die empirische Bildungsforschung nicht nur von Vergleichsstudien aus. Auch müssen Vergleichsstudien ihrerseits immer auf dem neuesten Stand der Forschung sein und Innovationen auf dem Gebiet der inhaltlichen Beschreibung der Testdomänen, der Aufgabenentwicklung, der Testdurchführung und der Auswertungsmethoden darstellen. Das **computerbasierte Testen** ist ein Beispiel für einen innovativen Aspekt von Large-Scale-Studien. Computerbasiertes Testen ist einerseits aussichtsreich, weil es verspricht, Vergleichsstudien auf ökonomischere Weise als bisher durchzuführen, neue und anregende Aufgabenformate zu ermöglichen und die Auswertungsprozeduren erheblich zu vereinfachen (z. B. Wirth, 2008). Die Anwendung und Durchführung computerbasierter Assessments hat zum Teil immer noch Grenzen, die zum Beispiel in der Computerausstattung der Schulen begründet sind. Interessanter und herausfordernder sind jedoch Effekte der unterschiedlichen Test- und Aufgabenformate, die letztlich zu der Frage führen, ob computerbasierte Tests das Gleiche messen wie Papier- und-Bleistift-Tests, selbst dann, wenn identische Aufgaben verwendet werden. Wenn die Möglichkeiten computerbasierter Assessments ausgeschöpft werden (z. B. Animationen, Simulationen, andere Antwortformate, interaktive Aufgaben), liegt die Frage auf der Hand, ob dann noch das gleiche Konstrukt erfasst wird wie in herkömmlichen, papiergestützten Tests. Für die Beschreibung und Berechnung von Trends – zum Beispiel über verschiedene PISA-Runden – bedeutet das eine große Herausforderung. Von besonderer Bedeutung sind hier zum Beispiel Studien zu den sogenannten „mode-effects", den Auswirkungen unterschiedlicher Präsentations-, Bearbeitungs- und Auswertungsmodi auf die Testergebnisse. PISA 2012 greift das computerbasierte Testen auf. Zusätzlich zu den herkömmlichen papiergestützten Tests bearbeiten Teilgruppen der Schüler computerbasierte Aufgaben in den Bereichen Lesen, Mathematik und Problemlösen. Vor diesem Hintergrund ist derzeit beabsichtigt, das gesamte Erhebungsprogramm bei PISA 2015 computerbasiert zu administrieren.

15.7 Ausblick: Aktuelle Trends bei Vergleichsstudien

Vergleichsstudien können nur dann aussagekräftig und glaubwürdig sein und bleiben, wenn sie auf dem höchsten technischen Niveau und sensibel für innovative Entwicklungen sind. Dazu gehört zum einen, dass neue Inhalte und Verschiebungen in Bildungszielen in die Rahmenkonzeptionen der Studien aufgenommen werden. Häufig betreffen solche Verschiebungen neue Herausforderungen unserer wissens- und technologiebasierten Gesellschaft. Dies sind beispielsweise die Kompetenz im Umgang mit Kommunikationstechnologie oder das Lesen elektronischer Texte, wie es in PISA 2009 als internationale Option (nicht jedoch in Deutschland) untersucht wurde (Naumann et al., 2010).

Neue Testkomponenten werden zukünftig das Spektrum an Kompetenzmessungen erweitern, z. B. Fremdsprachenkompetenzen oder die Fähigkeit, Texte zu schreiben. Ebenfalls von großer Bedeutung für die Zukunft von Vergleichsstudien sind innovative Testformate, wie das computerbasierte Testen, das perspektivisch auch dynamische Aufgabentypen und Itemformate zulässt (Hartig & Klieme, 2007). Ein weiterer Aspekt ist das adaptive Testen, also das an die Fähigkeiten der Testperson angepasste Erfassen von Kompetenzen (z. B. Frey & Ehmke, 2007).

Weiterführende Befunde zu Bedingungsfaktoren des Kompetenzerwerbs oder Modelle zur Erklärung von Bildungsprozessen, die über typische Befunde aus Querschnittstudien hinausgehen, werden im nationalen Bildungspanel (NEPS) mit einem Längsschnittdesign angestrebt: Bestimmte, zufällig gezogene Kohorten werden über Etappen des Bildungssystems begleitet (Blossfeld, Roßbach & von Maurice, 2011).

Auch Vergleichsstudien beschränken sich nicht nur auf die Etappe des schulischen Lernens. Sie nehmen auch andere Altersgruppen und Lernorte in den Blick. Internationale Vergleichsstudien, deren Zielgruppe Erwachsene sind, haben bereits eine gewisse Tradition, z. B. der International Adult Literacy Survey (IALS; OECD & Statistics Canada, 1997) oder das OECD Programme for the International Assessment for Adult Competencies (PIAAC). An einer weiteren OECD-Studie mit dem Namen Teaching and Learning International Survey (TALIS), die auf internationaler Ebene die Lernumgebungen und Arbeitsbedingungen von Lehrkräften untersucht, hat sich

Deutschland nicht beteiligt. Weitere Planungen für internationale Vergleichsstudien beziehen sich derzeit auch auf die berufliche Bildung (Assessment of Skills and Competencies (ASCOT); vgl. auch Baethge, 2010) und auf den Hochschulbereich (z. B. die OECD-Studie Assessment of Higher Education Learning Outcomes (AHELO)), letzteres ohne deutsche Beteiligung.

Fazit

In modernen Gesellschaften wird die Qualität von Bildungssystemen mithilfe eines empirisch fundierten Bildungsmonitoring regelmäßig überprüft und auf der Grundlage der zusammengetragenen Daten gesteuert und verbessert. Zentral ist dabei die Frage, wie gut ein Schul- bzw. Bildungssystem seinen Aufgaben gerecht wird. Schulleistungsstudien oder Vergleichsstudien gehören als wichtiger Bestandteil zu einem systematischen Bildungsmonitoring. Sie haben zum Ziel, in ihrer Testkomponente Auskunft über den Stand der Kompetenzen einer Personengruppe zu einem bestimmten Zeitpunkt in der Bildungskarriere zu geben. Neben diesen wichtigen Ergebnissen (Outputs) von Bildungsprozessen werden auch Prozess- und Kontextfaktoren berücksichtigt, die Aussagen über die Wirkungsweise eines Bildungssystems erlauben (beispielsweise über Chancengerechtigkeit). Diese Daten werden meist über Fragebögen erhoben. Die inhaltliche Ausrichtung einer Vergleichsstudie wird in ihrer Rahmenkonzeption festgelegt: Unter Rückgriff auf eine bildungstheoretische Auffassung und den aktuellen Forschungsstand in der Domäne bildet die Rahmenkonzeption die Grundlage der Test- und Fragebogenkonstruktion.

Abhängig von ihren Fragestellungen legen Vergleichsstudien unterschiedliche Perspektiven an: Sie geben Auskunft über den Zustand des Bildungssystems im (internationalen) Vergleich mit anderen Systemen, sie lassen sich anhand von inhaltlichen Kriterien (z. B. Kompetenzstufen) verorten und geben – bei wiederholten Erhebungsrunden – Auskunft über Veränderungen über die Zeit. Um diesen Fragen nachgehen zu können sind Vergleichsstudien spezifische Designs zugrunde gelegt. Die Auswertung von Vergleichsstudien erfolgt mit Modellen der Item-Response-Theorie. IRT-Modelle sind am besten geeignet, präzise Aussagen über die Ergebnisse für Personengruppen (und nicht auf Individualebene) zu machen und Aufgabenschwierigkeit und Personenfähigkeit auf derselben Skala zu messen. Die Ergebnisse von Vergleichsstudien beschreiben die Stärken und Schwächen eines Bildungssystems und geben viele wertvolle Hinweise zu seiner Steuerung. Die begrenzte Reichweite und die eingeschränkten

„Interpretationsmöglichkeiten" von Vergleichsstudien, die jeweils spezifische Fragen verfolgen und meist nicht kausal interpretierbare Ergebnisse liefern, geben Impulse für Forschungsarbeiten, die an den Verfahren und Ergebnissen von Vergleichsstudien ansetzen und Erkenntnisse und Zusammenhänge in Small-Scale-Studien überprüfen und vertiefen. Eine besondere Herausforderung für die Zukunft ist es, in der Anlage und Umsetzung von Vergleichsstudien auf Veränderungen in den Bildungszielen (beispielsweise durch Veränderungen im IT-Bereich; auch ▶ Kap. 6) sensibel und zeitnah zu reagieren. Die Entwicklungen von Kompetenzen und Kontextmerkmalen über die Zeit, die sogenannten Trends, methodisch fundiert zu beschreiben, ist eines der bedeutsamen Probleme in der Forschung zu Vergleichsstudien. Computerbasiertes und adaptives Testen stellen bedeutsame Fortschritte für die Durchführung von Vergleichsstudien dar, die notwendigen Vorarbeiten dazu sind jedoch bisher nicht vollständig erledigt.

Verständnisfragen

1. Erklären Sie, was für unterschiedliche Grundausrichtungen von Vergleichsstudien es gibt und was dabei jeweils gemessen werden soll.
2. Beschreiben Sie verschiedene Untersuchungsdesigns, die man bei Vergleichsstudien unterscheidet.
3. Erklären Sie, welche Rolle die theoretische Rahmenkonzeption einer Vergleichsstudie für deren Durchführung spielt.
4. Erklären Sie, was Kompetenzstufen sind und wie sie zu interpretieren sind?
5. Beschreiben Sie, unter welchen Perspektiven man die Ergebnisse von Vergleichsstudien betrachten kann.

Vertiefende Literatur

Hartig, J., Klieme, E. & Leutner, D. (Hrsg.). (2008). *Assessment of competencies in educational contexts.* Toronto: Hogrefe & Huber Publishers.
Pellegrino, J. W., Chudowsky, N. & Glaser, R. (Hrsg.). (2001). *Knowing what students know.* Washington, D.C.: National Academies Press.
Prenzel, M., Sälzer, Ch., Klieme, E. & Köller, O. (Hrsg.). (2013). *PISA 2012. Fortschritte und Herausforderungen in Deutschland.* Münster: Waxmann.
Von Davier, M., Gonzalez, E., Kirsch, I., Yamamoto, K. (Hrsg.). (2013). *The Role of International Large-Scale Assessments: Perspectives from Technology, Economy, and Educational Research.* New York: Springer.

Literatur

Arnold, K.-H., Bos, W., Richert, P., & Stubbe, T. C. (2007). Schullaufbahnpräferenzen am Ende der vierten Klassenstufe. In W. Bos, S. Hornberg, & K.-H. Arnold et al. (Hrsg.), *IGLU 2006. Lesekompetenzen von Grundschulkindern in Deutschland im internationalen Vergleich* (S. 271–297). Münster: Waxmann.
Artelt, C., Schneider, W., & Schiefele, U. (2002). Ländervergleich zur Lesekompetenz. In J. Baumert, E. Klieme, & M. Neubrand et al. (Hrsg.), *PISA 2000 – Die Länder der Bundesrepublik Deutschland im Vergleich* (S. 55–94). Opladen: Leske + Budrich.
Baethge, M. (2010). Ein europäisches Berufsbildungs-PISA als methodisches und politisches Projekt. In D. Münk, & A. Schelten (Hrsg.), *Kompetenzvermittlung für die Berufsbildung* (S. 19–36). Bonn: bibb.
Baumert, J., Kunter, M., Brunner, M., Krauss, S., Blum, W., & Neubrand, M. (2004). Mathematikunterricht aus Sicht der PISA-Schülerinnen und -Schüler und ihrer Lehrkräfte. In M. Prenzel, J. Baumert, & W. Blum et al. (Hrsg.), *PISA 2003. Der Bildungsstand der Jugendlichen in Deutschland – Ergebnisse des zweiten internationalen Vergleichs* (S. 314–354). Münster: Waxmann.
Baumert, J., Roeder, P. M., & Gruehn, S. (1996). Bildungsverläufe und psychosoziale Entwicklung im Jugendalter (BIJU). In K.-P. Treumann, G. Neubauer, R. Möller, & J. Abel et al. (Hrsg.), *Methoden und Anwendungen empirischer pädagogischer Forschung* (S. 170–180). Münster: Waxmann.
Blossfeld, H.-P., Roßbach, H.-G., & von Maurice, J. (Hrsg.). (2011). Education as a Lifelong Process - The German National Educational Panel Study (NEPS). *Zeitschrift für Erziehungswissenschaft*, Bd. Special Issue 14. Heidelberg: VS Verlag für Sozialwissenschaften.
Blum, W., Drüke-Noe, C., Hartung, R., & Köller, O. (Hrsg.). (2006). *Bildungsstandards Mathematik: konkret – Sekundarstufe I: Aufgabenbeispiel, Unterrichtsanregungen, Fortbildungsideen.* Berlin: Cornelsen Scriptor.
Bos, W., & Postlethwaite, T. N. (2001). Internationale Schulleistungsforschung – Ihre Entwicklungen und Folgen für die deutsche Bildungslandschaft. In F. E. Weinert (Hrsg.), *Leistungsmessungen in Schulen* (S. 251–267). Weinheim: Beltz Verlag.
Carstensen, C. H., Frey, A., Walter, O., & Knoll, S. (2007). Technische Grundlagen des dritten internationalen Vergleichs. In M. Prenzel, C. Artelt, J. Baumert, W. Blum, M. Hammann, E. Klieme, & R. Pekrun (Hrsg.), *PISA 2006. Die Ergebnisse der dritten internationalen Vergleichsstudie* (S. 367–390). Münster: Waxmann.
Carstensen, C. H., Knoll, S., Rost, J., & Prenzel, M. (2004). Technische Grundlagen. In M. Prenzel, J. Baumert, & W. Blum et al. (Hrsg.), *PISA 2003. Der Bildungsstand der Jugendlichen in Deutschland – Ergebnisse des zweiten internationalen Vergleichs* (S. 371–387). Münster: Waxmann.
Carstensen, C. H., Prenzel, M. & Baumert, J. (2008). Trendanalysen in PISA: Wie haben sich die Kompetenzen in Deutschland zwischen PISA 2000 und PISA 2006 entwickelt? *Zeitschrift für Erziehungswissenschaft (Sonderheft 10)*, 11–34.
Ditton, H. (2000). Qualitätskontrolle und Qualitätssicherung in Schule und Unterricht. Ein Überblick zum Stand der empirischen Forschung. In A. Helmke, W. Hornstein, & E. Terhart (Hrsg.), *Zeitschrift für Pädagogik* (Bd. Beiheft 41, S. 73–92). Weinheim: Beltz.
Drechsel, B., & Artelt, C. (2007). Lesekompetenz. In M. Prenzel, C. Artelt, J. Baumert, W. Blum, M. Hammann, E. Klieme, & R. Pekrun (Hrsg.), *PISA 2006. Die Ergebnisse der dritten internationalen Vergleichsstudie* (S. 225–248). Münster: Waxmann.
Drechsel, B., & Prenzel, M. (2008). *Aus Vergleichsstudien Lernen. Aufbau, Durchführung und Interpretation internationaler Vergleichsstudien.* München: Oldenbourg.
Duncan, G. J., & Kalton, G. (1987). Issues of design and analysis of surveys across time. *International Statistical Review*, 55, 97–117.
Dunkin, M. J., & Biddle, B. J. (1974). *The study of teaching.* New York: Holt and Rinehart.
Ehmke, T., & Baumert, J. (2007). Soziale Herkunft und Kompetenzerwerb: Vergleiche zwischen PISA 2000, 2003 und 2006. In M. Prenzel, C.

Artelt, J. Baumert, W. Blum, M. Hammann, E. Klieme, & R. Pekrun (Hrsg.), *PISA 2006. Die Ergebnisse der dritten internationalen Vergleichsstudie* (S. 309–335). Münster: Waxmann.

Ehmke, T., Blum, W., Neubrand, M., Jordan, A., & Ulfig, F. (2006). Wie verändert sich die mathematische Kompetenz von der neunten zur zehnten Klassenstufe?. In M. Prenzel, J. Baumert, & W. Blum et al. (Hrsg.), *PISA 2003. Untersuchungen zur Kompetenzentwicklung im Verlauf eines Schuljahres* (S. 63–86). Münster: Waxmann.

Ehmke, T., Hohensee, F., Siegle, T., & Prenzel, M. (2006). Soziale Herkunft, elterliche Unterstützungsprozesse und Kompetenzentwicklung. In M. Prenzel, J. Baumert, & W. Blum et al. (Hrsg.), *PISA 2003: Untersuchungen zur Kompetenzentwicklung im Verlauf eines Schuljahres* (S. 225–248). Münster: Waxmann.

Ehmke, T., Leiß, D., Blum, W., & Prenzel, M. (2006). Entwicklung von Testverfahren für die Bildungsstandards Mathematik. *Unterrichtswissenschaft, 34*(3), 220–238.

Erikson, R., Goldthorpe, J. H., & Portocarero, L. (1979). Intergenerational class mobility in three Western European societies: England, France and Sweden. *British Journal of Sociology, 30*, 341–415.

Frey, A., & Ehmke, T. (2007). Hypothetischer Einsatz adaptiven Testens bei der Überprüfung von Bildungsstandards. *Zeitschrift für Erziehungswissenschaft, 10*(8), 169–184.

Gage, N. L., & Needles, M. C. (1989). Process–product research on teaching. *Elementary School Journal, 89*, 253–300.

Hartig, J., & Klieme, E. (Hrsg.). (2007). Möglichkeiten und Voraussetzungen technologiebasierter Kompetenzdiagnostik. Eine Expertise im Auftrag des Bundesministeriums für Bildung und Forschung. *Bildungsforschung*, Bd. 20. Berlin: BMBF.

Helmke, A. & Hosenfeld, I. (2003a). Vergleichsarbeiten (VERA): Eine Standortbestimmung zur Sicherung schulischer Kompetenzen – Teil 1: Grundlagen, Ziele, Realisierung. *SchulVerwaltung, Ausgabe Hessen/Rheinland-Pfalz/Saarland(1)*, 10–13.

Helmke, A. & Hosenfeld, I. (2003b). Vergleichsarbeiten (VERA): Eine Standortbestimmung zur Sicherung schulischer Kompetenzen – Teil 2: Nutzung für Qualitätssicherung und Verbesserung der Unterrichtsqualität. *SchulVerwaltung, Ausgabe Hessen/Rheinland-Pfalz/Saarland(2)*, 41–43.

Husén, T. (1967). *International study of achievement in mathematics*. Bd. I. Stockholm: Almqvist & Wiksell.

Klauer, K. J. (1987). Fördernde Notengebung durch Benotung unter drei Bezugsnormen. In R. Olechowski, & E. Persy (Hrsg.), *Fördernde Leistungsbeurteilung* (S. 180–206). Wien, München: Jugend und Volk.

Klieme, E., Avenarius, H., Blum, W., Döbrich, H., Gruber, H., Prenzel, M., Reiss, K., Riquarts, K., Rost, J., Tenorth, H. E., & Vollmer, J. (2003). *Zur Entwicklung nationaler Bildungsstandards. Eine Expertise*. Bildungsreform. Bonn: Bundesministerium für Bildung und Forschung.

Klieme, E., Artelt, C., Hartig, J., Jude, N., Köller, O., Prenzel, M., Schneider, W., & Stanat, P. (Hrsg.). (2010). *PISA 2009. Bilanz nach einem Jahrzehnt*. Münster: Waxmann.

Konsortium Bildungsberichterstattung (Hrsg.). (2006). *Bildung in Deutschland. ein indikatorengestützter Bericht mit einer Analyse zu Bildung und Migration*. Bielefeld: Bertelsmann.

Köller, O., Knigge, M., & Tesch, B. (Hrsg.). (2010). *Sprachliche Kompetenzen im Ländervergleich*. Münster: Waxmann.

Kristen, C., Römmer, A., Müller, W., & Kalter, F. (2005). *Longitudinal studies for education reports. European and North American examples*. Report commissioned by the Federal Ministry of Education and Research. Federal Ministry of Education and Research (BMBF) Reihe: Education reform. Band 10.

Kultusministerkonferenz. (2004). Bildungsstandards der Kultusministerkonferenz. Erläuterungen zur Konzeption und Entwicklung.

Kunter, M., Dubberke, T., & Baumert, J. (2006). Mathematikunterricht in den PISA-Klassen 2004: Rahmenbedingungen, Formen und Lehr-

Lernprozesse. In M. Prenzel, J. Baumert, & W. Blum et al. (Hrsg.), *PISA 2003 Untersuchungen zur Kompetenzenentwicklung im Verlauf eines Schuljahres* (S. 161–194). Münster: Waxmann.

Lehmann, R. H., Peek, R., Pieper, I., & von Stritzky, R. (1995). *Leseverständnis und Lesegewohnheiten deutscher Schüler und Schülerinnen*. Weinheim und Basel: Beltz.

Lohr, S. L. (1999). *Sampling: design and analysis*. Pacific Grove, Calif.: Duxbury Press.

Mullis, I. V. S., Martin, M. O., Ruddock, G. J., O'Sullivan, C. Y., Arora, A., & Eberber, E. (Hrsg.). (2005). *TIMSS 2007 Assessment Frameworks*. Chestnut Hill, MA: Boston College.

Mullis, I. V. S., Martin, M. O., Ruddock, G. J., O'Sullivan, C. Y., & Preuschoff, C. (Hrsg.). (2009). *TIMSS 2011 Assessment Frameworks*. Chestnut Hill, MA: Boston College.

Naumann, J., Artelt, C., Schneider, W., & Stanat, P. (2010). Lesekompetenz von PISA 2000 bis 2009. In E. Klieme, C. Artelt, J. Hartig, N. Jude, O. Köller, M. Prenzel, W. Schneider, & P. Stanat (Hrsg.), *PISA 2009. Bilanz nach einem Jahrzehnt* (S. 23–72). Münster: Waxmann.

NCTM (2000). *National Counsil of Teachers of Mathematics: Principles and standards for school mathematics*. Reston, VA: NCTM.

OECD (2002). *PISA 2000 technical report*. Paris: OECD.

OECD (2003). *The PISA 2003 assessment framework. Mathematics, reading, science and problem solving knowledge and skills*. Paris: OECD.

OECD (2004). *PIAAC draft strategy paper. Policy objectives, strategic options and cost implications*. Paris: OECD.

OECD (2005). *Are students ready for a technology-rich world? What PISA studies tell us*. Paris: OECD.

OECD (2006). *PISA assessing scientific, reading and mathematical literacy: A Framework for PISA 2006*. Paris: OECD.

OECD (2007a). *Analysis*. PISA 2006: Science competencies for tomorrow's world, Bd. 1. Paris: OECD.

OECD (2007b). *Data*. PISA 2006: Science competencies for tomorrow's world, Bd. 2. Paris: OECD.

OECD (2009). *PISA 2009. Assessment Framework - Key Competencies in Reading, Mathematics and Science*. Paris: OECD.

OECD (2010). *PISA 2009. results. What students know and can do*. Paris: OECD.

OECD (2013). *Skills Outlook 2013: First Results from the Survey of Adult Skills*. Paris: OECD.

Postlethwaite, T. N., & Wiley, D. E. (Hrsg.). (1992). *Science achievement in twenty-three countries: The IEA study of science II*. Oxford: Pergamon Press.

Prenzel, M. (Hrsg.). (2007). *Studies on the educational quality of schools. The final report on the DFG Priority Programme*. Münster: Waxmann.

Prenzel, M., & Allolio-Näcke, L. (Hrsg.). (2006). *Untersuchungen zur Bildungsqualität von Schule. Abschlussbericht des DFG-Schwerpunktprogramms*. Münster: Waxmann.

Prenzel, M., Artelt, C., Baumert, J., Blum, W., Hammann, M., Klieme, E., & Pekrun, R. (2007a). *PISA 2006. Die Ergebnisse der dritten internationalen Vergleichsstudie*. Münster: Waxmann.

Prenzel, M., Baumert, J., & Blum et al. (Hrsg.). (2006a). *PISA 2003: Untersuchungen zur Kompetenzentwicklung im Verlauf eines Schuljahres*. Münster: Waxmann.

Prenzel, M., & Blum, W. (Hrsg.). (2007). *Entwicklung eines Testverfahrens zur Überprüfung der Bildungsstandards in Mathematik für den Mittleren Schulabschluss – Technischer Bericht*. Kiel: IPN.

Prenzel, M., Carstensen, C. H., Frey, A., Drechsel, B., & Rönnebeck, S. (2007b). PISA 2006 – Eine Einführung in die Studie. In M. Prenzel, C. Artelt, & J. Baumert (Hrsg.), *PISA 2006. Die Ergebnisse der dritten internationalen Vergleichsstudie* (S. 31–60). Münster: Waxmann.

Prenzel, M., Carstensen, C. H., Schöps, K., & Maurischat, C. (2006b). Die Anlage des Längsschnitts bei PISA 2003. In M. Prenzel, J. Baumert, &

W. Blum et al. (Hrsg.), *PISA 2003: Untersuchungen zur Kompetenzentwicklung im Verlauf eines Schuljahres* (S. 29–62). Münster: Waxmann.

Prenzel, M., Schöps, K., Rönnebeck, S., Senkbeil, M., Walter, O., Carstensen, C. H., & Hammann, M. (2007c). Naturwissenschaftliche Kompetenz im internationalen Vergleich. In M. Prenzel, C. Artelt, J. Baumert, W. Blum, M. Hammann, E. Klieme, & R. Pekrun (Hrsg.), *PISA 2006. Die Ergebnisse der dritten internationalen Vergleichsstudie* (S. 63–106). Münster: Waxmann.

Rammstedt, B. (Hrsg.). (2013). *Grundlegende Kompetenzen Erwachsener im internationalen Vergleich: Ergebnisse von PIAAC 2012*. Münster: Waxmann.

Rheinberg, F. (1998). Bezugsnorm-Orientierung. In D. H. Rost (Hrsg.), *Handwörterbuch Pädagogische Psychologie* (S. 39–43). Weinheim: Beltz.

Robitaille, D. F., & Garden, R. A. (Hrsg.). (1989). *The IEA Study of Mathematics II: Context and Outcomes of School Mathematics*. Oxford: Pergamon Press.

Rost, J. (2004). *Lehrbuch Testtheorie, Testkonstruktion* (2. Aufl.). Bern: Huber.

Scheerens, J., & Bosker, R. J. (1997). *The foundations of educational effectiveness*. New York: Elsevier.

Seidel, T. (2008). Stichwort: Schuleffektivitätskriterien. *Zeitschrift für Erziehungswissenschaft, 11*(3), 348–367.

Seidel, T., & Prenzel, M. (2008). Assessment in large scale studies. In J. Hartig, E. Klieme, & D. Leutner (Hrsg.), *Assessment of competencies in educational contexts. State of the art and future prospects* (S. 263–268). Göttingen: Hogrefe & Huber.

Seidel, T., Prenzel, M., Wittwer, J., & Schwindt, K. (2007). Unterricht in den Naturwissenschaften. In M. Prenzel, C. Artelt, J. Baumert, W. Blum, M. Hammann, E. Klieme, & R. Pekrun (Hrsg.), *PISA 2006. Die Ergebnisse der dritten internationalen Vergleichsstudie* (S. 147–180). Münster: Waxmann.

Senkbeil, M. (2006). Die Bedeutung schulischer Faktoren für die Kompetenzentwicklung in Mathematik und den Naturwissenschaften. In M. Prenzel, J. Baumert, & W. Blum et al. (Hrsg.), *PISA 2003: Untersuchungen zur Kompetenzentwicklung im Verlauf eines Schuljahres* (S. 277–308). Münster: Waxmann.

Stanat, P., Pant, H. A., Böhme, K., & Richts, D. (Hrsg.). (2012). *Kompetenzen von Schülerinnen und Schülern am Ende der vierten Jahrgangsstufe in den Fächern Deutsch und Mathematik. Ergebnisse des IQB-Ländervergleichs 2011*. Münster: Waxmann.

Thorndike, R. L. (1973). *Reading comprehension education in fifteen countries. International studies in evaluation III*. Stockholm: Almqvist & Wiksell.

Walter, O., & Rost, J. (2011). Psychometrische Grundlagen von Large Scale Assessments. In L. Hornke, M. Amelang, & M. Kersting (Hrsg.), *Methoden* Enzyklopädie der Psychologie. Themenbereich B: Methodologie und Methoden. Serie II: Psychologische Diagnostik, Bd. 2. Göttingen: Hogrefe.

Weinert, F. E. (2001). Concepts of competence: a conceptual clarification. In D. S. Rychen, & L. H. Salganik (Hrsg.), *Defining and selecting key competencies* (S. 45–66). Seattle: Hogrefe & Huber Publishers.

Weinert, S., Artelt, C., Prenzel, M., Senkbeil, M., Ehmke, T., & Carstensen, C. H. (2011). Development of competencies across the life span. In H.-P. Blossfeld, H.-G. Roßbach, & J. von Maurice (Hrsg.), *Education as a Lifelong Process - The German National Educational Panel Study (NEPS)* (S. 67). Heidelberg: VS Verlag für Sozialwissenschaften. Zeitschrift für Erziehungswissenschaft; Special Issue 14.

Wirth, J. (2008). Computer-based tests: Alternatives for test and item design. In J. Hartig, E. Klieme, & D. Leutner (Hrsg.), *Assessment of competencies in educational contexts. State of the art and future prospects* (S. 235–252). Göttingen: Hogrefe & Huber.

Wittwer, J., & Senkbeil, M. (2008). Is students' computer use at home related to their mathematical performance at school? *Computers & Education, 50*, 1558–1571.

15

Intervenieren

Pädagogisch-psychologische Lernförderung im Kindergarten- und Einschulungsalter

Marco Ennemoser, Kristin Krajewski

E. Wild, J. Möller (Hrsg.), *Pädagogische Psychologie,* Springer-Lehrbuch,
DOI 10.1007/978-3-642-41291-2_16, © Springer-Verlag Berlin Heidelberg 2015

Die Kinder eines Einschulungsjahrgangs bringen bereits am ersten Schultag sehr unterschiedliche Ausgangsvoraussetzungen mit. Diese Unterschiede haben einen nachhaltigen Einfluss auf die weitere Schullaufbahn. Mit dem Ziel ungünstigen Entwicklungsverläufen frühzeitig vorzubeugen, wird in den letzten Jahren ein immer größeres Augenmerk auf Möglichkeiten der vorschulischen Prävention gerichtet. Da das konventionelle Bildungsangebot in dieser Hinsicht bislang wenig erfolgreich ist, bieten sich insbesondere pädagogisch-psychologisch fundierte Förderansätze an. Diese stützen sich nicht nur auf solide theoretische Grundlagen, sondern können in vielen Fällen auch empirische Wirksamkeitsnachweise vorlegen. Das vorliegende Kapitel befasst sich mit der Frage, in welchen Lernbereichen die Implementation von pädagogisch-psychologisch fundierten Präventionsmaßnahmen besonders sinnvoll ist, welche vorschulisch vorhandenen (Vorläufer-)Kompetenzen für diesen Zweck vielversprechende Ansatzpunkte bieten, welche konkreten Förderansätze jeweils existieren und welche empirischen Befunde bislang zur Wirksamkeit dieser Maßnahmen vorliegen ( Abb. 16.1).

◻ Abb. 16.1 (© Jupiterimages/Getty Images)

16.1 Notwendigkeit vorschulischer Fördermaßnahmen

Schulische Bildung gilt als wesentliche Voraussetzung für die individuelle Teilhabe am gesellschaftlichen Leben. Dementsprechend zählt es zu den wichtigsten Zielen unseres Bildungssystems, jedem Kind einen angemessenen, das heißt einen aufgrund der jeweiligen individuellen Voraussetzungen erreichbaren Bildungserfolg zu ermöglichen. Allerdings zeigen die Befunde internationaler Vergleichsstudien, dass unser Bildungssystem diesbezüglich nicht allzu erfolgreich ist. Insbesondere gelingt es offenbar nicht, herkunftsbedingte Bildungsbenachteiligungen auszugleichen, wie etwa die Herkunft aus sozial schwächeren Verhältnissen oder einen Migrationshintergrund. In diesem Sinne benachteiligte Kinder treten häufig bereits am ersten Schultag mit ungünstigen Eingangsvoraussetzungen zum Unterricht an. Wie aus den Befunden verschiedener Längsschnittstudien hervorgeht, können diese anfänglichen Rückstände in den nachfolgenden Schuljahren nur noch bedingt aufgeholt werden (z. B. Klicpera & Gasteiger-Klicpera, 1993; Stern, 2003).

Die Erkenntnis, dass die Ursachen für spätere Lernschwierigkeiten bereits vor dem Schuleintritt zum Tragen kommen, hat das Augenmerk in den letzten Jahren zunehmend auf Möglichkeiten der Prävention und damit auf *vor*schulische Bildungsprozesse gelenkt. Früh einsetzende Fördermaßnahmen sollen drohenden Entwicklungsrückständen vorbeugen und allen (insbesondere auch sozial benachteiligten) Kindern eine gute Ausgangslage für den Anfangsunterricht in der Schule ermöglichen. Vor dem

Hintergrund der oben beschriebenen, eher ernüchternden Befunde gewinnt dabei zunehmend das Kriterium der **Evidenzbasierung** an Bedeutung.

> **Definition**
>
> Fördermaßnahmen gelten als **evidenzbasiert**, wenn sie nicht nur eine solide theoretische Fundierung aufweisen, sondern darüber hinaus auch überzeugende empirische Belege für ihre Wirksamkeit vorliegen. Idealerweise liegen mehrere empirische Untersuchungen vor, die bestimmten methodischen Anforderungen genügen (▶ Kap. 17, Fries & Souvignier), sodass die Befunde eine möglichst klare Aussage darüber erlauben, ob die jeweilige Maßnahme tatsächlich wirksam ist.

Hintergrund der Forderung nach einer stärkeren **Evidenzbasierung** im Bildungswesen ist der international vielfach replizierte Befund, dass viele Maßnahmen in Unterricht und Lernförderung nicht die gewünschte Wirkung entfalten (Mayer, 2005; Hsieh et al., 2005). Unter den zahlreichen Maßnahmen, die mit präventiver Intention in den Kindergärten zum Einsatz kommen, wird das Kriterium der Evidenzbasierung jedoch nur von sehr wenigen erfüllt. Selbst in so prominenten Bereichen wie der Sprachförderung liegen viel zu wenige aussagekräftige Studien vor, die Gewissheit geben könnten, welche Maßnahmen tatsächlich die erhofften präventiven Förderpotenziale entfalten (Weinert & Lockl, 2008). Erschwerend kommt hinzu, dass viele Studien methodische Schwächen aufweisen, sodass die Befunde oft nur eingeschränkt interpretierbar sind.

Wertvolle Beiträge zur Verbesserung dieser Situation stammen aus der **pädagogisch-psychologischen Interventionsforschung**. Diese definiert, welche methodischen Anforderungen an empirische Evaluationsstudien zu stellen sind und welche Kriterien erfüllt sein müssen, damit die Wirksamkeit der evaluierten Maßnahme beurteilt werden kann (▶ Kap. 14, Köller). Die entsprechenden Maßnahmen orientieren sich üblicherweise an theoretischen Modellen der natürlichen Kompetenzentwicklung. Die Programme zielen auf einen systematischen Kompetenzaufbau ab, sie sind klar strukturiert und beinhalten standardisierte Durchführungsrichtlinien. Hierdurch wird sichergestellt, dass die Förderpotenziale der Maßnahmen nicht durch willkürliche Abweichungen und Ausschmückungen untergraben werden (Sicherung der **Treatment-Validität**; Pressley & Harris, 1994). Idealerweise liegen mehrere und aussagekräftige empirische Studien vor, die die Wirksamkeit des jeweiligen Förderprogramms belegen.

Von anderen Fachdisziplinen im Bereich der Bildungsforschung wird der **programmatische Aufbau** pädagogisch-psychologischer Trainings gelegentlich kritisch bewertet. Dabei wird häufig die Auffassung vertreten, dass durch die standardisierte Vorgehensweise individuelle Lernwege und Entfaltungsmöglichkeiten unterdrückt würden. Als alternative Ansätze werden vielfach „ganzheitliche" Methoden oder „selbstentdeckendes Lernen" hervorgehoben, die individuellen Entwicklungsbedürfnissen angemessen entgegen kämen. Eine differenzierte Diskussion dieser Kontroverse würde den Rahmen des vorliegenden Beitrags sprengen (vgl. hierzu Probst & Kuhl, 2005). Insgesamt kann jedoch der Nutzen pädagogisch-psychologischer Trainingsprogramme angesichts der internationalen Befundlage nicht grundsätzlich in Frage gestellt werden. Zudem kann ein global konstruktivistisches, allein auf selbstentdeckendes Lernen ausgerichtetes Vorgehen unter präventiven Gesichtspunkten als ungeeignet gelten, da dies gerade für Kinder mit Lern- und Vorwissensdefiziten regelmäßig Überforderungen mit sich bringt (Grünke, 2006; Heward, 2003; Krajewski & Ennemoser, 2010).

Da vorschulische Förderprogramme üblicherweise mit präventiven Zielsetzungen verbunden sind, wird im Folgenden zunächst beleuchtet, was unter dem Begriff Prävention zu verstehen ist und welche präventive Funktion pädagogisch-psychologische Trainingsprogramme in einem institutionellen Bildungskontext erfüllen (können). Anschließend soll diskutiert werden, in welchen Lernbereichen eine Prävention durch entsprechende Trainingsprogramme besonders sinnvoll scheint. Hierbei werden vier Bereiche vorgeschlagen, die für die weitere Bildungslaufbahn besonders wichtig sind. Jedem dieser Bereiche wird ein eigener Abschnitt gewidmet, in dem zunächst die Relevanz der jeweiligen Kompetenz für den Bildungserfolg begründet wird und anschließend geeignete Förderansätze im Detail beschrieben werden. Dabei wird auch auf die jeweils vorliegende Befundlage zur Wirksamkeit der einzelnen Maßnahmen eingegangen.

16.1.1 Die präventive Funktion vorschulischer Fördermaßnahmen

Im Allgemeinen dienen vorschulische Fördermaßnahmen dazu, Kinder auf die Schule und das spätere Leben vorzubereiten. Insbesondere sollen sie Problemen in der späteren Bildungslaufbahn vorbeugen, das heißt, sie verfolgen eine präventive Zielsetzung. Um die präventive Funktion vorschulischer Fördermaßnahmen genauer definieren zu können, muss berücksichtigt werden, dass Prävention als Fachbegriff weiter gefasst wird als dies in der alltagssprachlichen Begriffsverwendung der Fall ist. Einer gängigen Einteilung zufolge können drei Stufen der Prävention unterschieden werden.

Definition

Drei Stufen der Prävention Präventiondrei Stufen **(vgl. von Suchodoletz, 2007)**

1. Maßnahmen, die allen Personen einer bestimmten Population (z. B. allen Kindergartenkindern) zuteilwerden, dienen der **primären Prävention**. Das heißt, hier wird keine Auswahl danach getroffen, ob ein Kind im anvisierten Bereich einen besonderen Förderbedarf hat oder nicht.

2. Maßnahmen der **sekundären Prävention** beziehen demgegenüber nur Kinder ein, bei denen bereits ein gewisses Risiko für die Entstehung entsprechender Probleme identifiziert wurde. Die betreffenden Kinder weisen zwar noch keine substanziellen Schwierigkeiten (beispielsweise im Sinne einer Rechenstörung) auf, es sind jedoch bereits ungünstige Ausgangsvoraussetzungen erkennbar (z. B. fehlendes Zahlverständnis).

3. Der Begriff der **tertiären Prävention** bezieht sich schließlich auf Maßnahmen, die erst dann einsetzen, wenn bereits massive Probleme im jeweiligen Bereich evident sind. Dies ist beispielsweise der Fall, wenn eine Lese-Rechtschreib-Schwäche oder eine Rechenschwäche diagnostiziert wurde oder wenn im klinischen Sinne von einer Erkrankung oder einer Störung gesprochen werden kann.

Bei den Trainingsprogrammen für das Kindergarten- und Einschulungsalter, die in diesem Kapitel behandelt werden, handelt es sich naturgemäß eher um primär- und sekundärpräventive Maßnahmen, da sie Schwächen beziehungsweise Störungen im schulischen Lernen vorbeugen sollen, die zu diesem Zeitpunkt noch gar nicht manifestiert sind. Tertiärpräventive Maßnahmen fallen demgegenüber eher in den Bereich der Therapie (schulischer Lernstörungen) und können im Rahmen vorschulischer Fördersettings nicht geleistet werden.

16.1.2 Inhaltliche Schwerpunkte beim Einsatz von pädagogisch-psychologischen Trainingsprogrammen

Unter den Begriff der primären Prävention könnten theoretisch sämtliche Maßnahmen gefasst werden, die im Kindergartenalltag durchgeführt werden, um Kinder auf die Schule beziehungsweise ganz allgemein auf das Leben in der Gesellschaft vorzubereiten. Wie bereits eingangs dargestellt, werden unsere konventionellen Bildungsangebote dieser präventiven Zielsetzung jedoch nicht in vollem Umfang gerecht. Um die präventive Wirksamkeit vorschulischer Bildungsangebote sicherzustellen, scheint es daher sinnvoll, die konventionellen Routinen durch strukturierte Fördermaßnahmen im Sinne pädagogisch-psychologischer Trainings (▶ Kap. 17, Fries & Souvignier) zu ergänzen.

Es stellt sich jedoch die Frage, in welchem Umfang und in welchen Lernbereichen eine Ergänzung durch entsprechende Förderprogramme sinnvoll und zielführend ist. Nicht zuletzt angesichts der begrenzten Ressourcen des vorschulischen Bildungssystems scheint es zwingend notwendig, eine gewisse Priorisierung vorzunehmen. Grundsätzlich ist es naheliegend, vorrangig solche Fähigkeiten und Fertigkeiten in den Blick zu nehmen, die für den weiteren Entwicklungsverlauf beziehungsweise die nachfolgende Schullaufbahn besonders relevant sind und die – im Falle einer ungünstigen Entwicklung – zusätzliche Sekundärproblematiken nach sich ziehen. Es sollten also Kompetenzbereiche im Fokus stehen, die für die anschließende Entwicklung eine besonders breite „Streuwirkung" aufweisen. Unter diesem Gesichtspunkt betrachtet sollten theoretisch insbesondere die nachfolgend beschriebenen drei Bereiche einen jeweils vielversprechenden Ansatzpunkt für präventive Maßnahmen bieten.

Allgemeine kognitive Fähigkeiten

Mit Blick auf die geforderte Streuwirkung der Maßnahmen bieten sich zunächst allgemeine kognitive Fähigkeiten und Fertigkeiten als potenzielle Ansatzpunkte für eine Förderung an. Diese haben auf breiter Front leistungslimitierende Einflüsse auf den Lernprozess sind damit lerngegenstandsübergreifend relevant. Naheliegend ist beispielsweise eine gezielte Förderung des **Arbeitsgedächtnisses**, das beim Lernen allgemein als eine Art „Flaschenhals" gilt (Hasselhorn & Gold, 2006). Die präventiven Potenziale von Arbeitsgedächtnistrainings sind allerdings umstritten. So genügt es für den Zweck der Prävention nicht nachzuweisen, dass nach der Förderung bessere Leistungen in verschiedenen Arbeitsgedächtnistests erzielt werden. Vielmehr muss zudem sichergestellt sein, dass mit dem Training auch die gewünschten Transferwirkungen auf andere Lernbereiche erzielt werden. Insbesondere für den Vorschulbereich konnte jedoch bislang nicht überzeugend belegt werden, dass sich eine Förderung des Arbeitsgedächtnisses auch tatsächlich in späteren Schulleistungen niederschlägt (Melby-Lervåg & Hulme, 2013).

Ähnliche Einschränkungen gelten für Trainings zur Förderung **exekutiver Funktionen**. Die unter diesem Begriff gefassten kognitiven Regulations- und Kontrollmechanismen (z. B. Hemmung von Denk- und Handlungsimpulsen, Wechseln des Aufmerksamkeitsfokus, Aktualisieren von Informationen im Arbeitsgedächtnis; Drechsler, 2007; Miyake, Friedman, Emerson, Witzki & Howerter, 2000) haben ebenfalls einen substanziellen Einfluss auf zukünftige Lernentwicklungen (z. B. Blair & Razza, 2007; Mischel, Shoda & Peake, 1988; Roebers, Röthlisberger, Cimeli, Michel & Neuenschwander, 2011). Wie im Falle des Arbeitsgedächtnisses liegt jedoch auch für vorschulische Trainings der exekutiven Funktionen keine hinreichende empirische Evidenz vor, aus der sich überzeugend ableiten ließe, dass die Maßnahmen präventiv wirksam sind, das heißt, dass sie sich auch tatsächlich positiv auf die spätere Schulleistungsentwicklung auswirken.

Anders verhält es sich mit Maßnahmen zur Förderung des **induktiven Denkens**. Unter induktivem Denken wird das Ableiten von Regelhaftigkeiten aus konkreten Beobachtungen verstanden (Klauer, 1989). Das induktive Denken gilt als eine zentrale Komponente der allgemeinen Intelligenz, die bekanntermaßen substanzielle Zusammenhänge mit der Schulleistung aufweist. Die Annahme, dass eine erfolgreiche Förderung nicht nur spezifisch auf das induktive Denken wirkt, sondern auch Transfereffekte auf das schulische Lernen nach sich zieht, ist daher theoretisch überaus plausibel. Zudem liegen inzwischen umfangreiche empirische Wirksamkeitsnachweise vor, die diese Annahme bestätigen.

Sprachkompetenz

Ein Kompetenzbereich, der das Kriterium einer großen Streuwirkung auf den späteren Schulerfolg in besonderem Umfang erfüllt, ist die **Sprachkompetenz**. Da die Sprache als wichtigstes Kommunikationsmedium auch das dominierende Medium der Wissensvermittlung darstellt, hat sie einen entsprechend nachhaltigen Einfluss auf die gesamte schulische Leistungsentwicklung und zählt somit zu den wichtigsten Ansatzpunkten für eine wirksame Prävention.

Bereichsspezifische Vorläuferfertigkeiten

Einen weiteren Ansatzpunkt für präventive Fördermaßnahmen, die eine breite Streuwirkung erwarten lassen, stellen sogenannte **bereichsspezifische Vorläuferfertigkeiten** für den Erwerb der Kulturtechniken Schriftsprache und Mathematik dar. Hierbei handelt es sich um Fähigkeiten und Fertigkeiten, die zwar noch nicht im engeren Sinne als Lesen, Schreiben oder Rechnen zu bezeichnen sind, die aber eine wichtige Voraussetzung für deren Erwerb darstellen. Bezogen auf den Schriftspracherwerb ist dies vor allem die phonologische Bewusstheit, also die Einsicht in die Lautstruktur der Sprache. Analog hierzu werden für den mathematischen Kompetenzerwerb sogenannte **mathematische Basiskompetenzen**, also grundlegende Fähigkeiten im Umgang mit Zahlen und Mengen oder Größen, als zentrale Voraussetzung betrachtet (Krajewski & Ennemoser, 2013). Die genannten Vorläuferfertigkeiten entwickeln sich in der Auseinandersetzung mit der Umwelt bereits vor dem Schuleintritt und sind in der Regel nicht, oder zumindest nicht in hinreichendem Umfang, Gegenstand der formalen Instruktion im Unterricht. Das heißt, sie werden im Anfangsunterricht weitgehend vorausgesetzt oder implizit als „beiläufig erlernbar" betrachtet. Für Kinder, die aufgrund fehlender Anregungen im sozialen Umfeld mit unzureichend entwickelten Vorläuferfertigkeiten in die Schule kommen, hat dies weitreichende Konsequenzen. Viele dieser Kinder gehen in den beiden wichtigsten Grundschulfächern bereits mit Rückständen an den Start, die im Anfangsunterricht nicht gezielt ausgeglichen werden.

16.1.3 Fazit

Ausgehend von der Argumentation, dass im Rahmen vorschulischer Präventionsbemühungen vor allem Maßnahmen zu priorisieren sind, die – idealerweise nachweislich – eine breite Wirkung auf die spätere Schulleistung entfalten, sollte das Augenmerk vor allem auf folgende vier Schwerpunkte gerichtet werden: induktives Denken, Sprache sowie jeweils spezifische Vorläuferfertigkeiten für den Erwerb der Schriftsprache (phonologische Bewusstheit) und der Mathematik (mathematische Basiskompetenzen). Die vorgeschlagene Fokussierung auf bestimmte Schwerpunkte bedeutet nicht, dass man andere Lernbereiche nicht ebenfalls für eine frühe Förderung in Erwägung ziehen oder als erstrebenswert betrachten kann. Wie bereits dargelegt, scheint es jedoch vor dem Hintergrund der begrenzten finanziellen, personellen und zeitlichen Ressourcen im Bereich der frühkindlichen Bildung notwendig, eine klare Abgrenzung vorzunehmen zwischen Kompetenzbereichen, die im oben beschriebenen Sinne als „must have" zu bezeichnen sind, und solchen, die zusätzlich in den Fokus genommen werden können, wenn die zuerst genannten hinreichend gesichert sind. So kann etwa über Sinn und Unsinn der frühkindlichen Vermittlung von Chinesisch in hiesigen Bildungseinrichtungen trefflich diskutiert werden. Die meisten Menschen in unserem Kulturkreis kommen jedoch auch ohne Chinesisch-Kenntnisse ganz gut zurecht, ohne in ihren Möglichkeiten zur gesellschaftlichen Teilhabe nennenswerte Einschränkungen in Kauf nehmen zu müssen. Es handelt sich also um Kompetenzen, die eher der Kategorie „nice to have" zuzuordnen

sind. Davon abgesehen sollte bei der Entscheidung, welche und wie viele Fördermaßnahmen letzten Endes implementiert werden, schließlich auch ein ausgewogenes Verhältnis zwischen fokussierten, formalen Förderangeboten und Freiräumen beziehungsweise informellen Lerngelegenheiten berücksichtigt werden.

16.2   Sprachförderung in Kindergarten und Vorschule

Die Sprache ist ein extrem flexibles Kodiersystem, das es uns einerseits ermöglicht, komplexe, abstrakte Informationen „nach außen" zu kommunizieren, und das uns umgekehrt auch dabei hilft, Wahrgenommenes verbal „nach innen" zu kodieren, Informationen zu strukturieren, sie problemlösend zu verarbeiten und in größere Zusammenhänge einzubetten. Um Sprache in diesem Sinne nutzen zu können, muss jedoch das ihr zugrunde liegende Regelsystem erworben werden (vgl. Weinert & Lockl, 2008). Die Kompetenzen, die hierbei aufgebaut werden müssen, lassen sich im Wesentlichen auf **vier Ebenen** verorten.

> **Ebenen der Sprachkompetenz (vgl. Weinert & Grimm, 2008)**
> 1. Die **phonetisch-phonologische** Ebene bezieht sich auf die Kenntnis des Lautsystems und die Verarbeitung lautlicher Information.
> 2. Die **morphologisch-syntaktische** Ebene umfasst Regularitäten der Wort- und Satzbildung und damit den Erwerb der Grammatik.
> 3. Auf der **lexikalisch-semantischen** Ebene stehen der Wortschatz sowie auch wortübergreifende Bedeutungszusammenhänge im Vordergrund.
> 4. Die **kommunikativ-pragmatische** Ebene bezieht sich schließlich auf den sachgerechten, situationsangemessenen Gebrauch von Sprache.

Der Erwerb dieser Kompetenzen zählt zweifellos zu den wichtigsten Entwicklungsaufgaben des Kindesalters. Defizite in der Sprachkompetenz ziehen langfristige Beeinträchtigungen im späteren Bildungserfolg nach sich, was nicht zuletzt durch die massiven Bildungsbenachteiligungen von Kindern mit Migrationshintergrund dokumentiert wird (Baumert et al., 2001; Bos et al., 2007; Stanat, 2003). Aber auch über den Bildungserfolg hinaus stellt die Sprache eine zentrale Voraussetzung für die Teilhabe am gesellschaftlichen Leben dar. Die Unterstützung des Spracherwerbs zählt somit zu den wichtigsten Zielen frühkindlicher Bildung und ihr gebührt auch unter präventiven Gesichtspunkten besondere Beachtung.

16.2.1 Möglichkeiten einer effektiven Sprachförderung

Vor dem geschilderten Hintergrund ist es erstaunlich, wie wenig über die Wirksamkeit vorschulischer **Fördermaßnahmen** bekannt ist. Obwohl inzwischen eine Vielzahl an Förderkonzepten existiert (vgl. Jampert, Best, Guadatiello, Holler & Zehnbauer, 2005), liegt bislang kein Programm vor, für das in einem hinreichenden Umfang empirische Wirksamkeitsnachweise existieren und das in diesem Sinne als „evidenzbasiert" gelten kann (▶ Abschn. 16.1). Darüber hinaus gelangen jüngste Begleitstudien zu verschiedenen Förderinitiativen in Deutschland vergleichsweise konsistent zu ernüchternden Ergebnissen (z. B. Gasteiger-Klicpera, Knapp & Kucharz, 2010; Roos et al., 2010; Wolf, Felbrich, Stanat & Wendt, 2011; für einen Überblick vgl. Lisker, 2011). Folglich ist es an dieser Stelle nicht möglich, ein bestimmtes Förderprogramm im Sinne eines empirisch bewährten „Gesamtpakets" hervorzuheben. Allerdings lassen sich aus der internationalen Forschung Hinweise auf bestimmte übergeordnete Prinzipien ableiten, die im Rahmen der vorschulischen Sprachförderung vielversprechend sind. Insbesondere kann es als vergleichsweise gesichert gelten, dass große Förderpotenziale in der Art der sprachlichen Interaktion mit dem Kind liegen. Richtungsweisend sind in diesem Zusammenhang die inzwischen als klassisch zu bezeichnenden Arbeiten von Whitehurst und Kollegen zur Wirksamkeit des sogenannten dialogischen Lesens (dialogic reading; Whitehurst et al., 1988).

Definition

Das **dialogische Lesen** basiert auf der konsequenten Anwendung einfacher Sprachlehrstrategien, wie sie auch im Rahmen der natürlichen Eltern-Kind-Interaktion beobachtbar sind („Motherese"; Hoff-Ginsberg, 1986; Weinert & Lockl, 2008). Als Plattform für die Umsetzung **sprachförderlicher Dialoge** wird die klassische **Vorlesesituation** gewählt, die hierfür ideale Möglichkeiten bietet (Ennemoser, 2008). Im Zuge des kommunikativen Austauschs über möglichst interessante Inhalte erhalten Kinder die Gelegenheit, eher beiläufig neue Wörter zu erlernen und aus dem „wohlgeformten" Input intuitiv sprachliche Regelmäßigkeiten abzuleiten (vgl. Ritterfeld, 2000; Polotzek et al., 2008).

Das dialogische Lesen stellt somit – wie die meisten Sprachfördermaßnahmen für das Kindergartenalter – einen **impliziten Vermittlungsansatz** dar (Polotzek et al., 2008; ▶ Exkurs „Implizite vs. explizite Vermittlungsstrategien"). Eine Besonderheit besteht jedoch darin, dass das

Exkurs

Implizite vs. explizite Vermittlungsstrategien

In der Sprachförderung und insbesondere in der Zweitspracherwerbsforschung wird häufig zwischen impliziten und expliziten Vermittlungsstrategien unterschieden (Gasparini, 2004; Hulstijn, 2005). Im Rahmen impliziter Vermittlungsstrategien werden formale Aspekte der Sprache üblicherweise nicht zum Gegenstand der Betrachtung gemacht. Die Förderung setzt hier, wie dies auch beim dialogischen Lesen der Fall ist, weitgehend auf die kommunikative Auseinandersetzung mit relevanten Inhalten. Demgegenüber rückt der Bedeutungsaspekt der Sprache im Rahmen expliziter Vermittlungsstrategien in den Hintergrund. Ein Fokus liegt hier auf der expliziten Vermittlung sprachlicher Strukturen und grammatischen Regelwissens (vgl. hierzu auch die Unterscheidung zwischen Focus on Meaning vs. Focus on Form; z. B. Darsow et al., 2012). Während im Kindergartenbereich noch implizite Förderansätze dominieren (Hofmann et al., 2008), gelten im späteren Entwicklungsverlauf zunehmend explizite oder auch kombinierte Vermittlungsansätze als potenziell überlegen (Stanat, Becker, Baumert, Lüdtke & Eckhardt, 2012).

dialogische Lesen im Grunde *ausschließlich* auf die konsequente Anwendung sprachförderlicher Interaktionsprinzipien setzt (Ennemoser, Kuhl & Pepouna, 2013). Das heißt, der Förderansatz umfasst weder elaborierte Programmbausteine, die jeweils gezielt auf die Vermittlung bestimmter Sprachkompetenzen (z. B. Pluralbildung, Wortschatz) zugeschnitten sind, noch werden hierfür bestimmte Übungsmaterialien vorgehalten, wie dies in verfügbaren Trainingsprogrammen üblicherweise der Fall ist (z .B. Penner, 2005; Küspert & Schneider, 2006). Neben der Vorlesesituation, die als Plattform für die Realisierung sprachförderlicher Interaktionen genutzt wird, gilt lediglich die Vorgabe, dass sich die Auswahl der Bücher an den Interessen und Bedürfnissen der Kinder orientieren soll.

Was genau ist nun mit **sprachförderlichen Interaktionen** im Sinne des dialogischen Lesens gemeint? Nach Ennemoser und Kollegen (2013) lassen sich die von Whitehurst und Kollegen (1988) beschrieben Interaktionsprinzipien drei sprachstimulierenden Funktionen zuordnen (◻ Tab. 16.1; Ennemoser et al., 2013):

1. Anregung der kindlichen Sprachproduktion
2. Modellierung sprachlicher Äußerungen
3. Verstärkung/Motivation

Die hierunter gefassten Maßnahmen sind allerdings keinesfalls spezifisch dem Ansatz des dialogischen Lesens zuzuordnen. Vielmehr handelt es sich um Techniken, die in der Forschung zu elterlichen Sprachlehrstrategien allgemein als besonders geeignet gelten, um Kindern implizite Kenntnisse über die formale Struktur der Sprache zu vermitteln (Weinert & Lockl, 2008). Im Rahmen des dialogi-

Tab. 16.1 Sprachförderliche Interaktionsmerkmale im Sinne des dialogischen Lesens und ihre jeweilige Funktion (Ennemoser et al., 2013)

Funktion	Maßnahme/Technik
Anregung der Sprachproduktion	– W-Fragen – offene Fragen – Nachfragen zu Äußerungen des Kindes – Sätze vervollständigen lassen
Modellierung	– korrektive Wiederholung der Äußerungen des Kindes/Wiederholung eigener Äußerungen – Erweiterung und Umformulierung – Unterstützung
Verstärkung/ Motivation	– Lob und Verstärkung – Orientierung an Interessen und Erfahrungen des Kindes – Spaß haben

schen Lesens sollen diese Prinzipien lediglich systematisch angewendet werden.

> Eine der wichtigsten Strategien zur Anregung der Sprachproduktion ist der gezielte Einsatz von Fragen (Arnold, Lonigan, Whitehurst & Epstein, 1994; Whitehurst et al., 1988), wobei jedoch die Art der Fragen eine Rolle spielt.

Beispielsweise gelten Entscheidungsfragen für die Anregung der Sprachproduktion als weniger geeignet, da sie gegebenenfalls schlicht mit Ja oder Nein zu beantworten sind. Dem vorzuziehen sind **Ergänzungs-** und **offene Fragen** beziehungsweise **W-Fragen** (z. B. Wie …? Warum …?), deren Beantwortung es erfordert, im Text enthaltene Wörter und grammatische Strukturen zu reproduzieren oder diese auf alternative Weise auszudrücken. **Vertiefende Nachfragen** auf die Äußerungen des Kindes halten den bereits initiierten Dialog aufrecht und können etwa dazu anregen, die wiedergegebenen Inhalte zu vervollständigen oder präziser sprachlich zu elaborieren.

Die durch Fragetechniken stimulierten sprachlichen Äußerungen der Kinder bieten der Förderkraft zum einen die Gelegenheit, den Sprachgebrauch konsequent zu loben und zu verstärken, um ihnen Zutrauen in die eigene sprachliche Ausdrucksfähigkeit zu vermitteln. Zum anderen ermöglichen sie der Förderkraft, diese Äußerungen gezielt zu modellieren. Die **Modellierungstechniken** umfassen neben der lobenden Wiederholung korrekter Verbalisierungen gezielte Ergänzungen (Expansion) sowie unterstützende bzw. korrektive Modellierungen bei Fehlern (recasts). So greift die Förderkraft Äußerungen des Kindes wiederholend auf und ändert diese gegebenenfalls geringfügig ab, um die verwendeten Wörter zu

festigen und grammatische Strukturen salient zu machen. Bei sprachlich unkorrekten Äußerungen wird auf eine explizite, tadelnde Benennung von Fehlern (z. B. „Es heißt nicht Teppe, sondern Treppe!") verzichtet. Stattdessen werden die Äußerungen aufgegriffen und in korrigierter Form wiederholt, eventuell etwas erweitert und zum Anlass für weitere Nachfragen genommen. So könnte eine Förderkraft auf die Aussage „Teppe nunterfallt!" beispielsweise erwidern: „Ja, genau! Die Puppe ist die Treppe hinuntergefallen! Warum ist sie denn die Treppe hinunter gefallen?".

Da die genannten Modellierungstechniken direkt an den sprachlichen Äußerungen des Kindes ansetzen, entfaltet sich der anschließende Dialog jeweils ausgehend vom individuellen Entwicklungsniveau des Kindes. Die Äußerungen des Kindes stellen gleichsam das Grundgerüst dar, das im gemeinsamen Dialog weitergebaut und ausgestaltet wird. Hierbei werden durch die Modellierung im Idealfall Reize gesetzt, die in der **Zone der nächsten Entwicklung** (Vygotskij, 1934) liegen und die die weitere Sprachentwicklung optimal stimulieren.

Wie bereits erwähnt, spielen neben den spezifisch sprachbezogenen Interaktionsprinzipen auch allgemeine motivationspsychologische Aspekte eine wichtige Rolle. Hierzu zählen **Lob und Bekräftigung** der kindlichen Äußerungen, die Beachtung der Interessen des Kindes und nicht zuletzt eine unterhaltsame Gestaltung der Fördersituation (vgl. auch Ritterfeld, Niebuhr, Klimmt & Vorderer, 2006).

16.2.2 Evaluationsstudien zur Wirksamkeit des dialogischen Lesens

Die Wirksamkeit des dialogischen Lesens wurde zunächst im Kontext der elterlichen Vorlesesituation mit Kleinkindern im Alter von zwei bis drei Jahren untersucht. Den Ergebnissen zufolge zeigen Kinder, deren Eltern eine Einführung in die genannten Sprachlehrstrategien erhalten haben, im Anschluss substanziell größere sprachliche Kompetenzzuwächse, als eine Kontrollgruppe, in der die Eltern gemäß ihren üblichen Gewohnheiten vorlesen (Whitehurst et al., 1988; Whitehurst, Arnold et al., 1994). Inzwischen wurde das dialogische Lesen in verschiedenen Kontexten jenseits des häuslichen Eltern-Kind-Settings und auch bei älteren Kindern evaluiert. So wurde es erfolgreich im Kleingruppenformat in Kindergärten und Tagesstätten sowie als Maßnahme innerhalb des Head Start Programms[1] eingesetzt (vgl. Lonigan & Whitehurst,

---

1   Head Start ist ein Programm zur kompensatorischen Erziehung in den USA, das bereits in den 1960er Jahren initiiert wurde und das Ziel verfolgt herkunftsbedingte Bildungsbenachteiligungen auszugleichen beziehungsweise in sozial schwachen Familien brachliegende Bildungsressourcen zu mobilisieren.

1998; Whitehurst, Epstein et al., 1994; Whitehurst et al., 1999). Neben unausgelesenen Normalstichproben wurden auch für Risikokinder (Fielding-Barnsley & Purdie, 2003; Hargrave & Sénéchal, 2000) sowie für Kinder mit Hörschädigungen positive Effekte gefunden (Fung, Chow & McBride-Chang, 2005; Dale, Crain-Thoreson, Notari-Syverson & Cole, 1996). Die hierbei registrierten Fördererfolge betreffen eine breite Palette sprachlicher Kompetenzen und reichen von einer Erweiterung des Wortschatzes über Zugewinne in der mittleren Äußerungslänge (mean length of utterances; MLU) beziehungsweise in den morphologisch-syntaktischen Fähigkeiten bis hin zu verbesserten schriftsprachlichen Vorläuferkompetenzen (vgl. Mol et al., 2008; Mol et al., 2009). Einschränkend ist jedoch festzuhalten, dass das dialogische Lesen in vielen Studien nicht isoliert eingesetzt wurde, sondern mit anderen Maßnahmen kombiniert war, sodass nicht eindeutig bestimmt werden kann, welcher Anteil der Fördererfolge ausschließlich dem dialogischen Lesen zugeschrieben werden kann.

Für den deutschen Sprachraum lagen bis vor kurzem keine Untersuchungen vor, in denen das dialogische Lesen im Sinne eines eigenständigen Förderansatzes evaluiert wurde. Ennemoser und Kollegen (2013) konnten in einer ersten Studie zeigen, dass Migrantenkinder, die aufgrund mangelnder Sprachkenntnisse von der Einschulung zurückgestellt worden waren, bereits nach wenigen Fördersitzungen vom dialogischen Lesen profitieren. Dabei wurde eine Trainingsgruppe, die nach den Prinzipien des dialogischen Lesens gefördert wurde, mit einer parallelisierten Kontrollgruppe verglichen, die in derselben Zeit konventionell angebotene Sprachfördersitzungen absolvierte (hessische Vorlaufkurse). Die Trainingsgruppe erzielte im Untersuchungszeitraum signifikant größere Leistungszuwächse in den durchgeführten Sprachtests als die Kinder der Kontrollgruppe. Eine deutlich größer angelegte Folgestudie, die nicht nur auf Migrantenkinder begrenzt war, belegt ebenfalls kurzfristige Fördereffekte des dialogischen Lesens auf die Entwicklung der Sprachkompetenz (Ennemoser, Pepouna & Hartung, in Vorb.). Die Befunde deuten jedoch auch darauf hin, dass die Trainingserfolge massiv von der realisierten (per Videoanalyse erfassten) Durchführungsqualität abhängen und dass zur Sicherung langfristiger Erfolge größere Bemühungen in die Qualifizierung der Förderkräfte investiert werden müssen.

16.2.3 Fazit

Angesichts der fundamentalen Bedeutung, die dem Spracherwerb zur Teilhabe an der Gesellschaft und im Besonderen für eine erfolgreiche Bildungslaufbahn zukommt, überrascht, wie wenige gesicherte Erkenntnisse über die Wirksamkeit primär- und sekundarpräventiver Sprachfördermaßnahmen vorliegen. Ein Problem ist darin zu sehen, dass die verfügbaren Programme gar nicht oder bestenfalls als Gesamtpaket evaluiert wurden, sodass aus den Befunden keine Schlussfolgerungen darüber abgeleitet werden können, welche Programmanteile Förderpotenziale bergen und welche nicht. Die Befunde zum dialogischen Lesen lassen zumindest darauf schließen, dass die systematische Anwendung einfacher Sprachlehrstrategien wirksam ist und insofern auch im Sinne eines eigenständigen Förderansatzes Beachtung verdient. Dabei bleibt festzuhalten, dass es sich beim dialogischen Lesen streng genommen nicht um ein klassisches Trainingsprogramm handelt. Die angewendeten Sprachlehrstrategien sind keinesfalls an die Vorlesesituation oder an spezielle (additive) Einzel- oder Kleingruppensitzungen gebunden. Vielmehr handelt es sich um allgemeine Interaktionsprinzipien, die im Kindergarten quasi alltagsintegriert einsetzbar sind und idealerweise zum standardmäßigen „Handwerkszeug" pädagogischer Fachkräfte gehören sollten. Inwiefern das dialogische Lesen auch als ein solcher alltagsintegrierter Ansatz erfolgversprechend ist, kann jedoch mangels empirischer Befunde derzeit nicht beurteilt werden. Aktuelle Befunde sind sehr ermutigend, sie deuten aber auch darauf hin, dass die konkrete Umsetzung dieser Interaktionsprinzipien nicht ganz so einfach ist, wie es auf den ersten Blick scheinen mag, und dass es vielen Förderkräften selbst in einer klar umgrenzten Trainingssituation nicht gelingt, die entsprechenden Sprachlehrstrategien konsequent und gewinnbringend anzuwenden. Für eine erfolgreiche Implementierung in die Praxis liegt somit eine besondere Herausforderung darin sicherzustellen, dass die mit der Förderung betrauten Fachkräfte durch geeignete Trainingsmaßnahmen in die Lage versetzt werden, die vermittelten Sprachlehrstrategien konsequent anzuwenden.

16.3 Förderung des induktiven Denkens

Bereits als Neugeborene nehmen wir unsere Umwelt nicht nur passiv wahr, sondern beginnen unmittelbar, die Eindrücke und Beobachtungen in unserer Umwelt zu strukturieren. Als Motor fungiert dabei eine intuitive **Strategie des Vergleichens** (Klauer, 1989).

> Vergleiche ermöglichen es uns, Ähnlichkeiten und Unterschiede zu entdecken und daraus Annahmen über Regelhaftigkeiten abzuleiten. Sie dienen dazu, Wissen nicht lediglich unsystematisch anzuhäufen, sondern es zu organisieren und strukturieren.

So können bereits als Neugeborene die Stimme der Mutter von anderen Stimmen unterscheiden und lernen – einige

Induktives Denken ist die Ableitung von Regelhaftigkeiten aus konkreten Beobachtungen, in der Regel unter Rückgriff auf die *Strategie des Vergleichens*. Klauers (2001) präskriptiver Definition zufolge ist induktives Denken gekennzeichnet durch die **...**

◻ Abb. 16.2 Kognitive Vergleichsprozesse nach Klauer (1989, mit freundlicher Genehmigung von Hogrefe, Göttingen)

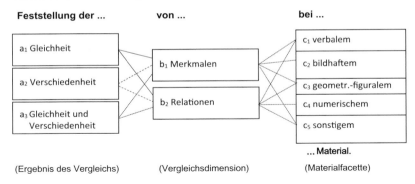

Feststellung der ...   **von ...**   **bei ...**

a_1 Gleichheit

a_2 Verschiedenheit

a_3 Gleichheit und Verschiedenheit

b_1 Merkmalen

b_2 Relationen

c_1 verbalem

c_2 bildhaftem

c_3 geometr.-figuralem

c_4 numerischem

c_5 sonstigem

... Material.

(Ergebnis des Vergleichs)   (Vergleichsdimension)   (Materialfacette)

Zeit später –, dass bestimmte Gegenstände allesamt als „Ball" bezeichnet werden, obwohl sie sich gleichzeitig in vielerlei Hinsicht (z. B. in Farbe, Größe, Material) unterscheiden und im Grunde nur ein einziges Merkmal gemeinsam haben (rund). Auf diese Weise können nach und nach auch abstrakte Begriffe sowie komplexe Schemata erworben werden, die sich im Entwicklungsverlauf immer weiter präzisieren und ausdifferenzieren. Das beschriebene Ableiten von Regelhaftigkeiten aus konkreten Beobachtungen bezeichnet man als **induktives Denken** (Klauer, 1989). Auch wenn der Begriff „induktiv" dies nahelegt, ist damit allerdings nicht zwingend gemeint, dass hierbei tatsächlich verallgemeinerbare Gesetzmäßigkeiten abgeleitet werden. Vielmehr werden auf der Grundlage von wahrgenommenen Beobachtungen lediglich Hypothesen über Regelhaftigkeiten generiert, die im Zuge weiterer Erkenntnisse gegebenenfalls wieder verworfen oder relativiert werden müssen (z. B. kleine pelzige Objekte mit vier Beinen fallen in die Kategorie „Hund").

Unter präventiven Gesichtspunkten ist das induktive Denken von besonderem Interesse, weil es grundlegende Strategien und Verarbeitungsprozesse umfasst, die in sehr vielen Lernbereichen und bei verschiedensten Problemstellungen anwendbar sind. Sie versetzen den Lernenden in die Lage, auch neuartige Probleme zu lösen, indem Analogien zu bereits Bekanntem hergestellt und entsprechende Erkenntnisse und Strategien auf das jeweils aktuelle Problem angewendet werden.

Es steht außer Frage, dass das induktive Denken für den Bildungserfolg von sehr großer Bedeutung ist. Diese Bedeutung ist auch daran abzulesen, dass das induktive Denken eine zentrale Komponente in etablierten Intelligenzmodellen darstellt (im Sinne eines „allgemeinen" Intelligenzfaktors bzw. des g-Faktors nach Horn & Cattell, 1966). Eine erfolgreiche Förderung des induktiven Denkens sollte demnach eine vergleichsweise breite Wirksamkeit erzielen, das heißt, die durch das Training erzielte Verbesserung spezieller, induktiver Denkprozesse sollte auch in anderen Bereichen zu verbesserten Lernerfolgen führen (Theorie des paradigmatischen Transfers; Klauer, 2011).

16.3.1 Möglichkeiten einer effektiven Förderung induktiven Denkens

Um eine gezielte Förderung spezieller Denkstrukturen zu ermöglichen, schlägt Klauer eine präskriptive Definition des induktiven Denkens vor (z. B. Klauer, 2001). Diese zeichnet sich zum einen dadurch aus, dass sie die **kognitiven Prozesse** spezifiziert, die für das induktive Denken charakteristisch sind. Zum anderen lassen sich auf Grundlage dieser Definition bestimmte **Aufgabenklassen** festlegen, deren Lösung die genannten „induktiven Prozesse" erfordert. Dies ermöglicht eine systematische Konzeption von Trainingsaufgaben, die sehr gezielt auf die Förderung induktiver Denkprozesse abzielen. Die kognitiven (Vergleichs-)Prozesse, die es ermöglichen sollen, aus konkreten Beobachtungen Regelhaftigkeiten abzuleiten, werden nach Klauers Theorie des induktiven Denkens durch zwei Kernfacetten (A und B) sowie eine Materialfacette (C) charakterisiert (◻ Abb. 16.2).

Facette A bezeichnet zunächst das *Ergebnis* der Vergleichsprozesse. Dabei kann der vorgenommene Abgleich von Ähnlichkeiten und Unterschieden grundsätzlich zu drei Ergebnissen führen: Gleichheit, Verschiedenheit oder Gleichheit und Verschiedenheit (z. B. gleiche Farbe, verschiedene Form). Facette B kennzeichnet die *Vergleichsdimension*. Hier geht es um die Frage, worauf sich der Vergleich bezieht. Diesbezüglich werden zwei übergeordnete Vergleichsdimensionen unterschieden: zum einen *Merkmale* (z. B. Farbe, Größe, übliche Art der Nutzung) und zum anderen *Relationen* (z. B. „mehr als", „weiter entfernt von", „wohnt in"). Facette C ist eine Materialfacette, die lediglich bezeichnet, auf welche Art von Material sich die vorgenommenen Vergleichsprozesse beziehen. Hier unter-

Abb. 16.3 Aufgabenklassen zum induktiven Denken nach Klauer (1989, mit freundlicher Genehmigung von Hogrefe, Göttingen)

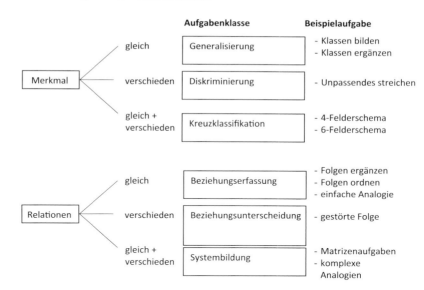

Die 6 Kernaufgaben des induktiven Denkens

	Aufgabenklasse	Beispielaufgabe
Merkmal – gleich	Generalisierung	- Klassen bilden - Klassen ergänzen
verschieden	Diskriminierung	- Unpassendes streichen
gleich + verschieden	Kreuzklassifikation	- 4-Felderschema - 6-Felderschema
Relationen – gleich	Beziehungserfassung	- Folgen ergänzen - Folgen ordnen - einfache Analogie
verschieden	Beziehungsunterscheidung	- gestörte Folge
gleich + verschieden	Systembildung	- Matrizenaufgaben - komplexe Analogien

scheidet Klauer verbales, bildhaftes, geometrisch-figurales, numerisches sowie „sonstiges" Material.

Aufgabenklassen zum induktiven Denken

Lässt man die Materialkomponente einmal unberücksichtigt, ergeben sich aus Facette A und Facette B sechs grundlegende Aufgabentypen, die induktives Denken erfordern. Diese unterscheiden sich einerseits darin, ob Merkmale oder Relationen verglichen werden müssen, und andererseits in der Art der geforderten Feststellung (Gleichheit, Verschiedenheit oder beides). Die Systematik der Aufgabentypen ist in ■ Abb. 16.3 illustriert.

Aufgabenklassen zum Vergleich von Merkmalen

Als Aufgabentypen für den Vergleich von Merkmalen nennt Klauer **Generalisierung** (Gleichheit von Merkmalen), **Diskrimination** (Verschiedenheit von Merkmalen) und **Kreuzklassifikation** (Gleichheit und Verschiedenheit von Relationen).

Die theoretisch voneinander abgegrenzten Aufgaben zur **Generalisierung** und zur **Diskrimination** sind jedoch nicht ganz trennscharf. So geht etwa die Feststellung, dass drei von fünf dargestellten Möbeln „zusammen gehören" (also gleich sind, weil es sich um Sitzmöbel handelt; Generalisierung) einher mit der Einschätzung, dass die übrigen zwei Möbelstücke (z. B. ein Tisch und ein Schrank) die entscheidende Gemeinsamkeit eben *nicht* teilen, also in diesem Punkt von den anderen verschieden sind (Diskrimination). In ähnlicher Weise erfordert die Feststellung, welches von fünf Fahrzeugen nicht zu den anderen passt (also von ihnen *verschieden* ist; Diskrimination) gleichzeitig die Erkenntnis, dass die anderen vier Fahrzeuge ein bestimmtes Merkmal *gemeinsam* haben (z. B. es handelt

sich um Lastenfahrzeuge; Generalisierung). Alle anderen Fahrzeuge sind also in diesem Punkt *ähnlich bzw. gleich*. Die theoretische Abgrenzung der beiden Aufgabentypen basiert demnach im Wesentlichen darauf, welche Art Feststellung in der Fragestellung ausdrücklich gefordert wird: Ähnlichkeit (Generalisierung) oder Unterschied (Diskrimination).

Die Aufgaben zur **Kreuzklassifikation** erfordern demgegenüber explizit eine *gleichzeitige* Feststellung von Gleichheit und Verschiedenheit von Merkmalen. Im Gegensatz zu den beiden anderen Aufgabentypen muss hier notwendigerweise mehr als ein Merkmal in den Vergleich einbezogen werden. So kann man beispielsweise bei vier vorliegenden Objekten einerseits feststellen, welche sich hinsichtlich ihrer Farbe gleichen beziehungsweise sich darin unterscheiden (z. B. rot vs. gelb), und andererseits, welche dieser vier Objekte sich in ihrer Form gleichen – oder diesbezüglich verschieden sind (z. B. rund vs. eckig). Es können also, je nachdem welches der beiden Merkmale zugrunde gelegt wird, unterschiedliche Klassen von Objekten gebildet werden, die sich sozusagen „überkreuzen" (daher der Begriff Kreuzklassifikation, z. B. rot und rund, rot und eckig).

Aufgabenklassen zum Vergleich von Relationen

Beim Vergleich von Relationen werden die Aufgabentypen **Beziehungserfassung** (Gleichheit von Relationen), **Beziehungsunterscheidung** (Verschiedenheit von Relationen) und **Systembildung** (Gleichheit *und* Verschiedenheit von Relationen) unterschieden (■ Abb. 16.3). Eine typische Aufgabe zur Beziehungserfassung besteht darin, mehrere Schwäne der Größe nach (d. h. entsprechend der Relation „größer als") zu sortieren, während bei der Beziehungsunterscheidung ein Element identifiziert werden muss, das die ansonsten bereits korrekte Größensortierung stört. Streng genommen müssen also auch hier bei vielen Aufgaben sowohl Gleichheit als auch Verschiedenheit in irgendeiner Weise berücksichtigt werden. Die Gleichheit von Relationen wird neben Aufgaben zu Folgenergänzungen auch durch einfache Analogien erfasst. Hier muss beispielsweise erkannt werden, dass ein Fisch zum Aquarium eine ganz ähnliche Beziehung hat wie ein Vogel zum Käfig.

Analog zur Kreuzklassifikation hebt sich auch die **Systembildung**, also die Feststellung von Gleichheit *und* Verschiedenheit, von den beiden anderen Aufgabentypen dadurch ab, dass mindestens zwei Vergleichsdimensionen – in diesem Fall zwei verschiedene Arten von Beziehungen – gleichzeitig berücksichtigt werden müssen. Dies ist beispielsweise dann erforderlich, wenn bestimmte Anordnungen so ergänzt werden müssen, dass sie die erkennbaren Beziehungen zwischen bereits vorgegebenen Objekten systematisch fortführen beziehungsweise vervollständigen. Ein einfaches Beispiel ist ein Vierfelderschema, in dem Fische abgebildet sind. Im Feld oben links befindet sich ein großer Fisch. Rechts daneben sind zwei Fische dargestellt, die genauso groß sind wie der im ersten Feld. Unten links ist ebenfalls ein Fisch abgebildet, der jedoch wesentlich kleiner ist. Wenn das Feld unten rechts frei ist, liegt die Vermutung nahe, dass hier zwei kleine Fische hingehören. Das „System" besteht darin, dass von oben nach unten die Relation „größer als" gilt, während die Beziehung von links nach rechts „eins weniger als" heißen könnte (alternativ wäre in diesem Fall auch „ist halb so viel wie" plausibel). Mit einer zunehmenden Anzahl von Feldern können deutlich komplexere Matrizen gebildet werden.

Trainingsprogramme zur Förderung des induktiven Denkens

Die Förderung induktiven Denkens ist nicht allein als vorschulische Präventionsmaßnahme zu betrachten, sondern es werden auch im Grundschulalter und darüber hinaus noch bedeutsame Förderpotenziale gesehen. So gibt es neben dem „Denktraining für Kinder I" (Klauer, 1989), das für Kinder im Alter von fünf bis acht Jahren konzipiert wurde, zwei weitere Programme mit älteren Zielgruppen. Während das „Denktraining für Kinder II" (Klauer, 1991) den Altersbereich zwischen zehn und 13 Jahren abdeckt, richtet sich das „Denktraining für Jugendliche" (Klauer, 1993) schließlich speziell an Schüler mit Lernschwierigkeiten im Altersbereich zwischen 14 und 17 Jahren.

Die Trainingsaufgaben der drei Programmversionen sind sowohl inhaltlich als auch im Hinblick auf Schwierigkeit und Abstraktionsniveau an die jeweilige Zielgruppe angepasst. Zudem unterscheiden sie sich hinsichtlich der verwendeten Materialkomponenten. Während im Denktraining I vorwiegend mit konkreten Materialien

und bildlichen Darstellungen gearbeitet wird, enthalten die Programmversionen für ältere Kinder zu gleichen Teilen verbale, numerische sowie figurale Aufgaben (▶ Kap. 17, Fries & Souvignier). Davon abgesehen sind die Programme im Wesentlichen identisch strukturiert. Die Durchführung kann sowohl als Einzelförderung als auch paarweise oder im Rahmen eines Gruppentrainings erfolgen. Im Verlauf von zehn 45-minütigen Sitzungen werden insgesamt je 120 Aufgaben aus den sechs beschriebenen Aufgabenklassen bearbeitet. Für die einzelnen Sitzungen sind bestimmte inhaltliche Schwerpunkte vorgesehen, um einen schrittweisen Aufbau und eine zunehmend flexiblere Anwendung der vermittelten Strategien zu gewährleisten. Dieser Aufbau erfolgt in drei Phasen. In den ersten Sitzungen wird zunächst die Grundstruktur der Aufgabenklassen erarbeitet und es werden die Begriffe Eigenschaft und Beziehung eingeführt. Anschließend bildet die **Einübung metakognitiver Kontrollstrategien** einen Schwerpunkt. Das heißt, ergänzend zu den induktiven Strategien werden Strategien eingeübt, die darauf abzielen, die eigenen Problemlösesuche zu planen, zu überwachen und zu regulieren. Dies geschieht anhand der Leitfragen: (1) „Was ist gesucht?" (2) „Was kann ich tun, um die Lösung zu finden? (3) Wie kann ich meine Lösung kontrollieren?" In den letzten Sitzungen liegt der Schwerpunkt schließlich auf der Festigung und Automatisierung sowie der flexiblen Anwendung des Gelernten.

Unabhängig von den jeweiligen Schwerpunkten sollen in jeder Sitzung 12 Aufgaben aus allen sechs Aufgabenklassen bearbeitet werden. Generell steht dabei weniger das Ergebnis beziehungsweise die jeweilige Lösung als vielmehr die angewendete Lösungsstrategie im Fokus. So soll im Verlauf des Trainings zunehmend deutlich werden, dass die vermittelten Strategien nicht nur bei der konkret vorliegenden Aufgabe zielführend sind, sondern dass die Vorgehensweise systematisch auf sehr viele verschiedene Problemstellungen angewendet werden kann. Um die Lösungsstrategien zu verinnerlichen und deren Übertragbarkeit auf andere Problemstellungen zu erkennen, spielt die explizite Verbalisierung der jeweiligen Vorgehensweise eine große Rolle. Dies wird im Training durch die Methode der **verbalen Selbstinstruktion** gezielt unterstützt (Meichenbaum & Goodman, 1971). Hierbei fungiert die Förderkraft zunächst als Modell, indem sie eine Lösungsstrategie anwendet und die Vorgehensweise laut kommentiert. Anschließend soll das Kind die Durchführung und die begleitende Verbalisierung schrittweise selbst übernehmen (sich sozusagen „selbst instruieren") und so zunehmend in die Lage versetzt werden, seine Problemlöseversuche eigenständig zu planen und zu regulieren. Leistungsstärkere Kinder, bei denen eine Modellierung durch die Förderkraft nicht erforderlich ist, können ihre Vorgehensweise auch direkt begleitend verbalisieren (Methode des lauten Denkens) oder diese im Nachhinein kommentieren (Selbstreflexion). Der Förderperson kommt im Wesentlichen die Rolle zu, den Lösungsprozess durch gezielte Fragen zu unterstützen (**Methode des „gelenkten Entdeckenlassens"**).

16.3.2 Evaluationsstudien zur Wirksamkeit von Denktrainings

Die Wirksamkeit der oben beschriebenen Programme zur Förderung des induktiven Denkens wurde in zahlreichen Studien überprüft. Eine Meta-Analyse von Klauer und Phye (2008), die auf den Ergebnissen von 74 Evaluationsstudien basiert, liefert vergleichsweise eindrucksvolle Belege für die Effektivität der drei Denktrainings. Die Wirksamkeit spiegelte sich nicht nur in den Ergebnissen von Intelligenztests wider (die einen substanziellen Anteil an induktiven Denkaufgaben enthalten), sondern es konnten darüber hinaus auch substanzielle Transfereffekte auf schulische Lernleistungen in verschiedenen Inhaltsbereichen registriert werden. Die vergleichsweise breiten Transferwirkungen belegen zugleich die Annahme, dass die trainierten induktiven Denkprozesse tatsächlich ihren Niederschlag in vielen anderen Lernbereichen finden. Interessanterweise fielen diese Transfereffekte mit einer Effektstärke von knapp 0.7 Standardabweichungen sogar noch größer aus als die Effekte auf die Intelligenz, die etwa eine halbe Standardabweichung betrugen. Zudem deuten die Befunde darauf hin, dass die gefundenen Effekte tatsächlich nachhaltig sind und im Falle der Intelligenz nach Abschluss des Trainings sogar geringfügig weiter zunehmen. Wie aus einer Studie von Möller und Appelt (2001) hervorgeht, können die langfristigen Effekte durch eine Auffrischung der geförderten Strategien (sog. Booster-Sitzung) sieben Monate nach Abschluss der Trainingsphase weiter verbessert werden.

16.4 Förderung von Vorläuferfertigkeiten des Schriftspracherwerbs

Zum Schulanfang bringen Kinder unterschiedliche Fähigkeiten mit, die für den Erwerb der Lese- und Rechtschreibkompetenz bedeutsam sind. Sie verfügen bereits im Vorschulalter über sprachliche, auditive, visuelle und motorische Fähigkeiten, auf die beim späteren Lesen- und Schreibenlernen zurückgegriffen werden muss. Eine Schlüsselrolle kommt dabei der Einsicht in die Lautstruktur der Sprache zu, der sogenannten **phonologischen Bewusstheit** (Wagner & Torgesen, 1987). Damit gemeint ist die Fähigkeit, den sprachlichen „Lautstrom" in kleinere Einheiten zerlegen und mit diesen Einheiten operieren zu können. Sie äußert sich beispielsweise darin, dass ein Kind

Reime erkennen, Wörter in Silben untergliedern oder einzeln vorgesprochene Laute zu einem Wort zusammenziehen kann. Genau genommen handelt es sich also um eine *metasprachliche* Fähigkeit, da sie sich nicht auf den semantischen Gehalt (die Bedeutung) sprachlicher Äußerungen bezieht, sondern allein auf formale Aspekte, nämlich das Wissen über die lautliche Struktur der Sprache.

Die unter den Begriff der phonologischen Bewusstheit gefassten Fähigkeiten entwickeln sich – mit gewissen Einschränkungen – bereits vor dem Schuleintritt und haben nachgewiesenermaßen einen substanziellen Einfluss auf den späteren Schriftspracherwerb in der Schule (Ennemoser, Marx, Weber & Schneider, 2012). Insofern gilt die phonologische Bewusstheit als grundlegende Voraussetzung für den Erwerb unseres alphabetischen Schriftsystems, weshalb sie auch als **spezifische Vorläuferfertigkeit** des Schriftspracherwerbs bezeichnet wird.

16.4.1 Die Bedeutung von phonologischer Bewusstheit und Buchstaben-Laut-Zuordnung in der schriftsprachlichen Entwicklung

In der Forschung wurden bereits früh Hinweise darauf gefunden, dass metasprachliche Fähigkeiten wie die phonologische Bewusstheit mit dem Lesen- und Schreibenlernen in Verbindung stehen. Sowjetische Psychologen wiesen bereits in den 1960er-Jahren auf Zusammenhänge zwischen der Fähigkeit, Wörter in Laute zerlegen zu können, und der späteren Leseleistung hin (Zhurova, 1963; Elkonin, 1963). Auch ältere, in der ehemaligen DDR entwickelte Förderansätze zur Überwindung von Lese-Rechtschreib-Schwierigkeiten basierten schon auf der Annahme, dass Probleme im Schriftspracherwerb primär auf mangelnden Fähigkeiten der Lautanalyse, -artikulation und -unterscheidung beziehungsweise einer Lautdifferenzierungs- und Wortaufgliederungsschwäche basieren (Kossakowski, 1962; Kossow, 1972). In den folgenden Jahrzehnten hat sich die internationale Forschung intensiv mit der phonologischen Bewusstheit befasst und ihre Rolle als bedeutsame Voraussetzung für das Lesen- und Schreibenlernen vielfach bestätigt (z. B. Bradley & Bryant, 1985; de Jong & van der Leij, 1999; Ennemoser et al., 2012; Landerl & Wimmer, 1994; Lundberg, Olofsson & Wall, 1980; Mann & Liberman, 1984; Lyytinen et al., 2004; Schneider & Näslund, 1993, 1999; Vellutino & Scanlon, 1987; Schneider, Roth & Ennemoser, 2000; Krajewski, Schneider & Nieding, 2008).

Allerdings wurde die Annahme, dass es sich bei der phonologischen Bewusstheit um eine *Vorläufer*fertigkeit des Schriftspracherwerbs handelt, im Forschungsverlauf auch angezweifelt. In den betreffenden Arbeiten wurde argumentiert, dass sich die phonologische Bewusstheit erst durch die Auseinandersetzung mit dem alphabetischen Schriftsystem entwickelt und somit eher eine Folge als eine Ursache für den ungestörten Schriftspracherwerb sei (z. B. Morais, Cary, Alegria & Bertelson, 1979). Der vermeintliche Widerspruch konnte durch eine differenziertere Betrachtung der phonologischen Bewusstheit aufgelöst werden. So wird nun unterschieden zwischen der phonologischen Bewusstheit *im weiteren Sinne* und der phonologischen Bewusstheit *im engeren Sinne* (Skowronek & Marx, 1989).

Definition

Einteilung der phonologischen Bewusstheit nach Skowronek und Marx (1989):
Phonologische Bewusstheit im weiteren Sinn bezieht sich auf die Fähigkeit, den Lautstrom in größere sprachliche Einheiten zu unterteilen und diese zu manipulieren. Sie ermöglicht es beispielsweise, Wörter in Sätzen zu isolieren, sie in Silben zu zergliedern oder Reime zu erkennen. **Phonologische Bewusstheit im engeren Sinn** bezeichnet die Einsicht, dass sich der Sprachfluss in noch kleinere, abstrakte Einheiten – einzelne Laute bzw. Phoneme – zerlegen lässt, weshalb sie auch als *phonemische* Bewusstheit bezeichnet wird. Phonologische Bewusstheit im engeren Sinne ist beispielsweise erforderlich, um den Anlaut eines Wortes identifizieren zu können, einzeln vorgesprochene Laute zu einem Wort zusammenzuschleifen (Phonemsynthese) oder ein Wort in seine Einzellaute zu zerlegen (Phonemanalyse).

Mit Blick auf das oben angesprochene Henne-Ei-Problem wird heute davon ausgegangen, dass sich die **phonologische Bewusstheit im weiteren Sinn** grundsätzlich auch ohne spezielle Schriftsprachinstruktion im Kindergartenalter entwickelt. Sie bezieht sich lediglich auf die Verarbeitung natürlicher, bedeutungstragender sprachlicher Einheiten, die keinerlei Einsicht in das (abstrakte) alphabetische Schriftsystem erfordern. Die Entwicklung der phonologischen Bewusstheit im weiteren Sinn geht dem Schriftspracherwerb voraus und kann somit tatsächlich als Voraussetzung beziehungsweise als Vorläuferfertigkeit für das Lesen- und Schreibenlernen bezeichnet werden. Demgegenüber erfordert die **phonologische Bewusstheit im engeren Sinn** den Umgang mit Phonemen, also mit abstrakten sprachlichen Einheiten, die keine bedeutungstragende (sondern lediglich eine bedeutungsunterscheidende) Funktion haben. Grundsätzlich kann sich zwar auch diese Fähigkeit bereits vor dem Schriftspracherwerb herausbilden; im Allgemeinen geschieht dies jedoch lediglich rudimentär. Der größte Entwicklungsschub erfolgt

erst mit der Einführung in das alphabetische Prinzip. Die gelernten Buchstaben stehen nun als externe Repräsentanten für bestimmte Phoneme zur Verfügung (Buchstabe-Laut-Verknüpfung). Durch die Verknüpfung eines Buchstabens mit dem zugehörigen Laut wird es für die Kinder leichter, das betreffende Phonem als abstrakte, aus dem Sprachfluss heraus isolierbare Einheit zu begreifen und es beispielsweise in einem gehörten Wort zu identifizieren. Die phonologische Bewusstheit im engeren Sinne entwickelt sich also erst im Wechselspiel mit der expliziten Schriftsprachinstruktion (Küspert et al., 2007; Schneider, 1997).

❯❯ Für die Mobilisierung der in der phonologischen Bewusstheit liegenden Förderpotenziale hat das Wechselspiel mit der Buchstabeninstruktion weitreichende Konsequenzen, denn es macht deutlich, dass eine Förderung der phonologischen Bewusstheit (im engeren Sinne) sinnvollerweise an die Vermittlung von Buchstabenkenntnissen gekoppelt werden sollte.

Dies wird auch durch Befunde zur **phonologischen Verknüpfungshypothese** bestätigt, aus denen hervorgeht, dass die Wirksamkeit von Maßnahmen zur Förderung der phonologischen Bewusstheit durch die Verknüpfung mit einem Buchstaben-Laut-Training deutlich verbessert werden kann (Hatcher, Hulme & Ellis, 1994; Schneider, Roth & Ennemoser, 2000).

Präventive Potenziale der phonologischen Bewusstheit und ihre Grenzen

In den letzten Jahrzehnten sind zahlreiche Forschungsarbeiten publiziert worden, die sich mit der Bedeutung der phonologischen Bewusstheit befassen. Durch diese starke Fokussierung ist allerdings etwas aus dem Blick geraten, dass die in der phonologischen Bewusstheit liegenden Präventionspotenziale für den Schriftspracherwerb auch klare Grenzen haben. Diese Grenzen werden besonders deutlich, wenn man sich zunächst vor Augen führt, welche kognitiven Prozesse (später in der Schule) am sinnentnehmenden Lesen eines Textes beteiligt sind, und anschließend analysiert, welche dieser Prozesse durch eine gute phonologische Bewusstheit begünstigt werden. Aus einer solchen Analyse des **Wirkmechanismus** lässt sich theoretisch differenziert ableiten, wo genau die Förderpotenziale der phonologischen Bewusstheit liegen – und wo sie an ihre Grenzen stoßen, sodass gegebenenfalls eine Ergänzung durch andere Maßnahmen sinnvoll ist.

Im Erstunterricht geht es zunächst um den Erwerb basaler Lesefertigkeiten; das Verstehen von Texten steht hier noch im Hintergrund. Zu diesem Zeitpunkt bestehen die zentralen Herausforderungen etwa darin, eine vorgegebene

Buchstabensequenz (d. h. ein geschriebenes Wort) in eine lautliche Entsprechung zu übersetzen. Dieser Vorgang, der als **phonologische Rekodierung** bezeichnet wird, erfordert den Abruf gelernter Buchstabe-Laut-Beziehungen sowie das „Zusammenschleifen" der durch die vorliegende Buchstabensequenz repräsentierten Einzellaute (phonologische Bewusstheit). Das resultierende Klangbild kann dann mit dem mentalen Lexikon abgeglichen werden, wodurch – sofern eine Übereinstimmung mit einem bekannten Wort gefunden wird – der Zugriff auf die Wortbedeutung erfolgen kann (**Dekodierung**). In diese basalen Leseprozesse des Rekodierens und Dekodierens ist die phonologische Bewusstheit unmittelbar involviert, das heißt, sie hat einen *direkten Einfluss* auf die Effizienz dieser Prozesse.

Auf *indirektem Wege* nimmt die phonologische Bewusstheit damit auch Einfluss auf Verstehensprozesse oberhalb der Wortebene (z. B. Bildung lokaler und globaler Kohärenz, Aufbau eines Situationsmodells; vgl. van Dijk & Kintsch, 1983). Denn insbesondere in frühen Erwerbsphasen beeinflusst die Effizienz basaler Dekodierfertigkeiten das Leseverstehen noch maßgeblich (Perfetti, 1985). Eine Schlüsselrolle nimmt hierbei das Arbeitsgedächtnis ein. Der anfänglich mühevolle Vorgang der phonologischen Rekodierung stellt eine große Belastung für das Arbeitsgedächtnis dar, sodass nur begrenzte Ressourcen für das Leseverstehen zur Verfügung stehen. Wenn der Rekodiervorgang durch eine gute phonologische Bewusstheit erleichtert wird, werden Arbeitsgedächtnisressourcen für hierarchiehöhere Verstehensprozesse freigesetzt, was letztlich in einem besseren Leseverständnis resultiert.

Obwohl die phonologische Bewusstheit also (lediglich) basale Leseprozesse beeinflusst, nimmt sie doch einen – wenn auch nur indirekten – Einfluss auf das Leseverständnis. Dennoch greift ein rein phonologisch orientierter Präventionsansatz speziell im Hinblick auf die langfristige Leseverständnisentwicklung zu kurz. Diese Einschätzung lässt sich mit dem „Simple View of Reading" begründen (Gough & Tunmer, 1986; Hoover & Gough, 1990), dem zufolge das Leseverständnis ein Produkt aus Dekodierfertigkeit und Hörverstehen ist. Das heißt, sobald die Dekodierfertigkeiten hinreichend automatisiert sind (einzelne Wörter also zügig und ohne größere Mühen erlesen werden können), stellen sie keinen leistungslimitierenden Faktor mehr dar. Stattdessen gewinnt nun das das Hörbeziehungsweise Sprachverständnis eine immer größere Bedeutung. Genau genommen stellt das Hörverstehen bereits von Anfang an die Obergrenze für das Leseverstehen dar (Marx & Jungmann, 2000). Der maßgebliche Einfluss des Hörverstehens kann jedoch anfänglich noch gar nicht sichtbar werden, da mit dem Schuleintritt zunächst einmal – notwendigerweise – der Erwerb des schriftsprachlichen Symbolsystems und damit basaler Dekodierfertigkeiten im Vordergrund steht (Ennemoser et al., 2012; ▶ Exkurs

---

> **Exkurs**
>
> **Einflüsse von phonologischer Bewusstheit vs. allgemeiner Sprachkompetenz auf das spätere Leseverständnis**
>
> Ennemoser und Kollegen (2012) analysierten die Daten zweier Längsschnittstudien, um die Einflüsse der phonologischen Bewusstheit und der allgemeinen Sprachkompetenz auf die Lesekompetenzentwicklung in der Schule zu untersuchen. In beiden Studien erwies sich die phonologische Bewusstheit im Kindergarten als starker Prädiktor für die Dekodierfertigkeiten am Ende der 1. Klasse. Diese beeinflussten wiederum das in der 4. Klasse erfasste Leseverständnis. Die phonologische Bewusstheit hatte somit einen indirekten Effekt auf das spätere Leseverstehen. Demgegenüber hatten die im Kindergartenalter erhobenen sprachlichen Kompetenzen („oberhalb" der phonologischen Ebene) zwar noch keinen signifikanten Einfluss auf die anfänglichen Dekodierfertigkeiten. Im erst vier Jahre später erfassten Leseverständnis klärten sie allerdings ebenso viel Varianz auf wie die Dekodierleistung in der 1. Klasse. Diese Befunde deuten darauf hin, dass die phonologische Bewusstheit einen wichtigen, aber keinesfalls hinreichenden Ansatzpunkt für präventive Maßnahmen im Vorschulalter darstellt.

„Einflüsse von phonologischer Bewusstheit vs. allgemeiner Sprachkompetenz auf das spätere Leseverständnis").

Welche Schlussfolgerungen lassen sich daraus für die Potenziale phonologisch orientierter Fördermaßnahmen ziehen? Trainings der phonologischen Bewusstheit erleichtern den Einstieg in den Schriftspracherwerb. Sie begünstigen den Erwerb des alphabetischen Prinzips und damit insbesondere basale Prozesse der phonologischen Rekodierung und des Dekodierens. Vor allem in frühen Erwerbsphasen sollte sich dies auch in verbesserten Leseverständnisleistungen niederschlagen. Mit stetig wachsenden Dekodierfertigkeiten sollte sich dieser Effekt jedoch zunehmend erschöpfen, da dann nicht mehr die Effizienz des Dekodierens, sondern das vorhandene Sprachverständnis den leistungslimitierenden Faktor darstellt. Im ungünstigen Fall ist ein Kind nun zwar in der Lage Wörter flüssig zu dekodieren, das Textverständnis bleibt aber dennoch auf einem unzureichenden Niveau, weil das hierfür erforderliche Sprachverständnis fehlt. Wenn durch präventive Maßnahmen nachhaltig bessere Ausgangsbedingungen für die Leseverständnisentwicklung in der Schule geschaffen werden sollen, muss demnach neben der phonologischen Bewusstheit auch die allgemeine Sprachkompetenz beziehungsweise das Hörverstehen gezielt gefördert werden.

Analog gelten diese Überlegungen für die Schreibkompetenz. Auch hier beschränkt sich das Einflusspotenzial der phonologischen Bewusstheit auf den Erwerb des abstrakten schriftsprachlichen Symbolsystems. Dies befähigt zwar zur „Übersetzung" von sprachlich formulierten Inhalten in die Schriftsprache und erfüllt damit zweifellos eine außerordentlich wichtige Funktion. Es ersetzt jedoch nicht die Notwendigkeit einer angemessenen sprachlichen Ausdrucksfähigkeit beziehungsweise der hierfür erforderlichen lexikalischen und morphologisch-syntaktischen Kompetenzen (▶ Abschn. 16.2).

16.4.2 Möglichkeiten einer effektiven Förderung von phonologischer Bewusstheit und Buchstaben-Laut-Zuordnung

Um Kindern den Einstieg in den Schriftspracherwerb zu erleichtern, sollten sie dazu in die Lage versetzt werden, den Sprachfluss in Sätze, Wörter, Silben (phonologische Bewusstheit im weiteren Sinn) und schließlich in einzelne Laute zerlegen (phonologische Bewusstheit im engeren Sinn) sowie mit diesen Segmenten operieren zu können. Darüber hinaus sollten die Kinder Buchstaben kennenlernen und verstehen, dass die Einzellaute der gesprochenen Sprache verschiedenen schriftlichen Zeichen – den Buchstaben – zugeordnet werden können (Buchstaben-Laut-Zuordnung). Wie dies konkret umgesetzt werden kann, wird im Folgenden exemplarisch anhand von zwei aufeinander aufbauenden Programmen dargestellt.

Förderung von phonologischer Bewusstheit

Das Förderprogramm „Hören, lauschen, lernen" (HLL; Küspert & Schneider, 2006) wurde in Anlehnung an ein skandinavisches Training entwickelt, das sich zuvor im Rahmen einer viel beachteten Interventionsstudie empirisch bewährt hatte (Lundberg, Frost und Peterson, 1988). Das Training wird im letzten Kindergartenjahr durchgeführt und umfasst tägliche Fördersitzungen über einen Zeitraum von 20 Wochen. Das Programm besteht aus spielerischen Übungen zu beiden Bereichen der phonologischen Bewusstheit, die systematisch aufeinander aufbauen (◘ Abb. 16.4). In den ersten Wochen stehen zunächst verschiedene Spiele zur phonologischen Bewusstheit im weiteren Sinn (Reimen, Sätze und Wörter, Silben) auf dem Programm, bevor im Anschluss die phonologische Bewusstheit im engeren Sinn immer stärker in den Fokus genommen wird (Anlaut, Phonem). Die vorgeschalteten Lauschspiele dienen dazu, die Kinder für das genaue Hinhören zu sensibilisieren, indem ihre Aufmerksamkeit auf akustische Reize in ihrer Umgebung gelenkt wird.

Im Bereich **phonologische Bewusstheit im weiteren Sinn** finden sich Reimspiele, die den Kindern verdeutlichen sollen, dass Wörter klangliche Ähnlichkeiten aufweisen können (sich reimen), was zugleich bedeutet, dass ein Wort in Teile untergliedert werden kann, die sich auch in anderen Wörtern wiederfinden (selbst wenn diese Wörter

inhaltlich nichts miteinander zu tun haben, z. B. Schn*ecke* – *Ecke*). In Übungen zu Sätzen und Wörtern sollen die Kinder unter anderem eine Vorstellung davon erhalten, dass Wörter nicht nur zu Sätzen, sondern auch zu neuen Wörtern zusammengesetzt werden (z. B. „Schnee" und „Mann" ergeben „Schneemann") und umgekehrt manche Wörter in kleinere Wörter zerlegt werden können („Fußball" besteht aus „Fuß" und „Ball"). In den anschließenden Silbenspielen wird dieses Prinzip fortgeführt, wobei Wörter nun nicht mehr in andere Wörter, sondern in Silben zerlegt und durch motorische Elemente wie Händeklatschen, Tanzen und Marschieren rhythmisch betont oder künstlich auseinandergezogene Silben zu Wörtern zusammengesetzt werden sollen (z. B. „Scho-ko-la-de" zu „Schokolade").

Der Bereich **phonologische Bewusstheit im engeren Sinn** beinhaltet zunächst Übungen zur Identifikation des Anfangslauts. Hier sind die Kinder herausgefordert, aufmerksam auf den Anfang eines Wortes zu hören, um den ersten Laut bestimmen zu können (z. B. Rrrrreis → /r/). Zudem lernen die Kinder – ähnlich wie bei den Silben –, dass Anfangslaute entfernt oder hinzugenommen werden können und dass dadurch neue Wörter mit anderer Bedeutung entstehen (z. B. „rot" - „B...rot"). Schließlich folgen die abstrakteren Aufgaben zur Phonemanalyse und -synthese. Hier lauschen die Kinder beispielsweise einem Kobold, der – wie ein Roboter – Wörter so ausspricht, als seien sie in ihre Laute zerlegt (z. B. /n/ - /a/ - /s/ - /e/). Die Aufgabe der Kinder besteht darin, die Einzellaute zu einem Wort zu verbinden (Phonemsynthese). Umgekehrt sollen die Kinder Wörter in ihre Einzellaute zerlegen, das heißt, sie in lautierter Form aufsagen und dabei für jeden einzelnen Laut ein Klötzchen legen (Phonemanalyse).

Förderung der Buchstaben-Laut-Zuordnung

Um das Training der phonologischen Bewusstheit – wie in den vorangegangenen Abschnitten gefordert – mit der Vermittlung von **Buchstaben-Laut-Zuordnungen** zu verknüpfen, kann das Ergänzungsprogramm „Hören, lauschen, lernen 2" herangezogen werden (HLL 2; Plume & Schneider, 2004). Das an eine amerikanische Trainingskonzeption von Ball und Blachman (1991) angelehnte Programm wird in den letzten zehn Trainingswochen des HLL in dessen Durchführung integriert (Roth, 1999). Das Training umfasst nicht das gesamte Alphabet, sondern konzentriert sich auf jene 12 Buchstaben, die im deutschen Sprachgebrauch am häufigsten vorkommen (A, E, M, I, O, R, U, S, L, B, T, N). Die entsprechenden Buchstabe-Laut-Beziehungen werden in zwei Schritten verdeutlicht (◘ Abb. 16.4). Zunächst werden die Buchstaben anhand kurzer Geschichten eingeführt. Diese Geschichten sind allesamt dadurch gekennzeichnet, dass jeweils ein bestimmter markanter Laut eine zentrale Rolle

I. Hören, Lauschen, Lernen		
Förderziel	**Programmbereich/Inhalte**	**Spiele (Beispiele)**
(Hinführung)	Lauschspiele Aufmerksamkeit auf Geräusche richten	*Geräuschen lauschen* *Wecker verstecken und suchen* *Flüsterspiel (Stille Post)*
Phonologische Bewusstheit im weiteren Sinn	Reimen Wörter finden, die sich lautsprachlich ähneln, selbst wenn sie inhaltlich unterschiedlich sind	Abzählreime Kinderreime Reime ergänzen („Die Fledermaus fliegt um das ... [Haus].")
	Sätze und Wörter Bewusstheit für Wörter als Sprachbestandteile	für jedes Wort in einem vorgesprochenen Satz einen Baustein legen Sätze durch ein Wort beenden Wörter zusammensetzen und zerlegen („Fußball" beinhaltet „Fuß" und „Ball")
	Silben Wörter in Silben zerlegen, Zusammenziehen von Silben zu Wörtern	Namen und Silben klatschen für jede Silbe einen Baustein legen Silben zu Wörtern zusammensetzen („Scho-ko-la-de" ergibt „Schokolade")
Phonologische Bewusstheit im engeren Sinn	Anlaut Heraushören von Anfangslauten, Anfangslaute gedehnt sprechen	Namen raten (Ratet mal, wessen Namen ich sagen will ... „P-p-p...") Sachen finden, die mit ... beginnen Laute wegnehmen (Was ist „Reis" ohne „R"?)
	Phonem Zusammenziehen von Einzellauten und Zerlegen in Einzellaute, Identifikation der Laute A, E, I, O, U	Wie heißt das Wort: „N – a – s – e"? Hört ihr ein I in Igel? für jeden Laut einen Baustein legen
II. Hören, Lauschen, Lernen 2		
Förderziel	**Programmbereich/Inhalte**	**Spiele (Beispiele)**
Buchstaben-Laut-Zuordnung	Einführung der Buchstaben Kennenlernen der 12 häufigsten Buchstaben (a, e, m, i, o, r, u, s, l, b, t, n) mit ihren zugehörigen Lauten	Stellt euch vor, ihr seid beim Zahnarzt ... Nun sagt laut „aaaaa..."! ... Und das hier ist der Buchstabe A.
	Buchstaben-Laut-Zuordnung Anlaute von bildlich dargestellten Objekten den zugehörigen Buchstaben zuordnen	Das ist ein Apfel. Womit fängt „Apfel" an ... [a]? Welcher Buchstabe gehört dazu?

◻ **Abb. 16.4** Die drei Ziele früher schriftsprachlicher Förderung, exemplarisch dargestellt an den Förderprogrammen HLL („Hören, lauschen, lernen"; Küspert & Schneider, 2006) und HLL 2 („Hören, lauschen, lernen 2"; Plume & Schneider, 2004) spielt, der anschließend von den Kindern nachgeahmt werden soll. So geht es beispielsweise um einen Zahnarztbesuch, anlässlich dessen die Kinder laut /aaaaa/ sagen müssen. Dem jeweils fokussierten Laut wird in diesem Zusammenhang auch gleich der entsprechende Buchstabe („A") zugeordnet. Anschließend lernen die Kinder, dass diese Laute nicht nur isoliert vorkommen, sondern tatsächlich in vielen Wörtern enthalten sind. Zu diesem Zweck müssen etwa bildlich dargestellte Objekte benannt, der Anlaut des entsprechenden Wortes identifiziert und dem richtigen Buchstaben zugeordnet werden. Die umgekehrte Aufgabe besteht darin, Buchstaben bestimmten Objektbildern zuzuordnen, deren Bezeichnung mit dem korrespondierenden Anlaut beginnt (z. B. das A dem Apfel). Ziel des Ergänzungsprogramms HLL 2 ist es also, dass die Kinder das Zuordnungsprinzip zwischen Lauten und Buchstaben erkennen.

16.4.3 Evaluationsstudien zur Wirksamkeit der Förderung von phonologischer Bewusstheit und Buchstaben-Laut-Zuordnung

Die Wirksamkeit von Trainings der phonologischen Bewusstheit kann als empirisch sehr gut belegt gelten. Zahlreiche Interventionsstudien zeigen, dass die Fördermaßnahmen nicht nur eine Verbesserung der phonologischen Bewusstheit bewirken, sondern dass die Fördereffekte auch langfristig in verbesserten Schriftsprachkompetenzen resultieren (z. B. Lundberg, Frost & Peterson, 1988; Schneider, Küspert, Roth, Visé & Marx, 1997). Insbesondere konnte gezeigt werden, dass diese Effekte auch bei Risikokindern zum Tragen kommen, die eine schwache phonologische Informationsverarbeitung und damit eine besonders ungünstige Ausgangslage aufweisen (Schneider et al., 2000). Eine Förderung der phonologischen Bewusstheit ist demnach nicht nur als primär- sondern auch als sekundärpräventive Maßnahme wirksam und führt zu einem substanziell verminderten Anteil von Kindern mit Lese-Recht-Schreibschwierigkeiten. Allerdings deuten die Befunde auch darauf hin, dass phonologisch orientierte Fördermaßnahmen mit einem Buchstaben-Laut-Training kombiniert werden sollten, da in diesem Fall mit deutlich größeren Effekten zu rechnen ist (Ball & Blachmann, 1991; Bus & van IJzendoorn, 1999; Hatcher et. al, 1994; Schneider et al., 2000).

Auch für die in der einschlägigen Forschung lange Zeit vernachlässigte Zielgruppe der Migrantenkinder liegen inzwischen ermutigende Befunde vor (Armand, Lefrancois, Baron, Gomez & Nuckle, 2004; Stuart, 1999, 2004; Blatter et al., 2013; Weber, Marx und Schneider, 2007). Grenzen phonologischer Trainings liegen darin, dass sie lediglich

den Erwerb des schriftsprachlichen Symbolsystems begünstigen, aber naturgemäß nichts dazu beitragen können, das Hörverstehen zu verbessern, das – in langfristiger Perspektive – die letztendliche Obergrenze für das Leseverstehen markiert. Frühe Präventionsmaßnahmen sollten sich daher nicht lediglich auf eine Förderung der phonologischen Bewusstheit beschränken, sondern sich auch auf die Sprachkompetenz erstrecken.

16.5 Förderung mathematischer Kompetenzen im Kindergarten und im Schuleingangsbereich

Wie bei der schriftsprachlichen Förderung sollten auch Präventionsmaßnahmen zur mathematischen Kompetenzentwicklung auf Vorläuferkompetenzen abzielen, die im Anfangsunterricht mehr oder weniger vorausgesetzt werden, aber eben nicht bei allen Kindern vorhanden sind. Das Pendant zur phonologischen Bewusstheit stellen hier Zahl-Größen-Kompetenzen dar, die häufig auch als mathematische Basiskompetenzen bezeichnet werden.

> **Definition**
>
> **Zahl-Größen-Kompetenzen** bezeichnen die Entwicklungsschritte auf dem Weg zum Verständnis der Zahlen. Dies umfasst zunächst die bloße Kenntnis von Zahlwörtern und Ziffern sowie darauf aufbauend das Verständnis dafür, dass Zahlen Mengen und Mengenrelationen – beziehungsweise allgemeiner Größen und Größenrelationen – repräsentieren (vgl. Krajewski & Ennemoser, 2013).

Wenn ein Kind dieses Verständnis zum Schuleintritt noch nicht erworben hat, bringt es ein deutlich erhöhtes Risiko für spätere Rechenschwierigkeiten mit (Krajewski & Schneider, 2009a), denn im konventionellen Anfangsunterricht wird vergleichsweise schnell mit dem Rechnen begonnen. Das heißt, es werden kaum nennenswerte Bemühungen investiert um sicherzustellen, dass die Kinder grundlegende Zahl-Größen-Kompetenzen aufbauen und festigen konnten. Grundschulkinder mit Schwierigkeiten im Rechnen weisen üblicherweise eine in diesem Sinne verzögerte mathematische Entwicklung auf. Sie haben noch nicht verstanden, dass hinter Zahlen Mengen oder Größen stehen (Größenverständnis von Zahlen). Ohne diese Einsicht können sie weder Additions- noch Subtraktionsaufgaben verständnisbasiert lösen und sind folglich auch mit Sachaufgaben oder komplexeren Rechenoperationen völlig überfordert. Ziel der Frühförderung sollte es daher sein, das Verständnis für Zahl-Größen-Verknüpfungen spätestens bis Schulbeginn aufzubauen.

16.5.1 Die Bedeutung von Zahl-Größen-Kompetenzen in der mathematischen Entwicklung

Inzwischen liegen zahlreiche Studien vor, die die Bedeutung der Zahl-Größen-Kompetenzen für das Rechnenlernen belegen. Sie zeigen unter anderem, dass diese Kompetenzen eine deutlich größere Rolle für die schulischen Mathematikleistungen spielen als beispielsweise die Intelligenz oder Fähigkeiten des Arbeitsgedächtnisses (z. B. Jordan, Glutting & Ramineni, 2010; Krajewski & Schneider, 2006, 2009b; Stern, 2003; von Aster, Schweiter & Weinhold Zulauf, 2007). So konnte etwa in zwei unabhängigen Langzeitstudien mithilfe der im Vorschulalter erfassten Zahl-Größen-Kompetenzen jeweils ein Viertel der Unterschiede in den drei und vier Jahre später erfassten Mathematikleistungen erklärt werden, während Intelligenz oder Arbeitsgedächtnisfähigkeiten keinen direkten Einfluss auf die Mathematikleistungen hatten (Krajewski & Schneider, 2006, 2009b). Zahl-Größen-Kompetenzen stellen somit einen wesentlichen Grundpfeiler in der mathematischen Entwicklung und einen potenziellen Ursachenfaktor für die Entwicklung einer Rechenstörung dar. Dennoch existieren in der Literatur unterschiedliche Auffassungen darüber, wo genau die Ursache von Rechenstörungen zu lokalisieren ist.

Auffassung 1: Defekter angeborener Zahlensinn als Ursache von Rechenschwierigkeiten

Viele Forscher gehen davon aus, dass Kinder bereits dann die Bedeutung von Zahlwörtern verstehen, wenn sie diese erstmalig einzeln aufsagen (z. B. Fuson, 1988; Resnick, 1989; von Aster & Shalev, 2007; Fritz & Ricken, 2008; Kaufmann & von Aster, 2012). Wiederholt ein Kind beispielsweise die Handlung seiner Mutter, indem es „drei" sagt und dabei auf drei Clementinen zeigt, meint das Kind dieser Auffassung folgend sofort die Anzahl „drei" und nicht die Clementinen oder deren andere Eigenschaften. Dementsprechend müsste ein Kind im Laufe seiner mathematischen Entwicklung lediglich noch verstehen, dass Zahlen auch für Unterschiede, Veränderungen und Relationen zwischen Mengen stehen (Resnick, 1989; Fuson, 1988) und zudem ins visuell-arabische Ziffernsystem und in eine innere Zahlenstrahlvorstellung übersetzt werden können (von Aster & Shalev, 2007). Dieser Grundgedanke, wonach Kinder Zahlwörter sofort als „Label" für eine betrachtete Menge erkennen, beruht auf der Annahme, dass Neugeborene zwischen Stückzahlen unterscheiden können und daher bereits mit einem Sinn für Anzahlen (**„Zahlensinn"**) zur Welt kommen (z. B. Antell & Keating, 1983; Feigenson, Dehaene & Spelke, 2004). Ausschließlich rechengestörten Kindern wird hierbei ein angeborener „defekter Zahlensinn" zugeschrieben, der nachfolgend auch zur Unfähigkeit

führt, Mengen und Größen in entsprechende Zahlwörter und Ziffern übersetzen zu können und umgekehrt (z. B. von Aster & Shalev, 2007; Dehaene, Molko, Cohen & Wilson, 2004; Landerl, Bevan & Butterworth, 2004). Nach diesen Modellvorstellungen nehmen normal entwickelte Kinder also von Geburt an Stückzahlen wahr, die sie aufgrund fehlender Wörter nur noch nicht benennen können. Mit den später gelernten Zahlwörtern jedoch (z. B. „drei", „zwei") werden die zugehörigen Bezeichnungen geliefert, die ein Kind dann sofort problemlos den entsprechenden Stückzahlen (z. B. drei Murmeln, zwei Schachteln) zuordnet.

Auffassung 2: Unzureichend entwickelte Zahl-Größen-Verknüpfung als Ursache von Rechenschwierigkeiten

Dem Entwicklungsmodell der **Zahl-Größen-Verknüpfung (ZGV-Modell)** zufolge basiert die oben beschriebene Annahme, dass einzelne Zahlwörter nach dem Erlernen sofort entsprechenden Stückzahlen zugeordnet werden können, auf unzulässigen Kompetenzzuschreibungen, da allein das Aufsagen von Zahlwörtern oder einer Zahlwortfolge keinesfalls auf ein vorhandenes Zahlverständnis schließen lasse (Prinzip der minimalistischen Kompetenzzuschreibung; Krajewski & Ennemoser, 2013). Anstelle eines angeborenen Zahlensinns wird hier postuliert, dass jedes Kind den „Zahlensinn" und das Verständnis dafür, dass Stückzahlen und Größen mit (Zahl-)Wörtern belegt werden können, erst erwerben muss. Den Erwerbsverlauf beschreibt das Modell über drei Kompetenzebenen, die durch eine zunehmende Verknüpfung von Zahlen mit Größen und Größenrelationen charakterisiert sind (► Exkurs „Entwicklungsmodell der Zahl-Größen-Verknüpfung (ZGV-Modell; Krajewski, 2007, 2013)"; ◙ Abb. 16.5). Defizite in dieser – potenziell von außen steuerbaren – Entwicklung werden als Ursache von Rechenstörungen gesehen. Den Ausgangspunkt dieses Ansatzes bilden Studien, die einen angeborenen „(An-)Zahlensinn" in Zweifel ziehen und nahe legen, dass Säuglinge zwar zwischen Flächen und Volumen von Mengen, nicht aber zwischen Stückzahlen differenzieren können (z. B. Clearfield & Mix, 1999; Feigenson, Carey & Spelke, 2002).

Das ZGV-Modell geht also davon aus, dass ein Zahlensinn (bzw. ein „Zahldefekt") nicht angeboren ist, sondern sich im natürlichen Entwicklungsverlauf erst herausbildet. Damit eröffnet es einen Ansatzpunkt für präventive Fördermaßnahmen, der in der Forschung aufgrund allzu optimistischer Kompetenzzuschreibungen lange Zeit völlig übersehen wurde (und in Teilen auch heute noch übersehen wird). Denn anders als bei Annahme eines angeboren „defekten Zahlensinns" lässt sich daraus die Möglichkeit ableiten, die Entwicklung eines Zahlensinns systematisch zu fördern und so der Entstehung von Rechenschwierigkeiten vorzubeugen.

Entwicklungsmodell der Zahl-Größen-Verknüpfung (ZGV-Modell; Krajewski, 2007, 2013)

Kompetenzebene 1: Dem Prinzip der minimalistischen Kompetenzzuschreibungen folgend, wird im Modell der Zahl-Größen-Verknüpfung lediglich die Fähigkeit zur (nichtnumerischen) Größenunterscheidung als angeboren betrachtet und auf einer ersten Kompetenzebene verortet. Die Fähigkeit zur Unterscheidung von Anzahlen wird Säuglingen nicht zugeschrieben. Darüber hinaus wird im Modell postuliert, dass ein Kind ab etwa zwei Jahren zwar dazu in der Lage sein mag eine Zahlwortfolge aufzusagen, dass dies aber nicht notwendigerweise auf ein Verständnis für die hinter den Zahlen stehenden Anzahlen und Größen schließen lässt. Vielmehr kann die Abfolge auch ohne dieses Verständnis „nachgeplappert" werden – ähnlich wie auch Gedichte und Kinderreime aufgesagt werden können, ohne dass die wiedergegebenen Inhalte auch verstanden sein müssen. Da ein fehlendes Sinnverständnis weder ein Hindernis für das Auswendiglernen von Gedichten oder Reimen noch für das Aufsagen von Zahlwörtern darstellt, kann nach diesen Annahmen die korrekte Zahlwortfolge vorwärts und rückwärts prinzipiell auch ohne eine Verknüpfung mit Mengen und Größen erlernt werden. So ist die erste Kompetenzebene dadurch gekennzeichnet, dass Zahlwörter und Mengen oder Größen noch nicht miteinander in Verbindung gebracht werden. Läuft ein Kind also beispielsweise die Treppen hinauf und „zählt" dabei laut „eins, zwei, drei, vier, …", spiegelt dies nach dem ZGV-Modell nicht zwangsläufig, nur möglicherweise, wieder, dass das Kind beim Benennen der vierten Treppe („vier") auch versteht, dass es bereits vier Stufen (= zugehörige Menge) erklommen hat. Nach dieser Modellvorstellung ist eine „Mengenbewusstheit von Zahlen" beziehungsweise eine Zahl-Größen-Repräsentation für das Aufsagen einzelner Zahlwörter oder der korrekten Zahlwortfolge also nicht notwendig. Dies kann auch ohne eine solche gelingen.
Kompetenzebene 2: Erst auf einer zweiten Kompetenzstufe, die etwa ab dem Alter von drei bis vier Jahren erworben wird, werden Zahlwörter – und gegebenenfalls auch schon Ziffern – mit Mengen und Größen in Verbindung

gebracht (Größenrepräsentation von Zahlen, einfaches Zahlverständnis; ◘ Abb. 16.5). Hierdurch wird den Zahlen ein numerischer Inhalt verliehen, sodass sie erstmals aufgrund ihrer „Größe" miteinander verglichen werden können. Dieser Entwicklungsschritt vollzieht sich üblicherweise in zwei Phasen. So ordnen Kinder in der Phase der unpräzisen Größenrepräsentation (Ebene 2a) Zahlwörter zunächst groben Größenkategorien zu (z. B. eins, zwei und drei der Kategorie „wenig", zwanzig und fünfundzwanzig der Kategorie „viel", hundert und tausend der Kategorie „sehr viel"). Hierfür ist es weder notwendig, Mengen aufgrund ihrer exakten Stückzahl voneinander zu unterscheiden noch die Zahlwortfolge exakt zu beherrschen. Vielmehr wird eine noch sehr unpräzise Zuordnung von Zahlwörtern zu Mengen und Größen vorgenommen, wodurch weit auseinander liegende Zahlen (nämlich diejenigen, die nicht in dieselbe grobe Kategorie fallen), größenmäßig verglichen werden können. Im Beispiel könnte bereits angegeben werden, dass zwanzig weniger ist als hundert, weil „viel" weniger ist als „sehr viel". Welche der beiden Zahlwörter zwanzig („viel") oder fünfundzwanzig (ebenfalls „viel") mehr repräsentiert, könnte jedoch noch nicht entschieden werden.
Dies wird erst in der Phase der präzisen Größenrepräsentation (Ebene 2b) möglich, wenn Zahlwörter durch genaue Eins-zu-Eins-Zuordnung auch ihren exakten Anzahlen zugewiesen werden können. Erst diese Fähigkeit ermöglicht es, eng nebeneinander liegende Zahlen anhand ihrer Größe zu unterscheiden (z. B. vierundzwanzig ist weniger als fünfundzwanzig). Im Gegensatz zur Phase der unpräzisen Größenrepräsentation, in der es etwa für einen Vergleich von „zwanzig" und „hundert" nicht zwingend notwendig ist, bis hundert zählen zu können, ist es in der Phase der präzisen Größenrepräsentation unabdingbar (im betreffenden Zahlenraum) die exakte Zahlwortfolge zu beherrschen. Dies macht deutlich, wie wichtig es ist die -- stur auswendig lernbare -- Folge der einzelnen Zahlwörter (vorwärts wie rückwärts, Ebene 1) auch tatsächlich auswendig zu können

um die präzise Größenrepräsentation auf Ebene 2b zu erwerben.
Das Verständnis dafür, dass Zahlen Größen repräsentieren, wird hier als der wichtigste Meilenstein betrachtet, den Kinder bis zum Schuleintritt vollzogen haben sollten. Dieses Verständnis stellt das Fundament dafür dar, dem mathematischen Anfangsunterricht überhaupt folgen zu können. Wie Untersuchungen mit rechenschwachen Grundschülern zeigen, kann im Fehlen dieses Entwicklungsschritts das Kerndefizit einer Rechenschwäche gesehen werden (Krajewski & Ennemoser, 2013). Daher sollte in der Diagnostik und Förderung bei Rechenschwäche und vor allem bei präventiven Fördermaßnahmen hierauf ein besonderes Augenmerk gelegt werden.
Obwohl auf der zweiten Kompetenzebene Zahlen bereits mit Mengen und Größen verknüpft werden, entwickelt sich parallel hierzu das Verständnis für Größenrelationen zunächst noch ohne einen Bezug zu Zahlen. So gelangen Kinder durch verschiedene Erfahrungen (oder eine entsprechende Förderung) zur Einsicht, dass Mengen oder Größen zueinander in Beziehung stehen und beispielsweise eine größere Menge oder Größe aus zwei kleineren Mengen oder Größen zusammengesetzt werden kann (◘ Abb. 16.5). Zahlwörter können für diese Überlegungen allerdings noch nicht herangezogen werden.
Kompetenzebene 3: Damit der Übergang zum Rechnen gelingt, müssen die Kinder schließlich auch die zuletzt beschriebene Einsicht mit Zahlen verknüpfen. Sie müssen verstehen, dass Zahlen nicht nur Mengen und Größen abbilden, sondern dass sie auch Größenrelationen zwischen Zahlen beschreiben (tiefes Zahlverständnis). So müssen sie erkennen, dass der Größenunterschied zwischen zwei Zahlen (z. B. „drei" und „fünf") nicht nur mit „größer" oder „kleiner" bzw. „mehr" oder „weniger" beschreibbar ist („drei sind kleiner/weniger als fünf", Ebene 2), sondern auch mit einer exakten Zahl angegeben werden kann („drei sind zwei kleiner/weniger als fünf") und dass eine Zahl aus anderen Zahlen zusammengesetzt werden kann oder in diese zerlegbar ist (Ebene 3).

16.5.2 Möglichkeiten einer effektiven Förderung von Zahl-Größen-Kompetenzen

Eine frühzeitige **entwicklungsorientierte Förderung** von Zahl-Größen-Kompetenzen sollte zunächst entlang der im ZGV-Modell beschriebenen Entwicklungsebenen geschehen.

Entwicklungsorientierte Förderung von Zahl-Größen-Kompetenzen

Wie ☐ Abb. 16.5 zeigt, sollten hierbei zunächst sprachliche Begriffe thematisiert werden, mit denen Unterschiede zwischen Größen beschrieben werden können (Ebene 1). Anfangs sind dies insbesondere die Begriffe größer/ kleiner/ länger/ kürzer/ mehr/ weniger als. Darüber hinaus sollte mit den Kindern frühzeitig die Zahlwortfolge eingeübt werden (Ebene 1). Dies sollte idealerweise so gut gelingen, dass die Kinder diese nicht nur vorwärts („eins, zwei, drei, …") und rückwärts („zehn, neun, acht, …") aufsagen können. Vielmehr sollten sie auch zu einem beliebigen Zahlwort (z. B. „vier") problemlos das Nachfolger- („fünf") oder Vorgängerzahlwort („drei") finden können. So wird sichergestellt, dass ein Kind die einzelnen Zahlwörter als separate Einheiten wahrnimmt (z. B. „vier, fünf, sechs") und nicht miteinander vermengt (z. B. zum vermeintlich dreisilbigen Zahlwort „vierfünfsechs"). Diese Entwicklung scheint auch durch eine gut ausgeprägte phonologische Bewusstheit im weiteren Sinn unterstützt zu werden (Krajewski, Simanowski & Greiner, 2013; ▶ Exkurs „Einfluss phonologischer Bewusstheit auf die mathematische Entwicklung").

Die Förderung der Größenrepräsentation von Zahlen (Ebene 2) sollte zunächst über die Zuordnung von Zahlwörtern beziehungsweise Ziffernzahlen zu abzählbaren Mengen erfolgen (z. B. „drei" steht für ▪▪▪, ☐ Abb. 16.5). Wenn Kindern dies gelingt, kann sich der Größenvergleich von (An-)Zahlen anschließen (z. B. „drei sind weniger als fünf"). Bevor schließlich zu Ebene 3 übergegangen werden kann, sollte sichergestellt sein, dass die Kinder sprachliche Begriffe, die für die Beschreibung von Größenrelationen wichtig sind (z. B. „sind zusammen genauso viel/ groß/ lang wie"), sicher verwenden. So kann die Förderung schließlich darauf zielen, den Kindern bewusst zu machen, dass eine (An-)Zahl nicht nur in kleinere (An-)Zahlen zerlegt und aus diesen wieder zusammengesetzt werden kann (z. B. „drei und zwei sind zusammen genauso viele wie fünf"), sondern dass auch der Unterschied zwischen zwei Zahlen wieder eine Zahl ist und dass diese Zahl den Größenunterschied zwischen den beiden anderen Zahlen exakt angibt (z. B. „drei sind zwei weniger als fünf"; Ebene 3).

Exkurs

Exkurs: Einfluss phonologischer Bewusstheit auf die mathematische Entwicklung

Wie eine aktuelle Längsschnittuntersuchung von Krajewski, Simanowski und Greiner (2013) zeigt, weisen Kinder, die als Vierjährige über eine gute phonologische Bewusstheit im weiteren Sinn verfügen, als Fünfjährige auch einen flexibleren Umgang mit der Zahlwortfolge auf als Kinder mit schwächerer phonologischer Bewusstheit im weiteren Sinn. So wurden 45 % der Unterschiede im Aufsagen der Zahlwortfolge vorwärts und rückwärts sowie dem Bestimmen von Vorgänger- und Nachfolgerzahlen (ZGV-Modell Kompetenzebene 1) durch die vorher bestehenden Unterschiede in der phonologischen Bewusstheit im weiteren Sinn erklärt, also durch die Fähigkeit gesprochene Sätze in ihre einzelnen Wörter und Silben zerlegen oder Reime bilden zu können. Eine gut ausgeprägte phonologische Bewusstheit auf Wort- und Silbenebene hilft demnach, die üblicherweise zusammenhängend erlernte und aufgesagte Zahlwortfolge (*einszweidreivierfünfsechs…*") in ihre einzelnen Bestandteile zu zerlegen (*eins, zwei, drei, vier, fünf, sechs, …*") und als einzelne Zahlwörter zu begreifen.

Die Bedeutung geeigneter Darstellungsmittel

Im Rahmen der Förderung ist es wichtig, die zu erkennenden Größenverhältnisse von Zahlen hinreichend salient zu machen. Dies gilt insbesondere für Kinder mit Schwächen im Bereich der Aufmerksamkeitsregulation und des Arbeitsgedächtnisses. Aus diesem Grund ist eine sorgfältige Auswahl der Darstellungsmittel für die Zahlen erforderlich.

> Die Veranschaulichung der Zahlen sollte idealerweise anhand von Mengen erfolgen, die aus gleichen Elementen bestehen. Diese sollten sich durch nichts unterscheiden als allein durch ihre Anzahl (Krajewski & Ennemoser, 2013).

Wie die Veranschaulichungen in ☐ Abb. 16.5 zeigen, korrespondieren dargestellte Mengen (z. B. drei vs. fünf Rechtecke) nur dann exakt mit der Flächen- oder Volumenausdehnung beziehungsweise der „Größe" der jeweiligen Zahlen, wenn alle einzelnen Elemente der Mengen identisch und damit gleich groß sind (hier z. B. Rechtecke: ▪▪▪ vs. ▪▪▪▪▪). Nur in diesem Fall gibt die Flächen- oder Volumenausdehnung der einzelnen Stückzahlen auch das exakte Größenverhältnis der beiden zu vergleichenden Zahlen wieder. Dies stellt ein sehr wichtiges Prinzip dar, um Kindern im wörtlichen Sinne Ein*sicht* in die Größenverhältnisse der Zahlen und damit in die Zahl-Größen-Verknüpfung (Ebene 2) sowie die Größenrelationen zwischen Zahlen (z. B. drei sind *zwei* weniger

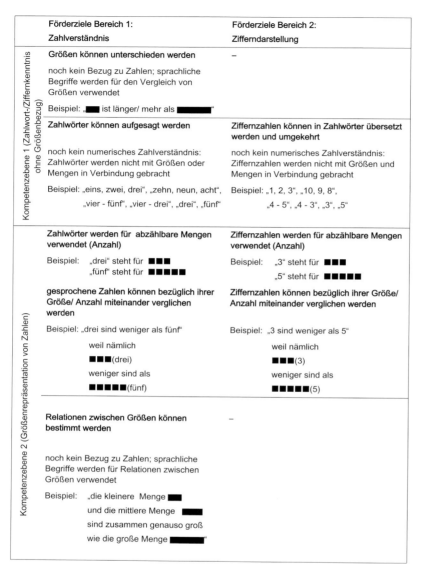

Abb. 16.5 Zunehmendes semantisches Verständnis von Zahlwörtern und Ziffern und zugehörige Förderziele in Anlehnung an das ZGV-Modell (Krajewski, 2007, 2013)

als fünf; Ebene 3) zu ermöglichen. Dennoch finden sich für den Kindergarten-, Vorschul- und Schuleingangsbereich nur wenige Materialien für die Beschäftigung mit Zahlen, die diesem Prinzip folgen. Die Auffassung, dass derart strukturiertes Material langweilig, nicht abwechslungsreich genug und damit nicht kindgerecht sein könnte, führt dazu, dass die Materialien tatsächlich nicht kindgerecht, weil nicht an der kindlichen Entwicklung orientiert sind (▶ Exkurs „Beispiel für irreführende Darstellungsmittel").

Anforderungen an mathematische Präventionsmaßnahmen

Zusammenfassend lassen sich folgende drei Anforderungen an eine mathematische Frühförderung ableiten (vgl. Krajewski, 2008).

- **Systematischer entwicklungsorientierter Aufbau des Zahlverständnisses.** Die Förderung sollte sich an der Abfolge der natürlichen mathematischen Entwicklung orientieren (vgl. ZGV-Modell). Das heißt, es macht keinen Sinn, Rechenoperationen oder das Teile-Ganzes-Verständnis von Zahlen (Ebene 3) zu fördern, wenn eine Größenrepräsentation von Zahlen (Ebene 2) oder gar ein flexibler Umgang mit der Zahlwortfolge (Ebene 1) noch nicht (sicher) vorhanden sind.

- **Verwendung gleichartiger, abstrakter Veranschaulichungsmaterialien.** Hierdurch wird sichergestellt, dass quantitative Relationen zwischen den dargestellten Zahlen sichtbar werden. Wie im ▶ Exkurs „Beispiel für irreführende Darstellungsmittel" näher beschrieben, sollten also nicht „Äpfel mit Birnen",

◘ Abb. 16.5 (*Fortsetzung*) Zunehmendes semantisches Verständnis von Zahlwörtern und Ziffern und zugehörige Förderziele in Anlehnung an das ZGV-Modell (Krajewski, 2007, 2013)

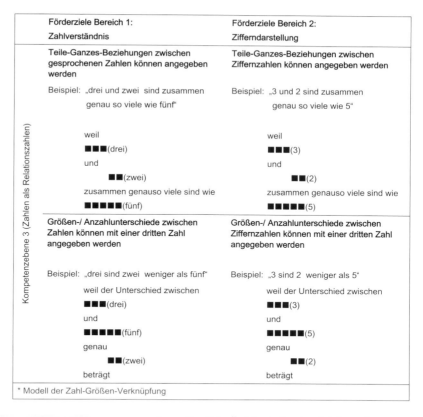

Förderziele Bereich 1: Zahlverständnis	Förderziele Bereich 2: Zifferndarstellung
Teile-Ganzes-Beziehungen zwischen gesprochenen Zahlen können angegeben werden	Teile-Ganzes-Beziehungen zwischen Ziffernzahlen können angegeben werden
Beispiel: „drei und zwei sind zusammen genau so viele wie fünf"	Beispiel: „3 und 2 sind zusammen genau so viele wie 5"
weil ■■■(drei) und ■■(zwei) zusammen genauso viele sind wie ■■■■(fünf)	weil ■■■(3) und ■■(2) zusammen genauso viele sind wie ■■■■■(5)
Größen-/ Anzahlunterschiede zwischen Zahlen können mit einer dritten Zahl angegeben werden	Größen-/ Anzahlunterschiede zwischen Ziffernzahlen können mit einer dritten Zahl angegeben werden
Beispiel: „drei sind zwei weniger als fünf" weil der Unterschied zwischen ■■■(drei) und ■■■■■(fünf) genau ■■(zwei) beträgt	Beispiel: „3 sind 2 weniger als 5" weil der Unterschied zwischen ■■■(3) und ■■■■■(5) genau ■■(2) beträgt

Kompetenzebene 3 (Zahlen als Relationszahlen)

* Modell der Zahl-Größen-Verknüpfung

Beispiel für irreführende Darstellungsmittel

Wenn Kinder noch kein Zahlverständnis (Ebene 2) erworben haben, sollten Darstellungsmittel zunächst so gewählt werden, dass numerische und räumliche Größen nicht, wie im dargestellten Beispiel (◘ Abb. 16.6), in Konflikt geraten. Gerade für schwächere Kinder ist es schwer nachvollziehbar, warum die flächenmäßig größere Menge (3 Teller) „weniger" sein soll als die flächenmäßig kleinere (5 Nüsse). Zudem ist es gänzlich unmöglich zu erkennen, dass von der hier flächenmäßig größeren Zahl drei (Teller) die Zahl zwei (Teller? Nüsse?) *hinzukommt*, um die hier flächenmäßig kleinere Zahl fünf (Nüsse) zu erhalten. Die Verwendung verschiedenartiger Materialien erschwert es also aufgrund von irrelevanten Verschiedenheitsaspekten (Größe, Volumen, aber auch Farbe, Art, Funktion), *Anzahlen* als relevantes Unterscheidungsmerkmal von Zahlen zu erkennen und zwei Mengen aufgrund ihrer Stückzahl miteinander in Beziehung zu setzen. Nur wenn alle irrelevanten, nichtzahlbezogenen Materialaspekte konstant gehalten werden, wird die Anzahl als Unterscheidungsmerkmal zwischen den zu repräsentierenden Zahlen unmittelbar sichtbar.

◘ Abb. 16.6

sondern allenfalls Äpfel mit (exakt gleich großen, exakt gleichfarbigen) Äpfeln verglichen werden. Besonders gut geeignet scheinen Materialien, die möglichst wenige „ablenkende" Eigenschaften haben, wie beispielsweise einfarbige Chips oder Klötzchen. Hierdurch wird vermieden, dass Kinder irrelevante Assoziationen mit Zahlen verbinden, wie dies insbesondere dann geschehen kann, wenn Zahlen bewusst durch Phantasiegestalten repräsentiert werden (z. B. wenn die Zahl 2 – aufgrund der gebogenen Halsform – durch einen Schwan repräsentiert werden soll). Letzteres kann gerade bei rechenschwachen Kindern den Aufbau eines Zahlverständnisses systematisch erschweren. Denn die quantitativen Eigenschaften der Zahlen werden durch eine Einbettung in Phantasiegeschichten systematisch verschleiert, was langfristig zu schwächeren schulischen Rechenleistungen führen kann (von Aster, 2005).

- **Verbalisierung mathematischer Inhalte.** Um sicherzustellen, dass die Kinder den numerischen Gehalt von Zahlen in der Förderung nicht nur sehen können, sondern diesen auch bewusst wahrnehmen, verarbeiten und verstehen, ist es notwendig die zentralen numerischen Inhalte auch sprachlich benennen zu lassen. So sollten Verbalisierungen wie beispielsweise „[Zahlwort] ist größer/ kleiner als [Zahlwort]", „[Zahlwort] sind mehr/ weniger als [Zahlwort]" oder

„[Zahlwort] sind genauso viele wie [Zahlwort] und [Zahlwort] zusammen" in der Förderung explizit verwendet werden.

16.5.3 Evaluationsstudien zur Wirksamkeit der Förderung von Zahl-Größen-Kompetenzen

Es gibt einige Programme, die vereinzelte Aspekte der oben dargestellten Entwicklung von Zahl-Größen-Kompetenzen fördern. In aller Regel werden jedoch die hierbei genannten Anforderungen nicht umfänglich beachtet. Zudem schließen die empirischen Wirksamkeitsuntersuchungen – sofern vorhanden – neben ungeförderten Kontrollgruppen keine alternativ trainierten Kontrollgruppen ein, anhand derer sich Zuwendungseffekte kontrollieren und die tatsächlich auf das Training zurückzuführenden Effekte quantifizieren ließen (z. B. „Zahlenzauber", Clausen-Suhr, Schulz & Bricks, 2008; „Komm mit ins Zahlenland", Friedrich & Munz, 2006).

Ein pädagogisch-psychologisches Programm, das die oben beschriebenen drei Kriterien hingegen erfüllt und in kontrollierten Trainingsstudien umfassend empirisch evaluiert wurde, ist das Förderprogramm „Mengen, zählen, Zahlen" (MZZ; Krajewski, Nieding & Schneider, 2007). Es orientiert sich am ZGV-Modell und baut unter Rückgriff auf die Zahlwortfolge (Ebene 1) systematisch zunächst eine Größenrepräsentation von Zahlen (Ebene 2) auf, bevor es auf das Verständnis von Zahlrelationen (Ebene 3) zielt. Hierfür werden Darstellungsmittel verwendet, die für alle Zahlen gleich sind (z. B. Chips, Holzklötze), sodass sich die dargestellten Mengen für unterschiedliche Zahlen nur in ihrer Anzahl und – damit exakt korrespondierend – in ihrer räumlichen Ausdehnung voneinander unterscheiden. Bei der Beschäftigung mit den Materialien wird großer Wert darauf gelegt, dass die Kinder ihre Erkenntnisse über die Zahlen auch verbalisieren (z. B. fünf sind [zwei] mehr als drei; von einer zur nächsten Zahl kommt immer eins dazu).

Das Programm wird in 24 etwa halbstündigen Sitzungen über acht Wochen durchgeführt. Es hat sich für die Förderung der Zahl-Größen-Kompetenzen im letzten Kindergartenjahr (Krajewski, Nieding & Schneider, 2008), in Vorklassen (Ennemoser, 2010; Hasselhorn & Linke-Hasselhorn, 2013) und bei Risikokindern in der ersten Klasse bewährt (Ennemoser & Krajewski, 2007; Sinner, 2011). Inzwischen liegen auch für Lernhilfeschüler sowie für Schüler mit einer geistigen Behinderung erste ermutigende Hinweise vor (Kuhl, Sinner & Ennemoser, 2012; Sinner & Kuhl, 2010). In der ersten Studie legten Vorschulkinder, die mit MZZ trainiert wurden, kurz- und langfristig deutlich mehr in ihrer numerischen

Entwicklung zu als eine Kontrollgruppe ohne Förderung sowie zwei Gruppen von Kindern, die ein allgemeines Denktraining oder eine andere mathematische Förderung erhalten hatten (Krajewski et al., 2008). Darüber hinaus zeigten sich bei einer MZZ-Förderung von rechenschwachen Erstklässlern beachtliche Transfereffekte auf die Mathematikleistungen der Kinder, die weder durch ein Lesetraining (Ennemoser & Krajewski, 2007) noch durch ein allgemeines Denktraining (Sinner, 2011) erreicht werden konnten. Zeitverzögert auftretende, langfristige Transfereffekte auf die schulischen Mathematikleistungen deuten darauf hin, dass durch eine Förderung mit dem Programm „Mengen, zählen, Zahlen" zunächst Entwicklungslücken im Zahlverständnis geschlossen werden konnten, woraufhin die Kinder anschließend auch vom regulären Mathematikunterricht besser profitieren konnten (Sinner, 2011).

> **Fazit**
> Die pädagogisch-psychologische Interventionsforschung hat inzwischen eine Reihe theoretisch fundierter Förderansätze hervorgebracht, die problemlos in die institutionellen Förderangebote des Kindergartens implementierbar sind und deren präventive Potenziale für die spätere Schullaufbahn auch empirisch belegt werden konnten. Am wenigsten zufriedenstellen kann die Lage im Bereich der Sprachförderung. Zwar liegen hier (inzwischen auch für den deutschen Raum) positive Befunde zum dialogischen Lesen vor, das auf der systematischen Anwendung einfacher Sprachlehrstrategien basiert (Ennemoser et al., 2013). Allerdings ist zu vermuten, dass eine systematische, jeweils gezielt auf bestimmte Ebenen der Sprachkompetenz fokussierte Vorgehensweise zusätzliche Potenziale birgt. Diese können jedoch durch undifferenzierte „Paketevaluationen" nicht eindeutig ausgemacht werden und benötigen einen kleinschrittigeren Vorlauf an Interventionsstudien (für eine Kritik an so genannten „horse races" in der Evaluationsforschung vgl. Pressley & Harris, 1994). Deutlich ermutigender sind die Befunde zur Förderung des induktiven Denkens, die zeigen, dass die entsprechenden Maßnahmen langfristige Transfereffekte zeigen, welche auch in erwarteter Weise auf ein breites Spektrum an Lernleistungen transferieren. Angesichts der relativ eindeutigen Befundlage wäre jedoch eine stärkere Dissemination in die institutionelle Förderpraxis wünschenswert.
> Die Förderung der phonologischen Bewusstheit hat unter den vorgestellten Ansätzen die mit Abstand längste Tradition und sie verzeichnet dementsprechend auch die größte Verbreitung in die Praxis.

So können die Entwicklungen in diesem Bereich zweifelsohne als Erfolg für die pädagogisch-psychologische Interventionsforschung gewertet werden. In der Praxis wird allerdings häufig die Notwendigkeit übersehen, die Maßnahmen mit der Vermittlung von Buchstabe-Laut-Beziehungen zu verknüpfen. Wird dies nicht umgesetzt, ist mit deutlich geringeren Effekten zu rechnen. Zudem werden die Maßnahmen häufig nicht programmgetreu, sondern eher sporadisch und selektiv durchgeführt, was den empirischen Befunden zufolge sehr schnell die eigentlich vorhandenen Förderpotenziale untergräbt (z. B. Schneider et al., 1997; vgl. auch Pressley & Harris, 1994). Nicht zuletzt bleibt festzuhalten, dass Maßnahmen zur Förderung der phonologischen Bewusstheit zweifelsohne einen wichtigen Präventionsansatz darstellen. Insbesondere mit Blick auf die späteren Leseverständnisleistungen können sie jedoch eine präventive Förderung der „allgemeinen" Sprachkompetenz (morphosyntaktische Fähigkeiten, Wortschatz) nicht gänzlich ersetzen.

Die Förderung spezifischer Vorläuferfertigkeiten im Bereich Mathematik wurde demgegenüber erst in den letzten zehn Jahren zunehmend in den Blick genommen. Dennoch sind in diesem Zeitraum enorme Fortschritte erzielt worden, indem im Rahmen theoretischer Modellkonzeptionen zentrale Meilensteine identifiziert werden konnten, die einen wirksamen Ansatzpunkt für gezielte und nachweislich wirksame Präventionsmaßnahmen liefern (Krajewski & Ennemoser, 2013).

Verständnisfragen

1. Worauf sollte bei der Auswahl von präventiven Fördermaßnahmen geachtet werden?
2. Was ist unter sprachförderlichen Interaktionen zu verstehen und welche Funktionen haben sie?
3. Beschreiben Sie, wie kann grundlegende Denkprozesse wirksam fördern kann?
4. Was ist unter Vorläuferfertigkeiten des Schriftspracherwerbs zu verstehen und was ist bei der Förderung zu beachten?
5. Wo liegt aus entwicklungspsychologischer Sicht das Kerndefizit einer Rechenschwäche und wie kann man diesem Defizit frühzeitig entgegenwirken?

Vertiefende Literatur

Krajewski, K. & Ennemoser, M. (2013). Entwicklung und Diagnostik der Zahl-Größen-Verknüpfung zwischen 3 und 8 Jahren. In M. Hasselhorn, A. Heinze, W. Schneider & U. Trautwein (Hrsg.), *Diagnostik mathematischer Kompetenzen. Tests & Trends N.F. 11* (S. 41–65). Göttingen: Hogrefe.

Schneider, W. & Marx, P. (2008). Früherkennung und Prävention von Lese- Rechtschreibschwächen. In F. Petermann & W. Schneider (Hrsg.), *Enzyklopädie der Psychologie, Serie V (Entwicklungspsychologie), Band 7: Angewandte Entwicklungspsychologie* (S. 237–273). Göttingen: Hogrefe.

Weinert, S. & Lockl, K. (2008). *Sprachförderung. In F. Petermann (Hrsg.), Angewandte Entwicklungspsychologie (Enzyklopädie der Psychologie C/V/7)* (S. 91–134). Göttingen: Hogrefe.

Literatur

Antell, S. E., & Keating, D. P. (1983). Perception of numerical invariance in neonates. *Child Development, 54*, 695–701.

Armand, F., Lefrançois, P., Baron, A., Gomez, M.-C., & Nuckle, S. (2004). Improving reading and writing learning in underprivileged pluriethnic settings. *British Journal of Educational Psychology, 74*(3), 437–459.

Arnold, D. H., Lonigan, C. J., Whitehurst, G. J., & Epstein, J. N. (1994). Accelerating language development through picture book reading: Replication and extension to a videotape training format. *Journal of Educational Psychology, 86*, 235–243.

Ball, E. W., & Blachman, B. A. (1991). Does phoneme awareness training in kindergarten make a difference in early word recognition and developmental spelling? *Reading Research Quarterly, 26*, 49–66.

Baumert, J., Klieme, E., Neubrand, M., Prenzel, M., Schiefele, U., & Schneider, W. et al. (Hrsg.). (2001). *PISA 2000. Basiskompetenzen von Schülerinnen und Schülern im internationalen Vergleich*. Opladen: Leske & Budrich.

Blair, C., & Razza, R. P. (2007). Relating effortful control, executive function, and false belief understanding to emerging math and literacy ability in kindergarten. *Child Development, 78*(2), 647–663.

Blatter, K., Faust, V., Jäger, D., Schöppe, D., Artelt, C., Schneider, W., & Stanat, P. (2013). Vorschulische Förderung der phonologischen Bewusstheit und der Buchstaben-Laut-Zuordnung: Profitieren auch Kinder nichtdeutscher Herkunftssprache?. In A. Redder, A. Weinert, & S. Weinert (Hrsg.), *Sprachförderung und Sprachdiagnostik. Perspektiven aus Psychologie, Sprachwissenschaft und empirischer Bildungsforschung*. Münster: Waxmann.

Bos, W., Hornberg, S., Arnold, K.-H., Faust, F., Fried, L., & Lankes, E.-M. et al. (Hrsg.). (2007). *IGLU 2006. Lesekompetenzen von Grundschulkindern in Deutschland im internationalen Vergleich*. Münster: Waxmann.

Bradley, L., & Bryant, P. E. (1985). *Rhyme and reason in reading and spelling*. Michigan: The University of Michigan Press.

Bus, A. G., & van Ijzendoorn, M. (1999). Phonological awareness and early reading: A meta-analysis of experimental training studies. *Journal of Educational Psychology, 91*, 403–414.

Clausen-Suhr, K., Schulz, L., & Bricks, P. (2008). Mathematische Bildung im Kindergarten – Ergebnisse einer quasi-experimentellen Evaluation des Förderprogramms „Zahlenzauber". *Zeitschrift für Heilpädagogik, 9*, 341–349.

Clearfield, M. W., & Mix, K. S. (1999). Number versus contour length in infants' discrimination of small visual sets. *Psychological Science, 10*, 408–411.

Dale, P. S., Crain-Thoreson, C., Notari-Syverson, A., & Cole, K. (1996). Parent-child book reading as an intervention technique for young children with language delays. *Topics in Early Childhood Special Education, 16*, 213–235.

Darsow, A., Paetsch, J., Stanat, P. & Felbrich, A. (2012). Ansätze der Zweitsprachförderung: Eine Systematisierung. *Unterrichtswissenschaft, 40*, 64–82.

Dehaene, S., Molko, N., Cohen, L., & Wilson, A. J. (2004). Arithmetic and the brain. *Current Opinion in Neurobiology, 14,* 218–224.

De Jong, P. F., & van der Leij, A. (1999). Specific contributions of phonological abilities to early reading acquisition: Results from a Dutch latent variable longitudinal study. *Journal of Educational Psychology, 91,* 450–476.

Drechsler, R. (2007). Exekutive Funktionen: Übersicht und Taxonomie. *Zeitschrift für Neuropsychologie, 18*(3), 233–248.

Elkonin, D. B. (1963). The psychology of mastering the elements of reading. In Simon, & B. Simon (Hrsg.), *Educational Psychology in the U.S.S.R..* (S. 165–179). London: Routledge & Kegan, Paul.

Ennemoser, M. (2008). Zeitbudget und Mediennutzung. In W. Schneider, & M. Hasselhorn (Hrsg.), *Handbuch der Pädagogischen Psychologie* Handbuch der Psychologie, (Bd. 10, S. 291–302). Göttingen: Hogrefe.

Ennemoser, M. (2010). Training mathematischer Basiskompetenzen als unterrichtsintegrierte Maßnahme in Vorklassen. *Empirische Pädagogik, 24*(4), 336–352.

Ennemoser, M., & Krajewski, K. (2007). Effekte der Förderung des Teil-Ganzes-Verständnisses bei Erstklässlern mit schwachen Mathematikleistungen. *Vierteljahreszeitschrift für Heilpädagogik und ihre Nachbargebiete, 76,* 228–240.

Ennemoser, M., & Krajewski, K. (2013). Entwicklungsorientierte Diagnostik mathematischer Basiskompetenzen in den Klassen 5 bis 9. In M. Hasselhorn, A. Heinze, W. Schneider, & U. Trautwein (Hrsg.), *Diagnostik mathematischer Kompetenzen. Tests & Trends N.F. 11* (S. 225–240). Göttingen: Hogrefe.

Ennemoser, M., Marx, P., Weber, J., & Schneider, W. (2012). Spezifische Vorläuferfertigkeiten der Lesegeschwindigkeit, des Leseverständnisses und des Rechtschreibens: Evidenz aus zwei Längsschnittstudien vom Kindergarten bis zur 4. Klasse. *Zeitschrift für Entwicklungspsychologie und Pädagogische Psychologie, 44*(2), 53–67.

Ennemoser, M., Kuhl, J., & Pepouna, S. (2013). Evaluation des Dialogischen Lesens zur Sprachförderung bei Kindern mit Migrationshintergrund. *Zeitschrift für Pädagogische Psychologie, 27,* 229–239.

Ennemoser, M., Pepouna, S. & Hartung, N. (in Vorb.). Der Einfluss der Durchführungsqualität auf die Wirksamkeit von Sprachfördermaßnahmen.

Feigenson, L., Carey, S., & Spelke, E. (2002). Infants' discrimination of number vs. continuous extent. *Cognitive Psychology, 44,* 33–66.

Feigenson, L., Dehaene, S., & Spelke, E. (2004). Core systems of number. *Trends in Cognitive Sciences, 8*(7), 307–314.

Fielding-Barnsley, R., & Purdie, N. M. (2003). Early intervention in the home for children at risk of reading failure. *Support for Learning: British Journal of Learning Support, 18*(2), 77–82.

Friedrich, G., & Munz, W. (2006). Förderung schulischer Vorläuferfähigkeiten durch das didaktische Konzept „Komm mit ins Zahlenland". *Psychologie in Erziehung und Unterricht, 53,* 134–146.

Fries, S. & Souvignier, E. (in diesem Band). Training. In E. Wild & J. Möller (Hrsg.), *Pädagogische Psychologie.* Heidelberg: Springer.

Fritz, A., & Ricken, G. (2008). *Rechenschwäche.* München: Ernst Reinhard Verlag.

Fung, P.-C., Chow, B. W.-Y., & McBride-Chang, C. (2005). The Impact of a dialogic reading program on deaf and hard-of-hearing kindergarten and early primary school–aged students in Hong Kong. The. *Journal of Deaf Studies and Deaf Education, 10,* 82–95.

Fuson, K. (1988). *Children's counting and concepts of number.* New York: Springer.

Gasparini, S. (2004). Implicit versus explicit learning: Some implications for L2 teaching. *European Journal of Psychology of Education, 19,* 203–219.

Gasteiger-Klicpera, B., Knapp, W., & Kucharz, D. (2010). *Abschlussbericht der Wissenschaftlichen Begleitung des Programms „Sag' mal was –*

Sprachförderung für Vorschulkinder" PH Weingarten. http://www.sagmalwas-bw.de/media/WiBe%201/pdf/PH-Weingarten_Abschlussbericht_2010.pdf. Zugegriffen: 15.03.2010

Gough, P. B., & Tunmer, W. E. (1986). Decoding, reading, and reading disability. *Remedial and Special Education, 7,* 6–10.

Grünke, M. (2006). Zur Effektivität von Fördermethoden bei Kindern und Jugendlichen mit Lernstörungen. *Kindheit und Entwicklung, 15,* 239–254.

Hargrave, A. C., & Sénéchal, M. (2000). A book reading intervention with preschool children who have limited vocabularies: The benefits of regular reading and dialogic reading. *Early Childhood Research Quarterly, 15,* 75–90.

Hatcher, P. J., Hulme, C., & Ellis, A. W. (1994). Ameliorating early reading failure by integrating the teaching of reading and phonological skills: The phonological linkage hypothesis. *Child Development, 65,* 41–57.

Hasselhorn, M., & Gold, A. (2006). Erfolgreiches Lernen als gute Informationsverarbeitung. In M. Hasselhorn, & A. Gold (Hrsg.), *Pädagogische Psychologie – Erfolgreiches Lernen und Lehren.* Stuttgart: Kohlhammer.

Hasselhorn, M., & Linke-Hasselhorn, K. (2013). Fostering Early Numerical Skills at School Start in Children at Risk for Mathematical Achievement Problems: A Small Sample Size Training Study. *International Education Studies, 6*(3), 213–220.

Hatcher, P. J., Hulme, C., & Ellis, A. W. (1994). Ameliorating early reading failure by integrating the teaching of reading and phonological skills: The phonological linkage hypothesis. *Child Development, 65,* 41–57.

Heward, W. L. (2003). Ten Faulty Notions About Teaching and Learning That Hinder the Effectiveness of Special Education. *The Journal of Special Education, 36*(4), 186–205.

Hoff-Ginsberg, E. (1986). Function and structure in maternal speech: Their relation to the child's development of syntax. *Developmental Psychology, 22,* 155–163.

Hofmann, N., Polotzek, S., Roos, J. & Schöler, H. (2008). Sprachförderung im Vorschulalter - Evaluation dreier Sprachförderkonzepte. *Diskurs Kindheits- und Jugendforschung, 3,* 291–300.

Hoover, W. A., & Gough, P. B. (1990). The simple view of reading. *Reading and Writing: An Interdisciplinary Journal, 2,* 127–160.

Horn, J. L., & Cattell, R. B. (1966). Refinement and test of the theory of fluid and crystallized intelligence. *Journal of Educational Psychology, 57,* 53–270.

Hsieh, P., Acee, T., Chung, W., Hsieh, Y., Kim, H., Thomas, G. D., You, J., Levin, J. R., & Robinson, D. (2005). Is educational intervention research on the decline? *Journal of Educational Psychology, 97,* 523–529.

Hulstijn, J. (2005). Theoretical and empirical issues in the study of implicit and explicit second-language learning. *Studies in Second Language Acquisition, 27,* 129–140.

Jampert, K., Best, P., Guadatiello, A., Holler, D., & Zehnbauer, A. (2005). *Schlüsselkompetenz Sprache: Sprachliche Bildung und Förderung im Kindergarten – Konzepte, Projekte, Maßnahmen.* Berlin: Verlag das Netz Weimar.

Jordan, N. C., Glutting, J., & Ramineni, C. (2010). The importance of number sense to mathematics achievement in first and third grades. *Learning and Individual Differences, 20,* 82–88.

Kaufmann, L., & von Aster, M. (2012). Diagnostik und Intervention bei Rechenstörung. *Deutsches Ärzteblatt, 109*(45), 767–777.

Klauer, K. J. (1989). *Denktraining für Kinder I.* Göttingen: Hogrefe.

Klauer, K. J. (1991). *Denktraining für Kinder II.* Göttingen: Hogrefe.

Klauer, K. J. (1993). *Denktraining für Jugendliche.* Göttingen: Hogrefe.

Klauer, K. J. (2001). *Handbuch kognitives Training.* Göttingen: Hogrefe.

Klauer, K. J. (2011). *Transfer des Lernens: Warum wir oft mehr lernen als gelehrt wird.* Stuttgart: Kohlhammer.

Klauer, K. J., & Phye, G. (2008). Inductive reasoning: A training approach. *Review of Educational Research, 78,* 85–123.

Klicpera, C., & Gasteiger-Klicpera, B. (1993). *Lesen und Schreiben – Entwicklung und Schwierigkeiten. Die Wiener Längsschnittuntersuchungen über die Entwicklung, den Verlauf und die Ursachen von Lese- und Schreibschwierigkeiten in der Pflichtschulzeit.* Bern: Huber.

Köller, O. (in diesem Band). Evaluation pädagogisch-psychologischer Maßnahmen. In E. Wild & J. Möller (Hrsg.), *Pädagogische Psychologie,* Heidelberg: Springer.

Kossakowski, A. (1962). *Wie überwinden wir die Schwierigkeiten beim Lesen- und Schreibenlernen, insbesondere bei Lese-Rechtschreibschwäche* (2. Aufl.). Berlin: Volk und Wissen.

Kossow (1972). *Zur Therapie der Lese-Rechtschreibschwäche.* Berlin: Deutscher Verlag der Wissenschaften.

Krajewski, K. (2007). Entwicklung und Förderung der vorschulischen Mengen-Zahlen-Kompetenz und ihre Bedeutung für die mathematischen Schulleistungen. In G. Schulte-Körne (Hrsg.), *Legasthenie und Dyskalkulie: Aktuelle Entwicklungen in Wissenschaft, Schule und Gesellschaft* (S. 325–332). Bochum: Winkler.

Krajewski, K. (2008). Vorschulische Förderung mathematischer Kompetenzen. In F. Petermann, & W. Schneider (Hrsg.), *Enzyklopädie der Psychologie, Reihe Entwicklungspsychologie, Bd. Angewandte Entwicklungspsychologie* (S. 275–304). Göttingen: Hogrefe.

Krajewski, K. (2013). Wie bekommen die Zahlen einen Sinn: ein entwicklungspsychologisches Modell der zunehmenden Verknüpfung von Zahlen und Größen. In M. von Aster, & J. H. Lorenz (Hrsg.), *Rechenstörungen bei Kindern: Neurowissenschaft, Psychologie, Pädagogikl* (2. Aufl. S. 155–179). Göttingen: Vandenhoeck & Ruprecht.

Krajewski, K., & Ennemoser, M. (2010). Die Berücksichtigung begrenzter Arbeitsgedächtnisressourcen in Unterricht und Lernförderung. In H.-P. Trolldenier, W. Lenhard, & P. Marx (Hrsg.), *Brennpunkte der Gedächtnisforschung* (S. 337–365). Göttingen: Hogrefe.

Krajewski, K., & Ennemoser, M. (2013). Entwicklung und Diagnostik der Zahl-Größen-Verknüpfung zwischen 3 und 8 Jahren. In M. Hasselhorn, A. Heinze, W. Schneider, & U. Trautwein (Hrsg.), *Diagnostik mathematischer Kompetenzen. Tests & Trends N.F. 11* (S. 41–65). Göttingen: Hogrefe.

Krajewski, K., Nieding, G., & Schneider, W. (2007). *Mengen, zählen, Zahlen: Die Welt der Mathematik verstehen (MZZ).* Berlin: Cornelsen.

Krajewski, K., Nieding, G., & Schneider, W. (2008). Kurz- und langfristige Effekte mathematischer Frühförderung im Kindergarten durch das Programm „Mengen, zählen, Zahlen". *Zeitschrift für Entwicklungspsychologie und Pädagogische Psychologie, 40,* 135–146.

Krajewski, K., & Schneider, W. (2006). Mathematische Vorläuferfertigkeiten im Vorschulalter und ihre Vorhersagekraft für die Mathematikleistungen bis zum Ende der Grundschulzeit. *Psychologie in Erziehung und Unterricht, 53,* 246–262.

Krajewski, K., & Schneider, W. (2009a). Early development of quantity to number-word linkage as a precursor of mathematical school achievement and mathematical difficulties: Findings from a four-year longitudinal study. *Learning and Instruction, 19,* 513–526.

Krajewski, K., & Schneider, W. (2009b). Exploring the impact of phonological awareness, visual-spatial working memory, and preschool quantity-number competencies on mathematics achievement in elementary school: Findings from a 3-year-longitudinal study. *Journal of Experimental Child Psychology, 103,* 516–531.

Krajewski, K., Schneider, W. & Nieding, G. (2008). Zur Bedeutung von Arbeitsgedächtnis, Intelligenz, phonologischer Bewusstheit und früher Mengen-Zahlen-Kompetenz beim Übergang vom Kindergarten in die Grundschule. *Psychologie in Erziehung und Unterricht, 55,* 118–131.

Krajewski, K., Simanowski, S. & Greiner, N. (2013). *The impact of phonological awareness for larger versus smaller units of spoken language on numerical development.* Poster presented at the International Society for Research in Child Development Biennial Meeting on 20th April in Seattle, Washington, USA.

Kretschmann, R. (2007). Prävention – Schulalter. In J. Walter, & F. B. Wember (Hrsg.), *Sonderpädagogik des Lernens* (Bd. 2, S. 245–266). Göttingen: Hogrefe.

Kuhl, J., Sinner, D., & Ennemoser, M. (2012). Training Quantity-Number Competencies in Students with Intellectual Disabilities. *Journal of Cognitive Education and Psychology, 11,* 128–142.

Küspert, P., & Schneider, W. (2006). *Hören, lauschen, lernen – Sprachspiele für Vorschulkinder* (5. Aufl.). Göttingen: Vandenhoeck & Ruprecht.

Küspert, P., Weber, J., Marx, P., & Schneider, W. (2007). Prävention von Lese- Rechtschreibschwierigkeiten. In W.v. Suchodoletz (Hrsg.), *Prävention von Entwicklungsstörungen* (S. 81–96). Göttingen: Hogrefe.

Landerl, K., Bevan, A., & Butterworth, B. (2004). Developmental Dyscalculia and Basic Numerical Capacities: A Study of 8-9 Year Old Students. *Cognition, 93,* 99–125.

Landerl, K., & Wimmer, H. (1994). Phonologische Bewusstheit als Prädiktor für Lese- Rechtschreibfertigkeiten in der Grundschule. *Zeitschrift für Pädagogische Psychologie, 8,* 153–164.

Lauth, G. W. (2004). Selbstinstruktionstraining. In G. W. Lauth, M. Grünke, & J. C. Brunstein (Hrsg.), *Interventionen bei Lernstörungen* (S. 360–370). Göttingen: Hogrefe.

Lisker, A. (2011). *Additive Maßnahmen zur Sprachförderung im Kindergarten – Eine Bestandsaufnahme in den Bundesländern: Expertise im Auftrag des Deutschen Jugendinstituts.* München: Verlag Deutsches Jugendinstitut.

Lonigan, C. J., & Whitehurst, G. J. (1998). Relative efficacy of parent and teacher involvement in a shared-reading intervention for preschool children from low-income backgrounds. *Early Childhood Research Quarterly, 13,* 263–290.

Lundberg, I., Frost, J., & Petersen, O. P. (1988). Effects of an extensive program stimulating phonological awareness in preschool children. *Reading Research Quarterly, 23,* 253–284.

Lundberg, I., Olofsson, A., & Wall, S. (1980). Reading and spelling skills in the first school years predicted from phonemic awareness skills in kindergarten. *Scandinavian Journal of Psychology, 21,* 159–173.

Lyytinen, H., Ahonen, T., Eklund, K., Guttorm, T., Kulju, P., Laakso, M.-L., Leiwo, M., Leppänen, P., Lyytinen, P., Poikkeus, A.-M., Richardson, U., Torppa, M., & Viholainen, H. (2004). Early Development of Children at Familial Risk for Dyslexia – Follow-up from Birth to School Age. *Dyslexia, 10,* 146–178.

Mann, V. A., & Liberman, I. Y. (1984). Phonological awareness and verbal short-term memory. *Journal of Learning Disabilities, 17,* 592–599.

Marx, H., & Jungmann, T. (2000). Abhängigkeit der Entwicklung des Leseverstehens von Hörverstehen und grundlegenden Lesefertigkeiten im Grundschulalter: Eine Prüfung des Simple View of Reading-Ansatzes. *Zeitschrift für Entwicklungspsychologie und Pädagogische Psychologie, 32*(2), 81–93.

Mayer, R. E. (2005). The failure of educational research to impact educational practice: Six obstacles to educational reform. In G. D. Phye, J. R. D. H. Robinson, & J. R. Levin (Hrsg.), *Empirical methods for evaluating educational interventions* (S. 67–81). San Diego: Academic Press.

Meichenbaum, D. H., & Goodman, J. (1971). Training impulsive children to talk to themselves: A means of developing self-control. *Journal of Abnormal Psychology, 77,* 115–126.

Melby-Lervåg, M., & Hulme, C. (2013). Is Working Memory Training Effective? A Meta-Analytic Review. *Developmental Psychology, 49*(2), 270–291.

Mischel, W., Shoda, V., & Peake, P. K. (1988). The nature of adolescent competencies predicted by preschool delay of gratification. *Journal of Personality and Social Psychology, 54,* 687–696.

Miyake, A., Friedman, N. P., Emerson, M. J., Witzki, A. H., & Howerter, A. (2000). The unity and diversity of Executive Functions and their contributions to complex "frontal lobe" tasks: A latent variable analysis. *Cognitive Psychology, 41*, 49–100.

Mol, S. E., Bus, A. G., & de Jong, M. T. (2009). Interactive book reading in early education: A tool to stimulate print knowledge as well as oral language. *Review of Educational Research, 79*, 979–1007.

Mol, S. E., Bus, A. G., de Jong, M. T., & Smeets, D. J. H. (2008). Added Value of Dialogic Parent-Child Book Readings: A Meta-Analysis. *Early Education & Development, 19*, 7–26.

Möller, J., & Appelt, R. (2001). Auffrischungssitzungen zur Steigerung der Effektivität des Denktrainings für Kinder I. *Zeitschrift für Pädagogische Psychologie, 15*, 199–206.

Morais, J., Cary, L., Alegria, J., & Bertelson, P. (1979). Does awareness of speech as a sequence of phones arise spontaneously? *Cognition, 7*, 323–331.

Penner, Z. (2005). *Sprachkompetent für die Schule*. Bern: Schulverlag.

Perfetti, C. A. (1985). *Reading ability*. New York: Oxford University Press.

Pressley, M., & Harris, K. R. (1994). Increasing the quality of educational intervention research. *Educational Psychology Review, 6*, 191–208.

Plume, E., & Schneider, W. (2004). *Hören, Lauschen, Lernen 2 – Sprachspiele mit Buchstaben und Lauten für Kinder im Vorschulalter*. Göttingen: Vandenhoeck & Ruprecht.

Probst, H., & Kuhl, J. (2006). Weniger Ganzheitlichkeit ist mehr. In A. Fritz, R. Klupsch-Sahlmann, & G. Ricken (Hrsg.), *Handbuch Kindheit und Schule* (S. 192–207). Weinheim: Beltz.

Polotzek, S., Hofmann, N., Roos, J. & Schöler, H. (2008). Sprachliche Förderung im Elementarbereich. Beschreibung dreier Sprachförderprogramme und ihre Beurteilung durch Anwenderinnen. In M. R. Textor (Hrsg.), *Kindergartenpädagogik – Onlinehandbuch*. Zugriff am 12.02.2008, http://www.kindergartenpaedagogik.de/1726.html.

Resnick, L. B. (1989). Developing mathematical knowledge. *American Psychologist, 44*, 162–169.

Ritterfeld, U. (2000). Welchen und wieviel Input braucht das Kind? In H. Grimm (Hrsg.), *Sprachentwicklung* Enzyklopädie der Psychologie, CIII, (Bd. 3, S. 403–432). Göttingen: Hogrefe.

Ritterfeld, U., Niebuhr, S., Klimmt, C., & Vorderer, P. (2006). Unterhaltsamer Mediengebrauch und Spracherwerb: Evidenz für Sprachlernprozesse durch die Rezeption eines Hörspiels bei Vorschulkindern. *Zeitschrift für Medienpsychologie, 18*, 60–69.

Roebers, C. M., Röthlisberger, M., Cimeli, P., Michel, E., & Neuenschwander, R. (2011). School enrolment and executive functioning: A longitudinal perspective on developmental changes, the influence of learning context, and the prediction of pre-academic skills. *European Journal of Developmental Psychology, 8*(5), 526–540.

Roos, J., Polotzek, S., & Schöler, H. (2010). *EVAS Evaluationsstudie zur Sprachförderung von Vorschulkindern. Abschlussbericht der Wissenschaftlichen Begleitung der Sprachfördermaßnahmen im Programm „Sag' mal was – Sprachförderung für Vorschulkinder". Unmittelbare und längerfristige Wirkungen von Sprachförderungen in Mannheim und Heidelberg*. http://www.sagmalwasbw.de/media/WiBe%201/pdf/EVAS_Abschlussbericht_Januar2010.pdf.   Zugegriffen: 10.04.2012

Roth, E. (1999). *Prävention von Lese- und Rechtschreibschwierigkeiten: Evaluation einer vorschulischen Förderung der phonologischen Bewußtheit und der Buchstabenkenntnis*. Hamburg: Kovac.

Schneider, W. (1997). Rechtschreiben und Rechtschreibschwierigkeiten. In F. E. Weinert (Hrsg.), *Enzyklopädie Pädagogische Psychologie* (Bd. 3, S. 327–363). Göttingen: Hogrefe.

Schneider, W., Ennemoser, M., Roth, E., & Küspert, P. (1999). Kindergarten Prevention of Dyslexia: Does Training in Phonological Awareness Work for Everybody? *Journal of Learning Disabilities, 32*(5), 429–437.

Schneider, W., & Näslund, J. C. (1993). The impact of early metalinguistic competencies and memory capacity on reading and spelling in elementary school: Results of the Munich Longitudinal Study on the Genesis of Individual Competencies (LOGIC). *European Journal of Psychology of Education, 8*, 273–288.

Schneider, W., & Näslund, J. C. (1999). The impact of early phonological processing skills on reading and spelling in school: Evidence from the Munich Longitudinal Study. In F. E. Weinert, & W. Schneider (Hrsg.), *Individual development from 3 to 12: Findings from the Munich Longitudinal Study* (S. 126–147). Cambridge, UK: Cambridge University Press.

Schneider, W., Küspert, P., Roth, E., Visé, M., & Marx, H. (1997). Short- and long-term effects of training phonological awareness in kindergarten: Evidence from two German studies. *Journal of Experimental Child Psychology, 66*, 311–340.

Schneider, W., Roth, E., & Ennemoser, M. (2000). Training phonological skills and letter knowledge in children at risk for dyslexia: A comparison of three kindergarten intervention programs. *Journal of Educational Psychology, 92*(2), 284–295.

Sinner, D. (2011). *Prävention von Rechenschwäche durch ein Training mathematischer Basiskompetenzen in der ersten Klasse*. Dissertationsschrift. Universität Gießen.

Sinner, D., & Kuhl, J. (2010). Förderung mathematischer Basiskompetenzen in der Grundstufe der Schule für Lernhilfe. *Zeitschrift für Entwicklungspsychologie und Pädagogische Psychologie, 42*(4), 241–251.

Skowronek, H., & Marx, H. (1989). The Bielefeld longitudinal study on early identification of risks in learning to write and read: Theoretical background and first results. In M. Brambring, F. Lösel, & H. Skowronek (Hrsg.), *Children at Risk: Assessment, Longitudinal Research, and Intervention* (S. 268–294). New York: De Gruyter.

Stanat, P. (2003). Schulleistungen von Jugendlichen mit Migrationshintergrund: Differenzierung deskriptiver Befunde aus PISA und PISA-E. In J. Baumert, C. Artelt, E. Klieme, M. Neubrand, M. Prenzel, & U. Schiefele et al. (Hrsg.), *PISA 2000 – Ein differenzierter Blick auf die Länder der Bundesrepublik Deutschland*. Opladen: Leske + Budrich.

Stanat, P., Becker, M., Baumert, J., Lüdtke, O., & Eckhardt, A. G. (2012). Improving second language skills of immigrant students: A field trial study evaluating the effects of a summer learning program. *Learning and Instruction, 22*, 159–170.

Stern, E. (2003). Früh übt sich: Neuere Ergebnisse aus der LOGIK-Studie zum Lösen mathematischer Textaufgaben in der Grundschule. In A. Fritz, G. Ricken, & S. Schmidt (Hrsg.), *Handbuch Rechenschwäche – Lernwege, Schwierigkeiten und Hilfen* (S. 116–130). Weinheim: Beltz.

Stuart, M. (1999). Getting ready for reading: Early phoneme awareness and phonics teaching improves reading and spelling in inner-city second language learners. *British Journal of Educational Psychology, 69*, 587–605.

Stuart, M. (2004). Getting ready for reading: A follow-up study of inner city second language learners at the end of Key Stage I. *British Journal of Educational Psychology, 74*, 15–36.

van Dijk, T. A., & Kintsch, W. (1983). *Strategies of discourse comprehension*. New York: Academic.

Vellutino, F. R., & Scanlon, D. M. (1987). Phonological coding, phonological awareness, and reading ability: Evidence from a longitudinal and experimental study. *Merrill-Palmer Quarterly, 33*, 321–363.

von Aster, M. (2005). Wie kommen Zahlen in den Kopf? Ein Modell der normalen und abweichenden Entwicklung zahlenverarbeitender Hirnfunktionen. In M. Aster, & J. H. Lorenz (Hrsg.), *Rechenstörungen bei Kindern: Neurowissenschaft, Psychologie, Pädagogik* (S. 13–33). Göttingen: Vandenhoeck & Ruprecht.

von Aster, M. G., Schweiter, M., & Weinhold Zulauf, M. (2007). Rechenstörungen bei Kindern: Vorläufer, Prävalenz und psychische Sym-

16

ptome. *Zeitschrift für Entwicklungspsychologie und Pädagogische Psychologie, 39*, 85–96.

von Aster, M. G., & Shalev, R. S. (2007). Number development and developmental dyscalculia. *Developmental Medicine & Child Neurology, 49*, 868–873.

von Suchodoletz, W. (2007). Möglichkeiten und Grenzen von Prävention. In W. von Suchodoletz (Hrsg.), *Prävention von Entwicklungsstörungen* (S. 1–9). Göttingen: Hogrefe.

Vygotskij, L. S. (1934, neue dt. Übers. von Joachim Lompscher 2002). *Denken und Sprechen.* Weinheim: Beltz.

Wagner, R., & Torgesen, R. (1987). The nature of phonological processing and its causal rolein the acquisition of reading skills. *Psychological Bulletin, 101*, 192–212.

Weber, J., Marx, P., & Schneider, W. (2007). Die Prävention von Lese-Rechtschreibschwierigkeiten bei Kindern mit Migrationshintergrund durch ein Training der phonologischen Bewusstheit. *Zeitschrift für Pädagogische Psychologie, 21*, 65–76.

Weinert, S., & Grimm, H. (2008). Sprachentwicklung. In R. Oerter, & L. Montada (Hrsg.), *Entwicklungspsychologie* (6. Aufl. S. 502–534). Weinheim: Beltz.

Weinert, S., & Lockl, K. (2008). Sprachförderung. In F. Petermann (Hrsg.), *Angewandte Entwicklungspsychologie (Enzyklopädie der Psychologie C/V/7)* (S. 91–134). Göttingen: Hogrefe.

Whitehurst, G. J., Arnold, D. S., Epstein, J. N., Angell, A. L., Smith, M., & Fischel, J. (1994). A picture book reading intervention in day care and home for children from low-income families. *Developmental Psychology, 30*(679), 689.

Whitehurst, G. J., Epstein, J. N., Angell, A. L., Payne, A. C., Crone, D. A., & Fischel, J. E. (1994). Outcomes of an emergent literacy intervention in Head Start. *Journal of Educational Psychology, 86*, 542–555.

Whitehurst, G. J., Falco, F. L., Lonigan, C., Fischel, J. E., DeBaryshe, B. D., Valdez-Menchaca, M. C., et al. (1988). Accelerating language development through picture book reading. *Developmental Psychology, 24*, 552–559.

Whitehurst, G. J., Zevenbergen, A. A., Crone, D. A., Schultz, M. D., Velting, O. N., & Fischel, J. E. (1999). Outcomes of an emergent literacy intervention from Head Start through second grade. *Journal of Educational Psychology, 91*, 261–272.

Wolf, K. M., Felbrich, Stanat, P., & Wendt, W. (2011). *EkoS – Evaluation der kompensatorischen Sprachförderung: Abschlussbericht. Berlin, AB Empirische Bildungsforschung der Freien Universität.* http://www.isq-bb.de/uploads/media/ekos-bericht-3-110216.pdf. Zugegriffen: 15.03.2010

Zhurova, L. E. (1963). The development of analysis of words into their sounds by preschool children. *Soviet Psychology and Psychiatry, 72*, 17–27.

Training

Stefan Fries, Elmar Souvignier

E. Wild, J. Möller (Hrsg.), *Pädagogische Psychologie,* Springer-Lehrbuch,
DOI 10.1007/978-3-642-41291-2_17, © Springer-Verlag Berlin Heidelberg 2015

Lernerfolg wird wesentlich durch die kognitiven, motivationalen und selbstregulativen Fähigkeiten des Lernenden bestimmt. Es verwundert daher nicht, dass in der Pädagogischen Psychologie spezielle Verfahren entwickelt wurden, die sich den Aufbau und die Verbesserung solcher Fähigkeiten zum Ziel setzen. Von solchen Trainingsverfahren handelt dieses Kapitel (◻ Abb. 17.1).

17.1 Was ist ein Training? Begriffsbestimmung und Klassifikation

Trainingsverfahren stellen eine der wichtigsten Interventionsmethoden in der Pädagogischen Psychologie dar. In diesem Kapitel wird anhand ausgewählter Trainingsverfahren beschrieben, wie unterschiedliche pädagogisch relevante Kompetenzen durch Trainingsmaßnahmen gefördert werden können. Dazu soll zunächst erläutert werden, was ein ▶ **Training** i. Allg. kennzeichnet und anhand welcher Kriterien Trainingsverfahren klassifiziert werden können. Da nicht vorausgesetzt werden kann, dass jeder Leser sich schon einmal mit einem konkreten pädagogisch-psychologischen Training befasst hat, wird vor der Begriffsklärung ein exemplarisches Trainingsprogramm im ▶ Exkurs „Ein Training zur Förderung des induktiven Denkens" kurz skizziert und ausführlicher im ▶ Abschn. 17.2.2 erklärt.

Am Beispiel des **Denktrainings** nach Klauer lassen sich die drei zentralen Merkmale eines Trainings identifizieren:
- die wiederholte Übung an spezifischen Aufgaben,
- die Vermittlung von prozeduralem Wissen und
- die Strukturiertheit der Maßnahme.

Wiederholte Übung an spezifischen Aufgaben. Das erste Merkmal betrifft die eingesetzte Methode. So besteht das Denktraining im Wesentlichen in der angeleiteten oder eigenständigen Bearbeitung von Aufgaben des induktiven Denkens. Auch in anderen Trainingsverfahren steht die wiederholte Ausübung von Tätigkeiten und Aktivitäten im Mittelpunkt (Klauer, 2001a; Langfeldt & Büttner, 2008): In verschiedenen **Lesetrainings** werden kurze Texte unter Anwendung neuer ▶ **Strategien** gelesen (z. B. Gold, Mokhlesgerami, Rühl, Schreblowski & Souvignier, 2006), in **Schreibtrainings** Texte nach konkreten Vorgaben eigenständig verfasst (z. B. Harris & Graham, 1996) oder in **Motivationstrainings** spielerische Aufgaben unter Anwendung einer motivationalen Strategie ausgeführt (Rheinberg & Krug, 2005). Verallgemeinernd kann man festhalten, dass ein Training immer durch die wiederholte Ausübung von Tätigkeiten und Aktivitäten gekennzeichnet ist. Selbstverständlich kommen in vielen Trainings auch weitere Methoden zum Einsatz. So wird beispielsweise im Denktrai-

◻ Abb. 17.1

ning anhand von Beispielen eine Aufgabenklassifikation entwickelt. Oder im Training „Wir werden Textdetektive", einem Programm zur Förderung der Lesekompetenzen in den Klassenstufen 4–6 (Gold et al., 2006), erarbeiten die Teilnehmer gemeinsam mit dem Trainer Merkblätter, auf denen die wichtigsten Funktionen von **Lesestrategien** festgehalten sind.

Vermittlung von prozeduralem Wissen. Das zweite zentrale Merkmal von Trainings ergibt sich aus einer **inhaltlichen Perspektive**. Es geht um die Frage, was mit welchem Ziel trainiert wird. Durch Trainings soll das Können der Trainierten verbessert oder wiederhergestellt werden. Im Falle des Denktrainings ist das Ziel die verbesserte Leistungsfähigkeit im induktiven Denken. In typischen **Aufmerksamkeitstrainings** (s. unten) sind das verbesserte Fertigkeiten im konzentrierten Bearbeiten von Aufgaben. Betrachtet man die zentralen Ziele von Trainings vor dem Hintergrund der Unterscheidung zwischen deklarativem und prozeduralem Wissen (▶ Kap. 1), dann ist der Gegenstand eines Trainings immer die Verbesserung prozeduralen Wissens. Natürlich kann es sein, dass mit einem Training auch weitere Ziele verfolgt werden. So war z. B. ein Element bei einem Gedächtnistraining für ältere Menschen von Knopf (1993), diese zunächst von ihren nach wie vor vorhandenen Leistungspotenzialen zu überzeu-

Ein Training zur Förderung des induktiven Denkens

Eine wichtige kognitive Kompetenz stellt das **induktive Denken** dar. Induktives Denken liegt immer dann vor, wenn wir aus konkreten Beobachtungen auf Regelhaftigkeiten z. B. von Formen schließen. Der Aachener Erziehungswissenschaftler und Psychologe Karl Josef Klauer hat für Kinder und Jugendliche Trainings zur Förderung dieser Denkkompetenz vorgelegt (Klauer, 1989, 1991, 1993). Die Trainings umfassen jeweils 10 Trainingssitzungen. Pro Sitzung werden jeweils 12 Aufgaben durchgenommen. Vielfältige Aufgabeninhalte und -formate kommen dabei zum Einsatz. So müssen Reihen fortgesetzt, unpassende Elemente entdeckt oder Objekte in ein System eingeordnet werden (für Aufgabenbeispiele ▶ Beispielkasten „**Zwei Aufgaben aus dem Denktraining II**" in ▶ Abschn. 17.2.2). Im Verlauf der Trainingssitzungen erlernen die Trainingsteilnehmer, verschiedene Typen von Aufgaben des induktiven Denkens zu unterscheiden und bei der Lösung der Aufgaben nach einer speziellen Strategie vorzugehen. Hierdurch sollen die Trainierten, auch über die konkreten Trainingsaufgaben hinaus, all jene schulischen und außerschulischen Anforderungen besser bewältigen, in denen Kompetenzen des induktiven Denkens von Relevanz sind.

gen. Hier sollte durch die entsprechenden Trainingsinhalte eine Einstellung der Trainierten modifiziert werden. Und auch deklaratives Wissen kann in einem Training vermittelt werden. So wird z. B. ein Trainer im Denktraining sicherstellen, dass die Trainierten auch über das deklarative Wissen verfügen, das sie zur Lösung spezifischer Aufgaben benötigen. Oder in begleitenden Elterntrainings zu Aufmerksamkeitstrainings erhalten die Eltern häufig ausführliche Informationen zu den bei ihren Kindern vorliegenden Aufmerksamkeitsstörungen. Doch dienen solche Trainingsinhalte, die auf Einstellungsänderungen oder die Erweiterung deklarativen Wissens abzielen, letztlich immer dem übergeordneten Ziel der Verbesserung von Fähigkeiten und Fertigkeiten im Sinne prozeduralen Wissens (Klauer, 2001b).

Strukturiertheit der Maßnahme. Die beiden bisher besprochenen Merkmale genügen noch nicht, um den Trainingsbegriff von anderen Interventionsmethoden abzugrenzen. Die Verbesserung des Könnens durch die übende Wiederholung einer Tätigkeit stellt eine allgemeine Lernform dar. Von einem Training sollte man daher erst dann sprechen, wenn eine strukturierte und zeitlich begrenzte Intervention vorliegt. Typischerweise haben Trainings eine Lektionsstruktur und die Vorgehensweise im Training ist durch geeignete Anweisungen an den Trainer und den Trainierten z. B. in einem Trainingsmanual vorab festgelegt.

> **Definition**
>
> Ein **Training** ist eine strukturierte und zeitlich begrenzte Intervention, in der mittels wiederholter Ausübung von Tätigkeiten die Absicht verfolgt wird, Fertigkeiten und Fähigkeiten aufzubauen oder zu verbessern.

Bedenkt man die Vielzahl von Fertigkeiten, die einem erfolgreichen Lernen oder erfolgreicher Lebensgestaltung zugrunde liegen, dann überrascht es nicht, dass Trainings für eine Vielzahl von Fertigkeiten entwickelt wurden (für einen Überblick z. B. Hamers & Overtom, 1997; Klauer, 2001a; Langfeldt & Büttner, 2008; Lohaus & Domsch, 2009). Bevor wir jedoch weitere Trainings vorstellen, sollen zunächst noch zentrale Klassifikationskriterien geklärt werden, auch um die Vielfalt und Anwendungsbreite pädagogisch-psychologischer Trainings zu verdeutlichen.

Trainierter Funktionsbereich. Man kann zwischen Trainings für kognitive, motivationale, selbstregulative, soziale und emotionale Funktionsbereiche unterscheiden. Insbesondere für den kognitiven Funktionsbereich existiert eine Vielzahl von Trainingsverfahren, wobei man zwischen dem Training allgemeiner intellektueller Kompetenzen (Aufmerksamkeit, Gedächtnis, Denken etc.) und dem Training kulturbezogener Grundkompetenzen (Lesen, Schreiben und Rechnen) unterscheiden kann (Souvignier, 2008). Eine Reihe weiterer Trainingsprogramme zielt auf die Verbesserung psychosozialer Kompetenzen ab (▶ Kap. 18). Trainingsverfahren können dabei auch mehr als einen Funktionsbereich zum Gegenstand haben. So soll z. B. durch das Integrierte Training (Fries, 2002; ▶ Abschn. 17.3) sowohl das induktive Denken als auch das leistungsmotivierte Verhalten trainiert werden. Gerade die Förderung selbstregulierten Lernens (▶ Kap. 3) erfolgt mittlerweile nahezu ausschließlich in Kombination mit weiteren Funktionsbereichen (Landmann & Schmitz, 2007). Dies gilt insbesondere für Trainingsverfahren zur Förderung des Lesens und Schreibens (z. B. Gold et al., 2006; ▶ Abschn. 17.3).

Allgemeine Trainingsintention. Trainings werden mit unterschiedlichen allgemeinen Trainingsintentionen eingesetzt (Hager & Hasselhorn, 2008). Trainings können darauf abzielen, bereits bestehende nichtdefizitäre Fertigkeiten weiterzuentwickeln. In einem solchen Fall spricht man von einer allgemeinen Förderung. Das eingangs dargestellte Denktraining (Klauer, 1989, 1991, 1993; ▶ Abschn. 17.2) wird meist mit dieser Trainingsintention eingesetzt. Hiervon lassen sich drei weitere Trainingsintentionen abgrenzen, bei denen es jeweils um bereits existierende oder zu vermeidende Fähigkeits- und Fertigkeitsdefizite beim Trainierenden geht. Im Fall der präventiven Nutzung soll durch den Einsatz von Trainings sichergestellt werden, dass drohende Defizite nicht auftreten. Dies ist z. B. der Fall, wenn Kindergartenkinder, bei denen potenzielle Probleme hinsichtlich des späteren Erwerbs von Lese- und Schreibkompetenzen diagnostiziert wurden, ein Training zur Förderung phonologischer Bewusstheit erhalten (Küspert & Schneider, 2006; ▶ Kap. 16). Andere Trainings werden dagegen kurativ eingesetzt. Wenn Schüler Defizite in bestimmten Funktionsbereichen zeigen, wird durch das Training versucht, diese zu minimieren oder aufzuheben. Dies ist z. B. der Fall, wenn Kinder mit einer Aufmerksamkeitsdefizit-/Hyperaktivitätsstörung ein Aufmerksamkeitstraining erhalten (z. B. Lauth & Schlottke, 2009; ▶ Abschn. 17.2). Schließlich gibt es noch den Fall, dass ein Training zur Rehabilitation eingesetzt wird. Hier sollen Fähigkeiten und Fertigkeiten wiederhergestellt werden, die aufgrund äußerer Einflüsse beeinträchtigt wurden oder verloren gegangen sind. Zuletzt sei noch angemerkt, dass die Systematisierung der Trainingsintentionen auch ausschließlich über den Präventionsbegriff erfolgen kann, indem zwischen Primärprävention (Nutzung des Trainings vor dem Auftreten von Problemen) und Sekundärprävention (Nutzung des Trainings nach dem Auftreten erster Probleme) unterschieden wird (s. hierzu die einleitenden Bemerkungen im nachfolgenden ▶ Kap. 18).

Adressaten und Zielgruppen. Trainingsverfahren richten sich an unterschiedliche Adressaten (Personen, die an einem Training teilnehmen). So gibt es Trainingsverfahren für Kinder, für Jugendliche, für Eltern, für Lehrer oder auch für Mitarbeiter in einem Unternehmen. In der Regel sind die Adressaten eines Trainings identisch mit der Zielgruppe (denjenigen, bei denen in erster Linie Veränderungen angestrebt sind). Jedoch gibt es auch verschiedene Trainings oder Trainingsbausteine, bei denen die eigentliche Zielgruppe indirekt erreicht werden soll. Wenn z. B. in einem Elterntraining im Rahmen eines Aufmerksamkeitstrainings über Störungsmodelle informiert wird (Lauth & Schlottke, 2009), dann kommt dies nicht nur den Eltern, sondern vor allem deren Kindern zugute (▶ Abschn. 17.2).

Nach diesen einleitenden Klärungen zum Trainingsbegriff und zu klassifikatorischen Kriterien sollen nun – entlang unterschiedlicher Funktionsbereiche – verschiedene Trainings mit ihren theoretischen Grundlagen, mit kurzen Darstellungen zur Vorgehensweise sowie mit exemplarischen empirischen Befunden dargestellt werden (für allgemeine Hinweise zur Evaluation von Trainingsverfahren ▶ Exkurs „Wirksamkeitsüberprüfung"). Bei der Gliederung des Beitrags haben wir uns daran orientiert, eine möglichst große Breite inhaltlicher Funktionsbereiche abzubilden. Dem untergeordnet wurde die Frage der jeweiligen

Trainingsintention, wenngleich sich in den einzelnen Abschnitten Beispiele für allgemeine, präventive und kurative Trainings finden. Wir stellen ausschließlich Trainingsverfahren für Kinder und Jugendliche vor, da diese in der Regel eine breitere Implementierung erfahren haben als Trainingsverfahren für andere Adressaten. Bei den Funktionsbereichen verzichten wir bewusst auf die Darstellung von Trainings zur Förderung der Selbstregulation, obwohl diese in der aktuellen Diskussion eine wichtige Rolle spielen (Landmann & Schmitz, 2007). Wir tun dies zum einen, weil entsprechende Trainings ausführlich in ▶ Kap. 3 dargestellt werden. Wir tun dies jedoch auch, weil – auf der Basis theoretischer Grundlagen selbstregulierten Lernens – zunehmend metakognitive und selbstregulative Elemente in vielen Trainingsprogrammen integriert wurden. Insbesondere im Bereich der Förderung des Lesens und des Schreibens gibt es hierzu verschiedene Ansätze. Bei der Darstellung der Trainingsverfahren wird deutlich werden, wie die Kombination mit dem Training selbstregulativer Fertigkeiten erfolgt, sodass auch Rückschlüsse auf angemessene Vorgehensweisen beim Training selbstregulativer Fertigkeiten gezogen werden können. Ausgeblendet werden im vorliegenden Kapitel die vielfältigen Trainings- und Interventionsmaßnahmen zur Förderung psychosozialer Kompetenzen (▶ Kap. 18).

17.2 Training kognitiver Grundfunktionen

Unter kognitiven Grundfunktionen versteht man jene Basisfähigkeiten der Informationsaufnahme, -verarbeitung und -speicherung, wie sie sich insbesondere in Aufmerksamkeits-, Denk- und Gedächtnisleistungen ausdrücken. Für diese wichtigen kognitiven Lernvoraussetzungen existiert eine Vielzahl von Trainingsverfahren (für einen Überblick Klauer, 2001a; oder auch Langfeldt & Büttner, 2008; ▶ Exkurs „Sind kognitive Grundfunktionen trainierbar?"). Die meisten dieser Trainings richten sich an Kinder und Jugendliche, aber es gibt auch Trainingsverfahren für andere Adressatengruppen (z. B. Oswald, 1998). Im Folgenden gehen wir auf Trainingsverfahren für die Funktionsbereiche Aufmerksamkeit und Denken ein.

17.2.1 Aufmerksamkeit

Aufmerksamkeit ist eine Voraussetzung für Informationsaufnahme und damit für Lernen. Liegen bei einem Schüler Störungen der Aufmerksamkeitsleistung vor, dann drohen kumulierte Lerndefizite. Die betroffenen Kinder und Jugendlichen zeigen häufig ein impulsives und überaktives Verhalten, neigen zum Träumen und Trödeln und verfügen

Wirksamkeitsüberprüfung

Aufgrund der praktischen Bedeutsamkeit und des zu betreibenden zeitlichen und personellen Aufwandes sollten nur Trainingsverfahren eingesetzt werden, für die ein Wirksamkeitsnachweis im Rahmen geeigneter empirischer Untersuchungen erbracht wurde. Es muss gezeigt werden, dass ein Training auch tatsächlich jene Fähigkeiten und Fertigkeiten fördert, die es zu fördern beansprucht. Idealiter erfolgt eine solche Überprüfung unter der Nutzung von experimentellen oder quasi-experimentellen Trainingsstudien. Um zu aussagekräftigen Ergebnissen zu gelangen, sind zwei Aspekte bei der Wirksamkeitsüberprüfung zentral (für eine ausführliche Diskussion Hager, 2008; oder Hager, Patry & Brezing, 2000). Der erste Aspekt ist das Untersuchungsdesign: Das zu überprüfende Training muss seine Wirksamkeit im Vergleich zu geeigneten Kontrollgruppen zeigen. Die Wirksamkeit eines Trainings ist noch nicht gezeigt, wenn sich die Trainingsteilnehmer von Trainingsbeginn zu Trainingsende in der trainierten Fertigkeit verbessern. Ein solcher Befund könnte ja auch die Konsequenz von Reifungseffekten sein. Um die Wirksamkeit eines Trainings zu belegen, sollte es mit unbehandelten Wartekontrollgruppen (Test gegen Reifungseffekte), mit einem Alternativtraining (das sind Trainings, die die gleichen oder ähnliche Trainingsziele haben) und mit einem Placebotraining (das sind Trainings, die nicht auf die anvisierte Fertigkeit wirken sollen) verglichen werden. Der Vergleich mit einem Placebotraining ist notwendig, um etwaige Zuwendungs- oder Neuheitseffekte als Alternativerklärungen für Fortschritte der Trainingsgruppe ausschließen zu können.

Der zweite Aspekt betrifft den gezeigten Transfer. Die Wirksamkeit des Trainings muss mit geeigneten Messinstrumenten zu angemessenen Testzeitpunkten nachgewiesen werden (Hasselhorn & Hager, 2008). Die Leistungsverbesserungen sollten über die spezifischen, im Training genutzten Aufgaben hinausgehen und sich auch noch längere Zeit nach dem Ende des Trainings in Follow-up-Messungen nachweisen lassen. Darüber hinaus ist es wünschenswert, dass der Nachweis der Wirksamkeit eines Trainingsverfahrens mehrfach erbracht wird (Replikation). Wirksamkeitsüberprüfungen können differenzielle Wirksamkeiten eines Trainings zu Tage fördern. Hierunter versteht man, dass die Wirksamkeit eines Trainings beim Vorliegen bestimmter individueller Voraussetzungen höher ist als bei anderen Ausprägungen dieser Merkmale. So fanden Souvignier und Lienert (1998), dass eine Förderung räumlichen Denkens insbesondere bei solchen Schülern hohe Effekte bewirkte, die zwar über ein vergleichsweise hohes Ausgangsniveau räumlicher Fähigkeiten verfügten, die sich in der Auseinandersetzung mit dem konkreten Trainingsmaterial aber eher schwer taten. Eine solche „optimale Passung" kann sich natürlich auch auf bestimmte Persönlichkeitsmerkmale (z. B.

Offenheit für neue Erfahrungen bei einem Training sozialer Kompetenzen) beziehen. Dieser Befund spiegelt im Hinblick auf die höheren Trainingseffekte bei Schülern mit höheren Ausgangsleistungen den in der Trainingsforschung häufig beobachteten „Matthäus-Effekt" – gemäß der Bibelstelle Mt 25,29 „Denn wer hat, dem wird gegeben, und er wird im Überfluss haben" – wider. Ein Training ist nicht per se für jeden gleich wirksam und vor dem Hintergrund des „Matthäus-Effekts" scheint es wichtig zu überprüfen, ob ein Training tatsächlich seine Zielgruppe erreicht. Für Trainingsautoren stellt sich meist die Problematik, dass die Wirksamkeitsüberprüfung im Feld erfolgen muss. Dies bringt häufig mit sich, dass die methodischen Anforderungen an Evaluationen pädagogisch-psychologischer Interventionen (Hager et al., 2000) nur eingeschränkt realisiert werden können (z. B. hat man in vielen Untersuchungskontexten keine Möglichkeit, die Probanden randomisiert den verschiedenen Bedingungen zuzuweisen, weil z. B. das Herausnehmen von Schülern aus dem Klassenverband nicht möglich ist). Es erscheint daher angebracht, sich bei der Überprüfung der Wirksamkeit neben methodischen Standards auch daran zu orientieren, was im Feld machbar ist, solange die resultierenden Einschränkungen bei der Interpretation von Untersuchungen angemessen berücksichtigt werden.

Sind kognitive Grundfunktionen trainierbar?

Kognitive Grundfunktionen sind Bestandteil des kognitiven Apparats. Dieser ist durch strukturelle Merkmale (z. B. begrenzte Kapazität des Arbeitsgedächtnisses) gekennzeichnet, die nicht veränderbar sind (► Kap. 1). Angesichts dieser Eigenschaft des kognitiven Apparats stellt sich die Frage, ob kognitive Grundfunktionen überhaupt trainiert werden können. Manche Autoren vertreten die Auffassung, dass dies nur in einem engen Rahmen möglich ist (z. B. Weinert, 2001; Hartig & Klieme, 2006). Demgegenüber stehen vielfältige Trainingsstudien, die erstaunliche Trainingseffekte auf Gedächtnis- oder Denkleistungen belegen. So berichten z. B. Kliegl, Smith und Baltes (1989) davon, dass bei entsprechender Übung Individuen ihre Merkleistung beim Listenlernen vervielfachen. Wie kann dieser offenkundige Widerspruch aufgelöst werden? In kognitiven Trainings geht es keineswegs um eine Modifikation struktureller Merkmale des kognitiven Apparats. Trainingsziel ist vielmehr die Vermittlung von Strategien, die eine effizi-entere Nutzung des kognitiven Apparats erlauben. In der Untersuchung von Kliegl et al. (1989) ist das die Merkstrategie der „Methode der Orte". Durch die Nutzung solcher Strategien lassen sich die kognitiven Leistungen deutlich steigern, auch wenn die strukturellen Merkmale des kognitiven Apparats davon unberührt bleiben. Kognitive Grundfunktionen sind also in einem praktisch relevanten Umfang trainierbar.

nur über eine geringe Ausdauer (Barkley, 2005; Lauth & Schlottke, 2009). Trainingsprogramme zur Förderung der Aufmerksamkeit sind auf diese Kinder und Jugendlichen zugeschnitten; mit den Trainingsverfahren sollen kurative Ziele erreicht werden.

Verschiedene Ansätze sind in diesem Bereich erprobt worden. Lauth (2004) konstatiert, dass ursprünglich versucht wurde, die Defizite durch wiederholtes Bearbeiten einfacher Konzentrationsaufgaben zu beseitigen. Es ist bekannt, dass die Bearbeitung von Aufgaben aus Konzentrationstests zu enormen Übungseffekten führt, jedoch lassen sich keine Transfereffekte auf andere Aufgabenstellungen nachweisen (Westhoff & Dewald, 1990; Westhoff & Hagemeister, 2001). Es verwundert daher nicht, dass sich solche Trainingsverfahren als ungeeignet erwiesen, um Aufmerksamkeitsdefizite im schulischen Bereich nachhaltig zu reduzieren.

Aktuelle Programme zur Aufmerksamkeitsförderung verfolgen einen grundlegend anderen Ansatz. Dabei wird von Bedingungsmodellen der Aufmerksamkeitsdefizit-/Hyperaktivitätsstörung ausgegangen, die neben neurobiologischen Besonderheiten (z. B. gestörte autonome Regulationsprozesse) bei den betroffenen Kindern und Jugendlichen Defizite im Bereich der Selbstkontrollkompetenzen sehen. Während die neurobiologischen Störungsgrundlagen potenziell medikamentös beeinflusst werden, bietet sich für die Defizite im Bereich der Selbstkontrollkompetenzen der Einsatz von Trainingsverfahren an, in denen Aufmerksamkeitskontrollstrategien vermittelt werden (Naumann & Lauth, 2008).

Das Vorgehen soll exemplarisch an dem von Lauth und Schlottke (2009) entwickelten **„Training mit aufmerksamkeitsgestörten Kindern"** beschrieben werden. Es handelt sich dabei um ein kognitiv-behaviorales Interventionsprogramm für aufmerksamkeitsgestörte/hyperaktive Kinder im Alter von 7–12 Jahren. Eine Besonderheit des Trainings von Lauth und Schlottke (2009) ist sein modularer Charakter. Das Training besteht aus insgesamt 5 Therapiebausteinen. Neben einem Basistraining und einem Strategietraining sind dies eine Elternanleitung, eine Wissensvermittlung sowie ein Modul zur Vermittlung von sozialen Kompetenzen. Zentrale Elemente sind das Basistraining und das Strategietraining. Das Basistraining besteht aus 13 Lektionen. Im Basistraining werden Grundfertigkeiten zur Aufmerksamkeit eingeübt. Die Kinder üben anhand einfacher Aufgaben „genau hinzuschauen", „genau hinzuhören" oder auch „genau nachzuerzählen". Dazu werden u. a. komplexes Bildmaterial, Audiodateien mit sprachlichen Informationen, die von Störgeräuschen überlagert sind und kurze Geschichten verwendet. Die Übungen setzen an einer basalen Verhaltenssteuerung an, die die Voraussetzung für komplexere Aufmerksamkeitsleistungen bildet. Im Anschluss an diese Übungen wird im Basistraining in der 7. Lektion eine Stopp-Signal-Karte eingeführt. Unter Nutzung dieser Karte sollen die Kinder in entsprechenden Übungen lernen, ihre Reaktionen zu verzögern und damit ihre Impulsivität zu kontrollieren. Gegen Trainingsende sollen die Kinder sich die Karte nur noch vorstellen und sich mental eine entsprechende Anweisung zur Reaktionsverzögerung geben.

Das Strategietraining baut auf dem Basistraining auf und besteht aus 12 Lektionen. Im **Strategietraining** wird eine allgemeine Problemlösestrategie vermittelt. Diese besteht aus einer Abfolge von 6 Schritten:

1. Was ist meine Aufgabe?
2. Ich mache mir einen Plan.
3. Kenne ich etwas Ähnliches?
4. Sorgfältig und bedacht!
5. Halt-Stopp, überprüfe!
6. Das habe ich gut gemacht!

Die Anwendung der einzelnen Schritte wird durch die Nutzung entsprechender Strategiekarten unterstützt. Im Verlauf des Trainings nehmen die Komplexität und die Schulnähe der zu bearbeitenden Aufgaben zu. Durch die wiederholte Übung der Strategie soll ihre Nutzung weitgehend automatisiert werden, um so die vorhandenen Defizite in der Verhaltenssteuerung zu reduzieren. Gerade die Inhalte des Strategietrainings verdeutlichen, dass der Förderanspruch des Trainingspakets weit über das pure Training von Aufmerksamkeitsleistungen hinausgeht.

Die Wirksamkeit des Aufmerksamkeitstrainings ist in mehreren Evaluationsstudien untersucht worden. In einer Untersuchung von Lauth, Neumann, Roggenkämper und Heine (1996) zeigten sich in der Eltern- und Lehrerbeurteilung der Verhaltenssymptomatik deutliche Vorteile zugunsten der trainierten Kinder im Vergleich zu einer Wartekontrollgruppe. Trainingseffekte ließen sich teilweise bis zu 6 Jahre nach Trainingsende nachweisen (Linderkamp, 2002). Allerdings muss kritisch angemerkt werden, dass die Wirksamkeit des Trainings meist durch Eltern- und Lehrerbeurteilungen der Schüler, nicht jedoch durch objektive Testverfahren überprüft wurde.

Neben dem Training von Lauth und Schlottke (2009) existieren einige weitere Trainingsverfahren. Zu nennen sind hier insbesondere das „Marburger Konzentrationstraining" (Krowatschek, Krowatschek & Reid, 2011; Krowatschek, Krowatschek, Wingert & Schmidt, 2010) und das „Therapieprogramm für Kinder mit hyperkinetischem und oppositionellem Problemverhalten" (THOP; Döpfner, Schürmann & Fröhlich, 2002). Zudem gibt es Trainingsprogramme, die explizit auf Kindergarten- und Vorschulkinder zugeschnitten sind (Ettrich, 1998; Krowatschek, Albrecht & Krowatschek, 2013; ▶ Kap. 16).

17.2.2 Denken

Intelligenzleistungen, so wie sie mit den typischen Testverfahren erfasst werden, erfordern im Wesentlichen Denkleistungen (▶ Kap. 2). Es verwundert nicht, dass verschiedene Trainingsverfahren das Ziel haben, Denkkompetenzen zu verbessern. Im deutschen Sprachraum hat insbesondere das Denktraining nach Klauer (1989, 1991, 1993; für weiteres Aufgabenmaterial s. Marx & Klauer, 2007, 2009, 2011; für eine computergestützte Version siehe Lenhard, Lenhard & Klauer, 2012) eine breite Beachtung gefunden und vielfältige Diskussionen zur Trainierbarkeit intellektueller Leistungen angestoßen (z. B. Hager & Hasselhorn, 1998).

Das Denktraining hat differenzierte theoretische Grundlagen. Die spezifischen Trainingsinhalte ergeben sich aus einer Definition des induktiven Denkens und der von Klauer entwickelten präskriptiven Theorie des induktiven Denkens. Klauer definiert induktives Denken als jenes Denken, das „in der Entdeckung von Regelhaftigkeiten durch Feststellung der Gleichheit oder Verschiedenheit oder Gleichheit und Verschiedenheit bei Merkmalen oder Relationen besteht." (Klauer, 1993, S. 17). Diese Definition enthält zwei Facetten: Facette A – Gleichheit, Verschiedenheit, Gleichheit und Verschiedenheit; Facette B – Merkmale, Relationen. Durch die Kombination der einzelnen Elemente der Facetten ergeben sich 6 Kernaufgabentypen des induktiven Denkens:

1. Generalisierung (Gleichheit von Merkmalen)
2. Diskrimination (Verschiedenheit von Merkmalen)
3. Kreuzklassifikation (Gleichheit und Verschiedenheit von Merkmalen)
4. Beziehungserfassung (Gleichheit von Relationen)
5. Beziehungsunterscheidung (Verschiedenheit von Relationen)
6. Systembildung (Gleichheit und Verschiedenheit von Relationen).

Für die Trainingsinhalte folgt aus der Definition zum einen, dass die Trainingsaufgaben (möglichst gleichmäßig) aus den 6 Kernaufgabentypen stammen sollten, und zum anderen, dass die Trainingsteilnehmer beliebige Aufgaben des induktiven Denkens den Kernaufgabentypen zuordnen können. Im nachfolgenden Beispielkasten sind zwei Aufgaben aus dem „Denktraining für Kinder II" (Klauer, 1991) dargestellt. Bei der ersten Aufgabe handelt es sich um eine Generalisierung, bei der zweiten um eine Beziehungsunterscheidung.

> **Beispiel**
>
> **Zwei Aufgaben aus dem „Denktraining für Kinder II" (Klauer, 1991)**
> **Aufgabe A** (Generalisierung, Aufgabe 25):
> Klaus hat verschiedene Lieblingszahlen:
> 484 – 55 – 1621 – 878 – 323
> Welche dieser Zahlen gehört noch dazu? Begründe.
> 768 – 32 – 767 – 423 – 113
> **Aufgabe B** (Beziehungsunterscheidung, Aufgabe 101)
> Im Geometrieunterricht hat euer Lehrer eine Folge von Figuren an die Tafel gezeichnet (◻ Abb. 17.2). Leider hat er einen Fehler gemacht. Findest Du ihn?
> (Lösung Aufgabe A: 767; Lösung Aufgabe B: Parallelogramm und Rechteck müssen getauscht werden.)

◻ Abb. 17.2

Auch die präskriptive Theorie des induktiven Denkens (z. B. Klauer, 1993) ist von zentraler Bedeutung für die Trainingskonzeption. Diese Theorie beschreibt eine Strategie, die effizient und zuverlässig zur erfolgreichen Lösung von Aufgaben des induktiven Denkens führt. Als präskriptive Theorie hat sie keinen beschreibenden und erklärenden Anspruch für das induktive Denken im Alltag. Die Theorie legt aber fest, welches strategische Vorgehen im Denktraining erlernt werden soll. Die Strategie besteht im Wesentlichen aus einer Abfolge systematischer Vergleichsprozesse. Im Training wird sie durch eine Abfolge von Fragen umgesetzt, anhand derer die Bearbeitung der einzelnen Aufgaben strukturiert wird:

1. Was ist gesucht? (Identifikation des Aufgabentyps)
2. Wie muss ich vorgehen, um die Lösung zu finden? (Lösungsprozedur)
3. Wie kann ich meine Lösung kontrollieren? (Kontrollprozedur).

Im Gegensatz zum bereits vorgestellten Training mit aufmerksamkeitsgestörten Kindern (Lauth & Schlottke, 2009) wird das Denktraining meist mit allgemeiner Förderabsicht eingesetzt, d. h. die bereits bestehenden Kompetenzen im induktiven Denken sollen durch das Training weiterentwickelt werden. Die unterschiedlichen Varianten des Denktrainings umfassen jeweils 10 Lektionen, in denen jeweils 12 Aufgaben bearbeitet werden (▶ Beispiel „Zwei Aufgaben aus dem „Denktraining für Kinder II" (Klauer, 1991)). Das Denktraining hat eine zweiphasige Struktur. In den ersten 4 Lektionen wird die Aufgabenklassifikation erarbeitet. Die Trainingsinhalte ergeben sich in dieser Phase aus der Definition des induktiven Denkens. Ab der 5. Lektion steht dann die Vermittlung der Lösungs- und Kontrollprozedur im Vordergrund. Die 2. Phase des Trainings ist also an der präskriptiven Theorie des induktiven Denkens orientiert. Die erwarteten Leistungssteigerungen im induktiven Denken ergeben sich als Konsequenz der kompetenten Anwendung der neuen Strategie auf Aufgaben des induktiven Denkens.

Es gibt wenig andere Trainingsprogramme, die so häufig und umfangreich evaluiert wurden wie das Denktraining. Klauer und Phye (2008) berichten von insgesamt 74 Untersuchungen mit insgesamt fast 3.600 Probanden. Die mittlere Effektstärke für aus Intelligenztests entnommene Aufgaben des induktiven Denkens beträgt dabei $d = 0,52$, d.h. die trainierten Kinder und Jugendlichen sind unter Einbezug etwaiger Vortestunterschiede in der Nachtestung im Mittel ein wenig mehr als eine halbe Standardabweichung besser als Kinder und Jugendliche aus nicht trainierten oder mit einem Alternativtraining trainierten Gruppen. In 19 Untersuchungen wurden Follow-up-Erhebungen durchgeführt. Die Ergebnisse sprechen für die Stabilität der Effekte. Auch im Anschluss an die umfangreiche Metaanalyse von Klauer und Phye wurde eine Reihe weiterer Trainingsstudien durchgeführt (z. B. Barkl, Porter & Ginns, 2012), sodass sich die empirische Basis für die Bewertung des Trainings nochmals verbreitert hat.

Daneben gibt es eine Reihe von Untersuchungen, in denen die Wirksamkeit des Denktrainings für das Erlernen schulischer Inhalte untersucht wurde. Hierzu erhält mindestens eine Gruppe von Schülern das Denktraining, während eine andere Gruppe nicht trainiert wird oder an einem Alternativtraining teilnimmt. In der 2. Phase der Untersuchung bearbeiten die Schüler dann kürzere Unterrichtseinheiten. So nahmen z. B. in einer Untersuchung von Klauer (1994) Schüler an einer Unterrichtsstunde zum Thema der Klassifikation von Tieren teil. Die im Unterricht geforderten klassifikatorischen Leistungen sollten den zuvor trainierten Schülern leichter fallen, da induktives Denken das Erkennen von Klassifikationen umfasst. Wie erwartet erzielten die zuvor trainierten Schüler deutlich bessere Leistungen (Klauer, 1994). Über alle Studien hinweg, in denen die Einflüsse des Denktrainings auf schulisches Lernen untersucht wurden (insgesamt 38 Vergleiche), liegen die mittleren Effektstärken bei $d = 0,69$ (Klauer & Phye, 2008). Das Denktraining hat offenbar positive Wirkungen auf das Erlernen schulrelevanter Lerninhalte. Allerdings stehen Studien aus, in denen die Wirkung des Denktrainings auf den Lernerfolg im normalen Schulunterricht untersucht wird.

Während das Denktraining nach Klauer wie auch einige weitere Trainingsansätze (z. B. Sydow & Schmude, 2001) auf der gezielten Vermittlung einer Denkstrategie beruhen, gibt es andere Förderansätze, die auf eine Entwicklungsförderung hinauslaufen. Hier ist insbesondere der im deutschsprachigen Raum noch recht wenig bekannte, von Adey und Shayer (2002) entwickelte Ansatz zur kognitiven Akzellerierung durch das angeleitete Bearbeiten kognitiver Konflikte im naturwissenschaftlichen Unterricht zu nennen. Über einen Zeitraum von 2 Jahren werden hier in einem 14-tägigen Rhythmus im Rahmen des regulären Unterrichts sog. „thinking science lessons" mit dem Ziel durchgeführt, Denk- und Arbeitsweisen im Sinne formaler Operationen nach Piaget zu fördern.

17.3 Motivationstraining

Erfolgreiche Lernprozesse setzen einen gewissen Grad an Motivation aufseiten des Lerners voraus. Lehrende stehen somit vor dem Problem, wie sie eine ausreichende Bereitschaft zum Lernen bei den Lernenden sicherstellen können. Die aktuelle Motivation der Lernenden ist eine Funktion aus Personenmerkmalen (hierunter fallen im Wesentlichen die motivationsrelevanten Dispositionen; ▶ Abschn. 7.2) und Situationsmerkmalen (insbesondere den Anreizen). Somit bestehen zwei Ansatzpunkte zur Motivierung (Rheinberg & Fries, 1998; ▶ Abschn. 7.1):

1. Man kann Merkmale der Situation verändern und z. B. zusätzliche Anreize in die Lernsituation einführen, welche das Lernen attraktiver und damit motivierender machen. Dieses Vorgehen zielt auf eine kurzfristige Steigerung der Motivation ab und ist damit Bestandteil des Unterrichts (▶ Kap. 6 und ▶ Kap. 11), nicht aber eines Trainings und soll hier nicht weiter besprochen werden.

2. Der zweite Ansatzpunkt besteht in einer Veränderung von Personenmerkmalen. Bei diesem Vorgehen wird durch geeignete Interventionen versucht, lernrelevante motivationale Dispositionen langfristig positiv zu beeinflussen. Hierfür existiert eine Reihe von Trainingsverfahren (für einen Überblick Fries, 2010; Rheinberg & Fries, 2001, 2010; Ziegler & Finsterwald, 2008).

Wir beschränken uns nachfolgend auf die Darstellung von Verfahren, die eine Veränderung eines zentralen motivationalen Personenmerkmals, nämlich des ▶ **Leistungsmotivs** (▶ Kap. 7), zum Ziel haben.

Realistische Zielsetzungen fördern

Misserfolgsängstliche Schüler meiden mittelschwere Anforderungen, da Misserfolge bei mittelschweren Aufgaben besonders negative Selbstbewertungen nach sich ziehen. Im Training steht man daher vor dem Problem, wie man solche Schüler überhaupt dazu bringt, sich realistische Ziele zu setzen. Hierzu nutzt man Wurfspiele wie z. B. das Ringwurfspiel. Bei diesen Wurfspielen soll von einem selbstgewählten Abstand aus das Wurfziel getroffen werden und es werden in Abhängigkeit vom Abstand mehr oder weniger Punkte vergeben. Die Wahrscheinlichkeit eines Treffers sinkt mit größer werdendem Abstand. In den ersten Trainingssitzungen wird als Aufgabe vorgegeben, mit einer bestimmten Anzahl von Würfen (z. B. 5 Würfe) eine möglichst hohe Gesamtpunktzahl zu erreichen. Es ist also noch keine Anspruchsniveausetzung notwendig. Bei dieser Aufgabenstellung ist man am erfolgreichsten, wenn man von Entfernungen mit einer mittleren Erfolgswahrscheinlichkeit aus wirft, da man mehrfach trifft und pro Wurf auch eine größere Anzahl von Punkten erzielt. So ist z. B. bei 5 Würfen das Gesamtergebnis von 3 Treffern vom 5-Punkte-Abstand günstiger als ein fünfmaliges Treffen vom 2-Punkte-Abstand oder ein einmaliges Treffen vom 7-Punkte-Abstand. Die Struktur der Aufgabe legt den Teilnehmern nahe, von einem angemessenen Abstand aus zu werfen. Aufbauend auf dieser Erfahrung kann man dann in den weiteren Trainingssitzungen ein realistisches Zielsetzungsverhalten vermitteln.

Definition

Motive sind zeitlich stabile Wertungs- und Verhaltensdispositionen für thematisch abgrenzbare und zugleich allgemeine Klassen von Handlungssituationen. Das Leistungsmotiv umfasst die Wertungs- und Verhaltensdispositionen für den Leistungsbereich, wobei das Leitthema des Leistungsmotivs in der „Auseinandersetzung mit einem als verbindlich erachteten Gütemaßstab" besteht. Wie bei Motiven i. Allg. wird auch beim Leistungsmotiv zwischen einer Annäherungskomponente (Hoffnung auf Erfolg) und einer Meidungskomponente (Furcht vor Misserfolg) unterschieden.

Schon früh wurde in der Leistungsmotivationsforschung versucht, das Leistungsmotiv durch gezielte Interventionen zu verändern (DeCharms, 1979; McClelland & Winter, 1969). Eine präzisere Differenzierung zwischen verschiedenen Ansatzmöglichkeiten für die Vorgehensweise lieferte jedoch erst das Selbstbewertungsmodell der Leistungsmotivation (Heckhausen, 1975; Fries, 2002; Rheinberg & Vollmeyer, 2011). Im **Selbstbewertungsmodell** wird die erfolgszuversichtliche oder misserfolgsängstliche Ausprägung des Leistungsmotivs als Resultat dreier Prozesskomponenten gesehen. Es sind dies:

1. Ziel- und Anspruchsniveausetzung
2. Ursachenzuschreibung
3. Selbstbewertung.

Diese Prozesskomponenten beeinflussen sich gegenseitig und stabilisieren sich dabei wechselseitig. Im Motivationstraining muss daher an allen drei Komponenten angesetzt werden. Durch das Training soll eine erfolgszuversichtliche Ausprägung des Leistungsmotivs erzielt werden. Konkret bedeutet das, dass misserfolgsängstliche Trainingsteilneh-

mer entgegen ihrer bisherigen Verhaltenstendenzen lernen sollen,

- sich **realistische Ziele** zu setzen (► Exkurs „Realistische Zielsetzungen fördern"),
- **erfolgszuversichtliche Ursachenzuschreibungen** zu zeigen (Erfolge eher internal und Misserfolge eher variabel zu attribuieren) und
- aus ihren Erfolgen mehr positive Selbstbewertungen zu ziehen als negative Selbstbewertungen aus ihren Misserfolgen (**positive Selbstbewertungsbilanz**).

Ausgehend von diesem Modell wurden verschiedene Evaluationsstudien mit Schülern durchgeführt (z. B. Krug & Hanel, 1976; Rheinberg & Günther, 2005). Zu Beginn kommen in diesen Motivationstrainings einfache Spiele wie z. B. das Ringwurfspiel oder das Labyrinthspiel zum Einsatz. Im Verlauf der Trainings werden die eher spielerischen Materialien immer mehr durch schulnahes Material ersetzt. Die Aufgaben haben jeweils einfache Schwierigkeitsstaffelungen (z. B. Abstände bei Wurfspielen) und die Erfolge bzw. Misserfolge hängen zentral von der eigenen Anstrengung ab. An diesen Materialien werden die drei Prozesskomponenten einer erfolgszuversichtlichen Motivausprägung eingeübt. Die Trainingsteilnehmer setzen sich vor der Bearbeitung der Aufgaben Ziele. Im Anschluss an die Aufgabenbearbeitung benennen sie Gründe für ihr erfolgreiches oder nicht erfolgreiches Abschneiden (Ursachenzuschreibung). Abgeschlossen wird die Sequenz durch Selbstbewertungsprozesse, die im Training z. B. durch das Beantworten entsprechender Abfragen angeregt werden. Obwohl diese Trainingsverfahren eine dauerhafte Veränderung des Leistungsmotivs und damit eines Persönlichkeitsmerkmals anstreben, ist es durchaus angemessen, den Trainingsbegriff auf solche Interventionen anzuwenden: Im Training wird prozedurales Wissen hinsichtlich motivationsförderlicher Anspruchsniveausetzungen, Ursachenzuschreibungen und Selbstbewertungen vermittelt und geübt.

Die auf der Basis des Selbstbewertungsmodells entwickelten Motivationstrainings wurden in einzelnen Studien evaluiert. Dabei zeigte sich, dass die trainierten Schüler sich im Anschluss an das Training im Vergleich zu nicht trainierten Schülern günstigere Ziele setzen sowie Misserfolge stärker auf Anstrengung und weniger auf mangelnde Fähigkeit attribuieren. Auch die Ausprägung des Leistungsmotivs – gemessen mit dem LM-Gitter nach Schmalt (1976) – wurde durch das Training in vorhergesagter Weise beeinflusst (Steigerung der Hoffnung auf Erfolg, Sinken der Furcht vor Misserfolg; Krug & Hanel, 1976; Rheinberg & Günther, 2005). Trotz dieser positiven Evaluationsbefunde sollten weitere Evaluationsstudien zur Wirksamkeit von Motivationstrainings durchgeführt werden. Insbesondere fehlen Untersuchungen, in denen langfristige Effekte des Trainings nachgewiesen werden konnten. Es ist zu vermuten, dass gerade der langfristige Erfolg von Motivationstrainings in besonderer Weise davon abhängt, ob die trainierten Schüler auf ein Umfeld treffen, in dem sie ihre veränderten Motivationsstrategien auch tatsächlich anwenden können; so muss z. B. im schulischen Kontext Raum für eigene Anspruchsniveausetzungen bestehen (Problem der Nachhaltigkeit; ▶ Abschn. 17.5).

Die bislang dargestellten Trainingsverfahren haben ausschließlich motivationale Förderziele. Man kann die Motivationsförderung jedoch auch mit anderen Förderzielen verbinden. So hat z. B. Fries (2002) ein Motivationstraining mit dem Denktraining nach Klauer (1991; ▶ Abschn. 17.2) kombiniert. Gerade die Motivationsförderung sollte hiervon profitieren, weil gleichzeitig lernrelevante Kompetenzen vermittelt werden, durch welche die zusätzlich investierte Anstrengung auch in einem tatsächlichen Lernerfolg mündet. Das **„Integrierte Training"** (Fries, 2002) umfasst 16 Lektionen und richtet sich an 10- bis 13-jährige Schüler. Neben Trainingsmodulen, die ausschließlich das Denken bzw. die Motivation fördern, umfasst das Training sog. integrierte Module. In diesen Modulen wird die Methode aus dem Motivationstraining übernommen, das Material stammt hingegen aus dem Denktraining (▶ Abschn. 17.2.2). Die Bearbeitung der integrierten Module erfolgt in 3 Schritten. Im 1. Schritt legen die Teilnehmer fest, wie viele von insgesamt 6 Denkaufgaben sie anschließend korrekt lösen wollen (Zielsetzung). Im 2. Schritt werden die 6 Denkaufgaben eigenständig bearbeitet. Im 3. Schritt erfolgt die Leistungsfeststellung sowie im Anschluss daran eine Ursachenzuschreibung („Ich hatte Misserfolg, weil …") und eine Selbstbewertung. Innerhalb der integrierten Module werden also die für die Motivförderung zentralen Übungen der realistischen Zielsetzung, der erfolgszuversichtlichen Ursachenzuschreibung und der positiven Selbstbewertung direkt auf die Aufgaben des induktiven Denkens bezogen. Empirische Untersuchungen belegen die Wirksamkeit des „Integrierten Trainings"

(Fries, Lund & Rheinberg, 1999; Fries, 2002). Die Kopplung von Motivationsförderung mit anderen Trainingszielen erfolgt auch in anderen Trainingsverfahren. So wird in Verfahren zur Förderung des Leseverständnisses mit den Teilnehmern das Setzen realistischer Ziele geübt (Gold et al., 2006; ▶ Abschn. 17.4) oder auf die motivationsfördernde Wirkung der Trainingsinhalte geachtet (Guthrie, Wigfield & Perencevich, 2004; ▶ Abschn. 17.4).

Neben den skizzierten Programmen gibt es weitere Trainingsverfahren, die sich auf spezifische Teilziele richten. Zu nennen sind hier insbesondere Reattribuierungstrainings (Ziegler & Schober, 2001; Ziegler & Finsterwald, 2008) und Trainings zur Bezugsnormorientierung (Rheinberg & Krug, 2005).

17.4 Training kultureller Grundkompetenzen am Beispiel des Lesens und Schreibens

Bislang lag der Fokus dieses Kapitels auf Trainingsmaßnahmen zur Förderung kognitiver Grundfunktionen und der Motivation. Solche Inhalte zeichnen sich durch ihre bereichsübergreifende Bedeutung aus: Wir können nur lernen, wenn unsere Aufmerksamkeit die Aufnahme von Informationen zulässt, die dann im Gedächtnis verarbeitet werden. Wir initiieren nur dann (Lern-)Handlungen, wenn wir dazu motiviert sind.

In den folgenden Abschnitten wird dieser Blickwinkel verändert, indem kulturbezogene Grundkompetenzen wie Rechnen, Lesen und Schreiben ins Zentrum gerückt werden. Weil in der Pädagogischen Psychologie vor allem die beiden zuletzt genannten Bereiche intensiv erforscht wurden, fokussieren wir im Folgenden auf Programme zur Förderung des **Leseverständnisses**, des **Rechtschreibens** und des **Schreibens von Texten** für Kinder im Schulalter (zu Ansätzen zur vorschulischen Förderung von Vorläuferkompetenzen für den Schriftspracherwerb vgl. ▶ Kap. 16). Dabei wird deutlich werden, dass viele Erkenntnisse und Prinzipien, die bislang beschrieben wurden, auch in diesen beiden Domänen zum Einsatz kommen.

17.4.1 Training des Leseverständnisses

Übersichtsarbeiten über Ansätze zur Förderung des Leseverständnisses weisen übereinstimmend darauf hin, dass jenseits aller spezifischen Unterschiede vorliegender Trainingsmaßnahmen ein gemeinsames Ziel wirksamer Programme darin besteht, Leser zum Überprüfen des eigenen Leseverstehens anzuleiten (Gersten, Fuchs, Williams & Baker, 2001; Souvignier, 2009; Streblow, Schiefele & Riedel, 2012). Ein solchermaßen **aktiv reflektierendes Lesen**

Textdetektive

Das Programm „Wir werden Textdetektive" (Gold et al., 2006) ist für Schüler der Klassenstufen 5 und 6 konzipiert und umfasst etwa 28 Unterrichtsstunden. Eingebettet in die Rahmenhandlung einer Ausbildung zu Textdetektiven – in dieser Analogie wird der systematisch planvolle Charakter erfolgreichen Lesens deutlich – werden den Schülern 7 Lesestrategien in Verbindung mit Strategien zur motivationalen und kognitiven Selbstregulation vermittelt. Zunächst lernen die Schüler, dass individuelle Erfolge davon abhängig sind, sich realistische Ziele zu setzen (▶ Abschn. 17.3). Anschließend folgt ein umfangreicher Trainingsbaustein, bei dem Lesestrategien wie „Überschrift beachten" (zur Bewusstmachung vorhandenen Wissens), „Klären von Textschwierigkeiten" (Umgang mit unklaren Wörtern), „Verstehen überprüfen" (indem Fragen zum Text generiert werden) und

„Wichtiges zusammenfassen" (wie komme ich zu einer verkürzten Darstellung in eigenen Worten?) erarbeitet werden. Vor dem Hintergrund des Trainingsbausteins zur individuellen Zielsetzung werden die Schüler angeleitet zu reflektieren, ob die neuen Strategien sich tatsächlich als hilfreich erweisen. Die so individuell wahrgenommene Wirksamkeit der Strategien soll deren kontinuierliche Anwendung unterstützen. Schließlich werden die Schüler in einem letzten Trainingsbaustein dafür sensibilisiert, die Lesestrategien zielgerichtet einzusetzen. Sie lernen hier, sich nicht nach dem Prinzip „Viel hilft viel", sondern adaptiv in Abhängigkeit von der jeweiligen Lesesituation zu verhalten. Alle Inhalte des Textdetektive-Programms werden abschließend in Form eines „Leseplans" strukturierend zusammengefasst, in dem die Schritte Zielformulierung, Strategieauswahl, Strategieregulation

und Reflexion über den Leseerfolg als Arbeitsroutine vorgegeben werden. Zur Unterstützung der nachhaltigen Wirksamkeit des Programms wurde ein Wiederholungsprogramm entwickelt, das etwa 1 Jahr nach Durchführung des Trainings zur Auffrischung des Gelernten eingesetzt werden kann (Trenk-Hinterberger & Souvignier, 2006). Bei diesem strategiezentrierten Ansatz wird eine Verbesserung der Lesemotivation durch die Wahrnehmung eines Kompetenzzuwachses angestrebt. Insgesamt führte das Textdetektive-Programm zu Verbesserungen hinsichtlich des Lesestrategiewissens ($d = 0,82$), des Leseverständnisses ($d = 0,51$) und der lesebezogenen Selbstwirksamkeit ($d = 0,49$) (Souvignier & Mokhlesgerami, 2006; für eine ähnliche Befundlage zum Training siehe Souvignier & Trenk-Hinterberger, 2010).

---

wird dadurch unterstützt, dass Schüler sich selbst Fragen zum Text stellen und versuchen, wichtige Inhalte zusammenzufassen. Nicht zuletzt unter motivationalen Gesichtspunkten ist es wichtig, dass Leser sich klar machen, dass sie selbst den Prozess des Leseverstehens positiv beeinflussen können. Dieses zunächst schlicht anmutende Grundprinzip erfolgreichen Lesens – Nachdenken über das, was man gelesen hat – wird bei unterschiedlichen Förderansätzen in Anlehnung an je unterschiedliche theoretische Rahmenkonzepte mit abweichenden Nuancierungen umgesetzt. In diesem Abschnitt sollen zwei Ansätze exemplarisch vorgestellt werden, bevor eine Zusammenstellung zentraler Komponenten von Programmen zur Förderung des Leseverständnisses vorgenommen wird.

Ein Grundmuster vieler Förderprogramme, das in Einklang mit Theorien zum selbstregulierten Lernen steht (Pintrich, 2000; Zimmerman, 2000), lässt sich in drei Punkten zusammenfassen:

- Lerner müssen über bereichsspezifische Strategien verfügen. Beim Lesen sind das beispielsweise Strategien wie „unklare Begriffe klären", „Wichtiges zusammenfassen", „Textaussagen auf Kohärenz prüfen" oder „sich Anwendungsbeispiele zu Textinhalten überlegen".
- Der Einsatz dieser Strategien muss reflektiert und deren Wirksamkeit muss überprüft werden. Der Leser muss überlegen, welche Strategie in einer gegebenen Situation hilfreich sein könnte, und es muss kontrolliert werden, ob der Strategieeinsatz tatsächlich

erfolgreich war, um gegebenenfalls zu entscheiden, die Lernaufgabe in einer alternativen Weise anzugehen.
- Das eigene Lernverhalten muss motivational unterstützt werden, indem beispielsweise klare Ziele formuliert werden, indem ein Anwendungsbezug des Gelernten deutlich gemacht wird oder indem Anreize gesetzt werden.

Dieses Grundmuster aus dem Einsatz von Lesestrategien und einer motivationalen Unterstützung kann in der Praxis auf deutlich unterschiedliche Weise umgesetzt werden. Bei dem deutschsprachigen Unterrichtsprogramm „Wir werden Textdetektive" (Gold et al., 2006; ▶ Exkurs „Textdetektive") liegt der Fokus auf einer Anleitung zu strategieorientiertem Lesen. Der amerikanische Ansatz der „Concept Oriented Reading Instruction CORI" (Guthrie et al., 2004) basiert hingegen stärker auf Überlegungen zum motivierten aktiven Lesen (▶ Exkurs „Concept Oriented Reading Instruction"). Beide Programme haben sich als wirksame Maßnahmen zur Förderung des Leseverständnisses erwiesen (z. B. Souvignier & Mokhlesgerami, 2006).

Neben diesen beispielhaft vorgestellten Programmen gibt es noch eine Reihe von Ansätzen, die das Thema **„motivierter Einsatz von Lesestrategien"** variieren. Als „Klassiker" der Leseförderung kann hier der „Reciprocal-Teaching-Ansatz" von Palincsar und Brown (1984) gelten, bei dem zunächst vier Lesestrategien vermittelt werden (Fragen formulieren, zusammenfassen, vorhersagen, Textschwierigkeiten klären), die anschließend in Kleingruppen

Concept Oriented Reading Instruction

Das CORI-Programm (Guthrie, Wigfield & Perencevich, 2004) richtet sich an Schüler der 3. Jahrgangsstufe und wird über einen Zeitraum von 12 Wochen durchgeführt, während derer täglich eine Doppelstunde für die Leseförderung aufgewandt wird. Thema des Programms ist das „Leben an Land und im Wasser", sodass ein erfahrungs- und anwendungsbezogener fächerübergreifender Unterricht möglich ist. Da motiviertes Lesen und der motivierte Einsatz von Lesestrategien der Ansatzpunkt des CORI-Programms sind, wird eine integrierte Lesemotivations- und -strategieförderung durch die Realisierung von 5 Instruktionsprinzipien angestrebt:

- Lesebezogene Lernzielorientierung („learning goals orientation"): Es wird vermittelt, dass die Aneignung von Wissen und ein tieferes Verstehen Ziel des Lernens sind und nicht die Noten am Ende des Schuljahres.

- Praktische Tätigkeiten („real world interaction"): Die Schüler führen selbst – begleitend zur Lektüre von Sachtexten – Experimente und Beobachtungen durch.

- Kontinuierliche Kompetenzunterstützung („competence support"): Ziele und effektive Strategien um die Ziele zu erreichen werden klar strukturiert vorgegeben, sodass die Lernenden selbst erfahren, wie sie Wissen und Kompetenz erwerben.

- Förderung der Autonomie („autonomy support"): Schülern werden Entscheidungsspielräume bei der Auswahl von Texten eingeräumt, um das selbstbestimmte Lernen und Lesen zu fördern.

- Förderung von Interaktion mit dem Lehrer („relatedness support"): Die Lehrer befassen sich fortlaufend mit den individuellen Interessen

der Schüler, und sie drücken dieses Interesse auch explizit aus.

Diese motivationstheoretisch begründeten instruktionalen Prinzipien werden durch eine gezielte Strategievermittlung unterstützt. Diese Strategien beziehen sich darauf, dass die Schüler beim Lesen ihr Vorwissen nutzen, sich selbst Fragen zum Text stellen, verschiedene Texte lesen, kritische Inhalte extrahieren, Informationen integrieren sowie Verstandenes kommunizieren und darstellen. Der CORI-Unterricht wird über weite Unterrichtsphasen in selbstständig arbeitenden Kleingruppen umgesetzt. Den Lehrern werden umfangreiche Materialien und ein Instruktionshandbuch zur Verfügung gestellt, die während einer zweiwöchigen Schulung zur Vorbereitung auf den Unterricht genutzt werden.

angewandt werden. Dabei übernehmen Schüler wechselseitig die Lehrerrolle und bekommen so die Verantwortung für den selbstständigen, kooperativen Strategieeinsatz übertragen. Kombiniert mit einem zusätzlichen Baustein zur Förderung selbstregulierten Lernens, konte die Nachhaltigkeit dieses Ansatzes noch einmal gesteigert werden (Schünemann, Spörer & Brunstein, 2013). In ähnlicher Weise gilt für fast alle in der Praxis bewährten Konzepte, dass zentrale Trainingsbausteine benannt werden können, die in je unterschiedlicher Gewichtung miteinander kombiniert wurden. Eine Sichtung der Literatur zur Förderung des Leseverständnisses führt hier zu sechs Merkmalen effektiver Leseförderung (Souvignier, 2009):

- **Vermittlung von Lesestrategien:** Es sollten sowohl Strategien, die einer Verdichtung der Textvorlage dienen (Zusammenfassen) als auch solche Strategien vermittelt werden, die über den konkreten Textinhalt hinausweisen (Fragen generieren). Ergänzt um Strategien zum Klären unklarer Begriffe bilden solche Strategien das Grundgerüst von Strategieprogrammen.

- **Aufbau metakognitiver Kompetenzen:** Die Schüler müssen in die Lage versetzt werden, den Einsatz von Strategien zu planen und zu regulieren. Hier ist auch das zentrale Trainingsziel zu verorten, dass Leser zur Überwachung des eigenen Leseverstehens angeleitet werden müssen.

- **Vermittlung von Textstrukturwissen:** Das Wissen über den Aufbau von Texten in Form einer Geschichtengrammatik oder von Strukturmerkmalen von Sachtexten stellt dem Leser ein (Vorwissens-)Gerüst

zur Verfügung, in dessen Struktur konkrete Informationen eines Textes eingebaut werden können.

- **Explizite Instruktion von Strategiewissen:** Die initiale Vermittlung von Lesestrategiewissen muss explizit durch Trainer vorgenommen werden. Hier hat sich die modellhafte Demonstration des Einsatzes und der Reflexion über den Nutzen einer Lesestrategie bewährt, indem ein Trainer laut denkend illustriert, wie er mit Leseanforderungen umgeht.

- **Peer-Tutoring-Methoden:** Aufbauend auf einer lehrergeleiteten Strategievermittlung hat sich das eigenverantwortliche Einüben der Strategienutzung in Kleingruppen bewährt. Auf diese Weise steigt die Übungsintensität und Lernende müssen (metakognitiv) reflektieren, welche Strategie in welcher Situation zielführend eingesetzt werden kann.

- **Motivationale Unterstützung:** Zur Förderung der Lesemotivation sind die 4 Aspekte
  1. soziale Einbindung,
  2. Kompetenzerleben,
  3. Selbstbestimmung und
  4. Bedeutung des Lernstoffs entscheidend.

- Entsprechend wird Lesen dann als motivierend empfunden, wenn in Kleingruppen ein hohes Maß an Austausch und Auseinandersetzung mit den Texten ermöglicht wird, wenn thematisches Vorwissen oder der Einsatz von Lesestrategien das Erleben eigener Kompetenz unterstützen und Schüler sich durch Einbindung in die Themenwahl als selbstbestimmt erleben können.

Wenngleich nicht all diese sechs Merkmale umgesetzt sein müssen (dies ist bisher nur bei dem CORI-Programm der Fall), hat sich in Untersuchungen mit unterschiedlich komplex aufgebauten Förderprogrammen gezeigt, dass jeweils die „theoretisch vollständigere" Version die höchsten Effekte bewirkte (Guthrie et al., 2004; Souvignier & Mokhlesgerami, 2006). Wenngleich dieser Befund aus einer theoriebezogenen Position zu erwarten ist (und letztlich auch eine Bestätigung theoretischer Konzepte darstellt), so stellt er für die Förderpraxis doch eine nennenswerte Hypothek dar: Mit der Überlegenheit theoretisch fundierter, inhaltlich komplexer Programme steigt die Anforderung an Trainer und Lehrkräfte, diese umfassenden Konzepte in den alltäglichen Unterricht zu übertragen. Dies unterstreicht auch für den Bereich der Leseförderung die Bedeutung der Frage nach wirksamen Implementationskonzepten (▶ Abschn. 17.5).

17.4.2 Schreiben

Im Hinblick auf das Training von Schreibkompetenzen ist es sinnvoll, zwei Domänen zu unterscheiden: Das Rechtschreiben und das Schreiben von (informativen, spannenden, gut gegliederten) Texten. Parallelen zur Leseförderung liegen insofern vor, als vorschulische präventive Maßnahmen zur Förderung phonologischer Bewusstheit und der Buchstabe-Laut-Zuordnung als wirksamste Möglichkeit zur Vermeidung von Rechtschreibschwierigkeiten angesehen werden können (Schneider & Marx, 2008) und wirksame Programme zur Förderung des Schreibens von Texten auf theoretischen Modellen zum selbstregulierten Lernen basieren (z. B. Harris & Graham, 1996).

Rechtschreiben

Am Beispiel des Rechtschreibens lässt sich sehr gut verdeutlichen, wie wichtig ein frühzeitiger Einstieg in fördernde Maßnahmen ist. Anfangsunterricht im Schreiben ist häufig dadurch gekennzeichnet, dass Kinder Buchstabe-Laut-Korrespondenzen lernen. Verbunden mit dem Ziel, die Schreibmotivation durch freies Schreiben und vielfältige Schreibanlässe zu unterstützen, erfolgt eine gezielte Überprüfung und Rückmeldung von Rechtschreibleistungen häufig erst zeitlich verzögert. Eine späte Feststellung von Rechtschreibschwierigkeiten (etwa in der 3. Klasse) erschwert die Förderung insofern, als der Aufbau von Rechtschreibkompetenzen einer klaren Abfolge von Phasen unterliegt (vgl. Marx, 2007) und entsprechend viele Lernschritte „nachgeholt" werden müssen:

- **Einsicht in Buchstabe-Laut-Korrespondenzen:** Den Kindern muss deutlich werden, dass jedem gehörten Laut ein geschriebener Buchstabe zugeordnet werden kann. Phonologische Bewusstheit (▶ Kap. 16) ist also

(auch) eine notwendige Kompetenz für das (Recht-)Schreiben. Das Würzburger Trainingsprogramm „Hören, lauschen, lernen" (Küspert & Schneider, 2006) stellt somit auch eine wirksame Möglichkeit zur Prävention von Rechtschreibschwierigkeiten dar.
- **Lautgetreue Schreibung:** Im Übergang zur Beachtung orthografischer Muster lernen Kinder Wörter lautgetreu zu schreiben. Zunächst werden Wörter rhythmisiert und in Silben zerlegt, bevor einfache Rechtschreibregeln (z. B. Konsonantenverdopplung lässt sich beim Zerlegen in Silben heraushören) behandelt werden. Das Programm „Lautgetreue Lese-Rechtschreibförderung" von Reuter-Liehr (2001) hat sich in diesem Bereich als eine wirksame Möglichkeit zur Förderung erwiesen.
- **Orthografische Strategie:** Darauf aufbauend ist eine gezielte Förderung von Rechtschreibregeln anzustreben, wie sie beispielsweise in dem „Marburger Rechtschreibtraining" von Schulte-Körne und Mathwig (2000) vermittelt werden.

Daher gilt insbesondere für den Bereich des Rechtschreibens, dass eine frühzeitige Diagnose möglichen Förderbedarfs, beispielsweise durch den Einsatz des „Bielefelder Screenings zur Früherkennung von Lese-Rechtschreibschwierigkeiten" (BISC; Jansen, Mannhaupt, Marx & Skowronek, 1999), und eine unmittelbar einsetzende Förderung die Chance einer erfolgreichen Intervention deutlich erhöhen.

Schreiben von Texten

Schreiben ist ein komplexer Prozess. Namhafte Schriftsteller weisen – bei individuell sehr unterschiedlichen Strategien – gerne darauf hin, wie arbeitsintensiv und aufwändig das Planen, Erstellen und Überarbeiten eines Textes sind. So berichtet Truman Capote („Kaltblütig", „Frühstück bei Tiffany"), dass er einem ersten handschriftlichen Entwurf eine vollständige handschriftliche Überarbeitung folgen lässt, bevor er eine zweite maschinengeschriebene Revision auf gelbem Papier erarbeitet, der dann – mit einigem zeitlichem Abstand – eine weitere Überarbeitung auf weißem Papier folgt. Andere Autoren berichten von einer minutiösen Planung ihrer Texte, sodass einer vollständigen Festlegung der Handlung in einem zweiten Schritt die „schriftstellerische" Phase der Ausformulierung folgt (Graham, 2006). Solchen eher anekdotischen Annäherungen an den Schreibprozess stehen mehrere wissenschaftlich fundierte Modelle des Schreibens zur Seite (Hayes & Flower, 1980; Bereiter & Scardamalia, 1987). Indem diese Modelle auf der Basis von Protokollen lauten Denkens oder experimentellen Analysen der Auslastung kognitiver Ressourcen beschreiben, welche Anforderungen beim Schreiben eines spannenden oder überzeugenden Textes zu bewältigen

Exkurs

Self-Regulated Strategy Development (SRSD)

Harris und Graham (1996) haben ein Programm entwickelt, mit dem Schüler ab der zweiten Klasse an das Schreiben von Texten herangeführt werden können. Systematisch werden bei diesem „Self-Regulated-Strategy-Development"-(SRSD-)Programm domänenspezifische Schreibstrategien und metakognitives Strategiewissen mit der Vermittlung von Überwachungs- und Steuerungsfertigkeiten und einer Förderung motivationaler Kompetenzen integriert. Konkret verläuft das Programm über 6 Instruktionsstufen:

- **Entwickeln und Aktivieren von Hintergrundwissen:** Es wird Wissen über den Aufbau von Geschichten vermittelt, Stilmittel werden besprochen, und es werden Kriterien zur Bewertung von Geschichten erarbeitet.

- **Diskussion:** Es werden Strategien zum Aufbau von Geschichten erklärt (z. B. Anfang, Hauptteil, Abschluss), die aktuelle Schreibleistung wird ermittelt und es werden individuelle Ziele besprochen.

- **Modellieren:** Planungs- und Revisionsphase werden von einer Lehrkraft mit der Methode des lauten Denkens modelliert, indem Ideen generiert und in eine sinnvolle Abfolge gebracht werden und die erste Fassung des Textes überarbeitet wird.

- **Einprägen:** Die Schüler üben, die gelernten Strategien ohne Merkhilfen (z. B. Arbeitsblätter) aus dem Gedächtnis abzurufen.

- **Unterstützen:** Die Strategien werden nun von den Schülern angewendet,

Hilfen durch die Lehrkräfte werden zurückgenommen.

- **Unabhängige Leistung:** In dieser abschließenden Stufe setzen die Schüler die Strategien selbstständig ein, besprechen und bewerten ihre Texte in kleinen Gruppen.

Dieses Programm zeichnet sich durch eine systematische Anleitung zur Strategieanwendung, zur selbstständigen Reflexion des Arbeitsprozesses und der Bewertung des (Schreib-)Produkts sowie durch einen sukzessiven Übergang von expliziter Strategievermittlung, Modellierung des Strategieeinsatzes durch Lehrkräfte und kooperative Arbeitsformen (Schreibkonferenzen, gemeinsame Bewertung von Texten) zur eigenverantwortlichen Umsetzung der gelernten Fähigkeiten aus.

---

sind, geben sie gleichzeitig Hinweise auf Aspekte, die für ein Schreibtraining von zentraler Bedeutung sind.

Generell werden drei **Makroprozesse des Schreibens** unterschieden: das Planen, das Erstellen und das Überarbeiten (Hayes & Flower, 1980: „planning, translating and reviewing").

Planungsaktivitäten umfassen
a) das Generieren von Ideen,
b) eine Auswahl von Ideen, die sich in einer kohärenten Weise darstellen lassen und
c) das Benennen von Zielen, die bei der Erstellung des Textes realisiert werden sollen.

Beim **Erstellen eines Textes** müssen
a) Ideen in eine sprachliche Form (Sätze) transformiert werden, die anschließend
b) in eine Schriftform übertragen wird.

Bei der **Überarbeitung** wird schließlich
a) der geschriebene Text mit einem angestrebten Endzustand verglichen, es werden
b) Strategien ausgewählt, die eine Realisierung dieser Ziele erlauben und in einer abschließenden Phase werden
c) diese Strategien angewandt.

Die Komplexität des Schreibprozesses bedingt eine Vielzahl simultaner Anforderungen, deren Bewältigung durch strukturierende Trainings unterstützt werden sollte. Darüber hinaus deutet sich an, worin eine zentrale Herausforderung für Schreibanfänger und Schüler mit Schreibschwierigkeiten liegt: Sie benötigen Wissen über den genrespezifischen

Aufbau von Texten und sie benötigen mentale Ressourcen, um den Schreibprozess zu planen, zu überwachen und Geschriebenes zu revidieren (Bereiter & Scardamalia, 1987). Insbesondere die metakognitiven Fähigkeiten der Koordination von Schreibaktivitäten sind eine Schwierigkeit für ungeübte Schreiber. Wie diese theoretischen Grundlagen für ein Training von Schreibfähigkeiten umgesetzt werden können, soll beispielhaft an einem Programm von Harris und Graham (1996) illustriert werden (▶ Exkurs „Self-Regulated Strategy Development (SRSD)").

Mehrere Evaluationsstudien belegen die hohe Wirksamkeit des SRSD-Programms (Graham, 2006). Untersuchungen von Glaser und Brunstein (2007a, b) spezifizieren die Befundlage dahingehend, dass die hohe Wirksamkeit dieses Programms maßgeblich durch Maßnahmen zur Förderung selbstregulatorischer Kompetenzen erzielt wird. Neben einer Programmversion, in der Schülern der 4. und 6. Klasse Schreibstrategien in Anlehnung an das SRSD-Programm vermittelt wurden, wurden in einer zweiten Gruppe zusätzlich Selbstregulationskompetenzen der Planungsfähigkeit („self-monitoring and strategic planning"), Selbstbewertung („self-assessment"), Überwachung von Revisionsaktivitäten („self-monitoring of revision activities") sowie ergebnis- und prozessbezogene Ziele („criterion setting and procedural goals") trainiert. Es zeigte sich, dass die Kombination aus Selbstregulations- und Strategietraining eine deutlich höhere Wirksamkeit aufwies als das reine Strategietraining und „klassischer" Schreibunterricht, der mit Kontrollschülern durchgeführt wurde. Zusammenfassend stellt Graham (2006) fest, dass bei der Förderung von Fähigkeiten zum Schreiben von Texten drei Prinzipien beachtet werden sollten:

- Strategien zum Schreiben von Texten, Schreibfertigkeiten und Wissen über Textgenres sollten direkt und explizit durch Lehrkräfte vermittelt werden.
- Der eigentliche Schreibprozess sollte durch klare Strukturierungshinweise unterstützt werden, sodass Schüler unmittelbare Erfolgserlebnisse haben, die wiederum motivierend sind.
- Die Entwicklung von Schreibkompetenzen sollte durch den Einsatz von Peer-tutoring-Methoden und Kleingruppen unterstützt werden, die eine intensive Auseinandersetzung mit dem Schreibprozess und den Schreibprodukten bewirken.

17.5 Implementation von Trainingsprogrammen

Die Trainingsforschung erhebt zu Recht Anspruch auf eine hohe Praxisrelevanz. Hohe methodische Standards wie die Überprüfung der langfristigen Wirksamkeit in Follow-up-Erhebungen, die Kontrolle der Durchführungsqualität und der (Un-)Abhängigkeit der Effekte von den jeweiligen Lehrkräften tragen dazu bei, die Wirksamkeit vorliegender Programme realistisch einschätzen zu können (z. B. Glaser & Brunstein, 2007b; Klauer, 2001b). Ein nächster Schritt, der über die theoriegeleitete Entwicklung und den empirischen Nachweis der Wirksamkeit von Trainingsprogrammen hinausgeht, liegt allerdings darin, die Umsetzung solcher Konzepte in der Breite von Beratungsangeboten, Kindergarten- und Schulalltag zu sichern. Insofern bewegt sich die Frage nach wirksamen Implementationskonzepten an einer Schnittstelle zwischen „Training" und „Unterricht", in dem Trainingskonzepte und Materialangebote nicht als isolierte Programme vermittelt werden, sondern in den umfassenderen Rahmen institutionalisierter Bildungsangebote eingebettet werden. Damit hat die Frage der ▶ Implementation (Umsetzung bzw. Verbreitung) einen eigenständigen Stellenwert, der über die Feststellung des Vorliegens wirksamer Trainingskonzepte hinausgeht:

- Zum einen ist die Wirksamkeit eines Programms abhängig von der **Qualität seiner Durchführung.** So zeigte sich in Studien von Klauer (1996) sowie Schneider, Küspert, Roth, Visé und Marx (1997), dass die Effekte des Aachener Denktrainings (▶ Abschn. 17.2) und des Würzburger Trainingsprogramms „Hören, Lauschen, Lernen" in Abhängigkeit von den jeweiligen Trainern deutliche Unterschiede aufwiesen. Auch metaanalytische Befunde zur Wirksamkeit von Trainings sozial-emotionaler Kompetenzen (Beelmann, 2006) sowie von Programmen zur Förderung des Leseverständnisses (Souvignier & Antoniou, 2007) weisen darauf hin, dass deren Effekte deutlich höher ausfallen, wenn sie in einem kontrollierten Forschungssetting durchgeführt und nicht in Praxisfeldern umgesetzt wurden.
- Ein zweiter kritischer Punkt liegt in der **Akzeptanz neuer Förderkonzepte.** So stellen Gräsel und Parchmann (2004) in einem Übersichtsartikel deutliche Widerstände gegenüber von administrativer Seite verordneten Veränderungen wie der Einführung alternativer Unterrichtskonzepte fest. Nicht zu vernachlässigen ist auch der zeitliche Mehraufwand, der mit der Auseinandersetzung mit neuen Fördermaßnahmen einhergeht. Kline, Deshler und Schumaker (1992) haben im Zuge der Einführung strategieorientierten Unterrichts spezifische „Barrieren" aufseiten der Lehrenden festgestellt. Diese bestanden sowohl in Unsicherheiten darüber, ob die innovativen Unterrichtskonzepte adäquat umgesetzt werden konnten als auch in einer Grundhaltung, dass Schüler notwendige Fähigkeiten als Folge von Entwicklungsprozessen „von alleine" erwerben.
- Ein dritter Punkt, der gerade im Zusammenhang mit „fertigen" Trainingsprogrammen von Bedeutung ist, liegt in der Frage der **Nachhaltigkeit**: Was passiert, wenn ein Programm zur Förderung von Motivation, sozialer Kompetenz oder der Schreibfähigkeit abgeschlossen ist? Übernehmen Lehrkräfte und Lernende die wesentlichen Prinzipien in ihren (Lern-)Alltag oder werden im Anschluss an ein Trainingsprogramm wieder die alten Lerngewohnheiten aufgenommen? Gräsel und Parchmann (2004, S. 204) weisen darauf hin, „dass es unrealistisch ist, den Unterricht dadurch verändern zu wollen, indem man Schulen und Lehrkräften neue Materialien zur Verfügung stellt und darauf hofft, dass diese wie geplant umgesetzt werden".

Diese drei für eine breite Umsetzung von Trainingsprogrammen kritischen Punkte zielen jenseits der Qualität solcher Programme darauf ab, dass Umsetzung und Nachhaltigkeit durch begleitende Maßnahmen unterstützt werden sollten. Im Hinblick auf die Qualität der Umsetzung müssen Programme also weitestgehend selbsterklärend sein und/oder durch entsprechende Fortbildungsmaßnahmen vermittelt werden. Um eine hohe Akzeptanz zu erreichen, ist es wichtig, dass Lehrende bei der Entscheidung zur Einführung neuer Programme beteiligt werden, die zeitliche Belastung durch Fortbildungsmaßnahmen möglichst gering gehalten wird, die Programme praktisch erprobt sind und die Wirksamkeit der Programme unmittelbar zu erfahren ist (Gräsel & Parchmann, 2004; Guskey, 1986; Van Keer & Verhaeghe, 2005). Eine Nachhaltigkeit kann schließlich nur dann erreicht werden, wenn die Durchführung eines Programms ein Umdenken und eine Veränderung des Lehrerhandelns („teacher change") zur

Folge hat, was in aller Regel weiterer Unterstützung und einer (angeleiteten) Reflexion von Trainingseffekten bedarf (Kline et al., 1992; Souvignier & Trenk-Hinterberger, 2010; Wahl, 2002).

Angesichts dieser vielfältigen Anforderungen an einen erfolgversprechenden Implementationsprozess ist es gut nachvollziehbar, dass Kline et al. (1992, S. 380) skeptisch fragen, ob es überhaupt funktionieren kann, Ergebnisse der Trainingsforschung in die breite Praxis zu übertragen: „Can strategy instruction be incorporated into educational practices in thousands of schools throughout the nation?" In einem umfassend angelegten Forschungsprogramm überprüften sie daher, ob Lehrkräfte vorgegebenes Unterrichtsmaterial in sinnvoller Weise in die schulische Praxis übertrugen und welche Maßnahmen notwendig sind, um die langfristige Anwendung innovativer Konzepte zu sichern. Während Kline et al. (1992) generell eine gelungene Adaptation vorgegebener Unterrichtsmaterialien berichten, weisen Beobachtungen von Souvignier, Küppers und Gold (2003) darauf hin, dass die Vorgabe fertiger Unterrichtsprogramme auch leicht damit einhergehen kann, dass Lehrkräfte solche Materialien „stur" abarbeiten. Zur Implementation eines Programms sollte daher immer eine praxisbegleitende Reflexion des (veränderten) Lehrerhandelns gehören (Wahl, 2002). So geht auch Guskey (1986; vgl. Clarke & Hollingsworth, 2002) in seinem Modell der Lehrerfortbildung davon aus, dass Lehrkräfte in Folge einer Veränderung ihres Unterrichtshandelns zunächst bewusst höhere Lernerfolge aufseiten der Schüler erleben müssen, bevor sie ihre generellen Einstellungen gegenüber Förderprogrammen bzw. den Prinzipien neuer Unterrichtskonzepte verändern. Das bedeutet, dass es für einen erfolgreichen Implementationsprozess in einem ersten Schritt notwendig ist, die Akzeptanz zur Durchführung eines Förderprogramms zu gewinnen. In einem zweiten Schritt müssen die Erfahrungen mit diesem Programm reflektiert werden, um zu einer nachhaltigen Veränderung des Unterrichtshandelns zu kommen. Im Hinblick auf eine Unterstützung der Nachhaltigkeit fanden Kline et al. (1992), dass mit einem zeitlichen Abstand von einigen Monaten zu dem eigentlichen Programm durchgeführte Wiederholungseinheiten („booster-sessions") die langfristige Übernahme der neuen Konzepte wirksam unterstützten. Auch Befunde von Souvignier und Trenk-Hinterberger (2010) zeigen, dass Lehrkräfte, die einen solchen Wiederholungsbaustein zu einem Programm der Leseverständnisförderung durchführten, nicht nur langfristig mehr profitierten, sondern auch in höherem Maße angaben, Programminhalte im kommenden Schuljahr sowie in anderen Klassen und Fächern umzusetzen. Eindrucksvoll konnte auch in einer Studie von Möller und Appelt (2001) zur Optimierung nachhaltiger Effekte des Denktrainings von Klauer (► Abschn. 17.2) gezeigt werden, dass mit nur einer Wie-

derholungsstunde, die 7 Monate nach dem eigentlichen Training durchgeführt wurde, die Effektivität noch einmal deutlich gesteigert und stabilisiert werden konnte.

Ein kritischer Punkt im Hinblick auf die Akzeptanz von Fördermaßnahmen liegt in dem Faktor der aufzuwendenden Zeit. In einer Studie mit mehr als 1.000 Lehrkräften zur Wirksamkeit eines breit angelegten Lehrerfortbildungsprogramms (Eisenhower Professional Development Program) in den USA zeigte sich, dass sowohl die Zeitspanne als auch der absolute zeitliche Umfang der Fortbildungen gute Prädiktoren dafür waren, ob Lehrkräfte langfristig einen Zuwachs an professionellem Wissen und Veränderungen ihres Unterrichtshandelns berichteten (Garet, Porter, Desimone, Birman & Yoon, 2001). Bei der Implementation neuer Programme muss daher das sensible Gleichgewicht zwischen zeitlicher Belastung und zur Qualitätssicherung notwendiger Investition von Zeit gewahrt werden. Van Keer und Verhaeghe (2005) konnten zeigen, dass im Anschluss an eine erste erfolgreiche Implementation eines Programms zur Leseverständnisförderung, bei der eine intensive Begleitung der Lehrkräfte mit einem zeitlichen Umfang von 35 Stunden stattfand, in einer zweiten Studie eine Reduzierung des Fortbildungsaufwands auf 13 Stunden gelang. Dieser reduzierte Lehrgang umfasste drei 3-stündige Fortbildungen zur Information über das Förderkonzept sowie zur Illustration und Diskussion von Realisierungsmöglichkeiten, denen später zwei 2-stündige intensive Reflexionen von Unterrichterfahrungen folgten. Dass eine solche Reduzierung der Fortbildungszeit als Anpassung an die Praxis (im Sinne einer Verbesserung der Akzeptanz) erst im Anschluss an eine erste erfolgreiche Evaluation des Unterrichtsprogramms erfolgte, entspricht dem wissenschaftlichen Vorgehen in der Tradition von „Design-Experimenten". Ähnlich wie dies Gräsel und Parchmann (2004) für die „Top-down"-Implementation vorliegender Unterrichtsprogramme fordern, sollte zunächst in einem kontrollierten Rahmen gesichert werden, dass ein Programm wirksam ist und sich in der Praxis generell bewährt. Erst dann wird es möglich sein, Schritte zur Optimierung von Implementationsprozessen durchzuführen. Bei der Implementation des „Textdetektive-Programms" zur Förderung des Leseverständnisses (► Abschn. 17.3) wurde in diesem Sinne sukzessive ein Drei-Stufen-Modell entwickelt und empirisch überprüft (Souvignier & Trenk-Hinterberger, 2010).

- In einer einführenden Lehrerfortbildung werden theoretische Hintergründe zur Konzeption des Programms mit direktem Bezug zur Unterrichtspraxis vermittelt, um die generelle Akzeptanz gegenüber der Durchführung des Programms zu sichern.
- Indem fertig konzipiertes Unterrichtsmaterial zur Verfügung gestellt wird, soll die Durchführung des für viele Lehrkräfte ungewohnten strategieorientier-

ten Unterrichts in einer theoriekonformen Weise ermöglicht werden. Dazu enthält das Lehrermanual nicht nur ausgearbeitete Stundenentwürfe, sondern darüber hinaus explizite Hinweise auf die theoretische Fundierung der jeweiligen Unterrichtsinhalte.

— Durch eine Wiederholungseinheit, die etwa 1 Jahr nach dem ursprünglichen Programm durchgeführt werden soll, wird die nachhaltige Übernahme der Programmprinzipien in den weiteren Unterricht unterstützt. Lehrende und Schüler erfahren hier, dass grundlegende Inhalte des Programms auch im weiteren Verlauf des Unterrichts und in anderen Fächern von Nutzen sind.

Dieses Drei-Stufen-Modell greift zentrale kritische Punkte der Implementation wie Akzeptanz, adäquate Durchführung und Sicherung der Nachhaltigkeit auf. Auch die zeitliche Belastung der Lehrkräfte ist auf ein Minimum reduziert. Grenzen eines derart primär materialgestützten Vorgehens liegen allerdings darin, dass die konkrete Anpassung an unterrichtliche Notwendigkeiten sowie die Reflexion von Erfolgen und Schwierigkeiten alleine in der Verantwortung der Lehrkräfte liegen. Als sinnvolle Maßnahme zur Optimierung von Implementationsprozessen sollten daher mehrere Kollegen einer Einrichtung gemeinsam Fortbildungsmaßnahmen besuchen und die Einführung neuer Programme parallel betreiben. Die Ergebnisse der Studie von Garet et al. (2001) unterstreichen, dass Veränderungen des Lehrerhandelns langfristig eher gelingen, wenn Lehrerteams (auch „Pädagogische Doppeldecker") gemeinsam an Fortbildungen teilnehmen. Eine solche gemeinsame Veränderung von Unterrichtsroutinen macht zudem den gegenseitigen Austausch und die Reflexion von Erfahrungen wahrscheinlicher, die idealerweise durch begleitendes Feedback wie in der Studie von Van Keer und Verhaeghe (2005) unterstützt werden sollten.

Fazit

Zusammenfassend lässt sich zur Implementation von Trainingsprogrammen feststellen, dass die Wirksamkeit von Fördermaßnahmen maßgeblich von der Qualität der Umsetzung bestimmt wird und dass eine systematische Erforschung von Implementationsprozessen zu den Desideraten der Trainings- und Unterrichtsforschung gehört (Beelmann, 2006; Gräsel & Parchmann, 2004; Souvignier & Trenk-Hinterberger, 2010). Wesentliche Faktoren, die bei einer erfolgreichen Implementation beachtet werden sollten, beziehen sich auf die Sicherung der Akzeptanz gegenüber den neuen Konzepten, auf die Bereitstellung praxistauglicher Materialien und eine Unterstützung der langfris-

tigen Übernahme von Trainingsprinzipien – auch über die konkreten Programme hinaus – in den Förder- und Unterrichtsalltag.

Verständnisfragen

1. Durch welche zentralen Merkmale zeichnet sich Training aus?
2. Das Denktraining nach Klauer gilt als eines der am besten evaluierten Trainings. Inwiefern wurden in den Evaluationen des Denktrainings zentrale Aspekte der Wirksamkeitsüberprüfung von Trainingsverfahren realisiert?
3. Warum sollten vor dem Hintergrund des Selbstbewertungsmodells der Leistungsmotivation nur solche Trainings zu einer überdauernden Veränderung der Effekte führen, in denen alle drei Prozesskomponenten des Leistungsmotivs trainiert werden?
4. Welche Parallelen finden sich bei effektiven Programmen zur Förderung des Leseverstehens auf der einen und des Schreibens auf der anderen Seite?
5. Welche zentralen Problemstellungen lassen sich im Hinblick auf die Implementation von Trainingsprogrammen nennen?

Vertiefende Literatur

Klauer, K. J. (Hrsg.). (2001). *Handbuch Kognitives Training* (2. Aufl.). Göttingen: Hogrefe.
Langfeldt, H.-P. & Büttner, G. (Hrsg.). (2008). *Trainingsprogramme zur Förderung von Kindern und Jugendlichen* (2. Aufl.). Weinheim: Beltz PVU.

Literatur

Adey, P., & Shayer, M. (Hrsg.). (2002). *Learning intelligence: Cognitive acceleration across the curriculum from 5 to 15 years*. Buckingham: Open University Press.
Barkl, S., Porter, A., & Ginns, P. (2012). Cognitive training for children: Effects on inductive reasoning, deductive reasoning, and mathematics achievement in an Australian school setting. *Psychology in the Schools, 49*, 828–842.
Barkley, R. A. (2005). *ADHD and the nature of self-control*. New York: Guilford.
Beelmann, A. (2006). Wirksamkeit von Präventionsprogrammen bei Kindern und Jugendlichen: Ergebnisse und Implikationen der integrativen Erfolgsforschung. *Zeitschrift für Klinische Psychologie und Psychotherapie, 35*, 151–162.
Bereiter, C., & Scardamalia, M. (1987). *The psychology of written composition*. Hillsdale, NJ: Lawrence Erlbaum Associates.
Clarke, D., & Hollingsworth, H. (2002). Elaborating a model of teacher professional growth. *Teaching and Teacher Education, 18*, 947–967.
DeCharms, R. (1979). *Motivation in der Klasse*. München: MVG.
Döpfner, M., Schürmann, S., & Frölich, J. (2002). *Therapieprogramm für Kinder mit hyperkinetischem und oppositionellem Problemverhalten (THOP)*. Weinheim: PVU.
Ettrich, C. (1998). *Vorschulalter. Konzentrationstrainings-Programm für Kinder*, Bd. I. Göttingen: Vandenhoeck & Ruprecht.
Fries, S. (2002). *Wollen und Können*. Münster: Waxmann.

Fries, S. (2010). Motivation. In T. Hascher, & B. Schmitz (Hrsg.), *Handbuch Pädagogische Interventionsforschung* (S. 149–161). Weinheim: Juventa.

Fries, S., Lund, B., & Rheinberg, F. (1999). Läßt sich durch gleichzeitige Motivförderung das Training des induktiven Denkens optimieren? *Zeitschrift für Pädagogische Psychologie, 13,* 37–49.

Garet, M. S., Porter, A. C., Desimone, L., Birman, B. F., & Yoon, K. S. (2001). What makes professional development effective? Results from a national sample of teachers. *American Edcational Research Journal, 38,* 915–945.

Gersten, R., Fuchs, S. L., Williams, P. J., & Baker, S. (2001). Teaching reading comprehension strategies to students with learning disabilities: A review of research. *Review of Educational Research, 71,* 279–320.

Glaser, C., & Brunstein, J. C. (2007a). Förderung von Fertigkeiten zur Überarbeitung narrativer Texte bei Schülern der 6. Klasse. Effekte von Revisionsstrategien und selbstregulatorischen Prozeduren. *Zeitschrift für Pädagogische Psychologie, 21,* 51–63.

Glaser, C., & Brunstein, J. C. (2007b). Improving fourth-grade students' composition skills: Effects of strategy instruction and self-regulation procedures. *Journal of Educational Psychology, 99,* 297–310.

Gold, A., Rühl, K., Souvignier, E., Mokhlesgerami, J., & Buick, S. (2006). *Wir werden Textdetektive* (2. Aufl.). Göttingen: Vandenhoeck & Ruprecht.

Graham, S. (2006). Writing. In P. Alexander, & P. Winne (Hrsg.), *Handbook of Educational Psychology* (S. 457–478). Mahwah, NJ: Erlbaum.

Gräsel, C., & Parchmann, I. (2004). Implementationsforschung oder: Der steinige Weg, Unterricht zu verändern. *Unterrichtswissenschaft, 33,* 196–213.

Guskey, T. R. (1986). Staff development and the process of teacher change. *Educational Researcher, 15,* 5–12.

Guthrie, J. T., Wigfield, A., & Perencevich, K. C. (2004). *Motivating reading comprehension: Concept-Oriented Reading Instruction.* Mahwah, NJ: Erlbaum.

Guthrie, J. T., Wigfield, A., Barbosa, P., et al. (2004). Increasing reading comprehension and engagement through concept-oriented reading instruction. *Journal of Educational Psychology, 96,* 403–423.

Hager, W. (2008). Evaluation von pädagogisch-psychologischen Interventionsmaßnahmen. In W. Schneider, & M. Hasselhorn (Hrsg.), *Handbuch der Pädagogischen Psychologie* (S. 721–732). Göttingen: Hogrefe.

Hager, W., & Hasselhorn, M. (1998). The effectiveness of the cognitive training for children from a differential perspective: A meta-evaluation. *Learning and Instruction, 8,* 411–438.

Hager, W., & Hasselhorn, M. (2008). Pädagogisch-psychologische Interventionsmaßnahmen. In W. Schneider, & M. Hasselhorn (Hrsg.), *Handbuch der Pädagogischen Psychologie* (S. 339–347). Göttingen: Hogrefe.

Hager, W., Patry, J.-L., & Brezing, H. (Hrsg.). (2000). *Handbuch Evaluation psychologischer Interventionsmaßnahmen. Standards und Kriterien.* Bern: Huber.

Hamers, J. H. M., & Overtoom, M. T. (Hrsg.). (1997). *Teaching thinking in Europe.* Utrecht: Sardes.

Harris, K. R., & Graham, S. (1996). *Making the writing process work: Strategies for composition and self-regulation.* Cambridge, MA: Brookline.

Hartig, J., & Klieme, E. (2006). Kompetenz und Kompetenzdiagnostik. In K. Schweizer (Hrsg.), *Leistung und Leistungsdiagnostik* (S. 127–143). Berlin: Springer.

Hasselhorn, M., & Hager, W. (2008). Transferwirkungen kognitiver Trainings. In W. Schneider, & M. Hasselhorn (Hrsg.), *Handbuch der Pädagogischen Psychologie* (S. 381–390). Göttingen: Hogrefe.

Hayes, J., & Flower, L. (1980). Identifying the organization of writing processes. In L. Gregg, & E. Steinberg (Hrsg.), *Cognitive processes in writing* (S. 3–30). Hillsdale, NJ: Lawrence Erlbaum Associates.

Heckhausen, H. (1975). Fear of failure as a self-reinforcing motive system. In I. G. Sarason, & C. Spielberger (Hrsg.), *Stress and anxiety* (Bd. II, S. 117–128). Washington, D.C.: Hemisphere.

Jansen, H., Mannhaupt, G., Marx, H., & Skowronek, H. (1999). *Bielefelder Screening zur Früherkennung von Lese-Rechtschreibschwierigkeiten (BISC).* Göttingen: Hogrefe.

Klauer, K. J. (1989). *Denktraining für Kinder I.* Göttingen: Hogrefe.

Klauer, K. J. (1991). *Denktraining für Kinder II.* Göttingen: Hogrefe.

Klauer, K. J. (1993). *Denktraining für Jugendliche.* Göttingen: Hogrefe.

Klauer, K. J. (1994). Transferiert der Erwerb von Strategien des induktiven Denkens auf das Erlernen eines schulischen Lehrstoffs? *Zeitschrift für Pädagogische Psychologie, 8,* 15–25.

Klauer, K. J. (Hrsg.). (2001a). *Handbuch Kognitives Training* (2. Aufl.). Göttingen: Hogrefe.

Klauer, K. J. (2001b). Trainingsforschung: Ansätze – Theorien – Ergebnisse. In K. J. Klauer (Hrsg.), *Handbuch Kognitives Training* (2. Aufl. S. 5–66). Göttingen: Hogrefe.

Klauer, K. J., & Phye, G. (2008). Inductive reasoning: A training approach. *Review of Educational Research, 78,* 85–123.

Kliegl, R., Smith, J., & Baltes, P. (1989). Testing the limits and the study of adult age differences in cognitive plasticity of a mnemonic skill. *Developmental Psychology, 25,* 247–256.

Kline, F. M., Deshler, D. D., & Schumaker, J. B. (1992). Implementing learning strategy instruction in class settings: A research perspective. In M. Pressley, K. Harris, & J. Guthrie (Hrsg.), *Promoting academic competence and literacy in school* (S. 361–406). San Diego: Academic Press.

Knopf, M. (1993). Gedächtnistraining im Alter – Müssen ältere Menschen besser lernen können oder ihr Können besser kennenlernen?. In K. J. Klauer (Hrsg.), *Kognitives Training* (S. 319–342). Göttingen: Hogrefe.

Krowatschek, D., Albrecht, S., & Krowatschek, G. (2013). *Marburger Konzentrationstraining (MKT) für Kindergarten, Vorschule und Eingangsstufe.* Dortmund: Modernes Lernen.

Krowatschek, D., Krowatschek, G., & Reid, C. (2011). *Marburger Konzentrationstraining (MKT) für Schulkinder* (8. Aufl.). Dortmund: Modernes Lernen.

Krowatschek, D., Krowatschek, G., Wingert, G., & Schmidt, C. (2010). *Das Marburger Konzentrationstraining für Jugendliche (MKT-J).* Dortmund: Borgmann.

Krug, S., & Hanel, J. (1976). Motivänderung: Erprobung eines theoriegeleiteten Trainingsprogramms. *Zeitschrift für Entwicklungspsychologie und Pädagogische Psychologie, 8,* 274–287.

Küspert, P., & Schneider, W. (2006). *Hören, Lauschen, Lernen – Sprachspiele für Kinder im Vorschulalter* überarb. Aufl. Göttingen: Vandenhoeck & Ruprecht.

Landmann, M., & Schmitz, B. (Hrsg.). (2007). *Selbstregulation erfolgreich fördern. Praxisnahe Trainingsprogramme für ein effektives Lernen.* Berlin: Kohlhammer.

Langfeldt, H.-P., & Büttner, G. (Hrsg.). (2008). *Trainingsprogramme zur Förderung von Kindern und Jugendlichen* (2. Aufl.). Weinheim: Beltz PVU.

Lauth, G. W., & Schlottke, P. F. (2009). *Training mit aufmerksamkeitsgestörten Kindern* (6. Aufl.). Weinheim: Beltz PVU.

Lauth, G. W. (2004). Förderung von Aufmerksamkeit und Konzentration. In G. W. Lauth, M. Grünke, & J. C. Brunstein (Hrsg.), *Interventionen bei Lernstörungen* (S. 239–248). Göttingen: Hogrefe.

Lauth, G. W., Neumann, K., Roggenkämper, A., & Heine, A. (1996). Verhaltensmedizinische Indikation und Evaluation einer kognitiv-behavioralen Therapie mit aufmerksamkeitsgestörten/hyperaktiven Kindern. *Zeitschrift für Kinder- und Jugendpsychiatrie, 24,* 164–175.

Lenhard, A., Lenhard, W., & Klauer, K. J. (2012). *Denkspiele mit Elfe und Mathis. Förderung des logischen Denkvermögens für das Vor- und Grundschulalter.* Göttingen: Hogrefe.

Linderkamp, F. (2002). Katamnestische Untersuchungen zu einem Selbstinstruktionstraining mit aufmerksamkeitsgestörten Kindern. *Verhaltenstherapie und Verhaltensmedizin, 23*, 53–73.

Lohaus, A., & Domsch, H. (2009). *Psychologische Förder- und Interventionsprogramme für das Kindes- und Jugendalter.* Heidelberg: Springer.

Marx, E., & Klauer, K. J. (2007). *Keiner ist so schlau wie ich I. Ein Förderprogramm für Kinder ab vier Jahren.* Göttingen: Vandenhoeck & Ruprecht.

Marx, E., & Klauer, K. J. (2009). *Keiner ist so schlau wie ich II. Ein Förderprogramm für Kinder ab fünf Jahren.* Göttingen: Vandenhoeck & Ruprecht.

Marx, E., & Klauer, K. J. (2011). *Keiner ist so schlau wie ich III. Ein Förderprogramm für Kinder.* Göttingen: Vandenhoeck & Ruprecht.

Marx, P. (2007). *Lese- und Rechtschreiberwerb.* Paderborn: Ferdinand Schöningh.

McClelland, D. C., & Winter, D. G. (1969). *Motivating economic achievement.* New York: Free Press.

Möller, J., & Appelt, R. (2001). Auffrischungssitzungen zur Steigerung der Effektivität des Denktrainings für Kinder. *Zeitschrift für Pädagogische Psychologie, 15*, 199–206.

Naumann, K., & Lauth, G. W. (2008). Konzentrations- und Aufmerksamkeitsförderung. In W. Schneider, & M. Hasselhorn (Hrsg.), *Handbuch der Pädagogischen Psychologie* (S. 404–415). Göttingen: Hogrefe.

Oswald, W. D. (Hrsg.). (1998). *Das SIMA-Projekt: Gedächtnistraining – Ein Programm für Seniorengruppen* (2. Aufl.). Göttingen: Hogrefe.

Palincsar, A. S., & Brown, A. L. (1984). Reciprocal teaching of comprehension-fostering and comprehension-monitoring activities. *Cognition and Instruction, 1*, 117–175.

Pintrich, P. R. (2000). The role of goal orientation. In M. self-regulated learning In Boekaerts, P. R. Pintrich, & M. Zeidner (Hrsg.), *Handbook of self-regulation* (S. 452–502). San Diego, CA: Academic Press.

Reuter-Liehr, C. (2001). *Lautgetreue Lese-Rechtschreibförderung.* Bochum: Winkler.

Rheinberg, F., & Fries, S. (1998). Förderung der Lernmotivation: Ansatzpunkte, Strategien und Effekte. *Psychologie in Erziehung und Unterricht, 44*, 168–184.

Rheinberg, F., & Fries, S. (2001). Motivationstraining. In K. J. Klauer (Hrsg.), *Handbuch Kognitives Training* (S. 349–373). Göttingen: Hogrefe.

Rheinberg, F., & Fries, S. (2010). Motivationstraining und Motivierung. In D. Rost (Hrsg.), *Handwörterbuch Pädagogische Psychologie* (4. Aufl. S. 577–Oswald). Weinheim: PVU.

Rheinberg, F., & Günther (2005). Ein Unterrichtsbeispiel zum lehrplanabgestimmten Einsatz individueller Bezugsnormen. In F. Rheinberg, & S. Krug (Hrsg.), *Motivationsförderung im Schulalltag* (3. Aufl., S. 55–68). Göttingen: Hogrefe.

Rheinberg, F., & Krug, S. (2005). *Motivationsförderung im Schulalltag* (3. Aufl.). Göttingen: Hogrefe.

Rheinberg, F., & Vollmeyer, R. (2011). *Motivation* (8. Aufl.). Stuttgart: Kohlhammer.

Schmalt, H.-D. (1976). *Das LM-Gitter.* Göttingen: Hogrefe.

Schneider, W., Küspert, P., Roth, E., Visé, M., & Marx, H. (1997). Short- and long-term effects of training phonological awareness in kindergarten: Evidence from two german studies. *Journal of Experimental Child Psychology, 66*, 311–340.

Schneider, W., & Marx, P. (2008). Früherkennung und Prävention von Lese- Rechtschreibschwierigkeiten. In F. Petermann, & W. Schneider (Hrsg.), *Angewandte Entwicklungspsychologie*, Enzyklopädie der Psychologie, (Bd. C/V/7, S. 237–273). Göttingen: Hogrefe.

Schulte-Körne, G., & Mathwig, F. (2000). *Das Marburger Rechtschreibtraining.* Bochum: Winkler.

Schünemann, N., Spörer, N., & Brunstein, J. C. (2013). Integrating self-regulation in whole-class reciprocal teaching: A moderator-mediator analysis of incremental effects of fifth graders' reading comprehension. *Contemporary Educational Psychology, 38*, 289–305.

Souvignier, E. (2008). Förderung intellektueller Kompetenz. In F. Petermann, & W. Schneider (Hrsg.), *Angewandte Entwicklungspsychologie, C/V/7, Enzyklopädie der Psychologie* (S. 389–412). Göttingen: Hogrefe.

Souvignier, E. (2009). Effektivität von Interventionen zur Verbesserung des Leseverständnisses. In W. Lenhard, & W. Schneider (Hrsg.), *Diagnose und Förderung des Leseverständnisses* Test und Trends N.F., (Bd. 7, S. 185–206). Göttingen: Hogrefe.

Souvignier, E., & Antoniou, F. (2007). Förderung des Leseverständnisses bei Schülerinnen und Schülern mit Lernschwierigkeiten – eine Metaanalyse. *Vierteljahresschrift für Heilpädagogik und ihre Nachbargebiete, 76*, 46–62.

Souvignier, E., & Lienert, G. A. (1998). Individuumsorientierte Evaluation von Fördermaßnahmen am Beispiel eines Trainings zum räumlichen Denken. In M. Greisbach, U. Kullik, & E. Souvignier (Hrsg.), *Von der Lernbehindertenpädagogik zur Praxis schulischer Lernförderung* (S. 241–250). Lengerich: Pabst.

Souvignier, E., Küppers, J., & Gold, A. (2003). Lesestrategien im Unterricht: Einführung eines Programms zur Förderung des Textverstehens in 5. Klassen. *Unterrichtswissenschaft, 31*, 166–183.

Souvignier, E., & Mokhlesgerami, J. (2006). Using self-regulation as a framework for implementing strategy instruction to foster reading comprehension. *Learning & Instruction, 16*, 57–71.

Souvignier, E., & Trenk-Hinterberger, I. (2010). Implementation eines Programms zur Förderung selbstregulierten Lesens: Verbesserung der Nachhaltigkeit durch Auffrischungssitzungen. *Zeitschrift für Pädagogische Psychologie, 24*, 207–220.

Streblow, L., Schiefele, U., & Riedel, S. (2012). Überprüfung des revidierten Trainings zur Förderung der Lesekompetenz und der Lesemotivation (LEKOLEMO) für die Sekundarstufe I. *Zeitschrift für Entwicklungspsychologie und Pädagogische Psychologie, 44*, 12–26.

Sydow, H., & Schmude, C. (2001). Training des analogen Denkens und des Zahlbegriffs im Vorschulalter – Analysen der Wirkung von drei Programmen zum kognitiven Training. In K. J. Klauer (Hrsg.), *Handbuch Kognitives Training* (S. 129–164). Göttingen: Hogrefe.

Trenk-Hinterberger, I., & Souvignier, E. (2006). *Wir sind Textdetektive – Lehrermanual mit Kopiervorlagen.* Göttingen: Vandenhoeck & Ruprecht.

Van Keer, H., & Verhaeghe, J. P. (2005). Comparing two teacher development programs for innovating reading comprehension instruction with regard to teachers experiences and student outcomes. *Teaching and Teacher Education, 21*, 543–562.

Wahl, D. (2002). Mit Training von trägem Wissen zum kompetenten Handeln? *Zeitschrift für Pädagogik, 48*, 227–241.

Weinert, F. E. (2001). Concept of Competence: A conceptual clarification. In D. S. Rychen, & L. Herch-Salganik (Hrsg.), *Defining and selecting key competencies* (S. 45–66). Seattle: Hogrefe.

Westhoff, K., & Dewald, D. (1990). Effekte der Übung in der Bearbeitung von Konzentrationstests. *Diagnostica, 36*, 1–15.

Westhoff, K., & Hagemeister, C. (2001). Konzentrationstraining. In K. J. Klauer (Hrsg.), *Handbuch Kognitives Training* (S. 515–538). Göttingen: Hogrefe.

Ziegler, A., & Schober, B. (2001). *Theoretische Grundlagen und praktische Anwendung von Reattributionstrainings.* Regensburg: Roderer.

Ziegler, A., & Finsterwald, M. (2008). Attributionstraining. In W. Schneider, & M. Hasselhorn (Hrsg.), *Handbuch der Pädagogischen Psychologie* (S. 416–427). Göttingen: Hogrefe.

Zimmerman, B. J. (2000). Attaining self-regulation: a social cognitive perspective. In M. Boekaerts, P. R. Pintrich, & M. Zeidner (Hrsg.), *Handbook of self-regulation* (S. 13–39). San Diego, CA: Academic Press.

Die Förderung psychosozialer Kompetenzen im Schulalter

Arnold Lohaus, Holger Domsch

E. Wild, J. Möller (Hrsg.), *Pädagogische Psychologie,* Springer-Lehrbuch,
DOI 10.1007/978-3-642-41291-2_18, © Springer-Verlag Berlin Heidelberg 2015

Mit dem Beginn der Grundschulzeit wartet nicht nur die Schultüte mit ihren süßen Versprechungen auf die Schulanfänger. Sie müssen sich die Aufmerksamkeit eines Lehrers mit oftmals 25 anderen Kindern teilen. Haben einige Kinder im Kindergarten möglicherweise noch den Umgang mit Schere und Stift aufgrund von Schwierigkeiten in der Feinmotorik vermieden, werden sie nun in diesen Bereichen herausgefordert und benötigen die notwendige Frustrationstoleranz. Was bereits im Kindergarten galt, gilt in der Schule umso mehr. In der großen Gruppe einer Klasse wird verlangt, sich sozial kompetent zu verhalten: eigene Emotionen wahrnehmen und regulieren, Perspektivenübernahme, positive Beziehungen eingehen und halten, Regeln des Miteinanders einhalten, angemessene Konfliktlösestrategien zeigen etc. Die Anforderungen sind groß. Gleichzeitig bestimmt diese psychosoziale Seite des Lernens auch einen nicht zu vernachlässigen Teil des Lernerfolgs und des Wohlbefindens in der Klasse. Doch auch außerhalb der Schule sind psychosoziale Kompetenzen wichtig. Das folgende Kapitel beginnt mit einer kurzen Einführung in die primärpräventive Förderung psychosozialer Kompetenzen. Anschließend wird ein Überblick über verschiedene Förderkonzepte gegeben. Abschließend wird auf besondere Aspekte der Evaluation und Möglichkeiten zur Optimierung solcher Fördermaßnahmen eingegangen (◘ Abb. 18.1).

◘ Abb. 18.1

18.1 Primärpräventive Förderkonzepte für Kinder und Jugendliche als Zielgruppe

Nach dem Gesundheitsverständnis der WHO bezieht sich Gesundheit nicht nur auf körperliches, sondern auch auf psychisches und soziales Wohlbefinden. Die Förderung psychosozialer Kompetenzen fällt dementsprechend in den Bereich der Gesundheitsförderung. Als **primärpräventiv** sind dabei Förderkonzepte einzustufen, die eingesetzt werden, bevor Probleme eingetreten sind. Davon sind insbesondere **sekundärpräventive** Förderkonzepte abzugrenzen, die mit einer korrektiven Zielsetzung eingesetzt werden, wenn bereits erste Probleme erkennbar sind, um eine weitere Stabilisierung oder Ausweitung dieser Probleme zu vermeiden.

Bei vielen der im Folgenden vorgestellten Förderkonzepte handelt es sich um **universelle Präventionsmaßnahmen**, die sich prinzipiell an alle Kinder und Jugendlichen einer Altersgruppe wenden. Davon abzugrenzen sind primärpräventive Förderkonzepte mit **selektivem bzw. indiziertem Charakter**. Bei der **selektiven Prävention** richten sich Maßnahmen an bestimmte Gruppen, bei denen ein erhöhtes Problemrisiko besteht. So könnte man beispielsweise gezielt ein Gewaltpräventionsprogramm für Jungen in bestimmten städtischen Sozialräumen anbieten, wenn bekannt ist, dass dort das Gewaltrisiko erhöht ist. Die **indizierte Prävention** richtet sich dagegen an Kinder und Jugendliche, bei denen ein individuell erhöhtes Problemrisiko besteht. So könnte man beispielsweise mit Hilfe eines Screening-Tests Kinder und Jugendliche mit besonders niedrigen sozialen Kompetenzen identifizieren, um mit ihnen gezielt ein Training zur Steigerung der sozialen Kompetenzen durchzuführen (Heinrichs & Lohaus, 2011).

Universelle Förderkonzepte haben den Vorteil, dass alle Kinder und Jugendlichen einer Altersgruppe damit erreicht werden. Der Nachteil besteht gleichzeitig darin, dass auch relativ viele Kinder und Jugendliche in die Zielgruppe eingeschlossen werden, bei denen kein Förderbedarf besteht. Die entstehenden **Kosten** sind dadurch höher als notwendig. Selektive und indizierte Prävention setzen wiederum voraus, dass es möglich ist, eine umgrenzte Zielgruppe zu identifizieren, was nicht immer gelingt. Hinzu kommt, dass die Gefahr einer **Stigmatisierung** besteht, wenn einige Kinder und Jugendliche an einem Programm teilnehmen sollen und andere nicht. Da alle Förderansätze mit spezifischen Problemen behaftet sind, lässt sich nur im konkreten Anwendungsfall entscheiden, welcher Ansatz jeweils geeignet ist.

In den nachfolgenden Abschnitten werden zunächst Förderansätze dargestellt, die sich an einzelnen Problembereichen (wie soziale Kompetenz, Abbau von Ängsten etc.) orientieren. Es folgt die Darstellung von problemübergreifenden Förderansätzen. Anschließend werden Förderansätze vorgestellt, die greifen, wenn Kinder und Jugendliche mit kritischen Lebensereignissen konfrontiert sind (z. B. der Scheidung der Eltern). In diesem Bereich stehen verstärkt Ansätze der selektiven und indizierten Prävention im Vordergrund.

18.1.1 Förderkonzepte für einzelne Problembereiche

Es existiert eine Vielzahl an Förderprogrammen, die auf die Stärkung psychosozialer Kompetenzen in einzelnen Problembereichen ausgerichtet sind. Im Folgenden wird exemplarisch auf die Bereiche soziale Kompetenz, Aggression, Hyperkinetische Störungen, Depressionen und Ängste, Sexualität sowie Alkohol-, Nikotin- und Drogenkonsum eingegangen.

Soziale Kompetenz

Nach Pfingsten (2007) besteht **soziale Kompetenz** in der Verfügbarkeit und Anwendung von Fertigkeiten, die es dem Handelnden ermöglichen, soziale Situationen zielführend und bedürfnisgerecht zu bewältigen. Dazu gehören
a) kognitive,
b) emotionale und
c) aktionale Fertigkeiten.

Beispiele für (a) **kognitive Fertigkeiten** sind unter anderem, sich in andere Personen hineinversetzen oder Handlungsalternativen für eine soziale Situation entwickeln zu können. Der Bereich (b) **emotionaler Fertigkeiten** beinhaltet, eigene Gefühle oder Stimmungen wahrnehmen oder eigene (soziale) Ängste zeitweise ignorieren zu können. In den Bereich der (c) **aktionalen Fertigkeiten** gehört, laut und deutlich sprechen zu können oder jemanden während eines Gesprächs anzusehen (Pfingsten, 2009). Das Ziel besteht darin, ein selbstsicheres bzw. sozial kompetentes Verhalten in sozialen Situationen realisieren zu können, während umgekehrt ein aggressives oder unsicheres Verhalten abgebaut werden soll (Hinsch & Pfingsten, 2007). Damit wird die Förderung sozialer Kompetenzen auch in vielen Ansätzen verfolgt, die auf die Prävention in Problembereichen wie Aggression- oder Angstabbau abzielen.

Beelmann, Pfingsten und Lösel (1994) unterscheiden vier Trainingsansätze im Bereich sozialer Kompetenzen:

Behaviorale Modelle: Fehlende soziale Kompetenzen werden vornehmlich auf ein Verhaltensdefizit zurückgeführt.

Verfolgt wird daher das Eintrainieren konkreten Verhaltens (nonverbal und/oder verbal) in sozialen Situationen. Dies kann beispielsweise im nonverbalen Verhaltensrepertoire auf einen angemessenen Augenkontakt sowie eine adäquate Mimik und Gestik bezogen sein und im verbalen Bereich die Tonlage, Intonation sowie Geschwindigkeit und Umfang der Sprachäußerungen betreffen. Zudem werden Verhaltensskripts für häufiger auftretende soziale Situationen trainiert. Beispiele hierfür sind positives oder negatives Feedback geben, jemanden einladen, mit Hänseleien umgehen oder ein Vorstellungsgespräch wahrnehmen. Verwendung finden beispielsweise Methoden wie Instruktion, Modelllernen, Rollenspiel, positive Verstärkung und praktische Hausaufgaben bezüglich konkreten Verhaltens. Eltern, Lehrer oder auch Gleichaltrige können dabei mit einbezogen und z. B. angeleitet werden, positive Rückmeldung über angemessenes Verhalten zu geben. Damit soll der Transfer in den Alltag erhöht werden. Zudem macht man sich damit den positiven Effekt zunutze, dass die Umgebung von einer Verhaltensänderung ausgeht und soziale Interaktionen sich somit positiver gestalten. Dies ist vor allem dann wichtig, wenn die soziale Umgebung aufgrund von Etikettierungstendenzen (z. B. „Er ist immer aggressiv") ansonsten unangemessenes Verhalten erwartet und sich dementsprechend verhält (Spence, 2003).

Sozial-kognitives Problemlösen: Bei diesem Ansatz wird in den Vordergrund gerückt, ob eine Situation richtig eingeschätzt wird, mögliche Verhaltensalternativen generiert werden können, Konsequenzen überschaut werden sowie ein Prozess des Problemlösens in sozialen Situationen möglich ist. Trainiert wird, das Auftreten eines sozialen Problems wahrzunehmen, innezuhalten und über alternative Lösungen nachzudenken sowie die möglichen Konsequenzen der jeweiligen Lösung abzuschätzen, Hindernisse zu bedenken, eine angemessene Lösung auszusuchen, auszuführen und zu bewerten.

Soziale Perspektivenübernahme: Trainiert werden Empathiefähigkeit und Perspektivenübernahme sowohl auf der emotionalen Ebene (z. B. wie fühlt sich der andere in der Interaktion?) als auch auf der kognitiven Ebene (z. B. wie nimmt mein Gegenüber die Interaktion wahr und bewertet diese?).

Selbstmanagement: Das primäre Ziel besteht bei diesem Ansatz in der Erhöhung des Selbstmanagements bzw. der Selbststeuerungskompetenzen. Diese beziehen sich auf die Fähigkeit, eigenes Verhalten bewusst zu steuern und aufkommende konkurrierende Impulse ggf. zu unterdrücken. Verwendung finden Techniken wie z. B. Selbstinstruktionen. Sie machen sich innere Dialoge bzw. Selbstanweisungen zunutze, die in komplexen Situationen eine

◻ **Tab. 18.1** Klassifikation aggressiven Verhaltens nach Frick (1998)

	offen	verdeckt
destruktiv	offene Aggressionen (z. B. tätliche Angriffe)	(heimliche) Zerstörung des Eigentums anderer
nicht destruktiv	oppositionelles Verhalten	Normverletzungen (z. B. heimliche Regelverstöße)

Form der Selbststrukturierung darstellen (Meichenbaum & Goodman, 1971). Daneben werden Methoden der Selbstbeobachtung, Selbstevaluation sowie Selbstbelohnung angewendet.

In der Regel werden diese Ansätze in den vorhandenen Förderprogrammen nicht isoliert verfolgt, sondern **miteinander kombiniert**. Die Metaanalyse von Beelmann et al. (1994) deutet darauf hin, dass eine Kombination unterschiedlicher Ansätze zu höheren Effektstärken führt.

Der Gedanke liegt nahe, dass ein Training sozialer Kompetenzen am ehesten in Gruppen gelingen kann, da die Einübung sozialer Fertigkeiten idealerweise im unmittelbaren sozialen Kontakt erfolgt. Auf der anderen Seite kann es Aspekte geben, die in einem **Einzeltraining** erfolgversprechend bearbeitet werden können. Dies gilt insbesondere für individuelle Gedanken, die ein angemessenes Sozialverhalten erschweren können (wie z. B. irrationale Gedanken). Es gibt daher Trainings, die neben Gruppensitzungen auch Einzelsettings integrieren (wie z. B. das Training mit sozial unsicheren Kindern von Petermann & Petermann, 2006).

Der überwiegende Teil der vorliegenden Trainings ist im Bereich der **selektiven bzw. indizierten Prävention** anzusiedeln. Es gibt jedoch auch Programme mit universell-präventiver Zielrichtung, was insofern sinnvoll ist, als eine breit angelegte Stärkung sozialer Kompetenzen für viele Lebensbereiche (wie Familie, Schule oder Beruf) hilfreich ist. Soziale Kompetenztrainings gibt es für verschiedene Altersbereiche, angefangen vom Kindesalter. Beispielhaft zu nennen ist dabei das Gruppentraining sozialer Kompetenzen von Hinsch und Pfingsten (2007), das in verschiedenen Varianten vom Grundschulalter bis in das Jugend- und junge Erwachsenenalter einsetzbar ist. Wie bereits angeführt, werden darüber hinaus Elemente eines sozialen Kompetenztrainings in Programmen zu **verschiedenen Problembereichen** integriert. Kazdin, Siegel und Bass (1992) verwendeten beispielsweise ein Problemlösetraining für soziale Situationen bei Kindern und Jugendlichen mit einer Störung des Sozialverhaltens, wobei bessere Effekte erzielt wurden, wenn es mit einem Elterntraining kombiniert war. Andere Problembereiche betreffen soziale Angst (Spence, Donovan & Brechman-Toussaint, 2000),

Stress (Beyer & Lohaus, 2006) oder auch die Förderung der Lebenskompetenz (Silbereisen & Weichold, 2009).

Übersichtsarbeiten deuten darauf hin, dass sich im direkten Anschluss an Trainings sozialer Kompetenzen **positive Effekte** abbilden lassen (Beelmann et al, 1994). Allerdings fallen die **Langzeiteffekte** ernüchternder aus. Neben der Generalisierung in den Alltag von Kindern und Jugendlichen stellt damit auch die zeitliche Generalisierung weiterhin eine Herausforderung dar (Beelmann et al., 1994).

Aggression

Die Vermeidung eines aggressiven Auftretens in sozialen Interaktionen gilt als Bestandteil sozialer Kompetenz und kann daher auch im Rahmen sozialer Kompetenztrainings bearbeitet werden. Es gibt darüber hinaus Präventions- und Interventionsprogramme, die unmittelbar auf die Vermeidung aggressiven Verhaltens ausgerichtet sind. Nach Frick (1998) lassen sich aggressive Verhaltensweisen nach den Dimensionen **offen vs. verdeckt** und **destruktiv vs. nicht destruktiv** klassifizieren (◻ Tab. 18.1). Grundsätzlich können alle Aggressionsbereiche Gegenstand von Anti-Aggressionstrainings sein, wobei der Schwerpunkt in vielen Trainings auf den offenen Aggressionen in sozialen Interaktionen liegt.

Ähnlich wie bei der Förderung sozialer Kompetenzen werden auch bei Trainings zum Aggressionsabbau in der Regel verschiedene psychosoziale Dimensionen angesprochen (▶ Kap. 12). Dazu gehören unter anderem kognitive, affektive und verhaltensbezogene Elemente. Betrachtet man zunächst die **kognitive Ebene**, so geht es um die Beeinflussung von Gedanken, die zur Auslösung und Aufrechterhaltung aggressiven Verhaltens beitragen. Besonders hervorzuheben sind dabei unangemessene Attributionsmuster, mangelnde Problemlösekompetenzen und unzureichende Selbstkontrollmechanismen. Als unangemessenes Attributionsmuster gilt vor allem der **feindselige Attributionsfehler**, der darin besteht, anderen Kindern oder Jugendlichen eine feindselige Absicht zu unterstellen, auch wenn sie sich neutral verhalten. Es kommt dadurch in verstärktem Maße zu aggressiven Handlungen, um der vermeintlichen Feindseligkeit zu begegnen (Crick & Dodge, 1994). In Anti-Aggressionstrainings geht es darum, die Attributionsmuster offen zu legen und alternative Verhaltensinterpretationen einzuüben.

Im Bereich der **Problemlösekompetenzen** geht es darum, einseitige Problemlösungen durch den Einsatz aggressiven Verhaltens zu vermeiden. Viele aggressive Kinder und Jugendliche verfügen über ein recht einseitiges Verhaltensrepertoire und haben im Wesentlichen gelernt, sich mit aggressiven Verhaltensweisen durchzusetzen. In Trainingsmaßnahmen werden daher häufig Elemente von Problemlösetrainings eingesetzt. Ein weiterer Ansatzpunkt ist in **unzureichenden Selbstkontrollmechanismen** zu sehen. Dazu gehört, dass betroffene Kinder und Jugendliche nicht in hinreichendem Maße gelernt haben, Selbstkontrollstrategien bei ausgelösten Emotionen (wie Ärger oder Wut) einzusetzen. Hier hilft beispielsweise der Aufbau von Selbstinstruktionstechniken (wie sich selbst zu sagen, dass man ruhig bleibt). Mangelnde Selbstinstruktionstechniken spielen nicht nur bei der Auslösung, sondern auch der Aufrechterhaltung aggressiven Verhaltens eine Rolle.

> **Beispiel**
>
> Jannik rennt mit vielen anderen Kindern die Treppe zum Pausenhof hinunter. Sie haben es eilig, die große Pause hat begonnen. Von der Seite wird Jannik von einem anderen Jungen angerempelt. Jannik schubst zurück, sodass der Junge die letzten Treppenstufen hinunterfällt. Was ist in dieser Situation in Jannik vorgegangen? Warum musste er sich gleich aggressiv verhalten? Vielleicht würden andere Kinder diese Situation ignorieren – Jannik nicht. Er nimmt solche Situationen besonders wahr. Das Anrempeln interpretiert er schnell als aggressive Handlung gegen seine Person (feindseliger Attributionsfehler). Er wird wütend. Es fällt ihm schwer, diese Wut zu unterdrücken (unzureichende Selbstkontrollmechanismen), er schubst zurück (mangelnde Problemlösekompetenzen). An unterschiedlichen Stellen könnte Jannik lernen, einen anderen Weg einzuschlagen, damit die Situation nicht eskaliert: Er könnte weniger sensibel für solche Situationen sein (Wahrnehmung). Anstatt die Situation als Angriff zu interpretieren, könnte er nach alternativen Erklärungen suchen (möglicherweise war der Rempler ein Versehen, die Treppe ist eng und alle wollen schnell nach draußen). Er könnte seine Wut zunächst unterdrücken, um die Situation zu klären (Selbstregulation). Er könnte dem anderen Jungen sagen, dass es ihn gestört hat, und fragen, ob dieser es absichtlich gemacht hat (Erweiterung der Problemlösekompetenz).

Auf der **affektiven Ebene** geht es zum einen um **Emotionserkennung und -ausdruck** und zum anderen um den **Aufbau eines empathischen Mitempfindens**. Um die Empfindungen und Intentionen anderer Personen zu erkennen, ist es beispielsweise wichtig, emotionale Signale zu verstehen. Gleichzeitig ist es für ein angemessenes Interaktionsverhalten wichtig, auch selbst entsprechende Signale zu kommunizieren. Dies lässt sich durch Übungen zum Gefühlserkennen sowie zu einem angemessenen Gefühlsausdruck trainieren. Weiterhin kann es sinnvoll sein, sich gefühlsmäßig (oder auch kognitiv) in andere Personen hineinzuversetzen, um die Folgen eines aggressiven Handelns nachvollziehen zu können.

Auf der **Verhaltensebene** steht die Erweiterung des Verhaltensrepertoires im Zentrum, um Verhaltensalternativen zum aggressiven Verhalten zu erlernen. Hier kann es unter anderem darum gehen, **prosoziales Verhalten** einzuüben, um dadurch die Integration in sozialen Gruppen zu erleichtern. Insgesamt lässt sich konstatieren, dass viele Elemente von Trainings zur sozialen Kompetenz gleichzeitig auch Elemente von Anti-Aggressionstrainings sind, wobei besondere Schwerpunkte im Bereich der Aggression gesetzt werden. Nicht zu vergessen ist, dass es neben aggressiven Kindern und Jugendlichen auch deren potenzielle Opfer gibt, sodass auch die **Opfer eines „Bullying"** in den Blick genommen werden müssen. In manchen Trainings geht es also auch darum, die Opfer von aggressiven Handlungen zu stärken.

Trainings zum aggressiven Verhalten gibt es vom Kindesalter (z. B. Cierpka, 2001; Petermann & Petermann, 2005) bis in das Jugend- und Erwachsenenalter, wobei hier vor allem die **indizierte Prävention** im Vordergrund steht (z. B. bei Personen, die bereits durch Gewalttätigkeiten auffällig geworden sind).

Hyperkinetische Störungen

Hyperkinetische Störungen sind durch eine **Symptomtrias** charakterisiert, zu der Beeinträchtigungen im Bereich der **Aufmerksamkeit**, der **Impulskontrolle** und des **Aktivitätslevels** gehören. Je nach der Kombination dieser drei Hauptsymptome werden verschiedene Subtypen unterschieden. Da eine mangelnde Impulskontrolle auch bei Aggressionen eine wichtige Rolle spielt, gibt es Überschneidungen, die zu teilweise ähnlichen Ansatzpunkten bei Präventions- und Interventionsmaßnahmen führen (z. B. durch das Erlernen von Selbstkontrolltechniken). Es ist eine **multifaktorielle Verursachung** der hyperkinetischen Störungen anzunehmen, die sowohl **genetische Dispositionen** (wie ungünstige Temperamentsmerkmale oder Regulationsstörungen) als auch **psychosoziale Elemente** (ungünstiges Erziehungsverhalten) umfasst. Ein inkonsistentes Erziehungsverhalten und eine mangelnde Kontrolle seitens der Eltern kann zudem zur Aufrechterhaltung einer hyperkinetischen Störung beitragen (Döpfner & Kinnen, 2009).

Der Präventions- und Behandlungsansatz erfolgt am günstigsten **multimodal**. Neben einem Training mit dem Kind bzw. Jugendlichen werden auch die Bezugspersonen wie Eltern und Lehrer mit eingebunden (DuPaul & Stoner, 2003). So bezieht beispielsweise das THOP (Döpfner, Schürmann & Frölich, 2007) sowohl die betroffenen Kinder und Jugendlichen als auch deren Erziehungsberechtigte mit in das Training ein. Dabei sind die familien- und die kindzentrierten Interventionen aufeinander abgestimmt. Neben einer Psychoedukation werden beispielsweise auch die positive Eltern-Kind-Interaktion gestärkt und operante Techniken eingeführt.

Konzentrations- und Selbstinstruktionstrainings verfolgen unter anderem das Ziel, die Aufmerksamkeit und Impulskontrolle zu steigern. Zu nennen ist in diesem Zusammenhang beispielsweise das Marburger Konzentrationstraining, das für verschiedene Altersabschnitte vorliegt (Krowatschek, Albrecht & Krowatschek, 2004; Krowatschek, Krowatschek, Wingert & Schmidt, 2010). Bei hyperkinetischen Störungen steht insgesamt die **indizierte Prävention** im Vordergrund, wobei die Übergänge in die **Therapie** fließend sind. Unterschiedliche Ansätze lassen sich zudem im schulischen Kontext verfolgen, um eine Verbesserung in diesem Setting zu bewirken (s. DuPaul & Stoner, 2003). So haben sich beispielsweise Belohnungssysteme gerade bei Kindern und Jugendlichen mit einer hyperkinetischen Störung bewährt. Neben der gezielten positiven Rückmeldung (soziale Verstärkung) bei erwünschtem Verhalten sind dies beispielsweise Token-Systeme oder auch Verhaltensverträge (Krowatschek & Domsch, 2009).

Beispiel

Gerade während der Stillarbeit wandert Jannik gehäuft durch den Klassenraum. Immer mit einer Ausrede für seine Ausflüge parat, fällt es ihm schwer, ruhig auf dem Stuhl sitzen zu bleiben. Damit stört er nicht nur seine Mitschüler beim konzentrierten Arbeiten, er beendet die Aufgaben auch selten in der vorgegebenen Arbeitszeit. Seine Lehrerin holt sich in Absprache mit den Eltern Hilfe bei der zuständigen Schulpsychologischen Beratungsstelle. Dafür vereinbart sie einen Termin zur Unterrichtshospitation, bei der der Schulpsychologe Jannik im Unterricht beobachtet. Im Anschluss findet ein Gespräch zwischen Schulpsychologe, Lehrerin und Eltern statt, bei dem die Beobachtungen zusammengetragen und Maßnahmen abgesprochen werden. Die Eltern berichten, dass sie das unaufmerksame Verhalten ihres Sohnes zu Hause bei den Hausaufgaben erleben. Täglich käme es daher zu Konflikten. Nach einer halben Stunde lege Jannik den Stift zur Seite. „Unsere Lehrerin behauptet, wir sollen nur eine halbe Stunde an den Hausaufgaben sitzen. Die Zeit ist um!" Durch sein ständiges Trödeln hat er jedoch fast nichts geschafft. In der Folge käme es immer wieder zu Machtkämpfen zwischen Jannik und seinen Eltern, das sei sehr anstrengend.

Gemeinsam einigt man sich darauf, dass Janniks Lehrerin ihm konkret benennt, welche Aufgaben er zu Hause zu erledigen hat. Die Diskussion um die halbe Stunde Arbeitszeit entfällt dadurch, was bereits zu einer deutlichen Entspannung führt. Zudem vereinbaren die Eltern einen Termin in der Schulpsychologischen Beratungsstelle, um konkreter zu besprechen, wie Jannik in eine höhere Selbstständigkeit bei der Erledigung seiner Aufgaben begleitet werden kann.

Für das schulische Setting wird vereinbart, mit einem Token-Programm anzufangen. Dafür bespricht seine Lehrerin mit Jannik

- eine konkrete Verhaltensweise,
- wie viele Punkte (Token) er für das Einhalten der Verhaltensweise wann erhält,
- wie viele Punkte er gegen welchen Preis eintauschen kann.

Sie einigen sich darauf, dass Jannik bei der Stillarbeit ruhig auf seinem Stuhl sitzen bleiben soll. Schafft er dies, kann er sich auf seinem Punkteplan anschließend einen Punkt eintragen. Zwanzig Punkte kann er gegen einen Hausaufgabenfrei-Gutschein eintauschen, den er aufheben und bei Bedarf einlösen kann.

Janniks Lehrerin beginnt den Punkteplan zu verändern, nachdem sich das Verhalten während der Stillarbeitsphasen deutlich verbessert hat. Sie trifft eine neue Verabredung mit Jannik: In der letzten Stunde, die sie Jannik an einem Schulvormittag unterrichtet, findet die Bewertung statt, ob er während der Arbeitsphasen gut sitzen bleiben konnte oder nicht. Dafür geben Jannik und seine Lehrerin jeweils getrennt voneinander eine Bewertung ab. Anschließend vergleichen sie, ob die Bewertungen übereinstimmen und besprechen mögliche Diskrepanzen. Schließlich kann sich Jannik die vereinbarte Punktezahl in seinen Punkteplan eintragen. Jannik soll so lernen, sein eigenes Verhalten besser zu beobachten (Selbstbeobachtung), zu bewerten (Selbstevaluation) und ggf. zu belohnen (Selbstbelohnung). Ein wichtiger Schritt zu verbesserten Selbstregulationskompetenzen. Und bei Familienfesten oder wichtigen Fußballtrainings gönnt er sich einen Nachmittag hausaufgabenfrei!

In einer Metaanalyse von DuPaul und Eckert (1997) wurden verschiedene schulische Interventionen verglichen, die sich in drei Bereiche gliedern ließen:

1. **Kontingenzmanagement**: Bei diesem Ansatz wird angemessenes Verhalten durch positive Konsequenzen (z. B. Token-Systeme) verstärkt und unangemessenes Verhalten durch negative Konsequenzen reduziert.
2. **Interventionen in der Lehrstrategie**: Darunter wurden besondere Lehrstrategien (z. B. Peer-Tutoring) gebündelt.
3. **Kognitiv-verhaltensbezogene Interventionen**: Dieser Ansatz enthält Interventionen wie beispielsweise Problemlösestrategien oder Maßnahmen mit dem Ziel einer höheren Selbstkontrolle.

Alle drei Ansätze zeigten deutliche Effekte, wobei diese bei verhaltensbezogenen Variablen größer ausfielen als bei akademischen Variablen. Zudem zeigten sich die ersten beiden Interventionsarten effektiver als kognitiv-verhaltensbezogene Interventionen. Einschränkend muss jedoch bedacht werden, dass die von den Autoren vorgenommene Einteilung artifiziell ist, da Maßnahmen häufig miteinander kombiniert werden. So kann beispielsweise ein Kontingenzmanagement-Ansatz auch mit dem Ziel verwendet werden, die Selbstkontrolle zu trainieren.

Ängste und Depressionen

Mit Ängsten sind fast alle Kinder im Laufe ihrer Entwicklung konfrontiert. Schon im **Säuglingsalter** lassen sich Ängste vor lauten Geräuschen oder – etwas später – vor fremden Menschen identifizieren. Im **Vorschulalter** finden sich Ängste vor der Trennung von Bezugspersonen ebenso wie Ängste vor Phantasiegestalten (wie Geister oder Monster). Im **Schulalter** werden die Ängste konkreter und beziehen sich häufig auf Verletzungen, Krankheit oder Tod, aber auch auf eigenes Versagen in der Schule oder in den Augen der Gleichaltrigengruppe. Ängste sind evolutionsbiologisch fundiert, indem sie eine **Schutzfunktion in potenziellen Gefahrensituationen** übernehmen. Sie bereiten Verhaltenstendenzen vor, die in Flucht, Angriff oder Erstarren bestehen können (Heinrichs & Lohaus, 2011).

Nach Parritz und Troy (2011) kann ein **gemeinsamer Entwicklungspfad** für das Entstehen von Ängsten und Depressionen vermutet werden. Die Gemeinsamkeit liegt darin, dass in beiden Fällen negative Emotionen überwiegen und Schwierigkeiten bestehen, negative Emotionen zu regulieren. Daraus ergibt sich gleichzeitig ein wichtiger Ansatzpunkt für mögliche präventive Bemühungen: Es kommt darauf an, frühzeitig **mit negativen Emotionen umgehen zu lernen** und sie erfolgreich zu regulieren. Wichtig ist in diesem Zusammenhang weiterhin, dass **Ängste** sich auf der **emotionalen Ebene** äußern, dass aber auch die **kognitive Ebene** (durch angstauslösende Gedanken), die **Verhaltens-** (durch Flucht- oder Angriffsverhalten) und die **körperliche Ebene** (durch somatische Reaktionen wie Erhöhung der Herzfrequenz) involviert sind. Diese verschiedenen Ebenen spielen auch bei **Depressionen** eine Rolle, wobei auf der **kognitiven Ebene** negative Gedanken in Bezug auf die eigene Person, die Welt und die Zukunft bestehen. Auf der **Verhaltensebene** dominiert das Rückzugsverhalten und auf der **körperlichen Ebene** die Antriebslosigkeit. Im Rahmen der Prävention kann es also sinnvoll sein, nicht nur auf Emotionsregulationsstrategien zu fokussieren, sondern beispielsweise auch auslösende und aufrechterhaltende Kognitionen zu thematisieren. Auch der Umgang mit Verhaltensreaktionen kann Gegenstand von Interventionsbemühungen sein. Besonders ist auf die Verhaltensebene zu achten, wenn z. B. soziale Ängste (Angst vor der negativen Bewertung durch andere) begründet sind, da ein Kind oder Jugendlicher tatsächlich Defizite in seinem Sozialverhalten aufweisen kann.

Ein **universelles Präventionsprogramm**, das sowohl auf Ängste als auch Depressionen gerichtet ist, liegt mit dem **Freunde-Programm** von Barett, Webster und Turner (2003) vor. Es wird in Schulklassen durchgeführt und richtet sich an Schüler im Altersbereich von sieben bis zwölf Jahren. Das Programm integriert mehrere Ebenen, wobei es im kognitiven Bereich darum geht, innere Gedanken zu erkennen und gegebenenfalls im positiven Sinne zu verändern. Im physischen Bereich steht die Entwicklung eines Bewusstseins für Körpersignale und ihre Beeinflussung (z. B. durch Entspannungsübungen) im Vordergrund. Zusätzlich erfolgt das Einüben von Bewältigungsstrategien (wie Problemlösefertigkeiten, graduelle Annäherung an angstauslösende Ereignisse, Suche nach Unterstützung etc.).

An etwas ältere Schüler (im Alter von 14 bis 18 Jahren) richtet sich das (vorrangig universell ausgerichtete) Programm **„Gesundheit und Optimismus (GO!)"** von Junge, Neumer, Manz und Margraf (2002), das ebenfalls sowohl Angst als auch Depression adressiert. Neben der Vermittlung von Basisinformationen werden auch hier die Ebenen Gedanken, Gefühle, Körperreaktionen und Verhalten angesprochen. Einen wichtigen Bestandteil bilden dabei potenzielle Fehlinterpretationen von Körperreaktionen, Bewältigungsstrategien (z. B. Selbstkonfrontation mit angstauslösenden Situationen) und dysfunktionale Gedanken.

Speziell zur Prävention von Depressionen liegt weiterhin das vorrangig universelle Programm **„Lust an realistischer Sicht & Leichtigkeit im sozialen Alltag (LARS&LISA)"** von Pössel, Horn, Seemann und Hautzinger (2004) vor. Es richtet sich in erster Linie an Jugendliche der 8. und 9. Klasse. Die Wahl der Zielgruppe ist vor allem dadurch begründet, dass die Prävalenzraten für Depressionen über das Jugendalter hinweg deutlich ansteigen. Neben der Wissensvermittlung wird das Setzen persönlicher (realistischer) Ziele thematisiert. Darüber hinaus finden sich Elemente zur kognitiven Umstrukturierung, zur Veränderung dysfunktionaler Gedanken sowie Trainingselemente zum Einüben selbstsicheren Verhaltens und zur Verbesserung sozialer Kompetenzen. Mit dem Training sozialer Kompetenzen soll die soziale Einbindung von Jugendlichen unterstützt werden, was einer Depressionsentwicklung entgegenwirken kann.

Neben den universellen Programmen, die teilweise auch indiziert oder selektiv eingesetzt werden können (z. B. in Mädchengruppen, weil internalisierende Symptomatiken ab der Pubertät häufiger bei Mädchen vorkommen), gibt es Programme, die durch einen stärker **therapeutischen Anspruch** charakterisiert sind (s. zusammenfassend Pössel & Hautzinger, 2009; Melfsen & Warnke, 2009).

Sexualität

Ein wichtiges Präventionsanliegen im Bereich der Sexualität ist die **Vermeidung von Schwangerschaften und von Infektionskrankheiten** (wie HIV). Als mindestens genauso wichtig ist jedoch der Aufbau eines **angemessenen Verhältnisses zu Fragen der Sexualität** anzusehen. Hier geht es darum, positive Einstellungen zur Sexualität zu entwickeln und in angemessener Weise sexuelle Beziehungen aufzubauen und gegebenenfalls aufrechtzuerhalten. Es geht also nicht nur um die biologischen, sondern auch um die psychosozialen Dimensionen von Sexualität. Es liegen für diesen Problembereich nur **wenige evaluierte Präventionsprogramme** vor, die sich überwiegend an das Jugendalter richten. Es gibt zwar eine Vielzahl an Programmen und Materialien (wie z. B. Aufklärungsbroschüren etc.), die sich an verschiedene Altersgruppen wenden, der überwiegende Teil wurde jedoch nicht systematisch evaluiert.

Ein breiter Zugang zum Thema Sexualität mit Einbezug biologischer und psychosozialer Dimensionen wird bei dem **Medienpaket zur Sexualerziehung** von Eichholz, Niehammer, Wendt und Lohaus (1994) gewählt. Neben der Vermittlung einer **Wissensbasis** finden sich hier Elemente zum Aufbau positiver **Einstellungen zur Sexualität und zur Verhaltensbeeinflussung** (wie z. B. in Form von Rollenspielen zur Kontaktaufnahme etc.). Ähnlich breit ist der Zugang beim **LiZA-Programm** (Liebe in Zeiten von Aids), das einen Schwerpunkt auf die Aids-Prävention setzt, dabei jedoch gleichzeitig die Stärkung des Selbstwertgefühls, sozialer Kompetenzen und der Kommunikationsfertigkeit thematisiert (Bayerisches Staatsministerium für Unterricht und Kultus, 2004). Ein weiteres Element ist auf Gruppendruck und Medien gerichtet, um Jugendliche gegen Einflussnahmeversuche und verzerrte Normwahrnehmungen zu wappnen. Ein deutlich anderer Zugangsweg wird bei dem Programm **Peer Education** von Backes und Schönbach (2002) gewählt, das sich an Jugendliche zwischen 15 und 17 Jahren richtet und sie dazu befähigen soll, eigene Projekte zu sexualitätsbezogenen Themen (wie Liebe oder Schwangerschaftsverhütung) durchzuführen, ohne dass Erwachsene anwesend sind und Hilfestellung leisten (Vierhaus, 2009).

Insgesamt gibt es in diesem Bereich nur wenig standardisierte und evaluierte Programme, wobei insbesondere zum Vorschul- und Grundschulalter wenig vorzufinden ist. Hier dominieren ad hoc zusammengestellte Programmelemente, die z. B. in Unterrichtsreihen in der Schule genutzt werden. Eine wissenschaftliche Evaluation liegt in diesen Fällen nicht vor.

Alkohol-, Nikotin- und Drogenkonsum

Vor allem im Jugendalter nimmt der Konsum legaler und illegaler Substanzen zu. **Legale Substanzen** sind beispielsweise Alkohol, Tabak oder Medikamente, **illegale Substanzen** Cannabis oder Opiate. Will man im Bereich des Substanzmittelkonsums präventiv tätig werden, dann ist es zunächst wichtig, sich verschiedene **Konsumphasen** vor Augen zu halten. So lassen sich beispielsweise

a) antezedente Bedingungen, die bereits vor dem Konsumbeginn eine Rolle spielen,
b) eine Phase der Initiierung,
c) der Stabilisierung und
d) der Habitualisierung

unterscheiden (Lohaus, 1993). Zu den **antezedenten Bedingungen** gehören unter anderem frühe Einstellungen zum Suchtmittelkonsum, das Vorhandensein von Modellen (z. B. Suchtmittelkonsum bei Eltern oder Geschwistern), eine erhöhte Risikobereitschaft und mangelnde Bewältigungsressourcen (z. B. indem Alkohol und Drogen als Wege zur Problembewältigung gesehen werden). In der Phase der **Initiierung** spielen das Angebot von Suchtmitteln durch Gleichaltrige, das Suchmittelverhalten in der Gleichaltrigengruppe und das Bedürfnis nach Anerkennung durch die Gleichaltrigengruppe eine entscheidende Rolle. Die Gleichaltrigengruppe ist auch in der Phase der **Stabilisierung** wichtig, da sie den Substanzmittelkonsum weiter unterstützen und zu seiner Aufrechterhaltung beitragen kann. In diesen Phasen stehen also die sozialen Funktionen des Suchtmittelkonsums im Vordergrund, während in der Phase der **Habitualisierung** zunehmend die individuellen Funktionen im Vordergrund stehen. Dies bedeutet, dass das Suchtmittelverhalten sich weiter stabilisiert und zunehmend individuelle Bedürfnisse erfüllt, indem Abhängigkeiten vom Suchtmittel entstehen. Das Phasenmodell ist in ◘ Abb. 18.2 zusammengefasst.

Das Phasenmodell verdeutlicht, dass eine Präventionsarbeit zum Suchtmittelkonsum frühzeitig ansetzen kann, um bereits vor der Initiierung beispielsweise die Einstellung zu Suchtmitteln in eine angemessene Richtung zu verändern oder um mangelnde Bewältigungsressourcen auszugleichen. Diesen Weg beschreiten beispielsweise Lebenskompetenztrainings, die in Kombination mit einer Informationsvermittlung zum Substanzmittelkonsum eingesetzt werden. Hinzu kommen vielfach Elemente zur Stärkung der Widerstandsmöglichkeiten gegen Einflussnahmeversuche durch Gleichaltrige, um die sozialen Ressourcen für die Phase der Initiierung zu stärken (z. B. Nein-sagen-Können beim Angebot von Substanzmitteln). Beispielhaft für diesen Ansatz sind die Programme „Allgemeine Lebenskompetenzen und Fertigkeiten (ALF)" von Walden, Kröger, Kirmes, Reese und Kutza (2000) sowie das Lebenskompetenzprogramm IPSY von Silbereisen und

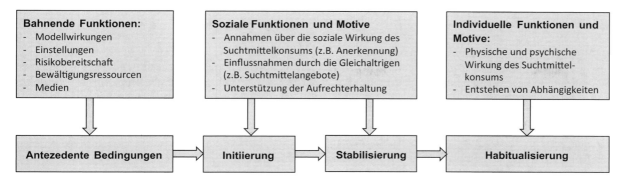

Abb. 18.2 Phasenmodell des Suchtmittelkonsums. (In Anlehnung an Lohaus, 1993, mit freundlicher Genehmigung von Hogrefe, Göttingen)

Weichold (2009) zu nennen. Für Jugendliche, die sich bereits in der Phase der Stabilisierung bzw. Habitualisierung befinden, existieren Angebote zur Sekundärprävention, um die Entstehung von Abhängigkeiten zu vermeiden. In einigen Suchtmittelbereichen (wie Alkoholkonsum) besteht das Präventionsziel nicht darin, einen Konsum grundsätzlich zu vermeiden, sondern zu einem kontrollierten Konsum zu gelangen. Eine weitere Zielrichtung, die ebenfalls teilweise verfolgt wird, besteht darin, den Zeitpunkt der Initiierung hinauszuzögern, da bei einem späteren Einstieg in den Substanzmittelkonsum die Wahrscheinlichkeit steigt, dass es nicht zu einer Stabilisierung oder Habitualisierung kommt. Ein Beispiel für ein Programm, bei dem die Hinauszögerung eines Konsums eine wichtige Rolle spielt, ist „Be smart – Don't start" zur Primärprävention des Rauchens, das sich an Schüler der Klassenstufen 6 bis 8 richtet. Das Programm wird in Form eines Wettbewerbs in Schulklassen durchgeführt, wobei alle Klassen, die nach Ablauf des Wettbewerbszeitraums (sechs Monate) noch rauchfrei sind, ein Zertifikat erhalten und an einer Preisverlosung teilnehmen (Hanewinkel, 2007).

18.1.2 Problemübergreifende Förderprogramme

Die bisher dargestellten Förderansätze sind auf einzelne Problembereiche (wie Ängste oder Substanzmittelkonsum) gerichtet. Eine andere Zielrichtung wird mit **problemübergreifenden Förderprogrammen** eingeschlagen, bei denen es darum geht, die allgemeinen psychosozialen Ressourcen zu stärken, damit Kinder und Jugendliche in die Lage versetzt werden, verschiedenste Problemlagen im positiven Sinne zu meistern, ohne auf unangemessene Bewältigungswege zurückgreifen zu müssen. Nach dem Konzept der World Health Organization (WHO) ist **lebenskompetent**,

» „wer sich selbst kennt und mag, empathisch ist, kritisch und kreativ denkt, kommunizieren und Beziehungen

führen kann, durchdachte Entscheidungen trifft, erfolgreich Probleme löst sowie Gefühle und Stress bewältigen kann" (Jerusalem & Meixner, 2009, S. 141).

Die Idee dabei ist, dass viele Risikoverhaltensweisen von Kindern und Jugendlichen auf einen **Mangel an Bewältigungsmechanismen** zur Lösung von Alltagsproblemen zurückgehen (Silbereisen, 1997). Durch das Vorhandensein eines Problemlöse- und Bewältigungspotenzials werden **Selbstwirksamkeitsüberzeugungen** aufgebaut und damit die **Persönlichkeit gestärkt** (Jerusalem & Meixner, 2009). Die **Lebenskompetenzprogramme** basieren dementsprechend auf einem ganzheitlichen Förderansatz, der davon ausgeht, dass sich die erfolgte Ressourcenstärkung positiv auf unterschiedliche Problembereiche auswirkt. Teilweise erfolgt eine **Verbindung mit problemspezifischen Elementen** (z. B. zu Rauchen und Alkoholkonsum), um dadurch die Wirkung auf einzelne Problembereiche weiter zu verstärken. Lebenskompetenzprogramme werden typischerweise **universell** eingesetzt. Neben den bereits genannten substanzspezifischen Lebenskompetenztrainings sind hier beispielsweise Programme wie **Lions Quest** („Erwachsen werden") von Wilms und Wilms (2004) oder das Programm **„Klasse 2000"** zu nennen.

Als problemübergreifend können auch **Stresspräventionsprogramme für Kinder und Jugendliche** aufgefasst werden. Auch hier werden allgemeine Grundlagen für den Umgang mit Problemen gelegt, die in verschiedenen Kontexten genutzt werden können, um das individuelle Belastungserleben zu reduzieren. Die **zentralen Programmelemente** sind typischerweise darauf gerichtet,

a) stressauslösende Situationen zu erkennen,
b) die Bewertung stressauslösender Situationen zu verändern (kognitive Umstrukturierung),
c) das Bewältigungspotenzial zu erweitern und
d) mit Stressreaktionen (wie beispielsweise Kopf- oder Bauchschmerzen) umgehen zu lernen.

Es geht dabei nicht nur darum, **angemessene Bewältigungsformen** zum Umgang mit individuellen Prob-

Stress nicht als Katastrophe erleben – SNAKE

Das Stresspräventionstraining SNAKE richtet sich an Jugendliche der 7. bis 9. Klassenstufe und wird in der Regel im schulischen Setting durchgeführt. Dafür wird eine Splittung der Schulklasse in zwei Gruppen empfohlen. Je nach Zusammensetzung der Schulklasse können zwei geschlechtsheterogene oder aber zwei geschlechtshomogene Gruppen gebildet werden. Das Training erstreckt sich über acht Doppelstunden, wobei das Basismodul „Wissen zu Stress und Problemlösen" (4 Sitzungen) je nach Bedürfnislage der Schüler mit einem von drei möglichen Zusatzmodulen (jeweils 4 Sitzungen) kombiniert wird. Diese beziehen sich auf kognitive Strategien, Suche nach sozialer Unterstützung und Entspannung und Zeitmanagement. Im **Basismodul** „Wissen zu Stress und Problemlösen" sollen die Problemlösekompetenzen verbessert werden. Das Symbol des Trainings ist (dem Namen des Trainings entsprechend) eine Schlange. Anhand dieser Schlange wird ein Problemlöseprozess symbolisiert, wobei die einzelnen Schritte im Bauch der Schlange weiterwandern: Problemdefinition, Lösungssuche, Entscheidungsfindung, Erprobung einer Lösung, Bewertung der Lösung. Der Prozess wird fortgesetzt, bis es zu einer Lösung kommt, die positiv

bewertet wird, und das Problem somit „verdaut" ist.
Im Zusatzmodul zu den **Kognitiven Strategien** werden Methoden der kognitiven Umstrukturierung verwendet. Dafür wird der Zusammenhang zwischen Situation, Stressgedanken, Emotion und Verhalten veranschaulicht. Beobachtet eine Schülerin beispielsweise auf dem Schulhof, dass ihre Klassenkameradinnen lachen, könnte ihre Bewertung der Situation darauf hinauslaufen, dass sie ausgelacht wurde (Gedanke). Sie würde sich daher beschämt, niedergeschlagen und unsicher fühlen (Emotion). In der Folge würde sie sich möglicherweise abwenden und die Pause alleine verbringen (Verhalten). Eine hilfreichere Bewertung wäre z. B., dass ihre Klassenkameradinnen über einen Witz oder Ähnliches lachen (Gedanke), wodurch sich ein positiveres Gefühl in der Situation und auch ein adäquateres Verhalten ergeben würden. Zur Förderung von Bewältigungsstrategien wird im Zusatzmodul zur **Suche nach sozialer Unterstützung** die soziale Unterstützung durch Bezugsgruppen in der Schule, Familie oder im Freundeskreis sowie durch Beratungsinstitutionen in der Umgebung thematisiert. Darüber hinaus werden die sozialen Kompetenzen z. B. durch Rollenspielübungen gefördert. Das

Modul zur **Entspannung und zum Zeitmanagement** thematisiert unterschiedliche Entspannungstechniken (von Musik hören bis progressive Muskelrelaxation) und übt einige dieser Entspannungsformen praktisch ein. Zudem erhalten und besprechen die Jugendlichen unterschiedliche Strategien zum Thema Zeitmanagement. Ergänzend zum Training existiert außerdem eine Internet-Seite (▶ http://www.snake-training.de). Hier lassen sich begleitend Inhalte nach und nach freischalten und Übungen online durchführen.
In einer Evaluationsstudie konnte die Wirksamkeit des Trainings untermauert werden (Beyer & Lohaus, 2005). Bei den Jugendlichen konnten **signifikante Wissenszuwächse** sowie eine **Verbesserung im Bereich der Stressbewältigung** verzeichnet werden. Zudem ließ sich eine **Reduktion der wahrgenommenen Probleme** nachweisen. Diese Effekte zeigten sich auch in einer Follow-up-Erhebung zwei Monate nach Trainingsende. Eine additive Nutzung des Internet-Angebots führte zudem zu einer weiteren Steigerung des Wissenserwerbs sowie zu einer positiveren Einschätzung des Trainings durch die Jugendlichen (Fridrici & Lohaus, 2009).

---

lemlagen zu erlernen, sondern auch in der Lage zu sein, die emotionalen, kognitiven und verhaltensbezogenen **Stressreaktionen zu regulieren.** Als Stresspräventionsprogramme stehen das Programm „Bleib locker" von Klein-Heßling und Lohaus (2012) für Grundschulkinder der 3. und 4. Klasse, das Anti-Stress-Training für Kinder von Hampel und Petermann (2003) und das SNAKE-Training („Stress nicht als Katastrophe erleben", ▶ Exkurs „Stress nicht als Katastrophe erleben – SNAKE") von Beyer und Lohaus (2006) zur Verfügung.

18.1.3 Förderung des Umgangs mit kritischen Lebensereignissen

Als **kritische Lebensereignisse** werden einschneidende Veränderungen im Leben eines Kindes oder Jugendlichen bezeichnet, die eine umfassende Neuorientierung verlangen (wie der Neueintritt einer chronischen Erkrankung oder Tod, Trennung oder Scheidung der Eltern). Bei der Konfrontation mit kritischen Lebensereignissen geht es

darum, betroffenen Kindern und Jugendlichen die Anpassung an die neu eingetretene Situation zu erleichtern und Folgeprobleme zu reduzieren. Ein besonderes Problem stellen dabei abrupt eintretende kritische Lebensereignisse dar, da in diesen Fällen keine Vorbereitung erfolgen konnte und daher erst im Nachhinein Maßnahmen greifen können, um die psychosoziale Anpassung zu verbessern (Heinrichs & Lohaus, 2011). Beim Umgang mit kritischen Lebensereignissen stehen daher **indizierte Präventionsansätze** im Vordergrund, die sich an betroffene Kinder und Jugendliche richten. Je nach Schwere der Auswirkungen können auch **therapeutische Interventionen** erforderlich sein.

Ein mögliches kritisches Lebensereignis, mit dem bereits Kinder und Jugendliche konfrontiert sein können, bezieht sich auf **chronische Erkrankungen** (wie Diabetes mellitus oder Asthma bronchiale). Ein angemessener Umgang mit den Anforderungen der Erkrankung und eine gute psychosoziale Anpassung können entscheidend für den Krankheitsverlauf sein. Dementsprechend gibt es mittlerweile für viele Erkrankungsformen altersentspre-

Kinder psychisch erkrankter Eltern

Nach Röhrle und Christiansen (2009) stellt das Zusammenleben mit psychisch erkrankten Eltern einen erheblichen Risikofaktor für die Entwicklung einer eigenen psychischen Erkrankung dar (s.a. Cummings & Davis, 1994). Bei depressiven Müttern finden sich beispielsweise häufig negative Eltern-Kind-Interaktionen. Akute Wahnvorstellungen im Rahmen einer Psychose können auf das Kind sehr bedrohlich und oftmals auch verwirrend wirken. Remschmidt und Mattejat (1994) schätzen, dass in Deutschland allein etwa 300 000 Kinder mit psychotisch erkrankten Elternteilen leben. Dennoch beschränkt sich die Angehörigenarbeit oftmals lediglich auf Erwachsene – in der Regel den Lebenspartner. Sowohl eine Fixierung auf die psychische Erkrankung innerhalb des Familiensystems als auch eine Verheimlichung oder Verleugnung innerhalb der Familie kann zu weiteren Belastungen für die Kinder und Jugendlichen führen (Mattejat & Lisofsky, 2001). Gerade Kinder konstruieren eigene Erklärungen über das Verhalten des Elternteils, was mit Ängsten und Schuldgefühlen einhergehen kann. Für Kinder kann daher eine entwicklungsangemessene Aufklärung über die psychische Störung besonders relevant sein (Wagenbass, 2003). Auch der Austausch mit Gleichaltrigen in ähnlichen Problemsituationen kann sowohl für Kinder als auch Jugendliche eine wichtige Erfahrung darstellen. Neben dem Austausch erleben sie, dass auch andere Kinder und Jugendliche ähnliche Erfahrungen machen. Auch daraus ergibt sich ein Anlass für eine indizierte Prävention (s. hierzu ausführlicher Röhrle & Christiansen, 2009). Zunehmend werden solche Angebote auch in Erziehungsberatungsstellen angeboten. Dies ist auch darin begründet, dass – wie oben angesprochen – Kinder psychisch erkrankter Eltern ein erhöhtes Risiko haben, selbst psychische Auffälligkeiten zu entwickeln und ihre Eltern somit verstärkt Erziehungsberatungsstellen aufsuchen.

chende **Schulungsmöglichkeiten** (z. B. das Luftikurs-Programm für Kinder mit Asthma-Erkrankungen von Theiling, Szczepanski & Lob-Corzilius, 2001, oder das Neurodermitis-Verhaltenstraining für Kinder, Jugendliche und deren Eltern von Scheewe et al., 1997). Die vorhandenen Programme sind in der Regel darauf ausgerichtet, den Kindern und Jugendlichen ein altersangemessenes Wissen über ihre Erkrankung zu vermitteln sowie erforderliche medizinische Maßnahmen bzw. Verhaltensänderungen (z. B. bei notwendigen Diäten) zu trainieren. Einen besonderen Stellenwert nehmen dabei die Bewältigung der besonderen Anforderungen, die die jeweilige Erkrankung stellt, sowie die Patienten-Compliance (Einhaltung der erforderlichen medizinischen Maßnahmen) ein. Teilweise wird – je nach Alter der Patienten – auch das soziale Umfeld einbezogen.

Besondere Aufmerksamkeit unter den kritischen Lebensereignissen, von denen Kinder und Jugendliche betroffen sein können, haben **Tod, Trennung oder Scheidung der Eltern** erhalten, da diese Ereignisse zu den gravierendsten gehören, mit denen Kinder und Jugendliche konfrontiert sein können. Dementsprechend zeigen Metaanalysen (z. B. Amato, 2001), dass bei betroffenen Kindern ein erhöhtes Risiko für die Entwicklung von Störungen besteht. Um den Risiken entgegenzuwirken, gibt es verschiedene Trainingsprogramme, die in erster Linie als Gruppenprogramme für betroffene Kinder konzipiert sind. Das Altersspektrum reicht dabei vom Vorschul- bis in das Jugendalter (s. zusammenfassend Beelmann, 2009).

Kinder und Jugendliche können auch indirekt von kritischen Lebensereignissen betroffen sein, die in erster Linie auf Personen ihres unmittelbaren sozialen Umfelds bezogen sind. Ein Beispiel dafür sind **psychische Erkran-** kungen eines Elternteils (z. B. eine depressive Störung der Mutter, ▶ Exkurs „Kinder psychisch erkrankter Eltern").

18.2 Primärpräventive Förderkonzepte für Eltern als Zielgruppe

Der überwiegende Teil der bisher dargestellten Präventionsmaßnahmen richtete sich unmittelbar an Kinder und Jugendliche. Wenn man auf das Erleben und Verhalten von Kindern und Jugendlichen Einfluss nehmen will, kann es jedoch ebenso sinnvoll sein, auf das **soziale Umfeld** zu fokussieren, um dadurch indirekt die Kinder und Jugendlichen zu erreichen. Wichtigste Zielgruppe sind dabei die **Eltern**, da sie in der Regel als zentrale Bezugspersonen für ihre Kinder fungieren. Bei Fragen der Erziehung können Eltern sich an Erziehungsberatungsstellen wenden. Hier wird oftmals auch mit speziellen Methoden wie z. B. der Gesprächspsychotherapie oder der Familientherapie gearbeitet. Zudem bieten einige Erziehungsberatungsstellen gezielte Elterntrainings an.

Maßnahmen, die sich an Eltern richten, können insbesondere in problemübergreifende und problemspezifische Elterntrainings unterschieden werden. Bei **problemübergreifenden Trainings** sind die Hauptzielrichtungen darin zu sehen, die Eltern-Kind-Beziehung zu stärken und das Erziehungsverhalten der Eltern zu verbessern. So werden beispielsweise bei dem **PALME-Training** (Präventives Elterntraining für alleinerziehende Mütter geleitet von Erzieherinnen; Franz, 2009) als zentrale Ziele

- die Stabilisierung der Mutter-Kind-Beziehung,
- die Stärkung der intuitiven Elternfunktionen,
- die Verbesserung der Einfühlung in das Erleben des Kindes,

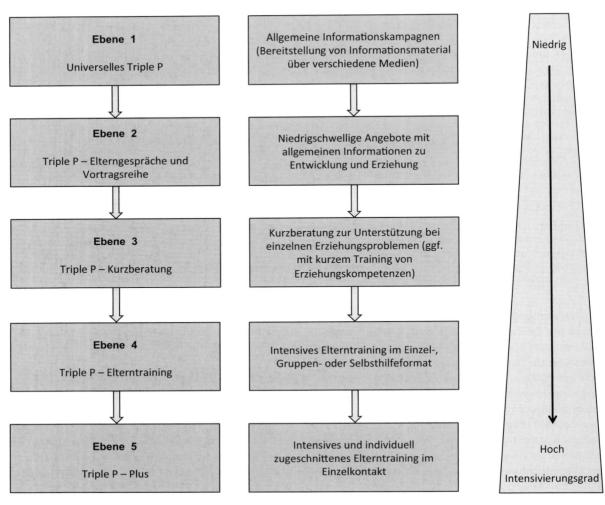

○ **Abb. 18.3** Ebenenkonzept des Triple-P-Trainings. (In Anlehnung an Heinrichs & Lohaus, 2011, mit freundlicher Genehmigung von Beltz, Weinheim)

— die Bearbeitung unbewusster Wahrnehmungs- und Erziehungstendenzen und
— die Einübung sozialer und elterlicher Kompetenzen

genannt. Es handelt sich um ein strukturiertes Elterntraining, das sich an alleinerziehende Mütter von Kindern im Alter von 4 bis 6 Jahren richtet und von geschulten Erzieherinnen durchgeführt wird. Das Training richtet sich also an Mütter in einer besonderen Problemlage und versucht, ihre Erziehungskompetenzen zu steigern und dabei gleichzeitig der besonderen Situation als alleinerziehende Mutter Rechnung zu tragen.

Als problemübergreifendes Elternprogramm kann das **Triple-P-Programm** (Sanders, Markie-Dadds & Turner, 2003) angesehen werden, dessen Besonderheit darin besteht, dass es **fünf Ebenen** umfasst, die von der universellen Prävention (mit allgemeinen Informationskampagnen und niederschwelligen Angeboten) bis hin zu intensiver Betreuung im Sinne von indizierter Prävention reichen.

Das Programm richtet sich an Eltern von Kindern zwischen von 0 bis 16 Jahren. Bei diesem Programm kann abhängig vom Schwergrad der Erziehungsproblematik die **Intensität des Programmeinsatzes variiert** werden. Die fünf Ebenen des Triple-P-Programms sind in der ○ Abb. 18.3 zusammengefasst.

Von den problemübergreifenden sind die **problemspezifischen Elterntrainings** abzugrenzen, die auf bestimmte Verhaltensprobleme von Kindern und Jugendlichen bezogen sind. So wendet sich das **Präventionsprogramm für expansives Problemverhalten** (PEP) von Plück, Wieczorrek, Wolff Metternich und Döpfner (2005) an die Eltern und Erzieher von Kindern im Vorschulalter und an die Eltern von Kindern im Grundschulalter. Es geht hier vor allem darum, durch eine Verbesserung des Erziehungsverhaltens die expansiven bzw. externalisierenden Verhaltensauffälligkeiten der Kinder zu reduzieren.

Ergänzend ist zu betonen, dass Elemente von Elterntrainings auch teilweise in Trainings enthalten sind, die sich an Kinder und Jugendliche richten. So sieht beispielsweise das Stresspräventionstraining „Bleib locker" von Klein-Heßling und Lohaus (2012) zwei ergänzende Elternabende vor, um die Unterstützung der Eltern bei der Umsetzung der Programmelemente zu gewinnen. Auch eine **begleitende Elternarbeit** in einem Training für Kinder und Jugendliche ist also denkbar.

18.3 Organisationsbezogene primärpräventive Förderkonzepte

Der überwiegende Teil der bisher vorgestellten Förderkonzepte richtete sich an spezifische Zielgruppen (Kinder, Jugendliche, Eltern etc.). Es gibt jedoch auch Förderkonzepte, die auf unterschiedlichen organisatorischen Ebenen angelegt sind, z. B. die Klassenebene, die Schulebene oder auch einen ganzen Stadtteil.

Bezogen auf die Klassen- und Schulebene kann festgehalten werden, dass an bestimmten Schulformen emotionale und Verhaltensauffälligkeiten häufiger auftreten als an anderen. Die Prävalenzrate psychischer Störungen im Kindes- und Jugendalter liegt in Deutschland bei ca. 18 % (Ihle & Esser, 2002), wobei sich an Grundschulen, Haupt- und Förderschulen die höchsten Prävalenzzahlen finden (Remschmidt & Walter, 1990; Hillenbrand, 2009). Da Kinder und Jugendliche einen großen Teil ihres Tages im schulischen Kontext verbringen, sind Schulen zwangsläufig mit Fragen der Prävention und Intervention auch im Bereich psychischen Wohlbefindens konfrontiert.

18.3.1 Maßnahmen auf Klassenebene

Lehrer benennen emotionale und verhaltensbezogene Regulationsprobleme von Schülern unter den Hauptstressoren ihrer beruflichen Tätigkeit (Friedman, 1995). Gleichzeitig hat Schule in Deutschland sowohl einen **Bildungs-** als auch einen **Erziehungsauftrag**. Neben der Vermittlung von Wissen soll sie Kinder und Jugendliche in ihrer Entwicklung zu sozialem und eigenverantwortlichem Handeln unterstützen. Daraus folgt, dass Lehrer angehalten sind, die Entwicklung der psychosozialen Kompetenzen ihrer Schüler zu fördern. Dies ist auch deshalb sinnvoll, weil **psychosoziale Kompetenzen und Lernen** im schulischen Kontext miteinander zusammenhängen. Ein Schüler, der sich durch eine geringe Selbstregulation auszeichnet, mag beispielsweise Probleme haben, dem Unterricht konzentriert zu folgen. In der Folge können kumulierte Lernlücken entstehen. Wie wichtig solche Kompetenzen für die schulischen Leistungen sind, zeigt eine Studie von Duckworth und Seligman (2005). In dieser Längsschnittstudie klärten Variablen, die die Selbstdisziplin von Schülerinnen

und Schülern abbilden sollten, signifikant mehr Varianz bei späteren Schulnoten auf als andere Variablen, darunter auch die Ergebnisse eines IQ-Tests.

> **Beispiel**
>
> Belohnungsaufschub und Selbstregulation im Schulalltag
>
> Als Paul in die Schule kommt, werden neben kognitiven Kompetenzen auch seine Frustrationstoleranz, seine Selbstregulation und seine Fähigkeit zum Belohnungsaufschub gefordert. Statt die direkte Aufmerksamkeit der Lehrerin zu erhalten, muss er diese mit 26 Mitschülern teilen. Er soll sich melden, wenn er etwas sagen möchte (Selbstregulation), wird aber wiederholt nicht drangenommen (Frustrationstoleranz). Während der Stillarbeit wird er öfter angehalten, die Buchstaben in sein Schreibheft zu übertragen, anstatt mit seinem Nachbarn zu reden und seinen Tagträumen nachzuhängen. Paul fällt es schwer, die direkten Belohnungen (Reden und Tagträumen) auszublenden, um stattdessen die spätere Belohnung (Beendigung der Aufgabe, Lob) zu erreichen (Belohnungsaufschub). Dies zieht sich durch seinen Schulalltag: Im Frontalunterricht bastelt er lieber aus seinem Radiergummi Wurfgeschosse für die anstehende Pause (kurzfristig Belohnung), anstatt zuzuhören und anschließend die Aufgabe richtig zu bearbeiten (langfristige Belohnung); bei der Hausaufgabenbetreuung lenkt er sich ab und fängt erst gar nicht mit den Aufgaben an (kurzfristige Belohnung), anstatt sich zu beeilen und somit früher zum Spielen entlassen zu werden (langfristige Belohnung).

Selbstregulationskompetenzen beinhalten auch Fähigkeiten zur **Emotionsregulation**. Eine hohe negative Emotionalität geht dabei mit einer erhöhten Wahrscheinlichkeit für Unaufmerksamkeit, Überaktivität und geringeren schulischen Kompetenzen bzw. Leistungen einher (z. B. Bulotsky-Shearer & Fantuzzo, 2004; Gumora & Arsenio, 2002). Dies ist auch der Fall, wenn andere kognitive, aufmerksamkeitsbezogene oder soziale Variablen kontrolliert werden (z. B. Graziano, Reavis, Keane & Calkins, 2007). Dies zeigt, wie entscheidend auch aus schulischer Sicht die Förderung psychosozialer Kompetenzen ist. Gelegenheiten dazu ergeben sich in unterschiedlichen Momenten des Schulalltags. Dies kann beispielsweise integriert in den Unterricht oder auch in Poolstunden mit psychosozialen Lernzielen oder in spezifischen Programmen erfolgen.

In den Unterricht integrierte Maßnahmen

Am häufigsten wird die psychosoziale Entwicklung eines Schülers beiläufig im Schulalltag beeinflusst. Beispielsweise ergeben sich Möglichkeiten zu positiven Erfahrungen in der Lehrer-Schüler-Interaktion (Tausch & Tausch, 1973). So zeigen sich Schüler, die ihre Lehrer als wertschätzend und unterstützend wahrnehmen, im Unterricht eher engagiert und motiviert (Ryan & Patrick, 2001). Eine Rolle spielt dabei auch die Bezugsnormorientierung des Unterrichtenden. Liegt z. B. der Fokus des Lehrenden auf einer **sozialen Bezugsnorm,** bei der die Leistungen eines Schülers immer nur im Bezug zu seinen Klassenkameraden betrachtet werden, und werden akademische Leistungen zudem in den Vordergrund gerückt? Oder meldet der Lehrer gezielt zurück, wenn er wahrnimmt, dass ein Schüler sich verbessert hat, unabhängig von seiner Leistungsposition in der Klasse (**individuelle Bezugsnorm**)? Eine individuelle Bezugsnormorientierung zeigt positive Auswirkungen auf unterschiedliche Schülervariablen wie z. B. eine geringere Prüfungsangst, eine höhere Selbstwirksamkeitserwartung und Motivation, eine realistischere Selbstbewertung etc. (s. Lissmann & Paetzold, 1982; Mischo & Rheinberg, 1995). Die Verengung auf eine soziale Bezugsnorm scheint dagegen eher mit einem schlechteren Klassenklima einherzugehen, was wiederum die Entwicklung sozialer Kompetenzen erschwert.

Tausch und Tausch (1973) benennen zwei **Dimensionen des Lehrerverhaltens**: „maximale Lenkung vs. minimale Lenkung" sowie „Wertschätzung vs. Geringschätzung". Während ein eher **demokratisches Lehrerverhalten** sich durch eine hohe Wertschätzung bei einer mittleren Lenkung auszeichnet, ist ein **autokratisches Lehrerverhalten** durch eine hohe Lenkung und Geringschätzung und ein **Laissez-fairer-Lehrertyp** durch eine minimale Lenkung und emotionale Gleichgültigkeit gekennzeichnet. Demokratisches Lehrerverhalten zeigt sich für die Entwicklung sozialer Einstellungen am förderlichsten. Schüler, die ihre Lehrer als wertschätzend wahrnehmen, zeigen mehr prosoziales Verhalten im Klassenraum (Kienbaum, 2001). Zudem sind sie wahrscheinlicher der Aufgabe zugewandt und zeigen mehr Anstrengungsbereitschaft (Davis, 2003). Es wäre jedoch verkürzt, die Lehrer-Schüler-Interaktion lediglich als unidirektional zu verstehen, bei der die Schüler dem Lehrer bedingungslos ausgeliefert sind und entsprechend geformt werden. Jeder wird aus seinen eigenen schulischen Erfahrungen erinnern, dass die Lehrer-Schüler-Interaktion sich in der Regel vielmehr als ein reziproker Prozess darstellt (Minsel & Roth, 1978).

Zudem sind **Interaktionen mit den Gleichaltrigen** (▸ Kap. 12) hervorzuheben, die mit zunehmendem Alter noch einmal an Bedeutung gewinnen (Jerusalem & Klein-Heßling, 2002). Diese Interaktionen können sowohl eine Ressource, die für die psychosoziale Entwicklung förderlich ist, als auch eine Risikovariable darstellen. Im letzteren Fall ist z. B. ein Jugendlicher herausgefordert, sich gegen das Drängen seiner Freunde zum Drogenkonsum

zu positionieren. Wie weiter oben beschrieben, gilt es daher beide Aspekte von Gleichaltrigen in Programmen zur Förderung psychosozialer Entwicklung (wie z. B. zum Umgang mit Drogen) in den Blick zu nehmen. In einem Klassenklima, in dem sowohl ein unterstützendes Lehrerverhalten als auch eine kollegiale Schüler-Schüler-Interaktion wahrgenommen wird, kann sich eher eine positive soziale Selbstwirksamkeitserwartung bei den Schülern ausbilden. Diese ermöglicht, sozial kompetenter und selbstsicherer in schwierige soziale Interaktionen zu treten und führt letztendlich zu einer höheren psychosozialen Gesundheit.

Sowohl die Interaktion zwischen Gleichaltrigen als auch ein positives Klassenklima wird durch ein gelingendes **classroom management** (▸ Kap. 5) unterstützt (Evertson & Weinstein, 2006). Unter classroom management wird dabei das gesamte Lehrerverhalten gefasst, das darauf abzielt, Lernprozesse positiv zu gestalten. Dies schließt mit ein, dass Schüler zu einem eigenverantwortlichen und kooperativen Verhalten begleitet werden, was sich wiederum günstig auf den Lernprozess auswirkt.

Es gibt also unterschiedliche Möglichkeiten im Schulalltag, sich mit Aspekten psychosozialer Kompetenz auseinanderzusetzen und dabei fachliches, emotionales und soziales Lernen zusammenzubringen (Greenberg et al., 2003). Eine enge Verknüpfung kann auch z. B. mit spezifischen Aufgabenstellungen verfolgt werden: **Integriert in den Fachunterricht** wird anhand eines Textes in Deutsch über Werte und Moral diskutiert. Die Schüler erhalten die Aufgabe, eine schwierige Interaktion (z. B. einen Streit unter Freunden) aus unterschiedlichen Perspektiven schriftlich zu beschreiben; anschließend findet ein Austausch in der Klasse statt, um die Facetten sozialer Interaktion zusammenzutragen und zu diskutieren. Die Klasse entwickelt ein Theaterstück zum Thema „Mobbing" etc.

Unterstützung finden Lehrer bei der Bearbeitung solcher Themen auch durch die Schulpsychologischen Dienste bzw. Beratungsstellen (Fleischer, Grewe, Jötten & Seifried, 2007, ▸ Exkurs „Schulpsychologie").

Poolstunden und Programme

Zur Verfügung stehende Poolstunden werden häufig zum Verfolgen psychosozialer Lernziele verwendet. So werden beispielsweise in einer Klassenlehrerstunde alltägliche Konflikte in der Klasse angesprochen und Schüler in adäquaten Konfliktlösestrategien angeleitet. Im pädagogischen Kontext existieren hierfür mittlerweile unterschiedliche Methoden wie z. B. der **Klassenrat** (z. B. Keller, 2011, ▸ Exkurs „Klassenrat").

Zur Förderung der Perspektivenübernahme sowie der moralischen Entwicklung wird von Lind (2003) aufbauend auf Kohlbergs Überlegungen zur moralischen Urteilsbildung (Kohlberg, 1995) die Diskussion über **moralische**

Schulpsychologie

Schulpsychologen unterstützen alle an Schule Beteiligten mit psychologischem Wissen, um letztendlich Kinder und Jugendliche in ihrer Entwicklung positiv zu beeinflussen und beim Erreichen adäquater Schulabschlüsse zu unterstützen. Das Aufgabenfeld der Schulpsychologie ist breit gefächert. Neben Diagnostik und Beratung können u. a. auch Fortbildungen, Supervision von pädagogischen Fachkräften, Beteiligung an Schulentwicklungsprozessen, Öffentlichkeits- oder Projektarbeit (z. B. Implementierung eines Präventionsprojekts an einer Schule) hinzugezählt werden.

Seitdem Amokläufe auch an deutschen Schulen vorgekommen sind, ist das Thema Krisenmanagement innerhalb der Schulpsychologie noch einmal stärker in den Vordergrund gerückt. Dies schließt auch andere Formen der Krise, z. B. versuchter oder vollzogener Suizid, Tod einer Mitarbeiterin, gewaltsame Übergriffe etc., ein.

Schulpsychologen sind in Deutschland leider immer noch Mangelware. Laut einer Erhebung des Bundesverbandes deutscher Psychologinnen und Psychologen (BDP, 2012) gibt es im Durchschnitt pro ca. 9.170 Schülerinnen und Schüler einen Schulpsychologen. Die WHO empfiehlt ein Verhältnis von 5.000 : 1. Damit liegt Deutschland im internationalen Vergleich weit hinten.

Die Anzahl an Schulpsychologen in einer Beratungsstelle schwankt stark (abhängig vom Bundesland sowie der Kommune bzw. dem Kreis). Dementsprechend sind auch die Arbeitsbedingungen sehr heterogen.

Dilemmata vorgeschlagen. Dabei wird den Schülern ein ethisches bzw. moralisches Dilemma präsentiert, das einen kognitiven Konflikt erzeugen soll. Am bekanntesten dürfte das Heinz-Dilemma von Kohlberg (1995) sein. Der Ehemann, Heinz, einer im Sterben liegenden Frau versucht ein Medikament zu bekommen, bei dem die Ärzte von Heilungschancen ausgehen. Das ohnehin teure Medikament wird von dem Apotheker mit einem zehnfachen Aufschlag auf die Produktionskosten verkauft. Heinz bekommt lediglich die Hälfte des Kaufpreises zusammen, der Apotheker besteht jedoch weiterhin auf seinen angesetzten Preis. Heinz steht vor dem Dilemma, ob er das Medikament stehlen soll oder nicht. Kohlberg verwendete unter anderem dieses Dilemma zur Kategorisierung von Personen in seinem moralischen Stufenmodell. Dabei interessierten ihn vor allem die Beweggründe und Begründungen für eine entsprechende Entscheidung. In der Dilemmadiskussion setzt sich die Klasse mit einem solchen Dilemma auseinander. In der Diskussion werden die Schüler besonders angehalten, möglichst genaue Begründungen für ihren Standpunkt zu liefern. Unterschiedliche Vorschläge zum konkreten Vorgehen liegen vor (z. B. Blatt & Kohlberg, 1975; Lind, 2003). Eine Metaanalyse von Schläfli, Rest und Thoma (1985) deutet auf positive Effekte eines solchen Ansatzes hin.

Klassenrat

Der Klassenrat ist ein Zeitfenster, in dem die Klasse zum Besprechen unterschiedlicher Themen zusammenkommt. Oftmals wird die Gesprächsführung von einem Schüler übernommen. Neben der Vermittlung von Kommunikationskompetenzen nimmt die Lehrperson damit bewusst eine andere Position ein. Besprochen werden können z. B. Konflikte in der Klasse, die sich über die Woche angesammelt haben und in einem Klassenratsbuch festgehalten worden sind. Ritualisiert werden die Konflikte besprochen und Lösungen ausgehandelt.

Darüber hinaus können auch andere Themen besprochen werden, die die Klasse betreffen. Denkbar ist beispielsweise, über gemeinsame Unterrichtsprojekte zu entscheiden, die Aufgabenverteilung in der Klasse zu regeln oder Positives aus der letzten Woche zu benennen. Damit lassen sich auch demokratische Kommunikationsformen und Entscheidungsfindungen fördern.

Daneben gibt es eine Reihe **spezifischer Programme**, die im schulischen Setting durchgeführt werden können. Einige von ihnen, wie beispielsweise das Stresspräventionstraining SNAKE (Beyer & Lohaus, 2006), wurden bereits benannt (▶ Exkurs „SNAKE"). Der schulische Kontext wird gerne für solche Programme genutzt, da eine **hohe Erreichbarkeit der Kinder und Jugendlichen** gewährleistet ist. Dies ist besonders bei primärpräventiven Programmen sinnvoll. Neben der guten Erreichbarkeit ist zudem hervorzuheben, dass eine Implementierung im schulischen Setting mit Einbeziehung von Lehrern vor allem auch Vorteile für die Nachhaltigkeit eines Programms bringt. Interventionen können somit in den Schulalltag integriert werden, was sowohl den Transfer als auch die zeitliche Generalisierung unterstützt.

In einer Metaanalyse von Durlak, Weissberg, Dymnicki, Taylor und Schellinger (2011) wurden die Ergebnisse unterschiedlicher Evaluationsstudien zu schulischen Interventionen und Programmen zum sozialen und emotionalen Lernen zusammengetragen. Es zeigten sich **positive Einflüsse auf eine Reihe unterschiedlicher Variablen**, zu denen physische und mentale Gesundheit, moralisches Urteil, Leistungsbereitschaft sowie schulische Leistungen gehörten.

18.3.2 Maßnahmen auf Schulebene

Über das Schulprogramm legt eine Schule ihr Leitbild fest. Oftmals werden auch Schwerpunkte gesetzt wie z. B. im Fall einer sogenannten **Gesundheitsfördernden Schule**. Der Aspekt der Gesundheitsförderung wird dabei als integrativer Bestandteil des Schulalltags aufgefasst, der in unterschiedlichen Kontexten kontinuierlich aufgegriffen wird. Gesundheitsförderung wird dabei zum **Bestandteil der Schulentwicklung**, um prinzipiell den gesamten Lern- und Lebensraum Schule gesundheitsförderlich zu gestalten. Neben den Schülern werden auch die Lehrer, das nicht lehrende Personal sowie die Eltern einbezogen. Die Maßnahmen können **strukturelle Veränderungen** (wie eine Veränderung der Schulhofgestaltung) und **verhaltensbezogene Maßnahmen** (wie Etablierung von Entspannungsmöglichkeiten in den Schulalltag) umfassen und sich an alle Personen richten, die am Alltagsleben in der Schule beteiligt sind. Durch den zielgruppenübergreifenden und kontinuierlichen Charakter der Maßnahmen soll eine stärkere Beständigkeit der Maßnahmenwirkung erreicht werden (Lohaus & Domsch, 2008).

Die Einbindung von Schülern kann beispielsweise auch durch die schulübergreifende Implementierung eines **Streitschlichter-Projekts** (Jefferys-Duden, 1999) erreicht werden. Hierbei werden einige Schüler als Streitschlichter eingesetzt, die bei Konflikten hinzugezogen werden können. Einen **zielgruppenübergreifenden Ansatz** verfolgen auch Konzepte zur Reduktion von Aggression und Gewalt in der Schule (▶ Kap. 12). So umfasst das **Gewaltpräventionsprogramm** von Olweus (1991) Maßnahmen auf
a) der Schulebene,
b) der Klassenebene und
c) der individuellen Ebene.

Auf der **Schulebene** werden beispielsweise Maßnahmenpakete zur Gewaltreduktion beschlossen, die alle Ebenen des Schulalltags umfassen können und an denen alle Akteure im Schulbetrieb partizipieren. Auf der **Klassenebene** werden Regeln und Konsequenzen bei Nichtbeachtung vereinbart. Auch ein verstärkter Einsatz von kooperativen Lernmethoden kann zu den Maßnahmen auf der Klassenebene gehören. Auf der **individuellen Ebene** werden spezifische Maßnahmen für Täter und Opfer von aggressiven Aktionen festgelegt (z. B. angemessene Strafen, Gespräche mit den Eltern, Suche nach Unterstützungsmaßnahmen für die Opfer von Gewalthandlungen etc.). Auch hier handelt es sich um ein **Schulentwicklungsprogramm**, das jedoch stärker auf eine spezifische Problematik bezogen ist.

18.3.3 Maßnahmen auf makrosozialen Ebenen

Durch den Aufbau gesundheitsförderlicher Netzwerke können auch Adressaten auf **kommunaler Ebene** einbezogen werden (wie Beratungseinrichtungen etc.). Zudem kann beispielsweise durch eine stärkere Stadtteilarbeit (Öffnung der Schule im Nachmittagsbereich, gemeinsame Feste, Aufführungen, Sprachkurse für Eltern etc.) die **stadtteilbezogene Einbindung einer Schule** erhöht

und so Schwerpunkte wie die Förderung psychosozialer Kompetenzen verfolgt werden.

Darüber hinaus sind unterschiedliche Ansätze unter Einbeziehung von **Medien** zu benennen. In Australien wurde beispielsweise im Rahmen des Triple-P-Ansatzes über das **Fernsehen** eine Erziehungskampagne ausgestrahlt (Sanders, 1999). Neben der Informationsweitergabe wurde damit auch das Ziel verfolgt, die Schwelle zur Teilnahme an Elterntrainings zu senken. Mittlerweile liefert auch das **Internet** eine Fülle an Informationen und bietet Beratungsangebote. Auf der einen Seite stellt sich dabei das Problem, dass die Informationsquelle oftmals nicht eindeutig ist und auch falsche Informationen zu finden sind. Auf der anderen Seite ergeben sich eine niedrigschwellige Informationsweitergabe und die Möglichkeit zu einer anonymen Beratung. Dies ist vor allem bei Themen, die von Jugendlichen als peinlich besetzt bewertet werden (z. B. Probleme in der Sexualität), von besonderem Vorteil. Schließlich finden sich im Internet auch Lernmodule, die ein schrittweises Erarbeiten eines Themenbereichs erlauben. Ein Beispiel hierfür stellt das Internetmodul des Stresspräventionstrainings SNAKE (Beyer & Lohaus, 2006; s. oben) dar.

18.4 Evaluation der Effekte von Programmen zur Förderung psychosozialer Kompetenzen

Ein zentrales Problem bei der Evaluation primärpräventiver Maßnahmen ist darin zu sehen, dass es vielfach schwierig ist, **Programmeffekte** nachzuweisen, wenn ein Maßnahmeneinsatz stattfindet, bevor überhaupt Probleme aufgetreten sind. So ist es nicht verwunderlich, dass sich in Metaanalysen die mittleren Effektstärken **primärpräventiver Programme** auf einem deutlich niedrigeren Niveau bewegten, als dies bei **sekundärpräventiven Programmen** der Fall war (s. Pinquart & Silbereisen, 2004). Hinzu kommt, dass **Follow-up-Erhebungen** vergleichsweise selten durchgeführt werden, sodass unklar ist, über welche Zeiträume gefundene Effekte stabil bleiben, und dass in Evaluationsstudien unterschiedliche Evaluationsmaße eingesetzt werden, wodurch die Vergleichbarkeit stark eingeschränkt wird.

Dass die **Wahl des Evaluationsmaßes** einen entscheidenden Einfluss auf die Ergebnisse hat, wird schnell deutlich, wenn man den Zugewinn an Wissen als Effektmaß betrachtet. Wenn beispielsweise eine primärpräventive Maßnahme zu einem Themenbereich wie Depression oder Stress über mehrere Trainingssitzungen hinweg mit Kindern oder Jugendlichen durchgeführt wird, wäre es eher verwunderlich, wenn kein Wissenszuwachs einträte. Wenn dies als primäres Ergebnismaß verwendet wird, ist es dementsprechend wahrscheinlich, dass sich auch im primärpräventiven Bereich Programmeffekte nachweisen lassen. Dies gilt insbesondere für universell ausgerichtete primärpräventive Programme, da hier der Nachweis von Verhaltensänderungen voraussetzt, dass eine relevante Prävalenzrate von problematischen Verhaltensweisen vor dem Maßnahmeneinsatz existierte. Es überrascht daher nicht, dass viele primärpräventiven Maßnahmen eher auf vergleichsweise „weiche" Evaluationsmaße (wie Wissens- oder Einstellungsänderungen) setzen, wobei unklar bleibt, inwieweit dadurch auch Veränderungen bei den angezielten Problemen erreicht werden.

Wünschenswert wäre es, die Effekte von primärpräventiven Maßnahmen **über längere Zeiträume** hinweg zu betrachten, um so den Nachweis führen zu können, dass dadurch problematisches Verhalten bis hin zu klinisch relevanten Störungen reduziert wird. Wenn sich belegen ließe, dass durch frühzeitige primärpräventive Maßnahmen längerfristig psychosoziale Probleme und die damit häufig verbundenen vergleichsweise teuren sekundärpräventiven Maßnahmen verhindert werden können, könnte die Bereitschaft steigen, **stärker in diesen Maßnahmenbereich zu investieren**.

18.5 Maßnahmen zur Optimierung von Programmeffekten

Einen wichtigen Stellenwert bei der Optimierung von Programmeffekten hat die **Qualität der Implementation** einer präventiven Maßnahme. Es ist sinnvoll, bei der Implementation einer Maßnahme neben der **summativen Evaluation** der Programmeffekte auch eine **formative Evaluation** vorzusehen, mit der die Implementationsqualität überwacht werden kann (z. B. durch Teilnehmerbefragungen, Videoaufzeichnungen des Trainerverhaltens etc.). Vor allem, wenn eine **kontinuierliche Überprüfung der Prozessqualität** stattfindet (durch Supervision etc.), kann eine gleichbleibende Programmqualität gewährleistet werden. Aus den kontinuierlichen Prozessanalysen lassen sich in der Regel auch Hinweise auf Verbesserungsmöglichkeiten ableiten.

Des Weiteren ist der Frage nachzugehen, welche Merkmale erfolgreiche Programme aufweisen. Durlak, Weissberg und Pachan (2010) benennen vier Eigenschaften, die Programme zur Verbesserung sozialer Fähigkeiten erfüllen sollten: **sequenziell, aktiv, fokussiert und explizit (SAFE)**.

- sequenziell: Programminhalte müssen schrittweise vermittelt werden und dabei aufeinander aufbauen.
- aktiv: Kinder und Jugendliche lernen besonders gut durch Ausprobieren und Handeln. Nach einem Input sollte daher immer auch die Möglichkeit des Ausprobierens gegeben sein. Gerade beim Erlernen

sozialer Kompetenzen sind Rückmeldungen über das konkrete Verhalten und ggf. die Möglichkeit, durch erneutes Ausprobieren Erfolge zu sichern, besonders wichtig.
- fokussiert: Den einzelnen Trainingsschritten muss ausreichend Zeit und Aufmerksamkeit gewidmet werden – die Dosierung muss stimmen.
- explizit: Die Ziele des Programms sollen möglichst genau formuliert und zudem transparent sein. Dies schafft Einigkeit und Transparenz bei allen Beteiligten, welche Ziele durch die Maßnahme verfolgt werden.

Die Autoren weisen in einer Metaanalyse nach, dass Programme mit diesen Merkmalen tendenziell höhere Effektstärken aufweisen.

Es lässt sich weiterhin konstatieren, dass es zur Optimierung von Programmeffekten sinnvoll ist, Einzelmaßnahmen **in größeren Kontexten zu verankern**, um dadurch die Effekte zu stabilisieren. Dazu können beispielsweise **Auffrischungssitzungen** in gewissen Zeitabständen gehören, um an zentrale Programmbotschaften zu erinnern. Dazu kann auch gehören, **Einzelmaßnahmen in Kontexte wie Schulentwicklungsprojekte zu integrieren**, um dadurch einen größeren Einbindungskontext zu schaffen. So könnte beispielsweise ein Problemlöseansatz als Bestandteil eines Stressbewältigungsprogramms vermittelt werden, der danach dann in unterschiedlichen Unterrichtskontexten wieder aufgegriffen wird (z. B. zur Lösung mathematischer oder biologischer Problemstellungen). Zudem erweisen sich Trainingsansätze, die nicht nur die Kinder und Jugendlichen selbst fokussieren, sondern auch ihre **Bezugspersonen (Eltern, Lehrer, Peers) einbinden,** oftmals als erfolgswahrscheinlicher.

> **Fazit**
> Angemessene psychosoziale Kompetenzen stellen eine wichtige Ressource dar, die positive Auswirkungen auf die weitere Entwicklung von Kindern und Jugendlichen haben. Auswirkungen finden sich beispielsweise auf die Bewältigung von Entwicklungsaufgaben, die Schulleistungen und letztendlich die psychische und körperliche Gesundheit. Der Förderung psychosozialer Kompetenzen kommt damit ein wichtiger Stellenwert zu. Während in den USA durch große Programme wie z. B. das Head Start Programm (McKey et al., 1985) die Diskussion und Forschung bezüglich einer frühen Förderung größere Ausmaße angenommen hat, werden in Deutschland vergleichsweise kleinere Projekte durchgeführt. Wie das Kapitel aufzeigt, liegt auf der anderen Seite eine Vielzahl von universell, indiziert und

selektiv ausgerichteten präventiven Maßnahmen für das Kindes- und Jugendalter vor, die sich entweder an die Betroffenen selbst oder das soziale Umfeld richten. Zudem liegen im pädagogisch-psychologischen Bereich weitere Methoden und Maßnahmen vor, die sich in den Schulalltag integrieren lassen. Wünschenswert wäre, dass einzelne Programme nicht punktuell und losgelöst von anderen Maßnahmen durchgeführt werden, sondern die Förderung psychosozialer Kompetenzen beispielsweise als selbstverständlicher Bestandteil des gesamten schulischen Lernens angesehen und gelebt wird.

Verständnisfragen

1. Welche Typen von Trainingsansätzen lassen sich im Bereich sozialer Kompetenzen voneinander unterscheiden?
2. Welches sind die Unterschiede zwischen universellen, indizierten und selektiven Präventionsmaßnahmen?
3. Wodurch ist gegründet, dass die Effektstärken bei primärpräventiven Programmen häufig geringer sind als bei sekundärpräventiven Programmen?
4. Welche Interventionsebenen lassen sich bei dem Triple P Programm als Elternprogramm unterscheiden?
5. Wie könnte man vorgehen, wenn man die Moralentwicklung von Schülern fördern möchte?

Vertiefende Literatur

Lohaus, A. & Domsch, H. (2009). *Psychologische Förder- und Interventionsprogramme für das Kindes- und Jugendalter.* Heidelberg: Springer.

Literatur

Amato, P. R. (2001). Children of divorce in 1990 s: An update of the Amato and Keith (1991) meta-analysis. *Journal of Family Psychology, 15,* 355–370.

Backes, H., & Schönbach, K. (2002). *Peer Education – Ein Handbuch für die Praxis.* Köln: BZgA.

Barrett, P. M., Webster, H., & Turner, C. (2003). *Freunde für Kinder. Gruppenleitermanual.* München: Ernst Reinhardt.

Bayerisches Staatsministerium für Unterricht und Kultus (2004). *LiZA – Liebe in Zeiten von Aids.* München.

BDP (2012). Versorgung mit Schulpsychologen in den Bundesländern – neue Zahlen zum Schuljahr 2011/2012. http://bdponline.de/backstage2/sps/documentpool/2012/120112_vergleich_bundeslaender.pdf [Stand 22.08.2012]

Beelmann, W. (2009). Tod, Trennung und Scheidung der Eltern. In A. Lohaus, & H. Domsch (Hrsg.), *Psychologische Förder- und Interventionsprogramme für das Kindes- und Jugendalter* (S. 270–282). Heidelberg: Springer.

Beelmann, A., Pfingsten, U., & Lösel, F. (1994). Effects of training social competence in children: A meta-analysis of recent evaluation studies. *Journal of Abnormal Child Psychology, 5,* 265–275.

Beyer, A., & Lohaus, A. (2005). Stressbewältigung im Jugendalter. Entwicklung und Evaluation eines Präventionsprogramms. *Psychologie in Erziehung und Unterricht, 52,* 33–50.

Beyer, A., & Lohaus, A. (2006). *Stresspräventionstraining im Jugendalter.* Göttingen: Hogrefe.

Blatt, M., & Kohlberg, L. (1975). The effect of classroom moral discussion upon children's level of moral judgment. *Journal of Moral Education, 4,* 129–161.

Bulotsky-Shearer, R., & Fantuzzo, J. (2004). Adjustment scales for preschool intervention: Extendingvalidity and relevance across multiple perspectives. *Psychology in the Schools, 41,* 725–736.

Cierpka, M. (2001). *Faustlos. Ein Curriculum zur Prävention von aggressivem und gewaltbereitem Verhalten bei Kindern der Klassen 1 bis 3.* Göttingen: Hogrefe.

Crick, N. R., & Dodge, K. A. (1994). A review and reformulation of social information-processing mechanisms in children's social adjustment. *Psychological Bulletin, 115,* 74–101.

Cummings, E., & Davies, P. (1994). Maternal depression and child development. *Journal of Child Psychology and Psychiatry, 35,* 73–112.

Davis, H. (2003). Conceptualizing the role and influence of student-teacher relationships on children's social and cognitive development. *Educational Psychologist, 38,* 207–234.

Döpfner, M., & Kinnen, C. (2009). Hyperkinetische Störung. In A. Lohaus, & H. Domsch (Hrsg.), *Psychologische Förder- und Interventionsprogramme für das Kindes- und Jugendalter* (S. 18–34). Heidelberg: Springer.

Döpfner, M., Schürmann, S., & Fröhlich, J. (2007). *Therapieprogramm für Kinder mit hyperkinetischem und oppositionellem Problemverhalten, THOP* (4. Aufl.). Weinheim: Psychologie Verlags Union.

Duckworth, A. L., & Seligman, E. P. (2005). Self-disciplin outdoes IQ in predicting academic performance of adolescents. *Psychological Science, 16,* 939–944.

Durlak, J. A., Weissberg, R. P., Dymnicki, A. B., Taylor, R. D., & Schellinger, K. B. (2011). The impact of enhancing students' social and emotional learning: A meta-analysis of school-based universal interventions. *Child Development, 82,* 405–432.

Durlak, J. A., Weissberg, R. P., & Pachan, M. (2010). A meta-analysis of after-school programs that seek to promote personal and social skills in children and adolescents. *American Journal of Community Psychology, 45,* 294–309.

DuPaul, G. J., & Eckert, T. L. (1997). The effects of school-based interventions for attention deficit hyperactivity disorder: A meta-analysis. *School Psychology Review, 26,* 5–27.

DuPaul, J. A., & Stoner (2003). *ADHD in the schools: Assessment and intervention strategies.* New York.

Eichholz, C., Niehammer, U., Wendt, B., & Lohaus, A. (1994). *Medienpaket zur Sexualerziehung im Jugendalter.* Göttingen: Verlag für Angewandte Psychologie.

Evertson, C. M., & Weinstein, C. S. (2006). *Handbook of classroom management: Research, practice, and contemporary issues.* Mahwah, NJ: Lawrence Erlbaum Associates Publishers.

Fleischer, T., Grewe, N., Jötten, B., & Seifried, K. (2007). *Handbuch Schulpsychologie. Psychologie für die Schule.* Stuttgart: Kohlhammer.

Franz, M. (2009). *PALME – Präventives Elterntraining für alleinerziehende Mütter geleitet von Erzieherinnen und Erziehern.* Göttingen: Vandenhoeck & Ruprecht.

Frick, P. J. (1998). *Conduct disorders and severe antisocial behavior.* New York: Plenum Press.

Fridrici, M., & Lohaus, A. (2009). Stress prevention in secondary schools: Online versus face-to-face-training. *Health Education, 109,* 299–313.

Friedman, I. A. (1995). Student behaviour patterns contributing to teacher burnout. *Journal of Educational Research, 88,* 281–289.

Graziano, P. A., Reavis, R. D., Keane, S. P., & Calkins, S. (2007). The role of emotion regulation in children's early academic success. *Journal of School Psychology*, 45, 3–19.

Greenberg, M. T., Weissberg, R. P., O'Brien, M. U., Zins, J. E., Fredericks, L., Resnik, H., et al. (2003). Enhancing school-based prevention and youth development through coordinated social, emotional, and academic learning. *American Psychologist*, 58, 466–474.

Gumora, G., & Arsenio, W. F. (2002). Emotionality, emotion regulation and school performance in middle school children. *Journal of School Psychology*, 40, 395–413.

Hampel, P., & Petermann, F. (2003). *Anti-Stress-Training für Kinder*. Weinheim: Beltz.

Hanewinkel, R. (2007). "Be Smart – Don't Start". Ergebnisse des Nichtraucherwettbewerbs in Deutschland. *Gesundheitswesen*, 69, 38–44.

Heinrichs, N., & Lohaus, A. (2011). *Klinische Entwicklungspsychologie kompakt: Psychische Störungen im Kindes- und Jugendalter*. Weinheim: Beltz.

Hillenbrand, C. (2009). Schüler unter hohen Entwicklungsrisiken: Was tun? *Sonderpädagogische Förderung in NRW*, 47, 6–19.

Hillenbrand, C., & Hennemann, T. (2012). Unterrichtsstörungen vermeiden – durch gutes classroom management. *Schulverwaltung*, 4, 109–111.

Hinsch, R., & Pfingsten, U. (Hrsg.). (2007). *Gruppentraining sozialer Kompetenzen (GSK)*. Weinheim: Beltz PVU.

Ihle, W., & Esser, G. (2002). Epidemiologie psychischer Störungen im Kindes- und Jugendalter: Prävalenz, Verlauf, Komorbidität und Geschlechtsunterschiede. *Psychologische Rundschau*, 53, 159–169.

Jefferys-Duden, K. (1999). *Das Streitschlichter-Programm*. Weinheim: Beltz.

Jerusalem, M., & Klein-Heßling, J. (2002). Soziale Kompetenz – Entwicklungstrends und Förderung in der Schule. *Zeitschrift für Psychologie*, 113, 164–175.

Jerusalem, M., & Meixner, S. (2009). Lebenskompetenzen. In A. Lohaus, & H. Domsch (Hrsg.), *Psychologische Förder- und Interventionsprogramme für das Kindes- und Jugendalter* (S. 141–157). Heidelberg: Springer.

Junge, J., Neumer, S. P., Manz, R., & Margraf, J. (2002). *Gesundheit und Optimismus. GO! Trainingsprogramm für Jugendliche*. Weinheim: Beltz.

Kazdin, A. E., Siegel, T. C., & Bass, D. (1992). Cognitive problem-solving skills training and parent management training in the treatment of antisocial behavior in children. *Journal of Clinical and Consulting Psychology*, 60, 733–747.

Keller, G. (2011). *Psychologie für den Schulalltag: Prävention und Erste Hilfe*. Bern: Huber.

Kienbaum, J. (2001). The socialization of compassionate behavior by child care teachers. *Early Education and Development*, 12, 139–153.

Klein-Heßling, J., & Lohaus, A. (2012). *Stresspräventionstraining für Kinder im Grundschulalter* (3. Aufl.). Göttingen: Hogrefe.

Kohlberg, L. (1995). *Die Psychologie der Moralentwicklung*. Frankfurt: Suhrkamp.

Krowatschek, D., Albrecht, S., & Krowatschek, G. (2004). *Marburger Konzentrationstraining für Schulkinder*. Dortmund: Borgmann.

Krowatschek, D., & Domsch, H. (2009). *Erziehungspläne*. Offenburg: Mildenberger Verlag.

Krowatschek, D., Krowatschek, G., Wingert, G., & Schmidt, C. (2010). *Das Marburger Konzentrationstraining für Jugendliche*. Dortmund: Borgmann.

Lind, G. (2003). *Moral ist lehrbar. Handbuch zur Theorie und Praxis der moralischen und demokratischen Bildung*. München: Oldenbourg.

Lissmann, U., & Paetzold, B. (1982). *Leistungsrückmeldung, Lernerfolg und Lernmotivation*. Weinheim: Beltz.

Lohaus, A. (1993). *Gesundheitsförderung und Krankheitsprävention im Kindes- und Jugendalter*. Göttingen: Hogrefe.

Lohaus, A., & Domsch, H. (2008). Prävention und Gesundheitsförderung im Jugendalter. In F. Petermann, & W. Schneider (Hrsg.), *V/7: Angewandte Entwicklungspsychologie* Enzyklopädie der Psychologie, (Bd. C, S. 607–634). Göttingen: Hogrefe.

Mattejat, F., & Lisofsky, B. (2001). *Nicht von schlechten Eltern: Kinder psychisch Kranker*. Bonn: Psychiatrie-Verlag.

McKey, R. H., Condelli, L., Ganson, H., Barrett, B. J., McConkey, C., & Plantz, M. C. (1985). *The impact of head start on children, families and communities: Final report of the head start evaluation synthesis and utilization project*. Washington, DC: CSR.

Meichenbaum, D., & Goodman, J. (1971). Training impulsive children to talk to themselves: A means of developing self-control. *Journal of Abnormal Psychology*, 77, 115–129.

Melfsen, S., & Warnke, A. (2009). Ängste. In A. Lohaus, & H. Domsch (Hrsg.), *Psychologische Förder- und Interventionsprogramme für das Kindes- und Jugendalter* (S. 48–59). Heidelberg: Springer.

Mischo, C., & Rheinberg, F. (1995). Erziehungsziele von Lehrern und individuelle Bezugsnormen der Leistungsbewertung. *Zeitschrift für Pädagogische Psychologie*, 9, 139–152.

Minsel, W.-R., & Roth, S. (1978). *Soziale Interaktion in der Schule*. München: Urban & Schwarzenberg.

Olweus, D. (1991). Bully/victim problems among schoolchildren: Basic facts and effects of a school based intervention program. In D. J. Pepler, & K. H. Rubin (Hrsg.), *The development and treatment of childhood aggression* (S. 411–448). Hillsdale, NJ: Erlbaum.

Parritz, R. H., & Troy, M. F. (2011). *Disorders of childhood: Development and psychopathology*. Belmont, CA: Wadsworth.

Petermann, F., & Petermann, U. (2005). *Training mit aggressiven Kindern* (11. Aufl.). Weinheim: Beltz, Psychologie Verlags Union.

Petermann, U., & Petermann, F. (2006). *Training mit sozial unsicheren Kindern*. Weinheim: Beltz PVU.

Pfingsten, U. (2007). Soziale Kompetenzen und Kompetenzprobleme. In R. Hinsch, & U. Pfingsten (Hrsg.), *Gruppentraining sozialer Kompetenzen* (S. 2–11). Weinheim: Beltz PVU.

Pfingsten, U. (2009). Soziale Kompetenzen. In A. Lohaus, & H. Domsch (Hrsg.), *Psychologische Förder- und Interventionsprogramme für das Kindes- und Jugendalter* (S. 158–174). Heidelberg: Springer.

Pinquart, M., & Silbereisen, R. K. (2004). Prävention und Gesundheitsförderung im Jugendalter. In K. Hurrelmann, T. Klotz, & J. Haisch (Hrsg.), *Lehrbuch Prävention und Gesundheitsförderung* (S. 63–71). Bern: Huber.

Plück, J., Wieczorrek, E., Wolff Metternich, T., & Döpfner, M. (2005). *Präventionsprogramm für Expansives Problemverhalten (PEP). Ein Manual für Eltern- und Erziehergruppen*. Göttingen: Hogrefe.

Pössel, P., & Hautzinger, M. (2009). Depression. In A. Lohaus, & H. Domsch (Hrsg.), *Psychologische Förder- und Interventionsprogramme für das Kindes- und Jugendalter* (S. 37–47). Heidelberg: Springer.

Pössel, P., Horn, A. B., Seemann, S., & Hautzinger, M. (2004). *Lust An Realistischer Sicht & Leichtigkeit im sozialen Alltag – LARS&LISA. Manual eines schulbasierten universalen Präventionsprogramms von Depression bei Jugendlichen*. Göttingen: Hogrefe.

Remschmidt, H., & Mattejat, F. (1994). *Kinder psychotischer Eltern*. Göttingen: Hogrefe.

Remschmidt, H., & Walter, R. (1990). *Psychische Auffälligkeiten bei Schulkindern. Eine epidemiologische Untersuchung*. Göttingen: Hogrefe.

Röhrle, B., & Christiansen, H. (2009). Psychische Erkrankungen eines Elternteils. In A. Lohaus, & H. Domsch (Hrsg.), *Psychologische Förder- und Interventionsprogramme für das Kindes- und Jugendalter* (S. 259–269). Heidelberg: Springer.

Ryan, A., & Patrick, H. (2001). The classroom social environment and changes in adolescents' motivation and engagement during middle school. *American Education Research Journal*, 38, 437–460.

Sanders, M. R. (1999). Triple P-Positive Parenting Program: Towards an empirically validated multilevel parenting and family support strategy for me prevention of behavior and emotional problems in children. *Clinical Child and Family Psychology Review, 2*, 71–90.

Sanders, M. R., Markie-Dadds, C., & Turner, K. M. T. (2003). Theoretical, scientific and clinical foundations of the Triple P-Positive Parenting Program: A population approach to the promotion of parenting competence. *Parenting Research and Practice Monograph, 1*, 1–21.

Scheewe, S., Warschburger, P., Clausen, K., Skusa-Freeman, B., & Petermann, F. (1997). *Neurodermitis-Verhaltenstrainings für Kinder, Jugendliche und ihre Eltern*. München: MMV-Quintessenz.

Schläfli, A., Rest, J. R., & Thoma, S. J. (1985). Does moral education improve moral judgment? A meta-analysis of intervention studies using the Defining Issues Test. *Review of Educational Research, 55*, 319–352.

Silbereisen, R. K. (1997). Konsum von Alkohol und Drogen über die Lebensspanne. In R. Schwarzer (Hrsg.), *Gesundheitspsychologie* (S. 189–208). Göttingen: Hogrefe.

Silbereisen, R. K., & Weichold, K. (2009). *Suchtprävention in der Schule: Ipsy – ein Lebenskompetenzprogramm für die Klassenstufen 5–7*. Göttingen: Hogrefe.

Spence, S. H. (2003). Social skills training with children and young people: Theory, evidence and practice. *Child and Adolescent and Mental Health, 8*, 84–96.

Spence, S. H., Donovan, C., & Brechman-Toussaint, M. (2000). The treatment of childhood social phobia: The effectiveness of a social skills training-based, cognitive-behavioural intervention, with and without parental involvement. *Journal of Child Psychology and Psychiatry and Allied Disciplines, 41*, 713–726.

Tausch, R., & Tausch, A.-M. (1973). *Erziehungspsychologie*. Göttingen: Hogrefe.

Theiling, S., Szczepanski, R., & Lob-Corzilius, T. (2001). *Der „Luftiku(r)s"*. Stuttgart: Trias.

Vierhaus, M. (2009). Sexualität. In A. Lohaus, & H. Domsch (Hrsg.), *Psychologische Förder- und Interventionsprogramme für das Kindes- und Jugendalter* (S. 200–211). Heidelberg: Springer.

Wagenbass, S. (2003). Wenn Eltern in ver-rückten Welten leben... *Soziale Psychiatrie, 3*, 8–11.

Walden, K., Kröger, C., Kirmes, J., Reese, A., & Kutza, R. (2000). *ALF – Allgemeine Lebenskompetenzen und Fertigkeiten. Programm für Schülerinnen und Schüler der 6. Klasse mit Unterrichtseinheiten zu Nikotin und Alkohol*. Baltmannweiler: Schneider Verlag Hohengehren.

Wilms, H., & Wilms, E. (2004). *Erwachsen werden. Life-Skills-Programm für Schülerinnen und Schüler der Sekundarstufe I. Handbuch für Lehrerinnen und Lehrer*. Wiesbaden: Lions Club International.

18

Serviceteil

E. Wild, J. Möller (Hrsg.), *Pädagogische Psychologie*,
DOI 10.1007/978-3-642-41291-2, © Springer-Verlag Berlin Heidelberg 2015

Glossar

Memocards zum Trainieren der Glossarbegriffe und der englischen Übersetzungen finden Sie auf der Website zum Lehrbuch unter ▶ http://www.lehrbuch-psychologie.de.

Aktive Lernzeit (active learning time). Das Konzept der aktiven Lernzeit ist eng mit dem Konzept der Klassenführung verbunden. Um die in formalen Lehr-Lehr-Settings anberaumte Zeit (z. B. eine Klassenstunde) möglichst vollständig für eine aktive Auseinandersetzung mit Lerninhalten nutzen zu können, müssen Lehrende vorausschauend handeln und durch die Organisation und Strukturierung des Unterrichts dafür sorgen, dass die zur Verfügung stehende Lernzeit optimal genutzt wird.

Allgemeines pädagogisches Wissen (pedagogical knowledge). Wissen über die Schaffung und Optimierung von Lehr-Lern-Situationen sowie entwicklungspsychologisches und pädagogisch-psychologisches Grundwissen.

Angebots-Nutzungs-Modell (Model of the uptake of learning opportunities). Dem Angebots-Nutzungs-Modell liegt die Auffassung zugrunde, dass Bildungsangebote Lerngelegenheiten darstellen, die von den Lernenden – in teilweise unterschiedlicher Weise – wahrgenommen und genutzt wird. Das Modell drückt auch aus, dass den Eingangsvoraussetzungen der Lerner (z. B. ihre Motivation, die die Wahrnehmung, Nutzung und Verarbeitung der Lernangebote durch die Lernenden steuert) eine wichtige moderierende Funktion im Lehr- und Lernprozess zukommt. Neben schulischen Bildungsangeboten (Unterricht), die im Zentrum des Modells stehen, berücksichtigt das Modell auch außerunterrichtliche und außerschulische Einflussfaktoren.

Appraisals (appraisals). Kognitive Bewertungsprozesse von Anforderungssituationen, die unterschiedliche Emotionen hervorrufen und Handlungsweisen begründen.

Armut (poverty). Im engeren Sinne ist arm, wer nicht über genügend Mittel zum physischen Überleben verfügt. Psychologisch entscheidend und hierzulande relevant ist jedoch die relative ökonomische Deprivation. Relative Armut bezieht sich auf die relative Einkommensarmut, auch relatives Armutsrisiko genannt, bei der das mittlere Einkommen einer betrachteten Gesellschaft die Referenzgröße darstellt.

Basking in Reflected Glory (basking in reflected glory). „Sich im Glanze anderer zu sonnen" meint hier die Erhöhung des Selbstkonzepts durch die Zugehörigkeit zu einer leistungsstarken und prestigeträchtigen Bezugsgruppe (z. B. Schulform).

Beanspruchung (stress). Individuelle Reaktionen auf Belastungen; unterschieden werden kann zwischen kurzfristigen Beanspruchungsreaktionen (z. B. positives/negatives Empfinden, verminderte Konzentration) und langfristigen Beanspruchungsfolgen (chronischer Stress, Burnout).

Behavioristische Theorien (behaviorist learning theories). Waren in den 1970er Jahren verbreitet und akzeptieren nur Aussagen über beobachtbares Verhalten als wissenschaftlich (Psychologie als Verhaltenswissenschaft). Intrapsychische (z. B. kognitive) Vorgänge werden aus der Betrachtung weitgehend ausgeschlossen.

Belastungen (strain). Berufsbezogene und andere Umweltfaktoren, die auf eine Person einwirken. Unterschieden wird zwischen objektiven Belastungen (wie z. B. Lärm als psychophysiologisch nachweisbare Belastungsquelle) und subjektiven Belastungen (wie z. B. die individuelle Wahrnehmung und Interpretation von Arbeitsplatzbedingungen oder finanziellen Härten).

Beratung, pädagogisch-psychologische (counseling, educational psychological). Meist kurzfristige angelegte und prinzipiell freiwillige Beziehung, in der Berater vorwiegend mittels sprachlicher Interaktion und unter Rückgriff auf pädagogisch-psychologisches Wissen versuchen, Personen oder Gruppen von Personen aus dem erzieherischen Feld in die Lage zu versetzen, ihr Problem zu lösen, um Entwicklungsprozesse zu optimieren.

Bezugsgruppeneffekt (reference group effect). ▶ Big-Fish-Little-Pond-Effekt

Big-Fish-Little-Pond-Effekt (Big-Fish-Little-Pond-Effect). Der BFLPE beschreibt die negativen Auswirkungen der Leistungsstärke einer Bezugsgruppe (z. B. Schulklasse) auf das Selbstkonzept einzelner Schüler: Danach hat von zwei Schülern identischer Leistungsstärke mit einiger Wahrscheinlichkeit derjenige ein höheres Selbstkonzept, der sich in der leistungsschwächeren Klasse befindet.

Bildungssystem (educational system). Das Bildungssystem bezeichnet das Gefüge aller schulischen Einrichtungen und Möglichkeiten des Erwerbs von Bildung in einem Staat. Es umfasst das ▶ Schulsystem als solches, seine angegliederten Bereiche, das ▶ Hochschulwesen und den Bereich der persönlichen ▶ Weiterbildung. Im Schulsystem werden Qualifikationen erworben und bescheinigt, die für die berufliche Laufbahn von Personen entscheidend sind. Es hat neben der Selektionsfunktion auch die Aufgabe, Chancengerechtigkeit herzustellen: Alle Mitglieder einer Gesellschaft sollen gerechte Bildungschancen erhalten unabhängig von ihrer sozialen oder kulturellen Herkunft, ihrem Geschlecht oder anderen Personenmerkmalen.

Bindung. Dieser Begriff bezieht sich zunächst auf die Interaktionerfahrungen von Kindern in den ersten Lebensmonaten. Je nachdem, wie prompt und feinfühlig (responsiv) die primären Bezugspersonen auf kindliche Signale reagieren, entwickelt sich eine sichere, unsichere, ambivalente oder diffuse Bindung. Aus bindungstheoretischer Sicht werden diese Beziehungserfahrungen als internale Arbeitsmodelle gespeichert und prägen damit die Gestaltung nachfolgender Beziehungen.

Bullying (bullying). Unter Bullying wird ein aggressives Verhalten gefasst, bei dem ein Schüler oder eine Schülerin wiederholt und über einen längeren Zeitraum den schädigenden Handlungen von (einer Gruppe von) Mitschülern ausgesetzt ist. Kennzeichnend ist dabei ein Ungleichgewicht der (physischen oder psychischen oder sozialen) Kräfte von Täter/n und Opfer. Es werden in der Literatur drei Arten von Bullying unterschieden: physisches, verbales und relationales Bullying.

Burnout (burnout). Der Begriff beschreibt ein psychologisches Syndrom, das meist in Folge langfristiger Beanspruchung auftritt. Es ist gekennzeichnet durch emotionale Erschöpfung, Depersonalisierung und ein Gefühl verminderter Leistungsfähigkeit.

Chunking (chunking). Prozess des Bildens Bedeutung tragender Informationseinheiten im Arbeits- oder Kurzzeitgedächtnis, mit dessen Hilfe erklärt werden kann, weshalb Menschen trotz vergleichbarer Gedächtniskapazität unterschiedlich viel erinnern können.

Clique (clique). Cliquen sind soziale Netzwerke, in die bestimmte Personen eingebunden und von denen andere ausgeschlossen sind. Sie werden einerseits definiert über ihre Größe (typischerweise 3–9 Personen) und andererseits darüber, dass ihre Mitglieder in der Regel untereinander befreundet sind.

Cognitive-Load-Theorie (cognitive load theory). Betont vor allem die Begrenztheit des menschlichen Arbeitsgedächtnisses und begründet instruktionale Maßnahmen (z. B. integrierte Darbietung von Bildern und Texten, Vorgabe von Lösungsbeispielen), durch die einerseits eine unnötige Arbeitsgedächtnisbelastung minimiert und andererseits eine fokussierte Informationsverarbeitung erleichtert wird.

Constructivist View (constructivist view). Nach konstruktivistischem Verständnis wird in der sozialen Interaktion zwischen Lernenden und Lehrenden geteiltes Wissen im gemeinsamen Diskurs mit Lehrenden und Lernenden aufgebaut. Lernen ist demnach grundsätzlich als Ergebnis von Ko-Konstruktionsprozessen zu verstehen, in deren Rahmen auch (implizite) Werte, Normen und Handlungsroutinen weitergegeben bzw. modifiziert werden.

Curriculares Wissen (curricular knowledge). Wissen über die in Lehrplänen festgehaltene Anordnung von Inhalten und Lehrmaterialien.

Deklaratives Wissen (declarative knowledge). Entspricht in etwa dem Begriff des „Faktenwissens" im deutschen Sprachgebrauch – in Abgrenzung zum Können (Beherrschung von Fertigkeiten), welches in der Psychologie als prozedurales Wissen bezeichnet wird. Deklaratives Wissen kann sich auf „Wissen, dass" über einzelne Fakten, aber auch über komplexe Zusammenhänge (z. B. Verständnis des Zusammenspiels von ökologischen Faktoren) beziehen.

Diagnostische Kompetenz (diagnostic competence). Hebt darauf ab, inwiefern Fachkräfte in der Lage sind, individuelle Lernstände (z. B. aktuelle Lesekompetenzen) und Lernvoraussetzungen (z. B. Wortschatz, Lesemotivation) korrekt (d. h. objektiv, reliabel und valide) einzuschätzen.

Diagnostische Strategien (diagnostic strategies). Stellen je nach Fragestellung variierende methodische Vorgehensweisen im diagnostischen Prozess dar. Unterschieden wird zwischen Status- vs. Prozessdiagnostik; normorientierte vs. kriteriumsorientierte Diagnostik und Modifikations- vs. Selektionsdiagnostik.

Diagnostischer Prozess (diagnostic process). Begründete Zuschreibung eines Attributs oder einer Eigenschaft zu einer bestimmten Beobachtungseinheit (z. B. einer Person, Gruppe oder Institution).

Dimensionale Vergleiche (dimensional comparisons). Vergleiche der Leistungsfähigkeit einer Person in einem Fach mit der Leistungsfähigkeit derselben Person in einem anderen Fach.

Effektstärke (effect size). Statistisches Maß, das aufzeigt, inwiefern Unterschiede zwischen Populationen, Korrelationen, Prozentwertdifferenzen o. Ä. nicht nur statistisch, sondern auch praktisch bedeutsam sind.

Emotionale Intelligenz (emotional intelligence). Bezeichnet die Fähigkeit, eigene Emotionen und die anderer wahrnehmen, verstehen und im Handlungsvollzug integrieren sowie eigene Emotionen sinnvoll regulieren zu können.

Emotionen (emotions). Mehrdimensionales Konstrukt, besteht aus affektiven, physiologischen, kognitiven, expressiven und motivationalen Komponenten.

Emotionsregulation (emotion regulation). Zielgerichtete, bewusste oder unbewusste Aktivitäten zur Aufrechterhaltung, Steigerung oder Senkung der eigenen Emotionen oder der anderer Menschen.

Entdeckendes Lernen (discovery learning). Hinter diesem didaktischen Ansatz steht die Vorstellung, dass ein tieferes Verständnis erreicht und das eigenständige Problemlösen gefördert wird, wenn Lernende grundlegende Sachverhalte (z. B. Prinzip des Unterdrucks) nicht präsentiert bekommen sondern sich selbst erarbeiten. Die Funktion des Lehrenden ist es, passende Materialien bereitzustellen und – je nach Ansatz – den Entdeckungsprozess zu begleiten bzw. zu strukturieren.

Epistemologische Überzeugungen (epistemological beliefs). Subjektive Vorstellungen über die Beschaffenheit (d. h. Objektivität, Richtigkeit oder Aussagekraft) von Wissen. Sie beeinflussen Informationsverarbeitung, Lernverhalten, Lernmotivation und Lernleistung.

Erwartungseffekt (expectancy effect). Bezogen auf Unterrichtsprozesse bezeichnet der Begriff ein Phänomen, bei dem eine Lehrkraft bestimmte Überzeugungen über das Potenzial eines Schülers hat, und allein diese Erwartungen dazu beitragen, dass sich der Schüler so verhält oder Leistungen zeigt, wie die Lehrkraft es erwartet hat; vgl. Pygmalioneffekt.

Erwartungs-Wert-Modell (Expectancy-Value Model of Motivation). Motivationspsychologisches Modell zur Erklärung leistungsbezogener Entscheidungsprozesse und Verhaltensweisen. Als zentrale Determinanten werden die subjektive Erfolgserwartung („Kann ich dieses Ziel erreichen?") und der subjektive Wert des Handlungsergebnisses („Ist mir das Ziel wichtig?") angenommen.

Erziehung (education). Zielt auf eine Förderung der psychischen Entwicklung Heranwachsender sowie die intergenerationale Transmission von gesellschaftlich als relevant erachteten Wissensbeständen, Werten und Normen ab. Erziehungsziele und -praktiken variieren daher interkulturell und unterliegen historischen Wandlungsprozessen. Auch wird in gängigen Definitionen der Selbsttätigkeit der zu Erziehenden Rechnung getragen, indem Erziehung immer nur als (absichtsvolles) „Versuchshandeln" charakterisiert wird.

Erziehungsberatungsstellen (child guidance center). Die institutionelle Erziehungsberatung obliegt dem achten Sozialgesetzbuch der Kinder- und Jugendhilfe. Es wird – im Sinne des Subsidiaritätsprinzips – meist von Erziehungsberatungsstellen in freier Trägerschaft (z. B. Diakonie, AWO) geleistet. Um den vielfältigen Anlässen gerecht werden zu können, arbeiten in der Regel Fachkräfte mit unterschiedlicher Expertise (z. B. Ärzte, Psychologen, Pädagogen und Sozialarbeiter) im Team zusammen (vgl. Interdisziplinarität).

Die Inanspruchnahme der Beratungsangebote ist grundsätzlich freiwillig und kostenlos.

Explorations- und Neugierverhalten (exploring and inquisitive behavior). Kann sowohl bei Menschen als auch Tieren beobachtet werden und richtet sich auf die Erkundung neuer bzw. unbekannter Umweltbereiche.

Fachdidaktisches Wissen (pedagogical content knowledge). Wissen darüber, wie fachliche Inhalte durch Instruktion vermittelt werden können.

Fachwissen (content knowledge). Wissen über den zu unterrichtenden (Schul-)Stoff.

Familie (family). Gruppe von Menschen, die durch nahe und dauerhafte Beziehungen miteinander verbunden sind und (perspektivisch) einen erzieherischen/sozialisatorischen Kontext für die Entwicklung von Kindern und Jugendlichen bereitstellt.

Feedback (feedback). Rückmeldung, die den Lernenden über die Richtigkeit seiner Antwort bzw. seiner Aufgabenlösung im Anschluss an eine bearbeitete Aufgabenstellung informiert oder die dem Lernenden inhaltliche und/oder strategische Informationen zu dessen Bearbeitungsprozess zur Verfügung stellt. Rückmeldungen können informativ sein (d. h. sachliche Informationen über Lücken und Verbesserungsmöglichkeiten beinhalten) und Bewertungen enthalten, die je nach herangezogener Bezugsnorm (z. B. individuell vs. sozial) divergieren und damit auch in unterschiedlichem Maß motivierend sein können.

Flow (flow). Positives emotionales Erleben, wenn man in der Bearbeitung einer Aufgabe völlig aufgeht. Vertreter des Flow-Ansatzes postulieren, dass Flow eine optimale Erlebensqualität darstellt, die Höchstleistungen begünstigt.

Fremdwahrnehmungen (external perceptions). Einschätzungen anderer Personen (Eltern, Lehrer, Mitschüler) bezüglich der Eigenschaften einer Person (eines Schülers, Elternteils etc.).

Gruppe (group). Unter einer sozialen Gruppe versteht man zwei oder mehr Personen, die sowohl von Außenstehenden als auch von sich selbst als zu derselben Kategorie gehörig wahrgenommen werden: Die Mitglieder wissen um die eigene Gruppenzugehörigkeit (kognitive Komponente) und dieses Wissen geht mit einer positiven oder negativen Bewertung (evaluative Komponente) sowie positiven bzw. negativen Gefühlen (emotionale Komponente) einher.

Handlungsphasenmodell (Rubicon Model of Action Phases). Handlungsphasenmodelle (wie das Rubikon-Modell von Heinz Heckhausen und Peter M. Gollwitzer) unterteilen eine Handlung in unterschiedliche Phasen mit jeweils unterschiedlichen motivationalen und volitionalen Prozessen. Meist wird zwischen (mindestens) einer Phase vor der Handlung (präaktional), während der Handlung (aktional) und nach der Handlung (postaktional) unterschieden.

Homophilie (homophily). Homophilie bezeichnet das Phänomen, dass Kontakt zwischen ähnlichen Personen wahrscheinlicher ist als Kontakt zwischen unähnlichen Personen. „Gruppenhomophilie" bedeutet, dass Mitglieder einer Gruppe einander ähnlicher sind als Nicht-Gruppenmitglieder, „Freundschaftshomophilie" bedeutet, dass Menschen auch ihre Freunde vorzugsweise unter solchen Personen wählen, die ihnen selbst auf relevanten Merkmalen ähnlich sind.

Hypermedia (hypermedia). Verschiedene Medien werden über analoge oder elektronische Verknüpfungen miteinander in Beziehung gesetzt.

Hypertext (hypertext). Hierbei handelt es sich um Texte, die in nichtlinearer Form (meist über elektronische Verknüpfungen, sog. Hyperlinks) miteinander verbunden sind.

I/E-Modell (Internal External Frame of Reference Model). Das Internal-External-Frame-of-Reference-Modell beschreibt die Effekte sozialer und dimensionaler Vergleiche auf fachbezogene Selbstkonzepte.

Implementation (implementation). Umsetzung von Prinzipien oder Programmen in einen konkreten Kontext. Das Konzept der Implementation ist eng mit dem Transferbegriff verbunden. In der Pädagogischen Psychologie ist wichtig, dass es sich dabei immer um einen Transfer – beispielsweise von grundlagenwissenschaftlichen Erkenntnissen (Lern- oder Motivationstheorien) oder Trainingsprogrammen – in einen Anwendungskontext wie z. B. schulischen Unterricht handelt.

Informationsverarbeitungstheorie (information processing theory). Wissenschaftstheoretische Sichtweise, die (vor allem kognitive) menschliche Prozesse als Informationsverarbeitungsprozesse interpretiert. Wichtige Gegenstandsbereiche sind die Repräsentation und Organisation von Wissen und Gedächtnis sowie die Prozesse, die sich auf das Aufnehmen, Behalten und Verwenden von Wissen beziehen.

Informelles Lernen (informal learning). Lernprozesse, die nicht absichtlich herbeigeführt werden und vornehmlich außerhalb formaler Bildungsinstitutionen (z. B. in der Familie) erfolgen. Auch in institutionellen Bildungseinrichtungen (z. B. in der Pause, in der Nachmittagsbetreuung der Ganztagsschule) findet jedoch informelles Lernen statt.

Inhaltliche Klarheit (content clarity). Unterricht, in dem die inhaltlichen Aspekte des Unterrichtsgegenstands sprachlich prägnant und verständlich, fachlich korrekt und inhaltlich kohärent dargestellt und/oder entwickelt werden. Dabei übernehmen variantenreiche Erklärungen und Erläuterungen, die Herausarbeitung von Gemeinsamkeiten und Unterschieden in Konzepten sowie die Verwendung und Verbindung unterschiedlicher Repräsentationsformen eine wichtige verständnisfördernde Funktion.

Intelligenz (intelligence). Fähigkeit eines Menschen zur Anpassung an neuartige Bedingungen und zur Lösung neuer Probleme auf der Grundlage vorangehender Erfahrungen im gesellschaftlichen Kontext.

Intelligenzforschung (intelligence research). Forschungsrichtung der Psychologie, in der vor allem thematisiert wird, wie sich Personen rasch mit neuartigen Denkaufgaben zurechtfinden, welche Fähigkeiten sie bezüglich intellektueller Operationen wie Analysieren, Synthetisieren, Generalisieren, Induzieren, Deduzieren, Abduzieren oder Abstrahieren besitzen.

Intelligenzmodelle (models of intelligence). Globale Intelligenzmodelle sehen Intelligenz als ganzheitliche und homogene Fähigkeit an. Hierarchische Intelligenzmodelle nehmen eine hierarchische Ordnung von Intelligenzkomponenten an. Auf der obersten Ebene steht der Generalfaktor „g", der die allgemeine Intelligenz erfasst und in Teilkomponenten aufgespalten wird.

Interdisziplinarität (interdisciplinarity). Bezeichnet die Bearbeitung von Inhalten aus verschiedenen Disziplinen mit ihren je eigenen theoretischen Perspektiven und forschungsmethodischen Zugängen. Im Kinder- und Jugendhilfebereich ist das Grundprinzip der Zusammenarbeit zwischen den unterschiedlichsten fachlichen Richtungen unter dem Begriff der „Komplexleistung" im Sozialgesetzbuch (SGB IX) rechtlich verankert.

Intervention (intervention). Intervention (lat. dazwischentreten, sich einschalten) steht im Kontext der Pädagogischen Psychologie für das direkte Eingreifen in ein Geschehen, um ein unerwünschtes Phänomen zu beseitigen oder gar nicht erst entstehen zu lassen (z. B. Trainingsinterventionen).

Kanaltreue (channel loyalty). Bindung eines Medienrezipienten an ein institutionalisiertes Informationsangebot wie z. B. eine Tageszeitung, einen Fernseh- oder Radiosender.

Klassenführung (classroom management). Unter dem Begriff der Klassenführung werden verschiedene Unterrichtsmerkmale gebündelt. Zentral ist, dass Lernumgebungen so gestaltet werden, dass Lernen störungsarm abläuft, die vorgegebene Lernzeit maximal ausgeschöpft wird und die Lehrenden die Lernprozesse optimal begleiten und unterstützen.

Klumpenstichprobe (cluster sampling). Stichprobe, die aus mehreren zufällig ausgewählten Teilmengen der Zielpopulation (z. B. mehrere Schulen oder Schulklassen) besteht.

Kodalität (codality). Informationen können in unterschiedlicher Zeichenform repräsentiert werden, indem man analoge (z. B. Bilder, lautmalerische Töne) oder abstrakte Zeichen (z. B. Buchstaben, Sprachlaute) verwendet.

Kognitive Aktivierung (cognitive activation). In Abgrenzung zu handlungsorientierten Konzepten wird betont, dass der Wissenserwerb nicht von der sichtbaren Aktivität des Lerners (z. B. Experimentieren im Schülerlabor) abhängt sondern von dem Grad, indem er im Unterricht zu einer gedanklichen Auseinandersetzung mit dem Gegenstand motiviert wird. Zur kognitiven Aktivierung der Lernenden kann die Lehrperson beitragen, indem sie herausfordernde Aufgaben und Fragen stellt, kognitive Widersprüche und Konflikte „provoziert" und das Vorwissen und die Konzepte der Lernenden einbezieht.

Kompetenz (competence). Bereichsspezifische Fähigkeiten und Fertigkeiten, Wissen und Strategien, die notwendig sind, um mit Anforderungen eines Bereichs erfolgreich umgehen zu können. Bei Vergleichsstudien stehen Kompetenzen im Blickpunkt: Vergleichsstudien erfassen bereichsspezifische Kompetenzen (z. B. Lesekompetenz) und bereichsübergreifende Kompetenzen (z. B. Lernstrategien, Problemlösen). Aus den Antworten auf die Testfragen (Testleistung oder Performanz) zu einem bestimmten Teilgebiet wird die Kompetenz in diesem Bereich erschlossen.

Kooperatives Lernen (cooperative learning). Bezeichnet die Zusammenarbeit von Lernenden in Kleingruppen (einschließlich Tandems), um Lernaufgaben zu bewältigen. Es steht dabei nicht (alleine) die Qualität eines „Produktes" oder einer Problemlösung im Vordergrund, wie etwa bei einer Gruppenarbeit im Arbeitskontext, sondern das Lernen eines jeden Einzelnen.

Korrelation (correlation). Enge des Zusammenhangs zwischen Merkmalen. Dieser kann zwischen +1 (je mehr Merkmal A, desto mehr Merkmal B) und −1 (je mehr Merkmal A, desto weniger Merkmal B) liegen. Unabhängig von deren Höhe dürfen Korrelationen nicht als Kausalbeziehung interpretiert werden.

Kovarianzanalyse (analysis of covariance). Die Kovarianzanalyse ist ein allgemeines lineares Modell mit einer kontinuierlichen abhängigen Variable und einem oder mehreren Prädiktoren. Sie ist eine Verknüpfung von Varianzanalyse und Regressionsanalyse und prüft, ob Prädiktoren einen Effekt haben, wenn der Effekt einer Kovariate kontrolliert wird.

Kriteriale Vergleiche (criteria-based comparison). Vergleiche der eigenen Leistung mit einem vorliegenden Kriterium wie beispielsweise Bildungsstandards, Kompetenzstufen oder Lehrplanvorgaben.

Kritische Lebensereignisse (critical life events). Hierunter werden außerordentliche Veränderungen im Leben von Personen verstanden (wie Krankheit, Trennungen oder Arbeitslosigkeit), die stressbedingte Langzeitfolgen hervorrufen können, sofern sie die (individuellen oder kollektiven) Bewältigungskapazitäten überschreiten. Kritische Lebensereignisse werden von kumulativen „Mikrostressoren" (daily hassles) und normativen Entwicklungsaufgaben abgegrenzt.

Kybernetik (cybernetics). Kybernetik (griech. Steuermannskunst) ist die Wissenschaft von der Funktion komplexer Systeme, insbesondere der Kommunikation und der Steuerung eines Regelkreises.

Latente Variable (latent variable). Parameter in einem mathematischen Modell, der nicht direkt beobachtet werden kann. Die latente Variable soll das in Frage stehende psychologische Konstrukt repräsentieren – der Grad der Ausprägung wird anhand empirischer Daten geschätzt.

Lehrerüberzeugungen (teacher beliefs). Vorstellungen und Annahmen von Lehrkräften über schul- und unterrichtsbezogene Phänomene und Prozesse mit einer bewertenden Komponente.

Leistungsmotiv (achievement motive). Zeitlich stabile Wertungs- und Verhaltensdispositionen für den Leistungsbereich. Leistungsmotiviertes Verhalten ist gekennzeichnet durch die Auseinandersetzung mit einem als verbindlich erachteten Gütemaßstab. Leistungsmotiviertes Verhalten (z. B. etwas besonders gut machen wollen, etwas besser als andere machen wollen etc.) kann somit gelingen oder scheitern. Die Selbstbewertung eigener Tüchtigkeit vor dem Hintergrund des Gütemaßstabs bildet den Anreiz der leistungsmotivierten Zielverfolgung.

Leistungszielorientierung (achievement goal orientation). Motivationale Tendenz, eigene Stärken zu demonstrieren bzw. eigene Schwächen zu verbergen. Das Leistungsverhalten wird vornehmlich durch den Vergleich mit anderen bestimmt.

Lernbegleitung (learning support). Die Qualität der Interaktion zwischen Lehrenden und Lernenden in der Begleitung, Unterstützung und Rückmeldung von Lernprozessen sowie das Klima innerhalb einer Klassengemeinschaft sind Kennzeichen einer Lernbegleitung im Unterricht. Ziel einer Lernbegleitung im Unterricht ist es, die Schüler zu einer möglichst lang andauernden und intensiven Auseinandersetzung mit Lerninhalten anzuregen.

Lernen aus Lösungsbeispielen (learning from worked-out examples). Bezeichnet üblicherweise nicht (!) das Lernen mit Lösungsbeispielen im traditionellen Unterricht oder in typischen Lehrbüchern. Dort wird meist nach der Einführung eines Prinzips oder Gesetzes ein Beispiel gegeben, dann werden Aufgaben zum Bearbeiten präsentiert. Beim Lernen aus Lösungsbeispielen wird die Phase des Beispielstudiums verlängert, damit sichergestellt wird, dass die Lernenden ein Prinzip oder Gesetz und dessen Anwendung verstanden haben, bevor sie selbst verständnisorientiert Aufgaben lösen. Komplexe Beispiele, bei denen eine Person aufzeigt, wie man ein Problem löst, werden meist Modelle genannt (Lernen von Modellen).

Lernen aus Texten (learning by text). Bei dieser Lernart wird den Lernenden schriftlicher und mündlicher Text dargeboten, den es zunächst zu „verstehen" gilt. Gelernt werden sollen dabei meist nicht der ganze Text in seinen einzelnen Aussagen, sondern die Kernaussagen des Textes und „naheliegende" Schlussfolgerungen. Für das Lernen ist ein „Verstehen" des Textes, im Vergleich z. B. zu einem oberflächlichen Auswendiglernen, ein günstige Bedingung. Für tiefes Verstehen muss der Lernende sein Vorwissen mit der Textinformation in Verbindung bringen; dieser Prozess fördert auch die Speicherung im Langzeitgedächtnis, also Lernen.

Lernen durch Tun (learning by doing). Diese Bezeichnung wird für im Detail ganz unterschiedliche Lernarrangements verwendet, die aber alle gemeinsam haben, dass die Lernenden selbst Aufgaben bearbeiten bzw. Probleme lösen. Bisweilen ist diese Lernform durch ein Versuch-Irrtum-Vorgehen gekennzeichnet; andererseits kann das Lernen durch Tun auch stark strukturiert und angeleitet sein, etwa in intelligenten tutoriellen Systemen, die die Lernaufgaben, Rückmeldungen und Hilfen auf das spezifische Vorwissen des einzelnen Lernenden abstimmen.

Lernen am Modell (observational learning). Beim Lernen von Modellen (auch: Modelllernen) wird typischerweise eine Person beobachtet, die ein exemplarisches Problem löst (Lernen aus Lösungsbeispielen). Die Lernenden können dabei sehen, wie man beim Problemlösen sinnvollerweise vorgehen kann und wie Sackgassen und Schwierigkeiten überwunden werden können. Das „Modell-Lernen" gilt als ein zentraler Mechanismus für Sozialisationsprozesse (Kinder lernen am Modell ihrer Eltern) und wurde in instruktionspsychologischen Ansätzen (z. B. cognitive apprenticeship) systematisch zu nutzen versucht; häufig wird hiermit auch die Wirkung von Medien (z. B. aggressionsfördernde Wirkung von Gewaltdarstellungen im Fernsehen) zu erklären versucht.

Lernstandserhebungen (measuring pupil achievements). Überprüfen Lernergebnisse im Hinblick auf Standards, wie sie in den länderübergreifenden Bildungsstandards bzw. den daran gekoppelten Anforderungen/Kerncurricula der Länder formuliert werden. Sie zielen darauf ab, nach vorgegebenen Aufgaben und Beurteilungsmaßstäben Aussagen über die zu fest definierten Zeitpunkten erreichten Lernergebnisse von Schülern und damit über erreichte Kompetenzniveaus machen zu können.

Lernstrategie (learning strategy). Handlungsplan zur Steuerung des eigenen Lernens. Weit verbreitet ist die Differenzierung in kognitive, metakognitive und ressourcenbezogene Lernstrategien.

Lerntagebücher (learning diaries). Standardisierte, strukturierte Beobachtungsleitfäden, die die Aufmerksamkeit des Lerners mittels offener und geschlossener Fragen auf wesentliche Aspekte des Lernprozesses lenken. Zur systematischen Beobachtung und Dokumentation von Lernverhalten haben sich neben standardisierten Lerntagebüchern auch Portfolios und Lernprotokolle etabliert.

Medialität (mediality). Art und Weise, mit der eine Information repräsentiert wird (z. B. als gedruckter Text, Audiofile, Bild, Film etc.).

Mediator (mediator variable). Mediatorvariablen vermitteln den Einfluss einer Variablen auf eine andere Variable. Beispielsweise mediieren unterschiedliche Freizeitinteressen die Effekte des Geschlechts auf die Lesekompetenz.

Medien (media). Vermittler von Zeichen (z. B. Sprachlaute, Buchstaben, Bilder) zwischen Subjekten und/oder Objekten mit dem Ziel der Informationsübertragung.

Metaanalyse (meta-analysis). Eine Metaanalyse fasst verschiedenen Untersuchungen zu einem wissenschaftlichen Forschungsgebiet zusammen. Durch die Zusammenfassung und systematische Analyse der im Forschungsgebiet vorhandenen, inhaltlich homogenen, empirischen Einzelergebnisse, soll die übergreifende Effektgröße in Bezug auf den Forschungsgegenstand (z. B. Wirksamkeit von Interventionen zur Selbstregulation) geschätzt werden.

Metakognitives Wissen (meta-cognitive knowledge). Bezieht sich auf das „Wissen über Wissen" bzw. über eng mit Wissen verbundene Phänomene. Dabei wird die Grenzziehung von Kognition und Metakognition von verschiedenen Autoren unterschiedlich vorgenommen. Manche Autoren bezeichnen es z. B. als Metakognition, wenn Lernende einen Problemlöseschritt, den sie vornehmen, mit einer Gesetzmäßigkeit (z. B. aus der Physik) begründen. Die Begründung wird als Metastatement über eine eigene Aktion (prozedurales Wissen) gesehen. Andere sehen diese Art der Begründungen als Selbsterklärungen an, die in einem Fachgebiet Verbindung zwischen Prinzipien und Lösungsverfahren herstellen, sodass ihnen kein metakognitiver Status zugesprochen wird. Der Kern von Metakognition, und da besteht Einigkeit, bezieht sich aber auf das Wissen um Strategien-, Aufgaben- und Personmerkmale sowie die Regulation der eigenen Kognition.

Microteaching (microteaching). Eine Methode des Unterrichtstrainings in der Lehreraus- und -fortbildung, bei der angemessenes Lehrerverhalten systematisch eingeübt werden soll.

Modalität (modality). Hebt auf die Sinneskanäle ab, über die Informationen aufgenommen werden (z. B. visuell vs. auditiv). Wird eine Information (z. B. Tonfilm) über mehrere Sinneskanäle (hier: visuell und akustisch) rezipiert, spricht man von einer multimodalen Informationsverarbeitung.

Multimedia (multimedia). Der Begriff Multimedia ist nicht einheitlich definiert. Heute bezeichnet er normalerweise integrierte, interaktive, digitale Informationsressourcen, in denen unterschiedliche Medien (Multimedialität) in unterschiedlichen Kodierungsformen (Multikodalität) miteinander verknüpft sind. Die multimedialen Informationsressourcen müssen dabei in der Regel über verschiedene Sinneskanäle (Multimodalität) durch die Rezipienten verarbeitet werden.

Normative Entwicklungsaufgaben (normative developing tasks). Beschreiben Anforderungen, die erwartbar in verschiedenen Phasen der kindlichen Entwicklung auftreten (z. B. Identitätsfindung in der Adoleszenz) und bei unzureichender Bewältigung die

Bearbeitung nachfolgender Entwicklungsaufgaben beeinträchtigen können. Familienentwicklungsaufgaben bezeichnen analog die in verschiedenen Phasen des Familienzyklus auftretenden, das ganze Familiensystem betreffenden Anforderungen.

Objektivität (objectivity). Wesentliches Gütekriterium zur Beurteilung diagnostischer Verfahren; bezeichnet den Grad, in dem Testergebnisse unabhängig von der Durchführung, Auswertung und Interpretation sind.

Online (online). Wissenserwerb kann online (Rezipienten sind aktuell über das Internet verbunden) oder offline erfolgen (z. B. können sich Studierende eine aufgezeichnete Vorlesung anhören, wann immer sie dies tun wollen).

Ontogenese (ontogenetics). Entwicklung des Menschen von der Geburt bis ins hohe Alter.

Optimalklassen (optimal class size). Schulklassen, die sich im Vergleich zu anderen Klassen in verschiedenen Dimensionen positiv entwickelt haben, also z. B. eine durchschnittlich besonders positive kognitive und motivationale Entwicklung zu verzeichnen haben.

Peer group (peer group). Unter einer sozialen Gruppe versteht man zwei oder mehr Personen, die sowohl von Außenstehenden als auch von sich selbst als zu derselben Kategorie gehörig wahrgenommen werden: Die Mitglieder wissen um die eigene Gruppenzugehörigkeit (kognitive Komponente) und dieses Wissen geht mit einer positiven oder negativen Bewertung (evaluative Komponente) sowie positiven bzw. negativen Gefühlen (emotionale Komponente) einher. Bereits im Kindesalter (z. B. in der Kita, der Schule) formieren sich Gruppen von (z. B. gleichgeschlechtlichen) Gleichaltrigen. Im Jugendalter spielen peer groups eine zentrale Rolle für die Identitätsentwicklung.

Peerstatus (peer status). Der Peerstatus eines Kindes wird daraus errechnet, wie häufig bei soziometrischen Verfahren andere Kinder angeben, dieses Kind zu mögen und mit ihm zusammen arbeiten oder spielen zu wollen. Dieser Index bildet das Ansehen eines einzelnen Kindes innerhalb der Klasse ab. Dabei werden zwei verschiedene Dimensionen berücksichtigt: die soziale Präferenz (social preference) und die soziale Beachtung (social impact) eines Kindes. Die soziale Präferenz leitet sich aus der Differenz zwischen der Anzahl der positiven und negativen Stimmen, die ein Kind erhalten hat, ab und beschreibt, wie sehr ein Kind von den Gruppenmitgliedern gemocht wird. Die soziale Beachtung ergibt sich aus der Summe der positiven und negativen Nennungen und bildet damit ab, wie stark ein Kind von den Klassenkameraden wahrgenommen wird.

Phylogenese (phylogenetics). Entstehung bzw. Entwicklung des Menschen (und aller anderen Lebewesen) im Laufe der Evolution.

Piktogramme (pictogram). Sie benutzen meist vereinfachte bildhafte Darstellungen des darzustellenden Gegenstandes oder Sachverhaltes zur Informationsvermittlung.

Praktische Intelligenz (tacit knowledge). Fähigkeit, mit realen Problemen erfolgreich umzugehen.

Prävention (prevention). Als Prävention werden Maßnahmen zusammengefasst, die der Vermeidung physischer oder psychischer Probleme dienen. Primärpräventive Maßnahmen werden eingesetzt, bevor Probleme eingetreten sind, während sekundärpräventive

Maßnahmen mit einer korrektiven Zielsetzung eingesetzt werden, wenn bereits erste Probleme erkennbar sind, um eine weitere Stabilisierung oder Ausweitung zu vermeiden. Bei der tertiären Prävention geht es darum, mögliche Folgeprobleme einzudämmen, die aus bereits entstanden Problemen erwachsen können.

Projektive Verfahren (projective tests). Verfahren, bei denen mehrdeutiges bzw. auslegungsfähiges Bildmaterial (z. B. Tintenkleckse, Zeichnungen von motivrelevanten Situationen) von den Probanden zu interpretieren ist. Es wird angenommen, dass Einstellungen, Motive und Persönlichkeitsmerkmale sich in diesen Interpretationen äußern bzw. auf das Bildmaterial „projiziert" werden. Projektive Tests sind weniger anfällig für gezielte Selbstdarstellungen als Fragebogen, aber auch weniger objektiv und reliabel.

Prozedurales Wissen (procedural knowledge). Entspricht in etwa dem Begriff des Könnens im deutschen Sprachgebrauch – in Abgrenzung zu (deklarativem) Wissen. Prozedurales Wissen bezeichnet „Wissen, wie", z. B., wie man bestimmte Aufgaben aus der Mathematik oder Physik ausrechnet oder auch wie man eine bestimmte Maltechnik zum Einsatz bringt (z. B. im Kunstunterricht).

Prozessdiagnostik (process diagnostics). Im Zentrum steht die Erfassung von Veränderungen (z. B. in Einstellungen oder Verhaltensweisen) über mehrere Zeitpunkte hinweg.

Prüfungsangst (test anxiety). Unlustvolles emotionales Erleben von Aufgeregtheit, Nervosität und Unsicherheit vor und während Prüfungen und ähnlichen Bewertungssituationen. Es wird typischerweise zwischen der „Worry-Komponente" und der „Emotionality-Komponente" von Prüfungsangst unterschieden.

Psychosoziale Risiken (psychosocial risks). Entwicklungsgefährdende Umweltbedingungen überwiegend im familiären Bereich, die die Befriedigung grundlegender physischer und psychischer Bedürfnisse verhindern. Hierunter fallen vor allem deprivierende Lebensumstände, psychische Erkrankungen mindestens eines Elternteils und Armut. Das Risiko für eine ungünstige Entwicklung der Kinder steigt, je schwerwiegender die Unterversorgungen ausfallen.

Pygmalioneffekt (pygmalion effects). Speziell auf die Interaktion zwischen Lehrern und Schülern bezogene Form der sich selbst erfüllenden Prophezeiung, bei der sich die Leistungen der Schüler entsprechend der Lehrererwartungen entwickeln; vgl. Erwartungseffekt.

Randomisierung (randomization). Zufallsauswahl; bei der Zusammenstellung von Stichproben werden Personen zufällig ausgewählt bzw. auf verschiedene Untersuchungsgruppen aufgeteilt, sodass jedes Individuum exakt die gleiche Wahrscheinlichkeit hat, in eine Gruppe aufgenommen zu werden.

Reaktivität (reactivity). Maß zur Beschreibung von Reaktionen. In der Sozialforschung unterscheidet man reaktive (z. B. teilnehmende Beobachtung) von nichtreaktiven (z. B. verdeckte Beobachtung) Verfahren und meint damit das Ausmaß der Veränderung des zu untersuchenden Gegenstandes durch das angewendete Verfahren.

Regression zur Mitte (regression towards the mean). Phänomen, bei dem extreme (weit vom Mittelwert abweichende) Ausprägungen einer unabhängigen Variablen mit weniger extremen Ausprägungen (d. h. weniger vom Mittelwert abweichend) in der abhängigen

Variablen einhergehen. Beispielsweise sind Kinder besonders hoch gewachsener Eltern im Mittel im Vergleich zu ihren Eltern kleiner.

Reliabilität (reliability). Wesentliches Gütekriterium zur Beurteilung diagnostischer Verfahren; gibt die Zuverlässigkeit eines Tests an. Klassische Formen der Reliabilitätsermittlung beruhen im Wesentlichen auf der Untersuchung der Stabilität einer Rangreihe von Personen über Itemstichproben oder Messzeitpunkte.

Ressourcen (resources). Ressourcen (franz. Mittel, Quelle) ermöglichen die Realisierung von Handlungen oder Vorhaben. Hierzu zählen materielle oder immaterielle Mittel wir Betriebsmittel, Geldmittel, Boden, Rohstoffe, Energie oder Personen. Im Rahmen der Selbstregulation werden interne (z. B. Fähigkeiten, Konzentration, Selbstwirksamkeit) von externen Ressourcen (z. B. Lernumgebung, Literatur, kollegiales Lernen) unterschieden.

Schema (schema). Kognitive Struktur, mit der Informationen interpretiert und organisiert werden. Es resultiert aus Erfahrungen in wiederholt vorkommenden (Problem-)Situationstypen (z. B. Probleme zur Berechnung der Wahrscheinlichkeit des gemeinsamen Auftretens von unabhängigen Ereignissen), die in abstrahierter Weise repräsentiert werden. Ein Schema ist eine skelettartige Wissensstruktur, die mit den Spezifika einer aktuellen Problemsituation angereichert wird (z. B. wird der Multiplikationssatz für unabhängige Ereignisse mit den konkreten Zahlen ausgefüllt und auf die konkreten Ereignisse bezogen). In einem Schema können deklaratives und prozedurales Wissen integriert werden.

Schulentwicklung (school development). Systemischer und systematischer Prozess, in dem alle Beteiligten für die Schule vor Ort gemeinsam Ziele aufstellen und versuchen, sie umzusetzen und zu evaluieren mit dem Ziel, die Qualität der Schule zu verbessern. Schulentwicklung ist kein eng umrissenes Projekt, sondern ein zielgerichteter Veränderungsprozess. Schulentwicklung realisiert sich in den Aufgabenbereichen Unterrichtsentwicklung, Personalentwicklung und Organisationsentwicklung.

Schulpsychologische Dienste (school counseling services). Sollen die Arbeit von Bildungseinrichtungen durch psychologische Theorien, Erkenntnisse und Methoden in ihrem Entwicklungs-, Veränderungs- und Anpassungsprozess unterstützen. Schulpsychologische Beratung kann sich an Einzelpersonen (Schüler, Lehrer, Eltern), Gruppen (Klassen, Lehrergruppen, Elterngruppen) sowie die ganze Schule oder Schulnetzwerke richten.

Selbsterklärungen (self-explanation). Erklärungen, die zum einen von einem Lernenden selbst generiert werden und die er zum anderen auch primär an sich selbst richtet. Sie enthalten Information, die nicht direkt im Lernmaterial enthalten ist. Typisch dafür wäre ein Lernender, der sich den Sinn eines Lösungsschritts (z. B. in Hinblick auf das Zwischenziel, das damit erreicht wird) bewusst macht oder von den Spezifika einer Problemstellung die strukturellen Merkmale abstrahiert, die für die Wahl des korrekten Lösungswegs von Bedeutung sind.

Selbstkonzept (self-concept). Einschätzung der eigenen Person; in der Pädagogischen Psychologie häufig als schulisches oder fachspezifisches Selbstkonzept untersucht.

Selbstwertgefühl (self-esteem). Gesamtheit der affektiven Einstellungen einer Person zu sich selbst.

Selbstwirksamkeitsüberzeugung (self efficacy). Geht zurück auf Albert Bandura. Konkrete Erwartung, dass eine Aufgabe oder Herausforderung aus eigener Kraft trotz Hindernissen erfolgreich bewältigt werden kann.

Self-Enhancement-Ansatz (self enhancement approach). Das zentrale Postulat lautet, dass günstige Selbstkonzepte zu einer positiven Leistungsentwicklung beitragen.

Skill-Developement-Ansatz (skill development approach). Das zentrale Postulat lautet, dass hohe Leistungen zu einer positiven Selbstkonzeptentwicklung beitragen.

Sozial abweichendes Verhalten (deviance). Mit dem Begriff des sozial abweichenden Verhaltens von Kindern und Jugendlichen wird hervorgehoben, dass klinisch relevante „Verhaltensstörungen" weder genetisch oder biologisch begründet sein müssen und der Grad der „Abweichung" letztlich auf sozialen Konventionen beruht. In der aktuellen Literatur werden darunter meist aggressive, oppositionelle, gewalttätige, delinquente und kriminelle Verhaltensweisen gefasst. Um eine klinisch relevante Störung des Sozialverhaltens diagnostizieren zu können, gilt es Anzahl, Intensität und Dauer der Verhaltensprobleme sowie damit einhergehende Beeinträchtigungen der kindlichen Entwicklung zu berücksichtigen. Eine sehr ungünstige Entwicklungsprognose haben Kinder, bei denen Störungen sehr früh, sehr massiv und in vielfältigen Lebensbereichen auftreten.

Soziale Kompetenz (social competence). Soziale Kompetenz bezieht sich auf die Verfügbarkeit und Anwendung von Fertigkeiten, die es dem Handelnden ermöglichen, soziale Situationen zielführend und bedürfnisgerecht zu bewältigen. Sie umfasst Fertigkeiten auf den Ebenen Kognition, Emotion und Verhalten.

Soziale Vergleiche (social comparisons). Vergleiche der eigenen Leistung mit der Leistung anderer (z. B. der Mitschüler).

Sozialisation (socialisation). Wird zu analytischen Zwecken meist von Erziehung abgegrenzt, indem der Begriff auf Einstellungs- und Verhaltensänderungen abhebt, die auf das Lebensumfeld und die hier stattfindenden Interaktionen mit relevanten Bezugspersonen zurückzuführen sind, obwohl diese keiner bewussten pädagogischen Absicht folgen. Dennoch (oder gerade deshalb) können Sozialisationsprozesse die Veränderung oder Stabilisierung von Personmerkmalen während verschiedener Ausschnitte der Lebensspanne erheblich beeinflussen.

Stage-Environment-Fit-Theorie (Stage-Environment Fit Theory). Diese Theorie geht von der Erkenntnis aus, dass bestimmte Lern- bzw. Erziehungsumwelten nicht generell für eine Person günstig oder ungünstig sind, sondern dass die Passung mit einer Umwelt von der jeweiligen Entwicklungsphase („stage of development") der Person abhängt.

Statusdiagnostik (status assessment). Im Zentrum steht die Feststellung der relativen Ausprägung eines interessierenden Konstrukts (z. B. Intelligenz) zu einem gegebenen Zeitpunkt. Zentral ist die Annahme, dass für das interessierende Konstrukt von einer relativen (situations- und zeitüberdauernden) Stabilität auszugehen ist.

Stichprobe (sample). Um den Aufwand von Untersuchungen mit Tests zu reduzieren und dennoch repräsentative Aussagen treffen zu können, werden Stichproben von Personen gezogen. Um eine

Stichprobe ziehen zu können, muss man zunächst die Population definieren, über die die Stichprobe etwas aussagen soll. Kann man die Stichproben nicht durch eine völlig zufällige Auswahl treffen, muss entschieden werden, nach welchen Gesichtspunkten eine Stichprobenziehung optimiert wird. In Vergleichsstudien werden häufig komplexe Stichproben gezogen, d. h., dass verschiedene Arten der Stichprobenziehung miteinander kombiniert werden müssen (z. B. die Ziehung einer Stichprobe von Schulen mit einer Ziehung von Schülern in den Schulen.

Strategien (strategies). Allgemein versteht man unter Strategien das planvolle Anstreben eines Ziels. Im Zusammenhang mit Lernverhalten spricht man entsprechend von Lernstrategien und bezeichnet damit Verhaltensweisen und Gedanken, die Lernende aktivieren, um Prozesse des Wissenserwerbs und ihre Motivation zu steuern. Durch den Einsatz von Lernstrategien können Lernende mithin ihr eigenes Lernen selbst beeinflussen.

Stress (stress). Zustand der „Alarmbereitschaft" eines Organismus, der sich auf erhöhte Leistungsanforderungen einstellt, wenn die eigenen Fähigkeiten und Fertigkeiten von den Anforderungen in der Umwelt übertroffen bzw. in Frage gestellt werden.

Stukturiertheit des Unterrichts (structured instruction). Strukturiertheit des Unterrichts meint zum einen eine klare erkennbare Gliederung des Unterrichts in einzelne Phasen und Abschnitte. Zum zweiten wird Strukturiertheit häufig als Konsistenz von Regeln, Erwartungen und Grenzen begriffen und drückt sich somit in einer effektiven Unterrichts- und Klassenführung aus. Zum dritten wird der Begriff Strukturiertheit von Unterricht häufig kognitionspsychologisch verwendet, um Maßnahmen und Handlungen zu beschreiben, die der Verknüpfung des Vorwissens der Lernenden mit neuen Wissenselementen und einem geordneten Aufbau von Wissen dienen (z. B. advanced organizer).

Stressprävention (stress preventing). Bei der Stressprävention geht es darum, ein Gleichgewicht zwischen den Anforderungen, die sich einem Individuum stellen, und den Bewältigungsressourcen, die zum Umgang mit den Anforderungen vorhanden sind, herzustellen. In Stresspräventionsprogrammen wird typischerweise ein multimethodaler Zugang zur Stressprävention genutzt, der neben verhaltensorientierten auch verhältnisorientierte Maßnahmen umfasst. Verhaltensorientierte Maßnahmen richten sich auf eine Verbesserung der individuellen Stressbewältigungskompetenzen, während verhältnisorientierte Maßnahmen an der Verbesserung der Lebensverhältnisse bzw. der Lebenssituation ansetzen, um dadurch Stress zu reduzieren.

Systemmonitoring (system monitoring). Zielt auf Informationen über Organisationen (z. B. Bildungssysteme) ab. Dies impliziert eine stichprobenbasierte Erhebung von Schülerleistungen zur Feststellung der Leistungsfähigkeit von Schulsystemen.

Temporale Vergleiche (temporal comparisons). Vergleiche der eigenen aktuellen Leistung mit vorherigen Leistungen.

Test (test). Verfahren zur Untersuchung eines empirisch abgrenzbaren Merkmals (z. B. der Kompetenz) mit dem Ziel einer quantitativen Aussage über den relativen Grad der individuellen Ausprägung des Merkmals. Die Antworten der Person auf bestimmte Testaufgaben dienen als Indikator für die (latente) Fähigkeit einer Person, auch außerhalb der Testsituation eine vergleichbare Aufgabe oder ein vergleichbares Problem lösen zu können. Aus der Testleistung eines Schülers wird also auf das Potenzial bzw. die Kompetenz der Person geschlossen.

Training (training). Ein Training ist eine strukturierte und zeitlich begrenzte Intervention, in der mittels wiederholter Ausübung von Tätigkeiten die Absicht verfolgt wird, Fertigkeiten und Fähigkeiten aufzubauen oder zu verbessern. Es gibt pädagogisch-psychologische Trainings für kognitive, motivationale, selbstregulative, soziale und emotionale Funktionsbereiche. Trainings können zur allgemeinen Förderung, zur Prävention, zur Rehabilitation und zur Behebung von Defiziten eingesetzt werden.

Transfer (transfer). Transfer (lat. hinüberbringen) oder Lerntransfer bezeichnet in der Pädagogischen Psychologie die Übertragung von durch Lernen erworbenes Wissen über konkrete Gegenstände oder Zusammenhänge auf mehr oder weniger ähnliche (naher vs. weiter Transfer) Phänomene oder Anwendungsbereiche, indem diese verallgemeinert oder abstrahiert werden.

Transmission View (transmission view). Lerntheoretische Überzeugung im Sinne des Informationsverarbeitungsansatzes, wonach eine fest umschriebene Menge an Informationen von der Lehrkraft effektiv an die Schüler „weitergegeben" wird.

Üben (practice). Zumeist eine Form des Lernens durch Tun, bei der nicht die Erarbeitung von neuem Stoff angestrebt wird, sondern die Festigung und Automatisierung. Gegebenenfalls kann dabei noch eine Feinabstimmung des Wissens erfolgen, etwa indem noch kleinere Fehler korrigiert, Wissenslücken geschlossen oder die Auswahl jeweils effizienter Lösungsvarianten für verschiedene Problemtypen (Transfer!) optimiert werden.

Unterricht (lesson). Abfolge von Lehr- und Lernsituationen, die von ausgebildeten Lehrpersonen in institutionalisierten Kontexten (Schule, Weiterbildung) absichtsvoll geplant und initiiert werden und die dem Aufbau von Wissen sowie dem Erwerb von Fertigkeiten und Fähigkeiten der Lernenden dienen.

Validität (validity). Das entscheidende Gütekriterium in der psychologischen Diagnostik. Auf einer theoretischen Ebene geht es vorrangig darum, inhaltlich-psychologisch zu beurteilen und zu begründen, inwiefern eine spezifische Messung geeignet ist das intendierte Konstrukt abzubilden. Auf einer empirischen Ebene geht es insbesondere darum, datengestützt zu demonstrieren, dass Kernannahmen über die Eigenschaften einer Messung zutreffen. Ergebnisse zur konvergenten und diskriminanten Validität helfen hier häufig auch die Relevanz psychologischer Diagnostik zu unterstreichen.

WHO (World Health Organisation). Die Weltgesundheitsorganisation (World Health Organisation) ist Koordinationsbehörde der Vereinten Nationen für das internationale öffentliche Gesundheitswesen. Eine zentrale Aufgabe der WHO stellt die Entwicklung und weltweite Durchsetzung von Leitlinien, Standards (z. B. ICD) und Methoden in gesundheitsbezogenen Bereichen dar.

Wissen (knowledge). Relativ dauerhaft (im LZG) gespeicherte Gedächtnisinhalte, deren Bedeutsamkeit durch soziale Übereinkunft festgelegt wird („Allgemeinwissen"). Vom Wissen eines bestimmten Menschen ist in der Regel nur die Rede, wenn er Überzeugung von der Gültigkeit dieses Wissens besitzt.

Wissenspsychologie (psychology of knowledge). Forschungsrichtung der Psychologie, in der aus einer informationsverarbeitungstheoretischen Sichtweise vor allem vier Themenbereiche analysiert werden: Erwerb von Wissen, Repräsentation und Organisation von Wissen im Gedächtnis, Prozesse des Abrufs von Wissen, Anwendung des Wissens beim Denken und Handeln.

Stichwortverzeichnis

Printing and Binding: Stürtz GmbH, Würzburg